Hermann Brill (1957) © fpa Fred Henrich

Manfred Overesch

Hermann Brill

in Thüringen 1895-1946

Ein Kämpfer
gegen Hitler und Ulbricht

Verlag J. H. W. Dietz Nachf.

Forschungsinstitut der Friedrich-Ebert-Stiftung
Reihe: Politik- und Gesellschaftsgeschichte, Band 29

Herausgegeben von Dieter Dowe und Michael Schneider

Die Deutsche Bibliothek – CIP-Einheitsaufnahme
Overesch, Manfred:
Hermann Brill in Thüringen : 1895–1946 ; ein Kämpfer gegen Hitler und Ulbricht / Manfred Overesch. – Bonn : Dietz, 1992
(Reihe: Politik- und Gesellschaftsgeschichte ; Bd. 29)

ISBN 3-8012-4036-3
ISSN 0941-7621

Forschungsinstitut der Friedrich-Ebert-Stiftung
Godesberger Allee 149, D-5300 Bonn 2

In der Raste 2, D-5300 Bonn 1
Umschlag: Manfred Waller, Reinbek
(Foto: Max Ehlert)
Gesamtherstellung: Kösel, Kempten

Printed in Germany 1992

Inhalt

Vorwort

Hermann Brill (1895–1959) ist ein heute weithin in Vergessenheit geratener deutscher Politiker des 20. Jahrhunderts; dabei nahm er an Brennpunkten der Geschichte handelnd und leidend teil. Unter dem großen Spannungsbogen seiner Karriere vom Gothaer Räterepublikaner zum Bonner Bundesrepublikaner reihen sich bemerkenswert konsequente und öffentlich beachtete Auftritte gegen die Putsch- und Revolutionsversuche der Kommunisten und der Nationalsozialisten mit Höhepunkten 1923, 1930–33 und 1945/46. Sie charakterisieren ein politisches Leben, das den Rang historischer Bedeutsamkeit beanspruchen darf.

Brill selbst hat sich als Kämpfer für den demokratischen Sozialismus gesehen; den freiheitlichen meinte er, nicht den zwangsstaatlichen. Nach dem Zusammenbruch der Monarchie 1918 wollte er die Arbeiterbewegung als den „staatstragenden Humusboden" (Rudolf Hagelstange) einer deutschen Republik zur Geltung bringen. Dieses ideologische Erbe des 19. Jahrhunderts sollte im 20. in der Mitte Deutschlands, in Thüringen, in umfassender Weise in Verfassungs- und Bildungspolitik Gestalt annehmen. Anhaftenden sozialistischen Utopien blieb Brill bis 1945 treu, einem rechtsstaatlich-republikanischen Pragmatismus aber stets verpflichtet. Er war ein Mann von Verstand und Anstand, intellektuell hoch befähigt, aber nicht selten auch hochfahrend und elitär, rhetorisch begabt, politisch-programmatisch wie moralisch rigoros, nie moderat, immer geradlinig, ein Streiter gegen den Radikalismus von rechts wie links und für die Republik von Weimar, in deren geographischem Zentrum er wirkte. Das Glück, wenn dessen höchste Gaben Ruhm, Ansehen und Erfolg sind, hat sich ihm versagt. Die Anerkennung staatspolitischer Leistungen sowie mit Tapferkeit getragener und durchlittener Verfolgungen und Inhaftierungen ist ihm jedoch in hohem Maße abzustatten. Er gehört zu den größten Fürsprechern einer demokratischen Staatsform in Deutschland, gerade weil er ihren Gefährdungen so vehement und ohne Rücksicht auf sein persönliches Schicksal entgegentrat. „Gegen den Strom" (so der Titel seiner wichtigsten Publikation) totalitaristischer Ideologien und Praktiken hat er gelebt, ist er stets öffentlich, nicht nur privat, aufgetreten, ein geradezu prophetisches Trauma trieb ihn dazu an. Die Stationen seines Lebens zeigen es.

Der Sozialdemokrat Brill entstammte nicht eigentlich proletarischen Verhältnissen, sondern, darin etwa Friedrich Ebert gleich, kleinbürgerlichen, in denen neben aller materiellen Vorsorge noch Zeit für geistig-kulturelle Bedürfnisse blieb. Sein Vater war Schneidermeister, auch gelegentlicher Gastgeber August Bebels. Das gab dem Elternhaus in Ohrdruf in der Einsamkeit des Thüringer Waldes ein gewisses Flair. Sohn Hermann kam seiner früh erkennbaren geistigen Fähigkeiten wegen auf das Gothaer Herzog-Ernst-Seminar zur Lehrerausbildung. Sozialistisches Elternhaus und humanistische Bildung wirkten als Sozialisationsfaktoren wesentlich auf ihn ein. Die Erfahrungen des Ersten Weltkriegs, zu dem auch er sich im August 1914 mit patriotischem Hurra freiwillig meldete, verstärkte das Bekenntnis zum Sozialismus als Maxime des Lebens und machte es öffentlich. Brill meinte damit nicht eine utopische Sehnsucht, sondern eine republikanische Verantwortung.

Im Oktober 1918 trat er zunächst der USPD bei; für die Gothaer Räterepublik schrieb er, ein vierundzwanzigjähriger Autodidakt, den Verfassungsentwurf. Mit der Gründung des Landes Thüringen zum 1. Mai 1920 wechselte er nach Weimar über. Hier machte er als Sozialdemokrat mit auffälliger parlamentarischer Begabung und als Ministerialbeamter mit gesuchter verwaltungsjuristischer Kompetenz auf sich aufmerksam, ein homo novus aus dem Thüringer

Wald, der bis ins Reichskanzleramt und zum Reichspräsidenten nach Berlin vordrang. Die Geschichte des Landes Thüringen hat er bis 1933 aufs engste begleitet und mitgestaltet. Gerade er stand hier im Fadenkreuz beider Totalitarismen, die damals Thüringen durchzogen. Mit den Mitteln der parlamentarischen Demokratie und des Rechtsstaates hat er wesentlich dazu beigetragen, daß der kommunistische Putschversuch im Deutschen Oktober 1923 in Thüringen scheiterte. Den Widerstandswillen gegen den Radikalismus von rechts, der die Bedeutung Thüringens als seiner wichtigsten Etappe auf dem Weg von München nach Berlin nicht nur durch den 1. Reichsparteitag der NSDAP in Weimar 1926 unterstrich, sondern auch durch die Verleihung der deutschen Staatsbürgerschaft an Hitler 1930 durch dessen Ernennung zum Gendarmeriekommissar von Hildburghausen, hat Brill wie kein zweiter thüringischer Landespolitiker bezeugt. Als einer der Initiatoren von Neu Beginnen und theoretischer Kopf der Deutschen Volksfront hat er danach konspirativ wichtige politisch-programmatische Arbeiten für den demokratischen Sozialismus in Deutschland geleistet. Der Volksgerichtshof verurteilte ihn deswegen im Sommer 1939 zu 12 Jahren Zuchthaus und kerkerte ihn zunächst in Brandenburg-Görden und ab 1943 im K. L. Buchenwald ein. Auf dem Ettersberg wurde Brill Programmatiker und Organisator einer deutschen Volksfront aus Sozialdemokraten, Kommunisten, christlichen und liberalen Demokraten. Sein Buchenwalder Manifest „Für Frieden, Freiheit, Sozialismus" ist der einzige ausformulierte politische Entwurf für ein neues Deutschland nach dem Dritten Reich, der im linken Widerstand erarbeitet worden ist. Es haftet ihm die Qualität an, ein Dokument des aktiven Widerstands zu sein.

Das Manifest sollte Basis einer neuen Politik werden, zu dessen Träger die Amerikaner im Frühjahr 1945 Brill durch seine Ernennung zum 1. Regierungspräsidenten der Provinz Thüringen machten. Doch der Unterlegene des Deutschen Oktobers 1923, Walter Ulbricht, obsiegte im Juli 1945 mit Hilfe der Roten Armee über die Anfänge des demokratischen Sozialismus in Deutschland. Brill mußte jetzt dem linken Totalitarismus weichen. Er ging über Berlin nach Wiesbaden, wurde dort Staatssekretär in der Staatskanzlei des Ministerpräsidenten und wirkte so beim Aufbau des Landes Hessen mit. Als Mitglied des Herrenchiemseer Verfassungskonvents nahm er danach Einfluß auf die Gründung der Bundesrepublik Deutschland, der er bis zu seinem Tode 1959 in verschiedenen Funktionen diente.

Hermann Brill ist keine leicht zu verstehende Persönlichkeit der deutschen Geschichte. Das liegt an seiner Zeit, in der radikale Machtanmaßungen und Widersprüche gleich mehrerer politischer Epochen auszuhalten waren. Es liegt aber auch an ihm selbst, an seiner durchaus schwierigen Individualität. Da er zudem, gemessen an seinen Ansprüchen, zu seinen Lebzeiten zumindest in Thüringen gescheitert ist, fehlt dem historiographischen Zugriff das erleichternde Muster einer Erfolgsgeschichte. Daß seine Gegner Pyrrhus-Siege errangen, hat er nur an Hitler erlebt, für Ulbricht hat es die Geschichte erst später nachgewiesen. Diese Tatsachen nehmen einer politischen Biographie jedoch nicht den Reiz, sie können diesen sogar eher verstärken, denn jetzt rückt das Interesse an einer Person stärker in den Vordergrund, die Hitler und Ulbricht zeitweilig unterlag, über sie beide aber langfristig obsiegte.

Am Grabe Brills sprach Adolf Arndt für die SPD im Sommer 1959: „Du machtest es Deinen Freunden nicht leicht, aber Du machtest es auch Dir nicht leicht." Rudolf Hagelstange, der ihm als einziger in dem Roman „Der Niedergang" (1983) für die Zeit des Widerstands gegen den Nationalsozialismus ein literarisches Denkmal gesetzt hat, hat Brill als „Mann von hoher, der Philosophie zuneigender Intelligenz" gelobt. Klaus Mann, der ihn als amerikanischer Reporter im Juni 1945 in Weimar besuchte, gewann damals von ihm unter allen bis dahin kennengelernten politischen Persönlichkeiten „den stärksten, besten Eindruck". Er resümierte: „Ein guter Demokrat, ein guter Arbeiter, ein großer Mann; man hätte keinen besseren für solch verantwortungsvollen Posten finden können." Brills engster Freund schließlich, der Magdeburger Sozialdemokrat Ernst Thape – beide hatten sich im K. L. Buchenwald kennengelernt –, sagte über das Leben dieses Mannes: „Wer es beschreiben könnte, der schilderte einen großen Humanisten des 20. Jahrhunderts und er gäbe zugleich die Geschichte Deutschlands aus der Sicht der deutschen Sozialisten."

Dieses Wort Thapes ist zutreffend. Thüringen, das seine dem Land zusammen mit Sachsen gegebenen geopolitischen Möglichkeiten als deutscher Zentralraum früh durch die im Hause der Wettiner vollzogene Leipziger Teilung von 1485 verspielte und bald darauf im Norden an die Hohenzollern und im Süden an die Habsburger abtreten mußte, um selbst in die Kleinstaaterei zu zerfallen, sammelte erst später durch Reformation, Klassik und Sozialdemokratie neue gestalterische Kräfte, die es für ganz Deutschland wichtig machten. Im 20. Jahrhundert leiteten daraus nahezu alle politischen Richtungen, die gouvernementalen und die revolutionären, Chancen für eine gerade in Thüringen versuchte Umsetzung ihrer Ideologien ab. Manch einer ist geneigt, in dem von Buchenwald 1945 ausgehenden Geschehen einen Höhepunkt dieser Prozesse zu sehen; zumindest die DDR hat dies, wenn auch legendär verfärbt, getan.

Aus einem solchen Horizont der Geschichte tritt Brills politisches Leben heraus. Das hat Einfluß auf die Anlage seiner politischen Biographie genommen. Sie ließ sich nicht ohne deutliche monographische Elemente schreiben. Brill bliebe sonst unverständlich. Wichtige Voraussetzungen für das Zustandekommen dieser Biographie waren die Implosion des Kommunismus und der staatliche Konkurs der DDR. Trotz ihres schmalen methodologischen Ansatzes bei der Deskription der deutschen Geschichte seit 1919 hatten die DDR-Historiographen den Widerstandskämpfer Brill stets übergangen und als „rechten Sozialdemokraten", der er nie war, ins politische Abseits zu stellen versucht. Der politischen Verdammung folgte die Sekretierung der Archivalien. Jetzt, wo beides aufgehoben ist, haben das Thüringische Hauptstaatsarchiv in Weimar, das Staatsarchiv Gotha, das Landesparteiarchiv Erfurt der PDS sowie das Institut für die Geschichte der Arbeiterbewegung in Berlin nebst dem dort ansässigen Dokumentationszentrum für die Prozeßakten des Volksgerichtshofes ihre Bestände freigegeben. Zusammen mit dem im Bundesarchiv in Koblenz einlagernden größeren Teil des Brill-Nachlasses und dem kleineren aus dem Archiv der sozialen Demokratie in Bonn ist dadurch die Quellenbasis exzellent geworden und sicher durch diese Publikation nicht erschöpft.

Allen hilfreichen Mitarbeitern der Archive bin ich zu Dank verpflichtet. Ein großer Dank gilt Cornelia Martin-Brill, die wichtige Einblicke in das Leben ihres Vaters gab, ebenso Elise Tilse, die als zeitweilige politische Weggefährtin Brills ein gleiches tat. Ein ganz besonderer Dank ist Edeltraud Schönewald zu entrichten, die als seit 1945 tätige Sekretärin Brills nicht nur wichtigste, allein in ihrem Besitz befindliche Dokumente zur Verfügung stellte, sondern auch stets mit ihrem großen Wissen als Zeitzeugin half. Dem Direktor des Thüringischen Hauptstaatsarchivs, Dr. Volker Wahl, gilt ein nachdrücklicher Dank für viele, stets selbstlos gegebene Anregungen. Marion Käpnick hat bei der Anfertigung des Manuskripts unermüdliche Hilfe geleistet. Schließlich habe ich der Deutschen Forschungsgemeinschaft für eine finanzielle Starthilfe zu danken sowie Dr. Dieter Dowe und Dr. Michael Schneider vom Forschungsinstitut der Friedrich-Ebert-Stiftung für die Aufnahme der Biographie in die „Reihe: Politik- und Gesellschaftsgeschichte".

I. Thüringen als geographische und politische Heimat

1 Das Musterland deutscher Kleinstaaterei

Thüringen, das ist ein Land vieler Länder, Prototyp deutscher Kleinstaaterei bis zum Ende des Ersten Weltkriegs. Es wurde das grüne Herz Deutschlands genannt, war zeitweise auch sein geographisches und kulturelles, Ausgangs- und Mittelpunkt geschichtsmächtiger Kräfte wie Reformation und Klassik, ein Kernland der Sozialdemokratie, Durch- und Aufmarschgebiet der Nationalsozialisten auf ihrem Weg von München nach Berlin. Große Kapitel der deutschen Geschichte sind in Thüringen geschrieben worden. Bonifatius kam als Missionar 725 bis 735 hierher und gründete 741/42 das – kurzlebige – Bistum Erfurt. Der Franke Karl Martell folgte ihm mit der politischen Durchdringung des Landes. Martin Luther, im anhaltinischen Eisleben geboren, übersetzte und verbreitete von der thüringischen Wartburg aus die frohe Botschaft der Kirche. Herder, Wieland, Klopstock, Schiller, Goethe, Nietzsche: Lang ist die Reihe jener, die der Weimarer Kultur das Gütesiegel deutscher Klassik aufprägten. Die Vorkämpfer sozialdemokratischer und sozialistischer Ideologien und Politik von Lassalle bis Bebel sind im 19. Jahrhundert zu nennen. Die erste deutsche Republik hat ihren Namen von Weimar entlehnt. Schließlich haben sich im 20. Jahrhundert noch Hitler und Himmler, Frick und Sauckel in die Geschichte dieses Landes eingeschrieben. Doch das ist schon fast sein unrühmliches Ende, aus dem ein Nachfolgestaat des Dritten Reiches mit einer antifaschistischen Gründungslegende noch einen Ausweg versuchte, die DDR mit Buchenwald. Für Hermann Brill ist dieses Land geographische und politische Heimat gewesen. Er hat in seiner Geschichte gelebt und aus ihr eigene politische Überzeugungen abgeleitet. Das fordert zu einem kurzen historischen Rückblick auf.

Die Anfangsspuren der thüringischen Geschichte reichen gut faßbar bis in die Völkerwanderung zurück, als sich Reste der Hermunduren, Angeln und Awaren am Beginn des 5. Jahrhunderts zwischen dem Thüringer Wald im Süden, der Aller und Ohre im Norden, der Werra im Westen und der Elbe im Osten zu einem der Form nach fast quadratischen Königreich der Thüringer verschmolzen. Bald zwischen den Fronten stehend, hier das von Theoderich ihnen oktroyierte Bündnissystem, dort die expansiven Franken, nutzten letztere die zunehmende Schwäche des zerfallenden Römischen Reiches und machten sich im Bunde mit den Sachsen 531 in der Schlacht an der Unstrut das Gebiet beiderseits der Saale untertänig. Nördlich der Unstrut traten die Sachsen die politische Oberherrschaft über die Thüringer an, die westlichen Landesteile wurden dem erstarkenden Frankenreich einverleibt, einen verbleibenden Rest östlich der Saale nahmen die bis hierhin vordringenden sorbischen Slawen. Ihren letzten König Herminafrid verloren die Thüringer 534 durch politischen Mord.[1]

Diese Gründungsgeschichte zeichnete den Lauf der ganzen thüringischen Geschichte auffällig stigmatisierend vor: Die Thüringer haben es nicht wie andere Stämme vermocht, die historische Chance der Völkerwanderungszeit zur Gründung und Konsolidierung eines starken

1 Zur Geschichte Thüringens vgl. Walter Schlesinger (Hg.), Festschrift für Friedrich Jahn, Bd. 1: Zur Geschichte und Volkskunde Mitteldeutschlands, Köln/Graz 1960, S. 50–64; Hans Patze/Walter Schlesinger (Hg.), Geschichte Thüringens, Bd. 5: Politische Geschichte der Neuzeit, Teil 2: Friedrich Facius, Politische Geschichte von 1828 bis 1945, Köln/Wien 1978, Ulrich Heß, Geschichte Thüringens 1866 bis 1914, aus dem NL hrsg. von Volker Wahl, Weimar 1991, mit weiterführender Literatur.

gentilizischen Verbandes mit gesicherten, weil respektierten Siedlungsräumen zu nutzen. Die nach ihrem Übertritt zum Christentum mit alttestamentarischem Sendungsbewußtsein nach Süden und Osten expandierenden Franken[2] im Westen, die weiter nach Westen drängenden Sorben (später die Ungarn) im Südosten sowie die um den sich langsam abzeichnenden mitteldeutschen Raum konkurrierenden Sachsen im Nordosten haben den Thüringern den Weg zu einer gefestigten Stammeseinheit verstellt.

Das Fehlen einer herzoglichen Zentralgewalt spielte indessen begüterten Familien immer wieder die Chance zu, größere Grundherrschaften (nach der Missionierung durch Bonifatius auch mit Hilfe der Kirche) zu formen. Nennenswerte Erfolge hatte dabei allein das auch in Hessen begüterte Haus der Ludowinger; diese erlangten 1130 die thüringische Landgrafenwürde. Der historische Augenblick war günstig, konnten sich doch Ludowinger der beginnenden deutschen Ostkolonisation anschließen, dabei den thüringischen Stammesraum bis zur Elster und Pleiße hin ausdehnen und so ihr eigenes Ansehen festigen. Doch bereits 1247 starb dieses Landgrafengeschlecht aus; damit scheiterte ein zweiter ebenso kurzphasiger Versuch, aus eigenen Kräften eine politisch selbständige Gestaltung des thüringischen Siedlungsraumes zu erreichen.[3]

Die wettinischen Markgrafen von Meißen traten die Nachfolge der ludowingischen Landgrafen an und gliederten damit Thüringen ihrem Streben nach Ausbau eines eigenen mitteldeutschen Territoriums ein. Die thüringische Geschichte wurde jetzt Teil der Geschichte der Wettiner. Als diese nach dem Aussterben der Wittenberger Askanier 1422 von jenen die Herzog- und die damit verbundene Kurwürde übernahmen, gingen dieser Titel und der Name Sachsen auch auf die thüringischen Länder der Wettiner über.

Die in dieser historischen Stunde gebotene Möglichkeit eines großen, unter einheitlicher Führung stehenden Raumes – ein potentieller und aussichtsreicher Konkurrent des aufstrebenden Hauses Brandenburg/Preußen im mitteldeutschen Raum – wurde am 26. August 1485 verspielt, als die Söhne des Wettiner Kurfürsten Friedrich II., des Sanftmütigen, der 1464 gestorben war, ihre bis dahin gemeinsame Regierung in der Leipziger Teilung sprengten. Ernst, der Ältere, erhielt das Herzogtum Sachsen und die Kurwürde (Ernestiner), Albrecht, der Jüngere (Albertiner), die Mark Meißen und das nördliche Osterland. Thüringen wurde zwischen beiden aufgeteilt: Jener nahm den größeren Teil Thüringens und des Osterlandes sowie die fränkischen Besitzungen südlich des Thüringer Waldes und das Vogtland an sich, dieser den nördlichen, kleineren Teil Thüringens.

Keiner der beiden Brüder beherrschte einen geschlossenen Teil Thüringens, denn eingestreut saßen andere dazwischen, die Herren von Gera, die Reußen von Plauen, die Grafen von Schwarzburg in der Mitte und im Norden sowie die von Henneberg im Süden. Hinzukamen noch Grafschaften minderen Gewichts, die von Gleichen von Hohenstein, von Mansfeld, von Stollberg und von Weichlingen, die Burggrafen von Kirchberg und die Schenken von Tautenberg. Schließlich wären noch die drei reichsfreien Städte Erfurt, Nordhausen und Mühlhausen zu nennen sowie die Einflußnahmen der katholischen Kirche im Eichsfeld (Erzbistum Mainz), die dem Erzbistum Magdeburg unterstellten Bistümer Merseburg und Naumburg zu beachten sowie die Einwirkungen des Bistums Würzburg im Süden Thüringens und der Abteien Hersfeld und Fulda im Westen zu berücksichtigen.

Oberherren dieser partikularistischen Vielfalt waren die Wettiner, insbesondere deren

2 Zum alttestamentarischen Selbstverständnis der Franken, das neue Volk Gottes zu sein, vgl. die Stammeschroniken und -annalen der Franken.

3 Willy Flach, Die staatliche Entwicklung Thüringens in der Neuzeit, in: Zeitschrift des Vereins für thüringische Geschichte und Altertumskunde, N. F. 35, 1941, S. 17.

durch die sächsische Kurwürde potenterer Zweig der Ernestiner. Diese haben auch der Reformation zum Erfolg verholfen (Friedrich der Weise, gestorben 1525, sein Bruder Johann der Beständige, gestorben 1532, sowie dessen Sohn Johann Friedrich der Großmütige, gestorben 1554), zunächst in ihrem thüringischen Landesteil, danach im Albertinischen, wo Herzog Georg der Bärtige (gestorben 1539) am Anfang ein heftiger Gegner des neuen Glaubens gewesen war.

Allerdings mußten die Ernestiner den reformatorischen Erfolg mit einer politischen Niederlage bezahlen, verlor doch Johann Friedrich in der Schlacht bei Mühlberg an der Elbe am 24. April 1547 gegen den Kaiser und in der anschließenden Kapitulation von Wittenberg, die diesen Schmalkaldischen Krieg am 19. Mai 1547 abschloß, das Kurland Sachsen mit der Kurwürde an seinen Vetter Moritz, der als Albertiner in der Schlacht mit dem Kaiser für den Katholizismus und gegen die Reformation verbunden war. Der Augsburger Religionsfriede 1555 bestätigte dann den Ernestinern allein die thüringischen Besitzungen, dazu als neues Territorium Coburg. Der Übergang der Macht im Wettiner Vetternhaus von den Ernestinern auf die Albertiner hat Thüringen mit den unterlegenen Ernestinern aus dem politischen Kampf um die Vorherrschaft in dem mitteldeutschen Raum gänzlich hinausmanövriert, aber keine geschlossenere Binnenstruktur des Landes zwischen den Bergwäldern des Harzes im Westen und des Thüringer Waldes im Süden sowie den Flüssen Werra und Pleiße gebracht. Als das Haus Henneberg 1583 mit Graf Georg Ernst ausstarb, konnten die Ernestiner zwar noch einen nennenswerten territorialen Zuwachs für sich in Thüringen buchen, während der größere Teil an die Albertiner in Sachsen ging, aber andere Geschlechter, vornehmlich die Schwarzburger und Reußen, blieben ihre territorialen Widersacher in Thüringen.

So zeigt sich seit der Mitte des 16. Jahrhunderts die territoriale Vielgestaltigkeit Thüringens zum einen von den ernestinischen Herzögen von Sachsen bestimmt, zum anderen von den durch sie umschlossenen oder an sie angrenzenden Herrschaften der Grafen von Schwarzburg und von Henneberg sowie der Herren Reuß. Die geographisch-politische Landschaft Thüringens war dadurch noch nicht ausreichend definiert. Der Norden, Erfurt und das Eichsfeld, gehörte bis zum Wiener Kongreß 1815 zum Kurfürstentum Mainz bzw., so Sangerhausen, Langensalza und Teunstedt, zum Kurfürstentum (seit 1806 Königreich) Sachsen, danach zu Preußen. Im Süden reichten die thüringischen Staaten jetzt über den Thüringer Wald nach Franken hinein (Coburg, Sonneberg, Hildburghausen, Meiningen) und im Osten über die Saale hinaus bis nach Altenburg ins Pleißenland.

Keines der thüringischen Herrscherhäuser besaß eine territoriale Basis für weitreichende machtpolitische Bestrebungen aus dem mitteldeutschen Raum heraus. Fortgesetzte Landesteilungen der Ernestiner tilgten darüber hinaus im 16. Jahrhundert jede Voraussetzung für eine eventuelle machtpolitische Renaissance in Deutschland[4]. Diese Landesteilungen hatten die

4 Die Teilungen der Ernestiner im 16. und 17. Jahrhundert ergeben sich aus folgender Zusammenstellung:
1572 Teilung in die Hauptlinien Weimar und Coburg
1603 Teilung in die Hauptlinien Weimar und Altenburg
1640 Teilung der Hauptlinie Weimar in die Linie Weimar, Gotha und Eisenach
1672 Teilung der Linie Weimar in drei Speziallinien
1680 Teilung der Linie Gotha in sieben Speziallinien.
Dadurch entstanden in Thüringen folgende ernestinische Linien:
A. Teilung von 1572
1. Hauptlinie Sachsen-Weimar (regiert bis 1918)
2. Hauptlinie Sachsen-Coburg (fränkische Linie) 1572 bis 1638 unterteilt in Sachsen-Coburg und Sachsen-Eisenach.
B. Teilung von 1603
1. Hauptlinie Sachsen-Weimar (bis 1918)

Gründung neuer Staaten mit Reichsstandschaft (Vertretung auf dem Reichstag) zur Folge. Als „Fürstentümer" wurden sie bis 1806 nach der Residenzstadt bezeichnet ohne den Zusatz „Sachsen". Sieben ernestinische Fürstentümer sind es geworden: 1572 Weimar und Gotha, 1596 Eisenach, 1603 Altenburg, 1640 Gotha, 1680 Meiningen und 1702 Hildburghausen. Durch Erbschaft herbeigeführte Wiedervereinigungen vorher getrennter Territorien führten bis 1806 nicht zu einer auch verwaltungstechnischen Verschmelzung zuvor geschaffener Fürstentümer, sondern nur zu Personalunionen.

Zwischen 1806, dem Ende des Heiligen Römischen Reiches Deutscher Nation, und 1815, dem Datum des Wiener Kongresses, ist diese thüringische Vielgestaltigkeit nur unmerklich bereinigt, aber durch das Eindringen Preußens nach Thüringen doch politisch deutlich neu akzentuiert worden. Das Königreich Preußen faßte in der Landesmitte, in seinem neuen Regierungsbezirk Erfurt, Fuß, neun, dann acht thüringische Staaten gruppierten sich herum: das Großherzogtum Sachsen-Weimar-Eisenach, das Herzogtum Sachsen-Meiningen, die Herzogtümer Coburg und Gotha, die sich 1826 in Personalunion, seit 1852 in Realunion verbunden hatten, das Herzogtum Sachsen-Altenburg sowie die vier Fürstentümer Schwarzburg-Sondershausen, Schwarzburg-Rudolstadt, Reuß ältere und jüngere Linie. Diese Territorien, vier ernestinische, zwei Schwarzburger und zwei Reußische, wurden zur Grundlage der 1867 nach ihrem Beitritt zum Norddeutschen Bund gebildeten Reichstagswahlkreise und hatten bis 1918 Bestand.

Die zumindest wirtschaftspolitische Einheit dieser thüringischen Kleinstaaten förderte ihr gemeinsamer Beitritt zum Deutschen Zoll- und Handelsverein am 1. Januar 1834. Ihre auch außenpolitische Konsensfähigkeit wurde im Juni 1866 sichtbar, als Coburg und Gotha sowie Sachsen-Altenburg, die schon vorher Militärkonventionen mit Preußen geschlossen hatten, sich diesem Königreich anschlossen, Schwarzburg-Sondershausen und Reuß jüngere Linie sich ebenfalls sofort auf Preußens Seite stellten. Sachsen-Weimar-Eisenach, das in den Personen des Großherzogs und des leitenden Staatsmannes zunächst Bedenken gegen ein Zusammengehen mit Preußen hatte, trat nach der Schlachtentscheidung von Königgrätz Preußen bei. Allein Sachsen-Meiningen und Reuß ältere Linie blieben zunächst bundestreu, wurden deswegen von Preußen besetzt, traten aber danach dem Norddeutschen Bund bei. Auch wenn Sachsen-Weimar-Eisenach seines großherzoglichen Hauses und seiner verwandtschaftlichen Beziehungen wegen noch direkte diplomatische Kontakte zu Rußland behielt und Coburg-Gotha aus vergleichbaren Gründen zu Großbritannien, leitete die Gründung des Norddeutschen Bundes

---

2. Hauptlinie Sachsen-Altenburg (ältere Linie 1603 bis 1672, erbt 1638 Coburg, seitdem Sachsen-Coburg-Altenburg).
C. Teilung von 1630 innerhalb der Hauptlinie Sachsen-Weimar
1. Hauptlinie Sachsen-Weimar (bis 1918)
2. Hauptlinie Sachsen-Gotha (bis 1918)
3. Hauptlinie Sachsen-Eisenach (mittlere Linie 1640 bis 1644).
D. Teilung von 1672 innerhalb der Linie Sachsen-Weimar
1. Hauptlinie Sachsen-Weimar, seit 1771 Sachsen-Weimar-Eisenach
2. Hauptlinie Sachsen-Weimar
3. Hauptlinie Sachsen-Jena.
E. Teilung von 1680 innerhalb der Linie Sachsen-Gotha
1. Hauptlinie Sachsen-Gotha-Altenburg (1680 bis 1825)
2. Hauptlinie Sachsen-Coburg (1680 bis 1699)
3. Hauptlinie Sachsen-Meiningen (1680 bis 1918), von 1700 bis 1826 Sachsen-Coburg-Meiningen
4. Hauptlinie Sachsen-Römhild ohne Landeshoheit
5. Hauptlinie Sachsen-Eisenberg, ohne Landeshoheit
6. Hauptlinie Sachsen-Hildburghausen, Landeshoheit seit 1702
7. Hauptlinie Sachsen-Saalfeld, seit 1735 Sachsen-Coburg-Saalfeld, Landeshoheit über Saalfeld erst 1805.

1867 doch das Ende der territorial-politischen Kleinstaaterei Thüringens ein. Dies ist der Augenblick der Geschichte, an dem sich die Wurzeln der Familie Brill fassen lassen.

2 Die Kindheit Hermann Brills im Thüringer Wald

Hermann Brill hat keine sein Leben aus eigener Sicht zusammenfassenden Memoiren geschrieben. Als er sich ein knappes Jahr vor seinem Tode mit dem Gedanken daran trug und auch die angemessene Form erwog – „Autobiographie, Erinnerungen, Denkwürdigkeiten" –, kam er zu einem verneinenden Urteil. Eine Autobiographie? Literarische Vorbilder rieten ihm eher davon ab, ein solches auf das psychologische Interesse des Lesers ausgerichtetes Opus zu schreiben. „Pascal, Rousseau und andere Exhibitionisten sind nicht zu überbieten." Er selbst, so ließ der hier rigide urteilende und sich an hohen Maßstäben orientierende Brill seinen in gemeinsamen Tagen im Konzentrationslager Buchenwald gewonnenen politischen Freund Ernst Thape wissen, habe „seelische Sensationen mit Lügen, Selbstbezichtigungen, Schuldbekenntnissen, Erleuchtungsakten usw. usw." nicht zu bieten.[5] Für Denkwürdigkeiten, eine andere Form der Memoiren, sei die Ereignisfülle der letzten 50 Jahre zu groß, kontrastreich, widersprüchlich, schwer kategorisierbar und deswegen dem mit moralischem Anspruch urteilenden, im Fluß des Geschehens mitgestaltenden, aber auch mitgerissenen Zeitgenossen letztlich unmöglich.[6]

Es blieben allein Erinnerungen. Doch auch dagegen erhob Brill Einwände. Sein Gedächtnis sei zu schlecht. Die Hitler-Zeit sei für ihn „eine einzige große graue Masse", die Jahre im Gefängnis in Brandenburg-Görden seien „kaum voneinander unterschieden", danach wohl alles aus den Akten rekonstruierbar, aber, autobiographisch aufgearbeitet, fehle dem Dargestellten dann „die Frische des Erlebens". Eine Lebensspanne nahm er aus: „Ich kann mich an die Ereignisse meiner Jugend etwa bis zum 28. Lebensjahr mit größter Genauigkeit erinnern." Was danach bis zum 36. Jahr, also zwischen 1923 und 1931, geschehen sei, sei „weniger sicher". Mit 1932 beginne „eine allgemeine Unsicherheit".

Mit solchen teils verwerfenden, teils einschränkenden Überlegungen kam der zu diesem Zeitpunkt, im Herbst 1958, noch ahnungslos an das baldige Ende seines Lebens vorgerückte Hermann Brill zu dem Ergebnis: „Wenn ich einmal etwas zu diesem Genre machen sollte, so wäre es eine Darstellung von Kindheit und Jugend." 63jährig blickte er auf die Anfänge seines Lebens zurück, deren Konturen standen ihm genau vor Augen. Kindheit und Schule in Ohrdruf, Lehrerausbildung in Gotha, Kriegsdienst im Ersten Weltkrieg an verschiedenen Fronten, Revolutionszeit in Gotha sowie die hier begonnenen und dann bis 1923 in Weimar fortgesetzten politischen Versuche im Einsatz für einen demokratischen Sozialismus: das ist die Summe seines Lebens bis zum Alter von 28 Jahren, der er sich lebhaft und genau zu erinnern vermochte, um sie aufschreiben zu können.

Diese Jahre sind auch wichtig genug, zeigen sie doch beispielhaft am Schicksal einer zum homo politicus sich berufen fühlenden Person den großen Umbruch in der deutschen Geschichte, den der Erste Weltkrieg in Staat und Gesellschaft markiert. Diese Zeitenwende hat Brill in Teilen passiv erlebt, früh reflektierend erfaßt und schnell mitgestaltend geprägt.

---

5 AES Hermann Brill an Ernst Thape 30. 9. 1958.

6 „Denkwürdigkeiten halte ich für unmöglich. Ereignisse mit moralisch, sittlich fundierten Werturteilen zu verbinden, Reflexionen anzustellen, Grundsätze und Lehren zu ziehen, wer könnte das, wenn er unser Leben der letzten 50 Jahre erlebt hat, überhaupt wagen?" (ebd.)

Brill hat die ihm vor Augen stehende „Darstellung der Kindheit und Jugend“ nicht mehr verfaßt. Knapp 10 Monate nach seinen gegenüber Thape offenbarten Reflexionen ist er gestorben. Dennoch liegen früher geschriebene, biographisch verwertbare „Erlebnisse der Kindheit“, eine dazu erstellte Disposition sowie eine Skizze mit dem Titel „Ein Leben für die Freiheit“ vor. Die beiden ersten Schriftstücke wurden 1939/40 geschrieben, sind aber nur fragmentarisch überliefert. Die Umstände, unter denen sie aufgezeichnet wurden, in der Untersuchungshaft in Berlin und anschließend im Zuchthaus Brandenburg-Görden, aus denen sie herausgeschmuggelt werden mußten, sind dafür ursächlich gewesen. Die Skizze „Ein Leben für die Freiheit“ wurde 1946 angefertigt.[7]

Die „Erlebnisse der Kindheit“, die bis zum 11. Lebensjahr Brills reichen, sind viel mehr als eine bloße Ansammlung von wichtigen oder beiläufigen Erinnerungen; sie offenbaren gerade jene autobiographischen Züge, die Brill ihres dekuvrierenden Charakters wegen für sich verwerfen wollte. Sie sind wie ein Psychogramm in eigener Sache, zeigen sie doch die Persönlichkeitsstruktur des Autors, besonders seine Intellektualität, aber auch das seelische Gefüge, in dem Brill sich verankert wußte. Natürlich sind retrospektive Verfärbungen anzunehmen, auch wenn Brill sich gleich einleitend gegen sie mit subjektiver Aufrichtigkeit zu wappnen sucht. Ursprünglich Erlebtes und später von anderen Gehörtes oder nachträglich Gedachtes werden in den Kindheitserinnerungen ineinanderfließen. Daraus resultierende methodologische Schwierigkeiten sind nicht befriedigend auszuräumen.[8] Zu bedenken sind auch Zeitpunkt und Umgebung bei der Anfertigung der Disposition, die Untersuchungshaft in Berlin und mehr noch bei der Ausfertigung des Manuskripts in Brandenburg-Görden. Hier stand Brill unter den nächtlich miterlebten Tötungen verurteilter Gefangener und empfand seine eigene Lebensbedrohung. Eine solche existentielle Lage schafft besonders bei so hochgradig intelligiblen und sensiblen Personen wie Brill Raum für die Bereitschaft, ja den Zwang, das eigene Leben, dessen Ende täglich drohen konnte, durch vertiefende, nach rückwärts greifende Reflexionen vollgültiger und vollendeter erscheinen zu lassen, als das gewöhnlich mit 44 Jahren, die Brill 1939 alt war, der Fall sein dürfte.

Trotz dieser interpretatorischen Vorbehalte und inhaltlichen Einschränkungen sind die „Erlebnisse der Kindheit“ ein wichtiges Dokument für eine Biographie. Sie zeigen Brill schon in der Frühphase seines Lebens in jenen Anlagen, die er später als Mensch, Lehrer und Politiker ausprägend vorgeführt hat. Die bereits in der Kindheit erkennbaren kognitiven und affektiven Entwicklungsvorsprünge, sein ungewöhnlich leistungsfähiges Gedächtnis wie seine hohe Sensibilität für Eindrücke aus Natur, Kultur und gesellschaftlicher Umwelt haben ihn als frühen Zwanzigjährigen (1918–1923) herausragen lassen. Sie haben ihn später (1932/33, 1945/46 und zu Beginn der 50er Jahre) als überdurchschnittlich leistungsfähige, hoch sensible, andere schnell übertreffende und dadurch mitunter auch irritierende Persönlichkeit herausgehoben. Später im politischen Tagesgeschehen offenbarte Verhaltensweisen, die vielseitige Belesenheit und Bildung, persönlicher Ehrgeiz und soziale Verantwortung, theore-

7 AES Disposition zu den „Erlebnissen der Kindheit“, 2. 10. 1939; das Manuskript, mit „Br.“ abgezeichnet, ist 2½ Schreibmaschinenseiten lang und weist 16 Dispositionspunkte auf, von denen aber die ersten 8 in der Überlieferung fehlen. Die auf dieser Basis angefertigten „Erlebnisse der Kindheit“ (ebd.) reichen zeitlich bis zum 4. Schuljahr (1905); damit formulieren sie aber nur die ersten 9 Punkte der Disposition aus. Angefertigt wurden die Dispositionen im Herbst 1939 im Berliner Untersuchungsgefängnis, die folgende Ausfertigung im Zuchthaus Brandenburg-Görden. Von dort wurden sie in Teilen hinausgeschmuggelt. Das wird ihre fragmentarische Überlieferung erklären. Anders verhält es sich mit der Skizze „Ein Leben für die Freiheit“. Sie war eine Auftragsarbeit für den Greifen-Verlag in Rudolstadt/Thüringen, wurde am 7. 9. 1946 in Wiesbaden abgeschlossen, aber dann nicht gedruckt.

8 C. Tent, Psychologe an der Universität Marburg, hat in einem Gutachten darauf verwiesen: AES, C. Tent an E. Schönewald, 13. 3. 1981.

tisch fundiert und praktisch befähigt, Standfestigkeit und Bekennermut, ethischer Rigorismus und ideelle Kraft, der Pragmatik zugewandt, all dies glaubt man in den „Erlebnissen der Kindheit" vorgeprägt zu finden.

Noch stärker als diese „Erlebnisse", die vor dem Zweiten Weltkrieg geschrieben wurden, ist die Skizze „Ein Leben für die Freiheit", die danach, 1946, aufgezeichnet wurde und auch über Brills Kindheit Auskunft gibt, von einem bewußten autobiographischen Gestaltungsprinzip durchdrungen, eher eine ad personam verfaßte retrospektive politische Programmschrift dessen, der mit seinem Einsatz für die Freiheit gesiegt hat, als eine bloß analytische, tradierende biographische Quelle. Hier legt Brill großen Wert darauf, in eine weiter zurückgreifende politische Kontinuität seines Elternhauses, das er als „Heimstätte des Sozialismus" vorstellt, eingebettet zu sein: „Viele Generationen zurück sind meine Vorfahren väterlicherseits Schöppen, Bürgerdeputierte, Bürgermeister, einer von ihnen war sogar Abgeordneter zum Reichstag des Königreichs Westfalen in Kassel." Sein Vater wird in großer Schärfe als Sozialist vorgestellt, dem „eine kaum erklärliche Verachtung der Großen und Reichen" eigen war. „Sein Ideal war die amerikanische Demokratie."

Brill schrieb das im September 1946 in Wiesbaden auf, strich seine amerikanische Verwandtschaft „von New York bis Chicago und Kalifornien über fast alle Staaten" der USA heraus und betonte dazu noch: „Der Preußenhaß der Hessen war bestes Familienerbgut". Waren dies auch Verbeugungen des damals gerade mit amerikanischer Hilfe aus Thüringen in die Besatzungszone der USA Übergesiedelten? Man muß die Frage hier offenlassen. Für die Biographie indessen ist auch die Skizze „Ein Leben für die Freiheit" eine wertvolle Quelle. Neben den beiden anderen ergibt sich daraus ein durchaus differenziertes Bild über die Kindheit Brills.

Hermann Louis Brill wurde am 9. Februar 1895 als erstes von fünf Kindern des Schneidermeisters Michael Brill und seiner Ehefrau Lina, geb. Otto, in Gräfenroda, einer industriellen Waldgemeinde Thüringens, geboren. Die Eltern hatten im Jahr zuvor in Ohrdruf geheiratet. Die Mutter stammte von dort, der Vater aus Tambach. Später sind noch vier Geschwister geboren: Ida am 8. Dezember 1896 († März 1945 K. L. Ravensbrück), Paul am 14. Januar 1898 († 15. März 1943 Leipzig), Ernst am 25. Mai 1900 († 26. Juni 1963 Hofgeismar) und Willi am 13. Februar 1902 († 9. April 1937 Ohrdruf). Da war die Familie schon wieder in das wenige Kilometer nördlich gelegene Ohrdruf umgezogen. Dieser Ort, am Nordwestabhang des Thüringer Waldes am Eingang der Paßstraße über Oberhof/Rennsteig nach Zella-Mehlis gelegen, war seit 1876 durch die Eisenbahn mit Gotha, seit 1892 über Gräfenroda auch mit der Strecke Arnstadt–Meiningen, wichtigen thüringischen Zentren, verbunden. Politisch gehörte der Ort damals zum Herzogtum (Coburg-)Gotha.

Ohrdruf, das Dorf an der Ohra[9], zunächst „Ordorp", dann „Ohrdorf" genannt, der Sage nach von Bonifatius gegründet, der hier, um eine Quelle zu suchen, sein Ohr auf die Erde "druff"-gelegt haben soll, ist durch vier Urkunden Ottos I. seit 961 belegt, wurde im 14. Jahrhundert zur Stadt erhoben und 1631 Sitz der die umliegende Grafschaft Obergleichen regierenden Grafen und späteren Fürsten von Hohenlohe. 1858, als die Stadt 4615 Einwohner zählte, wurde sie Sitz eines Gothaischen Landrats mit Amtsgericht für den gleichnamigen Landkreis. Etwa gleichzeitig hielt das industrielle Zeitalter durch eine Porzellanfabrik sowie eine Puppen- und Spielwarenherstellung Einzug an der Ohra.

Politische Signale kamen von Gotha herüber und führten gegen Ende des 19. Jahrhunderts

9 Zu Ohrdruf vgl. Julius Böttcher, Die Geschichte Ohrdrufs, vier Teile, Ohrdruf 1960, und ders., Wie Ohrdruf Stadt wurde, Ohrdruf 1948.

auch in Ohrdruf zu sozialdemokratischen Gruppierungen. Führend betätigte sich dabei Adolf Schauder[10], ein gebürtiger Schlesier (* 25. Juli 1856), der als Bildhauergeselle auf der Wanderschaft in Hamburg der Sozialdemokratie beigetreten, nach Ohrdruf weitergezogen war, dort geheiratet hatte und jene Aktivitäten entfaltete, die durch Arbeiter-Turn- und Gesangvereine das politische Bewußtsein des Ohrdrufer Proletariats und des Mittelstandes erweckte. Zum Kreis um Schauder, der Delegierter auf den Parteitagen der SPD 1890, 1896 und 1909, 1896 bis 1921 Abgeordneter des Landtags der Herzogtümer Coburg und Gotha und des Gemeinschaftlichen Landtags der Herzogtümer Coburg und Gotha für die SPD Ohrdrufs, seit 1908 für Georgenthal–Tambach war, 1917 Mitglied der USPD wurde, Volksbeauftragter im Freistaat Gotha und danach Landtagsabgeordneter in Weimar, jetzt für die KPD, wurde, gehörte Michael Brill[11]. Sohn Hermann trat durch Schauders Vermittlung im Herbst 1918 in die Gothaer politische Szene ein.

Bevor dieser sozialdemokratische Einfluß wirken konnte, hat Hermann Brill die Welt seines Elternhauses und auch die seiner beiden Großelternhäuser in sich aufgenommen. Hier lagen deutliche Unterschiede vor, die nicht nur durch die Generationenfolge zu erklären sind. Brill offenbart selbst in seinen „Erlebnissen der Kindheit“, daß seine beiden Großelternpaare noch ganz dem gesellschaftlich-politischen und kirchlichen Autoritätsverständnis der Kaiserzeit verhaftet waren, sein Vater dagegen den abkehrenden Schritt zum Sozialismus und auch zum Freidenkertum getan hatte. Wie stark die Familie Brill so mit dem sich ändernden Gefüge der Zeit verbunden war, ist darüber hinaus der Tatsache zu entnehmen, daß Hermanns Großmutter mütterlicherseits zu denen gehörte, die in der zweiten Hälfte des 19. Jahrhunderts aus Gründen verbesserter wirtschaftlicher Prosperität nach Thüringen einwanderten. Sie war gebürtig aus Kratzani in Böhmen, wo ihr Vater als Stuhlmacher ansässig war. Dieser war mit seiner Familie nach der militärischen Niederlage der Österreicher bei Königgrätz 1866 nach Thüringen gegangen und hatte in Ohrdruf durch die Gründung einer kleinen Weberei und Spinnerei an dem wirtschaftlichen Aufschwung der Zeit teilzunehmen versucht.

Die Großmutter, Anna Graulich, die dann in Ohrdruf den Schneidermeister Günther Otto heiratete, blieb zeit ihres Lebens als Österreicherin dem katholischen Glauben verbunden und kaisertreu auf Wien orientiert. Ihren Enkel Hermann amüsierte es früh, daß sie ihre Religiosität mit recht vulgären Vorstellungen vom Teufel verband, von dem sie sich immer dann bedroht fühlte, wenn im Winter der Ruß im Schornstein raschelte oder der Marder im Hühnerhaus kratzte. Sie hatte indessen eine klare Vorstellung von dem sozialen, für sie von Gott vorgegebenen Gefüge der Gesellschaft in sich aufgenommen: Honoratioren, Bürgerleute und Lohnarbeiter. Ihr Schwiegersohn, Michael Brill, gehörte mit seinem Schneiderhandwerk nach dieser Kategorisierung zur zweiten Klasse, stand aber bei ihr nicht in hohem Ansehen, da er sich mit der dritten, den „Händern“, wie sie die Arbeiter nannte, solidarisierte.

Ihre österreichische Kaisertreue gab sie nicht auf. „Die apostolische Majestät des Kaisers in Wien“ war ihr allein Maßstab. „Heiße, wehmütige Lieder“ sang sie über Franz Joseph und die Kaiserin Elisabeth. Bei solchen Reminiszenzen blieb ihr Mann, Günther Otto, „immer stumm“, wie Enkel Hermann beobachtete. Er war deutlich anders, nämlich preußisch orientiert. „Sonntags“, so erlebte es der ihn besuchende Enkel, „wenn er bei guter Laune war, schloß er seinen Schreibsekretär auf, ein altes Mahagoni-Möbelstück.“ Darin hielt er vier große farbenprächtige Bilder aufbewahrt, ein Brustbild Kaiser Wilhelms I. mit offenem

10 Adolf Schauder, * am 25. 7. 1856 in Lippen bei Neusalz an der Oder, † 2. 5. 1925 in Ohrdruf.

11 Böttcher, Wie Ohrdruf Stadt wurde, S. 64. Ebd. S. 65 ist erwähnt, daß Paul Brill nach dem 1. Weltkrieg Bürgermeister in Ohrdruf wurde (1. 9. 1922–31. 3. 1926); vom 1. 7. 1925 bis 31. 3. 1932 war er dann Bürgermeister in Sonneberg/Thür.

Mantel und prächtigem Helm („wie der städtische Branddirektor" kam er dem Enkel vor), den kahlköpfigen Alten (Bismarck), den dürren Alten (Moltke: „er sah aus wie ein Professor") und Kaiser Friedrich III. Für Günther Otto waren dies die Respektspersonen, die Inkarnationen seiner preußischen Kaisertreue.

Die Großmutter väterlicherseits, Barbara Katharina Brill, geb. Hopf, wohnte in der Nähe von Ohrdruf, in Tambach. Ihr Mann, Johannes Jeremias Brill, war bereits 1888 gestorben. In diesem Haus pflegte man offenbar eine andere politische Tradition, nicht die Kaisertreue zu Österreich oder Preußen der mütterlichen Großeltern, sondern eine eher freiheitsbewußte thüringische. Dafür stand ein Bild Napoleons in Ehren, von dem die Großmutter ihrem Enkel zu erklären pflegte, dieser habe „dem Hessenvolk die Freiheit gebracht, die Preußen dann wieder aufgehoben habe". Damit schloß sie Thüringen ein. Doch neben diesem Anklang eines anderen politischen Bewußtseins, das in Hermann Brills Erinnerung haften blieb, fiel ihm auch an dieser Großmutter auf, daß sie „von betont kirchlicher Religiosität" war, jeden Sonntag in einem prächtigen Kirchenmantel in den Gottesdienst ging und sich häufig über ihren Sohn Michael, Brills Vater, beklagte, weil dieser gottlos sei und sich zu den „Demokraten", wie sie es nannte, hielt.

Bezeichnend für die auf Brill offenbar aufreizend wirkende Dissonanz in der religiösen Einstellung von Großeltern und Eltern ist ein von ihm im Alter von 8 Jahren vorgenommener experimenteller Klärungsversuch einer Gottesexistenz. Bei einem Gewitter, für die Großmutter stets Anlaß, unter jeder Buche betend Schutz zu suchen, setzte sich ihr Enkel auf das Dach des Hinterhauses, ließ sich von Blitz und Donner umtönen und rief durch das Toben der Elemente zum Himmel empor: „Lieber Gott, alter Opa . . ., komm doch! Erschlag' mich doch, wenn Du da bist! Mach' mich doch tot, wenn Du kannst!" In seinem Kommentar dieses kindheitlichen Erlebnisses schrieb er 1939/40: „Natürlich geschah nichts."[12] Für ihn, der hier mit 8 Jahren Naturwissenschaft und Religion nicht gemeinen Gesetzen der Logik unterwerfen wollte, war das der erlebte Beweis für die Nichtexistenz eines höheren Wesens, der Beweis dafür, daß der Glaube seiner Großmütter ein Aberglaube und der Kirchenaustritt seines Vaters, den dieser im Laufe des Jahres 1902 vollzogen hatte, berechtigt war.

Der Welt der kaisertreuen, gläubigen, österreichische und preußische Vergangenheit in sich tragenden Großeltern stand die ganz andere der Eltern Hermann Brills gegenüber. Sein Vater hatte sich programmatisch auf die andere, die neue Welt des ausgehenden 19. Jahrhunderts orientiert. Auch dafür sprachen Bilder. In seinem Haus waren zwei weiße Hochreliefs auf rotem Tuch zu sehen, die Karl Marx und Friedrich Engels zeigten. Von Marx war das Zitat eingeschrieben: „Proletarier aller Länder, vereinigt euch", von Engels das Wort: „Nicht betteln, nicht bitten, nur mutig gestritten, nie kämpft es sich schlecht für Wahrheit und Recht." Dazu verwahrte sein Vater eine kleine Fotografie Wilhelm Liebknechts mit dessen Wort „Großes Werk gedeiht nur durch Einigkeit." Ein letztes Bild im Hause Brills gefiel dem Sohn am besten, das Ferdinand Lassalles. Der Sohn konnte viele Worte dieser Sozialistenführer auswendig und mußte und wollte sie den gelegentlichen Besuchern das Hauses zitieren. Während die Großeltern auf die Bilder „unwirsch" reagierten, vermerkte Brill erfreut, daß Freunde seines Vaters „noch viel mehr solcher Bilder, Sprüche und Verse" in ihren Häusern hängen hatten.

Der Vater hat mit der sich in solchen Bildern und Zitaten aussprechenden politischen Grundanschauung seinen Sohn entscheidend beeinflußt. Er dominierte nach dem Ausweis der „Erlebnisse der Kindheit" im Verhältnis der Elternteile zueinander offenbar ebenso deutlich

12 „Erlebnisse der Kindheit"; in „Ein Leben für die Freiheit" spielen Gottes-Vorstellungen Brills keine Rolle.

wie in der Beziehung der Eltern zu ihren Kindern. Die Mutter tritt gegenüber dem Vater, auch gegenüber den beiden Großmüttern, in den „Erlebnissen der Kindheit" deutlich zurück. Es heißt dort nur, sie „unterstützt" den Vater „mit Hingabe". Dieser ist für den Sohn Hermann der Vermittler oder die Bezugsgröße der meisten Schlüsselerlebnisse, geradezu die überragende Schlüsselfigur gewesen. Von ihm wurde er, 4jährig, zu dem Gothaer Parteitag der thüringischen Sozialdemokraten 1899 mitgenommen, erlebte an seiner Seite im folgenden Jahr die Maifeier in Ohrdruf, die von ihm „als Anbeginn des Lebens empfunden" wurde. Mit seinem Vater nahm er an Wanderungen durch den Thüringer Wald teil, bei denen die Parteigenossen „ihre Lieder sangen" und gelegentlich, so Ende 1902 einmal, deswegen am Ohrdrufer Ortsrand von Gendarmen „im Namen des Gesetzes" verwarnt wurden.

Im kleinbürgerlichen Elternhaus, das ihm als „Heimstätte des Sozialismus" in Erinnerung blieb, erlebte Brill schon früh den politischen Aktionswillen der neuen Kraft. „Da kamen und gingen die Redakteure von Gotha, Erfurt, Leipzig, Dresden, Berlin und München", brachten Zeitungen und Zeitschriften wie den ‚Vorwärts', den ‚Wahren Jakob', den ‚Süddeutschen Postillion' oder ‚Die Gleichheit' mit, ließen ihn „in der großen Wohnstube" ihre politischen Diskussionen miterleben oder in der väterlichen Schneiderwerkstatt die Übungsstunden des Arbeitergesangvereins. 1906, nach dem Moskauer Attentat auf den Großfürsten Sergius, sah Brill in seinem Elternhaus russische Revolutionäre, „die, hager, bleich, mit schwarzen Bärten, bei uns ein- und ausgingen und von einem geheimnisvollen Zauber umgeben waren".[13]

Aus dieser Reihe der Erlebnisse hob Brill eine von zwei Begegnungen mit August Bebel hervor, zu der es 1900 bei einer Parteiversammlung im Gräfenhainer Schießhaus kam. Der Sozialistenführer machte einen großen Eindruck auf ihn: „Im Bett nagte ich lange an der Frage, wer wohl größer sei, der Kaiser oder Bebel." Später, bei der Niederschrift der „Erlebnisse", will er erkannt haben, daß diese Begegnung mit Bebel 1900 seinem „seelischen Leben die Harmonie gegeben hat", die den in den Häusern der Großeltern und Eltern empfangenen Widerspruch zwischen den Autoritäten in sich auflöste: „Bebel erschien mir wie eine einsame Tanne."[14] Er erfüllte für den damals 5jährigen Jungen die diesem unbestimmte Sehnsucht nach einer idealistischen Verkörperung jener weltanschaulichen Grundpositionen, die ihm sein Vater durch Taten vorlebte.

So vorgeprägt, betont erwachsenenzentriert, wurde Brill zu Ostern 1901 in die Michaelisschule in Ohrdruf, eine Bürgerschule, aufgenommen. Dort erlebte er gleich zu Anfang eine ihm tief in der Erinnerung haftengebliebene Fortsetzung der schon im Elternhaus erfahrenen und für ihn durch eindeutige Parteinahme geklärten weltanschaulichen Denkgegensätze. Der Lehrer, der die Schüler nach ihnen bekannten Verschen fragte, erfuhr von einem, dem „Sohn eines Kupferhammerbesitzers", den bekannten Kindervers: „Ich bin klein. Mein Herz ist rein. Soll niemand drin wohnen als Jesus allein." Der Lehrer lobte diesen Jungen, tadelte hingegen Hermann Brill, der als seine Kindheitskenntnis, wie er sagte, „losschmetterte": „Wir wollen den Frieden, Freiheit und Recht, daß niemand sei des andern Knecht, daß Arbeit aller Menschen Pflicht und niemand es an Brot gebricht." Er konnte auch hinzufügen, daß dies ein Wort Ferdinand Lassalles sei. Der Lehrer reagierte „entsetzt" und ließ Brill „bis lange nach Pfingsten" ungefragt in der Klasse sitzen. Die Welt der reicheren, königstreuen und religionsfesten Schüler auf der einen Seite, die dagegen aufbegehrenden, bisher unterpriviligierten auf der anderen Seite: Der schon vor der Schulzeit erfahrene Widerspruch setzte sich für Brill gleich in den ersten Schultagen fort.

---

13 Ein Leben für die Freiheit, S. 3.

14 Erlebnisse der Kindheit.

Für ihn war das jedoch keine zurücksetzende Erfahrung, da schon in den ersten Monaten die schnell erlernte Fähigkeit des Lesenkönnens ihn über seine gleichaltrigen Schulkameraden und die Fibelwelt der Schule hinaushob. Das Lesenkönnen war „ein umwälzendes Erlebnis", das er schon in der ersten Klasse „lange vorm Advent" erfuhr. Während die an der Schule benutzte ‚Schlimbachsche Fibel' nach altbewährter Pädagogik den Kindern das Lesen auf dem Wege der Lautmalerei beizubringen versuchte, erlangte Brill durch die ganzheitliche Methode schneller die Fähigkeit zum Lesen. Er wandte sie unmittelbar an einer ganz und gar unkindgemäßen Medienwelt an: bei den Zeitungen. Im Elternhaus lagen der ‚Thüringische Waldbote' und das ‚Gothaer Volksblatt' vor, bei der Großmutter dazu die ‚Berliner Morgenzeitung'. Brill, hier offenbar von einer durchaus atypischen Entwicklungsbeschleunigung vorangetragen, beurteilte im Rückblick von 1939/40 das Vermögen, nach knapp 6monatiger Schulzeit schon alles lesen zu können, so: „Ich sah das einfach mit einem einzigen Male ... Meine Freude war grenzenlos."

Von diesem Augenblick an, dem Spätherbst des Jahres 1901, las er nach eigenem Zeugnis jeden Abend seinen Eltern vor. Die böhmische Großmutter, zeit ihres Lebens eine Analphabetin, vergoß Tränen der Rührung. Die Eltern reagierten praktischer und fragten ihren Sohn täglich: „Was gibt's Neues?" „Wer ist gestorben?" Brill war selbst fasziniert von dem intellektuellen Schub, den er erfuhr: „Ich konnte mit einem Schlage alles lesen." Damit erschloß sich ihm die Welt der Erwachsenen. Nicht die in der Schule gelesenen Märchen interessierten ihn; die schob er kritisch an die Seite („wirklich kindheitsgemäß?"). Für ihn war das erfahrene „egozentrische Lustgefühl" wichtiger: „Ich hatte den Zugang zu der Welt der Erwachsenen gefunden, die Welt träumerischer, ahnender Versonnenheit der Kindheit verlassen." Doch beide Welten verbanden sich für ihn noch einmal beim ersten Schulweihnachten, zu dem er von seinem Großvater die Bücher „Lohengrin", „Das Wirthaus im Spessart" und, ebenfalls von Wilhelm Hauff, „Das kalte Herz" geschenkt bekam. Darüber urteilte er in den „Erlebnissen der Kindheit": „Hauff hob mich über die Albernheit der ‚Grimmschen Märchen' hinweg."[15]

Doch danach herrschte eine andere Literatur vor. Sein Vater, der den Bildungshunger seines ältesten Sohnes offenbar erkannte und fördern wollte, kaufte auf einer Auktion „für billiges Geld" Meyers Konversationslexikon in der Ausgabe von 1864–1868. Diese noch im Stil eines humanistischen Liberalismus geschriebene Ausgabe, die, wie Brill sich in der Studie „Ein Leben für die Freiheit" später erinnern sollte, „von Bismarck weder den Namen noch sonst irgendeine borussische Legende" kannte, habe sein „Geschichtsbild auf das Tiefste" bestimmt. Hinzugekommen seien eine bis zur Völkerschlacht von Leipzig 1813 reichende Weltgeschichte, eine „vielbändige Naturgeschichte" sowie eine der Astronomie.

Mit Erstaunen nimmt man aus diesem biographischen Selbstzeugnis das Resümee zur Kenntnis: „Mit 12 Jahren hatte ich das Bürgerliche Gesetzbuch, die Gewerbeordnung, das Handelsgesetzbuch und das Strafgesetzbuch durchgelesen ... Mit 13 Jahren hatte ich die Lektüre von Adam Smith: Der Reichtum der Nationen (Wealth of Nations) und einiger Schriften von John Steward Mill wie von Lassalle und Engels beendet." Bei seiner ersten Reise nach Coburg habe man ihn „dort für ein Wunderkind" gehalten. Brill wies das selbst zurück: „Das ist natürlich Unsinn." Doch die thematisch für ein Kind im Pubertätsalter ganz ungewöhnliche, weil inhaltlich sehr abstrakte und trockene, die normale Verständnisfähigkeit eines 12–15jährigen deutlich übersteigende Lektüreliste offenbart seinen intellek-

15 ebd.

tuellen Entwicklungsvorsprung, den das Lesenkönnen bewirkte, wie auch ein früh erkennbares ungewöhnliches, ihn eher isolierendes geistiges Format.[16]

Neben der intellektuellen Erfahrung des Lesenkönnens – die des Rechnenkönnens verblaßte dagegen – läßt Brill aus seiner Schulzeit nur noch die affektive des Thüringer Waldes und der Natur im allgemeinen gelten. Der Biologielehrer brachte ihm das Botanisieren bei und erklärte, beides außerhalb des eigentlichen Unterrichts, den Sternenhimmel: „Ich kannte mit 10 Jahren alle Sternbilder, stellte die Sternkarte ein, versuchte, mit dem Fernglas meines Vaters die Milchstraße zu durchdringen, zählte in den August- und Novembernächten alle Sternschnuppen." Kindliche Naivität und ein Hang zu frühzeitiger reflektorischer Durchdringung mischten sich hier. Ohne Verständnis für das vorpubertäre Pathos übernahm er die von Kant hergeleitete Lebensweisheit dieses Lehrers: „Der gestirnte Himmel über mir und das Sittengesetz in meiner Brust beweisen mir, daß es einen Gott gibt." Jedoch war dies für Brill nicht der Gott der Bibel. Bei einem Gewitter hatte er sich mit 8 Jahren von der Existenz Gottes abgewandt, jetzt, im Alter von vielleicht 12 Jahren, bekannte er sich plötzlich zu einer idealistischen Gottesvorstellung. Die Klärung so widersprüchlicher Erlebnisse hat er später nicht versucht.

Begeistert von einem Lehrer dieser Art, der ihm eine so direkte Lernerfahrung der Natur und des Kosmos vermitteln konnte, ging Brill zu bloßen Amtsautoritäten schnell auf Distanz. Als die Schule in seinem dritten Schuljahr den Besuch des Oberschulrats erhielt, war dieser, „ein kleines, gelbliches Männchen im schwarzen Gehrock", für ihn enttäuschend. Als er am Nachmittag noch von seiner Mutter erfuhr, daß der visitierende Oberschulrat von den reichen Besitzern des Kupferbergwerks abstamme und belastet sei mit Skandalen in seiner Familie, war diese Welt der gesetzten Obrigkeiten für ihn deutlich suspekt.[17]

1905 sah Brill in vier Erlebnissen die bisherige Erfahrungswelt seiner Kindheit zusammengefaßt und in neue Verständnisformen umgesetzt. Im April dieses Jahres feierte die Schule den 100. Todestag Schillers. Eine ältere Mitschülerin in seinem Haus, die aus diesem Anlaß das „Schiller-Buch der deutschen Jugend" geschenkt bekam, lieh es dem lernbegierigen Brill. Dessen retrospektiv gefaßtes Urteil fiel überschwenglich aus: „Das war ein Dichter nach meinem Geschmack: wo ich stand und ging, deklamierte ich Schiller." Er lernte die Texte der 100 Seiten auswendig und urteilte später in den „Erlebnissen der Kindheit", „daß der Idealismus, wie ihn Schiller besaß, einfach die angemessene geistige Lebensform einer moralisch gesunden Jugend ist". In dessen Versen glaubte er die in den Bildern Liebknechts und Lassalles in seinem Elternhaus früh erahnte bestimmende Kraft des Idealismus verkörpert zu sehen.

Die russische Revolution desselben Jahres 1905, ausgehend von den russisch-japanischen Kriegszügen bei Mukden und Tschutschima, brachten in seine Kindheitswelt die Erfahrung der großen Politik. Während ihm sein Onkel die militärischen Vorgänge der Schlachten kommentierte, legte sein Vater größeres Gewicht auf die politische Bedeutung des Geschehens. Brill neigte, von der kindgemäßeren Priorität für das Militärische offenbar nicht besonders beeindruckt, mehr den Vorstellungswelten seines Vaters zu und glaubte, sich das Verständnis für die Aufstände unterdrückter, armer und hungriger Bevölkerungsschichten auf diese Weise näher bringen zu können. Die von seiner Großmutter mütterlicherseits ihm immer wieder vorgetragene gottgegebene Ordnung des sozialen Gefüges von Honoratioren, Bürgern

16 In „Ein Leben für die Freiheit", der diese Hinweise entnommen sind, legte Brill deutlich größeren Wert auf eine anspruchsvolle Lektüreliste, als dies in den „Erlebnissen der Kindheit" zu finden ist.

17 Erlebnisse der Kindheit; die folgenden Zitate ebd.

und Arbeitern ließ er jetzt ganz fallen. Sein Vater, offenbar ein politisches Enfant terrible seiner Zeit und seines Ortes Ohrdruf, wurde ihm immer mehr zur Schlüsselperson. Als dieser einmal auf dem Gothaer Marktplatz zu umstehenden Leuten im Anblick des Bismarck-Denkmals sagte: „Der wird nächste Woche heruntergenommen" und die zweifelnden Fragen der Anwesenden mit dem lässigen Wort kommentierte, „er muß mal austreten", empfand Brill das Gelächter der Umstehenden als zutreffende Kommentierung.

Einen besonderen Eindruck machte im selben Jahr 1905 auf ihn auch das Turnerfest in Ohrdruf. Er hörte die Turner das alte Lied singen: „Turner auf zum Streite, tretet in die Bahn ...", dessen dritte Strophe lautet: „Auf denn, Turner, ringet, prüft der Sehnen Kraft! Doch zuvor umschlinget Euch in Brüderschaft! Großes Werk gedeihet nur durch Einigkeit – großes Werk gedeihet nur durch Einigkeit." Die in einer Kutsche mitfahrenden älteren Turner, eine schwarz-rot-goldene Fahne schwenkend, wurden ihm von seiner Mutter als die letzten Helden der 48er-Revolution vorgestellt. Ihr Ruf nach Freiheit, sozialer Gerechtigkeit und Demokratie prägten sich dem damals 10jährigen Brill so ein, daß er noch 35 Jahre später dies als ein Schlüsselerlebnis vor Augen hatte. Eine solche Bedeutung, wenn auch auf ganz anderem Gebiet, maß er auch einer Begegnung mit der Musik zu. Johann Sebastian Bach, im nahen thüringischen Wechmar geboren, war einige Zeit an der Orgel der Ohrdrufer Michaelis-Kirche und als Mitglied der Ohrdrufer Stadtpfeiferei seines Onkels angestellt. Als Brill durch einen Lehrer Kantaten und Fugen Bachs vorgespielt bekam, erfuhr er für sich die gewaltige Kraft der Musik. So hat er auch die Musik unter jene Ereignisse des Jahres 1905 eingereiht, die seine intellektuelle und affektive Entwicklung prägten, die für ihn in den Begriffen von Humanismus und Sozialismus Worte und Inhalte seines Lebens wurden. Später hat er immer wieder versucht, dieses reflektorisch zu erfassen. Nicht am Ende seines politischen Lebens, wohl aber nach seiner letzten von großer Bedeutung getragenen politischen Handlung, im Herbst 1948, nach seiner Mitarbeit auf dem Herrenchiemseer Verfassungskonvent, schrieb Brill die in der Kindheit erfaßte, jetzt im Rückblick durchschaute Maxime seines Lebens noch einmal mit diesen Worten auf: „Materialistische Erkenntnis und ethischer Idealismus verbinden sich im Geschichtsbewußtsein demokratisch handelnder, kämpferischer Persönlichkeiten zur höchsten Entfaltung des Politischen, zur prägenden Kraft des unmittelbaren Lebens in der Humanitas."[18] Für eine solche Lebenssumme ethisch-idealistischer, historisch-reflektorischer und politisch-praktischer Einsichten und Maximen haben nächst der Kindheit die Zeiten der Lehrerausbildung in Gotha und des Militärdienstes während des Ersten Weltkriegs Grundsteine gelegt.

Wie außergewöhnlich das Treibgut des Bewußtseins ist, das Brill später aus den „Erlebnissen seiner Kindheit" sammelte, um für sich und andere den Gang seines Bewußtwerdens zu dokumentieren, vermag ein nur hinweisender Vergleich mit jenen „Erinnerungen" zu zeigen, die ein anderer Thüringer, Wilhelm Flitner, über seine frühen Lebensjahre sammelte. Flitner, 1889 zu Friedrichsroda bei Gotha geboren, mithin nur 6 Jahre vor Brill und wenige Kilometer von Ohrdruf entfernt, setzte ganz andere Akzente. Während er beobachtete[19]: „Ein frohgemutes Nationalbewußtsein war bei allen anzutreffen", erweckt Brill den Eindruck, als habe eher eine vorrevolutionäre Lust zur Rebellion die Angehörigen der Unter- und mitunter auch der Mittelschicht in eine permanente, wenn auch zunächst nur unterhaltsam ausgetragene Unruhe versetzt. Damals vielfach gedruckte und in Familien aller Schichten gelesene illustrierte Hefte

---

18 Hermann Brill, Drei Epochen. Ein Gedenkblatt zum 19. 10. 1878, in: Das Sozialistische Jahrhundert 2/1948, S. 337f. Das Manuskript wurde am 13./14. 10. 1948 angefertigt.

19 Wilhelm Flitner, Erinnerungen 1889–1945. Gesammelte Schriften, Bd. 11, Paderborn 1986, S. 59; die folgenden Zitate ebenfalls.

über den Krieg von 1870/71 mit Holzschnitten, Lithographien oder Radierungen (Photos waren seltener) über Kriegsszenen, Belagerungstaktik und -geschütze, Soldaten usw. wurden von Flitner hervorgehoben, waren für Brill aber kein Thema. Wo Blei- und Zinnsoldaten beliebtes Kinderspielzeug waren (preußisch die einen, Zuaven die anderen – in Erfurt war nach 1870/71 ein Gefangenenlager französischer Zuaven, Angehöriger der von Frankreich aufgestellten algerischen Kolonialtruppe, die im deutsch-französischen Krieg auf Seiten der Franzosen zum Einsatz gekommen waren), erwähnte Brill kein Kinderspielzeug dieser Art.

Flitner sah den Zeitgeist so: „Man war von der Stärke und dem Glanz des Deutschen Reiches erfüllt." Weimar, wohin seine Eltern 1895 umzogen, sah pompös inszenierte Aufzüge des großherzoglichen Paares, häufige Besuche des mit ihm verwandten Kaisers Wilhelm II. Auch nach Ohrdruf muß davon Kunde gekommen sein, z. B. durch die Marktweiber. Brill muß davon beeindruckt worden sein, sonst wäre weniger verständlich, wieso er sich nach eigenem Zeugnis „zitternd vor innerster Erregung" im August 1914 als Freiwilliger zum militärischen Einsatz an der Front meldete. Doch in seine Kindheitserinnerungen hat er Erlebnisse dieser Art nicht aufgenommen.

Große Auftritte des königlichen Hofes stimmten patriotisch, z. B. das Bestattungszeremoniell für Carl Alexander, den 1903 gestorbenen Großherzog von Sachsen-Weimar; dabei entfaltete sich die das Publikum beeindruckende große Bilderfülle im Stil italienischer Renaissancehöfe. Flitner gab davon Erinnerungsbilder, Brill keine. Auffällig fehlen auch aus Thüringens Sagen- und Historienwelt Gestalten, Orte und Szenerien aller Art: Bonifatius und seine Kirche in Altenbergen, Luther und die Wartburg, der Hörselberg des Tannhäusers, sogar der Edelacker an der Neuenburg, wo der Landgraf jene die Bauern knechtenden Edelinge vor den Pflug spannte, blieben unerwähnt, auch der Kyffhäuser und die auf und in ihm in Stein gehauene Barbarossalegende. Dabei war gerade die thüringische Geschichte für eine heimatkundliche Unterrichtung im Elternhaus und in der Schule voller Gegenstände und Gestalten; berühmt war die thüringische Zeitschrift ‚Heimat'.

Wenig verständlich ist auch der fehlende Blick auf die häusliche Lebenswelt, die Dinge des Alltags, das doch gerade den Thüringern eigene Kuchen- und Gänseschmausen oder die Vorliebe für Rostbratwürste, dargeboten auf Jahrmärkten, Kirchweihfesten, Kirmes, Schützenfesten, Szenerien der Kriegervereine oder bei einem familiären Weihnachtsfest. Brill warf keinen Blick auf die biedermeierlich anmutenden Gesellschaften, auch nicht auf die martialisch aufgeputzten der Kriegervereine, er erwähnte keine allgemein-geistige Literatur, erst recht keine schöngeistige, nur die revolutionären Losungen von Marx bis Lassalle. In einer Zeit, die keine Reizüberflutung, keine Überfütterung kannte, fallen alle Steine tief in den Brunnen. Während Flitner beobachtete: „Alle (sc. Schichten) waren unpolitisch und mit unserem kleinbürgerlichen Leben einverstanden", sah Brill dagegen die bei den Gesellen seines Vaters aufkommende Bewußtseinsspaltung zwischen ihrer Arbeit für das Bürgertum und ihrer Rebellionsbereitschaft. Es hat den Anschein, als fühlte er sich in seinen Kindheitsreflexionen mehr durch die rebellierenden Schneidergesellen seines Vaters als durch mitspielende Kinder beeindruckt.

3 Berufliche Ausbildung und militärischer Dienst

3.1 Das Lehrerseminar in Gotha

Nach der Disposition zu den „Erlebnissen der Kindheit“ plante Brill im vorletzten (15.) Kapitel dieser autobiographischen Teilstudie eine Darstellung über „Qual und Zufall der Berufswahl“: „Schreiner, Schneider, Bankbeamter, schließlich Lehrer“, so gibt er die Entscheidungsfindung wieder. Vom traditionell Handwerklichen eines Thüringer Waldkindes über zwei Dienstleistungsgewerbe gemäß dem Vorbild seines Elternhauses bis zum Pädagogen spannt sich die letztliche Entscheidung. Auch sie wurde schließlich einschränkend, im „Bewußtsein der nur vorläufigen Lösung“ gefaßt. Ein Prüfungsaufsatz, der seine stilistischen Fähigkeiten zu erkennen gab, mag dafür ausschlaggebend gewesen sein, vielleicht auch zwei namentlich nicht vorgestellte Lehrer, die auf ihn besonders eingewirkt hatten, weil sie nach seinem Zeugnis „Pestalozzi-Naturen“ waren.[20]

Halbherzig wird diese Berufswahl nicht ihres didaktischen und methodologischen Anspruchs wegen gewesen sein – Brill wollte immer belehrend wirken –, wohl aber ihrer von ihm als zu gering eingeschätzten Nähe zu Inhalten des politischen Lebens und Tagesgeschehens. In Adolf Schauder hat er seinen „geistigen Vater und Erzieher“ gesehen, ihn, „einen Internationalisten vom Scheitel bis zur Sohle“, als politischen Pädagogen von allem Anfang an geschätzt. Was sein Vater, der Schneider und politische Praktiker, ihm nicht vermitteln konnte, erfuhr er bei Schauder, offenbar einem Theoretiker. Mit ihm sprach Brill über philosophische Fragen, „er nahm meine erste wissenschaftliche Arbeit, die ich im Sommer 1912 über das Thema ‚Die Utopie des Thomas Morus‘ im Gegensatz zum Programm der deutschen Sozialdemokratie schrieb, kritisch und günstig auf. Ihm verdanke ich fast alles, was ich an Grundlagen des wissenschaftlichen Sozialismus erwarb.“[21] Diese Selbsteinschätzung, 1946 im Rückblick auf eine im Alter von 17 Jahren geschriebene „erste wissenschaftliche Arbeit“ getroffen, überrascht ob ihres hohen Anspruchs, paßt sich aber in die fortlaufende Vita ein.

Brill war damals, 1912, mit 173 cm Körpergröße ausgewachsen, seit drei Jahren auf dem Gothaer Herzog-Ernst-Seminar, um hier zum Volksschullehrer ausgebildet zu werden. Der Gegensatz zwischen seinen theoretischen Interessen und Arbeiten sowie dem Geist und der davon getragenen Ausbildung in Gotha könnte nicht größer gedacht werden. Er selbst hat auch folgerichtig diese Ausbildungsstätte wie die vorangegangene Ohrdrufer Bürgerschule und die am Ende der zwanziger Jahre noch folgende Jenaer Universität nur als „Material“ und „Beiwerk“ eingeschätzt[22], oberflächlich bleibend im Vergleich zu den Tiefenwirkungen, die Elternhaus, Schauder und Selbststudium bei ihm schon ausgelöst hatten und weiter auslösten.

Das Lehrerseminar Gotha war eine jener pädagogischen Anstalten, die mit dem ausgehenden 18. Jahrhundert von Fürsten überall in Deutschland zur Ausbildung des im jeweils eigenen Lande benötigten pädagogischen Nachwuchses eingerichtet wurden. In Gotha hatte das im Januar 1780 Ernst II., Herzog von Sachsen-Gotha und Altenburg (1772–1804) getan. Das

20 AES Disposition zu „Erlebnisse der Kindheit“, Kap. 15 und „Ein Leben für die Freiheit“, S. 4a. Hier steht der Hinweis auf seine frühen fiskalischen Betätigungen. Vom 11. bis 14. Lebensjahr hatte er im Auftrag seines Vaters die finanzielle Reiseunterstützung des Gewerkschaftskartells an durchwandernde Gewerkschaftler „völlig selbständig“ auszuzahlen.

21 ebd.; die Morus-Schrift ist nicht erhalten, von Schauder, einem offenbaren Autodidakten, nichts überliefert. Von Schauder, so schreibt Brill ebd., „empfing ich mit 17 Jahren die Ideen von Marx, Engels, Wilhelm Liebknecht, Karl Kautsky, mit ihm konnte ich meine philosophischen Fragen klären“.

22 „Alles, was danach (d. h. nach der Kindheit im Elternhaus) mit Bürgerschule, Herzog-Ernst-Seminar und Universität meinen Bildungsgang ausfüllt, ist nur Material; in vielen Fällen nur Beiwerk zu dem, was ich in Kindheit und Jugend bereits geworden war“, Ein Leben für die Freiheit, S. 4a.

nach ihm benannte Lehrerseminar wurde zunächst im Gothaischen Gerichtsgebäude untergebracht und von dem protestantischen Waisenhaus- und Stiftsprediger Johann Ernst Christian Haun, einem Philantropen, geleitet. Seinem Vorschlag gemäß gliederte man 1784 dem Seminar eine Übungsschule, bestehend aus 50 Schülern in vier Klassen, an, was eine für die damalige Zeit hochmoderne integrierte wissenschaftlich-theoretische und pädagogisch-praktische Lehrerausbildung einleitete.[23]

1846 zog das Seminar „auf höchsten Spezialbefehl" in das Gebäude der alten Gothaer Kaserne um, 1866 ins Klostergebäude; 1888 bezog man einen eigens errichteten Neubau in der Reinhardsbrunner Straße 5. Die Leitung hatte zu dieser Zeit der Pädagoge Paul Möbius aus Leipzig, der dem Pfarrer Heinrich Waitz in dieser Funktion gefolgt war. Seit 1906 war Georg Witzmann Direktor des Herzog-Ernst-Seminars, das dieser bis zu dessen gemäß Art. 143 Abs. 2 der Weimarer Reichsverfassung verfügten Aufhebung 1921 leitete.[24] Das Lehrerbildungsgesetz des Landes Thüringen wandelte das Seminar am 8. Juli 1922 in eine Deutsche Aufbauschule um, die am 2. April 1945 ihre Schlußfeier veranstaltete.[25]

Hermann Brill, Schüler dieses Gothaer Lehrerseminars seit Ostern 1909, hat sich in einem Rückblick dazu bekannt, „daß mir das Seminar durch seinen Mathematik- und Deutschunterricht eine gute Denkschulung vermittelt hat". Dies hatte er seinem Direktor Witzmann aus dem Krieg geschrieben, am 16. Mai 1918, als er gerade auf der Luftschifferbeobachterstation in Namur/Frankreich die Prüfung als Ballonbeobachter bestanden hatte, Voraussetzung für eine angestrebte Beförderung zum Offizier. Mathematik- und Physik-Kenntnisse waren ihm dafür besonders nützlich gewesen. Witzmann, der dieses Lob seines ehemaligen Schülers gelegentlich einer Schuldebatte vor der Gothaer Landesversammlung ein Jahr nach dem Krieg, am 29. September 1919, mit Genugtuung und in apologetischer Absicht zitierte, mußte sich aber als Antwort seines Schülers in diesem Augenblick ein vernichtendes Urteil über den Geist des von ihm geleiteten Seminars anhören: „Das Gothaische Seminar ist eine von den vielen deutschen Lehranstalten gewesen, die bewußt und unbewußt auf die kriegerische Erziehung ihrer Schüler hingearbeitet hat." Brill, zu diesem Zeitpunkt, am 1. Oktober 1919, durch die Erfahrung des Ersten Weltkriegs noch weiter in die politische Ideenwelt seines Elternhauses und seines Mentors Schauder eingestiegen, ja inzwischen offensiv als Mitglied der USPD an der Gothaer Rostra geachteter Debattenredner, begründete ein solches Urteil besonders mit dem Geschichtsunterricht in den oberen Klassen. Dieser sei betont alldeutsch, imperialistisch und kriegsbejahend gewesen. Brill klagte jetzt seinen ehemaligen Direktor Witzmann an ob dessen konservativer Bildungsvorstellung, die Theaterbesuchen von Ibsens Dramen „Hedda Gabler" oder „Gespenster" sowie Lektüren von Tolstoi schärfste Mißbilligung entgegenbrachte und statt dessen Gustav Freytag seinen Schülern empfahl. Aus diesem Geist, so Brill, habe Witzmann am Vorabend des Ersten Weltkriegs mit Pathos seine Schüler zum freiwilligen Kriegsdienst aufgerufen, im Geist der im Jahr zuvor gefeierten Bismarck-Rede vom 6. Februar 1888: „Wir Deutsche fürchten Gott, aber sonst nichts auf der Welt."[26]

Die gute Denkschulung einerseits, der verwerfliche Geist andererseits, so stellte sich für

23 Vgl. J. E. Chr. Haun, Allgemeiner Schul-Methodus, oder Praktische Anweisung für Aufseher und Lehrer niederer Schulen jeder Art, wie auch für Privatlehrer zur leichten und nützlichen Führung ihres Amtes, Gotha 1801.

24 Zur Geschichte des Herzog-Ernst-Seminars vgl. den Aktenbestand StA Gotha 181, die anonym hrsg. „Geschichte der Volksschule und des Lehrerseminars im Herzogtum Gotha", Köthen 1863, und Georg Witzmann, Thüringen von 1918 bis 1933. Erinnerungen eines Politikers, Meisenhaim 1958.

25 Nach 1945 wurde das Gebäude des ehemaligen Herzog-Ernst-Seminars gemäß seiner Tradition als Pädagogische Fachschule des neuen Staates genutzt, später als Polytechnische Oberschule „Theodor Neubauer".

26 Verhandlungen der Landesversammlung für den Staat Gotha 1919–1922, Gotha o. J., Protokoll der Sitzungen vom 29. 9. 1919 (ebd. S. 190f.) bzw. 1. 10. 1919 (ebd. S. 196f.).

Brill im Rückblick von 1919 der Erfolg seiner Ausbildungszeit am Herzog-Ernst-Seminar in Gotha von 1909–1914 dar. Er war ein überdurchschnittlicher Schüler. Sein erstes Zeugnis vom 25. September 1909 zeigt ihn in allen Fächern zunächst gut bis befriedigend, die nachfolgenden Benotungen waren nur noch gut bzw. sehr gut, insbesondere in den Fächern Geschichte, Rechnen, Geometrie und Naturlehre, aber auch, auffälligerweise, in Religion; allein in den künstlerisch-praktischen Fächern Violine, Orgel, Gesang und Zeichnen blieben die Noten „2–3". Mit dem Zeugnis vom 20. März 1914 bestand er die sog. Vorprüfung „sehr gut"; die abschließende Seminarreifeprüfung, gleichzusetzen mit dem 1. Lehrerexamen, legte er am 3./4. August 1914 ab. Das vorliegende „Zeugnis der Reife" weist ihn als ungewöhnlich befähigten Seminaristen auf. Seine Gesamtleistungen wurden in den Wissenschaften (dazu zählten Religion, Pädagogik, Deutsch, Geschichte, Erdkunde, Naturgeschichte, Naturlehre, Mathematik mit Arithmetik und Geometrie sowie Französisch) mit „sehr gut" benotet, im Lehrgeschick und in der Musik mit „gut". Die schlechtesten Noten, nämlich jeweils „genügend", erhielt er in den Fächern Schreiben, Zeichnen sowie im Obst- und Gartenbau. Solche Noten unterstreichen die ausgeprägte intellektuelle Begabung Brills, sie betonen sein pädagogisches Geschick, lassen aber auch einen gewissen Mangel in praktischen Fertigkeiten erkennen. Das Zeugnis war die Voraussetzung für die am 5. August 1914 erfolgte Aufnahme in die Liste der Schulamtskandidaten des Herzogtums Gotha.[27]

Der parlamentarischen Aufarbeitung seiner Zeit am Herzog-Ernst-Seminar, am 1. Oktober 1919 vor der Gothaer Landesversammlung vorgenommen, läßt sich entnehmen, wie Brill den Abschluß seiner Ausbildungszeit erlebt hat und rückblickend beurteilte. Er stellte den sich vermehrt artikulierenden kriegerischen Geist der Schule heraus. Im Geschichtsunterricht habe man die Expansionstheorien des deutschen Historikers Wilhelm Lamprecht vertreten[28], im Lesezimmer der Schule hätten nur die alldeutsche ‚Tägliche Rundschau' sowie die Zeitschriften des Deutschen Flottenvereins und des Luftflottenvereins ausgelegen; die liberale ‚Kölnische Zeitung' habe „schon nach einem Vierteljahr wieder verschwinden" müssen. Ab 1913 sei am Seminar „die bestimmte Hoffnung ausgesprochen worden, „daß im Falle eines Krieges die Schüler der oberen Klassen sich ausnahmslos freiwillig zum Kriegsdienst melden würden". Ein Jahr später habe Direktor Witzmann „eine Kollektivstimmung von einer Stärke erzeugt", daß alle, auch Brill, mitgerissen worden seien, im Juni 1914 am Kyffhäuser dem deutschen Kaiser zu huldigen und sich im August freiwillig zum Kriegsdienst zu melden. Witzmann habe dies durch das Angebot einer vorzeitigen Reifeprüfungsmöglichkeit unterstützt. Die Szene am 3. August 1914 schilderte Brill dem Gothaer Parlament am 1. Oktober 1919 aus lebhafter Erinnerung: „Wir standen im Vestibül des Seminars versammelt. Der Herr Direktor kam mit freudig erregtem Gesicht die Treppe herab, uns begrüßend und fragend: ‚Was ist das Neueste?' dann, plötzlich, die Arme auseinanderwerfend: ‚Wir gehen alle mit! Wir gehen alle mit!' – wir gingen. Herr Witzmann ging nicht. Zwei Monate später haben dann die ersten in der großen Reise diese – nun sagen wir: heißen Stimmungen – mit ihrem Blut gekühlt."[29]

Eine solche Stimmung war 1914 in Gotha nicht anders als an anderen Stätten Deutschlands. Als Brill sie kontrastierend vortrug, der 24jährige ehemalige Schüler seinem alten Direktor gegenüber, war eine Zeitenwende eingetreten. Brill hatte sie für sich im Ersten Weltkrieg erfahren.

---

27 StA Gotha 181/6 und Universitätsarchiv Jena K Nr. 318: Promotionsakte Brill.

28 Verhandlungen der Landesversammlung für den Staat Gotha 1. 10. 1919, S. 197f.

29 ebd. S. 197. Zu dieser uns heute eher rätselhaft erscheinenden Stimmung eines Gesinnungsmilitarismus vgl. neben vielen anderen Zeugnissen Thomas Rohkrämer, Der Militarismus der „kleinen Leute", München 1990.

Mit der freiwilligen Meldung Brills zum Kriegsdienst am 3. August 1914 ändert sich für den Biographen die ihm zur Verfügung stehende Quellenbasis. Er muß nicht mehr vornehmlich retrospektive Reflexionen heranziehen, sondern kann von jetzt an auf unmittelbar verfaßte und tradierte Dokumentationen des handelnden und sich vor allen Dingen in seinen Handlungen und leitenden Gedanken immer selbst beobachtenden Hermann Louis Brill zurückgreifen; auch stehen, zumindest ab 1918/19, erste Quellen eines amtlichen Aktenverkehrs zur Nutzung bereit. Das läßt die Person Brills von jetzt an in größerer Präzision und Präsenz erscheinen.

Die Teilnahme am Ersten Weltkrieg hat Brill eine von seinen Anlagen ausgehende sprunghafte Entwicklung nehmen lassen. Die Vehemenz, die er nach dem Ende des Krieges in die von ihm vor aller Öffentlichkeit geführte Abrechnung mit dem Direktor des Herzog-Ernst-Seminars in Gotha, Georg Witzmann, hineintrug, war Ausdruck eines gewachsenen politischen, auch kulturpolitischen Gegensatzes zwischen beiden: hier der Sohn eines sozialistischen Elternhauses, dort der Repräsentant einer konservativen Bildungsstätte. Der Krieg hatte diesen Gegensatz verschärft. Die Fronterlebnisse, zuerst im Osten, dann, nach einer Pause 1917, im Westen, haben aus dem intellektuellen Überflieger einen sozialistischen Tatmenschen gemacht. Das war kein mentaler Bruch, sondern eine durch den Schub existentieller Lebenserfahrungen begünstigte politische Fortentwicklung: „Ich bin ein Sozialist. Ich werde überall, wohin mich das Gewissen ruft, meinen Mann stehen. Bis zum Letzten, bis zum Äußersten.“ Dieses Wort, fast eine Prophetie für den späteren Lebenslauf Brills und bis in das Konzentrationslager Buchenwald und darüber hinaus nachzuvollziehen, ist die Summenformel, die Brill kurz vor Ende des Krieges für sich zog.[30] Er hat sie in stetig wachsenden Reflexionen in den Jahren 1914 bis 1918 gefunden, eigenartigerweise in einer sehr dichten Korrespondenz mit einer Lehrerin am Herzog-Ernst-Seminar in Gotha, Marianne Salzmann, bei der Brill früher privat Französisch-Unterricht genommen hatte.

Diese Adressatin seiner Briefe war 35 Jahre älter als er. Am 3. Februar 1860 in Gotha als Tochter eines evangelischen Rendanten geboren, Absolventin der Gothaer Höheren Bürgerschule und des dortigen Herzogin-Marien-Instituts, war Marianne Salzmann im Alter von 52 Jahren zum 12. Januar 1912 an dem Herzog-Ernst-Seminar als Lehrerin eingestellt und dort zum 1. April 1923 auch pensioniert worden. Bei ihrem Tod am 28. Mai 1933 gedachte der Lehrerkörper „der in langer Berufsarbeit bewährten feinsinnigen und gemütstiefen Mitarbeiterin“.[31] Dieser Charakterzug Marianne Salzmanns wird die Bezugsebene zu dem idealistisch geprägten Brill hergestellt haben, der in der so deutlich älteren Lehrerin, bei der er laut Nachweis der Schulakten keinen Unterricht hatte[32], eine emotionale, vielleicht gar mütterliche Anbindung fand.

„Ich fühle“, so bekannte Brill ihr gegenüber einmal, „so viel Mitgefühl und Hingabe an mein Geschick – nein, lassen Sie mich den unzeitgemäßen Ausdruck brauchen: edle Menschlichkeit.“[33] Hier konnte er seine idealistisch-romantische Naturbegeisterung offenbaren. In sie inkorporierte er mitunter seine ganze emotionale Kraft, wenn ihn, noch im Bett liegend, morgendliche Naturstimmungen fesselten: „Ich konnte auf ein Mal gar nicht glauben, daß Sie

30 AES Briefe an Marianne Salzmann aus dem Jahr 1918: Brill an Salzmann 15. 10. 1918; die Briefe Brills an Marianne Salzmann von 1914 bis 1917 sind archiviert in: BA NL Brill 24 und 25.

31 StA Gotha 181/80: Personalakte Marianne Salzmann.

32 StA Gotha 181/6.

33 AES Brill an Salzmann 13. 4. 1918.

eine alte Dame sind. Ich meinte, Sie müßten sehr jung sein."[34] Marianne Salzmann förderte diese Identifikationen, denn sie schickte ihm Ausgaben kunsthistorischer Zeitschriften, schrieb ihm Briefe „von dem grüngoldenen Glück der Heimat"[35] und erfüllte in all dem Brills apodiktische Forderung nach Wahrheit: „Ich will nur Wahrheit zwischen uns, denn ich liebe die Wahrheit. Auf dieses Wort, das ich heroisch nenne, schloß ich meinen Bund mit ihnen." Dabei wußte Brill, der Intellektuelle auf dem Weg zum kämpfenden Sozialisten, von dem „merkwürdigen Verhältnis, das uns bindet".[36] Doch Marianne Salzmann war ihm so etwas wie ein Lebenselixier im Kriege. Für den Historiker sind die erhaltenen Briefe eine zentrale Quellenbasis für die Jahre 1914 bis 1918.

Brill trat nach seiner Meldung am 7. August zum 15. August 1914 als Kriegsfreiwilliger in das Thür. Inf.-Reg. 95 ein und rückte sechs Wochen später, am 24. September, ins Feld an die Ostfront. Gleich einen Tag später schrieb er Marianne Salzmann: „Ich habe gezittert vor innerster Erregung."[37] Dies war noch jene Gemütswallung, mit der er das Lehrerseminar in Gotha verlassen hatte. Doch schon auf dem Vormarsch durch Polen gegen die Russen traten ihm die Kriegsrealitäten vor Augen. Nicht strategische oder taktische Entscheidungen interessierten ihn dabei, nicht der Technik der Waffen oder der Qualität der Führung wandte er seine Aufmerksamkeit zu, sondern von allem Anfang an beobachtete er die humanen Bezüge des Kameradenalltags und leitete daraus sozial-politische Überlegungen ab: „Die internen Verhältnisse im Innern sind schlecht. Es herrscht viel Roheit. Das, was wir Kameradschaftlichkeit nennen, ist ein gemilderter Kriegszustand. Jeder ist sich selbst der Nächste. Im Kriege steckt kein Funken Kultur. Das Land, die Leute, der Feind, die eigene Partei, alles ist den meisten wurscht, sie beherrscht nur der Gedanke: nach Hause, mag's aussehen wie's will."[38]

Eine solche Realität an der Front überraschte Brill offenbar. Er hatte in seinem Elternhaus ein anderes Leben erfahren, gerade in Notzeiten, dazu aus seiner sozialistischen Lektüre die Aufforderung zu Solidarität, aus der klassischen zu Humanität abgeleitet. Von denen, die schon acht Wochen nach Kriegsbeginn durch das mörderische Fronterlebnis ihre Begeisterung und Haltung verloren hatten, nahm Brill allein die Sozialdemokraten aus. „Sie sagen: wir kämpfen so lange, bis es unmöglich ist, daß in 50 Jahren wieder ein solcher Krieg ausbricht. Und wir setzen im Frieden daran, daß sie (sc. Kriege) unmöglich werden." Für sich selbst leitete er noch eine höhere Verpflichtung aus dem Erlebten ab: „Ich wundere mich, daß ich alle Strapazen ertrage. Doch der Bürger ist der Knecht der Sache. Und das Höchste ist der sittliche Wille."[39] Dieser von Kant abgeleitete idealistische Schwung findet schnell konkrete Adressen.

Nach einer ersten Verwundung am 4. Oktober bei Opatow, gerade 10 Tage nach dem Zug ins Feld, steigerte Brill für sich die pädagogischen Konsequenzen seiner Beobachtungen. Er will aktiv werden. Aus dem Lazarett schrieb er am 31. Oktober 1914 an Marianne Salzmann: „Es gibt nur eine Religion: die Religion der Tat." Nach einer Weihnachtsfeier, noch im Lazarett in Bad Warmbrunn am Fuße des Riesengebirges, sah er die Schwierigkeiten einer solchen Tatverpflichtung. Der hochgestimmte Wille des Erziehers scheiterte zu leicht an seinen Probanden, den einfachen Soldaten, „die keinen großen Sinn für die Kultur der Seele haben. Das ruht zu tief in ihnen, um ihnen zum Bewußtsein zu kommen. Welche Aufgabe,

---

34 ebd. Brill an Salzmann 26. 5. 1918.
35 ebd. Brill an Salzmann 21. 7. 1918; Passagen dieser Art finden sich häufiger, z. B. im Brief vom 4. 1. 1918, ebd.
36 Brill an Salzmann 10. 1. 1918.
37 BA NL Brill 25: Brill an Salzmann 25. 9. 1914.
38 ebd.
39 ebd. Brill an Salzmann 30. 9. 1914.

ihnen die Kultur der Seele zu bringen!"[40] Er will dagegen angehen. „Es ist etwas Großes, diese gestaltgewordene Unerbittlichkeit der Pflicht."[41] Brill meint die Pflicht zur kulturpädagogischen Verantwortung gegenüber dem einfachen Soldaten, der Masse des Volkes. In dem Augenblick, wo ihm erste Zweifel an der Kriegsschuldfrage kommen[42], will er neue Ideale durch das eigene Vorbild popularisieren. „Was hat uns Winckelmann und Lessing, Schiller und Goethe, Kant und Fichte und Hegel, Hauptmann, Luther und Schleiermacher genützt? Was ist die Handvoll Gebildeter gegen die 60 Millionen Ungebildeter, gegen alle die Wilderer, die (verstohlen) heißhungrig am Deutschtum saugen? Nein, vorleben, oder besser, vorzuleben versuchen, das ist groß, das ist schön. Und so durch's Leben gehen zu können, das ist Glück."

Briefe dieser Art, alle noch 1914 geschrieben, lassen zweierlei an Brill erkennen, zum einen sein im ethischen Rigorismus mündendes Verständnis eines von Idealen der deutschen Klassik und der Humanität marxistischer Ideologie bestimmten Menschen, zum anderen sein bis zur elitären Distanz gegenüber der Masse gesteigertes pädagogisches Sendungsbewußtsein; so etwas wie ein Sokrates der Volkshochschule kündigt sich in dem knapp Zwanzigjährigen an.

Die Realität des Kriegsdienstes, auch wenn er sie 1914/15 im wesentlichen nur aus der Etappe wechselnder Lazarette wahrnehmen konnte, dämpfte bald seinen Enthusiasmus, machte ihn unruhig, ließ ihn exaktere, die Realität besser fassende Gedanken suchen. In Briefen klagte er über die Öde des Daseins: „Ich führe kein menschenwürdiges Leben mehr. Ein totes Leben ist es. Der Alltag, der Dienst frißt mich auf. Ich kann mich nicht dagegen wehren. Im dunklen Grunde spricht eine Stimme: es ist deine Pflicht, auch unter schlechten, seelenlosen Vorgesetzten ein guter Soldat zu sein! – Ist das wahr? Hat die Stimme recht? ... Die Stimme macht mich schwach. – Geht es so weit, das Gebot der Pflicht, daß es fordern kann, unsere Seele einzuschließen in eiserne Klammern, unsere liebsten Gedanken zu töten? ... Ich kann es nicht glauben – wäre es nicht schlimmster, schwärzester Katholizismus, den diese Pflicht von uns verlangt?"[43]

Aus dem Grübeln unter Lazarettdecken führt ihn Anfang August 1915 ein erneuter Fronteinsatz, weiterhin im Osten, jetzt in Nordpolen und Weißrußland, besonders im Raum Bialystok, heraus. Doch schon am Ende desselben Monats meldete sich erneut „das alte Leiden", ein Gelenkrheumatismus. Brill kam zunächst nach St. Goar an den Rhein, von dort einen Monat später nach Bad Kösen bei Naumburg an der Saale. Dieser Einschnitt führte ihn zu klareren Gedanken, zum Bewußtsein einer sich ankündigenden Zeitenwende. Im Oktober 1915 schrieb er Marianne Salzmann ganz unvermittelt: „Und nun lassen Sie mich einmal eine Bemerkung machen: Geist und Geist sind Unterschiede. Der von 1914 ist unwiederbringlich dahin. Wie haben wir uns hingegeben, nur das Eine im Sinn: Vaterland und deutsches Volk, dieses verteidigen und retten. Die Pflicht war uns alles, und wie verfährt man mit uns? ... Man ist bloß ein Name, bloß eine Geschäftssache. Jetzt, wo wir den Staat brauchen, da verläßt er uns. Denn er hat gar kein Interesse daran, daß man gesund wird. ... Heute wird ja im Inland der Staat nur durch die geistige Mittelmäßigkeit vertreten ... Der Geist fehlt ... Ich glaube, es wird nach dem Frieden auf allen Gebieten unseres öffentlichen, nein, vor allen Dingen inneren Lebens, harte, harte Kämpfe setzen."[44] Dieser Einsicht in die nahende Zeitenwende ließ Brill

40 ebd. Brill an Salzmann 20. 12. 1914.
41 ebd. Brill an Salzmann 29. 12. 1914.
42 Der Brief vom 29. 12. 1914 enthält auch den Passus: „Ich weiß nicht, ob wir in diesen Krieg wirklich als die vollkommen Unschuldigen hineingeraten sind, ja, ich erlaube mir, daran zu zweifeln."
43 ebd. Brill an Salzmann 18. 7. 1915.
44 ebd. Brill an Salzmann 18. 10. 1915.

drei Tage später die deutliche Abkehr von der ihm bisher ohnehin nicht wichtig gewesenen Religion folgen: „Ich mag beten, wie ich will, ich spüre keine Erhebung, keine Vertiefung, nichts.“ Drei Wochen später folgte dann der Versuch zu einem inneren Aufbruch. Am 14. November 1915 schrieb er der Gothaer Lehrerin: „Ich habe das Grübeln überwunden und fange an, das Denken zu lernen... Ich sehe, meine ich, von Tag zu Tag klarer.“[45] Worin bestand diese inhaltliche Klarheit?

Brill wurde im Frühsommer 1916 von seinem letzten Lazarettstandort aus, von Graudenz an der Weichsel, aus gesundheitlichen Gründen mit einer Kriegsbeschädigungsrente für eine Erwerbsbeschränkung von 25 % aus dem Militärdienst entlassen. Das Herzogtum Gotha stellte ihn, den 21jährigen, gemäß seiner Ausbildung als Lehreranwärter in Nauendorf an, eine Wegstunde von seiner Heimatstadt Ohrdruf entfernt. Hier konnte er sich auf die noch anstehende 2. Lehrerprüfung vorbereiten. Doch Brill nutzte nach eigenem Zeugnis die Zeit vornehmlich zu einem vertiefenden Studium der Schriften von Karl Marx und anderer Sozialisten. Der für diese Zeit durch Quellen nicht belegbare gedankliche Austausch mit seinem geistigen Mentor Adolf Schauder darf vorausgesetzt werden. Das Ergebnis beweist es. Nach nur sechs Monaten gab Brill das Lehrerdasein auf dem Dorf wieder auf. Überraschend und im Ton erregt schrieb er am 19. Dezember 1916 an Marianne Salzmann von seinen erfolgreichen Studien und seiner Absicht, „mit Marx“ erneut in den Krieg ziehen zu wollen.[46]

Diese zweite Kriegsdienstphase war für Brill im doppelten Sinne erfolgreicher. Zum einen wurde er jetzt, ab April 1917, an der Westfront eingesetzt, schnell vom Gefreiten zum Unteroffizier befördert, stand nach drei Lehrgängen im Schießen, Reiten und Exerzieren zunächst beim Feldartillerieregiment 72, sodann bei der Feldluftschiffertruppe sowie als Ballonführer zur Beförderung zum Offizier an, wurde aber aus Anciennitätsgründen, die ihn sehr schmerzten, einem Älteren nachgestellt und dafür nur zum Vizefeldwebel befördert und erhielt bis zum Kriegsende das EK II, die Gothaer Tapferkeitsmedaille mit Schwertern und Spange sowie das Frontkämpferkreuz als Auszeichnungen. Auf der anderen Seite gewann er für sich klarere politische Vorstellungen, die im Beitritt zur USPD am 3. Oktober 1918, noch während seines letzten Fronturlaubs in Gotha vollzogen, gipfelten. Einblicke in diese Entwicklung geben wiederum seine Briefe an Marianne Salzmann.

Diese Briefe, jetzt, 1918, von einem 23jährigen Soldaten einer 58jährigen Lehrerin geschrieben, sind voll unmittelbarer menschlicher Selbstoffenbarung. Der Krieg war für Brill kein Stahlbad nach der Art Ernst Jüngers, sondern zunächst eine Lebenskatastrophe, wie sie später Erich Maria Remarque darstellte: „Einmal“, so ist in seinem Brief an Marianne Salzmann vom 10. Januar 1918 zu lesen[47], in dem er den Kriegsanfang und sein – baldiges – Ende miteinander vergleicht, „vor mehr als drei Jahren, war ich jung, hatte Bildung, Wissen, Können, Willen zu allem Leben, Kraft, es zu fassen und zu gestalten, ging lichten Auges in diese Tatgemeinschaft sittlicher Menschen, die dem Krieg in Deutschland Daseinsrecht gaben, setzte Muskel und Nerv bis aufs Letzte daran, den Sieg zu gewinnen, trug still und stolz mein Leiden – da war ich ein Mensch, da fühlte ich den Vollgehalt dessen, was Menschentum heißt.“ Jetzt, Anfang 1918, sieht er sein Leben anders: „Ich bin von allem, was ich war, nur noch eine Ruine.“

Das Urteil galt der militärischen Seite seines Daseins. Brill, damals noch Gefreiter im Ballonzug 127 in Nordfrankreich und Belgien, stand vor den fünf großen Offensiven des

45 ebd. Brill an Salzmann 21. 10. und 14. 11. 1915.

46 ebd. Brill an Salzmann 19. 12. 1916. Auf die Kriegsbeschädigungsrente verzichtete er zuvor, um als voll felddienstfähig zu gelten, Lebenslauf 19. 9. 1935, AES.

47 AES Brill an Salzmann 10. 1. 1918.

deutschen Heeres im Jahr 1918.[48] Er nahm an der ersten vom 21. März bis 6. April 1918 in der Picardie im Raum nördlich von Montdidier teil, empfand sogar noch einmal, „eine Sekunde", eine ähnliche heroische Erhebung wie 1914.[49] An den folgenden zwei Offensiven war er nicht beteiligt, an der vierten zwischen Montdidier und Noyon im Juni 1918 sollte er teilnehmen, erkrankte aber an einer „Art Malaria, die unsere Kameraden von Jamboli, dem deutschen Zeppelin-Hafen vor Konstantinopel, mitgebracht hatten", und kam erst nach Abschluß der Offensive wieder zu seiner Einheit zurück.[50] Nach der fünften Offensive am 22. Juli 1918 kam er zu einem spektakulären Balloneinsatz: „Um ¾8 Uhr stieg ich auf, kurz nach 8 Uhr bekam ich den Auftrag, eine französische Batterie zu bekämpfen. Um ¼10 Uhr brannte sie in hellen Flammen. Ich habe Hurra geschrien, als die ersten Explosionen in den abendlichen Himmel flammten, spontan und in heller naiver Freude." Auf den Boden zurückgekehrt, beglückwünschten ihn seine Kameraden. „Es hätte ein Gelage geben müssen." Doch Brill zog sich still zurück. Skrupel bereiteten ihm eine „schlaflose, qualvolle Nacht". „Ich stellte mir die französischen Kanoniere vor, wie sie nun drüben herumliegen, verbrannt, verkohlt, zerfetzt, wie man mit Blendlaternen nach den Verwundeten sucht und sie fortbringt."[51] Hoch in den Lüften über dem Elend der Grabenkämpfe, der Gas- und Tankangriffe erlebte Brill den Sieg des überlegenen Ballonführers. Einen Augenblick riß ihn die Euphorie des Siegers mit sich, dann deprimierte ihn das Grauen der angerichteten Tat. „Was nützt beten dem, der Todsünden beging? . . . Ach Menschheit, arme Menschheit! Sie blutet aus unzähligen Wunden, und bringt sich immer neue bei."

Erlebnisse dieser Art hat Brill nur wenige aufgeschrieben. Ihnen schrieb er die Schuld daran zu, menschlich eine Ruine geworden zu sein. Dagegen setzte er einen politisch-programmatischen Reifungsprozeß. Während ihm seine Mutter im Sommer 1918 „von fragwürdigen Vorgängen in Gotha" berichtete[52], erlebte Brill an der Front den gänzlichen Verfall politischer Moral. Die alte Welt konnte sich in seiner Wahrnehmung nur noch durch geforderten Kadavergehorsam halten, eine neue drängte vor: „Die Welt wird sich ändern, liebe Freundin", so schrieb er am 21. Juli 1918 Marianne Salzmann. „Bald; und sehr gründlich. Alles, was wir an europäischen, menschlichen Begriffen besaßen: die Begriffe Recht, Gerechtigkeit, Wert, Wert der Arbeit, Wert des Lebens, Eigentum, Besitz – ach es gibt tausend Namen für das Eine: Mensch-Sein! – Alles das ist durch den Krieg so tief gesunken, daß es nur durch die schärfste Antithese des Bestehenden wieder ins Licht des schaffenden Tages gerufen werden kann."[53]

Brill sah eine Revolution kommen. Seine Position war ihm klar. Nachdem er am 29. September 1918 bei Düsseldorf während eines Ballonaufstiegs aus 60 m Höhe abgestürzt war und zur Genesung Fronturlaub erhalten hatte, trat er am 3. Oktober 1918 in Gotha der

---

48 Am 4. 1. 1918 schrieb er Marianne Salzmann: „Wir stehen vor einer großen Schlacht. Niemand kann sagen, wann und wo und wie sie kommen wird. Aber wir wissen, sie kommt. . . . Ich fühle die größte Pflicht, die mir der Krieg gestellt haben wird, vor mir, ich will mein Auge fest auf den Brennpunkt der Gefahr richten. Einmal, danach, springen die goldenen Tore weit auf. Und mit blitzenden Hufen fährt mein Gespann ins Sonnenland, ins Menschenland." (ebd.). Am 7. 3. 1918 schrieb er Salzmann: „Die Entscheidung rückt nun immer näher." (ebd.).

49 „Seit gestern Vormittag nach gelungenem Durchbruch im Vormarsch. Bilder wie 1914. Menschen, hier und da über den Alltag hinausgehoben: dann freue ich mich eine Sekunde von Herzen", ebd. Nach der Schlacht schrieb er ernüchternd: „Heute weiß ich von seinem Inhalt nichts mehr. Ich habe nur noch eine formale Erinnerung daran: Jahre können dazwischen gelegen haben", ebd. Brill an Salzmann 25. 4. 1918.

50 AES Brill an Salzmann 10., 13. und 20. 6. 1918 und an Willy Urban 27. 1. 1943 (dort das Zitat im Text), BA NL Brill 26.

51 ebd. Brill an Salzmann 23. 7. 1918. Ähnliche Erfahrungen hatte Brill auch an anderen Stellen geschrieben, z. B. am 21. 5. 1918: „Wenn ich in meinem Ballon sitze, sehe ich bei guten Arbeitsverhältnissen auf eine Front von 40 km alles . . . Gibt es Bilder vom Untergang von Sodom und Gomorrha? Ich könnte welche malen."

52 ebd. Brill an Salzmann 7. 7. 1918.

53 ebd. Brill an Salzmann 21. 7. 1918. Ähnliche Gedanken finden sich an anderen Briefstellen, so im Brief vom 4. 3. 1918.

USPD bei.[54] Zurück an der Front sah er im Miterleben eines chaotischen Untergangs[55] die Perspektiven seiner Zukunft. Übergänge gab es für ihn nicht mehr. „Die Schatten des Abends senken sich über die deutsche Welt ... Über allem Edlen, was die Regierenden heute in wahnsinniger Eile unternehmen, steht der Urteilsspruch: zu spät."[56] Brill will nicht den Versuch einer konstitutionellen Monarchie mittragen, sondern eine radikale Abkehr vom bisherigen Staats- und Gesellschaftssystem unterstützen: „Eine untrübliche Bürgschaft müßte gegeben werden, daß uns nie der Säbel, die Junker und die Schlotbarone mehr regieren könnten. Und diese Kaste von politischen Abenteuerern vom Schlage des Herrn Ludendorff, deren Reihe ja endlos ist, müßte ein für alle mal unschädlich gemacht werden."[57] Der „Popanz Krone" muß weg, eine „Reform des Bewußtseins" her, getragen von der Masse.[58] „Die Hohenzollern sind ein erledigtes Kapitel der Weltgeschichte."[59] Nachts träumte Brill von der russischen Revolution. „Ich ... sah mich selbst darin eine Rolle spielen."[60] Doch dann verwarf er ihr Vorbild für Deutschland, weil damit zu viel Primitivität und Anarchie verbunden seien.[61] Europa solle sich selbst retten durch „einen Volksstaat, der in einer tatsächlichen, wirklichkeitstreuen Selbstbestimmung Werte schafft. Das ist das Ziel. Das steht auch mir über allem Zweifel unverrückbar fest. Aber den Weg weiß ich nicht."[62] Diesen Weg wird Brill über Gotha nach Weimar für sich suchen und finden.

---

54 Erlebnisse der Kindheit, S. 5 und Ein Leben für die Freiheit, S. 4 a.

55 „Auf allen Bahnhöfen des besetzten Gebietes liegen tausende von Soldaten, Urlauber, Deserteure, tausende von armen Flüchtlingen. Proviantzüge werden ausgeraubt, die Offiziere, die Ordnung zu schaffen versuchen, erschossen", Brill an Salzmann 15. 10. 1918. Später, 1930, als Brill vor dem Thüringischen Landtag der NSDAP die Dolchstoßlegende entwinden wollte, berichtete er über seinen letzten Ballonaufstieg am 11. 11. 1918: „Es war für mich eines der unvergeßlichsten Kriegsbilder. Drüben auf der anderen Seite Division um Division, eine Batterie nach der anderen, Motormörser, soviel ich während des ganzen Krieges noch nicht gesehen hatte, und Transportzüge, eine Rauchfahne nach der anderen, Tankgeschwader, eins um das andere. Und auf unserer Seite? Ich habe darum gebettelt, daß wenigstens eine Jagdstaffel eingesetzt wurde, um in unserer Beobachtungszeit einigermaßen Schutz zu bringen. Da wurde uns gesagt: wir bedauern sehr, wir haben für heute nur zwei Stunden Betriebsstoff bekommen, und es gibt auch keine Munition mehr, unser Betriebsstoff ist verbraucht. So sind die Dinge am 11. November 1918 gewesen." Sitz. Ber. V. LT 22. 5. 1930, S. 932: Brill zur Fraktion der NSDAP 22. 5. 1930. Die Materialbasis der Einheit Brills wurde fortlaufend nach Westen verlegt: Anfang Oktober 1918 Lüttich, Ende Oktober Köln, Anfang November Magdeburg, ebd.

56 AES Brill an Salzmann 15. 10. 1918.

57 ebd. Brill an Salzmann 16. 10. 1918.

58 „Das Wunder, das ich ersehne, besteht nicht in Erlassen und Dekreten. Es besteht nicht darin, daß man dem Reichstag das Recht, Krieg zu erklären und Frieden zu schließen, zuspricht, daß man ihm allein ohne Sanktion des Popanz Krone legislative Gewalt zugesteht. Obgleich dieses beides dazugehört, ja seine unerläßliche Voraussetzung ist! Es besteht in einer Reform des Bewußtseins: ‚Ich bin Deutscher, d. h. ich will mitverantwortlich sein für das, was mein Volk tut.' Das ist das Wunder, das ich ersehne, daß die *Masse denkt und will*", ebd. Brill an Salzmann 16. 10. 1918.

59 ebd. Brill an Salzmann 17. 10. 1918.

60 ebd. Brill an Salzmann 3. 11. 1918.

61 ebd. Brill an Salzmann 15. 11. 1918.

62 ebd.

II. Gotha 1918–1920: Der revolutionäre Eintritt in das politische Leben

1 Die sozialdemokratische Tradition im Herzogtum Gotha

Nach dem Abschluß des Waffenstillstands, den der französische Generalissimus Foch und der deutsche Staatssekretär ohne Portefeuile Matthias Erzberger am 11. November 1918 auf einer Waldlichtung bei Compiegne in Nordfrankreich vollzogen hatten, erreichte Hermann Brill durch einen Fußmarsch über 400 km das Siegerland bei Achenbach, wurde von dort mit einem Militärtransport nach Schneidemühl an der Grenze von Posen und Westpreußen gebracht, um hier am 21. Dezember 1918 als Vizefeldwebel der Reserve und Hilfsbeobachtungsoffizier mit seinem Ballonzug demobilisiert zu werden.[1] Er kehrte in sein Elternhaus nach Ohrdruf zurück. Doch die militärische Demobilisierung ging sofort in eine politische und berufliche Mobilisierung über. „Ich kam müde und mit dem einzigen Wunsch, mich endlich einmal richtig auszuschlafen, nach Hause. Aber man stellte mich an zehnter Stelle auf den Wahlvorschlag für die verfassungsgebende Landesversammlung der kleinen Republik Sachsen/Gotha. Ich wurde als letzter gewählt. Seitdem sind meine politische und berufliche Tätigkeit untrennbar miteinander verbunden."[2]

Die Wahl zur Landesversammlung für den Staat Gotha fand am 23. Februar 1919 statt. Brill wurde von seiner Partei, der USPD, der er am 3. Oktober 1918 während eines kurzen Fronturlaubs beigetreten war, tatsächlich an neunter Stelle einer Liste plaziert, von der die ersten zehn gewählt wurden. Am 9. März 1919 erklärte er gegenüber dem Wahlleiter, „das Mandat eines Abgeordneten zur Landesversammlung für den Staat Gotha anzunehmen."[3] Etwa zur selben Zeit wurde er als Volksschullehrer in Finsterbergen angestellt, ein Vorgang, der ihm offenbar in späterer Rückerinnerung nicht mehr erwähnenswert erschien, der aber damals seinen materiellen Lebensunterhalt sicherte.[4] Gerade 24jährig trat Brill mit Beginn des Jahres 1919 aktiv seinen politischen Weg an. „Arbeiten will ich, nichts als arbeiten", dieser Wunsch vom Kriegsende[5] konnte sogleich in Erfüllung gehen. Der Anfang des politischen Lebensweges gerade in Gotha kam einer politischen Fanfare gleich, denn das Herzogtum Gotha gestaltete die deutsche Revolution von 1918 beispielhaft mit, wurde doch hier durch einen Arbeiter- und Soldatenrat eine Räterepublik ausgerufen, der Hermann Brill den

---

1 Am 7. Dezember 1918 schrieb Brill seinen letzten Brief an Marianne Salzmann (AES) aus Achenbach/Siegerland. Seine Rückkehr von Schneidemühl nach Ohrdruf ist nicht datierbar. Das Demobilisierungsdatum, den 21. 12. 1918, nannte er in einem Lebenslauf, den er am 19. 9. 1935 schrieb, AES.

2 AES Brill, Ein Leben für die Freiheit, S. 4a.

3 StA Gotha Depart. I loc. Nr. 23.

4 StA Gotha Schulamt Waltershausen Nr. 102. Als jüngster Lehrer erhielt Brill eine Jahresbesoldung von 1320 Mark zzgl. 240 Mark Wohngeld. Das war die niedrigste Stufe. Außer Brill waren noch vier Lehrer in Finsterbergen, der Rektor Wilhelm Henze (mit einem Jahresgehalt von 4560 Mark) sowie die Lehrer Gustav Hartung, Otto Lux und Anna Rohrbach. Henze wurde als „ein gewissenhafter und tüchtiger Schulmann" eingeschätzt, der deswegen 1914 das Gothaer Verdienstkreuz erhielt, ebd. Schulamt Waltershausen Nr. 459. Die kleine Dorfschule in Finsterbergen unweit von Gotha, etwas abgelegen im Thüringer Wald, hat Brill offenbar nicht behagt. Er hatte sich durch seinen ehemaligen Seminardirektor Witzmann bemühen wollen, „in Gotha irgendwo eine Beschäftigung" zu erhalten. „Ich möchte nicht gern wieder aufs Land ... Ich brauche die Stadt und die Eisenbahn, um arbeiten zu können." AES Brill an Salzmann 14. 10. 1918. Eine solche Fürsprache Witzmanns, wenn sie überhaupt zustande kam, hatte offenbar nichts genutzt. Nach dem einen Jahr in Nauendorf 1917 war Brill wieder Dorfschullehrer geworden, allerdings nur für ein weiteres Jahr, wie sich bald zeigte.

5 AES Brill an Salzmann 14. 10. 1918.

Verfassungs-Entwurf schrieb. Im Sozialismus, dem ideologiegeschichtlichen Generalthema seiner Zeit, fand der im Oktober 1918 auch das seines Lebens.

Schon die topographischen Voraussetzungen für eine Revolution waren in der herzoglichen Residenzstadt Gotha von herausfordernder Gunst. Hoch über der Stadt, auf einem natürlichen Plateau, liegt das bis 1640 gebaute Schloß Friedenstein, eine mächtige Dreiflügelanlage der Renaissance, Sitz der Herzöge von Gotha (und später auch Coburg), zu Füßen die Stadt mit dem in Längsrichtung aufsteigend auf das Schloß zu orientierten Marktplatz, dazwischen eine verbindende Wasserkunst, die das schon im 13. Jahrhundert nach Gotha abgeleitete Wasser der Leine vom Berg ins Tal leitete: oben der Herrscher, zu seinen Füßen die Untertanen, dazwischen das belebende Element. Das kann man als eine stets sinnträchtig zu interpretierende topographische Demonstration politischer Realitäten beachten, aus ihr aber auch einen herausfordernden Änderungswillen ableiten.

Mehr noch als die topographischen hatten sich im Herzogtum Gotha wirtschaftlich-soziale und historisch-politische Voraussetzungen für eine Revolution am Ende des ersten Weltkriegs angehäuft. In allen thüringischen Kleinstaaten hatten die industriellen Entwicklungen des 19. Jahrhunderts lang gewachsene und tief verwurzelte Traditionen aufgebrochen. Die Gewerbefreiheit hatte die Zunftverfassungen abgelöst, der 1834 erfolgte Beitritt Thüringens zum Deutschen Zollverein die wirtschaftliche Isolation und genügsame Autarkie des Landes aufgehoben, die hereinströmenden Mechanisierungen und maschinellen Fabrikationsmethoden verdrängten herkömmliche Wirtschaftsstrukturen. An der seit 1840 zunehmenden Auswanderung thüringischer Bevölkerungsteile nach Amerika ließ sich wie an einem Barometer ablesen, daß der Druck der industriellen Revolution auf die wirtschaftlich-sozialen Veränderungen nicht überall aufgefangen war. Dies galt vor allen Dingen für die Bereiche im Thüringer Wald, in der Röhn oder im oberen Eichsfeld. Der Landrat aus Heiligenstadt hatte im Mai 1871 über den wachsenden Pauperismus unter der Bevölkerung seines Verwaltungsgebietes geschrieben: „Die niedrige Klasse ist größtenteils so arm, daß sie kaum die notwendigsten Kleidungsstücke und Hausgeräte hat und nichts besitzt, was zur Zahlung eines Steuerrestes abgepfändet werden könnte, so daß nur durch Beschlagnahme des Wochenlohns Zahlung zu erreichen ist.“[6]

Auch dem Herzogtum Gotha waren solche Zustände vertraut. Das am Thüringer Wald gelegene Forstamt Zella hatte 1832 geschrieben: „Der gewöhnliche Forstarbeiter, der Köhler, Holzhauer und Tagelöhner besitzt morgen nicht mehr, als er heute erwirbt.“[7] Eine Änderung war nur allmählich möglich. Im Süden des Herzogtums, das sich mit seinen nur 1415,1 qkm hier bis zum Rennsteig erstreckte und bei Zella und Mehlis den Thüringer Wald zu dessen Südseite hin überschritt, blieb neben der ertragsarmen Forstwirtschaft die als Heimindustrie und in mittelständischen Betrieben organisierte Spielzeugindustrie dominierend. Im Norden bestimmte, abgesehen von den Kaliwerken bei Menterode, eine mittel- und großbäuerliche Landwirtschaft das Bild. Allein in Gotha und seiner unmittelbaren Umgebung wurde seit der Mitte des 19. Jahrhunderts eine mittelständische Metallindustrie ansässig, aus der, zunehmend mit der Entwicklung der Eisenbahn, der Waggonbau herausragte.

Seit den 60er Jahren des 19. Jahrhunderts nahm diese industrielle Entwicklung im Herzogtum Gotha auf dessen Sozialstruktur einen immer erkennbarer werdenden Einfluß. Von 100 Einwohnern waren tätig in:[8]

---

6 StA Gotha Reg. Erfurt prov. Nr. 400: Bericht des Landrats zu Heiligenstadt vom 21. 5. 1851, zit. bei Heß, Die thüringische Sozialdemokratie, S. 82.

7 ebd. Geheime Kanzlei JJc Nr. 9, Bd. 2, Bl. 139, zit. bei Heß, S. 82.

8 Die Tabelle ist aus Archivalien erarbeitet und abgedruckt bei Ulrich Heß, Die Vorbereitung und Durchführung der Novemberrevolution 1918 im Lande Gotha. Eine Aktenpublikation, Gotha 1960, S. 4.

Jahr	Land- und Forstwirtschaft	Industrie	Handel	Sonstige
1864	45,6	35,4	6,1	12,9
1895	30,1	47,5	10,6	11,8
1907	23,7	51,5	12,4	12,8

Politisch bewirkte diese Umschichtung der Bevölkerung die frühe, auf 1869 zu datierende Organisation einer sozialistischen Arbeiterbewegung in Gotha. Ihre Vorgeschichte korrespondiert nicht ganz mit den politischen Zeitläufen in anderen thüringischen Kleinstaaten. Diese durch die revolutionären Wellen von 1830 und 1848 in Thüringen wie überall im Deutschen Bund ausgelösten politischen Aktionsschübe, manifest geworden in den Forderungen nach Pressefreiheit, Geschworenengerichten, Volksbewaffnung und einer Vertretung des deutschen Volkes beim Deutschen Bund in Frankfurt/Main, alles vor 1848 eher lokal, sporadisch und auch noch unsicher in der genauen Zielvorstellung vorgetragen, trafen in Gotha auf einen liberalen Herzog, Ernst II., und eine ebenso gesinnte Staatsregierung unter Staatsminister Stein. Diese hatten solche Forderungen bereits im Vormärz erfüllt, so daß sich bei den allgemeinen Wahlen zum Landtag in Coburg-Gotha im Dezember 1848 leicht ein gemäßigter Liberalismus durchsetzen konnte.[9]

In der nachfolgenden Phase der Reaktion blieb die Sympathie der Herrschenden den neuen politischen Kräften gewogen. Das führte im Herzogtum Gotha zur baldigen Gründung von Arbeiterbildungsvereinen. Ein sich auf diese politische Formierung der Arbeiter beziehendes, im Sommer 1853 vom Frankfurter Bundestag ausgesprochenes Verbot ignorierte man in Gotha.[10] Während ein preußischer Feldjägerbericht vom September 1855 für Thüringen allgemein den beruhigenden Eindruck erwecken zu können glaubte, als habe „das Politisieren in den unteren Bevölkerungsschichten ganz aufgehört“[11], nahm es gerade in der Stadt Gotha und besonders dem benachbarten Ohrdruf, Brills väterlicher Heimatstadt, aktivere Formen an. Die Gründung des Deutschen Nationalvereins 1859 und des Allgemeinen Deutschen Arbeitervereins 1863, dieser von Ferdinand Lassalle, einem ins Idealistische gesteigerten Vorbild Hermann Brills, gegründet, führte in Gotha am 17. Juli 1864 zu einer ersten öffentlichen Versammlung der dortigen Arbeiter. Fünf Jahre später trat dieser Gothaer Arbeiterverein mit den Forderungen nach Gewerbe-, Vereins- und Versammlungsfreiheit sowie nach dem allgemeinen und direkten Wahlrecht hervor. Initiator dieser „Gothaer Leitsätze“ war der Schuhmachergeselle Wilhelm Bock.[12]

Mit Bock gewannen die Gothaer Arbeiter einen organisatorischen und politisch-programmatischen Kopf. Als August Bebel bei ihm im Sommer 1869 auftrat, vereinte man sich mit ihm in dem Bekenntnis, „daß nur die sozialdemokratischen Prinzipien es sind, welche die Lage der arbeitenden Klasse verbessern können und daß eine Einigung der sozialdemokratischen Arbeiterfraktionen herbeigeführt werden muß“[13]. Über den Eisenacher Parteitag vom

9 Friedrich Weidner, Gotha in der Bewegung von 1848, Gotha 1908, S. 119ff., und Heß, Die thüringische Sozialdemokratie, S. 103ff.

10 Heß, Die thüringische Sozialdemokratie, S. 122f.

11 Zit. ebd. S. 123f.

12 Wilhelm Bock, Im Dienste der Freiheit, Jena 1927. Zu den Zusammenhängen vgl. Heß, Die thüringische Sozialdemokratie, S. 136ff.

13 Zit. bei Heß, Die thüringische Sozialdemokratie, S. 140.

7.–9. August 1869, der mit der Gründung der Sozialdemokratischen Arbeiterpartei die Lassalle-Richtung in Thüringen in ihrer politischen Wirkung merklich zurückdrängte, kam es deswegen gerade in Gotha am 22. Mai 1875 zur Vereinigung beider Richtungen in der Sozialistischen Arbeiterpartei. Wilhelm Bock hatte sie im Kaltwasserschen Saal in Gotha eröffnet.[14] Mit Bock gewann die Sozialdemokratie erstmalig 1884 den Reichstagswahlkreis Gotha, behielt ihn 1893 bis 1906, um ihn dann noch einmal 1912 gewinnen zu können. Die SPD dominierte hier von 1874 an, als sie 15,9% der Stimmen erreichte, bis 1912, wo sie 54,1% gewann:[15]

1874	15,9%	1890	46,1%
1877	44,1%	1893	53,2%
1878	21,3%	1898	51,5%
1881	11,2%	1903	50,0%
1884	44,9%	1907	47,9%
1887	33,3%	1912	54,1%

Ohne Einwirkung auf diese politische Entwicklung in Gotha bis zum Vorabend des Ersten Weltkriegs blieb die Tatsache, daß das thüringische Gotha seit 1826, nachdem die regierende Linie mit Herzog Friedrich IV. 1825 ausgestorben war, mit dem fränkischen Coburg in Personunion verbunden wurde. Coburg war seit 1821 konstitutionelle Monarchie, Gotha wurde es 1848. Beide Landtage blieben selbständig, verbanden sich aber auch durch das Staatsgrundgesetz vom 3. Mai 1852 zu einem gemeinschaftlichen Landtag, der letztmalig am 16. April 1919 tagte. Die Herzogtümer entwickelten sich auf diese Weise von einer bloßen Personal- zu einer Realunion weiter. Dieser Umstand verhinderte jedoch nicht, daß sich in der Revolution von 1918 höchst unterschiedliche politische Konstellationen herauskristallisierten. Während in Coburg der rechte Flügel der SPD zusammen mit den Liberalen sofort den Weg in eine parlamentarische Demokratie fand, übernahm in Gotha der linke Flügel der USPD die Führung, rief am 8. November 1918 einen Arbeiter- und Soldatenrat aus und beschritt so zielbewußt den Weg einer proletarischen Revolution mit räterepublikanischen Merkmalen.

2 Die Revolution von 1918/19 in der Residenzstadt Gotha

Als Brill im Sommer 1918 an der Front in Nordfrankreich durch Briefe seiner Mutter „von fragwürdigen Vorgängen in Gotha" hörte[16], waren hier schon seit längerem revolutionäre Vorzeichen sichtbar geworden.[17] Neben dem Reichstagsabgeordneten Wilhelm Bock, der die Gothaer Sozialdemokratie leitete, hatten sich seit Beginn des Krieges linke Kräfte zu gruppieren versucht, die von den Arbeitern der Gothaer Rüstungsindustrie und den dort

14 Vgl. Heß, ebd. S. 236f.

15 Die Angaben bei Heß, Novemberrevolution 1918, S. 5. Die präzisen Angaben über das Abschneiden der SPD bei den Reichstagswahlen bei Heß, Thüringische Sozialdemokratie, S. 217, 265f., 453f., 545 und 659ff.

16 AES Brill an Salzmann 7. 7. 1918.

17 Vgl. Curt Dille, Arbeiter- und Soldatenrat. Volksbeauftragte im Staate Gotha, 1919, Man., 232 S., StA Gotha, Walter Mosebach, Die Vorbereitung und Durchführung der Novemberrevolution in Gotha, o. O. 1957, Man., 84 S., Univ. Arch. Jena, Ulrich Heß, Die Vorbereitung und Durchführung der Novemberrevolution 1918 im Lande Gotha. Vgl. die Paralleluntersuchung von Michael Seligmann, Aufstand der Räte. Die erste bayerische Räterepublik vom 7. April 1919, Grafenau 1989.

stationierten Truppen, dem Ersatzbataillon des Infanterieregiments Nr. 95 in der Kaserne I an der Bürgeraue und der Fliegerersatzabteilung Nr. 3, getragen wurden. Eine publizistische Plattform fanden sie im ‚Gothaer Volksblatt', dessen Chefredakteur Otto Geithner mit linksradikalen Ideen sympathisierte.[18] Die in dieser damals sozialdemokratischen Zeitung scharf geübte Kritik an der Kriegsführung hatte das stellvertretende Generalkommando XI in Kassel als die zuständige Militärzensurbehörde schon Anfang Februar 1915 veranlaßt, das ‚Gothaer Volksblatt' zu verbieten.[19] Zwar durfte einen Monat später als neue Zeitung der ‚Generalanzeiger für das Herzogtum Gotha' erscheinen, der aber seine intitulierte „unparteiische" Haltung nicht einhielt und in der Folgezeit wegen Stellungnahmen gegen den Militarismus seiner Zeit mehrfach unter Vorzensur gestellt wurde.[20]

Markanter als diese pressepolitischen Zeugnisse wiesen organisatorische Maßnahmen innerhalb der Gothaer Sozialdemokratie auf deren Linksruck hin. 1915 schloß sich die Partei der regierungsfeindlichen „Sozialdemokratischen Arbeitsgemeinschaft" an, aus der dann die USPD hervorging. Ihre Gründungskonferenz organisierte im April 1917 Wilhelm Bock in Gotha. Zum 1. Mai dieses Jahres machte man in der Residenzstadt mit revolutionären Parolen auf sich aufmerksam und verteilte Spartacusblätter.[21] Stärker als Wilhelm Bock organisierte jetzt Otto Geithner, der vor dem Krieg Lenin in der Schweiz besucht hatte, Streikaufrufe und forderte Solidaritätsbekundungen mit der Revolution in Rußland heraus.[22] „Die Wühlarbeit der Partei", so klagte der herzogliche Gothaer Polizeichef Max Gisohn in einem Protokoll vom 14. Juli 1917, „betätigt sich nicht ausschließlich öffentlich, sie setzt sich nicht nur in Versammlungen aller Art ein, sie sucht vielmehr überall Nährboden für ihr Streben, das letzten Endes auf Beseitigung der bestehenden Staatsform hinausgeht".[23]

Diese politische Zielsetzung verschärfte sich durch den Erfolg der russischen Oktoberrevolution 1917 und nährte sich an dem Januarstreik 1918 in einigen deutschen, u. a. Berliner Rüstungsbetrieben, der sog. „Friedensdemonstration", die auch die Belegschaft der Gothaer Waggonfabrik erfaßte. Nach einem Bericht des Gothaer Stadtrates vom 7. Februar 1918 streikten vom 31. Januar bis 4. Februar 1918 in acht Rüstungsbetrieben der Stadt 2564 von insgesamt dort angestellten 4391 Arbeitern. Das resümierende staatliche Kommuniqué konnte zwar erleichtert feststellen: „Die Streikenden hatten nichts erreicht. Sie haben am 4. Februar 1918 die Arbeit wieder bedingungslos aufgenommen."[24] Doch das Signal war unüberhörbar, die eingeleitete Bewegung nicht mehr zu bremsen.

Die von Brills Mutter im Sommer 1918 wahrgenommenen „fragwürdigen Vorgänge in Gotha" nahmen ihren Lauf. Im Oktober mußte Gisohn dem herzoglichen Staatsministerium melden, „daß Inhalt und Ton der Reden in den von mir überwachten Versammlungen der radikalen Linksparteien darauf schließen lassen, daß der Zusammenbruch des Reiches in

---

18 Otto Geithner, * 23. 5. 1876 in Merseburg, † 31. 7. 1948 in Gotha, war Tischler, im Arbeiterbildungswesen in Berlin tätig gewesen, hatte Lenin während dessen Schweizer Aufenthalt besucht, war ab Juli 1910 bis Februar 1915 Redakteur des ‚Gothaer Volksblattes' gewesen, 1917 der USPD beigetreten, danach der KPD, vgl. Heß, Novemberrevolution, S. 7, Anm. 2 und Hermann Weber, Wandlung des deutschen Kommunismus Bd. 2, S. 132.

19 StA Gotha, Staatsmin. Depart. II loc. 192, Nr. 22, Verbot des ‚Gothaer Volksblattes' durch das Generalkommando XI in Kassel am 7. 2. 1915.

20 ebd. Nr. 22, Bl. 130–179.

21 Quellen abgedruckt bei Heß, Novemberrevolution, Beiheft S. 8ff.

22 Vgl. Geithners Rede im Gothaer Landtag vom 23. 3. 1917 zum Antrag des Gothaer Staatsministeriums, den Etat von 1916 auch auf 1917 zu übertragen, zit. bei Heß, Novemberrevolution, Beiheft S. 8ff.

23 StA Gotha Staatsmin. Depart. II loc 56, Nr. 40: Niederschrift des Polizeikommissars Max Gisohn zu Gotha zur Geheimanweisung des stellv. Generalkommandos XI Armeekorps in Kassel vom 25. 6. 1917 über polizeiliche Maßnahmen gegen die „Unabhängigen Sozialdemokraten", Gotha 14. 7. 1917.

24 StA Gotha Staatsmin. Depart. II loc. 56, Nr. 31: Bericht des Gothaer Stadtrates vom 7. 2. 1918.

absehbarer, kurzfristiger Zeit erfolgen müsse und werde".[25] Die Forderung nach sofortiger Kriegsbeendigung und das Drängen nach einer sozialistischen Revolution hatten sich in der Residenzstadt Gotha miteinander verbunden. Neben Wilhelm Bock, Adolf Schauder und Otto Geithner trat dabei der Redakteur Cuno Blechschmidt in den agitatorischen Mittelpunkt. Blechschmidt war seit dem 1. Juli 1918 Chefredakteur der USPD-Zeitung ‚Generalanzeiger für das Herzogtum Gotha' und wußte dieses Presseorgan zur Verbreitung seiner Parteiinteressen zu nutzen: „Abdanken der jetzigen Regierung, Bildung einer provisorischen Regierung zu dem einzigen Zwecke, einer wirklichen Volksregierung die Bahn zu brechen, sozialistische Republik, Friede ohne Annexionen und ohne Kriegsentschädigung, Selbstbestimmungsrecht der Völker".[26] Das waren die immer wieder in der Presse und auf Versammlungen vorgetragenen Forderungen.

Für ihre politische Umsetzung hatte die USPD am 2. Oktober 1918 eine Arbeiterdemonstration in Gotha auf den 10. November terminiert. Doch die Ereignisse überschlugen sich schon vorher. Während der Herzog von Coburg-Gotha noch am 2. November an Reichskanzler Prinz Max von Baden telegrafierte, er könne einer Abdankung des Kaisers „nicht zustimmen"[27], rief der ‚Generalanzeiger' am 4. November, einen Tag nach dem in Kiel ausgebrochenen Matrosenaufstand, zur sozialistischen Revolution in Gotha auf: „Nicht politische Entrechtung durch den Militarismus – völlige politische Befreiung ... Arbeiter! Zeigt eure politische Reife, euren Willen zum Sozialismus, eure Entschlossenheit! Es lebe die sozialistische Republik!"[28]

Die Initiativen drohten zeitweise der Leitung der USPD zu entgleiten und ganz auf Räte überzugehen. Die Fliegerersatzabteilung Nr. 3 wählte am 8. November einen Soldatenrat, nachfolgend die Rüstungsbetriebe einen Arbeiterrat. Beide vereinigten sich noch am Abend des 8. November zum Gothaer Arbeiter- und Soldatenrat, dessen Vorsitz Otto Geithner, ehemals Redakteur des im Februar 1915 verbotenen ‚Gothaer Volksblatts', übernahm. Zwei Aufrufe, am 9. November im ‚Generalanzeiger', dem Nachfolgeorgan, publiziert, standen ganz im Zeichen der revolutionären Terminologie. Der eine konstatierte einleitend: „Gigantische Kräfte rütteln an dem morschen und überlebten Bau des monarchisch-kapitalistischen deutschen Reiches." Der zweite verkündete, der gerade gebildete Gothaer Arbeiter- und Soldatenrat habe „die militärische und zivile Gewalt übernommen".[29]

Nach der für den 10. November vorgesehenen, aber jetzt auf den 9. vorgezogenen Versammlung auf dem Gothaer Hauptmarkt unterhalb des herzoglichen Schlosses Friedenstein zog man zum Schloß Friedrichsthal, dem Sitz des herzoglichen Staatsministeriums, setzte dies nicht ab, forderte es aber zur Unterordnung unter den Arbeiter- und Soldatenrat auf. Nach erfolgter Zustimmung wurde das herzogliche Staatsministerium mit der Weiterführung der Verwaltung beauftragt. Der Arbeiter- und Soldatenrat selbst setzte aus seinen eigenen Reihen am 12. November einen für die Exekutive handlungsfähigeren „Vollzugsausschuß", bestehend aus acht Personen, ein. Auch dessen Vorsitz übernahm Otto Geithner.

Die forsche Forderung der ‚Roten Fahne' vom 10. November 1918 – „Diese Revolution muß nicht nur hinwegschwemmen alle Reste und Ruinen des Feudalismus, sie muß nicht nur

25 Max Gisohn, Bericht über Ereignisse im Jahre 1920, angefertigt im Rückblick nach Aufforderung durch den Gothaer Oberbürgermeister, Gotha 28. 1. 1941, StA Gotha, Depart. II loc. 56 Nr. 32.

26 Abgedruckt bei Heß, Novemberrevolution, S. 40. Cuno Blechschmidt, * 15. 1. 1878 in Sonneberg, † 3. 4. 1931 ebd., war von Beruf Steinbildhauer und seit 1905 einer der Funktionäre der Sonneberger Sozialdemokratie. Er wurde 1908 Geschäftsführer der Zeitung ‚Thüringer Volksfreund' in Sonneberg und seit 1917 Mitglied der USPD.

27 StA Gotha Staatsmin. Depart. I Loc. 5 e Nr. 22: Herzog von Coburg-Gotha an Reichskanzler 2. 11. 1918.

28 Zit. bei Heß, Novemberrevolution S. 42.

29 ebd. S. 42f.

brechen alle Zwingburgen des Junkertums . . ., ihre Losung heißt nicht nur Republik, sondern sozialistische Republik." – war in Gotha etwas modifiziert angewendet worden, denn die alte herzogliche Verwaltung blieb im Amt. Am 13. November 1918 gab das Revolutionskommando der Gothaer Bevölkerung bekannt: „Mit dem heutigen Tage übernimmt der Arbeiter- und Soldatenrat Gothas die volle Regierungsgewalt. Zentralstelle ist Schloß Friedenstein. Die Staatsminister sind ihres Amtes entsetzt und werden hierdurch mit der vorläufigen Weiterführung der Geschäfte beauftragt."[30] Mit dem ersten Gesetz führte dieser Rat am folgenden 14. November in Gotha den 8-Stunden-Tag ein. Damit hatte im alten Herzogtum Gotha eine proletarische Revolution mit räterepublikanischen Tendenzen ihren vorläufigen Abschluß gefunden. Da die alte Staatsverwaltung unangetastet und in Funktion blieb, wenn auch den Weisungen des Vollzugsausschusses untergeordnet – alle Gesetze, Verordnungen und amtlichen Schreiben wurden fortan von beiden unterzeichnet, linksstehend der „Vollzugsausschuß" –, war der Unterschied zur russischen Oktoberrevolution deutlich geblieben. Das änderte sich auch nicht durch die am 30. November vorgenommene personelle Reduktion des „Vollzugsausschusses" auf ein Dreierkollegium, das sich „Volksbeauftragte des Staats Gotha" nannte und zunächst aus Wilhelm Bock, Emil Grabow und Adolf Schauder bestand. Allerdings suchte der Arbeiter- und Soldatenrat mit den drei Volksbeauftragten an seiner exekutiven Spitze das Gesetz des auf eine sozialistische Umgestaltung des Staatswesens gerichteten Handelns offensiver in der Hand zu halten. Zum Jahreswechsel 1918/19 bewaffnete er die Arbeiterschaft „in sehr erheblicher Zahl". In der Kaserne I an der Bürgeraue lagen 400 ehemalige Soldaten bereit, „ohne Waffen, ohne Beschäftigung, aber voll von revolutionärem Geist", wie der weiter amtierende Polizeichef Gisohn beobachtet hatte.[31]

Die am Rande der Stadt kasernierte Fliegerersatzabteilung 3 war noch mit über 1000 Mann in „voller Bewaffnung", besaß darüber hinaus etwa 400 Flugzeuge und war so für militärische Einsätze verwendbar. Militärische Aktionen bestimmten das Straßenbild in der Residenzstadt Gotha. „Revolutionäre Umzüge wechselten in schnellster Folge ab mit Versammlungen, in denen die Diktatur des Proletariats als letztes Ziel des Umsturzes gepredigt wurde."[32]

Doch der umstürzende Erfolg blieb aus. Nachdem auf der Reichsversammlung der Arbeiter- und Soldatenräte in Berlin vom 16.–21. Dezember 1918 die von den Mehrheitssozialisten getragene Entscheidung für Wahlen zu einer verfassunggebenden Nationalversammlung am 19. Januar 1919 gefallen war, hingegen die von einer Reichskonferenz des Spartacus-Bundes am 1. Januar 1919 gegründete „Revolutionäre Kommunistische Arbeiterpartei Deutschlands" mit ihrem nachfolgenden Aufstandsversuch gescheitert war und Rosa Luxemburg und Karl Liebknecht am 15. Januar 1919 gar ermordert worden waren, war die durch eine zu diesem Zeitpunkt diffus bleibende Verbindung von USPD und KPD getragene „Marneschlacht der Revolution"[33] verloren, der Versuch einer deutschen Adaption der russischen Räterepublik gescheitert. Als sich außerdem die Reichsregierung entschieden hatte, die Nationalversammlung am 6. Februar 1919 nicht in Jena, Bayreuth, Nürnberg oder

30 Abgedruckt ebd. S. 44. Am 14. 11. 1918 tagte letztmalig der alte Landtag des Herzogtums Coburg-Gotha. Vor ihm mußte Staatsminister Bassewitz erklären, „der Herzog habe aufgehört, in den Herzogtümern Coburg und Gotha zu regieren", StA Gotha Depart. I loc. 19 Nr. 51. Der Landtag löste sich daraufhin auf.

31 Max Gisohn, Bericht über Ereignisse im Jahre 1920, o. O. S. 5. Gisohn, * 17. 7. 1876 in Berlin, † 29. 6. 1944 in Gotha, war 1908 Kriminalwachtmeister in Gotha geworden, 1909 Polizeikommissar und Leiter der Kriminalabteilung des Polizeiamts der Stadt Gotha, in der Revolution 1918/19 war er Polizeiinspektor, 1922 wurde er Stadtoberamtmann in Gotha.

32 Max Gisohn, a. O. S. 6.

33 Das Wort stammt von dem gemäßigten USPD-Politiker Rudolf Hilferding, vgl. Hagen Schulze, Weimar. Deutschland 1917 bis 1933, Berlin 1982, S. 180.

Frankfurt/Main, schon gar nicht Berlin, sondern seines Symbolwertes wegen in Weimar im dortigen Hoftheater am 6. Februar zusammentreten zu lassen, mußte die von Gotha ausgehende Flankenbedrohung gegenüber Weimar beseitigt werden. Reichswehr, das Landesjägerkorps unter General Maercker, wurde nach Gotha verlegt, ein hier von der USPD noch ausgerufener Generalstreik durch einen Gegenstreik des konservativ und sozialdemokratisch gebliebenen Bürgertums der Stadt paralysiert und so der räterepublikanische Putschversuch erstickt.[34] Für den 23. Februar wurde in Gotha die Wahl einer ersten republikanischen Landesversammlung angesetzt.

In die sich so gestaltende politische Szene in Gotha trat zu Anfang des Jahres 1919 Hermann Brill ein. Der Ohrdrufer Bildhauer Adolf Schauder, seit dem 30. November 1918 einer der drei „Volksbeauftragten des Staates Gotha", zuvor schon sozialdemokratischer Abgeordneter im Landtag des Herzogtums Gotha, plazierte seinen theoretisch begabten, zu einem politischen Engagement am linken Flügel der Sozialdemokratie bereiten Musterschüler Brill, der für ihn bereits bei den Landtagswahlen 1904 und 1908, also im Alter von 9 und 13 Jahren, Flugblätter ausgetragen hatte[35], auf Platz 9 der von ihm selbst angeführten Liste der USPD für die Wahlen zur ersten Landesversammlung in Gotha am 23. Februar 1919. Jetzt konnte Brill seinem Bekenntnis vom 15. Oktober 1918, geäußert gegenüber Marianne Salzmann, die Tat folgen lassen: „Ich bin ein Sozialist. Ich werde überall, wohin mich das Gewissen ruft, meinen Mann stehen. Bis zum Letzten, bis zum Äußersten."[36] In der Schlußphase des Ersten Weltkriegs hatte ihn diese Tatbereitschaft schon in Träumen fortgerissen: „Ich träumte von Rußlands Revolution und sah mich selbst darin eine Rolle spielen."[37] In der Politik des Freistaates Gotha hat Brill 1919/20 als 24- bzw. 25jähriger eine Rolle gespielt.

3 Brills sozialistischer Gestaltungswille in der Gothaer Schulpolitik 1919/20

Die am 23. Februar 1919 erfolgte Wahl zur Gothaer Landesversammlung hatte die Phase des revolutionären Umbruchs im ehemaligen Herzogtum nicht vollständig beendet, vielmehr für eine Übergangszeit ein dualistisches demokratisches System entstehen lassen. Der Vollzugsrat des Gothaer Arbeiter- und Soldatenrates hatte Ende November 1918 Delegierte aus den überall im Herzogtum gebildeten Arbeiter- und Bauernräten zu einem Rätetag ins Schloß Friedenstein einberufen. Dabei war ein Landesarbeiter- und Bauernrat gewählt worden.[38] Dieser blieb als räterepublikanische Institution noch in Funktion, als die Gothaer Landesversammlung schon gewählt war und parlamentarisch tätig wurde. Bis zum Ende des Jahres 1919, als am 23. Dezember das „Gesetz über die vorläufige Regierungsgewalt in der Republik Gotha" von der Landesversammlung angenommen wurde, kam es so in Gotha zu einer von konkurrierenden Kräften bestimmten Machtkonstellation. Während die USPD den Landesarbeiter- und Bauernrat, der demonstrativ im Schloß Friedenstein tagte, noch im Mai als „oberstes

---

34 Max Gisohn, a. O., S. 55ff.

35 AES Brill, Ein Leben für die Freiheit, S. 4: „1904 und 1908, mit 9 und 13 Jahren, trug ich meine Flugblätter zu den Landtagswahlen, 1907 weinte ich vor Wut, als Wilhelm Bock in den Hottentotten-Wahlen das Reichstagsmandat an den Erbprinzen von Hohenlohe-Langenburg verlor."

36 AES Brill an Salzmann 15. 10. 1918.

37 AES Brill an Salzmann 3. 11. 1918.

38 Über diese politischen Vorgänge gibt eine Rede Brills vor der Landesversammlung am 14. 5. 1919 Auskunft: Verhandlungen der Landesversammlung für den Staat Gotha 1919 bis 1920, o. J. S. 5f.

politisches Organ des Staates Gotha" ansah, verlangte die bürgerliche Opposition immer wieder „die Abtretung aller politischen Rechte" an die gewählte Landesversammlung.[39] Der Streit entzündete sich an der von dem Arbeiter- und Bauernrat gut geheißenen und vom Vollzugsrat sofort umgesetzten Neuregelung der staatlichen Feiertage (1. Mai und 9. November statt Reformationstag und Buß- und Bettag) und an einer Änderung des Volksschulgesetzes.

Die zu diesem Herrschaftsdualismus vorliegenden Quellen sind dürftig und lassen nicht erkennen, ob Brill dabei schon eine aktive Rolle gespielt hat, ob er eventuell als Delegierter des Ohrdrufer Arbeiter- und Soldatenrates, dem sein Vater angehörte[40], nach Gotha kam. Bei der Wahl zur Landesversammlung erlangte seine Partei, die USPD, 10 von 19 Mandaten. Als 9. auf der Liste plaziert, war auch er gewählt.[41] Am 9. März 1919 erklärte er gegenüber dem Wahlleiter, „das Mandat eines Abgeordneten zur Landesversammlung für den Staat Gotha anzunehmen"[42]. Seine parlamentarische Lehrzeit konnte beginnen. Dadurch, daß er zum 1. April 1919 widerruflich an der Volksschule Finsterbergen, wohin er schon zum 1. Oktober 1917 von Nauendorf aus versetzt war, angestellt wurde, zum 25. August 1919 dann unwiderruflich, hatte Brill jetzt, mit 24 Jahren, ein tragfähiges berufliches und damit auch wirtschaftliches Fundament gefunden. Ein Jahr später heiratete er Hildegard Wiechert, Tochter eines Druckereibesitzers aus Gotha, und bezog dort in der Kindleberstr. 41 seine Wohnung, rechtzeitig für die am 10. April 1921 dem Ehepaar Hermann und Hildegard Brill geborene erste Tochter Barbara.[43]

Am 25. März 1919 wurde die neu gewählte Landesversammlung der Republik Gotha im Sitzungssaal des Landschaftshauses in Gotha eröffnet. Brill hatte als einer von zwei Abgeordneten das Protokoll zu unterschreiben, vermutlich, weil er der erste im Alphabet war, und so seine erste politische Unterschrift zu geben.[44]

Die Mehrheit der USPD war mit 10 von 19 Sitzen knapp, die bürgerliche Opposition, zu der als Mitglied der DVP auch Brills ehemaliger Seminardirektor Georg Witzmann gehörte, stark. Wichtig, auch für den späteren Verlauf der thüringischen Geschichte, wurde der schon zuvor im Januar 1919 auf dem Höhepunkt der revolutionären Anarchie in Gotha erfolgte Rücktritt Wilhelm Bocks aus dem Kreis der drei noch vom Gothaer Arbeiter- und Bauernrat eingesetzten Volksbeauftragten. Bock, inzwischen 73jährig, seit 1872 Kopf der Gothaer Sozialdemokratie, vor dem Ersten Weltkrieg lange Jahre Reichstagsabgeordneter der SPD, 1918 in die Weimarer Nationalversammlung gewählt und 1919 bis 1928 Mitglied des Reichstages, zuerst der USPD, dann der SPD angehörend, wollte die deutliche Sympathie der Gothaer USPD für die Kommunisten nicht mittragen.[45] An seine Stelle trat mit Albin Tennner ein radikaler linker Sozialdemokrat, der 1920 den konsequenten Übertritt zur KPD vollzog, deren Fraktionsführer im Thüringischen Landtag in Weimar er werden wollte.[46]

In der ersten Gothaer Landesversammlung hatte Brill in dem zehn Jahre älteren Tenner

39 ebd. S. 6.
40 Brills Vater war Mitglied des Ohrdrufer Arbeiter- und Bauernrates.
41 Stat. Handbuch für das Land Thüringen 1922, S. 503.
42 StA Gotha Depart. I loc. 2 Nr. 35: Erklärung Brills vom 9. 3. 1919.
43 StA Gotha Schulamt Waltershausen Nr. 736: Amtsverhältnisse des Lehrers Hermann Brill (Personalakte).
44 StA Gotha Depart. I loc. 19 Nr. 66: Verhandlungen der Landesversammlung für den Staat Gotha 1919 bis 1923, erste Sitzung vom 25. 3. 1919. Die Unterschrift Brills ist energisch, sehr gerade und klar, graphologisch dokumentiert sie ein ausgeprägtes Selbstbewußtsein. Im Laufe seines Lebens hat sich die Unterschrift Brills nur leicht nach rechts geneigt, nicht aber dabei ihre kräftige Kontur verloren.
45 Vgl. Heß, Das Sachsen-Coburg und Gothaische Staatsministerium 1826 bis 1920, 1961, S. 72f.
46 Albin Tenner, * 27. 2. 1885 in Rauenstein/Sonneberg, Porzellanarbeiter, am Herzog-Ernst-Seminar in Gotha zum Lehrer ausgebildet, Volksschullehrer im Herzogtum Gotha, Hochschulstudium in Mathematik und Naturwissenschaften, 1920

offenbar zunächst einen weiteren wichtigen Fürsprecher. Beide waren sie Absolventen desselben Gothaer Herzog-Ernst-Seminars gewesen, beide als Lehrer tätig, in der USPD politisch beheimatet, radikal orientiert und thematisch besonders an einer ersten schulreformerischen Umsetzung ihrer politischen Ideenwelt interessiert. Doch schon ein Jahr später, 1920, sollten sich ihre Wege langsam zu trennen beginnen; Tenner ging zur KPD, Brill zum rechten Flügel der USPD, der dann 1921 zur SPD zurückfand. Im Thüringischen Landtag wurden beide aus schulpolitischen Kombattanten zu heftigen innenpolitischen Gegnern, Republikaner der eine, Brill, zum revolutionären Putsch entschlossener Kommunist der andere, Tenner. Beide verkörpern so bei der frühen Spaltung des Sozialismus in Deutschland die Antipoden, den freiheitlich-demokratischen und den diktatorisch-zwangsstaatlichen. Der Höhepunkt wird im Deutschen Oktober 1923 zu beobachten sein.

Im Frühjahr 1919 stritten sie zunächst gemeinsam. Dabei hatte Tenner, der ältere von beiden, die politisch wirkungsvollere Startposition. Die Gothaer Landesversammlung wählte ihn am 26. März 1919 mit 10 : 8 Stimmen als Nachfolger Bocks zu einem der drei Volksbeauftragten. Dieses Exekutivorgan, das seinen Ursprung der stattgehabten Novemberrevolution verdankte, war auf diese Weise durch die republikanische Basis wie auch durch die parlamentarisch-demokratische Legislative autorisiert und führte in Gotha, so lange die kleine Republik noch keine Verfassung hatte, unangefochten die Regierungsgeschäfte.[47] Zwei Arbeitsschwerpunkte kristallisierten sich sofort heraus, der notwendig zu erstellende Entwurf einer demokratischen Verfassung und ein schulpolitisches Reformprogramm. Bei beiden parlamentarischen Vorhaben war Brill führend beteiligt, er hatte sogar den Entwurf des „Gesetzes über die vorläufige Regierungsgewalt in der Republik Gotha" erstellt und als Vorsitzender der Schulkommission der Landesversammlung die Schulreform vor dem Parlament für seine Partei vertreten.[48]

Als er das tun konnte, Ende September 1919, hatte Brill in der Gothaer Landesversammlung bereits in einer parlamentarischen Jungfernrede seine politischen Grundpositionen vorgestellt. Am 14. Mai 1919 debattierte das Haus in seiner sechsten Sitzung über den realen Konflikt, in dem man sich in Gotha verfassungspolitisch befand. Die parlamentarische Opposition stellte die Zulässigkeit einschneidender Gesetzesmaßnahmen, die der Arbeiter- und Bauernrat vorgenommen hatte und offenbar weiterhin an der seit dem 25. März konstituierten Landesversammlung vorbei vornahm und durch die drei exekutiven Volksbeauftragten ausführen ließ, ausdrücklich in Frage. In der Sache ging es um eine Neuregelung gesetzlicher Feiertage zum 1. Mai und 9. November auf Kosten der bisherigen am Reformationstag sowie am Buß- und Bettag. In diese Debatte griff Brill ein.

In einer überaus gelehrt wirkenden, mit Lassalle-Zitaten nur so gespickten Rede, mit der er zugleich den Anspruch einer wissenschaftlichen Analyse von Politik verband, vertrat er das Recht jeder Revolution zur schnellen legislativen Absicherung eines politischen Umbruchs. Seine große Belesenheit kam ihm zugute, als er in einer offenbar hitzigen Debatte, geführt in schneller Rede und Gegenrede, den Abgeordneten Gutmann von der DDP, der mit Lassalles

bis 1929 Mitglied des Thüringischen Landtags, 1922 bis 1923 Kreisschulrat in Gotha, Oktober/November 1923 Wirtschaftsminister im Land Thüringen.

47 Verhandlungen der Landesversammlung, Sitzung vom 26. 3. 1919, a. O., S. 8. Neben Tenner blieben Grabow und Schauder im Amt. Die drei Volksbeauftragten unterstellten sich die Dienststellen des früheren herzoglichen Staatsministeriums als „Abteilungen oder Landesämter". Hans Barthold von Bassewitz, der letzte herzogliche Staatsminister, wurde zum 1. 5. 1919 in den Wartestand versetzt und gleichzeitig mit der Leitung der Landesbrandversicherungsanstalt Gotha beauftragt, Heß, Novemberrevolution, S. 129, Anm. 1.

48 Heß Staatsministerium S. 72 f. und Verhandlungen der Landesversammlung S. 29 ff. und S. 309 ff. (Sitzungen vom 29. 9./ 30. 9. bzw. 23. 12. 1919).

„System der erworbenen Rechte“ die tradierte Volksschulpolitik retten wollte, mit anderen geistigen Waffen desselbn Autors zu konterkarieren suchte:

„Ehrwürdiger Herr! Schlecht kennt Ihr die Geschichte!
Ihr habt ganz recht, es ist Vernunft ihr Inhalt,
Doch ihre Form bleibt ewig die Gewalt!“[49]

Die Vernunft als Ziel, die revolutionäre Gewalt als Methode – mit solchen Überzeugungen war Brill aus dem Weltkrieg zurückgekehrt.

Als 24jähriger hier, am 14. Mai 1919, erstmals an einer parlamentarischen Rostra stehend, plädierte er mit dem in Jugendjahren angelesenen Bildungsgut eines sozialistischen Theoretikers, das sich bei ihm durch Front- und Etappenerlebnisse im Ersten Weltkrieg in einen unbedingten Willen zu politischem, revolutionär gestalteten Pragmatismus erweitert hatte, für einen radikalen Wandel des Bildungswesens. „Ich bin Sozialist.“ Das hatte er drei Wochen vor Kriegsende als sein Resümee der 35 Jahre älteren Lehrerkollegin Marianne Salzmann geschrieben. „Ich werde überall, wohin mich das Gewissen ruft, meinen Mann stehen. Bis zum Letzten, bis zum Äußersten.“[50]

Ein solcher Augenblick war ihm schon bei seinem ersten parlamentarischen Auftritt gekommen, wo er, auch mit den Mitteln revolutionärer Gewalt, für die bildungspolitische Vernunft, das hieß für ihn für eine inhaltliche, didaktische und organisatorische Reform des Bildungswesen, so wie er sie als notwendig ansah, eintrat. Sieben Monate zuvor, in jenem Brief an Marianne Salzmann vom 15. Oktober 1918, hatte er aus dem unmittelbaren Erlebnis des nahenden Kriegsendes nur ganz allgemein den Weg einer Bildungsreform vorgezeichnet: „Nehmt den Besen, fegt, fegt, fegt! Jahrhunderte werden von diesen letzten Wochen des Krieges erzählen, werden bis in die Ausgänge der Geschlechter hinab von den Schandtaten einer untergehenden Gesellschaft berichten. Darum muß die Heimat jetzt aufräumen mit allem, was nicht deutsch ist. Mit allem Preußischen, Militaristischen, was uns bedrückt. Es trägt eine übergroße Blutschuld, die gebüßt werden muß.“ Im Blick auf das Erziehungswesen dachte Brill wie Platon, für den der Erziehungsminister wichtiger war als der Kriegsminister.

Didaktik und Methodik einer neuen Bildung waren ihm damals noch unklar. Nur allgemein wußte er um das Ziel: „Es besteht in einer Reform des Bewußtseins: ‚Ich bin Deutscher, d. h. ich will mitverantwortlich sein, für das, was mein Volk tut.‘ Das ist das Wunder, das ich erahne, daß die Masse denkt und will. Auch die Frauen, liebe Freundin! Dann sind wir gerettet.“[51] Der Volksschule mußte ein so programmierter Bildungspolitiker sein erstes Augenmerk zuwenden, denn hier war bis 1919 die Masse, die noch im obrigkeitsstaatlichen Denken der Kaiserzeit erzogen worden war. Hier war die neue Vernunft zu erproben, ein neues, auf selbstverantwortliches Handeln orientiertes Denken anzustreben.

Solche reformpädagogische Absichten Brills und mit ihm der Gothaer USPD hatten unmittelbar nach der Novemberrevolution sowohl einen institutionellen Rahmen wie erste inhaltliche Konturen erfahren. Zur Keimzelle wurde der am 16. Februar 1919 gegründete „Verein sozialistischer Lehrer in Gotha“. Seine Initiatoren waren neben Hermann Brill der

49 Das Wort ist zit. aus Lassalles Drama „Franz von Wickingen“, geschrieben 1857/58. Die Worte spricht hier Hutten zu Ökolampadius, s. Verhandlungen der Landesversammlung S. 6., Sitzung vom 14. 5. 1919. Brill, dessen Lebensweg ihn 1948 in eine Professur für Politische Wissenschaften an der Univ. Frankfurt/Main führen sollte, erfuhr in dieser Sitzung der Gothaer Landesversammlung durch den Abgeordneten Krüger (DDP) eine Zurückweisung seines Anspruchs, nach Grundlinien einer Politischen Wissenschaft zu sprechen: „Von einer politischen Wissenschaft zu sprechen, sei ausgeschlossen, eine solche gäbe es nicht, nur eine historische Wissenschaft, und selbst diese sei eine der subjektiv bedingtesten“, ebd. Die Protokolle der Landesversammlung sind zu dieser Zeit noch in indirekter Rede geschrieben.

50 AES Brill an Salzmann 15. 10. 1918.

51 AES Brill an Salzmann 16. 10. 1918.

frühere Redakteur Otto Geithner, treibende Kraft der Gothaer USPD auf derem linken Flügel, sowie der noch im Dezember 1918 zum Leiter des Gotharer Schulwesens ernannte Lehrer Hugo Jacobi.[52] Dieser Verein beriet den Gothaer Arbeiter- und Bauernrat und seine Exekutive, die drei Volksbeauftragten, von denen der eine, Albin Tenner, selbst ein Pädagoge war, in schulpolitischen Fragen. Die Zielrichtung war die Schaffung einer demokratischen Einheitsschule vom Kindergarten bis zur Universität; zum thematischen Ansatzpunkt der Reform wurde der Religionsunterricht gemacht.

Am 21. März 1919, nur vier Tage vor der konstituierenden Sitzung der am 23. Februar 1919 neu gewählten Gothaer Landesversammlung, billigte der Arbeiter- und Bauernrat als das sich für zuständig erklärende basisdemokratische Organ das ihm von den drei Volksbeauftragten vorgelegte „Gesetz betr. Abänderung des Volksschulgesetzes". Methode und Hast des Verfahrens, d. h. die Übertragung eines gesetzgebenden Aktes auf die räterepublikanische Revolutionsbasis unter Düpierung der schon gewählten parlamentarisch-demokratischen Legislative, sind erkenntnisleitend für Inhalt und Wirkung des Gesetzes. Es hob in seinem Kern die bis dahin im alten Herzogtum Gotha obligatorische Teilnahme aller Schüler am Religionsunterricht auf.[53] Dem Gesetz folgte zwölf Tage später eine grundsätzliche Erklärung zur Schulpolitik der USPD-Regierung. Jacobi gab sie am 3. April vor Vertretern der Gothaer Lehrerschaft ab. Einheitsschule, Arbeitsunterricht, Arbeitsschule, demokratische Selbstverwaltung, Erziehung des Kindes nach den Grundsätzen moderner Psychologie, nicht vom Lehrstoff her, sondern vom Kinde her, wurden dabei von Jacobi als schulreformatorische Programmpunkte herausgestellt. Speziell zum Religionsunterricht hob er hervor: „In einem Fach ist das Unterrichten ohne direkte Beeinflussung nicht möglich, im konfessionellen Religionsunterricht. Er gehört darum nicht in die öffentliche Schule hinein. In objektiver Weise hat ein wirklicher kulturgeschichtlicher Unterricht die Religionsanschauung möglich zu machen."[54] Mit diesen Formulierungen offenbarte die USPD ihre Absicht, über eine fakultative Teilnahme der Schüler am Religionsunterricht hinausgehend, die das Gesetz vom 21. März 1919 festlegte, Religion als selbständiges Unterrichtsfach überhaupt abzuschaffen.

Die Reaktionen waren dementsprechend heftig. Im protestantischen Thüringen, wo reli-

---

52 Vgl. Paul Mitzenheim, Zur Schulgeschichte Thüringens seit 1918. Dokumente und Skizzen, o. O., o. J., aber 1966, S. 17. Weitere organisatorische und inhaltliche Einzelheiten wurden in der ‚Thüringer Lehrerzeitung' im Jg. 1919 fortlaufend diskutiert. Die schulorganisatorischen und schulpolitischen Initiativen der Gothaer USPD sind nicht isoliert zu sehen. Seit dem Mannheimer Parteitag der SPD 1906, wo Heinrich Schulz und Clara Zetkin ein umfassendes Schulprogramm vortrugen, gehörten sie zur politischen Programmatik der Sozialdemokratie. Nachdem die Partei 1912 im Reichstag mit ihrem Antrag betr. Reichsschulgesetz und Ausbau der bereits bestehenden Reichsschulkommission zu einem selbständigen Reichsamt für Schul- und Bildungswesen keinen Erfolg hatte (vgl. Christoph Führ, Schulpolitik im Spannungsfeld zwischen Reich und Ländern, Beilage in: ‚Das Parlament' B 42/70, 17. 10. 1970, S. 6 und 10), nahmen sich noch vor dem 1. Weltkrieg die Deutsche Lehrerversammlung in Kiel am 2. 6. 1914 und sofort nach dem Krieg der Deutsche Lehrerverein des Themas an, das jetzt als gegliederte deutsche Einheitsschule ein Begriff wurde. Der geschäftsführende Ausschuß des Deutschen Lehrervereins forderte am 17. 11. 1918 „volle körperliche und geistige Ausbildung der gesamten Volksjugend nach den Grundsätzen der Erziehungswissenschaft; die Einheitsschule vom Kindergarten bis zur Hochschule und in ihr das unbeschränkte Recht jedes Kindes auf Bildung und Erziehung nach Maßgabe seiner Fähigkeiten und seines Bildungswillens, ohne Rücksicht auf Vermögen, Stand und Glauben der Eltern". Diese Entschließung, die auch „die verfassungsmäßige Sicherstellung dieser Forderungen in den Grundrechten des deutschen Volkes für den Fall, daß die bundesstaatliche Verfassung bestehen bleibt", einschloß, wurde überall in Thüringen öffentlich bekanntgegeben, in Weimar, Gotha oder Meiningen, vgl. z. B. den Vortrag des Meininger Hochschullehrers Franz Adam im Meininger Hotel „Deutsches Haus" Anfang Dezember 1919, in: Privatarchiv Franz Adam, Lebenserinnerungen S. 195ff. Die 1921 eingeleitete Greilsche Schulreform ist die erste, die ein Land des Deutschen Reiches vornimmt. An ihrer Konzeptualisierung und organisatorischen sowie parlamentarischen Durchsetzung hat wesentlich der Gothaer Revolutionär Hermann Brill mitgearbeitet, s. u. Kap. III. 1.3.

53 Gesetzessammlung Gotha 1919 Nr. 11: Gesetz betr. Abänderung des Volksschulgesetzes vom 21. 3. 1919.

54 Schulprogramm der USPD vom 3. 4. 1919, zit. in der Gothaer Landesversammlung am 29. 9. 1919: Verhandlungen der Landesversammlung S. 178.

gionspädagogische Traditionen tief verwurzelt waren, griffen Schulleiter und Lehrer zu Gegenmaßnahmen. So wurde der Religionsunterricht aus den Eckstunden in die Mitte des Vormittages verlegt, um dadurch für nichtteilnehmende Schüler Springstunden mit Aufsichtsproblemen entstehen zu lassen. Strafarbeiten wurden angedroht und auferlegt. Gymnasiasten warfen bei Jacobi die Fensterscheiben ein. Schulräte versagten jenen Schulen die Visitation, in denen nach dem Gesetz vom 21. März 1919 verfahren wurde. Ein gewisses Chaos breitete sich aus.[55]

„Um diesem unhaltbaren Zustand ein Ende zu machen", so resümierte der Volksbeauftragte Tenner am 29. September 1919 vor der Gothaer Landesversammlung, „um klare Verhältnisse zu schaffen und diese gewissenlosen Lehrkräfte disziplinarisch bestrafen zu können, wurde die Verordnung vom 25. August erlassen."[56] Gemeint war ein kurz vor Wiederbeginn der Schulzeit, am 25. August 1919, noch während der parlamentarischen Sommerpause herausgebrachter sog. Religionserlaß, der „mit sofortiger Wirkung" in Kraft trat und bestimmte[57]:

„1. Das Schulgebet vor und nach dem Unterricht, wo es bisher noch üblich war, wird aufgehoben.
2. Jede Verpflichtung der Schüler durch die Schule zum Besuch von Gottesdiensten oder zu einer religiösen Veranstaltung wird untersagt.
   Schulfeiern dürfen keinerlei religiösen Charakter tragen, gemeinsame religiöse Feiern, Abendmahlsgänge usw. soll die Schule nicht veranstalten.
3. Für alle Schulen wird Religionslehre als Prüfungsfach aufgehoben.
4. Zensuren in Religion werden nicht mehr erteilt.
5. Es ist unzulässig, im Religionsunterricht häusliche Arbeiten oder in anderen Unterrichtsfächern das Auswendiglernen von Bibelsprüchen und Kirchenliederversen zu verlangen.

Diese Verordnung ist außerdem in der nächsten amtlichen Konferenz allen Oberlehrern, Lehrern und Lehrerinnen bekanntzugeben. Über das Geschehene ist alsbald zu berichten."

Mit diesem Religionserlaß warf die Gothaer Regierung einen Fehdehandschuh in die Arena der Schulpolitik. Scheinbar trat sie hinter ihre eigenen Forderungen nach gänzlicher Abschaffung des Religionsunterrichts, wie sie Jacobi am 3. April vorgetragen hatte, zurück. De facto mußten die neuen Erlaß-Bestimmungen den Religionsunterricht jedoch unwirksam machen, denn ein Fach ohne Zensuren und Hausaufgaben, so sah es die Opposition in Gestalt des Seminardirektors Witzmann[58], war als Schulfach entwertet. Mehr noch: biblische Bildungsgüter von Gewicht, die Psalmen, die Gleichnisse Jesu und seine Bergpredigt, „für die Gemüts- und Willensbildung unserer Kinder schlechterdings unersetzbare Stoffe", blieben ungenutzt. Witzmann, der dieses didaktische Argument vortrug, sah das geistige Fundament des Schulunterrichts überhaupt in Gefahr: „Unsere ganze Kultur ist ohne sie (sc. die Religion) nicht verständlich. Unsere bildende Kunst, unsere Musik, unser Gesangunterricht, unser Deutschunterricht ist mit religiösen Stoffen durchsetzt."[59]

Es kam zu einer regelrechten Protestwelle in der Gothaer Republik. Während die Regierung ihren Erlaß als Ausdruck der Toleranz pries, sich auf die Erfüllung der Art. 126, 135 und 148

---

55 Die Einzelheiten wurden in der Landesversammlung vom 29. 9. 1919 vorgetragen: Verhandlungen der Landesversammlung S. 178ff.

56 ebd. S. 179.

57 ebd. S. 179.

58 Vgl. Witzmanns (DVP) Debattenbeitrag vor der Landesversammlung am 29. 9. 1919, a. O. S. 182f.

59 ebd. S. 183.

der Reichsverfassung und die Zustimmung des Reichsministeriums des Innern berief,[60] betonte die Opposition umgekehrt „das Unduldsame des Erlasses". Es kam zu einem Schlagabtausch. Die Regierung setzte am 6. September 1919 die drei noch aus der herzoglichen Zeit amtierenden Schulräte Beetz, Kornrumpf und Hofman ab, Schulen antworteten am 22. September mit einem allgemeinen Schulstreik.[61]

Bei diesem Stand der Dinge griff Brill in die Debatte ein. Er, der im Februar 1919 selbst aus der evangelisch-lutherischen Landeskirche Thüringens ausgetreten war (1922–1926 gehörte er der „Gemeinschaft sozialistischer Freidenker" an), verteidigte den Religionserlaß „als einen ersten Schritt auf dem Wege, Toleranz zu üben und Gewissensfreiheit zu schaffen", und rechtfertigte die Versetzung der drei Schulinspektoren in den vorzeitigen Ruhestand als „einen politischen Akt".[62] Witzmann verstand diese Argumentation richtig: „Die Männer werden also zur Disposition gestellt, weil sie keine unabhängigen Sozialdemokraten sind." Er rechnete dem Parlament vor, daß das den Staat jährlich 25000 Mark kosten werde.[63] Damit waren die Akzente schon deutlicher gesetzt. Die Schulpolitik, darin eingeschlossen das nur als thematischer Vorreiter genutzte Fach Religion, bot der USPD einen Einstieg in die gesellschaftspolitischen Veränderungen nach ihrer Vorstellung.

Gerade diese Absicht markierte Brill. Mit Emphase ließ er, der Absolvent des Herzog-Ernst-Seminars, seinen Direktor Witzmann vor der Landesversammlung wissen: „Herr Abgeordneter Witzmann kann in mir natürlich nur einen seiner schärfsten politischen Gegner sehen. Er weiß, daß ich unverhohlen für die Diktatur des Proletariats als Staatsform eintrete, in ihr eine notwendige Vorbedingung für die Verwirklichung des Sozialismus, für die Umwandlung der kapitalistischen Produktionsweise in die sozialistische sehe und die Anschauung habe, daß sie in dieser spartakistisch durchseuchten Zeit eine eiserne sein müsse. Er weiß, daß ich ein unbedingter Verfechter der reinen Räterepublik bin . . . Er weiß auch, daß ich als erstes Erfordernis zur Sicherung einer siegreichen proletarischen politischen Revolution immer die Schaffung einer Roten Armee betont habe, daß ich den Anschluß der Unabhängigen Sozialdemokratischen Partei an die dritte, Moskauer, Internationale propagiere usw."[64]

Der junge Revolutionär Brill hatte seinen großen Auftritt. Weit griff er über das schulpolitische Thema hinaus. Nach seinen Bekenntnissen aus der Kriegszeit – „Ich bin Sozialist. Ich mache keinen Hehl daraus." –, seinem Traum in einem Bett an der französischen Front – „Ich träumte von Rußlands Revolution und sah mich selbst darin eine Rolle spielen."[65] – nahm er nun den Augenblick der Realität wahr, um sich zum Sozialismus als politischer Weltanschauung und praktizierter Politik zu bekennen, hier gar in leninistischer Radikalität. Von ihm wird die Diskussion über den Religionserlaß folgerichtig „als ein Vorzeichen der kommenden Revolution" begrüßt. Dazu gehöre noch mehr, die Veränderung der Produktionsverhältnisse nämlich. „Erst die Emanzipation der Arbeiter ist die Emanzipation des Geistes. Erst die sozialistische Gesellschaft schafft das Ideal der Gewissensfreiheit und Demokratie."[66]

Trotz einem so markig vorgetragenen Bekenntnis zum Sozialismus und der von der

---

60 Tenner vor der Landesversammlung am 29. 9. 1919, a. O. S. 180.

61 Schuldebatte vor der Landesversammlung am 29. 9. 1919, a. O. S. 181 und 183. Genaue Zahlenangaben zum Schulstreik sind aus den Quellen nicht abzuleiten.

62 Rede Brills vor der Landesversammlung am 29. 9. 1991, a. O. S. 181. Zu Brills Kirchenaustritt s. seine Aussage vor der Gestapo am 22. 9. 1938, in: BA AB ZC 6509 Bd. 6.

63 ebd. S. 184.

64 Brill vor der Landesversammlung am 30. 9. 1919, a. O. S. 196. Witzmann hat später, 1958, Brill mit keinem Wort in seinen Memoiren (Thüringen von 1918–1933. Erinnerungen eines Politikers) erwähnt.

65 AES Briefe Brills an Salzmann 21. 7. und 3. 11. 1918.

66 Brill vor der Landesversammlung 30. 9. 1919, a. O. S. 198f.

Regierungspartei mit 10:9 Stimmen erreichten Ablehnung des oppositionellen Antrags auf Aufhebung des Religions-Erlasses vom 25. August 1919[67] ging die Gothaer Regierung nach der großen Parlamentsdebatte vom 29./30. September 1919 in ihrer Schulpolitik behutsamer vor. Das Schulamt Waltershausen beispielsweise, zu dem auch die Volksschule in Finsterbergen gehörte, auf der Brill als Lehrer angestellt war, beschloß auf einer Schulkonferenz Anfang Oktober, auf der Brill zugegen war, eine Verfügung, in der es im Widerspruch zum Religions-Erlaß hieß: „Schulgebet und Chorgesang sind bei Beginn des Schulunterrichts zulässig . . . Das Gebet am Schluß des Unterrichts ist bei völliger Freiwilligkeit zulässig."[68] Auch durfte der – bevorstehende – Reformationstag „durch Ausgestaltung einer Religionsstunde als Klassenfeier begangen" werden, andere Schulfeiern dürften jedoch „keinesfalls konfessionell-religiösen Charakter tragen". Das galt im übrigen auch für die Republik Gotha allgemein.[69]

Die vielen schulpolitischen Initiativen der Gothaer Regierung im Jahr 1919 bedurften dringend einer organisatorischen Zentrale. Die ideelle Keimzelle aller Schulreformen, der am 16. Feburar 1919 gegründete „Verein sozialistischer Lehrer in Gotha", stand außerhalb staatlicher Funktionsmacht, die überkommene herzogliche Schulverwaltung – im alten Staatsministerium durch einen Oberschulrat geleitet – war der auf Innovationen drängenden USPD ein Hemmschuh, eine von der Landesversammlung eingerichtete Schulkommission mit Brill als ihrem Vorsitzenden nur eine legislative Marginalie. Deswegen bereitete die USPD im Herbst 1919 die Gründung eines Landesbildungsamtes vor, das den Rang eines Ministeriums haben sollte. Da man in Gotha seit der Novemberrevolution einen quasi-verfassungslosen Zustand hatte, mußten der Einrichtung eines solchen Landesbildungsamtes die Erstellung und Annahme einer neuen Verfassung für die Republik Gotha vorangehen. Dies geschah am 23. Dezember 1919 mit der parlamentarischen Verabschiedung des „Gesetzes für die vorläufige Regierungsgewalt in der Republik Gotha".[70]

Bemerkenswert ist, daß der 24jährige Brill, zu diesem Zeitpunkt noch ein juristischer Autodidakt, der allerdings nach eigenem Bekunden bereits mit 12 Jahren das Bürgerliche Gesetzbuch, die Gewerbeordnung, das Handelsgesetzbuch und das Strafgesetzbuch durchgelesen hatte,[71] eine wahrhaft ungewöhnliche Lektüre für ein Kind von 12 Jahren, den „Entwurf des Gesetzes für die vorläufige Regierungsgewalt in der Republik Gotha" geschrieben hatte. In sieben Artikeln wurde das Wesentliche geregelt. Art. 1 definierte das Land Gotha als „Republik im Verbande des Deutschen Reiches", Art. 2 erklärte die Landesversammlung zur gesetzgebenden Körperschaft, was das offizielle Ende des zu diesem Zeitpunkt schon aus dem politischen Geschehen ausgeschiedenen räterepublikanischen Arbeiter- und Bauernrats bedeutete, Art. 3 bestimmte die Übernahme der noch vom Gothaer Arbeiter- und Soldatenrat gewählten drei Volksbeauftragten unter Beibehaltung dieser „Dienstbezeichnung" als neue Regierung und gab diesen das Recht, an die Stelle des bisherigen herzoglichen Staatsministeriums gesonderte Abteilungen oder Landesämter zu setzen. Art. 4 unterstellte die öffentliche Bildung „der Gesetzgebung und der Förderung des Staates", Art. 5 bezog sich auf die Gemeindeselbstverwaltung, Art. 6 sorgte für die Rechtskontinuität, indem er bestimmte: „Alle vom Arbeiter- und Soldatenrat, vom Vollzugsausschuß und den Volksbeauftragten in der Gesetzsammlung verkündeten Gesetze und Verordnungen sind Gesetze im Sinne dieser

67 Schuldebatte vor der Landesversammlung 30. 9. 1919, a. O. S. 200.

68 StA Gotha Schulamt Waltershausen Nr. 191: Verfügung vom 11. 10. 1919; ausdrücklich wird vermerkt, daß auch der Gothaer Volksbeauftrage Tenner an dieser Verfügung mitgewirkt habe.

69 StA Gotha Reg. Bl. für Sachsen–Gotha Nr. 122: Verfügung der Regierung vom 18. 10. 1919.

70 Protokoll der Sitzung der Landesversammlung vom 23. 12. 1919, a. O. S. 309ff.

71 AES Brill, Ein Leben für die Freiheit, S. 3.

Vorschrift." Art. 7 schließlich hob die dem vormaligen Herzog und seinem Haus gewährten Sonderrechte auf.[72]

Nach der parlamentarischen Annahme dieses Staatsgrundgesetzes am 23. Dezember 1919 war der Weg frei zur Bildung von Ministerien, die gemäß Art. 3 der Gothaer Verfassung Abteilungen oder Landesämter heißen sollten. Am 10. Januar 1920 legte die Landesregierung einen entsprechenden „Entwurf zu einem Gesetz über die Errichtung eines Landesbildungsamtes (LBA)" vor.[73] Dieser Gesetzentwurf sah nach § 1 vor, dem neuen LBA „die Bearbeitung der Angelegenheiten des gesamten Bildungswesens" zu übertragen; gemeint waren damit „die zur Demokratisierung der Schulverwaltung notwendigen ... Maßnahmen" (§ 3), aber auch „alle zur Durchführung der Einheitsschule, insbesondere der Grundschule, notwendigen Maßnahmen". Als bedeutend muß angesehen werden, daß das Gesetz neben seinem organisationstechnischen Inhalt ein wichtiges Ermächtigungsgesetz implizierte. § 2 sah nämlich vor: „Das LBA wird weiterhin ermächtigt ..., Verordnungen mit Gesetzeskraft zu erlassen, deren Bestimmungen Landesgesetze abändern oder aufheben." Auch wenn § 4 diese Ermächtigung an eine nachträgliche Genehmigung der Landesversammlung band, war die dem Parlament vorgreifende legislative Kompetenz des LBA an dieser Stelle bemerkenswert und groß.

Der bürgerlichen Opposition war sie zu groß. Deswegen blieb diese der parlamentarischen Beschlußfassung des Gesetzes am 22. Januar 1920 demonstrativ fern und provozierte dadurch seine spätere Ungültigkeit.[74] Brill, der als Berichterstatter der Schulkommission den Regierungsentwurf unterstützte, focht das nicht an, im Gegenteil, er ermutigte das zu gründende LBA sogar, von der ihm zugewiesenen Ermächtigung „tatkräftig Gebrauch" zu machen[75], und bekannte frei heraus, was die Opposition beklagte, die Regierung aber bezweckte, „daß bei diesem Gesetz die Klasseninteressen mitsprechen"[76]. Der Entwurf wurde „einstimmig", was heißen sollte ohne die bei der Lesung abwesende Opposition, angenommen.[77]

Das Landesbildungsamt wurde „der eigentliche Wirkungsbereich der USPD"[78]. Hier sollte der Aufbau eines sozialistischen Bildungswesens geplant, durchgeführt und überwacht werden. Inhaltliche Aussagen dazu lagen über die Auslassungen zum Stellenwert der Religion im Schulunterricht hinausgehend Anfang 1920 schon vor. Am 5. Januar 1920 war Brill in der Landesversammlung mit der Aufforderung an die Landesregierung vorstellig geworden, „Vorlagen über die notwendigsten Erneuerungen ... insbesondere in der Richtung der Demokratisierung der Schulverwaltung und des Aufbaues der Einheitsschule" zu machen.[79]

---

72 Im Vorgriff auf Art. 7 der Verfassung für die Republik Gotha war bereits am 31. Juli 1919 eine Landesvermögensverwaltung gegründet worden. Diese sollte das enteignete Vermögen des abgesetzten Herzoghauses verwalten. Mit ihrer Leitung wurde Hermann Duncker beauftragt, Gesetzessammlung Gotha 1919, S. 105. Duncker, * 14. 5. 1874, war durch sein Studium der Musik und Nationalökonomie sowie der Geschichte und Philosophie in Leipzig, abgeschlossen 1903 mit dem Dr. phil., als Intellektueller in der SPD ausgewiesen, an deren Parteischule er ab 1911 lehrte. 1919 wurde er Mitbegründer der KPD. Später, 1933, wurde er inhaftiert, emigrierte in die USA, kehrte von dort 1947 nach Deutschland zurück, wurde Professor in Rostock und von 1949 bis 1960 Direktor der Hochschule des FDGB der DDR. Er starb in Berlin am 22. 6. 1960 im Alter von 86 Jahren.

73 StA Gotha Landtag des Herzogtums Gotha Nr. 968: Entwurf und Begründung zu einem Gesetz über die Errichtung eines Landesbildungsamtes (LBA) vom 10. 1. 1920. Abdruck des Gesetzes in: Gesetzessammlung Gotha 1920, S. 11f.

74 Protokoll der Landesversammlung vom 17. 1. 1920, a. O. S. 357ff.

75 ebd. S. 359.

76 ebd. S. 362. Um „alle zur Durchführung der Einheitsschule, insbesondere der Grundschule, notwendigen Maßnahmen" treffen zu können, wurde das LBA in drei Dezernate aufgeteilt: 1) Allgemeine Bildung (Universität, Volks- und Arbeiterhochschulen, Bibliotheken, Theater, Sammlungen, Museen), 2) Volksschulen, Privatschulen und Erziehungsheime, 3) Höhere Schulen und Fortbildungsschulen.

77 Protokoll der Landesversammlung vom 17. 1. 1920, a. O. S. 363.

78 Heß, Geschichte der Behördenorganisation der thüringischen Staaten und des Landes Thüringen von der Mitte des 16. Jahrhunderts bis zum Jahre 1952, zwei Teile, als Man. gedruckt 1958, Teil 1, S. 79.

79 Protokoll der Landesversammlung vom 5. 1. 1920, a. O. S. 319f.

In der Antragsbegründung forderte er weiter: „Wir wollen uns nicht damit begnügen, daß wir die Einheitsschule bloß der Form nach haben. Entscheidend muß sein die innere Durchführung." Auch sollte es nicht bei der Einheitsschule bleiben. Brill plädierte für eine spezielle Arbeiterschule. „Die Bildungsbestrebungen sind nach dem Kriege wie Pilze nach einem warmen Regen emporgeschossen. Man kann diese ganze Art als Bildungsbolschewismus bezeichnen."[80]

Damit war ein agitatorisch nutzbarer Begriff in die öffentliche Schuldiskussion geworfen worden. Bei Brill wirkten sich die Erfahrungen aus Elternhaus und Krieg aus. Er wollte die Tradition des 19. Jahrhunderts, die der Arbeiterbildungsvereine, jetzt in neuer Form, als Arbeiter-Elementar- und -Hochschulen, wieder aufleben lassen und institutionalisiert sehen. Die Volkshochschule sei in ihrem Niveau zu hoch, sie stehe über dem, was die Arbeiter mitbrächten, die zunächst in Deutsch und Rechnen ausgebildet werden müßten, um dann ihre eigene Fortbildung erfahren zu können. Dafür entwarf Brill ein dreigliedriges System: Elementarbetriebsschule, Oberschule, Arbeiterhochschule. Auch wollte er die Bildung in die betrieblichen Arbeitsstätten integriert sehen, da bei herkömmlichen Weiterbildungsstätten am Abend „die Arbeiter so abgeschuftet sind, daß sie beim Unterricht einschlafen".[81]

Ein solches neues Bildungssystem, offenbar mit sehr schneller Feder und in revolutionärem Schwung hingeschrieben, ohne abwägendes Bedenken der Tradition, bedeutete einen tiefen Einschnitt. Brill glaubte zu wissen, was er forderte: „Wir müssen . . . zu einer Umänderung des gesamten Volkshochschulwesens kommen. Die Volkshochschulen sind entwicklungsfähig. Die Universitäten hingegen sind nichts nütze für den Arbeiter, der durch die Arbeiterhochschule und die Volkshochschule hindurchgegangen ist." Seiner Vorliebe gemäß schloß er auch diese Rede mit einem Lassalle-Wort: „Die Wissenschaft und die Arbeiter sind die Pole, die die Welt bewegen."[82] Beide Pole wollte er, der Lehrer und Politiker, zusammenbringen. Dazu bot Gotha im Frühjahr 1920 nicht mehr die geeignete Wirkungsstätte, denn die Gründung des Landes Thüringen stand unmittelbar bevor. Ein Umzug nach Weimar lag in der Konsequenz dieser Entwicklung.

4 Der Übergang nach Weimar

Der Beschluß über die Gründung des Landesbildungsamtes (LBA) stellte am 22. Januar 1920 den Höhepunkt der schulpolitischen Aktivitäten der USPD in Gotha dar.[83] Die Partei brachte sich selbst in alle entscheidenden Positionen im LBA: Tenner wurde Vorsitzender, Jacobi Stellvertreter, die drei Dezernate wurden von den Parteimitgliedern Brill, Duncker und Schäfer übernommen. War schon die parlamentarische Abstimmung über die Gründung des LBA nicht verfassungskonform, da durch den Auszug der bürgerlichen Opposition aus der Landesversammlung weniger als zwei Drittel der Abgeordneten anwesend waren – § 88 des Staatsgrundgesetzes forderte für verfassungskonforme Abstimmungen die Anwesenheit von zwei Dritteln der Abgeordneten[84] –, so stieß die anschließend von der USPD markierte Personalpolitik auf erhebliche, wenn auch zunächst wirkungslos bleibende Widerstände.

---

80 ebd. S. 321.
81 ebd. S. 321.
82 ebd. S. 326.
83 Gesetz-Sammlung für den Staat Gotha 1920, S. 11f.
84 Zu den Vorgängen um die Gründung des LBA und seine im Juli 1920 von der neuen Gothaer Regierung mittels einer Verwaltungsverfügung erfolgten Auflösung vgl. StA Gotha Depart. I loc. 1a Nr. 66.

Später, nach der Wahl zur 2. Gothaer Landesversammlung, als sich die politischen Verhältnisse genau umgedreht hatten und die vormalige bürgerliche Opposition mit 10 : 9 Stimmen die Mehrheit besaß und die Regierung stellte, bemerkte sie zum „Fall Brill" süffisant an: „Von irgendwie nennenswerter Praxis Brills als Lehrer kann nicht die Rede sein. Die frühere Regierung ernannte ihn neben zwei Kommunisten gleichwohl zum ‚Hilfsreferenten' im ‚Landesbildungsamt', nominell wurde er der Schule in Finsterbergen zugewiesen. Als Hilfsreferent bezog er neben dem Lehrergehalt, mit dem man die Gemeinde Finsterbergen verschonte, das man vielmehr dem Gesetz entgegen auf die Staatskasse übernahm, eine besondere Vergütung."[85] Der „Schlüssel für die unverkennbare Bevorzugung des im praktischen Dienst noch unerfahrenen jungen Lehrers" sei in dessen politischem Bekenntnis zu sehen, wie er es in der großen Schuldebatte am 1. Oktober 1919 vor der Gothaer Landesversammlung abgelegt habe. Damals waren im Dialog mit Witzmann von Brill die markanten Worte gebraucht worden: „Er (sc. Witzmann) weiß, daß ich ein unbedingter Verfechter der reinen Räterepublik bin."[86]

Der Thüringische Staatsrat, dem der „Fall Brill" neben anderen Fällen durch Stellungnahmen beider Gothaer Parteien im Sommer 1920 unterbreitet wurde, reagierte gelassen auf den Vorwurf der Parteilichkeit. Sogar der Vorsitzende Paulssen von der DDP beschied die neue bürgerliche Gothaer Landesregierung, „daß es im Wesen der parlamentarischen Regierung liege, daß eine neue Regierung in Vertrauensstellungen Personen ihres Vertrauens brauche und daß deswegen bei einem Wechsel der Regierung auch ein Wechsel der Personen in diesen Vertrauensstellungen eintreten muß."[87]

Brill hatte sich zu diesem Zeitpunkt in Weimar schon einen Namen als Schulpolitiker gemacht. Zu Anfang des Jahres 1920 war er nicht nur Hilfsreferent der Gothaer Landesregierung und Dezernatsleiter im dortigen Landesbildungsamt geworden, dies am 15. Februar, er hatte auch drei Tage später seine zweite Lehrerprüfung abgelegt und besonders, dies beiden Terminen vorausgehend am 11. Februar, in der ersten landesweiten Schuldebatte des neuen Staatsrats von Thüringen als Berichterstatter des Verfassungs- und Gesetzgebungsausschusses ohne Zweifel Meriten als Verwaltungsfachmann und Debattenredner erworben. Das war sein großes Entree in die Thüringer Landesszene.

Betrachten wir jedoch zunächst seine Laufbahn als Volksschullehrer, da diese sich, kaum begonnen, 1921 schon dem Ende zuneigte. „Von irgendwie nennenswerter Praxis", dieser Vorwurf der Bürgerlichen aus Gotha war berechtigt, war sie nicht gekennzeichnet. Brill hatte sich zu Beginn seiner Laufbahn deutlich als Schulpolitiker verstanden, nicht als Pädagoge. Als er die zweite Lehrerprüfung am 18. Februar 1920 bestand, war sein Schulort die thüringische Waldgemeinde Finsterbergen, nicht gerade das, was er sich am Ende des Krieges vorgestellt hatte: „Ich möchte nicht gern wieder auf's Land", so hatte er damals Marianne Salzmann

85 StA Gotha Depart. I loc. 1a Nr. 66: Landesregierung Gotha an Staatsrat Thüringen 26. 9. 1920. Während man bei Brill zumindest seine intellektuellen und politisch-programmatischen wie politisch-taktischen Fähigkeiten anerkannte, urteilte die bürgerliche Seite über den Stellvertreter im Vorsitz des LBA, den Oberschulrat Hugo Jacobi, vernichtend: „Der zum Erstaunen der Bevölkerung vom Arbeiter- und Soldatenrat Anfang Februar 1919 in die Stelle des Obersten Beraters der Regierung im Schulwesen berufene Jacobi ist so sehr in einseitigen politischen und pädagogischen Ideen und gesellschaftlichen Anschauungen befangen, daß ihm die Fähigkeit objektiver und umfassender Beurteilung anderer völlig abgeht. Ein Mangel, der ihn für ein solches Staatsamt ungeeignet macht." Landesregierung Gotha an Staatsrat Thüringen 26. 9. 1920, ebd.

86 Protokoll der Sitzung vom 1. 10. 1919, Verhandlungen der Landesversammlung Gotha, S. 196.

87 Dies erklärte Paulssen, der Weimarer Staatsrat, in der Verhandlung der eingesetzten Kommission des Staatsrats von Thüringen mit der Gothaer Landesregierung am 21. 10. 1920 über die Beschwerde der USPD-Fraktion zum „Fall Brill", StA Gotha Depart. I loc. 1a Nr. 66.

geschrieben.[88] „Ich brauche die Stadt und die Eisenbahn, um arbeiten zu können." Seine damalige Hoffnung, den Seminardirektor Witzmann vermittelnd einschalten zu können, war nach dem Zusammenstoß, den er mit diesem Schulmann in der parlamentarischen Debatte über die Schulreform in der Gothaer Landesversammlung Ende September und Anfang Oktober 1919 provoziert hatte, unrealistisch geworden.

Die Anstellung als Hilfsreferent im Gothaer LBA bei fortdauernder nomineller Anstellung als Volksschullehrer in Finsterbergen mochte nach der zweiten Lehrerprüfung eine Veränderung der beruflichen Lage zunächst nicht dringlich erscheinen lassen. Das änderte sich jedoch schon im Frühsommer 1920 durch einen dramatisch eingeleiteten Wechsel der politischen Verhältnisse in Gotha. Der am 13. März 1920 in Berlin ausgebrochene Kapp-Putsch hatte auf Gotha übergegriffen und die dort ohnehin instabile politische Lage erschüttert.[89] USPD und die inzwischen hier auch durch Abspaltung entstandene KPD sahen ihre revolutionäre Chance, reaktivierten räterepublikanische Verfassungselemente und gründeten zwischen dem 17. und 20. März einen linksrevolutionären Vollzugsausschuß, den sich die drei in der Exekutive stehenden Volksbeauftragten unterstellten. Reichspräsident Ebert sah dadurch die Verfassung auch der Republik Gotha verletzt und setzte am 10. April unter militärischem Schutz den Vorsitzenden des preußischen Landesamtes für Nährmittel, Oberbürgermeister d. D. Dr. Holle, als Reichskommissar in Gotha ein. Dieser ernannte seinerseits Staatsräte (Wilharm und Muther) und löste die Gothaer Landesversammlung am 23. April auf. Neuwahlen wurden zum 30. Mai angesetzt.[90]

In diese zweite Gothaer Landesversammlung wurde Brill nicht gewählt. Er stand jetzt – dies ist sicher im Blick auf seine politischen Leistungen für die USPD auffällig – an zehnter Stelle der von Schauder und Tenner angeführten USPD-Liste, von der aber nur neun die notwendige Stimmenzahl erreichten.[91] Dieses Mal erlangte die bürgerliche Seite die knappe Mehrheit der insgesamt 19 Mandate: Gothaer Bauernbund 5, DVP 3, DDP 1, DNVP 1, USPD 9; die SPD war nicht angetreten.[92] Brill nahm dieses Ergebnis zum Anlaß, sofort in Gotha seinen politischen Abschied einzureichen und für den 1. Landtag des neu gegründeten Landes Thüringen zu kandidieren. Hier gewann er dann am 20. Juni 1920, drei Wochen nach der Niederlage in Gotha, sein neues politisches Mandat.

Die Republik Gotha wurde durch die Gründung des Landes Thüringen ohnehin ein auslaufendes politisches Modell. Das thüringische Gesetz über die Verwaltung der ehemaligen thüringischen Länder in der Übergangszeit vom 9. Dezember 1920 machte auch Gotha zu einem „Gebiet" des Landes Thüringen mit dem Charakter eines Kommunalverbandes. Die am 30. Mai noch gewählte zweite Landesversammlung wurde entsprechend in eine Gebietsversammlung umgewandelt, die Landesregierung in eine Gebietsregierung.[93] Im Juli des Jahres

---

88 AES Brill an Salzmann 14. 10. 1918.

89 Zum Kapp-Putsch in Gotha vgl. den Bericht des dortigen Polizeiinspektors Max Gisohn, den dieser aus der Erinnerung am 28. 1. 1941 auftragsgemäß angefertigt hatte, StA Gotha Depart. I loc. 1 Nr. 52b. Vgl. auch Herbert Frister, Das Gefecht von Zickra. Erinnerungen an die Niederschlagung des Kapp-Putsches in Ost-Thüringen, in: Zeitschrift für Militärgeschichte 3/1970, S. 342ff.

90 StA Gotha Amtsbl. für die Republik Gotha 24. 4. 1920.

91 StA Gotha Depart. I loc. 2 Nr. 66: Wahl zur 2. Gothaer Landesversammlung vom 30. 5. 1920. Zu den Vorgängen vgl. Heß, Behördenorganisation, S. 79f.

92 StA Gotha Amtsbl. für die Republik Gotha 10. 6. 1920.

93 StA Gotha Depart. I loc. 2 Nr. 37: Auflösung der Gebietsvertretung Gothas. Vgl. auch Gesetzes-Sammlung für Thüringen, Weimar 1929, S. 477ff. Die Neuwahl der Gothaer Gebietsversammlung am 6. 3. 1921 brachte eine deutlichere Mehrheit der bürgerlichen Parteien, die sich im „Gothaer Heimatbund" der USPD und KPD entgegengestellt hatten. Dieser Vorgang schloß die revolutionäre Geschichte der Republik Gotha ab.

wurde von der neuen Gothaer Regierung das LBA aufgelöst.[94] Brill verlor seine dortige Position als Hilfsreferent.

Jetzt bemühte er sich als Volksschullehrer von Finsterbergen um eine Versetzung. Ob er nach Gotha strebte, wo er mit seiner Frau Hildegard in der dortigen Kindleberstr. 41 eine Wohnung hatte, ist aus den Quellen nicht zu erkennen. Eruierbar ist jedoch, daß er sich über das Bezirksschulamt seiner Heimatstadt Ohrdruf um einen neuen Schulort bemühte. Man bot ihm Tambach-Dietharz an. Dieser Ort war größer als Finsterbergen, eine Stadt jedoch ohne Eisenbahn und verkehrsungünstiger gelegen, weil höher zum Kamm des Thüringer Waldes hinauf. Doch dort wollte man ihn gar nicht. Der politische Ruf, der dem Bewerber offenbar vorauseilte, schreckte den Stadtrat vom Tambach-Dietharz. Es wurden Bedenken geltend gemacht, „daß durch die parlamentarische Tätigkeit des p Brill der Stadtgemeinde hohe Vertretungskosten erwachsen" würden.[95] Die Gothaer Landesregierung griff in das schwebende Verfahren vermittelnd und zugleich drängend ein. Das half zunächst nichts. Zwar, so antwortete Bürgermeister Graf aus Tambach-Dietharz am 23. September 1920 der Regierung, habe man gegen Brill als Lehrer „keinerlei Einwendungen" zu machen, müsse aber angesichts seiner häufigen Abwesenheit ebenso oft Vertretungen für ihn organisieren, „wodurch der Schulsache keineswegs gedient ist", die „erhebliche Kosten" verursachen würden und „alter Erfahrung gemäß schon mehrfach die Ursache von Meinungsverschiedenheiten unter dem Lehrerkollegium gewesen" seien. Aus diesen Gründen bat der Stadtrat von Tambach-Dietharz, „von der Übertragung der Lehrerstelle an Herrn Brill Abstand zu nehmen und die Stelle einem anderen Lehrer zu übertragen".[96]

Das lehnte man in Gotha als „nicht stichhaltig" ab und wies Brill zum 1. Oktober 1920 „unwiderruflich" als Beamter auf Lebenszeit in eine Planstelle an der Volksschule in Tambach-Dietharz ein. Er bezog ein jährliches Grundgehalt von 6700 Mark, dazu den Ortszuschlag E in Höhe von 1400 sowie einen Ausgleichszuschlag von 4050, mithin in der Summe 12150 Mark. Seinen Beamteneid legte Brill am 11. Oktober 1920 ab; am 19. Oktober wurde er „durch Handschlag" in seine Klasse eingewiesen.[97] Ein nachfolgendes Gesuch der Schulleitung von Tambach-Dietharz betr. „Stellung einer Vertretung für Lehrer Brill" lehnte die Gothaer Landesregierung ab.[98]

Zu diesem Zeitpunkt, im November 1920, war allerdings das baldige Ende der Volksschullehrer-Laufbahn Hermann Brills vorauszusehen. Der Schulpolitiker und Parlamentarier Brill hatte sich der neuen thüringischen Landesregierung als Sachkenner empfohlen. In der ersten großen Debatte des im Zuge der Gründung des Landes Thüringen als parlamentarisches Übergangsorgan von Delegierten der sieben thüringischen Länder beschickten Volksrates von Thüringen[99], im Januar/Februar 1920, hatte Brill seine in Gotha erworbene Kompetenz eingebracht und erkennbares Profil gewonnen. Als Berichterstatter des Verfassungs- und Gesetzgebungsausschusses hatte er den Entwurf zum „Gesetz über die vorläufige Regelung des Volksschulwesens in Thüringen" vorzustellen. Die dritte Lesung und Verabschiedung

94 s. o. Anm. 84.

95 StA Gotha Schulamt Waltershausen Nr. 736: Amtsverhältnisse des Lehrers Hermann Brill in Tambach-Dietharz (Personalakte): Aktennotiz des Schulamts Ohrdruf vom 23. 9. 1920.

96 ebd.

97 Landesregierung Gotha an Stadtrat Tambach-Dietharz 28. 9. 1920 und nachfolgende Aktenprotokolle über die Anstellung Brills als auf Lebenszeit verbeamteter Lehrer.

98 ebd. Landesregierung Gotha an Stadtrat von Tambach-Dietharz 16. 11. 1920.

99 Zur Gründungsgeschichte des Landes Thüringen s. u. Kap. III.1.

dieses Gesetzes am 11. Februar 1920 war ein erster forensischer Höhepunkt für das sich bildende Land Thüringen.[100]

Das Thema, das ja auch in Gotha im Mittelpunkt des politischen Interesses besonders der USPD gestanden hatte, war durch Art. 146 Abs. 1 der Weimarer Reichsverfassung aufgeworfen worden. Der Gesetzgeber hatte hier von dem Anliegen „einer für alle gemeinsamen Grundschule" gesprochen. Die Verfassungsdiskussion in der Weimarer Nationalversammlung war an diesem Punkt besonders kontrovers gewesen, deswegen erlaubte Abs. 2 gemäß dem vom Zentrum erwirkten sog. „Schulkompromiß" neben einer für alle gemeinsamen Grundschule noch die Fortexistenz von Bekenntnisschulen, „so weit hierdurch ein geordneter Schulbetrieb ... nicht beeinträchtigt wird".[101] Art. 146 Abs. 2 legte dazu fest: „Das Nähere bestimmt die Landesgesetzgebung nach den Grundsätzen eines Reichsgesetzes."

Eine solche Anbindung hinderte u. a. die thüringischen Länder nicht daran, gleichsam im vorauseilenden Gehorsam, aber im Sinne von Art. 146 Abs. 1 Reichsverfassung eine gemeinsame Grundschule als Gemeinschaftsschule durch Landesgesetz festzuschreiben. Die Schulregierung von Sachsen-Altenburg hatte damit begonnen, Konferenzen in Jena waren im Juli, Oktober und November 1919 gefolgt, Gotha hatte im Januar 1920 mit dem Landesbildungsamt eine koordinierende Institution für seine Republik geschaffen.[102] Im Januar und Februar 1920 stand die Debatte im Volksrat an. Man wollte zum Schuljahrsbeginn, Ostern, d. h. noch vor der Gründung des Landes Thüringen, ein entsprechendes Gesetz.

Die Einzelpunkte der Diskussion zeigten die Kontroverse. § 9 aus dem Entwurf des „Gesetzes über die vorläufige Regelung des Volksschulwesens in Thüringen" besagte: „Die Volksschule ist die Gemeinschaftsschule, d. h. die für Kinder aller Bekenntnisse gemeinsame Schule."[103] Das war die Fassung des Ausschusses. Sie kam durch, nicht die der Opposition: „So weit die Bestimmungen zur Reichsverfassung noch nicht erlassen sind, bleibt es bei den bestehenden Verhältnissen."[104] Der USPD, die sich hier mit Brills argumentativer Hilfe durchzusetzen vermochte, gelang gleiches nicht mit dem Antrag, das „Gesetz über die vorläufige Regelung des Volksschulwesens in Thüringen" umzutiteln in „Gesetz über die vorläufige Regelung des Schulwesens in Thüringen" und so den Gedanken der Einheitsschule in die Debatte einzuschleusen. Brill hatte den Antrag seiner Partei offen mit den Worten begründet: „Das Hauptgewicht legen wir darauf, den Gedanken der Einheitsschule diesem Gesetz schon in seiner Überschrift aufzuprägen."[105] Das mißlang.

Die USPD konnte auch nicht in § 4 statt der vorgesehenen vierjährigen Grundschule eine sechsjährige festschreiben. Ebenso gelang es ihr nicht, in § 10 zum Stichwort Religionsunterricht die Formulierung durchzusetzen: „Der Religionsunterricht wird in der öffentlichen Volksschule in wöchentlich zwei Stunden erteilt und beginnt mit dem 5. Schuljahr."[106] Die bürgerliche Mehrheit des Volksrates stimmte nach einem Plädoyer Witzmanns, der auch hier in Weimar Brills Antipode in Sachen Schulpolitik war, für den Zusatz, daß der Religionsunterricht „in der Regel" zwei Wochenstunden erteilt würde, was auch mehr zuließ.

---

100 StA Weimar Volksrat Thüringen Sten. Ber. 1920, S. 345 ff.: Protokoll der Sitzung vom 11. 2. 1920.

101 Vgl. Gerhard Anschütz, Die Verfassung des deutschen Reiches vom 11. August 1919. Ein Kommentar für Wissenschaft und Praxis, Berlin 8. Aufl. 1928, S. 381 ff.

102 Vgl. Protokoll der Sitzung des Volksrates von Thüringen vom 11. 2. 1920, a. O. S. 351.

103 ebd. S. 370.

104 ebd. S. 374.

105 ebd. S. 361.

106 ebd. S. 386.

Gerade an dieser Stelle erfuhr die parlamentarische Debatte einmal mehr ihr Feuer durch den Dialog Brill–Witzmann. Während der Gothaer Seminardirektor, dort von der USPD aus seiner Position im Herzog-Ernst-Semiar abgesetzt, inzwischen von der bürgerlichen Regierung wieder eingesetzt, die Tradition vertrat[107], beschritt Brill den entgegengesetzten Weg. Er wollte den Anteil gerade des Religionsunterrichts vermindern. Witzmann, so erklärte er, „bedeutet für uns ein gutes Stück offene Gegenrevolution". Er dagegen vertrat den Standpunkt: „Die Schule ist leider keine rein pädagogische Veranstaltung, sondern ein Politikum, um das erbittert gekämpft werden wird, gerade in der Frage des Religionsunterrichts."[108]

Das „Gesetz über die vorläufige Regelung des Volksschulwesens in Thüringen" wurde mit diesen Kernpunkten am 11. Februar 1920 angenommen. Der Thüringische Volksrat wußte, daß er damit noch keine schulreformerischen Fakten im Lande Thüringen setzen konnte, denn dieses bestand im Februar 1920 noch nicht. Er blieb „mehr oder weniger auf den guten Willen der einzelnen Landesregierungen angewiesen . . ., wie weit und in welcher Art sie die Bestimmungen des Gesetzes in die Tat umsetzen werden".[109] Aber der Volksrat wollte Zeichen setzen, schon vor Ostern, denn: „Die Schule ist . . . ein Politikum." Die 4jährige thüringische Grundschule war als neutrale Gemeinschaftsschule die erste ihrer Art in Deutschland. Gleichberechtigt neben dem fakultativen Religionsunterricht trat der sog. lebenskundliche Unterricht, den vornehmlich proletarische Freidenker erteilten, die als Gemeinschaft organisiert waren.

Vor dem Hintergrund dieser Schuldebatte ist Brills schnelle Karriere in Weimar im neugegründeten Land Thüringen zu verstehen. Er wurde am 18. Januar 1921 zunächst zum kommissarischen Referenten im thüringischen Volksbildungsministerium ernannt, zum 1. Oktober 1921 dann zum Vortragenden Rat mit der Dienstbezeichnung „Regierungsrat" im selben Ministerium. Zu diesem Zeitpunkt zog er von Gotha nach Weimar in die dortige Elisabethstr. 9 (später in die Lottenstr. 33). Kurz zuvor, zur zweiten thüringischen Landtagswahl am 6. September 1921, hatte er „zur Vorbereitung meiner Wahl als Landtagsabgeordneter für die Zeit vom 29. August bis 10. September d. J. um Urlaub" gebeten.[110] Dieser Diensturlaub markiert den Abschluß seiner Tätigkeit als Volksschullehrer.

Der vorauseilende Blick auf das Ende der einen Laufbahn, an die Brill ab 1928 allerdings als Lehrer der Heimatvolkshochschule Tinz wieder anknüpfen sollte, mußte die zwischenzeitlich gelegten Fundamente für die politische Laufbahn übergehen, die Gründung des Landes Thüringen. Dieser Vorgang verbesserte ganz entschieden die Rahmenbedingungen für den ambitionierten Politiker Brill. Er konnte von der Provinzbühne der sozialistischen Kleinstrepublik Gotha auf die thüringische Landesbühne in Weimar wechseln.

---

107 ebd. S. 384: „Wir wollen, daß die Kinder in die christliche Religion eingeführt werden. Wir wollen ein freundnachbarliches Verhältnis der Schule zu der evangelischen Kirche. Wir wollen, daß die Kinder singen und beten lernen, daß sie die biblischen Geschichten kennenlernen, daß sie auch Kirchenlieder lernen, daß sie die Kirchenlieder nicht nur innerlich, sondern auch äußerlich kennen, daß sie die schönen Psalmen zur Erbauung und Kraftentfaltung kennenlernen. Wir wollen weiter religiöse Feiern, wir wollen, daß insbesondere die Weihnachtsfeier nicht aus den Schulen verschwindet. Wir wissen, daß wir uns damit in Übereinstimmung befinden mit 90 oder 99% aller Eltern. Wir wollen, daß unsere Kinder hingeführt werden zu den großen religiösen Persönlichkeiten des Alten und Neuen Testaments, insbesondere zu der Person Jesu. Wir wollen, daß die Kraft des Christentums auch weiter fruchtbringend in der evangelischen Schule bleibe." Dies sind die zentralen Worte aus dem Debattenbeitrag Witzmanns.

108 ebd. S. 384.

109 Brill vor dem Volksrat am 11. 2. 1920, ebd. S. 349.

110 Am 15. 8. 1921 schrieb Brill dem Bezirksschulamt Ohrdruf: „Aufgrund des Art. 39 II der Reichsverfassung bitte ich zur Vorbereitung meiner Wahl als Landtagsabgeordneter für die Zeit vom 29. August bis 10. September d. J. um Urlaub." Dem Gesuch wurde stattgegeben, StA Gotha Schulamt Waltershausen Nr. 736. Damit endet Brills Personalakte als Lehrer.

III. Weimar 1920 bis 1923: Die republikanische Verantwortung als Parlamentarier und Ministerialbeamter

1 Der parlamentarische Streit um eine sozialistische Schulreform in Thüringen

1.1 Die Gründung des Landes Thüringen zum 1. Mai 1920 und der Eintritt Brills in den Landtag und das Ministerium für Volksbildung

Die Gründung des Landes Thüringen geht in ihren Anfängen unmittelbar auf die Novemberrevolution von 1918 zurück. Damals, am 30. November 1918, hatte eine Weimarer Konferenz der Arbeiter- und Soldatenräte von Sachsen-Weimar-Eisenach eine einheitliche Organisation der Arbeiter- und Soldatenräte für das „Verwaltungsgebiet Thüringen" gefordert.[1] Tatsächlich traten am 10. Dezember die Arbeiter- und Soldatenräte des am 30. November 1918 geschaffenen Reichstagswahlkreises 36 in Erfurt zu einer entsprechenden Tagung zusammen. Dieser Reichstagswahlkreis umfaßte alle thüringischen Staaten, den preußischen Regierungsbezirk Erfurt und den preußischen Kreis Schmalkalden (Provinz Hessen-Nassau). An der Tagung nahmen auch Vertreter der Staatsregierungen von Weimar, Meiningen, Sondershausen, Gera, Coburg und der beiden Reuß teil. Es wurde festgelegt, den Zusammenschluß der im Reichstagswahlkreis 36 vereinten Gebiete „zu einer Provinz Thüringen als Teil der Einheitsrepublik Deutschland" anzustreben. Zur Vorbereitung wurde ein Zwölferausschuß gebildet, der seinen Sitz in Jena nahm, am 23. Dezember aber in Weimar seine erste Sitzung abhielt und bis April 1919 wirkte.

Diese von Revolutionskräften getragene Gründungsinitiative ging im Frühjahr 1919 auf die offiziellen Regierungen der sieben thüringischen Einzelstaaten über. Auf Anregung der Staatsregierung von Sachsen-Altenburg, die anfangs starke Hinneigungen zu Sachsen offenbarte, trat man am 24./25. März 1919 in Weimar zu einer entsprechenden Konferenz zusammen. Die Wahl dieses Versammlungsortes bedeutete auch die Anknüpfung an ein politisches Vorbild. Carl August, Großherzog von Sachsen-Weimar-Eisenach, hatte seinem Land am 5. Mai 1816 eine Verfassung gegeben, das „Grundgesetz über die landständische Verfassung des Großherzogtums Sachsen-Weimar-Eisenach". Ähnliches hatten damals Monate zuvor auch die Fürstentümer Nassau, Schwarzburg-Rudolstadt, Schaumburg-Lippe und Waldeck getan, aber die Weimarische Verfassung wurde als erste auch in Aktion gesetzt und Grundlage des ersten am 2. Februar 1817 im Dornburger Schloß zusammengetretenen Landtags. Zudem bestätigte dieses Grundgesetz in seiner Präambel die Pressefreiheit. Auch wenn das damals für des Großherzogs Geheimen Rat Goethe eine Pressefrechheit war, für die Studenten, die sich im Oktober 1817 auf der großherzoglichen Wartburg trafen, war eine solche Verfassung politischer Lobeshymnen würdig.

Gut 100 Jahre später, im Frühjahr 1919, wurde diese Tradition wiederbelebt. Die Weimarer Konferenz vom 24./25. März dieses Jahres, beschickt von den sieben thüringischen Einzelstaaten, beauftragte die Weimarer Regierung, einen Gemeinschaftsvertrag auszuarbeiten. Am

1 Heß, Geschichte der Behördenorganisation der thüringischen Staaten und des Landes Thüringen, S. 197.

20. Mai traten die thüringischen Landtagspräsidenten wieder in Weimar zusammen, um über den im wesentlichen durch den Jenaer Staatsrechtler Professor Rosenthal (Demokrat), der gerade erst das Statut der zum 2. April 1919 von Hermann Nohl u. a. in Jena gegründeten Volkshochschule Thüringen entworfen hatte, ausgearbeiteten Gemeinschaftsvertrag zu beraten. Er sah die Errichtung einer Gemeinschaft thüringischer Staaten zur Herbeiführung eines Gesamtstaates Thüringen vor, dessen Organe der von den sieben Staatsregierungen ernannte Staatsrat und der von den sieben Landtagen gewählte Volksrat sein sollten. Der Entwurf wurde den Landtagen zugeleitet.

Zuerst stimmte am 23. Mai 1919 Schwarzburg-Rudolstadt dem Gemeinschaftsvertrag zu. In Sachsen-Weimar-Eisenach stieß er zunächst auf die Ablehnung der Rechten, wurde aber dann am 5. Juni mit 33 : 8 Stimmen angenommen; sonst erfolgte überall einstimmige Annahme, so in (Sachsen-Coburg-)Gotha am 31. Mai, in den beiden Reuß am 12. Juni, in Sachsen-Altenburg am 17. Juni und in Schwarzburg-Sondershausen am 26. Juni.[2]

Allein Coburg, der südlichste der ernestinischen Staaten, der 1826 mit dem mittelthüringischen Gotha vereinigt worden und mit ihm fast 100 Jahre in Personal- bzw. Realunion zusammengeblieben war, trat dem thüringischen Gemeinschaftsvertrag nicht bei. Volkstum, Volkscharakter, wirtschaftliche, soziale und auch die politischen Verhältnisse wiesen das konservativere fränkische Coburg deutlicher vom mitteldeutschen Raum ab und dem süddeutschen zu. Gleichwohl hätte Thüringen sehr gern Coburg in seinem Landesverband behalten. Es war ein Ort in der Mitte Deutschlands, im geometrischen Mittelpunkt gelegen, von wo aus es 300 km nach München und 300 km nach Berlin sind, wo im Vormärz auch die politische Mitte der erstarkenden Nationalbewegung lag, wo der Sängerbund, die Turnerschaft und der Nationalverband gegründet worden waren, auch ein Topos der deutschen Seele, weil hier die deutsche Theaterstraße von Bayreuth nach Weimar Station macht oder der Rennsteig endet.

Am 9. August 1919 beantragte die Coburger Landesversammlung ein Gesetz über die Volksabstimmung betr. Zugehörigkeit zu Thüringen oder Anschluß an Bayern. Die Volksabstimmung fand am 30. November 1919 statt. Die Frage lautete, „ob Coburg dem Gemeinschaftsvertrag der thüringischen Staaten beitreten soll"[3]. Es gab „ein überraschend hohes Ergebnis gegen den Gemeinschaftsvertrag".[4] Bayern und Coburg beschlossen daraufhin am 30. April 1920 ihre Vereinigung, der Reichspräsident verordnete am 21. Juni 1920 den 1. Juli 1920 als Anschlußtag Coburgs an Bayern.

Für Thüringen hatte sich am 14. Juli 1919 bereits ein aus Delegierten der sieben Einzelländer bestehender, noch nicht durch Wahlen legitimierter Staatsrat konstituiert. Er tagte in Weimar, denn Erfurt, die größte Stadt Thüringens, blieb preußische Enklave.[5] Weimar verfügte als größte ehemalige Residenzstadt über entsprechende Regierungsgebäude, allen voran das im neoklassizistischen Stil erbaute Fürstenhaus mit dem Sitzungssaal des alten Weimarischen Landtages gegenüber dem herzoglichen Schloß, einen Steinwurf vom Haus der

2 ebd. S. 199f.

3 StA Gotha Verhandlungen der Landesversammlung Coburg 1919, S. 260ff. Die Regierungsverhandlungen sind dokumentiert in: StA Weimar Präs.-Abtlg. Nr. 49.

4 Heß, Behördenorganisation, S. 77f. Coburg hatte mit 74308 Einwohnern etwas mehr als 1% der Bevölkerung Bayerns (7140333) und mit einer Größe von 561,3 qkm deutlich weniger als 1% der Größe Bayerns (76420,5 qkm), Stat. Jahrbuch für das Deutsche Reich, Berlin 1920, S. 1.

5 Verhandlungen mit Preußen über den Anschluß preußischer Exklaven an Thüringen verliefen im Sommer 1919 ergebnislos, da Thüringen dem Austauschangebot beiderseitiger Exklaven nicht zustimmen wollte. Es schätzte den Wert seiner nördlichen Exklaven Sondershausen und Allstedt als „beträchtlich und so reich an fruchtbarem Boden und Naturschätzen" ein, „daß sie vom künftigen Gesamtstaat Thüringen nicht entbehrt werden können, wenn dessen Lebensfähigkeit nicht wesentlich beeinträchtigt werden soll", HStA Weimar Thür. Staatsmin. Präs.-Abtl. 49: Aktennotiz von Paulssen 20. 11. 1919.

Frau von Stein entfernt, nicht viel weiter vom Frauenplan oder dem Marktplatz. Das Residenzcafé vis à vis („Resi") bot sich schnell als außerparlamentarische Tingstätte an.[6]

Neben den Staatsrat trat ein Volksrat, dessen 42 Mitglieder ihre „erste unverbindliche Besprechung" am 6. August und ihre konstituierende, vom Staatsrat dazu am 19. November einberufene Sitzung am 16. Dezember 1919 abhielten. Am 4. Januar 1920 nahm dieser Volksrat noch einmal als oberstes demokratisches Organ den Gemeinschaftsvertrag an. Dadurch wurde mit diesem Datum die Gründung des neuen Landes Thüringen abgeschlossen.[7] Am 30. April 1920 wurde die Vereinigung der sieben ehemaligen thüringischen Einzelstaaten zum neuen Land Thüringen durch das Reichsgesetzblatt verkündet und mit dem 1. Mai Wirklichkeit. Fortan galt dieser Tag in Thüringen als gesetzlicher Feiertag. Als Landeswappen nahm man sich bewußt die Flagge der USA zum Vorbild und wollte wie diese die sieben Sterne in der linken oberen Ecke des weiß-rot-weißen Tuches als Symbole für Freiheit und Einigkeit verstanden wissen.[8]

Das so gegründete Land Thüringen war 11763,12 qkm groß und hatte nach der Volkszählung vom 8. Oktober 1919 1508025 Einwohner. Das waren jeweils 2,5 % der Vergleichszahlen des Deutschen Reiches. Die Einwohnerzahl Thüringens änderte sich in der Folgezeit nur unwesentlich.[9] Der politische Raum war nicht ganz geschlossen. Im Norden buchtete wie ein Sack der preußische Regierungsbezirk Erfurt hinein, im Südwesten waren die preußische Enklave Schmalkalden-Suhl und im Südosten der Raum der oberen Saale ausgeklammert. Als Gegengewicht dazu lagen nördlich von Erfurt als Exklaven die Gebiete von Sondershausen und Allstedt außerhalb des geschlossenen thüringischen Raumes.

An landwirtschaftlicher Nutzfläche verfügte das Land über 828716,6 ha.[10] Die Mehrzahl der Höfe hatte nur 5–20 ha (zusammen 372000 ha), Betriebe über 100 ha gab es vereinzelt, besonders im Thüringer Becken und im Norden, Betriebe über 1000 ha gab es nicht. Nord- und Ost-Thüringen waren reine Agrargebiete, hinzu kamen die südlichen Vorlande des Thüringer Waldes. Auch in der Industrie gab es keine Großbetriebe, wohl aber eine Vielzahl von Mittel- und Kleinbetrieben. Schwerpunkte waren die Metallverarbeitende Industrie in Eisenach (Autos), Gotha (Waggon- und Flugzeugbau) und Zella-Mehlis (Waffenfabrikation), Glas und Optik in Jena, Textil in Waida, Gera, Greiz, Apolda, Altenburg und anderen Kleinstädten. Porzellan wurde in Könitz gebrannt, Kali im Süden abgebaut, Schiefer in Lehesten, Worzbach

---

6 HStA Weimar Thür. Staatsmin. Präs.-Abtl. Nr. 2 und Nr. 49.

7 HStA Weimar Thür. Staatsmin. Präs.-Abtl. Nr. 115.

8 Vgl. Hermann Brill, Die sieben Sterne, in: Thüringer Landbote 1926, hrsg. vom Bezirkssekretariat der SPD, und Werner Kuenzel, Die Landtage in der antifaschistisch-demokratischen Revolution bis zur Gründung der DDR, Diss. Potsdam 1972.

9 Stand 31. 3. 1923: 1512806, Stat. Jahrbuch für das Deutsche Reich, S. 1. Unter den thüringischen Ländern dominierte das alte Sachsen-Weimar-Eisenach an Größe und Bevölkerungszahl:

Thüringen	Größe	Bevölkerung
Sachsen-Weimar	3610,0	433314
Sachsen-Meiningen	2468,3	269893
Reuß	1143,0	211954
Sachsen-Altenburg	1323,5	211304
Sachsen-Gotha	1415,1	189115
Schw.-Rudolstadt	941,0	99271
Schw.-Sondershausen	862,2	93174
Thüringen insges.	11763,1 qkm	1508025

In seiner Gesamtgröße kam das Land aber nicht über 2,5 % der Fläche des Deutschen Reiches (474303,9 qkm) und seiner Bevölkerung (60898584) hinaus. Es war eines der kleineren Länder, zwar größer als Hessen (7688,4 qkm) aber kleiner als z. B. Sachsen (14992,9 qkm).

10 Erhard Wörfel, Die Arbeiterregierung in Thüringen im Jahre 1923, Beiträge zur Geschichte Thüringens, Erfurt 1974, S. 14f. mit zwei Tabellen. Bis 1945 steigerte sich das agrarische Anbaugebiet nicht wesentlich auf 875000 ha, HStA Weimar Büro des MP Nr. 721.

und Brennersgrün. Bekannt blieb das Land durch seine Spielwaren-, Holz- und Christbaum-Heimindustrie im Thüringer Wald.

Knapp ein Drittel der Bevölkerung, 418935 (44,5%) der insgesamt 942000 Erwerbstätigen, war zu Anfang der 20er Jahre in der Industrie tätig, 249789 (26,5%) in der Land- und Forstwirtschaft. Die restlichen 273000 sind als Freiberufliche, Angestellte und Beamte zu registrieren.[11]

Diesem Land präsidierte noch für eine Übergangszeit bis zur Bildung einer ersten Landesregierung am 3. Dezember 1920 der aus den Mitgliedern der sieben ehemaligen Landesregierungen beschickte Staatsrat. Der Volksrat, beschickt mit Delegierten aus den einzelnen Landesparlamenten, löste sich nach der am 12. Mai 1920 erfolgten Annahme einer „vorläufigen Verfassung des Landes Thüringen“[12] im Juni des Jahres auf. Der erste Landtag wurde am 20. Juni 1920 gewählt. Das Ergebnis dieser Wahl zeigte ein ungefähres Gleichgewicht der politischen Kräfte:

Parteien	Stimmen	%	Sitze
SPD	134581	20,3	11
USPD	184267	27,9	15
KPD	8134	1,2	–
Landbund	136264	20,6	11
DVP	104239	15,8	8
DNVP	45405	6,9	4
DDP	48280	7,3	4
Zentrum	3	–	–
Wirtschaftsgruppe	–	–	–

Zieht man die Summe bei den Rechts- und Linksparteien, so ist zu erkennen, daß den 326982 Stimmen auf dem linken Flügel 334192 Stimmen auf dem rechten gegenüberstanden. Ohne jede Wirkung blieb das Zentrum, das bei diesen ersten Landtagswahlen Thüringens nur 3 Stimmen erhalten hatte. Ein Summenvergleich ergibt, daß die Rechtsparteien nur 7210 Stimmen mehr hatten.[13]

11 Stat. Jahrbuch des Deutschen Reiches, S. 3ff.

12 Die endgültige Verfassung des Landes Thüringen wurde am 11. März 1921 vom 1. Thüringischen Landtag angenommen, vgl. Ernst Rudolf Huber, Deutsche Verfassungsgeschichte seit 1789, Bd. 6, Stuttgart/Berlin/Köln/Mainz 1981, S. 814. Sie hatte Bestand über 1933 hinaus. Nach der nationalsozialistischen Machtübernahme wurde sie zwar nicht formell, aber durch das Gleichschaltungsgesetz vom 31. 3. 1933 tatsächlich außer Kraft gesetzt. Der 7. „gleichgeschaltete“ Landtag trat am 1. 5. 1933 erstmals zusammen und beendete schon am 16. 5. für immer seine Tätigkeit. Seine formelle Auflösung erfolgte durch Reichsgesetz vom 30. 1. 1934. Am 5. 5. 1933 war bereits ein Reichsstatthalter für Thüringen ernannt worden. Die Gesetze wurden jetzt von der Landesregierung ohne Mitwirkung eines Parlaments erlassen und bedurften der Genehmigung des Reichsstatthalters, seit Februar 1934 auch der Zustimmung des zuständigen Reichsministeriums. Der Reichsstatthalter, seit 1935 „Führer und Reichsstatthalter“, ernannte die Mitglieder der Landesregierung. Auch innerhalb der Landesregierung wurde die Kollegialverfassung am 17. 10. 1933 aufgehoben, als der erstmals am 8. 5. 1933 ernannte Ministerpräsident dienstlicher Vorgesetzter der übrigen Regierungsmitglieder wurde und ihnen Weisungen erteilen konnte. Er selbst war dem Reichsstatthalter verantwortlich. Damit waren nicht nur die demokratischen Rechte des Volkes, sondern auch die politische Eigenständigkeit des Landes beseitigt. Dieser Verfassungszustand blieb in Thüringen bis zum April 1945 bestehen und wurde dann durch Hermann Brill und die von ihm in Gang gesetzte Diskussion in eine neue Verfassungswirklichkeit verändert.

13 Stat. Handbuch für Thüringen, Weimar 1931, S. 18 und 31. Für die DVP wurde Georg Witzmann gewählt, der Landbund brachte im Wahlkreis V (Gotha) zwei Kandidaten durch, die übrigen Parteien niemanden.

Die Uneinigkeit dieser Rechtsparteien, aber auch das von Berlin herüberwirkende Vorbild der „Weimarer Koalition“ führten nach langen Verhandlungen zu einer für Thüringen in dieser Situation eher unnatürlichen Koalition von DDP und SPD, die, da parlamentarisch deutlich in der Minderheit (15 von 53 Mandaten), von der USPD toleriert werden mußte. Das Staatsministerium konnte sich dieser schwierigen Lage wegen erst am 10. November 1920 konstituieren. Vorsitzender wurde Staatsminister Arnold Paulssen (DDP), der die Ressorts Volksbildung und Justiz verwaltete, sein Stellvertreter, Staatsminister August Frölich (SPD), übernahm das Wirtschaftsministerium, Ottomar Benz (DDP) das für Finanzen und der parteilose, aber der USPD nahestehende Carl Frh. von Brandenstein das Ministerium des Innern. Die Staatsräte Emil Hartmann (SPD) sowie Harald Bielfeld und Hermann Anders Krüger (beide DDP) blieben ohne Portefeuille, stellten aber die personelle Vertretung aller sieben ehemaligen thüringischen Herzogtümer in der ersten Landesregierung sicher. Diesem ersten Thüringischen Landtag gehörte auch der bei seiner Wahl 25jährige Hermann Brill an. Er war im Wahlkreis 5 (Sachsen-Gotha) des Landes Thüringen als erster auf der USPD-Liste gewählt worden, von der auch die beiden nächstplazierten, Albin Tenner und Otto Geithner, in den Landtag kamen, nicht jedoch der vierte, Adolf Schauder. Mentor und Schüler gingen von jetzt an, wo die thüringische Politik in Weimar entschieden wurde, getrennte Wege in rebus politicis.[14]

Jung an Jahren betrat Hermann Brill die Weimarer Bühne als bewußter Sozialist. Ihn kennzeichneten ausgeprägte theoretisch-programmatische Vorstellungen sowie ein vorwärts drängender politischer Handlungswille. Einbringen wollte er beides im Bildungsbereich. Vorgeformt durch ein sozialdemokratisches Elternhaus, theoretisch angeleitet durch Mentoren und fundiert durch Selbststudien, zu Handlungen getrieben durch existentielle Erfahrungen während des Weltkriegs, erstmals zu zielgerichteten politischen Aktionen herausgefordert durch die revolutionäre Feuertaufe in Gotha, drohte der intellektuelle Überflieger in Weimar nicht als parlamentarischer Hinterbänkler zu verkümmern, sondern tat, kein homo novus im Lande, mit dem Ruf eines theoretisch begabten und forensisch wie verwaltungstechnisch versierten führenden Kopfes der thüringischen USPD einen sichtbaren Schritt nach vorn.

Von seiner parteipolitischen Basis aus hat Brill sich nicht zu einem zum revolutionären Putsch entschlossenen Kommunisten entwickelt, sondern zu einem Sozialdemokraten mit republikanischem Verantwortungsbewußtsein. Zunächst von der Novemberrevolution des Jahres 1918 mitgerissen und anfänglich zwischen den Stühlen von KPD und SPD sitzend, gewann er zunehmend als thüringischer Parlamentarier, Ministerialbeamter und dann Staatsrat ohne Portefeuille das Profil eines Garanten demokratischer Verfassungs- und Rechtsstaatlichkeit, der sogar im Deutschen Oktober 1923 zu den wichtigsten republikanischen Widerständlern gegen den kommunistischen Revolutionsversuch gehörte. Dieser damalige Sieg hat ihn zu einem wiederholten Widerstandsversuch gegen eine andere Form des politischen Totalitarismus ermuntert, gegen die NSDAP, aber auch nach dem 8. Mai 1945 ermutigt, erneut dem diktatorischen Herrschaftsanspruch der KPD in Thüringen entgegenzutreten. Jetzt, 1945, siegte der politische Gegenspieler Walter Ulbricht gegen Hermann Brill, 1923 war es umgekehrt gewesen. Doch beide rechts- bzw. linksextremen Partei-Diktaturen errangen nur Pyrrhussiege; die demokratischen Kräfte, denen Brill sich verschrieben hatte, wurden die langfristigen Sieger.

Den Einstieg in diesen Kampf suchte Brill bei den Debatten über die Schulreform. Hier gewann er eine erste Handlungsorientierung, indem er das selbst errungene Bewußtsein von einer notwendigen bildungspolitischen Akzeleration des Arbeiterstandes als Vorbedingung

---

14 StA Gotha Depart. I Loc. 1 Nr. 66. Schauder trat jetzt der KPD bei.

demokratischer Gesellschafts- und Staatsgründung in einen politischen Pragmatismus umzusetzen suchte. Das verdichtende Schlüsselerlebnis, nach dem in einer Biographie zu gern gesucht wird, mag in einer Schlachtszene in Nordfrankreich im Sommer 1918 zu finden sein.

Damals, am Abend des 22. Juli 1918, erlebte Brill wie ein miles gloriosus, als der er ja auch wie viele andere im August 1914 in den Krieg gezogen war[15], über dem nordfranzösischen Schlachtfeld den ihm vom Ballon aus gelungenen Abschuß einer feindlichen Batterie: „Um ¼10 Uhr brannte sie in hellen Flammen. Ich habe Hurra geschrieen, als die ersten Explosionen in den abendlichen Himmel flammten, spontan in heller naiver Freude." Zurück auf der Erde entdeckte er das Auseinanderklaffen von Mechanik und Ethik, von militärischem Sieg in einem heute archaisch anmutenden Luftkampf (Ballon gegen Ballistik) und moralischer Niederlage. „Es hätte ein Gelage (sc. mit Kameraden) geben müssen. Statt dessen hatte ich eine schlaflose, qualvolle Nacht. Ich stellte mir die französischen Kanoniere vor, wie sie nun drüben herumliegen, verbrannt, verkohlt, zerfetzt, wie man mit Blendlaternen nach ihnen sucht und sie fortbringt." Seinem gleich am nächsten Morgen an Marianne Salzmann geschriebenen Brief fügte er, der dem christlichen Glauben doch fernstand, Selbstzweifel, Schuldzuweisungen, ja das Eingeständnis des moralischen Versagens hinzu: „Was nützt Beten dem, der Todsünden beging? Gott nimmt ihn nicht an. Wollen wir uns noch nicht aufraffen, Buße zu tun? Wenigstens den Morden ein Ziel zu setzen? Ach Menschheit, arme Menschheit! Sie blutet aus unzähligen Wunden. Und bringt sich immer neue bei." Brill stellte sich dagegen: „Ich will mit dem Wahnsinn kämpfen" und forderte seine Briefpartnerin auf, „mich mit diesen Gedanken ernst zu nehmen. Es ist kein Gespinst von dumpfen Gefühlen, unreifer Jugendlichkeit, verdrehten historischen Begriffen und kalter Theorie. Es ist qualvolles Leben genug."[16]

Brills technische Fähigkeiten am Himmel wurden auf Erden von den nachhinkenden moralischen Bedenken eingeholt. Diese Szene offenbarte nur die Abbreviatur eines Gedankens, der sich länger in der vorangegangenen Kindheit, in Elternhaus und Schule, und dann intensiv in dem erfahrenen Kriegsgeschehen vorbereitet hatte. Brill merkte an dem Auseinanderklaffen von Technik und Ethik, wie die Entwicklung der äußeren Lebensmöglichkeiten der geistigen und moralischen Kompetenz eines Großteils der Menschen, insbesondere der dem Arbeiterstand entstammenden, aber auch, in anderer Weise, der Angehörigen höherer sozialer Schichten, etwa aus dem Offiziersstand oder dem der Gymnasiallehrer, die Brill beide häufig heranzog, vorausgeeilt war. Hier nahm er die letzte Hürde zur Erkenntnis seiner Lebensaufgabe, Ethik und Leben zusammenzuführen und dies insbesondere für den sozial benachteiligten Stand zu leisten, für die Arbeiter. Konkret bedeutete das für ihn, gleiche Bildungschancen an alle heranzutragen, auf die kulturelle Akzeleration des arbeitenden Menschen zu dringen. Er will, daß die Masse denkt. In der Konsequenz mußte dies für den gelernten Pädagogen heißen, als Politiker für eine Reform des Schulwesens einzutreten. So fand Brill sein großes politisches Thema, die Bildungspolitik.

Es war für ihn ein Glück, daß gleich die erste, aus DDP und SPD gebildete thüringische Landesregierung seine Passion und Fähigkeit erkannte und beides nutzten wollte. Nachdem Brill 3 Monate nach der ersten Landtagswahl zum 18. Januar 1921 als kommissarischer Referent in das thüringische Volksbildungsministerium berufen worden war (18. April), wurde er Anfang Mai dieses Jahres bei der Festlegung einer vorläufigen Geschäftsverteilung in diesem Ministerium zu einem der vier Sachreferenten für das Volksschulwesen bestellt,

15 Vgl. o. Kap. I.3.2. Ähnliche Stimmungen wie Brill teilt Carl Zuckmayer mit: Als wär's ein Stück von mir. Erinnerungen, Frankfurt, Fischer TB, 1966, S. 165f. Vgl. auch des Thüringers Wilhelm Flitner „Erinnerungen 1889 bis 1945", in: Wilhelm Flitner, Gesammelte Schriften, Bd. 11, Paderborn 1986, S. 181ff.

16 AES Brill an Salzmann 23. 7. 1918.

zuständig für „Arbeitsunterricht, Lehr- und Lernmittel, Lehrplan für Grundschulen, Elternräte, Bezirksschulräte, Elternkammern, Gegenreferat zum lebenskundlichen Unterricht". Empfohlen hatte ihn schon am 1. September 1919 sein alter Gothaer Parteifreund Albin Tenner, der damals dem Thüringischen Staatsministerium das parlamentarische Dilemma mit dem Gothaer Landesbildungsamt vorgetragen und Brills schulreformerische Befähigung hervorgehoben hatte.[17]

Der einer anderen bildungspolitischen Tradition sich verpflichtet fühlende Thüringer Lehrerbund war mit einer solchen Berufung des jungen Volksschullehrers Brill ganz und gar nicht einverstanden. In der ‚Mitteldeutschen Zeitung' schrieb er am 15. Mai 1921 recht kritisch und auch mit spöttischem Unterton: „Wir beglückwünschen zu diesem fachmännischen Oberhirten besonders all diejenigen Lehrer, die von der Demokratie und Sozialdemokratie ihr Heil erwarten. Statt, wie das sonst der hochgewertete Volksschullehrer tat, sich einzuarbeiten in seinen Beruf, etwas Tüchtiges zu leisten für die ihm anvertraute Jugend, hat Herr Brill beizeiten die rote Parteibrille aufgesetzt und, wie man in Thüringen sagt, gebrillt. So hat er erreicht, was ein ruhiger, fleißiger Lehrer nie werden kann, im Alter von 26 Jahren, in dem Nicht-Brille, wie Leutnants oder Akademiker, nach oft gehörten Genossen – Äußerungen, noch ‚Lausejungen' sind."

Fast war es ein Sarkasmus, der aus den Reihen der traditionellen Bildungs- und Beamtenhierarchie den „gebrillten" Brill traf, der bisher nur von Oktober–Dezember 1916 in Nauendorf, vom Februar 1919–Februar 1920 in Finsterbergen und dann noch einmal vom Oktober 1920 bis September 1921 in Tambach-Dietharz Lehrer war und jetzt, im April 1921, kommissarisch angestellter Ministerialreferent geworden war. Der Lehrerbund protestierte förmlich bei Staatsminister Arnold Paulssen (DDP), doch Paulssen, der, selbst eher konservativ, schon einmal Brills politisches Talent anerkannt und verteidigt hatte, hielt an seinem Referenten fest.[18] Allerdings bot sich diesem erst unter der nachfolgenden, sozialdemokratisch geführten Landesregierung Frölich das erstrebte Wirkungsfeld.

1.2 Die Übernahme der Landesregierung durch die Sozialdemokraten im Herbst 1921

Schon nach einem Jahr mußte die parlamentarisch ungenügend abgesicherte Minderheitsregierung Paulssen zurücktreten und so den Weg für Neuwahlen zu einem 2. Thüringischen Landtag freimachen. Diese Wahlen fanden am 11. September 1921 statt. Ihr Ergebnis war wirkungsmächtig. Zwar verschoben sich die Stimmenanteile rechts und links im ganzen nur geringfügig – innerhalb der Blöcke deutlicher –, das reichte jedoch zu einer grundlegenden Veränderung der politischen Kräfteverhältnisse aus[19] (siehe Tabelle auf S. 66).

Die SPD gewann gegenüber der ersten Landtagswahl vor 15 Monaten 19995 Stimmen und zwei Mandate hinzu, dagegen verlor die USPD nahezu 74000 Stimmen und verminderte dadurch ihre Mandatszahl von 15 auf 9. Eigentlicher Gewinner war jedoch die KPD, die bei den ersten Landtagswahlen mit ihren 8134 Stimmen kein Mandat, jetzt aber durch 73709 Stimmen 6 errang. Es war ein Wählerstrom vom linken Flügel der USPD zur KPD geflossen,

17 HStA Weimar Thür. Min. für Volksbildung Nr. 183: Auszug aus der Niederschrift über die Besprechung mit den Referenten am 3. 5. 1921 und Thür. Min. d. I. P St 17 Nr. 183: Tenner an Thür. Staatsmin. 1. 9. 1920 und Thür. Staatsmin. an Tenner 15. 1. 1921.

18 HStA Weimar Thür. Min. für Volksbildung Nr. 183: Thüringischer Lehrerbund an Minister für Volksbildung 6. 6. 1921, Stellungnahme Brills vom 16. 6. 1921 und Zurückweisung durch Paulssen vom 29. 6. 1921.

19 Staatshandbuch für Thüringen, Weimar 1931, S. 18.

Parteien	Stimmen	%	Sitze
SPD	154576	22,8	13
USPD	110990	16,4	9
KPD	73709	10,9	6
Landbund	128215	19,0	10
DVP	109314	16,2	9
DNVP	50679	7,5	4
DDP	37761	5,6	3
Zentrum	7355	1,1	–
Wirtschaftsgruppe	4183	0,5	–

ein geringerer von deren rechtem Flügel zur SPD, die auch von den Verlusten der DDP profitiert hatte. Die Demokraten reduzierten sich von 48280 auf 37761 Stimmen.

Maßgeblich für die Wählerwanderung im linken Parteienspektrum, d. h. für die beginnende Aufsaugung der USPD durch KPD auf der einen und SPD auf der anderen Seite, war die politisch-ideologische und politisch-organisatorische Festigung beider Parteien. Dabei konnte besonders die KPD in Thüringen und Sachsen deutliche Gewinne verbuchen. Seit dem Sommer 1921 warb sie mit der Parole von der proletarischen Einheitsfront, die auf dem III. Weltkongreß der Kommunistischen Internationale (Juni/Juli 1921) beschlossen und auf den 6. Parteitag von der KPD im August 1921 gerade im thüringischen Jena übernommen wurde.[20] Brills ehemaliger USPD-Parteigenosse aus Gotha, Albin Tenner, wurde jetzt führender Kopf der KPD im Weimarer Landtag. Die Partei begann, Großthüringen als ihren 13. Bezirk zu organisieren und warb hier bis 1923 in 243 Ortsvereinen 15147 Mitglieder an. Sie konnte die ‚Neue Zeitung', das frühere Presseorgan der USPD 1919 bis Dezember 1920, für sich übernehmen und zu ihrem Bezirksorgan ausbauen. Sitz von Redaktion, Verlag und Druck wurde Jena, im März 1923 übernahm Alexander Abusch die Chefredaktion (Pseudonym: Ernst Reinhardt). Daneben gründete die KPD mit dem ‚Gothaer Volksblatt' und der Zeitung ‚Volkswille' (Suhl) zwei weitere Presseorgane.[21]

Die organisatorischen Erfolge der SPD waren demgegenüber noch beachtlicher; sie konnte im gleichen Zeitraum 38907 Mitglieder in 485 thüringischen Ortsvereinen zusammenfassen. Beide Parteien rangen zunehmend um den Einfluß auf die thüringischen Arbeiter, von denen bis Ende 1922 254143 im ADGB organisiert waren.[22]

Auf der rechten Seite des politischen Spektrums errang die Deutsche Volkspartei ein Mandat mehr (von 8 auf 9), der Landbund dagegen verlor eins (von 11 auf 10), die DNVP hielt ihre 4 Mandate. In der Mitte hatte das Zentrum zwar 7355 Stimmen erworben, damit aber noch kein Mandat. Auch die erstmals angetretene Wirtschaftsgruppe hatte mit 4183 Stimmen nur einen bescheidenen Anfangserfolg verbuchen können.

In der Summe erreichten die Linksparteien bei den zweiten thüringischen Landtagswahlen

20 Zur Geschichte der KPD am Beginn der Weimarer Republik vgl. u. a. Angress, Kampf mit der KPD, bes. S. 173ff., 258ff. und 413ff., Weber, Wandlung des deutschen Kommunismus, Bd. 1, S. 376f. (Thüringen) und Otto Wenzel, Die Kommunistische Partei Deutschlands im Jahre 1923, Diss. Berlin 1955. Eine starke parteiliche Einfärbung bietet Erhard Wörfel, Arbeiterregierung, s. o. Anm. 10.

21 Wörfel, a. O., S. 19ff. Zu Abusch s. Weber, Wandlung des deutschen Kommunismus, Bd. 2, S. 58.

22 ebd. S. 13.

vom 11. September 1921 ein geringfügiges Plus von 1769 Stimmen gegenüber den Rechten (339275 : 337906). Dies bewirkte allerdings den Zuwachs von zwei Mandaten und damit eine Mehrheit von 28 gegenüber 26 Parlamentssitzen. Dabei wird man aber bedenken müssen, daß der Gesamtzuwachs der Linken von 12293 Stimmen gegenüber der ersten Landtagswahl vor 15 Monaten nicht so sehr dem Verlust der Rechten (– 3310) zuzuschreiben war, vielmehr hatte eine größere Wahlbeteiligung (1921: 676782, 1920: 661173) dazu mehr beigetragen.[23] Die Konsequenz der leichten Wählerfluktuation war beachtlich, denn die KPD zog mit 6 Abgeordneten in den zweiten Weimarer Landtag ein. Dieser wurde am 6. Oktober 1921 eröffnet; die Abgeordneten wählten Wagner von der SPD zum Landtagspräsidenten. Wagner war zuvor Präsident des ehemaligen Weimarer Landtags und 1919/20 Präsident des Volksrates gewesen.[24]

Auf der zweiten Landtagssitzung am folgenden Tag kam es zu einer Grundsatzdebatte über die Regierungsbildung. Der Vorschlag der Rechtsparteien, als erster eingebracht, angesichts der gewissen Pattsituation der Wählerstimmen eine Allparteienregierung zu bilden, wurde von links abgelehnt. Da der Abgeordnete Tenner für die KPD den Eintritt in die Regierung ablehnte, wohl aber die Unterstützung einer sozialdemokratisch geführten Regierung zusagte, „so weit sie arbeiterfreundliche Politik treibt", konnten SPD und USPD eine Minderheitsregierung bilden.[25] Damit bestanden im Deutschen Reich drei sozialistische Landesregierungen; die erste war im Frühsommer 1920 in Braunschweig gebildet worden, die zweite am 13. Dezember 1920 in Sachsen. Alle waren SPD-USPD-Koalitionen. Die sächsische und thüringische allerdings waren Minderheitsregierungen, die auf die parlamentarische Tolerierung durch die KPD angewiesen waren, die braunschweigische wurde von einem Unabhängigen geleitet.[26]

Die Akten lassen erkennen, daß die politische Entscheidung der KPD nicht einmütig gefallen war. Das Politische Büro der Berliner Zentrale der KPD hatte am 4. Oktober Rahmenrichtlinien beschlossen, mit denen die thüringische Bezirksorganisation aufgefordert wurde, ihrerseits „die Grundlinien einer thüringischen Landespolitik, die im Interesse der Arbeiterschaft ist, in Anknüpfung an die Lage in Thüringen raschestens zu formulieren".[27] Während die starken Unterbezirke Gotha und Suhl für eine formale Regierungsbeteiligung eintraten, lehnte die Mehrheit dieses ab. Tenner, selbst aus Gotha, mußte das ablehnende Votum nach Berlin schreiben und im thüringischen Landtag am 7. Oktober vertreten: „In die Regierung einzutreten lehnen wir ab, weil die sozialdemokratischen Parteien entsprechend ihrer Stellung zur kapitalistischen Wirtschaftspolitik und ihrer Unterstützung der Ententeforderungen sich als Parteien des kapitalistischen Wirtschaftsausbaues betätigen müssen und wir hierfür die Mitverantwortung nicht übernehmen können."[28] Die gefundene Kompromißformel, eine sozialdemokratische Minderheitsregierung zu tolerieren, „soweit sie arbeiterfreundliche Politik treibt", trug die janusköpfige Chance der KPD in sich, zum einen die einer indirekten Regierungsbeteiligung, zum anderen die permanenter revolutionärer Umtriebe. Letzteres wird sich besonders 1923 erweisen, ersteres offenbarte schon die am 11. Oktober 1921 im Landtag geführte Debatte über den neu zu berufenden Volksbildungsminister Greil.

Zunächst konnte die sozialdemokratische Minderheitsregierung am 7. Oktober 1921 gebil-

23 Staatshandbuch für Thüringen, S. 18.
24 HStA Weimar Thür. Staatsmin. Präs.-Abtl. Nr. 49: Die Sitzungen der Volksratsmitglieder.
25 Sten. Ber. II. Landtag 7. 10. 1921, S. 1ff.
26 Vgl. Huber, Deutsche Verfassungsgeschichte, Bd. 6, S. 804f., 814f. und 833f.
27 IML ZPA der PDS Berlin Sign. 3/1/5, S. 128f.
28 Sten. Ber. II. Landtag 7. 10. 1921, S. 11.

det werden. August Frölich (SPD), am 31. Dezember 1877 in Sippenfeld in der Pfalz geboren, von Beruf Eisendreher, bei Kriegsende Geschäftsführer des Deutschen Metallarbeiterverbandes in Altenburg, mithin ein Mann der Gewerkschaft, wurde Ressortchef für Wirtschaft, was er auch schon in der Regierung Paulssen war, Karl von Brandenstein (SPD) übernahm die Ämter für Jusitz und Volksbildung, Emil Hartmann (SPD) das für Finanzen und Karl Hermann (USPD) das für Inneres. Jene Staaten, die nach der Bildung des Landes Thüringen noch nicht durch diese Minister vertreten waren, erhielten entsprechend dem Gemeinschaftsvertrag und der Landesverfassung Staatsräte als Minister ohne Portefeuille. Auf diese Weise kamen Louis Rennert (SPD) für Meiningen, Bruno Bieligk (USPD) für Sondershausen und auch Hermann Brill (USPD) für Gotha in die Regierung. Unter diesen sieben Kabinettsmitgliedern war Brill mit 26 Jahren der jüngste.[29] Ein zweiter Wahlakt machte Frölich zugleich zum Vorsitzenden des Staatsministeriums. Vor dem Hintergrund der stillen Teilhaberschaft der KPD hatte Thüringen mit dem 7. Oktober 1921 praktisch eine Arbeiterregierung mit Einheitsfront.

Diese innenpolitische Neuorientierung des Landes zeigte sofort Wirkung, sowohl nach innen wie nach außen. Am 10. Oktober meldete sich Sepp Oerter, Ministerpräsident des Landes Braunschweig, brieflich in Weimar und Dresden. Er schlug vor, Braunschweig, Thüringen und Sachsen, ihrer sozialistischen Kabinette wegen auf vergleichbarer Stufe stehend, sollten ihre Politik koordinieren und „auf den Schutz der republikanischen Verfassung und auf den Ausbau der Demokratie in allen Zweigen der Verwaltung und der Justiz" ausrichten.[30] Zu diesem Zweck schlug Oerter eine erste gemeinsame Konferenz der drei Länder vor. Es kam dazu schon am 31. Oktober im Leipziger Volkshaus; Anhalt nahm als viertes Land teil. Auffälligerweise war bei dieser hochpolitischen Zusammenkunft als ein Vertreter Thüringens Hermann Brill anwesend. Darin liegt sicher ein weiterer Beweis seiner die Bildungsfragen überschreitenden politischen Kompetenz. Er führte in Leipzig auch das Protokoll. Man vereinbarte „zukünftig ein gemeinsames Vorgehen im Reichsrat zunächst einmal in Wirtschafts- und Verkehrsangelegenheiten".[31]

Die eher rechtsgerichtete ‚Braunschweigische Landeszeitung' vermutete sofort den Sinn solcher politischen Kohabitation und wandte sich am 21. Dezember 1921 gegen eine Gemeinschaft Braunschweigs „mit den roten Ländern Sachsen und Thüringen", da dies der „Aufrichtung einer sozialdemokratischen Diktatur" gelte. Der Artikel war nach dem zweiten Ministertreffen der jetzt mit Einschluß Anhalts vier Länder, das wiederum in Leipzig, am 12. Dezember, durchgeführt wurde, erschienen, wo diese über ein koordiniertes neues Beamtengesetz debattiert hatten. Das Thema wurde noch einmal am 29. Dezember, diesmal in Weimar, fortgeführt. Besonderer Interessent an der Thematik eines neuen Beamtengesetzes war, wie noch zu zeigen sein wird, Brill.

Neben diesen schnellen Auswirkungen des thüringischen Regierungswechsels im Oktober 1921 nach außen ragen nicht minder temporeiche und einschneidende Maßnahmen im Innern des Landes heraus. Am 11. Oktober debattierte der Weimarer Landtag auf Antrag der Regierung über die Teilung des auch vom Leiter des ersten Thüringischen Staatsministeriums noch in Personalunion verwalteten Justiz- und Volksbildungsministeriums und die Bestellung des

---

29 Wörfel, befangen durch die politischen Vorgaben seiner Geschichtsforschung, unterschlägt Brill, den für ihn „rechten Sozialdemokraten", bei der Benennung der Kabinettsmitglieder, a. O., S. 42 Anm. 6.

30 HStA Weimar Thür. Staatsmin. Präs.-Abtl. Nr. 80: Oerter an Frölich 10. 10. 1921. Oerter stürzte allerdings bald über die braunschweigische Verfassungsdiskussion und wurde am 24. 11. 1921 durch den gleichfalls Unabhängigen August Junke ersetzt, in dessen Kabinett als Innenminister Otto Grotewohl einzog, vgl. Huber, Deutsche Verfassungsgeschichte Bd. 6, S. 834. Zu den politischen Vorgängen vgl. die Akten im Ns. StA Wolfenbüttel 12 neu (Staatsministerium) und 19 B neu (Gesandtschaft in Berlin).

31 HStA Weimar Thür. Staatsmin. Präs.-Abtl. Nr. 80: Protokoll Brills über die Leipziger Konferenz 1. 11. 1921.

Geraer Bezirksschulrats Max Greil (USPD) zum Volksbildungsminister. Die Begründung für die Ressortteilung und die sozialdemokratische Personalentscheidung trug Brill vor.

Es war dies seine erste Landtagsrede als Regierungsmitglied. Geeignet schien er für diesen Auftritt durch seine Tätigkeit im Volksbildungsministerium zu sein, wo er gerade, am 1. Oktober, zum Vortragenden Rat mit der Amtsbezeichnung „Regierungsrat" ernannt worden war.[32] Er hatte jetzt Gelegenheit, seine Kompetenz als Sachbearbeiter in Bildungsfragen unter Beweis zu stellen und durch eine Jungfernrede im thüringischen Landtag forensische Beachtung zu gewinnen. Klar trug er ein Resümee seiner in der Gothaer Volksversammlung am 29. September 1919 erstmals vorgestellten, dann im dortigen Landesbildungsamt weiter entwickelten und Anfang Februar 1920 im thüringischen Volksrat landesweit propagierten, besonders auf die Akzeleration des Bildungsniveaus des Arbeiterstandes ausgerichteten und mit schulorganisatorischen Konsequenzen bedachten Bildungsvorstellung vor.[33] Damit leitete er gleich zu Beginn der zweiten Wahlperiode des Thüringischen Landtags eine äußerst konträr geführte Grundsatzdebatte über pädagogische Zielsetzungen und Schulformen in Thüringen ein.

Der als Ministerkandidat dem Landtag vorgestellte Schulrat Greil war eine personale Verkörperung des Brillschen Programms. In Gera hatte er den Primat der Volksschulpädagogik vertreten, der Höheren Schule ihre Wertigkeit zu mindern und insbesondere den konfessionellen Religionsunterricht abzuschaffen versucht. 1920 war Greil als Sachverständiger im Ausschuß für Schulfragen des Volksrats von Thüringen gewesen und als solcher für den versuchsweisen Aufbau einer Einheitsschule eingetreten. Als Minister sollte er für die SPD/USPD den Weg zur Einheitsschule in Thüringen ebnen und damit das seit dem Mannheimer Parteitag der SPD von 1895 in der Debatte stehende sozialdemokratische Schulprogramm realisieren.[34] Dabei sollte insonderheit die religiöse Einbindung der Schule zugunsten ihrer Öffnung für Freisinnige fallen. Entsprechend plädierte Brill in seiner Vorstellungsrede für Greil mit dem Hinweis auf dessen berufliche Vorerfahrungen in Gera an der dortigen Enzianschule und setzte sich, selbst kein Christ, dafür ein, „daß auch dem freireligiös gesinnten Teile unseres Volkes ein Recht darauf zusteht, ihrer (sic!) Weltanschauung gemäß in der Schule zu leben".[35]

Der ehemalige Lehrer Tenner (KPD), nicht in eine Kabinettsdisziplin eingebunden, bereicherte die Landtagsdebatte an dieser Stelle mit ersten Kostproben kommunistischer Revolutionsvorstellungen am Beispiel der Schulpolitik: „Die Höheren Schulen sind heute Brutstätten der Reaktion." Als er dabei auch noch die besonders von Geschichtslehrern in Höheren Schulen vertretenen Staatsideen „in eine mittelalterliche Rumpelkammer" verwiesen sehen wollte, sekundierte Brill seinem früheren Berufs- und Parteikollegen mit dem Zwischen-

---

32 Brills zum 18. 1. 1921 erfolgte Berufung zum Kommissarischen Referenten im Volksbildungsministerium war, wie der Fraktionschef der KPD, Tenner, dem Landtag am 14. 10. 1921 offenlegen zu können glaubte, „aus politischen Motiven" erfolgt, „weil seine Partei (sc. die USPD) die Regierung mit stützte", Sten. Ber. II, S. 178. Dagegen ist zu bedenken, daß Tenner selbst Brill in Weimar für eine solche Position empfohlen hatte, StA Gotha Depart. I Loc 1a, Nr. 66: Volksbeauftragter Tenner an Thür. Staatsmin. 1. 9. 1920. Der Widerspruch zeigt die beginnende politische Entfremdung zwischen beiden an.

33 Sten. Ber. II. Landtag 11. 10. 1921, S. 70ff.

34 Auf dem Mannheimer Parteitag von 1895 hatte Clara Zetkin als erste die Einheitsschule als sozialdemokratische Bildungsforderung angesprochen.

35 Am Ende der Landtagsdebatte über die Bestellung Greils zum Volksbildungsminister wiederholte Brill noch einmal seine Position gegen die an eine Religion gebundene Grundschule: „Wir kämpfen für die weltliche Schule und wir sind gegen die Simultanschule und sind gegen die Gemeinschaftsschule, weil diese nur eine verkappte Bekenntnisschule ist", Sten. Ber. II, S. 194: Landtagsprotokoll 14. 10. 1921. Bei der Debatte des Thüringischen Volksrats über das „Gesetz über die vorläufige Regelung des Volksschulwesens in Thüringen" am 11. 2. 1920 war Brill in der Sache ähnlich deutlich geworden, mit seiner Meinung allerdings nicht durchgedrungen, vgl. o. Kap. II.4.

ruf: „Wie die Historiker selbst“. Tenner setzte dem mit dem Bonmot noch eins drauf: „Wir wollen die Höheren Schulen fortentwickeln, aber ganz fort.“[36]

Die Opposition fühlte sich durch solche schulpolitischen Offensiven der neuen Landesregierung zu stärkstem Widerstand herausgefordert. In Greil sah Witzmann, der in Schuldebatten erfahrene alte Gothaer Seminardirektor, der für die DVP im Thüringischen Landtag saß, „den Vollblutvertreter der Unabhängigen Sozialdemokratie“, der „voraussichtlich ohne jeden Abstrich das Mindestprogramm dieses linken Flügels der SPD“ in konkrete Politik umzusetzen versuche. Er glaube voraussagen zu können, daß man durch eine solche Personalwahl „die Brandfackel in das bereits so zerrissene und tief erschütterte Thüringen hineinwerfen“ werde.[37] Die ablehnende Haltung der Opposition konnte die Wahl Greils am 14. Oktober nicht verhindern. Ihre programmatische Bedeutung für die gesamtpolitische Zielsetzung der sozialdemokratischen Minderheitsregierung wurde nicht übersehen, auch nicht zurückgehalten. Für die Regierung erklärte nämlich Brill in einem Schlußplädoyer, man wolle, „daß die Schulreform auch in Thüringen eine Funktion des Klassenkampfes bleiben wird“.[38] Seine Begründung, daß die Geschichte der Pädagogik lehre, „daß hervorragende Pädagogen aller Zeiten die andere Hemisphäre einer besonderen politischen Bewegung sind“, ließ die zutreffende Einsicht eines erst 26jährigen in die immer zu beachtenden politischen Implikationen jeder Didaktik erkennen und verschleierte nicht dessen Vorliebe für eine parteipolitisch gefärbte Reformpädagogik. Dem hielt der Abgeordnete Neumann (DDP) noch einmal entgegen, man werde sich durch Brills „leicht in die Massen“ hineingeworfene Sätze zur Schulreform nicht „düpieren“ lassen[39], sondern gegen die Einführung einer weltlichen Schule als Regelschule Front machen. Das war die Stimme der traditionellen, ebenfalls politisch begründeten Didaktik.

Dieser parlamentarischen Konfrontation bei der Wahl Greils zum Staatsminiser für Volksbildung am 14. Oktober folgte schon in der nächsten Sitzung des Thüringischen Landtags drei Wochen später, am 7. November, eine erste konkrete Auswirkung. Brills reformpädagogisch und parteipolitisch begründetes Plädoyer für eine weltliche Schule fand in unmittelbar folgenden Handlungen der Landesregierung seine erste Anwendung. Eine Eilbedürftigkeit in der Sache war in den Augen des Staatsministeriums durch das evangelische Kirchenjahr vorgegeben. Demgemäß erließ das Kabinett nach einer entsprechenden Vorlage durch den Minister für Volksbildung und gestützt auf § 33 der Thüringischen Landesverfassung vom 11. März 1921 („Die Landesregierung kann in dringenden Fällen, wenn der Landtag nicht versammelt ist, ein Gesetz als Notgesetz erlassen. Das Notgesetz darf der Verfassung nicht zuwiderlaufen.“) drei Notgesetze: am 25. Oktober betr. Aufhebung des Reformationstages als eines staatlichen Feiertages und betr. die gleichzeitige Erhebung des 9. Novembers zum staatlichen Feiertag sowie am 1. November betr. Aufhebung des Buß- und Bettages als eines staatlichen Feiertages.[40]

Im unmittelbaren Anschluß erhielt Greil laut Kabinettsbeschluß vom 1. November 1921 den Auftrag, eine auch der Presse zu übergebende Denkschrift zu erarbeiten, die das Gesamtthema kirchlicher und staatlicher Feiertage erörtere. Als politische Leitlinie für diese

---

36 Sten. Ber. II. Landtag 14. 10. 1921, S. 180f.
37 ebd. S. 171 und 174.
38 ebd. S. 191.
39 ebd. S. 201.
40 HStA Weimar Thür. Staatsmin. Präs.-Abtl. Nr. 53: Kabinettsprotokolle vom 25. 10. und 1. 11. 1921. In der Zeit vom 7. 10. 1921 bis 21. 2. 1924, die das Kabinett Frölich tagte – zeitweise nur geschäftsführend –, erließ es 46 auf den § 33 der Landesverfassung vom 11. 3. 1921 gestützte Notverordnungen. Das Verfahren setzte eine ordentliche Gesetzgebung weitgehend außer Kraft und das Parlament ins politische Abseits, vgl. Huber, Deutsche Verfassungsgeschichte, Bd. 6, S. 815 mit weiterer Literatur dazu in Am. 61.

Denkschrift beschloß das Staatsministerium, „daß im Hinblick auf die Art. 135 bis 137 RV und die Trennung von Staat und Kirche der Staat fernerhin nicht mehr die Befugnis für sich in Anspruch nehmen könne, den Staatsbürgern vorzuschreiben, besondere religiöse Feiertage ebenfalls als Feiertage zu betrachten und zu begehen". Darüber hinaus sollte Greil in der Denkschrift darüber reflektieren, „ob es geboten erscheinen muß, den Karfreitag und den Himmelfahrtstag ihres Charakters als staatlich anerkannte Feiertage zu entkleiden, und in welcher Weise dem Weihnachts-, Oster- und Pfingstfest eine innere Umwertung unter Loslösung dieser Feste von den Anschauungen der Kirche zuteil werden kann".[41]

Diese politischen Vorgaben des Staatsministeriums Frölich für eine entsprechend auszuarbeitende Denkschrift des Ministeriums für Volksbildung bargen in sich eine gewaltige Kampfansage an die gewachsene Mentalität weiter Bevölkerungskreise Thüringens, brachen mit Traditionen, widersprachen der erst Monate zuvor von der ersten Thüringischen Landesregierung mit dem Reichsministerium des Innern in der Sache getroffenen Absprache[42] und pointierten demgegenüber sozialistische Auffassungen, die z. B. in der russischen Oktoberrevolution 1917 mit der damals verfügten Abschaffung des Weihnachtsfestes durchgesetzt worden waren. Das zwang russische Christen dazu, Weihnachten nur innerhalb der Gotteshäuser und im Familienkreis zu feiern.

Bevor die Denkschrift Greils vorlag und im Landtag diskutiert werden konnte, suchte das Staatsministerium die öffentliche Meinung geschickt auf den neuen gesetzlichen Feiertag, den unmittelbar bevorstehenden 9. November, zu konzentrieren. Gemäß einem Kabinettsbeschluß vom 2. November verfügte Innenminister Hermann am nächsten Tag für das ganze Land, den 9. November als „Erinnerungstag der deutschen Revolution vom Jahre 1918" feierlich zu gestalten. Überall sei in den thüringischen und schwarz-rot-goldenen Farben zu flaggen. „Die Verwendung schwarz-weiß-roter Fahnen, die zum Wahrzeichen antirepublikanischer volks- und staatsfeindlicher Bestrebungen geworden sind, ist selbstverständlich verboten." Schulen hatten am Tag zuvor in der letzten Unterrichtsstunde „der weltgeschichtlichen Tragweite des 9. November zu gedenken". Dabei sei darzulegen, „wie inmitten einer ungeheuren Niederlage des kaiserlichen Deutschland die Begründung der Republik ein hohes Ziel für das Leben eines durch eigenen Willen freigewordenen Volkes und eine große Aufgabe der Jugend bedeutet". Über den Verlauf des Tages sei „Bericht zu erstatten".[43]

Das war das bisher deutlichste republikanisch-revolutionäre Bekenntnis, das die neue thüringische Landesregierung abgelegt hatte. Sie nutzte die vom Kalender im November gebotene Chance, in Feiertagssymbolen die von ihr nicht geteilte Herkunft des Landes mit einer von ihr gewünschten Zukunft zu kontrastieren. Gewachsene Mentalitäten und ideologische Programme lagen nebeneinander zur politischen Entscheidung.

Darüber debattierte der Thüringische Landtag in bisher stärkster Konfrontation am 7. und 8. November 1921. Greil begründete die Gesetzesvorlage, welche die Einrichtung neuer und die Abschaffung bisheriger staatlicher Feiertage betraf, die als Notverordnungen bereits erlassen waren. Seine zunächst nur auf Reformations- und Bußtag bezogene rhetorische Frage: „Können diese kirchlichen Feiertage als staatliche Zwangsfeiertage aufrechterhalten wer-

---

41 Kabinettsprotokoll vom 1. 11. 1921, a. O. Anm. 40.

42 Vgl. u. Anm. 43.

43 HStA Weimar Thür. Min. für Volksbildung Nr. 1051: Thür. Min. d. Innern an alle Bezirksdirektoren, Landräte, Kreise, Städte, Gerichts- und Schulbehörden 3. 11. 1921. Fünf Monate zuvor hatte der Reichsminister des Innern in einem Briefwechsel mit dem thüringischen Staatsministerium unter Paulssen Einvernehmen darüber erreicht, daß das Land Thüringen ebenso wie das Reich weder den 1. Mai noch den 9. November zu gesetzlichen Feiertagen erklären werde, HStA Weimar Thür. Staatsmin. Präs.-Abtl. Nr. 2: Reichsminister des Innern an Paulssen, 13. 6. 1921 mit beigeheftetem handschriftlichen Entwurf zustimmenden Inhalts durch Paulssen.

den?"[44] enthielt gleich eine politische Kampfansage an die Opposition. Diese griff den Fehdehandschuh auch auf und konstatierte gemeinsam mit ihrer Presse den „Beginn des Kulturkampfes in Thüringen".[45] Zu einer solchen sehr bewußten Kampfansage fühlte sie sich ohne Zweifel durch die gerade auf dem 1. Evangelischen Kirchentag in Stuttgart vom 11. bis 15. September 1921 stattgehabte Diskussion über das neu zu überdenkende Verhältnis von Staat und Kirche gestützt.[46]

Der Minister seinerseits ließ Gründe für seine Anschauung sprechen, die implizit gegen die Kirchentagsdiskussion Stellung bezogen. Die in der Vergangenheit gelebte Identität von Thron und Altar sei vorbei: „Wir haben keine Staatskirche mehr." Der Protestantismus habe selbst in Thüringen eine beachtenswerte „Kirchenaustrittsbewegung" hinzunehmen[47]; Katholiken, Juden und Freidenker forderten nun ihre gleichen Rechte. Da habe der Staat seinen „evangelischen Charakter" verloren und folglich dem Anspruch zu genügen, „religiös und kirchlich neutral" zu sein. Die Gewissensfreiheit des einzelnen sowie die staatliche Gerechtigkeit gegenüber jedermann seien verletzt, nicht-protestantischen Menschen werde eine ungewollte Arbeitsruhe aufgezwungen und ein entsprechender Lohnausfall zugemutet. Was für die Gesellschaftsformationen im ganzen gelte, sei in der Konsequenz auch für die Schule maßgeblich, die als „öffentliche allgemeine Staatsschule", als „Thüringer Gemeinschaftsschule", ebenfalls kirchliche Feiertage nicht mehr als allgemeine Schulfeiertage beibehalten dürfe.

Gerade durchgeführte Elternratswahlen standen in ganz Thüringen unter der kontrastierenden Stellungnahme „hier christliche Schule – hier weltliche Schule"; die Mehrheit hatte deutlich für die Beibehaltung der ersten votiert, „dutzende von Schulen", so hielt Greil am 7. November 1921 vor dem Landtag dagegen, aber auch für die weltliche Schule.[48] Ironisierend verwies er darauf, daß früher am Reformationstag kaum Lehrer und Schüler in

---

44 Sten. Ber. II. Landtag 7. 11. 1921, S. 229.

45 ebd. S. 234. Die erregte Pressediskussion ist als Presseausschnittsammlung zusammengestellt in: HStA Weimar Thür. Min. für Volksbildung Nr. 1051 und Nr. 10. Heraus ragen die ‚Jenaische Zeitung' vom 9. 11. 1921: „Einst – jetzt", die ‚Mitteldeutsche Zeitung' vom 9. 11. 1921: „‚Revolutions-Feier' in Thüringer Landen!" und die ‚die Christliche Welt' vom 29. 12. 1921: „Der Kulturkampf in Thüringen". Das Volksbildungsministerium nahm dazu durch Pressekommuniqués mehrfach Stellung: HStA Weimar Min. für Volksbildung Nr. 10: Berichtigung vom Dezember 1921, Erklärung vom 12. 1. 1921.

46 Vgl. u. Anm. 47.

47 In den Jahren vor Ausbruch des 1. Weltkriegs, 1908–1914, waren die Austritte aus den beiden christlichen Kirchen, besonders aus der protestantischen, in Deutschland angestiegen von 17800 auf 29250. Während des Krieges waren sie bis auf 3658 (1915) bzw. 8692 (1918) wieder zurückgegangen, 1919 allerdings dramatisch auf 237668 angestiegen, um 1920 mit 313995 den Höhepunkt während der Weimarer Republik zu erreichen. Danach gingen sie wieder zurück: 1921 auf 256936 und 1922 auf 157605. Korrespondierend dazu nahm die Zahl der Freidenker von 834 (1915) über 12750 (1919), 59829 (1920), 261565 (1922) und 384326 (1923) stark zu. Besondere Aktivitäten der Freidenkerbewegung waren in Thüringen zu verzeichnen, wo sich im September 1908 der Eisenacher Freidenkerverein zu einer separaten „Vereinigung der Freidenker der arbeitenden Klasse" gegründet hatte, vgl. Jochen-Christoph Kaiser, Arbeiterbewegung und organisierte Religionskritik. Proletarische Freidenkerverbände in Kaiserreich und Weimarer Republik, Stuttgart 1981, S. 352, 354 sowie 102ff. Die evangelische Kirchenleitung hatte darauf auf dem 1. Evangelischen Kirchentag in Stuttgart (11.–15. 9. 1921) reagiert und durchaus „die neue Aufgabe . . ., die der evangelischen Kirche aus der von der Revolution proklamierten Religionslosigkeit des Staates erwächst", erkannt, Verhandlungen des 1. Deutschen Evangelischen Kirchentages 1921, Stuttgart 11.–15. 9. 1921, hrsg. vom Dt. Ev. Kirchenausschuß, Berlin o. J., S. 121 ff. Vgl. dazu Kurt Nowak, Protestantismus und Weimarer Republik, in: Karl Dietrich Bracher, u. a., Die Weimarer Republik 1918 bis 1933. Politik – Wirtschaft – Gesellschaft, Düsseldorf 1987, S. 218ff. Oberkonsistorialrat Julius Kaftan, Geistlicher Vizepräsident des Evangelischen Oberkirchenamtes in Berlin, hatte in Stuttgart die These verfochten, es seien „Christentum und Deutschtum miteinander in ungetrenntem Zusammen" (Verhandlungen S. 126) verbunden. Der Staat, der die Religion zur Privatsache erklärte, der sich mithin religionslos mache, übersehe, daß die Religion nie anders existiere „als so, daß sie zugleich Sitte ist, eine die Gesellschaft und die Umgebung beherrschende Macht . . . Wer sie als Sitte in Frage stellt, verhindert, daß sie den vielen und, was die äußeren Voraussetzungen betrifft, allen zugänglich wird oder bleibt" (ebd. S. 130). Der so handelnde religionslose Staat handele verwerflich.

48 Sten. Ber. II. Landtag 7. 11. 1921, S. 230.

Gottesdiensten gewesen seien, jetzt aber an manchen Schulen „Demonstrationszüge“ in die Kirchen veranstaltet worden seien. Der Minister ging bei der parlamentarischen Diskussion über die schulpolitischen Notgesetze vom 25. Oktober bzw. 1. November noch über den Inhalt hinaus. Seiner Ansicht nach sollten „künftig auch allgemeine kirchliche Schulfeiern innerhalb der normalen Unterrichtszeit nicht mehr stattfinden“, Erwähnungen im Religionsunterricht genügten.

Solchen allgemeinen Grundsätzen des Ministers folgte ihre Anwendung auf den Reformationstag. Dieser evangelische Feiertag, im Thüringen Martin Luthers hochgehalten, aber gemäß der partikularistischen Vergangenheit des Landes unterschiedlich begangen – in Ostthüringen, d. h. in Altenburg, Reuß und Rudolstadt, als staatlicher Feiertag und Schulfeiertag, in Meinungen und Gotha, dem größeren Teil Thüringens, in keiner dieser Formen, sondern nur am darauffolgenden Sonntag als Gedenktag, in Weimar und Sondershausen wiederum nur als Schulfeiertag –, solle nach der Gesetzesvorlage der Regierung nur als Gedenktag an dem jeweils nachfolgenden Sonntag bedacht werden. Das entspräche auch, so die Einlassung des Ministers, einer Empfehlung des Deutschen Evangelischen Kirchenausschusses von 1905, die man in Preußen und Bayern bereits befolge.

Greil zog nicht allzu weit zurückliegende Parallelen anderer Regierungen bei. Als das Kultusministerium des ehemaligen Landes Sachsen-Weimar-Eisenach am 29. September 1919 die Schulfeiern zum Geburtstag des Kaisers und des eigenen ehemaligen Großherzogs sowie zum Sedanstag aufgehoben habe, habe es darüber hinaus festgelegt: „Es wird künftig auch von der Begehung des 31. Oktober mit einer besonderen Schulfeier abzusehen sein. Dem evangelischen Religionslehrer bleibt es überlassen, auf die Bedeutung dieses Tages, der schulfrei bleibt, im evangelischen Religionsunterricht hinzuweisen.“ Diese Verordnung sei von Paulssen, dem Amtsvorgänger Frölichs, damals Vorsitzender des Staatsrates in Sachsen-Weimar-Eisenach, unterzeichnet. Das Volksbildungsministerium unter Greil gehe jetzt nur einen Schritt weiter, indem es auch die Schulfreiheit an diesem Tag aufhebe.[49]

Auch wenn die parlamentarische Opposition die Verordnung mit dem Vorwurf ablehnte, die Regierung verkenne doch gerade „die ungeheure geschichtliche Bedeutung“ des Reformationstages für Thüringen und mißachte mit der Erhebung des 9. Novembers zum staatlichen Feiertag – in Eigeninitiative, ohne eine reichseinheitliche Lösung durch den Reichstag in Berlin abzuwarten – die Einstellung des überwiegenden Teils der Thüringer Bevölkerung, die „in den Ereignissen des 9. November 1918 keinen Grund zum feiern sieht“, stimmte der Landtag am 7. November mit der Mehrheit der Stimmen der SPD/USPD und der KPD für die nachträgliche Annahme der Notgesetze des Staatsministeriums vom 25. Oktober bzw. 1. November als parlamentarische Gesetze.

Am Tag darauf, am 8. November, verschärfte sich die Landtagsdebatte noch einmal am Gegenstand des Bußtages. Greil provozierte die Gemüter der Rechten gleich zu Beginn mit der gezielten Verwunderung über „eine recht äußerliche Auffassung von Religion“, die sich darin ausspreche, „daß Buße gerade an einem besonderen Tage“ geübt werden solle.[50] Andere Mitglieder der Regierungsfraktion setzten die sich hier aussprechende Verkennung religiöser Riten durch mokante Zwischenrufe über den „amtlichen Bußzwang“ fort. Beruhigend wirkte auch nicht die Zusage des Ministers, Beurlaubungen von Lehrern und Schülern am Bußtag „auf besonderen Antrag zum Zwecke des Kirchenbesuchs“ vorbehaltlich einer späteren generellen Regelung für alle vergleichbaren Fälle zu genehmigen. Als Staatsminister Frölich

49 ebd. S. 232.
50 ebd. S. 287: Landtagsprotokoll 8. 11. 1921.

selbst in die Debatte eingriff, über den Reformations- und Bußtag hinausreichende Überlegungen seiner Regierung auch für den Himmelfahrts- und Karfreitag ankündigte und statt dieser hohen kirchlichen Tage das „Sonnwendfest“ und „Frühlingsfest“ anbot neben einem Volksfeiertag am 9. November als „das eherne Muß“, sah die Landtagsopposition die „Entchristlichung und Verflachung der deutschen Volksseele“ sowie die „Abschaffung tief eingewurzelter Volksriten“ gekommen.[51]

Rechtlich suchte sie sich mit einem von ihr aufgewiesenen Widerspruch zu Art. 139 RV (Arbeitsruhe an Sonntagen und staatlich anerkannten Feiertagen) Gehör zu verschaffen. Dadurch wurde ein juristischer Dissenz markiert, den der Landtag zum Anlaß nahm, seinen Verfassungs- und Gesetzgebungsausschuß darüber im unmittelbaren Anschluß beraten zu lassen. Auf diese Weise konnte Brill auf die Debatte einwirken, denn er war Vorsitzender dieses Ausschusses. Dort wurde von Regierungsvertretern formaljuristisch argumentiert, jene Feiertage, die eine Landesregierung nicht oder nicht mehr als gesetzliche anerkennen wolle – wie im November 1920 in Sachsen bei denselben Feiertagen ohne Widerspurch des Reiches geschehen[52] –, auch nicht mehr unter den Schutz des Art. 139 RV zu stellen. Der Ausschuß schloß sich dieser Auffassung mit 7 gegen 6 Stimmen an und votierte für die Aufhebung des Bußtages als eines gesetzlichen Feiertages auch in Thüringen. Der Landtag nahm das Votum sofort danach mit der Mehrheit seiner Stimmen (27) an.[53]

Dieser schulpolitische Streit gleich zu Beginn der Regierungszeit des Staatsministeriums Frölich markiert die innenpolitischen Gegenkräfte in Thüringen, die Konfrontationsbereitschaft der Sozialdemokraten im Kampf für ihre politischen Überzeugungen und Perspektiven sowie die früh erkennbare Rolle Brills als eines mit juristischer Kompetenz und parlamentarischer Version ausgestatteten sozialistischen Vorkämpfers. Er wird dies schon Mitte Januar 1922 bei einer weiteren schulpolitischen Thematik unter Beweis stellen.

1.3 Die parlamentarische Debatte um die Greilsche Schulreform

Die im Oktober/November 1921 erfolgte Aufhebung des Reformations- und des Bußtages als staatlich anerkannte Feiertage sollte die traditionellen und tief wurzelnden Bindungen des Protestantismus an das vergangene Kaiserreich und dessen politische Mentalitäten an einer demonstrativen Stelle kappen. Die erklärte Religionsneutralität des Staates, die von vielen Politikern der Linken bis zur Religionslosigkeit, ja -feindlichkeit gesteigert wurde, implizierte darüber hinaus eine Statusminderung der evangelischen Kirche. Das sozialistische Staatsministerium Frölich wollte durch Maßnahmen dieser Art den sozialen und politischen Wandel beschleunigen; es sah sich in der Schöpfungsfreude von etwas radikal Neuem. Das entsprach dem Zeitgeist, so wie ihn die politische Linke begriff, die mit offensiver Eile das neue, demokratische Staats- und Gesellschaftsverständnis ausgestalten wollte.[54]

Politische Opposition und Kirche in Thüringen klagten vehement über Tempo und Verfahren bei den Feiertagsgesetzen, hatten den „Eindruck der Gesetzgebung aus Gehässigkeit“ und sahen eine „Unklugheit ersten Ranges“ darin, „daß fast die erste Maßregel einer sozialistischen Regierung in der Zeit der Kartoffelnot und anderer großer wirtschaftlicher Nöte

51 ebd. S. 291f.
52 Vgl. Reichsminister des Innern an Paulssen 13. 6. 1921, a. O. Anm. 43.
53 Sten. Ber. II. Landtag, S. 293ff.
54 Vgl. Karl Dietrich Bracher, Zeit der Ideologien. Eine Geschichte des politischen Denkens im 20. Jahrhundert, Stuttgart 1982.

die Abschaffung zweier Feiertage war". Emil Fuchs, zugleich Pfarrer der evangelischen Kirche und Sozialist, der sich mit diesen Vorwürfen zu einem der Sprecher, der in beiden Lagern beheimatet war, machte, konstatierte weitreichende politische Folgen: „Schaden erlitten hat nur der Sozialismus und seine Regierung. Gestärkt sind kirchliche Organisation und Rechtsparteien", zwischen denen das Verhältnis „sehr viel enger geworden ist als vorher".[55] Solche Mahnung und Prophetie verhallten damals. Sie lassen an den späteren großen Erfolg der Deutschen Christen gerade in Thüringen denken[56], auch, weniger weit vorausschauend, an die doch schnelle und deutliche Niederlage der politischen Linken bei den 3. Thüringischen Landtagswahlen am 10. Februar 1924.[57] Um die Jahreswende 1921/22 jedoch ging die Regierung Frölich weiter in die kulturpolitische Offensive.

Bevor sie den dafür zentralen Stein des Anstoßes in die forensische Arena des Parlaments rollte, den Entwurf eines Gesetzes über die Durchführung der Einheitsschule (Greilsche Schulreform), führte sie als Ouvertüre noch zwei Themen vor, den Gesangsunterricht und das Schulgebet. Am 12. Januar 1922 stellte sich ihr Minister Greil im Landtag hinter die Entscheidung eines thüringischen Kreisschulrates, der am 24. November des vergangenen Jahres im Vorgriff auf einen noch nicht vorhandenen landesweiten Erlaß eine kirchlich-konfessionelle Ausgestaltung von Schulfeiern verboten und darüber hinaus für den Gesangsunterricht untersagt hatte, daß Kinder von Freidenkern „zum Mitsingen von Chorälen oder anderen geistlichen Liedern gezwungen" würden.[58] Vereinzelt hatten daraufhin Lehrer an anderen Schulen in Abstimmung mit ihren Schulrektoren den Religionsunterricht in die letzte Schulstunde verlegt, offiziell den Kindern von Freidenkern die Teilnahme freigestellt, aber sie mitunter auch, sofern sie im Laufe des Schultages oder der Schulwoche mit Arrest bestraft worden waren, zur Teilnahme an eben dieser Stunde des Religionsunterrichts gezwungen.[59] Vorfälle dieser Art, in der Advents- und Weihnachtszeit einer besonderen Beachtung und heftiger Reaktionen sicher, durch die Presse kontrovers und landesweit publik gemacht, forderten zu einer grundsätzlichen Klärung durch den Staat auf.

Der Landtag diskutierte darüber nach dem Jahreswechsel am 13. Januar 1922. Es war ein Thema für Hermann Brill. Dieser griff in die Debatte ein und verschärfte die Positionen. Den Gesangsunterricht attackierte er mit dem Vorwurf, dieser sei bis in die jüngste Zeit hinein nur „eine Nebenveranstaltung des Kirchengesanges gewesen", mithin in staatlichen Schulen unzulässiges Propädeutikum „für den Betrieb des evangelischen und katholischen Kultus", dabei aber ohne musikerzieherische Intention und Wirkung. Das habe sich jetzt zu ändern. Zu ändern sei auch die eingefahrene Praxis des Schulgebets. Dieses müsse „als schulische Einrichtung aus der Schule beseitigt" werden. Wollten Kinder und Lehrer Schulgebete sprechen, so könnten ihnen „zu diesen religiösen Übungen" Schul-

55 Emil Fuchs, Der Kulturkampf in Thüringen, in: Die Christliche Welt Nr. 52 vom 29. 12. 1921: HStA Weimar Min. für Volksbildung Nr. 10.

56 Vgl. dazu die zum großen Teil noch nicht ausgewerteten Aktenbestände im Archiv der Evangelischen Landeskirche Thüringen in Eisenach. Nachdenklich muß die Prophetie stimmen: „Man wird in 50 Jahren schon die Behandlung der Kirche durch den Sozialismus als dessen allergrößten Fehler bei der Neugestalt der Dinge bezeichnen", Fuchs, a.O. Anm. 55. Die Prophetie hat sich vielerorts erfüllt.

57 Die KPD gewann dabei zwar knapp 90000 Stimmen, SPD und USPD verloren jedoch mehr als 60000, während die im Thüringer Ordnungsbund vereinigte Rechte nahezu 140000 Stimmen gewann. Hinzu kamen noch weitere 80000 der extremen Rechte, Staatshandbuch für Thüringen, S. 18; vgl. dazu u. Kap. III/2.

58 Sten. Ber. II. Landtag 12. 1. 1922, S. 791.

59 Diese Vorfälle benennt Greil ebd. S. 826.

räume „außerhalb der Unterrichtszeit" zur Verfügung gestellt werden. Besser wäre es indessen noch, die Kirchen selbst öffneten ihre Portale jeweils eine Viertelstunde vor Beginn der Schule. „Dann können sich die Kinder versammeln und singen und beten, so viel sie wollen."[60]

Brill offenbarte mit solchen Worten einmal mehr, daß er als proletarischer Freidenker zu der kirchlichen, speziell der protestantischen Anthropologie in einem fundamentalen Gegensatz stand. In seinem scharfen Resümee verspürte man fast schon Ironie über die beiden christlichen Kirchen. Die Kirche könne, so sein Vorschlag, seine Ratschläge doch durchaus auch als Offenbarungshilfen für die Wirklichkeit begreifen. Sie würde binnen kurzem solche Morgengebete mangels Beteiligung wieder „einschlafen" lassen müssen und dadurch zur Erkenntnis ihrer tatsächlichen religiösen Wirkung auf die Gesellschaft gebracht. Das könnte von allen gewünschte reformatorische Konsequenzen haben. Zum anderen werde die Landtagsopposition durch die zur Debatte stehenden Regierungsmaßnahmen in ihrer politischen Absicht bloßgestellt und behindert, die Schulpolitik als stabilisierendes „Mittel der bürgerlichen Gesellschaft" konservieren zu wollen.

Angesichts der Tatsache, daß in den 20er Jahren 90% der thüringischen Bevölkerung evangelischen Glaubens waren, konnte die als Position religiöser Toleranz vorgegebene Haltung der Landesregierung, die Brill hier auch als seine eigene offensiv vertrat, wenig überzeugen. Der Radikalität mangelte die Einsicht, daß Staat und Kirche interdependente Größen einer jeden Gesellschaft sind. Der deutsche Sozialismus – erst recht der Kommunismus – wollte das aber zu Beginn der Weimarer Republik nicht wahrhaben. Er sah nur die in der Tat als Vorbild gänzlich unbrauchbare Liaison von Thron und Alter im 19. Jahrhundert, in die die Schule als wesentliches Propädeutikum eingegliedert war.

Um einer solchen didaktischen Fehlschaltung vorzubeugen, brachte das Staatsministerium Frölich nach den kulturpolitischen Einleitungsthemen am 24. Januar 1922 den Entwurf eines Gesetzes über die thüringische Gemeinschaftsschule in den Landtag ein. Der zuständige Minister Greil stellte seinen Entwurf als einen „Markstein ... in der Geschichte des Volksbildungswesens Thüringens" vor, da man dadurch zu einer „grundsätzlichen Neuorganisation des gesamten Thüringer Schulwesens" kommen wolle.[61] Gezielt war nach unten und oben: unten, auf den Volksschulen, würden „tausende und abertausende geistige und sittliche Kräfte in unserem Volke verkümmern", so der Minister, oben seien die Gymnasien mit gleichen Quantitäten überfüllt, die als Ballast „nicht dahin gehören" und die Gymnasien nur als Standesschulen perpetuierten. Organisatorische Maßnahmen für das gesamte öffentliche

60 Landtagsprotokoll 13. 1. 1922, ebd. S. 828.

61 ebd. S. 1035ff.: Landtagsprotokoll 24. 1. 1922. Das 1. Amtsblatt des Thüringischen Ministeriums für Volksbildung, herausgegeben am 5. Januar 1922, hatte als Ziel der Schulreform der sozialistischen Landesregierung formuliert: „*Ein* Volk, *eine* Schule, *ein* Lehrerstand." Zum Inhaltlichen hieß es weiter in dem Geleitwort: „Neugestaltung des gesamten Thüringer Schul- und Bildungswesens vom Kindergarten bis zur Universität im Sinne der Einheits-, Gemeinschafts- und Arbeitsschule, im Sinne der Gewissensfreiheit und Duldsamkeit, im Geiste des deutschen Volkstums und der Völkerversöhnung", Amtsblatt des Thür. Min. für Volksbildung 1/1922, S. 1, Greil, Zum Geleit. Eine solche programmatische Aussage griff auf jene Gedanken zurück, die Heinrich Schulz, der führende Schultheoretiker der SPD und damals Leiter der SPD-Parteischule, später, 1920, Leiter der Reichsschulkonferenz und Schlüsselfigur der Reichsschulpolitik, und Clara Zetkin vor dem Hintergrund des Erfurter Programms auf dem Mannheimer Parteitag der SPD 1906 vorgetragen hatten, vgl. Heinrich Schulz, Die Schulreform der Sozialdemokratie, 1911; Führ, Christoph, Schulpolitik im Spannungsfeld zwischen Reich und Ländern, Beilage zur Zeitschrift ‚Das Parlament', Bonn, 17. Oktober 1970, Nr. B 42/70; Hohendorf, Gerd, Die Schulpolitik der deutschen Arbeiterklasse in der Novemberrevolution 1918, in: „Pädagogik – 13", 1958, S. 786; Giesecke, Hermann, Zur Schulpolitik der Sozialdemokraten in Preußen und im Reich 1918/19, in: Vierteljahrshefte für Zeitgeschichte, Nr. 13 – 1965. Eingeschränkt nutzbar zur Schulpolitik Thüringens ist die Vorstellung von Paul Mitzenheim, Die Greilsche Schulreform in Thüringen. Die Aktionseinheit der Arbeiterparteien im Kampf um eine demokratische Einheitsschule in den Jahren der revolutionären Nachkriegskrise 1921 bis 1923, Diss.-Druck Jena 1965. Die Habilitationsschrift ist wohl quellennah, aber sehr parteiisch geschrieben.

Schulwesen würden, wären sie außerdem verbunden mit Schulgeld- und Lernmittelfreiheit sowie Erziehungsbeihilfen für wirtschaftlich schwächer gestellte Schüler, die Bildungschancen aller verbessern und insbesondere die „kulturelle Verkümmerung des platten Landes" aufheben.[62] Organisatorische Disproportionen – hier überfüllte Schulen, dort schwach besetzte Klassen – sowie entwicklungs- und lernpsychologische Unterschiede und Fehlleistungen wären auszugleichen. Kurzum: Der Minister stellte eine Schule vor, die, organisiert als Einheitsschule, alle bildungspolitischen Mängel und sozialen Ungerechtigkeiten der Vergangenheit beheben und die Forderung nach einer allgemeinen Schulbildung für alle bei einer durch Längs- und Querschnitte neu gegliederten Schule erfüllen könnte.

Dieser Einheitsschulplan der Regierung Frölich, Thema in der SPD seit dem Mannheimer Parteitag von 1906, war in den thüringischen Ländern in Vorformen seit der Revolution von 1918 diskutiert worden, besonders in Gotha, und hatte zu Anfang 1920 in dem damaligen thüringischen Volksrat als „Gesetz über die vorläufige Regelung des Volksschulwesens in Thüringen" erste Gestalt angenommen. Er war darüber hinaus wichtigstes schulpolitisches Thema der Weimarer Republik, in deren Verfassung die Gedanken Eingang gefunden hatten (Art. 142ff., bes. Art. 146). Im Vorgriff auf eine hier angekündigte – aber nie realisierte – Reichsgesetzgebung wollte das Staatsministerium Frölich seine Landeskulturhoheit nutzen. Es hatte aber auch seine ersten Leitsätze der Reichsregierung am 19. November 1921 bereits zur Stellungnahme vorgelegt. Von dort war der Entwurf am 14. Januar 1922 mit dem Bemerken zurückgekommen, er sei „für die Entwicklung des gesamten deutschen Schulwesens ... von wesentlicher Bedeutung"[63]. Dennoch erhitzte er die Gemüter der Parlamentarier wie der breiten Öffentlichkeit Thüringens, schärfte die Gegensätze, versteifte die Gegner, läutete einen schulpolitischen Kampf ein und gab Regierung wie Opposition über ein Jahr das Debattenthema vor.

Brill, seit dem 1. Oktober 1921 Vortragender Rat im Volksbildungsministerium und an der Konzeptualisierung der Greilschen Schulreform wesentlich beteiligt, wurde auch ihr hervorstechendster parlamentarischer Befürworter. Er übernahm es, dem Landtag am 28. Januar die Stellungnahme der Regierung und seiner Partei (USPD), deren Fraktionsvorsitzender er zugleich war, vorzutragen.[64] Dabei legte er deutlich jene (partei-)politischen Absichten offen, die dem Entwurf zugrunde lagen. Das traditionelle Schulsystem bilde in Volksschulen die Masse des Volkes nur soweit aus, „als zur Erfüllung der ökonomischen und gesellschaftlichen Funktionen eines Lohnarbeiters der kapitalistischen Gesellschaft unumgänglich" sei. In den höheren Schulen und Universitäten dagegen würden jene Funktionäre ausgebildet, die „für die Herrschaftsposition der Bourgeoisie in Verwaltung und Gerichtsbarkeit, Kirche und Heer, Industrie und Wissenschaft" gebraucht würden, um diese „gegen das Proletariat zu behaupten". Ein solches Vokabular war ganz der Ideologie der linken Sozialdemokratie angepaßt. Brill lobte den Gesetzentwurf, weil dieser „aus den gegenwärtigen Schulen als Abrichte- und Drillanstalten der bürgerlichen Gesellschaft Stätten des Eigenlebens der Jugend und der Erziehung zu freier Menschheit" machen werde. Er bezeichnete die vorliegenden schulorganisatorischen und bildungspolitischen Maßnahmen mit all ihren strukturellen und didaktischen Konsequenzen gleichzeitig aber nur als einen ersten Schritt, der dazu beitragen könne, das öffentliche Leben „im Sinne der Demokratie und des Sozialismus" umzuformen.

Die von Brill offengelegten grundsätzlichen politischen Implikationen des neuen Schulge-

---

62 Dieses Argument war insonderheit auf die Vertreter des Landbundes gezielt, die dem Gesetz in der dritten Lesung dann auch zustimmten.

63 So zit. von Greil vor dem Landtag am 14. 1. 1922, a.O. S. 1044.

64 ebd. S. 1136f.: Landtagsprotokoll 28. 1. 1922.

setzes wurden in dessen zweiter und dritter Lesung am 24. Februar 1922 vom kommunistischen Landtagsabgeordneten Neubauer, einem Studienrat, Schriftleiter des ‚Gothaer Volksblattes', durch bildungspolitische Aperçus unterstützt. Ausgehend von der inzwischen beim Gesetzgebungsausschuß des Landtags, dessen Vorsitzender Brill ebenfalls war, gesammelten Stellungnahmen Thüringer Schulen und der Öffentlichkeit, die der Ausschuß in vier Sitzungen bei der weiteren Beratung des Gesetzentwurfes beigezogen hatte, konzentrierte Neubauer seine Ausführungen auf den sich dabei herauskristallisierenden Kern der bildungspolitischen Diskussion, die zukünftige Rolle der humanistischen Gymnasien. Er suchte ironische Seitenhiebe anzubringen. Leicht gelang ihm dabei der in der politischen Linken besonders populäre Nachweis, daß Schüler humanistischer Gymnasien „28 Horaz-Oden, 250 Verse Homers" auswendig lernen und auf diese Weise „übelste Philologie, übelste Wortklauberei" betreiben müßten, aber mit dem Abitur die Schule nicht als Humanisten verließen. Gerhart Hauptmann, der später „ein sehr feines Organ für den Geist der Antike, für den Geist der humanistischen Bestrebungen" gehabt habe, habe schon in Quarta „sein Abitur gemacht". Was also leiste das humanistische Gymnasium? Nehme man den dort betriebenen Geschichtsunterricht noch hinzu, in dem nur Daten, Feldherren und Schlachtpläne vom Siebenjährigen Krieg bis 1870/71 gelehrt würden, so käme die ganze Praxisferne und politische Bedenklichkeit dieser Bildungsinhalte noch deutlicher zu Tage. Einmal in Fahrt, stieg Neubauer von der nicht erfahrenen humanistischen Bildung des Humanisten Hauptmann zu der erfahrenen humanistischen pommerscher Krautbauern herab. Manches Land, so sein Hinweis, zeige die verfehlte Wirkung humanistischer Gymnasien mit wünschenswerter Klarheit, so Pommern: „Die agrarische Provinz Pommern hat die meisten kleinen Gymnasien, wo die Söhne der Agrarier ihre humanistische Bildung für die spätere Rüben- und Kartoffelkultur erwerben." Das billige Bonmot, gänzlich am Bildungsinhalt der Gymnasien vorbeigehend, löste dennoch Heiterkeit im Thüringischen Landtag aus. Neubauer nutzte es, um den Gymnasien allein den Bildungsauftrag zu attestieren, „die Erben der herrschenden Klasse" zu züchten. Dieser standespolitische Charakter berechtige nun aber das Proletariat, ja fordere es geradezu heraus, selbst die Schulpolitik zu einer „Angelegenheit des Klassenkampfes zu machen". Man werde die alte Schule, die ein „Bollwerk" der Reaktion sein sollte, bewußt „unterhöhlen", um auf diesem Wege „eine Kultur auch für das Proletariat zu erschließen".[65]

Die rechte Opposition konnte die Annahme des Gesetzes über die Einführung der Einheitsschule in Thüringen nicht verhindern. Bei zehn Gegenstimmen wurde es am Abend des 24. Februar 1922 vom Landtag verabschiedet.[66] Es sah in seinem Kern eine religionsfreie Grund- oder Simultanschule für alle Schüler vor, darauf aufbauend für die Jahrgänge 5–7 die Unterschule, ihr folgend die Mittelschule (8–10), zum Abschluß die vierfach gegliederte Oberschule. Diese wandelte die Gymnasien alten Stils in Reformgymnasien um, die auf Sexta mit Englisch begannen, und ließ davon nachträglich nur drei Ausnahmen in Jena, Gotha und Weimar zu, wo Ostern 1922 je 40 Anmeldungen für Latein nachgewiesen werden konnten.

In der Graphik auf S. 79 wird das Einheitsschulgesetz vom 24. Februar 1922 dargestellt.

Die einschneidende Bedeutung dieses Gesetzes wurde noch vor seiner parlamentarischen Verabschiedung Ende Januar 1922 vom Vorstand des Thüringischen Lehrervereins zustimmend kommentiert. Dieser Kommentar, sofort abgedruckt in den meisten thüringischen Landeszeitungen, offenbart am schnellsten die politisch-sozialen, didaktischen und schulorga-

65 ebd. S. 1485ff.: Landtagsprotokoll 24. 2. 1922. In einer Präzisierung legte sich Minister Greil nicht auf eine Zusage an die Opposition fest, „daß auch lebensfähige Gymnasien dauernd aufrechterhalten werden können", lediglich sagte er zu, daß „die Umwandlung der alten humanistischen Gymnasien vielleicht noch hinausgeschoben" werde, ebd. S. 1491.
66 ebd. S. 1536.

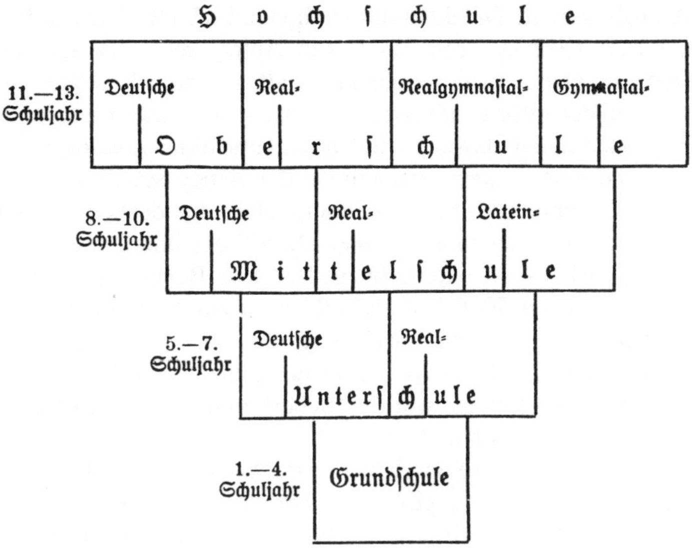

(Greilsche Schulreform)

nisatorischen Implikationen des Kernstücks der Greilschen Schulreform: „Der Entwurf bedeutet gegenüber der bestehenden Zersplitterung unseres öffentlichen Schulwesens eine wesentliche *Vereinfachung* und damit praktische Nutzbarmachung der Kräfte. Er macht es möglich, unser Bildungswesen auf *eine breite allgemeine Grundlage* zu stellen, die das notwendige, neuzeitliche Bildungsgut in den Vordergrund rückt, die Notwendigkeit der Berufswahl wohltätig hinausrückt, den ständischen Charakter des öffentlichen Schulwesens mit dem Bildungsvorrecht alter Bildungsmaßstäbe endlich beseitigt und den *Aufstieg* aller wirklich tüchtigen Elemente in unserem Volke erleichtert. Die geplante Umgestaltung wird einmal besonders denjenigen Volksschichten zugute kommen, die erfahrungsgemäß ihre *spärlichen Kapitalmittel* in einer *erhöhten Schulbildung* ihrer Kinder anlegten – sodann aber auch den *ländlichen Bevölkerungskreisen,* die bisher nur unter wesentlich erhöhten Opfern an den Gaben des höheren Schulwesens teilhaben konnten, und die nun viel leichter Anschluß an dieses höhere Bildungswesen finden. Der Entwurf bedeutet für unzählige Eltern, denen der Bildungsgang der Kinder heute soviel Sorge bereitet, eine *Erlösung*. Der Eindruck, den er auf das unbefangene Bildungsinteresse ausübt, ist um so erfreulicher, als er *an das Bestehende umsichtig anknüpft* und herkömmliche Anschauungen nicht mehr als notwendig verletzt. Möge er in der Thüringer Bevölkerung die Würdigung finden, die er in seiner Einfachheit, Klarheit, Entschiedenheit und Mäßigung verdient."

Auch nach der parlamentarischen Verabschiedung schrieb der Thüringer Lehrerverein am 8. März in der ‚Thüringischen Lehrerzeitung': „Somit ist nunmehr die Grundlage für eine Weiterentwicklung des Thüringer Schulwesens in dem Sinne, der der überragenden Mehrheit der deutschen Lehrerschaft schon seit zwei Menschenaltern als das Ideal der Schulorganisation gegolten hat, geschaffen; und wir begrüßen darin den ersten wesentlichen Erfolg des neuen Volksbildungsministers. Nun gilt es, auf dieser neuen Grundlage den stolzen Bau der ‚Einheitsschule' aufzurichten."

Bei der Ausführung der Greilschen Schulreform traf die Thüringische Landesregierung sofort weitere Maßnahmen, die Didaktik und Methodik des Unterrichts verbessern sollten. So brachte sie am 3. Mai 1922 den sehr modernen Antrag ein, eine Landeslichtbilderstelle einzurichten. Wiederum war es Brill, der ihn im Landtag vertrat. Er stellte auch dieses Thema in den Zusammenhang der reformpädagogischen Diskussion seiner Zeit und forderte konsequent, den Volksschulen und Volkshochschulen ein verstärktes bildungspolitisches Interesse zuzuwenden sowie die neue Unterrichtsmethode der Arbeitsschule durch das relativ neue Medium des Films zu fördern. Die Einrichtung einer Landeslichtbilderstelle wäre eine günstige institutionelle Voraussetzung, um über Mikroskope und Diaskope hinaus Filmapparate nicht mehr – wie bisher – als unterrichtsmethodische Bevorzugung Höherer Schulen zu nutzen, sondern gerade jenen 7000 Volksschulklassen zur Verfügung zu stellen, die es in Thüringen gebe. Brill wußte den didaktisch-methodischen Vorteil des Films richtig einzuschätzen, weil doch „die Darstellung von Lebensvorgängen, von Bewegungsvorgängen aus der Natur und von Arbeitsvorgängen, wie sie das bewegliche Lichtbild bietet, viel wertvoller ist, als das feste Lichtbild sein kann“.[67]

Natürlich, so gab der Redner seine eigenen Erfahrungen als Volksschüler zu bedenken, wäre der Vorteil des Films immer gesehen, aber didaktisch nach heutiger Sicht falsch eingesetzt worden, nämlich zur Affirmation eines falschen, jetzt überholten Zeitgeistes, des der Monarchie. So habe er selbst als Schüler in Ohrdruf und am Herzog-Ernst-Seminar in Gotha seine ersten Filme über Manöver der deutschen Flotte vor Helgoland oder Kaisermanöver bei Jüterbog oder auf dem Tempelhofer Feld in Berlin gesehen. Sein Kommentar dazu lautete jetzt: „So war es früher. Wir wünschen nicht, daß in dieser Sorte politischer Neutralität fortgefahren wird.“ Nicht der illustrativ vorgeführte Navalismus und Militarismus der Kaiserzeit, sondern ein der republikanischen Staatsform zugewandter und der neuen Unterrichtsmethode der Arbeitsschule verpflichteter heuristischer Umgang mit dem Medium Film schwebte dem in der Volksschulbildung weniger ausgewiesenen Praktiker, aber pädagogisch begabten Theoretiker und sozialistisch denkenden Politiker vor.

Einmal beim Gegenstand, forderte Brill beim Debattenthema „Landeslichtbilderstelle“ auch ein neues Nachdenken über das Fach Heimatkunde und dessen Unterrichtsmaterialien. Der Mangel dort sei offenkundig und die Klage berechtigt, „daß wir keine eigentliche thüringische Heimatkunde und Landeskunde besitzen“. Man lebe bei der pädagogischen und materiellen Unterrichtsgestaltung noch in der Tradition der thüringischen Kleinstaaterei vor dem 1. Mai 1920. Dabei böten landeseigene Institutionen wie die Geographische Anstalt Perthes in Gotha und Zeiss als optisches Werk in Jena sowie neue Aufnahmetechniken mit Flugzeug und Ballon für Luftbilder und andere kartographischen Werke beste Voraussetzungen, in Thüringen „das hervorragendste Anschauungsmittel für den erdkundlichen Unterricht“ zu schaffen.

Hier sprach außer dem für neue Medien und ihre didaktisch-methodische Anwendung interessierten Schulmann der erfahrene Ballonflieger des Weltkriegs, der diese 1917 für militärische Zwecke erlernte Technik jetzt für pädagogische nutzen wollte. In Verbindung mit dem wissenschaftlich-technischen know how eines Perthes und Zeiss wäre nicht nur der Erdkundeunterricht zu verbessern und zu modernisieren, sondern nach Brills Meinung „ganz allgemein der Volksaufklärung und Volksbildung“ auf die Sprünge zu helfen.[68]

67 ebd. S. 2251 f.: Landtagsprotokoll S. 5. 1922.

68 Die von den Vorstellungen der Arbeitsschule geprägten pädagogischen Grundüberzeugungen Brills, auch sein Bemühen, die breite Volksbildung zu heben, fanden in seiner Anschauung über das Bauhaus einen weiteren Niederschlag. Gelegentlich einer Diskussion des Landtags über Organisation und Betriebsführung des Bauhauses, in die am 16. 3. 1923 auch dessen Leiter Walter Gropius eingriff, ließ Brill seine grundsätzlichen Überzeugungen zum Bauhaus erkennen. Für

Ebenfalls in Ausführung der Greilschen Schulreform ging es am 4. Mai im Thüringischen Landtag um die Anstellung neuer Lehrer für die Gemeinschaftsschulen; das bereitzustellende Etatvolumen betrug 10 Mill. Mark. Brill nahm auch dazu das Wort. Er unterstützte für seine Partei das Verlangen der Regierung, die „überfüllten Klassen in den wenig gegliederten Schulen auf dem Lande" zu verkleinern und dadurch auch zu differenzieren sowie dort und besonders in den Städten Hilfsschulklassen einzurichten.[69] Ihm ging es darum, „den außerordentlichen Tiefstand des ländlichen Bildungswesens" zu beseitigen. Das hieß für ihn auch, die gerade auf dem Land ansässigen Zwergschulen zu schließen und in den Verband einer „leistungsfähigen Elementarschule" einzugliedern. Der heutige Begriff der Mittelpunktschule war noch nicht geläufig, aber in der Sache gedacht, wenn Brill davon sprach, „für den Verband der Gemeinden dann eine leistungsfähige Unter- und Mittelschule auf dem Lande" zu schaffen.

Brill, hier wie in der vorangegangenen Landtagsdebatte am 3. Mai Anwalt eines materiell, personell und räumlich zu verbessernden sowie pädagogisch zu reformierenden Volksschul- und Volksbildungswesens auch im ländlichen Raum, offenbarte in diesem Zusammenhang über die Schule hinausführende bildungspolitische Absichten. Eine Konsequenz der Greilschen Schulreform war die universitäre Lehrerbildung. Die thüringische Landesregierung wollte diese an ihrer Landesuniversität in Jena einrichten. Gelegentlich der Debatte über den Haushalt 1921 wurde das Thema im Parlament am 21. Juni 1922 aufgeworfen. Dabei verband die Regierung zwei Vorstellungen miteinander, die nicht in einer sachlichen Beziehung zueinander standen, wohl aber für die Regierung in einer politischen. Sie wollte die mit fünf ordentlichen Professoren bei 60 Studierenden personell überbesetzte und ihr politisch nicht genehme Theologische Fakultät der Universität Jena (Greil: „eine ausgesprochene konfessionell-evangelische theologische Fakultät") reduzieren und wissenschaftlich neu orientieren auf ein „Studium der vergleichenden Religionswissenschaft auf objektiver Grundlage". Die freiwerdenden Kapazitäten wollte sie für die Einrichtung einer Fakultät für Lehrerbildung und einen neuen Lehrstuhl für Soziologie nutzen. Der Abgeordnete Tenner, Fraktionsvorsitzender

---

ihn war es keine „Zelle des Kommunismus", keine „ausgesprochen sozialistische Parteiangelegenheit", was die Rechten in den expressionistischen Kunsttätigkeiten des Bauhauses sehen zu müssen glaubten (Gropius verwahrte sich dagegen, „daß das Bauhaus eine Vereinigung von unpraktischen Idealisten und Schiebern" sei, a.O. S. 4375f.). Brill erklärte weiter: „Wir beurteilen das Bauhaus kulturpolitisch und künstlerisch als eine Erscheinung der Übergangszeit zu der sozialistischen Periode, in der wir stehen. Wir hoffen, daß das Gute, was das Bauhaus bietet, insbesondere in seinem Zurückgehen auf das Handwerk, in dieser Übergangszeit dazu geeignet ist, unsere Industrie und Bauwirtschaft mit neuen kulturellen Ideen zu befruchten und so unsere Industrie und Bauwirtschaft auf ein höheres kulturelles Niveau zu heben, als wir es gegenwärtig haben. Wir sehen in der kulturellen Erscheinung des Bauhauses eine tiefe soziologische Kausalität: wo die Industrie aus ökonomischen Erwägungen heraus sich in ihrer Produktion mehr und mehr umstellt auf den Prozeß der Normierung und Typisierung, genau in dem gleichen Zeitpunkte kommt das Bauhaus aus anderen Gesichtspunkten zu ähnlichen Ergebnissen und liefert der Industrie das notwendige künstlerische Rüstzeug. Mehr sehen wir nicht darin." Diese Bemerkung Brills läßt fragen, ob der kühne intellektuell-künstlerische Wurf des Bauhauses, immerhin ein Teil in dem „neuen perikleischen Zeitalter" (Alfred Kerr) der frühen 20er Jahre der Weimarer Republik, von Brill richtig verstanden wurde. Zwar wurde der Bauhaustil vorgeformt in der Industriekultur des beginnenden 20. Jahrhunderts mit Behrens' Turbinenhalle und Hermann Mutesius' Telefunkenstation in Nauen, aber Brills Bemühung, die neue Kunstrichtung des Bauhauses sozialistisch realistisch zu proletarisieren und seines elitären Charakters zu entkleiden, war wohl eher unrealistisch angesichts der Tatsache, daß die Masse sich mehr für Karl May und Hedwig Courths-Maler interessierte als für Gerhart Hauptmann oder die Gebrüder Mann, allenfalls noch für Hermann Löns und Georg Fock. Es spricht allerdings für den Kunstsinn des Staatsministeriums Frölich, daß es nach einem Beschluß vom 2. 1. 1922 das Bauhaus damit beauftragte, die Geschäftsschilder der Thüringischen Ministerien und Behörden zu entwerfen. Die für die Ministerien sollten eine Größe von 50 × 60 cm haben, die der Standesämter von 24 × 30 cm und die aller übrigen Behörden von 30 × 36 cm; der Stückpreis sollte 100 Mark betragen, HStA Weimar Thür. Staatsmin. Präs.-Abtlg. Nr. 54: Kabinettsprotokoll vom 2. 1. 1922.

69 Sten. Ber. II. Landtag 4. 5. 1922, S. 2271. Es gab in Thüringen auf dem Lande zum Teil unhaltbare Schulsituationen; so unterrichteten häufig weniger als 10 Lehrer mehr als 400 Schüler in 5–6 Räumen, ebd. S. 2272.

der KPD, schlug vor, gleich vier der fünf Ordinariate zu streichen. Brill ging da noch weiter; er meinte, „daß die Theologische Fakultät vollkommen überflüssig sei", da „historisch und wissenschaftlich überholt". Die Kirche solle selbst für die Ausbildung ihrer Lehrer sorgen, dem Staat sei die Soziologie wichtiger.[70]

Mit diesem radikalen Plädoyer, in seinen Ideen Max Weber nahe, knüpfte der jetzt 27jährige Freidenker Brill an Gedanken an, die er bei der Abschaffung des Reformations- sowie des Bußtages im Thüringischen Landtag vorgestellt hatte, die in ihm während des Krieges gereift und während der Gothaer Revolutionsphase vorformuliert waren. Brill wollte die Trennung von Staat und Kirche strikt durchgeführt sehen und die freiwerdenden Finanzmittel des Staates für die bildungspolitische Moderne, für universitäre Lehrerbildung und Soziologie, bündeln. Daß er diese vernünftigen und zukunftsweisenden Ideen mit vehementen Angriffen gegen die Kirche paarte, mag ein Makel sein; er war davon seit den Erlebnissen in der Kindheit berührt. Hier sprach sich nur die konsequente Anwendung aus. Sie war der Form nach vom politisch-parlamentarischen Streit mitbestimmt, vom Inhalt her ist sie zu würdigen.

Offensiv hat Brill jene „Richtlinien für die Mitwirkung der Schulen und Hochschulen zum Schutz der Republik" mitgetragen, die auf einer Konferenz der Unterrichtsminister der deutschen Länder mit dem Reichsministerium des Innern am 19. Juli 1922 vereinbart worden waren. Ihr Inhalt betraf Lehrbücher der Geschichte, Schülerbüchereien, den Staatsbürgerlichen Unterricht, Lehrpläne, Lehrerausbildung, Beamtenpflichten der Lehrer, Schülervereinigungen, Wandschmuck und die Ausgestaltung von Schulfeiern. Als Grundsatz sollte gelten: „Es muß der Schule gelingen, die Jugend aus der väterländischen Not der politischen Zerrissenheit und dem wirtschaftlichen Druck innerlich zu befreien und sie auf Grund der hohen Überlieferung deutscher Kultur zu dem Ideal des auf Selbstverantwortung und Hingabe an die Gemeinschaft beruhenden Volksstaates zu führen."

Das war genau die Perspektive jener politischen Didaktik, die Brill aus dem Krieg mitgebracht hatte. Deswegen trug er die Verordnung der Thüringischen Landesregierung am 11. August 1922 mit, in der Maßnahmen zur Durchführung der Richtlinien aller deutschen Unterrichtsminister vom 19. Juli getroffen wurden. Thüringen blieb dabei im Kontext seiner Schulpolitik. Man verbot Schülern die Teilnahme an antirepublikanischen Vereinigungen, auch das Tragen entsprechender Abzeichen, etwa schwarz-weiß-roter Schülermützen, und machte es den Schulaufsichtsbehörden zur Pflicht, Verstöße sofort zu melden. Lehrern, die Zweifel an ihrer republikanischen Gesinnung aufkommen ließen, sollte vornehmlich der Geschichtsunterricht entzogen werden. In diesem Fach war auch das Singen monarchistischer Lieder verboten, „aber auch das Einüben und Singen von Liedern, die von den Gegnern der Republik bei monarchistischen Kundgebungen in herausfordernder Weise als politische Kampf- und Trutzlieder mißbraucht werden", war zu unterlassen. „Im Deutschunterricht", so hieß es in der von Brill entworfenen Verordnung vom 11. August 1922, „hat die Behandlung

---

70 ebd. S. 2542: Landtagsprotokoll 21. 6. 1922. Das Ministerium Greil ernannte für die neu errichtete Erziehungswissenschaftliche Abteilung an der Universität Jena die Dozenten Peter Petersen, Strecker, Peters, Anna Siemsen und Mathilde Vaerting. Die Vorschlagsliste der Philosophischen Fakultät „mit Namen, die einen wissenschaftlichen Klang hatten", blieb unberücksichtigt, vgl. ‚Thüringer Lehrerzeitung' Nr. 1/1924, in der der Geschäftsführende Ausschuß des Thüringer Lehrervereins schrieb: „Dagegen ist von den fünf bisher tätigen Herren und Damen festzustellen, daß sie sämtlich auf dem Boden kommunistischer oder sozialistischer Weltanschauung stehen . . ., daß sie in der Qualität ihrer bis jetzt sichtbaren Leistungen eine augenfällige Unterschiedlichkeit zeigen . . ., daß die neuen Dozenten augenscheinlich die Aufgabe (!) haben, auf proletarischen Erziehertagen aufklärend zu wirken . . . Glauben die Herren im Volksbildungsministerium wirklich, daß eine bürgerliche Mehrheit des Volkes oder Parlamentes eine Lehrerbildung dulden werde, die nur von den Idealen einer proletarischen Klassenerziehung getragen ist?"
Die im Text folgenden Zitate in: Witzmann, Thüringen von 1919–1933, S. 86f.

von Lesestücken, die der Verherrlichung der Monarchie und des Krieges dienen, die nationalistischen und militärischen Charakter tragen und dem Geiste der Völkerversöhnung widersprechen, künftig zu unterbleiben. Insbesondere ist auch bei der Auswahl der zu lernenden Gedichte jede monarchistische, nationalistische und militärische Tendenz zu vermeiden."

Diesen inhaltlichen Ausgestaltungen der Greilschen Schulreform, die tief in die Tradition der politischen Didaktik Thüringens eingriffen, waren im Sommer 1922 noch zwei organisatorische vorausgegangen, das Schulunterhaltungsgesetz und das Lehrerbildungsgesetz, beide am 8. Juli 1922 verabschiedet. Das erstere legte u. a. fest, daß in der Grundschule 1 Lehrkraft auf 40 Schüler kam, das zweite verlegte die Volksschullehrerausbildung aus den Seminaren an die Universität Jena. Den Abschluß der Schulreform setzte am 9. Mai 1923 das von Brill nicht mitgetragene Schulverwaltungsgesetz. Nach ihm wurden alle öffentlichen Schulen einer einheitlichen Verwaltung unterstellt. In der mittleren Schulverwaltungsebene (Schulamt) arbeiteten vom 1. Oktober 1923 an Schulräte für Volks-, Berufs- und Höhere Schulen neben- und miteinander. Elternbeiräte, Lehrerkollegium und Ortsschulverband erhielten das Recht, dem Ministerium den Schulleiter zur Ernennung auf drei Jahre vorzuschlagen („Wiederwahl ist zulässig"). Der Schulleiter war nicht Vorgesetzter der Lehrer, sondern führte die Konferenzbeschlüsse aus. Damit war der Programmpunkt des Deutschen Lehrervereins erfüllt: „Die Schulverwaltung ist nach den Grundsätzen der Selbstverwaltung einheitlich für alle Schulgattungen zu gestalten." Mit diesen inhaltlichen und organisatorischen Bestimmungen hat die Greilsche Schulreform, die große schulgeschichtliche Initiative Thüringens unter der Regierung Frölich, allerdings nur bis zur nachfolgenden Regierung Leutheusser bestanden, die sie im Frühjahr 1924 in wesentlichen Punkten wiederaufhob.

1.4 Thüringen – ein Albanien in Deutschland? Die Verschärfung der innenpolitischen Gegensätze 1922 und der erste kommunistische Angriff gegen Brill

Die bildungspolitische Diskussion über die Greilsche Schulreform im Weimarer Landtag und in der thüringischen Presse sowie ihre schulpraktische Umsetzung hatten mit Beginn des Jahres 1922 die Konfrontation der politischen Kräfte Thüringens deutlicher wahrnehmbar werden lassen. Den Anlaß hatte die Linke geboten. Im Frühjahr 1922 verschärfte sich der Konflikt; jetzt gab die andere Seite dazu den Anstoß. Der Jungdeutsche Orden, einer jener zahlreichen paramilitärisch geführten Verbände auf der politischen Rechten[71], veranstaltete am 11. März 1922 eine Demonstration seiner Präsenz und Kraft in Gotha. Termin und Ort waren mit Bedacht gewählt. Der ursprünglich für den Herbst 1921 geplante Thüringische Ordenstag war auf das folgende Frühjahr verlegt worden, auf den 11. März, einen Samstag, an dem sich leicht eine politische Parallele zum Kapp-Putsch vom 13. März 1920 herstellen ließ. Nur historisch unsensible Zeitgenossen mochten diese Symbolkraft übersehen; im roten Gotha, einer Hochburg des thüringischen Proletariats, wo es im März 1920 sogar eine Filiale des Berliner Kapp-Putsches gegeben hatte[72], wurde die Koinzidenz als gewollte Provokation begriffen.

---

71 In Thüringen traten neben- und auch nacheinander in den 20er Jahren etwa 10 verschiedene rechtsorientierte Verbände auf.

72 Zu den Vorgängen vgl. die Akten in HStA Weimar Thür. Staatsmin. Präs.-Abtl. Nr. 93. Den Anlaß des Gothaer Kapp-Putsches gab der eigenmächtige Beitritt des Generalmajors Hagenberg, des Befehlshabers der Reichswehrbrigade 16 in Ost-Thüringen/Merseburg, zum Kapp-Lütwitz-Putsch. Daraufhin organisierten in den thüringischen Industrieorten USPD und KPD, vereinzelt auch SPD, den Generalstreik und Volkswehren, so in Weimar, Jena, Gera, Greiz, Erfurt,

Demzufolge kam es in den Märztagen des Jahres 1922 zu gewalttätigen Übergriffen beim sog. „Morgenappell" des Jungdeutschen Ordens; „mit Steinen, Flaschen, schweren Knüppeln, Stockdegen, Spiralfedern und Stöcken mit Bleikugeln, Schrauben, Eisenstäben" wurde auf den Zug geworfen, „meist aus dem Hinterhalt". Pistolen wurden gefunden. Empört registrierte der Abgeordnete Krüger (DDP) vor dem Landtag am 4. April 1922: „Sogar mit Benzin ist geschossen worden."[73]

Innenminister Hermann, der in der Nacht zum 2. März ein Verbot für Demonstrationen unter freiem Himmel ausgesprochen und zusätzlich zur kommunalen Polizei (den Blauen) 200 Mann Landespolizei (die Grünen) nach Gotha geschickt hatte, mußte sich heftiger Vorwürfe der rechten Parteien erwehren, in der „Schlacht in Gotha" gegen rechte Demonstranten hart, gegen linke duldend vorgegangen zu sein. Die Grundsatzdebatte des Landtags am 4. April brachte die Konfrontation beider politischer Lager zum Ausdruck. Der Abgeordnete Herfurth (DNVP), selbst ein Mitglied des Jungdeutschen Ordens und Oberbürgermeister in Gera, sah „grundsätzliche Unterschiede der Weltanschauung und Staatsauffassung, die in Gotha zum Ausdruck gekommen sind"[74]: hier Volksgemeinschaft und Vaterland, dort Klassenkampf und Internationalismus. „Treu deutsch", diesen Begrüßungsruf der sich durch ein schwarzes Johanniter-Kreuz auf weißem Grund kenntlich machenden Mitglieder des Jungdeutschen Ordens, für Herfurth der „Morgengruß einer neuen Zeit", interpretierte die Linke als reaktionäre Parole. Sie hatte in Gotha am 11. und 12. März mit dem Ruf geantwortet: „Nieder mit dem bürgerlichen Klassenstaat. Es lebe das proletarische Rußland."[75]

Als die Landtagsdiskussion, rechts wie links, immer deutlicher die Vorfälle von Gotha, zu denen auch eine Demonstrationswiederholung am 19. März 1922 gehörte, an jenem Tag, an dem vor zwei Jahren die Gothaer ihre Toten des Kapp-Putsches begraben hatten, als „ein typisches Beispiel" für die politischen Verhältnisse in Thüringen artikulierte – Brill hielt keine Rede, gab aber mehrfach seiner politischen Auffassung durch gezielte Zwischenrufe Ausdruck –, griff Staatsminister Frölich in die Debatte ein. Er unterstellte den Rednern, denen der Rechten mehr als denen der Linken, die Absicht, „Thüringen als das Albanien in Deutschland hinzustellen und in Verruf zu bringen".[76] Der Vergleich zielte auf das Verhalten Albaniens im Weltkrieg, teils für, teils gegen die Entente gekämpft zu haben. Auf die Verhältnisse in Thüringen bezogen, markierte der Staatsminister damit die durch die beiden ersten thüringischen Landtagswahlen schon offenbar gewordene, durch die Vorfälle in Gotha nur bestätigte Existenz zweier nahezu gleich starker politischer Lager im Lande, die sich im Kampf gegeneinander profilierten und so wechselseitig die noch nicht erreichte innenpolitische Stabilität Thüringens erschwerten.

Tenner, Fraktionsvorsitzender der KPD, ohne Zweifel das stärkste rhetorisch-demagogi-

---

Mühlhausen, Gotha und Sonneberg. Militärisches Zentrum einer sog. „Volkswehrarmee" war der Truppenübungsplatz Ohrdruf bei Gotha, politisches Zentrum war Gotha selbst. Hier erklärten die drei Volksbeauftragten Grabow, Schauder und Tenner am 13. 3. 1920: „Es gibt keine Reichsregierung mehr! ... Die Landesregierung der Republik Gotha ... übernimmt für ihr Staatsgebiet die gesamte öffentliche Gewalt." Entsprechend bildeten USPD und KPD in Wiederaufnahme der politischen Aktionen vom November 1918 am 14. 3. 1920 ein „Revolutionäres Rätesystem". Dieses hob fünf Tage später die sieben Grundrechtsartikel der Weimarer Reichsverfassung gemäß Art. 46 Abs. 4 auf. Eingreifende Reichswehrverbände erreichen bis Ende März 1920 die Wiederherstellung der Ausgangslage; vgl. dazu auch Huber, Deutsche Verfassungsgeschichte, Bd. 7, S. 118ff.

73 Sten. Ber. II. Landtag 4. 4. 1922, S. 1819: Die im folgenden Text ausgeführten Einzelheiten des Gothaer Demonstrationstags kamen in dieser Landtagssitzung zur Sprache, ebd. S. 1815–1889.

74 ebd. S. 1838.

75 So lautete auch das Motto eines im März 1922 von der KPD ebenfalls in Gotha veranstalteten internationalen Frauentages, ebd. S. 1847.

76 ebd. S. 1837.

sche Talent des Landtags, nutzte die Freiheit seiner Partei. Einerseits unterstützte er die von der SPD/USPD gestellte Regierung in ihrem Abwehrkampf gegen die Vorwürfe von rechts, andererseits aber leitete er aus der von ihm so genannten „Orgesch-Provokation in Gotha" weiterreichende politische Perspektiven ab. „Die Ereignisse in Gotha sind keine kommunistische Angelegenheit..., sondern eine rein proletarische Sache, eine Sache des kämpfenden Proletariats."[77] Das war der erkennbare Ruf nach der proletarischen Einheitsfront, die sich, so Tenners politisches Bekenntnis, „im Kampf gegen die Blutsauger, gegen die Kartoffel- und Brotwucherer, gegen die ganze Ausbeutung, gegen die ganze Verelendung und die Machenschaften der Reaktion" bilde. Nicht genug an dem. Thüringen offenbare in Vorfällen wie denen von Gotha nur „Erscheinungen, die sich in ganz Deutschland zeigen".

Damit war die kommunistische Strategie ausgesprochen, mit Hilfe der thüringischen Arbeiter die Einheitsfront zwischen Sozialdemokraten und Kommunisten hergestellt zu sehen und das Land so zur revolutionären Vorhut im Reich zu machen. Das waren viel weiterreichende Intentionen, als sie der Abgeordnete Witzmann bei Tenner vermutete, dem er nachsagte, „heute wieder einmal zum soundsovielten Male den Kapp-Hengst geritten" zu haben.[78] Das war auch mehr, als der Vergleich mit den albanischen Verhältnissen im Weltkrieg hergab, die Frölich wie ein Menetekel warnend an die Wände des Weimarer Plenarsaales geschrieben hatte. Das war der Versuch der KPD, in Thüringen den Weg zur Revolution mit Hilfe der proletarischen Einheitsfront zu beschreiten, wobei noch nicht zwischen einer Einheitsfront von unten und einer von oben unterschieden wurde.

Zu dieser politischen Absicht paßte, daß besonders Tenner eine Gesetzesvorlage der Regierung vom 25. April 1922 unterstützte, nach der der 1. Mai zum gesetzlichen Feiertag erhoben wurde und zwar jetzt zum „gemeinsamen Festtag der Arbeiter aller Länder"[79]. So hatte ihn ein internationaler Arbeiterkongreß in Paris erstmals zum 1. Mai 1890 beschlossen. In Thüringen war er seit 1920 als Gründungstag des Landes gefeiert worden. Die inhaltliche Umwidmung war politisch progressiv, gab es doch in Deutschland dafür noch keine Tradition. Wohl lagen bereits Präzedenzfälle vor, so die Umzüge zum 1. Mai 1913 in den damaligen sozialdemokratischen Hochburgen Berlin und Hamburg, oder der Beschluß des „Rates der Volksbeauftragten" vom November 1918 und die diesem folgende Entscheidung der Weimarer Nationalversammlung singulär für den 1. Mai 1919.

Tenner griff diese Einzelglieder auf und drängte das Land Thüringen in die politische Initiative. Nicht der Sedanstag, Kaisers Geburtstag, der Bußtag oder das Reformationsfest seien als staatliche Feiertage zu bedenken. „Alle diese Feste", so seine politische Version, „sind von der herrschenden Klasse eingerichtet worden und zwar nicht zur Befreiung der Unterdrückten, sondern gerade, um sie noch mehr zu knechten." Allein der 1. Mai habe als demonstrativer Kampftag für die Ideen der Volksversöhnung, des Weltfriedens und als Ausdruck der Forderung nach einem 8-Stunden-Tag Anspruch auf den Feiertagsschutz des Staates. „Ein historischer Akt" sei jetzt vom Landtag zu vollziehen, dem Maifeiertag wohne auch wegen seines in die Mythologie eingebundenen Charakters als Frühlingsfest symbolische Kraft inne: „Der 1. Mai eignet sich sehr gut als Feiertag für die Proletarier: hoffentlich nehmen sie auch bald Knüppel, um die bösen Geister der Unterdrückung, der Ausbeutung und der

77 ebd. S. 1849 bzw. 1857. Mit Orgesch, hier auf den Jungdeutschen Orden bezogen, war die Organisation Escherich gemeint, die Georg Escherich am 9. 5. 1920 in Regensburg gegründet hatte. Inzwischen war der Begriff im Sinne eines erweiterten Faschismusbegriffes auf alle unter dem Einfluß von Großindustrie und Großgrundbesitz stehenden Nachfolgeorganisationen übertragen worden, auch auf Vaterländische und Soldatenverbände.

78 ebd. S. 1863.

79 ebd. S. 2019ff.: Landtagsprotokoll 25. 4. 1922.

Kriegshetze für immer zu vertreiben.“ Das war die mit Hilfe eines Symbols ausgesprochene Bereitschaft des Kommunisten Tenner, in Thüringen die politischen Verhältnisse auf eine Revolution hinzutreiben.

Die Gothaer Demonstration des Jungdeutschen Ordens am 11. und 19. März, dazu die parlamentarische Aufarbeitung im Landtag am 4. April, verbunden mit der Beschlußfassung zum Maifeiertag signalisierten eine sich verschärfende Frontstellung der innenpolitischen Kräfte in Thüringen. Davon scheinbar unberührt beschritt das Staatsministerium seinen Kurs des sozialistischen Wandels weiter. Es verabschiedete am 11. April den Entwurf eines Staatsbeamtengesetzes, das später, am 13./14. März 1923, in dritter Lesung verabschiedet wurde, und den eines Lehrerbildungsgesetzes. An beiden Entwürfen hatte Brill maßgeblich mitgearbeitet.[80] Er veröffentlichte zu den in diese Gesetzentwürfe eingeflossenen politischen Grundgedanken mehrere Artikel. Besonders beachtet wurde im Sommer 1922 sein Aufsatz in den ‚Blättern der Volkshochschule Thüringen‘. Sein politisches und damit auch bildungspolitisches Credo faßte der Lehrer, der mit zunehmender Deutlichkeit am Staats- und Verfassungsrecht interessierte Beamte und Parlamentarier Brill dabei in den Sätzen zusammen: „Der moderne Verfassungsstaat ordnet die Schicksale der Gesellschaft auf der Grundlage der politischen Demokratie. Die parlamentarische Regierung verkörpert eine Staatsgewalt, die in erster Linie auf der politischen Organisation des Volkes und damit auf seiner Einsicht und seinem Willen beruht. Staatsbürgerliche Bildung ist deswegen eine unerläßliche Voraussetzung der Republik, politische Kultur die Gewähr für ihren endlichen Bestand.“[81]

Dieses betont republikanische Bekenntnis zeigt einen Wandel im politischen Denken Hermann Brills an. In Gotha war er als 24jähriger mit der Selbsteinschätzung in die politische Arena getreten, „unverhohlen für die Diktatur des Proletariats als Staatsform“ einzutreten. Folglich hatte er sich in den dortigen parlamentarischen Debatten als „ein unbedingter Verfechter der reinen Räterepublik“ vorgestellt.[82] Drei Jahre später legte er diesen Radikalismus ab. Als Gothaer USPD-Abgeordneter war er nicht wie andere, z. B. Albin Tenner und Otto Geithner, in die KPD gegangen, sondern schon vor dem 24. September 1922, dem Datum der Wiedervereinigung von USPD und SPD, in die SPD seines Vaters Michael Brill zurückgekehrt. Als Ministerialbeamter und Mitglied des Staatsministeriums Frölich trat er nun mehr und mehr in die republikanische Offensive. Die von ihm in Konzeption und Durchführung 1921/22 mitgetragene Schulpolitik der Landesregierung deutete das bereits an, die 1922 beginnende Auseinandersetzung mit rechts- und linksradikalen Kräften bewies es.

Als am 24. Juni 1922 die Mordserie zu Beginn der Weimarer Republik mit dem tödlichen Attentat auf Reichsaußenminister Walther Rathenau ihren unrühmlichen Höhepunkt erreichte[83] und der thüringische Landtag vier Tage später darüber debattierte, trat Brill als Vertreter der Regierung in einer großangelegten Rede für den Schutz der Republik und ihrer Verfassung ein, natürlich auch für die in Art. 165 RV in Aussicht gestellten sozialpolitischen Rechte der Arbeiterklasse. Er wußte um die gesellschaftspolitischen Hemmnisse der jungen Republik und forderte eine ihrer Verfassung und ihrem Geist entsprechende allgemeine „Umstellung der Staatsorgane, insbesondere von Militär und Polizei, von Verwaltung und Justiz“. Sein Plädoyer galt nun ganz und gar nicht wie drei Jahre zuvor in Gotha der

---

80 HStA Weimar Thür. Staatsmin. Präs.-Abtlg. Nr. 54.

81 Zit. in: Neubauer, Von Marx bis Brill. Die Staatsideologie unserer Regierungssozialisten, in: ‚Gothaer Volksblatt‘ 3. 8. 1922. Die ‚Blätter der Volkshochschule Thüringen‘ ließen sich archivalisch nicht nachweisen.

82 Verhandlungen der Landesversammlung für den Staat Gotha 1919 bis 1922, S. 196: Protokoll der Sitzung vom 1. 10. 1919.

83 Vgl. dazu Hagen Schulze, Weimar, S. 238 ff.

Abschaffung der parlamentarischen Republik, was schon jetzt erkennbar die thüringische KPD forderte, vielmehr der „Sicherung der Republik", aber auch einem „politischen Klassenkampf", der „zum Ziele des Sozialismus" führe.[84] Dies waren die ersten Versuche Brills um eine Definition des Begriffs vom demokratischen Sozialismus. Im Staatsbeamtengesetz und Lehrerbildungsgesetz des Landes Thüringen sah er Ausformungen dieses politischen Willens der sozialistischen Regierung Frölich.

Zwei Tage später, am 30. Juni, trug er weitere Konsequenzen dieser politischen Haltung vor. Zusammen mit der Regierung, die sich nominell immer noch aus der in SPD und USPD gespaltenen Sozialdemokratie zusammensetze, und der KPD stimmte er für die Entschließung, „in Thüringen die Landespolizei, Verwaltung und Schulen von allen verfassungsfeindlichen Elementen zu reinigen".[85] Dem Kommunisten Tenner war die Verordnung nicht weit genug gegangen. Im Blick auf Vorfälle am Gothaer Gymnasium, wo das sog. Erhardt-Lied, eine platte Stammtischlyrik der radikalen Rechten, gesungen worden sei („Haut immer feste auf den Wirth, /Haut seinen Schädel, daß es klirrt. /Auch Rathenau, der Walther /Erreicht kein hohes Alter. /Knallt ab den Walther Rathenau /Die gottverdammte Judensau!"[86]), glaubte er verallgemeinern zu können: „Unsere höheren Schulen und die Universität sind nach wie vor die schlimmsten Brutstätten der monarchistischen Verhetzung."[87] Einer entsprechenden Interpellation der Fraktion der KPD im Landtag folgte das Staatsministerium, indem es am 10. Juli beschloß, antirepublikanisch gesinnte Angehörige „der Landespolizei, unter der Lehrerschaft und ganz allgemein bei den Beamten" aus dem Dienst zu entlassen. Darüber hinaus sollten „Wahrzeichen des monarchischen Systems . . . restlos beseitigt werden". Das betraf, wie eine Ausführungsbestimmung festhielt, Herrscherbilder „der letzten Generation", die aus allen Diensträumen zu entfernen waren.[88]

Diese Maßnahmen wurden von Brill in Legislative und Exekutive mitgetragen, waren von ihm als dem Vortragenden Rat im Volksbildungsministerium sehr wesentlich in den Entwür-

---

84 Sten. Ber. II. Landtag 28. 6. 1922, S. 2674ff.: Landtagsprotokoll 28. 6. 1922.

85 ebd. S. 2899: Landtagsprotokoll 30. 6. 1922.

86 Der aggressive Spottvers nannte den Parteilosen, aber der DDP nahestehenden Rathenau, einen ungetauften Juden von geistigem Format, zusammen mit dem linksstehenden Wirth. Dieser benannte bei der Reichstagsdebatte am 24. 6. 1922, unmittelbar nach dem am Morgen erfolgten Mord an Rathenau, gegenüber Hilferding den Feind: „Da steht der Feind, der sein Gift in die Wunden eines Volkes träufelt. Da steht der Feind – und darüber ist kein Zweifel: dieser Feind steht rechts." Vgl. M. Freund, Der Feind steht rechts, in: Gegenwart 11/1956.

87 Sten. Ber. II. Landtag, S. 2899. Volksbildungsminister Greil machte kurze Zeit später auf persönliche Initiative, wie er im Jahr danach bekannte, den Volksschullehrer Tenner zu einem der 32 Schulräte, die es in Thüringen im Sommer 1922 gab. Als Rechtfertigung führte er dazu vor dem Landtag an, Tenner habe den Willen bekundet, „das Schulwesen im Sinne der Arbeitsschule umzugestalten", Sten. Ber. III S. 3993f.: Landtagsprotokoll 9. 2. 1923. Im Zusammenhang mit der Ernennung Tenners steht ein Aufruf Greils vom 11. August 1922: „Monarchisten, die sich nicht auf den Boden der gegebenen Tatsachen stellen, kommen für leitende Stellen nicht in Betracht . . . Künftig wird kein Schulaufsichtsbeamter ernannt und kein Schulleiter bestätigt werden können, der nicht die unbedingte Gewähr dafür bietet, daß er als überzeugter Republikaner imstande ist, positiv im Sinne der republikanischen Staatsgedanken innerhalb der Schule zu wirken. Schulaufsichtsbeamten und Schulleitern, die diese Gewähr nicht bieten, wird die weitere Ausübung ihrer Schulaufsicht und Schulleitungstätigkeit entzogen werden müssen . . . Die Staatsnotwendigkeit, d. h. der Zwang der Republikanisierung der gesamten Schulverwaltung steht über der Rücksichtnahme auf einzelne Persönlichkeiten." (HStA Weimar Thür. Min. für Volksbildung Nr. 1051.) In der Konsequenz dieses Aufrufs und begleitender Verordnungen des Thüringischen Volksbildungsministeriums kam es zu Strafversetzungen, Absetzungen oder dazu, daß einzelnen Lehrern der besonders sensible Unterricht im Fach Geschichte entzogen wurde. Alle Beamte, die Lehrer darin eingeschlossen, mußten einen Revers unterschreiben, „ob sie nach Inkrafttreten der Reichsverfassung einer im Land Thüringen verbotenen Vereinigung (Deutsch-Völkischer-Schutz- und Trotzbund und Deutsch-Völkische Jugend, Bund der Aufrechten, Alldeutscher Verband, Verband national gesinnter Soldaten, Stahlhelm, Bund der Frontsoldaten, Jungsturm, Jungdeutscher Orden, Hochschulring deutscher Art, Germanenorden, Nationalsozialistische Deutsche Arbeiterpartei) oder einer anderen Vereinigung angehört haben oder noch angehören, die an die Stelle einer verbotenen Vereinigung getreten ist oder monarchistische und antirepublikanische Ziele verfolgt." (ebd.)

88 HStA Weimar Thür. Staatsmin. Präs.-Abtlg. Nr. 54: Beschluß des Staatsministeriums vom 10. 7. 1922.

fen zum Staatsbeamten- und zum Lehrerbildungsgesetz vorformuliert worden. Dennoch genügte dies den Kommunisten nicht. Sie setzten jetzt ein erstes deutliches Zeichen dafür, daß sie mit der politischen Entwicklung gerade Brills, eines Hoffnungsträgers der linken Sozialdemokratie von Gotha 1919, nicht mehr einverstanden waren. Ihn nahmen sie zur Zielscheibe eines generellen Angriffs auf die thüringische Sozialdemokratie.

Am 3. August 1922 veröffentlichte das ‚Gothaer Volksblatt', die alte politische Heimatzeitung Brills, gegen ihn einen Artikel mit der Überschrift „Von Marx bis Brill. Die Staatsideologie unserer Regierungssozialisten". Autor war der Schriftleiter dieses Blattes selbst, Theodor Theobald Neubauer, wie Brill ehemals USPD, jetzt Mitglied aber der KPD. Der Artikel hatte über seinen personalen Bezug hinaus generalisierende Bedeutung. Brill wurde „als Typ eines sozialdemokratischen Politikers von heute" gewertet, dem ein Mangel an revolutionärem Bewußtsein vorzuwerfen sei. Er, der gerade erst „einen sehr interessanten Artikel über die Klassenjustiz in Thüringen" verfaßt habe und in den ‚Blättern der Volkshochschule Thüringens' über „die volkswirtschaftliche Bildung des werktätigen Volkes" geschrieben habe, entferne sich vom Pfad der linken Sozialdemokratie. Für die Kommunisten war das in Brills Artikeln enthaltene Bekenntnis zu einer parlamentarischen Demokratie und einer diese tragenden staatsbürgerlichen Bildung der Bevölkerung Absage an die revolutionäre Intention, Verrat an Karl Marx. Schon der von ihm benutzte Ausdruck „Verfassungsstaat", in kommunistischen Augen geradezu „ein unentbehrliches Requisit der bürgerlichen Schulmeister", wäre auf das Deutsche Reich, die „Ebertsche Schieberrepublik", „das Paradies der Schieber und Wucherer, der Stinnes, Hermes, Sklarz" nicht zu beziehen, wo doch hier „die Grundrechte des ‚modernen (deutschen) Verfassungsstaates' . . . für einen großen Teil des Volkes einfach nicht bestehen". Außerdem, so das Argument des Kommunisten Neubauer als des Autors des Artikels: „Das Schicksal der Gesellschaft wird nicht durch den Staat, sondern durch die ökonomischen Verhältnisse bestimmt, die" – und hier werden Marx und Engels in Reinschrift von Neubauer vertreten – „gegen den Staat als Klassenorganisation wirksam gemacht werden müssen."

Was tue dagegen Hermann Brill? Er empfehle eine „staatsbürgerliche Bildung" und gründe zu diesem Zweck u. a. eine Volkswirtschaftsschule. Das sei „das grandiose Rezept Brills", wo es doch um eine revolutionäre Umgestaltung der gesellschaftlichen und ökonomischen Verhältnisse gehen müsse.

Der Artikel klagte an. Wie weit hatten es doch die Abweichler von der USPD gebracht! „Es gab einmal eine Zeit, wo es kein USP-Führer gewagt hätte, seinen Lesern oder Hörern solches Blech vorzusetzen, und wo sich auch Herr Brill noch um Rätesysteme und Räteverfassungen bemühte." Diese – gemeinsame Gothaer – Vergangenheit habe Brill jetzt verraten. In seiner Person habe die KPD „einen politischen Typus" vor sich, „der für die proletarische Bewegung von allergrößter Gefahr ist". Neubauer rät: Weg mit ihm, gebt den Schulmeister der Lächerlichkeit preis, wie das früher in Preußen geschah: „Wie sagte man doch früher von dem talentierten Schulmeister? Bis er als Geheimrat, geschmückt mit dem roten Adler vierter Klasse endlich der verdienten Lächerlichkeit anheimfällt!" Brill verrate die proletarische Revolution: „Von Marx bis Brill: darin liegt das ganze Elend des Menschewismus!" Das 1945 gebrauchte Etikett, Brill sei ein rechter Sozialdemokrat, bereitet sich mit diesem Artikel Neubauers im ‚Gothaer Volksblatt' vom 3. August 1922 vor.

Der Artikel steht im Zusammenhang eines innerparteilichen Klärungs- und Aktionsprozesses der KPD im Sommer 1922. Der Klärungsprozeß wurde wesentlich von August Thalheimer und Ruth Fischer geführt. Es ging um zentrale Themen, um Taktik und Strategie der KPD, um die Frage der proletarischen Einheitsfront. Sechs Wochen vor Neubauer hatte Thalheimer die

Linie der KPD-Zentrale mit einem grundsätzlichen Artikel „Über die prinzipielle Begründung unserer Taktik“ zu klären versucht.[89] Der Artikel war ein Plädoyer für die Arbeiterregierung als eine notwendige politische Übergangsform auf dem Wege zur proletarischen Revolution. Die KPD brauche jetzt die Einheitsfront mit den Sozialdemokraten aus Gründen politischer Taktik. Das sei nicht Ausdruck ihrer reinen Lehre, „nicht unmittelbar ‚kommunistisch‘“, so klärte Thalheimer seine Leser auf, aber eine notwendige „Etappenforderung“, deren politische Konkretion in der Arbeiterregierung zu sehen sei: „Die ‚Arbeiterregierung‘ steht an der Grenze des bürgerlich-demokratischen Staates, sie muß notwendigerweise über diese Grenze hinausführen, aber sie beginnt diesseits dieser Grenze. Sie hat einen zwiespältigen, widerspruchsvollen Doppelcharakter. Sie hat formell noch zu ihrer Voraussetzung parlamentarische Institutionen. Materiell ist jedoch ihre Voraussetzung und Grundlage eine solche starke Machtorganisation der Arbeiterklasse, daß diese Regierung befähigt ist, ein Machtinstrument der Arbeiterklasse gegen die Bourgeoisie zu sein.“ Der Widerspruch zwischen der Form der Regierung (bürgerlich-demokratisch) und ihrem materiellen Inhalt (proletarisch) sprenge schließlich, „wenn er zur Geltung gebracht wird“, die Form.

Die Arbeiterklasse sei politisch noch nicht reif, sie sei noch zu sehr „in der Vorstellung der bürgerlichen Demokratie befangen“, sie sei aber „bereits rebellisch gegen den bürgerlichen Klasseninhalt der Demokratie“. Deswegen müsse man den Weg über die Arbeiterregierung gehen, denn sie „erlaubt den breiten Massen des Proletariats durch ihre eigene Massenerfahrung, an der Hand praktischer Notwendigkeiten, die bürgerlich-demokratische Illusion abzustreifen. Das und nichts anderes ist der Sinn der Arbeiterregierung.“

Thalheimer führte seinen Lesern die strategische Perspektive dieser Taktik vor Augen. Zwar könne man in Deutschland von einer „objektiv revolutionären Lage“ ausgehen, aber noch könne die Volksmasse nicht die Machtfrage stellen. Vor dem Weltkrieg seien der Höhepunkt aller Reformen der Kampf um das preußische Wahlrecht und die Forderung nach einer Republik gewesen. Diese Forderungen habe die Sozialdemokratie von der damaligen marxistischen Linken übernommen. Heute sei diese Forderung überholt: „Die demokratische Republik in all ihrer Schöne ist das Resultat des imperialistischen Zusammenbruchs und der ersten revolutionären Welle. Die nächste Etappenforderung kann nur die der Arbeiterregierung sein.“ Die Einheitsfront sei das Ergebnis der Tatsache, „daß wir uns noch im Stadium des Etappenkampfes befinden“. Da sich in der Geschichte der deutschen Arbeiterklasse Reform (Sozialdemokraten) und Revolution (Kommunisten) organisatorisch getrennt hätten, könne eine solche Trennung im jetzigen Stadium des Etappenkampfes nur durch die Einheitsfront einer Arbeiterregierung aufgehoben werden: „Ist dieses Stadium überschritten, d. h. tritt die proletarische Masse in eine neue revolutionäre Bewegung ein, so wird diese Form hinfällig, weil überflüssig. Dann wird der Arbeiterrat wieder die organisatorische Form der einheitlichen Klassenaktion.“

Dieses Ziel der KPD machte Ruth Fischer einen Monat später, genau zwei Tage vor dem Neubauer-Artikel über Brill, in ihrer Kritik als Vertreterin der Linken in der KPD deutlich. Dazu diente ihr Artikel „Zur Taktik der Einheitsfront“.[90] Mit Nachdruck hob sie hervor, daß die in der Einheitsfront der Arbeiterregierung gegebene Etappensituation, das Zusammengehen mit den Sozialdemokraten, „weder eine Beschränkung der kommunistischen Propaganda, noch ein Zusammengehen zur Täuschung der Arbeitermassen sein darf, sondern nur ein

89 August Thalheimer, Über die prinzipielle Begründung unserer Taktik, in: Internationale Organisationsausgabe Jg. 4/Heft 25, 18. 6. 1922. Vgl. dazu Curt Geyer, Der Radikalismus in der deutschen Arbeiterbewegung, Jena 1923, und Otto Wenzel, Die Kommunistische Partei Deutschlands im Jahr 1923, Diss. Berlin 1955.

90 Ruth Fischer, Zur Taktik der Einheitsfront, in: Die Internationale, Jg. 5/Heft 3, 1. 8. 1922.

Mittel, um gemeinsam das Proletariat in Kämpfe hineinzuführen". Sie erinnerte an den Beschluß des Zentralausschusses der KPD, die Partei müsse „in Agitation und Propaganda stets die Endziele im Auge behalten und die Notwendigkeit ihrer Verwirklichung den Arbeitern klar machen". Ein solcher Beschluß beinhalte doch „eine Warnung an die Partei vor reformistischen Abschwenkungen und ideologischer Verwirrung".

Genau das war der Anknüpfungspunkt für Theodor Theobald Neubauer, der am 3. August im ‚Gothaer Volksblatt' schrieb: „Von Marx bis Bill: darin liegt das ganze Elend des Menschewismus." Brill wurde als „Typ eines sozialdemokratischen Politikers von heute" hingestellt, in ihm die Sozialdemokratie angegriffen und an das revolutionäre Ziel erinnert.

Der Angriff blieb zunächst ohne Folgen. Der erste konfrontierende Streit der Arbeiterparteien in Thüringen, in der Presse, nicht im Weimarer Parlament ausgetragen, schadete diesen. Die Kreisratswahlen vom 22. Oktober 1922 zeigten es in einem deutlichen Rechtsruck der öffentlichen Meinung an. Von den abgegebenen 723000 Stimmen erhielten die Bürgerlichen mit 390480 die Mehrheit, die sozialistischen Parteien gerieten mit 332700 in die Minderheit. Dies war ein deutlicher Rückgang ihres Stimmenanteils gegenüber der letzten Landtagswahl vom 11. September 1921, wo sie gegenüber den Rechtsparteien rund 1800 Stimmen mehr, jetzt aber 57777 weniger erhalten hatten. Die Konsequenz war, daß die Regierungsparteien nur 7 der 25 thüringischen Kreisräte für sich gewannen. Übertrüge man das Ergebnis dieser Kreisratswahlen auf den Landtag, so hätte dort die Rechte jetzt 32 Sitze, die Linke 27.

Vor dem Landtag erklärte dann auch selbstbewußt der Abgeordnete Höfer für die Bürgerlichen, die Kreisratswahlen seien als „ein Maßstab für die Beurteilung der Thüringer Regierung und ihrer Politik" zu werten. Entsprechend stellten die Rechtsparteien den Antrag auf Selbstauflösung des Landtags, da, so ihr Argument, die Landesregierung nicht mehr die Mehrheit im Lande hinter sich habe. Der Antrag wurde am 27. Oktober 1922 in namentlicher Abstimmung mit 23:28 Stimmen abgelehnt.[91] Äußerlich unbeeindruckt durch die Wahlniederlage brachte die Landesregierung sechs Wochen später den Entwurf ihres neuen Staatsbeamtengesetzes ein. Brill, der diesen Gesetzentwurf im Namen der Regierung vorstellte, lobte ihn als Markstein „auf dem Wege zu einer vorsozialistischen Demokratie" und gab dadurch zu erkennen, daß die mit der Greilschen Schulreform eingeleitete Innenpolitik der Thüringischen Landesregierung für das gesamte Beamtentum seine Fortsetzung finden werde.[92]

Brill, hier eher im Namen des Innenministeriums handelnd, dem er nicht (aber später) angehörte, hatte schon am Tag nach den Kreisratswahlen, am 23. Oktober 1922, als zuständiger Referent des Volksbildungsministeriums eine republikanische Offensive gestartet, gegen die Vorstellung der KPD, aber auch gegen die der Rechten. In seinem Entwurf einer „Verordnung über die Feier zur Begründung der Republik am 9. November 1922" stellte er deutlicher als sein Minister Greil im Jahr zuvor heraus, daß der Tag jetzt „als ein allgemeines Schul- und Volksfest" feierlich zu gestalten sei, als „eine Stunde geistiger Sammlung und Erhebung". Die „Idee der Befreiung" habe im thematischen Vordergrund zu stehen, pädagogisch „aus der ganzen Erziehungsarbeit der Schule" zu erwachsen und durch die Feier wieder „als künstlerisches Erlebnis auch im weiteren Unterricht und der Erziehung" fortzuwirken. Offenbar hatte die Gedächtnisrede Gerhart Hauptmanns, der am 15. November 1922 auch 60 Jahre alt wurde, auf den ermordeten Walther Rathenau Eindruck auf Brill gemacht, denn dieser empfahl den Schulen Thüringens, den „Schatz der Dichtung Gerhart Hauptmanns für die Ausgestaltung der Feiern" am 9. November zu nutzen. Dazu regte er Rezitationen aus dem

91 Sten. Ber. II. Landtag 27. 12. 1922, S. 3298, dort auch eine Analyse der Ergebnisse der Kreisratswahlen.
92 ebd. S. 3458: Landtagsprotokoll 9. 12. 1922.

Ende des zweiten Aktes der „Weber" an, das „Lied der Engel" aus „Hanneles Himmelfahrt", den Dialog des Odysseus und Leukass aus dem ersten Akt des „Bogen des Odysseus" über den „Wert der Heimat" sowie einige kleinere Stücke.[93]

Mit diesem Verordnungsentwurf zur Republikfeier wies sich Brill selbst in einer Antwort auf den Neubauer-Artikel im ‚Gothaer Volksblatt' zwei Monate später als Republikaner aus. Hatte er noch am Ende des Weltkriegs von der russischen Revolution geträumt und sich dabei eine Rolle spielen sehen, die er dann 1919 in der Gothaer Revolutionsphase auch unter räterepublikanischen Vorstellungen ausgeübt hatte, so war er den anschließenden Weg der Gothaer USPD, zu der auch Neubauer gehört hatte, zur KPD nicht mitgegangen. Ihrem revolutionären Machtanspruch setzte er die republikanische Rechtsstaatlichkeit entgegen. Der Dissens zwischen ihm und den Kommunisten zeigte sich erstmalig 1922, er wird sich deutlicher im Deutschen Oktober 1923 wiederholen.

Auch etwas anderes wird sich später deutlicher herauskristallisieren. Brill hatte durch die im Verordnungsentwurf angesprochenen literarischen Hinweise zur kulturellen Ausgestaltung der Feiern zum 9. November 1922 seine sensitive Zuneigung zur Dichtung unter Beweis gestellt. Damit hatte er Kindheits- und Schulerfahrungen wieder aufgegriffen. Während seiner Widerstandszeit gegen den Nationalsozialismus wird er diese Seite seines Wesens durch eigene schriftstellerische Versuche vertiefen.

2 Der revolutionäre Handlungswille der KPD und die hinhaltende republikanische Verantwortung der SPD 1923

2.1 „Ein gewisser Walter Olbrich oder Ulbrich aus Leipzig . . ." Der proletarische Selbstschutz als revolutionäre Vorhut im Frühjahr 1923

Brills Plädoyer für den „Weg zu einer vorsozialistischen Demokratie" in Thüringen, am 9. Dezember 1922 im Landtag gelegentlich der ersten Lesung des Gesetzentwurfs über das Staatsbeamtengesetz gehalten, erfuhr wenige Monate später eine von ihm so nicht beabsichtigte Forcierung. Die Kommunisten in Weimar ergriffen die Gunst der Stunde, die sich ihnen in dem Einmarsch französischer und begleitender belgischer Instrukteure und Militärs ins Ruhrgebiet am 9. Januar 1923 anbot. Der nichtige Anlaß, deutsche Reparationsrückstände in Form von 145000 Telegrafenstangen und 2 Mill. t Kohle im Gesamtwert von 2,5 Mill. Goldmark, brachte das nur notdürftig in ein Lot gesetzte innenpolitische Gefüge des Reiches schnell wieder außer Kontrolle. Bayern wurde das Aktionsfeld des Rechtsradikalismus, Thüringen neben Sachsen das wesentliche des Linksradikalismus.

Erstmals wirkte dabei die geographische Lage dieses Landes auf die Politik ein. Thüringen, im Dreieck der aus München herüberkommenden nationalsozialistischen Parolen Hitlers, der aus Leipzig verstärkt einsickernden kommunistischen Infiltrationen und der aus Berlin sich gegen beide stemmenden republikanischen Gegenwehren der Reichsregierung gelegen, dazu selbst von nahezu gleich starken konservativ-bürgerlichen wie proletarisch-linken Kräften gespalten, von der schleichenden Inflation stärker entkräftet als andere Länder, mußte sich in einer solchen politischen Gemengelage als gerade zwei Jahre altes Land behaupten. Die

93 HStA Weimar Thür. Min. für Volksbildung Nr. 1051: Verordnung über die Feier zur Begründung der Republik am 9. November 1922 mit Anlage, handschriftlich von Brill verfaßt und datiert unter dem 23. 10. 1922.

Schulpolitik, das bestimmende Thema des Jahres 1922, konnte noch als internes Landesthema behandelt werden, wiewohl es als Greilsche Schulreform reichsweite Beachtung fand. Mit Beginn des Jahres 1923 griffen außenpolitische Ereignisse in die Innenpolitik Thüringens ein und nahmen sie in ihr Schlepptau. Die Kommunisten sahen die Chance, im Interesse einer nachzuholenden, weil 1918/19 im Deutschen Reich mißlungenen Revolution beispielhaft den Beginn in Thüringen und Sachsen zu setzen. Sie standen auf dem 8. Parteitag (28. Januar bis 1. Februar 1923), der demonstrativ nach Leipzig gelegt worden war, nachdem 1½ Jahre zuvor der 7. im thüringischen Jena stattgefunden hatte, am Beginn des größten Aufstandsversuches, den der Kommunismus nach 1917 in Europa plante. Dafür zeugen schon die theoretischen Agitationen der KPD, die zu diesem Zeitpunkt etwa 225 000 Mitglieder zählte[94], in Leipzig.

Dieser Parteitag brachte die Auseinandersetzung zwischen den später als rechtsopportunistisch abqualifizierten Heinrich Brandler und August Thalheimer, zu denen auch der bald in der thüringischen Szene bekanntwerdende Karl Korsch gehörte, und den linksrevolutionären Vertretern um Ernst Thälmann, Clara Zetkin, Wilhelm Pieck, Walter Ulbricht und Fritz Heckert.[95] Zwar setzte sich Thalheimer mit seiner seit jenem offenen Brief der KPD an SPD, USPD und ADGB vom 8. Januar 1921 betr. Bildung einer Einheitsfront propagierten und eingehaltenen politischen Perspektive einer von KPD und SPD zunächst gemeinsam getragenen Arbeiterregierung, einer Einheitsfront von oben, durch, aber ideologisch-analytische und politisch-praktische Widersprüche waren nicht zuletzt durch den 4. Weltkongreß der Kommunistischen Internationale (5. November bis 5. Dezember 1922), der einer Einheitsfront von unten durch die revolutionäre Organisation der Arbeiterschaft das Wort geredet hatte, auch in die KPD hineingetragen worden.[96]

Der Leipziger Parteitag konnte bei der politischen Situationsanalyse noch einen Konsens erarbeiten. „Deutschland unter kapitalistischer Herrschaft ist das widerstandsunfähige Objekt der imperialistischen Rivalitäten. Aus dieser demütigenden Rolle kann es nur der Sieg seiner Arbeiterklasse über die Bourgeoisie und die Verbindung mit Sowjetrußland und den unterdrückten Kolonialvölkern befreien."[97] Weite Schichten des städtischen Mittelstandes und der Intelligenz sowie Teile der ländlichen Kleinproduzenten seien in Deutschland ruiniert, Ersparnisse und Renten hoffnungslos entwertet, Steuerleistungen des Großkapitals durch den „Mechanismus der Geldentwertung" zerronnen. In der Konsequenz dieses finanzpolitischen Desasters lägen „grundlegende Verschiebungen im ganzen sozialen Schichtenbau". Die Konzentration von Reichtum und Macht in den Händen weniger Leiter der großen Industrie und Bankkonzerne habe zugenommen: „Einige dutzend Leute sind die wirklichen Beherrscher der Wirtschaft und der Politik geworden und konzentrieren nicht nur die wirtschaftlichen Machtmittel in ihren Händen, sondern auch die idologischen Machtmittel, die Presse usw. sowie die politischen Machtmittel."[98] Was für die Industrie gelte, sei auch für das Agrarkapital gültig. Der städtische Mittelbau sei bereits zum Teil vernichtet, der größte Teil der Intelligenz deklassiert.

---

94 Vgl. Walter Ulbricht, Zur Geschichte der Arbeiterbewegung, Bd. 1, Berlin 1953, S. 112.

95 Vgl. Ulbrichts Urteil über „das ausgesprochen opportunistische Verhalten der damaligen Parteiführung der KPD, Brandler, Thalheimer und anderer. Sie desorientierten mit Hilfe des Trotzkisten Radek die Partei. Sie entstellten die Einheitsfrontpolitik und propagierten eine prinzipienlose Blockbildung", ebd. S. 112.

96 Zum KPD-Brief vom 8. 1. 1922 s. August Thalheimer, Wie schafft die Arbeiterklasse die Einheitsfront gegen den Faschismus? Berlin o. J., S. 22. Zur Einheitsfront-Diskussion vgl. Otto Wenzel, Die Kommunistische Partei Deutschlands 1923, S. 19ff. und Werner Andress, Die Kampfzeit der KPD, S. 258ff.

97 Bericht über den III. (8.) Parteitag der KPD, o. O. und o. J., S. 410.

98 ebd. S. 411.

Mit dieser Analyse der Anfang 1923 in der Wahrnehmung der KPD gegebenen wirtschaftlichen und sozialen Situation in Deutschland sah der Leipziger Parteitag die ideologischen Vorhersagen eines Karl Marx bestätigt und den revolutionären Augenblick für gekommen. Man glaubte, „grundlegende Verschiebungen des politischen Kräfteverhältnisses der Klassen für anstehend“ erklären zu können. Das Kleinbürgertum, politisch „durch die kleinbürgerlich-sozialdemokratische Regierungskoalition“ bisher vertreten, „ist mehr und mehr politisch zurückgedrängt und ausgeschaltet worden“. Auf der anderen Seite sei die Großbourgeoisie auf dem Weg, „die kleinbürgerliche Demokratie aufzureiben und ihre offene Diktatur aufzurichten“. Den Beweis dafür liefere die Berliner Reichsregierung mit ihrem Kanzler: „Die Regierung Cuno ist eine Etappe in der Verdrängung der kleinbürgerlichen Demokratie und der Aufrichtung der unumschränkten bürgerlichen Diktatur.“[99]

Politisch mitverantwortlich für diesen Entmachtungsprozeß der Arbeiterschaft und des Kleinbürgertums seien Sozialdemokraten und Gewerkschaften, welche die revolutionäre Vorhut in den Jahren 1918 und 1919 zurückgedrängt hätten. „Die SPD ist eine kleinbürgerlich-reformistische Partei, die bewußt die Anwendung revolutionärer Mittel ablehnt und kapitalistische Wiederaufbaupolitik betreibt. Ihr Bankrott ist der Bankrott der kleinbürgerlichen Demokratie.“[100] Ihr wurde auf dem Leipziger Parteitag „die weiße Reaktion“ vorgeworfen, sie der „Lakaienpolitik vor der Großbourgeoisie“ bezichtigt. Schließlich wurde sie auch für „die steigende Welle des Faschismus“ verantwortlich gemacht.

Mit solchen politischen Analysen setzten sich eher die linksrevolutionären Stimmen der KPD durch. Auch die daraus gezogenen politischen Konsequenzen waren in den folgenden Formulierungen ihrer Feder entsprungen: „Zwischen einer zielklaren revolutionären und einer reformistisch-kleinbürgerlichen Arbeiterpartei kann es in der Epoche der sozialen Revolution auf die Dauer keinen Raum geben für eine zentristische Partei.“ Folglich sei die SPD zu bekämpfen: „Die Überwindung der Sozialdemokratie, ihre Liquidation zugunsten des Kommunismus und der proletarischen Revolution ist die zentrale Aufgabe des vor uns liegenden Kampfabschnitts.“[101] Betriebsräte, Kontrollausschüsse, bewaffnete Arbeiter und Arbeiterwehren seien an die Stelle parlamentarischer Instrumente zu setzen, um die Machtmittel des bürgerlichen Staates zu brechen. Revolutionäre Vortrupps seien von der KPD zu sammeln: „Die kommunistische Partei muß überall dabei sein, wo das Proletariat in Bewegung gerät und kämpft.“ Die KPD werde wohl als Teil der Masse, aber noch nicht als ihre Vorhut angesehen, ihre Wirkung liege „in der zähen und systematischen Tagesarbeit in allen proletarischen Organisationen“.[102]

Diesen klaren strategischen Perspektiven widersprachen die schließlich vom Leipziger Parteitag beschlossenen taktischen Schritte. Darin setzten sich Thalheimer, Brandler und Korsch durch. Ihre Absichten richteten sich darauf, auf der einen Seite den „Einfluß der reformistischen sozialdemokratischen Führer“ zu beseitigen, auf der anderen Seite aber die Steigbügelhilfe der mächtigen SPD zu nutzen. Im Ergebnis will man dann doch die Einheitsfront von oben nicht aufgeben, gleichzeitig aber die Massen von der reformistischen Taktik und Führung der Sozialdemokratie lösen. „Trotz der Sabotage und des Widerstandes der reformistischen Führer“ werde man die Arbeiterklasse zu einer proletarischen Einheitsfront

99 ebd. S. 411f.
100 ebd. S. 412.
101 ebd. S. 413 und 415.
102 ebd. S. 416. Zur Agitation der KPD für die Betriebsrätebewegung liegen für 1923 umfangreiche Berichte des Reichskommissars für Überwachung der inneren Ordnung vor, BA R 134/19–22. Vgl. dazu Hans-Jürgen Krusch, Zur Bewegung der revolutionären Betriebsräte in den Jahren 1922/23, in: ZfG 11/1963, S. 360–378.

zusammenschweißen. Es gelte „die gemeinsame Abwehr der Offensive des Kapitals durch die Arbeiter“. Die SPD müsse zermürbt werden. Durch die Appelle sowohl an die Arbeiter wie an die Führer der SPD werde man die Einheitsfront herstellen. Der erste Schritt sei die „Betriebsrätebewegung“, ihr Straßenschild die proletarische Hundertschaft.

Der Leipziger Parteitag plädierte also wie der Jenaer 1921 im Ergebnis für eine Arbeiterregierung; sie galt als der bisher einzig erfolgversprechende Weg, „im Rahmen und vorerst mit den Mitteln der bürgerlichen Demokratie“ Arbeiterpolitik zu verwirklichen.[103] Thalheimer konnte sich mithin mit seiner Linie durchsetzen. Konsequent forderte man darüber hinausgehende Elemente der revolutionären Einheitsfrontbewegung: Betriebsräte, Kontrollausschüsse, Arbeiterräte und Hundertschaften. Gewalt sei dabei nicht auszuschließen: „Der Verlauf dieser Kämpfe muß zur Sprengung der demokratischen Verfassung, zur proletarischen Diktatur führen, wenn die Arbeiterklasse nicht unterliegen will.“ Im Blick auf die konkreten Chancen der KPD, die vornehmlich in den organisatorisch besser erschlossenen deutschen Ländern lagen, definierte der Parteitag seinen politischen Willen so: „Die Landesarbeiterregierung ist eine Regierung von Sozialdemokraten und Kommunisten, die sich stützt auf die proletarischen Klassenorgane. Die politische Stütze dieser Arbeiterregierung ist nicht das bürgerliche Parlament, sondern die außerparlamentarischen Klassenorgane.“[104]

So entließ der Parteitag die Bezirksleitungen der KPD mit der Aufforderung, sich überall, wo möglich, an den Arbeiterregierungen der Länder zu beteiligen, um so Vorstufen einer revolutionären Politik zu erreichen: die Bewaffnung der Arbeiter, die Übergabe aller Machtmittel, d. h. der Polizei, der Verwaltung, der Justiz, der Schule. Natürlich forderte er getreu der zentralistischen kommunistischen Denkweise „engste Verbindung“ aller Landesarbeiterregierungen in Deutschland. Nur dies erbrächte „einen roten Block gegen die kapitalistische Reichsregierung.“[105] Die KPD glaubte, auf diesem Weg einer Verbindung mit der SPD die Sozialdemokraten auf ihre Seite ziehen zu können. Kämen sie nicht, wäre die SPD als „konterrevolutionär“ entlarvt und „des Verrats der revolutionären Massen“ überführt.

Mit diesen Analysen und Maximen des Leipziger Parteitags Ende Januar/Anfang Februar 1923 gingen die Kommunisten auch in ihrem 13. Bezirk, in Groß-Thüringen, ans politische Werk. Dort drehte sich bereits das Rad der revolutionären Vorgeschichte des Deutschen Oktobers 1923. Am 19. Januar dieses Jahres debattierte der Thüringische Landtag über eine Regierungserklärung Frölichs vom 16., mit welcher der Einmarsch der Franzosen und Belgier ins Ruhrgebiet verurteilt und die Reichsregierung zu „zweckdienlichen Maßnahmen“ aufgefordert wurden. Den Fraktionen der SPD und besonders der KPD war ein solches Votum zu schwach. Die SPD lenkte vom außenpolitischen Desaster auf die ihrer Meinung nach dafür verantwortlichen innenpolitischen Kräfte über. Ihr Abgeordneter Kahnt entfaltete die ganze Skala der Vorwürfe gegen Kohlenbarone und Syndikate, Erfüllungspolitiker und die Rechte und forderte, unbeeindruckt durch den dadurch provozierten Auszug der Fraktionen der Bürgerlichen (Landbund, DDP, DVP, DNVP) aus dem Landtag, den Widerstandswillen der überwiegend den Linksparteien anhängenden thüringischen Bevölkerungsschichten gegen Hitler, den in größter geographischer Nähe agierenden innenpolitischen Gegner von rechts, und seine thüringischen Ableger, z. B. den Jungdeutschen Orden: „Haltet die Muskeln gespannt und richtet den Blick nach vorwärts. Beobachtet die Dinge, die sich in unserer nächsten Nähe abspielen.“

---

103 ebd. S. 420.
104 ebd. S. 421 und 423.
105 ebd. S. 423.

Gemeint waren von Kahnt alle Arbeiter, die sozialdemokratischen wie die kommunistisch organisierten, die als zusammenstehende Arbeiterschaft aufgerufen wurden, „daß sie alle Zwistigkeiten gegenseitig zurückstellen, denn jetzt haben wir keine Zeit, sie auszutragen, im Gegenteil, jetzt haben wir die Pflicht, den Kampf gemeinschaftlich aufzunehmen gegen den Militarismus, gegen den Kapitalismus. Wir haben uns vorzubereiten und zu kämpfen für den Weltfrieden, für die Völkerverbrüderung.“[106] Das war ein Aufruf zur proletarischen Einheitsfront von unten, der erste, der im Weimarer Landtag verkündet wurde, ein Signal am Anfang des Jahres 1923, als politische Parole für das ganze Jahr gültig, vorgetragen von einem ehemaligen Vertreter der USPD. Es war auch eine Präventivmaßnahme einer der beiden alten Regierungsfraktionen, eben der USPD, gezielt auf die radikalere KPD, welche die Minderheitsregierung Frölich als stillen parlamentarischen Teilhaber benötigte.

Günstig an dem Kahnt-Plädoyer mußte in den Augen der KPD die Verknüpfung des Aufrufs zur Einheitsfront mit dem Hinweis auf die drohende Gefahr von rechts sein. Der Faschismus, als Sammelbegriff für alle rechtsextremen politischen Gruppierungen, auch für die NSDAP Hitlers, benutzt, war ein äußerst hilfreicher Anlaß zur Verstärkung eigener, ebenfalls totalitaristisch orientierter Revolutionsvorbereitungen. Diese machten zwar unabhängig vom Faschismus das Programm der KI aus, erschienen aber durch den drohenden Rechtsextremismus nach außen hin plausibler und legitimer. Rechte Putschabsichten verdeckten linke Aufstandsvorbereitungen und umgekehrt. Beide Extreme brauchten sich als konträre, aber interdependente Größen.

Natürlich legte Tenner als Fraktionsvorsitzender der KPD im Weimarer Landtag solche Zusammenhänge nicht bloß. Auch reichte ihm das Kahnt-Angebot zu einem linken Burgfrieden zum Zwecke politischer Kampfgemeinschaft nicht aus. Parlamentarische Partnerschaft war nicht der Weg zur proletarischen Revolution. Kühl wies er an dem Debattentag, dem 19. Januar, dem vierten Jahrestag der gerade in Weimar erfolgten Wahl zur Deutschen Nationalversammlung, die Sozialdemokraten auf ihren von der KPD so gesehenen damaligen Verrat hin: „Das ist der Tag, an dem der Lauf der Revolution aufgehalten wurde.“ Jetzt, durch den 19. Januar 1923, liege der „Bankrott der Erfüllungspolitik auf Kosten des Proletariats vor allen Augen offen.“ „Die Republik hat bankrott gemacht.“ Tenner forderte „eine Arbeiterregierung im Reichsmaßstab“ – als vorbereitende Maßnahme die „Erfassung der Sachwerte“ –, „nicht eine Regierung, die nur den Namen ‚sozialistische Regierung‘ trägt, wie es die Thüringer Regierung tut“.[107]

Zwei wichtige kommunistische Forderungen stellte Tenner in einem Entschließungsantrag vor: die Verlagerung der Produktionskontrolle auf Betriebsräte und die der Preisgestaltung auf Konsumentenausschüsse.[108] Die Geschäftsordnung des Thüringischen Landtages verbot nach § 41 die Annahme einer Entschließung nach einer Regierungserklärung; dadurch blieb der Regierung die parlamentarische Auseinandersetzung über diese kommunistischen Kardinalforderungen in diesem Augenblick erspart. Immerhin aber waren die programmatischen Kampfziele der KPD im Landtag angemeldet worden, mit denen die Kommunisten in Thüringen in die politische Offensive des Jahres 1923 traten. Die Partei wollte die SPD auf diesen Weg der Revolution mitdrängen. Der vom linken Flügel der alten USPD aufgerufenen proletarischen Einheitsfront gab die KPD die gleichen politischen Inhalte.

10 Tage später wiederholte Tenner, inzwischen gestärkt durch den Leipziger Parteitag der KPD, die Forderung seiner Fraktion, die Produktion der Industrie und Landwirtschaft der

106 Sten. Ber. II. Landtag 19. 1. 1923, S. 3735f.
107 ebd. S. 3766ff.
108 ebd. S. 3746.

Kontrolle von Betriebsräten und die der Preise jener von Konsumentenausschüssen zu unterstellen.[109] Politische Demonstrationen in Gera wirkten dabei als Anlaß günstig mit. Die Landesregierung hatte dort am 27. Januar den Ausnahmezustand erklären müssen; ein Transport von zum Teil bewaffneten Personen, die nach München zum dortigen nationalsozialistischen Parteitag fahren wollten, mußte gemäß einer Anordnung der Reichsregierung aufgehalten und zurückgeschickt werden.[110] Als die Rechtsparteien daraufhin am 9. Februar Mißtrauensanträge gegen Innenminister Hermann und Volksbildungsminister Greil einbrachten mit der Begründung, diese bewirkten „eine unverkennbare Beeinflussung“ der Landespolitik „im Sinne linksradikaler Ziele“[111], retteten die Kommunisten zwar die Minderheitsregierung Frölich, indem sie sich bei der Abstimmung der Stimme enthielten, doch Tenner forderte als Gegenleistung von den Sozialdemokraten, daß diese jetzt mit den Kommunisten vor einen Betriebsrätekongreß träten. Das war der erste deutliche Versuch, politische Entscheidungen außerhalb des Parlaments zu verlagern. Die politische Offensive der thüringischen KPD für das Jahr 1923 war eröffnet, als Druckmittel der Straße wurde der Aufbau sog. proletarischer Selbstschutzverbände genutzt.

Diese Selbstschutzverbände waren seit Beginn des Jahres 1923 in Thüringen wie in anderen, besonders den mitteldeutschen Ländern als paramilitärische Verbände beider Arbeiterparteien im schnellen Aufbau begriffen. Während die KPD in diesen von ihr vornehmlich so genannten Proletarischen Hundertschaften die Keimform zukünftiger kommunistischer Streitkräfte sah, gut organisiert, möglichst flächendeckend von der Basis der Betriebe aus rekrutiert und zunehmend bewaffnet – gemäß der aus den Roten Garden der russischen Februar-Revolution entstandenen Roten Armee –, sah die SPD in ihren Selbstschutzverbänden zunächst unbewaffnete Gruppierungen, die dem Schutz eigener Versammlungen zu dienen hatten. Angesichts rechtsradikaler Kampfverbände waren beide proletarischen Verbände nicht ungewöhnlich. Als im Laufe des Jahres 1923 auch und gerade auf sie die Einheitsparole der KPD bezogen wurde – gefordert wurden gemeinsame bewaffnete Hundertschaften –, wuchsen sie in ihrer Bedeutung zu einem zu beachtenden, weil jetzt auch politisch-propagandistischen Kampfinstrument heran. Über die Entwicklung in Thüringen im Februar 1923 sind wir durch einen Informationsbericht des Reichskommissars für die innere Sicherheit, des ehemaligen Oberst Kuenzer, gut unterrichtet. Auf der Basis offenbar sorgfältiger Recherchen in einzelnen thüringischen Städten, die natürlich durch gesteckte Informationen der Rechtsparteien begünstigt worden waren, und einer umfassenden Pressebeobachtung konnte Kuenzer der Reichsregierung am 23. April melden, der proletarische Selbstschutz sei in Thüringen ein ernst zu nehmender paramilitärischer Faktor geworden.[112] Der Aufbau sei „mehr oder weniger nach militärischem Muster“ erfolgt, ausgelöst worden sei er durch sog. Fahnenweihen rechtsgerich-

---

109 ebd. S. 3861 f.: Landtagsprotokoll 1. 2. 1923.

110 Vgl. die Darstellung Innenminister Hermanns von dem Landtag am 9. 2. 1923, ebd. S. 4019f.

111 ebd. S. 3981. Die KPD hatte sich keineswegs dadurch beeindruckt gezeigt, daß Innenminister Hermann dem Landtag bekanntgeben mußte, der Leipziger Reichsgerichtshof habe Anfang Februar für Thüringen das von ihm, Hermann, namens der Landesregierung ausgesprochene Verbot des Jungdeutschen Ordens, des Alldeutschen Verbandes und des Hochschulrings Deutscher Art wieder aufgehoben, für Hermann „die größte politische Ohrfeige . . ., die er in den letzten 1½ Jahren bekommen“ habe. Hermann hatte hellsichtig gewarnt: „Ich sehe voraus, daß aufgrund dieses Spruches auch andere Organisationen in gleicher Richtung sich entwickeln werden, und was das letzten Endes bedeutet, darüber brauchen wir uns durchaus nicht weiter zu unterhalten.“ Diese Prognose offenbarte einen erstaunlichen historischen Realitätssinn. Die Minister konnten am 9. 2. 1923 nur deswegen im Amt bleiben, weil nach der thüringischen Landesverfassung nicht die Mehrheit der abgegebenen Stimmen, sondern die der verfassungsmäßigen, mithin 28, für den Erfolg eines Mißtrauensvotums entscheidend gewesen wären.

112 BA R 43 I/2730: Der proletarische Selbstschutz in Thüringen, Bericht des Reichskommissars für innere Sicherheit an die Reichsregierung 23. 4. 1923.

teter Gruppierungen, besonders der NSDAP, in Bayern und Coburg. In öffentlichen Anschlägen hätten danach SPD und KPD getrennt für den Aufbau von „Stammformationen des proletarischen Selbstschutzes" geworben.

Kuenzer markierte in seinem Bericht dennoch signifikante Unterschiede der Verbände bei SPD und KPD. Während die Sozialdemokraten für die Gründung ihrer Verbände deutlich den „Schutz der Republik" und die Abwehr möglicher Übergriffe der Rechtsorganisationen ins Feld führten, war es für den Reichskommissar „fraglos", daß die Kommunisten solche vorrangigen Absichten eines Staatsschutzes nur als rhetorische Floskeln vorschoben, um im Kern „eine Kampforganisation zur Verwirklichung der programmatischen Ziele der Partei, mithin den Stamm einer späteren ‚Roten Armee' bilden zu wollen". Diese Einschätzung wies Kuenzer durch eine ganze Reihe von beobachteten Aktionsfällen nach. Thüringische Städte wie Gera, Saalfeld, Meiningen, Rudolstadt, Hildburghausen, Schmalkalden und Salzungen, aber auch das Eichsfeld führte er an. Besonders aufgefallen war ihm dabei, „daß in dem Grenzstrich nach Bayern zu vorwiegend jugendliche Elemente dem proletarischen Selbstschutz angehören". Ältere Arbeiter hätten ihre Mitgliedschaft mit dem Argument abgelehnt, „daß sie sich von den Nationalsozialisten in Bayern nicht eines Tages verprügeln lassen wollen".

In einem wesentlichen Teil seines Berichts ging Kuenzer auf die rein kommunistischen Selbstschutzverbände ein. Deren Schwerpunkte hatte er im Norden, Westen und in der Mitte Thüringens ausgemacht. Sie seien auch die ersten gewesen, die in der Öffentlichkeit auf sich aufmerksam gemacht hätten, so seit Februar 1923 in Suhl und besonders im roten Erfurt. Bemerkenswert an ihnen sei ihre straff zentralistische Organisation. Ausgehend von einer Betriebsräteversammlung, welche die KPD Mitte Februar in der Waffenstadt Suhl veranstaltet habe, sei der Kommunist Hermann Kreuzburg aus Erfurt beauftragt worden, „in etwa vier bis fünf Tagen ... Stammformationen für die Hundertschaften" in möglichst vielen Betrieben zu gründen. Um seine Position anzuheben, sei Kreuzburg gleichzeitig zum Sekretär des Landesausschusses der Kontrollausschüsse und Betriebsräte für Thüringen gewählt worden. Daß die militärische Ausrüstung dieser Verbände noch dürftig war – insgesamt zählte man im März 1923 nur 300 Gummiknüppel –, sei nur ein momentaner Preis für das gewünschte Tempo, mit dem Organisationen dieser Art den kommunistischen Kontrollausschüssen und Betriebsräten zur Verfügung stehen sollten. So seien z. B. schon alle wichtigen Erfurter Firmen mit Kadern kommunistischer proletarischer Selbstschutzverbände erfaßt: Hagan, die Zigarettenfirma Reemtsma (vor ihrer Übersiedlung nach Hamburg), das Erfurter Reichswerk sowie Lingel. Selbst die Arbeitslosen seien in einer Organisationszelle gekadert.

Einen ersten öffentlichen Auftritt zur Demonstration erreichter Stärke hätten die Kommunisten mit Hilfe ihres Reichstagsabgeordneten Wulle am 24. Februar 1923 im Erfurter Ratskeller und einen Tag später in den dortigen Stadthaussälen gewagt. Man habe für diese erste öffentliche Versammlung den Rahmen der unverfänglichen „Liga zum Schutze deutscher Kultur" gewählt. Bei einer Wiederholung derartiger Aktionen im März 1923 seien die verfolgten politischen Perspektiven der KPD schon deutlicher geworden. Die Partei habe ihrem Abgeordneten Remmle, Mitglied des Preußischen Landtags, der von der Berliner Zentrale als Redner nach Thüringen geschickt worden sei, zugestimmt, daß der proletarische Selbstschutz in Thüringen „in Anbetracht seiner geographischen Lage nach Süden wie auch gegen Norden bereit sein müßte". Eine solche Formulierung ließ für Kuenzer erstmals deutlich werden, daß sich die KPD in ihrem politischen Kampf sowohl gegen den Nationalsozialismus wie aber auch gegen die bestehende Reichsregierung in Berlin orientiert sehen wolle. Nicht nur Verteidigung nach rechts, sondern auch Angriff nach links und in die Mitte solle das politische

Ziel sein. Remmle habe folglich den Thüringer Kommunisten die Aufgabe gewiesen, „daß der fernere Ausbau des Selbstschutzes auch die Verwendung als Angriffsmittel gewährleisten müsse". Dazu seien „Übungen in Bataillonsstärke" zu planen. Taktische Einsatzmöglichkeiten seien Agitationen für Lebensmittelpreissenkungen in Geschäften und auf öffentlichen Märkten sowie bei Zersetzungen in Reichswehr und Schutzpolizei.

Kuenzer konnte seinen Bericht für die Reichsregierung mit konkreten Zahlen beschließen. So hätten zum Zeitpunkt seiner Eingabe, mithin Ende April, die Kommunisten in Erfurt 2000 Mann proletarischen Selbstschutzes aufgeboten, in Suhl und Zella-Mehlis zusammen 2500, in Gotha 2200, in Eisenach 1200 und in Mühlhausen 1000. Diese knapp 9000 Mann, bei weitem die stärkste paramilitärische Selbstschutzorganisation in Thüringen, besonders in den politisch und wirtschaftlich entscheidenden Zentren des Landes bzw. in der auch für Thüringen wichtigen preußischen Exklave Erfurt organisiert und inzwischen auch bewaffnet (in der Waffenstadt Suhl hätten diese Selbstschutzverbände „über 100 Maschinengewehre versteckt"), präsent, zentral kommandiert und mit einem klaren politischen Auftrag der Abwehr nach rechts und der potentiellen Rebellion gegen die Landesregierung ausgestattet, seien von dem Erfurter Kommunisten Kreuzberg seit Februar 1923, also in zwei Monaten, auf den organisatorischen Weg gebracht worden. Als die Berliner Zentrale der KPD Mitte April 1923 einen vorläufigen Abschluß erreicht gesehen habe, habe „ein gewisser Walter Olbrich oder Ulbrich", so gab Reichskommissar Kuenzer am 23. April 1923 für die Reichsregierung seine Kenntnisse zu Protokoll, „aus Leipzig die Leitung für Thüringen übernommen".

Der Ruf an Walter Ulbricht, aus Sachsen nach Thüringen zu wechseln und dort politische Organisationshilfe zu leisten, war ein Signal. Er paßte im Frühjahr 1923 in die politische Landschaft, da das thüringische Staatsministerium gerade zu dieser Zeit das am 22. Februar 1923 erlassene Versammlungsverbot wieder aufgehoben hatte. Entsprechend aktiv waren die Kommunisten sofort geworden und hatten versucht, Versammlungen von rechts wie links zu sprengen. Ein „unerträglicher Versammlungsterror" werde, so klagten Vertreter der DNVP, der DVP und des Landbundes aus dem Weimarer Landtag ihrerseits gegenüber der Reichsregierung, gegen sie von den Kommunisten ausgeübt.[113] Exemplarisch dafür waren Vorgänge im März in Zella-Mehlis gewesen. Zella-Mehlis, eine südthüringische Kleinstadt in der Nähe zur bayerischen Grenze, an der strategisch wichtigen Eisenbahnlinie Gotha bzw. Erfurt–Arnstadt–Suhl–Ritschenhausen (mit Anschluß nach Bayern, 15 km) gelegen, hatte in den 20er Jahren wie schon vor der Jahrhundertwende etwa 14000 Einwohner. Die feinmechanische Metallindustrie bestimmte das Wirtschaftsleben der Stadt und ihres Umlandes. 7000 Arbeiter waren in 46 entsprechenden Großbetrieben tätig, weitere 3000 in etwas mehr als 600 Kleinbetrieben. Herausragend und für das Reich und dessen bewaffnete Organe wichtig war eine Beschußanlage, in der die in Zella-Mehlis, aber auch im benachbarten Suhl produzierten Waffen aller Art eingeschossen wurden, vor dem Weltkrieg jährlich bis zu 685000 Stück (1913), 1918/19 292000, 1922 immerhin schon wieder ca. 500000. Entsprechend dieser Wirtschafts- und Sozialstruktur lag der Anteil der Arbeiterparteien hoch, bei den Landtagswahlen von 1921 jener der KPD mit 1920 Stimmen höher als der der VSPD mit 700.[114]

Geographische Lage, wirtschaftliche Struktur sowie die politische Kräfteverteilung hatten Zella-Mehlis zu Beginn der 20er Jahre den Ruf eingebracht, in Thüringen „das Eldorado für Abenteuerer geworden" zu sein. Krimineller Waffenhandel und Landfriedensbrüche waren an

113 BA NS 20/123: Denkschrift über die politischen Verhältnisse in Thüringen 16. 5. 1923.
114 Zu den Wahlergebnissen vgl. Sten. Ber. V, S. 4954: Landtagsprotokoll 31. 5. 1923.

der Tagesordnung. Der Landesregierung lagen im Frühjahr 1923 Erkenntnisse vor, „daß eine Reihe von Personen, die auf politischem Gebiet eine Rolle spielen, mit diesen Delikten in Verbindung gebracht werden".[115] Die Kommunisten gerieten dabei in stärkeren Verdacht als andere. Ihre proletarischen Selbstschutzverbände, organisiert von dem ortsansässigen Lehrer Taff, einem Oberleutnant aus dem Weltkrieg (zusammen mit dem Fortbildungsschullehrer Hopfgarten), fungierten als Rollkommandos auf den Straßen.

Auf der Gemeinderatssitzung am 13. März 1923 war es in Zella-Mehlis zu einer gefährlichen politischen Zuspitzung gekommen. Ein Antrag der kommunistisch geführten Gewerkschaftskommission auf Bildung einer außerparlamentarischen Kontrollkommission stand als letzter Punkt auf der Tagesordnung. Taff, zugleich Führer der kommunistischen Fraktion, begründete den Antrag, scheiterte aber damit an einer sich dieser revolutionären Machtverlagerung widersetzenden Mehrheit des Gemeinderats. Er rief zu gewaltsamen Aktionen auf; es kam zu tumultuarischen Szenen, zuerst im Saal, dann auf den Straßen der Stadt. Nach Wiedereröffnung der Sitzung beschloß der Gemeinderat jetzt mit Mehrheit die Annahme des kommunistischen Antrags; der Druck hatte gewirkt. Der politische Eklat war da.

Sofort begannen die Kommunisten mit demonstrativen militärischen Übungen ihrer Selbstschutzverbände. Das jüngste Urteil des preußischen Innenministers Severing über die Rolle dieser Verbände schien sich in Zella-Mehlis zu offenbaren: „Die proletarischen Hundertschaften sind der Grundstock und das Rückgrat einer künftigen ‚Roten Armee', sind bestimmt, die politische Entwicklung zur gewaltsamen Entscheidung zu treiben und die Aufrichtung der Diktatur des Proletariats zu erkämpfen."[116] Die paramilitärischen Verbände durchzogen die Straßen der thüringischen Kleinstadt, Messer, Knüppel und vereinzelt auch Schußwaffen wurden sichtbar; man sang revolutionäre Lieder. Besonders jenes von 1848 klang heraus:

„Schmiert die Guillotine mit Fürstenfett,
reißt die Konkubine aus dem Lotterbett",
das den Refrain hatte:
„Wetzt die Messer an dem ersten Stein,
dann rennt sich's besser in den Schmerbauch hinein."

Diese sich steigernden Straßenaktivitäten, denen die Kommunisten einen vorrevolutionären Charakter zu geben offensichtlich bemüht waren, hatte die Landesregierung in Weimar auf den Plan gerufen. Noch am Samstag vor Ostern hatte Innenminister Hermann als Polizeiminister des Landes ein Kommando Landespolizei, die in Thüringen nur eine Sollstärke von 900 Mann besaß, nach Zella-Mehlis geschickt. Die Aktionen beruhigten sich dadurch vorerst, doch die Landesregierung geriet zwischen rechts und links. Aus politischer Überzeugung, aber auch aus Rücksicht auf die parlamentarisch notwendige Unterstützung durch die KPD im Landtag machte Frölich in Berichten nach Berlin – anders als der Reichskommissar für die innere Sicherheit, Kuenzer – gegen rechts Front.

Am 19. März informierte er Reichskanzler und Reichsinnenminister von den Wirkungen, die rechtsradikale Aktionen in Bayern auf Thüringen hätten.[117] Er verwies darauf, daß in Auswirkungen der Hitleraktionen Mitte Januar des Jahres in München in Coburg am 28. Januar eine Bannerweihe des Jungdeutschen Ordens stattgefunden habe. Unter dem Wehen einer großen roten Hakenkreuzfahne hätten vor gemeldeten 4000 Besuchern Redner

---

115 ebd. S. 4948f. und 4950.

116 Zit. von dem Abgeordneten Herfurth (DNVP) auf der Landtagssitzung vom 31. 5. 1923, ebd. S. 4958. Zur folgenden Szenendarstellung s. ebd. 4934ff., bes. S. 4956.

117 BA R 43 I/2729: Frölich an Reichskanzler Cuno 19. 3. 1923.

aus Coburg, Nürnberg und Schweinfurt Parolen des Jungdeutschen Ordens und des Nationalsozialismus aufputschend unter die Masse gebracht. Mitglieder der rechtsgerichteten Ehrhardt-Brigade seien stürmisch begrüßt worden, Hindenburg und insbesondere Ludendorff seien, auch vom Herzog von Coburg, rhythmisch gefeiert, Hitler gelobt worden, „weil dessen wertvolle Arbeit nicht nur dem äußeren Feind, sondern auch dem inneren gelte".

Frölich bewertete Aktionen dieser Art als den Anfang für „nicht absehbare Folgen für den Bestand des Reiches und das deutsche Volk". Insbesondere wies er darauf hin, daß in Coburg auch Anhänger des Jungdeutschen Ordens aus Thüringen anwesend waren, folglich die Vorgänge dort geeignet seien, „die mitteldeutsche Bevölkerung außerordentlich zu beunruhigen". Er forderte angesichts der „Abwehr gegen den französischen Imperialismus" im Rheinland und Ruhrgebiet eine energische Aktion des Reiches gegen die Nationalsozialisten, insbesondere in Bayern. Dort solle die Reichsregierung darauf hinwirken, daß die bayerische Regierung „republikfeindliche Veranstaltungen mit allen ihr zur Verfügung stehenden Mitteln verhindert".

Zur Unterstützung der vorgetragenen Befürchtung, die nationalsozialistischen Aktionen in Bayern würden auf Thüringen übergreifen und die mitteldeutsche Bevölkerung beunruhigen, verwies Frölich auf jüngste Aktionen in Meiningen, wo eine Organisation mit dem Namen „Heimatbund" unter der Leitung von Reichswehroffizieren seit Wochen jeden Sonntag militärische Übungen abhalte. Während vor der Öffentlichkeit behauptet werde, dieser Bund halte die Übungen mit Genehmigung der Reichsregierung ab, sei zu befürchten, daß rechtsgerichtete Reichswehroffiziere (ein Meininger Leutnant Volkmar wurde namhaft gemacht) hier ihre Kompetenzen, beeinflußt durch Rechtsparolen, überschritten. Frölich informierte von diesen Vorgängen mit begleitenden Schreiben nicht nur Reichskanzler und Reichsinnenminister, sondern auch den Reichswehrminister.

In dieser Situation goß die ‚Rote Fahne', das Zentralorgan der KPD, noch Öl in die auflodernden Flammen. Drohend erklärte sie am 30. März 1923: „Die Thüringer Regierung sieht sich nicht in der Lage, den Parteien, die versuchen, die Republik zu schützen, die Bildung von Selbstschutzorganisationen zu verbieten. Sie wird den proletarischen Selbstschutz nicht hindern." Die Zeitung suchte ihrer Forderung Nachdruck zu verleihen, indem sie auf Vorgänge im benachbarten Sachsen verwies, wo die Leipziger Bezirksleitung der inzwischen vereinten SPD und die Vertreter aller Kreisleitungen eine beschleunigte Errichtung eines „Sozialdemokratischen Ordnerdienstes" beschlossen hätten. Unausgesprochen, aber zwischen den Zeilen erkennbar, blieb die Forderung an die SPD Thüringens, ihren Parteifreunden aus Leipzig gleiches in Weimar nachzutun. Das war der Augenblick für die KPD, Ulbricht, der seit 1921 Sekretär des KPD-Bezirks Groß-Thüringen war, dort aktiver werden zu lassen. Die Landesregierung Frölich geriet unter den gleichzeitigen Druck von rechts und links.

Das ‚Gothaer Volksblatt', thüringisches Organ der KPD, veröffentlichte am 8. April eine fulminante Anklage an die Adresse der SPD unter dem Titel „Die Zertrümmerung der proletarischen Einheitsfront durch die SPD Thüringens". Das Blatt suchte die ihm erscheinende Gunst der historischen Stunde zu nutzen, mit Hilfe der rechtsradikalen Vorgänge die Massen von der SPD abzuziehen. Während die Faschisten von deutschen Unternehmen „Milliarden und Abermilliarden" gespendet bekommen hätten, um sich zu organisieren, zu unterhalten und auszurüsten, sei die deutsche Arbeiterschaft durch die SPD in einer kampfunfähigen Lage, „entwaffnet dank Noske, Severing und Hörsing". Die Sozialdemokraten hätten „mit dem Instinkt des gewohnheitsmäßigen Verräters" die sich revolutionär bildenden proletarischen Selbstschutzformation „abzudrehen" versucht. Die Regierung habe den Selbstschutz von vornherein unter das Kommando der Landespolizei stellen wollen. Obwohl sich in einer großen Zahl Thüringer Gemeinden bereits „Arbeiter ohne Unterschied der Parteien" in gemeinsamen Selbstschutzorganisationen zusammengefunden hätten, habe die SPD den Parteibefehl ausgegeben: „Mit den Kommunisten keinen gemeinsamen Selbstschutz!" In der Konsequenz hätten Reichswehraktionen in Suhl und thüringische Aktionen des Innenministers Hermann in Zella-Mehlis dort gebildete proletarische Selbstschutzorganisationen aufgelöst.

Heftig polemisierte das ‚Gothaer Volksblatt' gegen die SPD. „Wie oft haben die Sozialdemokraten über die ‚Spaltungsarbeit der Kommunisten' gezetert. Hier in dieser allerwichtigsten Lebensfrage des deutschen Proletariats sehen die Arbeiter ganz unverhüllt, wer denn eigentlich spaltet." Das Blatt machte den thüringischen Innenminister Hermann namhaft und suchte gegen ihn und andere Führer die sozialdemokratischen Arbeiter zu mobilisieren: „Mit losen zusammengerafften Haufen wird man das Heer Hitlers und Ludendorffs nicht aus dem Felde schlagen." Deswegen sei der „Spaltungsparole der VSPD" die Einheitsaktion, die Einheitsfront von unten durch die Arbeiter selbst, entgegenzusetzen. Nicht die SPD gelte es zu schützen, sondern das Vordringen der Rechtsradikalen zu verhindern: „Die Arbeiterschaft aber kann dies Verbrechen der VSPD-Führer noch verhindern. Sie hat die Wahl: Parteiselbstschutz oder gemeinsamen Selbstschutz aller Arbeiter!"

Jetzt war Thüringens Sozialdemokratie aufgefordert, dem kommunistischen Aufruf zur Bildung einer Einheitsfront von unten entgegenzusetzen, wenn sie nicht bei sich Führung und Basis gespalten sehen wollte. Am 8. April 1923 demonstrierte die SPD des Kreises Gotha in einer Kreiskonferenz gegen die kommunistischen Agitationen. Der Vorsitzende Zimmermann unterstrich, daß gerade in Gotha die Gegner von rechts und links, die Nationalsozialisten und die Kommunisten, „das Proletariat gegen die sozialistische thüringische Regierung aufzuhetzen" versuchten.[118] Brill, Vertreter der SPD für den Gothaer Wahlkreis, griff ebenfalls ein. In Weimar hielt er am 10. April ein öffentliches Referat über die politische Lage in Thüringen. Seine Worte waren markant, voller entblößender Prägnanz: „Der Kommunisten Mitarbeit, sofern überhaupt von ernster Mitarbeit gesprochen werden kann, besteht im Verleumden, Lügen und Phrasendreschen, sie hindern durch ihr kindisches, spießerisches Verhalten die ganze Vorwärtsentwicklung und sind die Kräfte, welche laut Zugeständnis ihrer höheren Führer das Anwachsen der Nationalisten und Faschisten verschulden ... In ihrer namenlosen Hetztaktik handeln sie wie der Ochse im Porzellanladen und treiben – vielleicht auch bewußt – die Masse in die Arme der Faschisten."

Das ‚Gothaer Volksblatt', einst die Heimatzeitung Brills, das diesem Mann erst im August 1922 jegliche revolutionäre Absicht und Kraft abgesprochen und an seiner Person den Ärger über die republikanische SPD festgemacht hatte („Von Marx bis Brill: darin liegt das ganze Elend des Menschewismus", ‚Gothaer Volksblatt' 3. August 1922), reagierte auf die Weimarer Brill-Rede vom 10. April äußerst erbost und suchte den Mann als „Auchpolitiker" zu schmähen.[119]

Mit Ulbrichts Einsatz in Thüringen und Brills vehementem Gegenstoß spitzte sich die politische Lage im Lande zu. Auch die Reichsregierung, durch den Bericht ihres Reichskommissars Kuenzer über Ursachen, Verlauf und den aktuellen Stand in Thüringen am 23. April informiert, ebenso über die Lage in den anderen deutschen Ländern in Kenntnis gesetzt, bedroht durch die Folgen der französischen Ruhrbesetzung, berief die Ministerpräsidenten aller Landesregierungen zu einer Krisenkonferenz nach Berlin. Diese Aussprache, zweitägig am 1. und 2. Mai 1923 beim Reichskanzler durchgeführt, ließ die wesentlich durch die

118 Vgl. dazu ‚Volksfront', das Organ der SPD, vom 9. 4. 1923.
119 ‚Gothaer Volksblatt' 11. 4. 1923. Die Weimarer Rede Brills vom 10. 4. 1923 ist hier in Auszügen zitiert.

NSDAP von Bayern aus verursachten, von der KPD in den mitteldeutschen Ländern aber forcierend angeheizten innenpolitischen Unruhen erkennen. Man gab sich wechselseitig die Schuld. Frölich fand Zustimmung mit seiner Einschätzung: „Der Norden nehme gegen den Süden, die Rechte gegen die Linke Stellung." Auch die Reichsregierung sah die geographischen Schwerpunkte des Links- und Rechtsradikalismus so verteilt. Doch bei der Gewichtung der Gefahrenzone ging man auseinander. Fröhlich urteilte: „Mir will scheinen, daß die größere Gefahr nicht in Thüringen liegt!" Knilling, Ministerpräsident Bayerns, gestand ein, daß die NSDAP „ein arges Sorgenkind der bayerischen Regierung" sei, doch zu verbieten sei sie, die „viele Idealgesinnte..., manche Exkommunisten, manche Schiffbrüchige" in sich vereine, nicht. Wenn es um das Verbot einer extremen Partei gehe, „dann wäre die kommunistische Partei für ihn die erste".[120]

Eine solche Einschätzung war nicht dazu angetan, die politische Position des thüringischen Regierungschefs August Frölich zu stärken. Er mußte, gerade erst nach Weimar zurückgekehrt, am 3. Mai vor dem Thüringischen Landtag eine Interpellation der KPD anhören, die in drohendem Unterton die Aufkündigung der parlamentarischen Tolerierung der sozialdemokratischen Minderheitsregierung durch die KPD beinhaltete: „Die Regierungen des Reiches und der Länder haben vier Jahre lang den organisatorischen Aufbau, die militärischen Vorbereitungen und die Bewaffnung der deutschen Faschisten stillschweigend geduldet, zum Teil unmittelbar oder mittelbar unterstützt und gefördert. Der Zusammenhang höchster Reichsstellen mit diesen faschistischen Organisationen ist einwandfrei nachgewiesen. Zwischen der Reichswehr und den Faschisten hat bis in die jüngste Zeit hinein ein geheimes Übereinkommen bestanden. In ganz Deutschland wird durch den Faschismus offen und geheim mit zweifelsfreier Unterstützung staatlicher und kommunaler Behörden der Bürgerkrieg gegen die Arbeiter vorbereitet."[121] Bedroht in ihrer politischen Existenz, machte die SPD daraufhin der KPD am 15. Mai 1923 das Angebot verbesserter parlamentarisch-politischer Zusammenarbeit.

Noch während die Verhandlungen liefen[122], kam es im Landtag zu erregten Diskussionen. Am 31. Mai erklärte der KPD-Abgeordnete Geithner, wie Brill aus Gotha, herausfordernd: „Wir stehen vor einer Weltenwende."[123] In vorsichtigen Wendungen deutete er für die weitere Duldung der sozialdemokratischen Minderheitsregierung Bedingungen an: „Wir müssen zu der Umwandlung von der Arbeitsgemeinschafts- und Koalitionspolitik zu einer Klassenkampfpolitik kommen." Die SPD sei hier gespalten, aber die KPD werde „den Kampf aufnehmen gegen die verkehrte Politik, die ein Teil der Arbeiterschaft eingeschlagen hat". Das Mittel dazu war aus Geithners Worten deutlich herauszuhören, die Einheitsfront von unten, organisiert als gemeinsame proletarische Selbstschutzverbände: „Das gesamte Proletariat...

120 HStA Weimar Thür. Staatsmin. Präs.-Abtlg. Nr. 80: Protokoll der 2tägigen Konferenz der Ministerpräsidenten der Länder mit Vertretern der Reichsregierung 2. 5. 1923.

121 Vgl. dazu die „Denkschrift über die politischen Verhältnisse in Thüringen", am 16. 5. 1923 von den Rechtsparteien des Thüringischen Landtags bei der Reichsregierung eingebracht: BA NS 20/123. Empört stellten hier Abgeordnete fest: „Es ist bezeichnend, daß fast alle die großen Gesetze, die den Aufbau des jungen Staates Thüringen schaffen sollen, beschlossen worden sind gegen die Stimmen oder doch bei Stimmenthaltung aller nichtsozialistischen Parteien. Fast die gesamte entscheidende Gesetzgebung des jungen Landes Thüringen stützt sich also ganz allein auf die geringe sozialistische Zufallsmehrheit." Initiator der Denkschrift war Witzmann (DVP), der dazu schon Anfang März 1923 angeregt hatte, s. Begleitschreiben. Zuvor hatte Prof. Gerland, DDP-Vorsitzender in Thüringen, Staatssekretär Hamm, Reichskanzleramt, am 14. 2. 1923 berichtet, er habe von kommunistischer Seite gehört, „daß wir in spätestens zwei Monaten die neue Revolution hätten", Notiz Hamm 16. 2. 1923, BA R 43 I/2713.

122 Vgl. dazu u. Kap. III 2.2.

123 Sten. Ber. II. Landtag 31. 5. 1923, S. 4935f.

muß eine machtvolle und deshalb einheitliche Schutzorganisation gegen die Mächte des Kapitals aufrichten."[124]

Die Rechte des Thüringischen Landtags sah deutlich, was sich in dem von ihr so genannten „Bruderkampf der Linken" politisch tat. Durchaus mit Süffisanz markierte Herfurth von der DNVP, einer der vier bürgerlichen Landtagsfraktionen, „die fast indianerhafte Kunstfertigkeit der kommunistischen Fraktion . . ., mit der sie die thüringische Regierung an den Marterpfahl stellt, mit Drohungen erschreckt, mit Waffen nach ihr zielt, um ihr letzten Endes doch wieder eine Gnadenfrist von einigen Monaten zu schenken". Dabei war im Blick auf den politischen Kontext allen klar, was Herfurth noch einmal ausdrücklich offenlegte: „In Wirklichkeit sind sie (sc. die Kommunisten Thüringens) abhängig von Sachsen und Moskau."[125] Nicht so klar war ihm und anderen, daß die Begründung des proletarischen Selbstschutzes, die Gefahr von rechts, tatsächlich mehr war als ein günstiges Agitationsmittel der KPD, nämlich eine reale politische Potenz der Zukunft, die Herfurth, der DNVP-Mann, zu unrecht leugnete: „Eine Putschgefahr von rechts hat in Thüringen niemals bestanden und wird auch in Zukunft nicht bestehen. Sie (sc. die Kommunisten) brauchen diesen Popanz aber, um die Berechtigung des proletarischen Selbstschutzes zu begründen."[126]

Die nicht nur in den Augen der Rechten den Sozialdemokraten von der KPD gewährte politische „Gnadenfrist" band deren Fraktionsvorsitzender Tenner an die Rücknahme des Lapo-Kommandos aus Zella-Mehlis. Da die Kommunisten wegen ihrer Mandatszahl (6) keinen Mißtrauensantrag einbringen konnten (dies war erst ⅓ des Landtags möglich), sollte ein Entschließungsantrag die Aktion des Ministers in Zella-Mehlis „aufs schärfste" mißbilligen und „die sofortige Zurücknahme" der Landespolizeitruppe veranlassen. Andernfalls werde die KPD Hermann „auch in seinen Regierungsmaßnahmen nicht mehr unterstützen".[127] Da der Antrag, wie vorher zu sehen war, mit 19 gegen 5 Stimmen bei 22 Enthaltungen abgelehnt wurde, war die partielle Aufkündigung der parlamentarischen Duldung der SPD-Regierung Frölich durch die KPD eine Tatsache geworden. Beide Seiten schleuderten sich entsprechende Vorwürfe entgegen. Hermann verwahrte sich gegenüber der KPD: „Mit derartig schmierigen Charakteren setze ich mich im Landtag nicht auseinander." Tenner deutete die spätere Sozialfaschismus-Theorie der KPD an: „Ihr seid die reinsten Helfer der Faschisten."[128]

Zu der Stunde, in der im Landtag dieser verbale Schlagabtausch stattfand, konferierten hohe Beamte des Innenministeriums mit den Leitern der Polizeiämter der größeren thüringischen Städte Weimar, Zella-Mehlis, Jena, Gotha (Gisohn), Arnstadt, Apolda und Altenburg über die Lage. Die Situationsanalyse war düster. Gerade im Mai 1923 war der Wert der Reichsmark, der sich nach einem spitzen Zwischenhoch Ende Januar im Vergleich zum Dollar konstant bei etwa 30000:1 eingependelt hatte, sprunghaft auf mehr als das Doppelte angestiegen.[129] Eine „rasante Teuerung" war die Folge. Die kommunalen Polizeichefs hatten täglich

---

124 Das ‚Rote Echo', Organ der KPD, hatte am Tag vor der Parlamentsdebatte, am 30. 5. 1923, gefordert, die thüringische Arbeiterschaft solle in Betriebsräten und Selbstschutzverbänden die politische Entscheidung suchen, nicht im Parlament. Severing, preußischer Innenminister, hatte am 24. 3. 1923 zunächst die rechtsgerichtete Deutsch-Völkische Freiheitspartei verboten, am 12. 5. aber auch die proletarischen Hundertschaften für das preußische Staatsgebiet. Thüringens Innenminister Hermann hatte das nicht mitvollzogen, den Selbstschutz noch am 9. 2. 1923 legalisiert, am Samstag vor Ostern 1923 aber Lapo gegen ihn in Zella-Mehlis eingesetzt.

125 Sten. Ber. II. Landtag 31. 5. 1923, S. 4951 und 4953.

126 ebd. S. 4955.

127 ebd. S. 4963.

128 ebd. S. 4984f.

129 Schulze, Weimar S. 36 mit Graphik.

die unmittelbaren Folgen vor Augen, den Anstieg der Preise und der Arbeitslosen, aber auch die politischen Konsequenzen. Sie forderten: „Die Erwerbslosen müssen von der Straße herunter.“ Sie würden dort nur zum „Spielball gewissenloser Agitatoren“, besonders kommunistischer, die bei ihnen und in den „Reihen des versinkenden Mittelstandes“ großen Zuspruch suchten und fänden.[130]

Während die Ministerialbeamten den bedrängten Polizeichefs nur blasse Ratschlägge erteilen konnten – keine durch Menge, Qualität und Preise aufreizende Auslagen in den Schaufenstern der Geschäfte zulassen, Versammlungen schützen, Landespolizei nur in äußersten Notfällen anfordern (Thüringen hatte nur 900 Mann und ca. 1200 Mann Kommunalpolizei) –, forcierte die KPD Tempo und Ausmaß der Agitationen. Für die zum 6. Juni vorgesehenen landesweiten Demonstrationen gab Walter Ulbricht die Parole aus. Er veröffentlichte am 4. Juni im Zentralorgan der thüringischen KPD, der in Jena erscheinenden ‚Neuen Zeitung‘, diese Vorstellungen: „Ebenso wie die Kommunistische Partei den Kampf führt gegen die Regierung der nationalen Schmach, die Regierung Cuno, ebenso ist sie nunmehr gezwungen, der sozialdemokratischen Regierung Thüringens die Unterstützung zu entziehen, nachdem diese durch ihre Polizeimaßnahmen (sc. in Zella-Mehlis) das Vertrauen der Bürgerlichen einschließlich der Deutschnationalen erworben hat und in Thüringen im Sinne der Politik der Regierung Cuno arbeitet.“ Der Artikel, in seinem Vokabular und seiner Zielrichtung mit umgekehrten Vorzeichen auch denkbar in einer nationalsozialistischen Zeitung, wurde als so wichtig erachtet, weil richtungsweisend, daß er später in die von Ulbricht herausgegebene „Geschichte der deutschen Arbeiterbewegung“ Eingang gefunden hat.[131] Die Maxime „Sturz der thüringischen Landesregierung“ war auch eine Reaktion auf die gescheiterten Versuche der SPD, die KPD stärker in die Regierungsverantwortung mit einzubeziehen. Verhandlungsführer war Hermann Brill gewesen.

2.2 Das Regierungsangebot der SPD an die KPD im Mai 1923

Der schon in einem früheren Zusammenhang vorgestellte Artikel Walter Ulbrichts in der ‚Neuen Zeitung‘ vom 4. Juni 1923, mit dem er die Kommunisten aufforderte, „der sozialdemokratischen Regierung Thüringens die Unterstützung zu entziehen“, war auch ein Echo auf die zur Unzufriedenheit der KPD verlaufenen Koalitionsgespräche beider Arbeiterparteien im vorangegangenen Mai. Der Artikel ist sogar als eine direkte Konfrontation Ulbrichts mit Brill zu verstehen, denn Brill war auf Seiten der SPD Verhandlungsführer gewesen. Grundlage der Duldung der sozialdemokratischen Minderheitsregierung Frölich in Weimar durch die KPD war das Regierungsprogramm vom 20. September 1921. Darin waren auch für die KPD wichtige Forderungen festgeschrieben: Demokratisierung der Verwaltung, Sicherung der Landespolizei gegen reaktionäre Einflüsse, gemeinwirtschaftliche Bewirtschaftung der staatlichen Domänen und Forsten sowie von Kohle und Kali, schließlich Fürsorge für die Erwerbslosen, Förderung des Wohnungsbaues nach gemeinwirtschaftlichen Grundsätzen und Ausbau des Steuerwesens nach sozialen Grundsätzen. Auf diese Zielsetzungen hatte das Staatsministerium Frölich die thüringische Landespolitik auszurichten versucht. Dabei sprachen die seit dem 7. Oktober 1921 bis zum 21. Februar 1924, dem Ende der schließlich nur

130 HStA Weimar Thür. Min. d. I. S.t. 17/336: Bericht über die Besprechung der Leiter der Polizeiämter der größeren Städte Thüringens am 31. 5. 1923 im Thür. Min. d. I.

131 Ulbricht, Zur Geschichte der deutschen Arbeiterbewegung, Bd. 1, S. 87.

noch geschäftsführenden Regierung, insgesamt erlassenen 46 Notverordnungen der Landesregierung beredt von der politisch bedenklichen Akzentverschiebung in der Gesetzgebung von der Legislative weg und zur Exekutive hin.[132] Das Verfahren offenbarte die parlamentarische Schwäche der sozialistischen Regierung und die einflußnehmende Stärke der KPD.

Mit dem 9. Januar 1923 war eine neue Dynamik aufgekommen. Die KPD nutzte vornehmlich in Sachsen und Thüringen die gefährlichste außenpolitische Krise der Weimarer Republik. Darin traf sie sich mit der extremen Rechten, die sie gleichzeitig als Reibungsfläche für eigene Revolutionszündungen zu nutzen trachtete. Diese Doppelstrategie – übrigens von beiden extremen Parteien befolgt – hat das Scheitern der Republik von Weimar begünstigt.

In Landtag und Regierung Weimars hat sich dieser Entwicklung im Jahr 1923 vornehmlich ein Mann entgegengestemmt: Hermann Brill. Der damals 28jährige zeichnete sich dabei als einer der führenden republikanischen Kräfte der SPD aus. Ihm war es insonderheit zu verdanken, daß das revolutionäre Herrschaftsstreben der KPD scheiterte. Seine Partei hatte ihm von allem Anfang an die Verhandlungsführung mit den Kommunisten übertragen. Es begann mit eher plänkelnden Gesprächskontakten beider Arbeiterparteien zu Beginn des Jahres 1923. Während die KPD in Leipzig erfolgreich einen Mißtrauensantrag gegen den dortigen sozialdemokratischen Innenminister Lipinski einbringen und diesen dadurch am 30. Januar zum Rücktritt zwingen konnte (unter Zustimmung der Bürgerlichen), hatte Ulbricht zwei Tage zuvor, am Eröffnungstag des Leipziger Parteitages der KPD, von politischer Euphorie bestimmt, an die SPD-Regierung in Weimar geschrieben: „Durch offene Gewaltandrohung Hitlers ist Thüringen unmittelbar bedroht." Er schlug folgende Schutzmaßnahmen vor: „Errichtung von Arbeiterwehren und Bewaffnung der organisierten Arbeiter", „Verbot aller monarchistischen, nationalsozialistischen, deutsch-völkischen und konterrevolutionären Versammlungen" sowie die Verhaftung der Führer und Leiter der Geheimbünde und die Einrichtung von „Kontrollausschüssen aus Angehörigen der Arbeiterorganisationen". Auf dieser Basis hatte die KPD der SPD ein Gespräch angeboten.[133]

Dazu war es auch am 4. Februar im alten Weimarer Fürstenhaus gekommen; allerdings hatte man sich schnell wieder ergebnislos getrennt. Doch die SPD suchte für den 8. Februar einen erneuten Kontakt mit der Fraktion der KPD; Eile schien ihr damals geboten zu sein, hatten doch die Bürgerlichen für den folgenden 9. Februar ein Mißtrauensvotum gegen die sozialdemokratischen Minister Hermann und Greil angekündigt. Sollte das sächsische Vorbild vom 30. Januar Schule machen, so drohte der erzwungene Rücktritt zweier Minister des Staatsministeriums Frölich und damit faktisch einer der gesamten Landesregierung. Doch die KPD taktierte am 9. Februar anders; sie enthielt sich der Stimme, um dadurch der SPD zwar anzuzeigen, „daß die Regierung das Vertrauen der Kommunisten nicht mehr besitzt"[134], aber doch zu signalisieren, daß man eine neue politische Liaison finden könnte. Dafür setzte sie sofort hohe Preise an. Am 10. Februar machte sie der SPD den Vorschlag, „mit uns gemeinsam die Einberufung eines Kongresses der Thüringer Betriebsräte zu veranlassen". Das war die Kardinalforderung ihres Leipziger Parteitages gewesen, ein entscheidender Schritt zur außerparlamentarischen Machtverlagerung in ein revolutionäres Rätesystem.

Die Sozialdemokraten blieben hart; sie lehnten diese Forderung am 16. Februar durch ihren Parteisekretär Georg Dietrich ab. Auch erklärten sie sich nicht bereit, einen gemeinsamen proletarischen Selbstschutz zu organisieren, sondern formulierten: „Der Selbstschutz ist Sache

132 Vgl. Huber, Deutsche Verfassungsgeschichte, Bd. 6, S. 815.
133 Diese Vorgänge sind nur durch die einseitigen Dokumentationen der KPD in der ‚Neuen Zeitung' vom 22. und 23. 5. 1923 zu rekonstruieren.
134 ‚Neue Zeitung' 23. 5. 1923.

der einzelnen Parteien, die VSPD lehnt daher den gemeinsamen Selbstschutz ab.“ Die sozialdemokratische ‚Erfurter Tribüne‘ fügte am 20. Februar noch hinzu, die SPD müsse sich auf eigene Füße stellen, „um ihre Schutzmaßnahmen nach rechts als auch nach links zu treffen“. Das konnte die Presse fordern, die Regierung mußte auf ihre parlamentarische Durchsetzungsfähigkeit achten.

Hier setzte die KPD jetzt doch den Hebel an. Wieder machte das sächsische Vorbild Schule. Dort hatte der Landesparteitag der SPD am 4./5. März die Wiederaufnahme der Koalitionsverhandlungen mit der KPD beschlossen. Die Kommunisten verzichteten zwar im Laufe der Diskussion auf Ministerposten, erzwangen aber eine Regierung des linken Flügels der SPD unter dem bisherigen Justizminister Erich Zeigner. Dieses Kabinett konstituierte sich am 10. April 1923.[135] Vor dem Hintergrund dieser in Leipzig sich abspielenden politischen Kräfteverschiebung signalisierte die KPD-Bezirksleitung Groß-Thüringens dem Staatsministerium Frölich am 28. März, dem Landesetat nicht zustimmen zu können. Eine solche parlamentarische Verweigerung hätte die Verabschiedung des Etats durch den Landtag verhindert. Die SPD geriet unter einen erhöhten Handlungszwang. Die Zeit plänkelnder und damit ergebnislos bleibender Vorgespräche, wie sie im Februar und März geführt worden waren, war vorbei. Jetzt forderten die kommunistischen Landtagsabgeordneten von ihren sozialdemokratischen Kollegen „konkrete Vorschläge und reale Garantien“ zur Bewältigung der in ihren Augen bestehenden gegenwärtigen Krise.[136]

Waren die bisherigen Aktionen auf Seiten der SPD von Knauer, Micke, Kieß und Gründler, Abgeordneten aus der zweiten Reihe, getragen worden, so zog jetzt Hermann Brill die Verhandlungsführung an sich. In seinem Nachlaß fand sich der Entwurf eines Positionspapiers für förmliche Verhandlungen der SPD mit der KPD, das das Ziel verfolgt, diese an der thüringischen Landesregierung zu beteiligen.[137] Dieser Entwurf ist für die Einschätzung der Brillschen politischen Haltung aussagekräftig, zumal er sich an einer für den Autor wichtigen Stelle von einem später veränderten Angebot der thüringischen Sozialdemokraten an die Kommunisten unterscheiden wird.

Brill, von der KPD seit dem letzten Sommer als Menschewik etikettiert, setzte den sich immer deutlicher herauskristallisierenden revolutionären Kernforderungen der KPD wie Einberufung eines Betriebsrätekongresses, Anerkennung von Kontrollausschüssen und Bildung gemeinsamer proletarischer Schutzorganisationen, Konkretionen einer nach links errichteten außerparlamentarischen Machtverlagerung, deren Notwendigkeit die KPD mit drohenden faschistischen Gefahren von rechts immer massiver zu begründen trachtete, als höherrangige „politische Garantie“ die „vorbehaltlose Anerkennung der Verfassung“ gegenüber. Auf dieser Basis, so beschied er den Kommunisten, könne man auch über eine Aufstellung proletarischer Selbstschutzverbände reden, verstanden als „Mittel gegen die der Republik drohenden inneren Gefahren“. Daneben bot Brill in seinem Verhandlungspapier „personelle Garantien“ an; die KPD solle in die Regierung eintreten, sie nicht mehr nur tolerieren. Sodann könnten beide Landtagsfraktionen einen paritätischen parlamentarischen Arbeitsausschuß bilden: „Diesem werden alle Entwürfe für Landtagsvorlagen vor ihrer Einbringung ins Parlament vorgelegt.“

Brills Verhandlungsposition ist als Grundlage einer gemeinsamen Konferenz von Bezirksvorstand und Landtagsfraktion der SPD genommen worden. Als Resultat dieser Konferenz

---

135 Vgl. Huber. Bd. 6, S. 805f.
136 Die Korrespondenz vom 25. 4. 1923 ist abgedruckt im ‚Gothaer Volksblatt‘ 17. 5. 1923.
137 BA NL Brill 93: Verhandlungsangebot der VSPD an die KPD, o. D., aber mit Sicherheit Anfang Mai 1923.

wurden der KPD am 15. Mai im Weimarer Landtagsgebäude an einem Punkt der Verhandlungen deutlich erweiterte Vorschläge unterbreitet. Die SPD hielt an ihrem Regierungsprogramm vom 20. September 1921 fest, das machte sie damit ausdrücklich, daß sie „arbeiterfreundliche Politik" treiben würde, darüber hinaus aber wollte sie die Abwehrmaßnahmen gegen den Faschismus verstärken. Zu diesem Zweck bot sie auf der ausdrücklich gemachten Grundlage einer vorbehaltlosen Anerkennung der Reichs- und Landesverfassungen (ein essentielles Element aus Brills Entwurf) als Ergänzung der vorhandenen staatlichen Machtmittel die „Aufstellung von republikanischen Notwehren" an. Wichtig war ihr aber, daß diese Notwehren „durch die Parteien selbständig" errichtet werden, also nicht gemeinsam von den beiden Arbeiterparteien. Das zentrale Angebot an die KPD jedoch – und hier ging die Konferenz über die Vorschläge Brills hinaus – war der neue Gedanke von einem dem Landtag vorzulegenden Gesetz über die Einrichtung einer Arbeiterkammer. Diese Arbeiterkammer, eine Körperschaft des öffentlichen Rechts, kein parlamentarisches, sondern ein außerparlamentarisches Gremium, da „durch Urwahlen in den Betrieben gewählt", sollte vor Einbringung von Gesetzen und Verordnungen in den Landtag Gutachten, sogar eigene Gesetzentwürfe einbringen sowie Initiativanträge und Beschwerden bearbeiten können. Der schon von Brill vorgeschlagene paritätisch besetzte parlamentarische Arbeitsausschuß sollte eingesetzt und mit dem Prüfungsrecht ausgestattet werden, „inwieweit der Arbeiterkammer weitere Rechte zu übertragen sind".

An einer Stelle dieses Verhandlungsangebots war deutlich zu sehen, wie die thüringischen Sozialdemokraten einen Mittelweg zu steuern suchten. Gerade, am 12. Mai 1923, hatte die preußische Regierung die proletarischen Hundertschaften, gestützt auf § 7 Abs. 4 des Republikschutzgesetzes, verboten; kurz danach, am 17. Mai, genehmigte die sächsische Landesregierung gemeinsam von SPD und KPD organisierte proletarische Hundertschaften. In Thüringen wollte die SPD diese als revolutionäre Milizverbände von der KPD dringend gewünschten Trupps durch die organisatorische Selbständigkeit beider Arbeiterparteien in ihrem politischen Gewicht, das allein maßgeblich war – militärisch waren sie wertlos[138] –, entkräften. Die SPD hatte die größere Anhängerschaft unter den Arbeitern, die KPD die größere propagandistische Stimme. Beides sollte nicht miteinander vereint werden.

Mit einem solchen Verhandlungsangebot ging die SPD Thüringens deutlich über den Entwurf ihres Vordenkers Brill hinaus; dennoch übertrug sie ihm die Verhandlungsführung am 15. Mai im Weimarer Fürstenhaus, dem Landtagsgebäude. Zur Kommission der SPD gehörten außerdem die Abgeordneten Micke, Gründler und Bieligk. Die KPD war durch Kahnt, Roscher, Thomas, Karge und Reinhardt vertreten. Minister nahmen an diesen Verhandlungen nicht teil.

Wir besitzen kein Protokoll der Verhandlungen, sondern müssen aus nachfolgenden Reaktionen Rückschlüsse ziehen. Die KPD publizierte ihre zwei Tage später im ‚Gothaer Volksblatt'. Sie hatte das sozialdemokratische Angebot demnach als „völlig ungenügend" abgelehnt, weil „das stärkste Mißtrauen der KPD" herausfordernd. Sie machte der sozialdemokratischen Landesregierung nicht nur den Vorwurf, das in ihren Augen minimale Regierungsprogramm vom 20. September 1921 bisher nicht erfüllt, sondern sogar „gröblich verletzt" zu haben. Dafür listete sie eine Reihe von Regierungsmaßnahmen der letzten 1½ Jahre auf, wo u. a. von der Preisgabe des Streikrechts im Eisenbahnerstreik die Rede war, vom Eintreten für das Anti-Streikgesetz, von der Einsetzung der „Technischen Nothilfe", von

138 Das knappe Urteil des Reichswehrministers Geßler über den proletarischen Selbstschutz lautete: „militärisch wertlos ... innenpolitisch eine Gefahr ... daher aufzulösen", HStA Weimar Thür. Staatsmin. Präs.-Abtlg. Nr. 80: Besprechung der Ministerpräsidenten der Länder mit der Reichsregierung in Berlin am 1./2. 5. 1923.

„brutalem" Vorgehen gegen die Erwerbslosen, von Holzwucher, vom Schutz eines Fackelzuges des Jungdemokratischen Ordens in Gotha am 11. März 1922, vom Verbot der Arbeiterdemonstrationen zu Ehren der März-Gefallenen, von Bespitzelung der Arbeiterschaft, vom Vorgehen gegen bestehende kommunistische Kontrollausschüsse, ja von einer Sabotage der Faschistenbekämpfung, von der Mobilisierung der Landespolizei gegen die Arbeiter in Zella-Mehlis und summarisch vom Aufbau einer reaktionären Verwaltung.

Die Handschrift des Regie führenden Walter Ulbricht wurde erkennbar, wenn die thüringische KPD der Sozialdemokratie vorhielt: „Sie hat im wesentlichen nichts anderes gemacht, als aus ‚Richtlinien für die künftige Politik in Sachsen' der Regierung Zeigner alles herauszustreichen, was irgendwie nach proletarischer Politik riecht."[139] Brill, der bei den Verhandlungen am 15. Mai nach Aussage des KPD-Genossen Geithner gesagt haben soll, die Vorschläge der SPD dienten dem „Schutze dieser bürgerlich-demokratischen Republik" – dies stand ja auch als notwendige „politische Garantie" in seinem Verhandlungspapier –, konnte nun im ‚Gothaer Volksblatt' noch einmal lesen, wie sehr die thüringische KPD durch Ulbrichts Einflußnahme das sächsische Vorbild auch in Weimar realisiert sehen wollte. Denn nach jenen Richtlinien, welche die neue sächsische Regierung unter Erich Zeigner, angetreten am 10. April, mit der KPD vereinbart hatte, sollten in Sachsen SPD und KPD „proletarische Selbstwehrorganisationen" aufstellen, also gemeinsame. Das tat man dort auch am 17. Mai. Die thüringische SPD hingegen hatte nach Parteien getrennte „republikanische Notwehren" vorgeschlagen. Darüber hinaus monierte die Thüringer KPD auch, daß das Angebot der SPD, eine sog. Arbeiterkammer einzurichten, nur den Zweck habe, den von der KPD geforderten Betriebsrätekongreß als außerparlamentarische und basisdemokratische Organisation ablehnen zu können.

Entsprechend korrigierende Forderungen machte die KPD ihrerseits auf einer zweiten gemeinsamen Konferenz mit der SPD, zu der es eine Woche später, am 24. Mai 1923, kam.[140] Sie lehnte die ihr abverlangte unbedingte Anerkennung der Reichs- und Landesverfassungen ab. Für sie waren – hier lehnte sie sich an Lassalle an – Verfassungsfragen Machtfragen. Verfassungen für unveränderbar zu erklären, so belehrten die Kommunisten ihre sozialdemokratischen Genossen am 24. Mai, sei „antisozialistisch und reaktionär". Als Bedingungen für ihren Eintritt in die Landesregierung stellten sie jetzt die Einberufung eines Betriebsrätekongresses oben an, der „das Programm der Regierung zu formulieren hat". Jetzt sollten endlich in Thüringen die politischen Aktionen nach dem Drehbuch der Kommunistischen Internationale ablaufen. Wichtig waren ihnen sodann die „Bildung gemeinsamer Betriebshundertschaften ohne Rücksicht auf die Parteizugehörigkeit", die „Bildung von Kontrollausschüssen zur Bekämpfung des Wuchers" sowie die Unterstützung durch die SPD für die „Bildung eines Blocks der Länder mit Arbeitermehrheiten". Drohend schloß die KPD ihr Angebot mit dem Hinweis darauf, daß die SPD Vorschläge gemacht habe, die „keine genügende Grundlage zu einer ferneren Unterstützung einer sozialdemokratischen Regierung darstellen". Mit anderen Worten: die KPD kündigte am 24. Mai 1923 ihre am 7. Oktober 1921 angezeigte Duldung der sozialdemokratischen thüringischen Minderheitsregierung Frölich auf.[141]

---

139 ‚Gothaer Volksblatt' 17. 5. 1923.

140 Die Zusammenstellung dieser Verhandlung in: BA NL Brill 93: KPD und VSPD in Thüringen, o. D., aber Mai/Anfang Juni 1923.

141 Im ‚Gothaer Volksblatt' hatte die KPD am 17. 5. 1923 ihre Kritik an den Vorschlägen der SPD in die Worte zusammengefaßt, sie „enthalten kein Wort über die Verteidigung der proletarischen Rechte, das Streikrecht, die Sorge für die Erwerbslosen, die Erfassung der Sachwerte, sie sagen nichts über die Technische Nothilfe, nichts darüber, daß die Bespitzelung der Kommunisten aufhören soll; sie bedeuten die schärfste Ablehnung aller proletarischen Forderungen: der Kontrollausschüsse, des gemeinsamen proletarischen Selbstschutzes aus den Betrieben, des Betriebsrätekongresses;

Doch das war nicht das letzte Wort. Die SPD schrieb der KPD am 25. Mai: „Die Anerkennung der Reichs- und Landesverfassungen sowie der bestehenden Gesetze ist erste Voraussetzung . . ., weil sonst für das Land Thüringen die Reichsexekutive die unausbleibliche Folge wäre." In einzelnen Punkten wiesen die Sozialdemokraten die Forderungen der KPD zurück: Am 28. April hatte die Volksversammlung der Ortsausschüsse der SPD in Weimar „mit über 70% der Mitglieder der freigewerkschaftlich organisierten Arbeiterschaft Thüringens die Einberufung eines Betriebsrätekongresses abgelehnt". Auf dieses plebiszitäre Votum, dem die KPD doch kein vergleichbares an die Seite stellen könne, beriefen sich jetzt die Sozialdemokraten. „Da die VSPD grundsätzlich auf dem Standpunkt der Arbeiterdemokratie steht, sind wir nicht in der Lage, den Massen etwas anderes zu diktieren, als sie selbst beschlossen haben." Hier setzte die SPD wirkungsvoll demokratische Fakten gegen demagogische Parolen. Außerdem verwies sie darauf, daß nach den Richtlinien des ADGB Betriebsräte ausschließlich „Aufgaben wirtschaftsdemokratischer Natur" hätten, somit für die Politik als Instanzen gar nicht in Frage kämen.[142]

Gemeinsame Betriebshundertschaften lehnten die Sozialdemokraten wiederum als unmöglich ab, da „die politisch indifferente Arbeiterschaft, die von Stimmungen hin- und hergeworfen wird", dafür nicht geeignet sei. Brill führte hier das Wort. Betriebskontrollausschüsse seien unnötig, da bereits staatliche Preisprüfungsstellen bestünden. Reichsangelegenheiten schließlich in die Diskussion der Bildung einer Landesregierung in Thüringen einzubeziehen, wie z. B. die Forderung nach einem Rücktritt der Reichsregierung Cuno, gehe über die Kompetenz einer Landesgruppe hinaus. Reichsangelegenheiten könnten nicht zu Landesangelegenheiten gemacht werden.

Über diese ablehnenden Einzelbescheide hinaus gab die SPD einen ihr sehr wesentlichen und grundsätzlichen Gedanken zu Protokoll. Die Mobilisierungsparole der Kommunisten „Für die Arbeiterregierung im Reiche" sei für die SPD so nicht annehmbar. Zur Begründung erinnerte sie an die von Sinowjew auf dem letzten Weltkongreß der Kommunistischen Internationale im November 1922 ausgegebene Parole, die Sozialdemokratie sei nicht der äußerste rechte Flügel der Arbeiterklasse, sondern in Wirklichkeit die linke, höchst gewandte und agile und daher auch gefährliche Flanke der internationalen Bourgeoisie. Mit einer solchen Argumentation, so hielt die SPD der KPD in Thüringen am 25. Mai 1923 vor, sei doch erwiesen, „daß die Kommunistische Partei uns nicht als Bruderpartei betrachtet, sondern als einen Gegner, mit dem man sich zu gelegentlicher Zusammenarbeit bereitfindet, jedoch immer in der Absicht, ihn als den wichtigsten internationalen Faktor der Konterrevolution zu entlarven".

Damit hatte die SPD die Vorschläge der KPD, die Basis einer gemeinsamen Arbeiterregierung in Thüringen sein sollten, mit den Grundsätzen der Legalität und den Hinweisen auf die hintergründigen kommunistischen Revolutionsmethoden, welche die SPD nur als Steigbügelhalter mißbrauchen wollten, abgelehnt. Die Kommunisten reagierten auf diese Ablehnung noch am 25. Mai und wiesen das im übrigen weiter offengelassene Verhandlungsangebot der SPD als „völlig unzureichend" zurück. Sie suchten ihre Position durch die wiederholte Drohung zu stärken: „Auf dieser Grundlage auch nur die gegenwärtige Regierung weiterhin zu unterstützen, ist für die KPD ganz unmöglich", da die Sozialdemokraten Thüringens „die elementarsten Forderungen der proletarischen Klasse abgelehnt" hätten.

---

sie sind ein Dolchstoß gegen die sächsische Arbeiterschaft und die Regierung Zeigner; sie sind ein schändlicher Verrat an der proletarischen Einheitsfront in Thüringen!" Die Partei rief die Bevölkerung auf, die von ihr sog. „breiten Massen", die sozialdemokratischen Führer zur „Aufgabe ihrer Sabotagepolitik zwingen" zu wollen. Das war ein erneuter Aufruf zur Bildung einer Einheitsfront von unten.

142 S. o. Anm. 140.

Doch damit schlugen auch sie die Tür zu weiteren Verhandlungen nicht zu und bekundeten ihre bleibende Bereitschaft, „unter den von uns angegebenen Voraussetzungen in eine Arbeiterregierung einzutreten". Weil dies aber keine Bewegung in ihrer Verhandlungsposition darstellte, erklärten die Sozialdemokraten in einer unmittelbaren Reaktion „die bis jetzt geführten Verhandlungen" als durch die Erklärung der KPD für „abgeschlossen". Sie machten auch den Verantwortlichen für das Scheitern deutlich, es sei die KPD, welche „die völlige Selbstaufgabe" der SPD mit ihren Forderungen verlangt habe: „Dies ist politisch undenkbar und unmöglich." Das veranlaßte die Delegierten der KPD hinzuzufügen, „daß die weitere Behandlung der Thüringer Regierungskrise nicht mehr eine Angelegenheit des grünen Tisches sei, sondern vor den Massen und in den Betrieben ausgetragen und entschieden werden müsse". Sie machten noch den Versuch, das Leipziger Beispiel auf Weimar zu übertragen, brachten am 31. Mai einen Mißtrauensantrag gegen die Regierung Frölich im Landtag ein, erreichten dafür aber nicht, anders als in Sachsen am 30. Januar 1923 beim Mißtrauensantrag gegen den dortigen Innenminister Lipinski, eine Koalition mit den Bürgerlichen. Damit endete vorerst das revolutionäre Begehren der KPD in Thüringen.

Für die Zentrale der KPD waren die geführten Mai-Verhandlungen mit der SPD in Thüringen Anschauungsmaterial. Sie publizierte sie und gab sie allen Referenten mit der Empfehlung weiter, „die Agitation in der nächsten Zeit mit verdoppelter Wucht zu betreiben". Interessant an den veröffentlichten Materialien ist die Tatsache, daß die KPD ihren Referenten nicht empfahl, die SPD wegen ihrer ablehnenden Haltung anzugreifen. Wohl sagte sie: „Wir verlangen von der VSPD proletarische Politik." Zu Hauptgegnern des jetzt mit verdoppelter Agitation zu führenden Kampfes erklärte sie aber ausdrücklich die Faschisten.[143]

Die SPD reagierte auf die erfolglosen politischen Verhandlungen mit der KPD zugleich gelassen beim internen Resümee wie kämpferisch bei der forensischen Anklage. Hermann Brill, der sozialdemokratische Verhandlungsführer im Mai, riet seiner Partei in einem Dispositionspapier, in bezug auf den Betriebsrätekongreß und die Bildung eines gemeinsamen Selbstschutzes bei ihrer ablehnenden Haltung zu bleiben. Kontrollausschüsse seien unnötig, da sich hier nur ein Streit um Worte auswirke, denn die bisherigen Preisprüfungsstellen täten dasselbe, nur auf gesetzlicher Grundlage. Er stellte fest: „Die Regierung wird im Rahmen der unterbreiteten Richtlinien weiter arbeiten." Das bedeutete für ihn, daß sie „die staatlichen Machtmittel zum Schutz der Republik im engsten Zusammenarbeiten mit der hinter der Verfassung stehenden Bevölkerung zu gebrauchen" habe. Wohl solle der Landtag bald über die Errichtung einer Arbeiterkammer bestimmen und auf wirtschaftlichem Gebiet wolle man die Fürsorge für die Erwerbslosen nach den Forderungen der Gewerkschaften aus Wohlfahrtsmitteln des Landes bestreiten. Der Wohnungsbau sei durch Wohnungsfürsorgegesellschaften zu fördern, die Volksernährung „durch fortgesetzte energische Bekämpfung des Wuchers" sicherzustellen. Um dieses alles zu sichern, schlug er die Einrichtung des von ihm favorisierten parlamentarischen Arbeitsausschusses vor, auch „ohne daß die KPD im übrigen unseren Richtlinien zugestimmt hat".

Was bedeutete das Verhandlungsergebnis für die Existenz der Regierung Frölich? Brill meinte: „Nachdem nun die KPD abgelehnt hat und die VSPD außerstande ist, den gestellten Forderungen der KPD zu entsprechen, bleibt im Interesse einer tatsächlichen Einheitsfront der Arbeiterschaft nichts weiter übrig, als daß die bisherige sozialdemokratische Minderheitsregierung in Thüringen auch weiterhin ihre parlamentarische Unterstützung durch die KPD erhält." Trotz aller Gegensätze fordere das Gesamtinteresse des Proletariats die thüringische

143 Vgl. das Rundschreiben Nr. 11 der KPD vom 14. 6. 1923: BA R 134/21.

Regierung dazu auf, im Amt zu bleiben. Vor dem Hintergrund des Ruhrkampfes sei sie dazu aufgefordert, „äußersten Widerstand gegen die Staatsgewalt, die sich in den Dienst der Kapitalisten stellt, äußersten Widerstand gegen alle die Moralität des Proletariats zersetzenden nationalistischen Umtriebe" zu üben. Es gebe keine Veranlassung, die Arbeitsperiode der gegenwärtigen Arbeitermehrheit in Thüringen durch einen Rücktritt der Regierung zu beenden; im Gegenteil, die nationale Bedrohung Deutschlands im Ruhrkampf erfordere das unbedingte Festhalten an den politischen Zuständen und Perspektiven in Thüringen.[144]

Soweit das interne Resümee, das die Regierung Frölich auch befolgte. Im Landtag grenzte der Staatsminister seine Partei und seine Regierung deutlich nach links ab. Am 13. Juni tat er das im Rückblick auf die Maiverhandlungen und unter Beachtung des Ulbricht-Artikels vom 4. Juni in der ‚Neuen Zeitung' (Aufforderung zum Sturz der SPD-Regierung durch die KPD) mit diesen Worten: „Die Diktatur lehnen wir ab (Zuruf von der KPD: ‚Mit der Demokratie kommen sie nicht durch!'); das ist Ihre Auffassung, und Sie kommen mit dem russischen System in Deutschland nicht durch. Deshalb lehnen wir es ab, mit Ihnen die Wege zu gehen, die Sie vorgeschlagen haben, d. h. die Wege, die dazu führen sollen, die Sozialdemokratie aufzulösen und die Diktatur herbeizuführen. Jede Diktatur muß sich zum Nachteil der Arbeiterschaft auswirken, und dazu bieten wir die Hand nicht."[145]

Damit war der Versuch der Kommunisten vorerst gescheitert, in Thüringen ebenfalls den sächsischen Weg zu gehen, d. h. die durch eine Einheitsfront von oben getragene gemeinsame Arbeiterregierung. Das Thalheimer-Konzept war in Weimar – noch – nicht aufgegangen. Brill hatte sich gegen Ulbricht durchgesetzt. Doch es bot sich noch eine zweite Methode an, die über den antifaschistischen Widerstandsweg. Dafür bot das Land Thüringen seiner geographischen Nähe zu Bayern und seiner von allem Anfang an stärkeren Gewichtung auf der politischen Rechten wegen bessere Voraussetzungen als Sachsen. Sie wurden im Sommer 1923 von den Kommunisten zu nutzen versucht.

2.3 Rechtsradikalismus und Antifaschistentag im Sommer 1923

Das thüringische Minderheitskabinett unter Frölich hatte die Maiverhandlungen mit der KPD über deren Regierungsbeteiligung noch aus einer gewissen Position der Stärke führen und schließlich scheitern lassen können. Es sagte sich damit nicht von seiner Politik der sozialistischen Umgestaltung im Lande frei, aber entsagte einer revolutionären. Dieser Versuch, zwischen Reaktion und Revolution eine eher linke Mitte zu halten, scheiterte jedoch im Verlauf des Sommers 1923 immer deutlicher, bis das Staatsministerium schließlich am 11. September ohne parlamentarische Mehrheit dastand, nur noch, bis zum 16. Oktober, geschäftsführend im Amt bleiben konnte, um danach durch einen deutlichen Schritt nach links, aber diesseits einer revolutionären Umformung der Republik, mit der KPD eine Notkoalition einzugehen. Auf dem Wege dorthin wurde die Regierung Frölich durch rechts- wie linksradikale Agitation gedrängt.

Im Juni liefen im Weimarer Innenministerium besonders aus den südthüringischen Bereichen kriminalpolizeiliche Berichte über eine deutlich gesteigerte und deswegen an Einfluß gewinnende Aktivität rechtsradikaler Verbände in größerer Zahl ein. Aus Meiningen, Zella-Mehlis und Hildburghausen kamen die alarmierendsten Nachrichten. Schon jetzt, 1923, zeigte

144 S. o. Anm. 140.
145 Sten. Ber. II. Landtag 13. 6. 1923, S. 5102.

sich, wie begründet der später, 1930, unternommene Versuch der dann an der thüringischen Landesregierung beteiligten NSDAP (Innenminister Wilhelm Frick) war, Hitler durch eine Ernennung zum Gendarmeriekommissar gerade von Hildburghausen die deutsche Staatsbürgerschaft zu verschaffen.[146]

Dieser Landstrich war ein Becken des Rechtsradikalismus. Im Frühsommer 1923 machten sich die Anfänge bemerkbar. Der Jungdeutsche Orden sowie die Verbände „Bayern und das Reich", „Blücherbund" und „Reichsflagge" verwurzelten sich hier. Die traditionellen Führer der hier vorwiegend ansässigen kleinbäuerlichen Landbevölkerung, Pfarrer, Lehrer, Gutsbesitzer und Offiziere, waren die Vermittler, ein Pfarrer Johnson aus Gauerstadt, der Nürnberger Professor Bohneburg, Baron Lerchenfeld, der bayerische Generalstaatskommissar Ritter von Kahr und Hitler die Führer, die „mit schwärmerischer Liebe verehrt und als Heilige betrachtet" wurden.[147]

Zwar konnten die Polizeiberichte deutlich zwischen protestantischen Dörfern, die dem Jungdeutschen Orden anhingen, und katholischen, die der Formation „Bayern und das Reich" folgten, unterscheiden, doch gemein war beiden, „daß sie mit gleichem Fanatismus die Roten hassen und den Moment herbeisehen (sic), wo sie über diese herfallen können". Zusätzlich bildete der Antisemitismus ein verbindendes Agitationsziel. Bannerweihen, Vorbeimärsche „in straffer militärischer Ordnung, im Stechschritt" – denen der dabei geschulterte Spazierstock wohl eher ein infantil-skurriles Aussehen gab –, waren die Demonstrationsmethoden, romantisch gelegene Orte wie die Ruine Altenstein oder die Festung Kronach in Unterfranken sowie die Dörfer Heldburg und Römhild in Südthüringen die bevorzugten Versammlungsstätten.

Der aus Bayern nach Nordosten vordrängende Rechtsradikalismus, den der Ministerpräsident Knilling gegenüber der Reichsregierung Anfang Mai wohl als „ein arges Sorgenkind der bayerischen Regierung" eingestanden, gleichzeitig aber in seiner politischen Bedeutung auch stark eingeschränkt hatte – „viele Idealgesinnte . . ., manche Exkommunisten, manche Schiffbrüchige"[148] –, bedrohte Thüringen ohne Zweifel. Er konnte das ehemalige, zu Thüringen bis 1919 gehörende Herzogtum Coburg als Zwischenglied nutzen, dort die frühere Bewegung „Los von Thüringen" wiederbeleben und politisch neu orientieren, seine Zeitungen ‚Sturm', ‚Wahrheit' und den ‚Völkischen Beobachter' vertreiben, teils unter dem Ladentisch, und so den gesamten südthüringischen Raum infiltrieren. Gotha, mit dem Coburg 1918 fast 100 Jahre in Personal- bzw. in Realunion gelebt hatte, war, wie schon mehrfach erwähnt und im Juni 1923 durch den 4. Balleitag des Jungdeutschen Ordens auf dem nahegelegenen Inselberg wieder nachweisbar[149], ein stark benutzter nördlicher Verteiler rechtsradikaler Propaganda. Wie hier so befürchtete man auch in Zella-Mehlis: „Sofern diese Bewegung in Thüringen Fuß fassen kann, dürften bei den politischen Verhältnissen Thüringens schwerste Gefahren für die Sicherheit und die staatsbürgerliche Freiheit der werktätigen Bevölkerung bestehen." Ähnlich klang das Resümee

146 Vgl. dazu u. Kap. IV.3.2.

147 HStA Weimar Thür. Min. d. I. P 135: Berichte der Kriminalpolizei Meiningen 9. 6. 1923 und Zella-Mehlis 19. 6. 1923.

148 HStA Weimar Thür. Staatsmin. Präs.-Abtlg. Nr. 80: Protokoll der Länderchefs mit der Reichsregierung 2. 5. 1923.

149 HStA Weimar Thür. Min. d. I. St. 17/215: Stadtdirektor Gotha an Thür. Min. d. I. 15. 6. 1923. Der Polizeibericht gab die Parole dieses 4. Balleitages so wieder: „Die Thüringer Kommunisten kommen und nehmen Euch alles weg, plündern und rauben. Ihr müßt Euch durch Anschluß an die vaterländischen Verbände und militärisch geleiteten Organisationen gegen die ‚Roten' schützen." Empört berichteten die ‚Münchener Neuesten Nachrichten' am 11. 6. 1923, daß das Bismarckdenkmal auf dem Riechheimer Berg bei Kranichfeld, 25 km südlich von Weimar, „zur Beruhigung der Öffentlichkeit" entfernt worden sei; die Zeitung nannte das einen ‚roten Thüringer Streich' und forderte: „Weg mit unsauberen Händen von dem, was uns Deutschen heilig ist", BA R 43 I/2314.

aus Meiningen: „Hier dürfte eine ungeheure Gefahr für die republikanische Staatsform liegen.“[150]

Das Urteil der sozialdemokratischen Landesregierung fiel ebenso aus. Sie mußte sich indessen nicht nur dem aufstrebenden Radikalismus der Rechten entgegenstellen, sondern sich auch der herausfordernden parlamentarischen Offensiven der bürgerlichen Rechten erwehren. Diese, DDP, DVP, DNVP und Landbund, zielten permanent auf die sozialistische Innenpolitik des Landes, besonders die Schul- und Beamtenpolitik. Was das Kabinett Frölich hier als von ihm so verstandene substantielle republikanische Neuorientierung eingeleitet hatte und weiter vertrat, lehnte die bürgerliche Opposition als Aufforderung zum Klassenkampf ab. Da parlamentarisch ohnmächtig, hatte sie der Reichsregierung unter dem 14. Mai eine „Denkschrift über die politischen Verhältnisse in Thüringen“ zugeleitet und darüber auch eine Besprechung in der Reichskanzlei am 14. Juni erreicht.[151]

Dabei wurden die Schulfeiern zum 1. Mai kritisiert, für die das Volksbildungsministerium Greil Gedichte „höchst anstößigen Inhalts“ vorgeschlagen habe.[152] Staatssekretär Hamm aus der Reichskanzlei monierte daraufhin auch, daß „ein Zwang zu Schulfeiern solchen Geistes offenkundig gegen den Geist des Art. 148 der Reichsverfassung verstoße, es werde nicht sittliche Bildung, staatsbürgerliche Gesinnung, persönliche und berufliche Tätigkeit im Geiste des deutschen Volkstums und der Völkerversöhnung angestrebt, sondern Klassenkampf gepredigt“. Der in der Denkschrift vorgetragene Vorwurf falscher Beamtenrevers war inzwi-

---

150 Polizeibericht Zella-Mehlis 19. 6. 1923 bzw. Meiningen 9. 6. 1923, a. O. Anm. 147.

151 BA R 43 I 2314: Aufzeichnung betr. Verhältnisse in Thüringen 14. 6. 1923 mit beigehefteter Denkschrift über die politischen Verhältnisse in Thüringen 16. 5. 1923.

152 Zum Beispiel ein Gedicht Max Barthels mit folgenden Strophen:
„Aus ihren Schritten rasen Donner und Flammen,
das Menschenrecht ist ihr erhabener Sohn.
Länder krachen, wo Du hinschreitest, zusammen:
völkerbefreiende Revolution!“
Oder:
„Laßt Eure Knochen von giftigen Dämpfen erweichen!
Fahrt in die Bergwerke, in Wetter und Grubengas!
Wir sind die neue Verschwörung der Gleichen, Ihr der
Geschichte stinkendes Aas!“
Oder:
„Die Frühlingsherrlichkeit ist auch für Euch!
Blüht wie das Land und rauscht wie breite Ströme.
Der Wolken Silber und der Wälder Grün,
der Quelle Stammeln und des Meeres Brandung,
seid brüderlich und Freund wie die Fabrik.
Geht in den großen Straßenzügen
und tragt, die uns erhebt, die rote Fahne.“
Beanstandet wurde neben dieser Trivial-Lyrik auch das Lied „Der Maitag der Jugend“ von Walter Schenk aus Berlin, in dem es u. a. heißt:
„Gelobt noch heut in diesen Feierstunden,
tatfreudig und beflammt von reiner Glut,
Vernichtung dieser Welt, die uns geschunden,
die goldgemünzt aus ihrem Schweiß und Blut.“
Die Gedichtvorschläge waren in dem Amtsblatt Nr. 8 (1923) des Thür. Volksbildungsministeriums abgedruckt (a. O. Anm. 151). Für die anhaltenden Kontroversen um die Feier des 1. Mai spricht auch die Anfrage des Reichstagsabgeordneten Dr. Philipp am 4. 7. 1923 vor dem Reichstag in Berlin betr. Meldung der ‚Deutschen Tageszeitung‘ Nr. 136, wonach Minister Greil Schüler von thüringischen Höheren Schulen verweise, sofern sich diese nicht an den Maifeiern beteiligt hätten. Die Zeitung klagte „gotteslästerliche“ Gedichte an, die vom Volksbildungsministerium für solche Maifeiern vorgeschrieben seien, Sten. Ber. des Reichstages, 1923, Bd. 360, 374. Sitzung vom 4. 7. 1923. In diesen Kontext paßt auch die Anfrage des Abgeordneten Dr. Cremer (DVP) betr. Verhalten thüringischer Behörden gegenüber Verbindungsstudenten in Jena. Es ging um die Ermordung eines Jenaer Burschenschaftlers und das Verbot schwarz-weiß-roter und ähnlicher Abzeichen, dem die Erlaubnis zum Tragen des Sowjetsterns gegenüberstand, ebd. 358, 304. Sitzung vom 21. 2. 1923. Vgl. auch den Artikel „Sächsisch-thüringische Schulgemeinschaft“ der ‚Zeit‘ vom 4. 7. 1923.

schen von der Regierung Frölich zurückgenommen worden, da sie jetzt den Beamten nur eine „Erklärung" folgenden Wortlauts abverlangte: „Ich erkläre hiermit dienstlich, daß ich keiner Vereinigung angehöre, in der Erörterungen stattfinden oder Bestrebungen verfolgt werden, die den Tatbestand einer strafbaren Handlung gemäß §§ 1–8 des Reichsgesetzes zum Schutze der Republik darstellen. Ich gehöre keiner Vereinigung an, die eine Beseitigung der durch die Verfassung festgelegten republikanischen Staatsform erstrebt oder die aufgrund des § 14 Abs. 2 des Reichsgesetzes zum Schutze der Republik vom Thüringischen Ministerium des Innern verboten ist, noch einer Vereinigung, die an die Stelle einer verbotenen Vereinigung getreten ist. Gegenwärtige Erklärung soll sich nicht beziehen auf die Frage, ob ich einer im Reichstag oder im Thüringischen Landtag vertretenen, nicht verbotenen politischen Partei angehöre."

Für verfassungsrechtlich unzulässig wurde die thüringische Verordnung vom 1. Juli 1922 erklärt, wonach die Abkürzung des Vorbereitungsdienstes für Kriegsreferendare von deren vorhergehender schriftlicher Erklärung abhängig gemacht wurde, vorbehaltlos auf dem Boden der Republik zu stehen, ein von Brill vorgebrachter Gedanke. Ebenso als unzulässig verwarf die Berliner Reichskanzlei, daß das Thüringische Volksbildungsministerium mit seinem Erlaß vom 11. August 1922 nur überzeugten Republikanern den Zugang zu Positionen in der Schulaufsicht und Schulleitung öffnen wolle, ein Erlaß, der damals den früheren Gothaer Lehrer und Volksbeauftragten Albin Tenner, inzwischen Fraktionsvorsitzender der KPD im Thüringischen Landtag, in eine solche leitende Position gebracht hatte.

Der Reichsregierung war zu diesem Zeitpunkt, Mitte Juni 1923, die politische Abwehr nach links dringlicher als die nach rechts. Das hatte sie schon zuvor auf ihrer Konferenz mit den Länderchefs am 1./2. Mai 1923 zu erkennen gegeben. Das wurde bei der Diskussion der Denkschrift des thüringischen Bürgerblocks am 14. Mai wieder deutlich. Der Thüringischen Landesregierung war mit dieser Einseitigkeit wenig gedient. Unter Hinweis auf die Stimmungs- und Aktionsberichte an der bayerisch-thüringischen Grenze drang sie im Juni in Berlin auf wirtschaftliche und finanzielle Hilfestellungen. Diese sollten die sich abzeichnende Verflechtung der von rechts und links gesteuerten Radikalisierung mit der sozialen Lage wieder aufheben. Der in wirtschaftlicher Not „versinkende Mittelstand" sei Nährboden für KPD und Jungdemokratischen Orden. Das schrieb Hermann Brill, zu dieser Zeit erstmals als Referent im thüringischen Ministerium des Innern, in dem er zum 1. September 1923 als Ministerialdirektor die Leitung der Abt. II (Polizei) übernahm, anzutreffen.[153] Aus Berlin antwortete der Reichsinnenminister jedoch am 4. Juli mit erneuten Aufforderungen zur gezielten Bewachung allein der linken Propaganda, in Thüringen besonders vertreten durch das ‚Gothaer Volksblatt'.[154]

Nicht ohne Einfluß auf diese Haltung der Reichsregierung waren sicher die zwischenzeitlichen Ereignisse in Sachsen geblieben. Dort war am 10. April der deutlich links stehende bisherige Justizminister Erich Zeigner zum neuen Regierungschef gewählt worden. Den Zwang dazu hatte die KPD ausgeübt, die aber selbst nicht in die Regierung eintrat. Dafür hatte sich Zeigner durch Angriffe gegen Reichskanzler Cuno zu „bewähren", die er auch sogleich in

153 HStA Weimar Thür. Min. d. I. St. 17/336: Thür. Min. d. I. an Reichsminister d. I. 20. 6. 1923. Der Entwurf trägt die Paraphe Brills.

154 BA R 43 I 2314: Reichsminister d. I. an Thür. Staatsmin. 4. 7. 1923. Das ‚Gothaer Volksblatt' hatte am 20. Januar 1923 geschrieben: „Die Regierung Cuno bedeutet die Kriegshetze, den Faschismus und den Belagerungszustand. Diese Regierung muß von der Bildfläche verschwinden, die muß beseitigt und durch eine Arbeiterregierung ersetzt werden." Zwei Tage zuvor, am 18. Januar, hatte es in dieser Zeitung geheißen: „Arbeiter, wo sind Eure Fäuste? Wann schlagt Ihr auf den Tisch? Wann beseitigt Ihr die Regierung Cuno und schafft Ordnung?" Schließlich wiederum zwei Tage zuvor, am 16. Januar, hatte das ‚Volksblatt' dazu aufgefordert: „Veranstaltet Massenaktionen! Organisiert den Massensturm gegen die bürgerlichen Regierungen! Es lebe die Regierung der Arbeiter und Bauern! Es lebe die proletarische Revolution!"

seiner Regierungserklärung vorgetragen hatte. Cuno, so war dort von ihm zu hören gewesen, sei nicht entschieden genug gegen republikfeindliche Kräfte vorgegangen und dulde insbesondere den Verbund der Reichswehr mit „reaktionären faschistischen Organisationen".[155] Als in Dresden danach die SPD am 17. Mai beschloß, zusammen mit der KPD proletarische Hundertschaften aufzubauen, Zeigner Cuno am 16. Juni erneut angriff, eine Interpellation der DVP im Reichstag am 7. Juli die Angriffe der sächsischen Landesregierung gegen das „nichtsozialistische Bürgertum" beanstandete[156] und schließlich eine Besprechung Cunos mit Zeigner, bei dem jener diesem Obstruktion vorhielt, am 12. Juli in der Reichskanzlei ohne Wirkung blieb, griff das Reich zu einem stärkeren Mittel. Am 18. Juli veröffentlichte das Wolffsche Nachrichtenbüro eine amtliche Presseverlautbarung, in der es im Blick auf Sachsen und Thüringen hieß: „Wer die jetzige Not des Vaterlandes benutzen wolle, um eigensüchtige Parteizwecke durchzusetzen oder die gesetzliche Ordnung durch Mittel der Gewalt zu zerreißen, würde allein die Zwecke fremder Mächte fördern und ein Verräter am deutschen Volke sein." Die Reichsregierung sprach von „pflichtgemäßer ernster Aufmerksamkeit", die sie den politischen Ereignissen in Mitteldeutschland zuwenden werde.[157] Sie drohte an, „alle Machtmittel rücksichtslos einsetzen" zu wollen, wenn der Bestand und die Verfassung des Reiches dies erforderten. „Die notwendigen Machtmittel hierzu stehen der Reichsregierung zur Verfügung." Der spätere Einsatz der Reichswehr in Sachsen und Thüringen deutete sich in dieser Formulierung an. In der jetzigen Stunde enthielt der folgende Satz jedoch ein vermittelndes Angebot: „Daß die Reichsregierung auch bemüht ist, mit den Landesregierungen von Sachsen und Thüringen im Interesse der ruhigen Entwicklung unserer inneren Verhältnisse ein Einvernehmen zu pflegen, ist bekannt."

Das Presseecho dieses letzten diplomatischen Mittels war groß. Die ‚Germania' verwies am 19. Juli 1923 auf zwei Artikel des sozialdemokratischen ‚Vorwärts' aus den letzten Tagen, in denen sie „ein ernstes Zeichen der Zeit" sah, da diese Artikel mit den Möglichkeiten eines Bürgerkriegs spielten. Die ebenfalls gouvernementale ‚Vossische Zeitung' assistierte am 20. Juli. Am selben Tag schrieb ‚Die Zeit', daß die besondere Gefahr aus Sachsen und Thüringen drohe: „Es darf nicht übersehen werden, daß der Freistaat Sachsen überhaupt ein gefährlicher ‚proletarischer' Wetterwinkel ist." Thüringen beteilige sich jetzt daran. Was in Sachsen schon erreicht sei, werde auch auf Thüringen überschlagen können, ja dem Reich drohen.

Ein solches Bedenken entsprach zumindest der in diesen Sommerwochen von der Zentrale der KPD verfolgten Taktik. In ihrem politischen Rundschreiben Nr. 11 vom 14. Juni 1923[158] hatte sie die Parole ausgegeben, jetzt nicht isoliert in einzelnen Bezirken mit der SPD um die Macht zu kämpfen, sondern zunächst einmal andere Bezirke auf jene Linie zu bringen, auf der man sich schon im Ruhrgebiet und Oberschlesien wähnte. Die Partei müsse lernen, hier „politischen Machtkämpfen auszuweichen, unter Umständen Rückzüge durchzuführen. In den anderen Bezirken wie Berlin-Brandenburg, Wasserkante, Mitteldeutschland, Schlesien, Württemberg muß die Partei mit aller Kraft dahinwirken, in die Linie der Kampffähigkeit der anderen Bezirke nachzurücken." Isolierte Kämpfe um proletarische Hundertschaften, Kontrollausschüsse und Betriebsrätekonferenzen seien nicht tunlich. Man habe schon 1919 die Erfahrung gemacht, daß dann die deutsche Arbeiterklasse „der Reihe nach einzeln" niedergeschlagen werde. Erreiche man aber, daß die Kommunisten in allen Bezirken bis auf eine Linie

155 Vgl. dazu Huber, Bd. 6, S. 108f. und Bd. 7, S. 325f.
156 Vgl. Verhandlungen des Reichstages Bd. 379, S. 7396.
157 Die amtliche Verlautbarung ist in verschiedenen Zeitungen publiziert worden, z. B. in der ‚Germania' am 19. 7. 1923; zur unmittelbaren Vorgeschichte vgl. Huber, Bd. 7, S. 326f.
158 BA R 134/21; Rundschreiben Nr. 11 der Zentrale der KPD vom 14. 6. 1923.

vorgerückt seien, sei die Kampffähigkeit für den entscheidenden Schlag erreicht: „Im Falle eines Angriffs der Faschisten, eines großen Bergarbeiter- oder Eisenbahnerstreiks im ganzen Reich wird es dann der Partei gelingen, die Gesamtarbeiterschaft mobil zu machen, die Führung der kampfbereiten proletarischen Einheitsfront ohne und gegen die VSPD und Gewerkschaftsbürokratie zu übernehmen, zur Verwirklichung der Reichsarbeiterregierung, der Erfassung der Sachwerte, der Bewaffnung der Arbeiter, zum Bündnis mit Sowjetrußland."

Diese Mitte Juni 1923 von der KPD-Zentrale so eingeschlagene Linie drängte den Mißerfolg, den man in den politischen Verhandlungen mit Brill und der thüringischen SPD-Regierung im Mai des Jahres in Weimar erlitten hatte, ins unbedeutende Abseits ab. Statt dessen richtete sich das Augenmerk auf ein koordiniertes Vorgehen, konkretisiert in der Proklamation eines reichsweiten Antifaschistentages am 29. Juli 1923. Dazu gab die ‚Rote Fahne' am 24. Juli diese Parole heraus: „Arbeiter! Die bewaffneten Faschistenbünde wollen Euch abkillen, umlegen und niederhauen. Wie legt Ihr den Mördern das Handwerk? So wie es unsere russischen Brüder getan haben: indem Ihr sie zu Paaren treibt! Schluß mit dem deutschen Faschismus!" Das war die kommunistische Antwort auf die von „pflichtgemäßer ernster Aufmerksamkeit" der politischen Vorgänge im Reich kündende Presseverlautbarung der Reichsregierung vom 18. Juli. Die Lage spitzte sich zu. Oberst Kuenzer, Reichskommissar für die Überwachung der öffentlichen Ordnung, mußte dem Staatssekretär Hamm aus der Reichskanzlei am 24. Juli melden, daß er „mit den schwersten Besorgnissen für das Schicksal des Reichs" erfüllt sei.[159] Die düstere Stimmung der Öffentlichkeit sei schon durch die Tatsache gekennzeichnet, daß allein in Berlin in der letzten Woche 40 Personen Selbstmord begangen hätten. Die Radikalen beider Richtungen hätten auf Kosten der staatserhaltenden Mittelparteien deutlich an Einfluß gewonnen. Da Reichstag und Reichsregierung nicht mehr das Vertrauen der Öffentlichkeit besäßen, würde „auch in durchaus nicht umstürzlerisch denkenden Schichten des Volkes ... dem Gedanken einer Umgestaltung unserer politischen Verhältnisse nachgegangen". Eine gewaltsame Auseinandersetzung sei nicht mehr auszuschließen.

Kuenzer machte dafür die radikale Linke verantwortlich, die „in mehr oder weniger offener Form zum Bürgerkrieg" anheize, dafür proletarische Hundertschaften mobilisiere und besonders in Sachsen, Thüringen und dem Ruhrgebiet zentrale Agitationsstellen besitze. Neben den Linksparteien seien aber vermehrt auch die Rechtsradikalen, in völkischen Kampfverbänden organisiert, als Feinde des Reiches erkennbar: „Diese Kampfstellung zweier großer Gruppen gegeneinander und gegen den Staat in seiner heutigen Form hat eine politische Atmosphäre von einer Schwüle erzeugt, in der schon kleine Geschehnisse große Wirkungen auszulösen vermögen." Gerade das gewaltige Anwachsen des Rechtsradikalismus in Bayern, durch die Parole, Bayern sei nur Ausgangspunkt für Umsturzbestrebungen im ganzen Reich, noch gefördert, dränge die Linke „umsomehr" in eine Kampfstellung hinein. Ziel sei die Untergrabung der Autorität und der Einheit des Reiches.

Der Reichskommissar sprach als das auslösende Moment der Radikalisierung in Deutschland den Einmarsch der Franzosen ins Ruhrgebiet am 9. Januar an. Interessant ist seine Überlegung, Frankreich arbeite bewußt „auf die Zertrümmerung des Reiches" hin. Das sehe man in seiner Absicht, das Rheinland vom Reich zu trennen, aber auch in den Bemühungen, „die partikularistische Einstellung des bayerischen Volkes, seine Abneigung gegen Preußen und die zentralisierenden Tendenzen der Weimarer Verfassung" zu fördern und somit neben dem Rheinland auch Bayern vom Reich loszutrennen. Dies würde den französischen Plan erfüllen, ganz Süddeutschland vom Reich zu trennen: der Norden würde dadurch „die

159 BA R 43 I 2708: Reichskommissar Kuenzer an Staatssekretär Hamm 24. 7. 1923.

schwersten innenpolitischen Kämpfe" zu bestehen haben. Norddeutschland werde nicht mit der Methode der Partikularisierung durch die Franzosen untergraben, sondern mit Hilfe der kommunistischen Revolutionsidee: „Ganz offensichtlich haben die Ereignisse im Ruhrgebiet seit dem Einbruch das Hand-in-Hand-Arbeiten der Franzosen und der deutschen Kommunisten gezeigt." Während überall Sozialdemokraten und offizielle Reichsstellen bei Demonstrationen von den Franzosen verfolgt würden, träfe dies nicht Kommunisten. Dafür führte der Bericht mehrere Beispiele aus dem Ruhrgebiet, besonders aus Essen, Gelsenkirchen und Elberfeld an. Er schloß: „Man sieht: Die Franzosen haben im Ruhrgebiet dieselbe Taktik angewandt wie im Saargebiet, wo sie ebenfalls mit Hilfe der Kommunisten gegen die übrige Bevölkerung vorgegangen sind." Kuenzer verwies in diesem Zusammenhang auf die Erklärung des französischen Abgeordneten Margaine vor der französischen Nationalversammlung am 23. Mai 1923: „Falls Deutschland kein Entgegenkommen zeigt, müssen die Gruben im Ruhrgebiet mit Hilfe der deutschen Kommunisten ausgebeutet werden."

Der Reichskommissar schlug vor, sich auf die möglichst schnelle wirtschaftliche Erholung des Reiches mit Hilfe des Auslandes zu konzentrieren, um so einer Revolution zu entgehen, die „auch Europa mit in den Untergang" hineinzuziehen vermöchte. Er richtete die Aufmerksamkeit der Reichsregierung insbesondere auf den unmittelbar bevorstehenden Aktionstag der Kommunisten, den für den 29. Juli, den letzten Julisonntag des Jahres 1923, reichsweit angekündigten Antifaschistentag.[160]

Für Thüringen waren Kuenzers reichsweite Beobachtungen nur zu bestätigen. Die in Jena ansässige Bezirksleitung der KPD hatte allen thüringischen Ortsgruppen am 13. Juli durch ein Rundschreiben detaillierte Anweisungen für den geplanten Antifaschistentag gegeben. Neun Großkundgebungen waren geplant, so in Jena, Erfurt, Gotha, Meiningen, Gera, Sondershausen, Saalfeld, Ilmenau und Neustadt b. Coburg. Einzuladen, so der Rundbrief, seien dazu auch nicht parteigebundene Organisationen wie die Gewerkschaften, Turn-, Gesang-, Radfahrer-, Schwimm-, Fußball-, Athleten- und Musikvereine, Naturfreunde und Freidenker. Bei ihrer Organisation gelte allerdings der kommunistische Grundsatz: „Ihr müßt aber die Leitung in den Händen haben." Das Auftreten sei so zu organisieren, daß es „propagandistisch wirkt". Große Werbeplakate kämen dafür von der Bezirksleitung, ebenso ein „Kampfabzeichen zum A.F.T.", das für 2000 Mark zu kaufen sei, von denen 1800 Mark „an den Bezirk abzuführen" seien.[161]

Dem Rundschreiben entsprechend überspülte eine große Demonstrationswelle das Land Thüringen. Nicht nur die KPD war daran beteiligt, besonders mit einem großangelegten sog. Reichskinderkongreß in Gotha vom 20.–23. Juli mit einer von 3000 Personen besuchten Abschlußkundgebung auf dem Hauptmarkt unterhalb des alten herzoglichen Schlosses, auch der Jungdeutsche Orden war präsent oder manche anarchistische Gruppe. So sprach etwa der als Anarcho-Syndikalist vorgestellte Schriftsteller Theodor Plivier am 19. Juli in Gera über den „Untergang des Abendlandes".[162] Alle Veranstaltungen verliefen kontrolliert. Das erklärte Brill dem Reichskommissar Kuenzer in einem Telefongespräch am 25. Juli. Er riet sogar dazu, nicht mit staatlichen Mitteln einzugreifen.[163] Gegenüber den Landespolizeistellen hatte Brill am Tag zuvor „umgehenden Bericht" angefordert, ob im jeweiligen Bezirk „Störungen der

---

160 Kuenzers Gedanken führten noch darüber hinaus bis zur Empfehlung, den passiven Widerstand im Ruhrgebiet abzusagen, was das neue Reichskabinett unter Reichskanzler Stresemann dann am 26. 9. 1923 auch tat.

161 HStA Weimar Thür. Min. d. I. St. 17/188: Rundschreiben an alle Ortsgruppen betr. Antifaschistentag, Jena 13. 7. 1923. Dieses Rundschreiben stellte die Polizei in Nordhausen sicher.

162 Die Zusammenstellung der einzelnen Polizeiberichte in: HStA Weimar Thür. Min. d. I. St. 17/188 und St 17/215, der Hinweis auf den Geraer Vortrag Pliviers ebd. St 17/215: Stadtdirektor Gera an Thür. Min. d. I. 21. 7. 1923.

163 HStA Weimar Thür. Min. d. I. St. 17/188: Telefongespräch Brills mit Reichskommissar Kuenzer 25. 7. 1923. Eine von Müller-Brandenburg, dem Leiter der Landespolizei, gemachte Aufstellung über Bestand und Aufteilung der Lapo in

öffentlichen Ordnung zu befürchten sind". Weiter wollte sein Innenministerium über etwaige geplante Gegenkundgebungen informiert werden: „Der Bericht hat sich nach Möglichkeit nicht auf Vermutungen zu stützen, sondern es sind die verantwortlichen Führer der Gegenorganisationen von der Polizei selbst um Aufklärung über etwaige Absichten zu ersuchen." Die Landesregierung wollte rechtzeitig darüber ins Bild gesetzt sein, ob ggf. weitere Polizeiunterstützung in einzelnen Bezirken angefordert werden müßte. Brill legte besonders den Gendarmeriekommissaren auf, es müsse „im gegenwärtigen Augenblick größter Wert auf Ruhe und Geschlossenheit im Innern gelegt werden".[164]

Mit diesen eher zurückhaltenden, weil mehr beobachtenden als konfrontierenden Maßnahmen übernahm das Thüringische Innenministerium nicht die Haltung anderer Länder, etwa die Preußens, das am selben 24. Juli alle Versammlungen unter freiem Himmel mit Einschluß der Umzüge bis auf weiteres untersagt und darin eine weitgehende öffentliche Zustimmung erfahren hatte.[165] Das war wohl auch nicht mehr nötig, denn am 25. Juli nahm die ‚Rote Fahne' vorsichtig Abstand von der vorher verbreiteten Bürgerkriegsparole für Deutschland, auch wenn das Vokabular weiterhin kämpferisch blieb. In ihrem Leitartikel „An den arbeitenden Mittelstand, an die Beamten und Bauern Deutschlands" forderte sie „in ganz Deutschland" zu Demonstrationen auf und fügte hinzu, „wenn nötig, mit Waffen in der Hand einen faschistischen Umsturz verhindern" zu helfen. Die sehr parolenhaften Ausführungen des Artikels summierten alle kommunistischen Klassenkampfformulierungen, griffen das Kohlensyndikat und den Stahlverband, namentlich „Haniel, Thyssen, Klöckner, Krupp und Stinnes" an, den Großgrundbesitz und auch die „jüdischen Kapitalisten", den Kreis der „Fabrikanten, Bankiers, Großagrarier und Großhändler".

Die KPD wollte gegen sie alle die Einheitsfront von unten vorbereiten und rief „alle arbeitenden Schichten Deutschlands, die Arbeiter in den Fabriken und auf dem flachen Land, die Angestellten in den Kontoren und Banken, die Beamten in den Amtsstuben" zur Vereinigung „zu einem Bund der arbeitenden Menschen in Deutschland" auf. Gewaltig wurde die soziale Klientel der KPD ausgeweitet. Der französische Einfall ins Ruhrgebiet wurde als Hintergrund genutzt, um die Sammlung aller „Bauern, Handwerker, Beamten und Frontsoldaten, Sozial- und Kleinrentner" zu einem „Deutschen Befreiungskampf gegen Frankreich" zu vereinigen. Die Kommunisten sahen sich an der Spitze all derer, die eine „gemeinsame Front der Not und der Arbeit gegen die Prasser, Spekulanten und Ausbeuter" organisieren. Ihre Zentrale, die den Artikel unterzeichnet hatte, gab zu erkennen, daß sie auch „für das Bündnis mit Sowjetrußland" diesen Kampf geführt sehen möchte.

Der Antifaschistentag wurde verboten. Die ‚Rote Fahne' suchte am 26. Juli dennoch zu drohen: „Die Stunde der Abrechnung kommt. Die Massen machen sich zu ihr bereit!" Die KPD wollte die Einheitsfront von unten, deswegen verkündete sie in einem zweiten Artikel unter demselben Datum: „Die sozialdemokratischen Arbeitermassen sind mit uns Kommuni-

---

thüringischen Demonstrationszentralen gab zu erkennen, wie schwach die staatlichen Kräfte waren. Von den hier vorhandenen 555 Landespolizisten waren 80 für den größten Unruheherd, Gotha, gedacht, nur 6 konnten Hildburghausen zur Verfügung gestellt werden, ebd. Aufstellung vom 28. 7. 1923.

164 BA Q 43 I 2708: Thür. Min. d. I. an sämtliche Polizeiämter und Gendarmeriekommissare 27. 7. 1923.

165 Die Maßnahmen des preußischen Innenministers Severing wurden von der Berliner Presse überwiegend zustimmend zur Kenntnis genommen, so am 25. 7. 1923 von der ‚Kreuzzeitung', der ‚Deutschen Tageszeitung', ‚Vossischen Zeitung' und dem ‚Berliner Tageblatt'. Im ‚Acht-Uhr-Abendblatt' ließ Severing am 26. Juli verkünden: „Die Regierung, die über die notwendigen Machtmittel verfügt, ist entschlossen, rücksichtslos, nach welcher Seite es auch sei, davon Gebrauch zu machen. Sie wird es unter keinen Umständen dulden, daß sich irgendwelche Parteien oder Bünde über die Staatsautorität hinwegsetzen, und tut dies in der Voraussetzung, daß die Reichsregierung auch in Bayern ein entsprechendes Verhalten mit allen ihr zu Gebote stehenden Mitteln veranlassen wird."

sten gegen den Faschismus. Die Sozialdemokratische Partei und Gewerkschaftsbürokratie mit Cuno, mit den Faschisten in Einheitsfront gegen die Arbeiter." Jetzt sprach das Zentralorgan der KPD davon, am 29. Juli nur „durch eine friedliche, durch ihre Massenwucht und Entschlossenheit imponierende Kundgebung" demonstrieren zu wollen. Von Waffen war nicht mehr die Rede. Wütend fügte sie hinzu, das Unmögliche möglich zu machen: „Am 29. Juli haben die Arbeiter beschlossen, gegen den Faschismus zu demonstrieren. Sie werden sich von diesem Vorhaben durch keinerlei Verbote abhalten lassen. Sie werden die Mittel und Formen der Kundgebungen finden, die ihnen in den verschiedenen Städten und Industriebezirken Deutschlands am zweckmäßigsten erscheinen."

Nach dem Verbot des Antifaschistentages begründete die ‚Rote Fahne' am 27. Juli den deutschen Arbeitern noch einmal den Sinn des Tages: „Ein Tag der Sammlung und der Erweckung der proletarischen Kräfte soll der Antifaschistentag werden." Wie selbstverständlich wurde hinzugefügt, „daß die Kommunisten nicht daran denken, am 29. Juli den Bürgerkrieg zu eröffnen". Die KPD begab sich auf den Rückzug. Sie ließ erkennen, daß „die Situation geändert worden" sei. Die Partei, so hieß es jetzt in dem Artikel am 27. Juli, sei „zu stark, als daß sie sich in einen Kampf hineintreiben lassen müßte, der heute eine Niederlage, ein Zurückwerfen der Arbeiterklasse bedeuten würde".

Das Vokabular des Artikels hatte sich geändert. Man sprach davon, daß „die Zeit jetzt erst heranreift", man sich keinen Kampf aufzwingen lassen wolle und müsse, indessen „den Reifeprozeß mit allen Mitteln zu beschleunigen" suche. Dazu gehöre auch angestrengte Werbe- und Aufklärungsarbeit all derer, die bisher fernstünden und von der kommunistischen Presse nicht erfaßt würden: „Macht man uns die großen Plätze streitig, dann sollen alle Straßen, alle Häuser das Feld unserer Aufklärungsarbeit sein." So glaubte man „die Einheitsfront des gesamten Proletariats" aufbauen zu können. Das Wort vom Sozialfaschismus bereitete sich vor, denn in der Woche nach dem 29. Juli sollten in allen Betrieben Versammlungen abgehalten werden zum Thema „Sozialdemokratie und Faschismus".

Das Signal zum Rückzug von der kämpfenden Front in die werbende Etappe wurde auch in Thüringen verstanden. Dennoch gab es dort am 29. Juli große, aber undramatisch verlaufende Demonstrationen. In Gera kamen 4000 Personen, um eine Rede des KPD-Reichstagsabgeordneten Koenen und eines Russen mit Namen Schenkoff über den Verlauf der Oktoberrevolution 1917 zu hören. In Jena wurden 3000 Demonsrationsteilnehmer gezählt; vergleichbar war es in anderen thüringischen Städten.[166] Ähnliche Berichte erreichten das Weimarer Innenministerium aus Sachsen.[167]

So waren Rechtsradikalismus und Antifaschistentag im Sommer 1923 in Thüringen politisch erfolglos geblieben. Besonders das Verlangen der KPD, das im Mai in den Verhandlungen mit der SPD gescheiterte Bemühen um eine Einheitsfront von oben jetzt durch eine Einheitsfront von unten abzulösen, hatte vorerst nicht zum Erfolg geführt. Die dafür als hilfreich erachtete These vom Sozialfaschismus deutete sich in der Sache an. Heinrich Brandler tat das in dem am 1. August 1923 in der ‚Internationale' publizierten Artikel „An einem Wendepunkt".[168] Die sozialdemokratische Regierung Frölich sah sich mit der Forde-

166 HStA Weimar Thür. Min. d. I. St 17/188: Polizeiberichte aus Gera und Jena 30. 7. 1923.

167 HStA Weimar Thür. Min. d. I. St. 17/215: Polizeipräsidium Dresden an Thür. Min. d. I. 1. 8. 1923. Danach war zum Beispiel in Leipzig „der Antifaschistentag in voller Ordnung, aber unter sehr mäßiger Beteiligung verlaufen", allein in den Kohlerevieren um Chemnitz und Zwickau war die Teilnahme zahlreicher gewesen.

168 Heinrich Brandler, An einem Wendepunkt, in: ‚Die Internationale' 1. 8. 1923, Jg. 6/Heft 15, S. 417ff. Der Autor ging von den Erfahrungen der KPD in Sachsen aus, wo es den Kommunisten gelungen sei, die Mehrheit der sozialdemokratischen Arbeiter gegen die Führung der Partei mobil zu machen. Das praktische Ergebnis in der Regierung des linken Sozialdemokraten Zeigner wurde von ihm als noch „sehr minderwertig" angesehen. Aber es müsse gelingen, „das völlig

rung konfrontiert, einen solchen Wendepunkt in ihrem Sinne mitzugestalten. Das führte über ihren Rücktritt im September zum Deutschen Oktober 1923.

2.4 Das bürgerlich-kommunistische Mißtrauensvotum gegen die sozialdemokratische Minderheitsregierung am 11. September 1923

Der mit seiner ihm von der KPD zugedachten revolutionären Antriebskraft verpuffte Antifaschistentag vom 29. Juli markiert allenfalls ein kommunistisches Zwischentief auf dem Wege zum Deutschen Oktober 1923. Für die sozialdemokratische thüringische Landesregierung war dies nur als Atempause wahrnehmbar, die ihr Rechts- und Linksradikalismus vergönnten. Schon eine Woche später, am 6. August, sah sie sich erneut in die Zange genommen, diesmal durch einen Mißtrauensantrag der vier bürgerlichen Parteien. Anlaß war der Protest Frölichs gegen die am 18. Juli durch eine amtliche Presseverlautbarung bekundete „pflichtgemäße ernste Aufmerksamkeit" der Reichsregierung gegenüber dem linken Radikalismus. Die Weimarer Rechtsparteien hatten ihrerseits gegen diesen Protest Widerspruch eingelegt.[169] Obwohl gar nicht betroffen, schloß sich die KPD dem Mißtrauensantrag aus Gründen politischer Taktik, die auf einen Regierungssturz orientiert war, an. Das Kabinett Frölich vermochte der parlamentarischen Behandlung durch eine Vertagung des Landtags noch einmal auszuweichen. Die vermiedene Niederlage nach dem 6. August war wenig mehr wert als die zuvor gewährte Atempause nach dem 29. Juli. Es lag „drohendes Ungewitter in der Luft", wie vertrauliche oder geheime Berichte kommunaler thüringischer Polizeistellen dem Innenminister in Weimar im August immer wieder meldeten.[170]

Anlässe kamen von rechts wie links. Die KPD verfolgte jetzt mit größerer Entschlossenheit ihre seit Wochen zu beobachtende Taktik, eine Einheitsfront von unten als revolutionäres Mittel einzusetzen. Ein sog. Reichsbetriebsräteausschuß faßte dazu am 11. August in Berlin den Beschluß, am 13. des Monats, einem Montag, den Generalstreik zu beginnen. Das sollte die Arbeiter mobilisieren und in einer Masse zusammenführen. Ohne Zweifel stand wirtschaftliche Not im Hintergrund. Die Reichsmark war gerade zwischen dem 20. Juli und 1. August in ihrem Vergleichswert zum Dollar von 120000:1 auf über 1 Mill.:1 gefallen. 1 Pfund Margarine kostete in Thüringen 550000 Mark, 1 Pfund Rindfleisch 350000.[171] Ulbricht meldete sich am 15. August in der ‚Internationale' zu Wort und stellte „einige politisch-organisatorische Fragen". Zu ihnen gab er diese Antwort: „Die Partei muß fest in den Betrieben verwurzelt sein, und die Betriebszellen müssen das Fundament der Partei im weitesten politischen und organisatorischen Sinne bilden." Die KPD sollte jetzt den außerparlamentarischen Machthebel einsetzen. Deswegen forderte Ulbricht auch „die Umstellung der Parteiorganisation von der Propagandapartei zur Aktionspartei".[172]

Unzulängliche dieser linken Kleinbürgerregierung klar zu machen". Das führe dann dazu, daß die KPD „unter günstigen Umständen ohne und gegen die VSPD . . . die Arbeitermassen für die Arbeiterregierung, für die Sachwerteerfassung, für die Entwaffnung der Bourgeoisie und die Bewaffnung des Proletariats und für das Bündnis mit Sowjetrußland mit Aussicht auf Erfolg in den Kampf zu führen" vermöchte. Brandler wiederholte seine Ausführungen in der nächsten Ausgabe der ‚Internationale' mit dem Artikel über die „Tagung des Zentralausschusses der KPD", ebd. Jg. 6/Heft 16, S. 449ff.

169 Vgl. o. Kap. III 2.3.

170 HStA Weimar Thür. Min. d. I. St 17/189: Stadtdirektor Gera an Thür. Min. d. I. 18. 8. 1923; die Akte enthält eine Vielzahl von vertraulichen oder geheimen Situationsberichten aus thüringischen Städten.

171 Zum Generalstreik s. die Materialien o. in Anm. 170; zur Geldentwertung vgl. Schulze, Weimar S. 36.

172 Walter Ulbricht, Einige politisch-organisatorische Fragen, in: ‚Die Internationale', Jg. 6/Heft 16, 15. 8. 1923. Wichtig war Ulbricht die Erklärung dieser Taktik: „Der Betrieb, die Produktionsstätte ist der Ort, wo Massen von Arbeitern

Offenbar wurde Thüringen dafür als sehr geeignetes Aktionsfeld angesehen, denn am 22. August verlegte die Partei den Sitz des Reichsausschusses der Betriebsräte von Berlin, wo er gerade durch die preußische Regierung verboten worden war, nach Jena; dazu lud sie für den 9. September zu einem reichsweiten Betriebsrätekongreß gerade nach Weimar ein.[173] Zuvor schon wußte man im dortigen Innenministerium um die Lage im Lande. In den größeren Werken von Gera, Gotha oder Zella-Mehlis war der Aufruf zum Generalstreik am 13. August vielfach befolgt worden, wenn auch nicht so, wie die KPD sich das wünschte. Ihre Kader zwangen, „teilweise unter Anwendung von Gewalt“, drohend, es würde sonst „die Bude angebrannt“, zögernde oder sich gar verweigernde Arbeiter auf die Straße. Gera glich so für Stunden „einem wildaufgestörten Ameisenhaufen“, einzelne Fabrikdirektoren, etwa der Leiter der Mercedeswerke in Zella-Mehlis, Schultze, wurden mißhandelt.[174] Doch die Situation eskalierte nicht weiter; am 15. August ebbte sie ab. Dennoch leistete Alexander Abusch, Chefredakteur der in Jena erscheinenden ‚Neuen Zeitung‘, des thüringischen Bezirksorgans der KPD, am 24. August aus dem Geschehen diese zur weiteren Offensive auffordernde Parole ab: „Bildet jetzt in Thüringen eine große, gewaltige Einheitsfront der arbeitenden Masse.“ Die Arbeiter sollten jetzt „ihre Einheitsfrontorgane besitzen... Die Hundertschaften, die Kontrollausschüsse, die Betriebsräte sind diese berufenen Organe. ... Sie müssen Stützpunkte einer thüringischen Regierung sein.«

Dies wollte die thüringische SPD nicht. Erregt schrieb eines ihrer Mitglieder über den Auftritt des Fraktionsvorsitzenden der KPD im Landtag, Tenner, am 24. August in Gotha an die Regierung Frölich in Weimar: „Der Oberkommunist und Oberschulrat hat gestern vor der Kreisdirektion eine von Beleidigungen gegen die Regierung strotzende und aufwiegelnde Hetzrede gehalten. Er hat zum Bürgerkrieg aufgehetzt und auf der Kreisdirektion die Sowjetfahne hissen lassen. Heute ist auf Anordnung von diesem Lumpenschulmeister Tenner die Eisenbahnreparaturwerkstatt geräumt worden. Die Arbeiter, die nicht Kommunisten sind, haben sich geweigert. Aber Tenner hat die Kommunisten in der Waggonfabrik aufgehetzt und die Leute wurden mit Gewalt herausgeholt. Es ist traurig, daß sich die V. Sozialdemokratischen Arbeiter terrorisieren lassen, eine Schlappheit. Wo ist der Führende der V.S.P.D.? So was kann nur in Thüringen passieren! Nachher schreibt das Volksblatt: So und so viel tausend Kommunisten waren versammelt, und dabei sind die Hälfte S.P.D. gewesen. Trauriges Armutszeugnis. Warum schützt Ihr Eure Genossen vor dem kommunistischen Terror nicht, seid Ihr nicht selbst Herr im Lande vor der Hand voll Kommunisten? Armseliges Thüringen.“[175]

Auch die Vereinigung der Industriellen Thüringens trug der Landesregierung am 22. August ähnliche Anklagen vor, wußte aber den Anmahnungen Frölichs und Brills, der bei der Besprechung den Innenminister Hermann vertrat, zu einer verbesserten vorbeugenden Lohnanpassung an die Inflation wenig entgegenzusetzen.[176] Weitaus heftiger war eine Eingabe der Jenaer Ortsgruppe der DDP, DVP, DNVP und des Zentrums vom 26. August an die Regierung. Die Stadt, von einer bürgerlichen Mehrheit regiert, habe, weil Sitz der KPD-Bezirksleitung Groß-Thüringens, in den Tagen des Generalstreiks ganz besonders „unter dem

---

täglich gemeinsam fronden müssen und im Kampf um das nackte Leben zusammengeschweißt werden. Hier saust unmittelbar die Peitsche der großindustriellen Diktatoren auf die Arbeiter nieder.“

173 Wörfel, Arbeiterregierung, S. 56, Dok. 68.

174 Vgl. dazu die Berichte aus Gera vom 18. 8., Gotha und Zella-Mehlis vom 20. 8. sowie Weimar vom 29. 8. 1923. Einen zusammenfassenden Bericht erstellte das Thür. Min. d. I. am 28. 8. 1923, a. O. Anm. 170. In Zella-Mehlis waren die schon 1920/21 als kommunistische Agitatoren besonders aufgefallenen Lehrer Pfaff und Hopfgarten wieder dabei.

175 HStA Weimar Thür. Min. d. I. St 17/189: K. Menzold an die Regierung in Weimar 24. 8. 1923.

176 ebd. Protokoll der Sitzung der Vereinigung der Industriellen Thüringens mit der Landesregierung 22. 8. 1923.

Terror der Kommunisten und der Diktatur ihrer Führer gestanden", die „mit ihren Hundertschaften tatsächlich das Rathaus und die Straße" beherrscht hätten. Vordergründig sei es um eine sofortige Angleichung der Löhne an die Inflationsraten gegangen, tatsächlich aber über die dazu verständliche Solidarisierung der Arbeiter hinaus um die Frage der politischen Macht. Ihre Hundertschaften hätte die KPD dabei eindeutig „als eine Truppe zur terroristischen Durchsetzung ihrer politischen und anerkannt staatsfeindlichen Ziele" eingesetzt. Wo seien die SPD-Führer gewesen? Sie hätten „den Kommunisten das Feld allein überlassen".[177]

Sicher war nicht richtig, was das Thüringische Ministerium des Innern am Ende der Lebensmittelunruhen und der kommunistischen Generalstreiksbewegung am 28. August 1923 glaubte feststellen zu können: „Die örtliche Ruhe und Sicherheit ist überall von den staatlichen und kommunalen Organen gewahrt worden."[178] Ein solches Urteil war beschönigend, für die die Regierung tragende Sozialdemokratie viel zu defensiv und deswegen auch gefährlich. Das erkannte man. Anfang September stellte die SPD ihren Ortsvereinen die Frage: „Kann unsere Partei die Kommunisten noch als vertragsfähig betrachten? Kann mit dieser Partei noch über die Beilegung eines Konfliktes verhandelt werden, den diese in so frivoler Weise provoziert hat? Kann unsere Partei noch weitergehen, ohne die Interessen des Proletariats, die eng verknüpft sind mit der Selbständigkeit der Sozialdemokratie, preiszugeben?" Der ‚Vorwärts', der diese Frage am 4. September reichsweit publizierte, verband sie mit Vorwürfen gerade gegen die KPD Thüringens wegen ihrer „schrankenlosen Hetzpropaganda gegen die sozialdemokratische Regierung". Die Zeitung prangerte „die zwiespältige, doppelzüngige Politik der kommunistischen Maulhelden" an und zog daraus die Konsequenz: „Nach allen bisherigen Erfahrungen ist ein Zusammenarbeiten mit der Kommunistischen Partei unmöglich." Der ‚Vorwärts' warnte die Sozialdemokraten in Sachsen und Thüringen vor den Kommunisten, die „derart von äußeren Parolen abhängig und so auf die Aufpeitschung der niedrigsten Instinkte eingestellt" seien, „daß eine Art Arbeitsgemeinschaft mit ihnen nur zur Zerrüttung der Sozialdemokratie führen kann". Die Parteizeitung mahnte, daß die Beispiele Thüringens und Sachsens gezeigt hätten, „wie undurchführbar" der Versuch einer Arbeiterregierung sei.

In Weimar wurde Staatsminister Frölich jedoch in diese Richtung gedrängt, nicht durch den für den 9. September geplanten kommunistischen Betriebsrätekongreß, denn der wurde kurzfristig wieder abgesetzt, wohl aber durch einen als Gegendemonstration am selben 9. September gedachten „Deutschen Tag" der Rechten in Gotha. Der KPD war dies ein willkommener, viel günstigerer, weil als antifaschistischer Auftritt nutzbarer Anlaß, bürgerkriegsähnliche Situationen auf der Straße zu suchen. Innenminister Hermann hatte am 7. September die Tagung der vaterländischen Verbände am „Deutschen Tag" in Gotha gestattet. Gleichzeitig hatte er aber Landespolizei dorthin geschickt und unter den persönlichen Befehl des Polizeiobersten Hermann Müller-Brandenburg gestellt. Dieser, eine schillernde Figur, vor 1914 rechtsstehend, 1918 „Novembersozialist" geworden, von Scheidemann in der SPD hoffähig gemacht, Ende 1923 aus dieser Partei wieder austretend[179], hatte sich in Gotha, mit dem EK I an der Brust geschmückt, dem dort am 8. und 9. erfolgten An- und Abmarsch der vaterländischen Verbände zum Versammlungslokal am Schießstand in voller

177 ebd. Die Jenaer Ortsgruppe der DDP, DVP, DNVP und des Zentrums an die Landesregierung Thüringens 26. 8. 1923. Eine Abschrift ihrer Eingabe schickten die bürgerlichen Parteien am 27. 8. 1923 auch an die Reichsregierung nach Berlin, ebd.

178 HStA Weimar Thür. Min. d. I. St 17/189: Bericht des Thür. Min. d. I. über die Vorgänge in Thüringen anläßlich der Lebensmittelunruhen und der kommunistischen Generalstreikbewegung 28. 8. 1923.

179 Zu Hermann Müller-Brandenburg vgl. Wolfram Wette, Gustav Noske. Eine politische Biographie, Düsseldorf 1987, S. 598ff.

Montur entgegengestellt. Ein von einer Jenaer Gruppe erstellter Bericht über den Verlauf[180] sah dabei kommunistische Hundertschaften „mit den verschiedensten Gegenständen, wie Knüppeln, Eisenstangen, Messern, Schlagringen usw." nicht nur beobachtend am Rand der Szene stehen, sondern auch in vollem Einsatz, zusammen mit den Verbänden der Landespolizei gegen die vorwiegend angereisten Jungdeutschen Ordensmitglieder. Es war nicht bei Rufen wie „Gesindel, Schweinehunde, Lausebande, Bluthunde" geblieben, sondern auch zu vereinzelten Messerstichen, ja Revolverschüssen gekommen. Müller-Brandenburg wurde indessen mit dem Befehl an die Landespolizei zitiert, „rücksichtslos durchzugreifen".

Dieser deutliche Eingriff der thüringischen Landespolizei und den sich dieser bei diesem Anlaß nur zu gern anschließenden kommunistischen Hundertschaften gegen rechtsgerichtete Verbände sollte Handlungswillen und -kompetenz der sozialdemokratischen Landesregierung gegenüber rechtsextremen Aktionen, wie man sie in einem solchen „Deutschen Tag" sah, nachweisen. Eine ergänzende Eingabe an den Reichsrat in Berlin verlangte am 10. September eine Ausdehnung der Anwendung des seit dem 21. Juli 1922 in Kraft stehenden „Gesetzes zum Schutz der Republik" auf verbale Verunglimpfung des Reiches oder seiner Länder, Anlaß gebende Zeitungsartikel aus den Monaten April und Mai 1923 waren beigefügt.[181]

Dieser mit etwas weit hergeholt wirkenden Belegen begründete Antrag zum verbesserten Schutz der Republik gegen den Rechtsextremismus und die Polizeidemonstration in Gotha machten bei der KPD nicht den beabsichtigten Eindruck. Ihre Abgeordneten schlossen sich dem am 6. August von den Rechtsparteien schon im Landtag eingebrachten Mißtrauensvotum gegen die Regierung Frölich an. Der parlamentarische Vorgang hatte großen offenbarenden Charakter. Die vier Fraktionen der Rechten, Landbund, DVP, DNVP und DDP, und die KPD waren sich am 11. September 1923 in ihrem Mißtrauensbegehren gegen die sozialdemokratische Landesregierung einig. Beide bekundeten sie dies einmütig, die einen durch einen förmlichen Mißtrauensantrag, die anderen, die Kommunisten, gehemmt durch ihre zu geringe Fraktionsstärke, durch einen Mißbilligungsantrag. In wirksamer Addition hob sich der fraktionelle Nachteil der KPD auf. Bei der Abstimmung legten sie ihr Stimmengewicht mit in die Waage der Bürgerlichen. Rechts und Links sprachen der SPD-Regierung mit 30:32 Stimmen das Mißtrauen aus, allein hätte es keiner von beiden geschafft. Die gemeinsame taktische Motivation stellte die programmatische Gegensätzlichkeit, die man doch über Monate hin im Lande erprobt hatte, in den Hintergrund. Staatsminister Frölich mußte förmlich den Rücktritt seiner Regierung erklären; nur geschäftsmäßig blieb diese im Amt.[182]

Die der Abstimmung vorausgegangene große parlamentarische Debatte war vor allen Dingen für die KPD die willkommene forensische Szene, auf der sie den anderen Parteien und der an diesem 11. September breit vertretenen Öffentlichkeit ihr politisches Programm vorstellen konnte. Sie nutzte den günstigen Augenblick einer in ihren Augen schon erreichten Erfolgsetappe kommunistischer Revolutionsintentionen. Während die Rechte ihren förmlichen Mißtrauensantrag nur mit einer summarischen Schuldzuweisung begründete, die Regierung Frölich sei „eine einseitige Parteiregierung, die in schroffem Gegensatz zu den Anschauungen und den Forderungen des größeren Teils unserer Bevölkerung" stehe und nicht in der Lage sei, „den Aufbau des jungen Thüringer Landes allein zum allgemeinen Besten durchzu-

180 BA R 43 I 2314: Bericht über die Tagung der Vaterländischen Verbände in Gotha am 9. 9. 1923, Jena 11. 9. 1923.

181 ebd. Thür. Staatsmin. an den Reichsrat 10. 9. 1923. Abs. 1 des Gesetzes zum Schutz der Republik sollte um den Passus „. . . wer das Reich oder ein Land öffentlich oder in einer Versammlung beschimpft oder herabwürdigt" erweitert werden. Zur Begründung waren Artikel schmähenden Inhalts aus der ‚Eisenacher Zeitung' vom 22. 5. 1923 und der ‚Altenburger Landeszeitung' vom 11. 4. 1923 beigelegt.

182 Sten. Ber. II. Landtag 11. 9. 1923, S. 5407ff., das Abstimmungsergebnis ebd. S. 5468.

führen", wurde Tenner als Fraktionsvorsitzender der KPD bei der Begründung des Mißbilligungsantrages seiner Partei sowohl in der Kritik an der Regierung wie besonders in der Vorstellung eigener Regierungsprogrammatik entschieden deutlicher und detaillierter.

Die Kommunisten wähnten sich am Vorabend ihres Deutschen Oktobers 1923. Politische Theorie und Praxis schienen sich verbinden zu lassen. Ausdrücklich und in sehr offenen Worten paraphrasierte Tenner eingangs Sinowjew, den Präsidenten des Exekutivkomitees der KI, und erklärte so sein Einverständnis mit dem Moskauer Revolutionstheoretiker: „Wir müssen die Sozialdemokraten zwingen, daß sie vom linken Flügel der Bourgeoisie auf den rechten Flügel der Arbeiterschaft treten. Nichts anderes wollen wir in Deutschland . . . Sie (sc. die Sozialdemokraten) sollen nicht in unsere Reihen eintreten, sie sollen auf dem rechten Flügel des Proletariats stehenbleiben, aber in einer Front mit uns Arbeiterpolitik treiben."[183] Machtbewußt hielt die KPD den Augenblick eines solchen Etappenschrittes für gekommen. Als die sozialdemokratische Minderheitsregierung am 7. Oktober 1921 gebildet worden war, damals noch aus SPD und USPD, hatte Tenner bereits den Augenblick des Geschehens markiert, an dem die KPD jetzt, 1923, in Thüringen in die Offensive ging: „Wir Kommunisten sind uns wohl bewußt, daß die sozialdemokratischen Parteien aufgrund ihrer bisherigen Tätigkeit und ihrer politischen Einstellungen die Hoffnungen der Arbeiter nicht erfüllen werden. Trotzdem werden wir eine sozialistische Regierung ermöglichen . . . Die Arbeiterregierung bietet die Möglichkeit, auf legalem Wege unter weitester Ausnutzung der bürgerlichen Demokratie die Sammlung der Arbeitermassen durchzuführen. Wenn dann die Regierung unter dem Druck dieser Massen zu Fortschritten in unserem Sinne schreitet, dann wird sie auf den rücksichtslosen Widerstand des gesamten Machtapparates der Bourgeoisie stoßen . . . Das deutsche Proletariat wird dann den Kampf zu führen haben für die Errichtung der Räterepublik."[184] Die beiden Mißtrauensbekundungen der Bürgerlichen und der KPD zeigten am 11. September 1923, daß in den Augen der KPD dieser historische Augenblick gekommen sei.

Für die Errichtung einer Räterepublik, zunächst in Thüringen, stellte Tenner dem Weimarer Parlament das außerparlamentarisch orientierte Programm einer „Regierung der Arbeiter und Kleinbauern" vor. Ihr tragendes Fundament hatten proletarische Organe zu sein; das wichtigste war der Betriebsrätskongreß, einzuberufen zunächst von ADGB, AfA und ADB, oder – eine Sicherheitsklausel zur Wahrung des revolutionären Zieles war gleich eingebaut –, „beim Versagen dieser Organe", von den proletarischen Parteien als „ein politischer Willensausdruck der werktätigen Massen in der gegenwärtigen außerordentlichen kritischen Lage". Die Verlagerung der Legislative und der politischen Kontrolle aus dem Parlament heraus in die außerparlamentarische Zone der Betriebsräte gab Tenner in bisher nicht gehörten klaren Worten bekannt: „Der Kongreß stellt das Regierungsprogramm auf, zu dessen parlamentarischer Durchführung sich die Fraktionen der VSPD und KPD bindend verpflichten müssen."[185]

Neben dieser fundamentalen Verlagerung der politischen Verantwortung aus der demokratischen Zentrale einer Republik, dem Parlament, in die proletarische einer Räterepublik, den Betriebsrätekongreß, kam allen anderen institutionellen Forderungen der KPD eher marginale Bedeutung zu. Tenner nannte sie denn auch „proletarische Sicherungsmaßnahmen", als da waren die gemeinsamen „proletarischen Hundertschaften zur Abwehr gegen faschistische Mordorganisationen", „im Ernstfall von der Regierung zu bewaffnen", und Kontrollausschüsse, ausgestattet mit Exekutivgewalt und dem Recht auf Beschlagnahme. „Alle bürokrati-

183 ebd. S. 5419.
184 zit. ebd. S. 4953.
185 ebd. S. 5431.

chen Organe des Staates und der Gemeinden unterstehen ihrer dauernden Kontrolle." Die abschließende Forderung nach Aufhebung aller Ausnahmeverordnungen sowie einer „Straffreiheit für Notdelikte" leitete bereits über in unmittelbare Aktionsforderungen der KPD.

Hierzu listete Tenner auf: Versorgung der Bevölkerung mit Lebensmitteln, Aufrechterhaltung der Produktion und Betriebe, Beschaffung von Wohnraum, Anbauzwang zur Sicherstellung der Ernährung. Den Punktationen war die Zusatzklausel gemein, bei ungenügender Eigenfinanzierung Staatskredite zur Verfügung zu stellen. Deren Refinanzierung blieb unbesprochen. Einschneidend ragte aus dieser kommunistischen Programmtafel der deutliche Hinweis auf eine beabsichtigte Bodenreform heraus: „Boden soll nur der besitzen, der ihn selber bebaut." Entsprechend forderte Tenner die „Zuteilung von Großgrundbesitzerland an Werkbauern".[186] Die spätere Formel „Junkerland in Bauernhand" deutete sich hier an.

Die programmatische Rede des Fraktionsvorsitzenden der KPD, abgeschlossen mit dem Aktionsaufruf „Her mit der Arbeiter- und Kleinbauernregierung Thüringens", war gespickt mit verschiedenen politischen Vorwürfen, wesentlich an nur eine Person gerichtet, an Hermann Brill. Der spätere Vorwurf der SED an diesen, er sei ein rechter Sozialdemokrat, kann in Tenners Vorwürfen vom 11. September 1923 einen seiner Ursprünge haben.

Tenner erhob gegen Brill drei Vorwürfe: Bei den Verhandlungen zwischen SPD und KPD im Mai des Jahres über die Fortführung der Arbeiterpolitik in Thüringen habe dieser als Verhandlungsführer der Sozialdemokraten den Kommunisten gegenüber „jede reale Garantie" abgelehnt; den „Deutschen Tag" in Gotha im August habe er als zuständiger Ministerialdirektor im Innenministerium genehmigt; das Schulverwaltungsgesetz der Regierung habe er absichtlich parlamentarisch nicht mitgetragen. Brill konnte dagegenhalten[187], daß er im Frühjahr im Namen seiner Partei der KPD zweimal schriftliche Ausfertigungen „über die Frage der Fortführung der Arbeiterpolitik in Thüringen" vorgelegt habe, die von dieser aber als unzureichend abgelehnt worden seien, daß er bei der Genehmigung des „Deutschen Tages" in einer Dienstbesprechung mit den Organisatoren am 23. August im Weimarer Innenministerium das Recht auf öffentliche Versammlungen zwar anerkannt habe, für den Fall zu erwartender Störungen gemäß Art. 132 Abs. 2 Reichsverfassung aber den Ermessensspielraum der Regierung bei der Genehmigung in Erwägung gezogen habe, im übrigen dann aber mit der Entscheidung für die Durchführung dieses „Deutschen Tages" nichts mehr zu tun gehabt habe, da er nach dem 23. August für 14 Tage in Urlaub gegangen sei. Zum dritten habe er in der Tat das Schulverwaltungsgesetz der Regierung in vollem Einverständnis mit seiner Partei nicht mitgetragen, denn hier habe ein Dissens zwischen ihm und der Sozialdemokratie bestanden.

Das Schlußwort Brills, alle drei Vorwürfe, politisch motiviert, in der Sache aber widerlegbar, zeigten einmal mehr, „daß ich von der Kommunistischen Partei außerordentlich lebhaft, ausdauernd und heftig bekämpft werde"[188], offenbarte die gegenüber der Gothaer Revolutionsphase von 1919 tatsächlich veränderte politische Stellung dieses Mannes, der, einst ein räterepublikanischer Revolutionär, jetzt der Legalität verpflichtet war und als republiktreuer Sozialdemokrat dem Revolutionsbegehren der KPD einmal mehr entgegentrat.

Mit diesen Debattenbeiträgen Tenners und Brills, beides ehemalige Gothaer Parteifreunde, die durch ihre unterschiedlichen Auffassungen von Reform und Revolution zu politischen Gegnern geworden waren, erlebte der Thüringische Landtag am 11. September 1923 einen

---

186 ebd. S. 5432.
187 ebd. S. 5438ff.
188 ebd. S. 5440.

forensischen Höhepunkt, die SPD allerdings auch eine parlamentarische Niederlage. Da jedoch die KPD dem ergänzenden Antrag der Rechten nach Auflösung des Landtags nicht zustimmte – sie mußte Neuwahlen angesichts des durch die thüringischen Kreisratswahlen vom Oktober 1922 sichtbar gewordenen Rechtsrucks in der öffentlichen Meinung fürchten –, konnte die Regierung Frölich zunächst geschäftsführend im Amt bleiben (bis zum 16. Oktober). Doch sofort begann auf allen Seiten die Auseinandersetzung um eine neue politische Machtkonstellation.

3 Der Deutsche Oktober 1923

Vorbemerkung

Die Erinnerung an das politische Geschehen des Jahres 1923 wird bestimmt durch den Einmarsch der Franzosen und Belgier ins Ruhrgebiet am 9. Januar, den danach durch die Reichsregierung verkündeten passiven Widerstand, die Inflation, die separatistischen Bewegungen im Rheinland, den Putschversuch Hitlers in München am 9. November, den zweimaligen Wechsel im Amt des Reichskanzlers, das Wunder der Rentenmark und dann auch noch durch den Eintritt der KPD in die Landesregierungen von Sachsen (10. Oktober) und Thüringen (16. Oktober). Doch gerade im letzten Punkt vollzog sich ein für den Verlauf der deutschen und europäischen Geschichte, vielleicht sogar ein welthistorisch bedeutsamer Prozeß. Das Stichwort dafür lautet „Deutscher Oktober 1923", das in dieser Formulierung an den russischen Oktober von 1917 anknüpfte. Sinowjew, der schon vorgestellte Präsident des Exekutivkomitees der Kommunistischen Internationale, hatte im Oktober 1923 geschrieben, daß „die Herbstmonate des Jahres 1923 nicht nur in der Geschichte Deutschlands, sondern auch über Deutschland hinaus, in der Geschichte der ganzen Menschheit, einen Wendepunkt darstellen".[189]

Doch ein solcher Wendepunkt trat in der Geschichte der proletarischen Weltrevolution gerade nicht ein; diese wurde vielmehr in dem intendierten Sinne nach nur sechs Jahren wieder beendet. Der Kommunismus erlitt in Deutschland eine Niederlage, die wesentlich zur faktischen Aufgabe der Weltrevolution beitrug. In der Konsequenz propagierte Stalin am 14. Dezember 1924 die Möglichkeit des Sozialismus in einem Land und gab den Gedanken auf, das Zentrum der Weltrevolution von Moskau nach Berlin zu verlagern.[190] Allerdings wurde auf der anderen Seite auch das Überlegenheitsgefühl der KPdSU begründet, der immerhin 1917 in Rußland die Revolution gelungen war. Der Weg zur Weltrevolution wurde jetzt als allein möglich durch die Bajonette der Roten Armee angesehen. Man ging den Weg 66 Jahre, vom Oktober 1923 bis zum Oktober 1989. Danach sprach der große homerische Rhapsode der russischen Geschichte, Alexander Solschenizyn, von der „geistigen Katastrophe des Jahres 1917" und der tschechisch-slowakische Dichter-Präsident Vaçlav Havel nannte die Implosion des kommunistischen Herrschaftssystems über die Völker Mittel- und Osteuropas

---

189 Grigorij Sinowjew, Die Probleme der deutschen Revolution, Berlin 1923, S. 1f.

190 Vgl. dazu die ‚Rote Fahne' 24. 9., 9. 10. und 10. 10. 1923. Der fehlgeschlagene deutsche Revolutionsversuch hatte auch zur Folge, daß nicht die deutsche Kommunistische Partei, sondern die russische 1924 zusammen mit der KI den Beschluß zur Herausgabe der ersten „Marx-Engels-Gesamt-Ausgabe" (MEGA) faßte. Von den geplanten 40 Bänden erschien der erste 1927. Als Herausgeber zeichnete das 1921 gegründete Marx-Engels-Institut in Moskau; die Bände erschienen dann allerdings ihrer besseren internationalen Rezeption wegen im eigens dafür geschaffenen Marx-Engels-Verlag in Frankfurt/Main, später in Berlin, bis 1933 waren es 12.

„eine historische Notwendigkeit".[191] Bis dahin hatte der Kommunismus einen halben Sieg 1945 in Deutschland errungen, nicht durch eine innere Revolte, das war schon 1923 mißlungen, sondern durch die Rote Armee. Nur durch sie war er in einem Teil Deutschlands, der DDR, 1949 zu etablieren gewesen. 40 Jahre später, als hier seine revolutionäre Kraft verbraucht, ein Mehrwert nicht geschaffen, der neue Mensch eine Vision geblieben war, gab der Kommunismus in Deutschland auf.

Die KPD, eine Sektion der in Moskau gegründeten KI, hatte es 1919 übernommen, deren Ziele auf Deutschland zu übertragen, das hieß, „mit allen Mitteln, auch mit der Waffe in der Hand, für den Sturz der internationalen Bourgeoisie und für die Schaffung der internationalen Sowjetrepublik, als Übergangsstufe zur vollen Vernichtung des Staates, zu kämpfen".[192] Für diesen Kampf galt als Begründung auch Lenins Wort, „daß sie (sc. die sozialistische Revolution in Rußland) rechtzeitig durch die sozialistische Revolution in einem oder mehreren fortgeschrittenen Ländern unterstützt wird".[193] Diese Erwartung richtete sich in erster Linie auf Deutschland. Hier hatte die KPD 1923 über 200000 Mitglieder, die KPR hatte mit 386000 zu diesem Zeitpunkt nur unbedeutend mehr, die KPD sah sich vor allem in dem Vorteil, in der SPD (1923: 1,261 Mill. Mitglieder) eine zweite Arbeiterpartei an ihrer Seite zu wissen; beide saßen zu dieser Zeit mit zusammen 188 von 459 Abgeordneten (SPD 173, KPD 15) im Reichstag. Die politische Einheitsfront beider Parteien schien mithin ein erfolgsversprechender Weg zum Ziel der KI zu sein.

Auf diesem Weg wähnte sich die KPD bis zum Vorabend des Deutschen Oktobers 1923 so weit gekommen, daß der Schritt zum revolutionären Umsturz unmittelbar getan werden konnte. Die Vorbereitungen dazu hatten mit jenem Brief August Thalheimers an SPD, USPD und ADGB vom 8. Januar 1921 begonnen, in dem die Kommunisten diesen erwünschten politischen Partnern die Einheitsfront vorschlugen; sie sei anzuwenden beim Kampf um die Anpassung der Löhne an die Inflation, bei der Erhöhung der Renten, der Bildung eines proletarischen Selbstschutzes und einer Produktionskontrolle durch Betriebsräte.[194] Auf dem IV. Weltkongreß der KI (5. November bis 5. Dezember 1922) stand diese Einheitsfronttaktik dann im Mittelpunkt der Diskussion; sie wurde aber gleichzeitig in zwei Varianten aufgespalten, die Einheitsfront von oben durch die Parteiführungen und die Einheitsfront von unten auf der Basis der Arbeiterschaft. Die beabsichtigte Spaltung wurde als taktischer Fortschritt gelobt und durch eine Beschimpfung der sozialdemokratischen Führer als Sozialfaschisten für erreichbar gehalten.

Mit dieser Taktik und den Keimen zukünftiger Herrschaftsformen, mit dem Betriebsrätewesen, den Kontrollausschüssen und den Hundertschaften, glaubte die KPD im Sommer und Frühherbst des Jahres 1923 so weit gekommen zu sein, daß sie, gesteuert von der KI aus

---

191 Alexander Solschenizyn, Manifest „Wie haben wir Rußland einzurichten", in: ‚Komsomolskaja Prawda' 18. 9. 1990; das Wort Vaçlav Havels in ‚Der Spiegel' 9. 9. 1990.

192 Leitsätze und Statuten der Kommunistischen Internationale, a. O., 1920, S. 6.

193 W. I. Lenin, Sämtliche Werke, Bd. 26, Moskau 3. Aufl. 1940, S. 294.

194 August Thalheimer, Wie schafft die Arbeiterklasse die Einheitsfront gegen den Faschismus, Berlin o. J., S. 22. Die Diskussion innerhalb der KPD über die Beteiligung an „Arbeiterregierungen" in der Einheitsfront mit der SPD ist 1922/23 breit in der ‚Internationalen Wochenschrift für Praxis und Theorie des Marxismus', hrsg. von Rosa Luxemburg und Franz Mehring, geführt worden, vgl. z. B.: Paul Böttcher, Sozialdemokratisch-kommunistische Regierung?, 4/1922, Heft 21, S. 471–476, Ernst Meyer, Zur Praxis der Einheitsfronttaktik, 5/1922, Heft 3, S. 54–56, Ruth Fischer, Zur Taktik der Einheitsfront, ebd., S. 57–63, Edwin Hoernle, Übergangsforderungen, 5/1922, Heft 7, S. 180–186, Karl Becker, Die Eroberung der Masse, 5/1922, Heft 5, S. 233–235, Heinrich Brandler, Die gegenwärtigen Aufgaben der Partei, 6/1923, Heft 1, S. 3–12, Paul Böttcher, Die Regierungsbildung in Sachsen, 6/1923, Heft 7, S. 196–206. Diese und noch andere Artikel der ‚Internationale' 1922/23 spiegeln auch den wachsenden Gegensatz zwischen der Thalheimer-Brandler-Theorie von der möglichst breiten Einheitsfrontpolitik und der linken Opposition um Ruth Fischer wider, die dagegen die Parole von der „Diktatur des Proletariats" setzte.

Moskau, in Sachsen und Thüringen den revolutionären Umsturz, d. h. den Einbruch in die republikanische Staatlichkeit wagte. Geholfen hatte ihr auf diesem Weg der gleichzeitig mit ihr hochwachsende Rechtsradikalismus, der unter dem Sammelbegriff des „Faschismus" firmiert wurde. Der gleichfalls revolutionär-militante Charakter dieses Faschismus, der in Deutschland allein in der Gestalt des davon seines antisemitischen Programms wegen deutlicher abzuhebenden Nationalsozialismus Geschichte gemacht hat, war für die KPD ein sehr hilfreicher Anlaß zur Verstärkung der eigenen Bürgerkriegsvorbereitungen, die unabhängig vom Faschismus zum Programm der KI gehörten, durch ihn aber nach außen begründeter und legitimierter erscheinen konnten. Das hatte der geplante Antifaschistentag vom 29. Juli 1923 beweisen sollen. Beide Extreme forcierten ihre politischen und militanten Kräfte in wechselseitiger Agitation.

Der KPD ist im Deutschen Oktober 1923 der destruktive Dammbruch mißlungen. Die materielle Notlage der Bevölkerung war als Ansatzpunkt vorhanden, innen- und außenpolitische Druckmittel ebenfalls. Doch das Verhalten der Reichsregierung, der Einsatz der Reichswehr und die herauszuhebende Verfassungstreue der SPD in Thüringen haben die Revolution verhindert. Die Selbstrechtfertigung Ruth Fischers, die KPD habe ihrer eigenen Fehler wegen ihr Ziel nicht erreicht[195], geht an den die Wirklichkeit bestimmenden Faktoren vorbei. In Thüringen ging der entschiedendste Widerstand gegen den Umsturzversuch der KPD von Hermann Brill aus. Er stand in diesen Wochen im Mittelpunkt der exekutiven und parlamentarischen Szene. Als revolutionärer Räterepublikaner 1919 in Gotha in die politische Arena eingestiegen, bestimmte er sie 1923 als verfassungstreuer Republikaner. Er siegte damals über Walter Ulbricht. 1945, als beide an gleicher Stelle noch einmal gegeneinander auftraten, errang Ulbricht den (Pyrrhus-)Sieg. Der Ablauf begann im September 1923 mit den Koalitionsverhandlungen von SPD und KPD in Weimar.

3.1 Die Koalitionsverhandlungen von SPD und KPD vor dem Hintergrund des militärischen Ausnahmezustands der Reichsregierung und des revolutionären Handlungsauftrags der Kommunistischen Internationale

Nach dem erfolgreichen Mißtrauensvotum gegen die sozialdemokratische Regierung Frölich am 12. September suchten alle Parteien auf die jetzt notwendig gewordenen neuen Koalitionsverhandlungen Einfluß zu nehmen. Die demokratische Presse warb für eine große Koalition. In einem abgewogenen Artikel, betitelt „Grenzenloser Optimismus der thüringischen Kommunisten", setzte sich die ‚Eisenacher Tagespost' vom 17. September 1923 mit der innenpolitischen Lage Thüringens auseinander. Das Blatt verkannte nicht: „Die akute parlamentarische Krise in Thüringen ist letzten Endes das Produkt einer latenten politischen Krisis im Reiche." Gerade das wollten die Kommunisten nutzen, um in Sachsen und Thüringen beispielhaft Arbeiterregierungen zu institutionalisieren. Die Zeitung hob hervor, daß die Frage der Haltung der Sozialdemokratie zu den Kommunisten „den Kern jener latenten politischen Krisis im Reiche bildet". Sie warf den Sozialdemokraten vor, „ein jämmerliches Agitationsobjekt der Kommunisten" geworden zu sein. Sie lehne ja schon die Frage der Koalition mit der DVP oder dem Landbund ab und gerate so in die vollständige Abhängigkeit von der KPD. Allerdings mußte das Blatt einräumen, daß die DDP in Thüringen zu schwach sei, um die Regierungsver-

---

195 Ruth Fischer, Stalin und der deutsche Kommunismus. Der Übergang zur Konterrevolution, Frankfurt/Main, 1950, S. 466ff.

hältnisse im Reich[196] auf das Land zu übertragen. Die ‚Eisenacher Tagespost' meinte aber: „Es dürfte außer Zweifel stehen, daß auch in Thüringen die Sozialdemokraten bei einer stärkeren Demokratischen Partei die Koalition mit dieser suchen würden." Die DDP hatte bei den Landtagswahlen vom 11. September 1921 bei 37761 Stimmen nur drei Mandate erhalten. Diese hätten mit den 22 der SPD nicht die notwendige parlamentarische Mehrheit von 28 ergeben.

Die Ablehnung der Sozialdemokratie gegenüber dem Landbund fand bei der ‚Eisenacher Tagespost' Verständnis, da diese Partei in der Zeit des Rechtsblockes mit der DVP und der DNVP vereinigt war. Indessen gab die Zeitung zu bedenken: „Es ist Geschmacksache, ob man als republikanische Partei nicht besser mit einer Partei koalieren soll, die ihre Treue zur republikanischen Verfassung eindeutig bekundet hat, oder mit der Kommunistischen Partei, die die Zerschmetterung der Weimarer Verfassung mit allen Mitteln offen anstrebt." Das Blatt sah die Konsequenz einer Koalition beider Arbeiterparteien darin, daß die SPD „ihr Prestige als ehrliche republikanische und demokratische Partei aufgibt".

Das wollte die KPD durchaus erreichen. Schon vier Tage zuvor, am 13. September, hatte sie das Gesetz des Handelns an sich zu ziehen versucht. Mit einer Auflage von 100 000 Stück warf sie ein Flugblatt auf die Straßen, gerichtet „An die sozialdemokratischen Arbeiter Thüringens", das die schwierige Aufgabe zu lösen versuchte, eine ja mögliche große Koalition im Weimarer Landtag zu verhindern, die Parteibasis von der SPD-Regierung wegzuführen und dennoch diese zu Verhandlungen über eine Koalition allein mit der KPD zu veranlassen: „Sozialdemokratische Arbeiter! Diese Fragen sind entscheidend bei der Bildung der Arbeiter- und Kleinbauernregierung in Thüringen! ... Wir Kommunisten sind gewillt, gemeinsam mit der Sozialdemokratie in Thüringen eine solche Regierung zu schaffen. Wenn das bis heute noch nicht durchgeführt wurde, so liegt die Schuld auf seiten Eurer Führer, die bereit sind, eher vor der Bourgeoisie zu kapitulieren, als mit uns ein Schutz- und Trutzbündnis zu schließen. Wenn Ihr aber noch nicht willens seid, noch nicht die Kraft habt, eine Regierung, die sich auf außerparlamentarische Kampfpositionen stützt, mit uns zu bilden, und glaubt, daß wir Kommunisten aufs neue eine sozialdemokratische Regierung unterstützen, so sagen wir Euch: eine sozialdemokratische Minderheitsregierung kann nur dann von uns unterstützt werden, wenn sie sich ebenfalls auf Kampforgane der Arbeiterschaft stützt!"[197]

Die SPD legte ein von ihr am 18. September verabschiedetes Programm „Zur Neubildung einer Regierung für das Land Thüringen" vor (‚Das Volk' 18. September 1923). Es zeigte den Kniefall vor der KPD. Alle den Sozialdemokraten im Frühjahr wichtigen Positionen, von Brill vertreten, waren jetzt aufgegeben. Damals hatte Brill den Sozialdemokraten ins Stammbuch geschrieben, die Anerkennung der Reichs- und Landesverfassung sei unabdingbare Voraus-

---

196 Seit dem 13. 8. 1923 wurde die Reichsregierung unter Reichskanzler Stresemann von einer großen Koalition, bestehend aus SPD, Zentrum, DDP und DVP, getragen, zuvor unter Reichskanzler Cuno von DVP, Zentrum und DDP.

197 Zit. bei Wörfel, Arbeiterregierung S. 89. Die kommunistische Jugend Deutschlands rief zur selben Zeit zu einer weiteren Radikalisierung auf. Ihr Flugblatt „Der Bürgerkrieg beginnt!" (Wörfel, Arbeiterregierung, Anhang, Dok. Nr. 82: Aufruf vom September 1923) enthielt angesichts der bevorstehenden Aufkündigung des passiven Widerstands im Ruhrgebiet durch die Reichsregierung die Aufforderung zum „Gegenaufmarsch des Proletariats". Besonders Heinrich Brandler wurde im September für seine Fehleinschätzung der revolutionären Lage bekannt. Aus seiner Feder war am 23. 9. 1923 in der ‚Petersburger Prawda' zu lesen: „Die Lage in Deutschland hat sich so weit zugespitzt, daß das Problem der siegreichen Revolution zweifelsohne in seiner ganzen Größe vor uns steht." In Anspielung auf die Verhältnisse in Sachsen und Thüringen erklärte er: „Die Kommunistische Partei Deutschlands ist eine Massenpartei, der die Arbeiter und ein sehr großer Teil der Sozialdemokratie folgt." Zu den Hundertschaften bemerkte er: „Diese ... haben Wunder an Organisation und Können geleistet. Wir sind jetzt überzeugt, daß im Notfall jederzeit kolossale Divisionen entstehen können als Gegengewicht gegen die Faschisten und die offiziellen Streitkräfte des Bürgertums." Der Schlußsatz des Artikels schließlich gab einen euphorischen Vorblick in die nahe Zukunft: „Wir verantwortlichen Arbeiter halten die Erlangung der Macht für nicht schwierig und vollkommen ausführbar", s. BA R 43 I/2670.

setzung. Jetzt erklärten die Sozialdemokraten merklich abgeschwächt, eine thüringische Landesregierung habe „im Rahmen der verfassungsrechtlichen Möglichkeiten" im Reiche eine Politik zu betreiben, „die den Interessen der arbeitenden Bevölkerung" diene. Dafür wurde der Begriff „proletarische Politik" als Ziel in den Vordergrund gestellt und die „Sicherstellung der Existenz der werktätigen Bevölkerung" entsprechend ausgeführt. Dem dienten die nachstehenden Programmpunkte: Liquidierung des Ruhrkampfes, Säuberung der Reichswehr von allen monarchistischen Elementen, Beteiligung des Reiches an dem Gesamtvermögen der deutschen Wirtschaft in Höhe von mindestens 26%, was eine Teilsozialisierung des Privatvermögens und einen Einstieg in Kardinalforderungen der Kommunisten bedeutete, Schaffung eines Außenhandelsmonopols nach russischem Muster, Unterstellung der Syndikate unter öffentliche Kontrolle und eine Verschärfung der Besitzsteuer. Interpretationsfähig hieß es zum Thema „Selbstschutz", die Sicherung der republikanischen Staatsform, „auch für das Land Thüringen die dringendste Aufgabe", erfordere die Aufstellung einer „republikanischen Notwehr..., deren Grundlage die politische Partei ist". Hier konnte man die Aufgabe des Grundsatzes vermuten, daß proletarische Hundertschaften weiterhin getrennt nach Parteien aufzustellen seien, im Frühjahr ein Kardinalpunkt der SPD-Haltung.

Die Innenpolitik sollte weiter nach den Vorstellungen der Kommunisten ausgebaut werden. Dazu diente, Polizeiorgane der „Leitung zuverlässiger republikanischer Beamter" zu unterstellen. Auch wurde die kommunistische Forderung akzeptiert, die Zusammenarbeit aller Länder mit Arbeitermehrheiten stärker zu betreiben. Angesichts dieses Entgegenkommens wirkten die weiteren Zugeständnisse der SPD, Kontrollausschüsse einzurichten, die Schulreform „im Sinne der Einheitsschule" fortzuführen und eine weitgehendste Begnadigung der im Zusammenhang der Generalstreikbewegung im August begangenen „Notdelikte" und Verstöße gegen die §§ 218 bis 220 Reichsstrafgesetzbuch zu praktizieren, nur noch als abrundende Zugeständnisse. Allein der von den Kommunisten immer wieder geforderte Betriebsrätekongreß als außer- und vorparlamentarische Entscheidungsinstanz wurde nicht in das Grundsatzpapier der SPD aufgenommen. Lapidar hieß es zum Schluß: „Die KPD tritt in die Regierung ein. Die Landtagsfraktionen der VSPD und der KPD bilden einen parlamentarischen Arbeitsausschuß."

Wie wichtig indessen den Kommunisten Betriebsräte und deren Zusammenfassung in einem Kongreß waren, geht aus einem Mitte September verfaßten und im Oktober 1923 in Freiburg/Sachsen gefundenen Dokument hervor.[198] Darin wurde für den Beginn der entscheidenden Auseinandersetzung zwischen Kapital und Arbeit den Betriebsräten die Funktion der „eigentlichen Klassenkampforgane des Proletariats" ausdrücklich zugewiesen. Sie zusammenzufassen, „am besten innerhalb der Gebiete der Ortsausschüsse des ADGB", wurde als vorrangige Aufgabe angegeben. „Die Belegschaften müssen für die Bewegung interessiert werden." Das bedeutete – Walter Ulbricht hatte es am 15. August 1923 in der ‚Internationale' gefordert – die Einheitsfront von unten. Man müsse zunächst, so schrieben die Sachsen die Grundsätze ab, eine „provisorische Kommission" bilden, „welche die wichtigsten und ausschlaggebenden Industriegruppen zu Industrieversammlungen" zusammenzurufen habe. Darin sah man jene Gruppen, „die im allgemeinen bei Massenkämpfen ausschlaggebend sind". In der Organisationspyramide sollten „Vollzugsräte der Ortsbezirke" in einer Landesbezirkskonferenz zusammengefaßt werden, in die jeder Ortsbezirk einen verantwortlichen Leiter zu entsenden habe. Nicht allein Arbeiter, sondern ausdrücklich auch Kleinbauern und Gutsräte der Landarbeiter sollten so in einem Landesausschuß zusammengeführt werden. Seine

198 BA R 134/22: Richtlinien der KPD für die Durchorganisation der oppositionellen Betriebsratbewegung.

Finanzierung sei durch Sammlungen zu ermöglichen. Ausdrücklich wurde gemacht, „daß die Betriebsrätebewegung kein Ersatz für die Gewerkschaften ist, sondern daß unser Ziel ist und sein muß, die kampfscheuen Gewerkschaften zu erobern". Es sei die „Zusammenfassung der oppositionellen Betriebsräte über die Köpfe der Gewerkschaftsbürokratie hinweg" anzustreben.

Die Betriebsrätebewegung werde die Kontrollausschüsse ins Leben rufen, die sich dann ihrerseits immer mehr zu Organen entwickelten, welche „die Lebensmittelversorgung der schaffenden Bevölkerung sicherzustellen haben", dies allerdings „in engster Verbindung mit den Betriebsräten". Folglich seien Kontrollausschüsse zu den Betriebsrätevollversammlungen ständig einzuladen. Die Kommunisten wußten und schrieben in dieses Geheimpapier abschließend hinein: „Die Heranbildung lebensfähiger kampfbereiter Klassenorgane des Proletariats ist eine Lebensfrage der deutschen Revolution."

Bei so versteiften politisch-programmatischen Grundsätzen mußte das Angebot der SPD vom 18. September bei der KPD durchaus als „im Einzelfalle wohlklingend", im ganzen aber als „völlig unzureichend" wirken. Das schrieb der SED-treue Monograph Wörfel 1970 in seiner Jenaer Dissertation. Schließlich habe ganz das Angebot der „außerparlamentarischen Sicherungen", eines Betriebsrätekongresses, der gemeinsamen proletarischen Hundertschaften und der Kontrollausschüsse, gefehlt.[199] Doch die SPD zeigte hier 1923 Härte; gestützt wurde sie darin von der Parteileitung in Berlin, die eigens Georg Dittmann nach Weimar schickte, um die Genossen gar für eine große Koalition zu gewinnen.[200]

Das wollte man in Weimar aber nicht. Der Thüringer Georg Dietrich führte erneute Verhandlungen an jenem 26. September, an dem in Berlin die neue Reichsregierung unter Reichskanzler Stresemann den passiven Widerstand im Ruhrgebiet aufkündigte; doch in Weimar blieb man wieder ohne Ergebnis. Retardierend wirkte, daß die Regierung Frölich nach wie vor geschäftsführend im Amt war, mithin die politische Exekutive ausübte. Darin bestärkte sie ein Telegramm der Reichsregierung vom 25. September, das vorsorglich für den folgenden Tag ankündigte: „Im Falle innerer Unruhen haben alle Reichsbehörden und Reichsbeamten ausschließlich den Anordnungen der Reichsregierung Folge zu leisten. Etwa erforderliche Notverordnungen über ihre Dienstpflichten erläßt der Herr Reichspräsident."[201]

Eine Fülle von Initiativen wiesen jetzt den Handlungswillen des Thüringischen Staatsministeriums nach. Am 26. September erließ Innenminister Hermann angesichts der Gefahr innerer Unruhen einen Erlaß, „streng geheim, persönlich", der eine sofortige Bestandsaufnahme der in allen Kreisen vorhandenen Last- und Personenkraftwagen sowie deren Betriebsstoffvorräte vorschrieb.[202] Der Erlaß war von Ministerialdirektor Brill unterzeichnet. Darüber hinaus erließ die Landesregierung am 27. September einen Aufruf „An die thüringische Bevölkerung", mit dem sie sich ganz hinter den am selben Tag vom Reichspräsidenten verhängten Ausnahmezustand für das ganze Reichsgebiet stellte.[203] Darin wurden allgemein „verblendete Kreise"

199 Wörfel, Arbeiterregierung, S. 95f.

200 Vgl. die Dokumentation in ‚Das Volk' 24./25. 9. 1923; zum Verhandlungsgang Wörfel, S. 95f.

201 BA NS 26/75: Telegramm der Reichsregierung an das Thür. Staatsmin. 25. 9. 1923.

202 ebd. Thür. Min. d. I. an alle Kreis- und Stadtdirektoren 26. 9. 1923. In der Antwort vom 29. 9. 1923 gab etwa Gera der Regierung in Weimar zu erkennen, man habe insgesamt 128 Personen- sowie 39 Lastwagen, weitere 170 Krafträder stünden zur Verfügung, dazu 8567 l Kraftstoff.

203 HStA Weimar Thür. Staatsmin. Präs.-Abtlg. Nr. 86: Aufruf „An die Thüringische Bevölkerung" 27. 9. 1923. Der Aufruf war von Frölich, Hermann, Hartmann, Greil, Rittweger und Brill unterzeichnet. Zu den Verhältnissen in Bayern, die dem Reichspräsidenten den Anlaß zur Verkündigung des Ausnahmezustandes gaben, s. Klaus Schwabe, Der Weg der Republik vom Kapp-Putsch 1920 bis zum Scheitern des Kabinetts Müller 1930, in: Bracher u. a., Die Weimarer Republik, S. 111f.

gewarnt, die, militärisch organisiert und ausgerüstet, den Bürgerkrieg proklamieren wollten. „Um den Bestand und die Sicherheit der Republik zu schützen“ habe der Reichspräsident den Ausnahmezustand über das ganze Reich verhängt. Thüringen habe die Aufgabe, „im Interesse der Reichseinheit alles zu tun, um die Anordnungen der Reichsregierung zu unterstützen“. Das Land werde alle Maßnahmen treffen für den Schutz der Republik. Die Regierung verpflichtete die Bevölkerung des Landes darauf, „in allen Lagen streng den Weisungen der durch Verfassung und Gesetze berufenen Behörden des Reiches und des Landes zu folgen“. Auch dieser Aufruf war von Brill mit unterzeichnet.

Staatsrat Hermann Brill, als Ministerialdirektor Leiter der Abt. II (Polizei) im Thüringischen Innenministerium, wuchs in diesen Wochen als 28jähriger zu einer der wichtigsten exekutiven Schaltstellen des Landes Thüringen heran. Ihn schlug Staatsminister Frölich am 27. September als Regierungskommissar des Landes für den Fall vor, daß die Reichsregierung im Wege des Ausnahmezustandes einen Militärbefehlshaber für Thüringen ernennen sollte.[204] Letzteres geschah sofort. Doch Reichswehrminister Geßler, der mit dieser Funktion den Befehlshaber des Wehrkreises V (Hessen-Nassau, Hessen, Württemberg, Baden, Erfurt, Thüringen, Waldeck), den Generalleutnant Walther Reinhardt, beauftragte, sah von der gleichzeitigen Ernennung eines Zivilkommissars ab. Auch wollte Reinhardt selbst keinen Verbindungsoffizier nach Weimar entsenden, sondern den Kommandanten des Truppenübungsplatzes Ohrdruf, einen Oberst Brendel, für mündliche Kontakte einschalten, ansonsten aber direkt mit Frölich brieflich verkehren.[205] Damit war der um ihr politisches Ansehen bemühten, weil nur noch geschäftsführenden SPD-Regierung Thüringens keineswegs gedient; im Gegenteil, es wurde noch weiter gemindert. Die Reichsregierung schien offenbar der am 28. September im Reichstag vorgebrachten Interpellation einiger Abgeordneter folgen zu wollen: „Ist die Reichsregierung bereit, bei der Thüringischen Staatsregierung durchzusetzen, daß Ordnung, Gesetz und Recht auch im Freistaate Thüringen wieder zur Geltung kommen und daß die verfassungsmäßigen Rechte auf Schutz der Person und des Eigentums wirksamer als bisher geschützt werden?“[206]

Sie war dazu bereit, und das bedeutete, die faktische Beschneidung der politischen Zuständigkeit der Thüringischen Landesregierung durch die Ernennung allein eines Militärbefehlshabers zu betreiben. Es kam auch auf die Optik an. Diese ließ sich wenig durch Reinhardts Versicherung gegenüber Frölich aufhellen, nicht zu beabsichtigen, „in den laufenden Verwaltungsgang irgendwie einzugreifen, wenn nicht ein ganz besonderer mit dem Wesen des Ausnahmezustandes zusammenhängender Anlaß vorliegt“. Einen möglichen Anlaß bestimmte allein er. Da Reinhardt im fernen Stuttgart residierte, war er zur Lagebeurteilung auf seinen Ohrdrufer Standortkommandanten Oberst Brendel angewiesen. Reinhardt faßte den Ausnahmezustand, wie er gegenüber der Weimarer Regierung am 29. September zum Ausdruck brachte, als „eine Art Burgfriedenszeit“ für die deutsche Bevölkerung auf. In Thüringen wurde das Gegenteil der Fall. Das Staatsministerium suchte das zu verhindern, konnte es aber nicht. Es hatte zwischen Skylla und Charybdis zu lavieren. Auf der einen Seite mußten die Sozialdemokraten mit dem Militärbefehlhaber für Recht und Ordnung sorgen, auf der anderen Seite die gerade gegen eine solche Staats-

---

204 HStA Weimar Thür. Staatsmin. Präs.-Abtlg. Nr. 86: Thüringens stellv. Bevollmächtigter zum Reichsrat (Münzel) an Staatsminister Frölich 27. 9. 1923.

205 ebd. Reinhardt an Frölich 29. 9. 1923.

206 HStA Weimar Thür. Staatsmin. Präs.-Abtlg. Nr. 92: beglaubigte Abschrift der Anfrage Nr. 2041 vor dem Reichstag 28. 9. 1923.

autorität opponierende KPD zu erfolgreichen Koalitionsverhandlungen gewinnen. Gemäß dem vom Reichspräsidenten am 26. September zunächst nur für Bayern, am 27. September dann aber für das ganze Reich verkündeten Ausnahmezustand verbot das Staatsministerium am 30. September alle Umzüge, Versammlungen und Kundgebungen unter freiem Himmel sowie „alle antirepublikanischen Versammlungen in geschlossenen und gedeckten Räumen", insbesondere die Veranstaltung sog. „Deutscher Tage". „Alle Veranstaltungen politischer Vereine" waren 48 Stunden vorher anzuzeigen und entsprechend genehmigungspflichtig. Die Verordnung richtete sich ausgesprochen gegen Rechtskreise, formal konnte sie aber auch gegen Linkskreise genutzt werden.[207]

In einer Ausführungsbestimmung an die Polizeiabteilungen in Weimar, Gera, Gotha und Zella-Mehlis machte Polizeioberst Müller-Brandenburg am selben 30. September nicht diese einschränkenden Spezifizierungen. Er verpflichtete die Polizei ausdrücklich dazu, „jeglicher Art von Kundgebungen, Versammlungen und Umzügen energisch entgegenzutreten". Es sei hierbei „ohne Ansehen der Person zu handeln und mit voller Objektivität zu verfahren". Um jeden Zweifel auszuschließen, betonte der thüringische Polizeichef ausdrücklich, „daß ebenso wenig kommunistische Umzüge zu dulden sind wie Umzüge des Jungdeutschen Ordens, Stahlhelm und sonstiger rechtsradikaler Formationen".[208] Diese für rechts und links geltende Spezifikation hatte die allgemeine Verordnung der Thüringischen Landesregierung vom selben Tag nicht enthalten.

In der Sache wohl vergleichbar, in der Benennung der zu beobachtenden politischen Kräfte nicht so präzis, verpflichtete Brill für das Innenministerium am selben 30. September alle Kreis- und Stadtdirektoren, jegliche Handlungen, „die zum Generalstreik oder zum Bürgerkrieg auffordern", sofort zu unterbinden. Eine jede Betätigung sei verboten, „die darauf gerichtet ist, durch Wort, Schrift oder andere Maßnahmen lebenswichtige Betriebe stillzulegen". Unter solchen Betrieben führte Brill alle öffentlichen Verkehrsmittel sowie Gas-, Wasser-, Elektrizitätswerke, Bergwerke (Kupfer, Kohle und Kali), Stickstoffwerke sowie Fabriken für Brot und Zucker an. „Maueranschläge, die zum Bürgerkrieg auffordern, sind zu entfernen. Flugblätter, Zeitungen oder sonstige Presseerzeugnisse, die Aufforderungen zum Bürgerkrieg enthalten, zu beschlagnahmen." Zur Stärkung der politischen Autorität der Landesregierung machte er alle Stadt- und Kreisdirektoren auf den nach wie vor bestehenden ordentlichen Verwaltungsweg zwischen ihnen und dem Innenministerium aufmerksam.[209] Außerhalb dieses Dienstweges griff aber die Militärverwaltung auch in die Lage ein. Während das Innenministerium mit Verboten nach rechts die Akten füllte[210], sprachen militärische Bezirksbefehlshaber solche nach links aus; dabei verboten sie u. a. für den 1.–8. Oktober das kommunistische Zentralorgan ‚Neue Zeitung', behielten sich aber die Genehmigung vaterländischer Feiern selbst vor. Frölich sah dadurch zu Recht die Autorität seiner Regierung untergraben – und die Verhandlungsposition seiner Partei gegenüber der KPD geschwächt – und mahnte beim Reichsinnenminister an, es sei „im Interesse der parlamentarischen Demo-

207 BA NS 26/75: Verordnung des Thür. Staatsmin. betr. die zur Wiederherstellung der öffentlichen Ordnung und Sicherheit notwendigen Maßnahmen 30. 9. 1923.

208 ebd. Müller-Brandenburg an die Polizeidienststellen in Weimar, Gera, Gotha und Zella-Mehlis 30. 9. 1923.

209 ebd. Thür. Min. d. I. (Brill) an die Kreis- und Stadtdirektoren 30. 9. 1923. In der Konsequenz dieser Verordnungen lag es z. B., daß einem Antrag des Jungdeutschen Ordens aus Gera vom 4. 10., am 8. 10. einen Bruderabend durchzuführen, dessen Tagesordnung „lediglich eine Aussprache über die augenblickliche Lage" beinhalte, nicht stattgegeben wurde, BA NS 26/75: Jungdeutscher Orden Reustadt/Orla an Kreisdirektor Gera 4. 10. 1923.

210 Vgl. den Vorgang o. Anm. 195. Weitere Vorschläge trug Brill am 10. 10. 1923 Staatsminister Frölich brieflich vor: HStA Weimar Thür. Staatsmin. Präs.-Abtlg. Nr. 92.

kratie die Ernennung eines Regierungskommissars eine absolute Notwendigkeit".[211] Dazu ist es aber nicht gekommen.

Vor dieser sich im Hintergrund dramatisch aufbauenden Kulisse mußte die thüringische SPD Verhandlungen mit der KPD über eine neue, von beiden Arbeiterparteien jetzt förmlich getragene Regierungskoalition führen. Am 26. September waren die Verhandlungen zunächst aufgenommen, bei der SPD von Georg Dietrich, bei der KPD von Hans Tittel, dem neuen Bezirkssekretär von Groß-Thüringen, geführt, aber sofort wieder vertagt worden. Die Kommunisten hielten nämlich an der am Tag zuvor von ihrer Zentrale in Berlin noch einmal festgelegten Marschroute fest, daß „die Sicherungsmaßnahmen, Hundertschaften, Betriebsrätekongreß, Kontrollausschüsse usw. gewährleistet" sein müßten.[212] Innenminister Hermann schrieb daraufhin am 27. September im sozialdemokratischen ‚Volk' über die KPD: „Eine Partei, die ihre Politik in den Wolken macht, ist nicht ernst zu nehmen und kann keinen Anspruch darauf erheben, ihre Forderungen als die allein richtigen gewertet zu sehen." An diesem Tag lebten die Kommunisten aber noch ungebrochen in ihrem politisch-ideologischen und pragmatisch-aktionistischen Drang und beschlossen, für den 7. Oktober nach Weimar zu einem Betriebsrätekongreß aufzurufen (‚Neue Zeitung' 28. September 1923). Ein solches Druckmittel mußte nach Lage der Dinge kontraproduktiv wirken, da dabei nicht nur das Eingreifen der republikanischen Exekutive zu befürchten stand, sondern auch das des Militärbefehlshabers.

Da griff Moskau ein. Ende September 1923 hatte dort eine Geheimkonferenz des Exekutivkomitees der KI stattgefunden. Unter Grigorij Sinowjews Vorsitz und im Beisein deutscher Kommunisten wie Heinrich Brandler und Ruth Fischer wurde der Beschluß für den allgemeinen Aufstand in Deutschland gefaßt. Der erste Schritt sollte der Eintritt der KPD in die Landesregierungen von Sachsen und Thüringen sein. Man verfaßte einen entsprechenden Aufruf zum „Allgemeinen Aufstand in Sachsen und Thüringen", übertrug Sachsens proletarischen Hundertschaften den Auftrag, gegen Berlin zu marschieren, denen aus Thüringen wies man München als Ziel.[213] Eine 4-köpfige Komintern-Delegation ging nach Deutschland und übernahm die Kontrolle über die zur politischen Leitung des Aufstands bestellte Siebener-Kommission. In ihr war Brandler der führende Kopf, Ulbricht ein Mitglied.

Dieser übernahm es, die in Weimar festgefahrenen Koalitionsverhandlungen von SPD und KPD im Sinne eines höherwertigen Zieles durch einen Einstiegskompromiß wieder in Fahrt zu bringen. Er formulierte für die thüringischen Genossen am 29. September ein „Notprogramm", verstanden als „minimalste Vorbedingung für die Existenz einer Arbeiterregierung". Es machte deutliche Abstriche an den bisher erhobenen Forderungen. Die KPD verzichtete auf die am 25. September noch einmal festgeschriebenen sog. Sicherungsmaßnahmen, wollte nur gemeinsame „Aktionsausschüsse" und „Übergangslösungen".[214] Jede Vorbedingung für Verhandlungen mit der SPD waren dadurch aufgehoben. Die KPD wollte jetzt nur noch die Regierungsbeteiligungen.

Der Schwenk schien manchem etwas abrupt zu sein. Ein gleich Anfang Oktober herausgebrachtes Flugblatt der Kommunistischen Jugend im Bezirk Groß-Thüringen konnte ihn nicht

---

211 HStA Weimar Thür. Staatsmin. Präs.-Abtlg. Nr. 86: Staatsmin. Frölich an Reichsminister d.I. 1.10.1923. Den Vorbehalt bei der Genehmigung vaterländischer Feiern gab Brill am 9.10.1923 an die Kreis- und Stadtdirektoren Thüringens weiter, BA NS 26/75. Innenminister Hermann hob diesen Vorbehalt durch eine Verwaltungsanordnung am selben 9.10. wieder auf, ebd.

212 zit. bei Wörfel, Arbeiterregierung, S. 105.

213 R. Fischer, Stalin und der deutsche Kommunismus, S. 387; vgl. auch Huber, Bd. 7, S. 374f.

214 zit. ebd. S. 108. Generalleutnant Reinhardt verbot am 6.10. ohnehin proletarische Hundertschaften „und andere Sturmtrupps".

so schnell mitmachen. Da sah man sich noch unmittelbar „vor der Entscheidungsschlacht" stehen: „Der Aufmarsch zur blutigen Niederschlagung der jungen und erwachsenen Arbeiter hat begonnen." Gemeint waren die Faschisten, die hier, gemäß dem Verlauf der russischen Oktoberrevolution, als „weiße Bataillone" bezeichnet wurden. Das Flugblatt suchte jeglichen Eindruck der Dramatik zu erreichen: „Berlin ist bereits umlagert von bewaffneten Faschisten." Es rief dazu auf: „Rüstet zum Gegenangriff!" Die Vorbereitung des politischen Generalstreiks wurde gefordert. Trotz des bestehenden Versammlungsverbotes hieß es im Text: „Schon marschieren die weißen Garden auf. 5 Min. vor 12 vor der Entscheidungsschlacht rufen wir Euch auf." Obwohl der Militärbefehlshaber Reinhardt die Hundertschaften verboten hatte, forderte das Flugblatt: „Hinein in die proletarischen Hundertschaften. Folgt dem Beispiel der russischen und erwachsenen Arbeiter. Auf, formiert Euch zum letzten Kampf! Es lebe die deutsche Revolution! Es lebe die Weltrevolution!"[215]

So weitgehende Parolen galten jetzt nicht; es galt vielmehr Ulbrichts „Notprogramm". Deswegen beschloß am 7. Oktober der dazu von Ulbricht einberufene Betriebsrätekongreß, der jetzt auch als außerordentlicher Bezirksparteitag der KPD fungierte, „mit der VSPD eine gemeinsame Regierung zu bilden". Der Partei war jetzt der Eintritt in die Regierung so wichtig, daß sie an einer entscheidenden Stelle jene Zugeständnisse machte, die angesichts der politischen Chancen und der militärischen Lage notwendig waren. In der Entschließung hieß es: „Sollte die VSPD nicht willens sein, sofort die gemeinsamen Hundertschaften zu bilden, so müssen als Übergang zu den gemeinsamen Hundertschaften unter allen Umständen sofort gemeinsame Leitungen der Parteihundertschaften im Bezirk, Unterbezirk und Ort gebildet werden."

Die KPD forderte, es sei bis zum 21. Oktober „für Thüringen von den Parteien und den Gewerkschaften ein Arbeiterkongreß einzuberufen, der sich mit dem Regierungsprogramm und den nächsten organisatorischen Maßnahmen und den gemeinsamen Hundertschaften zu befassen hat". Hier sprach sich das revolutionäre Bemühen aus, die Legislative außerhalb des Parlaments zu verlagern. Der Arbeiterkongreß habe „einen gemeinsamen Landesarbeiterrat zu wählen, der nach Bedarf zusammentreten muß, Gesetzesvorlagen von der Regierung kontrollieren und solche einbringen kann".[216]

Die Kommunisten ließen die Entschließung ihres außerordentlichen Parteitages in Weimar am selben Tag durch einen Aufruf des Erfurter Betriebsrätekongresses Groß-Thüringens unterstützen.[217] Dieser Aufruf konnte wieder vollmundiger formuliert sein. Die rechten sozialdemokratischen Führer wurden angegriffen, ihnen das „verbrecherische Bündnis . . . mit den Großkapitalisten" vorgeworfen, Mitteldeutschland als „das Kraftzentrum der Arbeiterklasse" zum Marsch gegen die Reaktion aufgefordert. Das Flugblatt, betitelt „Formiert Euch zum Kampfe!", gerichtet an das deutsche Proletariat, plädierte nicht nur für die gemeinsame Regierung von SPD und KPD jetzt in Thüringen nach dem sächsischen Vorbild – wo es dazu am 10. Oktober kam –, sondern forderte auch dazu auf, „zur Verteidigung der thüringisch-sächsischen Arbeiterfestungen" einen politischen Generalstreik vorzubereiten. Darüber hinaus sollten ein Reichsbetriebsrätekongreß vorbereitet, gemeinsame proletarische Hundertschaften gebildet und für ihre Bewaffnung gesorgt werden. Der Betriebsrätekongreß von Groß-Thüringen erklärte: „Es geht um's Ganze! Habt den Willen zum Kampf, zum Sieg und

---

215 zit. ebd. Dok. 98: Flugblatt der kommunistischen Jugend im Bezirk Groß-Thüringen Oktober 1923.

216 Der Beschluß des Bezirksparteitages der KPD ist abgedruckt in der ‚Neuen Zeitung' 9. 10. 1923. Vgl. Schultheß, EGK, S. 188f.

217 Wörfel, Dok. Nr. 87. Zur Organisation der Veranstaltung durch Ulbricht s. LPA Erfurt V/5–0 28: Eyermann an Bezirksleitung der SED Erfurt 4. 6. 1903.

zur Macht!" Hier war getreu der Beschluß der Moskauer Geheimkonferenz des Exekutivkomitees der KI übernommen. Es war aber auch jener revolutionäre Aufschwung in die entrückenden Wolken der Ideologie getan, den der sozialdemokratische Innenminister Hermann der KPD am 27. September als politischen Fehler vorgehalten hatte.

Am 13. Oktober verabschiedeten die Verhandlungskommissionen von SPD und KPD ein gemeinsames Programm für die Arbeiterregierung Thüringens.[218] Es erfüllte nicht die Forderungen der KPD, zwang aber die SPD durch viele voluntative Formulierungen, deren Interpretation natürlich von der KPD offensiv vertreten werden konnte, zu einem deutlichen Schritt nach links. Brill hatte diesen nicht mitgetragen, denn als verantwortlicher Ministerialbeamter der Exekutive war er an den Verhandlungen nicht beteiligt gewesen.

Es galt nun der Grundsatz, daß in Thüringen „eine Politik zu treiben und im Reich auf eine Politik hinzustreben (sei), die den Interessen der arbeitenden Bevölkerung dient". Damit war deutlich gemacht, daß Thüringen ebenso wie Sachsen Vorbildfunktion für eine kommunistische Reichspolitik haben sollte. Aufgabe der neuen thüringischen Landesregierung sollte sein, in entsprechender engster Verbindung mit Sachsen die Maßnahmen beider Arbeiterparteien „zur Abwehr der Reaktion und der Militärdiktatur zu unterstützen". Dazu wurde im einzelnen als notwendig angesehen: die Liquidierung des Ruhrkampfes durch erträgliche Reparationen auf Kosten der besitzenden Klassen, die Schaffung eines „Außenhandelsmonopols nach russischem Muster", der Schutz der Verfassung durch Hundertschaften, die, nicht sofort gebildet, aber durch gemeinsame Leitungen vorbereitet werden sollten. Die Regierung habe „auf Vorschlag der Gewerkschaften, Kleinhändler- und Bauernorganisationen nach dem sächsischen Muster" der Bildung von Kontrollausschüssen zuzustimmen und ihnen weitestgehende Rechte einzuräumen. Weitere Inhalte waren eine „Schulreform im Sinne der Einheitsschule", die Bildung eines außerparlamentarischen Ausschusses, zusammengesetzt aus je drei Vertretern der beiden Parteien, je zwei von ihnen zu bestimmenden Vertretern aus Industriebetrieben und je einem Vertreter des ADGB, des AfA und ADB. Die Aufgabe eines solchen außerparlamentarischen Ausschusses war sehr vage formuliert: „zur wirksamen Durchführung dieser Maßnahmen". Welche gemeint waren, wurde im Text nicht klar. Neben diesem Ausschuß verblaßte die Funktion des von beiden Landtagsfraktionen zu bildenden parlamentarischen Arbeitsausschusses. Diesem sollten alle Entwürfe vor ihrer Einbringung ins Parlament vorgelegt werden. Damit traten beide Parteien zum 16. Oktober 1923 an.

Gleichsam als Mitgift brachte die SPD eine von Staatsminister Frölich am 15. Oktober dem Reichskanzler Stresemann angetragene Bitte mit, „die Verhängung des militärischen Ausnahmezustands alsbald aufzuheben". Die thüringische Landesregierung sei durch eine strenge Ausführung ihrer gesetzlichen Bestimmungen in der Lage, jede unmittelbare Gefahr für die Republik zu bekämpfen. Ein militärischer Ausnahmezustand hingegen würde verhindern, was man jetzt anstrebe, eine Umbildung der Regierung im Sinne der „Heranziehung weiterer Schichten des werktätigen Volkes" und damit „eine Verbreiterung der republikanischen Basis der Regierungstätigkeit".[219] Nichts sprach dafür, erst recht nicht der Moskauer Beschluß von Ende September 1923, daß die KPD diese republikanische Basis tatsächlich wollte.

---

218 Geschichte der deutschen Arbeiterbewegung Bd. 8, S. 664ff.: Programm für die Arbeiterregierung Thüringens, beschlossen von den Verhandlungskommissionen der VSPD und KPD am 13. 10. 1923.

219 HStA Weimar Thür. Staatsmin. Präs.-Abtlg. Nr. 86: Thür. Staatsmin. an Reichskanzler Stresemann 15. 10. 1923

3.2 *„Es war Hermann Brill, der verhinderte, daß Thüringen ein Hamburg wurde." Die gescheiterte Revolution während der SPD/KPD-Regierung vom 16. Oktober bis 12. November 1923*

Am 16. Oktober stellte in Berlin die offiziöse ‚Zeit' ihren Lesern die „Anarchie in Mitteldeutschland" vor Augen. In Sachsen war bereits gemäß dem Ende September in Moskau getroffenen Komintern-Beschluß eine „Regierung der republikanischen und proletarischen Verteidigung" gebildet worden, geschehen am 9./10. Oktober. Der am linken Flügel der SPD stehende Erich Zeigner, am 21. März 1923 von SPD und KPD zum Ministerpräsidenten Sachsens gewählt, hatte den Fraktionsvorsitzenden der KPD Paul Böttcher als Finanz- und den Chemnitzer Spartakus-Führer Fritz Heckert als Wirtschaftsminister ins Kabinett geholt. Heinrich Brandler war Leiter der Staatskanzlei geworden. Am Tag der Regierungserklärung Zeigners, am 12. Oktober, gab der in Dresden schon bestehende provisorische Zentralausschuß der proletarischen Hundertschaften die Bildung einer von SPD und KPD gemeinsam gestellten Kampfleitung bekannt. Daraufhin verfügte am folgenden Tag Generalleutnant Müller, Wehrkreisbefehlshaber in Sachsen, gemäß einer Weisung des Reichswehrministers Geßler Auflösung und Verbot dieser Hundertschaften und ähnlicher „Aktionsausschüsse" und befahl deren Entwaffnung.[220] Zuwiderhandelnden drohte er Gefängnis oder Geldstrafe bis zu 15000 Goldmark an. Finanzminister Böttcher reagierte darauf am selben 13. Oktober mit dem Aufruf zur Bewaffnung der proletarischen Hundertschaften. Ultimativ forderte Müller die Distanzierung des sächsischen Kabinetts von diesem Aufruf. Das Reichskabinett schwankte. Reichsinnenminister Sollmann (SPD) betrachtete den Schritt des Wehrkreiskommandanten als „eine Provokation der gesamten Sozialdemokratie", Reichskanzler Stresemann wollte Zeigner „für nicht ganz voll zurechnungsfähig" halten.[221] Diese Urteile fielen am 17. Oktober. Drei Tage später faßte die Zentrale der KPD in Berlin den Beschluß, den Generalstreik und bewaffneten Aufstand auszurufen. Ein Allgemeiner Betriebsrätekongreß wurde für den 21. Oktober nach Chemnitz gerufen. Sinowjew telegraphierte aus Moskau das Signal zum Aufstand.[222] Am 23. Oktober kam es zum – erfolglosen – Aufstandsversuch in Hamburg.

Diese von der KPD mit aller Akkuratesse gestaltete Revolutionsdramaturgie für die „Anarchie in Mitteldeutschland" (‚Die Zeit') war der wirtschaftlichen Lage angepaßt. Die inflationär verfallende Reichsmark galoppierte im Oktober in ihrem Vergleichswert zum Dollar von 100 Mill. auf 100 Mrd. Ein thüringischer Arbeiter, verheiratet, vier Kinder, verdiente laut Wochenlohnzettel vom 7. Oktober bei 48 Wochenarbeitsstunden in sechs Schichten zu je acht Stunden 1896009000 Mark. Nach Abzug der Steuern und Krankenhausabgaben verblieben ihm davon 1569000000. 1 Liter Milch kostete zu dieser Zeit etwa 5,5 Mill., das Briefporto 2 Mill. Die dem Arbeiter vom Werk in dieser Woche angebotenen Einkellerungskartoffeln kosteten 2000453000 Mark; um sie kaufen zu können, mußte er sich einen Vorschuß von 2 Mrd. Mark zum Überleben vom Werk auszahlen lassen. Wie würde das Land Thüringen, dessen Staatsminister Frölich dieses Beispiel dem Landtag vortrug[223], mit einer solchen wirtschaftlichen und sozialen Not, die Arbeiterschaft und Mittelstand zusammen in den Ruin zog[224], fertig? Würde das politische Vorbild aus Sachsen in Thüringen seine Nachahmung finden?

---

220 Verhandlungen des Sächsischen Landtags II, S. 1578ff.: Landtagsprotokoll 12. 10. 1923; zum Vorgang vgl. Huber, Bd. 6, S. 805ff. und Bd. 7, S. 376ff.

221 Protokoll der Sitzung des Reichskabinetts vom 17. 10. 1923, Die Kabinette Stresemann Bd. 2 Nr. 144, S. 612ff.

222 Ruth Fischer, S. 408.

223 Sten. Ber. II. Landtag 23. 10. 1923, S. 5562.

224 Gustav Stresemann erklärte 1927 bei der Entgegennahme seines Nobelpreises in Oslo die Folgen der Inflation so: „Der

In dieser bedrohlichen Lage, in der noch gänzlich unbeachtet am 15. Oktober in Berlin die Rentenbank gegründet wurde, die schnell das „Wunder der Rentenmark" einleiten sollte, vollzog sich am 16. Oktober im alten Weimarer Fürstenhaus die Wahl der neuen Thüringischen Landesregierung. August Frölich blieb Regierungschef, die Minister Hermann (Inneres), Hartmann (Finanzen) und Greil (Volksbildung) behielten ihre Ämter, die Kommunisten Albin Tenner, ein Schulrat, und Karl Korsch, ein Landgerichtsrat, wurden neue Staatsminister für Wirtschaft bzw. Justiz, Bieligk (SPD) blieb wie bisher Staatsrat, doch Hermann Brill mußte diese auch von ihm besetzte Position an den Studienrat Theodor Theobald Neubauer abtreten, gerade an den, der ihn am 3. August 1922 in dem ‚Gothaer Volksblatt' („Von Marx bis Brill") als Verräter an der räterepublikanischen Revolution geschmäht hatte.[225] Welches Echo würden in Weimar die Dresdener Aufstandssignale finden?

Die Regierungserklärung Frölichs vom 17. Oktober mußte eine Antwort geben. Sie war ein politisches Meisterstück eines von rechts bedrängten, von links gezogenen, aber verfassungstreu in der Mitte bleibenden Sozialdemokraten. Freilich, in ihrem marginalen rhetorischen Rankenwerk übernahm sie kommunistische Revolutionsparolen, in ihrem sachlichen Kern aber vertrat sie den Legalismus eines Weimarer Republikaners.[226] Frölich stellte sich und seine Ministerkollegen als „eine Regierung der republikanischen und proletarischen Verteidigung" vor; darin sei die thüringische Regierung „wie die sächsische". Entsprechend markant waren seine verbalen Angriffe gegen „das brutale Gewaltregiment politisch verständnisloser und unverantwortlicher Militärs" sowie gegen „rücksichtslose Interessenpolitiker der großkapitalistischen Kreise". Frölich resümierte seine Vorwürfe mit einer Retrospektive auf die Revolutionsphase 1918/19: „Die vor einigen Jahren geschickt verborgene Gesinnung eines schrankenlosen Herrenmenschentums wird erneut proklamiert."

Diesem einleitend ausgezogenen Leporello besonders kommunistischer Agitationspropaganda entsprach nicht das im zweiten Teil der Regierungserklärung vorgestellte konkrete politische Programm der neuen thüringischen Landesregierung. Sicher, Frölich plädierte für die Erfassung der Sachwerte und die „Schaffung eines Außenhandelsmonopols nach russischem Muster", doch das sollte durch das Reich geschehen, nicht separat in Thüringen. Überhaupt gelte es, Thüringen „als einen Bestandteil der einheitlichen deutschen Republik unter allen Umständen zu erhalten". In diesem Rahmen werde man sich für eine Produktionskontrolle, den 8-Stunden-Tag, die Aufrechterhaltung und -erweiterung der Rolle der Betriebs-

Geschichtsforscher sieht heute noch den Ausgang des Krieges für Deutschland vielfach nur in verlorenen Gebietsteilen, verlorener praktischer Kolonialbetätigung, verlorenem Staats- und Volksvermögen. Er übersieht vielfach den schwersten Verlust, den Deutschland mit erlitten hat. Dieser schwerste Verlust bestand meiner Auffassung nach darin, daß jene geistige und gewerbliche Mittelschicht, die traditionsgemäß Trägerin des Staatsgedankens war, ihre völlige Hingabe an den Staat im Kriege mit der völligen Aufgabe ihres Vermögens bezahlte und proletarisiert wurde", zit. bei Schulze, Weimar, S. 37f. Der Meininger Schulleiter und spätere Eisenacher Schulrat Fritz Adam hielt in seinen Erinnerungen die ihn persönlich betreffenden Auswirkungen der Inflation 1923 so fest: „Die Versicherungen, die ich für meine Kinder abgeschlossen und nur unter Einschränkung unserer Lebenshaltung anfangs aufrechterhalten hatte, wurden statt mit 3500 Goldmark mit 240 Rentenmark vergütet – 1923 wurde meine Frau schwer krank. Sie reiste nach Bad Salzungen in den „Jungborn" von Winkler & Steiner. Nach 5 Wochen mußte sie die Kur abbrechen, weil ich den neuen Pensionspreis von 700000 Mark *täglich* nicht erschwingen konnte. Aber die Grundlage zu ihrer völligen Gesundung war mit Aufwendung einer ‚Riesensumme' doch durch diese Kur gelegt worden. – Länger als ein Jahr bezog ich in Eisenach als Schulrat ein durchschnittliches Monatsgehalt, das nicht einmal die Höhe meines Einkommens als Hilfslehrer erreicht. – Meine Umzugskosten von rund 300000 Mark, die ich verauslagt hatte, zahlte mir das Thür. Rentenamt im Juli 1923 zurück, als das Quittungsformular schon mehr kostete als der darauf vermerkte Betrag. – Durch die Inflation gingen auch die gesamten Ersparnisse meines Schwiegervaters Raimund Lehmann im Betrage von rund 100000 Goldmark verloren ... Not, Hunger, Krankheit und Elend, wohin man sah", Privatarchiv Franz Adam, Dreieich, Erinnerungen von Fritz Adam, S. 466f.

225 HStA Weimar Landtag Nr. 435, S. 5481.

226 Sten. Ber. II. Landtag 17. 10. 1923. S. 5489ff.

räte, aber auch der Gewerkschaften einsetzen, die Einrichtung von Kontrollausschüssen anstreben, aber nur „im Rahmen der Reichsbestimmungen". Programmpunkte mit dieser einbettenden Klausel bedeuteten, daß die neue republikanische und proletarische thüringische Landesregierung sich nicht für eine kommunistische Maxime in der Politik einsetzen wollte.

Der Legalitätsgrundsatz wurde von Frölich stark betont: „Der Grundsatz der Reichs- und Landesverfassung wird uneingeschränkt festgehalten." Dieser Satz und die ihm nachfolgende Explikation – „Die Staatsgewalt wird ausgeübt allein durch die verfassungsmäßigen Organe des Reiches und des Landes Thüringen." – schoben den politischen Handlungsbedarf der KPD auf einen Tummelplatz revolutionärer Propagandisten ab. Die vom Staatsminister betonte „Treue zur Reichseinheit" und deren Verfassung („Wir stehen zur deutschen Republik") räumte den zu Regierungspartnern aufgestiegenen Kommunisten von allem Anfang an keine legale Chance zu räterepublikanischen Verformungen des politischen Lebens in Thüringen ein. Die von der SPD geschickt vorgeschlagene und vom Landtag daraufhin beschlossene „Plakatierung durch Maueranschlag" machte die politische Verbindlichkeit der Regierungserklärung Frölichs vom 17. Oktober 1923 für alle, Regierung, Parlament, Parteien und Öffentlichkeit, offenkundig.

Frölichs programmatische Äußerungen zur Politik der neuen Koalitionsregierung entsprachen nicht dem Ergebnis der zwischen den Koalitionspartnern stattgehabten 4-wöchigen Verhandlungen, nicht den Positionspapieren, nicht den darüber in die Presse getragenen Verlautbarungen. Die bürgerliche Opposition fragte denn auch bei der parlamentarischen Aussprache irritiert und ungläubig an, ob die Regierungserklärung das offizielle Regierungsprogramm sei, neben dem es noch ein offiziöses gebe. So sei am 17. Oktober kein Wort über den „außerparlamentarischen Ausschuß" zu hören gewesen, nichts zur Ernährung, nichts zur Rechtspflege, ja, im Grunde müsse man feststellen, der Staatsminister sei „nirgends über das Niveau agitatorischer Fragen" hinausgekommen.[227] Mit recht aufgesetzt wirkender politischer Leidenschaft, aber offenbar ganz ohne Kenntnis der in Moskau Ende September abgesprochenen Hintergründe, entgegnete Kieß von der SPD als Fürsprecher der neuen Regierung zu den Anfragen von rechts, man sei sich auf der Linken „in der Gluthitze der Geschichte dieser Tage" einig geworden.[228] Hermann Brill hat diese Einigung nicht mitgetragen. Während der Regierungszeit der SPD/KPD-Koalition ergriff er nur einmal im Landtag das Wort.[229] Brill war im Deutschen Oktober 1923 als Ministerialdirektor und Leiter der Abt. II (Polizei) im Innenministerium der Mann der Exekutive.

Sein ihm unsichtbarer, aber nicht unbekannter Gegenspieler, Grigorij Sinowjew, brachte in diesen Tagen in Moskau mit kaum gezügelter Emphase sein Urteil über „Die Probleme der deutschen Revolution" zu Papier. Die Schrift, exakt am 22. Oktober abgeschlossen, verkündete gleich zu Anfang: „Die proletarische Revolution pocht an die Tore Deutschlands." Der Blick des Autors in die unmittelbar vor ihm liegende Zeit war von dem Bewußtsein getragen, eine, nein die revolutionäre Sternstunde des Kommunismus zu erleben: „Die nahenden Ereignisse werden von welthistorischer Bedeutung sein", gar „für die ganze Menschheit ein Wendepunkt". Endlich nämlich gehe ein Staat mit hochentwickelter Industrie und organisier-

---

227 Eichel-Streiber (DVP) vor dem Landtag am 23. 10. 1923, Sten. Ber. V, S. 5533. Witzmann ironisierte die Selbstdarstellung der Regierung als einer proletarischen mit den bürgerlichen Berufswelten der neuen KPD-Minister, ebd. S. 5510 ff., von denen Korsch gar nicht dem Landtag angehörte.

228 ebd. S. 5499

229 Am 24. 10. 1923 begründete er vor dem Landtag eine Neugliederung der Ressorts. Das Wirtschaftsministerium (Tenner) wurde vom Staatsministerium getrennt, dafür wurde Frölich am 25. 10. 1923 zusätzlich zum Außenminister des Landes Thüringen gewählt, Landtagsitzung 24. 10. 1923, S. 5629 ff.

ter Arbeiterschaft entsprechend der Lehre von Karl Marx zum Sozialismus über. Der Vorgang sei idealtypisch, nicht wie die eigentlich falsch verlaufene russische Revolution vom Oktober 1917: „Die kommende deutsche Revolution wird eine klassische proletarische Revolution sein.“[230]

Diese Einschätzung eines vermeintlich großen historischen Augenblicks, des Deutschen Oktobers 1923, gründete sich auf den scheinbaren Erfolg einer Vielzahl kommunistischer Aktionen vornehmlich in Mitteldeutschland, aber darüber hinaus in vielen Städten des Reiches, so besonders in Braunschweig, Hamburg, Lübeck und Berlin. Den Vorgängen in Sachsen kam dabei eine Vorreiterfunktion zu. Auch als Lehrbeispiel für die Haltung der SPD waren sie in den Augen Sinowjews wichtig: „Der Eintritt der Kommunisten in die sächsische Regierung verfolgt ein doppeltes Ziel: 1. Soll der revolutionären Avantgarde Sachsens geholfen werden, festen Fuß zu fassen, ein bestimmtes Gebiet zu besetzen und Sachsen zum Ausgangspunkt ferner Schlachten zu machen. 2. Soll der linken SPD die Möglichkeit geboten werden, durch Taten sich auszuzeichnen und dadurch den sozialdemokratischen Arbeitern die Aufgabe der Überwindung der letzten Illusionen zu erleichtern.“ Für den Revolutionstheoretiker hatte „das sächsische Experiment“ einen doppelten Stellenwert: Entweder schwenkten die Regierung und die linken SPD-Führer voll auf den Kurs der KPD über, oder, wenn sie das nicht täten, erhielten die Arbeiter „die ganze Charakterlosigkeit der ‚linken‘ SPD und die gegenrevolutionäre Niederträchtigkeit der SPD-Führer“ demonstriert, was sie in die Arme der KPD treibe.[231]

Die KPD im Bezirk Groß-Thüringen wußte darum. Ihr ‚Gothaer Volksblatt‘ hatte schon am 11. Oktober die Bildung der „sächsischen Kampfregierung“ mit den zustimmenden Worten kommentiert: „Es ist jetzt Pflicht des gesamten proletarischen Deutschlands, überall den Kampf zu organisieren! Überall müssen rote Regierungen gebildet werden. Es gilt, die breitesten Volksmassen aus ihrer Indifferenz herauszureißen. Es gilt aus der deutschen Stinnes-Republik eine rote Republik des Proletariats zu machen!“

Dafür war der Schritt in Dresden am 10. Oktober der erste, der in Weimar am 16. Oktober folgende der zweite. Die „Thesen über die Taktik der Komintern“, wie sie auf dem IV. Weltkongreß der KI Ende 1922 beschlossen worden waren, hatten eine „Arbeiterregierung“, einer bestimmten parlamentarischen Konstellation entsprungen und gebildet aus kommunistischen und sozialdemokratischen Arbeiterparteien, ausdrücklich gutgeheißen. Sichergestellt sein mußte nur, daß dadurch allgemein der „Kampf gegen das Bürgertum“ verschärft werden könnte und insbesondere die kommunistischen Regierungsmitglieder als Beauftragte der KPD „unter der strengsten Kontrolle ihrer Partei“ blieben sowie diese ihr eigenes Gewicht und die volle Selbständigkeit in ihrer Agitation behielte.[232] Der zweite Schritt war die Einheitsfront von unten. „Das Wesen der Taktik der Einheitsfront“, so dozierte sie Sinowjew jetzt, „besteht ... darin, daß es ihr Zweck ist, auch die rückständigen Arbeiterschichten in den Kampf hineinzuziehen, die Mittelschichten und die Nachhut der Vorhut anzunähern.“[233]

---

230 Grigorij Sinowjew, Die Probleme der deutschen Revolution, Berlin 1923, S. 1 ff. Die Schrift wurde nach Angaben des Autors am 22. 10. 1923 abgeschlossen, in deutscher Ausgabe aber mit einem erst im November hinzugefügten Vorwort und einem Nachwort veröffentlicht. Das erklärt die festzustellenden Gegensätze zwischen dem Text und dem Vor- bzw. Nachwort.

231 ebd. S. 34 f. In Sachsen war die KPD stark, bei den dortigen Landtagswahlen am 5. Mai 1922 hatte sie 266864 (November 1920: 117559) Stimmen errungen, Stat. Landesamt Sachsen, Statist. Jahrbuch für den Freistaat Sachsen 1929, Dresden 1930, S. 302 f. Der Stimmenanteil wirkt vor dem Hintergrund der im September 1922 im Deutschen Reich insgesamt eingeschriebenen 224639 Mitglieder der KPD besonders hoch, vgl. Angress, Die Kampfzeit der KPD, S. 284.

232 Theorien und Resolutionen des IV. Weltkongresses der KI, o. O. 1922, S. 16.

233 Sinowjew, Probleme, S. 27 f.

Die politische Wirklichkeit hielt mit der emphatischen Theorie nicht Schritt. Gleichwohl war die Einwirkungskraft des kommunistischen Aktionismus groß. Oberst Kuenzer, Reichskommissar für Überwachung der öffentlichen Ordnung, meldete dem Reichswehrminister am 19. Oktober aus Sachsen und Thüringen. Er hatte beobachtet, daß die Macht der außerparlamentarischen Revolutionsorgane, von der KPD gesteuert, „in letzter Zeit zusehends" zunehme. Das „lehrt nicht nur die Lektüre der revolutionären Arbeiterpresse, sondern dafür liefert auch die Wirklichkeit klaren Beweis. Die in den Betrieben gefaßten Resolutionen, das Drängen der Arbeiterschaft gegen die Parteileitungen und die gewerkschaftlichen Organisationen zeigen am besten, daß die revolutionären Massen kein Vertrauen zu ihren legalen Instanzen mehr besitzen, sondern, wie die KPD es will, alle Rettung von den, von der Arbeiterschaft selbst gebildeten, revolutionären Kampforganen erwarten."[234] Dem Staat drohe, gerade in der Zeit des Ausnahmezustands, von den außerparlamentarischen Kampforganen der KPD große Gefahr. Kuenzer erkannte zutreffend: „Aber nicht nur die Mitglieder der außerparlamentarischen Kampforgane allein sind die Träger der proletarischen Revolution, sondern vielmehr ist die gesamte KPD für die Durchführung des Endkampfes zur Zeit in höchster Alarmbereitschaft."

Das zeigte sich etwa in der für die Zeit vom 7. bis 14. Oktober 1923 veranstalteten Betriebszellenwoche der KPD. Mobilmachungsmaterial wurde über die Parteiorganisation überallhin verteilt; bei Polizeiaktionen in Breslau – hier tagte am 10. Oktober die schlesische Bezirksleitung der KPD – und Hildesheim – hier tagte am 14. Oktober der Betriebsrätekongreß für Niedersachsen – etwa wurde entsprechendes Material gefunden. Kuenzer konnte davon berichten. Der revolutionäre Umsturz stand den Organisatoren vor Augen: „Jeder Betrieb muß zur Kaserne der kampfentschlossenen Arbeiter werden; sorgt für die Bewaffnung." Das hatte der Betriebsrätekongreß für Groß-Thüringen am 7. Oktober in Weimar beschlossen. Folglich kündete das ‚Gothaer Volksblatt' am 11. Oktober an: „Die entscheidende Schlacht naht."[235] Waffen zu beschaffen war gerade in Thüringen nicht sonderlich schwer, wo doch in Suhl, einer Hochburg der KPD, „jeder Arbeiter der Waffenfabrik sein eigener Waffenmeister ist".[236]

Das Augenmerk des Staates müsse, so Kuenzer, jetzt ganz entschieden den Aktionen der proletarischen Hundertschaften dienen. Denn an diesen könne man sehen, „daß das wirkliche Ziel ... darauf hinausgeht, die gegenwärtige Staatsform zu beseitigen, wie sie überhaupt bezwecken, die Vollziehung von Gesetzen, d. h. die Aufrechterhaltung und Durchführung der gegenwärtigen Verfassung durch ungesetzliche Mittel zu verhindern. Ihre Organisation ist eine durchaus militärische; es wird möglichste Bewaffnung erstrebt und ein militärischer Nachrichten- und Kurierdienst ist vorbereitet. Sie sind für die Durchführung des bewaffneten Aufstandes in erster Linie bestimmt." Kuenzers Resümee lautete, „daß die KPD ihre ganze Agitation und Propaganda auf den Bürgerkrieg eingestellt hat".[237]

---

234 BA R 43 I/2670: Kuenzer an Reichswehrministerium 19. 10. 1923: Die kommunistische Bewegung.

235 Die ‚Sächsische Arbeiterzeitung' hatte am 9. 10. 1923 ihren Beitrag dazu überschrieben mit den Worten „Jungproletarier haltet Euch bereit".

236 Kuenzer, a. O., 19. 10. 1923.

237 Kuenzer verwies in seiner Denkschrift „Die kommunistische Bewegung" in diesem Zusammenhang auf jüngste Waffenfunde in Berlin im September 1923 – man hatte 13 leichte Maschinengewehre, 7 schwere sowie 1 Minenwerfer gefunden –, die auf die russische Botschaft als Bezugsquelle gewiesen hätten. Er konnte seinem Bericht vom 19. 10. 1923 ein Flugblatt beiheften, das in den Räumen des ‚Norddeutschen Echos', einer Bremer Zeitung der KPD, Mitte Oktober beschlagnahmt worden war. Es war im Auftrag der Zentrale der KPD hergestellt und reichsweit verteilt worden. Unter der Überschrift „Die Abwehrorganisationen" forderte das Flugblatt die Arbeiter dazu auf, sich auf den Bürgerkrieg vorzubereiten: „Stinnes nimmt den Bürgerkrieg in Kauf, er will durch seine bewaffnete Macht das Proletariat niederschlagen. Nur auf Gewalt baut Stinnes, nur mit Gewalt kann das Proletariat der Großindustrie eine siegreiche Antwort geben." Die KPD anerkannte, daß die Abwehrorganisationen der Arbeiterschaft „technisch unzählige Male

Die Schlußfolgerung war zutreffend und, am 19. Oktober gezogen, von höchster Aktualität. Die Chemnitzer Betriebsrätekonferenz vom 21. Oktober 1923 und in ihrer Konsequenz der Hamburger Thälmann-Aufstand vom 23./24. Oktober gelten seit langem und unwidersprochen in der Forschung als – mißlungene – Höhepunkte in der Reihe der revolutionären Aktionsversuche der KPD während der Weimarer Republik.[238] Die von den 3 sächsischen Ministern für Wirtschaft (Heckert, KPD), Finanzen (Böttcher, KPD) und Arbeit (Graupe, SPD) für den 21. Oktober nach Chemnitz (Fritz Heckert war hier zuvor Spartakusführer gewesen) einberufene Konferenz sollte nach der Absicht ihrer Initiatoren allein die schlechte Ernährungslage in Sachsen diskutieren. Dazu waren u. a. 140 Betriebsräte, 79 Vertreter von Kontrollausschüssen, 26 von Komsumvereinen und 122 aus den Gewerkschaften sowie 66 Mitglieder der KPD, 7 der VSPD und 1 der USPD erschienen. Die schon am Tag zuvor in Chemnitz versammelte Zentrale der KPD beschloß jedoch an diesem 20. Oktober, auf der Konferenz auch den Generalstreik zu proklamieren und zum bewaffneten Aufstand aufzurufen. Heinrich Brandler schrieb dazu den Leitartikel in der ‚Roten Fahne' vom 21. Oktober: „Es geht ums Ganze!"

Zu diesem Ganzen konnte sich die Konferenz am 21. Oktober aber nicht bekennen. Vertreter der Gewerkschaften und der SPD teilten nicht die Einschätzung der Kommunisten, in Sachsen und anderswo im Reich (mit Ausnahme Bayerns vielleicht) drohe der Zusammenstoß mit der Reichswehr. Minister Graupe erklärte sogar, er werde sofort den Saal verlassen, wenn die Konferenz dem Vorschlag der KPD folge und den Generalstreik ausrufe. Diese sah sich isoliert, wollte jetzt aber zumindest „mit dem Degen vorfühlen" und lokale Aufstände inszenieren. Kiel wurde dafür ausersehen, das Revolutionsfanal von 1918 wirkte bei dieser Ortswahl mit. Da man aber schnell die kommunistische Position dort als zu schwach erkennen mußte, fiel die Wahl auf Hamburg, den Sitz der militärpolitischen Oberleitung Nordwest der KPD, – und auf Thüringen.

Georg Dietrich, Thüringer Parteifreund Hermann Brills – beide hatten sie 1923 die Koalitionsverhandlungen der SPD mit der KPD geführt, der eine im Frühjahr, der andere im Herbst –, hat die Lage am 21. Oktober so beschrieben: „Es war Hermann Brill, der verhinderte, daß Thüringen ein Hamburg wurde. Walter Ulbricht hatte die Konferenz in Chemnitz zur Siedehitze getrieben. Paul Kiess (Jena) war von Thüringen dort. Er stand in ständiger Verbindung mit Brill in Weimar. Als Kiess anrief und sagte, daß für Thüringen ebenfalls wie für Hamburg die Parole zum Aufstand gegeben werden soll, sagte ihm HB, er solle Ulbricht sagen, daß die von der Konferenz aufgestellten Forderungen von der Thüringer Hilfspolizei durchgeführt würden. Das akzeptierte Walter Ulbricht. Er hat HB nie vergessen, daß der ihn überspielt hat."[239]

Brill hat Ulbricht dadurch überspielt, daß er den Polizeikräften des Landes gerade nicht, wie im Telephongespräch mit Kiess nach Chemnitz übermittelt, in Weimar einen revolutionä-

---

schwächer" seien als die Kräfte der Bourgeoisie, machte den Arbeitern aber Mut mit dem Hinweis: „Das Proletariat hat unerschöpfliche Reserven: 15 Mill. deutsche Proletarier." Diese wurden aufgefordert: „Schafft die Abwehrorganisationen der Arbeiterschaft, schafft sie schleunigst, die nächste Woche muß die militärische Werbewoche des Proletariats sein. Bildet Formationen, bewaffnet sie mit allen Mitteln." Nach der Werbewoche für die Betriebszellenorganisation Anfang Oktober folgte mithin eine Werbewoche für die paramilitärische Organisation in den Hundertschaften. Der KPD war klar: „Schnell muß es gehen, weil jede Stunde mit einer Katastrophe droht. Das Proletariat muß seine Hundertschaften in den Betrieben ausbauen nach dem Schema der alten Armee, wie es sein Gegner tut." Dafür sollte sich in der nächsten Woche „jeder Arbeiter, welcher sich noch vor der Katastrophe retten will, einer Hundertschaft, einem Arbeiterbataillon angliedern".

238 Wenzel, Die Kommunistische Partei Deutschlands im Jahre 1923, S. 233ff. Angress, Die Kampfzeit der KPD, S. 433ff. Als Revolutionstermin war ursprünglich der 9. November vorgesehen, Angress, S. 437f.

239 AES Georg Dietrich, Aufzeichnung 29. 9. 1964, S. 6.

ren, sondern ganz im Gegenteil einen gouvernementalen Auftrag gab. Er machte die Polizei nicht zu Komplizen eines kommunistischen Aufstandes, sondern beauftragte sie mit der Verteidigung der Republik. Er wurde nicht Ulbrichts Handlanger, sondern blieb sein Gegner, erst recht im Augenblick der Krise. Das hat Thüringen das Schicksal Hamburgs erspart, hat aber auch den endgültigen Bruch zwischen dem intellektuellen Republikaner Brill und dem listigen Revolutionär Ulbricht bewirkt. Das Rachebedürfnis Ulbrichts sollte sich erst 1945 befriedigen lassen.

Am 21. Oktober 1923 machte es Hermann Brill als Ministerialdirektor des Thüringischen Innenministeriums sofort allen Kreis- und Stadtdirektoren zur Pflicht, „ungesäumt die Ihnen zugehenden Aufrufe der Reichsregierung und Befehle des Chefs der Heeresleitung öffentlich anzuschlagen", selbst „während der Zeit der gespannten politischen Lage" mit dem Innenministerium in Weimar in Verbindung zu bleiben sowie dafür Sorge zu tragen, „bis auf weiteres nach Dienstschluß jederzeit telefonisch zu erreichen" zu sein.[240] Ein solcher Aufruf „An die Bevölkerung in Stadt und Land", den Generalleutnant Reinhardt als Inhaber der vollziehenden Gewalt am 23. Oktober anschlagen ließ, forderte die Thüringer auf, sich „als Notgemeinschaft noch fester" zusammenzuschließen. Er drohte denen schärfste Strafe an, „die jetzt noch die Volkskreise gegeneinander verhetzen". Da die wirtschaftliche Lage Ende Oktober mit einen Ausschlag auf die politische geben mußte, gab das Thüringische Staatsministerium am 26. Oktober in einer „Notverordnung über die Versorgung der Bevölkerung mit Lebensmitteln" bekannt, wie allein durch staatliche Organe, nicht durch kommunistische Kontrollausschüsse, Kartoffeln, Getreide, Vieh, Fleisch und Eier verteilt würden.[241]

In Sachsen konnten zu diesem Zeitpunkt Aufrufe allein das politische Chaos nicht mehr steuern. Reichskanzler Stresemann forderte daraufhin Ministerpräsident Zeigner am 27. Oktober gemäß Kabinettsbeschluß auf, „den Rücktritt der Sächsischen Landesregierung zu vollziehen". Er drohte für den Fall einer unmöglichen sofortigen Regierungsneubildung „ohne Mitwirkung kommunistischer Mitglieder" die Übertragung der vollziehenden Gewalt auf einen Reichskommissar an. Reichspräsident Ebert tat dies am 29. Oktober.[242] In Weimar erhielt man eine Durchschrift des Stresemann-Briefes vom 27. Oktober und wußte dies als präventive Warnung zu verstehen. Brill reiste sofort nach Berlin, um Reichsinnenminister Sollmann (SPD) „persönlich über die Sicherheitsverhältnisse in Thüringen, insbesondere an der südthüringischen Grenze" einen Vortrag zu halten sowie dem Reichspräsidenten und dem preußischen Ministerpräsidenten davon schriftlich Kenntnis zu geben. Der Sozialdemokrat Brill suchte seine Parteifreunde auf die andere Lage in Thüringen einzuschwören, wo der Rechtsradikalismus von Bayern herüber wirkte. Von Otto Braun brachte er das Angebot nach Weimar mit, durch 500 Mann preußischer Schutzpolizei die thüringischen Kräfte zu unterstützen. Eilig gab Brill die Zusage dem inzwischen ernannten Verbindungsoffizier zum Militärbefehlshaber Reinhardt, einem Major Curtze, zur Kenntnis.[243]

---

240 BA NS 26/75: Brill an alle Kreis- und Stadtdirektoren und Gemeindevorsteher 21. 10. 1923. Der nachfolgende Anschlag Reinhardts in: HSTA Weimar Thür. Staatsmin. Präs.-Abtlg. Nr. 86: Reinhardt „An die Bevölkerung in Stadt und Land" 23. 10. 1923.

241 ebd. Notverordnung über die Versorgung der Bevölkerung mit Lebensmitteln, Thür. Staatsmin. 26. 10. 1923.

242 Zu den Vorgängen siehe Huber, Deutsche Verfassungsgeschichte Bd. 7, S. 377ff.

243 HStA Weimar Thür. Staatsmin. Präs.-Abtlg. Nr. 86: Protokollnotiz Brills über ein Gespräch mit Major Curtze 30. 10. 1923; der Brief des Reichskanzlers Stresemann an Ministerpräsident Zeigner vom 27. 10. 1923 ebd. Ähnliche Beobachtungen über die Haltung der Reichswehr wie im Gespräch mit Major Curtze hatte Brill schon am 5. 10. 1923 bei einer Unterredung im Stuttgarter Hauptquartier Reinhardts gemacht. Damals waren im Beisein des Thüringer Polizeioberst Müller-Brandenburg auf der einen und des Oberstleutnant von Blomberg auf der anderen Seite Polizeiprobleme besprochen worden. Brill war dabei aufgefallen, daß die Vertreter des Militärs „lediglich die unter dem Einfluß der radikalen Arbeiterbewegung stehenden Industriegebiete als Unruheherde" bezeichneten, als „kommunistischer Brand

Das Gespräch, von Brill mit Raffinesse geführt, ist eines der großen Zeugnisse seines geistigen Habitus. Curtze, offenbar nur in militärischem Denken geschult, klagte über ihm mangelhaft erscheinende Befehlsübermittlungen zwischen Innenministerium und örtlichen Polizeistellen; er wollte zudem die „Hundertschaftsfrage" schnell dadurch gelöst sehen, daß „scharf gegen die einzelnen Führer eingegriffen werde". Brill setzte solchen soldatischen Denkkategorien psychologische und soziologische entgegen, auch historische bezog er ein. Es seien in dem jungen Land Thüringen die vielen früheren Gebietsstrukturen noch nicht in ihrer separierenden Wirkung vollständig abgebaut. Der Major müsse sich einmal die Dienstverhältnisse der Gendarmerie im Landkreis Arnstadt, der aus ehemals fünf Staatshoheitsgebieten zusammengesetzt sei, vorstellen. Das ginge am besten, wenn er sich selbst in einen Kameradenkreis versetze, zu dem neben ihm ein Offizier der Schweizer Miliz, einer des amerikanischen Freiwilligenheeres, ein preußischer Truppenoffizier und einer der französischen Kriegsschule gehöre. Solche Unterschiede in Herkommen und Mentalität herrschten in der Gendarmerie Arnstadt und anderswo in Thüringen vor. Major Curtze schwieg dazu. Noch komplizierter müssen für ihn Brills Ausführungen zu den „Soldatenspielereien" der Hundertschaften gewesen sein. Brill hob die Argumentation von der militärischen auf die gesellschaftliche Ebene; „psychologische Imponderabilien und soziologische Ingredienzien" führte er an. Eigene Kriegserfahrungen standen ihm zur Hand, zu denen er, anders als Curtze, jedoch geistigen Abstand gefunden hatte. Die übergangslose Demobilisierung „von einer 7 Millionen-Feldarmee auf ein 100-Tausendmannpuppenheer" sei eigentlich ein ungelöstes Problem. Wo sich die deutsche Jugend 300 Jahre lang auf allen Schlachtfeldern siegreich geschlagen habe, suchten doch heute 18–22jährige nur zu verständlich und „ohne jede parteipolitische Einstellung nach einer Formung des Ausdrucks für ihr Sehnen nach Wehrhaftigkeit". Brill dozierte seinen gewonnenen Lebensgrundsatz: „Nur wenn politische Erziehung und staatsbürgerliche Bildung zusammen mit einer Änderung der Militärverfassung im Sinne der Volksmiliz geübt werde, seien polizeiliche Mittel gegen die Hundertschaften von Erfolg." Er mußte aber sofort im Anschluß an diese Gedanken im Protokoll festhalten: „Der Major äußerte sich zu diesem Gedankenaustausch nicht."

In Curtze und Brill standen sich zwei verschiedene Welten gegenüber. Die Denk- und Handlungskategorien des Majors waren ungebrochen aus der militärisch-monarchischen Tradition übernommen. Befehl und Gehorsam bestimmten sein nicht hinterfragtes Weltbild. „Soldatenspielereien" proletarischer Hundertschaften gehörten da nicht hinein und waren durch nüchterne Anwendung militärischer Gewalt aufzuheben. Die Analysen und Maximen des Politikers dagegen waren wohl von der Kenntnis militärischer Denkgewohnheiten getragen – Brill hatte sie vier Jahre im Weltkrieg aus nächster Nähe selbst miterlebt –, aber, früh für ein auch politisches Denken sensibilisiert durch das Ohrdrufer Elternhaus und eigene Lektüre, früh in die Fähigkeit zu reflektierender Distanz eingeübt, waren sie von psychologischen und soziologischen Beobachtungen getragen, setzten ein ganz neues Weltbild zusammen. Die Forderung nach staatsbürgerlicher Bildung war eine politisch-didaktische Konsequenz, die nach einer Volksmiliz eine militärisch-republikanische.

---

herd" oder „kommunistisches Nest" waren sie ihnen bekannt. Dagegen war sein Hinweis, daß Südthüringen „als nationalsozialistischer Brandherd" bezeichnet werden müsse, vom General „kurz abgeschnitten" worden. Auch der spätere Reichswehrminister von Blomberg schloß sich diesem Urteil an. Darüber resümierte Brill, „daß die Einstellung der Reichswehr unter dem Ausnahmezustand durchaus gegen links gerichtet ist und diese Einstellung durch die loyale Haltung einzelner Offiziere wohl etwas gemildert, aber nicht prinzipiell geändert wird". BA NL Brill 92: Der militärische Ausnahmezustand in Thüringen, Protokoll Brills über die Stuttgarter Unterredung mit Generalleutnant Reinhardt 5. 10. 1923.

Die beiden Gesprächspartner dachten aneinander vorbei. Der Major durchschaute nicht die Raffinesse, mit der rechts- wie linksextreme Kräfte der deutschen Volksseele ihre Geheimnisse abgelauscht hatten, wie sie jedem Mythos nachgespürt hatten und das Bedürfnis besonders der Jugendlichen, der vom Krieg und Kriegsdienst Verstoßenen, der aus der monarchistischen Gesellschaft Freigesetzten, nach Einsatz und Ersatz, Opfer und Hingabe, Bruderschaft und Ordensbund, Recht und Macht ansprachen. Die entmonarchisierte und damit entgötterte und so nüchtern-praktisch gewordene Welt einer Weimarer Republik hatte wenig Inspirierendes zu bieten, zumindest nicht einer im Kaiserreich aufgewachsenen und erzogenen Generation. Die vaterländischen Verbände wie die jetzt zur Revolution getriebenen kommunistischen Gruppierungen hatten dafür Ersatz zu bieten. Das erklärt ihren Zulauf. Hermann Brill hat die geistige Kraft zu einer solchen sozialpsychologischen Analyse aufgebracht und seine Handlungsweise danach gerichtet und in den Dienst der Republik von Weimar zu stellen versucht, Major Curtze war dazu nicht fähig.

Brills Weimarer Gespräch mit Major Curtze vom 30. Oktober war von ihm wohl brillant geführt, aber so natürlich nicht wirkungsvoll. Er reichte ergänzend am folgenden Tag eine große Liste der in seinem Ministerium allein in der letzten Woche eingetroffenen Berichte des von der thüringischen Landespolizei eingesetzten Grenzschutzes über Zwischenfälle mit rechtsradikalen Gruppierungen an der Grenze zu Bayern nach Berlin ein. Generalleutnant Reinhardt, der mehr nach links blickte, reichte Reichswehrminister Geßler am 2. November eine Liste kommunistischer Vorfälle in Thüringen ein.[244] Darunter war ein Vorfall in Meiningen stärker zu beachten, weil in ihn der Thüringische Staatsminister der Justiz, Karl Korsch (KPD), involviert war. In Meiningen waren kurz nach Regierungsantritt der SPD/KPD-Koalition Angehörige des dortigen Reichswehrbataillons von Zivilisten bedroht, von der Polizei nicht beschützt und deswegen von einer herbeigerufenen Kasernenbereitschaft befreit worden. Dabei hatte es drei Tote gegeben. Staatsminister Korsch hatte an der anschließenden Beerdigung teilgenommen, dabei nach Berichten der Augenzeugen „eine wüste Hetze gegen die Reichswehr“ betrieben und „auch direkt zur Bildung proletarischer Hundertschaften“ aufgefordert. Da dies verboten war, kommentierte Reinhardt das Verhalten des Justizministers Korsch als „mit verfassungsmäßigen Zuständen unvereinbar“.

In dieser Lage, von den Ereignissen in Thüringen bedrängt, von den Beteiligten und Betroffenen widersprüchlich ins Bild gesetzt und um Stellungnahme gebeten, beriet die Reichsregierung am 5. November in Berlin über Thüringen.[245] Reichskanzler Stresemann konstatierte zwar „eine erhebliche Erregung der Parteien“, hielt den Parteiführern aber vor, die Lage „in nervöser Übereilung falsch beurteilt“ zu haben. Er räumte ein, daß in Bayern rechtsradikale Verbände aktiv seien, besonders „in der Gegend von Coburg“, also an Thüringens Südgrenze, hielt aber „die Gefahr gewaltsamer Putschversuche“ solcher Verbände an anderen Stellen des Reiches, so in Pommern und Brandenburg, für größer. Allerdings könne „das Fehlen einer klaren politischen Zielsetzung“ dieser Gruppen für die Lage im Reich beruhigend wirken. Stresemann forderte die Regierungsmitglieder auf, in „einer so labilen und ungeklärten Lage wie der gegenwärtigen ... das Ruder in der Hand zu halten“, nicht

244 BA R 43 I/2314: Thür. Min. d. I. (Brill) an Reichspräsident, Reichskanzler, Reichswehr- und Reichsinnenminister 31. 10. 1923 und Generalleutnant Reinhardt an Reichswehrministerium 2. 11. 1923.

245 BA R 43 I/2708: Protokollauszug über Sitzung der Reichsregierung 5. 11. 1923. Frölich hatte zuvor bei Reichskanzler Stresemann „die schärfste Verwahrung“ gegen die Absetzung der sächsischen Regierung durch die Verordnung des Reichspräsidenten vom 29. 10. erhoben und „die sofortige Einberufung einer Konferenz sämtlicher Ministerpräsidenten der deutschen Länder zur Besprechung dieser für das verfassungsmäßige Eigenleben der Länder entscheidend wichtigen Frage“ gefordert, BA R 43 I/2314: Frölich an Reichskanzler 30. 10. 1923.

zurückzutreten, sich auf die Bereitschaft des Militärs zu verlassen und die Bevölkerung durch einen Aufruf zur Reichseinheit zu mahnen. Das Kabinett stimmte zu.

Diese etwas verharmlosende Lagebeurteilung von Berlin aus wurde vor Ort, so in Thüringen, keineswegs geteilt. Hier wußte man, daß radikale Mitglieder des Jungdeutschen Ordens, so die Bullei-Kyffhäuser-Sektion unter Führung eines Jacob Kötter aus Erfurt, gerade zu Hitler nach Bayern gezogen waren, und deutete dies – zu Recht, wie die Ereignisse des 9. November zeigen werden – als Alarmzeichen, das man auch in Thüringen beachten müsse. Weniger, so berichtete es die Landesabteilung Thüringens der Reichszentrale für Heimatdienst am 6. November aus Erfurt[246], entstehe aus der Landesregierung selbst die Gefahr eines revolutionären Putsches, vielmehr hätten sich hier „die Kämpfe zwischen kommunistischer und sozialistischer Partei so zugespitzt, daß mit einem Bruche täglich gerechnet werden kann". Gestern erst, am 5. November, hätte eine außerordentliche Funktionärsversammlung der SPD in Erfurt den Beschluß gefaßt, „unter keinen Umständen mit den Kommunisten irgendwie gemeinsame Sache zu machen". Wiederholt von der KPD als geliefert bezeichnete Nothilfen aus der Sowjetunion – einmal 1000 Zentner Getreide, ein anderesmal große Mehllieferungen – hätten sich immer als Lügen erwiesen. Das diskreditiere das Ansehen der Kommunisten bei der Arbeiterschaft zusehends, denn: „Der Kampf dreht sich hier nicht mehr um politische Fragen, sondern um das tägliche Brot." Wenn noch eine ernsthafte politische Gefahr drohe, so nicht die von links, sondern die von rechts: „Was die allgemeine Stimmung in Thüringen anbetrifft, so muß festgestellt werden, daß in der Arbeiterschaft so wie auch in weiten bürgerlichen Kreisen starke Beunruhigung durch die Nachrichten aus Bayern besteht. Man befürchtet ernstlich von dort aus Angriffe."

Die Erfurter Funktionärssitzung der SPD vom 5. November signalisierte in der Tat die gouvernementale Haltung der Sozialdemokraten. Aber das löste in den Augen des Militärbefehlshabers nicht die ihm immer noch bedrohlich erscheinende Lage. Er schritt deswegen zur Tat. Am 6. November erhielt die thüringische Landesregierung aus Stuttgart ein vom Vortag datiertes Schreiben Reinhardts mit dem Urteil, „die Lage in und um Thüringen ist bedrohlich und erfordert Reichswehrverstärkung". Der General informierte den Staatsminister von seiner Anordnung an den Kommandeur der 3. Kavalleriedivision, Generalleutnant Hasse, „der thüringischen Landespolizei einen festen Rückhalt zu geben und die Auflösung und Entwaffnung der Hundertschaften durchzuführen. Zu diesem Zwecke wird Polizeioberst Müller-Brandenburg mit der thüringischen Landespolizei dem General von Hasse unterstellt.[247]

Diese Maßnahme des Militärbefehlshabers im Wehrkreis V widersprach den Wünschen der Weimarer Landesregierung, denn nicht die Reichswehr wurde der thüringischen Landespolizei unterstellt, sondern umgekehrt diese jener. Der Vorgang veranlaßte Frölich zu einer sofortigen Besprechung in Berlin noch am 6. November mit dem Reichswehrminister. Dabei machte er seine Befürchtung deutlich, „daß die Reichswehr in Thüringen wohl ebenso vorgehe wie in Sachsen. Dazu liege keine Veranlassung vor. Die Angaben im Schreiben vom 21. Oktober über das Bestehen von Hundertschaften seien übertrieben." Man treffe durch solche Aktionen „die Republik und ehrliche Republikaner". Geßler erwiderte, Reinhardt habe den Befehl, „Thüringen gegen den eventuellen Einfall von Banden zu schützen". Man wolle nicht Thüringen treffen, könne aber nicht übersehen, „daß möglicherweise, wenn ja Reichswehr zur Abwehr gegen bayerische Banden kommen sollte, im Rücken von kommunistischen Hundertschaften angegriffen würde, deshalb müßte gegen die Hundertschaften von Polizei vorgegangen werden".

246 ebd. Reichszentrale für Heimatdienst, Landesabteilung Thüringen 6. 11. 1923.
247 HStA Weimar Thür. Staatsmin. Präs.-Abtlg. Nr. 86: Reinhardt an das Thür. Staatsmin. 5. 11. 1923.

An dem Gespräch nahm auch Reichskanzler Stresemann teil. Dieser wandte nun seine Argumente gegen Sachsen vom 27. Oktober auf Thüringen an, daß nämlich „die Teilnahme kommunistischer Mitglieder an dieser Landesregierung angesichts dieser Vorgänge mit verfassungsmäßigen Zuständen unvereinbar sei. Die Aufrufe in der ‚Neuen Zeitung', der Inhalt der Flugblätter und die Reden der Kommunisten richteten sich gegen die Verfassung." Frölich notierte sich in seinem Aide-mémoire über die Besprechung: „Er (sc. der Reichskanzler) wolle mich darauf aufmerksam machen, daß es nicht angehen würde, wenn die Kommunisten als Regierungsmitglieder oder als Abgeordnete weiter gegen das Reich, die Reichsregierung und die Einrichtungen des Reiches vorgehen."[248]

Parallel zu den Gesprächen Frölichs in Berlin führte Brill in Weimar noch einmal eine Unterredung mit Major Curtze. Dabei wurde ein „Arbeitsplan für das Vorgehen gegen die verbotenen Hundertschaftorganisationen für die Woche vom 5.–10. November" festgelegt. Eine Polizeiaktion sollte dazu führen, daß „Ende der laufenden Woche die Frage der Auflösung der Hundertschaften erledigt sein werde".[249]

Die Gesprächsergebnisse von Berlin und Weimar korrelierten nicht miteinander. Den Landespolitikern Thüringens entglitt die Initiative. In Berlin war am 6. November die Entscheidung für eine größere, wenn auch nur symbolisch zu wertende Aktion gefallen. Um ¼ vor zehn Uhr rückte am 8. November Reichswehr vor den Thüringischen Landtag, eine Maschinengewehrabteilung bezog hier Stellung. Der kommandierende Generalleutnant Hasse nahm dort um 11.00 Uhr eine Parade ab; anschließend erklärte er gegenüber Staatsminister Frölich, er habe „den Auftrag, verfassungsmäßige Zustände, die durch die Hundertschaften nicht mehr zu verzeichnen seien, wiederherzustellen". Frölich gab sich „peinlich berührt", erst nach erfolgtem Einmarsch und der Truppenaufstellung vor dem Landtagsgebäude von dem Vorgang informiert worden zu sein.[250]

Die sächsische Lösung wurde in Thüringen nicht praktiziert, denn die Reichsregierung schickte keinen Reichskommissar nach Weimar. Generalleutnant Hasse gab sich als Herr der Lage. Der Bevölkerung ließ er durch Anschlag sofort mitteilen: „Zahlreiche Hilferufe der thüringischen Bevölkerung aller Schichten zeugen von Gewalttätigkeiten und ungesetzlichen Eingriffen in das Wirtschaftsleben durch die kommunistischen Hundertschaften." Es gelte jetzt, „Ruhe und Ordnung" im Lande wiederherzustellen. Die thüringische Landespolizei und alle kommunalen Polizeiorgane seien ihm unterstellt. Er werde „rücksichtslos" jeglichen Widerstand brechen.[251]

Die Sozialdemokraten dachten an eine politische Lösung. Vor der Fraktion machte Innenminister Hermann sofort drei Vorschläge: „1. Koalition mit Kommunisten brechen. 2. Auflösung des Landtags. 3. Vorsorge treffen, daß für Wahlbewegung freies Versammlungsrecht besteht".[252] Frölich bot sogar den KPD-Ministern den gemeinsamen Rücktritt für den Fall an, daß das Militär Korsch, Tenner und Neubauer „aus der Regierung holen sollte". Die KPD lehnte das ab. Mit den militärischen Realitäten konfrontiert, durch Verbot und Zerschlagung ihrer Hundertschaften ihres revolutionären Stoßtrupps entblößt, ging die KPD einen eigenen isolierten Weg. Einen Augenblick noch durch den Hitler-Putsch am 9. November in

248 ebd. Protokollnotiz Frölichs über das Gespräch mit Reichskanzler Stresemann und Reichswehrminister Geßler 6. 11. 1923.

249 ebd. Protokollnotiz Brills für Frölich 6. 11. 1923. Die Vorgänge sind vom Thür. Staatsmin. in drei Denkschriften über den militärischen Ausnahmezustand dokumentiert worden: BA NL Brill 92: Der militärische Ausnahmezustand in Thüringen. Die erste Denkschrift wurde am 19. 11. 1923 vorgelegt.

250 ebd. Aktennotiz „¾10 Uhr zieht Reichswehr vor den Landtag" 8. 11. 1923.

251 ebd. Hasse an die Bevölkerung Thüringens 8. 11. 1923.

252 a. O. Anm. 250.

München in ihrer Reaktion verunsichert – sollte die KPD wie beim rechtsradikalen Kapp-Lüttwitz-Putsch im März 1920 durch einen von ihr mitgetragenen Generalstreik die revolutionäre Lage für das Entstehen einer Massenbewegung nutzen? –, erklärten die Staatsminister Korsch und Tenner sowie der Staatsrat Neubauer am 12. November selbst ihren Rücktritt aus der Thüringischen Landesregierung. Sie taten es nicht ohne einen großen Glockenschlag. In ihrem Rücktrittsmanifest[253] gaben sie den Sozialdemokraten in der Regierung Weimars, namentlich Frölich, Hermann, Dietrich und Brill, die Schuld am Ende des proletarischen Regierungsexperimentes. Sie brandmarkten eine Reihe von in ihren Augen nachweisbaren „Verrätereien der sozialdemokratischen und gewerkschaftlichen Führer" auf Reichsebene, wo die VSPD in der großen Koalition „die Demokratie durch das Ermächtigungsgesetz, die Republik durch den Belagerungszustand" abgeschafft habe, auf Länderebene, wo die VSPD „der werdenden Einheitsfront des Proletariats in Sachsen und Thüringen den Todesstoß", Frölich gar einen Dolchstoß versetzt habe. Gerade in Thüringen seien die der KPD essentiellen Regierungsvereinbarungen vom 17. Oktober nicht realisiert, sondern sabotiert worden, etwa der Außerparlamentarische Ausschuß – er sei schon in seiner zweiten Sitzung „arbeitsunfähig gemacht" worden –, so die proletarischen Hundertschaften, denn sie seien durch die herbeigerufene Reichswehr ins funktionslose Abseits gedrängt worden, wo man sie doch beim Hitler-Putsch an Thüringens Südgrenze hätte mobilisieren können und müssen. „Die feige Unentschlossenheit und Hinterhältigkeit der ganzen Politik der VSPD hat Thüringen wehr- und würdelos den Volksfeinden ausgeliefert."

Diesem Rücktrittsmanifest der KPD wurde am selben 12. November durch die Erklärung des Bezirksvorstands der SPD Groß-Thüringen in seinen wesentlichen Aussagen widersprochen. Die Sozialdemokraten erinnerten daran, wie sie lange um eine Regierungsmitarbeit der Kommunisten geworben hätten, diese aber erst nach der Erklärung des militärischen Ausnahmezustands im Reich, nach dem 27. September mithin, dann aber „über Nacht . . . , nicht schnell genug" der Landesregierung beigetreten seien. Doch ihre Maxime sei schnell deutlich geworden: „Die Kommunisten sind mit dem festen Vorsatz in die Regierung eingetreten, die Republik zu zertrümmern . . . Wenn die KPD sagt: Einheitsfront, will sie putschen. Wenn sie sagt: Gemeinsamer Kampf, will sie Parteiagitation."[254] Beide Sätze enthielten den Kern der sozialdemokratischen Kritik an der KPD, wie er in dieser Deutlichkeit durch die Regierungsverhandlungen im Oktober überdeckt worden war. Dazu gehörte auch die Selbsterkenntnis der SPD, die sich in der Erklärung des Bezirksvorstandes vom 12. November anschloß: „Die KPD ist die Todfeindin der sozialdemokratischen Partei." Selbst das Angebot Frölichs an die kommunistischen Regierungsmitglieder vom 8. November, mit diesen zurückzutreten, wenn die Reichswehr Tenner, Neubauer und Korsch „aus der Regierung holen sollte", habe bei diesen kein Echo gefunden: „Die Kommunisten haben selbst die Flucht ergriffen."

Diese Form der politischen Abdankung war von der KPD so und nicht anders gewollt. Allein sie barg in sich den jetzt begründeten Mythos vom Sozialfaschismus. Sinowjews Schrift über „Die Probleme der deutschen Revolution" gibt darüber Auskunft. Der Hauptteil dieser Schrift war am 22. Oktober abgeschlossen, in der Gewißheit der von Sachsen und Thüringen ausgehenden Revolution und deswegen ohne taktische Rücksichtnahmen geschrieben. Nach dem Scheitern des Deutschen Oktobers konnte die KPD zu der zuvor abgeworfenen Tarnung von der „Arbeiterregierung" nicht zurückkehren. Deswegen schritt ihre politische Akrobatik

253 Rücktrittsmanifest der kommunistischen Regierungsmitglieder in Thüringen vom 12. 11. 1923, abgedruckt in: Wörfel, Arbeiterregierung, Dok. 104.

254 Bezirksvorstand der VSPD Groß-Thüringen, Erklärung vom 12. 11. 1923, in: Sozialdemokratische Parteikorrespondenz 1923 bis 1928, S. 94.

vorwärts zur Sozialfaschismustheorie. Diese machte Sinowjew in seinem zu den „Problemen der deutschen Revolution" am 2. November 1923 für die deutsche Ausgabe geschriebenen Vor- und Nachwort. Im Vorwort steht der Satz: „Ein noch gefährlicherer Gegner (sc. als die deutsche Bourgeoisie) ist für das Proletariat die deutsche Sozialdemokratie." Im Nachwort heißt es ergänzend: „Die Herren Ebert, Wels, Severing, Leipart sind ja nichts anderes als Vertreter der konterrevolutionären Bourgeoisie."[255]

Sinowjew schrieb sich am 2. November seine Enttäuschung über den gescheiterten Deutschen Oktober von der Seele. Nicht der nüchternen Analyse mächtig, sondern allein der ideologischen Prämisse hingegeben, jetzt ohne Tarnkappe dastehend, griff er die SPD so an: „In dem Augenblick, die diese Zeilen geschrieben werden, macht die revolutionäre Bewegung in Deutschland neue Schwierigkeiten durch." Schuld daran sei nicht nur die deutsche Bourgeoisie, „ein äußerst kluger Gegner", wie Sinowjew ihr zur Hebung des eigenen Ansehens attestierte, sondern vielmehr die deutsche Sozialdemokratie, die „ein noch gefährlicherer Gegner ist für das Proletariat". Deren „unerhörte Elastizität und Anpassungsfähigkeit", heute mit dem linken Flügel revolutionär zu erscheinen, morgen mit dem rechten konterrevolutionär, hätten die „zeitweiligen Mißerfolge" der KPD verursacht. Da indessen die objektiven Ursachen der Krise in Deutschland davon unabhängig weiter bestünden, gelte es für die Kommunisten, „1. den Einfluß der ‚linken' Sozialdemokratie zu liquidieren und 2. die Revolution zu organisieren".

Sinowjew wußte, daß die Methode der Arbeiterregierung, als Taktik des politischen Machteintritts von ihm selbst enttarnt, nicht ein zweites Mal angewendet werden konnte. Folglich richtete er jetzt alle argumentative Kraft auf die im Fall Sachsens für ihn offenbarte „Charakterlosigkeit und konterrevolutionäre Schäbigkeit" dieser „linken sozialdemokratischen Arbeiterführer". Wo sich den Kommunisten die Illusion offenbart habe, ein dauerhaftes Bündnis mit diesen eingehen zu können, müßten sie den Schwerpunkt ihrer ganzen politischen Arbeit darauf richten, „möglichst schnell und möglichst radikal den Einfluß der ‚linken' Sozialdemokratie zu liquidieren". Sinowjew gab dafür zwei in seinen Augen wirksame Hilfen. Zum einen trennte er die Sozialdemokratie von ihrer revolutionären Tradition, rückte sie an die Seite des Bürgertums und entmannte sie ihrer bisherigen Partnerschaftsqualität für die KPD: „Es ist die Zeit gekommen, da unsere Partei offen erklären muß: Wir verzichten auf jegliche Verhandlungen mit dem Zentralkomitee der Deutschen Sozialdemokratie und mit der Zentralleitung der Deutschen Gewerkschaften. Wir haben mit den Vertretern der Bourgeoisie über nichts zu reden. Die Herren Ebert, Wels, Severing, Leipart sind ja nichts anderes als Vertreter der konterrevolutionären Bourgeoisie."[256]

Zum andern glaubte er aus der sächsischen Fallstudie den taktischen Fehler erkennen zu können, aus dem Einstieg in eine parlamentarische Episode nicht den zweiten Schritt, den Ausstieg in die außerparlamentarische Revolution, getan zu haben: „Der Eintritt der Kommunisten in die sächsische Regierung war gedacht als militärisch-politische Episode, mit dem Zweck, für die kämpfende proletarische Avantgarde einen Stützpunkt zu schaffen. Dieses Ziel ist nicht erreicht worden. Die ganze Episode begann, einer banalen parlamentarischen Zusammenarbeit der Kommunisten mit den sog. ‚linken' Sozialdemokratie zu ähneln."[257] Hier

255 Sinowjew, Probleme der deutschen Revolution, Vorwort S. III und Nachwort S. 106. Ilja Ehrenburg (1891 bis 1967) schrieb 1923 den Roman „Julio Jurenito", der ihn schlagartig berühmt machte. Es war ein zeitkritischer Roman, der das Entstehen des Faschismus ahnte, den Verrat der Revolution, den Ausbruch eines neuen Krieges und die Vernichtung der europäischen Juden.

256 Sinowjew, Nachwort S. 106.

257 ebd. Nachwort S. 105.

habe die zur Wirkung zu bringende Kraft einer Einheitsfront von unten, der revolutionäre Schub bewaffneter Arbeiterarmeen gefehlt: „Die Hauptarmeen des Proletariats sind noch nicht in den Kampf geführt worden."[258]

Einen solchen Trost spendete der Theoretiker Sinowjew aus dem fernen Moskau den deutschen Kommunisten. Der politische Praktiker Brill wertete den Deutschen Oktober 1923 in Weimar anders. Vor dem Thüringischen Landtag nahm er dazu am 20. November Stellung. Seine Rede[259] war fast furios zu nennen. Sie enthält die beste politische Positionsbeschreibung dieses Sozialdemokraten, der sich mit harscher Kritik nach links von der KPD absetzte und auf der anderen Seite, in seiner Kritik nach rechts, als programmatischer Avantgardist einer neuen republikanischen Zukunft empfahl.

So offene Worte hatten die Kommunisten im Landtag von Weimar von der SPD noch nicht zu hören bekommen, wie Brill sie ihnen am 20. November 1923 vortrug. Zweifel an der KPD seien in der SPD „nie verstummt"; in den vergangenen Wochen habe sie mehr denn je „ihre bolschewistische Putschtaktik offenbart", habe „an ihrer alten Taktik der bewaffneten Putsche festgehalten". Erregt ob dieser forensischen Dekuvrierung rief Tenner dazwischen: „So ein Denunziant." Ungerührt konterte Brill: „Das ist bei der ganzen Organisation der kommunistischen Partei als einer militärischen Außenorganisation der russischen Außenpolitik kein Wunder." Das war die Bloßstellung der Moskauer Komintern-Einflüsse.

Hier fielen Würfel. Nie hat die KPD Brill diese öffentliche Bloßstellung ihrer Ziele und Taktik vergessen, und einsichtig ist, was Brill später, im Herbst 1938, bei seiner eigenen Vernehmung vor der Gestapo zu Protokoll gab, daß nämlich er bei dem Oktoberputsch „zu den ersten" gehört hätte, die von den Kommunisten „im Fall des Gelingens des Putsches erschossen werden sollten".[260] Im Herzen Deutschlands, wenige Schritte vom Weimarer Nationaltheater, Goethes Haus am Frauenplan und all den anderen architektonischen Mahnstätten literarisch-klassischer und politisch-republikanischer Geschichte Deutschlands entfernt, an der Rostra des Thüringischen Landtags erfolgte eine solche Philippika. „So ein Denunziant"? Nein, so ein von politischer Erkenntnis getriebener Bekenner. Ein rechter Sozialdemokrat, wie die kommunistische Offensive nach 1945 gegen Brill urteilen sollte? Nein, eher ein linker, besser aber noch ein dynamischer Republikaner. Das zeigte Brill im zweiten, größeren Teil seiner Rede vom 20. November 1923.

Hier waren seine Angriffe nicht weniger markant. Dabei sprach er aus der Erfahrung des Ministerialdirektors, der im Thüringischen Innenministerium seit dem Ausnahmezustand den wesentlichen Dienstverkehr mit den Kommandostellen der Reichswehr wahrzunehmen hatte. Über 300 Verhaftungen vornehmlich sozialdemokratischer und kommunistischer Bürger listete er auf, darunter auch die der Frau des kommunistischen Ministers Karl Korsch, die sich in ihrem Schlafzimmer in Anwesenheit eines Reichswehrsoldaten anziehen mußte, nannte Beispiele aus vielen Städten, besonders seiner Heimatstadt Ohrdruf, klagte die dabei stattgehabte Verletzung rechtsstaatlicher oder moralischer Grundsätze an. Es sei „noch nie mit der persönlichen Freiheit des Staatsbürgers ärger Schindluder getrieben worden in Thüringen als in diesen Tagen". Die Reichswehr habe in vielen Bereichen die politische Exekutive an sich gezogen, sich dabei als „kein zuverlässiges Instrument der Republik" erwiesen.

Vorwürfe dieser Massivität führten zu Lärmszenen im Landtag; die Rechte war durch das anhaltende Läuten der Präsidentenglocke zunächst nicht zu beruhigen. Brill blieb unbeirrt.

---

258 ebd. Vorwort S. X.

259 Sten. Ber. V, S. 5685ff. Eine ähnlich starke Verurteilung des Kommunismus legte Karl Kautsky in seinem 1925 in Berlin erschienenen Werk „Internationale und Sowjetrußland" vor, bes. S. 11–18.

260 BA AB ZC 6509 Bd. 6: Vernehmungsprotokoll Brills vor der Gestapo 3. 10. 1938, S. 32.

Jetzt standen der sich für ihn in dem Verhalten der Reichswehr, nicht in ihr als Institution, aussprechende konservativ-repressive Zeitgeist, die fehlende republikanische Legalität und Gesinnung zur Debatte. Hart und direkt griff Brill an die Wurzeln. Der militärische Ausnahmezustand sei sofort zu beseitigen und in Zukunft auf Fälle „der Rebellion und Sezession eines deutschen Landes" zu beschränken, ein Ausführungsgesetz zu Art. 48 RV müsse die Eingriffsmöglichkeiten des Reichstages sichern, der kommandierende General einer eventuellen „Exekution" sei vom Parlament in Berlin zu wählen.

Die Reichswehr stand im argumentativen Mittelpunkt des republikanischen Rhetors. Brill wollte „den Umbau und eine Reform der Reichswehr im Sinne der Schaffung eines zuverlässigen Instrumentes zum Schutze der Republik". In konkreten Vorschlägen hieß dies nach seinen Vorstellungen: sofortige Loslösung der Reichswehr von allen illegalen Organisationen, Ausmusterung jener Offiziere, die sich am Aufbau solcher Organisationen beteiligt hatten, Aburteilung des Generals Lossow durch den Staatsgerichtshof, Einsatz der Reichswehr bei Bekämpfung innerer Unruhen „nur unter der Befehlsgewalt der Landespolizeibehörden".

Brills Vorschläge für einen Umbau der Reichswehr „von Grund auf" wirkten geradezu revolutionär; sie zeigen Konturen des erst später, beim Aufbau der Bundeswehr der Bundesrepublik Deutschland entwickelten und umgesetzten Bürgers in Uniform. Da altgediente Offiziere nicht veränderbar seien, wollte Brill bei Neueinstellungen als Mindestalter 24 Jahre ansetzen, weil dann „ein gereiftes Urteil über die innenpolitischen Vorgänge und eine abgeschlossene staatsbürgerliche Bildung aufzuweisen" seien. Offiziere hätten überdies vorher „mindestens zwei Jahre gewerkschaftlich organisiert" gewesen zu sein und „rückhaltlos auf dem politischen Boden der Verfassungsparteien der Nationalversammlung" zu stehen. Stabsoffiziere seien „durch einen bei dem Wehrministerium zu bildenden parlamentarischen Ausschuß des Reichstages" zu ernennen, kommandierende Generale und Admirale durch den Reichstag zu wählen. Still blieb es im Landtag, als Brill zum Abschluß seiner Rede die Prognose wagte, „daß die Deutsche Republik bei Strafe ihres Untergangs dazu verurteilt sein wird, die Militärfrage in Deutschland in dem von uns vorgezeichneten Sinne zu lösen".[261]

Mit einer solchen Rede zog der 28jährige Brill ein erstaunlich reifes Resümee seiner politischen Erfahrungen. Der Räterepublikaner von Gotha legte vor dem Landtag in Weimar den Beweis seiner republikanischen Verantwortungsfähigkeit dar. Tenner, sein Parteigenosse aus gemeinsamen Gothaer USPD-Anfängen 1918/19, war diesen Weg unter dem Einfluß der KI nicht mitgegangen; ihm war Brill deshalb ein „Denunziant" geworden. Dabei wollte Brill, wie er bewiesen hatte und am 20. November 1923 vor dem Landtag ausdrücklich betonte, durchaus mit der KPD einen „Wendepunkt der Geschichte des deutschen Parlamentarismus in den Ländern" einleiten; die Kommunisten sollten sich dafür jedoch auf den Boden der Verfassung stellen. Einen gemeinsamen Feind hatten beide im Rechtsradikalismus. Doch 1923 wollten die thüringischen Kommunisten im Schlepptau der KI etwas anderes als Brill. Als beide durch die Jahre des Widerstands gegen den Nationalsozialismus und durch die Haftzeit im Konzentrationslager Buchenwald gegangen waren, fanden sie wieder zueinander. Vom Ettersberg zogen sie Ende April 1945 gemeinsam hinab ins Weimarer Fürstenhaus, um jetzt die gemeinsame Aktion im Sinne eines „Wendepunkts" zu suchen. Doch auch jetzt wirkte die Moskauer Fernsteuerung dagegen. Walter Ulbricht, der 1923 als aus der Ferne steuernder Motor gegen Brill angetreten war und verloren hatte, vermochte im Sommer 1945 die Zeichen umzudrehen, allerdings nur zu einem Pyrrhus-Sieg des deutschen Kommunismus.

---

261 Sten. Ber. II. Landtag, S. 5698; das folgende Zitat ebd. S. 5685.

Sinowjews Versuch, mit der angedeuteten Sozialfaschismusthese das Scheitern des Deutschen Oktobers 1923 zu begründen, war untauglich. Gerichtet an die Adresse der Thüringer Sozialdemokratie, war der Vorwurf einer auch nur partiellen – einer ideellen ohnehin nicht – Zusammenarbeit mit rechtsradikalen Kräften ganz falsch. Das hatten die SPD und das von ihr getragene Staatsministerium Frölich während der gesamten Legislaturperiode des 2. Thüringischen Landtags durch ihre betont sozialistische Reformpolitik bewiesen. Auch nach dem am 12. November erfolgten Rücktritt der KPD-Minister blieben sie dieser Linie treu, soweit der militärische Ausnahmezustand das zuließ. Davon zeugen insbesondere die nicht nachlassenden Bemühungen des Ministerialdirektors Brill aus dem Innenministerium, die Öffentlichkeit und die Reichswehrführung, die Generale Reinhardt und Hasse, gerade auf das Wirken des Rechtsradikalismus hinzuweisen und unterstützende Verbote einzufordern.

Aus der Fülle der zur Verfügung stehenden Aktenbelege sei hier nur noch ein Beispiel hervorgehoben, das zugleich nachdenklich fragen läßt, ob nicht vielmehr die KPD das Verhalten des Rechtsradikalismus als eine willkommene Putschassistenz nutzte. Auffällige Sympathie nämlich hatte die in Gotha erscheinende ‚Thüringer Landeszeitung' am 14. November in dem Artikel „Der tragische Konflikt" für den Hitler-Putsch in München geäußert. Das Blatt wurde von der KPD herausgegeben. Als es dieser Provenienz gemäß zuvor, am 9. November, über „Politische Streiflichter aus Sowjet-Thüringen" berichtet hatte, hatte Brill noch nicht eingegriffen, wiewohl räterepublikanische Bekundungen dieser Art verboten waren. Jedoch nahm der Ministerialdirektor den Artikel vom 14. November zum Anlaß, ein 10tägiges Erscheinungsverbot zu verfügen. Als Begründung wurde dabei von ihm angeführt, daß die Zeitung „unter Berufung auf ein Recht zur Revolution das Vorgehen der Münchener Putschisten im übrigen Deutschland als eine Pflicht und für in hohem Maße wünschenswert hingestellt" habe.[262] Nicht die Sozialdemokratie zeigte sich also in einer Aktionssympathie mit dem Rechtsradikalismus gegen den Staat, sondern der Kommunismus. Das offenbarte sich ja auch später, Ende 1932, bei dem Streik der Berliner Verkehrsbetriebe noch einmal in vergleichbar kritischer Phase. Als vorangegangenes Beispiel wäre das Zusammengehen von KPD und den Parteien der Rechten zum Sturz der Regierung Frölich am 10. September 1923 im Thüringer Landtag hier in Erinnerung zu rufen.

Auch die sehr selbstbewußte, mitunter gar schroffe Haltung, die Staatsminister Frölich nach dem Einmarsch der Reichswehr in Weimar in seinen Verhandlungen mit Reichsstellen in Berlin einnahm, widerlegt jede auch nur leise Ahnung von einer begründeten Sozialfaschismusthese. Dies gilt gleich für das erste Gespräch Frölichs mit Reichspräsident Ebert, zu dem ihn am 12. November Brill nach Berlin begleitete. Frölich wollte die Handlungsfreiheit seiner Regierung wiedererlangen und deswegen einen Rückzug der Reichswehr zumindest aus den politischen Zentren Thüringens erreichen. Im Protokoll hielt Brill Frölichs Einlassung so fest: „Das Auftreten der Reichswehr müsse dahin wirken, daß das stärkste Bollwerk der Republik in Thüringen, die Sozialdemokratische Partei, zerschlagen werde." Ebert, der Parteifreund, gab dagegen standhaft zu bedenken, daß die Truppen „den klaren Befehl" hätten, „Thüringen gegen Einfälle aus Bayern zu schützen und sich zu diesem Zweck bis an den Thüringer Wald

262 HStA Weimar Thür. Staatsmin. Präs.-Abtlg. Nr. 86: Brill an die Schriftleitung der ‚Thüringer Landeszeitung' in Gotha 14. 11. 1923; die Akten Nr. 86 und fortlaufend Nr. 87 enthalten mehrere Beispiele dieser Art.

heranzuschieben". In ihrem Rücken könnten sie dabei keine kommunistischen Hundertschaften dulden, diese also zu verbieten sei „als untergeordneter Nebenzweck" zu dulden.[263]

Der Truppenkommandeur Hasse griff aber durchaus an zentralen Stellen und forsch in die Belange der Regierung ein, so am 17. November, als er das sehr umstrittene Notgesetz vom 3. November 1921 die Aufhebung des Buß- und Bettages als eines staatlichen Feiertages betr. annullierte. Das war ein als schwerwiegend empfundener Eingriff in die innere Landesverwaltung. Auch Reichsminister Oeser hatte erst im März 1923 vor dem Reichstag den Standpunkt der Reichsregierung vertreten, „daß die Landesgesetzgebung berechtigt ist, Feiertage einzuführen und zu ändern, solange reichsrechtlich nichts anderes bestimmt ist".[264] Hasse hatte mit den „Bedürfnissen weiter Volkskreise" Thüringens argumentiert, doch auch Reichspräsident Ebert vertrat die Meinung, daß solche „Einmischungen des Militärbefehlshabers in Schulverhältnisse ... zu weit gingen".[265]

Von ähnlicher Delikatesse waren allein durch unzureichende Verdachtsmomente veranlaßte Hausdurchsuchungen militärischer Kommandos im Bauhaus und Verdächtigungen gegen dessen Direktor Walter Gropius, dieser habe in der Staatlichen Hochschule kommunistische Infiltrationen geduldet. Die Anschuldigungen waren haltlos; Gropius fühlte sein „persönliches Prestige ... empfindlich geschädigt" und beklagte sich darüber auch bei Seeckt, dem Chef der Heeresleitung, den Reichspräsident Ebert für die Zeit des Ausnahmezustandes zur höchsten Exekutivinstanz im Reich ernannt hatte.[266]

Neben diesen besonders auffälligen Aktionen machte die Reichswehr durch ein in ihren Augen sicher schneidiges Auftreten in ganz Thüringen auf sich aufmerksam. Brill gab dem Generalleutnant Hasse bei sich häufenden Beschwerden aus der Bevölkerung zu bedenken, ob die Soldaten denn mit aufgepflanztem Bajonett und dem Ruf „Straße frei! Fenster zu!" durch die Städte stürmen müßten.[267] Doch der Ministerialdirektor war seiner Monita wegen bei Reichswehrstellen nicht beliebt und geriet jetzt auch bei Reichsstellen in Verruf, neben einem untergeordneten Beamten, den Innenminister Hermann bei Personalangelegenheiten ins Vertrauen zu ziehen gewohnt war, „der zweite böse Geist des Ministeriums zu sein".[268] Das Urteil war im Laufe von Untersuchungen gefallen, die Beauftragte der Reichsregierung in den Weimarer Ministerien Ende Dezember 1923 durchgeführt hatten.

Nach dem Rücktritt der kommunistischen Minister hatte das Rumpfkabinett Frölich zweimal versucht, durch Ergänzungswahlen wieder voll funktionsfähig zu werden. Das war auch gem. § 42 Abs. 1 der Landesverfassung ein Gebot. Doch beide Male, am 29./30. November und am 7. Dezember 1923, waren die Wahlen gescheitert, mehrere Vorschlagslisten, eine der SPD, eine der KPD und eine, die Landbund, DDP und DVP einbrachten, abgelehnt worden. Daraufhin trat das Staatsministerium am 7. Dezember förmlich zurück, blieb aber als geschäftsführende Regierung im Amt.[269] Als sich eine Woche später, am

263 BA R 43 I/2314: Verhandlung des Herrn Staatsministers Frölich und des Herrn Ministerialdirektors Brill bei dem Herrn Reichspräsidenten in Berlin am 12. 11. 1923.

264 Reichsinnenminister Oeser vor dem Reichstag 22. 3. 1923, Sten. Ber. des Reichstags S. 10300. Zum Vorgang vom 17. 11. 1923 s. HStA Weimar Thür. Staatsmin. Präs.-Abtlg. Nr. 88: Thür. Staatsmin. an Militärbefehlshaber in Thüringen 30. 11. 1923.

265 HStA Weimar Thür. Staatsmin. Präs.-Abtlg. Nr. 87: Münzel, stellv. Bevollmächtigter zum Reichsrat, an das Thür. Staatsmin. 7. 12. 1923.

266 ebd. Gropius an Seeckt 30. 11. 1923 und Gropius an Hasse 30. 11. und 10. 12. 1923.

267 HStA Weimar Thür. Staatsmin. Präs.-Abtlg. Nr. 86: Thür. Min. d. I. (Brill) an Generalleutnant Hasse 29. 11. 1923. Der Brief enthält eine 10seitige Anlage mit einer Auflistung von Einzelbeschwerden.

268 Dieses Urteil gab Oberst Kuenzer, der Reichskommissar für die innere Sicherheit, ab: HStA Weimar Thür. Staatsmin. Präs.-Abtlg. Nr. 89: Münzel an Thür. Staatsmin. 7. 1. 1924.

269 Sten. Ber. II. Landtag 7. 12. 1923, S. 5897f.

14. Dezember, der am 11. September 1921 gewählte zweite Landtag auf Antrag der KPD-Fraktion mit den Stimmen der Rechten auflöste, waren die Regierungsverhältnisse in Thüringen vollends desolat geworden.

Das markierte der kommandierende General Hasse militärisch knapp am 7. Dezember in einem Telegramm an das Reichswehrministerium nach Berlin. Dabei gab er unter Beachtung der vergangenen Reformpolitik der Reichsregierung diesen Rat: „Ohne Reichskommissar ist in Thüringen ein Wandel ausgeschlossen. Regierung arbeitet zur Zeit an weiterer Durchsetzung des Landes mit kommunistischen oder linksozialistischen Beamten, Lehrern usw., damit das Land bis zu den Neuwahlen für Wahlausgang in linksradikalem Sinne reifgemacht wird. Mißerfolg der bürgerlichen Partei bei den Neuwahlen bei ungehinderter Fortsetzung dieser Taktik vorauszusehen, damit alle Arbeit umsonst."[270] In Berlin schloß sich der Chef der Heeresleitung, Seeckt, diesem Rat seines Weimarer Kommandeurs an. Als Begründung unterstrich er noch einmal die in seinen Augen „verheerende Personalpolitik" in sozialistischem und sozialistisch-kommunistischem Sinne" in Thüringen, so geschehen vor allen Dingen in der Lehrerschaft, der Justiz und der Verwaltung, in erster Linie zu verantworten vom Volksbildungsminister Greil, einem „Krebsschaden für das Land".[271]

Das Stichwort „Reichskommissar", für Sachsen von Reichskanzler Stresemann am 27. Oktober erstmals gebraucht und danach von Reichspräsident Ebert auch in die Praxis umgesetzt, war nun auch für Thüringen gefallen. Staatsminister Frölich setzte sofort alles daran, die Entsendung eines Reichskommissars nach Weimar zu verhindern. Man einigte sich zunächst auf einen Kompromiß. Die Reichsregierung entschied am 19. Dezember gemäß Art. 15 RV, „Beauftragte" nach Thüringen zu schicken, die in den dortigen Ministerien des Innern, für Finanzen, Justiz und Volksbildung Untersuchungen durchführen sollten. Der Auftrag richtete sich nicht etwa auf eine Überprüfung des von Seeckt am 20. November ausgesprochenen Verbots der radikalen Parteien (KPD, NSDAP, DVFP) und seiner Handhabung durch die thüringische Landesregierung, sondern auf deren Beamtenpolitik. Ein solcher Auftrag implizierte eine Überprüfung der gesamten sozialistischen Reformpolitik des Staatsministeriums Frölich, denn die Beamtenbestellung war ein wesentliches, offensiv genutztes Mittel der von der SPD intendierten Reformpolitik.

Die Beauftragten der Reichsregierung, Reichskommissar Kuenzer sowie die Ministerialräte Foerster, Karlowa und Mende, nahmen ihre Arbeit sofort nach Weihnachten, am 28. Dezember, in Weimar auf, Reichsinnenminister Jarres kam am 30. Dezember für einen Tag zu abschließenden Gesprächen mit den Beteiligten. Das Untersuchungsergebnis war in den Augen der Reichsregierung verheerend. Reichskommissar Kuenzer kam bei seinen Recherchen zu dem Ergebnis: „Im Ministerium des Innern werden die Beamten nicht nach sachlichen Gründen angestellt. Überwiegend sind parteipolitische Gründe maßgebend. Art. 130 (RV) ist zweifelsohne verletzt." Von dem Direktor der Personalabteilung dieses Ministeriums habe er erfahren, daß dieser jede Verantwortung für die erfolgten Anstellungen ablehnen müsse, da er den Minister Hermann „wiederholt auf die verfassungswidrigen Zustände aufmerksam" gemacht habe, „jedoch ohne Erfolg". Auch mußte der Berliner

---

270 BA NL Brill 90: Denkschrift über den militärischen Ausnahmezustand in Thüringen: Hasse an Reichswehrministerium 7. 12. 1923.

271 Akten Reichskanzlei, Kabinett Marx Bd. 1, S. 89ff.: Der Chef der Heeresleitung an den Reichskanzler und Reichsmin. d. I. 12. 12. 1923. Neben der Personalpolitik spielte in den Argumentationen Hasses gegenüber Berliner Vorgesetzten immer wieder der Hinweis auf die Hundertschaften der KPD eine Rolle: „Es bedurfte nur eines Befehls und in Thüringen stand eine rote Armee, welche die Regierung und Verwaltung hinweggefegt hätte, unter deren Duldung sie sich so trefflich entwickeln konnte." BA R 43 I/2314: Hasse 7. 12. 1923.

Beauftragte aus seinen Gesprächen den Eindruck festhalten, daß alle Beförderungen und Anstellungen nicht über den üblichen Weg der Personalreferenten gegangen seien, sondern durch den Gerichtsassessor Kunze „unmittelbar mit dem Minister gemacht“ worden seien. Erst nachträglich habe der Minister dem zuständigen Personalreferenten und Abteilungsleiter den Vollzug der Ernennung zur Kenntnis gebracht. Kunze, von allen Beamten des Ministeriums als „das Unglück des Amtes“ angesehen, sei der persönliche Vertrauensmann des Ministers gewesen. Dabei habe dieser, ehemals ein Gemeindeschreiber in Meuselwitz, ordnungswidrig 1922 seine zweite Prüfung für den mittleren Verwaltungsdienst abgelegt und sei wider die Ordnung in die Gruppe VII, statt, wie nur zulässig, in die Gruppe V eingeordnet worden. Danach sei Kunze in einem schnellen Tempo bis zum Regierungsassessor (Gruppe X) befördert worden, dies am 10. September, als die Landtagsauflösung in Betracht gekommen sei. An diesem Tag seien auch andere Personen, sofern sie Mitglieder der SPD gewesen seien, noch befördert worden.

Bei der Überprüfung der Vorgänge im Innenministerium mußte Kuenzer vermerken, daß viele Personalakten „überhaupt nicht beizubringen waren“. Viele hätten ihre eigenen Personalakten einfach an sich genommen. In anderen seien Daten und andere Eintragungen nachträglich gefälscht worden. Erklärungen des Ministers Hermann würden durch seine eigene Ministerialbürokratie widerlegt. Der Beauftragte empfahl bei der Staatsanwaltschaft Überprüfung wegen Urkundenfälschung.

Über Brill äußerte sich Kuenzer auch kritisch: „Ein früherer Volksschullehrer und nach Ansicht der Vertretung der Beamtenschaft einseitiger fanatischer Sozialist und absolut parteipolitisch einseitig, auch zur Abnahme von Verwaltungsprüfungen unfähig, ist zum Vorsitzenden der Prüfungskommission für mittlere Beamte ernannt; er gibt zu, daß er diejenigen Anwärter, die dem Allgemeinen Beamtenbund angehören, auf diese Prüfung vorbereite.“ Auf Vorhaltungen habe Brill erklärt, daß seine Tätigkeit bei der Vorbereitung zur Prüfung „nicht beanstandet werden könne“; den Vorwurf, nur Mitglieder des Allgemeinen Beamtenbundes zum Examen zugelassen zu haben, bestreite er, da er nur Vorsitzender der Prüfungskommission sei, nicht aber die Zulassung zur Prüfung zu erklären habe. Bei Nachforschungen sei herausgekommen, daß des Ministers rechte Hand, Assessor Kunze, über die Zulassung zum Examen zu entscheiden habe. Der Berliner Beauftragte kommentierte diese Zustände mit den Worten: „Als bezeichnend für den Geist in der Abteilung des Herrn Ministerialdirektors Brill sei angeführt, daß dem Kommunisten Neubauer übertragen wurden: Gesetz zum Schutze der Republik und Verbote der Organisation, eben dem Herrn, bei dem der Plan zur Erstürmung der Schutzpolizeikaserne durch die Kommunisten späterhin gefunden wurde.“

Die Vorwürfe Kuenzers waren gravierend, sein Bericht für die Berliner Reichsregierung gab auch zu erkennen, daß „nicht nur fast ausschließlich sozialistische Beamte angestellt und befördert worden“ seien, es seien „auch viel zu viel Anstellungen erfolgt“, z. B. 50 bis 100 Beamte bei den Kreisdirektionen (50 % zu viel). Auch müsse er darauf verweisen, daß in einer Ministerialabteilung des Innenministeriums bis Ende September 1923 5 mittlere Beamte und Angestellte gewesen seien, drei Monate später 8, „obgleich größere Gebiete aus dieser Abteilung ausgeschieden sind“. Nicht überraschen könne es da, daß die neuen Angestellten „alle Sozialdemokraten“ seien. Auch im Landeskriminalpolizeiamt, das doch als eine Kriminalbehörde „absolut unpolitisch“ sein solle, seien ohne Vorhandensein von Etatstellen sozialdemokratische Mitglieder eingestellt worden, z. B. ein Regierungsrat Worsch, der im Lande „in einer Weise gehaust“ habe, „daß das Rechtsgefühl in Thüringen schwersten Schaden gelitten habe“; jetzt sei gegen Worsch ein Disziplinarverfahren angängig.

Ein weiterer Vorwurf, den der Berliner Beauftragte in seinem Resümee festhielt, richtete sich neben der einseitigen Bevorzugung sozialistischer Beamter bei Anstellungen und Beförderungen auch gegen die Berechnung des pensionsfähigen Dienstalters. Bürgerliche Beamte würden hier gegenüber sozialistischen benachteiligt. So werde etwa einem Regierungsrat, der früher Schlosser gewesen sei, diese Zeit als wesentliche Vorbildung für seine Funktion als Regierungsrat angerechnet. Nach einer Auflistung solcher Beispiele faßt der Kuenzer-Bericht zusammen, „daß im thüringischen Ministerium des Innern eine politische Einrichtung einseitig bevorzugt wird und die Geschäfte im Ministerium, insbesondere in der Beamtenabteilung, nicht von den an sich zuständigen Beamten, sondern von einseitig nach parteipolitischen Gesichtspunkten ausgewählten Beamten geführt werden. Zweifelsohne ist Art. 130 Abs. 1 verletzt. Die große Erregung in der Thüringer Beamtenschaft über die Beamtenpolitik des thüringischen Ministeriums ist durchaus zu verstehen."[272]

Der Bericht über das Volksbildungsministerium des Beauftragten Foerster enthielt ähnlich gravierende Vorwürfe. Foerster stellte fest, daß gemäß dem im Mai 1923 erlassenen neuen Schulverwaltungsgesetz für Thüringen eine viel zu extensive Personalpolitik im Schulwesen getrieben worden sei. So seien allein für die Organisation der Berufsschulen 1.155 Lehrerstellen vorgesehen, ein deutlich zu hohes Quantum. Auch die Personalbesetzung des Volksbildungsministeriums selbst sei „mindestens sehr reichlich". Es seien unter Greil 9 planmäßige Fachreferenten in das Ministerium eingetreten, unter ihnen keiner bürgerlicher Parteizugehörigkeit. Manche Besetzung sei fragwürdig, so die des Oberregierungsrates Hugo Jacobi, eines früheren Volksschullehrers aus Gotha, Kommunist, der sich vor 20 Jahren an einem geistig behinderten Menschen sittlich vergriffen habe. Er habe sich auch nach seiner Anstellung in Gegenwart von Schulkindern religiös abfällig geäußert und „die Jungfrau Maria eine große Hure und Christus ein Hurenlamm" genannt.

Auffällig sei, daß die Bearbeitung von Personalien der Lehrkräfte im Ministerium ausschließlich in den Händen jener Referenten liege, die der jetzige Minister Greil in sein Ministerium berufen habe. In diesem Zusammenhang fand der Beauftragte es für erwähnenswert, daß er bei seinen Untersuchungen von älteren Beamten gebeten worden sei, „leiser zu sprechen, da hier die Wände Ohren hätten". Unter den einzeln aufgelisteten Vorwürfen sei die Ernennung des bisherigen Schulrates in Gotha, Rössger, am 6. Dezember zum Vortragenden Rat und Regierungsrat im Ministerium bemerkenswert, obwohl doch am 15. November eine allgemeine Beförderungssperre ausgesprochen worden sei. Das Ministerium habe wohl eilbedürftig gehandelt, denn es sei selbst einen Tag später, am 7. Dezember, zurückgetreten.

Auch die Beamtenpolitik des Ministeriums im Lande, so die Feststellung des Beauftragten Foerster, sei von ähnlichen Ungereimtheiten geleitet worden. Die durch das Schulverwaltungsgesetz vom Mai 1923 neu zu schaffenden fünf Oberschulratsstellen seien „sämtlich mit landfremden und als linksradikal bekannten Persönlichkeiten besetzt worden" (Gaede, Hilker, Schmäing, Frau Siemsen aus Preußen, Strecker, früher hessischer Minister). Ein solches Verfahren habe auch gegolten bei der Besetzung der 15 Schulrats- oder Schulratsstellvertreter-Positionen. Sie kämen „zum großen Teil aus nichtthüringischen Gebieten" und hätten sich sozialistische „oder noch weiter links" gerichtete Einstellungen zugesprochen, unter ihnen etwa Albin Tenner, im Oktober 1922 Kreisschulrat in Weimar, ein Jahr später KPD-Minister in der Thüringischen Regierung. Nach dem Rücktritt als Minister habe Tenner Anfang Dezember beim Staatsministerium seine Rückversetzung in die Position des Kreisschulrates

---

272 ebd.: Bericht des Ministeriums des Innern Dezember 1923. Vgl. dazu das Protokoll über die Besprechung in der Reichskanzlei am 5. 1. 1924 zwischen Reichskanzler Marx und Mitgliedern der Reichsregierung sowie Staatsminister Frölich: StA Weimar Thür. Staatsmin. Präs.-Abtlg. Nr. 89.

beantragt. Greil habe unter dem 18. Dezember berichtet, keine Bedenken dagegen zu haben, „daß Tenner in seine frühere Schulratsstelle Weimar-Süd zurücktrete".

Auffällig war für Foerster auch die Besetzung der Leiterstelle des Gymnasiums in Weimar mit einem Dr. Theil. Dieser, ursprünglich Marine-Ingenieur, sei von Greil erst kurz zuvor aus Sachsen als Studienrat nach Weimar berufen worden. Gegen das Votum des Lehrerkollegiums und gegen den einmütigen Willen des Elternbeirats habe Greil Theil zum Schulleiter gemacht, einen Mann, der sich „entschieden linksradikal" geäußert habe. Was für Gymnasien in personalpolitischen Fragen vorgekommen sei, gelte auch für andere Schularten: „Die Dinge in den Volksschulen scheinen vielfach im Argen zu liegen, so daß der Schulstreik für den Januar 1924 befürchtet wird."

Auch die Personalpolitik an der Landesuniversität Jena wurde in dem Bericht kritisiert, weil das Ministerium hier Lehrkräfte gegen den Willen der Universität berufen habe. Dies sei z. B. bei dem Juristen Karl Korsch der Fall, gegen dessen zum 1. Oktober 1923 veranlaßte Ernennung zum planmäßigen außerordentlichen Professor sich die Fakultät in Jena ausgesprochen habe, weil Korsch keine wissenschaftlichen Leistungen aufweise, sondern nur Schriften parteipolitischer Tendenz verfaßt habe. Dennoch sei er am 13. Oktober 1923 ohne weitere Anhörung der Universität „persönlicher ordentlicher Professor und kurz darauf kommunistischer Justizminister" geworden. Zur Universität Jena vermerkte der Bericht, daß in der Amtszeit des Volksbildungsministers Greil an dieser „eine pädagogische Abteilung als Fakultät innerhalb der Fakultät eingerichtet" worden sei. Drei ordentliche Professoren seien dieser zugewiesen, unter ihnen zwei anerkannte sozialistische; alles sei gegen den Willen der philosophischen Fakultät der Universität Jena geschehen. Weiter seien hier fünf Oberschulräte als Honorarprofessoren eingestellt worden sowie Studienräte und Personal „ohne Ausübung einer Lehrtätigkeit" in der Fakultät. „Alle diese Personen gelten als sozialistisch oder weiter links gerichtet."

Abschließend wies Foerster auf eine von der Landesregierung angeordnete Schulfeier zum 9. November 1923 hin. Eltern, die ihre Schüler nicht zu dieser Feier geschickt hätten, hätten für ihre Kinder vom Schulleiter „die Verweisung des betreffenden Schülers von der Anstalt" angedroht bekommen. Im umgekehrten Falle sei man mit dem Bußtag verfahren. Der Beauftragte resümierte: „Der Minister Greil hat das Bestreben, in seinem Ressort möglichst ausschließlich sozialistisch oder politisch noch weiter links gerichtete Beamte anzustellen." Foerster gab zu bedenken, daß grundsätzlich dagegen nichts eingewandt werden könne, allerdings müsse der Umstand zu denken geben, daß der Minister „in die maßgebenden, einflußreichen und führenden Stellen lediglich Sozialisten und Kommunisten bringt". Damit seien Beamte bevorzugt, die „sich nicht als Diener der Gesamtheit, sondern einer bestimmten, von ihm, dem Minister, geteilten Parteirichtung fühlen und betätigen". Dies verletzte fortlaufend Art. 130 Abs. 1 der Reichsverfassung.

Gemessen an so gravierenden Vorwürfen gegen die thüringischen Ministerien für Inneres und Volksbildung kam das für Finanzen des Ministers Hartmann mit gelinderen Mahnungen davon. Hier sei seit April 1922 „ohne Etatgrundlage gewirtschaftet" worden. Die Einnahmen reichten nicht annähernd, um die Ausgaben, vor allen Dingen in der Personalpolitik des Landes, zu decken. Deswegen seien Goldschatzanweisungen ausgegeben worden. Um die finanziellen Belastungen zu verringern, gab der Beauftragte der Reichsregierung den Rat, „schleunigst Maßnahmen zur Verringerung der Ausgaben und Erhöhung der Einnahmen" zu treffen. Es müsse ein Personal- und Verwaltungsabbau erfolgen. Auch hier verletze die Beamtenpolitik Art. 130 Abs. 1 der RV, „indem in einseitiger Weise Angehörige einer bestimmten Richtung wegen ihrer Parteizugehörigkeit und nicht nach sachlichen Grundsätzen angestellt wurden".

Das verheerende Gesamturteil der vier Beauftragten der Berliner Reichsregierung betraf nicht die Inhalte der sozialistischen Reformpolitik der Thüringer Landesregierung, vielmehr die zu ihrer Durchsetzung angewandten personalpolitischen Methoden, insbesondere die Verletzung der Reichsverfassung in Art. 130 Abs. 1: „Die Beamten sind Diener der Gesamtheit, nicht einer Partei." Während die mit einer nachgewiesenen Urkundenfälschung begründete Verhaftung des Innenministers Hermann am 2. Januar auf offener Straße vor dem Weimarer Bahnhof eher eine Episode blieb[273], trat Staatsminister Frölich recht selbstbewußt, ja schroff in Berlin der Reichsregierung gegenüber. Eine 10stündige Konferenz am 5. Januar unter Vorsitz des neuen Reichskanzlers Marx brachte eher eine Verhärtung denn eine Annäherung der Standpunkte. Frölich beschwerte sich heftig; keinem anderen Lande als dem thüringischen habe man solches geboten: „Wir sehen darin eine Mißachtung einer aus Arbeitern und Sozialdemokraten zusammengesetzten Regierung!"[274] Das ihm erkennbare Vorhaben der Reichsregierung, jetzt einen Reichskommissar für Thüringen zu bestellen, wies er zurück. Es seien Landtagswahlen für den 10. Februar anberaumt, sie „unter der Herrschaft eines Reichskommissars stattfinden zu lassen, würde kein demokratisches Verfahren sein". Frölich war auch in seinem Ton barsch: „Wir verlangen, als loyale Mitarbeiter im deutschen Vaterlande betrachtet zu werden!"

Das zu bezweifeln bestand kein Grund; im Gegenteil, gerade der Deutsche Oktober 1923 hatte bewiesen, daß Thüringen deutlicher als Sachsen seine Loyalität gegenüber dem Reich gewahrt und seine republikanische Verantwortung wahrgenommen hatte. Seine akute schwierige Lage zwischen Rechtsradikalismus und Linksradikalismus, begünstigt auch durch die geographische Lage Thüringens, war in Berlin ungenügend gewürdigt worden, der durch die Geschichte Thüringens angestaute sozialistische Reformdrang in einem seiner monarchischen Tradition und Immobilität wegen rückständigen Land war übergangen worden. Das Augenmerk der Reichsregierung richtete sich zu ausschließlich auf zweifellos begangene, in Einzelfällen von Frölich schließlich auch eingestandene Verletzungen von Verfassungsgrundsätzen in der Beamtenpolitik. Doch darauf hätte man den Konflikt zwischen dem Reich und Thüringen nicht reduzieren dürfen.

In der konkreten Lage fand man im Januar 1924 keinen anderen Zugang zueinander, aber dennoch einen Kompromiß. Vor dem Reichskabinett trug Innenminister Jarres am 7. Januar außerhalb der Tagesordnung das Ergebnis des Untersuchungsberichtes der Beauftragten vor und schloß sich deren Urteil an, daß in Thüringen Art. 130 RV „insbesondere durch die thüringische Beamtenpolitik verletzt worden sei".[275] Der Minister unterrichtete das Kabinett auch von der Forderung der bürgerlichen Parteien Thüringens, einen Reichskommissar einzusetzen und zwar den Oberlandesgerichtspräsidenten von Jena. Auch wenn die rechtlichen Voraussetzungen dafür gegeben seien, glaubte der Innenminister dennoch, daß der Reichspräsident sich dazu „nur sehr schwer" verstehen könne. Deswegen empfahl Jarres, der thüringischen Landesregierung als Beschluß der Reichsregierung ein Protokoll zuzuleiten, das sie im Bereich der Personal- und Finanzpolitik „zur Durchführung bestimmter Maßnahmen" verpflichte.

Ein solches Protokoll wurde auf einer zweiten Konferenz von Reichskanzler Marx und Staatsminister Frölich am 8. Januar vorbereitet und nach einer erneuten Rücksprache des

---

273 ebd. Münzel an Thür. Staatsmin. 2. 2. 1924. Brill geriet in Bedrängnis, weil er zur Aufrechterhaltung des dienstlichen Verkehrs seinen Minister mehrmals in dessen Untersuchungshaft besuchte. Spöttisch schrieb ‚Die Zeit' dann am 4. 1. 1924 einen Artikel mit dem Tenor „Musterstaat Thüringen".

274 ebd. Protokoll der Besprechung zwischen dem Thür. Staatsmin. und der Reichsregierung über das Ergebnis der Untersuchung der Beauftragten 5. 1. 1923.

275 Akten Reichskanzlei, a. O. S. 192f.: Protokoll des Reichskabinetts 7. 1. 1924.

Reichskanzlers mit seinem Kabinett am 11. endgültig fixiert. Frölich unterzeichnete es am 14., Marx am 15. Januar.[276] Einflußnahmen der Sozialdemokraten Otto Wels und Hermann Müller[277] hatten mit dazu beigetragen, daß die Reichsregierung von der förmlichen Bestellung eines Reichskommissars absah, aber jede Veränderung im Beamtenapparat (Anstellungen, Beförderungen, Entlassungen) von der vorhergehenden Zustimmung eines fünfköpfigen Ausschusses abhängig machte, derer Vorsitzender der Präsident des Oberlandesgerichts in Jena, Stichling, war, deren übrige Mitglieder von den bürgerlichen Parteien sowie der SPD in Thüringen zu gleichen Teilen zu stellen waren. Dies bedeutete das gesetzte Ende einer selbständigen sozialistischen Reformpolitik in Thüringen. Die Reichsregierung hatte sich dazu verfassungsrechtlicher Argumente, nicht ideologischer bedient. Da in der Folgezeit die bürgerlichen Parteien den Ausschuß zur Überwachung der Beamtenpolitik nicht beschickten, ernannte die Reichsregierung den Oberlandesgerichtsrat Prof. Dr. Fischer und den Oberverwaltungsgerichtsrat Knaut, beide aus Jena. Die SPD entsandte den Staatsminister im Wartestand August Bandert und den Ministerialdirektor Dr. Rittweger in den Ausschuß.[278]

3.4 Abschied von der Regierung: Die Wahl zum 3. Thüringischen Landtag am 10. Februar 1924

Äußerlich unbeeindruckt durch die Eingriffe der Reichsregierung in die Selbständigkeit der thüringischen Landesregierung, offenbar auch nicht getroffen von dem gegen ihn ergangenen Urteil der Reichsbeauftragten, „der zweite böse Geist des (Innen-)Ministeriums" zu sein, ging Brill am 6. Januar in den Wahlkampf. Vor den Delegierten der Wahlbezirke Saalfeld, Rudolstadt, Arnstadt und Gotha gab er die kämpferische Parole aus: „Arbeiter, sorgt für eine rein sozialdemokratische Mehrheit, d. h. nicht für eine ‚sozialistische' Mehrheit inclusive der Kommunisten, sondern eine Mehrheit aus Sozialdemokraten!"[279]

Brills Abgrenzung zu den Kommunisten fiel nach dem Scheitern des Revolutionsversuches im vergangenen Oktober, der die SPD mit in den Strudel gezogen hatte, eindeutig aus. Sein Blick in die Zukunft war optimistisch. Leicht könne man den heute noch dem Kommunismus anhängenden Wählermassen nachweisen, daß ihre Führer im Landtag niemals eine eigene praktische Politik gemacht hätten. „Was unter Zustimmung der Kommunisten geleistet worden ist, war sozialdemokratische Arbeit." Was darüber hinausgegangen sei, sei „nicht nur im Moskauer Geist, sondern auch mit Moskauer Geld" von der KPD in Thüringen als Agitation eingebracht. Die Haupttätigkeit der KPD-Führer sei es doch gewesen, die „linken Führer", wie die Parteispitze der SPD von der KPD genannt worden sei, zu diskreditieren und so die sozialdemokratischen Massen führerlos zu machen. Die KPD habe mit der Parole von der Arbeiterregierung geradezu Schindluder getrieben. Massiv war Brills Vorwurf an die

276 HStA Weimar Thür. Staatsmin. Präs.-Abtlg. Nr. 89: Verhandlung in der Reichskanzlei 11. bzw. 15. 1. 1923.

277 Otto Wels hatte beim Reichskanzler das Verfahren der Reichsregierung kritisiert, „unter Ausschaltung der thüringischen Staatsregierung Feststellungen zu treffen", die das Verhalten der Landesregierung in Weimar betreffen. Er erhob „schärfsten Widerspruch". Untunlich schien es ihm zu sein, daß die Beauftragten zunächst mit Vertretern der bürgerlichen Parteien und des Beamtenbundes verhandelt hätten, dann „nur ganz kurz und offensichtlich nur pro forma" mit Vertretern der SPD sowie der Landesregierung. Die Absicht sei doch klar zu erkennen, daß die bürgerlichen Parteien Thüringens zusammen mit dem Beamtenbund die geschäftsführende thüringische Staatsregierung während der bevorstehenden Landtagswahlen auszuschalten beabsichtigten. Hermann Müller schloß sich dieser Kritik an. BA R 43 I/2314: Wels an Reichskanzler Marx 31. 12. 1923.

278 BA R 43 I/2314 fol. 394f. und 431.

279 zit. in ‚Saalfelder Volksblatt' (SPD) 8. 1. 1924.

Adresse der KPD: „Wir brauchen nur, um das Unmögliche einzusehen, daß nach kommunistischem Rezept die Schäden der Zeit nicht geheilt werden können, nach Rußland selbst zu blicken, wo immer eine kommunistische Clique die andere aus der Partei ausschließt, sie einkerkert und verbannt. Gerade die Tätigkeit der Kommunisten hat den Faschismus in Deutschland ausgelöst."

Eine solche Einseitigkeit des Urteils übersah die gerade in Thüringen zu Anfang der 20er Jahre wirksam gewordenen wechselseitigen Motivationsschübe für die Radikalismen auf den beiden Flügeln des Parteienspektrums. Bei früheren Gelegenheiten, so am 20. November 1923 in seiner großen Landtagsrede, hatte Brill ein besseres Verständnis für die Zielsicherheit des deutschen Kommunismus und die Begründung des Faschismus zu erkennen gegeben. Jetzt, Anfang Januar 1924, war Wahlkampf; das Schnittmuster war grober, auch nach rechts.

Dort war es zu einem bemerkenswerten politischen Zusammenschluß gekommen. Die zeitweilige Koalition von SPD und KPD hatte Zentrum, DDP, DVP, DNVP und Landbund zu einer Listenverbindung im „Thüringer Ordnungsbund" zusammengeführt. Die Initiative war am 18. Dezember 1923 von der bürgerlichen ‚Weimarer Zeitung' durch einen Artikel über „Wege zum Ziel" publik gemacht worden. Diese Wege sollten vom bisherigen politischen und regionalen Proporzdenken der nichtsozialistischen Parteien wegführen und versuchen, „neben bewährten Parlamentariern die besten Köpfe des Thüringer Bürgertums in den Landtag zu schicken, einerlei in welchem Landesteil sie beheimatet und welchem Beruf sie angehören". Der Verband der Mitteldeutschen Industrie hatte diesem organisationspolitischen Argument ein wirtschaftspolitisches an die Seite gestellt. Sehr modern mutet der Kernsatz seines Aufrufs vom 21. Dezember an: „Die Bahn zum Wiederaufbau ist frei, wenn eine bürgerliche Mehrheit in den Landtag einzieht, die der Thüringer Industrie die Bewegungsfreiheit wiedergibt, deren sie zur vollen Entfaltung ihrer Kräfte zum Wohl der Gesamtheit bedarf."[280] Der Verband verknüpfte seine Maxime mit dem Aufruf zu einer Geldspende von mindestens fünf Rentenmark, die jeder Industrielle pro Kopf der normalen Belegschaft seines Betriebes in einen Fond zur Unterstützung eines parteipolitischen Bürgerblocks aufbringen sollte. „Es gilt die Rettung des Bürgertums ... Der letzte Hosenknopf muß geopfert werden", um „die roten Fesseln Thüringens zu sprengen". „Sein oder Nichtsein der Industrie" stehe auf dem Spiel. Noch vor dem Jahreswechsel entstand aus diesen Initiativen der „Thüringer Ordnungsbund".

In einer solchen Blockbildung in der Mitte der bisher hier und weiter rechts deutlich differenzierten Thüringer Parteienlandschaft sah die Sozialdemokratie durchaus eine verbesserte Chance, den Gegner konzentriert und mit klassenkämpferischen Parolen anzugehen. So fragte ‚Das Volk' am 29. Dezember 1923 seine Leser: „Was tut Ihr dagegen, Arbeitnehmer aller Schichten, Arbeiter, Angestellte und Beamte?" Das Blatt gab die Antwort, die „Einheitsfront aller Schaffenden" zu formieren, „um den ungeschmälerten Profit der bürgerlichen Industrieunternehmen" zu verhindern. „Hi Bürgerblock, hi Sozialdemokratie" – das Motto des Wahlkampfes war zur Jahreswende 1923/24 gefunden. Brill griff es am 6. Januar in seiner Wahlrede auf und polemisierte gegen das seiner Meinung nach „zu einem einzigen Ordnungsbrei vereinigte Bürgertum".

Seine Zielangabe, „für eine rein sozialistische Mehrheit" zu kämpfen, war aber unrealistisch. Der Vorsitzende des thüringischen Landesverbandes der DDP, Prof. Slotty, antwortete auf Brills Wahlrede mit einer Auflistung all der Vorwürfe gegen die Regierung Frölich, die bisher zum großen Teil nur auf Konferenzen in Berlin oder Weimar hinter verschlossenen Türen behandelt worden waren. So erfuhr die thüringische Bevölkerung, daß die Richter des

---

280 BA NL Brill 65: Rundschreiben des Verbandes der Mitteldeutschen Industrie 21. 12. 1923.

Jenaer Oberverwaltungsgerichts für absetzbar erklärt und damit ihrer politischen Unabhängigkeit beraubt worden seien, wie das Justizministerium in den letzten Monaten des Jahres 1923 3000 schwebende Verfahren als „Notdelikte" einfach niedergeschlagen und wie der Finanzminister den Überblick über den Etat des Landes verloren habe. Dennoch seien auf Verlangen des Volksbildungsministers ständig neue Stellen geschaffen worden, z.B. mehrere 100 für Berufsschullehrer allein 1923. Der Volksbildungsminister zerstöre den geistigen Gehalt der Höheren Schule, vernichte das Gymnasium und schränke die Selbstverwaltung sowie Lehrfreiheit der Universität ein. Die kirchlichen Feiertage, Reformations- und Bußtag, das wußte die Bevölkerung selbst, seien gegen die öffentliche Meinung abgeschafft worden, wo doch 96% der thüringischen Bevölkerung protestantisch seien, zuwiderhandelnde Kinder, die vom Schulunterricht ferngeblieben seien, seien mit der Verweisung von der Schule bedroht worden. In der Personalpolitik gebe krassester Parteiegoismus die Marschrichtung an. Nur Parteimitglieder würden bei der Besetzung offener oder neuer Stellen bedacht. Slotty resümierte empört: „Es wurden Stellen nur zu dem Zwecke neu geschaffen, um Parteifunktionäre unterzubringen."[281]

Jetzt hatten die bürgerlichen Kreise ihr Wahlkampfthema. Die ‚Landeszeitung für Schwarzburg, Rudolstadt und angrenzende Gebiete' gab am 2. Februar 1924 auf die Frage „Wen wählen Beamte und Angestellte?" diese argumentative Entscheidungshilfe: „Den Reichsbeamten ... muß ... an einer guten Kommunal- und vor allem an einer guten Schulpolitik liegen, damit nicht bei Versetzungen ihre Kinder, wie es tatsächlich schon geschehen ist, in die allergrößte Not kommen. Noch einige Jahre Greilscher ‚Schulreform', und die Thüringer Schulen sind in ganz Deutschland verrufen."

Kessler, Professor an der Universität Jena, summierte die Regierungsmaßnahmen der letzten beiden Jahre unter den Vorwürfen: „Klassenregiment, finanzpolitischer Leichtsinn und schulpolitischer Doktrinarismus". Heftig klang sein Satz: „Es hat niemand das Recht, um persönlicher Neigungen oder Abneigungen willen unserem Volke seinen Besitz an religiösen Gedanken und geschichtlichen Erinnerungen zu entfremden, niemand das Recht, altbewährte Bildungsanstalten zu zerstören, nur weil er selbst ihrem Wesen fremd und verständnislos gegenübersteht."[282]

Beachtet man die voll erwachte Streitlust der rechtsgerichteten Thüringer Presse im Januar 1924, etwa auch die ‚Deutsche Zeitung' vom 11. Januar, wie sie vor einer Fortsetzung einer sozialistischen Regierung in Thüringen warnte, weil so „die nichtproletarische Bevölkerung nach russischem Sowjet-Vorbild zu dauernder politischer und wirtschaftlicher Ohnmacht herabgedrückt werden würde", so wird das fast resignative Urteil des Oberst Kloebe, Kommandeur einer der drei Gruppen der Reichswehr in Thüringen, über das Thüringer Bürgertum nicht mehr recht verständlich, zumindest nicht in seinem zweiten Teil: „Es dürfte wohl kein Gebiet in Deutschland geben, in dem das Bürgertum in seiner freien Betätigung wirtschaftlich und politisch so terrorisiert worden ist wie in Thüringen. Es dürfte wohl auch irgendwo anders kein so energieloses Bürgertum wohnen, wie in Thüringen."[283]

Ohne Zweifel brachten die Sozialdemokraten die größte Energie für den Wahlkampf auf. Von 887 Wahlveranstaltungen, die in nur einem Drittel des Landes in den knapp sechs Wochen des Wahlkampfes, in einer winterlichen Ruhepause von Mensch und Natur, gezählt wurden, verzeichneten der Ordnungsbund 44, der Landbund 75, der Freiwirtschaftsbund 33, die USPD

281 BA R 43 I/2314: Slotty, Die Thüringer Krise, in: ‚Vossische Zeitung' 8. 1. 1924.
282 ‚Jenaer Volksblatt' 15. 1. 1924.
283 BA R 43 I/2315: Kloebe an Militärbefehlshaber in Thüringen 19. 2. 1924.

20, die KPD 130, die Völkischen 158, die VSPD aber allein 427.[284] Der militärische Ausnahmezustand machte alle politischen Versammlungen anmeldepflichtig, Flugblätter mußten vorher genehmigt werden, Presseverbote gab es „nur in den dringendsten Fällen", die kommunistische Wahlzeitung war einer Vorzensur unterworfen. Alle diese Beschränkungen wurden vom militärischen Befehlshaber, dem Generalleutnant Hasse, erst zwei Tage vor der Wahl ganz aufgehoben. Die KPD hatte den Wahlkampf unter für sie besonders widrigen Umständen zu führen gehabt. Durch Seeckt am 20. November 1923 wie die NSDAP vorübergehend verboten, war ihr in Thüringen jede öffentliche Wahlpropaganda untersagt; die Militärs stellten dazu befriedigt fest: „Eine kommunistische Wahlpropaganda ohne Aufforderung zum gewaltsamen Umsturz ist unmöglich. Infolgedessen verzichtete der Wahlausschuß der ehemaligen KPD auf eine legale Propaganda und agitierte lediglich mit illegalen Mitteln."[285]

Dieser thüringische Wahlkampf war kein regulärer; er mußte im Zeichen des militärischen Ausnahmezustandes geführt werden. Neutrale Beobachter regte das mitunter zu nachdenklicher Betrachtung an. So schrieb die ‚Neue Zürcher Zeitung' am 7. Februar 1924, drei Tage vor dem Wahlgang in Thüringen, der Einsatz der Reichswehr habe einen notwendigen Demokratisierungsschub im Herzen Deutschlands verhindert; „das ist wahrlich nicht geeignet, die moralische Position Deutschlands in der Welt zu stärken". Der erfolgreiche Kampf der Reichswehr für die Wiederherstellung der Ordnung habe auch einen Verlierer: „Ihr Kampf gilt nicht allein den Kommunisten und den Linkssozialisten, auch nicht der Sozialdemokratie ohne Unterschied der Richtung, er gilt der Republik."

Ein solches Urteil aus der räumlich und politisch fernen Schweiz überging die Schwierigkeiten vor Ort, übersah, daß Thüringen 1923 den revolutionären Probelauf gleich beider extremer Flügel, der KPD und der NSDAP, erfahren und durchstehen mußte. Vor dem Hintergrund der über die Jahrhunderte hier nicht beseitigten, ja sogar angewachsenen wirtschaftlichen und sozialen Rückständigkeit des Landes und der daraus ableitbaren politischen Konfliktträchtigkeit, welche durch die geographische Lage Thüringens noch weiter provoziert wurde, war die republikanische Leistung der Sozialdemokratie gewaltig. Dies bleibt auch angesichts von Fehlern der Partei gültig, die gegenüber der beharrenden Kraft der Bürgerkultur zu ignorant geblieben und in ihrem Bemühen, das Alltagsbewußtsein der Arbeiter sprunghaft anzuheben, zu optimistisch gewesen war. Hinzu trat ihr leichtfertiger Umgang mit verfassungsrechtlichen Grundsätzen in Beamtenfragen. Die SPD hat 1923 in Thüringen die Republik verteidigt, die Reichswehr hat das nur nicht gemerkt.

Das Wahlergebnis vom 10. Februar 1924[286] spiegelt dieses Verdienst der SPD nicht wider; eher ist es ein Beleg für die konservative Absage an die sozialistische Reformphase in Thüringen. Schon die Wahlbeteiligung signalisiert einen gewaltigen emotionalen Schub. Gegenüber der 2. Landtagswahl vom September 1921, an der sich 679334 Wähler beteiligt hatten, war jetzt eine Steigerung von 26 % auf 879397 zu verzeichnen. Die SPD hatte davon 203456 gewonnen, die KPD 162128, beide Arbeiterparteien zusammen 375000. Die anderen Parteien, die sich zur Einheitsliste des Thüringer Ordnungsbundes zusammengeschlossen hatten, verbuchten 503589 Stimmen, von denen die Völkischen 81412 und der rechtsgerichtete Wirtschaftsbund 3446 auf sich ziehen konnte. Das Ergebnis wird durch einen Vergleich mit der Landtagswahl vom 11. September 1921 noch deutlicher, wenn man bedenkt, daß

284 BA R 43 I/2708: Denkschrift über den militärischen Ausnahmezustand in Thüringen vom 26. 9. 1923 bis 29. 2. 1924, S. 11.
285 BA R 43 I/2315: Kloebe an Generalleutnant Hasse 19. 2. 1924.
286 Staatshandbuch für Thüringen, S. 18 u. 31.

damals die Linksparteien 339275 Stimmen auf sich vereinen konnten, die auf der politischen Rechten 337507, also nur 1768 Stimmen weniger. Ein so geringes Minus bei den absoluten Zahlen hatte damals aufgrund des Mehrheitswahlrechts zu einer knappen Mandatsverteilung von 28:26 zu Ungunsten der Parteien der Mitte und des rechten Spektrums geführt.

Dieses Verhältnis war am 10. Februar 1924 mehr als umgekehrt worden. KPD (13) und SPD (17) errangen zusammen 30 Mandate, der Thüringer Ordnungsbund hingegen 35, die rechtsgerichteten Völkischen dazu noch 7. Die höhere Gesamtzahl der Mandate (72 gegenüber 54 von 1921) war durch die deutlich höhere Wahlbeteiligung bedingt. Von dieser profitierten KPD und SPD durchaus, nämlich mit 36553 Stimmen (ein Plus von ca. 10 %), alle anderen zusammen jedoch mit 164082 (ein Plus von ca. 50 %). Die KPD hatte zu ihren 73709 Stimmen von 1921 allerdings mit 162128 deutlicher hinzugewonnen als die SPD, die sich von 154576 auf 203456 gesteigert hatte. Die Ursache muß man darin suchen, daß die Anhänger der 1921 noch kandidierenden USPD (damals stärkste Linkspartei mit 110990 Stimmen) sich 1924 nach ihrer am 24. September 1922 erfolgten, in Thüringen aber nicht stringent vollzogenen Auflösung zum größten Teil der KPD zugewandt hatten und nur zu einem kleineren der SPD.

Wie die äußerste Linke so hatte auch die äußerste Rechte, die Völkischen, mit 81412 Stimmen fast 50 % des Zuwachses auf der rechten Seite für sich allein verbucht. Eine Mitte-/Rechts-Regierung in Thüringen wäre jetzt von ihrer Duldung oder Mitarbeit abhängig gewesen, sowie eine Linksregierung 1921 von den drei Mandatsträgern der KPD abhängig gewesen war.

Das Ergebnis der Wahlen zum 3. Thüringischen Landtag spiegelt zum einen, d. h. bei der überproportionalen Zunahme der Stimmenzahl auf der äußersten Rechten wie der Linken die politische Radikalisierung Thüringens im Jahr 1923 wider. Zum anderen ist nicht die KPD der parlamentarische Sieger der vornehmlich von ihr angetriebenen Revolutionierung des öffentlichen Lebens geworden, sondern das Bürgertum, das aber, verstanden als soziale Schicht der Mitte, die absolute Mehrheit der Mandate (35 von 72) knapp verfehlte und auf die Völkischen als die thüringischen Rechtsaußen angewiesen war. In einer „Denkschrift über den militärischen Ausnahmezustand vom 26. September 1923 bis 29. Februar 1924“[287] führte Reichswehrminister Geßler dieses Ergebnis der thüringischen Landtagswahl auf die beruhigend wirkende Präsenz seiner Soldaten zurück. Ein gewisser Stolz ob der bewältigten politisch-militärisch heiklen Aufgaben war seinen Worten zu entnehmen: „In Thüringen haben ... unter dem Ausnahmezustand 200000 Menschen mehr ihr Wahlrecht ausgeübt als drei Jahre vorher! Insofern kann ein Einfluß der Anwesenheit der Reichswehr auf die Wahl zugegeben werden: Er bestand darin, daß jeder Terror unmöglich gemacht wurde.“ Geßlers Fazit lautete: „Was die Reichswehr dazu tun konnte, in Thüringen verfassungsmäßige und stetige Zustände herbeizuführen, hat sie getan.“

Man muß dieses militärische Selbstlob indessen auch einschränken. Der Ausnahmezustand war in Thüringen nicht die Ursache der höheren Wahlbeteiligung. Diese ist vielmehr in der starken politischen Konfrontation zu suchen, welche die Regierung Frölich während ihrer gesamten Amtszeit bewirkt hatte, welcher sie aber auch nicht hätte ausweichen können. Das Wahlergebnis führte nicht zu einer parlamentarisch normal geführten Landesregierung. Der Thüringer Ordnungsbund wollte nicht mit den rechtsradikalen Völkischen förmlich koalieren. So einigte man sich auf ein Beamtenkabinett unter dem der DVP angehörenden Jenaer Oberverwaltungsgerichtsrat Richard Leutheuser.[288]

287 BA R 43 I/2708: Denkschrift über den militärischen Ausnahmezustand vom 26. 9. 1923 bis 29. 2. 1924.
288 vgl. Huber, Deutsche Verfassungsgeschichte, Bd. 6, S. 817f.

Für Hermann Brill war die Wahlniederlage seiner Partei der Grund, aus der Position eines Ministerialdirektors im Innenministerium in den Wartestand versetzt zu werden. Seine Karriere als politischer Beamter war damit vorerst beendet. Er griff auf seinen alten Beruf zurück und wurde wieder Lehrer, jetzt auf der Volkshochschule Tinz. Daneben setzte er sich ein wissenschaftliches Ziel, das seiner früh erkennbaren Veranlagung entsprach, er promovierte an der thüringischen Landesuniversität in Jena zum Dr. jur. Als Anerkennung seines Einsatzes für die Republik von Weimar im Deutschen Oktober 1923 erhielt er als einer der wenigen Beamten, die jährlich ausgezeichnet wurden, am Verfassungstag, am 11. August 1924, die „Gabe des Reichspräsidenten". Sie bestand aus einer bloßen Urkunde; so dankte die Republik ihren Dienern.

IV. Zwischen Weimar und Berlin 1924 bis 1934: Von der parlamentarischen Opposition gegen bürgerliche Regierungen zum politischen Widerstand gegen nationalsozialistische Rechtsbrüche

1 „Chefideologe" der thüringischen Sozialdemokratie im Weimarer Landtag

„Das ganze Land kam auf den Hund, nun rettet nur der Ordnungsbund."[1] Dies war die Losung gewesen, mit der die im Thüringer Ordnungsbund zusammengeschlossenen Parteien der auch hier wie im Reich langsam verkümmernden Mitte und der Rechten, Landbund, DDP, DVP und DNVP, am 10. Februar 1924 die Wahlen zum 3. Thüringer Landtag gewonnen hatten. Ihren 35 Mandaten setzten SPD 17 und KPD 13 entgegen; 7 gewannen die rechtsextremen Völkischen. Das Kabinett Frölich hielt am 19. Februar seine letzte Sitzung, das neue unter Richard Leutheusser am 27. Februar 1924 seine erste[2]; es war ein reines Beamtenkabinett, dessen Mitglieder nicht dem Landtag angehörten.

Der Jenaer Universitätsprofessor Slotty hatte in seiner Eigenschaft als Vorsitzender des Thüringischen Landesverbandes der DDP am 8. Januar 1924 in der ‚Vossischen Zeitung' die „Thüringer Krise" reichsweit bekanntgemacht. Mit harten Worten hatte er „die zwei Jahre sozialistischer Klassenherrschaft" gebrandmarkt, die „Regierungskünste" der Sozialdemokraten als „unheilvoll" angeklagt, Belege dafür angeführt, besonders die Absetzbarkeit der Richter am Oberverwaltungsgericht, den „ödesten Schematismus und lebenstötende Überorganisation und Zentralisation durch das neue Schulverwaltungsgesetz" hervorgehoben, „kleinliche Maßnahmen" wie die Abschaffung des Reformations- und des Bußtages als staatlich anerkannte Feiertage benannt, dazu die Machenschaften in der Personalpolitik, auch die „besonders verletzend" im Volk wirkenden zahlreichen Berufungen auswärtiger Sozialisten aufgeführt und schließlich die Niederschlagung von etwa 3000 schwebenden Verfahren durch den Justizminister Korsch (KPD) angeklagt sowie dem Finanzminister Hartmann (SPD) den diesem verlorengegangenen Überblick über den Haushalt vorgehalten. Die Liste war lang.

Doch noch hatte das Bürgertum in Thüringen unter den beiden sozialdemokratisch dominierten Kabinetten Frölich keinen Rollenverlust erlitten wie wenige Jahre später unter dem Nationalsozialismus. Es machte erfolgreich Front gegen die sozialistische Reformpolitik, fand sich im Widerstand besonders gegen die KPD, aber auch gegen die SPD zusammen, ohne jedoch dadurch eine eigene, auf die Anforderungen einer Umbruchzeit positiv reagierende Antwort zu präsentieren. Vielmehr belebte sich das Bürgertum selbst durch großangelegte Retrospektiven. So inszenierte es am 18. Januar 1924 in Weimar aufwendig eine Reichsgründungsfeier[3], erhob aber Beschwerde gegen eine am 10. August 1924 vom Reichsbanner Schwarz-Rot-Gold unter Brills Obhut veranstaltete Verfassungsfeier[4] und suchte danach lang

---

1 zit. bei Witzmann, Thüringen, S. 309.

2 HStA Weimar Thür. Staatsmin. Präs.-Abtlg. Bd. 56: Kabinettsprotokolle vom 19. und 27. 2. 1924.

3 ebd. Bd. 86: Reichsgründungsfeier 18. 1. 1924.

4 Zu der Verfassungsfeier am 10. 8. 1924 in Weimar Sitz.-Ber. III. Landtag 5. 9. 1924, S. 1811f. Die von Brill als dem thüringischen Gauvorsitzenden des Reichsbanners organisierte Verfassungsfeier mit morgendlichem Wecken und abendli-

anhaltend, aber ergebnislos, im Plan eines Reichsehrenmals nach einer politischen Selbstbestätigung und Identität.[5]

Der Kommunismus hatte in Thüringen seine Chance im Rahmen einer parlamentarischen Demokratie gehabt. Die Vorzeichen waren günstig wie nie und nirgends; doch er hatte sie seiner revolutionären Festlegung wegen im Deutschen Oktober 1923 verspielt. Er wollte das parlamentarische System als ein nach nur 50 Jahren schon für überholt angesehenes ordnungspolitisches Modell des 19. Jahrhunderts beseitigen, weil es seiner Meinung nach als Repräsentationssystem einer modernen Massengesellschaft nicht mehr gerecht werde. Die radikale Rechte vertrat wenig später gerade in Thüringen dieselbe Anschauung, nur erfolgreicher.

Von dieser Konstellation konnte der politische Gestaltungswille Hermann Brills nicht unbeeinflußt bleiben. Er wurde zwar zum 15. April 1924 als Ministerialdirektor im Ministerium des Innern in den Wartestand versetzt und mußte damit aus der Exekutive ausscheiden, blieb aber Landtagsabgeordneter der SPD in Thüringen bis zum Ende im Frühjahr 1933; zwischenzeitlich war er vom Juli bis November 1932 auch Abgeordneter seiner Partei im Berliner Reichstag.[6] Einer seiner kritischen Freunde, der Geraer Sozialdemokrat und spätere Kommunist Herbert Frister, hat ihn in der Summe dieser Jahre so erfahren: „Hermann Brill, ein kluger Mann und sozusagen der ‚Chefideologe' der Thüringischen Landtagsfraktion (sc. der SPD), bestimmte weitgehend deren Politik, wenigstens so weit sie sich auf staatsrechtliche Fragen, solche der Machtausübung durch die Arbeiterklasse, Fragen der Strategie und Taktik der Arbeiterklasse erstreckte."[7] Während Frister hier die Sachbereiche, denen Brill in der Zeit seiner parlamentarischen Opposition im Weimarer Landtag seine Aufmerksamkeit zuwandte, durchaus treffend benannte, hätte dieser die Kennzeichnung, in dieser Zeit auch „Chefideologe" der SPD gewesen zu sein, wohl nur unter Vorbehalt akzeptiert. Sein Verhältnis zur SPD blieb nämlich zwiespältig, so wie es das von allem Anfang für ihn, das ursprüngliche USPD-Mitglied, war.

Gelegentlich einer Landtagsdebatte im Sommer 1925 über die Einsetzung eines parlamentarischen Untersuchungsausschusses zur Erhellung polizeilicher Maßnahmen bei Demonstrationen definierte Brill sein Staatsverständnis mit den Worten, „daß der Parlamentarismus, den wir jetzt haben, durchaus nicht das Ende und die Krone der Demokratie ist", daß vielmehr „so lange von einer wirklichen und wahrhaftigen Demokratie nicht die Rede sein kann, als es das kapitalistische Produktionssystem durch die Verfügungsgewalt über die Produktionsmittel ... immer und immer wieder fertigbringen wird, das eigentliche Klasseninteresse der Bevölkerung zu verfälschen".[8] Diese Gedanken haben ihn seit den Gothaer Revolutionstagen 1918/19 bestimmt und sind zum Kernpunkt seines späteren, im Frühjahr 1945 als Grundgesetz eines

---

chem Fackelzug war überparteilich; man sang Lieder wie „Stimmt an mit hellem frohen Klang, heil deutsches Vaterland" und die dritte Strophe des Deutschlandliedes.

5 Reichspräsident Ebert hatte zum 10. Jahrestag des Kriegsausbruchs, am 3. 8. 1924, den Plan vorgetragen, zur Erinnerung an die Kriegstoten ein Ehrenmal zu errichten. Der Gedanke fand großen Widerhall und wurde besonders nachhaltig in Thüringen aufgegriffen, da man hier, im Herzen Deutschlands und in der Nähe der Stätten seiner kulturellen Größe und republikanischen Geburt, den Standort eines solchen Nationaldenkmals favorisierte. Doch der Plan scheiterte und wurde letztlich durch Hitlers 1935 getroffene Entscheidung, Tannenberg in Ostpreußen zum Reichsehrenmal zu erklären, entstellend realisiert; vgl. dazu demnächst Manfred Overesch, Vom Nationaldenkmal in Bad Berka zum Reichsehrenmal in Tannenberg. Das Scheitern einer republikanischen Idee.

6 Vgl. die verschiedenen Lebensläufe Brills, z. B. den von 1935 in AES.

7 Herbert Frister, Geschichte der illegalen proletarischen Gruppierung linker Sozialdemokraten in Ostthüringen 1933 bis 1945, in: IfGA PDS NL 121/1, vgl. zu der Schrift auch Teil V. Brill hatte Frister erst 1928 in Tinz kennengelernt, wo dieser als Verwaltungssekretär angestellt war. Frister, * 7. 2. 1899, war für Brill „ein hochqualifizierter Mann" der, so sein Urteil von 1955, „für ein hohes Amt in der Staats- oder Selbstverwaltung in Betracht" komme, AES Brill an Max Kukil 3. 9. 1955.

8 Brill vor dem Thüringischen Landtag 16. 7. 1925, Sitz.-Ber. III. Landtag, S. 4541. Kennzeichnend für ihn war auch, daß er in derselben Debatte die Einsetzung eines Untersuchungsausschusses, den die thüringische Landesverfassung dem Vorbild

neuen demokratischen Deutschland verfaßten und gedachten „Buchenwalder Manifests für Frieden, Freiheit, Sozialismus“ geworden.[9]

Die SPD der Weimarer Republik hat ihm damit in ihrer Mehrheit keine ihn überzeugende politische Heimat geboten. Zum Ende der Republik hin setzte sich die schwache Bindung sogar in offene Abneigung um. Als die Partei sich auf Reichsebene immer stärker gemäß der Logik des kleineren Übels in den Zwangsgriff einer unparlamentarischen Präsidialregierung und damit einer politisch-ideologischen Selbstverleugnung begab[10], verglich sie Brill empört „mit Abfallprodukten der bürgerlichen Gesellschaft aber nicht mit Sozialisten“. Er selbst distanzierte sich von ihr und sah in der über die Jahre angewachsenen Distanz jetzt auch seine politische Erfolglosigkeit nach 1924 begründet.[11] Nicht ohne Sarkasmus bekannte er damals, 1933, als die SPD schon verboten war: „In diesem Volk, voll Kasernenhofkreaturen, ist immer Platz für die königlich-preußische Sozialdemokratie.“[12] Das war nicht seine Partei, dennoch hat er ihr in den 20er Jahren gedient, dabei als Ministerialdirektor während der Regierung Frölich den Vorwurf nicht scheuend, „der zweite böse Geist des Ministeriums zu sein“[13], von der Opposition aus gar in der Rolle eines „Chefideologen“.

Die thüringische Regierung Leutheusser gab für seine parlamentarischen Angriffe mannigfache Anlässe von Bedeutung. Dort, wo die Regierung Frölich ihr Kernstück gesehen hatte, in der Schulpolitik, griff die neue Regierung des Thüringischen Ordnungsbundes am raschesten korrigierend ein. Dies tat sie, in der Methode ihrer Vorgängerin gleich, zunächst auf dem Weg der Notgesetzgebung. Wie das Kabinett Frölich, veranlaßt durch eigene politische Vorgaben, bestimmt durch Zweifel an einer raschen und problemlosen parlamentarischen Behandlung und gedrängt durch das evangelische Kirchenjahr, schon nach wenigen Amtswochen Ende Oktober/Anfang November 1921 den Reformations- und den Bußtag als staatliche Feiertage durch Notgesetze aufgehoben hatte, tat es ihm das Kabinett Leutheusser ebenfalls nach nur wenigen Amtswochen, veranlaßt durch seine traditionelleren Überzeugungen von Schulpolitik, gleichfalls bestimmt durch Zweifel an einer leicht zu nehmenden parlamentarischen Hürde und gedrängt durch den bevorstehenden Schuljahreswechsel zu Ostern 1924, in der Schulpolitik gleich. In beiden Fällen gab § 33 der Thüringischen Landesverfassung vom 11. März 1921 die Handhabe, wonach die Landesregierung „in dringenden Fällen, wenn der Landtag nicht versammelt ist, ein Gesetz als Notgesetz erlassen“ kann; dieses durfte allerdings „der Verfassung nicht zuwiderlaufen“.[14]

Das so am 23. April 1924 vom Staatsministerium beschlossene „Notgesetz über den

---

der angelsächsischen Enquete-Kommission entnommen hatte, ausdrücklich als Zeichen einer parlamentarischen Demokratie hochschätzte, ebd. S. 4511ff., besonders S. 4513.

9 s.u. Teil VI.1.

10 Vgl. Wolfram Pyta, Gegen Hitler und die Republik. Die Auseinandersetzung der deutschen Sozialdemokratie mit der NSDAP in der Weimarer Republik, Düsseldorf 1989.

11 „Ich habe nie zu dieser Clique gehört und will nie zu ihr gehören. Deshalb bin ich nämlich nach 1924 nichts mehr geworden“, Brill an Herbert Frister 12. 9. 1933, a. O. Anm. 7. Auch seine pekuniäre Armut brachte Brill in diesem Brief in einen Zusammenhang mit seiner moralischen und politischen Radikalität: „Aber es gibt auch noch etwas anderes: die sittliche Verantwortung vor sich selbst. Man kann sogar in der Politik damit anfangen, lieber Herbert Frister! Dann hört man nämlich so auf, wie man angefangen hat – als armer Mann. Und der bin ich – beinahe hätte ich gesagt Gott sei Dank! – trotz der Diäten geblieben.“

12 ebd. Brill an Frister 12. 9. 1933.

13 Vgl. o. Teil III Text zu Anm. 268.

14 Die Parallele zu dieser Handhabung der Gesetzgebung wäre noch weiter auszuziehen; während die Regierung Frölich in ihrer Zeit insgesamt 46 Notgesetze beschloß, machte die Regierung Leutheusser davon im ersten Jahr ebenfalls extensiven Gebrauch, vgl. o. Teil III, Anm. 40 und die Landtagsdiskussion zur Schulpolitik vom 21. 3. 1925, Sitz.-Ber. III. Landtag, S. 3365ff.

Aufbau des öffentlichen Schulwesens in Thüringen"[15] sagte zwar in § 1: „Das gesamte öffentliche Schulwesen Thüringens wird als Einheitsschule organisch ausgestaltet." Doch das auf dem Verordnungsweg erlassene Notgesetz verfolgte seiner Tendenz nach gerade die Aufhebung der sozialistischen Schulreform in deren Kern, dem Gedanken der Einheitsschule. Es sorgte für eine sofortige Wiederherstellung der Eigenständigkeit der verschiedenen Schultypen. Das betraf in erster Linie das Gymnasium, das in den Formen des altsprachlichen Gymnasiums und des Reformrealgymnasiums bzw. der Oberrealschule wiederbelebt wurde. Die Aufnahme wurde für Kinder vom 5. Schuljahr an festgelegt, die Stundentafel für den Anfangsunterricht in den Fremdsprachen Latein, Englisch oder Französisch deutlich erhöht (von 7 auf 10 bzw. von 4 auf 6), so daß spätere Übergangsmöglichkeiten für Volksschüler aus der 5. oder 6. Klasse erschwert oder gar unmöglich wurden. Zweifellos traf eine solche gesetzliche Revision der Greilschen Schulreform auf Gegenliebe in Teilen der thüringischen Bevölkerung, denn schon zu Ostern 1924 gab es wieder 10 Lateinsexten; vorher waren nur 3 zugelassen, je eine in Weimar, Gotha und Jena.

Da auch der Mittelbau der Einheitsschule durch die Wiedereinführung der alten preußischen Mittelschule (mit dem „Einjährigen") aufgelöst wurde, konstatierte Greil bei der erst ein Jahr später möglich gewordenen parlamentarischen Behandlung der restaurativen Schulpolitik am 21. März 1925 erbost vor dem Landtag: „Es ist kein Schulaufbaugesetz, sondern ein Schulabbaugesetz." Gerade dieser ehemalige Thüringische Volksbildungsminister, mit dessen Namen die sozialistische Schulreform der Regierung Frölich verbunden war, unter dessen Namen sie reichsweit bekannt geworden war, mußte nun den Scherbenhaufen seiner Reform als Sprecher der Opposition begutachten.[16] Er mochte das Ergebnis „nur als eine Karikatur eines Einheitsschulgesetzes" gewertet wissen, nur „als eine äußere Nebeneinanderstellung verschiedener zusammenhangloser Schulformen" ohne jene „gewisse Quergliederung", welche die Schulreform der SPD als den Kern ihrer Einheitsschule angestrebt hatte. Greil beklagte folgerichtig die „ganz andere Kulturpolitik", die darin zum Ausdruck käme. Die Regierung Leutheusser wiederbelebe mit den Gymnasien die alte Standesschule. Sozialpolitische Konsequenzen dieser Art seien auch aus der Veränderung des Mittelbaues des Schulwesens zu gewärtigen, hier einhergehend mit sozialpädagogischen Nachteilen: „Die alten preußischen Mittelschulen werden einen großen Teil der Schüler schon aus dem 4.–6. Schuljahr herausholen, so daß die Volksschule im Oberbau geistig verarmt. Das beklagen wir." Greil nannte es eine „Ausplünderung der Volksschule". Seine Argumente waren sehr modern.

Erwähnenswert aus dieser großen und ersten schulpolitischen Debatte des 3. Thüringischen Landtags vom 21. März 1925 sind auch die Beiträge der Abgeordneten Albin Tenner von der KPD und Hermann Brill von der SPD. Mit Tenner sprach jener thüringische Bildungspolitiker, der den frühesten Startschuß zu einer revolutionären Schulpolitik im Lande Thüringen abgegeben hatte, 1919 in der damaligen Räterepublik Gotha und mit Hilfe des dort gegründeten Landesbildungsamtes.[17] In den seitdem verflossenen sechs Jahren hatte der deutsche Kommunismus Zeit gehabt, seine schulpolitischen Vorstellungen auszuformulieren. Tenner,

15 Gesetzessammlung für Thüringen 3.–5. Jg. 1922–1924, Weimar o. J., S. 217f.: Notgesetz über den Aufbau des öffentlichen Schulwesens in Thüringen vom 23. 4. 1924.

16 Sitz.-Ber. III. Landtag 21. 3. 1925, S. 3365ff. An öffentlichen Protesten hatte es nicht gefehlt. So urteilte der Thüringische Lehrerverein am Tag nach der erlassenen Verordnung, am 24. 4. 1924: „Es treten Bestrebungen hervor, die auf eine Beeinflussung unseres Thüringer Schulwesens im rückläufigen Sinne abzielen. Namentlich richtet sich ständisch beschränkter Geist gegen die Grundlagen der Einheitsschule, die einen unverzichtbaren Programmpunkt der deutschen Lehrerschaft im Sinne der Volksgemeinschaft bildet." Zit. in: Privatarchiv Fritz Adam, Erinnerungen Franz Adam, S. 254f.

17 Vgl. o. Teil II. 3.

daran besonders interessiert, trug das Ergebnis mit kontrastierender Schärfe vor. Nicht die Tradition, die, wie er sie nannte, „literarisch-historisch-philologisch" eingestellte Bildung, sondern die Moderne, „die Gesellschaft der heutigen Zeit und die Arbeit, auf der die Gesellschaft beruht", müsse die Schulpolitik bestimmen. Ganz von einer materialistischen Bildungsauffassung getragen, wollte Tenner als Kern einer realitätsbezogenen und zukunftsweisenden Schulpolitik die Berufsschule sehen. „Das Zentralproblem der Schule ist die Berufsschule, eine wirkliche Berufsschule, die in den Mittelpunkt die menschliche Produktion stellt."[18] Ihr voraus habe eine Arbeits- und eine Spielschule zu gehen. Ihr zu folgen hätten spezifizierte Berufshochschulen, so die Technische Hochschule, die Landwirtschaftliche Hochschule und die Handelshochschulen. „Da gibt es keine Spitze mit dem Abitur, sondern einen durchfließenden Strom bis in die höheren Stufen der Wissenschaften." Der Rechten im Landtag warf er dabei zu: „Da bleibt für Ihre altphilologischen Fächer, die wir nicht vollständig ablehnen, nur noch ein sehr geringer Raum."

Die Radikalität einer solchen Schulreform war Tenner durchaus bewußt. „Wir wissen, daß die Einheitsschule erst aufgebaut werden kann,wenn wir eine Gesellschaft haben, eine einheitliche Gesellschaft ... wenn die bürgerliche Gesellschaft beseitigt ist."[19] Der Kommunismus hat in Deutschland mit dieser Perspektive gelebt. Er hat mit einer solchen Schulpolitik erst in dem Augenblick und dort Ernst gemacht, wo es in seiner Macht stand, die von ihm sog. bürgerliche Gesellschaft für überlebt und beendet zu erklären, 1945 in Thüringen und den anderen Ländern der SBZ, als die Deutsche Einheitsschule mit der ihr folgenden Polytechnischen Oberschule genau die Formen und Inhalte in die schulpolitische Realität umzusetzen begann, die Tenner an jenem 21. März 1925 vor dem Landtag in Weimar vorgestellt hatte. 1945 wie 1925 hat dem Hermann Brill widersprochen. Er antwortete Tenner, seinem alten Gothaer Parteigenossen, dem er 1919/20 im dortigen Landesbildungsamt auch als Hilfsreferent zugeordnet und in der Sache verbunden war. Jetzt trat er ihm vehement entgegen. Auch er stellte sich ganz gegen das Notgesetz der Leutheusser-Regierung vom 23. April 1924, ebenso wie es sein ehemaliger Minister Greil von der SPD getan hatte. Doch anders als Tenner, der sich für die KPD vollständig einer schulpolitischen Mitarbeit vor einer gesellschaftspolitischen Revolution verweigerte und damit auch seiner Klientel, dem Proletariat, den parlamentarischen Beistand versagte, suchte Brill den Weg der evolutionär wirksam werdenden parlamentarischen Mitarbeit. Der Arbeiter sollte durch gezielte, unterstützende Bildungsmaßnahmen sein Niveau heben können. Den von Tenner konstruierten kausalen Zusammenhang, erst Revolution, dann Schulreform, wollte Brill gerade umdrehen. Durch eine strukturelle und inhaltliche Schulreform sollten gesellschaftliche Umwälzungen erst möglich werden.

Dem entsprachen damalige Ansätze in der Bildungstheorie, die Brill heranzog, so die von der Allgemeinen Deutschen Lehrerversammlung in Kiel 1914 vorgetragenen, die sich auf das Programm der Einheitsschule festgelegt hatten, oder die Ideen der sozialen Einheitsschule, die Walther Rathenau 1915 vorgestellt hatte, wie eben auch die Greilsche Schulreform.[20] Durch eine solche Schulpolitik wäre das Bildungsniveau des Proletariats zu heben: „Wir stehen auf dem Standpunkt", erklärte Brill vor dem Landtag, hier ganz „Chefideologe" seiner SPD, „daß es die Aufgabe proletarischer Schulpolitik sein muß, mehr und mehr den ständischen Charakter unseres höheren Schulwesens zu vernichten und an seine Stelle einen Charakter zu setzen, der die Klassenscheidung der modernen bürgerlichen Gesellschaft deutlich erkennen

---

18 Sitz.-Ber. III. Landtag 21. 3. 1925, S. 3374.
19 ebd. S. 3374f.
20 ebd. S. 3375f.

läßt, der gerade deshalb aber die Möglichkeit schafft, daß die Kinder des Proletariats in ungeheuer vermehrter Zahl die höheren Schulen ausfüllen und damit das Bildungsniveau des proletarischen Klassenkampfes gehoben wird."[21] Verfestigt hatte sich bei Brill die Vorstellung, der Arbeiter sei zu einem solchen Bildungsaufschwung willens und fähig: „Es liegt nur an der Einsicht, am Willen und an der Entschlußkraft der Arbeiterschaft, ob sie in der Lage ist, diese veränderte Funktion des höheren Schulwesens für ihre Interessen auszunutzen." Dieser Einsicht und Willenskraft der Arbeiterschaft dürfte dann keine fiskalische Ablehnung entgegengestellt werden, denn die Arbeiterschaft könne verlangen, „daß durch die Mittel des Staates, dessen Lasten sie tragen muß, die Schule in ihrem Interesse umgestaltet wird".[22]

Die Linke des Landtags nahm diese letzte programmatische schul- und bildungspolitische Rede Hermann Brills mit einem „Bravo" auf. Da Brill auf dem Wege der Landespolitik in Thüringen seine Vorstellungen von einer Arbeiterbildungspolitik aber nicht mehr durchsetzen konnte, hat er, der zum Zeitpunkt dieser Rede schon in das 3. Semester seines Jurastudiums an der Thüringischen Landesuniversität Jena ging, über die Einrichtung der Volkshochschulen, besonders der in Tinz, seine Ideen weiter verfolgt.[23]

Das Staatsministerium Leutheusser gab indessen der SPD weitere Veranlassungen, über das Ende, ja die Rückformung ihrer sozialistischen Schulpolitik Klage zu führen. Nachdem zuvor das Schulverwaltungsgesetz vom 9. Mai 1923 durch Notgesetz vom 27. März 1924 schon abgeändert worden war – die Regierung ernannte danach wieder die Schuldirektoren auf Lebenszeit[24] –, wurden auch pädagogisch fragwürdige Relikte einer vergangenen Schulwirklichkeit wieder belebt. So erlaubte das Schulpflichtgesetz vom 12. Juni 1925 die körperliche Züchtigung „in zwingenden Ausnahmefällen als äußerstes Strafmittel" (§ 19) bei Jungen vom 2.–8. Schuljahr, nicht indessen bei Mädchen.[25] Das Ministerium Greil hatte diese „Prügelstrafe" am 4. August 1923 abgeschafft[26] und damit einen Weg zur vermehrten Humanisierung der Gesellschaft beschritten. Die neue Regierung hemmte diese Entwicklung, indem sie jene Rohheiten wieder förderte, von denen dann unter dem Nationalsozialismus öffentlich und staatlich Gebrauch gemacht wurde.

Es gehörte auch zu der neuen Schulpolitik, daß die Volksschullehrerplanstellen in Thüringen schnell von 5331 auf 4736 vermindert wurden. Brill, Mitglied im Bezirksbeamtenbeirat der SPD Thüringens, prangerte daraufhin vor dem Landtag die „Junglehrernot" an.[27] Symbolisch eingeleitet worden war die Reihe der restaurativen schulpolitischen und schulpädagogischen Maßnahmen durch die sogleich mit der neuen Regierungsbildung erfolgte Aufhebung eines selbständigen Volksbildungsministeriums. Dieses Ministerium, das die Regierung Frölich, verstanden als demonstrative Reformansage, am 14. Oktober 1921 aus dem der Justiz ausgegliedert hatte, wurde unter Leutheusser wieder mit diesem zusammengelegt.

---

21 ebd. S. 3377.

22 ebd. S. 3378.

23 Vgl. u. Teil IV. 2.2.

24 Notgesetz über die Abänderung des Schulverwaltungsgesetzes vom 9. 5. 1923 vom 27. 3. 1924, in: Gesetzessammlung für Thüringen 1924, S. 202.

25 Die Maßnahme bedeutete einen großen Rückschritt in der Pädagogik, wenn man allein das Zeugnis eines Walter Janka gelten lassen will, der von einer solchen Züchtigungsszene 1920 in Chemnitz berichtet, Walter Janka, Spuren eines Lebens, Berlin 1991, S. 58.

26 Gesetz über die Beseitigung des Züchtigungsrechts in den Schulen vom 4. 8. 1923. § 1 besagte: „Jede Art körperlicher Züchtigung in den Schulen wird untersagt." Gesetzessammlung für Thüringen 1923, S. 593.

27 Sitz.5Ber. III. Landtag 12. 3. 1925, S. 3116f. Zur Mitgliedschaft Brills im Bezirksbeamtenbeirat s. Thüringische Beamtenpolitik 1924 bis 1926. Tatsachen und Ziele, Gera 1926. Charakteristisch für Brills Auffassung vom Beamtenstand war seine gelegentlich vorgetragene Definition, die Beamten seien „die Achsen, . . . durch die die Ausführung des Willens der parlamentarischen Regierung durch die Bürokratie ermöglicht wird", Sitz.-Ber. III. Landtag, 14. 1. 1925, S. 2089.

Das definitive Ende der Einheitsschule als Kern der sozialistischen Schulreform war in Thüringen gekommen, als 1927 auch der Versuch des Reichsministers von Keudell scheiterte, ein Reichsschulgesetz zu schaffen. Der Auftrag der Weimarer Reichsverfassung (Art. 146 Abs. 1 und 2) hatte sich als undurchführbar erwiesen. Von der Greilschen Schulreform blieb in Thüringen nur die akademische Ausbildung der Volksschullehrer, allerdings wurde die erziehungswissenschaftliche Abteilung an der Universität Jena wieder aufgelöst.[28]

Brill hat einen solchen bildungspolitischen Abgesang nicht mehr forensisch begleitet. Seine Auftritte vor dem Weimarer Landtag galten fürderhin staatsrechtlichen Fragen. So hielt er, abgesehen von kleineren Einlassungen, am 9. März 1926 noch eine große Rede zum Entwurf einer neuen Thüringischen Landesverwaltungsordnung[29] und am 30. November 1927 eine von ähnlichem Format zur damals eingeleiteten vermögensrechtlichen Auseinandersetzung des Landes Thüringen mit dem ehemaligen Herzog von Gotha.[30] Beide Reden zeigten den zu dieser Zeit schon durch sein Studium in Jena juristisch versierten Staatsrechtler, als der er auch später sowohl 1945 als Regierungspräsident beim Aufbau des Landes Thüringen wie auch 1946 als Staatssekretär in der Staatskanzlei des Hessischen Ministerpräsidenten auf sich aufmerksam machte. Öffentlich wirkungsvoll war er in seiner politischen Bedeutung für die oppositionelle SPD in der Mitte der 20er Jahre nur noch bei der parlamentarischen Debatte über das Begräbnis seines geistigen Mentors Adolf Schauder geworden.

Schauder war am 2. Mai 1924 in Brills Heimatstadt Ohrdruf im Alter von 68 Jahren gestorben.[31] Der gelernte Bildhauer, Ohrdrufer Standesgenosse und Freund im Hause Brill, sowie dem Sohn besonders zugetan, war im Laufe seines politischen Lebens zu einer Symbolfigur für die thüringische Arbeiterschaft geworden. In Gotha war er in den beiden Jahrzehnten vor dem Weltkrieg Landtagsabgeordneter für die SPD gewesen, später dort Kreisratsmitglied, daneben Stadtverordneter und Stadtratsmitglied, außerdem aktiver Turner und passionierter Sänger, Freidenker, in allem für seinen Stand auch als Organisator tätig, mithin ein Lassalle oder Bebel der Gothaer Provinz, ein natürlicher Führer des Proletariats, das ihn dann auch 1918/19, als Schauder zur USPD ging (danach zur KPD), zu einem der drei Volksbeauftragten in der revolutionären Phase der Gothaer Räterepublik wählte.

Diesem Mann wurde ein großes Begräbnis ausgerichtet, zunächst als Feier in Ohrdruf, dann am 5. Mai 1924 auf dem Friedhof V in Gotha. Natürlich gab die Beerdigung eines solchen – seltenen – proletarischen homo politicus der Linken Anlaß zu einer großen Szene. Die Familie Schauder hatte seinen engsten politischen Freund, Emil Geithner, um die Trauerrede gebeten. Von diesem in Ohrdruf wie am offenen Grab in Gotha gehalten, war sie ohne Störungen von über 1000 Trauergästen aufgenommen worden. Doch nach der Beerdigung war es in Gotha zu politischen Demonstrationen gekommen, in die bereitgehaltene Polizeikräfte mit Schlagstöcken eingriffen. Da eine kleine Anfrage der KPD im Landtag in Weimar am 25. Mai 1924 in ihrer Beantwortung durch Innenminister Sattler für die Kommunisten unbefriedigend geblieben war, kam es Anfang 1925 zu einer wiederholten, jetzt großen Anfrage und in ihrer Folge zu einer erregten parlamentarischen Diskussion.

---

28 Vgl. Witzmann, Thüringen, S. 128.

29 Sitz.-Ber. III. Landtag 9. 3. 1926, S. 5794ff.

30 Sitz.-Ber. IV. Landtag 30. 11. 1927, S. 711ff. Brill trat „für eine entschädigungslose Überführung des Gothaischen Hausvermögens in das Vermögen des Landes Thüringen" ein. Seine Begründung, daß die betreffenden Güter „zum überwiegenden Teile Staatsvermögen schon bei ihrer Entstehung waren", zeigt auch hier den sozialistischen Ansatz seiner Politik. Er wird ihn 1945 als Vorsitzender der Thüringischen Vermögensverwaltung wieder aufgreifen, s. Teil VI. 5.

31 Zu dieser Zeit war Brills Bruder Paul Wilhelm Brill (* 14. 1. 1898, † 15. 3. 1943) Bürgermeister von Ohrdruf (1. 9. 1922 bis 31. 3. 1925), danach wurde er Bürgermeister von Sonneberg (Thüringen (– 31. 3. 1932), AES Brill, Bescheinigung für Marianne Strunge, geb. Brill (Nichte Hermann Brills), 26. 7. 1951.

Geithner (KPD) war dabei bemüht, den Rückmarsch der Trauergäste vom Friedhof in die Stadt Gotha auf der einzigen dafür möglichen Straße, der Langensalzaer Straße, als natürliches Gedränge hinzustellen.[32] Innenminister Sattler betonte dagegen, die Trauergemeinde habe Zuzug von „Arbeitern aus den Fabriken“ erhalten, daraus sei ein großer Demonstrationszug entstanden, und alle seien „unter Absingen revolutionärer Kampflieder“ auf die Stadt zumarschiert.[33] In der Zeit des noch geltenden politischen Ausnahmezustandes sei das verboten gewesen, folglich habe die Polizei eingreifen müssen. Den Mißbilligungsantrag der KPD – „Der Landtag verurteilt die provokatorischen Maßnahmen der Polizei am 5. Mai 1924 beim Begräbnis des Herrn Schauder in Gotha.“[34] – wies er folglich zurück. Den Aufmarsch der Schützengilden am folgenden 25. Mai, als das Thüringische Bundesschießen in Gotha stattfand, das zum Vergleich unterschiedlichen polizeilichen Verhaltens von der Opposition beigezogen wurde, beurteilte er als problemlos, KPD-Abgeordneter Geithner dagegen sah darin eine gezielte Gegendemonstration der, wie er es nannte, „Schützengilden Orgesch- und Jungdo-Leuten“.[35]

Bei diesem Stand der Debatte griff auch Hermann Brill ein. Für ihn ging es offenbar um ein hochwertiges politisches Thema. Mit seiner Rede erzeugte er sogar eine bis dahin im thüringischen Landtag nicht gekannte Lärm- und Schlägerszene.[36] Schauder, immerhin sein politischer Mentor, den „hohe Geistesbildung“, wie er dem Landtag erklärte, auszeichnete, hätte in seinen Augen ein Staatsbegräbnis verdient gehabt. Er sei „ein Typus des parlamentarischen Lebens vor dem 9. November 1918“ gewesen, verkörpere „eine ganze Epoche der Arbeiterbewegung in Gotha“ und habe darüber hinaus wesentlich dazu beigetragen, „den Thüringer Kleinstaatenjammer“ mit der Gründung des Landes zum 1. Mai 1920 zu beendigen. Statt eines angemessenen, von allen politischen Kräften des Landes begleiteten Begräbnisses habe „polizeitechnische Unfähigkeit“ – die politisch verantwortlichen Stadträte Gothas und die leitenden Polizeikommissare waren am 5. Mai 1924 unauffindbar – den Vorfall verursacht. Zur Regierung gewandt erklärte Brill mit gewisser Schärfe, diese habe sich mit solchem Verhalten „eine intellektuelle und vor allen Dingen eine moralische Minderwertigkeit ausgesprochen“.

Diesen Vorwurf quittierte die Rechte des Landtags durch „erregte Pfui-Rufe“, die Linke rief dagegen „sehr wahr“, der Vizepräsident des Landtags, Klein, rief Brill zur Ordnung. Einzelne Abgeordnete stritten sich mit aggressiven Worten und Verbalinjurien wie „Du Kraftmeier“, „Unverschämter Hund“, „Hornochse“, andere begannen, sich vor dem Plenarsaal zu prügeln. Die Sitzung mußte geschlossen werden.[37]

Für die Regierung kam es offenbar überraschend, daß Brill als Abgeordneter der SPD dem Begräbnis Schauders, den sie ganz als Kommunisten abgestempelt sehen wollte, solche Beachtung schenkte. Innenminister Sattler glaubte deswegen, die SPD vor der KPD warnen zu müssen. Er hielt ihr das Schicksal der Menschewiki vor. Das war nun wiederum für Brill, der schon einmal von der thüringischen KPD öffentlich als Menschewik angeprangert worden war, der sich aber etwas darauf zu gute hielt, im Oktober 1923 gerade mit den Kommunisten „fertig geworden“ zu sein, Anlaß, vor dem Landtag die Prognose zu stellen: „Ich kann Ihnen

32 „Tausende von Menschen mußten vom Friedhof nach der Stadt zurückwandern, es war ein ununterbrochener Strom von Menschen“, Sten. Ber. III. Landtag 14. 1. 1925, S. 2096.
33 ebd. S. 2099.
34 ebd. S. 2100.
35 ebd. S. 2098.
36 ebd. S. 2101 ff.
37 Der Abgeordnete Henrike rief von der Lobby des Fürstenhauses in den Plenarsaal: „Das ist eine Sorte Parlamentarismus! Hier draußen ist eine Wichserei.“ Ebd. S. 2101 ff., bes. S. 2102 und 2104.

versichern, daß ich der festen Hoffnung bin, daß, wenn es auch einmal zu gewalttätigen Auseinandersetzungen zwischen KPD und Sozialdemokratie kommen sollte, wir der Kommunistischen Partei Herr werden würden, ohne daß wir großen Anspruch auf staatliche Hilfe zu erheben brauchten."[38] Diese Prophetie wird er am eigenen Leibe 1945, im Augenblick eines politischen Vakuums, als Unterschätzung der kommunistischen Putschkraft und Überschätzung rechtstaatlicher Bindekraft zu spüren bekommen.[39]

Hatte sich seine Partei bei der parlamentarischen Diskussion über das Begräbnis Adolf Schauders durchaus an die Seite der KPD gestellt, wenn auch nicht mit ihren Argumenten, so blieb eine vergleichbare Unterstützung der Sozialdemokraten für eine eher delikate Hinterlassenschaft aus ihrer Koalitionszeit mit der KPD aus. Es ging um den kurzzeitig amtierenden Justizminister Karl Korsch von der KPD. Korsch war auf Vorschlag Greils durch einen förmlichen Beschluß des Staatsministeriums vom 31. Juli 1923 mit Anstellungsurkunde vom 30. August zum 1. Oktober 1923 zum planmäßigen außerordentlichen Professor an der juristischen Fakultät der Landesuniversität Jena unter gleichzeitiger Ernennung zum persönlichen ordentlichen Professor bestellt worden. Die Universität Jena hatte dagegen Widerspruch eingelegt, war damit aber nicht durchgedrungen.[40] Da Korsch am 17. Oktober 1923 vom Landtag zum Justizminister gewählt worden war, hatte er seine Universitätsposition ruhen lassen. Durch eine mündliche Zusage des Dekans der juristischen Fakultät Jenas, Professor Dr. Schaxels, und des Ministers Greil wähnte sich Korsch im Glauben, in Jena nur beurlaubt zu sein. Der neue Staatsminister Leutheusser argumentierte im März 1924, als Korsch in Jena wieder antreten wollte, aber von der Polizei an der Wiederaufnahme seiner Vorlesungen gehindert wurde, da, so die Begründung, keine schriftliche Beurlaubung vorliege, es sei von einem förmlichen Ausscheiden Korschs aus dem Amt eines Professors auszugehen. Einer Neueinstellung widersetzten sich Fakultät und Ministerium, eine Gehaltszahlung wurde als unzulässig abgelehnt.

Dagegen erhob Korsch am 7. Oktober 1924 vor dem Landgericht in Weimar Klage. Das Gericht wies die Klage am 21. Oktober 1924 als unbegründet zurück und lastete dem Kläger die Verfahrenskosten an. Korsch legte sofort beim Oberlandesgericht Widerspruch ein. Dieses wies den Fall unter Beachtung eines Gutachtens des Geheimen Justizrats Heinrich Triepel, des ordentlichen Professors an der Universität Berlin, vom 25. Februar 1925 ebenfalls ab. Der Gutachter war zu dem Schluß gekommen, Korsch habe mit seiner Wahl zum Justizminister des Landes Thüringen und der Amtsannahme „seine Lehrstelle an der Universität Jena verloren". Gehaltsnachzahlungen, Urlaub oder gar der Anspruch auf eine Wiedereinstellung seien demnach unbegründet und zurückzuweisen. Die nur mündlich ausgesprochene seinerzeitige Beurlaubung durch den Minister Greil sei rechtlich bedeutungslos.

Daraufhin bot der Jurist Korsch selbst einen außergerichtlichen Vergleich an, den er mit dem Land Thüringen auch am 23. Juni 1925 schloß. Das Land anerkannte, daß Korsch noch

---

38 ebd. S. 2487. In der 1932 von Brill in einem Altenburger Verlag herausgegebenen Broschüre „Reichsreform – eine thüringische Schicksalsfrage" findet sich eine ähnlich begründete Einschätzung der politischen Kraft der KPD: „Wenn in unserer Darstellung nur von dem Gegensatz zwischen sozialdemokratischer und bürgerlicher Politik gesprochen wird, so geschieht das deshalb, weil sich die Entwicklung des öffentlichen Lebens in Thüringen tatsächlich nur zwischen diesen beiden Polen bewegt. Die Kommunisten haben in der Gesetzgebungs- und Verwaltungspolitik nie eine eigene Rolle gespielt; bis zum September 1923 waren sie widerwillige und unzuverlässige Bundesgenossen der Sozialdemokratie, im November 1923 erwiesen sie sich als Deserteure, die angesichts des gemeinsamen Feindes feige die Front verließen; seit 1924, d. h. seit der restlosen Bolschewisierung ihrer Partei, treiben sie sich als Marodeure hinter der Front herum." (ebd. S. 8).

39 Vgl. u. Teil VI. 5.

40 Zum Vorgang HStA Weimar Thüring. Staatsmin. Präs.-Abtlg. Nr. 247: Akte Karl Korsch.

Professor an der Universität war, Korsch seinerseits verzichtete aber auf die Wahrnehmung dieses Amtes. Er erhielt rückwirkend zum 1. April 1925 die Bezüge der 3. Stufe der Besoldungsordnung für außerordentliche Professoren, das waren unter Einschluß des Ortszuschlages und der Kinderbeihilfe RM 601,75.[41]

Karl Korsch, der kurzzeitige kommunistische Justizminister Thüringens (17. Oktober bis 12. November 1923), war ein Intellektueller in der KPD, darin Brill von der SPD vergleichbar, dessen geistiger Zuschnitt ihn weit über das Niveau aller anderen damaligen Kommunisten Thüringens hinaushob.[42] In seinem Fall zeigte sich die spektakulärste personale Aufarbeitung der Koalitionsregierung von SPD und KPD. Als die Auseinandersetzung stattfand, war Korsch allerdings schon Mitglied des Reichstages für die KPD.

Diese Abrechnung mit der KPD hatte die Regierung Leutheusser geführt. Noch selbst hatte die vorangegangene Regierung Frölich in der Zeit ihrer nur förmlichen Amtierung gegen den von ihr selbst berufenen Staatsrat Theodor Theobald Neubauer, einen intimen Gegner Brills[43], am 27. November 1923 ein förmliches Dienststrafverfahren eingeleitet. Neubauer hatte öffentlich Bestrebungen gefördert, „die gegen den Bestand der Republik gerichtet gewesen sind", und sich insbesondere der weitergehenden Verpflichtungen, die ihm als politischen Referenten der Landesregierung zum Schutz der Republik oblagen, nicht würdig erwiesen, „insgesamt die Verfassungen und Gesetze des Reiches und des Landes nicht gewissenhaft beachtet, sondern hochverräterische Unternehmungen gegen den Bestand und die Sicherheit der Republik eingeleitet".[44]

Korsch und Neubauer sind als Typen zu bewerten. Der Versuch, gerade von Weimar aus eine sozialistische Reformpolitik zu betreiben, entsprang Denkkategorien des politischen Marxismus. Auch Brill war ihr Anhänger. Dort, wo die konservative Haltung besonders stark war, wo die einflußreichsten Mittelpunkte des geistigen Lebens, eingebettet in großherzogliche Traditionen, lagen, sollte all dies mit der Kraft des Sozialismus konfrontiert und überwunden werden. Eine breite Arbeiterschaft mit programmatischen Traditionen stand hier als Basis bereit. Die Kommunisten dachten dasselbe, nur radikaler und undemokratisch. Ihre politische Kraft wollte das konterrevolutionäre Bürgertum in seinem Ursprungsnest überwinden, dessen politischen Einfluß gar beseitigen und in Weimar, im konservativen Zentrum der humanistischen Kultur, einen neuen Humanismus prägen. Doch Weimar wehrte sich, um seinen Traditionen treu zu bleiben, gegen den Ansturm von links. Den von rechts verlor es kurz danach.[45]

---

41 Der Vergleich vom 23. 6. 1925 lautete: „1. Dem Kläger verbleibt die ihm durch die Anstellungsurkunde vom 30. August 1923 übertragene Stellung, wonach er zum außerordentlichen Professor der Rechte und zum persönlichen ordentlichen Professor der Thüringischen Landesuniversität Jena ernannt worden ist.
2. Der Kläger verzichtet, solange die Beklagten nicht die Wiederaufnahme einer Amtsfähigkeit aufgrund der Anstellung von ihm fordern, auf die Ausübung aller seiner Amtsbefugnisse an der Universität Jena, insbesondere auf die Lehrtätigkeit und die Ausübung von Rechten im Senat und in der Fakultät.
3. Der Kläger erhält vom 1. April 1925 ab die Bezüge der 3. Stufe nach der jeweiligen Besoldungsordnung für die außerordentlichen Professoren der Universität Jena; er verzichtet auf alle weitergehenden vermögensrechtlichen Ansprüche gegen die Beklagten. Mit dem 1. April 1925 fällt das Wartegeld des Klägers als Minister weg." Ebd.: Vergleich zwischen Korsch und dem Land Thüringen 23. 6. 1925.

42 Vgl. seine Schriften zur Arbeiterbewegung 1919 bis 1923: Karl Korsch, Gesamtausgabe Bd. 2, Hrsg. und eingeleitet von Michael Buckmiller, Frankfurt/Main 1980.

43 Theodor Theobald Neubauer war der Autor des Artikels „Von Marx bis Brill" im ‚Gothaer Volksblatt' vom 22. 8. 1922 gewesen, mit dem Brill als Menschewik angeprangert worden war.

44 Dienstvergehen gegen § 8 Abs. 1, 3 und 4 des Staatsbeamtengesetzes vom 14. 3. 1923, HStA Weimar Thür.Staatsmin. Präs.Abtl. Bd. 55: Kabinettsbeschluß vom 27. 11. 1923. Neubauer war gemäß Kabinettsbeschluß vom 18. 10. 1923 mit Wirkung vom 19. 10. „als Vortragender Rat in der politischen Abteilung des Ministeriums des Innern mit der Amtsbezeichnung Oberregierungsrat in Gruppe 12 der Besoldungsordnung angestellt", ebd.

45 Vgl. dieselben Denkvoraussetzungen bei den polnischen Kommunisten nach dem 2. Weltkrieg, als diese in der Nachbarschaft des konservativen, den geistigen Mittelpunkt des alten Polen bildenden Krakau das größte Hüttenwerk

Brill, der nach dem Ersten Weltkrieg eine Zeitlang in Gotha amphibisch zwischen Revolution und Republik gelebt hatte, steuerte in Weimar zielsicher von den Wellenkämmen des kommunistischen Putschismus auf das Festland republikanischer Staats- und Verfassungstreue. Als Chefideologe der oppositionellen SPD hielt er diese Rolle auch nach 1924 bei. Er wurde dabei aber nicht wie Friedrich Ebert zum Brückenbauer vom Obrigkeitsstaat zum Volksstaat, sondern lebte eher eine Mischung aus gouvernemental-republikanischem Verhalten und revolutionärer Rhetorik. Sein rechtsstaatlicher Pragmatismus im politischen Alltag eines Ministeriums und eines Mitglieds der parlamentarischen Opposition ging dabei bei ihm nicht in gleichem Maße einher mit dem Verlust sozialistischer Utopien. Während viele seiner Altersgenossen mit ihrer Unrast, die der Weltkrieg in ihnen durch die Abspaltung von der Tradition während des kurzphasigen Übergangs vom goldenen Glanz der Kaiserzeit 1914 zum feldgrauen Elend der Materialschlachten von 1918 verursacht hatte, in soldatische Bünde, Freikorps, Hundertschaften, beseelt vom Geist der Landsknechte, geflohen waren, verlockt von der Sehnsucht nach Glück und Revolution hier, oder Restauration dort, hatte Brill den Weg der Evolution gesucht. Auch durch sein Leben war der Weltkrieg wie ein tiefer Pflug gegangen, der das Erdreich der Erfahrungen aus Elternhaus, Schule und Seminar aufgebrochen hatte. Die Aufbruchstimmung hatte der Intellektuelle aber steuern können und in der Politik dafür ein Feld der Umsetzung gefunden. Seinen Traum von 1918 über die Politik: „Ich . . . sah mich selbst darin eine Rolle spielen“[46], in der Revolution nämlich, hat er 1919 bis 1923 zu erfüllen versucht. Die erbrachte Leistung war anders als gedacht, nicht revolutionär, sondern republikanisch. Sie war gerade darin beachtlich, auch wenn sie unvollkommen blieb. Auch muß der gleichbleibend hohe moralische Anspruch gewürdigt werden, mit dem Brill sein politisches Geschäft betrieb. Den größten Beweis dafür lieferte er in seinem politischen Widerstand gegen den aufkommenden Nationalsozialismus. Ihm trat er mit dem Ende der 20er Jahre nicht allein mit dem politischen Format eines „Chefideologen“ der SPD entgegen, sondern auch mit dem geistigen eines Dr. jur.

2 Student der Jurisprudenz und Lehrer in der Erwachsenenbildung

2.1 Das Studium in Jena als geistige Selbstbestätigung

Als Brill am Ende des Jahres 1934 ohne festen Beruf und geregeltes Einkommen dastand, faßte er in einem Bewerbungsschreiben um eine Position an der Universität Kaunas in Litauen seine beruflichen Erfahrungen und geistigen Horizonte mit den selbsteinschätzenden Worten zusammen, „daß ich in meiner Person die Bildung des Juristen und Pädagogen, die Erfahrungen des Lehrers und Dozenten, des Verwaltungsbeamten, Richters und Gesetzgebers vereinige“.[47] Jedes Wort war zutreffend, fürwahr eine beachtliche Summe, die Brill hier bei der Addition seiner Lebenstätigkeiten in den 20er Jahren gezogen hatte, als er zwischen 25 und 35 Jahren alt war.

Hermann Brill war in dieser Dekade ein ausgesprochen politischer Mensch geworden. Das meint nicht allein seine partei- und staatspolitische Tätigkeit, wie sie sich in der Fraktion der

setzten, Nova Huta (Neue Hütte), mitten in eine an Industrie und Rohstoffen leere Kulturlandschaft voll geistiger Traditionen, s. Wietold Wirpsza, Pole, wer bist Du? München/Luzern 2. Aufl. 1983, S. 141 ff.

46 AES Brill an Marianne Salzmann 3. 11. 1918.

47 AES Brill an Prof. Gustav Radbruch, Universität Kaunas/Litauen 3. 12. 1934.

USPD, dann der SPD, im Parlament als Mitglied der Regierung wie der Opposition und in den Ministerien, denen er von 1920 bis 1924 angehörte, niederschlug. Vielmehr ist zum Verständnis seines Lebens der umfassende Wortsinn angezeigt, den die Griechen mit den Begriffen Polis und Polites verbanden. Brill, der gebürtige Thüringer-Wald-Junge, war ein ausgesprochener Mann der Öffentlichkeit geworden, nicht ihr demagogischer Herold, jedoch mehr als ihr verantwortungsbewußter Mitläufer, eher ein passionierter Vor-Kämpfer, manchmal von elitärem Bewußtsein, immer ein engagierter Verfechter des Gemeinwohls und der Rechtsstaatlichkeit. Im Parlament war er nie ein Hinterbänkler, im Leben, wo schon Mitte der 20er Jahre seine erste Ehe zu kriseln begann, nie ein bloßer Privatmann, mithin kein Idiotes, wie die Griechen den Gegentyp, einen in seiner Wahrnehmung und Tätigkeit auf sich selbst beschränkten Menschen nannten, sondern eben ein Polites.

Brill sprach von sich als einem Sozialisten. Das Wort war ihm im Elternhaus zugewachsen; es betonte deutlicher seinen Einsatz für die bisher Unterpriviligierten, für die von der Hand- und Industriearbeit lebende Masse des Volkes. Für sie führte er eine ständige vita activa, bis zum Ende der Weimarer Republik kaum von längeren kontemplativen Ruhephasen unterbrochen.

Das Erlebnis des Weltkrieges 1914 bis 1918 hatte ihn dazu getrieben. „Ich bin Sozialist. Ich werde überall, wohin mich das Gewissen ruft, meinen Mann stehen. Bis zum Letzten, bis zum Äußersten."[48] Das Gewissen rief ihn an die Seite der sozialdemokratischen Mitglieder und Anhänger. Ihnen stellte er sich als Politiker und Didaktiker zur Verfügung, für sie wollte er Vertreter im Staatsleben wie Lehrer im Bildungswesen sein. Zielangabe eines solchen Lebens sollte die selbst verantwortete Teilnahme eines jeden an einer republikanischen Gemeinschaft sein. Das nannte er den demokratischen Sozialismus. Als ihm der Begriff seinem Inhalt nach vor Augen stand, hatte er ihn aus dem Kontrastbild des im Weltkrieg untergehenden wilhelminischen Reiches gewonnen: „Das Wunder, das ich ersehne, besteht nicht in Erlassen und Dekreten. Es besteht nicht darin, daß man dem Reichstag das Recht, Krieg zu erklären und Frieden zu schließen, zuspricht, daß man ihm allein ohne Sanktion des Popanz Krone legislative Gewalt zugesteht. Obgleich dieses beide dazugehört, ja seine unerläßliche Voraussetzung ist! Es besteht in einer Reform des Bewußtseins: ‚Ich bin Deutscher, d. h. ich will mitverantwortlich sein für das, was mein Volk tut.' Das ist das Wunder, das ich ersehne, daß die Masse denkt und will. Auch die Frauen."[49]

Dieser selbstgestellten Aufgabe hat Brill sich seit der Mitte der 20er Jahre als Dozent für Erwachsenenbildung, vornehmlich in Thüringen, aber auch darüber hinaus in Sachsen, Hamburg und Berlin angenommen. Abgesehen von seiner eigenen, nur kurzzeitigen Tätigkeit als Volksschullehrer 1916 sowie 1919 bis 1920 hatte er für ein solches pädagogisches Metier vielgestaltige Vorkenntnisse erworben. So war er in den Jahren 1920 bis 1924 Vorsitzender des Thüringischen Prüfungsamtes für Volksschullehrer, des Prüfungsamtes für den mittleren und oberen Verwaltungsdienst sowie des Prüfungsamtes für Polizeioffiziere, dazu 1921 bis 1924 stellvertretender Bevollmächtigter zum Reichsrat und in dieser Eigenschaft Mitglied des Reichsratsausschusses für Verfassung und Verwaltung sowie des Reichsschulausschusses.[50]

---

48 AES Brill an Salzmann 15. 10. 1918.

49 ebd. Brill an Salzmann 16. 10. 1918.

50 Diese Angaben finden sich in diversen selbstverfaßten Lebensläufen, so in dem vom 19. 9. 1935, in einem von 1936 und in einem vom Sommer 1945, alle in AES; auch einzelne Korrespondenzen Brills geben darüber Auskunft, so sein Brief an Klaus-Peter Schulz vom 22. 10. 1953 in: BA NL Brill 42. Brill war außerdem als Richter tätig, zuerst in der Disziplinarkammer, zuletzt im Disziplinarhof des Thüringischen Oberverwaltungsgerichts seit dem 30. 4. 1927 bis 7. 6. 1928. Schon vom 1. 4. 1923 bis 31. 3. 1926 war er durch seine Tätigkeit als Stellvertreter des Vertreters der Interessen der Beamtenschaft vor den Dienststrafgerichten mit solchen Tätigkeiten vertraut geworden. Außerdem war er in

Diese verschiedenen Tätigkeiten lassen ihn vornehmlich als Verwaltungsfachmann erscheinen mit Fähigkeiten, die ihn von 1924 bis 1926 auch zum Gauvorsitzenden des Reichsbanners Schwarz-Rot-Gold werden ließen.[51] Eine unmittelbare Verbindung zur Pädagogik brachte die im Oktober 1925 angetretene Position eines Vorsitzenden des Landesausschusses Thüringen des Allgemeinen Deutschen Beamtenbundes (ADB) mit, die Brill bis Ende 1932 innehatte, denn damit verband sich eine Dozententätigkeit. Kurse, veranstaltet vom Reichsminister des Innern und dem Preußischen Minister für Wissenschaft, Kunst und Volksbildung, hielt Brill jetzt in Berlin, Thüringen und Sachsen. In einem Zeugnis, das ihm Albert Falkenberg, Geheimer Regierungsrat und Ministerialrat a. D., am 23. November 1934 über diese Tätigkeit ausstellte, ist eine Orts- und Themenliste dieses Inhalts enthalten:

1925 Berlin: „Moderne Staatstheorien",
1926 Thüringen: „Arbeits- und Beamtenrecht",
1927 Hamburg: „Das Berufsbeamtentum in der republikanischen Demokratie",
1928 Thüringen: „Entwicklung und Inhalt des positiven Beamtenrechts",
1928 Sachsen: „Dienstvergehen, Amtsvergehen und Amtsverbrechen",
1930 Thüringen: „Die Rechtssprechungsgrundsätze der obersten Gerichte im Beamtenrecht",
1930 Thüringen: „Dienstvergehen und Dienststrafverfahren" und
1931 Thüringen und Bayern: „Verfassungslehre unter besonderer Berücksichtigung der Reichs- und Verwaltungsreform; gesellschaftliche und geistige Grundlagen des Parteiwesens".

Falkenberg hob an Brill in diesem Zeugnis „sein umfassendes Wissen, besonders aber auch sein pädagogisches Geschick, schwierige juristische Gegenstände leicht verständlich vorzutragen", hervor. Der ADB wählte ihn deshalb im September 1927 in den Verwaltungsausschuß zur Leitung seiner Lehrgänge; diesem Gremium gehörte er dann bis zu dessen Auflösung Ende 1932 an. Damals wollte man Brill, der 1929 für die Neugestaltung der Lehrgänge eine richtungsweisende Denkschrift im Auftrag des preußischen Innenministers Severing angefertigt hatte, sogar den Vorsitz im Verwaltungsausschuß zur Leitung dieser Lehrgänge übertragen. Statt dessen führten aber Veränderungen im Staat zur Auflösung dieser Bildungseinrichtung.[52]

Neben allen Erfahrungen, die Brill in den 20er Jahren im Parlament und in der Ministerialverwaltung gewonnen hatte, und allen Selbststudien, die er fortlaufend betrieb, hat zu einer so positiven Einschätzung seiner Kompetenz und geistigen Kraft sicher auch das Studium der Jurisprudenz beigetragen. Im unmittelbaren Anschluß an seine Versetzung als Ministerialdirektor in den Wartestand zum 15. April 1924 hat Brill an der Thüringischen Landesuniversität Jena das Studium der Jurisprudenz aufgenommen. Er schloß dies nach eigenem Bekunden im Februar 1927 mit dem ersten juristischen Staatsexamen ab. Im unmittelbaren Anschluß daran nahm er die Arbeit an einer Dissertation auf. Unter dem Titel „Studien zur Entstehung und Entwicklung der deutschen Selbstverwaltung" legte er diese der Fakultät im November 1928

---

dieser Zeit nach eigenem Urteil „wiederholt als Sachwalter von Städten, Kreisen und Gemeinden beim Oberverwaltungsgericht tätig", s. AES Lebenslauf von 1936 und Lebenslauf 15. 11. 1928, Universitätsarchiv Jena K Nr. 318.

51 Bei dieser Ernennung spielte natürlich das politische Bekenntnis Brills die herausragende Rolle; möglicherweise wurde er bei der Reichsbannerweihe am 12. 10. 1924 auf der Wartburg in dieser Position der interessierten Öffentlichkeit Thüringens vorgestellt, s. BA NL Brill Nr. 30: Erklärung Brills über die Person von Kurt Zimmermann 28. 12. 1950.

52 AES Albert Falkenberg 23. 11. 1934: Zeugnis über Hermann Louis Brill.

vor. Die Doktorarbeit bestand aus drei „Studien". Die erste untersuchte den bisherigen „Begriff der Selbstverwaltung und seine Anwendung", die zweite die „Entstehung und Entwicklung der deutschen Selbstverwaltung in den Jahren 1808 bis 1948", die dritte die „Rechtsordnung der deutschen Selbstverwaltung an der Schwelle des Jahres 1848".

Die Gutachter, die hier auch die politische Erfahrungswelt ihres Doktoranden vor Augen gestellt bekamen, die Professoren Jerusalem und Koellreuther, hoben übereinstimmend den unvollendet gebliebenen Charakter der Dissertation hervor. Besonders im zweiten Teil, dem historischen Überblick, fand Brill jedoch ihre Anerkennung. Sein Überblick über die Entstehung der Selbstverwaltung in Preußen unter dem Freiherrn vom Stein nach französischem Einfluß, auch sein vergleichender Blick auf die anderen deutschen Staaten, besonders ausführlich auf die süddeutschen mit Karl Wenzeslaus Rotteck und Lorenz Stein gerichtet, wurden gelobt. Aufgefallen war den beiden Gutachtern neben der historischen Darstellungsfähigkeit Brills in seiner dritten Studie die Berücksichtigung „soziologischer Bedingtheiten" bei der Analyse der Selbstverwaltung. Dies kann den Biographen nicht überraschen, da Brill schon bei der parlamentarischen Behandlung der Greilschen Schulreform soziologische Fragestellungen immer wieder in Vortrag gebracht und auch während seiner Jenaer Studien Vorlesungen in Soziologie besucht hatte.

Die Dissertation wurde als „klar und von großer Lebendigkeit" in der Darstellung gelobt, Koellreuther attestierte Brill „zum Teil sogar sehr scharfes Denken". Das führte zum Benotungsvorschlag beider Gutachter „von magna cum laude bis cum laude". Nach dem am 19. Dezember 1928 bestandenen Rigorosum wurde ihm die Gesamtnote „magna cum laude" zuerkannt. Nach schneller Ablieferung der Dissertationsdrucke wurde Brill von der Thüringischen Landesuniversität Jena am 4. März 1929, knapp einen Monat nach seinem 34. Geburtstag, durch die Promotionsurkunde „magna cum laude . . . doctoris juris utriusque dignitatem" zuerkannt.[53] Es wird noch bei späterer Gelegenheit davon zu sprechen sein, daß Brill der „Dr. jur." am 22. Februar 1940 durch den Nationalsozialismus wieder aberkannt wurde, ein Vorgang, den die Universität Jena am 20. August 1945 gegenüber dem „Schriftsteller Hermann Louis Brill" wieder aufhob.[54]

Mit der juristischen Promotion, zu der Brill eigens durch eine Sondergenehmigung der Universität ohne „Erfordernis der Beibringung des Reifezeugnisses einer neunstufigen höheren Lehranstalt" und nach sechssemestrigem Studium zugelassen worden war, hat er mehreres unter Beweis gestellt: die ungewöhnliche intellektuelle Befähigung eines aus dem gewerblichen Kleinbürgertum kommenden Thüringers, eine große geistige Energie und akademische Selbständigkeit in einem für das Universitätsstudium schon fortgeschrittenen Alter und damals dafür nicht üblichen Familienstand – er war zum Zeitpunkt der Promotion knapp 9 Jahre verheiratet und hatte eine Tochter –; sodann ist die offenbar affektfreie Umdisposition vom Chefsessel eines Ministerialdirektors in das Hörsaalgestühl eines Studiosus beachtlich. Auffällig bleibt auch der innere Abstand, den Brill offenbar in Jena zur Politik in Weimar, der er ja als „Chefideologe" der SPD in dieser Zeit verbunden blieb, gefunden hat. Er betrieb nicht das Studium eines sozialistischen Theoretikers, sondern das eines wohl politisch-historisch interessierten, aber besonders nach juristischer Kompetenz verlangenden Verwaltungsfachmannes. Er verband Weimar mit Jena, so eine geistige Verbindung eingehend, von der schon Goethe 1825 gesagt hatte, daß er „bis auf den heutigen Tag noch immer Jena und Weimar wie zwey Enden einer großen Stadt

---

53 Universitätsarchiv Jena K Nr. 318: Promotionsverfahren Hermann Brill.
54 ebd.: vgl. zum Vorgang Teil V. 3. 4.

anzusehen habe, welche im schönsten Sinne geistig vereint, Eins ohne das Andere nicht bestehen könnte".[55]

Die Verbindung von Politik und Studium, dieser Vorgang aus den 20er Jahren, ist als charakteristisch zu nehmen für das Erscheinungsbild Brills, der nach dem anfänglichen Startversuch in Gotha 1919 nicht weiter in der revolutionären Demagogie, sondern stets in der politischen Analyse und rechtsstaatlichen Praxis seine Eigenwelt fand. Zu Beginn der 50er Jahre wird sich der Wechsel von der politischen Tätigkeit eines Staatssekretärs in der hessischen Staatskanzlei Wiesbaden zum akademischen Pult an der Goethe-Universität in Frankfurt noch einmal wiederholen. In der zweiten Hälfte der 20er Jahre begann mit dem Ende des Studiums an der Jenaer Universität die für eine Spurenlese im Leben Hermann Brills vielleicht wichtigste Tätigkeit in der Erwachsenenbildung, die an der Heimvolkshochschule Tinz bei Gera.

2.2 Die Heimvolkshochschule Tinz als sozialistische Lebensgemeinschaft

Nirgendwo sonst hat sich Brill seinem selbstgesteckten Lebensziel, sich in mäeutischer Weise der Welt des Proletariats zu verbinden, so nahe gesehen wie in seinen Jahren 1927 bis 1932 als Gastlehrer in Tinz. Aus seinen Selbstzeugnissen gewinnt man sogar den Eindruck, daß der Tinzer Brill wie der Athener Sokrates aus seiner Lehrtätigkeit selbst den größten geistigen Gewinn zog. „Ich glaube", so schrieb Brill 1946 in einem Rückblick auf diese Zeit, "daß ich in Tinz mehr gelernt habe, als meine Schüler von mir erwerben konnten. Ich habe an 600 jungen Menschen, Männern und Frauen, das tragische Leben der proletarischen Jugend bis in alle Einzelheiten erforscht, erlebt und mitgestaltet."[56] Hier wurde der Lehrende selbst zum Lernenden, der zusammen mit in der Regel 20–25jährigen Vertretern der proletarischen Jugend Bildungsgüter für ein republikanisches Leben vermittelte und erwarb. Das hat Brill Zeit seines Lebens nicht vergessen. Im Nachruf auf Lisbeth Gniffke, geb. Weist, die früh, mit 53 Jahren, am 2. September 1950 verstorbene Frau Erich W. Gniffkes, schrieb er im Spätsommer dieses Jahres in Wiesbaden über die frühere Tinzerin Lisbeth Weist: „Tinz hat den Menschen eine besondere sozialistische Prägung gegeben. Von den 720 Männer und Frauen, die durch Tinz gegangen sind, haben in den 12 schweren Jahren nur zwei versagt. Lisbeth Gniffke hat nie versagt."[57]

Tinz, nahe bei Gera gelegen, im alten Herzogtum Reuß, ist eine besondere Gründung im Rahmen der thüringischen Volkshochschulbewegung. Im Frühjahr 1919 wurde diese pädagogische Institution, die Volkshochschule Thüringen, in Jena ins Leben gerufen. Die Initiative lag damals bei Wilhelm Rein, Hermann Nohl, danach besonders bei dessen Schüler Wilhelm Flitner, auch bei Eduard Weitsch, den Geschwistern Anna und August Siemsen u. a. Gerade an der Thüringischen Landesuniversität gab es die notwendigen pädagogisch-wissenschaftlichen Vorstufen für eine solche Bildungsinitiative. Rein, der erste Lehrstuhlinhaber für Pädagogik in Jena (1886 bis 1923), hatte 1889 „Fortbildungskurse für Lehrer Deutschlands und Österreichs" gehalten. Diese galten den Themenbereichen Pädagogik, Psychologie, Experimentelle Schul-

---

55 Dankschreiben Johann Wolfgang Goethes an Rektor und Senat der Universität Jena 6. 12. 1825, in: Ehrengabe der Friedrich-Schiller-Universität Jena. Aus dem Universitätsarchiv zum 200. Geburtstag Goethes 28. August 1749 bis 28. August 1949, Jena 1949, S. 6.

56 AES Brill, Ein Leben für die Freiheit, 1946, S. 5.

57 AES Brill, Nachruf auf Lisbeth Gniffke, gesprochen bei ihrer Beerdigung am 7. 9. 1950; vgl. Erich W. Gniffke, Jahre mit Ulbricht, S. 83.

physik, Chemie, Geographie und Literatur. Moderne Sprachen, Philosophie, Kultur und Handarbeitsunterricht kamen schon 1893 hinzu.[58] Die populären Kurse stießen anfänglich bei der offiziellen Universitätsleitung auf Widerstand. Der Kurator der Universität schrieb 1899: „Das Ansehen und der Ruhm der Ernestinischen Hochschule wird am besten gewahrt bleiben, wenn sie eine Stätte ernster wissenschaftlicher Forschung und streng wissenschaftlicher Lehre bleibt und vor jedem Scheine einer populär-wissenschaftlichen Bildungsanstalt behütet wird. Die Kurse sind ein unfruchtbares Unternehmen vermeintlicher Volksbildung."[59]

Während der Kurator das Ansehen seiner Universität gefährdet sah, erhob eine Konferenz der thüringischen Einzelstaaten 1899 zum selben Thema auch gesellschaftspolitische Einwände. Sie meinte, Kurse wie die von Rein seien dazu angetan, „die Köpfe der Lehrer in religiöser und politischer Weise zu verwirren. Die Lehrer fühlen sich im Ergebnis der Kurse über kirchliche Lehren erhaben und vertreten extrem sozialpolitische Standpunkte".[60] Dagegen argumentierte Rein mit seinem 1911 in Langensalza erschienenen Hauptwerk „Pädagogik in systematischer Darstellung", in dem er eine grundlegende und umfassende Volks- und Allgemeinbildung forderte. Auch seine Idee von einer „nationalen Einheitsschule", in den sieben Bänden seiner „Encyklopädischen Handbücher für Pädagogik" entwickelt, popularisierte seine theoretischen Ansätze und fand Aufnahme auf dem SPD-Parteitag in Mannheim 1906.

Nach dem Ersten Weltkrieg waren gerade diese 1899 aus der Defensive vorgetragenen Ablehnungsgründe willkommene Argumente für eine Offensive der Volkshochschulpädagogik. Jetzt griff man in Jena auf die Tradition der Ferienkurse zurück, nutzte hier die theoretischen Vorarbeiten Reins und entwickelte weitergehende. Hermann Nohl, Wilhelm Flitner, Eduard Weitsch, Adolf Reichwein, Heiner Lotze, Fritz Borinski, Reinhard Buchwald, Heinrich Weinel und Anna Siemsen traten damit hervor.[61] Auch die populären Weiterbildungskurse der Comenius-Gesellschaft, der Carl Zeiss-Stiftung und deren organisatorische sowie finanzielle Unterstützung und der engagierte Verleger Eugen Diederichs ließen es zur Tatsache werden, daß am 2. April 1919 der offizielle Startschuß der Volkshochschule Jena fallen konnte. Das Statut verfaßte jener Universitätsprofessor Eduard Rosenthal aus Jena just in den Wochen, in denen er auch den Gemeinschaftsvertrag für das entstehende Land Thüringen entwarf. Man begann gleich mit 11 Vortragsreihen und 23 Arbeitsgemeinschaften und verzeichnete allein im ersten Jahr 2000 Zuhörer im zentral gelegenen Gebäude der Volkshochschule direkt vor den Toren der Zeiss-Werke, unweit der Universität.[62] Zwar war in Erfurt schon am 23. März 1919 ebenfalls eine Volkshochschule gegründet worden, doch

58 Vgl. Festschrift zum 25jährigen Bestehen der Ferienkurse Prof. Rein, Universitätsarchiv Jena 1913. Einen ersten Überblick über die Geschichte der Volkshochschule Thüringen vermittelt R. Buchwald, Erwachsenenbildung in Thüringen, in: Thüringer Jahrbuch 1926, S. 133ff.

59 Gerhard Schreiber, Die Entwicklung der Pädagogik an der Universität Jena in den Jahren 1886–1918 mit besonderer Berücksichtigung der akademischen Tätigkeit von Prof. W. Rein, unveröffentlichtes Manuskript S. 32, Universitätsarchiv Jena.

60 Universitätsarchiv Jena Bestand C Nr. 24, S. 147f., freundlicher Hinweis von Hermann Kottenberger, Universität Jena.

61 Vgl. Hermann Nohl, Die pädagogische Bewegung in Deutschland, Eduard Weitsch, Grundfragen der Volkshochschulmethode, Jena 1920.

62 Stadtarchiv Jena, Bestand Xa Nr. 7 und ‚Blätter der Volkshochschule Thüringen', 2. Jg., Nr. 9/10 vom 12. 8. 1920. Daß die Volkshochschule Thüringen in Jena die allgemeine Bildung, besonders die der Arbeiterschaft, deutlich angehoben hat, hat auch der Nationalsozialismus später anerkannt. Robert Ley berichtete am 24. 2. 1932 über eine Besichtigungsreise durch den Gau Thüringen nach München: „Dagegen möchte ich bei Jena noch hervorheben, daß neben den kulturellen Werten, die die Universität vermittelt, auch die Masse des Volkes, insonderheit die Arbeiterschaft, auf einem ungewöhnlichen hohen kulturellen Niveau steht. Die Masse der Zeiss-Arbeiter steht, was Intelligenz und Ausbildung anbelangt, weit über dem Durchschnitt der übrigen deutschen Arbeiterschaft." Robert Ley, Bericht über die Besichtigung des Gaues Thüringen, 24. 2. 1932 in: BA NS 20/1072.

diese, im preußischen Regierungsbezirk gelegen, schloß sich der thüringischen an. Der theoretische und organisatorische Vorlauf in Jena ließ hier den geistigen Mittelpunkt der Volkshochschulbewegung Thüringens entstehen.

Die sozialistische Landesregierung Frölich hat diese Entwicklung gefördert, als sie 1922 im Zuge der Greilschen Schulreform an der Universität Jena die Ausbildung der Volksschullehrer einrichtete und so zwei benachbarte pädagogische Initiativen miteinander verband. Das sprach sich auch personell aus, z.B. in der Berufung der Pädagogen Peter Petersen und der Geschwister August und Anna Siemsen, von denen besonders Anna zugleich aktiv an der Volkshochschule Thüringens teilnahm, nicht nur in Jena, sondern auch in Tinz.

Die sozialistische Heimvolkshochschule Tinz war eine besondere Form der Volkshochschule Thüringens, von ihr organisatorisch unabhängig, aber doch ohne sie schlecht zu denken. Wilhelm Rein hatte auch bei ihrer Gründung eine ideelle Patenschaft übernommen. Der Pädagoge, der 1895 während der Rückreise von Schweden auf der dänischen Insel Fünen mit der dort betriebenen Kombination von Volksschule und Internat im ländlichen Bereich vertraut geworden war, hatte darüber 1919, im Tinzer Gründungsjahr, selbst jetzt 72jährig, geschrieben: „Der Eindruck, den ich von diesem Besuch empfing, war so tiefgehend, daß ich seitdem mich aufs wärmste für diese Form der Volksbildung innerhalb der ländlichen Kreise einsetzte und nicht aufhörte, für sie einzutreten und den Gedanken der Notwendigkeit ihrer Verpflanzung auf deutschen Boden zu verbreiten."[63]

In Tinz hat man 1919 diese pädagogische Absicht mit einer politischen verbunden. Nach einem Besuch des Begründers und Leiters der ersten dänischen sozialistischen Volkshochschule in Esbjerg, Sundbo, im Mai in Gera[64], brachten drei sozialdemokratische Abgeordnete (Vetterlein, Lang, Fahn) am 11. Dezember 1919 vor dem Volksrat von Reuß in Gera den Antrag ein, eine „Stiftung zum Zwecke der Volksbildung" einzurichten. Dem Antrag, der erkennbar gegen das überkommene Bildungssystem Stellung bezog – eine in Reuß wie in Gotha oder anderswo in Thüringen oder Sachsen deutlich werdende politische Intention –, folgte am nächsten Tag ein förmlicher parlamentarischer Beschluß über die Einrichtung der „Stiftung Volkshochschule Reuß". Der Staatsrat des Volksstaates Reuß gab dazu am 15. Dezember die Bekanntmachung heraus, daß die Stiftung den Auftrag habe, in dem alten fürstlichen Schloß Tinz ein Volkshochschulheim zu betreiben, „welches in Anlehnung an dänische Verhältnisse als Internat mit Kursen für junge Männer und Frauen einzurichten ist". Eine entsprechende Satzung, zwei Monate später erstellt, hielt fest, daß diese „Volkshochschule Reuß" sich dem „außerschulmäßigen Bildungswesen" widmen werde, dafür ein Internat und eine öffentliche Landesbibliothek betreibe sowie sich „die Veranstaltung örtlicher oder wandernder Bildungsunternehmungen" angelegen sein lasse.[65]

Das Stiftungsvermögen setzte sich zusammen aus den Besitzungen des bis zum Ende des Weltkriegs regierenden letzten reußischen Fürsten Heinrich XXVII., umfaßte dessen Schloß Tinz, das im Krieg als Lazarett gedient hatte, mit dem dazugehörenden Park und der Fasanerie (80 000 qm), der früheren Münchschen Villa in Gotha, Goethestr. 19, dem Kammergut Tinz mit 120 ha Feld sowie einigen Forsten mit zusammen 1 100 ha Wald und Wiese.[66] Diese reiche wirtschaftliche Dotierung sollte eine weitgehende finanzielle Unabhängigkeit der Stiftung

63 W. Rein, Die ‚Dänische Volkshochschule', in: Friedrich Manns Pädagogisches Magazin, Heft 694, S. 12, Langensalza 1919.

64 Die Heimvolkshochschule Tinz, Denkschrift zum 10jährigen Bestehen, Gera o. D., aber 1929/30, S. 9.

65 HStA Weimar Bestand Tinz Nr. 7: Staatsrat Reuß, Beschluß vom 15. 12. 1919 bzw. 20. 2. 1920 nebst Satzung über die Stiftung „Volkshochschule Reuß" vom 20. 2. 1920.

66 a. O. Anm. 18, S. 7.

Volkshochschule Reuß sichern. Ungeniert verband der Stiftungsrat Appelle an die finanzielle Unterstützungsbereitschaft der Öffentlichkeit mit Hinweisen auf die in Tinz verfolgten bildungspolitischen Neuerungen: „Es muß eine Ehrensache besonders für bemittelte Staatsbürger sein, an dem Aufbau der Kultur des deutschen Volkes solcher Gestalt mitzuarbeiten. Der Volkshochschulgedanke rüttelt am sozialen Gewissen aller Volksgenossen, denn das Volk war bisher von aller Hochschulbildung so gut wie ausgeschlossen."[67] Die juristische Leitung der Volkshochschule oblag einem Verwaltungsrat als Vorstand neben einem geschäftsführenden Ausschuß, die pädagogische dem hauptamtlichen Leiter der Volkshochschule, den ständigen Lehrern sowie einem während der Unterrichtsmonate beigeordneten Schülerrat. Außerdem war Tinz in Personalunion mit dem Bezirksbildungssekretariat der SPD für den Bezirk Großthüringen verbunden.[68]

Mit dieser materiellen Ausstattung, organisatorischen Form und bildungspolitischen Zielsetzung wurde die Heimvolkshochschule Tinz, wie der inoffizielle Name der Volkshochschule Reuß schnell in der Öffentlichkeit lautete, am 7. März 1920 eröffnet. Der Vorsitzende des Verwaltungsrates, der reußische Minister Carl von Brandenstein, Mitglied in der ersten Thüringischen Landesregierung Paulssen, nutzte dabei den nicht fernen genius loci, um den beginnenden Frühling in der Natur mit dem in der Bildung lyrisch zu verbinden und ins rechte Wort zu setzen. Er hob an mit der Poesie aus Goethes „Faust" und zitierte die ersten 11 Zeilen aus dem Osterspaziergang: „Vom Eise befreit sind Strom und Bäche . . ." Danach übertrug er das Bild so auf die Wirklichkeit: „Ja, überall . . . regt sich Streben nach Bildung – nicht nur in der Natur. Denn ein Frühling ist angebrochen für das werktätige Volk, das ehedem in der Mehrzahl unter der Last des täglich neuen Kampfes um sein Dasein dahindämmerte. Es ist erwacht und verlangt seinen Teil auch an den höchsten Gütern des Lebens. Kunst, Wissenschaft, das Eindringen in die Erkenntnisse aller menschlichen Dinge! – Nach harter entbehrungsreicher Arbeit des Körpers verlangt der Geist sein Recht – das Höchste, was im Menschen wohnt, regt sich im forschenden Beginnen, Lernen und Sinnes."[69]

Solch großen Worten folgten durchaus angemessene Taten. Zum ersten Leiter war der Direktor des Leipziger Arbeiterbildungsinstituts, Gustav Hennig, berufen worden[70]; die wichtigsten festangestellten Lehrer wurden Alfred Braunthal für die Fächer Ökonomie und Psychologie, Otto Jenssen für Allgemeine Geschichte und Geschichte der modernen Arbeiterbewegung, Soziologie und proletarische Organisationsfelder, Alfred Herre für Naturkunde und physikalische sowie politische Geographie und Oskar Greiner für Literatur, Kunst und Sprache.[71] Daneben gab es eine Reihe wechselnder Gastlehrer, unter ihnen ab 1927 Hermann Brill, der zuständig wurde für öffentliches Recht. Sie alle warben ihre Schüler mit dem Wort: „Tinz ist eine sozialistische Schule, die zum Ziel hat, ihre Schüler in Kursen von vier Monaten

67 HStA Weimar Bestand Tinz Nr. 20: Werbeprospekt Heimvolkshochschule Tinz 1920.

68 ebd. Nr. 7 und Nr. 22: Beschluß des Volksrates des Volksstaates Reuß vom 12. 12. 1919 sowie Satzung für die Stiftung „Volkshochschule Reuß" vom 20. 2. 1920. Vgl. Herbert Frister, Geschichte der illegalen proletarischen Gruppierung linker Sozialdemokraten in Ostthüringen 1933–1945, IfGA PDS NL 121/1, S. 101.

69 ebd. Nr. 28: Rede des Ministers von Brandenstein 7. 3. 1920.

70 Gustav Hennig kündigte diese Stellung am 30. 3. 1922, blieb Tinz aber darüber hinaus als Lehrer verbunden, HStA Weimar Bestand Tinz Nr. 8: Personalakte Hennig. Als Hennig am 5. 1. 1933 als Lehrer von Tinz ausschied, attestierte ihm sein Nachfolger Erich Winkler in einem Abschiedsbrief, in Tinz „den großen Wurf hingestellt" zu haben, hier „Pionier" gewesen zu sein. Hennig habe dem Grundsatz gelebt, Tinz als „Lebensumgestaltungsschule, in der die Teilnehmer sozialistisch leben lernen", geformt zu haben. Arbeiter hätten in Tinz gelernt, daß „der lebende, tätige, wirkende Mensch wertvoller und wichtiger ist als die ‚Fremdwörtermenschen' und Vielwisser, denen nur Kenntnisse und Wissen Macht zu sein schienen, die dabei aber das Leben verkümmern lassen, das mehr ist als das Wissen und Kenntnisse", ebd. Nr. 51/ Bd. 1: Winkler an Hennig 5. 1. 1933.

71 ebd. Nr. 11, Bd. 3, Listen der festangestellten Lehrer und der Gastlehrer in Tinz. Der Dienstvertrag von Gustav Hennig zum 1. 1. 1920 in Nr. 21.

mit den Grundelementen des wissenschaftlichen Sozialismus vertraut zu machen. Im Vordergrund des Lehrplans steht somit die marxistische Ökonomie und der historische Materialismus, die beide den gesamten Unterricht bestimmend gestalten."[72]

Einem solchen Ruf folgten Jugendliche aus allen Arbeitsbereichen: Schlosser, Weber, Sattler, Glaser, Werker, Dreher, Klempner, Fräser, Zimmerleute, Modelltischler, ungelernte Fabrikarbeiter, Buchdrucker und Schreiber, aber auch Zinngießer, Optiker oder Posamenteure. Die meisten von ihnen waren Mitglieder gewerkschaftlicher, politischer oder politisch orientierter Organisationen. Sie kamen als Abgeordnete der Naturfreunde, des Arbeiter-Turn- und Sportbundes, des Sänger- oder Monistenbundes, des Reichsbanners Schwarz-Rot-Gold (ab 1924), der Sozialistischen Arbeiterjugend, der Freidenker, Jungsozialisten, Kinderfreunde, aus dem Volksbund für Geistesfreiheit, der Kommunistischen Jugend, der Deutsch-Böhmischen Arbeiterjugend, der Dänischen Sozialdemokratischen Jugend, aus dem ADGB, dem DMV, dem Reichsausschuß und dem AFA-Bund. Zunächst war ihre geographische Heimat das engere Gebiet um Gera, dann auch das umliegende thüringische Land, im Laufe der Jahre kamen sie aus ganz Deutschland. Teilnehmerlisten nennen Berlin, Danzig, Breslau, Dortmund, Hof/Saale, Dresden, Elbing, Grünberg in Niederschlesien oder München als Herkunftsorte.[73]

Tinz warb damit, „die erste Volkshochschule in Deutschland (zu) sein, die wirklich diesen klangvollen Namen verdient".[74] Sie glaubte, durch eine strenge Haus- und Lernordnung nicht abschreckend, sondern anziehend wirken zu können: „Die Volkshochschule ist kein Erholungsheim, sondern eine Stätte ernstester, intensivster Arbeit. Oberster Grundsatz für jeden Angehörigen der Heimvolkshochschule ist: Einordnung in das Gemeinschaftsleben der Schule. Die Durchführung der Lebensgemeinschaft erfordert sittlich hochstehende Menschen, die persönliche Interessen den Interessen der Allgemeinheit unterzuordnen gewillt sind." Rauchen, Alkohol und Kartenspiel wurden „nicht geduldet", ohne Erlaubnis durfte Schloß Tinz nicht verlassen werden, Urlaub bis 23.00 Uhr abends gab es nur in begründeten Ausnahmefällen, Besuche waren „an Wochentagen unerwünscht", „Partei-, Sekten- und Cliquenbildung" streng untersagt. Auf die Zeiteinteilung an gewöhnlichen Werktagen schienen militärische Vorbilder eingewirkt zu haben[75]:

6.00– 7.00 Uhr Ankleiden, Aufräumen,
7.00– 7.30 Uhr Gymnastik,
7.30– 8.00 Uhr Frühstück,
8.00–11.00 Uhr Unterricht,
11.00–12.00 Uhr Erholung,
12.00–12.30 Uhr gemeinsamer Mittagstisch,
12.30–13.30 Uhr Erholung,
13.30–15.00 Uhr körperliche Betätigung,
15.00–15.30 Uhr Vesperbrot,
15.30–17.00 Uhr Unterricht,
17.00–19.00 Uhr Kopfarbeit,

---

72 ebd. Diese Antwort gab die Leitung von Tinz einem Schüler namens Max Sturz am 18. 2. 1922 auf dessen Anfrage nach dem Bildungsziel der Heimvolkshochschule.

73 ebd. Nr. 1, Bd. 1: Teilnehmerliste des 1. Männerkurses von 1920 und Nr. 11, Bd. 10: Teilnehmerliste des 10. Männerkurses von 1927. Für die Teilnahme an einem 5monatigen Kursus wurden 1500,– DM veranschlagt, für einen dreimonatigen 900,– ebd. Nr. 20.

74 ebd. Nr. 20, Bd. 1: Einladungsschreiben an Bewerber, o. D.

75 ebd. Nr. 21: Haus- und Lernordnung 1920. Allein das Rauchverbot wurde im Laufe der Jahre gelockert, als man ein eigenes Raucherzimmer eröffnete.

19.00–19.30 Uhr Abendessen,
22.00 Uhr Schlafenszeit.

Die anmutende Strenge der in einer sozialistischen Lebensgemeinschaft zu absolvierenden drei- bis fünfmonatigen Männer- oder Frauenkurse – Koedukation war verpönt – wurde durch ein großes Kulturprogramm merklich ausgeglichen. Der hohen Abstraktion der Lehrinhalte setzte Tinz, hier in Zusammenarbeit mit der Stadt Gera, vielgestaltige Kulturereignisse von auffällig hohem Niveau gegenüber. Im Vordergrund standen sinfonische Konzerte, vorgetragen von der Reußischen Kapelle unter Professor Heinrich Laber. In der ersten Saison 1920/21 wurden acht Konzerte geboten mit jenem vornehmlich klassischen Repertoire, das in den vielen thüringischen Residenzstädtchen traditionell geboten wurde.[76] Es begann am 15. Oktober 1920 mit einem Barockkonzert (Dittersdorf, Händel, Bach und Haydn), es folgten Abende mit Sinfonien und Konzerten von Beethoven, Brahms, Schumann, Bruch, Liszt und Weber wurden gespielt, zwei Abende waren allein Richard Wagner bzw. Ludwig van Beethoven gewidmet. Die damalige Moderne kam mit Jean Sibelius, Richard Strauss und sogar Hans Pfitzner zu Gehör.

Gerade eine solche Programmplanung ließ das ehrgeizige Ziel der Heimvolkshochschule Tinz erkennen, Jugendlichen aus dem Proletarierstand, die, im Alter durchschnittlich 20–25 Jahre für wenige Wochen in Tinz, kaum je Bildungsgüter von dieser Qualität gehört haben dürften, aus ihrer Nische herauszuholen und an großen Kulturerlebnissen teilnehmen zu lassen. Neben den sinfonischen Konzerten gab es Opern im breiten Angebot: Rigoletto, Don Carlos, Zar und Zimmermann, den Troubadour und Barbier von Sevilla, Carmen, Freischütz, Die lustigen Weiber von Windsor, Madame Butterfly, auch das Nachtasyl, Operetten (Fledermaus, Im Weißen Rössl), Schauspiele (Die Weber, Kabale und Liebe, Wilhelm Tell), auch mitunter das Berchtesgadener Bauerntheater oder Zaubervorstellungen, dann aber wieder Vorträge über so große Themen wie Homer, den Untergang des Abendlandes, Beethoven und Dante-Rezitationen. Auch Liederabende oder Auftritte des Leipziger Thomanerchores sind festgehalten.[77] Mag auch die darstellende Qualität mitunter Mängel gehabt haben – unter den alten thüringischen Residenzstädtchen hatten allein Meiningen und Weimar einen klangvollen Kulturnamen behalten, aber auch sie würdigte kein Alfred Kerr einer Kritik[78] –, so ist doch die kulturpädagogische Absicht der Tinzer Heimvolkshochschule über jeden kritischen Einwand erhaben.

An einer anderen Stelle hatte man bald nach ihrer Gründung eine heikle Situation zu überstehen; das trug dann aber nicht unwesentlich zu einer Festigung ihres guten Rufes bei. Der Lehrer Karl August Wittfogel, ein junger Mann von 24 Jahren, schon zum 1. Januar 1920 in Tinz angestellt, Mitglied der KPD – alle anderen Lehrer gehörten anfänglich der USPD an –, hatte die Schule schnell in Verruf gebracht. Die Leitung bemängelte an ihm: „Seine Arbeitsgemeinschaften nach russischem Muster über die III. Internationale seien der Volkshochschule nachteilig und machten sie zu einer kommunistischen Parteischule." Das wollte man in Tinz nicht sein. Wittfogel mußte zum 29. Dezember 1920 gehen[79]; 21 seiner Schüler – ein Kurs bestand nur maximal aus 50 – wurde die Relegation für den Fall fortgesetzter

---

76 Das Tinzer Konzertprogramm begann in der ersten Saison am 15. 10. 1920 und endete am 30. 5. 1921, ebd. Nr. 20, Bd. 6. Es hat bis zum Schluß eine Theatergemeinde in Tinz bestanden, vgl. Brill vor dem Thür. Landtag 14. 10. 1932, Sitz.-Ber. V. Landtag, S. 2483.

77 Am 1. 6. 1921 rechnete die Redaktion der ‚Ostthüringer Tribüne' die Annonce für die 38. Theateraufführung für Tinz ab.

78 Vgl. Ulrich Heß, Geschichte Thüringens, S. 508 ff.

79 HStA Weimar Bestand Tinz, Nr. 21: Protokoll der Sitzung des geschäftsführenden Ausschusses vom 22. 12. 1920.

politischer Renitenz angedroht, bei 8 von ihnen dann tatsächlich knapp 5 Monate später ausgesprochen.[80] Für Tinz war der Vorgang offenbar ein Exempel, das es zu statuieren galt, um den aus der Gründungsgeschichte während der Revolution im Volksstaat Reuß ableitbaren Ruf einer marxistischen Parteischule abzuwehren.

In der Folgezeit legte man großen Wert darauf, den Charakter einer sozialistischen Schule zu betonen. Gelegenheit dazu bot sich besonders, als Ende 1922 das Land Thüringen zu erkennen gab, die Heimvolkshochschule Tinz, die seit ihrer Gründung als Stiftung geführt wurde, in staatliche Verwaltung zu übernehmen. In der entscheidenden Konferenz, bei der die Teilnahme Arthur Crispiens vom Berliner Vorstand der SPD das übergeordnete Interesse der Parteizentrale zu erkennen gab, war die Leitung der Heimvolkshochschule für die Weiterführung der Stiftung, weil man dadurch den Charakter von Tinz am ehesten erhalten zu können glaubte. „Die Schule solle man", so gab der Sprecher ihres geschäftsführenden Ausschusses, Staatsrat Hermann Drechsler, zu Protokoll, „dem Proletariat erhalten. Das ... werde aber gefährdet, wenn die Schule in staatliche Verwaltung komme. Man müsse mit der Möglichkeit rechnen, daß in Thüringen eine Koalitionsregierung zustande komme. Wenn der zuständige Minister dann bürgerlich sei, werde er in den Betrieb der Schule eingreifen. Die Schule sei keine Parteischule, aber eine sozialistische Schule."[81]

Der anwesende Finanzminister Hartmann hatte für das inhaltliche Anliegen Verständnis, argumentierte aber juristisch und fiskalisch unanfechtbar mit dem Dilemma seiner Landesregierung. Überall in Thüringen suchten nach der überstandenen Revolutionsphase die ehemals regierenden Herzogtümer ihren alten Grundbesitz auf dem Wege der Stiftungen vor dem Zugriff des Staates zu retten. So wolle z. B. der frühere Herzog von (Sachsen-Coburg-)Gotha allein 9300 ha Wald in eine Stiftung einbringen. Dem Land Thüringen ginge durch solche Rechtswege, wenn alle dazu befugten ehemaligen Großgrundbesitzer sie beschritten, „reichlich die Hälfte" des öffentlichen Waldbesitzes mit dem daraus zu ziehenden fiskalischen Nutzen verloren. Angesichts der Tatsache, daß allein für die Erhaltung der Weimarer Kulturstätten in 1923 100 Mill. Mark im Haushalt zu veranschlagen seien, könne das Land einen solchen Aderlaß nicht hinnehmen. Den Charakter von Tinz müsse ein entsprechendes Gesetz sichern, das auch bei wechselnden politischen Mehrheiten im Landtag Bestand behielte.

Besonders der Parteipolitiker Chrispien zeigte sich durch solche juristisch-fiskalischen Argumentationen wenig beeindruckt; er ließ vielmehr erkennen, daß die SPD in Tinz ein Prestigeprojekt sah, dem sie zunehmend auch internationale Ausstrahlungskraft zumessen zu können glaubte. „Er wisse keine andere Stätte", so gab er zu Protokoll, „wo für den Sozialismus etwas getan worden sei. Eine solche Stätte verdiene es, als etwas Eigenartiges betrachtet und respektiert zu werden. Tinz sei eine einzigartige Anstalt, die nur ihren Zweck erfüllen werde, wenn man sie in ihrer Selbständigkeit erhalten könne." Chrispien fügte hinzu: „Es bestünden auch Pläne, Schüleraustausch über die Grenzen Deutschlands hinaus vorzunehmen."[82]

Solche Argumente waren auch für den Leiter von Tinz, Gustav Hennig, in der Konferenz vom 29. Dezember 1922 wichtig. Er verteidigte Tinz „als sozialistische Weltanschauungs-

80 ebd. Protokolle der Sitzungen des geschäftsführenden Ausschusses vom 18. und 19. 5. 1921. Die Relegation erfolgte erst nach sorgfältiger Anhörung der Betroffenen.
81 ebd. Nr. 21: Protokoll der Sitzung des geschäftsführenden Ausschusses vom 29. 12. 1922. Der Vorgang hat exemplarische Bedeutung, die 1945 bei der Abwicklung der Vermögensfrage durch die thüringische Landesverwertungsgesellschaft unter Brills Leitung wieder aufzugreifen sein wird.
82 ebd. Protokoll 29. 12. 1922.

schule", die keineswegs mit der gleichzeitig gegründeten, aber von Tinz unabhängigen Volkshochschule Thüringen mit ihrem Zentrum in Jena in irgendeinen Zusammenhang gebracht werden wolle, was die Aufhebung des Stiftungscharakters nahelegen könne. „In der Verschmelzung mit der Volkshochschule Thüringen liege die Gefahr, daß das Bekenntnis zum Sozialismus aufgegeben werden müsse." Das wollten aber die vermehrt sich in Tinz zu Kursen anmeldenden Männer und Frauen aus der Arbeiterschaft nicht.

Auch wenn sich gleich im Januar 1923 Mitglieder des Parteivorstandes der SPD, besonders Arthur Chrispien und Otto Braun sowie von Thüringen aus Marie Juchacz, noch einmal in die Diskussion einschalteten, war die Verstaatlichung der Heimvolkshochschule Tinz nicht zu verhindern.[83] Durch Landesgesetz vom 29. März 1923 wurde Tinz zum 1. April des Jahres als Stiftung aufgehoben und vom Land Thüringen übernommen.[84] Die Schule unterstand jetzt dem Thüringischen Ministerium für Volksbildung, war aber mit der Volkshochschule Thüringen weder organisatorisch noch inhaltlich verbunden. Um dem Wechsel in der Rechtslage auf keinen Fall eine inhaltliche Diskussion folgen zu lassen, markierte die Heimvolkshochschule Tinz sofort in einem neuen Faltblatt ihre alten Ziele: „Sie steht auf dem Boden der sozialistischen Gesellschafts- und Lebensanschauung, ohne aber den Zwecken einer einzelnen Partei dienen zu wollen. Die Heimvolkshochschule Tinz ist keine Parteischule. Ebenso wenig darf sie als Fachschule angesehen werden. Nicht Ausbildung in einzelnen Berufsfächern ist ihr Ziel, sondern die Erweiterung des Blickfeldes von der Tagesarbeit im Berufs- und politischen Leben auf die großen Zusammenhänge des gesellschaftlichen Lebens ... Nur Wissensgebiete, die zur Vertiefung dieser Erkenntnisse führen, werden in Tinz behandelt, alle anderen, die nur allgemeinbildenden Charakter tragen, in bewußter Beschränkung ausgeschaltet."[85] Unter solchen Wissensgebieten verstand man jetzt wie vorher die Wirtschaftslehre, die Geschichte unter besonderer Berücksichtigung der Geschichte der Arbeiterbewegung in den wichtigsten Ländern und die Kulturlehre. Auf diese Fächer waren drei ständige Lehrer spezialisiert, Alfred Braunthal, Otto Jenssen und Oskar Greiner. Weitere Fächer wie Verfassungslehren, Verwaltungskunde, Arbeitsrecht, Gewerkschaftswesen, Erziehungs- und Schulfragen sowie Frauenprobleme sollten von Gastlehrern und Gastlehrerinnen behandelt werden. Gültig blieb, was man 1920 zur Hausordnung gesagt hatte: „Die Lebensgemeinschaft der Heimvolkshochschule soll gewiß kein Kloster im religiösen Sinne sein, aber ein gewisses Abgeschlossensein nach außen muß gegeben sein."[86]

Die bekannteste Tinzer Gastlehrerin wurde Anna Siemsen; sie referierte über Jahre hin, besonders in den Frauenkursen, über das Thema „Die Frau in der Gesellschaft". Eine

---

83 ebd. Nr. 21: Aktennotiz über die Teilnahme von Crispien, Braun und Juchacz an einer Konferenz über Tinz am 15. 1. 1923.

84 ebd. Nr. 22: Verwaltungsordnung für das Volkshochschulheim Tinz in Gera April 1923 und Gesetz über die Übernahme der Heimvolkshochschule Tinz durch das Land Thüringen vom 29. 3. 1923, Gesetzessammlung für Thüringen 1923, S. 199. Volksbildungsminister Greil sagte kurz darauf zu, in seinem Ministerium den Eigencharakter von Tinz gegenüber der Volkshochschule Thüringen auch durch Ausweisung eigener Haushaltsmittel wahren zu wollen. Vorgehalten worden war ihm, daß die Arbeiter nicht zur Volkshochschule Thüringen gingen: „Die Arbeiter gingen nur dahin, wo sie etwas für ihre Tätigkeit innerhalb ihrer Bewegung gewinnen könnten." Ebd. Nr. 30, Bd. 2: Protokoll einer Sitzung des Ministers Greil mit dem Verwaltungsrat Tinz 13. 7. 1923.

85 ebd. Nr. 22: Faltblatt „Heim-Volkshochschule Tinz" 1923. Zur besseren Kommunikation mit der Außenwelt wurde ab Oktober 1923 die broschierte Zeitschrift ‚Der Tinzer. Mitteilungsblatt der Tinzgemeinde' herausgegeben, ebd. Nr. 50, Bd. 1.

86 ebd. Nr. 22: Hausordnung 1920. In den „Richtlinien für die Schülerauswahl" von 1927 hieß es dementsprechend „um die Durchführung des Schulzieles zu gewährleisten, sind die Bewerber auf den Charakter der Volkshochschule als Internat und Lebensgemeinschaft hinzuweisen, der es erfordert, sich den Notwendigkeiten einer Lebensgemeinschaft einzuordnen", ebd. Nr. 50, Bd. 1.

erhaltene Kursdisposition läßt einen vornehmlich sozialpolitischen Zugang zum Thema erkennen[87]:

„1. Persönliche Erfahrungen. Mann und Frau in der heutigen Gesellschaft. Klassengegensätze unter den Frauen. Die geschichtliche Entwicklung.
2. Die biologischen Ursachen der Frauenlage: Verhältnis der Geschlechter, Mutterschaft.
3. Die soziologischen Auswirkungen: Wirtschaftliche Lage. Rechtslage. Politische Lage. Der Anteil der Frau in der Kultur.
4. Frau und Kapitalismus: Die Frau in der Ehe. Die alleinstehende Frau. Haushalt und Beruf.
5. Wege zum Sozialismus: Rechtliche Gleichstellung. Wirtschaftliche Sicherung, Erziehung. Die Sozialisierung der Mutterschaft. Bürgerliche und proletarische Frauenbewegung."

Ihr Bruder August Siemsen, Mitglied im Bezirksbildungsausschuß der SPD in Thüringen, leitete gelegentlich als Gastlehrer einen Kurs über das Thema „Schule und Erziehung in ihrer sozialen und politischen Bedeutung".[88]

Neben den Geschwistern Siemsen, die beide auch an der Universität Jena lehrten, traten Ernst Fränkel, auch einmal Otto Suhr und Karl Kautsky[89], besonders aber Hermann Brill als Gastlehrer auf. Brill wird als Parlamentarier, Ministerialbeamter, aber besonders als Sozialdemokrat von allem Anfang an über Tinz informiert gewesen sein. Das Innenleben konnte ihm früh seine Frau Hildegard schildern, die 1922 für drei Wochen an einem Frauenkurs in Tinz teilgenommen hatte. Das widersprach eigentlich der Regel, nach der Verheiratete in Tinz nicht willkommen waren, vielleicht war aber die Ausnahme gerade durch die Position ihres Mannes möglich geworden.[90]

Brill muß sich nächst seinem politischen Ruf, der ihm in Thüringen anhaftete, durch sein juristisches Studium in Jena für eine Funktion als Gastlehrer in Tinz in den Augen des dortigen Verwaltungsrates qualifiziert haben. Er referierte zum erstenmal im 10. Männerkursus (15. Januar – 15. Juni 1927) über das Thema „Öffentliches Recht". Das erhaltene Kurskonzept läßt den trockenen Zugriff des Juristen erkennen, der seine Schwerpunkte im Staats- und Verwaltungsrecht so setzte[91]:

Öffentliches Recht
A. Staatsrecht
1. Allgemeine Staatslehre.
   Name und Begriff des Staates.
   Entwicklung der Staatsanschauungen.
   Die Marx-Engels'sche Staatslehre.
   Die bolschewistische Staatslehre.
   Wandlungen der sozialistischen Staatsanschauungen.

87 Anna Siemsen, Die Frau in der Gesellschaft, Lehrplan für den 5. Frauenkursus (15. 1. – 15. 6. 1926), ebd. Nr. 47, Bd. 1. Zum festen Bestand der Bibliothek in Tinz gehörte Anna Siemsens Buch „Literarische Streiflichter".

88 ebd. Nr. 47, Bd. 2: Dr. August Siemsen, Schule und Erziehung in ihrer sozialen und politischen Bedeutung, gehalten vor dem 15. Männerkursus 15. 4. – 31. 8. 1931. Das umfangreiche Manuskript läßt seine Ideen erkennen.

89 Otto Suhr und Karl Kautsky waren im 8. Männerkursus (1. 8. bis Weihnachten 1925) Gastlehrer in Tinz, ebd. Nr. 47, Bd. 1, Ernst Fränkel häufiger. Von Kautsky wurden mehrere Bücher in der Tinzer Schulbibliothek vorgehalten, so „Die Klassengegensätze im Zeitalter der großen französischen Revolution", „‚Karl Marx' ökonomische Lehren" und „Die proletarische Revolution und ihr Programm", Liste der für den Unterricht wichtigsten Bücher, ebd. Nr. 73.

90 ebd. 28: Korrespondenz Hildegard Brills mit Tinz 31. 5. 1924. In den „Richtlinien für die Schülerauswahl" hieß es u. a.: „Um die Durchführung der Kurse zu erleichtern, ist es wünschenswert, die Delegation von verheirateten Bewerbern mit Familie möglichst einzuschränken. Das gilt besonders auch für Frauen", ebd. Nr. 50, Bd. 1. Hildegard Brill hatte 1922 eine einjährige Tochter.

91 ebd. Nr. 47, Bd. 1: Hermann Brill, Öffentliches Recht, Kurskonzept für den 10. Männerkursus 15. 1. – 15. 6. 1927.

2. Allgemeine Staatsrechtslehre.
   Der Staat als Rechtsform.
   Öffentliches und Privatrecht.
   Staatsgebiet und Staatsvolk.
   Staatsform.
   Staatsverbindungen.
   Staatsgewalt.
   Staatsverfassung.
   Staatsorgane.
3. Deutsches Reichs- und Landesstaatsrecht.
   a) Das Reichsstaatsgesetz nach der Weimarer Verfassung. Vorgeschichte, Vorbilder u. Entwürfe zur Weim. RV.
      Die Rechtsnatur des Reichs.
      Das parlamentarische System.
      Der Reichspräsident.
      Die Reichsgesetzgebung.
      Die Reichsverwaltung.
      Die Rechtspflege einschl. Organisation der Gerichte.
      Die „Grundrechte und Grundpflichten der Deutschen".
      aa) Allgemeine Bedeutung.
      bb) Ansätze zu neuen Rechtsentwicklungen.
   b) Das Landesstaatsrecht.
      Allgemeines Landesstaatsrecht.
      Preußisches Landesstaatsrecht.
   c) Probleme des Reichs- und Landesstaatsrechts.
      Neugliederung des Reiches.
      Föderalismus und Unitarismus.

B. Verwaltungsrecht

1. Grundbegriffe des Verwaltungsrechts.
2. Verwaltungsstellen und Verwaltungsgerichte.
3. Organisation der Reichsverwaltung.
   Auswärtige Verwaltung.
   Militärverwaltung.
   Allgemeine innere Verwaltung.
   Justizverwaltung.
   Finanzverwaltung.
   Verkehrsverwaltung.
      Spezielle Reparationsverwaltung.
4. Organisation der Staatsverwaltung
   Staats- und Selbstverwaltung
   Organisation u. Zuständigkeit d. Behörden d. preuß. inneren Verwaltung.
   Die preußische Verwaltungsgerichtsbarkeit.
   Spezielle Verwaltungszweige:
   Polizeiverwaltung Schulverwaltung Wohlfahrtsverwaltung
5. Wahl- und Berufsbeamtentum.
6. Probleme der Verwaltungsreform.

C. Völkerrecht
Die Satzung des Genfer Völkerbundes.

D. Kirchenrecht
Die Rechtsreformen des Verhältnisses von Staat und Kirche.

Seine Schüler, die nach den Tinzer Richtlinien „gute geistige Veranlagung und körperliche Gesundheit" mitzubringen hatten, die „geistig beweglich und durch Lektüre oder Kurse vorgebildet" sein sollten, die ihren Bewerbungsunterlagen auch einen Aufsatz zum Thema „Wie kam ich zu meinem Beruf und welche Erfahrungen habe ich im Arbeitsleben gemacht" beifügen mußten[92], scheinen nach ihrem eigenen Urteil Brill geschätzt zu haben. Einige schrieben in einer nachträglichen Kritik, die sie als Mitglieder des ADGB diesem zuzuleiten hatten: „Genosse Brill verstand es in äußerst geschickter Weise, uns das schwierige, nüchterne Gebiet des Staats- und Verwaltungswesens leicht verständlich zu machen ... Obwohl diesem Gastlehrer die meiste Zeit eingeräumt war, wurde sie allgemein als viel zu kurz empfunden."[93] Ein anderer schrieb: „Genosse Brill, Fränkel und Kanitz sind wertvollste Kräfte, die der Schule erhalten bleiben müssen." Der Kritiker fügte aber auch, hier ganz Schüler, allerdings im Einklang mit der Tinzer Schulordnung, hinzu: „Den Genossen Brill mache ich darauf aufmerksam, daß die Zensierung nicht in unserer pädagogischen Linie liegt, sie hat auch viel böses Blut gemacht." Versöhnlich fügte dieser Schüler aus Dresden aber dann hinzu: „Durch Tinz ist uns klar geworden, daß die Arbeiterbewegung eine theoretische Orientierung braucht, um nie das Ziel aus den Augen zu verlieren, diese Orientierung finden wir im Marxismus."[94]

Das war genau das Bildungsziel, das Brill aus dem Weltkrieg 1914/18 mitgebracht und von allem Anfang an in der Ministerialbürokratie Gothas und Weimars, jetzt aber als pädagogischer Praktiker bei der ihm wichtigen Klientel, der Arbeiterjugend, verfolgen konnte. Ob seine Kurse den Bildungsstand der zwar ausgewählten, dennoch aber nur durch die Volksschule und eventuelle Kurse andernorts vorinformierten Schüler aufgrund des bei ihm immer hohen Abstraktionsgrades nicht überforderte, muß unbeantwortet bleiben. Wichtig war schon der sozialpädagogische Erfolg der Heimvolkshochschule Tinz, von dem ein Mecklenburger Teilnehmer desselben 10. Männerkurses rückblickend sagte: „Tinz hat es erst ermöglicht, mir von der gesellschaftlichen Struktur eines Landes, unseres Landes überhaupt eine Vorstellung zu machen. Damit ist mir das Auge für die verschiedenen Eigenarten unserer Bewegung, besonders auf dem flachen Lande und in den Kleinstädten geöffnet worden." Hier sprach einer jener in seinen bisherigen Bildungschancen Unterprivilegierten, für den Tinz eine Offenbarung bedeutete, der auch der dort praktizierten sozialistischen Lebensgemeinschaft etwas abgewinnen konnte: „Das Minderwertigkeitsgefühl", so schloß der Mecklenburger, „das uns Arbeitern überall anhaftet, ist in Tinz stark zurückgegangen. In der Erkenntnis der Zusammenhänge, vor allem der Gesellschaft, liegt die geistige Befreiung."[95]

---

92 ebd. Nr. 50, Bd. 1: Richtlinien für die Schülerauswahl 1927; zum Bewerbungsaufsatz s. die Festschrift „Heimvolkshochschule Tinz", S. 15.

93 ebd. Nr. 81: Wilhelm Walter u. a. (insgesamt 13 Kursteilnehmer an den ADGB Mitte Juni 1927). Nach der Aktenlage scheint es so zu sein, daß der 10. Männerkurs, mithin der erste für Brill, auch der erste war, der derartige didaktisch-methodische Rückkoppelungen erbrachte.

94 ebd. Schüler aus Dresden (handschriftl. Name unleserlich) an Tinz 27. 7. 1927. Das 1923 neu hrsg. Faltblatt „Heimvolkshochschule Tinz" hat ausdrücklich „die Notwendigkeit von Prüfungen und Zeugnissen" zurückgewiesen, ebd. Nr. 22.

95 ebd. Nr. 81: Hans Grünberg, Mecklenburg, an Heimvolkshochschule Tinz im Juli 1927. Mit solchen Urteilen stimmte nicht jene Einschätzung überein, die der ehemalige Direktor des Gothaer Herzog-Ernst-Seminars, Witzmann, über Tinz abgab: „Die ganze Einrichtung ging in jenen Jahren (sc. 1924ff.) stark zurück, nicht zum wenigsten auch infolge der

So urteilte nicht jeder, der in Tinz gewesen war[96], aber doch die Mehrzahl. Teilnehmer des 15. Männerkurses z. B., der im August 1931 endete, schrieben sich zwar in einem humorvollen Resümee nach Art einer Abiturzeitung die Erleichterung von der Seele, der offenbar weiterhin strengen Tinzer Lebensgemeinschaft wieder entkommen zu sein, anerkannten im Vorspann („Im Ernst der Zeit") aber: „Wenn wir nun bei unserm Weggehen von hier auch keine Professoren sind, so haben wir uns doch aber in gemeinschaftlicher Arbeit ein solches Maß von Wissen erarbeitet, das uns befähigen wird, unseren Mann in der Arbeiterbewegung zu stehen." Etwas überwältigt setzten die Verfasser dieses Bekenntnisses hinzu: „Tinz läßt sich nicht bis ins Einzelne schildern, Tinz muß man erleben!"[97]

Das meinte wohl auch Hermann Brill, der auch von diesem Kurs lobend erwähnt wurde.[98] Sein Kursmanuskript zum Thema „Allgemeine Staatslehre", von ihm im Dezember 1929 erarbeitet, ist ein Unikat bei diesem Mann, der es offenbar von allem Anfang an – auch bei Parlamentsdebatten – gewohnt war, frei zu sprechen, nur gestützt auf Thesen oder Überschriften.[99] Die Lektüre vermag Zweifel nicht ganz zurückzudrängen, ob Brill mit einem so enzyklopädisch-historischen Zugriff auf das Thema den Bildungshorizont seiner Tinzer Schüler getroffen oder nicht doch überfordert hat. Der klare didaktisch-methodische Aufbau seines Kurses über die „Allgemeine Staatslehre", dargeboten mit dem Tinzer Schwerpunkt auf die sozialistische Sicht, ist indessen nicht zu verkennen. Brill muß sich von seiner Passion als Lehrer, dessen pädagogisches Ziel es war, „daß die Masse denkt und will", geleitet gesehen haben in der gesamten Zeit seiner Tinzer Kurse vom 25. April 1927 bis zum 23. Oktober 1932.[100] Die magere finanzielle Vergütung, die er, der ausdrücklich als „Spezialist" angeforderte Gastlehrer, bekam, zunächst 3,25 Mark für die Stunde, ab 1929 5,– Mark[101], wird kein Anreiz gewesen sein. Es war vielmehr sein in die Arbeiterbildung investierter Idealismus, den die in Tinz gepflegte sozialistische Lebensgemeinschaft zusätzlich motivierte. Das hat ihn, der während seiner zweiwöchigen Kurse wie alle Gastlehrer im Schloß mit den Schülern zusammen wohnte, ja auch beim Rückblick immer wieder bestimmt.

Ob die Heimvolkshochschule, damals noch eine singuläre Erscheinung im deutschen Bildungswesen, nicht doch den Verständnishorizont ihrer Schüler und Schülerinnen deutlich übertraf, muß zumindest als nachdenklich stimmende Frage abschließend erörtert werden. Es liegt durch einen glücklich zu nennenden Zufall eine unabhängige Kontrollebene vor. Der

---

Teilnahmelosigkeit derjenigen Kreise des Volkes, nämlich der Arbeiter, für die sie vor allem ins Leben gerufen worden war", Witzmann, Thüringen, S. 129.

96 „Es ist eine alte Erfahrung, daß die am meisten von Gemeinschaftsgeist reden, die am wenigsten haben. So war es in Tinz", Schüler Lerch an Heimvolkshochschule Tinz 17. 7. 1927, HStA Weimar Bestand Tinz Nr. 81.

97 ebd. Nr. 47, Bd. 2: „Ihr Hunne. Meine Herren! Wir vom 15. Männerkursus", August 1931. Die Anrede „Ihr Hunne" soll offenbar den Ausspruch eines Lehrers aufgreifen. Die der „Bierzeitung" beigegebene „Musterschulordnung der Volkshochschule Schloß Tinz" läßt die wachsende Antipathie der Schüler gegenüber der strengen Tinzer Hausordnung erkennen. § 2 sagt etwa: „Allen Ansprüchen und Wünschen der Schüler muß in vollem Umfange Rechnung getragen werden."

98 „Auch Siemsen, Schlimme, Fränkel, Brill, sie konnten uns was sagen . . . Von Arbeits- und Gewerkschaftsrecht, von Staatsrecht und Erziehungsfragen", ebd.

99 ebd. Nr. 47, Bd. 2: Hermann Brill, Allgemeine Staatslehre. Bei dem Manuskript handelt es sich offenbar um die Ausarbeitung eines erstmals im Herbst 1929 in Tinz so ausführlich vorgetragenen Kursthemas.

100 Es handelt sich hierbei um die erste und letzte Eintragung Brills in Tinzer Stundenpläne, ebd. Nr. 65, Bd. 1 und Bd. 2.

101 ebd. Nr. 61: Gastlehrer-Vergütung. Es liegen Abrechnungen für Brill vor, nach denen er z. B. für einen Kurseinsatz von 48 Stunden im März 1930 240 RM erhielt. Dieser Berechnung lag schon eine Vergütungserhöhung zugrunde. Die Schulleitung hatte in ihrer Begründung am 14. 9. 1929 dem Thüringischen Volksbildungsministerium geschrieben: „Es handelt sich bei unseren Gastlehrern um Spezialisten für bestimmte Gebiete, für die es in Thüringen kaum entsprechende Lehrkräfte gibt. Wo sie vorhanden sind, haben wir sie herangezogen, z. B. den Landtagsabgeordneten Brill für Staatsrecht." Vergleiche mit der in Frankfurt/Main ansässigen Akademie der Arbeit ergaben, daß dort Stundenhonorare bis zu 40 RM gezahlt wurden, ebd.

Ortsausschuß der deutschen Jugendverbände in der Stadt Gera, zu der Tinz gehörte, hatte kurz vor Ostern 1928 eine statistische Erhebung über „die wirtschaftliche und soziale Lage der berufstätigen Jugend" erstellt.[102] Befragt worden waren über 1750 Jungen und etwa 1000 Mädchen der Geraer Gewerblichen Berufsschulen. Die Initiatoren interessierten sich für „das geistige, seelische und kulturliche Leben" dieser Jugendlichen, um aus ihren Antworten auf vorgegebene Fragen „wesentliches Material für die psychologische und pädagogische Beurteilung der berufstätigen Jugend der interessierten Öffentlichkeit zugänglich machen" zu können.

Die vorliegenden Antworten bleiben weit unter jenem Erwartungshorizont, den Tinz an seine Kursteilnehmer, ebenfalls Volks- und Berufsschüler, wenngleich im Schnitt schon 5 Jahre älter, stellte. Im beruflichen Herkommen lagen keine Unterschiede vor, wenn auch der Anteil der ungelernten Jugendlichen in der Geraer Erhebung mit 15 % (Arbeitsburschen) bzw. 23 % (Haustöchter) deutlich höher lag. Auffällig wenige waren politisch, gewerkschaftlich oder anderweitig organisiert: 243 Jungen (= 14 %, davon 71 in der SAJ, 17 in der Kommunistischen Jugend, 4 in der Hitlerjugend) und 122 Mädchen (= 12 %, 33 in der SAJ, 2 in der Kommunistischen Jugend, keine in der Hitlerjugend, aber 22 im Evangelischen Jungmädchenbund).

Wichtig für eine Berücksichtigung dieser statistischen Erhebung bei der Beurteilung der Heimvolkshochschule Tinz sind Fragen und Antworten zum geistigen Horizont und Interesse der Jugendlichen. Hier dominierten in den Antworten auf die Frage nach den „liebsten Vereinsveranstaltungen" bei den Jungen eindeutig die Sportfeste oder Tanzvergnügen (823), Theater, Konzerte und literarische Abende rangierten mit 29, 17 bzw. 11 Nennungen ganz abgeschlagen. Bei den Mädchen erfuhren diese immerhin 122, 26 bzw. 6 Nennungen, wobei aber die Sport- (196) und Tanzabende (171) ebenfalls deutlich im Vordergrund standen. Spezifizierungen dieser Frage nach dem geistigen Habitus der Jugendlichen ließen dann erkennen, daß viele wohl zu Hause eine Zeitung lasen, doch in ihrem Interesse entweder von den Sportnachrichten (435) sowie allgemeinen Geschehnissen (439) bei den Jungen, weniger von der Politik (171), oder bei den Mädchen von den Fortsetzungsromanen (254) bzw. den allgemeinen Geschehnissen (213) und kaum von der Politik (37) geleitet wurden. Dieses Bild setzte sich fort bei Fragen nach gelesenen Zeitschriften (Verbandsblättern bei Jungen, Modezeitungen bzw. Illustrierten Blättern bei Mädchen) oder Büchern. Fallen schon die Antworten nach den „schönsten Büchern" in der Zahl sehr dürftig aus (wenig über 200 bei Jungen und Mädchen gaben eine positive Nennung), so sind sie in der inhaltlichen Fixierung erst recht erhellend: die Jungen lasen „Robinson Crusoe" (Spitzenplatz mit 42 Nennungen), „Wilhelm Tell" oder „Ben Hur" (8 gaben Storms „Schimmelreiter" an, 6 Goethes „Hermann und Dorothea", 1 den „Faust", 3 Hitlers „Mein Kampf"), die Mädchen schneiden etwas anders ab: sie lasen „Wilhelm Tell" (Spitzenplatz mit 37 Nennungen), „Hermann und Dorothea" (27), „Faust" (11), aber dann auch „Nesthäkchen" oder „Ben Hur"; ihre Liste ist allerdings sehr viel reicher an unterschiedlichen Nennungen. Bei beiden Geschlechtern fehlte natürlich Hedwig Courths-Mahler nicht. Dieser Bildungseindruck war beim Medium Film ähnlich; die Jungen bevorzugten Filme mit dem Sensationsdarsteller der 20er Jahre, Harry Piel, die Mädchen mit dem Frauenheld der Stummfilmzeit, Harry Liedke. Pat und Pattachon

---

102 ebd. Nr. 101 b: Die wirtschaftliche und soziale Lage der berufstätigen Jugend, April 1928. Die Untersuchung, vorgenommen vom Ortsausschuß Gera der deutschen Jugendverbände, betont in ihrer Einleitung, „brauchbares statistisches Material über das geistige und wirtschaftliche Leben der berufstätigen Jugend geliefert" zu haben. Die Statistik bleibt in Einzelfragen unvollständig, da nicht alle Schüler/innen alle gestellten Fragen beantworteten. Das Material ist auf 26 Seiten ausgebreitet und von den Organisationen unkommentiert gelassen.

sahen beide gern. Bildungsveranstaltungen wurden hingegen kaum besucht, Konzertangebote des Städtischen Jugendamtes Gera wenig angenommen.[103]

Die Heimvolkshochschule Tinz hat sich offenbar durch eine solche statistische Erhebung zum Kulturverhalten jugendlicher Arbeiter und Arbeiterinnen nicht beirren lassen, auch wenn gerade Hermann Brill zum 10. Jahrestag der Heimvolkshochschule ihr in die Festschrift den kritischen Satz schrieb: „Für die Zukunft wäre aber dringend wünschenswert, daß allen, die nach Tinz gehen wollen, nahegelegt wird, ihre allgemeinen geschichtlichen Kenntnisse zu erweitern."[104] Änderungen im Schulprogramm sind jedoch nicht erkennbar. Die Bücherei, die man in Tinz führte, und die Lektüre, die einzelne Lehrer, besonders auch Brill, ihren Kursteilnehmern empfahlen, hatten keinerlei Beziehungen zu der Geraer Erhebung, obwohl doch die Tinzer Bibliothek eine öffentliche, mithin für die Geraer Bevölkerung zugängliche war.[105] Die hauptamtlichen Lehrer, auch dies ein Indikator für den unveränderten Charakter des Schulungsbetriebs in Tinz, wechselten bis zum Ende wenig, stärkere, aber nicht stetige Wechsel waren nur unter den Gastlehrern zu beobachten.[106] Als Tinz sich spätestens im Herbst 1929 „Großthüringische Zentralstelle für Arbeiterbildung" nannte, hatte man sogar sein Kursangebot über Tinz hinaus erweitert. Ferienkurse wurden an anderen Orten unter Leitung Tinzer Lehrer durchgeführt, z. B. über das „Heidelberger Programm" der SPD oder die „Allgemeine Staatslehre" oder den „Faschismus und Bolschewismus". Dazu wurden aus Tinz Unterrichtsmaterialien in Form von inhaltlich gerafften Themenzusammenfassungen und Literaturlisten mitgebracht. Erhalten sind besonders einige von Hermann Brill.[107]

Das Ende der Heimvolkshochschule Tinz deutete sich schon mit der seit dem 23. Januar 1930 amtierenden Thüringischen Landesregierung Baum-Frick an, als der Innen- und Volksbildungsminister Wilhelm Frick der Schule die Zuschüsse, die das Land seit der Verstaatlichung zum 1. April 1923 Tinz zahlte, entzog.[108] Durch eine Klage vor dem Staatsgerichtshof, bei der Brill die Interessen von Tinz vertrat, und den erzwungenen Rücktritt des Ministers Frick konnte das drohende Unheil damals noch einmal abgewendet werden. Doch mit der Übertragung der Reichskanzlerschaft auf Hitler und unter Handhabung der „Verordnung zum Schutz von Volk und Staat" vom 28. Februar 1933 gingen die Geschehnisse auch in Tinz ihren Lauf. Am Morgen des 17. März 1933 nahm ein Überfallkommando der Stadt Gera unter Leitung eines Kriminalsekretärs Maurer eine Hausdurchsuchung vor. Dabei wurden auf dem Boden des Schlosses Tinz „eine Anzahl kommunistischer Zeitungen (‚Der Rote Kämpfer')" von 1932, bei einem Schüler ein Reichsbannermitgliedsbuch und bei einem anderen eine ältere Nummer der Zeitschrift ‚Das freie Wort' gefunden und beschlagnahmt.[109]

Diese Materialien, welche die Schulleitung ihren Schülern schon zuvor verboten hatte, gaben dem Thüringischen Innenminister Kehrl Anlaß, am 18. März die Schließung von Tinz anzuordnen. Am folgenden Sonntag, den 19. März, rückte die Geraer Polizei an und erwirkte die sofortige Räumung des Schlosses und damit das Ende der Heimvolkshochschule Tinz. Das geschah vormittags um 11.00 Uhr, die Schüler mußten sofort die Schule und sogar die Stadt

---

103 Eine umfangreiche Analyse dieser Statistik, die damals als einziges Vorbild eine ähnliche, anläßlich der Ausstellung „Das junge Deutschland" erstellt hatte, ist geplant.

104 Die Heimvolkshochschule Tinz, Festschrift S. 54.

105 Es wurden zumindest in der 2. Hälfte der 20er Jahre regelmäßig Listen „der für den Unterricht in der Heimvolkshochschule Tinz wichtigsten Bücher" erstellt, vgl. etwa HStA Weimar, Bestand Tinz Nr. 73 und Nr. 47, Bd. 2.

106 Die Heimvolkshochschule Tinz, Festschrift S. 13.

107 BA R 58/508: Unterrichtsmaterialien Brills für Ferienkurse in Frauenwald 1929 und 1931.

108 Die Heimvolkshochschule Tinz, Festschrift S. 8.

109 HStA Weimar Bestand Tinz Nr. 100: Bericht des Schulleiters Winkler über die Hausdurchsuchung vom 17. 3. 1933.

Gera unter Zurücklassung aller Unterrichtsmaterialien verlassen.[110] Gegen 16.00 Uhr rückte eine „Abteilung SA mit den Sturmfahnen unter Vorantritt von SA-Spielmannszug und SS-Kapelle“ an. Der ‚Geraer Beobachter‘, das offizielle Presseorgan der NSDAP, berichtete darüber zwei Tage später unter der Überschrift „Eine Brutstätte des Marxismus beseitigt“ im Stil der neuen Zeit: „Unter den Klängen des Horst-Wessel-Liedes wurde die Hakenkreuzfahne auf dem Tinzer Schloß gehißt. Darauf hielt Ortsgruppenleiter Pg. Dr. Luft an die Formation ... eine kernige Ansprache.“ Das Blatt beschrieb auch das rhetorische Kerngehäuse, das dieser Parteigenosse seinen Mannen vorhielt: „Es sei kein Akt der Willkür, wenn diese marxistische Bonzenschule aufgelöst werde, sondern ein in der nationalen Erhebung des deutschen Volkes unbedingt erforderlicher Vorgang.“ Die Zukunft stand dem strammen Dr. Luft vor Augen, der da meinte, jetzt „würden in diesen Räumen nicht mehr der Internationalismus und die Irrlehren des Juden Marx gepredigt, sondern deutsche Menschen mit heißer Liebe zu ihrem Volk und Vaterland erfüllt und im Geist des Nationalsozialismus erzogen werden“. Der „Seuchenherd undeutschen Geistes“ sei ausgebrannt. Die angerückten SA- und SS-Männer mögen diesem Zitatenschatz aus dem parteiamtlichen Wörterbuch zustimmend zugehört haben; anschließend standen sie jedoch unschlüssig und ideenlos im Schloßpark herum, bis sie die erste Strophe des Deutschlandliedes singen und danach wieder abrücken durften.

Die Pedanterie, mit der die Bücher, das umfangreiche Zeitschriften- und Zeitungsinventar, das Mobiliar und die reichlichen Vorräte der Küche verzeichnet, danach teils vernichtet, teils NS-Stellen zur Verfügung gestellt wurden[111], stand in keinem Verhältnis zu der am 19. März lauthals angekündigten neuen Nutzung. Zunächst dachte man an die Unterbringung eines Arbeitslagers für den Freiwilligen Arbeitsdienst, dann an die Übernahme der Gebäude durch eine Bau- und Handwerkerschule.[112] Nichts davon wurde realisiert. Schloß Tinz blieb über acht Jahre leer stehen. Erst im Frühjahr 1941 wurde im Thüringer Volksbildungsministerium der Entschluß gefaßt, hier eine Staatliche Lehrerinnenbildungsanstalt (LBA) einzurichten. Zum vorgesehenen 1. Juni 1941 konnten die „ausgewählten Jungmaiden“ jedoch noch nicht in Tinz einziehen, da erst Haushaltsmittel für eine umfangreiche Renovierung der dem Verfall preisgegebenen Gebäude bereitgestellt und verbraucht werden mußten. Am 24. Dezember 1943 konnte dann der neu ernannte Direktor Fischer seinem Minister melden, der Unterricht habe begonnen. Er stünde „grundsätzlich unter der Aufgabe der politischen Willensbildung“.[113] Das war nun nicht die sozialistische Tinzer Lebensgemeinschaft, sondern die nationalsozialistische. Dazu gehörte es, daß die „Arbeitsmaiden“ musikalische Feierstunden „für das Führerkorps der NSDAP des Kreises Gera“ veranstalteten, dem Thüringischen Ministerpräsidenten Marschler Volkstänze vorführten, oder „einen Stoßtrupp von der Ostfront, bestehend aus einem Oberleutnant und fünf Mann“, durch unterhaltsames Spiel „von dem frischen und frohen Geist der Anstalt“ überzeugten.[114]

---

110 ebd. Protokoll betr. die Auflösung der Heimvolkshochschule Tinz durch die Polizei, Sonntag, den 19. 3. 1933, Otto Jenssen.

111 ebd. Der Bestand an Büchern, Zeitschriften und besonders Zeitungen war auffällig groß; viele regionale und überregionale Zeitungen sowie Fachzeitschriften waren darunter, s. Bestandsverzeichnis 13. 4. 1933. Auch der Umfang der Küchenvorräte war beachtlich, sie wurden unentgeltlich der Küchenverwaltung der Schutzpolizei Gera übereignet.

112 ebd. Aktennotiz vom 13. 6. 1933.

113 HStA Weimar Thür. Volksbildungsministerium B 331: Direktor der Thüringischen Lehrerinnenbildungsanstalt Gera-Tinz an Thür. Min. für Volksbildung 24. 12. 1943.

114 HStA Weimar Thür. Min. für Volksbildung B 331: Fischer, Direktor der LBA Tinz, an Minister für Volksbildung 13. 7. 1944. Nach 1945 wurde im Schloß Tinz für die Kreise Gera und Greiz eine Kreisparteischule der SED mit 80 Plätzen eingerichtet, danach eine Sonderschule der Bezirksleitung der SED; 1965 zog die NVA in das Gebäude ein, seit dem 3. 10. 1990 untersteht es der Verwaltung durch die Bundeswehr; freundlicher Hinweis durch Annette Dunkel/Gera.

Hermann Brill hat einer solchen nationalsozialistischen Lebensgemeinschaft zu widerstehen versucht. Der Widerstandswille hat ihn seit den Anfängen seines politischen Lebens geprägt. Einen spektakulären Höhepunkt setzte er im Frühjahr 1932 als Vorsitzender jenes parlamentarischen Untersuchungsausschusses, der die Ernennung Adolf Hitlers zum Gendameriekommissar von Hildburghausen und damit zum deutschen Staatsbürger zum Gegenstand hatte.

3 Verfechter des Rechtsstaats: „In dieser Schlacht habe ich den persönlichen Entschluß gefaßt, gegen Hitler zu kämpfen."

3.1 Der unaufhaltsame Aufstieg: Der Weg der NSDAP in den Thüringischen Landtag

Die Schließung der Heimvolkshochschule Tinz hatte Brill einer Bildungsstätte beraubt, die er für seine eigene politisch-didaktische Wirkung als sehr wichtig und für eine akademisch-theoretische Ausbildung der Arbeiterjugend als unverzichtbar angesehen hatte. Als sie im Vollzug der nationalsozialistischen Wende in der deutschen Politik und durch die Bannerträger dieser neuen Zeit am 19. März 1933 vorgenommen wurde, geschah dies fast auf den Tag genau ein Jahr nach jenem 14. März 1932, an dem Hermann Brill als Vorsitzender eines parlamentarischen Untersuchungsausschusses des Thüringischen Landtags die Hintergründe bei der Ernennung Adolf Hitlers zum Gendarmeriekommissar von Hildburghausen durch den damaligen Thüringischen Innenminister Frick zu durchleuchten suchte und dabei den Führer der NSDAP im Kreuzverhör vor den Augen der Öffentlichkeit zur Sache vernahm. Die Reaktion eines damals anwesenden Pressevertreters (‚Berliner Tageblatt'): „Das ist Hitler? Du lieber Gott, wie kläglich"[115], anerkannte die souveräne Verhandlungsführung durch den Vorsitzenden Brill. Der hatte, zu diesem Zeitpunkt ausgestattet mit der forensischen Erfahrung aus 12 Parlamentsjahren und einer aus 5 Amtsjahren zugewachsenen richterlichen Souveränität, Hitler vor der seiner Zeugenbefragung beiwohnenden gesamten Parteiprominenz in seiner ganzen Unbeholfenheit, ja Harmlosigkeit bloßgestellt. Doch der Kommentar des Pressevertreters übersah jene dämonischen Züge, die Brill im Laufe der Vernehmung, 1/2 Stunde und 1,5 m vor dem stehenden Hitler sitzend, wohl wahrgenommen hatte. Sie veranlaßten ihn, sich für den Widerstand gegen Hitler und dessen politisches Programm wie System zu wappnen: „Für mich war der 14. März 1932 einer der entscheidensten Tage meines Lebens. Ich hatte Hitler gehört und gesehen, länger als 30 Minuten hatte er mir gegenüber gestanden und auf meine Fragen antworten müssen. Ich besaß ein aus eigener Anschauung geschöpftes, wohlbegründetes Urteil über ihn. Er erschien mir damals als ein hysterischer Brutalist, ungebildet, zynisch, durch und durch unwahrhaftig, arrogant, unbeherrscht, bereit, jeden anderen physisch oder moralisch niederzuschlagen."[116]

Brill ist durch Hitler und den Nationalsozialismus nicht moralisch niedergeschlagen, wohl aber aus seiner politischen Karriere gerissen, als Widerstandskämpfer zu 12 Jahren Zuchthaus verurteilt, zunächst in Brandenburg-Görden, dann im Konzentrationslager Buchenwald,

---

115 Zit. in: Brill, Gegen den Strom, Offenbach 1946, S. 14.
116 ebd. S. 14.

gerade oberhalb seiner politischen Wirkungsstätte, inhaftiert und dabei physisch schwer getroffen worden. Seinen Entschluß vom 14. März 1932 faßte er nicht spontan, sondern als Ergebnis eines längeren, immer offen und entschieden mit parlamentarischen und rechtsstaatlichen Mitteln geführten Widerspruchs gegen den Herrschaftsanspruch des Rechtsextremismus in Thüringen. Wie er in der ersten Hälfte der 20er Jahre die Republik von Weimar gegen die revolutionären Putschabsichten Walter Ulbrichts und des Kommunismus verteidigte, so verstärkt in der zweiten Hälfte dieses Jahrzehnts gegen die antiparlamentarischen Bestrebungen aller unter dem ihnen von ihren Gegnern beigelegten Begriff des Faschismus subsummierten Rechtsextremen, von denen Adolf Hitler und der Nationalsozialismus die erfolgreichsten wurden.

Der Rechtsextremismus war von allem Anfang an im Land Thüringen eine zu beachtende politische Kraft. Er war zunächst, stärker als z. B. in Bayern, sehr zersplittert – das Gesetz zum Schutz der Republik vom 21. Juli 1922 traf allein in Thüringen 7 verschiedene rechtsradikale Gruppierungen[117] – und deswegen parlamentarisch ohne Bedeutung. Erst bei den Wahlen zum 3. Thüringischen Landtag am 10. Februar 1924 erreichte er als „Vereinigte Völkische Liste" bei 81 412 Stimmen 7 Mandate.[118] Arthur Dinter, Verfasser antisemitischer Romane und beim Jungdeutschen Orden, der bis dahin stärksten rechtsextremen Gruppierung, eine Führungskraft, wurde ihr Fraktionssprecher. Als der Ende Februar 1924 seinen ersten parlamentarischen Auftritt mit der Anrede „Deutsche Volksgenossen" begann, erregte er bei der KPD noch Heiterkeit und provozierte zu dem Zwischenruf: „Jetzt fängt die Volksversammlung an."[119]

Amüsante Szenen dieser Art wiederholten sich indessen nicht. Im Gegenteil: im August 1924 hatte die extreme Rechte durch eine in Weimar veranstaltete „1. Tagung der Nationalsozialistischen Freiheitsbewegung Großdeutschlands" öffentliche Aufmerksamkeit auf sich gezogen, die auch in das Parlament hineinwirkte. Das Bemühen der NSDAP war unverkennbar geworden, leitende Kraft der im Sammelbecken des Völkischen zusammenströmenden Rechten zu werden. Der in München fehlgeschlagene Hitler-Putsch wirkte dabei sogar eher förderlich. Mit dunklen Anlehnungen an die germanische Mythologie hatte Fritz Sauckel, der nach eigenem beruflichen Scheitern von Hitler aus Unterfranken nach Thüringen delegierte erste Organisationsleiter der Nationalsozialisten, am „15. Nebelung 1923", mithin sechs Tage nach dem 9. November, „in den Tagen höchster völkischer Not" an seine „Brüder" geschrieben: „Abermals verraten im Nebelung stehen alle edlen Deutschen vor dem jachen, finsteren Abgrund der Verzweiflung." Hitler und Ludendorff, die „Edelinge des Germanentums", seien verraten worden. „Elende Feigheit, pfäffische Niedertracht und Willkür, fremde und deutschfeindliche Tyrannei, unwahrhafte und giftige Lehren des jüdischen Marxismus drohen das letzte Häuflein bewußt deutschen Edelvolkes zu vernichten." Sauckel wußte zur Abwehr der abermaligen Novemberverbrecher einen Rat: „Ich schlage daher vor, in dieser Gegend den alten Bund zu erneuern und ihm den Namen jenes letzten treuen Königs der edlen Goten zu geben: Bund Teja."[120] Das war ein mit mystisch-irrationalen Worten gesprochener Appell an die verstörten, aber getreuen, führerlosen, aber führerwilligen Anhänger.

Der mit derlei Anleihen und historischen Bezügen drappierte Aufruf galt der Vereinigung

117 Aufgrund des § 14 des Gesetzes zum Schutz der Republik wurden nach dem 21. 7. 1922 sieben rechtsextreme Gruppierungen in Thüringen verboten, HStA Weimar Thür. Staatsmin. d. I. P 137.

118 Staatshandbuch für Thüringen, Weimar 1931, S. 128.

119 Sitz.-Ber. III. Landtag S. 167. Dabei hatte Dinter für den Landtag nur Verachtung übrig, den er gelegentlich als „dieses gottverfluchte parlamentarische System" beschimpfte, ebd. S. 2554, Sitzung vom 6. 2. 1925.

120 BA NS 20/123 (Handakte Sauckel): Sauckel an die „Brüder" mit der Datierungszeile „15. Nebelung 1923" und der Programmschrift „Bund Teja" für „ein mächtiges, freies, soziales Großdeutschland".

der extremen Rechten unter nationalsozialistischer Führung. Die NSDAP suchte den „Völkischen Führerring Thüringen", das außerparlamentarische Sammelbecken des über die „Vereinigte Völkische Liste" in den Landtag eingezogenen Rechtsradikalismus, in sich hineinzuziehen.[121] Arthur Dinter und Fritz Sauckel waren dabei zunächst Führungsrivalen, von denen Dinter 1927 unterlag. Hitler favorisierte Sauckel, dem er 1924 offenbar den Auftrag mitgegeben hatte, „dadurch daß Thüringen das Bindeglied zwischen Norden und Süden ist, habe das Bestreben aller dahinzugehen, dafür Sorge zu tragen, daß Thüringen keine rote Regierung wiederbekomme". Daraus hatte Sauckel die optimistische Devise abgeleitet: „Thüringen kann, wie die Dinge heute liegen, die nationalsozialistische Hochburg werden."[122]

Das politische Fernziel, von der thüringischen Hochburg aus „ein mächtiges, freies, soziales Großdeutschland" zu schaffen, wurde in der Zeitschrift ‚Deutscher Aar' von Sauckel als Herausgeber und Chefredakteur in einer Person publik gemacht, Ilmenau war seiner zentralen Lage und des hier schon stark vertretenen Rechtsradikalismus wegen erster Parteisitz in Thüringen. Man gründete eine Wander-Abteilung als „Kern der Bewegung", die den „Schutz aller unserer Veranstaltungen" zu übernehmen hatte. „Durch besonderen Anzug gekennzeichnet", sollte sie „durch ihre strenge Disziplin und ihr taktvolles Verhalten eine starke Werbetätigkeit" ausüben.[123] Offenbar waren schon die ersten Erfolge beachtlich, denn der Weimarer Landtag diskutierte am 2. Juni 1924 über eine große Anfrage der SPD, die „Bedrohung Thüringens durch illegale Verbände nach Auslassungen im Hitlerprozeß betr."[124] Innenminister Sattler hatte am 3. März 1924 auf dem Verordnungswege die NSDAP in Thüringen wieder erlaubt. Der Hitler-Prozeß vor dem Volksgericht für den Landgerichtsbezirk München I war nach den Sitzungen vom 26. Februar bis 27. März 1924 am 1. April mit dem milden Urteil einer 5jährigen Festungshaft für Hitler zu Ende gegangen.[125] Vor diesem Hintergrund erinnerte Hermann Brill die Thüringische Landesregierung an die links- wie rechtsextremistischen Umtriebe 1922/23 und forderte Garantien dafür, „daß sich eine solche Bedrohung des Gebietes und der verfassungsmäßigen Staatseinrichtungen Thüringens nicht wiederholt". Er sähe gerade in der Regierung des Ordnungsbundes die Möglichkeit gegeben, daß die innenpolitische Gefahr „sich von Bayern aus auf Thüringen fortzupflanzen" vermöchte.[126]

Die Warnung war nicht unbegründet. Nicht die vom Reichsbanner Schwarz-Rot-Gold und seinem thüringischen Gauvorsitzenden Brill in Weimar am 10. August 1924 veranstaltete Verfassungsfeier fand die große öffentliche Anteilnahme, sondern eher die wenige Tage später, vom 15.–17. August 1924, hier durchgeführte „1. Tagung der Nationalsozialistischen Freiheitsbewegung Großdeutschlands". Die NSDAP war bewußt mit einer solchen Demonstration ihrer Existenz in die „kulturelle Hauptstadt Deutschlands" gegangen, um hier den „Schandfleck abzuwaschen", den ihrem politischen Selbstverständnis nach der „Jude Preuß"

121 Die Protokolle der Sitzungen des „Völkischen Führerrings Thüringen" ebd. Einer ihrer leitenden Mitglieder war seit 1924 der zuvor der Regierung Frölich als Novembersozialist in der Funktion eines Polizeioberst dienenden Müller-Brandenburg geworden. Als „Deutsch-Völkische Freiheitspartei" firmierend, war der Rechtsradikalismus am 1. 3. 1923 in Thüringen in 15 Ortsgruppen gegliedert, HStA Weimar Thür. Staatsmin. d. I. P 160: Polizeibericht Naumburg 6. 3. 1923.

122 BA NS 20/123: Aktennotiz Sauckels o. D., aus der Ordnung der Akte und dem politischen Kontext der Quelle läßt sich das Jahr 1924 mit Wahrscheinlichkeit ableiten.

123 ebd. Nationalsozialistische Deutsche Arbeiterpartei, Schulungsmaterial 17. 7. 1924. In Ilmenau war im März 1923 eine bewaffnete rechtsradikale Organisation von der Polizei ausgehoben worden. Sauckel selbst war hier Turnerschaftsführer, Aktennotiz Thür. Staatsmin. d. I. 21. 3. 1923, HStA Weimar Thür. Staatsmin. d. I. P 160.

124 Sitz.-Ber. III. Landtag 2. 6. 1924, S. 1128ff.

125 BA NS 20/129: Urteil des Volksgerichts beim Landgerichtsbezirk München I gegen Adolf Hitler u. a. vom 1. 4. 1924.

126 a. O. Anm. 124, S. 1128f.

der Stadt und dem Staat von Weimar angetan habe. Der vornehmlich für die noch zersplitterte radikale Rechte gedachte Werbecharakter der Veranstaltung, für deren Programmheftchen Hitler sein Konterfei und seinen am Eröffnungstag des Münchener Prozesses getanen Ausspruch „Auch nur tausend Nationale haben das Recht, einer Mehrheit gegenüber die Nation zu vertreten" beigesteuert hatte[127], war stark betont. Die Tagung sollte „insbesondere bringen eine innige Annäherung aller Gruppen, die in Adolf Hitler, Ludendorff und von Graefe ihre Führer sehen".[128]

Drei Tage führte man „die gewaltigste gemeinsame Kundgebung des erwachenden sozialen Großdeutschlands unter dem Hakenkreuzbanner" durch. Wenn auch solche verbalen Kraftakte wenig Resonanz durch die Realität fanden, war dem mit der gesamten damaligen Führungsmannschaft antretenden Nationalsozialismus eine öffentliche Beachtung doch sicher. Ludendorff hatte die Schirmherrschaft übernommen, die Organisation Gottfried Feder, zu dieser Zeit stellvertr. Vorsitzender der Reichstagsfraktion der Nationalsozialistischen Freiheitspartei. Die – geschlossene – Hauptveranstaltung fand immerhin im Weimarer Nationaltheater statt, wo u. a. Alfred Rosenberg, Feder und Wilhelm Frick sprachen. Die einzige öffentliche Großveranstaltung, betitelt „Großes deutsches Kulturbekenntnis", war absichtlich, um den Zulauf zu sichern, als „ohne jede parteimäßige Einstellung und ohne parteipolitischen Beigeschmack" angekündigt worden. Sie fand auf dem Fürstenplatz und vor dem Goethe-Schiller-Denkmal statt. Das Kulturbekenntnis bestand nur aus Kranzniederlegungen im Beisein des zuvor mit Marschmusik vom Flughafen eingeholten Ludendorff. Daß beide Plätze von parlamentarisch genutzten Kulissen, hier dem Landtag, dort dem Ort der Weimarer Nationalversammlung, umstellt waren, mithin einen republikanischen Gedächtnis- und Gegenwartswert hatten, störte die Veranstalter offenbar nicht.

Brill blieb es vorbehalten, im Landtag gut zwei Wochen später darauf hinzuweisen, daß ein solches Kulturbekenntnis „nichts weiter als ein In-den-Kot-ziehen der verfassungsmäßigen Einrichtungen des Reiches, der Republik und des Vaterlandes" bedeutet habe. Die Thüringische Landesregierung, das vom Ordnungsbund getragene Staatsministerium Leutheusser, sei dagegen nicht eingeschritten, habe nicht einmal Schießereien unterbinden können. Dahingegen habe die von Brill organisierte Verfassungsfeier des Reichsbanners am 10. August, die „für die Republik im Sinne des Aufbaues und des Ausbaues zu einer wirklichen freien und sozialen Demokratie" demonstriert habe, ganz außerhalb des Interesses der Landesregierung gelegen. Das Singen der dritten Strophe des Deutschland-Liedes sei sogar kritisiert worden.[129]

Die beiden miteinander konkurrierenden, ja kontrastierenden politischen Demonstrationen im August 1924 in Weimar, hier für die Republik, dort für die Reaktion, warfen lange Schatten voraus. Die NSDAP sah sich trotz des Stimmungstiefs, in das sie reichsweit in den nächsten Jahren geriet[130], in Thüringen, dem von ihr erkannten „Bindeglied zwischen Norden und Süden", zum politischen Aufstieg befähigt. Die offenbar selbst als sehr positiv eingeschätzte Wirkung des Weimarer Kulturbekenntnisses vom 17. August 1924 veranlaßte die Nationalsozialisten, wenige Wochen später das Gerücht in Umlauf zu setzen, Hitler werde sich nach seiner vorzeitig erwarteten Entlassung aus der Haft nach Thüringen oder Sachsen begeben. Abwehrend kommentierte die ‚Eisenacher Volkszeitung' dies am 21. September 1924 mit den

---

127 BA NS D 38 Thür. 1: Programmheft für die erste Tagung der Nationalsozialistischen Freiheitsbewegung Großdeutschlands vom 15.–17. 8. 1924 in Weimar, Titelblatt.

128 ebd.

129 Sitz.-Ber. III. Landtag 5. 9. 1924, S. 1814f.

130 Zur Entwicklung der NSDAP nach der Verurteilung Hitlers am 1. 4. 1924, vgl. Hans-Ulrich Thamer, Verführung und Gewalt. Deutschland 1933–1945, Berlin 1985 mit weiterer Literatur.

Worten: „Es fehlt als Krönung der Ordnungszelle Thüringen gerade noch, daß Hitler in Thüringen Bierhauskomödien einführt."

Auch wenn Hitler nach seiner am 20. Dezember 1924 auf Bewährung erfolgten Entlassung aus Landsberg seinen Wohnsitz nicht in Thüringen nahm, hat er sich hier im Sommer 1925 offenbar durch ein an den Innenminister Sattler herangetragenes Ansinnen darum bemüht, mit Hilfe der Weimarer Landesregierung deutscher Staatsbürger zu werden. Das Gesuch führte damals – noch – nicht zum Erfolg. Sehr erfolgreich war aber sein großer Redeauftritt am 28. Oktober 1925 in Weimar, bei dem er seinen Getreuen ein „Reich der Freiheit und der Herrlichkeit" versprach.[131]

Diesen Getreuen hatte Sauckel inzwischen ein neues Organisationszentrum gegeben. Im Frühjahr 1925, nachdem Hitler vorzeitig aus der Haft entlassen, am 26. Feburar im erstmalig erscheinenden ‚Völkischen Beobachter' „grundsätzliche Richtlinien für die Neuaufstellung der NSDAP" verkündet und die Partei am folgenden 27. Februar im Münchener Bürgerbräukeller neu gegründet hatte, war ihre thüringische Landesgeschäftsführung von Ilmenau nach Weimar umgezogen. Die am 26. April dieses Jahres im zweiten Wahlgang erfolgte Wahl Hindenburgs zum Reichspräsidenten nahm Sauckel in Thüringen zum Anlaß, voller Optimismus „nunmehr die schwersten Kämpfe gegen den Schwarzrotgoldenen Internationalismus und besonders auch gegen den roten kommunistischen Terror" anzukündigen. Er suchte seine Anhänger unter die Prophetie zu scharen: „Wir Nationalsozialisten werden diejenigen sein, die letztenendes das Schicksal des deutschen Volkes endgültig zu bestimmen haben werden." In Thüringen, „hier im Herzen Deutschlands", habe der Aufbau von jetzt an „rastlos" vor sich zu gehen.[132] Mit 82 Ortsvereinen wuchs die NSDAP auf der extremen Rechten in organisatorische Vorteile hinein, da sie so alle Splittergruppierungen der Völkischen nach und nach aufsog.[133]

Damit konnte die NSDAP 1926 in Thüringen einen enormen öffentlichen Erfolg verbuchen. Sie veranstaltete ihren 1. Reichsparteitag am 3. und 4. Juli 1926 in Weimar. Für die Ortswahl konnte neben den positiven Erfahrungen mit dem Kulturbekenntnis von 1924 die Tatsache gesprochen haben, daß gerade im Frühjahr 1926 die damals seit zwei Jahren laufende Diskussion über die Errichtung eines deutschen Nationaldenkmals auf einen Höhepunkt geführt worden war. Die thüringische Presse erweckte damals den Eindruck, daß die Standortwahl bereits grundsätzlich für Thüringen, ja mit hoher Wahrscheinlichkeit für Weimar gefallen sei. Wollten die Nationalsozialisten hier in propagandistischer Absicht rechtzeitig einen Platz besetzen? Aus Hitlers Verhalten könnte man eine solche Vermutung durchaus ableiten. Er hatte im Vorfeld des Reichsparteitages durch „grundsätzliche Richtlinien für die Arbeit der Vorsitzenden und Schriftführer der Sondertagungen am Reichspartei-

---

131 Es existiert über das Einbürgerungsgesuch Hitlers nur ein handschriftlicher Brief aus Weimar, datiert vom 4. 7. 1925, ohne Unterschrift, an „Herrn Adolf Hitler, München", der diesen dazu auffordert, „daß Sie ein persönliches Gesuch zum Erwerb der Thür. Staatsangehörigkeit an das Thür. Ministerium richten unter Angabe Ihrer Personalien und Nachweis der bisherigen Staatsangehörigkeit". Hitler hatte am 30. 4. 1925 von der Landesregierung Oberösterreich eine Auswanderungsgenehmigung erhalten. Der Weimarer Briefschreiber riet Hitler: „Ferner wäre es sehr zweckmäßig anzugeben, daß Sie nicht beabsichtigen, Ihren Wohnsitz hier zu wählen, sondern in München nach wie vor zu bleiben gedenken; es komme Ihnen vor allem darauf an, deutscher Staatsbürger zu werden." Der Brief endet mit der Zeile: „Ich kann diesen Brief nicht mehr selber beantworten und unterzeichnen", BA NS 20/123: Anonymus an Hitler 4. 7. 1925. Die Weimarer Rede Hitlers vom 28. 10. 1925 in: HStA Weimar Staatsmin. d. I. P 167. Eine ähnliche Rede hielt Hitler im November 1925 in Jena. Das ‚Jenaer Volksblatt' berichtete im Anschluß daran am 20. 11. 1925 über den „redegewaltigen, dunkelblonden, mittelgroßen Mann auf der Bühne, der eher einem Südländer als einem Arier gleicht, für den er sich ausgibt". Zum Gerücht über Hitlers Wohnsitz vgl. HStA Weimar Staatsmin. d. I. P 160.

132 BA NS 26/160: Rundschreiben Nr. 10: Sauckel an alle Ortsgruppen des thüringischen Landesverbandes der NSDAP 12. 5. 1925.

133 BA NS 20/123: Liste der NSDAP-Ortsgruppen in Thüringen Mai 1925. Vgl. o. Anm. 121.

tag" diesem jeglichen Charakter eines politischen Diskutanten-Treffens genommen. Er wollte „ungegorene und unsichere Ideen" hier nicht vorgetragen hören, dem Reichsparteitag keinen „konzilartigen Charakter" geben, sondern den „einer großen Kundgebung der jugendlichen Kraft unserer Bewegung".[134] Alle Anträge und Debatten wurden deswegen auf Sondertagungen am 3. Juli verwiesen; der 4. Juli war der eigentliche Reichsparteitag, der erstmals das ganze Schaugepränge späterer nationalsozialistischer Parteitage in nuce in Szene setzte.

Am 4. Juli, einem Sonntag, traf man sich vormittags im Weimarer Nationaltheater zum „Generalappell der SA und SS mit Standartenweihe". Dazu diente die sog. Blutfahne vom 9. November 1923, mit der die ersten 8 Standarten außerhalb der bayerischen Ursprungsgaue geweiht wurden. Arthur Dinter, zu diesem Zeitpunkt in Thüringen noch nicht von Fritz Sauckel verdrängt, hielt die knappe Begrüßungsrede und gab darin das Motto des Tages an: „An der Stelle, wo Ebert saß, sitzt und steht heute Adolf Hitler. Das ist uns ein Symbol der Tagung . . . Das ist der Beginn der neuen Zeit."[135] Mit anschließenden Heil-Rufen bestätigten sich die Nationalsozialisten den politischen Stellenwert solcher Begrüßungsworte. Während alle damaligen Parteigrößen rhetorische Kurzbeiträge gaben, Goebbels einen über Propaganda[136], offenbarte Hitler in einer Grundsatzrede das außenpolitische Programm der NSDAP. Dabei hielt er sich an das, was er während der Landsberger Haftzeit zusammengedacht und in der am 18. Juli 1925 im Franz Eher Verlag in München publizierten Schrift „Mein Kampf" gesagt hatte. In Weimar lautete das etwa so: „Mit rauher Hand und scharfem Schwert müssen wir die Frage lösen." Gemeint, wenn auch nicht in letzter Deutlichkeit ausgesprochen, war die Eroberung zusätzlichen Lebensraumes im Osten, der die Deutschen „mit einer so lächerlich kleinen Grundfläche, die vollständig ungenügend ist", davor bewahren sollte, „ein lächerlich kleiner Splitter wie Polen, Serbien oder Kroatien" zu sein.[137] Hilfreich für eine solche Politik sei nicht der „Geist der heutigen Zeit, der Geist des schwarz-rot-goldenen Durcheinanders", sondern jener Geist, „in dem sich in idealistischer Form die Vermählung von Nationalismus und Sozialismus vollzieht". Eine „Verbindung von Idee und Organisation" führe zu einem solchen Ziel.[138]

Mit diesem 1. Reichsparteitag der NSDAP am 3. und 4. Juli 1926 in Weimar waren das politische Programm der Partei und ihre szenische Selbstdarstellung – keine öffentlichen Debatten, sondern Proklamationen der Führungskräfte vor applaudierender Kulisse – bekannt und für die Zukunft festgelegt. Die Kampfansage war ausgesprochen: „An der Stelle, wo Ebert saß, sitzt und steht heute Adolf Hitler." Was hieß das für die Republik? Für den Republikaner Hermann Brill hieß das, den Widerstand gegen die NSDAP aufzunehmen. Als er sich 1946 entschloß, die wenigen ihm verbliebenen, von der Gestapo in den Jahren 1933 bis 1945 nicht eingezogenen Schriften aus der Widerstandszeit unter dem Titel „Gegen den Strom" zu publizieren, leitete er die Dokumentation mit der Einschätzung ein: „Rückschauend betrach-

---

134 BA NS 26/389; Hitler, Grundsätzliche Richtlinien für die Arbeit der Vorsitzenden und Schriftführer der Sondertagungen am Reichsparteitag, o. D. aber Frühjahr 1926.

135 ebd. Programm des 1. Reichsparteitages der NSDAP vom 3.–4. 7. 1916 in Weimar mit Protokoll der Reden vom 4. 7. 1926. Dinter fiel anschließend bei Hitler in Ungnade, wurde als thüringischer Gauleiter 1928 abgesetzt und aus der NSDAP ausgeschlossen, vgl. Konrad Heyden, Geschichte des Nationalsozialismus, Berlin 1932, S. 201–243. Zur Weihe der ersten 8 Standarten außerhalb Bayerns s. BA NS 26/402: Sauckel auf dem historischen Kongreß der NSDAP in Weimar 4. 7. 1930.

136 a. O. Anm. 134. Protokoll S. 34ff.: Goebbels, Vortrag über Propaganda: „Das wichtigste Mittel ist die Plakatierung bei Nacht und Nebel an allen Ecken und Zäunen angebracht." Goebbels sprach hier über seine Erfahrungen aus dem Gau Ruhr.

137 Rede Hitlers über „Politik, Idee und Organisation", ebd. S. 46f.

138 ebd. S. 51; Hitler erfüllte es mit Genugtuung, den Kommunisten, wie er sagte, „die rote Fahne" weggenommen zu haben".

tet, ist damals eins der wichtigsten Vorpostengefechte in der großen Schlacht zwischen Demokratie und Diktatur ausgefochten worden."[139] Er meinte damals mit dem „wichtigsten Vorpostengefecht" den parlamentarischen Untersuchungsausschuß des Weimarer Landtags gegen Unregelmäßigkeiten in der Amtsführung des ehemaligen Thüringischen Innenministers Frick und seine Vernehmung Hitlers am 15. März 1932, hatte aber auch Grund dazu, seine Haltung gegen den Nationalsozialismus schon in den Jahren davor mit einzubeziehen.

Anlässe dazu häuften sich, als durch die Wahlen zum 5. Thüringischen Landtag am 8. Dezember 1929 die NSDAP 90159 Stimmen (11,3%) gewann und mit 6 Abgeordneten in das neue Parlament einzog. Diese Wahlen hatten einen deutlichen Rechtsruck in Thüringen gebracht. Die NSDAP hatte hier nach den 2 von 56 Mandaten bei den Wahlen zum 4. Landtag (30. Januar 1927) mit jetzt 6 von 53 einen sprunghaften Anstieg zu verzeichnen, eine Verdreifachung ihrer Stärke. Zwar war die SPD mit 18 Sitzen bei 258042 Stimmen stärkste Fraktion geblieben, doch blieb sie damit deutlich unter der Mehrheit der Abgeordnetensitze. Die Christlich-Nationale Bauern- und Landvolkpartei war mit 9 Sitzen bei 131214 Stimmen zweitstärkste Fraktion geworden. Die KPD hatte 6 Mandate errungen (85209), die Reichspartei des deutschen Mittelstands (Wirtschaftspartei) ebenfalls 6 (76535), die DVP 5 (70567), die DNVP hingegen nur 2 (31736) und die DDP gar nur 1 Sitz (23393).[140]

Die Regierungsbildung war schwierig; sie wurde durch ein offensives und persönliches Eingreifen Hitlers, der in Thüringen eine Machtchance witterte, im Sinne einer entscheidenden Regierungsbeteiligung der NSDAP fünf Wochen nach der Wahl vollzogen. Den 24 Abgeordneten von SPD und KPD standen 23 bürgerliche gegenüber, letztere mußten sich mit den 18 sozialdemokratischen oder den 6 nationalsozialistischen verbünden. Da die SPD in den Augen der rechts von ihr stehenden Parteien nicht koalitionsfähig war[141], kam die NSDAP in eine günstige parlamentarische Verhandlungsposition. Hitler fuhr eigens von München nach Weimar, erläuterte dort am Abend des 11. Januar 1930 vor Vertretern thüringischer Wirtschafts- und Industrieverbände im Hotel „Kaiserin Augusta" mit einem Vortrag über das Thema „Politik und Wirtschaft" seine Grundvorstellungen und präsentierte dabei seinen „besten Mann", Wilhelm Frick, als Mitglied einer neuen Thüringischen Landesregierung. Die offenbar verhaltene Reaktion der Versammelten diesem Hochverräter vom Münchener Novemberputsch 1923 gegenüber und ihre zunächst offene Ablehnung der geforderten beiden Ministerien für Inneres und Volksbildung, der für die Exekutive eines Landes wichtigsten, überspielte Hitler ultimativ. Entweder nehme man seinen Vorschlag an, oder die NSDAP werde sofort die Auflösung des Landtags und Neuwahlen beantragen. Die Thüringer Rechte akzeptierte seinen Parteigenossen Frick. Der Landtag wählte die neue Regierung, zu der für die NSDAP als Staatsrat auch der Handlungsgehilfe Willy Marschler aus Ilmenau gehörte, am 23. Januar 1930.[142]

Hitler hat diesen ersten nationalsozialistischen Machtantritt in einem deutschen Landeskabinett für einen bedeutenden Probelauf im Deutschen Reich angesehen. Enthusiasmiert durch den geglückten Einstieg schrieb er am selben 23. Januar – der ‚Völkische Beobachter'

139 Brill, Gegen den Strom, S. 8. Der Titel, den Brill für die Publikation wählte, könnte ihm in Tinz aufgefallen sein, wo er in der Bibliothek der Heimvolkshochschule unter diesem Titel ein Buch von Lenin fand, HStA Weimar Bestand Tinz Nr. 100: Liste der Bibliotheksbestände März 1933.

140 BA R 43 I/2315: Das engültige Ergebnis der 5. Thüringischen Landtagswahl vom 8. 12. 1929, Münzel an Reichskanzler 14. 12. 1929.

141 „Aus der ganzen politischen Entwicklung in Thüringen seit der Novemberrevolution ergab es sich nun so gut wie zwangsläufig, daß eine Koalition mit den Sozialdemokraten in irgendeiner Form ausgeschlossen war", Witzmann, Thüringen, S. 153.

142 BA R 43 I/2315: Baum an Reichskanzler 24. 1. 1930. Zum Auftritt Hitlers vgl. u. 143.

veröffentlichte es am 25. Januar 1930 –: „Wenn wir Nationalsozialisten deshalb heute, sei es in einer Kommune oder in einem Lande, an der öffentlichen Gewalt teilnehmen oder in eine Regierung eintreten, dann keine Sekunde etwa in dem Glauben, damit diese Gebiete dem allgemeinen Schicksal entziehen zu können, sondern nur in der Hoffnung, von diesen Stationen aus die Erkenntnis über die Notwendigkeit des Sieges unserer Idee leichter und weiter verbreiten zu mögen, und dem Sieg unserer Bewegung, in dem wir die Voraussetzung für die Rettung unseres Volkes erblicken, damit besser dienen zu können."

Der politische Erfolg in Thüringen wirkte in ihm nach. Eine Woche später beschrieb er in einem der bei ihm so seltenen persönlichen Briefe die Hintergründe beim Poker in Weimar und die darin investierten Zukunftserwartungen. Man werde, so schrieb er einem begeisterten Anhänger seiner Partei in die USA, von der Position des Thüringischen Innenministeriums aus „mit rücksichtsloser Entschlossenheit eine Nationalisierung einleiten" und von der des Volksbildungsministeriums aus „in Thüringen nunmehr das gesamte Schulwesen in den Dienst der Erziehung des Deutschen zum fanatischen Nationalisten stellen". Thüringen, „von dem in der deutschen Geschichte schon einige Male große geistige Erneuerungen ausgegangen sind", werde „abermals der Ausgangspunkt einer solchen geistigen Umwälzung werden". Frick sei dafür als „fanatischer Nationalsozialist" der geeignete Mann, da er „alle übrigen Herren des Kabinetts an Fähigkeiten und Willensstärke turmhoch überragt".[143] Zu allererst hatte Frick den Vorsitzenden im kollegialen Staatsministerium Thüringens, Erwin Baum (Landbund), zu überragen, der zugleich das Finanzministerium leitete.

Fricks Zeit als Thüringischer Innen- und Volksbildungsminister währte vom 23. Januar 1930 bis 1. April 1931. Durchaus spektakuläre Ereignisse kennzeichnen diese 14 Monate seiner politischen Karriere in Thüringen. So versuchte Frick sofort nach seinem Amtsantritt, nationalsozialistische Leute in thüringische Landespolizeistellen zu bringen. Als es deswegen zu einem Verwaltungsstreit mit den Reichsministern Severing und Wirth über die Polizeikostenzuschüsse des Reiches kam und das Reich die Ablehnung dieser Zuschüsse vor dem Leipziger Staatsgerichtshof bestätigt bekam, mußte Frick hier zurückstecken.[144] Erfolge hatte er ortsweise mit seinem Bemühen, gegen kommunistische Bürgermeister in Thüringen „unter vorläufiger Amtsenthebung Disziplinarverfahren mit dem Ziel der Dienstentlassung" einzuleiten.[145] Grundlage solcher politischen Schritte war ein Ermächtigungsgesetz, das der Landtag am 29. März 1930 in namentlicher Abstimmung mit einfacher Mehrheit (28 :25) angenommen hatte.[146] Für ein halbes Jahr (bis zum 30. September 1930) ermächtigte dieses Gesetz die Landesregierung, ohne Rücksicht auf die ordentliche Gesetzgebung auf dem Gebiet der allgemeinen inneren Verwaltung, der Verwaltungsgerichtsbarkeit, der kommunalen Verwaltung und Verfassung, der Polizei sowie des Bau-, Forst-, Wasser-, Seuchen- und Agrarrechts in Abänderung oder Ergänzung bestehender Gesetze Verordnungen mit Gesetzeskraft zu erlassen.

Ein solches Ermächtigungsgesetz griff wohl die Tradition der bis dahin von allen Thüringischen Landesregierungen praktizierten Notgesetze nach § 33 der Landesverfassung auf, erweiterte sie aber deutlich, ja führte sie aus dem Raum parlamentarischer Kontrolle heraus.

143 Hitler an Anonymus 2. 2. 1930, abgedruckt in: VjZG 14/1966, S. 460ff. (Fritz Dickmann). Vgl. Brill, Gegen den Strom, S. 9.

144 BA R 43 I/2316: Denkschrift des Reichsministers des Innern 23. 9. 1930. Vgl. Koellreuther-Haentzschel, Der Konflikt Reich–Thüringen in der Frage der Polizeikostenzuschüsse, in: Archiv des öffentl. Rechts 20/1931, S. 68–102 und 384–411.

145 ‚Hannoverscher Kurier' 30. 10. 1930.

146 Sitz.-Ber. V. Landtag 29. 3. 1930, S. 378ff.

Die Stellung des Landtags als Träger der Legislative wurde suspendiert. Das warf die Lebensfrage der Demokratie auf, denn der moderne Massenstaat war darauf geeicht, durch die Parlamente die geistige Führung eines Volkes und einer Nation zu übernehmen. Ermächtigungsgesetze »suspendieren nicht nur den rechtlichen Weg der Gesetzgebung, untergraben nicht nur die Aufgaben einer verantwortungsbewußten Opposition, sondern sprengen die Stellung der Volksvertretung als Trägerin des Gesetzeswillens überhaupt in die Luft.“ Das schrieb Hermann Brill zu dem Vorfall im Weimarer Landtag vom 29. März 1930 wenige Monate später in der angesehenen Zeitschrift ‚Die Justiz‘.[147]

Bei der Landtagsdebatte wies er nach der Annahme des Ermächtigungsgesetzes insbesondere daraufhin, daß § 14 der Thüringischen Landesverfassung für verfassungsändernde Gesetze die ⅔ Mehrheit verlange. Die Abstimmung mit 28:25 Stimmen habe diese nicht erbracht, folglich sei dem Gesetz nicht „die verfassungsmäßige Rechtsgültigkeit“ verliehen worden. Brill, hier ganz Verfassungsjurist, klagte „dieses aus dem Haß gegen die Sozialdemokratie geborene Ermächtigungsgesetz“ an und setzte namens der SPD-Fraktion vor dem Staatsgerichtshof seine Zurücknahme im September 1930 durch.[148] Dies hinderte Frick zunächst nicht, das Gesetz anzuwenden. Neben den bereits erwähnten Beispielen, die er als Minister des Innern praktizierte, sind gleich begründete aus seiner Position als Volksbildungsminister zu verzeichnen. Hier hatte Frick sich in der Person des Volksschullehrers Fritz Wächtler einen „Fachberater“ zugelegt[149], mit dem er einen am 10. April 1930 herausgegebenen Erlaß über neue Schulgebete erarbeitet hatte.

Bevor auch diese vom Leipziger Staatsgerichtshof in einem Urteil am 11. Juli 1930 als mit Art. 148 Abs. 2 der Reichsverfassung unvereinbar wieder verboten wurden[150], hatte das Thema eine große Erregung in der thüringischen Öffentlichkeit erzeugt, vergleichbar jener, die Greil 1921 mit den Anfängen seiner Schulreform hervorgerufen hatte. Doch jetzt, 1930, ging der Widerstand quer durch alle Parteien mit Ausnahme der Nationalsozialisten und der gerade in Thüringen stark vertretenen Anhänger der Deutschen Christen.[151]

Beispiele zeigen den betont politischen Inhalt des „Thüringer Schulgebets“:

> „Vater, in deiner allmächtigen Hand
> Steht unser Volk und Vaterland.
> Du warst der Ahnen Stärke und Ehr'
> Bist unsere ständige Waffe und Wehr.

---

147 Brill, Kämpfe um den Rechtsstaat, in: Die Justiz 6/1930/31, S. 99. Die Monatsschrift war zugleich Organ des Republikanischen Richterbundes, dem Brill angehörte.

148 Sitz.-Ber. V. Landtag 29. 3. 1953, S. 380. Brills Widerspruch, „daß nach dem eben bekanntgewordenen Abstimmungsergebnis . . . eine verfassungsändernde Mehrheit für das Gesetz nicht erreicht worden“ sei, wurde laut Landtagsprotokoll so quittiert: „Lachen rechts“. Zustimmung fand die SPD allein bei der KPD. Deren Abgeordneter Heilmann sprach sich in der Debatte mit Argumenten der parlamentarischen Demokratie, die seine Partei im Deutschen Oktober 1923 für sich beiseite geschoben hatte, gegen die Annahme des Ermächtigungsgesetztes aus, ebd. S. 380. Zur Einschaltung des Staatsgerichtshofes und Brills Rolle dabei siehe ders., Gegen den Strom, S. 7.

149 Fritz Wächtler, * 7. 1. 1891, seit 1926 Mitglied der NSDAP, war durch die Landtagswahl vom 8. 12. 1929 thüringischer Abgeordneter geworden. In der nach der Wahl zum 6. Thüringischen Landtag vom 31. 7. 1932 gebildeten rein nationalsozialistischen Regierung wurde er Volksbildungsminister, im Mai 1933 Thüringischer Innenminister, 1934 Gauleiter des Gaus Bayerische Ostmark und Reichswalter des NS-Lehrerbundes. Im Mai 1945 wurde er von einem SS-Kommando wegen Feigheit erschossen, Brill, Gegen den Strom, S. 8, Anm. 2.

150 BA R 43 I/2316: WBT 11. 7. 1930.

151 Der Deutschen Kirche in Thüringen wurde vorgeworfen, daß sie „sich rücksichtslos . . . für diese Schulgebete begeistert“, Sitz.-Ber. V. Landtag 22. 5. 1931, S. 932. Die reichsweite Öffentlichkeit wurde durch die Presse aufmerksam gemacht, etwa durch die ‚Vossische Zeitung‘, die Gebetsbeispiele am 23. 4. 1930 unter der Überschrift publizierte „Wie in Thüringen gebetet werden soll.“

Drum mach uns frei von Betrug und Verrat,
Mache uns stark zu befreiender Tat,
Schenk uns des Heilandes heldischen Mut,
Ehre und Freiheit sei höchstes Gut!
Unser Gelübde und Losung stets sei:
Deutschland, erwache! Herr, mach' uns frei!
Das walte Gott."

„Vater im Himmel
Ich glaube an deine allmächtige Hand,
Ich glaube an Volkstum und Vaterland,
Ich glaube an der Ahnen Kraft und Ehr,
Ich glaube, du bist uns Waffe und Wehr,
Ich glaube, du strafst uns'res Landes Verrat
Und segnest der Heimat befreiende Tat!
Deutschland, erwache zur Freiheit!"

„Vater im Himmel
Ich glaube an deine Allmacht, Gerechtigkeit und Liebe.
Ich glaube an mein liebes deutsches Volk und Vaterland.
Ich weiß, daß Gottlosigkeit und Vaterlandsverrat
unser Volk zerriß und vernichtete.
Ich weiß, daß trotzdem in den Besten die Sehnsucht
und die Kraft zur Freiheit wohnt.
Ich glaube, daß diese Freiheit kommen wird durch
die Liebe des Vaters im Himmel, wenn wir an unsere eigene Kraft glauben."[152]

Frick gab vor dem Landtag zwei aus den Texten erkennbare Gründe für diese pseudoreligiösen Abwandlungen des christlichen Vaterunsers an. Zum einen sollten sie „gegen den Verrat", der am 9. November 1918 begangen worden sei, sprechen, zum anderen der „Abwehr des Betruges, der durch den Marxismus und die Juden am deutschen Volk begangen wird", dienen.[153] Das Thema rief den SPD-Chefideologen Brill ans Rednerpult. Er, der sich 1921 aus der Überzeugung eines Freidenkers gegen Gebete in Schulen überhaupt ausgesprochen und dabei manche öffentlich vorgetragene Kritik der evangelischen Kirche auf sich gezogen hatte, sprach sich jetzt gegen den politischen Gehalt religiöser Schulgebete aus. Die Kritik war ihm um so dringlicher, als sich eine in der Sache verfälschende politische Anschauung der Mithilfe religiöser Überzeugungen und Bräuche bediente. „Dieser 9. November 1918", so hielt er Frick am 22. Mai 1930 im Thüringischen Landtag vor, „ist politisch und rechtlich die Grundlage des heutigen republikanischen Staates." Man könne ihm nicht das Stichwort vom Vaterlandsverrat anheften. Dem zweiten Argument des Innenministers stellte Brill die knappe Feststellung entgegen, die schriftstellerischen Leistungen eines Tucholsky, der ‚Weltbühne' oder des ‚Berliner Tageblatts' seien ebenso wenig wie die Freuds „als marxistische Volksverhetzung und jüdische Volksseuche hinzustellen".[154]

---

152 Zit. bei Witzmann, Thüringen, S. 170f. Die Gebete wurden von Innenminister Frick am 16. 4. 1930 für den Schulgebrauch empfohlen, nicht befohlen, und im Amtsblatt am 22. 4. 1930 veröffentlicht.

153 Sitz.-Ber. V. Landtag 22. 5. 1930, S. 930.

154 ebd. S. 930. Fricks „Fachberater" Wächtler, dem Brill schon bei früherer Gelegenheit „eine politische durch und durch

Es lag nahe, daß sich eine Debatte mit diesen thematischen Bezügen dem Reizwort von der Dolchstoßlegende zuwandte. Brill selbst griff es auf und verdeutlichte mit eigenen Fronterlebnissen, daß der im Oktober 1918 kurz bevorstehende militärische Zusammenbruch des deutschen Heeres allein durch den Kriegsverlauf bedingt war. Seine auch bei dieser Gelegenheit noch einmal vorgetragene politische Überzeugung, „daß es ein volles Chaos gegeben hätte, wenn wir am 11. November 1918 keine Soldatenräte bekommen hätten", wurde natürlich am 22. Mai 1930 im Thüringischen Landtag mit „Lachen bei den Nationalsozialisten" quittiert.[155] Diese mehr als schale Reaktion der NSDAP-Fraktion auf die Bloßstellung ihrer pseudoreligiösen und politisch-didaktischen Implikationen beim Thüringer Schulgebet verdeckte die argumentative Unterlegenheit des Innenministers Frick, der die Gebete nach dem am 11. Juli 1930 erfolgten Leipziger Urteil wieder aus dem Schulalltag herausnehmen mußte, da im Widerspruch zur Reichsverfassung stehend.[156]

Bei den Schulgebeten ging es nur vordergründig um den pädagogischen Bereich der Schule. Nicht jeder, aber die Nationalsozialisten ganz bestimmt werden im stillen nur zu gern Brills Überzeugung zugestimmt haben, vorgetragen in der Debatte am 22. Mai 1930: „Gibt es etwas Gedankenloseres als wie das Sprechen des Schulgebets zu Beginn und Ende jedes Unterrichts?"[157] Es ging um das Verständnis von Kultur überhaupt. Klaus Mann hat einmal darauf hingewiesen, daß zu den ersten, die das Menetekel erkannten und literarisch verarbeiteten, Bruno Frank gehörte. „In seiner ‚Politischen Novelle'", so Mann, „finden wir die ungeheuere Problematik einer Zeitenwende zur dramatisch-didaktischen Parabel simplifiziert."[158] In einem fiktiven Dialog zweier Repräsentanten der europäischen Bühne – Frank dachte an Stresemann und Briand – wird in historischer Einkleidung das Andrängen der Barbaren („Die Perser kommen . . .") gegen die Kulturfundamente des Abendlandes, Griechenlands und des Christentums, dargestellt.

Zu einem ähnlich gleichnishaft belehrenden Ereignis über die kontrastierenden Geisteskräfte der Zeit, hier die zu verteidigende abendländische Kulturtradition, dort die angreifende nationalsozialistische kulturellle Trivialität, gestaltete sich auch die von Brill und Frick ausgetragene Kontroverse über den Roman ‚Im Westen nichts Neues' von Erich Maria Remarque. Das Buch war am 1. Februar 1929 bei Ullstein in Berlin erschienen, hatte in wenigen Monaten eine Auflage von 600000 Exemplaren erreicht, nach einem Jahr die Grenze von 1 Mill., nach einem weiteren die von 2 Mill. überschritten[159] Das Antikriegsbuch stand in der noch kurzen literarischen Tradition der Werke des Franzosen Barbusse (‚Das Feuer. Die Geschichte einer Korporalschaft'), des Engländers Mottram (‚Der spanische Pachthof') oder des Österreichers Latzko (‚Der letzte Mann'), übertraf sie aber alle durch die Eindringlichkeit, mit der aus der Sicht der gemeinen Soldaten, die hier als Schüler und Studenten von Schulbänken und aus Studierstuben 1914/18 an die Front kamen, Szenen in Schützengräben und Etappen dargestellt werden. Die mit der „Ilias" Homers in der abendländischen Literatur einsetzende Heroik der Kriegsdarstellungen war bei Remarque der ganzen Erbärmlichkeit des Leidens der Kreatur am Krieg gewichen. ‚Im Westen nichts Neues' übertraf als literarische

---

verpestete Phantasie" attestiert hatte (Sitz.-Ber. V. Landtag 21. 1. 1930, S. 53), der jetzt an den Schulgebeten entscheidend mitgearbeitet hatte, warf Brill in diesem Zusammenhang „üble Schaumschlägerei" vor, ebd. 22. 5. 1930, S. 930.

155 ebd. S. 931.

156 Brill, Gegen den Strom, S. 7f., Witzmann, Thüringen, S. 171f. und WTB 11. 7. 1930.

157 a. O. Anm. 152, S. 933.

158 Klaus Mann, Der Wendepunkt. Ein Lebensbericht, München 1989, S. 247.

159 Erich Maria Remarque, Im Westen nichts Neues, Berlin 1929. Zu den Auflagen des Buches s. das Börsenblatt des deutschen Buchhandels.

Moderne bei weitem Ernst Jüngers Kriegsroman ‚In Stahlgewittern', der, selbst schon seit 1920 auf dem Markt, beim Erscheinen des Remarque-Buches gerade einmal eine Auflage von 29000 Exemplaren erreicht hatte.

Zu dem Erfolg Remarques trug naturgemäß das neue Medium bei, die Verfilmung. Die Uraufführung erfolgte am 1. Mai 1930 in New York, die deutsche Erstaufführung am 5. Dezember dieses Jahres im Berliner Marmorsaal. Sie wurde dort heftig gestört durch nationalsozialistische Schlägertrupps unter Führung des Gauleiters Goebbels. Schon am 11. Dezember 1930 wurde der Film auf Antrag der Länder Sachsen, Bayern und Württemberg von der Filmoberprüfstelle wegen „Gefährdung des deutschen Ansehens" verboten. Die Deutsche Liga für Menschenrechte protestierte dagegen. Heinrich Mann erklärte am 2. Februar 1932 öffentlich: „Nicht der Film brachte Deutschlands Ehre in Gefahr. Wohl aber sein Verbot." Carl Zuckmayer, Käthe Kollwitz, Albert Einstein und Arnold Zweig stimmten ihm zu. Doch erst am 2. September 1931 wurde das Verbot wieder aufgehoben.

Bevor das reichsweite Verbot ausgesprochen worden war, hatte das Thüringische Staatsministerium bereits im Alleingang die Aufführung des Films verboten. Innenminister Frick war zuvor sogar noch weiter gegangen, indem er am 2. bzw. 24. Februar 1930 durch zwei Verfügungen den Volks-, Fortbildungs- und Berufsschulen, nicht jedoch den Gymnasien, das Buch zunächst zur Anschaffung für Schüler- und Lehrerbüchereien, dann auch seine Benutzung im Unterricht „strengstens" verboten und schließlich „die sofortige Entfernung" angeordnet hatte.[160] Das war für Brill Anlaß, vor dem Thüringischen Landtag das Verbot des Remarque-Romans ‚Im Westen nichts Neues' und darüber hinaus die Kulturpolitik des Nationalsozialismus anzuprangern, teilweise mit beißendem Spott.

Leicht konnte Brill den Nationalsozialisten an jenem 7. Februar 1931, an dem die Debatte in Weimar stattfand, allerdings vor demonstrativ leeren Regierungsbänken, durch wenige pädagogisch-psychologische Bemerkungen nachweisen, daß der Roman als herausragendes Beispiel der modernen Literatur gerade durch das Verbot zu einem begehrten Lektürestoff geworden sei. Er zitierte vor dem Landtag Lehrerstimmen wie diese: „Eins hat der Frick dadurch erreicht, nämlich daß das Buch gekauft und gelesen wird."[161] Dabei war das Buch bei einem Verkaufspreis von RM 6,– für die gebundene Ausgabe nicht gerade billig, denkt man an die Relation zu 1 kg Butter (3,40 RM), 1 kg Rindfleisch (2,20 RM) oder 1 km Reichsbahn in der 3. Klasse für vier Pfennig. Es kostete ⅔ des Schichtlohnes eines Bergarbeiters (9,17 RM).[162] Öffentliche Bibliotheken in Thüringen verzeichneten 20 und mehr Vorbestellungen auf die Ausleihe.

Doch nicht Argumente von dieser Art waren Brill die wichtigsten, sondern kulturpädagogische und kulturpolitische. Remarques Buch, das „in der Nachkriegszeit die höchste Auflage von allen in deutscher Sprache erschienenen Bücher überhaupt erreicht" habe, „gehört bereits der Weltliteratur" an, in seiner zeitkritischen Bedeutung Goethes „Leiden des jungen Werther" oder Rousseaus „Bekenntnissen" vergleichbar. Nicht ohne Sarkasmus hielt Brill den bei seiner Rede weithin schweigenden Abgeordneten der NSDAP vor: „Sich ... gegen die literarisch-künstlerische Gestaltung dieses Erlebnisses stemmen zu sollen, dazu gehört schon der geistige Horizont eines Nationalsozialisten."[163] Brill nannte sie „Affen Mussolinis", der das Verbot des Buches zuerst ausgesprochen hatte, und fragte sie ironisch nach eigenen Kulturleistungen, die

---

160 Die beiden Verfügungen des Innenministers Frick vom 7. und 24. 2. 1930 werden von Brill vor dem Landtag am 7. 2. 1931 zitiert, Sitz.-Ber. V. Landtag, S. 1589f.

161 ebd. S. 1590.

162 Zu den Lebenshaltungskosten vgl. u. a. die ‚Bergwerkszeitung' vom 1. 4. 1930.

163 a. O. Anm. 161, S. 1591.

den Remarque-Roman verzichtbar erscheinen lassen könnten. Ein Verbot hätte doch nur Sinn, wenn man davon überzeugt sein könnte, „daß im Nationalsozialismus so starke kulturschöpferische Kräfte stecken, daß wir auf ein Buch wie ‚Im Westen nichts Neues' Verzicht leisten könnten". Doch weit gefehlt: „Was hat denn der Nationalsozialismus in seiner praktischen Arbeit an kulturschöpferischen Dingen eigentlich hervorgebracht?" Brill gab diese Antwort: „Das, was wir aus diesem Lager bisher gesehen haben, ist wirklich weiter nichts als allerschlechteste Schundliteratur."[164]

Ein solcher Angriff Brills auf Frick und die NSDAP war frontal. Er trug dazu bei, daß sich SPD, KPD und in diesem Fall auch die DVP in einem Mißtrauensvotum gegen den Innenminister zusammenfanden und Frick am 1. April 1931 zur Demission zwangen.[165] Brills Kampf gegen die nationalsozialistische Verweigerung der künstlerischen, in diesem Fall der literarischen Moderne – auch Credés Schauspiel ‚Frauen in Not', eine zeitkritische Auseinandersetzung mit dem § 218 BGB, von der Piscator-Bühne reichsweit aufgeführt, aber in Thüringen von Frick verboten, war davon betroffen[166] – war punktuell und für den Augenblick erfolgreich gewesen. Während andere mit „frivoler Animiertheit" (Klaus Mann) den Umtrieben des Nationalsozialismus zusahen, störende Vernunftgründe verdrängend, gewann Brill in Weimar ein Vorpostengefecht gegen Innenminister Frick. Es war nicht einmal sein eindrucksvollster Auftritt gegen nationalsozialistische Führungspersonen. Den hatte er gegenüber Hitler selbst am 15. März 1932.

3.2 Die personalpolitische Groteske: Adolf Hitler wird als Gendarmeriekommissar von Hildburghausen deutscher Staatsbürger

Auf einem Gautag der NSDAP in Gera am 12. Juli 1930 überreicht der Thüringische Minister des Innern, Wilhelm Frick, seinem Führer Adolf Hitler die Ernennungsurkunde zum Gendarmeriekommissar von Hildburghausen. Mit dieser Ernennung zum Beamten ist automatisch die Verleihung der deutschen Staatsbürgerschaft verbunden. Hitler nimmt die Urkunde entgegen, unterschreibt eine Empfangsbestätigung und macht dadurch den Vorgang rechtswirksam. Einige Tage später, nach München zurückgekehrt, kommen ihm Bedenken, er zerreißt die Urkunde, Frick tut in Weimar dasselbe mit der Empfangsbestätigung. Die Bestallung wird rechtsunwirksam. Spuren bleiben nicht zurück, da beteiligte Ministerialbeamte von Frick zum Schweigen verpflichtet und Akten nicht in den Geschäftsgang der Ministerien gegeben werden.

Erst 1½ Jahre später, Anfang Februar 1932, kommt das Ganze ans Licht der Öffentlichkeit. Die Presse behandelt es als politische „Köpenickiade von Schildburghausen". Ein parlamentarischer Untersuchungsausschuß des Thüringer Landtags unter Vorsitz Hermann Brills klärt mit Hitler als Zeugen penibel die Hintergründe auf. Dies treibt das Bemühen eines anderen nationalsozialistischen Landesministers, des in Braunschweig amtierenden Dietrich Klagges, an, dem zu diesem Zeitpunkt staatenlosen Hitler durch die Ernennung zum Regierungsrat beim Landeskultur- und Vermessungsamt der Stadt die deutsche Staatsbürgerschaft zu verleihen und so dessen Kandidatur für die unmittelbar bevorstehenden Wahlen für das Amt des

164 ebd. S. 1592.
165 ebd.
166 Brill, Gegen den Strom, S. 8 und WTB 1. 4. 1931.

Reichspräsidenten am 13. März 1932 zu ermöglichen. Beide zu so beflissentlicher Hilfestellung sich selbst berufenden Landesminister der NSDAP hatten im übrigen zuvor andere Anstellungsziele für Hitler verfolgt. Der eine, Frick, wollte ihn zunächst zum Direktor der Weimarer Kunsthochschule machen, der andere, Klagges, zum Professor für „Organische Gesellschaftslehre und Politik" an der Technischen Hochschule Braunschweig.

Ein genauer Blick in den Verlauf der Dinge erweitert unsere Kenntnisse über Hitler und die NSDAP in den letzten Jahren vor der Machtübertragung in manchen Details, läßt darüber hinaus aber im Rahmen dieser Biographie die Entscheidung Brills zum Widerstand gegen den Nationalsozialismus noch begründeter erscheinen.

Die Absicht Fricks, Hitler zum Gendarmeriekommissar von Hildburghausen zu ernennen, war vordergründig dadurch begünstigt, daß hier eine solche Stelle etatisiert und im Sommer für die Wiederbesetzung frei war. Es handelte sich um die Position des Leiters einer 10köpfigen Dienststelle.[167] Im Hintergrund wird für die Ministerinitiative die Tatsache eine Rolle gespielt haben, daß der Landkreis Hildburghausen, südlich des Rennsteigs gelegen, damals der zweitkleinste in Thüringen, als Grenzkreis zu Bayern so etwas wie das natürliche Aufmarschgebiet der NSDAP von Süden her war. Der Verkehr ging über den Grenzbahnhof Lichtenfels. Der Rechtsradikalismus war hier von allem Anfang an stark vertreten. Ein Lehrer Ellendt und ein Pfarrer Johnsen waren der Thüringischen Landesregierung schon zu Anfang der 20er Jahre als Führer namhaft geworden.[168] Im nahegelegenen Coburg, bis 1918 Teil des Thüringer Herzogtums Sachsen-Coburg-Gotha, danach für den Anschluß an Bayern votierend, hatte der Jungdeutsche Orden durch die Einweihung eines „Blutsteins" (16. Juli 1922) früh eine symbolische Sammelstätte geschaffen.[169] Größere Demonstrationen waren hier im Sommer 1923 an der Tagesordnung, heraus ragte ein Deutscher Tag des Jungdeutschen Ordens am 3. Juni 1923 in Hildburghausen mit der Weihe des Banners der Ballei Südthüringen vor angeblich 5000 Teilnehmern.[170]

In ein solches rechtsradikales Erbe wuchs die NSDAP in der zweiten Hälfte der 20er Jahre hinein. Am nördlichen Rand des Landkreises Hildburghausen, in Steinbach-Hallenberg, vermochte sie die erste Ortsgruppe in Gau Thüringen zu gründen[171], Ende 1924 waren es über 90.[172] Hitler trat bevorzugt im Gau Thüringen als Redner auf[173], hier leitete er im Sommer 1925 ein erstes Bemühen ein, deutscher Staatsbürger zu werden.[174] Nachdem dieser Versuch fehlgeschlagen war, unternahm Frick 1929 einen neuen in Bayern. Zusammen mit dem Landtagsabgeordneten Buttmann (NSDAP) sondierte er in dieser Frage beim damaligen

167 Zum Vorgang s. das Protokoll des Parlamentarischen Untersuchungsausschusses des Thüringer Landtags in der ersten Sitzung vom 15. 3. 1932 mit der Befragung des ehemaligen Thüringischen Ministers des Innern Frick zur Sache, HStA Thüringen Landtag Nr. 196.

168 HStA Thür. Staatsmin. d. I. P 135: Vorgänge an der bayerisch-thüringischen Grenze, Berichte vom 9. und 19. 6. 1923 aus Zella-Mehlis und Meiningen.

169 ebd. Aktennotiz der Abtlg. II des Thür. Staatsmin. d. I. 26. 7. 1922 und Korrespondenz Reichsmin. d. I. mit Thür. Staatsmin. d. I. 23. 9. 1922 und 17. 2. 1923.

170 HStA Weimar Thür. Staatsmin. d. I. P 184: Deutscher Tag 3. 6. 1923 in Hildburghausen. Pfarrer Johnsen hatte den Tag organisiert.

171 BA NS 20/1072: Robert Ley, Bericht über die Besichtigung des Gaues Thüringen 24. 2. 1932: „Steinbach-Hallenberg ist die älteste Gruppe des Gaues Thüringen." Die Gründung muß deutlich vor dem 17. 7. 1924 erfolgt sein, als die NSDAP im Gau Thüringen 15 Ortsgruppen hatte: NSDAP-Bezirk Thüringer Wald. Richtlinien zur Durchführung der Organisation, verfaßt von Fritz Sauckel, in: BA NS 20/123. Die älteste Ortsgruppe der NSDAP im Thüringer Raum wurde am 5. 11. 1922 in Erfurt gegründet, s. ‚Mitteldeutsche Zeitung Erfurt' 7. 11. 1933.

172 BA NS 20/123: Liste der Ortsgruppen Thüringen der NSDAP 1924.

173 Im Urteil Robert Leys wurde Thüringen „tatsächlich vor anderen Gauen sichtbarlich ausgezeichnet" dadurch, daß „unser Führer oft in Weimar und auch im übrigen Thüringer Land gesprochen hat", a. O. Anm. 171.

174 s. o. Anm. 131.

bayerischen Innenminister Stützel. Der gab ihm aber nach Rücksprache mit Ministerpräsident Held und der Bayerischen Staatsregierung den Bescheid, „daß die Sache aussichtslos sei".[175]

Am 23. Januar 1930 zum Thüringischen Innenminister gewählt, kam Frick in eine bessere Lage. Jetzt konnte er, der erste nationalsozialistische Minister in einem deutschen Kabinett, selbst die Einbürgerung Hitlers auf dem Wege der Ernennung zu einem Beamten des Landes Thüringen erwirken. Er versuchte es auch sofort auf dem Wege einer Anstellung Hitlers bei der Abteilung Kunst der Staatlichen Hochschule für Handwerk und Baukunst, dem Nachfolgeinstitut des Bauhauses, das 1930 mit der Hochschule für bildende Kunst zur Weimarer Kunsthochschule vereint wurde.[176] Der Versuch mißlang im Frühjahr 1930. Brill hat das später bedauert. Voller Ironie bemerkte er: „Gewiß ein guter Gedanke: Der Welt wäre viel erspart geblieben, wenn Hitler an der Weimarer Kunsthochschule entsprechend seinen künstlerischen Neigungen Tapetenmuster entworfen oder Porzellanvasen gedreht hätte."[177] Ob er allerdings an einem solchen Ort, an dem in der zweiten Hälfte des 19. Jahrhunderts die Weimarer Malerschule den Ruf der Stadt als eines der Kunstzentren Deutschlands begründet hatte, wo das Bauhaus von 1919–1925 beheimatet war, reüssiert hätte, bliebe doch sehr die Frage.

Eine Antwort mußte nicht versucht werden. Der Thüringische Staatsminister Baum (Landbund), ein Mitglied des „Stahlhelm", verweigerte sich dem Verfahren. Außerdem legte sich die Landesregierung, nachdem ihr Mitglied Frick am 2. April im Berliner Sportpalast eine Willenserklärung abgegeben hatte, Hitler zum deutschen Staatsbürger machen zu wollen, am 15. April 1930 in Weimar durch einen Kabinettsbeschluß darauf fest, nicht die Absicht zu haben, „Adolf Hitler den Erwerb der thüringischen Staatsangehörigkeit dadurch zu ermöglichen, daß sie ihn pro forma als thüringischen Staatsbeamten anstellte".[178] § 47 der thüringischen Landesverfassung gab mit seiner Bestimmung, daß „über alle Angelegenheiten von größerer Wichtigkeit" das Kabinett zu entscheiden habe, eine rechtwirksame Grundlage. Dieser verfassungsrechtlichen und durch eine politische Willenserklärung bekräftigten Selbstbindung der Landesregierung war außerdem am 27. Februar 1930 ein Kabinettsbeschluß vorausgegangen, der im Rahmen notwendiger Haushaltseinsparungen generell eine Anstellungs- und Beförderungssperre vorsah. Ausnahmen wurden erlaubt, aber an die vorherige Zustimmung des Finanzministers gebunden.[179] Eine solche Zustimmung hatte Baum, der neben seiner Funktion als Regierungschef das Finanzministerium leitete, im Frühjahr 1930 dem Frickplan versagt, Hitler zum Weimarer Kunstprofessor zu ernennen.

All diese verfassungsrechtlichen und politischen Vorgaben sowie Erklärungen hat Frick im Sommer 1930 überspielt. Er durfte sich dazu durch seinen Regierungschef Baum allerdings durchaus ermutigt fühlen, denn dieser soll ihm wenige Monate vorher gesagt haben: „Im Sommer, wenn politische Ruhe eingetreten sein werde, wenn der Landtag nicht mehr da sei,

---

175 Frick vor dem Untersuchungsausschuß des Thüringer Landtags 15. 2. 1932, Protokoll S. 16.

176 ebd. S. 18.

177 Brill, Gegen den Strom, S. 9.

178 Zit. von Staatsminister Kästner, dem Nachfolger Fricks im Amt des Innenministers, vor dem Landtag am 17. 2. 1932, Sitz.-Ber. V. Landtag, S. 2983. Der Landtagsabgeordnete Kahlenbach (DDP) hatte die Landesregierung am 28. 3. 1930 gefragt, „ob es zutrifft, daß sie den an einem hochverräterischen Unternehmen gegen das Reich führend beteiligt gewesenen staatenlosen Adolf Hitler die Erlangung der thüringischen Staatsangehörigkeit ermöglichen will dadurch, daß sie ihn pro forma als thüringischen Staatsbeamten anstellt? Glaubt die Regierung es mit ihrer Amtspflicht vereinbaren zu können, das thüringische Staatsbeamtengesetz mit der scheinbaren Anstellung Hitlers als Beamten lediglich zu dem Zweck benutzen zu können, die sonst der Einbürgerung Hitlers entgegenstehenden Hemmnisse zu umgehen und Hitler dadurch einen persönlichen Gefallen zu erweisen?" Zit. in: ‚Das Volk' 5. 2. 1932. Die Willensbekundung Fricks am 2. 4. 1930 vor dem Berliner Sportpalast ebd.

179 Zit. ebd. S. 2983 und Kabinettsprotokoll 27. 2. 1930, StA Weimar Thür. Staatsmin.

könne man die Sache ja vielleicht machen."[180] Im Sommer 1930, als auch Baum in Urlaub war und Frick gemäß der Geschäftsordnung dessen Finanzressort mitverwaltete, machte er die Sache. Er zog zwei Beamtze seines Innenministeriums hinzu, den Leiter der Abteilung II (Polizeiwesen), den Ministerialrat Dr. Guyet, und den Referenten dieser Abteilung, den Oberregierungsrat Haueisen, befragte sie, ob Ihnen „irgendwelche gesetzlichen oder sonstigen Vorschriften bekannt seien, die einer solchen Ernennung entgegenstünden"[181], und ließ sie dann, als sie verneinten, eine mit sofortiger Wirkung in Kraft tretende Ernennungsurkunde Hitlers zum Gendarmeriekommissar in Hildburghausen ohne Gehaltsbezug und Dienstantrittsverpflichtung ausfertigen. Danach legte er den beiden Ministerialbeamten ein „Schweigegebot gegen jedermann" auf.[182] Als Grund seines Verhaltens gab Frick später allein an, er habe als Minister alles tun wollen, „um endlich diesem Frontsoldaten Adolf Hitler, der 4½ Jahre für Deutschland gekämpft und geblutet hat, die ihm bis dahin vorenthaltenen staatsbürgerlichen Rechte in Deutschland zu verleihen".[183]

Der Anlaß für die Aushändigung schien ihm auf dem Gautag der NSDAP in Gera am 12. Juli 1930 günstig zu sein.[184] Allerdings verlief das Zeremoniell nicht so, wie Frick sich das wohl gedacht hatte. Er wollte die Übergabe sofort publik machen. Doch Hitler, vorher nicht eingeweiht, reagierte reserviert, machte Bedenken geltend, hielt die Sache nicht für dringlich, nahm aber schließlich unter dem Vorbehalt eines nachträglichen Widerrufs an und unterschrieb eine Empfangsbestätigung. „Deshalb blieb die Sache überhaupt geheim."[185] Der Führer der NSDAP war formell deutscher Staatsbürger geworden, aber keiner sollte es wissen. Er hatte eine Beamtenposition in der Besoldungsstufe 4e ohne die Verpflichtung zum Dienstantritt in Hildburghausen, das der Volksmund auch wegen des dort ansässigen thüringischen Landeskrankenhauses „Rappelsdorf" nannte.

Doch, von Gera nach München zurückgekehrt und dort durch Beratungen im engsten Kameradenkreis in seinen Zweifeln gestärkt, nahm er sein von allem Anfang an geltend gemachtes Widerspruchsrecht in Anspruch und zerriß nach eigenem, späteren Bekunden die Urkunde. Der Vorgang in Gera war ihm wohl zu beiläufig gewesen. „Ich habe keine Veranlassung gesehen", das gab er zumindest später vor dem parlamentarischen Untersuchungsausschuß des Thüringischen Landtags gegenüber dem ihn vernehmenden Vorsitzenden Brill zu Protokoll, „mich einbürgern zu lassen. Im übrigen war ich überzeugt, daß die Einbürgerung, wenn ich es für richtig und zweckmäßig hielte, so oder so vorgenommen werden würde."[186] Brill glaubte nicht an einen so dilatorischen und desinteressierten Umgang des durch die am 30. April 1925 von der Landesregierung Oberösterreich ausgesprochene Auswanderungsgenehmigung des staatenlosen Adolf Hitler mit seiner angestrebten deutschen Staatsbürgerschaft, meinte vielmehr bei ihm den Standpunkt beobachtet zu haben, „das deutsche Volk müsse ihn durch einen einstimmigen Beschluß des

---

180 Frick vor dem Untersuchungsausschuß am 15. 3. 1932, Protokoll S. 18.

181 ebd.

182 Sitz.-Ber. V. Landtag 17. 2. 1932, S. 2983.

183 Frick vor dem Untersuchungsausschuß am 15. 3. 1932, Protokoll S. 16.

184 ebd. S. 18f. Brill, Gegen den Strom, S. 10, nennt den 12. 6. 1930. Hier wird ein Gedächtnisfehler vorliegen, der durch die höherwertige Quelle des Protokolls des Untersuchungsausschusses vom 15. 3. 1932 korrigierbar ist. Brills Kommentar, Frick habe in dem Gefühl gehandelt, „damit eine große historische Leistung zu vollbringen", wird man ohne Einschränkung annehmen, wenngleich die am selben 12. 6. 1930 in Speyer beginnenden Feiern zum 900jährigen Jubiläum des Domes eine bedeutendere historische Dimension aufwiesen.

185 Frick vor dem Untersuchungsausschuß 15. 3. 1932, Protokoll S. 21ff. „Wenn es nach mir gegangen wäre, dann hätte ich sofort auf dem Gautag am 12. Juli 1930 in Gera öffentlich verkündet, daß Hitler nunmehr infolge Ernennung zum Thür. Staatsbeamten deutscher Staatsbürger sei." Frick, ebd. S. 24.

186 Hitler vor dem Untersuchungsausschuß 15. 3. 1932, Protokoll S. 48.

ersten Reichstages des Dritten Reiches bitten, das Ehrenbürgerrecht des Deutschen Reiches anzunehmen."[187]

Brill brachte diese durchaus öffentlich kolportierte Einstellung Hitlers am 17. Februar 1932 vor den Thüringischen Landtag. An diesem und dem folgenden Tag fand aufgrund einer großen Anfrage der KPD vom 4. Februar 1932 „über die auf geheimen Schleichwegen erfolgte Ernennung Hitlers zum Staatsbeamten (Gendarmeriekommissar Hildburghausen)" eine erregte parlamentarische Debatte statt, allerdings in demonstrativer Abwesenheit der Fraktion der NSDAP. Sie wollte den von der Öffentlichkeit sog. „Schildburghausen"-Streich ihres ehemaligen Innenministers Frick nicht mit anhören.[188] Gut zwei Wochen vorher war der gesamte Vorgang erstmalig an die Öffentlichkeit gekommen. Die dabei bekanntgewordenen Einzelheiten sind auch heute noch nicht ganz ohne spekulative Beimengungen zu verstehen.

Am späten Vormittag des 1. Februar 1932, eines Montags, erfuhr das Thüringische Innenministerium durch einen Anruf des Vertreters der ‚Frankfurter Zeitung' aus Berlin, in der heutigen Ausgabe des Berliner ‚Montags-Blatts', eines sich im Untertitel ‚Unabhängige Zeitung für nationale und soziale Politik' nennenden, von Stennes begründeten und von Ehrhard weitergeführten nationalsozialistischen Presseorgans, stünde die Notiz, Hitler sei „in einem deutschen Lande bereits von einer nationalsozialistischen Regierung – wohl auf dem Wege der Anstellung zum Beamten – eingebürgert" worden. Die entsprechend ausgestellte Urkunde werde im Münchener Braunen Haus verwahrt und „im geeigneten Zeitpunkt" publik gemacht. Der anrufende Redakteur der ‚Frankfurter Zeitung' hatte die Nachricht von seiner Heimatredaktion erhalten, der sie wiederum in der Nacht zuvor zugegangen war. Jetzt wollte der Redakteur vom Weimarer Innenministerium wissen, ob „das betreffende Land Thüringen sei".[189] Der befragte Beamte, Ministerialrat Walther, war in der Sache ahnungslos, erfuhr aber schnell durch zwei weitere Beamte seines Ministeriums, durch den Ministerialrat Guyet und den Oberregierungsrat Haueisen, daß gerade diese beiden „etwas darüber wüßten, daß sie aber nichts darüber sagen könnten"; der seinerzeitige Innenminister Frick, der im Sommer 1930 im Sinne der gerade eingegangenen Anfrage der ‚Frankfurter Zeitung' gehandelt habe, habe sie zur Amtsverschwiegenheit in der Sache verpflichtet.

Nach dieser ersten Aufklärung wurde sofort der Thüringische Innenminister Kästner aus einem Urlaubsort Gotha nach Weimar geholt. Er forderte die beiden Ministerialbeamten noch am Abend des 1. Februar 1932 dienstlich auf, ihre Amtsverschwiegenheit als nicht mehr begründet anzusehen und sich zur Sache zu äußern. Das tat daraufhin Oberregierungsrat Haueisen, der den Vorgang wie folgt zu Protokoll gab: „Es ist wohl im Juli 1930 gewesen, jedenfalls an einem Tage, wo ich mich auf Urlaub abmeldete. Minister Dr. Frick ließ mich am Vormittag kommen und Anstellungsurkunden mitbringen. Den Grund hierfür wußte ich nicht. Ich erhielt den Auftrag, nach seinem Diktat aufzuschreiben und auf seine Anweisung wurde dem Dienstbogen vorangesetzt: ‚Auf Anordnung', wozu Minister Dr. Frick noch erklärte, daß er für den Inhalt des Diktates die alleinige und volle Verantwortung übernehme. Er verpflichtete mich gleichzeitig zu strengstem Schweigen. Das Diktat bezog sich darauf, daß dem Frontkämpfer des Weltkrieges Adolf Hitler die damals freie Stelle des Gendarmeriekommissars in Hildburghausen übertragen wurde. Über den Stellenantritt und die Dienstbezüge war Entscheidung vorbehalten geblieben. Das weitere Diktat bezog sich meiner Erinnerung nach darauf, daß Adolf Hitler auf Dienstantritt und Besoldung verzichtete. Es war dies der Entwurf

187 Brill vor dem Thüringischen Landtag 17. 2. 1932, Sitz.-Ber. V. Landtag S. 2985f.

188 ebd. S. 2961ff. Die Große Anfrage Nr. 295 der KPD vom 4. 2. 1932 in: HStA Weimar Landtag von Thüringen Nr. 458.

189 Der Vorgang ist abgedruckt in der ‚Frankfurter Zeitung' vom 4. 2. 1932. Die thüringische SPD-Landeszeitung ‚Das Volk' hat die Meldungen am 4. und 5. 2. 1932 übernommen.

eines Schreibens, das offenbar Adolf Hitler zur Unterschrift vorgelegt werden sollte."[190] Haueisen fügte bei seiner Erklärung am Abend des 1. Februar 1932 hinzu, Frick habe damals, im Juli 1930, den Entwurf und die Reinschrift persönlich verwahrt, nichts zu den Dienstakten und auch keine Bekanntmachung über die Anstellung Hitlers an die Öffentlichkeit gegeben. Er habe jedoch den zuständigen Ministerialrat Guyet informiert und diesem gegenüber, der bereits einen Gendarmerieoberwachtmeister Z. für die freie Stelle in Hildburghausen vorgesehen hatte, erklärt, daß die Position „gleich wieder frei" sei, da Hitler „sofort um seine Entlassung aus dem Staatsdienst nachsuchen werde".

Die Nachricht des Berliner ‚Montags-Blatts' vom 1. Februar 1932 leitete große Turbulenzen um die Person Hitlers ein, beschäftigte über Wochen die Reichs- und thüringische Landespresse, auch die des Auslands, und veranlaßte schließlich den Weimarer Landtag, einen parlamentarischen Untersuchungsausschuß einzurichten, der unter der Leitung Hermann Brills den genauen Sachverhalt aufzuklären bemüht war. Von allem Anfang an muß überraschen, daß es eine nationalsozialistische Zeitung war, die den kuriosen Fall als erste vor einer bis dahin ahnungslosen Öffentlichkeit, Reichs- und thüringischen Landesbürokratie ausbreitete. Die Suche nach ihren Motiven kann vielleicht über den gewählten Publikationstermin zum Erfolg führen.

Am 1. Februar 1932 hatte sich in Berlin nach 5 Tagen der Vorbereitung der sog. Sahm-Ausschuß konstituiert, der unter der Parole „Das Volk will Hindenburg" für eine erneute Kandidatur des noch amtierenden Reichspräsidenten warb. Der Berliner Oberbürgermeister Sahm sowie die Gründungsinitiatoren Hugo Eckener, Gustav Noske, Otto Geßler, Gerhart Hauptmann, Max Liebermann, Reichskanzler a. D. Wilhelm Cuno, der Konstrukteur Hugo Junkers und später dann der Kölner Oberbürgermeister Konrad Adenauer, der Staatsrechtler Gerhard Anschütz, die Professoren Hermann Aubin, Ernst Robert Curtius und Emil Marcks, der Leipziger Thomas-Kantor Paul Straube, der Schauspieler Max Slevogt, der Schriftsteller Walter von Molo, der Sportpolitiker Karl Ritter von Halt sowie noch andere Mitglieder der Reichsprominenz sprachen sich für eine „Volkskandidatur" Paul von Beneckendorffs und Hindenburgs aus. Dieser, zunächst noch zögernd, wurde offenbar durch die schon bis zum 7. Februar 1932 in von der ‚Frankfurter Zeitung' bereitgehaltenen Einzeichnungslisten eingetragenen 770000 Unterschriften, denen schnell weitere fast 2 Mill. folgten, dazu bewogen, am 15. Februar zunächst gegenüber Reichskanzler Brüning und am folgenden 16. öffentlich seine erneute Kandidatur zu erklären.[191]

Dem wegen seiner Amtsmüdigkeit zögernden 84jährigen Hindenburg stand ein gleichfalls zögernder, zu diesem Zeitpunkt genau halb so alter Hitler gegenüber. In der NSDAP war man offensichtlich Ende Januar 1932 in der Frage nicht entschieden, ob der Führer zum 13. März 1932 für das Amt des Reichspräsidenten kandidieren sollte oder nicht. Ein wesentliches Hindernis stellte die ungeklärte Staatsbürgerschaft Hitlers dar. Offenbar rangen im Braunen Haus zwei Auffassungen miteinander. Die ‚Deutsche Allgemeine Zeitung' berichtete am 1. Februar 1932 davon. Danach gab es eine Gruppe in der Partei, die Hitler gleich für den ersten Wahlgang aufgestellt sehen wollte, um so durch die Zersplitterung der Stimmen auf der Rechten einen zweiten zu erzwingen. Diese Variante setzte die deutsche Staatsbürgerschaft

190 Abgedruckt in: ‚Frankfurter Zeitung' 4. 2. 1932 (2. Morgenblatt: „Gendarmeriekommissar Hitler?").

191 Zum Sahm-Ausschuß und seiner Aktivität s. ‚Frankfurter Zeitung' 2. 9. und 17. 2. 1932 (jeweils 1. und 2. Morgenblatt). Andere Zeitungen haben die Mitteilungen übernommen, z. B. ‚Das Volk' am 2. 2. 1932 die Proklamation Sahms vom Vortag: „Hindenburg: Das ist ein Leben deutscher Pflichterfüllung im Dienste des Vaterlandes von der Kaiserproklamation von 1871 bis zur Präsidentschaft der Republik . . . Deutsche! . . . Eine spontane Kundgebung soll Hindenburg bitten, sich als Volkskandidat für die Wiederwahl zum Reichspräsidenten zur Verfügung zu stellen."

Hitlers voraus. Die zweite Variante wollte sie durch den erhofften positiven Ausgang des ersten Wahlgangs gleichsam erzwingen. Dabei dachten NSDAP-Mitglieder daran, zunächst einen Strohmann in den Wahlgang zu schicken – genannt wurde General Lützmann –, um dann mit dem moralischen Gewicht der von diesem für die NSDAP erworbenen Stimmen beim zuständigen Reichsrat Hitlers Einbürgerung einzufordern und ihn als Kandidaten im zweiten Wahlgang aufstellen zu können.

Um die erste Variante zu stützen, wurde Ende Januar 1932 die Mitteilung in die Presse lanciert, Hitler werde von der Braunschweigischen Landesregierung zum Professor an der dortigen Technischen Hochschule ernannt, er werde aber den Ruf nicht annehmen, wohl jedoch die damit automatisch verbundende deutsche Staatsbürgerschaft. Ein solches trickreiches Verfahren wurde indessen sofort von der Gegenseite ob seiner juristischen Bedenklichkeit bloßgestellt. Dr. Kaisenberg, Ministerialrat in der Verfassungsabteilung des Reichsministeriums des Innern, schrieb dazu Ende Januar 1932 in einem Rechtsgutachten, der möglicherweise in Aussicht genommene Schritt in Braunschweig sei unzulässig. Ein Ausländer oder Staatenloser könne nur auf dem Wege der Verbeamtung deutscher Staatsbürger werden, wenn „es sich um eine wirkliche Ernennung zum Beamten handelt. Scheingeschäfte sind nach bürgerlichem Recht nichtig." Klar definierte Kaisenberg im Blick auf den möglichen Vorgang in Braunschweig: „Eine Beamtenernennung ist nur rechtswirksam, wenn der Wille der ernennenden Behörde dahin geht, eine Persönlichkeit zum Beamten zu machen, und der Wille dieser Persönlichkeit darauf gerichtet ist, Beamter zu werden, also Staatsdienste zu verrichten. Eine solche Willensbildung liegt aber dann nicht vor, wenn die Beamtenernennung lediglich zu dem Zweck erfolgt, um der betreffenden Persönlichkeit die Möglichkeit zu eröffnen, die staatsrechtlichen Voraussetzungen für ein anderes Staatsorgan, das mit der Beamtenernennung nichts zu tun hat, zu erfüllen." Vorbeugend gab Kaisenberg an die Adresse der NSDAP und Hitlers zu verstehen: „In der Ernennung eines Ausländers, wie es Hitler ist, oder Staatenlosen zum Beamten lediglich zu dem Zweck, um ihm die Fähigkeit für die Anwartschaft auf das Amt des Reichspräsidenten zu verleihen, würde keine ernstlich gemeinte Beamtenernennung zu erblicken sein. Eine solche Ernennung wäre nichtig und unwirksam."[192]

Das in seiner genauen Datierung nicht bekannte Rechtsgutachten Kaisenbergs wurde am 1. Februar 1932 in der offiziösen ‚Vossischen Zeitung' veröffentlicht, mithin an jenem selben Montag, an dem das nationalsozialistische ‚Montags-Blatt' den Hinweis brachte, Hitler sei „in einem deutschen Lande bereits von einer nationalsozialistischen Regierung – wohl auf dem Wege der Anstellung zum Beamten – eingebürgert" worden. Nach Lage der Dinge konnte das nicht Braunschweig sein, wo die Diskussion über ein solches Verfahren in jenen Tagen ja erst begann; es blieb nur Thüringen übrig. Allerdings machte das am 1. Februar 1932 publizierte Rechtsgutachten Kaisenbergs den zuvörderst Beteiligten, Frick und Hitler, auch deutlich, daß der im Sommer 1930 von ihnen in Thüringen begangene Weg als rechtsunwirksam, zumindest aber als mit Rechtszweifeln behaftet und deswegen als inopportun für den Weg zur Reichspräsidentenwahl anzusehen war. Der Schreiber des Artikels im ‚Montags-Blatt' wußte von dieser Einschätzung offenbar noch nicht; er verfolgte erkennbar die Absicht, im Sinne der ersten Variante der Partei Hitlers Kandidatur schon für den ersten Wahlgang zu provozieren. Dabei erweckt sein Artikel den Eindruck, daß eine entsprechende Beamten-Ernennungsurkunde im Braunen Haus in München vorlag, aber bis dahin als geheime Verschlußsache behandelt wurde. Angesichts der Aktivität des Sahm-Ausschusses zum 1. Februar und vor dem

192 Kaisenberg, Rechtsgutachten zur Einbürgerung Adolf Hitlers, abgedruckt in: ‚Vossische Zeitung' 1. 2. 1932.

Hintergrund der von Hitler gerade erfolgreich absolvierten Reise durch das Rhein- und Ruhrgebiet mit Reden vor dem Industrieclub und dem bergbaulichen Langnam-Verein in Düsseldorf am 26. Januar 1932 sowie der nachfolgenden Wohnungsnahme in der Mühlheimer Villa Emil Kirdorfs[193] konnte ihm ein Vorpreschen dringlich sein, dies um so mehr, als für den 3. Februar 1932 eine Gauleitertagung in München anberaumt war, auf der eine Entscheidung in der Frage seiner Kandidatur für die Reichspräsidentenwahlen sinnvollerweise zu fällen war.

Doch von einer solchen Entscheidung, wenn sie denn in München auf der Tagesordnung stand, mußte die NSDAP am 3. Februar Abstand nehmen. Der Weg über den Posten eines Hildburghausener Gendarmeriekomissars zum Reichspräsidenten-Kandidaten setzte Hitler Anfang Februar 1932 einer reichsweiten Lächerlichkeit preis. Sie mußte ihn mehr noch als die juristische Diskussion über die Zulässigkeit einer solchen Verbeamtung desavouieren. „Seit gestern lacht Europa über Adolf Hitler", so schrieb die Zeitung ‚Tempo' am 3. Februar. Das ‚Berliner Tageblatt' zog am selben Tag Parallelen zum Hauptmann von Köpenick des Schustergesellen Wilhelm Voigt: „Die Witzblätter der ganzen Welt sind für geraume Zeit mit Stoff versorgt." Die ‚Germania' witzelte über „eine staatsrechtliche Komödie, die später einmal den Weg zur Bühne finden wird". Der ‚Vorwärts' geißelte den Vorgang mit Ironie: „Wir sagen nichts gegen das ehrenwerte Amt eines Gendarmeriekommissars, aber die Groteske liegt in der gespreizten Pfaueneitelkeit des Herrschers vom Braunen Haus, der sich plötzlich in dem weltentlegenen Städtchen Hildburghausen auf ein kleines Pöstchen niederläßt, als wolle er nun wirklich sieben Gendarmen und drei Landjäger kommandieren."

Unter allen Pressestimmen, welche diese nationalsozialistischen Gauleiter gerade am 3. Februar aktuell für ihre Entscheidungsfindung beiziehen konnten, mußte sie wohl die der ‚Wiener Arbeiterzeitung' besonders beeindrucken, eines der ehemaligen Heimatblätter des gebürtigen Österreichers Hitler. Diese Zeitung offenbarte nämlich die tiefgründigsten Reflexionen. Sie sah in dem Vorgang so etwas wie die Karikatur des deutschen Untertanengeistes: „Der Hildbürger in der Gendarmerieuniform ist das wahre Ideal aller Untertanen, die eine starke Hand küssen und einen Gummiknüppel anbeten müssen." Die Zeitung meinte, die Ernennung mit Ernst aufnehmend, jetzt sei „Hitler erst wirklich er selbst..., der im Kleinformat Wilhelm II. kopiert". Aber auch die uniformseligen Deutschen seien befriedigt, stellten sich ihnen doch zwei Uniformträger zur Reichspräsidenten-Wahl, ein alter General und ein junger Landjäger.[194]

Der Autor dieses Wiener Artikels hatte sicher Heinrich Manns Roman „Der Untertan" gelesen. Der Autor des Artikels im thüringischen ‚Das Volk' ließ sich durch seine Zuckmayer-Lektüre inspirieren. Unter der Überschrift „Fricks Köpenickiade" schrieb er, die gerade vor einem Jahr, am 5. März 1931, im Berliner Deutschen Theater erfolgte Uraufführung des „Hauptmann von Köpenick" sicher vor Augen: „Die neueste Köpenickiade des Herrn Frick aus Pirmasens, der dem ‚großen' Adolf Hitler für seine Verdienste im Weltkriege anstatt dem Kommandostab für das Dritte Reich den blanken Schleppsäbel und den grünen Tschako eines Landgendarmen von Hildburghausen verschaffte, hat die Welt auch in dieser ernsten Zeit in brüllendes Gelächter ausbrechen lassen. Das Braune Haus in München und mit ihm die ganze

193 ‚Das Volk' schrieb dazu am 27. 1. 1932: „Der ‚Arbeiterführer' spricht vor den Eisen- und Stahlkönigen. Er praßt mit den Ausbeutern bei Sekt und Hummer." Positiv auf die Selbsteinschätzung der NSDAP mag der Umstand eingewirkt haben, daß Theodor Heuss gerade ein durchaus ansprechend rezensiertes Buch über „Hitlers Weg. Eine historisch-politische Studie über den Nationalsozialismus", Stuttgart 1932, herausgebracht hatte, das der ‚Frankfurter Zeitung' am 31. 1. 1932 „als der beste, immer um Sachlichkeit bemühte und sehr gut geschriebene Bädeker durch den Nationalsozialismus" empfehlenswert erschien.

194 Die zitierten Zeitungsartikel sind gesammelt in: ‚Das Volk' 4. 2. 1932: „Die ganze Welt lacht über den Gendarmen Hitler. Pressestimmen zu der Köpenickiade Fricks."

Nazi-Bewegung sind über die Entlarvung des wahren Wesens der Hitleriade in größter Verlegenheit. Sie fühlen selbst, in welcher lächerlichen Rolle sie sich befinden.“[195]

Ein solches Presseecho auf die Anfang Februar 1932 bekannt gewordene Idee Wilhelm Fricks, Hitler auf dem Wege über die Ernennung zum Polizeichef das deutsche Bürgerrecht zu verschaffen, hätte eigentlich auf die politische Karriere dieses Mannes vernichtend einwirken müssen. Der Hochverräter von 1923 wird 1930 pro forma kleinstädtischer Polizeichef, um von dieser Position aus 1932 für das Amt des Präsidenten des Deutschen Reiches kandidieren zu können, das ergibt eine unmögliche Schrittfolge: Putschist, Polizist, Präsident. Doch wären so angesetzte Bewertungsmaßstäbe einer funktionierenden demokratischen Staats- und Gesellschaftsordnung angemessen, nicht wirkten sie am Ende der Weimarer Republik, die sich durch den Umgang ihres Staatsvolkes mit der Hitler-Köpenickiade in Hildburghausen/Rappelsdorf im Februar/März 1932 den Nachweis ihrer politischen Unreife selbst ausstellte. Das Thüringische Staatsministerium und der Landtag in Weimar gaben sich hingegen alle Mühe, den Fall aufzuklären und die in ihm liegende politische Munition gegen die NSDAP ins Feld zu schießen. Das größere Verdienst erwarben sich dabei die Parteien der parlamentarischen Opposition, KPD und SPD, allen voran der Sozialdemokrat Hermann Brill.

Nach der großen Anfrage Nr. 295 der KPD vom 4. Februar 1932 „über die auf geheimen Schleichwegen erfolgte Ernennung Hitlers zum Staatsbeamten“[196] debattierte der Thüringische Landtag über den Fall vom 16.–18. Februar 1932. Fritz Heilmann reihte als Fraktionsvorsitzender der KPD die ihm bis dahin bekanntgewordenen Details vom Juli 1930 aneinander und hielt dem Initiator der politischen Groteske, Frick, vor: „Daß er dazu ausgerechnet den Posten eines Gendarmeriekommissars von Rappelsdorf ausgesucht hat, ist der besondere Geschmack, den Herr Dr. Frick dabei entwickelt hat.“[197]

Die Kritik der Opposition äußerte sich nicht in der Ablehnung einer deutschen Staatsbürgerschaft für Hitler – obwohl eine solche Ablehnung politisch opportun sein konnte, denn man wußte, daß auf der politischen Rechten auch die Meinung vertreten wurde: „Wir brauchen den Ausländer Hitler nicht, wir wollen von deutschen Männern regiert werden“[198] –, sondern sie richtete sich gegen das angewandte Verfahren des Ministers. Das war ein Thema für den Staatsrechtler Brill, der auch jetzt noch, 1932, dem Gesetzgebungsausschuß des Landtags angehörte. Unter Beiziehung des thüringischen Staatsbeamtengesetzes, das er selbst 1922/23 im Auftrag der SPD entworfen und in den Landtag eingebracht hatte, hielt er den von Frick beteiligten Ministerialbeamten Guyet, übrigens seinem Nachfolger im Amt des Leiters der Abteilung II im Innenministerium, und Haueisen vor, sie hätten sich von ihrem damaligen Minister zu ungesetzlichen und rechtswidrigen Handlungen mißbrauchen lassen. § 11 des Staatsbeamtengesetztes verpflichte jeden Beamten zur Gesetzmäßigkeit bei seinen Amtshandlungen. Eine Einstellung eines Beamten, vorgenommen nur zum Schein ohne tatsächliche Wahrnehmung einer Amtsstellung, sei ungesetzlich. Dies gelte besonders auch dann, wenn bei dem Vorgang das beizuziehende Finanzministerium, das „als solches mitzuwirken“ habe, unbeteiligt geblieben sei. Darüber hinaus sei § 4 des Staatsbeamtengesetzes gröblich verletzt worden. Hiernach wären dienstliche Befähigung, Leistungen und Würdigkeit in Betracht zu ziehen gewesen. „Nun frage ich: Welche dienstliche Befähigung hat denn Herr Hitler für das

195 ‚Das Volk‘ 5. 2. 1932.

196 s. o. Anm. 188.

197 a. O. Anm. 187. S. 2962. Auch Witzmann (DVP) verurteilte die „ans Groteske grenzende Maßnahme Dr. Fricks“, Witzmann, Thüringen S. 166.

198 BA NS 20/1072: Niederschrift über die Vorgänge am Abend des 21. November (1931) im Restaurant „Zum ersten Kulmbacher“ in Weimar. Die Äußerung war von Stahlhelm-Anhängern getan worden.

Amt des Gendarmeriekommissars, oder wo sind seine Leistungen und seine Würdigkeit für die Übertragung eines solchen Amts zu finden?"[199]

Es seien, so die Argumentation Brills, geradezu gegenteilige Befähigungen durch den Münchener Putschversuch vom 9. November 1923 nachgewiesen worden, „nämlich die Wahrung der öffentlichen Ruhe, Sicherheit und Ordnung, die Wahrung der Verfassung, aufs allergröbste verletzt" worden. Wo Frick argumentiert habe, dem „Frontsoldaten des Weltkriegs Adolf Hitler" müsse die deutsche Staatsangehörigkeit verschafft werden, hätten die dabei hilfreichen Ministerialbeamten Hochverrat und Polizeiwidrigkeit im Verhalten Hitlers beachten und sich der Mithilfe bei der Ausstellung der Urkunde versagen müssen, da unter Mißachtung von § 4 des Staatsbeamtengesetzes gehandelt worden sei. Im übrigen, so sagte Brill mit der ganzen Schärfe eines jahrelang als Richter amtierenden Staatsrechtlers und Prüfungsvorsitzenden, seien Landesverordnungen verletzt worden. Diese sähen bei der Besetzung von Gendarmeriestellen zu 50% die Berücksichtigung von Versorgungsanwärtern vor; alle Kandidaten müßten Gendarmerie-Anwärter-Kurse mit abschließenden Prüfungen vorweisen, für Kommissare gelte dasselbe auf höherer Stufe. „In den kleinsten Gemeinden darf niemand angestellt werden, der nicht streng geprüft worden ist. Es wird nach der besten Prüfung, nach der besten dienstlichen Bewährung gefragt, ehe man einen solchen Mann einstellt. Aber bei Herrn Hitler sind die Leistungen so großartig, daß das Ministerium von allen diesen Vorschriften absieht, die es sich selbst für die Anstellung der Beamten zur Bedingung gesetzt hat."[200]

Die Berufung auf Amtsverschwiegenheit sei für die beteiligten Ministerialbeamten „vom Standpunkt einer rechtsstaatlichen Verwaltung und vom Standpunkt des Beamtentums" unzulässig. Deswegen seien sie zu entlassen. Man könne für ihre Verhaltensweise nur eine prospektive Begründung finden: „Es ist ganz klar, die Herren Guyet und Haueisen haben sich im Jahre 1930 darauf eingestellt, daß das Dritte Reich kommt." Das Landtagsprotokoll verzeichnet an dieser Stelle der Debatte, die sich auf untergeordnete Ministerialbeamte bezieht, aber den ehemaligen Minister Frick meint, „Heiterkeit" im Plenum.[201]

Brill und seiner Partei war es ernst. Nur vordergründig ging es um rechtsstaatliche Bedenken im Verhalten beteiligter Ministerialbeamter. Vielmehr wollte man vor aller Öffentlichkeit in den mit großer Hektik ausbrechenden Wahlkampf um das Amt des Reichspräsidenten hineinwirken. Am 14. Februar 1932 hatte Hermann Göring dem „Stahlhelm" Hitler trotz dessen zu diesem Zeitpunkt noch fehlender deutscher Staatsbürgerschaft als Einheitskandidaten für diese Wahl vorgeschlagen, aber eine Absage erhalten. Am 15. Februar hatte Hindenburg gegenüber Brüning seine Bereitschaft zur erneuten Kandidatur erklärt und dies am folgenden Tag öffentlich gemacht. An diesem 16. Februar begann im Weimarer Landtag die Debatte über die Groteske von Hildburghausen. In höchster Eile brachte daraufhin in Braunschweig Innenminister Klagges (NSDAP) am 17. Februar den Entwurf einer Urkunde zu Papier, die Hitler in die vakante Professur für Pädagogik an der dortigen Technischen Hochschule als planmäßigen außerordentlichen Professor für „Organische Gesellschaftslehre und Politik" berufen sollte. Der heftige Widerstand der Hochschule, des Rektors Mühlenfort, des Dekans Geiger und des Vorsitzenden der Sozialistischen Studentenschaft, Richard

199 Sitz.-Ber. V. Landtag 17. 2. 1932, S. 2988.

200 ebd. S. 2988. Witzmann hielt Brill hier entgegen, daß „gerade" er wenig Veranlassung dazu hätte, das Übersehen der faktischen und laufbahnrechtlichen Voraussetzungen zu kritisieren. Die SPD habe es doch 1922/23 genauso gemacht: „In politischen Zeiten wird von allen Seiten gesündigt", ebd. S. 2995.

201 ebd. S. 2989.

Müller, vereitelte in Zusammenarbeit mit Ministerpräsident Jasper diesen Weg.[202] Klagges ging daraufhin eine Woche später den Weg über eine Anstellung Hitlers als Regierungsrat des Landeskultur- und Vermessungsamtes der Stadt Braunschweig und beauftragte ihn „mit der Wahrnehmung der Geschäfte eines Sachbearbeiters bei der Braunschweigischen Gesandtschaft in Berlin".[203]

Als dieser Weg – auch ein gemäß dem Gutachten des Verwaltungsjuristen Kaisenberg von Ende Januar 1932 eigentlich rechtsunwirksamer Weg, da Hitler in der ihm übertragenen Position eines Regierungsrats keine Dienstleistungen erbrachte – für Hitlers Kandidatur um das Amt des Reichspräsidenten am 25. Februar gefunden war[204], hatte der Thüringische Landtag schon am 18. Februar auf Antrag der SPD einen parlamentarischen Untersuchungsausschuß eingesetzt. Die Begründung dieses von August Frölich vorgebrachten Antrags hatte gelautet, „die Gesetzmäßigkeit und Lauterkeit von Verwaltungsmaßnahmen des ehemaligen Staatsministers Dr. Frick insbesondere der Anstellung Hitlers zum Gendarmeriekommissar in Hildburghausen" müßten untersucht werden.[205] Der Ältestenrat des Landtags hatte daraufhin sofort dem Parlament die Abgeordneten Brill, Gründler und Frölich für die SPD, Böcklmann und Eckstein vom Landbund sowie Heilmann (KPD), Fürth (Wirtschaftspartei) und Witzmann (DVP) als Mitglied dieses Untersuchungsausschusses zur Wahl und gleichzeitig für den Vorsitz die stärkste Fraktion, mithin die SPD, vorgeschlagen. Der Landtag entsprach diesem Vorschlag.[206]

Hermann Brill hat später über die entscheidende Sitzung des Untersuchungsausschusses, die mit der Vernehmung Fricks und des als Zeugen geladenen Hitler besetzt war, berichtet. Er, der vom Ausschuß zum Vorsitzenden gewählt worden war, hatte die Sitzung absichtlich unmittelbar nach dem am 13. März 1932 erfolgten ersten Wahlgang für das Amt des Reichspräsidenten anberaumt.[207] Der Andrang war groß. Hitler kam in großer Begleitung mit Heß, Goebbels, von Schirach, Gregor Strasser, Frick und aus Thüringen Sauckel, Wächtler und Wagner sowie dem dortigen Bezirksleiter der Deutschen Arbeitsfront nebst einer großen Anzahl von höheren SS- und SA-Führern.[208] Brill hatte, diesen Aufzug erwartend, die Verhandlung in den Plenarsaal des Thüringischen Landtags im Fürstenhaus gelegt.

Der Auftritt Hitlers, der in einem zweireihigen blauen Anzug erschien, begann mit einer kleinen Groteske. Der Führer stolperte beim Eintritt in den Saal über einen Teppich. „Die Begleitung Hitlers im Saal hatte sich erhoben, um ihn mit dem ‚Deutschen Gruß' zu begrüßen. Da Hitler beim Stolpern mit dem Gesicht stark nach vorn gekommen war (Oh weh, dachte ich, Napoleon betritt die Bühne der Weltgeschichte in Unterhosen), unterblieb die Demonstration. Auch als Hitler sich aufrichtete, waren seine Anhänger so verwirrt, daß

---

202 Zum Vorgang vgl. M. Overesch, Professor Hitler, in: Mitteilungen der Technischen Universität Carolo-Wilhelmina in Braunschweig 16/1981, S. 57f.

203 Rudolf Morsey, Hitler als braunschweigischer Regierungsrat, in: VfZG 8/1960, S. 419ff.

204 Mit großer Schärfe hatte Schumacher zwei Tage zuvor, am 23. 2. 1932, vor dem Reichstag über die NSDAP geurteilt: „Die ganze nationalsozialistische Agitation ist ein dauernder Appell an den inneren Schweinehund des Menschen. Wenn wir irgend etwas beim Nationalsozialismus anerkennen, dann ist es die Tatsache, daß ihm zum erstenmal in der deutschen Politik die restlose Mobilisierung der menschlichen Dummheit gelungen ist." Zit. nach Fritz Heine, Kurt Schumacher, Göttingen 1969, S. 40.

205 Sitz-Ber. V. Landtag 18. 2. 1923, S. 3024, 3040 und 3045f.

206 ebd. S. 3044. Es war auch ein Platz für die NSDAP vorgesehen, doch diese war der Landtagsdebatte am 18. 2. 1932 ferngeblieben und beteiligte sich auch danach nicht an dem Untersuchungsverfahren.

207 Brill gibt als Datum dieser Sitzung den 14. 3. 1932 an (Gegen den Strom, S. 10), das Protokoll nennt hingegen den 15. 3. 1932, HStA Weimar, Landtag von Thüringen Nr. 196: Niederschriften über die Verhandlungen des vom V. Landtag am 18. 2. 1932 eingesetzten Polizei-Untersuchungsausschusses.

208 Brill, Gegen den Strom, S. 10f.

nur aus einem stotternden Chor und erst, nachdem Hitler die rechte Hand erhoben hatte, das ‚Heil Hitler' ertönte."[209]

Brill, der diese Beobachtungen zu Papier gebracht hat, ließ sich durch eine solche Szene nicht beeindrucken, fragte vielmehr mit scharfer Stimme: „Herr Regierungsrat Hitler...?" und wies diesen vor sich in den Zeugenstand. Die Eidesleistung hat er dann so wahrgenommen: „Gleich bei den ersten Worten der Eidesformel vermochte Hitler meinen Blick nicht auszuhalten. Er sah zu Boden, seine Augen suchten irgend etwas auf dem Teppich. Als ich unbeirrt ruhig weitersprach, schaute er an meiner linken Seite vorüber ins Leere. Dann wandte er den Blick gegen die Decke und warf den Kopf unruhig nach links und rechts. Als er die Schlußworte wiederholte ‚so wahr mit Gott helfe!' tremolierte seine Stimme. Im Hinsetzen sah ich mir den Mann noch einmal an und erkannte, daß ich es hier mit einem innerlich durchaus unwahrhaftigen Menschen zu tun haben würde."[210] Anschließend saß er eine halbe Stunde dem 1½ m vor ihm stehenden Hitler gegenüber. Das Protokoll gibt den Verlauf der Zeugenbefragung so wieder[211]:

Auf Vorruf erscheint der
Zeuge Hitler.
Nach Rechtsbelehrungen durch Herrn Vorsitzenden leistet er den Zeugeneid in der religiösen Form.
Seine Personalien gibt er (am Schlusse seiner Vernehmung) wie folgt an:
Adolf Hitler, 43 Jahre alt, Regierungsrat und Schriftsteller, München.

Vorsitzender:
Das, was in ihre Wissenschaft gestellt ist, Herr Zeuge, ist Ihnen durch die Zeugenladung bekannt. Ich bitte, Ihre Aussage im Zusammenhang zu machen. Es handelt sich um den Versuch des ehemaligen thüringischen Staatsministers Dr. Frick, Sie durch die Anstellung im thüringischen Staatsdienste als Gendarmeriekommissar in Hildburghausen einzubürgern.

Zeuge: Was soll ich dazu sagen?

V: Das, was Sie darüber wissen.

Zeuge: Ich kam zum Parteitag nach Gera. Wir gingen glaube ich, danach in das Hotel. Oder war das Hotel vorher? Das kann ich nicht mehr sagen. Im Hotel teilte mir Herr Dr. Frick mit, daß er diesen Schritt unternommen habe. Ich war im ersten Moment vollständig verblüfft und überrascht. Denn es war davon nicht gesprochen worden. Ich habe nichts davon gewußt. Deshalb war ich selbstverständlich im ersten Augenblick auch etwas bedrückt, weil ich mir darüber klar war, daß Herr Dr. Frick diesen Schritt getan hatte als Deutscher in der Übersetzung, damit ein in seinen Augen und in den Augen meiner gesamten Anhänger bestehendes Unrecht wiedergutzumachen. Ich hatte persönlich sofort die Überzeugung, daß ich diese Sache nicht annehmen könnte. Und ich habe auch Herrn Dr. Frick sofort erklärt, daß ich die Sache nicht wollte. Ich habe mich dann mit einigen Herrn besprochen und habe nach dieser Besprechung – es war vielleicht ¼ Stunde später – Herrn Dr. Frick nochmals erklärt, daß ich die Sache nicht annehmen wolle. Herr Dr. Frick hat mir darauf gesagt: Nehmen Sie wenigstens die Urkunde zu sich und überlegen Sie sich

209 ebd. S. 11.
210 ebd. S. 11ff.
211 HStA Weimar Landtag von Thüringen Nr. 196, Protokoll der Sitzung vom 15. 3. 1932, S. 41–54.

die Sache; vielleicht kommen Sie doch zu einem anderen Entschluß. Ich habe das getan. Dann habe ich die Urkunde vernichtet und bin bei meinem Entschluß geblieben.

V: Herr Dr. Frick hat uns gesagt, daß Sie nach Behändigung der Anstellungsurkunde eine Empfangsbescheinigung unterschrieben haben. Erinnern Sie sich dessen?

Zeuge: Ich kann mich nicht erinnern.

V: Es soll in dieser Empfangsbescheinigung der Vermerk enthalten gewesen sein, daß Sie auf Ausübung des Amtes und auf die Zahlung des Gehalts verzichteten. Sie sollen Herrn Dr. Frick gegenüber auch gesagt haben: ob sie die Sache endgültig annehmen würden, das müßten Sie sich noch überlegen, das würden Sie noch erklären.

Zeuge: Nein, ich habe sofort erklärt, daß ich es nicht annehme. Herr Dr. Frick sagte, ich solle es mir überlegen. Es war eine an sich peinliche Situation, weil ich überzeugt war, daß Herr Dr. Frick diese ganze Aktion unternommen hatte, um als Parteigenosse, als deutscher Mann, ein Unrecht gutzumachen an seinem Führer. Ich war hier natürlich persönlich in einer menschlich peinlichen Situation. Denn ich wollte auch Herrn Dr. Frick nicht brüskieren. Ich hatte dazu auch keine Veranlassung; denn ich persönlich habe an sich die Überzeugung gehabt, daß ich das deutsche Staatsbürgerrecht mir erworben habe und daß es mir nur aus parteipolitischen Rücksichten heraus verweigert wurde.

V: Sie erinnern sich wohl nicht, eine derartige Empfangsbescheinigung unterschrieben zu haben?

Zeuge: Nein, ich erinnere mich nicht.

V: Sie meinen vielmehr, Sie haben sofort erklärt, Sie können die Sache nicht annehmen?

Zeuge: Ich habe sofort erklärt, daß ich die Sache nicht annehmen will. Herr Dr. Frick versuchte mir darauf noch die Gründe zu erklären, die dafür sprechen sollten, und ich habe dann noch mit einigen anderen Herrn darüber gesprochen. Aber diese waren meiner Auffassung. Und Herr Dr. Frick sagte dann: Nehmen Sie die Sache wenigstens zu sich und überlegen Sie es sich; Sie können es sich noch ein paar Tage überlegen, und wenn Sie noch zu einem anderen Entschluß kommen, dann teilen Sie es mir mit.

V: War unter diesen anderen Herren auch Herr Stennes?

Zeuge: Nein.

V: Wann haben Sie die Anstellungsurkunde vernichtet? Können Sie das sagen?

Zeuge: Vielleicht am nächsten oder übernächsten Tage. Ein paar Tage später. Ich weiß es nicht genau. Die Urkunde kam mir wieder in die Hände, ich habe sie dann zerrissen und verbrannt. Für mich war es keine Urkunde, weil ich von vornherein erklärt habe: ich nehme es nicht an.

V: Vorher haben Sie mit Herrn Dr. Frick über die Sache nicht gesprochen?

Zeuge: Nein, nie!

V: Herr Dr. Frick hat hier bekundet, daß er mit Ihrem Einverständnis im Jahre 1929, also ein halbes, ein dreiviertel oder ein ganzes Jahr vor dieser Angelegenheit in Thüringen einen Einbürgerungsversuch in Bayern unternommen habe. Erinnern Sie sich dessen?

Zeugen: Jawohl! Ich weiß gar nicht, ob das Herr Dr. Frick gewesen ist. Herr Dr. Frick war wohl dabei, aber ich glaube, es ging von Herrn Buttmann aus. Ich habe diesen Schritt deshalb unternehmen lassen, weil von Zeit zu Zeit von den gegnerischen Parteien behauptet wurde, die Erklärung, daß mir das Staatsbürgerrecht vorenthalten werde, würde nur aus parteitaktischen Gründen abgegeben; in Wirklichkeit wurde gegen eine solche Einbürgerung kein Widerstand erhoben werden. Es lag mir daran, in der Öffentlichkeit zu beweisen, daß tatsächlich von den herrschenden Parteien, von der Bayerischen Volkspartei und dem Zentrum sowohl als auch von der Sozialdemokratie aus parteipolitischen Gründen diese

Einbürgerung um jeden Preis verhindert wurde. Es wurde mir damals mitgeteilt, daß der bayerische Innenminister auch sofort erklärt habe, das käme nicht in Frage.

V: Nach Herrn Dr. Frick soll er das nicht sofort erklärt haben. Er soll erklärt haben, er müsse sich zunächst mit dem Ministerpräsidenten Held, vielleicht auch mit dem Ministerrat in Verbindung setzen. Und dann sagt Herr Dr. Frick, sei nach 14 Tagen der ablehnende Bescheid ergangen.

Zeuge: Ja, ich habe ja einen zusammenfassenden Bericht erhalten.

V: In der Zeit, die zwischen dem gescheiterten bayerischen Einbürgerungsversuche und dem Versuche in Thüringen lag, haben Sie mit Herrn Dr. Frick nicht verhandelt in der Richtung, er möge in Thüringen einen solchen Schritt unternehmen?

Zeuge: Nein, Nein! Dazu bestand für mich gar keine Veranlassung. Ich muß betonen, daß ich die Anhänglichkeit und die Besorgtheit meiner Parteigenossen selbstverständlich verstehe. Es ist oft darüber gesprochen worden. Und die Parteigenossen haben selbstverständlich darunter gelitten, daß ich als einziger Deutscher in einer Zeit, in der 200000 bis 300000 ostgalizische Juden und Schieber eingebürgert worden sind, ausgerechnet nicht eingebürgert wurde. Es ist klar, daß darüber viel gesprochen worden ist. Ich persönlich habe gar keine Veranlassung, das bestehende System und die Parteien vielleicht zu bitten, mich einzubürgern. Ich bin der Überzeugung, daß ich meine Einbürgerung auf dem Schlachtfelde erworben und daß ich die Parteien, die seinerzeit den Krieg sabotiert und uns um die Erfolge unserer Opfer gebracht haben, überhaupt nicht zu bitten habe, daß sie überhaupt nicht berechtigt sind, jemand einzubürgern.

(„sehr richtig“ von den anwesenden nationalsozialistischen Zuhörern. – Zuruf links: Josef Goebbels! – Abg. Hennicke zu den Soz.: Mensch, halt die Fresse da hinten! – Erregung.)

V: Die Besorgnis soll aus dem Grunde entstanden sein, daß man annahm, Sie könnten als Staatenloser ausgewiesen werden?

Zeuge: Diese Besorgnis hatte ich. Denn ich glaube, die bayerische Regierung – ich kann das natürlich nicht bestimmt unter meinem Eide sagen, weil ich keinen Einblick habe in die innersten Absichten der bayerischen Regierung –, aber mir ist später von absolut vertrauenswürdiger Seite mitgeteilt worden, daß die bayerische Regierung im Jahre 1924 tatsächlich an eine Ausweisung gedacht hat, daß aber die österreichische Regierung erklärt hat, sie würde mich nicht über die Grenzen lassen. Tatsächlich war die Grenze für mich gesperrt.

V: Herr Stennes hat hier erklärt, daß im Sommer 1930 – einen genauen Zeitpunkt kann er nicht angeben; er will aber unter „Sommer“ auch den September mit verstanden wissen – in den Kreisen der Reichsleitung Ihrer Partei des öfteren über die Frage der Einbürgerung gesprochen worden sei. Wissen Sie etwas von solchen Gesprächen?

Zeuge: Das ist schon möglich. Ich betonte schon, daß die Herren der Partei es als ein maßloses Unrecht und als eine absolut parteipolitisch einseitige und durch nichts gerechtfertigte Maßnahme angesehen haben, daß man mir als einzigem Deutschen, der ich 4½ Jahre an der Front gewesen bin, die Einbürgerung verweigerte. Das ist ohne weiteres denkbar. Ich persönlich habe mit Herrn Stennes nicht darüber gesprochen.

V: Haben Sie Herrn Pfeffer von diesem Frickschen Versuche Kenntnis gegeben?

Zeuge: Nein. Ich glaube nicht. Ich kann mich nicht erinnern. Ich halte es für ausgeschlossen. Für mich war der Versuch sofort erledigt. Als ich von Gera wegging, war der Versuch praktisch für mich erledigt.

V: Die Herren Stennes und Pfeffer wollen sich mehrfach über diese Frage unterhalten haben.

Es sei dabei aber immer zum Ausdruck gekommen, man könne vielleicht in Thüringen das machen, aber es sei vielleicht nicht notwendig: die politischen Ereignisse würden von selbst die Einbürgerung herbeiführen.

Zeuge: Über was die Herren Pfeffer und Stennes sich unterhalten haben, wird man aus deren Aussagen ersehen können. Ich bin darüber nicht im Bilde.

V: Wir wissen das von Herrn Stennes. Die Frage, die ich an Sie gerichtet habe, ging dahin, ob solche Unterhaltungen vielleicht veranlaßt worden sind durch Auskünfte, die Sie Herrn Stennes oder Herrn Pfeffer gegeben haben.

Zeuge: Von mir nicht. Ich habe keine Veranlassung gesehen, mich einbürgern zu lassen. Im übrigen war ich überzeugt, daß die Einbürgerung, wenn ich es für richtig und zweckmäßig hielte, so oder so vorgenommen werden würde. Ich hätte keine Sekunde gezögert, wenn ich persönlich es für richtig gehalten hätte, Herrn Dr. Frick zu sagen: Herr Minister, versuchen Sie sofort, soweit Sie in Ihrem Wirkungsbereiche die Möglichkeit haben, meine Einbürgerung herbeizuführen. Weil ich der Überzeugung bin, daß ich nur ein selbstverständliches Recht für mich in Anspruch genommen hätte, und zwar nicht von einem Vertreter des Systems, sondern von dem Minister, den ich persönlich letzten Endes präsentiert habe.

V: Ich habe keine Frage mehr an den Herrn Zeugen. Einer der Mitglieder des Ausschusses?

Abgeordneter Gründler:

Der Herr Zeuge hat wiederholt davon gesprochen, es sei ihm die Einbürgerung verweigert worden.

(Erregung unter den anwesenden Nationalsozialisten. Zuruf: Hände aus den Hosentaschen!)

V: Ich bitte, Ruhe zu halten. Sie sind hier Zuhörer.

Abgeordneter Gründler (zu den Nationalsozialisten gewendet):

Bei Ihnen ist es wohl Mode, daß Sie die Hände an die Hosennaht nehmen? Bei uns ist das nicht so.

V: Herr Ageordneter Gründler, ich bitte, zur Fragestellung zu kommen.

Abgeordneter Gründler:

Der Herr Zeuge hat wiederholt davon gesprochen, daß die Einbürgerung in Deutschland ihm verweigert worden sei. Soviel mir bekannt ist, erfolgt die Einbürgerung in Deutschland dergestalt, daß zunächst einmal ein Antrag auf Einbürgerung eingereicht werden muß. Wenn man es auf „deutsche Art" machen will, dann geht es meines Erachtens nicht an, daß man in jüdischer Art hinten herum Verhandlungen führt. Sondern dann muß man als deutscher Mann . . .

Zeuge (in Erregung): Bin ich hier Zeuge oder kann ich hier verletzt werden! Ich lasse mich nicht verletzen.

(Erregte Zurufe von den Nationalsozialisten.)

V: Nur nicht so aufgeregt!

Zeuge (in großer Erregung zu dem Abgeordneten Gründler): Ich lasse mich nicht von Ihnen brüskieren! Nehmen Sie die Hände aus den Hosentaschen!

(Großer Lärm.)

Ich lasse mich hier nicht so behandeln.

V: (zu den anwesenden Nationalsozialisten): Wenn Sie keine Ruhe halten, muß ich diejenigen, die nicht an der Verhandlung beteiligt sind, aus dem Saale entfernen lassen. – Herr Gründler nimmt dieselbe Haltung ein, die Herr Dr. Frick vorhin gegenüber dem Ausschuß eingenommen hat.

(Lärmende Zurufe von den Nationalsozialisten.)

– Herr Hennicke, ich fordere Sie auf, den Saal zu verlassen. (Abg. Hennicke: Bitte! mit Wonne!) Er verläßt den Saal

Abgeordneter Gründler:
Ich frage den Herrn Zeugen, ob er den geraden deutschen Weg eingeschlagen und einen Antrag auf Einbürgerung gestellt hat.

V: (Zum Zeugen):
Wollen Sie die Frage beantworten! Haben Sie einen solchen Antrag gestellt?

Zeuge: Ich habe durch zwei Herren fragen lassen, ob gegen einen solchen Antrag Einspruch erhoben werden würde oder nicht. Es wurde mir mitgeteilt: Jawohl, es wird Einspruch erhoben werden.

V: Das war kein Antrag.

Zeuge (in großer Erregung): Ich brauche nicht jede Woche zu bitten, daß mir von Parteien, die überhaupt kein Recht haben . . .

V: Wir haben hier nur die Aufgabe, Tatsachen festzustellen.

Zeuge: Das sind Tatsachen.

V: und Tatsachen zu würdigen.

Zeuge: Inwiefern? Ich sehe nicht ein, inwiefern den Untersuchungsausschuß die allgemeine Frage meiner Einbürgerung angeht. Das geht Sie nichts an!

V: Das ist insofern wichtig, als der Schritt hier in Thüringen zu würdigen ist im Zusammenhang mit den allgemeinen Einbürgerungsversuchen.

Zeuge: Nein, das ist gar kein Zusammenhang.

Abgeordneter Mäder:
Der Herr Zeuge hat vorhin erklärt, er hätte seine Ernennung zum Polizeikommissar in Hildburghausen deshalb nicht für opportun gehalten, weil er der Meinung gewesen sei, daß ihm auf solchem Wege die Staatsangehörigkeit nicht zu verleihen sei; sondern, wenn er es für notwendig halte, diese Staatsangehörigkeit zu erwerben, dann würden sich schon die geeigneten Mittel und Wege gefunden haben. Ich habe die Frage an den Herrn Hitler zu richten, ob vielleicht auch die Erwägung eine Rolle gespielt hat, daß Herr Hitler für das verantwortungsvolle und schwierige Amt eines Polizeikommissars
(Zuruf von den Nationalsozialisten: Eine Frechheit!)
in persönlicher und fachlicher Beziehung gar keine Voraussetzungen mitbringt. Im Programm . . .

V: (unterbrechend):
Einen Augenblick! Die Frage braucht nicht weiter begründet zu werden. Ich bitte auf die Frage zu antworten, Herr Zeuge: Ist zwischen Ihnen und Herrn Dr. Frick die Frage der besonderen Eignung und Leistungsfähigkeit erörtert worden.

Zeuge: Nein.

V: Der Zeuge beantwortet die Frage mit Nein.

Abgeordneter Frölich:
Der Zeuge Dr. Frick hat vorhin erklärt, daß er Herrn Hitler eine Urkunde ausgehändigt habe. Der Zeuge Herr Hitler hat hier angegeben, er habe diese Urkunde vernichtet. Ich möchte den Herrn Zeugen fragen, ob Herr Dr. Frick bei Aushändigung der Urkunde ihn darauf aufmerksam gemacht hat, daß es sich hier um ein amtliches Dokument handelte.

Zeuge: Darauf kann ich mich heute nicht besinnen. Ich stehe unter Eid. Es sind zwei Jahre seitdem vergangen. Sie können nicht verlangen, daß ich nun plötzlich an Einzelheiten, an Details mich erinnere, die ich natürlich damals persönlich als gänzlich belanglos angesehen habe, weil ich entschlossen war, die Sache nicht anzunehmen.

Frölich: Herr Dr. Frick hat weiter ausgesagt, daß er die Aushändigung der Urkunde sich von Ihnen habe bestätigen lassen und daß er von Ihnen die unterschriebene Empfangsbescheinigung erhalten habe.

Zeuge: Darauf kann ich mich nicht besinnen. Ich kann mich nicht erinnern.

Frölich: Sie haben den ganzen Vorgang nicht für so wichtig gehalten, daß Sie ihn ernstlich im Gedächtnis behalten hätten?

Zeuge: Nein. Man wußte nicht, daß später in Thüringen ein Untersuchungsausschuß kommen werde, der einem diese Frage vorlegen würde. Sonst hätte ich die Dinge im Gedächtnis behalten. Für mich war die Sache gänzlich belanglos.

V: Man wußte noch weniger, daß die Sache in der Presse behandelt und daß dadurch die Veranlassung zur Einsetzung eines Untersuchungsausschusses gegeben werden würde.

Zeuge: Natürlich! Ich habe das auch für gänzlich unmöglich gehalten, nachdem ich das abgelehnt hatte.

V: Sie sagten schon vorhin im Zusammenhang: Sie erinnern sich nicht, eine solche Empfangsbescheinigung unterschrieben zu haben.

Abgeordneter Heilmann:

Mir fällt eines auf: Herr Dr. Frick hat unter seinem Eide ausgesagt, daß Herr Hitler vorher keine Kenntnis gehabt habe von den Maßnahmen, die Herr Dr. Frick hier mit dem Ziele der Einbürgerung Hitlers getroffen hat. Nun entsinne ich mich aber, daß Herr Hitler – ich weiß nicht, bei welcher Gelegenheit – in einer Rede oder in einer Aussage vor Gericht einmal erklärt hat, es geschehe in seiner Partei nichts ohne sein Wissen, und er hat noch hinzugefügt: nichts geschehe, ohne daß er es . . .

Zeuge: Sie müssen mir schon verzeihen . . .

V: Herr Zeuge, ich wollte eben darauf aufmerksam machen, daß die Mitglieder des Untersuchungsausschusses nicht plädieren dürfen, sondern sich beschränken müssen auf die Stellung konkreter Fragen. Ich bitte also, Herr Abgeordneter Heilmann, die Frage zu formulieren.

Abgeordneter Heilmann:

So hat Herr Dr. Frick unter seinem Eide ausgesagt. Ich habe mich berufen auf die Rede des Herrn Hitler, in der er diese Äußerung getan hat. Ich stelle das in Zweifel. Darum richte ich die Frage an den Zeugen Hitler, ob er nichts davon gewußt hat.

V: (zum Zeugen):

Sie wollen bei Ihrer Aussage bleiben: Es ist in der Zeit zwischen dem Versuche 1929 in Bayern und dem thüringischen Versuche zwischen Ihnen und Herrn Dr. Frick in dieser Sache nicht verhandelt worden?

Zeuge: Nein!

Der Vorsitzende stellt fest, daß weitere Fragen an den Zeugen nicht zu stellen sind und daß der Ausschuß damit einverstanden ist, daß die Zeugen Dr. Frick, Hitler und Stennes entlassen werden.

Der Zeuge Hitler und die anwesenden Nationalsozialisten verlassen den Saal.

Die in diesem Protokoll mit nur dürftigen Worten angesprochene Lärmszene während der Vernehmung Hitlers, verursacht durch Fragen des offenbar dabei leger mit einer Hand in der Hosentasche dastehenden Abgeordneten Gründler (SPD), gibt Brill in einer bald nach Abschluß der Vernehmungen konzeptualisierten Erinnerungsschrift dramatischer wieder: „Der bis dahin zwar erregte, aber gebändigte Hitler gestikulierte wie ein afrikanischer Neger bei einem religiösen Tanz und schrie, als ob er körperlich verletzt sei. Seine Suite machte

Anstalt, gegen einen Teil der Zuschauer tätlich zu werden . . . Ich hatte in dieser Szene den Hysteriker Hitler ohne Maske gesehen."[212] Mit starker Stimme brachte er Hitler „wieder zur Ordnung zurück". Auch dessen Begleitung mußte zur Ruhe gebracht werden. „Goebbels war wie ein Schuljunge auf seinen Stuhl gesprungen." Alle waren sie aufgestanden. „Das Bild ähnelte einer randalierenden Schulklasse." Der Vorsitzende konnte sich jedoch Gehör und Respekt verschaffen. Hitler wies er am Ende der Vernehmung darauf hin, er könne seine Zeugengebühren an der Parlamentskasse in Empfang nehmen, „was er mit Dank quittierte".

Der Führer der NSDAP, der vor einem Monat mit seiner Parteizentrale, dem Braunen Haus, von München nach Berlin umgezogen war, der bereits offene Brief an den Reichspräsidenten Hindenburg schrieb, dem er zwei Tage vor der Weimarer Zeugenvernehmung im ersten Wahlgang mit beachtlichen 11 341 000 Stimmen unterlegen war (Hindenburg erhielt über 18 Mill. Stimmen), verläßt am Nachmittag des 15. März 1932 das Weimarer Fürstenhaus mit dem Dank für ein paar Mark. Vor dem parlamentarischen Untersuchungsausschuß des Thüringischen Landtags hatte er trotz massiver Rückenstärkung durch den Troß seiner Parteikameraden einen eher kläglichen Eindruck hinterlassen. Die thüringische Landeszeitung ‚Das Volk' triumphierte am 16. März 1932 mit einer die ganze erste Seite einnehmenden Überschrift: „Hitler – die abgeschminkte Primadonna".

Brill fühlte sich durch dessen Gesichtsausdruck an einen Gepäckträger auf dem Bahnhof von Innsbruck erinnert. Er hatte Hitlers Physiognomie sorgfältig eine halbe Stunde beobachtet: „Ich sah einen Menschen mit dunklem, schwarzem, fast strähnigem Haar. Es erinnerte an das Haar eines Slowaken. Der Haaransatz war tief in die Stirn hineingewachsen (wenn sich Hitler später eine genialische Locke über das Auge legte, so hatte das nur den Zweck, den tiefen Haaransatz zu kaschieren). Unter dem Haar erschien eine abnorm niedrige Stirn. Die Nasenwurzel war breit, der Nasenrücken fast so breit wie die Nasenwurzel, Nasenspitze und Näsenflügel geradezu wulstig. Die Bartbürste unter der Nase verdeckte die Oberlippe und machte es auch weniger auffällig, daß die wulstigen Nasenflügel fast die ganze Oberlippe beherrschten. Der Mund war klein, schön gezeichnet, fast fraulich. Aber unter dem Mund erschien eine ungeheure Knochenmasse des Kinns. Die Augen waren braun, sie erinnerten an die Augen eines 12–13jährigen Jungen kurz vor Eintritt der Pubertät. Alle Gesichtszüge verrieten nicht eine Spur von Persönlichkeit. Weder waren an der Stirn die Zeichen geistiger Arbeit, noch am Mund, Nase und Augen die Zeichen von Gefühlsleben, von Leid, Sorge, Liebe, erkennbar."[213] Allein seine Stimme hatte Brill gefallen. „Hätte man sie ausgebildet, so hätte Hitler vielleicht Bariton an einem mittleren Provinztheater werden können." Doch dieses Gedankenspiel wurde hinweggedrängt durch den Gesamtausdruck: „Das ganze Gesicht steckte voller Widersprüche, Brutalität, Sentimentalität, niedriges intellektuelles Niveau, Hysterie, maßloser Zynismus und Herrschaft spielten auf ihm hin und her." Damals faßte Brill den Entschluß, „mich diesem Mann zu widersetzen, zu jeder Zeit, überall, unter allen Umständen und mit allen mir zur Verfügung stehenden Mitteln"[214]

Es ist auffällig, wie sehr das von Brill erstellte Psychogramm Hitlers mit jenem übereinstimmt, das Klaus Mann nur wenige Wochen oder Monate später in sich aufnahm. Er traf Hitler „ungefähr ein Jahr vor der ‚Machtergreifung'" durch eine alltägliche Zufälligkeit in der Münchner Carlton-Teestube. Vom Nebentisch aus, aus nächster Nähe, konnte er ihn im Kreise seiner Kumpanen eine halbe Stunde beobachten. Hitler „verschmauste" in dieser Zeit

---

212 Brill, Gegen den Strom, S. 13.
213 ebd. S. 12.
214 ebd. S. 14.

5 Erdbeertörtchen mit Sahne und unterhielt sich dabei über die „völkische Künstlerin" Therese Giehse und die Welt der Operette, deren Vorzüge er seinen Genossen mit den Worten anpries: „man lacht sich mal gründlich aus". Mann fand den „schlagrahmschmatzenden Nachbarn" widerlich. Der „Anblick seiner halb infantilen, halb raubtierhaften Gefräßigkeit" verschlug ihm den Appetit. Auch er konzentrierte sich wie Brill stark auf Hitlers Aussehen: „. . . die Nase, die fleischige, gemeine, ja obszöne Nase" beeindruckte ihn „sofort als das garstigste und am meisten charakteristische Detail der Hitlerschen Physiognomie". Vom Detail zum Ganzen gehend, erschien ihm, dem feinnervigen Literaten, Hitler „von höchst unedler Substanz und Beschaffenheit, ein bösartiger Spießer mit hysterisch getrübtem Blick in der bleich gedunsenen Visage. Nichts, was auf Größe oder auch nur auf Begabung schließen lassen konnte". Mann erinnerte sich bei Hitler an den in den 20er Jahren berüchtigten Hannoveraner Knabenmörder Haarmann. „Schnurrbart und Locke, der verhangene Blick, der zugleich wehleidig und rohe Mund, die sture Stirn, ja sogar die anstößige Nase. Es war alles dasselbe."[215]

Brill und Mann, zwei Personen mit hohem geistigen Zuschnitt, die sich erstmals im Mai 1945 in Weimar begegnen werden, um die apokalyptischen Hinterlassenschaften Hitlers zu ordnen, treffen diesen Mann ein Jahr vor dessen Machtübernahme in Szenen alltäglicher Trivialität. Beide machen sie dieselben physiognomischen Beobachtungen, beide leiten sie daraus vergleichbare Psychogramme ab. Beiden erscheint Hitler im Habitus eines von Neurosen abhängischen Kleinbürgers (Gepäckträger) mit mörderischen Instinkten (Haarmann). Nichts Großes ist an ihm zu beobachten, kein geistiger Zuschnitt wahrzunehmen. Und doch hat Brill, hier deutlicher erkennend als Mann, die lauernde Aggressivität an Hitler beobachtet und als Gefahr gewittert, der Widerstand entgegenzusetzen sei.

Der parlamentarische Untersuchungsausschuß des Thüringer Landtags hat sich nach der Zeugenbefragung Hitlers nicht zu einem mehrheitlich getragenen Votum bekennen können, das eine weitere rechtsstaatliche Verfolgung der Sache Frick/Hitler bewirkt hätte. In seiner 6. Sitzung wurde der Antrag Frölichs, der ein solches Vorgehen befürwortete, mit 4 : 4 Stimmen abgelehnt. Die drei Vertreter der SPD und Heilmann von der KPD befürworteten weitere Maßnahmen des Parlaments, die Vertreter der Landvolkpartei, der DVP und der Wirtschaftspartei, von denen die Thüringische Landesregierung getragen wurde, sprachen sich dagegen aus.[216] Damit hatte die große Anfrage der KPD vom 4. Februar 1932 „über die auf geheimen Schleichwegen erfolgte Ernennung Hitlers zum Staatsbeamten (Gendarmeriekommissar Hildburghausen)" wohl für einen Augenblick und an einer Stelle den politischen Horizont erleuchtet, von dem das Unheil drohte, aber die Kräfte des Widerstands waren allgemein nicht stark genug. Nur wenige hatten die Wetterzeichen mit Ernst aufgenommen, Hermann Brill gehörte zu diesen.

Andere gaben sich am Ende des Jahres 1932, als durch die relative Niederlage der NSDAP bei den Reichstagswahlen vom 6. November politische Entspannungen signalisiert zu werden schienen, der Hoffnung auf eine Rettung der Weimarer Republik hin. So wie der ‚Simplicissimus' am 1. Januar 1933 fast triumphierend schrieb: „Eins nur läßt sich sicher sagen, und das freut uns rundherum: Hitler geht es an den Kragen. Dieses ‚Führers' Zeit ist um", hatte am Tag zuvor die Thüringische Landeszeitung der SPD, ‚Das Volk', ihren Redakteur Peter Simpel (Pseudonym) einen satirisch-hoffnungsvollen Jahresrückblick veröffentlichen lassen. Darin hatte dieser nach Art eines Kabarettsongs die Vorgänge im Februar 1932 in Thüringen so karikiert[217]:

---

215 Klaus Mann, Der Wendepunkt. Ein Lebensbericht, Reinbek 1984, S. 253ff.

216 HStA Weimar Landtag von Thüringen Nr. 186: Sechste Sitzung des Untersuchungsausschusses vom 3. 5. 1932.

217 Peter Simpel (Pseudonym), Autoritäre Staatsführung im verzwickelten Bracht-Jahr 1932, in: ‚Das Volk' 31. 12. 1932. Mit dem im Text genannten Rappelsdorf ist Hildburghausen gemeint, mit Klaggestan Braunschweig.

„Der Fasching und die Hitlerei,
Das ist so ziemlich einerlei:
Und dies erwies auch das Geflüster
Um jenen Hakenkreuzminister,
Den wir aus Pirmasens bezogen
Und der dann flog im großen Bogen.
Im Fasching kam das Ding heraus;
Frick macht Gendarmen, ei der Daus!!!
Hitlers Schnabel war wohl groß,
Aber ER war staatenlos!
Frick sann hin und Frick sann her:
Wie behebt man das Malhör?
Auf gradem Wege geht das nicht,
So sagte sich der Bösewicht.
Da verließ Minister Baum
Einmal den Regierungsraum.
Nun war Herr Frick in Stellvertretung
Und dieses war die einz'ge Rettung:
Er holt sich den Regierungsrat
Und schreitet dann zur kühnen Tat:
„Hier habe ich ein Aktenstück",
Begann sofort Minister Frick.
„Es bleibt mir in Verschwiegenheit
Und unter Ihres Amtes Eid,
Beschwören Sie, Regierungsrat,
Verschwiegenheit für diese Tat."
Und also ist es auch geschehen:
Denn als man sich so recht versehen,
Da war der Stubenmaler Hitler
So ganz geheim und ohne Mittler
Gendarm in Rappelsdorf geworden,
Und Freude gab es allerorten.
Doch Adolf war das nicht genug,
Er kam in Klaggestan zum Zug."

3.3 Das pseudojuristische Nachspiel: Das Dienststrafverfahren gegen Hermann Brill 1933/34

Die personalpolitische Groteske um die Ernennung des Münchener Hochverräters von 1923 zum Hildburghausener Polizeichef von 1930 und ihre öffentliche und parlamentarische Aufarbeitung im Februar/März 1932 haben dem Ansehen der NSDAP in Thüringen nicht geschadet und den weiteren politischen Aufstieg der Partei in diesem ihr so wichtigen mitteldeutschen Raum nicht gehemmt. Bei den Reichspräsidenten-Wahlen am 13. März 1932 zog Hitler in Thüringen über 333 000 Stimmen auf sich, was annähernd eine Vervierfachung der NSDAP-Stimmen gegenüber den Wahlen zum 5. Thüringer Landtag vom 8. Dezember

1929 bedeutete.[218] Der Trend setzte sich bei den Wahlen zum VI. Reichstag fort, als die NSDAP am 31. Juli 1932 in Thüringen 579230 Stimmen erhielt, und bei den am selben Tag stattfindenden Landtags-Wahlen, durch die die Partei in die Lage kam, das Thüringische Staatsministerium ganz allein bilden zu können. Unter dem Vorsitzenden Fritz Sauckel wurden der Ohrdrufer Bürgermeister Marschler, der Volksschullehrer Wächtler und der Landgerichtsrat Dr. Weber Staatsminister. Der offizielle Koalitionspartner, der Landbund, vermochte mit Erich Mackeldey nur einen Staatsratsposten zu besetzen.[219] Als Mackeldey schon bald darauf seine größere politische Nähe zum Nationalsozialismus erkannte und zur NSDAP übertrat, gab es in der noch jungen Geschichte des Landes Thüringen erstmals eine 1-Partei-Regierung.

Die Übertragung der Reichskanzlerschaft auf Hitler gab den politischen Verhältnissen in Thüringen einen weiteren entscheidenden Schub. Der Landtag in Weimar schickte am 14. Februar 1933 eine Ergebenheitsadresse an Hitler: „Der Thüringische Landtag begrüßt die Bildung der neuen Reichsregierung und verspricht Treue und Mitarbeit im Sinne des 30. Januar."[220] Sauckel, der Initiator dieses Kniefalls, wurde am 5. Mai 1933 auf Vorschlag des Reichskanzlers durch den Reichspräsidenten gemäß dem „2. Gesetz zur Gleichschaltung mit dem Reich" (Reichsstatthaltergesetz) vom 7. April 1933 zum Reichsstatthalter von Thüringen ernannt. Am 13. Mai ernannte er seinerseits die neue, ausdrücklich nach eingeholter Zustimmung durch Hitler gebildete Thüringische Landesregierung, gestellt von „alten erprobten Parteigenossen", eröffnete den jetzt gleichgeschalteten 7. Landtag am 16. Mai und schickte am 10. Juni 1933 an Hitler seinen „ersten Monatsbericht über meine Tätigkeit, meine Eindrücke und Beobachtungen". Mit allen Anzeichen größter Devotion versprach er darin, dafür Sorge tragen zu wollen, „daß mit unerhörter Zähigkeit, Geduld und Ausdauer in rastloser Pflichterfüllung der neue Staat, das Dritte Reich" auch in Thüringen aufgebaut werde.[221]

Zu einem solchen politischen Programm gehörte, daß sich die bisherigen innenpolitischen Partner in Thüringen der NSDAP unterordneten. Das tat der Landbund nach Sauckels Worten „vollkommen mit allen seinen Organisationen". Die DNVP sei „zur vollkommenen Bedeutungslosigkeit herabgedrückt" worden. „Die übrigen ehemaligen bürgerlichen Interessenparteien machen alle, z. T. in beängstigender Weise, die Gleichschaltung mit. Sie können ... als vernichtet betrachtet werden." Allein dem „marxistischen Gegner beider Schattierungen",

---

218 BA NS 20/123: Aktennotiz Sauckels vom 15. 3. 1932; vgl. Hans Volz, Daten zur Geschichte der NSDAP, Leipzig 1939, S. 27.

219 BA R 43 I/2316: Thür. Staatsmin. an Reichskanzler 29. 8. 1932. Die Presse (z. B. die ‚Leipziger Neuesten Nachrichten' am 28. 8. 1932) widmete besonders Sauckel stimmungsvolle Berichte unter dem Titel „Vom Matrosen zum Ministerpräsidenten". Artikel dieser Art offenbarten die gänzlich fehlende Qualifikation dieses später im thüringischen Volksmund sog. „Sauleiter Gauckels", der allein „einige Semester" auf dem Technikum in Ilmenau an geistiger Ausbildung nachzuweisen vermochte. Zum Ergebnis der VI. Reichstagswahlen vom 31. 7. 1932 vgl. Reichstagshandbuch, Berlin 1932, S. 49. Brill war in diesem Reichstag einer von 133 Abgeordneten der SPD. Sein Mandat konnte er nicht wirkungsvoll ausüben, da der VI. Reichstag schon in seiner 2. Sitzung am 12. 9. 1932 wieder aufgelöst wurde. Im gleichzeitigen 6. Thüringer Landtag war Brill nicht vertreten.

220 BA R 43 II/1372: Thür. Landtag an Hitler 14. 2. 1933.

221 BA R 43 II/1372: Reichsstatthalter Sauckel an Reichskanzler Hitler 10. 6. 1933. Der Tätigkeitsbericht hält auch das im April in Thüringen lancierte Gerücht fest, der ehemalige Herzog von Sachsen-Coburg-Gotha interessiere sich für die Position des Reichsstatthalters. Substantieller war Hitlers Absicht, dem Reichsstatthalter in Weimar „mangels geeigneter vorhandener anderer Räume" den Bau eines neuen Reichsstatthaltergebäudes zu gestatten. Der Gedanke war angesichts der in Weimar vorhandenen herzoglichen Bausubstanz auffällig, leitete aber zu den späteren Speer-Bauten im Zentrum der Stadt über. Auf der konstituierenden Sitzung des 7. Thüringischen Landtags am 16. Mai kam es zu einer in ihrer Übersteigerung lächerlich wirkenden Szene politischer Machtverlagerung. Während der nationalsozialistische Landtagspräsident beim Eintritt des Reichsstatthalters Sauckel in den Sitzungssaal im Fürstenhaus den Abgeordneten „aufstehen" befahl, rief Brill ihnen bei dessen Abtreten „sitzenbleiben" zu. „Einige standen auf, der größere Teil blieb sitzen." Brill im Gespräch mit Horst Kliem 4. 8. 1956, Protokoll in AES.

also der KPD und SPD, wies Sauckel noch illegal tätige Widerstandskräfte zu.[222] Gegen ihre Wirkung hatte das Thüringische Staatsministerium allerdings schon vorausschauende Maßnahmen ergriffen. Am 18. März 1933 war eine von Sauckel, Wächtler und Marschler gezeichnete „Allgemeine Verfügung" ergangen, die Beamten und Angestellten verbot, der Sozialdemokratischen Partei anzugehören.[223] Da das Staatsministerium Baum/Frick bereits am 25. September 1930 Beamten die Zugehörigkeit zur KPD untersagt hatte, brauchte ein solches Verbot jetzt nur noch auf die Angestellten ausgeweitet zu werden.[224] Die von Sauckel ausgemachten „marxistischen Gegner beider Schattierungen" waren dadurch von einer politischen Einwirkung auf die Verwaltung Thüringens ausgeschlossen. Die für das Land seit seiner Gründung am 1. Mai 1920 so charakteristische sozialistische Reformpolitik, getragen von einer zahlenmäßig stark ausgebauten sozialdemokratischen Beamtenschaft, war beendet. Die Allgemeine Verfügung vom 18. März 1933 verbot allen Staatsbeamten, „die SPD oder eine ihrer Hilfs- oder Nebenorganisationen in irgendeiner Form zu unterstützen, sei es durch ausdrückliche Betätigung oder durch bloße Mitgliedschaft oder sonstwie". Zuwiderhandelnden, die auf diese Weise das in ihrem Beamtenstand begründete Treueverhältnis verletzten, wurde ein Dienststrafverfahren mit dem Ziel der sofortigen Dienstentlassung angedroht. Gleiches galt für Angestellte. Für beide war der 1. April 1933 als kurzfristiger Termin für den Parteiaustritt gesetzt.

Offenbar hatten die Parteijuristen im Thüringischen Staatsministerium in der Allgemeinen Verfügung noch Lücken entdeckt, denn am 27. März 1933 erließen Sauckel, Wächtler und Marschler eine Ergänzung, wonach auch jedem im Wartestand befindlichen Beamten die Verfügung vom 18. März mitzuteilen und ihm aufzugeben sei, „bis zum 15. April d. J. schriftlich die dienstliche Erklärung abzugeben, daß er der Sozialdemokratischen Partei oder einer der kommunistischen Parteien einschließlich der Hilfs- oder Nebenorganisationen dieser Parteien nicht angehört". Allein für die SPD waren 31 solcher Nebenorganisationen aufgezählt.[225]

In dieser ergänzenden Verfügung vom 27. März 1933 könnte man eine lex Brill vermuten. Denn sie betraf insonderheit ihn, den letzten Mitte April 1933 gewählten Fraktionsvorsitzenden der SPD im Thüringischen Landtag. Brill war seit dem 15. April 1924 Ministerialdirektor i. W. Er erhielt unter dem 5. April 1933 vom Thüringischen Minister des Innern einen Abdruck der Allgemeinen Verfügung vom 18. März und der Anordnung vom 27. März 1933 mit der Aufforderung, den beigefügten Revers zu unterschreiben: „Ich gebe hiermit die dienstliche Erklärung ab, daß ich der Sozialdemokratischen Partei oder einer der kommunistischen Parteien oder einer Hilfs- oder Nebenorganisation dieser Parteien nicht angehöre." Aus seiner Weigerung, eine Zugehörigkeit von Staatsbeamten zur SPD als verbotswürdig anzuerkennen, und mehr noch aus seiner gegenteiligen Bekundung, er halte ein solches Verbot „für rechtswidrig und deshalb nicht für rechtsverbindlich", entwickelte sich ein von der Thüringischen Landesregierung eingeleitetes und durch zwei Instanzen geführtes Dienststrafverfahren gegen Brill mit dem Ergebnis seiner Entlassung aus dem Wartestand ohne Pensionsbezüge und Hinterbliebenenunterstützung.[226] Das Verfahren wurde von dem selbst seit dem 1. Januar 1932

---

222 BA R 43 II/1372, Tätigkeitsbericht S. 13.

223 BA NL Brill 65: Amts- und Nachrichtenblatt für Thüringen 20. 3. 1933: Allgemeine Verfügung, betr. das Verbot der Zugehörigkeit von Beamten und Angestellten zur Sozialdemokratischen Partei usw. vom 18. 3. 1933.

224 ebd. die Bekanntmachung des Thür. Staatsmin. vom 25. 9. 1930 zit.

225 ebd. Amts- und Nachrichtenblatt für Thüringen vom 27. 3. 1933: Zugehörigkeit der Beamten und Angestellten zur Sozialdemokratischen Partei usw.

226 ebd.: Thür. Min. d. I. an Brill 5. 4. 1933 und Brill an Thür. Min. d. I. 15. 4. 1933.

als Disziplinarrichter tätigen Brill mit subtil und hartnäckig angewandter juristischer Kompetenz geführt, auf der Gegenseite mit plumper, politisch motivierter Rechtsverformung gehandhabt. Es ist ein buchenswertes Beispiel für die Aufgabe der richterlichen Unabhängigkeit, für die Demontage des Weimarer Rechtsstaates und die widerspruchslose Eingliederung der Justiz in das nationalsozialistische Herrschaftssystem.

Am 10. Mai 1933 hatte der Generalstaatsanwalt für das Deutsche Reich die Beschlagnahme des gesamten Parteivermögens der SPD verfügt; zwei Monate später, am 14. Juli 1933, wurde das Gesetz gegen die Neubildung von Parteien erlassen. Damit war die antirepublikanische Revolution der NSDAP auf dem Gebiet des Parteienpluralismus abgeschlossen. Das Dienststrafverfahren gegen Brill, einen der profiliertesten sozialdemokratischen Gründungspolitiker des Landes Thüringen, ist geeignet, die parteipolitischen und persönlichen Konsequenzen einer solchen sog. nationalen Revolution beispielhaft offenzulegen und den Untergang der Republik von Weimar in nuce nachzuvollziehen. Ein Jahr nach dem von Brill in der personalpolitischen Groteske um den Gendarmeriekommissar von Hildburghausen im parlamentarischen Untersuchungsausschuß gegen Frick geleisteten Einsatz um die Rechtsstaatlichkeit führte dieser Mann denselben Kampf auf der anderen Seite der Gerichtsschranke. Es liegt die Vermutung nur zu nahe, daß die thüringische NSDAP dabei an seiner Person einen Akt der politischen Vergeltung inszenierte. Sie wollte sich an dem 1932 die Vernehmung Hitlers leitenden Vorsitzenden Brill rächen und den von ihr verachteten Parlamentarismus der Weimarer Republik exemplarisch demontieren.

Auf Antrag des Thüringischen Ministers des Innern vom 21. Juni 1933 beschloß das Thüringische Staatsministerium am 22. Juni, gegen Brill „wegen Vergehens gegen die allgemeine Verfügung“ vom 18. März 1933 und „wegen Verletzung der ihm nach § 8 StBG obliegenden Gehorsamspflicht gem. §§ 69, 81 StBG das förmliche Dienststrafverfahren mit dem Ziele der Dienstentsetzung“ einzuleiten.[227] Offenbar in Kenntnis dieses Vorgangs und in voreilender materieller Fürsorge bat Brill das Thüringische Ministerium des Innern am 23. Juni, gem. § 39 Abs. 3 des Thüringischen Staatsbeamtengesetzes vom 14. März 1923, dessen Entwurf er damals selbst gefertigt hatte, aus dem Warte- in den Ruhestand versetzt zu werden.[228] Dem Antrag wurde gem. § 4 des Reichsgesetzes zur Wiederherstellung des Berufsbeamtentums vom 7. April 1933 stattgegeben. Brill wurde zum 15. Juli 1933 aus dem Staatsdienst entlassen, allerdings nur mit ¾ der Pension eines Regierungsrates der Besoldungsordnung von 1921 ausgestattet, das waren 210 RM. Für ihn, der am 11. Februar 1930 von seiner ersten Ehefrau Hildegard, geb. Wiechert, mit beiderseitiger Schuld geschieden worden war, aus dieser Ehe noch eine Tochter (Barbara) zu versorgen hatte, am 21. März 1931 in zweiter Ehe Martha Pluskat geheiratet und mit ihr inzwischen zwei weitere Töchter (Renate * 4. 1. 1932, Cornelia-Claudia * 29. 6. 1933) hatte, beide geboren am neuen Wohnort Gotha (Gradlerstraße 11), blieben aus dieser Pension nur 150 RM übrig. Für den Erhalt dieser Mittelzuweisung sich auf allen gebotenen Wegen einzusetzen war für Brill von existenzieller Bedeutung, auch wenn er einem politischen Freund im August 1933 von Nebeneinkünftigen schreiben konnte.[229]

Ungeachtet der förmlichen Pensionierung verfolgte das Thüringische Staatsministerium den Fall Brill aus politischen Gründen mit juristischen Mitteln. Der mit der Untersuchung beauftragte Beamte der Weimarer Dienststrafkammer, Landgerichtsrat Dr. Ruf, eröffnete

227 ebd. Beschluß des Thür. Staatsmin. vom 22. 6. 1933.

228 ebd. Brill an Thür. Min. d. I. 23. 6. 1933.

229 IfGA PDS NL Frister: Brill an Frister 22. 8. 1933: „Seit dem 24. Juli mache ich in Disziplinarrecht.“ Der Zusatz offenbart eine gewisse berufliche Aussichtslosigkeit: „An einen neuen Beruf denke ich natürlich auch, nur kann ich keinen finden.“

Brill am 24. August, er habe zur Einleitung der Voruntersuchung am 28. des Monats im Gerichtsgebäude zu erscheinen. Brill erschien nicht, entschuldigte sich schriftlich mit einem Neuralgieanfall und reichte am 30. August eine 4seitige Einlassung zur Sache ein.[230] Die Krankheit war nicht vorgetäuscht. Brill hatte von Anfang Mai bis Mitte Juli und dann noch einmal Mitte August „wahnsinnige neuralgische Schmerzen", deren Ursachen er auf seine beiden Abstürze aus Fesselballons Ende des Krieges 1918 zurückführte.[231] Veranlaßt wurde ihr akuter Ausbruch offenbar durch seinen unter dramatischen Begleiterscheinungen vollzogenen Austritt aus der SPD. Seit der Allgemeinen Verfügung des Thüringischen Staatsministeriums vom 18. März 1933 hatte er von seiner Partei einen entschiedenen Protest gegen die von der NSDAP geführte Landesregierung verlangt, aber nicht erreichen können. Daraufhin hatte er am 2. Mai in seiner Gothaer Wohnung eine Austrittserklärung entworfen, diese aber nach der Zusage einer klärenden Bezirkskonferenz zunächst zurückgehalten. Am 29. Mai war es zu dieser Konferenz in Erfurt gekommen; Brill hatte auf ihr vergeblich die Selbstauflösung der SPD gefordert und daraufhin am folgenden 30. Mai seinen freiwilligen Austritt aus der SPD sowie die Niederlegung des Vorsitzes der sozialdemokratischen Landtagsfraktion erklärt. Er wollte danach mit wenigen Gleichgesinnten im Landtag eine neue Fraktion bilden; doch dazu ist es nicht mehr gekommen.

Wir sind über den Vorgang nur durch Selbstzeugnisse Brills informiert. An Frister schrieb er Monate später verärgert, er habe in Erfurt erkannt, „daß bei *den* Menschen nichts mehr zu erwarten ist, und ich nicht zu Ihnen gehöre". Er fügte sogar die Prognose hinzu: „Ich werde auch *niemals* mehr für die SPD arbeiten."[232] Augenscheinlich war Brill mit seiner stets zu Rigorismus neigenden Haltung bei den eher vorsichtig lavierenden Mitgliedern des Parteivorstandes der thüringischen SPD unter dem Vorsitz des Reichstagsabgeordneten Georg Dietrich, die er als „Schlaumeier" und „Gehirnproleten" heftig attackierte[233], auf keine Gegenliebe gestoßen. In der Sache bewirkten die persönliche Widerstandsbereitschaft der wenigen unter Brill ebenso nichts wie das Taktieren der Parteimehrheit. Alles war schon durch die Erklärung des Reichsinnenministers Frick vom 23. Juni 1933, wonach die SPD „als eine staats- und volksfeindliche Partei" von den Länderinnenministerien zu verfolgen sei, und danach durch das am 14. Juli 1933 folgende Gesetz gegen die Neubildung von Parteien hinfällig geworden. Es blieb das Nachspiel gegen Brill mit dem pseudojuristischen Offenbarungscharakter.

In seiner ersten ausführlichen und schriftlichen Stellungnahme zum Vorwurf der Verletzung der ihm als Beamten obliegenden Gehorsams- und Treuepflicht gegen den Staat legte Brill am 30. August 1933 sein Verhalten dar. Seine Argumente lauteten, der SPD könne in der Zeit nach den beiden ministeriellen Verfügungen vom 18. bzw. 27. März 1933 „eine staatsfeindliche Haltung nicht bewiesen werden"; sie sei „vielmehr in dieser Zeit eine extrem

230 BA NL Brill 65: Landgerichtsrat Ruf an Brill 24. 8. 1933, Brill an Ruf 28. 8. und 30. 8. 1933.

231 a. O. Anm. 229 und BA NL Brill 65: Brill an Landgerichtsrat Ruf 28. 8. 1933.

232 ebd. Brill an Landgerichtsrat Ruf 30. 8. 1933. Eine weitere Quelle für den Parteiaustritt und die Niederlegung des Fraktionsvorsitzes ist Brills Brief an den Präsidenten des Landtags, Hille, vom 23. 6. 1933, HStA Weimar Landtag von Thüringen Nr. 45.

233 a. O. Anm. 229. Brill an Frister 22. 8. 1933. Den Vorwurf Fristers, Brill habe der Diäten wegen den Austritt aus der SPD hinausgezögert („Seien Sie nicht böse: Die Diäten haben über die Überzeugung gesiegt!", Frister an Brill 11. 9. 1933, ebd.), wies Brill empört zurück: „. . . es gibt auch noch etwas anderes, die sittliche Verantwortung vor sich selbst. Man kann sogar in der Politik damit anfangen, lieber Herbert Frister! Dann hört man nämlich so auf, wie man angefangen hat, als armer Mann. Und der bin ich . . . trotz der Diäten geblieben", ebd. Brill an Frister 12. 9. 1933. Ganz gegen seine Gewohnheit hatte Brill diesen Brief zuvor handschriftlich entworfen und am folgenden Tag erst in die Maschine getippt. Das unterstreicht die Bedeutung, die er seiner politischen Rechtfertigung gab. Der handschriftliche Entwurf befand sich bis zu seinem Tode in seiner Hand, wurde danach von seiner Witwe an Frister gegeben und von diesem in Abschrift dem eigenen Nachlaß zugeordnet, ebd.

republikanisch-demokratische Reformpartei" gewesen und habe vor dem 18. März 1933, seit 1919, „nicht nur nicht staatsfeindlich, sondern staatserhaltend und staatsaufbauend gewirkt". Deswegen habe er, so hob Brill unter Hinweis auf die ihm 1924 von Reichspräsident Ebert für seine staatsbejahende Haltung überreichte Ehrengabe hervor, die Verfügung vom 18. März 1933 „nach gewissenhaftester Prüfung nicht als rechtsgültig ansehen können", sondern nur als eine politische Kundgebung begreifen müssen. Anders sei die Lage nach der Rundverfügung des Reichsinnenministers Frick an die Länderregierungen vom 23. Juni 1933 einzuschätzen, wonach „die weitere Zugehörigkeit von Beamten zu dieser Partei unvereinbar" sei. Doch zu diesem Zeitpunkt sei er ja bereits aus der SPD ausgetreten gewesen (30. Mai). In subtiler juristischer Argumentation hielt er unter Hinweis auf seine eigene Tätigkeit als Disziplinarrichter dem Landgerichtsrat Ruf vor: „Der logische Sinn dieser Verlautbarung dieser beamtenrechtlich gewiß autoritativen Stelle (sc. Frick) kann nur sein, daß bis dahin die Zugehörigkeit von Beamten zur SPD statthaft war."[234]

Unbeschadet dieses von Brill pointiert herausgestellten Widerspruchs zwischen der thüringischen Allgemeinen Verfügung vom 18. bzw. 27. März und der Frick-Maßgabe vom 23. Juni 1933 wurde ihm am 14. Oktober 1933 eröffnet, die Voruntersuchung gegen ihn sei abgeschlossen und das Verfahren werde vor der Dienststrafkammer in Weimar eröffnet. Seiner Bitte um Akteneinsicht wurde am 21. Oktober „bis zum 26. Oktober 1933" entsprochen und auf seinen Einspruch betr. die kurzen Fristen bis zum 31. Oktober verlängert.[235] Ein Gesuch um ein Gespräch bei Ministerpräsident Marschler, dem das thüringische Gesetz über die Landesregierung vom 17. Oktober 1933 eine autoritative Entscheidungsbefugnis gegenüber den Ministern zugewiesen hatte[236], lehnte dieser mit dem Bemerken ab, nicht in das schwebende Dienststrafverfahren eingreifen zu wollen.[237] Der frühere Ohrdrufer Bürgermeister Marschler hatte sich auf diese Weise einer sicher für ihn eher hochnotpeinlichen Offenbarung seiner geistigen Unterlegenheit gegenüber dem früheren Ohrdrufer Nachbarn und mehrjährigen Kollegen im Weimarer Landtag, Hermann Brill, zu entziehen gewußt. Eine Eingabe um Einstellung des Verfahrens, gerichtet an Innenminister Wächtler, den von Brill bei früheren Gelegenheiten im Landtag so oft angegriffenen und bloßgestellten „Fachberater" Fricks, und begründet mit dem Verhalten der Thüringischen Landesregierung in gleichgearteten Fällen, blieb unbeantwortet.[238] Sein Fall war der nationalsozialistischen Thüringischen Landesregierung offenbar von herausragender politischer Bedeutung.

Der Oberstaatsanwalt beim Thüringischen Landgericht in Weimar beantragte am 19. Dezember 1933 die Eröffnung der Hauptverhandlung vor der Dienststrafkammer. In seiner beigefügten Anklageschrift legte er Brill zur Last, „als Staatsbeamter die ihm obliegenden Pflichten nicht nach bestem Wissen und Gewissen erfüllt zu haben", indem er das mit der Allgemeinen Verfügung der Thüringischen Regierung vom 18. März 1933 ausgesprochene Verbot der Zugehörigkeit der Beamten zur SPD mißachtet und sogar für rechtswidrig und

234 BA NL Brill 65: Brill an Landgerichtsdirektor Ruf 30. 8. 1933.

235 ebd. Brill an Ruf 17. 10. 1933, Ruf an Brill 21. 10. und 26. 10. 1933.

236 Dem Gesetz über die Landesregierung vom 17. 10. 1933 zufolge wurde die bisherige Kollegialverfassung aufgegeben. Bei eiligen Beschlüssen war bis dahin im Umlaufverfahren unter allen Kabinettsmitgliedern eine Entscheidung gefällt worden; jetzt lag die einseitige Entscheidungsbefugnis bei dem sich fortan Ministerpräsident nennenden Leiter des Thüringischen Staatsministeriums, vgl. ‚Gothaer Tageblatt' 24. 11. 1933.

237 BA NL Brill 65: Brill an Ministerpräsident Marschler 3. 11. 1933 und Marschler an Brill 13. 11. 1933. Parallell zu diesem Briefwechsel hatte Brill im Schreiben an das Ministerium des Innern am 3. 11. 1933 noch einmal seine Rechtsauffassung begründet, ebd. und HStA Weimar Dienststrafhof Jena Nr. 54/1.

238 BA NL Brill 65: Brill an Innenminister Wächtler 21. 11. 1933. In diesem Schreiben wies Brill auf die Niederschlagung vergleichbarer Fälle, so des SPD-Landtagsabgeordneten Mäder, der erst Ende Juni aus der SPD ausgetreten war, hin.

damit rechtsunwirksam erklärt habe. Brills bis dahin vorgebrachte Gegenüberlegungen wies der Oberstaatsanwalt barsch zurück: „Die Einwendungen des Beschuldigten sind alle unbegründet."[239] Mit dieser Position der die Anklage erhebenden Instanz wurde am 31. Januar 1934 in öffentlicher Sitzung vor der Dienststrafkammer das Verfahren eröffnet. Es sollte in dieser ersten Instanz eher kurios enden, fast dekuvrierend für die juristische Kompetenz der anklagenden Behörde. Brill hatte nämlich noch einen Trumpf in der Rückhand behalten, den er erst in der Verhandlung ausspielte, die nicht rechtzeitig vor der Aufnahme des Verfahrens am 22. Juni 1933 erfolgte Aufhebung seiner Immunität als Abgeordneter des Thüringischen Landtags, die erst am 23. Juni erfolgte.

Bevor dieser Formfehler, ein absolutes Prozeßhindernis, von ihm vorgebracht wurde, argumentierte er mit aller ihm zu Gebote stehenden juristischen Kompetenz. In einer „Erklärung zur Beschuldigung" machte er geltend, von der Allgemeinen Verfügung vom 18. März 1933 in dem Augenblick Kenntnis erhalten zu haben, als er selbst als Disziplinarrichter gerade in einer Verhandlung vor dem Dienststrafhof in Jena den Freispruch eines Beamten miterlebt habe, „weil der Dienststrafhof den Dienstbefehl (sc. vom 18. März), den der Beamte nicht ausgeführt hatte, als gesetzlich und rechtlich unbegründet angesehen hat". Ferner hätten seine Gespräche in Berlin, am 7. und 8. April 1933 mit dortigen Juristen des ADB geführt, sowie eigene Studien der juristischen Literatur und seine als Disziplinarrichter über 5 Jahre gewonnenen Einsichten in die thüringische Beamtenpraxis und Rechtssprechung ihn in der Auffassung bestärkt, daß die Allgemeine Verfügung vom 18. März 1933 gegen die Art. 124 und 130 (hier bes. Abs. 2: „Allen Beamten wird die Freiheit ihrer politischen Gesinnung und die Vereinigungsfreiheit gewährleistet.") der Reichsverfassung und die aufgrund dieser Artikel geführte höchstrichterliche Rechtsprechung des Staatsgerichtshofes beim Reichsgericht wie auch des Reichsdisziplinarhofes sowie der in den Ländern nachgeordneten Gerichte verstoße. Da außerdem weder im Reich noch in Preußen oder einem anderen Land den Beamten so wie in Thüringen die Mitgliedschaft in der SPD vor dem 23. Juni 1933 verboten worden sei – nur denen, die zur KPD gehörten –, könne erst mit diesem Stichtag eine rechtsgültige Unvereinbarkeit eines Beamtenstatus mit einer SPD-Mitgliedschaft konstatiert werden. Brill schloß: „Es hat mir völlig ferngelegen, einen Dienstbefehl vorsätzlich nicht ausführen zu wollen. Ich habe lediglich meine Rechtsauffassung zum Ausdruck gebracht, sonst nichts."[240]

Auffällig ist, daß Brill in der Verhandlung seine politische Position innerhalb der Sozialdemokratie sehr kritisch darzustellen versuchte. Er, der ja von der USPD kam und nach der Rückgliederung in die SPD 1922 immer am linken Rand dieser Partei stehengeblieben war, gab vor der Dienststrafkammer am 31. Januar 1934 zu Protokoll: „Solange ich der SPD angehört habe, habe ich mit ihrer Politik, vor allen Dingen mit ihrem Parlamentarismus, aber auch mit ihrer Sozialreform niemals voll übereingestimmt." Zur Bekräftigung dessen fügte er hinzu: „Das ist die reine, lautere Wahrheit." Er, der Gothaer Räterepublikaner von 1918/19, hätte zum Beweis dessen auf seine Schul- und Beamtenpolitik 1920 bis 1924 in der Regierung und danach in der Opposition verweisen können. Jetzt verstieg er sich in seinem Rigorismus und bei ausdrücklich reklamiertem vollen Bewußtsein bis zu der Erklärung, „daß ich mich niemals mehr in meinem Leben für eine sozialdemokratische Politik oder Partei

239 HStA Weimar Dienststrafhof Jena Nr. 54/1: Anklageschrift im Dienststrafverfahren gegen Ministerialdirektor i. R. Dr. Hermann Brill 19. 12. 1933.

240 ebd. Protokoll der öffentlichen Sitzung der Thür. Dienststrafkammer vom 31. 1. 1934. In BA NL Brill 65 ist eine handschriftliche Fassung seiner Stellungnahme enthalten.

einsetzen werde. Ich bin und bleibe Sozialist, Sozialdemokrat bin ich für alle Zeiten gewesen."[241]

Eine solche überraschende Aussage ist in ihrer Radikalität nicht von den durch das Gerichtsverfahren freigesetzten Emotionen begründet, denn er hatte sie im Sommer 1933 schon andernorts getan.[242] Vielmehr zeigt sich an ihr wieder einmal, daß Brill politisch eher zwischen den Stühlen von KPD und SPD saß, die „königlich-preußische Sozialdemokratie"[243] ebenso wenig als politische Heimat betrachtend wie die bolschewistische KPD. Im Frühjahr 1945 wird sich das im Buchenwalder Manifest und danach in dem am 8. Juli 1945 in Weimar gegründeten Bund demokratischer Sozialisten, einer neuen Arbeiterpartei zwischen der alten SPD und KPD, beweisen. Seine spätere eigentliche Heimatlosigkeit in der SPD Kurt Schumachers wird ein weiterer Beleg dafür sein.

Muß schon die Kennzeichnung seiner politischen Position eher links von der Weimarer Sozialdemokratie in dem Gerichtsverfahren am 31. Januar 1934 überraschen, so erst recht die von ihm bei dieser Gelegenheit geäußerte gewisse Sympathie für die NSDAP: „Ich war nicht nur negativ ein Gegner der Tolerierung des Kabinetts Brüning, sondern habe auch positiv bereits im Dezember 1930 verlangt, daß man der NSDAP den Weg zur Regierung im Reich und in Preußen freigebe."[244] Eine solche Erklärung, gleichsam eine Papen-Position, fällt gänzlich aus dem Rahmen seiner politischen Überzeugungen und Verhaltensweisen, wie er sie etwa im 5. Thüringischen Landtag aus der Opposition heraus verfochten hatte, wie er sie ganz besonders in dem parlamentarischen Untersuchungsausschuß bei der Vernehmung Hitlers am 15. März 1932 nachgewiesen und in einer anschließenden Reflexion zu Papier gebracht hatte. In Ermangelung einer politisch einsichtigen Erklärung muß man Brill eine ihm in dieser Lage für opportun erscheinende Adresse an die NSDAP unterstellen. Ging es ihm um die Sicherung der – dürftigen – Pension?

Die Argumentationen Brills trugen zur Erhellung der Sache und ihrer juristischen Bewertung nach Maßgabe der Gesetze der Weimarer Republik bei. Das Gericht ging auf sie nicht ein, als Brill in den weiteren Verhandlungen am 8. und 16. Februar 1934 die nicht erfolgte Aufhebung seiner Immunität zum 22. Juni 1933 als einen persönlichen Strafausschließungsgrund einbrachte. Er stand zum Zeitpunkt der Einleitung des Verfahrens noch unter dem Schutz des Art. 37 Abs. 3 der Reichsverfassung. Erst am Tage danach, am 23. Juni, hatte das Thüringische Staatsministerium die Abgeordneten der SPD von der weiteren Ausübung ihrer Mandate ausgeschlossen und sie dadurch ihrer Immunität entkleidet. Die Dienststrafkammer mußte angesichts dieses Formfehlers am 16. Februar 1934 die Einstellung des Verfahrens gegen Hermann Brill beschließen und die baren Auslagen der Staatskasse anlasten.[245]

Brill beließ es nicht bei diesem Sieg im Streit der Juristen, sondern legte Berufung ein mit dem Ziel, „auch die Auslagen des Beschuldigten" der Staatskasse aufzulegen. Die nächst höhere gerichtliche Instanz, der Dienststrafhof in Jena, lehnte diese Berufung in einem in Abwesenheit des Klagenden ergangenen Urteil am 17. März 1934 mit der Begründung ab, das Verfahren sei nur aus formalrechtlichen Gründen eingestellt worden, nicht aber „wegen erwiesener Unschuld des Beschuldigten".[246] Die Juristen des Dienststrafhofes in Jena wußten

241 HStA Weimar Thür. Dienststrafhof Jena Nr. 54/1: Protokoll der Sitzung vom 31. 1. 1934, S. 4.
242 Vgl. den Brief an Frister vom 22. 8. 1933, a. O. Anm. 225.
243 ebd.
244 Protokoll 31. 1. 1934, S. 4.
245 ebd. Urteil im Dienststrafverfahren gegen den früheren Ministerialdirektor Hermann Brill vom 16. 2. 1934; das Protokoll der Sitzung vom 8. 2. 1934 ebd. Zum Vorgang am 23. 6. 1933 s. HStA Weimar Landtag von Thüringen Nr. 45: Brill an Landtagspräsident Hille 23. 6. 1933.
246 HStA Weimar Dienststrafhof Jena Nr. 54/1: Urteil des Dienststrafhofes Jena vom 17. 3. 1934; die Berufungsbegründung

durchaus, daß sie in Brill einen versierten Kollegen vor sich hatten, er war ihnen „als langjähriger, gewandter Parlamentarier, als früheres Mitglied der Thür. Dienststrafgerichte und als Rechtskundiger“ in dem Urteil anerkennender Erwähnung wert. Noch war trotz des im vergangenen Oktober 1933 auf dem Leipziger Juristentag ergangenen „Rütli-Schwurs“ von etwa 10000 Juristen, „unserem Führer auf seinem Weg folgen zu wollen bis ans Ende unserer Tage“, offenbar der Dienststrafhof in Jena zu dieser Zeit noch kein gleichgeschaltetes Justizorgan im nationalsozialistischen Staat, so daß man sich dort solche Respektsbekundungen in offiziellen Verfahren und aktenkundig erlaubte. Im vorliegenden Fall nutzte das Gericht allerdings auch die Sachkenntnis des Beschuldigten und gab ihm gleichsam mit einem Augenzwinkern zu verstehen, er habe „als Rechtskundiger bestimmt schon gleich bei der Einleitung des Verfahrens genau gewußt, daß dieses mangels der erforderlichen Genehmigung (sc. zur Aufhebung der Immunität) von vornherein fehlerhaft war und deshalb nicht durchgeführt werden konnte“.[247]

Die politische Exekutive des Landes Thüringen machte ein solches gentleman agreement, das für sie eher ein Hornberger Schießen war, nicht mit. Das Innenministerium beantragte vielmehr beim Staatsministerium am selben 17. März 1934, an dem der Jenaer Dienststrafhof die Berufung Brills abschlägig beschied, die förmliche Wiederaufnahme des Verfahrens gegen Brill zu beschließen „mit dem Ziel der Aberkennung des Ruhegeldes, der Hinterbliebenenversorgung und der Amtsbezeichnung“. Die Exekutive gab der Judikative das zu beschließende Strafmaß gleichsam vor. Das Verfahren vor der Dienststrafkammer habe am 16. Februar 1934 weder mit einer Verurteilung noch mit einem Freispruch geendet, § 14 des Gesetztes über die Wiederherstellung des Berufsbeamtentums vom 7. April 1933 lasse jedoch bis zum 31. März 1934 eine gerichtliche Ahndung von Dienstvergehen betroffener Beamter auch nach deren Entlassung zu.[248] Angesichts der gebotenen Eile stimmte das Staatsministerium dem Antrag des Innenministeriums am 20. März 1934 zu und beauftragte wiederum den Gothaer Landgerichtsrat Ruf mit der Voruntersuchung.[249] Dieser Schritt leitete den zweiten Akt des pseudojuristischen Nachspiels zur politischen Karriere Brills während der Weimarer Republik ein.

Brill setzte sich sofort mit aller juristischen Schärfe und großer Eloquenz gegen eine Wiederaufnahme des Verfahrens zur Wehr. Am 22. März gab er in Form eines Briefes zu Protokoll, was er am Morgen desselben Tages im Ministerium des Innern mit dem dortigen Ministerialdirektor Walther besprochen hatte. Dabei war es um den Rechtsgrundsatz ne bis idem gegangen. Brill verwahrte sich dagegen, nach einer rechtsgültigen Einstellung des Verfahrens nicht zum zweitenmal in derselben Sache vor die Schranken eines Gerichts geladen zu werden. In großer Umsicht zog er zum Zwecke der Beweisführung die juristische Literatur (Arndt, Reichsbeamtengesetz, 1923, Brandt, Reichsbeamtengesetz, 1929, Gerland, Reichsstrafgesetz, 1922, Lucas, Anleitung zur strafrechtlichen Praxis, 1931, sowie Kommentare von Löwe-Rosenberg, Julius Springer und Karl von Lilienthal u. a.), das StBG (§ 104 erlaubt die Wiederaufnahme eines eingestellten Verfahrens nur bei neuen Tatsachen oder neuen Beweismitteln binnen 5 Jahren) sowie die Rechtssprechung im Reich und die Rechtspraxis in

Brills an den Dienststrafhof vom 8. 3. 1934 in BA NL Brill 65. Brill konnte zu der Verhandlung wegen erneuter Neuralgieanfälle nicht erscheinen, ebd. Brill an Dienststrafhof Jena 16. 3. 1934.

247 ebd. Urteil des Dienststrafhofes Jena vom 17. 3. 1934, Protokoll S. 3f. Zum Leipziger Juristentag im Oktober 1933 vgl. G. Fieberg, Justiz im nationalsozialistischen Deutschland, 1984, S. 37 und Ingo Müller, Furchtbare Juristen, München 1987, S. 47.

248 HStA Weimar Dienststrafhof Jena Nr. 54/2: Thür. Min. d. I. an Thür. Staatsmin. 17. 3. 1934.

249 BA NL Brill 65: Umlauf und Beschluß des Thür. Staatsmin. vom 20. 3. 1934.

Thüringen bei. Der anerkannte Verfahrensmangel – Nichtaufhebung der Immunität – hätte die Dienststrafkammer, so Brill, nicht daran hindern müssen, auf die Schuldfrage einzugehen. Sie habe dies jedoch in der weisen Erkenntnis unterlassen, daß die Immunität ein „persönlicher Strafausschließungsgrund" war, wie Brill aus dem „Lehrbuch des deutschen Strafrechts" von Liszt (S. 173f.) zitierte.[250]

Sachlich brachte Brill seine politische Abkehr von der SPD – durch den Parteiaustritt am 30. Mai 1933 nachgewiesen sowie durch eine Erklärung vor der Gothaer Polizeidirektion am 15. Juli 1933, sich überhaupt „nicht mehr politisch betätigen" zu wollen, verallgemeinert – in Erinnerung, seine zukünftige Lebensaufgabe gab er mit „wissenschaftlicher Arbeit" an; ein beabsichtigter Wohnortswechsel von Thüringen „in die Nähe von Berlin" sollte dem Staatsministerium die Ernsthaftigkeit seiner politischen Demission aus Weimar beweisen. Von präventivem Gewicht war sein Appell an den zu wahrenden Grundsatz der Rechtsstaatlichkeit im Deutschen Reich: „Wenn wir in einem Rechtsstaat leben wollen, so muß ein rechtskräftiges Urteil ... von allen Beteiligten in seiner Rechtskraft respektiert werden."[251]

Gerade diesen Grundsatz wollten die neuen Machthaber in Thüringen im Falle Brills durch ein ihnen höherwertiges politisches Verlangen außer Kraft setzen. Ein gegenüber dem Nationalsozialismus über die Jahre hin und durch spektakuläre Auftritte ausgewiesener Oppositioneller sollte coram publico bestraft und privat durch Entzug der Versorgungsbezüge getroffen werden. Dafür wählte die nationalsozialistische Thüringische Landesregierung den Weg der Legalität, ohne jedoch genügend der Tatsache Rechnung zu tragen, dem versierten Juristen Brill mit einer anfechtbaren, ja sogar unhaltbaren Position entgegenzutreten.

Das Verfahren wurde angesichts der durch das Reichsstatthaltergesetz vorgegebenen Ausschlußfrist vom 31. März 1934 mit aller Hast eingeleitet. Am 24. März erhielt Brill durch eine Verfügung des Ministers des Innern die Kenntnis von der abermaligen Eröffnung eines förmlichen Dienststrafverfahrens gegen ihn. Er legte sofort Rechtsverwahrung dagegen ein, in der Verfügung „eine flagrante Verletzung" des Rechtsgrundsatzes ne bis idem erblickend. In einer Paraphe des Ministerialdirektors Walther ist auf dem Antwortschreiben Brills festgehalten: „Herr Minister will nichts unternehmen". Die Thüringische Regierung lehnte also die Annahme der Rechtsverwahrung ab. Den Oberstaatsanwalt beim Landgericht in Weimar ersuchte sie am 4. April 1934, erneut gegen Brill Anklage „wegen Dienstpflichtverletzung gem. § 14 des Gesetzes zur Wiederherstellung des Berufsbeamtentums" vom 7. April 1933 zu erheben. Die eigene Allgemeine Verfügung vom 18. März 1933 war ihr jetzt offenbar juristisch zu schwach. Brills Einlassungen vom 22. März 1934 wies die Regierung als „abwegig" zurück, den Strafanspruch des Landes Thüringen sah sie „durch die Einstellung des Verfahrens wegen eines Formfehlers (als) nicht verbraucht" an.[252]

Auf dieser Grundlage fertigte der Oberstaatsanwalt beim Landgericht am 10. April die Anklageschrift in wörtlicher Übereinstimmung mit jener vom 19. Dezember 1933 aus, reichte sie Brill am 13. April zu und lud ihn für den 30. April zur Verhandlung abermals vor die Dienststrafkammer in Weimar.[253] Bei dieser Eile des Verfahrens waren neue Formfehler von seiten der Justiz begangen. Brill wies unverzüglich auf sie hin. Am 14. April ließ er das Ministerium des Innern wissen, daß ihm der Untersuchungsbeamte „bis heute nicht" den Schluß der Voruntersuchung eröffnet habe, was nach § 102 StBG „eine zwingende Vorschrift

250 HStA Weimar Dienststrafhof Jena Nr. 54/1: Brill an Ministerialdirektor Walther im Thür. Min. d. I. 22. 3. 1934.
251 ebd. Brill an Thür. Min. d. I. 24. 3. 1934 mit Paraphe.
252 HStA Weimar Dienststrafkammer Nr. 55: Thür. Min. d. I. an Oberstaatsanwalt beim Landgericht Weimar 4. 4. 1934.
253 ebd. Anklageschrift im Dienststrafverfahren gegen Ministerialdirektor i.R. Dr. Hermann Brill 10. 4. 1934 und BA NL Brill 65: Ladung durch die Geschäftsstelle der Thür. Dienststrafkammer 13. 4. 1934.

des Dienststrafrechts“ sei. Er bat demzufolge das Ministerium um die Aufhebung der Überweisung seiner Dienststrafsache an das Gericht und eine gleichzeitige Akteneinsichtnahme. Bei der Geschäftsstelle der Dienststrafkammer legte er Beschwerde wegen der Formfehler ein. Der Vorsitzende der Dienststrafkammer lehnte die Beschwerde kurzerhand ab, das Ministerium antwortete gar nicht.[254] Offenbar sah man in solchen Eingaben jetzt nur noch unbedeutende Quisquilien.

Daraufhin tat Brill am 19. April einen sicher demonstrativ gedachten Schritt mit einer Eingabe an den Thüringischen Reichsstatthalter Sauckel, von dem er, „aus Rechts- und Gewissensnot“ handelnd, die Mitwirkung erbat, „daß gesetz- und rechtswidrige Beschlüsse des Thür. Staatsministeriums aufgehoben werden“.[255] Ob der ehemalige Matrose Sauckel den von Brill auf acht Seiten mit aller juristischen Präzision ausgebreiteten Vorgang verstanden hat, mag dahingestellt sein. Reagiert hat er jedenfalls nicht darauf. Reagiert hat allerdings der in Jena ansässige Dienststrafhof, die nächsthöhere Instanz, vor dem Brill am selben 19. April den Antrag einbrachte, den Termin vor der Weimarer Dienststrafkammer vom 30. April aufzuheben. Dies wurde in Jena am 23. April verworfen, der entsprechende Bescheid am 28. April aufgefertigt und Brill am 2. Mai 1934 ausgehändigt.[256]

Darin lag eine beabsichtigte Verschleppung, denn zu diesem Zeitpunkt hatte bereits die öffentliche Verhandlung vor der Dienststrafkammer in Weimar stattgefunden. Die Richter setzten sich über jeden Einwand des Beschuldigten hinweg und erkannten für Recht, Brill „zur Strafe des Verlustes der Amtsbezeichnung, des Ruhegehalts und der Hinterbliebenenversorgung“ zu verurteilen.[257] Die Weimarer Justiz, die in dem ersten Verfahren Ende 1933/Anfang 1934 noch die Wahrung rechtsstaatlicher Grundsätze beachtet hatte, war nun ein willfähriges Werkzeug der Politik geworden. Sie bekannte sich sogar ausdrücklich dazu. Der Vorsitzende Richter, Landgerichtsdirektor Dr. von Görne, erklärte in der mündlichen Urteilsbegründung die politischen Implikationen der deutschen Justiz mit klaren Worten. Mit einem wachen Sinn für die rechtshistorische Bedeutung eines solchen Plädoyers, das nicht in die schriftliche Urteilsbegründung eingegangen ist, hat Brill diese Anschauungen handschriftlich festgehalten[258]:

„Mündliche Urteilsgründe.

1. Seit dem 5. März 1933 gilt die Weimarer Verfassung nicht mehr, denn die Wahl am 5. III. 1933 war keine gewöhnliche Parlamentswahl, sondern ein Plebiszit über die Frage, ob das Volk parlamentarisch-liberalistisch oder durch den autoritären Führungsstaat regiert sein will. Das Volk hat sich im letzten Sinne entschieden. Der autoritäre Führungsstaat aber beansprucht die politische Totalität. Also bestimmt sich in ihm das Verhältnis zwischen Regierung und Beamten nicht nach der Norm des Art. 130 II RV, sondern nach dem Prinzip des Gehorsams. Deshalb ist es überflüssig, zu entscheiden, ob die SPD am 18. März 1933 eine staatsfeindliche Partei war. Auf jeden Fall hat der Beamte zuerst dem Dienstbefehl, aus der SPD auszutreten, zu gehorchen; dann kann er sich über den Befehl beschweren.
2. Daß die Zugehörigkeit von Beamten zur SPD damals nur in Thüringen verboten war, tut nichts zur Sache. Damals saßen eben schon in Thüringen besonders alte, erprobte,

254 BA NL Brill 65: Brill an Thür. Min. d. I. 14. 4. 1934, Brill an Geschäftsstelle der Thür. Dienststrafkammer Weimar 14. 4. 1934 und Vorsitzender der Thür. Dienststrafkammer an Brill 17. 4. 1934.

255 ebd. Brill an Reichsstatthalter in Thüringen 19. 4. 1934.

256 ebd. Brill an Thür. Dienststrafhof in Jena 19. 4. 1934 und Beschluß des Thür. Dienststrafhofes vom 23. 4. mit Ausfertigung vom 28. 4. und Eingangsparaphe Brills vom 2. 5. 1934.

257 HStA Weimar Thür. Dienststrafkammer Nr. 55: Protokoll und Urteil in der Dienststrafsache gegen den früheren Ministerialdirektor Dr. jur. Hermann Brill vom 30. 4. 1934.

258 BA NL Brill 65: Mündliche Urteilsgründe, verkündet durch Dr. von Görne, Weimar den 30. April 1934.

bewährte Kämpfer in der Macht, in der Regierung, die die Taktik und Technik der sozialdemokratischen Politik seit Jahren genau kannten. Sie wußten, daß die Politik der SPD damals schon ein Gefahrenmoment für das Land und die nationalsozialistische Revolution war. Deshalb war ein Staatsnotstand vorhanden, der die Regierung nicht nur berechtigte, sondern sogar verpflichtete, die Beamtenschaft und den Staat von dem Einfluß der SPD zu befreien. Aus diesem Staatsnotstand heraus kommt der Allgemeinen Verfügung vom 18. III. 33 materielle Rechtskraft zu.

3. Es liegt objektiv und subjektiv ein schweres Dienstvergehen vor. Objektiv siehe 1. und 2., subjektiv, weil der Beschuldigte genau wußte, was auf dem Spiele stand. Denn die Allgemeine Verfügung droht ja mit materieller Rechtskraft für jeden, der deutsch lesen kann, Dienstentsetzung für Zuwiderhandlungen an.
4. Milderungsgründe gelten bei der Schwere des Vergehens nicht. Der Beschuldigte ist nicht der erste Beste, sondern ein Mann mit außergewöhnlicher, akademischer Bildung und langer politischer und parlamentarischer Erfahrung. Sein Beispiel hätte bewirken können, daß Tausende von Beamten der Regierung den Gehorsam verweigern. Denn er besaß großen Einfluß in der Partei und in der Beamtenschaft. Deshalb und weil der Beschuldigte ein sehr ungehorsamer und ungetreuer Beamter war, muß auf die schwerste Strafe erkannt werden.

Verkündet durch Dr. von Görne, Weimar, den 30. April 1934."

Das Dienststrafverfahren gegen Brill 1933/34 ist mit diesem Plädoyer in seiner beispielhaften Bedeutung für den nationalsozialistischen Staat, sein politisches Selbstverständnis sowie seine dazu in Abhängigkeit gebrachte Rechtsauffassung und -praxis offengelegt. Hermann Brill, der die Vernehmung Hitlers im parlamentarischen Untersuchungsausschuß gegen Frick im März 1932 leitende Vorsitzende und der in einem pseudojuristischen Gerichtsverfahren vor der Weimarer Dienststrafkammer im April 1934 verurteilte Beamte, zeigt in seiner Person die Wende von der republikanischen Rechtsstaatlichkeit zur nationalsozialistischen Revolution.

Es bleibt nachzutragen, daß die von Brill am 11. Juni 1934 vor der Dienststrafkammer eingereichte Berufung gegen das Urteil vom 30. April vom Jenaer Dienststrafhof am 18. September 1934 zurückgewiesen, ein Ersuchen seiner Frau Martha Brill „um Unterstützung für meine zwei kleinen Kinder und mich", Anfang September 1934 an das Thüringische Ministerium des Innern gerichtet, von dort am 26. November des Jahres abschlägig beschieden und das ganze Verfahren durch eine Eulenspiegelei um eine Kostenerstattung von 14,13 RM, von den Gerichten und dem Beklagten mit Akribie geführt, abgeschlossen wurde.[259] Hermann Brill stand im Herbst 1934 mittellos da, als er mit seiner Familie von Gotha nach Berlin/Halensee in die Karlsruher Straße 13 umgezogen war. Der Nationalsozialismus feierte sich am 4. Juli 1936 in Weimar durch einen „historischen Kongreß zur Erinnerung an den Reichsparteitag 1926" im Nationaltheater. Emphatisch erklärte Sauckel dabei gegenüber Hitler: „Kein einziger Gegner konnte Ihnen Schande oder Schimpf antun."[260] Das stimmte nicht für Hermann Brill. Er hatte es an der Schwelle zum Dritten Reich mit parlamentarischen und rechtsstaatlichen Mitteln versucht. Als der gleichgeschaltete Thüringer Landtag und die sich selbst gleichschaltenden thüringischen Gerichtshöfe ihm den Mißerfolg bescheinigten, war Brill schon in den Untergrund gegangen und hatte dort Programme des politischen Widerstands entworfen: Neu Beginnen hieß die Devise.

---

259 Das Urteil des Jenaer Dienststrafhofes vom 18. 9. 1934 in: HStA Weimar Thür. Dienststrafkammer Nr. 55, die beigezogenen Korrespondenzen in: BA NL Brill 65.

260 BA NS 26/402: Ansprache des Gauleiters Sauckel zur Eröffnung des historischen Kongresses am 4. 7. 1936 im Weimarer Nationaltheater.

V. Von Berlin nach Buchenwald 1934–1945: Der Widerstand gegen den Nationalsozialismus, der programmatische Kampf und der physische Einsatz für den demokratischen Sozialismus

1 Neu Beginnen: Theoretische Vorarbeiten und konspirative Widerstandsversuche 1933/34

Neu Beginnen: der sozialistisch gedachte Inhalt und imperativisch empfundene Charakter dieses Wortes haben Brill 1933 tief erfaßt und seither nicht wieder losgelassen. Es wurde sein Lebensmotto, das geistige Scharnier seines Widerstandes gegen den Nationalsozialismus und seines Einsatzes für den demokratischen Sozialismus. Das Wort war Impulsgeber bei der Suche nach einer politischen Theorie und Devise bei dem Bemühen um ihre konspirative Verbreitung. Allen, die sich nach 1933 dazu bekannten und daran mitarbeiteten, war es Identitätshilfe in der ihnen von der Diktatur aufgezwungenen Isolation. Entdeckt und verhaftet von der Gestapo, aber den nationalsozialistischen Mordversuchen entkommen, zuerst in Brandenburg-Görden, dann, ab 1943, in Buchenwald, kam Brill im Frühjahr 1945 vom Ettersberg nach Weimar hinunter, um jetzt und hier mit diesem politischen Programm neu zu beginnen. Als auch dieser Versuch 1945/46 mißlang und sogar sein sozialdemokratischer Parteifreund Grotewohl, von dem er etwas hielt, den Weg in die von dem Moskauer KPD-Emigrantenzirkel gewollte und von der Roten Armee geschützte SED ging, schrieb Brill, davon tief enttäuscht, aber nicht in eine depressive Lethargie gestoßen, Ende April 1946 an Paul Hertz, den Mitkämpfer aus der nationalsozialistischen Widerstandszeit: „Wenn die beiden Worte, die wir Ende 1933 über unser Leben gesetzt haben, jemals einen tiefen Sinn hatten, so haben sie ihn heute: ‚Neu Beginnen'!"[1]

Nach dem Zweiten Weltkrieg ist das Wissen um den linken politischen Widerstand gegen den Nationalsozialismus nicht weit verbreitet worden. Publikationen politischer Didaktik gehen gar nicht darauf ein, die wissenschaftliche Forschung ist mit ihren Ergebnissen nicht in eine breite Öffentlichkeit eingedrungen[2], die DDR-Historiographie hat mit großem Einsatz die Widerstandsleistung des demokratischen Sozialismus verdeckt.[3] Weithin gilt, was Fritz Erler, ein Mitglied der Berliner Gruppe Neu Beginnen, 1951 schrieb: „In Deutschland entsteht eine Legende. Sie hat zum Gegenstand, daß Hauptträger des Widerstands gegen das ‚Dritte Reich' eigentlich nur die konservative Reaktion, evtl. noch der Klerus beider Konfessionen gewesen seien." Dieses historische Urteil, gedacht als Klage und Aufruf, schrieb Erler 1951 an einen Kreis politischer Freunde vornehmlich in der Bundesrepublik Deutschland, vereinzelt auch in den USA.[4] Es waren ehemalige Mitglieder der Widerstandsgruppe Neu Beginnen, die Erler

---

1 IISG NL Paul Hertz, Korrespondenzmappe A/4: Brill an Hertz 29. 4. 1946. Im Urteil der Gestapo war Hertz „einer der fähigsten Köpfe der MILES-Organisation", BA R 58 Nr. 2: Gestapo-Bericht München 18. 2. 1947.

2 Vgl. in Kürze die zusammenfassende Darstellung von Ursula Langkau-Alex, Volksfront für Deutschland?

3 Vgl. u. VI.

4 AsD NL Erler 3: Erler an „liebe Freunde" (mit beiliegender Adressenliste, die u. a. die Namen Paul Hertz, Waldemar von Knoeringen, Walter Löwenheim, Richard Löwenthal, Erwin Schoettle und Oskar Umrath enthält) 9. 7. 1951. Etwas erregt beharrte Erler in einer nachfolgenden Korrespondenz auf der Leistung des sozialdemokratischen Widerstands und klagte darüber, „wer heute alles sich an die Rockschöße der wirklich aktiven Kräfte vom 20. Juli hängt und zu den

damit ermuntern wollte, jetzt doch endlich „die Tatsache des sozialistischen Widerstands", die bisher in der Historiographie „einfach übergangen" oder, was ebenso falsch sei wie bedauernswert, von Kommunisten für sich allein reklamiert werde, für die SPD zu erforschen, zu dokumentieren und politisch zu präsentieren. Es dürfe nicht in Vergessenheit geraten, „daß es einen für die jetzige deutsche Sozialdemokratie und ihre Struktur sehr wesentlichen sozialdemokratischen Widerstand gegeben hat sowohl in Deutschland selbst als auch in enger Verbindung mit den ins Ausland emigrierten Freunden".

Erlers Initiative vom Sommer 1951 zielte auf eine Darstellung des linken Widerstands gegen den Nationalsozialismus. Dieser war in seinen Anfängen genau so uneinheitlich wie der auf der rechten Seite. Er blieb im Unterschied zu diesem auch ohne spektakuläre Aktionen und Nachweise seiner Existenz, war dafür aber in seiner konzeptuellen Arbeit über eine neue Staatstheorie und -organisation wohl beachtlicher. Der Nationalsozialismus suchte ihn als Gegner auch viel früher auf, war er doch im politischen Machtkampf mit ihm, der Sozialdemokratie und dem Kommunismus, nicht mit dem Bürgertum, zum Sieg gekommen. Diese politische Gegnerschaft trägt auch Hinweise auf die frühen geographischen Zentren des linken Widerstands in sich, sie lagen in Mitteldeutschland und Berlin. Als Organisationsformen stehen die Gruppe Neu Beginnen und die Deutsche Volksfront im Vordergrund.

Die Geschichte von Neu Beginnen ist auf Berlin konzentriert, auch wenn die Gruppe offenbar eine Reihe kleinerer Dependenzen in Ostthüringen, Sachsen und Süddeutschland hatte und ab 1934 ein Auslandsbüro in Prag. Sie nimmt ihre Anfänge in den Jahren der wachsenden Agonie der Weimarer Republik, ist eine der Antworten und Reaktionen darauf. Das mehr und mehr von Defensive, Tolerierung, Loyalität und Legalitätsillusionen gegenüber den wechselnden Reichsregierungen, auch noch gegenüber der NSDAP-Regierung der nationalen Revolution bestimmte Verhalten der SPD förderte innerhalb und außerhalb der Partei den Zusammenschluß von Diskussionszirkeln, die der organisierten Arbeiterschaft einen größeren Widerstandswillen vermitteln wollten. Solche Zirkel bildeten sich nicht so sehr bei der KPD, die wegen ihrer Sozialfaschismustheorie und ihrer bei aller politischen Gegnerschaft doch auch gegebenen Putsch- und Streikgemeinsamkeiten mit der NSDAP vor 1933 kein so selbstverständliches Sammelbecken bot. Als Kern des Widerstandswillens bildete sich die sozialdemokratische Jugendorganisation heraus, die Sozialistische Arbeiter-Jugend, besonders der SAJ-Bezirk Berlin, der mit 4250 Mitgliedern (1931) größte im damaligen Deutschen Reich.

Einen Aktivitätsschub bekam dieser Zirkel naturgemäß durch den 30. Januar 1933, durch Breitscheids eher schwache rhetorische Reaktion am Tag danach („Bereit sein ist alles") und besonders durch den auf der letzten Reichskonferenz der SPD vom 26. April 1933 unübersehbar gewordenen, auf eine politische Selbstentmannung hinauslaufenden Legalitäts- und Reformfatalismus im Parteivorstand. Die bei der Sitzung im alten Reichstagsgebäude verabschiedete Resolution hatte das so zum Ausdruck gebracht: „Durch unerschütterliches Festhalten an ihren Grundsätzen und Ausnutzung der gegebenen gesetzlichen Möglichkeiten zu ihrer Betätigung dient die Sozialdemokratische Partei Deutschlands der Nation und dem Sozialismus."[5] Mit diesem Bekenntnis beschritt der Parteivorstand in den Augen der Parteijugend, die mit Hertz, Rinner und Ollenhauer auf der Reichskonferenz durchaus Vertreter ihrer Generation in den Vorstand gewählt sah, den geraden Weg in die Kapitulation. Die ehrenwerte

---

Widerstandskräften gerechnet werden will, obgleich er während der gesamten Dauer des nationalsozialistischen Schrekkensregimes diesem die besten Dienste erwiesen hat", ebd. Erler an Heinrich Hellmann 6. 10. 1951.

5 AsD NL Hertz Film XI: Die Reichskonferenz der SPD in Berlin, Ende April 1933, S. 3.

Ablehnung des Ermächtigungsgesetzes am 24. März 1933 durch die sozialdemokratische Reichsfraktion wurde dann auch durch die ihr nachfolgende Zustimmung zur nationalsozialistischen Außenpolitik am 15. Mai mehr als kompensiert. Die SAJ trat als Sammelbecken der sozialdemokratischen und jetzt auch vereinzelter kommunistischer Widerständler den Weg in die Illegalität an. Als die Parteijugend am 10. April 1933 in einer Konferenz mit SPD-Vorstandsmitgliedern, vordergründig über Finanzfragen debattierend, keine Unterstützung und Zustimmung zu ihrem Verhalten fand[6], wurde der Etappenschritt von der Zirkelarbeit in die illegale Organisationsgruppe getan.

Das Geheime Staatspolizeiamt in Berlin wußte bereits am 19. April 1933 durch Spitzel, daß von jüngeren Mitgliedern der SPD „ernsthafte Versuche" unternommen würden, in Opposition zur Parteiführung eigene politische Zielsetzungen zu verfolgen, ja eine eigene Partei zu gründen, eine „Deutsche Arbeiterpartei", die „in Zukunft deutsche sozialistische Politik" betreiben wolle. Mit großer Aufmerksamkeit nahm man deshalb im Verlauf des Jahres einen Artikel, betitelt „Die Opposition in Deutschland", des ‚Manchester Guardian' zu den Akten, in dem die britische Zeitung meldete, es gebe tatsächlich „heute keine wirkliche Opposition in Deutschland", aber die deutsche Arbeiterbewegung suche ein neues Leben unter neuen Bedingungen aufzubauen. „Die deutsche Arbeiterbewegung kämpft heute unter Armut, Gefahr und Entbehrungen. Eines Tages mag sie vielleicht stark genug sein, um die Diktatur zu erschüttern. Heute ist sie noch weit davon entfernt. Alles, was die deutsche Arbeiterbewegung heute erhoffen kann, ist dem Feind nicht in die Hände zu fallen und unterirdische Kräfte zu organisieren für den Kampf, der eines Tages kommen muß." Die KPD, so urteilte der ‚Manchester Guardian', werde ihres eher „sektenhaften" als politischen Charakters und ihrer Moskauhörigkeit wegen eine Führerrolle in der unterirdischen Opposition nicht spielen; zudem gelte: „Die Kommunisten kennen nur eine geeinte Front unter Führerschaft der Kommunisten." Die SPD sei ohne Führer, Geld und Organisation. Die SAJ hingegen habe jüngere und aktivere Kräfte, denen der deutsche Arbeiter die Führung der Opposition gegen den Nationalsozialismus zutraue. Die Zeitung wußte, wollte es aber aus Gründen notwendiger Diskretion nicht belegen: „Die illegale Arbeit der SAJ fängt bereits an, neue Formen anzunehmen."[7]

Der Zeitungsartikel stimmt auffällig mit der Tatsache einer verborgenen oppositionellen Arbeit überein. Ihr theoretischer Kopf war Walter Löwenheim, ein aus der KPD ausgetretener marxistischer Denker, der in der Berliner Ritterstraße ein bürgerliches Juweliergeschäft betrieb. Ziel der von ihm geleiteten konspirativen Arbeit war es nicht, ständig Propagandamaterial ins Land zu streuen; das hätte nur zur schnellen Entdeckung seiner Urheber und Sympathisanten geführt und wenig bei der Arbeiterschaft bewirken können, die, vom Vorstand der SPD verlassen, den wirtschaftlichen und sozialen Erfolgen der NSDAP nachzulaufen begann. Vielmehr galt es, „die besten, treuesten, geistig lebendigsten Sozialisten als potentielle Kämpfer für die kommende Krise des Faschismus zu erhalten". Zumindest benannte eine 1940 ausgefertigte Schrift über Neu Beginnen diese identitätsstiftende Funktion als die „Hauptaufgabe der illegalen Organisationsarbeit".[8] Die Funktionäre von Neu Beginnen sollten dem Informations- und Organisationsmonopol der Diktatur zum Trotz sich zusammenfinden und austauschen, dadurch der Einengung ihres Horizonts entgehen, der Erstarrung ihres

6 AsD NL Erler: Der Berliner Jugendkonflikt, Masch.-Man. 29 S.

7 ‚Manchester Guardian' 2. 9. 1933: „Die Opposition in Deutschland", in: BA R 58/508. Ebd. Nachrichten des Geheimen Staatspolizeiamtes 19. 4. 1933.

8 AsD NL Hertz Film IX: Neu Beginnen, Rechenschaftsbericht, hrsg. vom Auslandsbüro Neu Beginnen, London o. D., aber 1940, S. 20. Reichardt, Neu Beginnen, geht nicht auf diesen Bericht ein. Vgl. ergänzend Quelle aus Anm. 6.

Denkens in der Isolation durch Diskussionen miteinander entgegenarbeiten, durch Solidarität Vertrauen erhalten und menschliche Bezüge vertiefen sowie in einer scheinbar resultatlosen Arbeit in dem Bewußtsein aushalten, für die Zukunft Deutschlands nach dem Zusammenbruch des Nationalsozialismus eine Aufgabe zu haben, nämlich das demokratisch-sozialistische Erbe deutscher politischer Geschichte zu vertreten.

Theoretische Begründungen und programmatische Aussagen für eine solche Zukunft hat Walter Löwenheim im Sommer 1933 in einer Broschüre zusammengestellt, die er mit dem Pseudonym „Miles" kennzeichnete. Die Broschüre trug den Titel „Neu Beginnen"; das brachte der gesamten Berliner Gruppe und ihrer Widerstandsarbeit diesen Namen ein. Das Manuskript gelangte über die Schweiz nach Prag in die Hände des dorthin emigrierten SPD-Vorstands und wurde von diesem im parteieigenen Karlsbader Verlag „Graphia" in zwei verschiedenen Ausgaben gedruckt. Die für Deutschland gedachte Ausgabe war getarnt. Ein Dünndruckbändchen, betitelt „Arthur Schopenhauer, Über Religion. Ein Dialog. Nach dem revidierten Griesebachschen Text. Verlag K. R. Räder, AG Leipzig", brach den philosophischen Traktat Schopenhauers mitten im Text auf S. 5 ab und begann die Widerstandsschrift mit dem Satz: „Diese Schrift ist in Deutschland verfaßt und hergestellt worden. Sie soll zur Klärung der Meinungen über die neue, durch den Sieg des Faschismus in Deutschland geschaffene Lage beitragen." Nach 62 Seiten endete der Text mit der Losung: „Vor uns steht heute die Aufgabe, unter der terroristischen Herrschaft der deutschen faschistischen Reaktion die Fahne des marxistischen Sozialismus hochzuhalten, unablässig an dem Sturz der Barbarenherrschaft zu arbeiten, um den werktätigen Massen in Deutschland den Weg zum Sozialismus freizumachen." Nach diesem Schlußwort folgten aus dem Schopenhauer-Traktat noch dessen zwei letzte Seiten.[9] Der Text forderte in seinem Inhalt die erneuerte Einheit der Arbeiterbewegung durch die Sozialdemokratie bei einer gleichzeitigen Auflösung der Komintern.

Die Sopade, durch diese Arbeit von in Deutschland gebliebenen Widerstandsköpfen herausgefordert, gründete in Prag ein Auslandsbüro Neu Beginnen unter Karl Frank und stellte finanzielle und logistische Hilfen zur Verfügung.[10] Trotz aller konspirativen Schleier gelang der Gestapo jedoch schon im Sommer 1934 ein Einbruch in die sozialistische Widerstandsgruppe Neu Beginnen. Den Anfangserfolg hatte die Polizei in Dresden. Dort erfuhr sie von der „Miles-Gruppe" und ihren logistischen Verbindungen nach Prag, schätzte die Stärke auf „500 Mann" ein und glaubte sie „unter kommunistischer Leitung" stehend. Obwohl man alle anfänglichen Verdachtsmomente für „zunächst unglaubwürdig" hielt[11], wußte die Gestapo

9 Ein Original der Schrift „Neu Beginnen", eingekleidet in die Schopenhauer-Schrift „Über Religion", befindet sich in: BA AB NJ 133337 Bd. 2, eine Kurzinterpretation des Inhalts bei Reichardt, S. 17ff. Übersetzungen kamen schnell in französischer (mit Vorwort von Alexander Brake, Chefredakteur von ‚Populaire') und englischer Sprache heraus, s. AsD NL Hertz Film IX, Neu Beginnen, Rechenschaftsbericht S. 22. Über Karl Löwenheim vgl. Horst Kliem, Der Sozialistische Widerstand, S. 5. Brill wird später darauf hinweisen, „daß sich mehrere Schriftsteller um die Ehre bewerben, die eigentlichen Verfasser von ‚Neu Beginnen' zu sein". Er selbst habe im September/November 1933 eine Schrift ähnlichen Inhalts verfaßt, die bei den Diskussionen über Neu Beginnen berücksichtigt worden sei, aber verlorengegangen sei, AES Brill an Heinrich Jakubowics 20. 7. 1948 und Brill an Herbert Frister 23. 7. 1948.

10 AsD NL Erler 3: Erler an Sopade-Informationsdienst 5. 8. 1948. Brill wurde im Sopade-Informationsdienst vom 5. 8. 1948 als Autor von „Neu Beginnen" genannt, Erler nannte Löwenheim/MILES („sein ureigenstes Werk", ebd.). Vgl. auch o. Anm. 8. Von der Prager Sopade wurden von Dezember 1933 bis September 1936 21 Ausgaben der „Monatsberichte über die Lage in Deutschland" verbreitet, Neu Beginnen, Rechenschaftsbericht S. 23. Auch eine andere Widerstandsschrift, „Kampf und Ziel des revolutionären Sozialismus" betitelt, 1934 vom Auslandsbüro Neu Beginnen in Prag erstellt und vertrieben, wurde mit einem Tarneinband („Die Kunst des Selbstrasierens. Neue Wege männlicher Kosmetik", H. S. Goutard & Chie, Hamburg, London, Paris, New York) nach Deutschland verbracht und zirkulierte dort, BA R 58/508.

11 BA R 58/2: Aktennotiz Geheimes Staatspolizeiamt Berlin 26. 7. 1934 „betr. Miles-Gruppe".

schon im August viele organisatorische Einzelheiten und programmatischen Aussagen.[12] Der Name der Organisation wurde bekannt, ihre Gründung durch „jüngere, radikalere Elemente" aus der SPD, ihre vorbereitende Arbeit „in größter Heimlichkeit seit etwa 5 Jahren", ihre Gegnerschaft zum Parteivorstand der SPD in Prag, „weil dieser ihr zu lau und zu wenig radikal erscheint", sowie die mit „Schopenhauer, Über das Wesen der Philosophie" getarnte Programmschrift; alles Wesentliche war enttarnt.

Gelungen war dies der Dresdner Gestapostelle im Anschluß an eine Geheimkonferenz von Neu Beginnen Pfingsten 1934 auf der Dübener Heide zwischen Torgau und Gräfenhainichen. Mitglieder aus Leipzig, Zorn, Bemmann und Eichler, konnten verhaftet werden. Zorn stellte sich anschließend als Überläufer der Polizei zur Verfügung und brachte so diese auf die Spur der Thüringer Gruppe Neu Beginnen, die ihr Zentrum in Gera und ihren organisatorischen Leiter in Jakob Greidinger hatte. Das Bemühen der Gestapo, durch Zorn auch die Berliner Zentrale aufzurollen, schlug fehl, da dort die konspirativen Sicherungsmaßnahmen intakt blieben und Zorn nur mit einer einzigen Person („Erika") in einen von der Polizei observierten Kontakt kam. Miles (Walter Löwenheim) wurde nicht enttarnt. Die Polizei vermutete hinter dem Pseudonym mehrere Personen, Karl Frank, den Leiter des Prager Auslandsbüros von Neu Beginnen, den Redakteur Kurt Geyer oder auch „Dr. Schumacher".[13]

Die polizeilichen Erfolge veranlaßten die Berliner Mitglieder von Neu Beginnen, das sie belastende Material in den dortigen Müggelsee zu werfen und ihre Arbeit einzustellen. Löwenheim emigrierte im September 1935 nach London.[14] Der Prager Parteivorstand erklärte Neu Beginnen für aufgelöst, gab aber dem Auslandsbüro unter Karl Frank jetzt die Hauptleitung und wiederbelebte 1935/36 die Berliner Gründungsgruppe als Prager Filiale unter der organisatorischen Leitung Kurt Schmidts und der tragenden Mitgliedschaft Fritz Erlers.[15]

Der von Dresden aus gelungene Einbruch der Gestapo in die Widerstandsgruppe Neu Beginnen führte im August 1934 zu Festnahmen in Gera.[16] Hier, im Osten Thüringens, hatten

12 ebd. Bericht des Geheimen Staatspolizeiamtes Berlin an Polizeipräsidium Dresden 11. 8. 1934.

13 ebd. Aktennotiz 13. 11. 1934: „Unter dem Namen Miles steckt ein früherer kommunistischer Berliner Funktionär namens Frank, der jetzt in Prag ist." Wohl hatte die Polizei erfahren können, daß als Kennwort bei Begegnungen in dem ersten gesprochenen Satz die zwei Wörter „neu beginnen" vorkommen mußten, ebd. Später vermutete sie, Miles sei Kurt Geyer oder „ein Dr. Schumacher", ebd. Aktennotiz 16. 1. 1935.

14 Reichardt, S. 29.

15 Dazu s. weiter unten.

16 „Illegale Versammlungen besonders in Gera", AES Brill zu Kliem 4. 8. 1956. Eine zentrale Quelle ist die „Geschichte der illegalen proletarischen Gruppierung linker Sozialdemokraten in Ostthüringen 1933 bis 1945" von Herbert Frister. Frister, geb. 7. 2. 1899 in Gera, dort zunächst Lehrling der Anwaltssozietät Jahn und Dr. Bauch, seit 1920 Sekretär der Heimvolkshochschule Tinz, war in dieser Position 1928/29 mit dem dort als Gastdozenten tätigen Brill bekannt geworden. Nachdem er 1933 entlassen wurde, hielt er sich als selbständiger Zeitschriftenhändler in Gera über Wasser. 1940 wurde er zum Kriegsdienst eingezogen, 1947 kam er aus jugoslawischer Gefangenschaft nach Gera zurück. Er bekleidete dort, in Weimar, Erfurt, Bad Berka und Bad Langensalza verschiedene Positionen im Auftrag der SED, herausragend seine Zeit als Abteilungsleiter beim Thüringischen Ministerium des Innern 1948–1950 und die als Sekretär des Rates des Kreises Bad Langensalza. Frister starb in Gera am 19. 9. 1979. Seine politische Position ist offenbar durch Tinz als die eines Sozialisten geprägt worden, der KPD stand er damals ablehnend gegenüber, gelegentlich einer kritischen Aussage über die SPD schrieb er an Brill am 11. 9. 1933: „Bei der KPD war es eher noch schlimmer als bei uns", IfGA NL Frister: Frister an Brill 11. 9. 1933. Nach 1945 trat er in den politischen Bannkreis der SED ein. Aus diesem heraus hat er die Geschichte des ostthüringischen Widerstandes geschrieben, zunächst in Form einer knappen Skizze (Landesparteiarchiv PDS V/5-003, Frister), später, in den 60er Jahren (Abschluß Mai 1968), als umfangreiches Manuskript von 485 Seiten (IfGA NL Frister). Die Arbeit ist die umfangreichste über den linken Widerstand gegen den Nationalsozialismus. Sie ist, wie wohl in erkennbarer devoter Abhängigkeit von der SED geschrieben, ihrer vielen Details wegen, die sie über die ideologischen und noch mehr die konspirativen thüringischen Widerstandstätigkeiten enthält, wichtig. Für eine Biographie Brills ist sie mit einem quellenkritischen Filter zu benutzen, da Frister, obwohl gebannt von der intellektuellen und politischen Kraft Brills, dem Bannstrahl, den die KPD/SED gegen Brill schleuderte, nicht entgehen konnte. Zum Tode Brills kondulierte Herbert Frister der Witwe mit den Worten: „Ich halte ihn (sc. Brill) für einen der begabtesten Menschen, zu Großem berufen." AES Herta und Herbert Frister an Martha Brill 28. 6. 1959.

ehemalige Sozialdemokraten ihr Widerstandszentrum. Kristallisationspunkt war die hier im März 1933 von der NSDAP geschlossene Heimvolkshochschule Tinz. Ihr ehemaliger Lehrer Otto Jenssen mit seiner Frau Lisa, der Jenaer Professor für Wirtschaftswissenschaft und Sozialdemokrat Paul Hermberg und seine Frau Annemarie, dazu der aus Ostdeutschland nach Ostthüringen übergesiedelte Volkswirt Jakob Greidinger, der Geraer Redakteur Franz Petrich, der Tinzer Schüler Willi Urban sowie, als gelegentlicher Besucher von Gotha aus kommend und als theoretischer Kopf mitarbeitend, Hermann Brill, haben dieser Widerstandsarbeit 1933/34 politische Konturen gegeben.[17] Im September 1933 schrieb Brill für diese Gruppe „eine Art Programm", handschriftlich auf 50 Seiten.[18] Der Text ist nicht überliefert. Der Titel könnte „Der Realist" gelautet haben, zumindest gab Herbert Frister, mit Brill durch gemeinsame Tinzer Jahre seit 1928/29 bekannt, ihn so an und nannte die Schrift, die er damals gelesen hatte, im Rückblick von 1968 „eine glänzend geschriebene, sehr scharfe Auseinandersetzung mit den Fehlern der Sozialdemokratie und ihrer Führung".[19] Man muß bei einem solchen Urteil, das auf das Versagen der KPD nicht einging, was Brill immer betonte, bedenken, daß es auch als SED-Seitenhieb auf die SPD verstanden werden kann. Nimmt man noch eine – ebenfalls nicht überlieferte – Arbeit Brills über August Bebel hinzu, mit der er anhand seines personalen Leitbildes aus frühen Kindheitstagen das Klassenbewußtsein der deutschen Arbeiter ansprechen wollte, so wird man jene theoretischen und biographischen Schriften und auch die Diskussionsgegenstände zur Hand haben, aus denen die Geraer sozialistische Widerstandsgruppe im Herbst 1933 das Wochenblatt ‚Der Marxist' in mehreren Ausgaben zu jeweils 500 Exemplaren speiste. Für deren Herstellung standen SPD-Parteigelder in Höhe von RM 3500 zur Verfügung, die man vor der Konfiszierung durch den NS-Staat retten konnte, für deren Verbreitung bot der von Frister in Gera gegründete Zeitschriftenvertrieb eine günstige Voraussetzung.[20]

Der Inhalt der nicht erhaltenen Widerstandsschrift „Der Realist" wird sich nicht weit entfernt haben von jenen politischen Gedanken, die Brill im April/Mai 1933 in Korrespondenzen mit Georg Dietrich und Karl Hermann erörtert hatte. Mit Dietrich, dem letzten SPD-Landesvorsitzenden im Bezirk Groß-Thüringen, der auf der SPD-Reichskonferenz am 26. April noch als Beisitzer in den Vorstand seiner Partei gewählt worden war, geriet Brill in der schleichenden Agonie des Frühlings 1933 über Kreuz. Am 12. Mai hatte er ihm erbost vorgehalten, die Sozialdemokratie sei „als politische Bewegung sterbenskrank", sie offenbare durch ihren lavierenden Legalismus nur opportunistische Züge und dabei „ein solches Maß

17 Otto Jenssen, geb. 7. 2. 1885 in Hannover, in Tinz 1922–1933 hochgeschätzter Lehrer u. a. für das Fach Geschichte, wurde durch sein Buch „Friedrich Engels und die Naturwissenschaft" als Ideologe der SPD bekannt, Dr. Paul Hermberg, aus Leipzig auf den Lehrstuhl eines o. Prof. für Wirtschaftswissenschaft an die Universität Jena berufen, hat mehrere Theorieentwürfe für die Widerstandsarbeit erstellt, sich Anfang 1936 dann aber vom Widerstand gelöst, da ihm zu diesem Zeitpunkt eine solche „politische Organisation zwecklos und reine Romantik" zu sein schien, Hermberg an Frister 29. 12. 1963, zit. bei Frister, Geschichte, S. 283. Er übersiedelte im Herbst 1936 auf Vermittlung des damaligen Leipziger OB Goerdeler als Wirtschaftsberater der kolumbianischen Regierung nach Bogota, von dort dann in die USA weiter. Nach dem Zweiten Weltkrieg kam er nach Thüringen zurück und wohnte in Jena, Oberer Philosophenweg 72, in jenem Haus, das nach ihm Ricarda Huch übernahm. Frister, Geschichte, S. 280f. Franz Petrich spielte in dem Kreis eine untergeordnete Rolle, s. Urteile Brills über Petrich, zit. bei Frister, Geschichte, S. 29f.

18 AES Brill zu Kliem 4. 8. 1956, vgl. Brill, Gegen den Strom, S. 15 und Brill an Otto Jenssen 26. 8. 1956, BA NL Brill 57.

19 Frister, Geschichte, S. 271; er berichtet in diesem Zusammenhang von einer Programmdiskussion im Spätherbst 1933 über eine „etwa 15–20 Schreibmaschinenseiten starke Arbeit von Hermann Brill ‚Der Realist'", von der es drei Exemplare gegeben haben soll, ebd. S. 269f.

20 Zur Auflage der Broschüle ‚Der Marxist' s. AES Brill zu Kliem 4. 8. 1956, S. 2f. Frister spricht dementsprechend von 500 Anhängern des Widerstands in Ostthüringen, Geschichte S. 127; zur Finanzierung s. ebd. S. 76. Frister hatte den Vertrieb der nationalsozialistischen Zeitschrift ‚Blick durch die Welt' organisiert und bediente sich bei der Verteilung illegalen Schrifttums dieser Möglichkeit, ebd. S. 117.

von Charakterlosigkeit", daß er, Brill, nicht mehr anders handeln könne, als sich „öffentlich von einer moralisch so tief stehenden Gemeinschaft loszusagen".[21]

Dietrich wußte um den Rigorismus seines Parteifreundes und Thüringer Fraktionsvorsitzenden und hatte, da selbst eher zu den kraftloseren Persönlichkeiten in der SPD gehörend, Brill, den sozialdemokratischen „Chefideologen" in Weimar, schon vier Wochen vorher gebeten, „Richtlinien für die zukünftige Politik der Partei zu entwerfen". Dieser schrieb dem Landesvorsitzenden daraufhin am 19. April nur kurz, er denke über Konturen einer „sozialistischen Wirtschafts-, Arbeits- und Staatsordnung" nach, explizierte seine Gedanken aber ausführlicher am selben Tag gegenüber seinem Parteifreund Karl Hermann, dem ehemaligen Thüringer Innenminister.[22] Die in diesem Brief dargelegten Grundgedanken offenbaren im Kern alle danach in den verschiedenen Dokumentationen aus der Widerstandszeit bis hin zum Buchenwalder Manifest „Für Frieden, Freiheit, Sozialismus" vom 13. April 1945 und zur Gründungskonferenz des Bundes demokratischer Sozialisten vom 8. Juli 1945 in Weimar immer wieder verfolgten politischen Perspektiven. Der Brief beginnt mit einer zutreffenden Analyse der im April 1933 gegebenen verfassungspolitischen Lage in Deutschland. Brill erkannte, daß der Staat sich „in einer wirklich revolutionären Situation" befand, die Rechtsordnung der Weimarer Verfassung „nur noch ein Schemen" war und die eigentliche verfassungsmäßige Grundlage das Ermächtigungsgesetz vom 24. März 1933 abgab. Dieses charakterisierte er zutreffend als „Blanquettgesetz", d. h. als ein schon unterschriebenes, aber inhaltlich noch nicht vollständig ausgefülltes Gesetz, das jede Möglichkeit neuer Gesetzgebungen in sich trug, eingeschlossen die einer ganz neuen Staatsform.

Eine solche verfassungspolitische Situation war für Brills politische Erfahrung nicht neu. Er kannte die einem Ermächtigungsgesetz innewohnenden Gefahren aus seiner eigenen Oppositionszeit im Thüringer Landtag. Die Landesregierung Baum (Landbund)/Frick (NSDAP) hatte am 18. März 1930 im Landtag ein vergleichbares Ermächtigungsgesetz eingebracht – und damals noch gegen die Verfassung mit einfacher Mehrheit durchgesetzt –, daß ihr in der Innenpolitik weitgehende Zuständigkeiten zuwies, indem es legislative Verfahren zu einfachen Verwaltungsakten des Staatsministeriums herabstufte. Brill hatte damals dagegen durch eine furiose Rede im Landtag wie auch durch eine Publikation in der Öffentlichkeit markant Stellung bezogen. Seine Worte waren schneidend gewesen, zu ungeläufigen Wortprägungen hatte ihn sein rhetorisches Talent geführt. So prangerte er das Ermächtigungsgesetz als einen „Schritt weiter auf dem Weg zur Faschisierung des Parlamentarismus" an, beklagte den „geistigen Höllensturz der Bourgeoisie" – Wirtschaftspartei, Landbund und DNVP hatten mit der NSDAP für die Annahme des Gesetzes gestimmt – und richtete einen „Weckruf an die gesamte deutsche Arbeiterklasse", solchen politischen Gefahren entgegenzutreten.[23] Der Ruf war damals, im März 1930, ohne Echo verhallt, der „Höllensturz der Bourgeoisie" setzte sich rasant fort. Die SPD hatte daran ihren Anteil, auch wenn sie im Wiederholungsfall auf Reichsebene, bei der Debatte um das Ermächtigungsgesetz vom 24. März 1933, auch eine ehrenwerte Opposition zu Protokoll gab. Das war zu wenig, um die „Faschisierung des Parlamentarismus", mithin das Ende der parlamentarischen Demokratie, zu verhindern.

Wie sich der Staat durch Hitlers Ermächtigungsgesetz verändert hatte, so auch die Gesellschaft, zumindest die proletarische. In Brills Augen hoben, so erklärte er Karl Hermann im Brief vom 19. April, das Verbot des Reichsbanners, der Arbeiter-Turn- und Sportvereine, der

---

21 AES Brill an Georg Dietrich 12. 5. 1933.
22 ebd. Brill an Georg Dietrich 19. 4. 1933 und Brill an Karl Hermann 19. 4. 1933.
23 Brill, Ermächtigungsgesetz in Thüringen, in: Der Klassenkampf 4/1930, S. 210ff. Der Aufsatz war unter dem Pseudonym „Hermann Louis", das sind die beiden Vornamen Brills, erschienen. Zum Vorgang vgl. o. Kap. IV. 3.1.

intellektuellen Tätigkeit der Freidenker und besonders die Umwandlung des Gewerkschaftswesens den traditionellen „organisatorischen Charakter der Arbeiterbewegung" gänzlich auf. Diese Einsicht in das Ende der gerade von Brill so vehement, wenn auch etwas intellektuell abgesetzt gesuchten proletarischen Gesellschaft als Basis eines demokratischen Sozialismus war überaus zutreffend. Die „Soziologie des Staates", so eine in der Widerstandszeit von Brill geprägte Themenformel für ein in Teilen vorbereitetes, aber nicht geschriebenes Buch, veränderte sich mit der vom Nationalsozialismus propagierten Volksgemeinschaft in einem ganz anderen Sinne, als Sozialisten das in theoretischen Vorgriffen verfolgten. Das wollte oder konnte Brill im Frühjahr 1933 so noch nicht sehen. Er beurteilte die Situation zu diesem Zeitpunkt sogar mit einer gewissen parteipolitischen Euphorie, denn an Hermann schrieb er, daß „durch die Kapitulation der KPD eine neue Chance der Einigung der Arbeiterklasse unter unserer Führung", mithin der der SPD, möglich werde. Diese Zielvorgabe verflog indessen schnell in den nächsten Wochen. Dennoch blieb von dem auch die SPD treffenden Parteiverbot die Absicht Brills unberührt, eine „sozialistische Wirtschafts-, Arbeits- und Staatsordnung" zu entwerfen.

Seinen Ideenentwurf muß man vor dem Hintergrund der untergehenden Weimarer Republik, ihrer Wirtschaftskatastrophen und ihres versagenden parlamentarischen Systems bewerten. Brill wollte als Basis eine sozialistische Wirtschaftsordnung; das hieß für ihn „sofortige Planwirtschaft" und eine „restlose Verstaatlichung" des Binnen- und Außenhandels sowie des Bankwesens. Er glaubte zu wissen, „daß diese dynamische Auffassung der Sozialisierung vollkommen neu ist", was nicht stimmte, und sah allein auf diesem Wege einen erfolgversprechenden „Angriff auf die Massennot mit der Verhütung künftiger Krisen" gewährleistet. Ähnlich wollte er die Arbeitsordnung durch eine Vereinheitlichung des Gewerkschaftswesens geregelt wissen. Das tat bereits die NSDAP in ihrer Weise.

„Das schwerste Stück ist die sozialistische Staatsordnung." Hier trat Brill für einen besonders radikalen Bruch mit dem „liberalen Erbgut von Republik, Parlamentarismus, Freiheitsrechten, Selbstverwaltung, Rechtsstaat durch unabhängige Rechtsprechung usw." ein. Wohl sollte die Demokratie als Organisationsform „unbedingt" erhalten bleiben, aber abzusehen sei, „daß die Ausübung der Macht in einer sozialistischen Staatsordnung mit Hilfe des parlamentarischen Regierungssystems" erfolge. Das sei „absolut unmöglich". Wie das System demokratisch funktionieren sollte, wußte Brill zu diesem Zeitpunkt noch nicht.[24] Sein Briefpartner Karl Hermann gab ihm in einer Antwort fünf Tage später recht: „Die Demokratie kann in einem Arbeiterstaat nur noch Geltung haben insoweit, als sie die Herrschaft der produktiv Tätigen ausdrückt." Hermann dachte an dieser Stelle weiter und stellte sich den „Aufbau des Organismus eines Arbeiterstaates" so vor: In den einzelnen Berufsgruppen wählen die „produktiv Tätigen" Vertrauensleute, diese bilden aus ihre Mitte als „Beschlußbehörde" einen „Wirtschaftsrat", der durch die außenpolitischen Vertreter Deutschlands in den wichtigsten Exportländern ergänzt wird und neben sich als „Vollzugsorgan" einen „Nationalrat" hat, der die Exekutivmaßnahmen, die Verwaltung und die Rechtsordnung kontrollieren soll. Das war in Hermanns Augen dann die „sozialistische Gemeinschaft" in Deutschland, durchaus mit Modellcharakter für eine „europäische Wirtschaftsgemeinschaft" gedacht.[25] Daß er hier eine Staatsordnung nur als Realisation einer Wirtschaftsgemeinschaft konstruierte, wie das ja auch der Kommunismus tut, wurde Karl Hermann nicht bewußt.

---

24 In diesem Zusammenhang wies Brill darauf hin, daß er im Dezember 1932 mit Arbeiten begonnen habe, „die sich kühn ‚Politik' in dem Sinne nannten, wie Marx sein Werk ‚Das Kapital' genannt hat", Brill an Hermann 19. 4. 1933, a. O. Anm. 22. Das Buchprojekt erhielt später den Titel „Politik als Wissenschaft".

25 AES Karl Hermann an Brill 24. 4. 1933.

Mit diesen politischen Entwürfen und Spekulationen kehrte Brill am Ende der Weimarer Republik zu deren Anfängen zurück und knüpfte an seine eigene Revolutionsphase in der Räterepublik Gotha 1919/20 an. Damals war er Mitglied der USPD geworden, jetzt, im Frühjahr 1933, trat er aus der SPD am 30. Mai, vor ihrem Verbot, aus, in der er mit diesem Gedankengut keine politische Heimstätte mehr hatte. Er trat geistig an ihren linken Flügel zurück. Von dieser politischen Ortswahl her hat er in der Widerstandszeit gearbeitet, dafür Gesinnungsgenossen gesucht[26], zunächst in Thüringen in Karl Hermann, Franz Petrich und Johannes Kleinspehn gefunden und mit ihnen in Jena, Meiningen, Weimar, Gera, Gotha, Erfurt und Altenburg zusammengearbeitet.[27] Dieser Kreis beschloß noch im Juni, sich im Thüringischen Landtag als „Gruppe Befreiung der Arbeit" neu zu konstituieren[28] – die Benennung folgte offenbar dem russischen Initiativvorbild Plechanows von 1883 –, die Ereignisse gingen jedoch darüber hinweg. Der Landesvorsitzende der SPD, Georg Dietrich, floh in die Schweiz.[29] Seine Flucht gleich nach dem Erfurter SPD-Bezirksparteitag vom 30. Mai und eine Verhaftungswelle, die viele thüringische Sozialdemokraten für Wochen in Schutzhaft setzte[30], gaben das Signal, mit der politischen Arbeit in die Illegalität abzutauchen. „Der Realist" ist ein Produkt dieser Arbeit.

Die Wirkung solcher Widerstandsschriften, ihr Beitrag zur Wahrung einer sozialdemokratischen Identität in der Bevölkerung Thüringens sind nicht zu ermessen. Jenssens Frau Lisa empfand die Diskussionen, die ihr Mann Otto, Paul Hermberg und Jakob Greidinger mit Brill in ihrer Geraer Wohnung führten, als „hoch theoretisch".[31] Das wird wohl stimmen, deswegen ist Brills eigenes, aus der Rückschau gesprochenes Urteil, „meine Programmschrift wurde überall diskutiert"[32], auf intellektuelle Zirkel einzuschränken und keineswegs etwa auf die 500 Bezieher des Blättchens ‚Der Marxist' auszuweiten.

Aus dem Kreis der Geraer Diskussionspartner waren einige, u. a. Greidinger, bei dem Treffen von Neu Beginnen auf der Dübener Heide zu Pfingsten 1934 dabei, Brill allerdings nicht[33], auch wenn seine Beiträge näher besprochen wurden. Für ihn stand zu dieser Zeit der Familienumzug nach Berlin an. Durch das Urteil der Weimarer Dienststrafkammer vom 30. April 1934 seiner Amtsbezeichnung, des Ruhegehalts und einer Hinterbliebenenversorgung verlustig gegangen, stand er zu dieser Zeit finanziell mittellos da. Der nationalsozialistische

26 „Zwischen dem 16. und dem 24. Mai 1933 nahm ich mit den Leuten Verbindung auf, die für meine Vorschläge waren", Brill zu Horst Kliem 4. 8. 1956, AES.

27 Brill nennt diese in seinem Brief an Hermann vom 19. 4., Hermann empfiehlt in seiner Antwort vom 24. 4. noch die Genossen Ernst Mäder und Kreutzer. Von Mäder liegt eine positive Antwort an Brill unter dem 24. 5. 1933 vor, AES. Petrich und Kleinspehn gehören zu den 1938 von der Gestapo verhafteten Mitgliedern der „Gruppe Volksfront", BA AB ZC 6509 Bd. 2. Biographische Daten zu Petrich und Kleinspehn bei Brill, Gegen den Strom, S. 16 Anm. 8 und 10.

28 s. o. Dok. in Anm. 27.

29 Brill sprach etwas verachtend von der „Fa. (Firma? Familie?) Dietrich", Brill an Frister 22. 8. 1933, IfGA NL Frister. Zur Flucht Dietrichs in die Schweiz nach Basel s. Frister, Geschichte, S. 28 und 166. Auch die Geschwister August und Anna Siemsen flohen nach Lausanne, ebd. S. 166f.

30 Brill schrieb davon, daß ihm die Geburt seiner Tochter Cornelia-Claudia am 26. 6. 1933 „ein paar Tage Urlaub aus dem Kittchen" verschafft habe, IfGA NL Frister: Brill an Frister 22. 8. 1933.

31 Frister, Geschichte, S. 272. Jakob Greidinger (Pseudonym Jack J. Grey) hat in seiner „Story of Hans Korn" (Masch. Man. 115 S., im Privatbesitz) von den Diskussionen berichtet, die er in einen Zusammenhang mit Neu Beginnen stellt, vgl. Frister, Geschichte, S. 300ff. Diskussionsstoff könnte auch die 1931 von Walter Löwenheim unter dem Pseudonym Kurt Menz hektrographiert herausgegebene Broschüre „Die proletarische Revolution. Die Grundzüge ihrer Theorie und Besonderheiten in Deutschland" (zit. bei Reichhardt, S. 8 Anm. 4) gegeben haben.

32 AES Brill zu Kliem 4. 8. 1956, S. 3. Dagegen Frister: „Die Brill'schen Ideen sind in Ostthüringen nicht breit diskutiert worden", Geschichte, S. 272.

33 AES Brill zu Kliem 4. 8. 1956, S. 3. Zu Jakob Greidinger, den Frister besonders hoch einschätzt, s. Geschichte, S. 317. Greidinger emigrierte nach seiner Entlassung aus der Haft (10. 12. 1938) über Polen und Schweden nach Großbritannien, dort traf er dann mit dem ebenfalls aus der linken Berliner Widerstandsszene nach London geflohenen Richard Löwenthal zusammen, Frister, S. 315ff.

Staat hatte ihn regelrecht ausgestoßen. Der Weg ebenfalls in die Emigration hätte nahegelegen; Brill hat ihn auch erwogen[34], ist ihn allerdings nicht konsequent angegangen oder hat ihn gar in die Tat umgesetzt. Er blieb in Deutschland, auch aus der tiefen Überzeugung, dem Nationalsozialismus im eigenen Land Widerstand leisten zu müssen. Dazu waren die Möglichkeiten in Thüringen im Sommer 1934 erschöpft. So zog er im Juni dieses Jahres von Gotha (Gradlerstr. 11) nach Berlin/Halensee (Karlsruherstr. 13) um.

2 „Politik als Wissenschaft" – Der unvollendete Versuch einer neuen Grundlegung der Staatstheorie

Die Jahre, die Brill vom Juni 1934 bis zu seiner Verhaftung durch die Gestapo im September 1938 in Berlin verbrachte, müssen ihm als ein aufgezwungenes Zwischenleben ohne sichtbare Gestaltung und meßbaren Erfolg vorgekommen sein. Er, ein unermüdliches Arbeitstier, ein jetzt von den Nationalsozialisten aus allen Ämtern und offiziellen Tätigkeiten verdammter ehemaliger Ministerialdirektor, ein forensischer Kopf, war in eine berufliche Leere gestoßen worden. Sie war offenbar in der Reichshauptstadt erträglicher als in der kleinen thüringischen Provinzstadt Gotha.

Seine Frau Martha, geb. Pluskat, war eine Berlinerin. Ihr Vater war sogar ein Urberliner Handwerker, der eine Tischlerei in Falkensee betrieb, als wirklicher Meister seines Faches geschätzt, der die Edelholzarbeiten in den Schlaf- und Speisewaggons der Mitropa anfertigte, im Charakter geduldig, eher still, bescheiden und mit diesen Eigenschaften vornehm. Die Mutter, von aktiver Natur, war als überzeugte Sozialdemokratin auch politisch engagiert. Sie hielt gelegentlich sozialdemokratische Frauenversammlungen ab. Diese unterschiedlichen Temperamente schienen nicht auf Dauer zusammen zu passen. Frau Pluskat ließ sich von ihrem Mann scheiden, verstarb aber bald danach. Die Tochter Martha war zu diesem Zeitpunkt 16 Jahre alt, ihre Schwester Käte 4 Jahre jünger. Beide, nach dem Tod der Mutter allein in Berlin-Schönefeld wohnend, wurden so zu früher Selbständigkeit gezwungen. Martha wurde Fürsorgerin, kräftig, tatbewußt, handlungsorientiert, geistig aufgeschlossen. Ihre Schwester Käte war offenbar etwas musischer veranlagt. Mit ihren Begabungen strebte sie zu poetischen und lyrischen Ausdrucksformen, warf Gedichte nur so aus dem Handgelenk, im Stil für Beobachter „eine Mischung zwischen Tucholsky und Kästner". Von einem Spanien-Aufenthalt kehrte sie 1936 vor Ausbruch des dortigen Bürgerkriegs nach Berlin zurück und übernahm hier eine Bürostelle bei einem nationalsozialistischen Rechtsanwalt. Beide Schwestern, Martha und Käte, hingen sehr aneinander. Da Käte nicht verheiratet war, ihren Schwager Hermann ob seiner geistigen Kraft eher verehrte, zog sie mit in die Berliner Wohnung in der Karlsruher Straße 13, deren 103 qm sich fortan die beiden Frauen, die beiden kleinen Mädchen und Brill teilten.

Die Enge dieses gemeinsamen Lebensraumes, der fehlende Rhythmus einer ausgestalteten Berufstätigkeit des Mannes, die Belastung durch die stets kranke Tochter Renate, das betonte Desinteresse an allen Haushaltsfragen bei Brill[35] haben das Zusammenleben sicher nicht

34 Ende 1934 schrieb Brill auch Bewerbungen nach Zürich und Kaunas/Litauen, die zu erkennen geben, daß er an einer wissenschaftlichen Arbeitsstelle möglichst an einer Universität interessiert war, Brill an Prof. Dr. Gustav Radbruch 3. 12. 1934, Kaunas/Litauen, AES. Der Brief enthält den Hinweis, daß Brill sich zuvor auch in Zürich beworben hatte.

35 Als im zweiten Ehejahr ihnen große Teile der Wäsche von der Leine gestohlen waren und Martha Brill, darüber entsetzt, zu ihrem Mann ins Arbeitszimmer lief, entgegnete er, am Schreibtisch sitzenbleibend: „Und was soll ich dabei machen?" Elise Tilse, die diese und fortlaufende Einzelheiten über das Privatleben beobachtet hat, an Verf.

erleichtert. Brill litt häufig und dies gerade in den Berliner Jahren an starken Kopfschmerzen, lag dann stundenlang im abgedunkelten Zimmer mit einem nassen Lappen auf dem Kopf. Neuralgieanfälle dieser Art waren die lebenslangen Folgen seiner Gehirnerschütterung, die er bei dem letzten Ballonabsturz im Weltkrieg erlitten hatte. Sonst war er mit Ausnahme eines gelegentlich in der Rückenmuskulatur auftretenden Rheumatismus gesund, zumindest attestierte ihm das ein Arzt bei einer Generaluntersuchung vor einer Operation im Oktober 1938, die erfolgreich ein Hämorrhoidalleiden beseitigte.[36]

Zu dem wirtschaftlichen Unterhalt des 5-Personen-Haushalts konnte er nur wenig beitragen. Gelegentliche Übersetzungen, im Auftrage Otto Suhrs für dessen Wirtschafts-Pressedienst angefertigt oder auch für eine holländische Agentur, wurden ihm mit 10 RM pro Arbeit honoriert. Magere Repetitoreneinkünfte, die der Jurist von Examensstudenten bezog, kamen hinzu. Seine Frau Martha und die Schwägerin Käte mußten mit ihren Entlohnungen als Fürsorgerin bzw. Stenotypistin für das geregelte Einkommen sorgen. Das reichte offenbar nicht für einen auch nur bescheidenen Lebensunterhalt der Familie. Nach Brills Verhaftung wurde dies auch aktenkundig. Eine Zellenleiterin der NSV ließ den Volksgerichtshof wissen, es seien „die wirtschaftlichen Verhältnisse der Familie Brill nicht günstig", im letzten Winter habe man sie „mit Nahrungsmitteln" unterstützen müssen.[37] Das war 1939, nicht viel besser wird es vorher gewesen sein.

Der doppelten Isolation, durch berufliche Arbeitslosigkeit und Widerstandstätigkeit begründet, war schwer zu entkommen. Da wird es ein Glück gewesen sein, daß Brill offenbar bald nach seinem Berliner Umzug mit Quäkern in Kontakt kam. Hilde Ephraim (Deckname: Frl. Kaiser), eine Jüdin, war von jener Frauengruppe der Berliner SAP übrig geblieben, die ansonsten von der Gestapo 1933 verschlagen worden war.[38] Sie hatte den Parteiauftrag, sich um die Verhafteten und deren Angehörige sowie andere Antifaschisten, die ihr bekannt wurden, zu kümmern, und stellte deren Kontakte zu Quäkern her. Die Vereinigung der Quäker, einer spiritualistisch orientierten christlichen Sekte, war in Berlin schon zum Ende des Weltkriegs durch Fürsorge bekannt geworden. Die Quäkerspeisung war damals ein Begriff geworden, die Quäkerschrippe, ein weißes Brötchen, doppelt so groß wie ein normales, den Berlinern in den Jahren 1918/19, in denen sie kein Weißbrot mehr kannten, ein erstrebenswerter Genuß. Hilde Ephraim empfahl den Leiterinnen der Quäker, Misses Fox und Misses Howard, drei Berliner Widerstandskämpfer für einen 14tägigen Urlaub. Elise Tilse, Mitglied der SAP, 1933 zu einer 10monatigen Haft verurteilt, Wilhelmine Grünberg, Frau des Kommunisten Fritz Grünberg, und Hermann Brill kamen auf diese Weise im April 1935 in den Genuß eines solchen Urlaubs in Bad Pyrmont.

Aus dieser Zufallsbegegnung in einem Quäkerheim im lippischen Staatsbad entwickelte sich hernach in Berlin zwischen den Familien Brill und Tilse ein dauernder Kontakt. Elise, 1935 25 Jahre alt, brachte den 15 Jahre älteren Hermann Brill in ihr Elternhaus. Die Familien fanden zueinander. Man wohnte nicht weit voneinander entfernt, Brill in der Karlsruher Straße, Tilse in der Mommsenstraße im Berliner Bezirk Charlottenburg. Regelmäßige Besuche am Abend oder Wochenende knüpften die Bande enger. Brills Kinder badeten im

---

36 Die Operation wurde während seiner Verhaftungszeit im Gefängnis Berlin/Moabit am 29. 10. 1938 durchgeführt, bis zum 21. 11. 1938 blieb er im Krankenhaus, BA AB ZX 3162 Krankenhausblätter.

37 BA AB ZC 6509 Band 3: Aktennotiz Kanzlei Volksgerichtshof 24. 9. 1939. Annemarie Hermberg, Frau des Geraer Diskussionspartners Prof. Hermberg, brachte von einem Besuch in der Berliner Wohnung den Eindruck mit, „daß Brill kümmerlich als Repetitor sein Leben friste, die Frau müsse arbeiten, die Lebenshaltung sei ärmlich, die Stimmung gedrückt, insgesamt hätten Wohnung und Familie fast einen Anflug von Verkommenheit", zit. bei Frister S. 273.

38 Zur Zerschlagung der SAP 1933 s. die Schriftenreihe „Widerstand 1933 bis 1945 Berlin" und „Stätten des Widerstands in Berlin 1933 bis 1945", hrsg. von der Gedenkstätte Deutscher Widerstand, Hans-Rainer Sandroß, und Kliem, S. 4.

Hause Tilse, da es bei ihnen in der Wohnung kein warmes Badewasser gab. Gäste und Gastgeber profitierten wechselseitig voneinander. Brill war für alle eine Informationsquelle, dominierte häufig die Gespräche durch sein Wissen. Später, als er verhaftet war, wußte Vater Tilse den gemeinsamen abendlichen Stunden durch sein Vorlesen aus Fritz Reuters „Ut mine Festungstid" symbolische Bezüge zu geben. Das familiäre Vertrauensverhältnis wird allen Bedürfnis und Gewinn gewesen sein. Die Kontakte Hermann Brills zu Elise Tilse rissen bis zu seinem Tode nicht ab.

Dabei hatte Frau Tilse wie wenige andere – z. B. Brills Sekretärin Edeltraud Schönewald später – Brills geistiges Erscheinungsbild beobachtet, den geistreichen Debattierer, den charmanten Plauderer, der stets mit einer ihr imponierenden Würde sprach. Sie hat ihn später, nach 1945 erst, auch als fesselnden Redner erlebt, der in der Regel auswendig sprach mit einer „Briefmarke voll Notizen in der Hand", konzentriert, gestochen, bildreich mit malerischen Wendungen, ohne sich zu überhasten, ohne abzuschweifen, in der Artikulation der Konsonanten und Vokale perfekt, nie manieriert. Bei diesen rhetorischen Eigenschaften wurde Brill häufig mit Ernst Reuter verglichen; beide waren starke Gestalten, von ruhiger Art, kraftvoll und bodenständig. Diese Eigenschaften werden Brill in seinen Berliner Jahren gestützt haben, wissenschaftliche Arbeiten, theoretische Programmentwürfe und ihre konspirative Umsetzung in Widerstandsgruppen zu leisten.

Bei Brills Verhaftung durch die Gestapo am 22. September 1938 wurden in seiner Wohnung „mehrere Mappen mit Schriftenmaterial" beschlagnahmt. Nach seiner eigenen späteren Aussage war das „nur etwa ein Zehntel der geleisteten Arbeit". Überliefert sind durch die Gerichtsakten nur eine kleine Zahl von Notizblättern, angelegten Literaturlisten und ersten Entwürfen für ein Buchprojekt sowie spätere (1937/38) ausformulierte Widerstandsschriften. Hinzu kommt ein relativ ausführliches Lektüretagebuch von 1935–1937.[39]

Die hand- oder maschinenschriftlich angefertigten Manuskripte, teilweise auf die Rückseiten von überzähligen Danksagungskarten für Hochzeitsgratulanten aus dem Frühjahr 1931 geschrieben, geben nicht viel her. Sie gruppieren sich um das wissenschaftliche Thema „Politik als Wissenschaft", das er gelegentlich auch „Soziologie des Staates" benannte. Darunter finden sich Exzerpte aus Droysens „Historik", Julius Fröbels „System zur sozialen Politik" (1847), aus der „Gesellschaftslehre" (1956) von Lorenz von Stein, Notizen über Constantin Frantz, Heinrich von Sybel, Wilhelm Roscher, Gustav Schmoller, Karl Marx, Heinrich von Treitschke oder Holtzendorf, von dem Brill seinen Arbeitstitel „Politik als Wissenschaft" übernommen haben könnte. Weiter sind von ihm Aufsätze von Ludo Moritz Hartmann („Das Wesen der Politik", 1916) und Otto Westphal („Bemerkungen über die Entwicklung einer allgemeinen Staatslehre in Deutschland", 1921) exzerpiert worden; zu letzteren notierte er sich: „Kommt meiner Auffassung am nächsten".[40]

Eine weitere Literaturliste stellte er unter dem Arbeitstitel „Die politische Literatur 1905/1933" zusammen. Sie enthält Einzeltitel von Karl Kautsky, Rudolf Hilferding, Lloyd George, Max Weber, Carl Schmitt, Karl Mannheim („Idologie und Utopie", 1929), Wolf Grabowsky („Theoretische Politik", 1932) und Heller („Staatslehre", 1932).

---

39 BA AB ZC 6509 Bd. 6 enthält das Protokoll der Verhaftung Brills am 22. 9. 1938 „gegen 17.15 Uhr", ZC 6509 Bd. 10 enthält Material, teilweise hand-, teilweise maschinenschriftlich; es gruppiert sich um die Themen „Politik als Wissenschaft" und „Soziologie des Staates". Das Lektüretagebuch ist im Privatbesitz Edeltraud Schönewalds. Die Widerstandsschriften „10 Punkte", „Deutsche Ideologie 1937" und „Freiheit" hat Brill später selbst publiziert: Gegen den Strom, S. 15ff. Wenige ergänzende Teile finden sich in BA AB ZC 6509 Bd. 1–10. Den Hinweis auf das beschlagnahmte „Zehntel der geleisteten Arbeit" gibt Brill im Brief an Erler 20. 11. 1947, AsD NL Erler 3.

40 BA AB ZC 6509 Bd. 10: Manuskriptsammlung zum Thema „Politik als Wissenschaft".

Mit ihrer Hilfe entwarf Brill Einzelkapitel, z. B. eins mit der Überschrift „Geschichte der Politikwissenschaft", gedacht möglicherweise als Einleitungskapitel.[41]

Eine weitere Konzeptualisierung galt dem Stichwort „Entwicklung der deutschen Staatslehre". Hierzu liegen in den Justizakten Notizen zu Kant, Görres, Hegel, Kleist, Arndt, Gentz, Gneisenau, Schiller, Büchner, Heine und Jakob Friedrich Fries („Philosophische Rechtslehre und Kritik aller positiven Gesetzlehre", Jena 1803) vor. Den Namen sind kurze Charakteristika beigefügt, erste Systematiken sind erkennbar. Ein marginales Gesamturteil zu den hier gelesenen Theoretikern – „Politische Talente, aber keine großen Leistungen, weil keine Politik 1750/1850" – ist wegen seiner Kürze allenfalls spekulativ verwertbar als Ausdruck der bei Brill auch anderswo vorzufindenden apodiktischen Urteilshärte, nicht aber seriös zu interpretieren. Dafür geben auch angefertigte Inhaltsverzeichnisse zu Schriften von Dahlmann, Ranke und Gervinus und weitere Literaturlisten nichts her.

Beeindruckt wird der Leser allerdings durch ein an anderem archivalischen Ort erhaltenes Lektüretagebuch, das Brills wissenschaftliche Arbeiten zu einer ihm vorschwebenden neuen Politiktheorie vom September 1935 bis Oktober 1937 geradezu minutiös festhält.[42] Es fiel der Gestapo nicht in die Hände. Die Zahl der hier aufgelisteten, in den Berliner Bibliotheken des Reichstags, des Statistischen Reichsamtes, der Universität und in der Stadtbibliothek gelesenen oder ausgeliehenen und in der Regel auch kurz kommentierten Bücher ist nahezu Legion und möchte die Arbeitskraft eines einzelnen fast übersteigen. Selten weist die Liste schöngeistige Literatur aus, in der Regel ist es Fachliteratur zum Stichwort „Politik als Wissenschaft", deutschsprachig zumeist, aber auch englische, französische oder amerikanische Bücher befinden sich darunter. Brill muß täglich mehrere 100 Seiten gelesen haben, den Informationswert gefiltert, im Gedächtnis das ihm Wichtige gespeichert und weniges dann in eigene Konzepte eingearbeitet haben.

Gleich einleitend ist unter dem 5. September 1935 von einer Bismarck-Studie die Rede; Stichworte wie „Cäsarismus", „Diktatur: verfehlte innere Politik, Verfassungssaloppismus bis zum Staatsstreich" und „Cauchemar des evolutions" lassen die kritische und keineswegs überraschende Distanz Brills zu Bismarck erkennen. Im Anschluß daran las er Max Webers „Geist und Politik" und bemängelte, hier nur „einige sehr bescheidene organisatorische Vorschläge" für einen anderen Staatsaufbau gefunden zu haben. Das war ja sein Interesse seit dem Briefwechsel mit Karl Hermann im April 1933. Jetzt, im Herbst 1935, stellte er durch die Lektüre des Reichenbach-Buches über „Die Probleme der modernen Physik" für sich beglückt fest: „Mir geht eine neue Perspektive auf: Relativität als Erkenntnismethode der Politik." So rasch es die beschränkten Verhältnisse eben zuließen – 22. September 1935: „Großer Mangel an Literatur. Bitte an Frl. Lie" (Elise Tilse) –, las er erkenntnistheoretische, mit Metaphysik und Naturphilosophie sich beschäftigende Bücher von Erich Becher und J. Rieffert und definierte für sich im Anschluß daran: „Politik ist die Summe der auf den Staat bezogenen menschlichen Handlungseinheiten." Diese seien nicht ableitbar von irgendeiner Metaphysik, etwa der Kants, der Brill in seinem politischen Denken lange folgte, sondern von einer, wie er es nannte, „Erkenntnislehre des Lebens".

Diese – keineswegs originelle – Einsicht notierte er sich in seinem wissenschaftlichen Lektüretagebuch unter dem 18. September und noch einmal am 4. Oktober 1935. Offenbar

---

41 ebd.

42 AES „Aufzeichnungen zu: P. W.", die Abkürzung ist auf den Arbeitstitel der geplanten Publikation „Politik als Wissenschaft" zu beziehen. Die 28 Seiten wurden bei der Verhaftung von der Gestapo nicht gefunden, vielleicht waren sie von Brill ausgelagert. Zu den „Aufzeichnungen zu: P. W." gehören noch drei umfangreiche Literaturlisten, betitelt „Geschichte", „Politik und Wirtschaft" und „Rechtswissenschaften", alle in AES.

leitete sie ihn zu dem variierten Arbeitstitel „Soziologie des Staates", mit dem er seine Politikstudien auch zusammenzufassen gedachte. Als sich seine Aufmerksamkeit Anfang Oktober an einer Studie über „Oswald Spengler als Philosoph", in Stuttgart 1922 von Prof. Messer publiziert, entzündete, fühlte er sich in dem jahrelangen Bemühen um eine stärker soziologische Orientierung der Staatstheorie bestätigt: „Wer Spengler kritisieren will, muß seiner Metaphysik der Vernichtung eine Erkenntnislehre des Lebens entgegensetzen: Mein Tinzer Versuch, der in der Politik weiterzuführen ist." Diese Erkenntnistheorie ist für ihn eine soziologische. Seit seiner Tinzer Lehrzeit (1929 bis 1933) dachte er darüber nach. Als er im Oktober 1935 dann weiter bei Marcuse („Planwirtschaft") ähnliche Gedanken fand, suchte er seine Emotionen, selten genug, auf seine Frau zu übertragen: „Große Freude. Martha mitgeteilt." Die fortlaufenden Eintragungen im Lektüre- und Arbeitstagebuch belegen dann Brills schärfer akzentuierte soziologische Betrachtung der Politik. Gelegentlich einer in diesen Tagen verfaßten, aber nicht überlieferten Arbeit zum Thema „Verwaltung und Verwaltungswissenschaft" vermerkte er in der zweiten Novemberwoche: „Vieles klarer gefaßt. Das Philosophische zugunsten des Soziologischen stark zurückgedrängt."[43]

Solche Erkenntnisse teilte er auch anderen mit, gelegentlich Otto Jenssen, seinem ehemaligen Tinzer Kollegen, häufiger jetzt Ernst Jurkat, einem neuen Berliner Bekannten. Dieser war promovierter Philosoph und Soziologe und deswegen für Brill in dessen Isolation ein hochwillkommener Diskussionspartner. Die Bekanntschaft wurde möglicherweise über die beiden Ehefrauen angebahnt. Dorothea Jurkat war seit 1927 mit Martha Pluskat/Brill Fürsorgerin beim Jugendamt Berlin-Friedrichshain. Bei der späteren Verhaftung Brills, von der Jurkat, damals Geschäftsführer des Vereins der Berliner Kaufleute und Industriellen, als Kontaktperson auch betroffen wurde, sich aber durch eine gerade noch rechtzeitige Flucht nach Paris entziehen konnte, gab Frau Jurkat der Gestapo zu Protokoll, daß die Männer bei den gelegentlichen Unterhaltungen der Ehepaare „fast ausschließlich" über Philosophie gesprochen hätten, was sie, die Ehefrauen, „dabei im allgemeinen gelangweilt" habe.[44]

Eine solche Aussage kam sicher aus der Defensive, in der sich Frau Jurkat bei der Vermehrung befand. Ihr Mann und Brill haben die Unterhaltungen intensiv geführt und die Themen breit gestreut. Brill war Ende des Jahres 1935 durch seine wissenschaftlichen Arbeiten viel zu aufgewühlt, als daß er bei den wenigen Beziehungen, mit denen er seine Isolation durchbrechen konnte, wenn sie denn wie im Falle Jurkats offenbar geistig anregend wirkten[45], sich zurückhaltend und thematisch eingeschränkt verhalten hätte. Sein am Silvestertag dieses Jahres geschriebener Rückblick auf die 1200 Seiten starke Lektüre eines Buches über die 48er Revolution – Valentin, „1848/49" – war so ein anregender Stoff, mit dessen kritischer Aufnahme er seine soziologischen Frageansätze offenbar überprüfte. Das Panorama, das Valentin ausbreitete, begeisterte Brill geradezu: „Im ganzen ein überwältigendes Bild! Selbst wenn man die ganze ‚Neue Rheinische Zeitung' expressiv verbis mit ihrer Kritik

---

43 Lektüretagebuch 4./9. 11. 1935, S. 4.

44 BA AB NJ 1269 Bd. 1 Vernehmungsprotokoll Dorothea Jurkat 7. 11. 1938. Frau Jurkat gab dabei auch an: Brill „war mir stets sehr unsympathisch". Das Lektüretagebuch Brills enthält unter dem 13. 11. 1935 parallel zu den Bemerkungen von Frau Jurkat die Eintragung: „Diskussion mit Jurkat über Wagner/Nietzsche"; am 19. 11. 1935 saßen beide schon wieder zusammen und diskutierten eine Schrift Brills mit dem Titel „Verwaltung und Verwaltungswissenschaft", a. O. S. 4, die Jurkat dann im März 1936 als fertige Schrift Brills für den Verband Berliner Kaufleute mit dem Lob übernahm: „Der Aufsatz ist ausgezeichnet; das ist das, wonach wir seit Monaten gesucht haben", a. O. S. 9.

45 Jurkat schenkte Brill gelegentlich auch Bücher, so zu Anfang des Jahres 1936 von Julius Kraft, Die Unmöglichkeit der Geisteswissenschaft, ein Buch, das ihn außerordentlich ansprach, ja begeisterte, da es „eine völlig neue Wissenschaftslehre aufgrund philosophischer Anschauung" verfolge. Brill kommentierte die Lektüre des Buches mit den Worten: „Ganz mein Ziel", Lektüretagebuch 22. 1. 1936, S. 8. Diskussionen mit Jurkat wurden von Brill oft als „sehr scharfsinnig" kommentiert, a. O. S. 17.

gelten läßt, bleibt der Reichtum an Leben, Bewegung, Ideen, Handlungen, daß man kaum begreift, daß das einmal auf deutscher Erde möglich war. Was für ein armseliger Geist ist der ‚erfolgreiche' Bismarck gegen die Männer der Paulskirche!" Das waren Gesprächsthemen mit Jurkat.

Und doch ließ Brill das Werk Valentins unbefriedigt. Seine wissenschaftliche Methode gefiel ihm nicht, da „geisteswissenschaftlich im Meineckeschen Stil". Das mache aus der Geschichte eine „auf Forschung beruhende geistvolle Erzählung, mehr nicht... Wer von Geschichte mehr verlangt: Erkenntnis, Gesetze, Wahrheit, wird resigniert über so vielem künstlerischen Realismus fragen: Wozu der Aufwand?" Sein, Brills Nachdenken über den richtigen Ansatz von Geschichtsbetrachtung als politische Belehrung leitete ihn immer deutlicher und ernsthafter zur Soziologie. Den „ästhetischen Realismus" wie er ihn bei Meinecke und Valentin gefunden zu haben glaubte, wollte er nicht befolgen, eher den die Erkenntnis leitenden von Marx und Engels, denn: „ME schreiben die Geschichte der Gesellschaft. V. schrieb die Geschichte der hohen Politiker. Man kann aus beiden lernen. Aus der ersten jedoch nicht nur fraglos mehr, sondern auch gründlicher und richtiger." Das ist sie, die „Soziologie des Staates", die Brill seiner „Politik als Wissenschaft" zugrundelegen wollte. Nicht unwichtig ist dabei seine Einschätzung, daß sich solche Erkenntnisse erst durchsetzen würden, wenn die Politik revolutioniert sei. 1948, so hoffte er, werde man die Ansätze von 1848 verstehen, allerdings nur dann, „wenn wir bis dahin selbst eine Geschichte gemacht haben, die revolutionären Ansprüchen genügt hat".[46]

Das Tagebuch weist in folgenden Eintragungen nach, daß Brill sich durch seine wissenschaftliche Lektüre einer solche revolutionären Schritte fundierenden Theorie weiter zu nähern versuchte. Er las Harald J. Laski, „A Grammar of Politics" (London 1925), beurteilte den Autor als einen der „größten Staatslehrer der Gegenwart", hieß seine „Vernichtung bürgerlich konstitutioneller Ideologie" gut, fand den empirisch begründeten Denkfortschritt zur Gesellschaftslehre als Basis demokratischer Staatsformen für richtig, kritisierte aber, daß Leski im Ausgangspunkt Freiheit, Gleichheit, Eigentum „als absolute ethische Werte" nahm. Das war in seinen Augen „mediatisierte Theologie". Brill setzte dagegen: „Es kommt darauf an, Tatbestände in Entwicklungsbewegungen zu beschreiben, um den Menschen Bewegungsgesetze zu zeigen, deren sie sich bemächtigen können. Das ist mein Ziel."[47]

Solche Gedanken führten gelegentlich einer Nietzsche-Diskussion über dessen Buch „Wille zur Macht" weiter. Brill gefiel hieran „die Betonung des Voluntarischen als primäres Element des Politischen". Dabei war ihm der Wille aber nicht eine individuelle, sondern eine soziologische Kategorie, „die kausal-dialektisch determiniert ist". Die soziale und die geistige Natur des Menschen stehen in einem dialektischen Zusammenhang, der momentane Zustand ist folglich im ewigen Fluß, der Wille bewirkt diese Bewegung. „Klasse", so leitete er daraus seine Erkenntnis ab, „ist eine ewige Fluktuation sozial determinierter Willenshandlungen". Am Beispiel des Proletariats ließe sich dann zeigen, daß es „in der vollendeten bürgerlichen Gesellschaft ein Teil dieser in biologischer, ökonomischer, moralischer Einsicht, ein anderes in der Übergangszeit, ein anderes in der ersten Phase der sozialistischen Gesellschaft" wäre.[48]

Mit dem Blick auf solche Tatsachen würde man in Brills Augen frühere Idealisierungen überwinden, auf denen Gesellschaftshierarchie beruhte. Der Proletarier, ein Untertan, war

46 ebd. S. 4ff. Dem letzten Zitat folgt die Datumszeile „31. 12. 1935".

47 Lektüretagebuch 15. 7. 1936, S. 11. Im Seitenhieb verurteilte er die von Koellreuther, dem Jenaer Korreferenten seiner Promotion, angefertigte Rezension zu Leski, A Grammar of Politics, als „eine wissenschaftliche Schande", ebd., S. 12.

48 Die Gedanken werden in einer Diskussion mit „P." (Name nicht identifizierbar) am 3. 4. 1936 entfaltet, a. O. S. 14f. Die Diskussionen nahmen hier vielfach Bezug zu Heinrich Manns „Der Untertan".

der moralischen Struktur des Gehorsams unterworfen, die ihm in den objektivierten Kategorien der Disziplin entgegentrat, im Elternhaus als christlich-patriarchalischer Gehorsam, in der Kaserne als militaristischer, in der Fabrik als gewerkschaftlicher, in der Politik in Gestalt der Parteidisziplin. Diese Traditionen wollte Brill jetzt dem Willen der Erkenntnis unterwerfen und so veränderbar machen. Die parteipolitischen Konsequenzen wären etwa die Auflösung der alten SPD – der KPD ohnehin. Brill nahm für sich in Anspruch, diesen gedanklichen Zwang und notwendigen politischen Handlungsschritt als erster erkannt und gefordert zu haben: „Ich glaube, diese Leistung habe ich vollbracht. Es kam darauf an, uns selbst mit der Bebel'schen Partei als etwas für immer Vergangenes historisch zu nehmen, aber auch zu verstehen."[49] Zum Beweis könnte er sein Plädoyer zur Auflösung der SPD im Frühjahr 1933 heranziehen, an der theoretischen Neubegründung einer sozialistischen Partei arbeitete er jetzt unter dem Stichwort „Politik als Wissenschaft". Interessiert fragte ihn am 4. September 1936 sein Gesprächspartner: „Wann werden Sie fertig sein?"[50]

Der Fortschritt gelang nicht recht. Brill mußte auch für den Broterwerb arbeiten. Im November 1936 notierte er dazu im Lektüretagebuch erkennbar enttäuscht: „Viel unnützige Lauferei und Fahrerei ums Brotverdienen bei geringem Erfolg. Völlige Aufgabe der Bibliotheksarbeit. Dabei wollte ich das Kapitel Politik als Wissenschaft Ende Oktober fertig haben! Es ergab sich, daß der Stoff größer war, als ich erwartet hatte. Nun muß ich fast von vorne anfangen."[51] Im Januar 1937 konnte er die Bibliotheksarbeit wieder aufnehmen, im Mai kam es zu einem erneuten Gespräch mit Ernst Jurkat und Otto Jenssen über den „Stand der soziologischen Fragestellungen und Forschung", im Oktober vermerkte er erleichtert: „‚Philosophie der Politik' geschrieben. Ein Durchbruch ist erreicht."[52] Damit schließt das Lektüretagebuch Brills.

Die ungeheure Materialsammlung und breit gefächerte konzeptuelle Arbeit haben ihr Ergebnis nicht in einem abgeschlossenen Werk über „Politik als Wissenschaft" gefunden. Allein ein 21seitiges Manuskript, vier ausformulierte Einzelkapitel offenbar zu diesem Thema enthaltend, ist überliefert.[53] Der Text beginnt mit der Fanfare: „Eine neue politische Philosophie ist nötig für eine neue Welt." Entsprechend den Aussagen auf den über Jahre zusammengetragenen Notizblättern ist Brills Versuch einer neuen Staatstheorie weniger auf die für andere tragenden Elemente der Ethik und Vernunft begründet. Sicherlich, so glaubte auch er, müsse man der Vernunft „den größtmöglichsten Platz in der Führung der politischen Geschäfte" einräumen, andernfalls ließe sich Zivilisation überhaupt nicht planen; aber der Glaube, die in der Politik zur Handlung berufenen Männer und Frauen würden dabei auch vernunftgemäß unter Mißachtung eigener Machttriebe handeln, sei ein Irrtum. Schwer wiege auch der Irrtum, „daß die Menschen, wenigstens aktiv und ständig, politische Wesen sind".

---

49 ebd. S. 15.

50 ebd. Als Brill Ende September 1936 in Berlin den Kongreß der Deutschen Philosophischen Gesellschaft besuchte, urteilte er nach Referaten von Spranger, Heimsoeth und Rothacker recht herablassend: „Eins ist jedenfalls klar, daß von dieser Seite ein wissenschaftlicher Fortschritt nicht zu erwarten ist", Lektüretagebuch 22./23. 9. 1936, S. 17.

51 ebd. S. 18. Erwähnenswert ist, daß Brill zwischenzeitlich auch die Neuerscheinungen der Belletristik in Auswahl zur Kenntnis nahm. Über Kolbenheyers „Begegnung auf dem Riesengebirge" und seine „Karlsbader Novelle" urteilte er: „Mäßig, schief, falsch. Und das ist nun ein ‚Großer' unter den Neuen? Mahlzeit." Lektüretagebuch 25./31. 10. 1936, S. 18. Positiver sind seine Urteile über Heinrich Mann, a. O. S. 12f., oder Annette Kolls Mozart-Biographie, ebd. S. 18. Auch Zeitungen und Zeitschriften las und beurteilte er, allein die ‚Frankfurter Zeitung' war ihm jedoch gelegentlicher Erwähnung wert, so am 11. 1. 1935 mit den Worten: „Ruine einstiger geistiger Größe. Aber vielleicht das Beste, was es im gegenwärtigen Deutschland gibt", a. O. S. 7. Das Urteil ist sehr treffend.

52 ebd. S. 24 und 28.

53 BA AB ZC 6509 Bd. 10: Masch.-Man., 21 S., ohne Gesamttitel, o. D., beginnend mit den Worten: „Erstes Kapitel: Der Zweck der sozialen Organisation".

Vielmehr lebten sie stärker in privaten Zusammenhängen als in politischen. „Sie gehorchen den Anordnungen der Regierung aus Trägheit; und selbst ihr Widerstand ist öfters mehr ein blindes Ressentiment als der vernünftige Wunsch, das Gegenteil zu sichern."[54]

Derlei, wenn auch knappe, so doch treffsichere Beschreibungen Brills bezüglich der Individuen und ihres Gemeinschaftsverhaltens drängen für ihn wichtige Staatstheorien vergangener Jahrhunderte an die Seite. Die Masse Mensch, so definierte er hier, ist eben doch nicht eine Summe von öffentlich engagierten und interessierten Einzelpersonen (politai), wie Platon als erster dachte und Aristoteles dann klassisch definierte, sondern eine Summe von durch ihre private Welt bestimmter Menschen (idiotai). „Keine Fähigkeit", so drängte Brill hier Hobbes, Locke, Rousseau und Marx an die Seite, sei „seltener als politischer Sinn". Warum funktioniere dann ein Staat? Brill gab zur Antwort: „Das Bezeichnende des sozialen Lebens ist der gedankenlose Gehorsam der vielen gegenüber dem Willen weniger."

Gegen eine solche populäre Trägheit anzugehen war Brills Anliegen, seit ihm diese Erkenntnis im Ersten Weltkrieg gekommen war. Damals forderte er eine „Reform des Bewußtseins". Seiner Briefpartnerin Marianne Salzmann schrieb er am 16. Oktober 1918 in einer Kennzeichnung anzustrebender Revolutionsziele: „‚Ich bin Deutscher, d. h. ich will mitverantwortlich sein für das, was mein Volk tut.' Das ist das Wunder, das ich erstrebe, daß die Masse denkt und will."[55]

Auf dem Weg zu diesem Ziel, so glaubte Brill, war er als Politiker während der Weimarer Republik nicht über Ansätze hinausgekommen. Das Versagen des Bürgertums, aber auch die moralische Kraftlosigkeit der SPD, besonders offenbar geworden seit 1930, die allein von in Moskau ausgedachten Putschtheorien lebende KPD und die „Faschisierung" des Parlamentarismus durch die NSDAP hatten die weithin zu konstatierende Erfolglosigkeit bewirkt. Aus diesem Erfahrungs- und Erkenntnisdilemma weiß er sich nicht mit moralischen Appellen und politischen Programmen vergangener Staatstheoretiker herauszuhelfen, sondern mit einer aus der umfangreichen Lektüre gewonnenen „Erkenntnislehre des Lebens". Sie forderte zur nüchternen Einsicht menschlicher Wirklichkeiten heraus, der Trägheit der Masse und der Verantwortungsfähigkeit nur einer Elite. Allein auf „die kleine Zahl von Menschen, deren Entscheidungen für die Gemeinschaft gesetzlich bindend sind", komme es letztlich an. „Sie sind in einem die Treuhänder und Regierer des Ganzen. Es ist ihre Aufgabe, die Bedürfnisse der Gesellschaft festzustellen (zu sammeln) und diese Bedürfnisse in die Vorschriften wirksamer Gesetze zu übersetzen. Der Zweck des Staates findet seine Personifizierung in ihnen."[56] Alle anderen sind allerdings zu Richtern über die Ausführung aufgerufen; die Gesellschaft hat Impulse für Neuerungen zu geben, nichts ist a priori richtig und deswegen auf Dauer gültig.

Außerhalb dieser Staatsbestimmung und -leitung blieb für Brill genügend Raum für soziale, künstlerische, religiöse oder persönliche Interessen, die in ihrer Summe und Substanz erst die Zivilisation ausmachten. „Der Staatswille ist ein besonderer Teil des Ganzen. Er ist ein wichtiger Teil in demselben Sinne, in dem das Skelett ein wesentlicher Teil des Körpers ist. Aber er ist nicht mehr eins mit dem Willen der Gesellschaft als das Leben des Körpers mit seinem tragenden Skelett."[57] In der Ablehnung der Omnipotenz des Staates lag bei Brill die Ablehnung einer jeden Form von Totalitarismus begründet, in der Zurückweisung der Universalität des Staates kam die Anerkennung der gesicherten Individualität seiner Bürger

54 ebd. S. 5.
55 AES Brill an Salzmann 16. 10. 1918.
56 a. O. Anm. 54, S. 12.
57 ebd. S. 14.

zum Ausdruck, in der Gewichtung der Elite schließlich wirkte sich die Erkenntnis der notwendigen aristokratischen Grundlegung der Demokratie aus. Mit dieser nur fragmentarisch überlieferten – und auch nur gedachten – politischen Philosophie für eine neue Welt, zusammengefaßt in dem staatstheoretischen Werkplan „Politik als Wissenschaft", trat Brill in der zweiten Hälfte der 30er Jahre in Berlin in die Praxis einer konspirativen Widerstandstätigkeit ein.

3 Die Deutsche Volksfront 1935–1939

3.1 Gemäßigte Theorie und vorsichtige Konspiration: Die Gründung der Deutschen Volksfront 1935/36

An einem zunächst unerwarteten archivalischen Ort befindet sich das Original jenes Briefes, mit dem das für Hochverrat zuständige Referat II A 2 der Geheimen Staatspolizei dem Reichsführer SS und Chef der Deutschen Polizei im Reichsministerium des Innern, beide dienstlich ansässig in der Prinz-Albrecht-Str. 8, am 19. Oktober 1938 mitteilte, man habe im Zuge der Ermittlungen gegen die „Deutsche Freiheitspartei" den seit 1936 in Berlin bestehenden Kreis der „Deutschen Volksfront 1938", auch „Zehnpunkte-Gruppe" genannt, „aufgerollt". „Kopf dieses illegalen Kreises", so heißt es in dem vierseitigen Brief, „ist Dr. jur. Hermann Brill, Berlin, Schriftsteller, früher SPD und Ministerialdirektor im Thüringer Ministerium des Innern". Dieser Gestapo-Brief liegt im Archiv für Geschichte der Arbeiterbewegung, dem derzeitigen Zentralen Parteiarchiv der PDS, dem früheren Institut für Marxismus-Leninismus beim ZK der SED, im Osten Berlins, in dem ehemaligen Amt des ersten Präsidenten der DDR, Wilhelm Pieck.[58]

Die Akte trug bis zu ihrer Erstbenutzung im August 1991 den Vermerk „Gesperrt" und enthält neben dem genannten Dokument noch das Protokoll der Gründungskonferenz des Bundes demokratischer Sozialisten vom 8. Juli 1945 in Weimar, die Brill vorbereitet, geleitet und als politische Initiative für eine neue geeinte deutsche Arbeiterpartei im Zeichen des demokratischen Sozialismus gedacht hatte. Die Konferenz wurde als vorgreifendes Konkurrenzunternehmen des nicht emigrierten Widerstandskämpfers und Buchenwald-Häftlings Brill verstanden. Deshalb mußte sie von jenen Kommunisten, die gerade in Thüringen mit besonderer Vehemenz eine Vereinigung der beiden Arbeiterparteien zur SED unter der Leitung und politischen Perspektive der aus der Moskauer Hotel Lux-Eremitage nach Deutschland zurückgekehrten Genossen betrieben, torpediert werden. Diese wußten dann, was sie mit der Sekretierung des Berliner Gestapo-Briefes vom 19. Oktober 1938 und des Gründungsprotokolls der Weimarer Konferenz vom 8. Juli 1945 taten und nach ihrem politischen Verständnis auch tun mußten. Der Gestapo-Brief wäre, wenn Hermann Brill einer der ihren geworden wäre, für die Kommunisten so etwas wie die legitime Gründungsurkunde eines neuen, direkt aus dem antifaschistischen Widerstand erwachsenen Deutschlands geworden, das Weimarer Konferenzprotokoll das Gründungsprotokoll. So aber, da Brill ein ausgesprochener, seit dem Deutschen Oktober von 1923 bekannter und durch seine Widerstandsarbeit 1933 bis 1938 auch wie kein zweiter nicht-emigrierter Sozialist ausgewiesener

---

58 IfGA IV 2/4/364: Geheime Staatspolizei an Reichsführer SS und Chef der Deutschen Polizei im Reichsministerium des Innern 19. 10. 1938.

Gegner einer von Moskau gesteuerten kommunistischen Revolution in Deutschland war, mußte der Gestapo-Brief der öffentlichen Kenntnis entzogen werden. Die deutsche Revolution von 1989/90 macht es möglich, diese gedanklichen Linien offenzulegen.

Unbeeinflußt von dieser deutschlandpolitischen Wende bleibt die Quellenlage für die Widerstandszeit ungünstiger, als sie für die Jahre der Weimarer Republik war. Die politische Abwertung Brills, von der KPD/SED bzw. SBZ/DDR aus Gründen eigener affirmativer Geschichtsbetrachtung für notwendig erachtet und offiziell verordnet, hat negativ auf die archivierte Dokumentation der Jahre 1933 bis 1945 eingewirkt. Zwar haben viele der politischen Freunde Brills, besonders aus Thüringen, später in ihren nach 1945 verfaßten sog. Erinnerungsberichten über ihn geschrieben[59], da sie ihn aber, jetzt der Geschichtsinterpretation der SED verpflichtet, als Renegaten abzuqualifizieren hatten, beeinflußte die übernommene politische Vorgabe den historiographischen Zugriff. Er wurde selektiv und verformend. Das mindert den Informationswert aller in der ehemaligen DDR durchaus breit angelegten Quellensammlungen zur Widerstandszeit und erschwert ihre wissenschaftliche Auswertung, insbesondere bei einer Brill-Biographie. Darüber hinaus ist zu bedenken, daß allein schon die konspirative Arbeits- und Lebensweise, wie Brill sie in den Berliner Jahren ab Sommer 1934 beachten mußte, eine dichte Dokumentation dieser Jahre ausschließt. Auch die eigentlichen Prozeßunterlagen von 1938/39, die vollständig erhalten sind – Verhaftungs- und Vernehmungsprotokolle, Anklageschrift und Urteil –, sind von eingeschränktem Quellenwert, da die Angeklagten naturgemäß vor der Gestapo und dem Volksgerichtshof die volle Breite ihres Wissens und ihrer Aktivitäten eher zu verdecken als zu Protokoll zu geben bemüht waren.[60] Dennoch sind die Konturen des linken Widerstands nach 1935 in Berlin erkennbar, schärfere bei den theoretischen Programmentwürfen, unschärfere bei ihrer konspirativen Umsetzung.

Eine große Vielfalt von ideologischen Orientierungen, organisatorischen Formen und taktischen Handlungsanweisungen kennzeichnet den frühen sozialistischen Widerstand in Deutschland. Kleintierzüchter oder Schrebergartenvereine, Skat- oder Kegelclubs, besonders der Gesangverein „Berliner Liederfreunde“[61], aber auch intellektuelle Zirkel sowie kleinere Geschäftsunternehmungen hatten Kontakte und Diskussionsmöglichkeiten in der Illegalität eröffnet. Unter ihnen ragt allein die Gruppe Neu Beginnen als streng konspirativ arbeitende, elitär organisierte und programmatisch klar orientierte Kaderorganisation jüngerer Sozialisten heraus. Ihre pessimistische Analyse des revolutionären Potentials in der Arbeiterklasse und ihre realistische Einschätzung der breiten Basis der nationalsozialistischen Herrschaft bewahrten die Mitglieder vor der Illusion einer wirkungsmächtigen Arbeit in der Illegalität. Elitäres Bewußtsein und Isolation forderten auf der anderen Seite die theoretisch-ideologische Radikalität von Neu Beginnen und begründeten darin ihren Gegensatz zu dem nach Prag emigrierten Parteivorstand der SPD. Nicht die traditionelle Linie des parlamentarischen Revisionismus wollten sie über die NS-Zeit hinwegretten, sondern den Aufbau einer ganz neuen Arbeiterbewegung erreichen und außerhalb des Weimarer Parlamentarismus neue Formen politischer Repräsentanz propagieren. Die im Herbst 1934 einsetzende Verhaftungswelle verhinderte zunächst eine weitere theoretische Ausgestaltung und konspirative Verbreitung dieses politischen Ansatzes. Wenn auch nicht alle Mitglieder von Neu Beginnen in Deutschland dabei

59 Vgl. dazu die archivalisch gut erschlossenen Sammlungen im IfGA in Berlin und im Landesparteiarchiv der PDS in Erfurt.

60 Zur Anklageschrift des Oberreichsanwalts bemerkte Brill später: „Man darf übrigens nicht annehmen, daß sie die ‚reine Wahrheit‘ im Sinne der Prozeßordnung enthält. Wir haben alle die Gestapo und den Oberreichsanwalt so sehr irregeführt, wie wir den Umständen nach überhaupt konnten. Die geschichtliche Wahrheit setzt eine umfangreiche Forschertätigkeit voraus“, AES Brill an Walter Hammer 23. 11. 1957.

61 Frank Moraw, Die Parole der ‚Einheit‘ und die Sozialdemokratie, Bonn 1973, S. 42ff.

durch die Gestapo verhaftet werden konnten, so wurde doch ihre Organisation zerschlagen. Allein die im Ausland, besonders in Prag unter Karl Franks Leitung ansässige blieb erhalten. Eine Wiederbelebung der hier erarbeiteten sozialistischen Programmatik wurde durch die Deutsche Volksfront erreicht. Das muß zunächst einen kurzen Blick auf die KPD lenken.

Die in den sozialistischen Lehrsätzen sowie Partei- und Vereinsformen im 19. Jahrhundert schon vorgegebene, zunächst geglättete, dann im Ersten Weltkrieg wiederbelebte und danach immer tiefer greifende Spaltung der parteipolitischen Organisation und ideologischen Konfrontation der deutschen Arbeiterbewegung war auch in der existentiellen Krise der Jahre 1932/33 nicht aufgehoben worden. Die Kursabhängigkeit der politischen Linie der KPD von Moskau und der Komintern, kulminierend im Deutschen Oktober 1923 und in der dabei entstehenden Sozialfaschismustheorie, entließ die Kommunisten in den Augen der Sozialdemokraten aus der Rolle eines natürlichen politischen Verbündeten. Die Einheitsfronttaktik, zunächst zur Selbstentlarvung der als revisionistisch angesehenen SPD-Führer gedacht, dann zu einer Einheitsfront von unten abgewandelt, machte Kooperationsangebote der KPD unglaubwürdig. Die Teilnahme dieser Partei an einer Vorbereitung für den Volksentscheid über die Auflösung des Preußischen Landtags im August 1931, in dem die SPD die stärkste Fraktion stellte, und die, wenn auch wesentlich aus taktischen Motiven resultierende Zusammenarbeit der Kommunisten mit der NSDAP beim Streik der Berliner Verkehrsbetriebe im November 1932 vertieften die Gräben. Die an allen Grundsätzen sozialistischer Arbeiterpolitik in einem parlamentarischen System vorbeigehende taktische Manövrierfähigkeit der KPD widersprach der Grundsatztreue der SPD. Die „Katastrophentaktik“[62] der KPD, welche die Durchsetzungskraft der Nationalsozialisten weit mehr unterschätzte, als es die SPD tat, und die auf den baldigen Sturz der NSDAP und damit auch ihres „sozialfaschistischen“ Flügels, der SPD, setzte, stellte sich jeder politischen Zusammenarbeit von KPD und SPD entgegen. Der Parteivorstand der SPD war strikt dagegen. Otto Wels, einer ihrer drei auf der letzten Reichskonferenz am 26. April 1933 gewählten Vorsitzenden, erklärte kategorisch: „Mit diesen Strolchen, die das Wort Sozialismus geschändet haben, bin ich nicht in der Lage, die Luft in einem Raum zu atmen.“[63]

Hermann Brill hat es versucht, wenn auch mit großer intellektueller und politischer Distanz, die aus seinen Erfahrungen mit den Kommunisten in Thüringen in den 20er Jahren resultierte. Seine Vorliebe für eigene Programmentwürfe und sein Hang zu elitärer Kaderarbeit waren schon bei den letztlich nicht ganz entwirrbaren und definierfähigen Widerstandstätigkeiten in der Ostthüringer Neu Beginnen-Gruppe deutlich geworden. Hervorgetreten war dabei auch sein politischer Denkgegensatz zur Bezirksleitung unter Georg Dietrich wie zum Prager Exilvorstand. Weniger klar ließen sich Verbindungen zu ehemaligen Kommunisten herausschälen. Das änderte sich, wenn auch nur etwas und vorsichtig, in Berlin. Hier, in der Anonymität einer Millionenstadt, wo sich mehr und mehr sozialistische Gegner des NS-Staats einfanden, wo Prager Exilvorstände ebenso wenig Einfluß nehmen konnten wie das Moskauer Zentralkomitee und die Komintern, wo sich konspirative Arbeit leichter organisieren ließ, fand Brill politischen Anschluß an ehemalige Sozialdemokraten, Sozialisten und Kommuni-

---

62 K. D. Bracher, Deutsche Diktatur, S. 405.

63 zit. von Hans J. L. Adolph, Otto Wels und die Politik der deutschen Sozialdemokratie 1894–1939, Berlin 1971, S. 328. Allein im Pariser Lutetia-Kreis, der sich später „Ausschuß für die Vorbereitung einer deutschen Volksfront“ nannte und sich um Heinrich Mann scharte, arbeitete u. a. Rudolf Breitscheid auch mit Kommunisten zusammen, S. B. L. Gross, S. 536f., W. Pieck, S. 32ff., H. Dunke, S. 237ff. Zur programmatischen Position des Pariser Volksfrontausschusses s. die Volksfrontausgabe der ‚Neuen Weltbühne‘ Nr. 5 vom 30. 1. 1936 und den von H. Weber, Kommunismus, S. 382ff., abgedruckten „Aufruf für die Deutsche Volksfront. Für Frieden, Freiheit und Brot“ vom Januar 1937.

sten. In diese Begegnungen trug er seine vorangegangenen Thüringer Konzepte und seine neu entstehende Berliner Staatstheorie hinein. Aus diesen Umgängen verfestigte sich langsam eine Widerstandsgruppe, die sich zunächst „10-Punkte-Gruppe" nannte. Organisatorischer Kopf dieser sich nach den Erfolgen der vereinigten Linken in Frankreich und Spanien 1936[64] im Verlauf dieses Jahres in Berlin langsam konstituierenden Deutschen Volksfront war Otto Brass. Brass, am 21. Dezember 1875 in Wermelskirchen geboren, entstammte einer sauerländischen Arbeiterfamilie[65], die 1895 nach Remscheid umzog. Hier wechselte der Sohn, der den Beruf eines Feilenhauers erlernt hatte, in den eines Angestellten der Ortskrankenkasse, der 1907 mit der Übernahme der Redaktion der sozialdemokratischen ‚Bergischen Volksstimme' und einer sich 1½ Jahre später anschließenden Geschäftsführung der Verlagsgenossenschaft dieser Zeitung seine Berufswelt als Redakteur und Geschäftsführer gefunden hatte. In dieser Position für unabkömmlich erklärt, nahm er nicht am Weltkrieg teil. 1921 zog er nach Berlin um, lebte seitdem nach zwei Ehen, denen 6 Kinder entstammten, mit Berta Hüter zusammen. Der Umzug bewog die Möglichkeit, mit Bernhard Düwell den Zentralvertrieb zeitgeschichtlicher Bücher zu gründen, dem beide 1924 mit dem Kauf der Lamb'schen Verlagsbuchhandlung ein editorisches Bein zuordnen konnten. Während Düwell nach dem im August 1933 ausgesprochenen Verbot beider Firmen 1934 nach Batavia emigrierte und nach 1945 als Verleger einen Namen gewann, blieb Brass der Widerstandsarbeit verbunden und in Berlin ansässig. Er bezog zunächst bis 1936 eine Arbeitslosenunterstützung, danach eine Rente in Höhe von RM 84, die er als Vertreter der Dortmunder Nährmittelfirma Karl Niepott um einen durchschnittlichen Monatsverdienst von RM 35 erhöhen konnte.

Die mit dieser Position verbundene Reisetätigkeit war seit der Mitte der 30er Jahre für Brass eine günstige Voraussetzung seiner politischen Aktivitäten. Der SPD im Januar 1900 beigetreten, gehörte er zu den Gründungsmitgliedern der USPD, die er auch als Vorsitzender des USPD-Bezirks Niederrhein in der Weimarer Nationalversammlung vertrat. Als einer der Führer des linken Parteiflügels betrieb er im Dezember 1920 die Vereinigung von Teilen der USPD mit der KPD zur Vereinigten Kommunistischen Partei (VKPD), deren Zentralkomitee er auch bis Februar 1921 angehörte. Nach einem viermonatigen Schulungsaufenthalt in Moskau und den Auseinandersetzungen um Paul Levi 1921 wurde Brass aus der sich seit August 1921 wieder KPD nennenden VKPD ausgeschlossen. Er trat mit Levi der Splittergruppe Kommunistische Arbeitsgemeinschaft (KAG) bei, trat aber 1922 zunächst zur USPD und nach dem Vereinigungsparteitag in Halle wieder der SPD bei. Diese Partei vertrat er bis 1924 im Reichstag; danach hatte er kein Parteiamt mehr inne. Den parteipolitischen Wanderungen am linken Rand der Sozialdemokratie entsprach auch eine religiöse. Nach dem Austritt aus der evangelischen Kirche mit 16 Jahren, den er zusammen mit seinem Elternhaus vollzog, gehörte er zunächst in Düsseldorf der dortigen „Freireligiösen Gemeinde" an, in Berlin dann der „Deutschen Glaubensbewegung", deren Vorsitzender er auch zeitweise war.

Bei diesen politischen und kirchlichen Orientierungsversuchen hatte Brass deutliche Anknüpfungspunkte mit Brill, die eine Basis für Gemeinsamkeiten abgeben konnten. Mit Oskar Debus trat eine dritte Person hinzu. Debus stand altersmäßig genau zwischen den beiden

64 Zur Entwicklung der Volksfront in Frankreich und Spanien s. Babette L. Gross, Das Experriment der Volksfront, Bern/Frankfurt 1972, S. 526ff. und 542ff. sowie Jörg Wegmüller, Die Volksfrontpolitik in den 30er Jahren, in: Aus Politik und Zeitgeschichte 24. 10. 1962, S. 45ff. und 81ff.

65 Zur Biographie von Otto Brass vgl. das Vernehmungsprotokoll der Gestapo vom 21. 9. 1938, BA AB ZC 6509 Bd. 5. Vgl. Brill, Gegen den Strom, S. 15, Griepenburg, S. 71f., Handbuch der Nationalversammlung S. 139 (mit Bild auf S. 361) und Reichstagshandbuch 1920, S. 184.

anderen, denn er war am 3. November 1886 in Elberfeld geboren.[66] Seine berufliche Tätigkeit war nach einer Ausbildung als kaufmännischer Angestellter etwas unstetig. Als Filialleiter oder Geschäftsführer mehrere Konsumvereine war er aus dem Rheinland an die Saale nach Schwarza, dann nach Saalfeld in Thüringen, von dort nach Greiz, dann nach Velten in der Mark und schließlich nach Berlin gekommen. Aus der Stelle eines Abteilungsleiters des Berliner Konsumvereins mußte er Ende 1935 wegen Invalidität ausscheiden und von da an mit einer Rente von RM 70,20 leben. Politisch war er seit 1911 stets bei der SPD geblieben.

Mit Brass, Brill und Debus sind die wichtigsten Mitglieder der Deutschen Volksfront in Berlin benannt. Dem illegalen Widerstandskreis traten noch mehrere hinzu, so durch Brill der frühere Geraer Redakteur und Reichstagsabgeordnete der SPD Franz Petrich, der Journalist und Abgeordnete des Preußischen Landtags Johannes Kleinspehn, gebürtig aus Nordhausen, der Tinzer Lehrer Otto Jenssen und der Schüler dieser Heimvolkshochschule, Wilhelm Urban, sowie aus dem Bekanntenkreis von Otto Brass und Oskar Debus einige andere.[67]

Die Lebenswege von Otto Brass und Hermann Brill lassen als Gemeinsamkeit das zunächst schwankende Suchen nach einem festen politischen – und auch religiösen – Standort erkennen. Die Zersplitterung der Arbeiterbewegung und die Zerschlagung ihrer parteipolitischen Organisationsformen 1933 begriffen sie wohl als tödliche Bedrohung durch den Nationalsozialismus, auf der anderen Seite aber auch als Chance zur Renaissance des Sozialismus, den sie nun theoretisch und organisatorisch einheitlich und damit jenseits bisheriger parteipolitischer Programmatik und Strukturen gestalten wollten. Da eine von Moskau und der Komintern abhängige Konzeption aus Gründen der historischen Erfahrung und ideologischen Ablehnung nicht in Betracht kam, war der neu zu definierende politische Standort in Anlehnung an den ehemals linken Flügel der Sozialdemokratie zu suchen. Das schloß Kooperationen mit in Berlin ansässigen Widerstandskräften aus der alten KPD nicht aus.[68]

Die erste Begegnung zwischen Brass und Brill liegt im Dunkeln, die Anfangsphase ihrer gemeinsamen Arbeit könnte auf die Frühjahrsmonate des Jahres 1935 datierbar sein. Damals, am 11. Februar, hatte das Zentralkomitee der KPD dem Parteivorstand der SPD in Prag den Vorschlag eines „Einheitsfrontpaktes" gemacht und damit die Diskussion der frühen 20er Jahre wiederbelebt.[69] Sechs Monate später, auf dem VII. Moskauer Kongreß der KI und der sich anschließenden sog. „Brüsseler Konferenz der KPD", war der Vorschlag in Resolutionen manifest geworden. Die KPD betrachtete jetzt „die Aktionseinheit als eine dringende Notwendigkeit und als den sichersten Weg zur Herstellung auch der politischen Einheit des Proletariats". Dimitroff, der Generalsekretär des Vollzugskomitees der Komintern, hatte in der von ihm eingebrachten Resolution eigens betont, man habe „der veränderten Situation Rechnung zu tragen und die Einheitsfronttaktik auf neue Art anzuwenden".

Ein als Beobachter anwesender Sekretär der SAI schrieb dem Parteivorstand der SPD daraufhin nach Prag, man könne aus solchen Bekundungen nicht auf einen grundlegenden Wandel der KPD schlußfolgern, sondern nur „vorläufig voraussetzen, daß die Periode Sinowjew, das ist die Periode des Einheitsfrontmanövers mit allen Mitteln der Lüge und des

---

66 Zur Biographie von Oskar Debus vgl. das Vernehmungsprotokoll der Gestapo vom 20. 9. 1938, BA AB ZC 6509 Bd. 4, vgl. Brill, Gegen den Strom, S. 15f. und B. L. Gross, S. 541.

67 Die Gestapo nennt im Brief an Himmler vom 19. 10. 1938 – s. o. Anm. 58 – 24 Mitglieder der Deutschen Volksfront, von denen allerdings einige, so Fritz Erler, Kurt Schmidt und Oskar Umrath, nur als Kontaktpersonen angesehen werden können, da sie zu dieser Zeit die wiederbelebte Berliner Gruppe Neu Beginnen bildeten.

68 Der o. in Am. 67 zit. Brief nennt zwei Sympathisanten der KPD, andere, z. B. Elli Schmidt, traten später als Kontaktpersonen hinzu.

69 AsD NL Hertz Film XXIII: ZK der KP an PV der SPD/Prag 11. 2. 1935. Eine „Chronik der Bemühungen der KPD um die Herstellung der Einheitsfront" ist später zusammengestellt und publiziert in ‚Deutsche Volkszeitung' 30. 1. 1938.

Betruges, als abgeschlossen zu betrachten" sei. In dem Referat Piecks seien sogar „Andeutungen der Anerkennung des Wertes demokratischer Freiheiten sichtbar" geworden. Skepsis bleibe dennoch am Platze, „gewisse Schritte in der Richtung zur Aktionseinheit auf der Basis der Solidarität" seien unternommen worden, „weitere entscheidende Schritte" müßten indessen folgen.[70]

Ein so sich andeutender, zumindest taktischer Kurswechsel gab den linken Widerständlern in Berlin Manövrierraum. Brass und Brill scheinen vor den NSDAP-Vertrauensrätewahlen vom April 1935 mit Kommunisten in Berlin eine „feste Vereinbarung" getroffen zu haben, die in einer Art Punktation drei Übereinkünfte festhielt: „a) alle Angriffe unterbleiben, weil wir uns durch solche nur gegenseitig der GStP denunzieren, b) beide Teile arbeiten in der Spitzelabwehr zusammen, c) alles Material wird gegenseitig ausgetauscht".[71] Folgt man Brills eigenen Angaben, so wurde bald ein Nachrichtenblatt herausgegeben, in das man aus ausländischen Zeitungen zugängliche Informationen aufnahm und unter den Gruppenmitgliedern kursieren ließ. Allmählich kamen innenpolitische Themen aus Deutschland hinzu, die man über Zwischenträger aus Reichsbehörden bekam und bis Ende 1936 an 1800 Bezieher des hektrographierten Nachrichtendienstes weitergab.[72]

Offenbar zur Tarnung dieser illegalen Informationstätigkeit, aber auch zur rechtlichen Absicherung seiner ja gleichzeitigen schriftstellerischen Gelegenheitsarbeiten für den Informationsdienst Otto Suhrs oder die Sparkassenbriefe Ernst Jurkats beantragte Brill im September 1935 beim Präsidenten der Reichsschrifttumskammer die Aufnahme in diese Kammer. Obwohl ihm dieser erst ein halbes Jahr später mitteilte, seine Eintragung in die Mitgliederliste der Reichsschrifttumskammer sei unnötig, da er „bis jetzt nur geringfügig oder gelegentlich" schriftstellerisch tätig geworden sei, hakte Brill, wieder ein halbes Jahr später, mit dem Loyalitätsbekenntnis nach, es läge ihm doch viel daran, „die Gesetze gewissenhaft zu beachten", folglich möge man nunmehr seinen Mitgliedsantrag positiv bescheiden.[73] Unbeschadet der Tatsache, daß ein solcher Bescheid nicht vorliegt, offenbart der Briefwechsel Brills Bemühen, seine 1935/36 in Berlin anschwellenden Widerstandstätigkeiten ganz hinter der Maske eines staats- und gesetzestreuen Bürgers zu verbergen. Konspiration in der Illegalität erfordert Demonstration der Legalität.

Man muß der reklamierten Breite der Widerstandstätigkeiten der Gruppe Brass/Brill in den Jahren 1935/36 mit Skepsis gegenüberstehen. Ein auf 1800 Bezieher eines Informationsblattes ausgedehnter Kreis ist schwer vorstellbar; er paßt nicht zu der auf elitäre Zirkelarbeit mit hochtheoretischem Diskussionsanspruch ausgerichteten Persönlichkeit Brills. Dieselbe Skepsis wäre übrigens angebracht im Blick auf die Öffentlichkeitsarbeit der sich 1935 in Berlin erneut konstituierenden und noch näher darzustellenden Gruppe Neu Beginnen, die jetzt unter der Leitung Kurt Schmidts stand und mit Fritz Erler ein nach 1945 prominent gewordenes Mitglied aufwies. Dessen späterer Bricht, wonach diese Gruppe im Olympiajahr 1936 „einigen hundert Leuten aus dem Ausland ... die Wirklichkeit des Dritten Reiches gezeigt" habe, um so zumindest diesen „gegen die außerordentlich machtvolle, das Ausland positiv beeinflussende Propaganda der Nationalsozialisten ein wenn auch kleines Gegengewicht zu

70 AsD NL Hertz Film XXIII: Bericht des Sekretärs der SAI über den VII. Kongreß der KI August 1935, S. 1 und 6.

71 ebd. Bericht Brills über die Volksfrontbewegung in Deutschland, Niederschrift seines Vortrags bei der SAI in Brüssel im Dezember 1937 (im folgenden: Brills Bericht vor der SAI), S. 1. Vgl. Brill, Gegen den Strom, S. 15.

72 ebd. S. 1,

73 BA R 58/1: Der Präsident der Reichsschrifttumskammer an Brill 8. 4. 1936 und dessen Antwort vom 1. 10. 1936. Eventuelle weitere Korrespondenzen in der Sache sind nicht aktenkundig geworden.

setzen"[74], ist zurückhaltend aufzunehmen. Solche Selbstdarstellungen harmonieren nicht mit dem Kontext anderer Quellen, z. B. nicht mit dem Bekenntnis Brills, er habe Fritz Erler „vor der Verhandlung vor dem Volksgerichtshof im Herbst 1939 noch nicht einmal dem Namen nach gekannt"[75], oder mit der großen konspirativen Raffinesse, mit der man die Infiltrationsroute Berlin–Prag über das Riesengebirge abgesichert hatte.[76]

Jedoch ist festzustellen, daß die ab 1935 mit zunehmender Intensität von der KPD angeregte und von ehemaligen Sozialdemokraten in Berlin vorsichtig aufgenommene Einheits- und Volksfrontdiskussion Brass und Brill geradezu herausforderte, ihren theoretisch-programmatischen Standpunkt auszuformulieren. Nach Brills eigener Aussage vor der SAI im Dezember 1937[77] motivierte der im Februar 1936 im Pariser Hotel Lutetia gegründete „Ausschuß zur Vorbereitung der deutschen Volksfront", den Willi Münzenberg angeregt hatte, dem Heinrich Mann präsidierte, dem u. a. Rudolf Breitscheid, Walter Ulbricht, Paul Hertz, Arnold Zweig und Lion Feuchtwanger angehörten, zu nachahmenden und ausführenden Debatten und Aktionen in Berlin. Dort erfuhr man über Aufsätze Heinrich Manns in der ‚Neuen Weltbühne' die programmatischen Aussagen aus Paris und legte sie und weitere Materialien, so das Programm der französischen Volksfront, einer ersten eigenen Plattform zugrunde. Oskar Debus, Otto Brass, Franz Petrich und Brill verfaßten einen Katalog von 10 Punkten. Brill hat dafür als Zeitpunkt den 21. Dezember 1936 fixiert, an dem man sich im Wohngebäude der Berliner Konsumgenossenschaft, mithin an dem von Oskar Debus besorgten konspirativen Ort, traf. Nachdem im Januar 1937 noch Kurt Schmidt und im März Johannes Kleinspehn hinzugezogen wurden, hatte „die Volksfrontarbeit . . . in Deutschland eine feste organisatorische Form gewonnen".[78] Der Plattform, die der Deutschen Volksfront im Ausland wie bei den Illegalen im Reich den Namen „Zehn-Punkte-Gruppe" gab, fügten die Initiatoren um die Jahreswende 1936/37 noch eine auf 21 Seiten ausgeführte Begründung hinzu.[79]

Die Autorenschaft an den 10 Punkten, der wichtigsten in Deutschland während des Dritten Reichs vom linken Widerstand erarbeiteten, recht plakativ und lakonisch gestalteten Programmschrift ist durch den angemeldeten Anspruch Elli Schmidts zunächst offen.[80] Diese Kommunistin, die als „Irene Gärtner" am VII. Weltkongreß der KI in Moskau im August 1935 teilnahm und auf der anschließenden Herbst-Tagung der KPD, der sog. „Brüsseler" Konferenz, in das ZK gewählt wurde, war als Instrukteurin nach Berlin geschickt worden. Dort konnte sie unter dem Pseudonym „Lotte" nach einer Vermittlung des kommunistischen Studienrats Hans Alfken, der in der russischen Handelsvertretung in Berlin tätig war, Ende

74 AsD NL Erler 3: Erler an Heinrich Hellmann 6. 10. 1951.

75 ebd. Brill an Erler 20. 11. 1947.

76 Grenzübertritte von Deutschland in die Tschechoslowakei erfolgten auf der Route Hirschberg–Arnsdorf–Krummhübel–Riesengrund–Petzer–Wiesenbaude, konspirative Treffen im Bereich der Schneekoppe und des dortigen Naturfreundehauses „Rübezahl", BA AB NJ 979 Bd. 1: Gendarmerie-Postenbereich Schneekoppe Kreis Hirschberg an Grenzpolizeikommissariat Hirschberg 5. 9. 1937. Erst zu dieser Zeit gelangen der Polizei Personen-Festnahmen und Beschlagnahmungen von Schriften, vgl. auch ebd. Vernehmungsprotokoll des Bauarbeiters Robert Hartwig durch Oberstaatsanwalt Hirschberg 10. 9. 1937.

77 s. o. Anm. 71.

78 Brill, Gegen den Strom, S. 16 und den Vortrag vor der SAI, a. O. S. 1.

79 Ein hektographierter Umdruck erschien 1938: Freiheit! Hrsg. von der Deutschen Volksfront 1938: BA AB ZC 6509 Bd. 10. Erstmals veröffentlicht wurden die zehn Punkte durch die ‚Rote Fahne' Nr. 2/1937 (Februar), danach wurden sie auch über den Rundfunk verbreitet, s. K. Mammach, S. 210. Basis späterer Abdrucke ist die Publikation Brills, Gegen den Strom, S. 16f., geworden.

80 Zur Tätigkeit Ellis Schmidts vgl. den „Bericht eines Abschnittsleiters der KPD über die illegale kommunistische Arbeit in Berlin", abgedruckt bei Walter A. Schmidt, Damit Deutschland lebe. Ein Quellenbuch über den deutschen antifaschistischen Widerstand 1933–1945, Berlin 1959 (2. Aufl.), S. 496f.

1935 und Anfang 1936 auf ihren Wunsch hin mehrmals mit Otto Brass Kontakt aufnehmen.[81] Das entsprach dem Beschluß des ZK der KPD, in Deutschland die Wiederaufnahme der Einheitsfronttaktik zu versuchen. Bei diesen Treffen will Elli Schmidt alias „Lotte" Brass veranlaßt haben, gemeinsam ein Programm zu verfassen. In ihrer eigenen Darstellung hielt sie fest: „Wir beschlossen gemeinsam, den Entwurf eines Zehn-Punkte-Programms auszuarbeiten... Das Programm ist von Otto Brass und mir in vielen illegalen Beratungen in der Wohnung der Genossin Edith Henke in Britz, Stadtbezirk Neukölln, ausgearbeitet worden."[82]

An diesen genauen Angaben, die von der früheren DDR-Historiographie übernommen wurden[83], sind Zweifel ob ihrer Richtigkeit nicht ganz auszuschließen. Elli Schmidt hat selber angegeben, „Ende 1936" aus Sicherheitsgründen nach Prag zurückgerufen worden zu sein, das Zehn-Punkte-Programm wurde aber nach Brills Aussage erst am 21. Dezember 1936 verfaßt. Auch trug es keine Unterschriften, wohingegen Elli Schmidt angab, es sei „mit der gemeinsamen Unterschrift von Sozialdemokraten und Kommunisten" an illegale Gruppen in Deutschland verschickt worden.[84] Ein solcher Leichtsinn hätte allen konspirativen Grundsätzen widersprochen. Brills Aussage vor der SAI im Dezember 1937 stellt auch klar, daß die 10 Punkte weder unterschrieben noch verschickt worden sind.[85]

Eine inhaltliche Analyse des Zehn-Punkte-Programms, der Gründungsplattform der Deutschen Volksfront, offenbart eine auffällig gemäßigte sozialistische Theorie. Jene Radikalität, mit der Brill im April 1933 in Korrespondenzen mit Georg Dietrich und Karl Hermann die „Schaffung einer sozialistischen Wirtschafts-, Arbeits- und Staatsordnung" propagierte, ist merklich zurückgenommen. Offenbar hat die Einschätzung der Realität in Deutschland Mitte der 30er Jahre, wo ein immer größerer Teil der Bevölkerung, besonders nach dem Plebiszit für die Rückkehr der Saar am 13. Januar 1935 erkennbar, sich mit dem Nationalsozialismus angesichts seiner Erfolge auszusöhnen begann, wo das Jubeljahr 1936 radikalen Theorien einer illegalen Widerstandsarbeit jede breite Resonanz entzog[86], die Verfasser zur Einsicht in die theoretisch-programmatische Mäßigung veranlaßt.

Die 10 Punkte gruppieren sich um die Forderung nach einem deutschen „Reich der politischen, sozialen und wirtschaftlichen Demokratie". Sie fordern eine Außenpolitik des Friedens und der Versöhnung, besonders mit Frankreich. Sie votieren für eine Wirtschaftspolitik, „die allein der Besserung des deutschen Volkes dient"; dies wird durch eine Aufhebung des Erbhofgesetzes und eine Verstaatlichung der Schwerindustrie, der Chemie, der Energie und der Banken sowie eine Aufteilung des Großgrundbesitzes für erreichbar gehalten. Diesen Kernaussagen, sehr gemäßigt in der Position, sind Parolen vorangestellt, die eine gewisse Diskrepanz zwischen Anspruch und Wirklichkeit erkennen lassen. So wird einleitend davon gesprochen, in der Deutschen Volksfront hätten sich „die liberalen, demokratischen, sozialistischen und kommunistischen Gruppen Deutschlands zusammengeschlossen". Das war im Dezember 1936 ein Wunschdenken. Die Volksfront war weit davon entfernt, die Führung

81 BA AB ZC 6509 Bd. 1 Urteil des Volksgerichtshofes in der Strafsache Otto Brass und Hermann Brill (im folgenden: VGH-Urteil Brass/Brill) vom 28. 7. 1939, S. 5.

82 Elli Schmidt, Die Vorbereitung und Auswertung der Brüsseler Partei-Konferenz in der illegalen Arbeit, in: Im Kampf bewahrt. Erinnerungen deutscher Genossen an den antifaschistischen Widerstand von 1933–1945, hrsg. von Heinz Voske, Berlin (Ost) 1969, S. 24f. Diese Zusammenhänge sind erstmals von Ewald Marschall (†), Hermann Brill und der sozialistische Widerstand gegen die NS-Herrschaft 1933–1938, Masch.-Man., S. 48f., herausgearbeitet worden.

83 vgl. z. B. Klaus Mammach, Die KPD und die deutsche antifaschistische Widerstandsbewegung 1933–1939, Frankfurt/Main 1974, S. 210.

84 Elli Schmidt, a. O., Anm. 82, S. 25.

85 Brills Bericht vor der SAI, S. 2.

86 Hermberg, der mit Brill in Gera zusammen 1933/34 konspirativ gearbeitet hatte, urteilte nach einem Besuch in Berlin im Februar 1936, daß eine „politische Organisation zwecklos und reine Romantik" sei, zit. bei Frister, Geschichte, S. 283.

einer vereinigten Front der Hitler-Gegner zu bilden. Ebenso griff zumindest zu dieser Zeit der abschließende Appell eher ins Leere: „Deutsche! Die Deutsche Volksfront wird sich nicht eher trennen, als bis ihre Forderungen verwirklicht sind. Schließt Euch unter unserer Leitung zusammen.“[87] Ein solcher Appell mußte deswegen ohne Echo bleiben, weil man das Zehn-Punkte-Programm vorerst gar nicht publizierte.[88] Man muß aus diesen Widersprüchen den Schluß ableiten, daß programmatische Aussagen dieser Art zur Jahreswende 1936/37 wesentlicher den Zweck verfolgten, ihren Autoren und den engeren Mitstreitern in der Isolierung der Illegalität zur Wahrung ihrer Identität zu verhelfen. Ein kämpferischer Impuls, wie er 1933/34 zu beobachten war, kam erst wieder 1937/38 in die Berliner Volkfront, wenn auch auf der Basis jetzt stark idealisierender Grundgedanken.

3.2 Brills Idealbild des „neuen Menschen“ 1937/38

Hermann Brill hat in seinen Berliner Jahren die Verbindung nach Thüringen nicht unterbrochen. Vom 1.–11. April 1936 machte er eine Reise nach Gotha, Eisenach und Ohrdruf; sie wird auch seinem Elternhaus gegolten haben, wo sein Vater Michael am 16. Mai 1936 starb. Vom 21. Juni bis 11. August 1936 verbrachte er einen langen „Sommeraufenthalt“ in Gehren im Thüringer Wald an der Straße von Ilmenau nach Saalfeld. Dabei hatte er „lange Gespräche mit K. H.“ (Karl Hermann) geführt.[89] Außer seinen Reisen nach Thüringen erhielt er auch von dort Besuche in Berlin, besonders durch Otto Jenssen, der seines Augenleidens wegen gelegentlich, ohne dabei aufzufallen, einen Spezialisten in Berlin aufsuchte, von dem Ehepaar Jurkat und wohl auch anderen.[90] Außer den für 1936 nachweisbaren Reisen sind weitere in den folgenden Jahren zu vermuten, allerdings offenbar unter größeren Vorsichtsmaßnahmen. Für 1938 gibt eine Quelle den Nachweis eines Aufenthalts Brills als „Dr. Hoffmann“ in Waltershausen, bei dem er nachts auf Schleichwegen über den Inselberg aus Thüringen herausgebracht werden mußte.[91]

Die persönliche und politisch-geistige Rückkoppelung Brills mit Thüringen wird für ihn wichtig gewesen sein, auch wenn von dort nach den Verhaftungswellen 1934/35 keine wesentlichen Impulse mehr gekommen sein mögen.[92] In den politischen Programmschriften der nächsten Jahre ist ein Anknüpfen an die eigene Gothaer und Geraer Konzeptionen von 1933/34 jedenfalls nicht zu übersehen. Brill schrieb nach der vollzogenen Gründung der Deutschen Volksfront, bei der er sicher um taktische Zugeständnisse an die anderen Mitglieder der Widerstandsgruppe nicht herumkam, eine ganze Reihe von Schriften, so die „Deutsche Ideologie 1937“[93], die „Begründung eines deutschen Volksfrontprogramms“ danach[94], im Februar 1938 eine umfangreiche Studie mit dem Titel „Freiheit“, mit der er offenbar bisherige Schriften zusammenfaßte, und anschließend, vielleicht als theoretische Grundlegung gedacht

87 Brill, Gegen den Strom, S. 16.

88 Das gab Brill im Dezember 1937 vor der SAI bekannt, Bericht Brills vor der SAI, S. 2.

89 AES Brill, Lektürebuch, S. 10 und 11.

90 ebd. S. 11. Karl Hermann bestätigte in seinen später angelegten Erinnerungsberichten: „In den verflossenen Jahren fuhr ich einige Male nach Berlin, um mit dem Genossen Brill den Fortgang unserer Politik zu besprechen“, IfGA EA 1069, S. 113.

91 LPA Erfurt PDS V/5–279 Erinnerungsbericht Werner Born. Borns Datierung „1943 oder 1944“ ist unrichtig, sein gleichzeitiger Hinweis auf die baldige Verhaftung Brills macht das Jahr 1938 wahrscheinlich.

92 Frister gibt nur noch marginale Widerstandstätigkeiten in Ostthüringen für die späteren 30er Jahre an, Geschichte, S. 298ff.

93 Deutsche Ideologie 1937, in: Brill, Gegen den Strom, S. 19ff.

94 Begründung eines deutschen Volksfrontprogramms, AsD NL Hertz Film XXIII.

und als eine andere Form der Zusammenfassung seines Buchprojekts „Politik als Wissenschaft“ vorstellbar, das stark philosophisch ausgerichtete Manuskript „Über dialektischen Materialismus“, ebenfalls 1938.[95] Die Vielzahl dieser Arbeiten und ihr theoretischer Anspruch machen es verständlich, daß die Gestapo Brill bei der Verhaftung der Zehn-Punkte-Gruppe den „Kopf dieses illegalen Kreises“ nannte. Wie bisher schon aus politischen Selbstzeugnissen Brills bekannt, kritisierte er kompromißlos die Politik der beiden deutschen Arbeiterparteien in den Jahren der Weimarer Republik, besonders den kommunistischen Putschismus, den er ja selbst im Deutschen Oktober 1923 bekämpft hatte und als dessen Opfer er vorgesehen war, wie den sozialdemokratischen Reformismus und Legalismus, den er ab 1930 und besonders im Frühjahr 1933 verschärft angeprangert hatte. Der Parteiführung hielt er die sie in seinen Augen ganz falsch orientierende Doktrin vor, „daß die proletarischen Massen durch Klasseninstinkt, Klassenbewußtsein und Klassenmoral sozialistisch seien“.[96] Da man die „Masse als letzte Instanz“ angesehen habe, hätte die Führung daraus ihr Recht zur Passivität abgeleitet. Dabei hätte sie schon durch die Reichs- und Landtagswahlergebnisse sehen können, „daß die von der modernen Industrie geschaffenen Massen keineswegs bei den marxistischen Parteien standen“, sondern umgekehrt „daß die Masse im Gefolge Hitlers weitgehend Proletarier waren“.[97] Der Schluß lag für Brill nahe, die Maxime von der „einseitigen Verursachung der Politik durch ökonomische Verhältnisse“ abzulehnen, da sie sich als falsch erwiesen habe. Ebenso falsch sei die abgeleitete „Notwendigkeit, mit der angeblich der Sozialismus kommen müsse, die marxistischen Parteien aber gemäß der von Marx entdeckten historischen Gesetze die Träger dieser Entwicklung seien“.

Dieser Skepsis in die sozioökonomischen Verursachungen politischer Gestaltung, in die bei Marx grundlegenden, weil von ihm als objektiv angesehenen wirtschaftlichen und sozialen Bedingungen von Politik, setzte Brill das Vertrauen in die Kraft des subjektiven Willens entgegen. Sein frühes Sehnen von 1918, „daß die Masse denkt und will“, macht in der Mitte der 30er Jahre der Einsicht in die Führungsnotwendigkeit durch eine moralisch-geistige Elite mehr und mehr Platz. Die Ablehnung eines deterministischen Marxismus wie die Hochschätzung des subjektiven Willens einer Elite charakterisieren Brill ab jetzt in großer Deutlichkeit.

Einer so verstandenen politischen Elite stand die Masse gegenüber. Früher hatte Brill sie als unterteilt in Bourgeoisie und Proletariat begriffen. Der Nationalsozialismus war dabei, diese Unterscheidung aufzuheben. Mit seinem „System von Pseudowahlen gegen besseres Wissen, Pseudowerten gegen besseres Urteil, Pseudoglauben gegen besseres Werken“[98] hatte er die Entmündigung als ein massenpsychologisches Phänomen angewandt und damit gewachsene soziale Strukturen und politische Bindungen aufgelöst. „Deutschland ist völlig verwandelt, revolutionäre und reaktionäre Elemente gibt es heute in allen gesellschaftlichen Klassen.“ Eine solche Einsicht in die Wirklichkeit, im Dezember 1937 in Brüssel vor der SAI vorgetragen[99], bedeutete, daß „man schwankend am Klassenbegriff werden“ mußte.

Ein konsequenter Schritt aus diesen Analysen der Wirklichkeit wäre es gewesen, wenn Brill hier den Boden des Marxismus ganz verlassen hätte. Doch dagegen wehrte er sich, denn aus der „dumpfen Masse von Unzufriedenheit, Unlust“ sah er allmählich eine „Elite der sozialistischen Arbeiter- und Angestellten“ herauswachsen.[100] Das waren vor allem seine

---

95 AsD NL Brill I: Brill, Über dialektischen Materialismus, Masch.-Schrift 78 S.
96 Brill, Deutsche Ideologie, S. 42.
97 ebd. wie auch das folgende Zitat.
98 ebd. S. 23f.
99 Brills Bericht vor der SAI, S. 6f.
100 Brill, Deutsche Ideologie, S. 43; die beiden folgenden Zitate ebd. S. 24.

Tinzer Erlebnisse und Denkansätze. Jetzt formulierte er so: „Ein neuer Mensch entsteht, kritisch, aktiv im Denken und Tun, schöpferisch und tragisch in erlebter Humanität." Geradezu hymnisch wird sein Ton, wo es um den Geist dieses neuen Menschen geht: „Wert, Wahrheit und Recht treten in ihrer lautersten, reinsten und vollkommensten Form wieder auf." Fern jeder marxistischen Kategorientafel vom Vorrang ökonomischer und sozialer Komponenten sah Brill die „gesellschaftlichen Grundlagen" durch „Regeneration im personellen Bereich und Renaissance im Denken und in der Moral" als gegeben an[101], also durch geistig-individuelle Fähigkeiten, die nicht an bestimmte soziale Gruppen gebunden sind. Auch wenn sein kategoriales Denken an dieser Stelle sehr folgerichtig und für einen Sozialdemokraten der 30er Jahre eher ungewöhnlich wirkt, blieb Brill doch immer in einem etwas unentschlossen wirkenden und widersprüchlich aussehenden Gebrauch solcher geistesgeschichtlicher Denkelemente und stetig beachteter sozioökonomischer Grundforderungen verhaftet. Vielleicht sind dafür seine ambivalente Veranlagung und die geistige Sozialisation seines Lebensweges verantwortlich zu machen, das sozialistische Elternhaus in Ohrdruf und die humanistische Bildung in Gotha.

Seine Gefolgschaft suchte Brill zunächst bei dem „denkenden Teil des Proletariats", aber auch bei all denen, die einer „neuen, kämpferischen politischen Klasse" angehören wollten, „die eine neue politische Masse schafft, die politische Masse der Demokratie".[102] Die alten parteipolitischen Strukturen waren für diese Zukunft ungeeignet. Das hatte er vielfach gesagt, an Frister, Dietrich oder Karl Hermann 1933 geschrieben. Vor der SAI erklärte er im Dezember 1937 dasselbe: „Die Zeit vor 1933 gehört der Geschichte an und muß von uns als so vergangen betrachtet werden wie die marxistische Arbeiterbewegung von 1914 die Lassalle'sche Bewegung als eine historische, abgeschlossene, nie wiederkehrende angesehen hat."[103] Der gemeinsame Widerstand gegen die NS-Herrschaft hatte als neue Gemeinschaft die Volksfront geformt.

Brill verfolgte jedoch mit diesem Begriff erkennbar andere Inhalte als die KPD. Er verstand darunter eine „Einheitsfront derjenigen, die unter der Diktatur anständig und vernünftig geblieben sind". Er fand dafür in emphatischer Sprache, die gelegentlich sogar Anklänge an das neue Testament suchte, Worte wie diese: Die Volksfront „lebt in den Herzen und Gewissen aller derjenigen, die Freiheit statt Unterdrückung, die Selbstbestimmung statt Führung, Recht und Gerechtigkeit statt Terrorismus, Frieden statt Kriegsdrohungen, Arbeit für den Wohlstand aller statt Kriegs- und Zwangswirtschaft, Butter statt Kanonen wollen. Die Volksfront ist überall, wo zwei oder drei sich freimachen von der unausgesetzten Propaganda der Goebbels-Blätter und des Radios, wo über Spanien diskutiert wird, wo Menschen versuchen, das, was notwendig ist, vom Standpunkt der nächsten 30 Jahre zu begreifen."[104] Die KPD hingegen, die den Volksfrontbegriff als erste wieder aufgegriffen hatte, verstand damit ein Bündnis zwischen den alten Arbeiterparteien und auch bürgerlichen Gruppierungen. Der Zweck der Vereinigung sollte es sein, den Kommunisten zum Erfolg zu verhelfen bei der Propagierung und Durchsetzung ihrer Auffassung von Sozialismus, mithin der Diktatur des Proletariats in einer kommunistischen Gesellschaft.

101 Brills Bericht vor der SAI, S. 7.

102 Brill, Deutsche Ideologie, S. 48.

103 Brills Bericht vor der SAI, S. 6. Dem ZK der KPD schrieb er im Sommer 1937 in ähnlicher Weise, der Widerstand gegen die NS-Herrschaft forme den „Typ jenes Freiheitskämpfers, der mit seinen Mitstreitern hinausgewachsen ist über den Rahmen der alten bürgerlichen und sozialistischen Parteien", Schreiben der Volksfrontgruppe an ZK der KPD Juni 1937, AsD NL Hertz Film XXIII.

104 Brill, Freiheit, S. 63.

Die Widersprüche zwischen Brill und der KPD, zwischen seiner geistig-moralischen Erneuerung durch eine Einheitsfront all derjenigen, „die unter der Diktatur anständig und vernünftig geblieben sind", und ihrer unveränderten proletarischen Diktatur-Maxime werden sich im Sommer 1945 in Thüringen bei der Frage nach einem neuen Bund demokratischer Sozialisten als Ausdruck der im Widerstand gegen den Nationalsozialismus geformten Volksfront auswirken. Brill wird dabei den Kampf mit Ulbricht verlieren, weil hinter diesem die Rote Armee steht. 1937 standen derartige politische Konkretionen nicht zur Debatte. Brill hätte sie auch abgelehnt. Seine Eliteauffassung verbot es ihm, überkommene Organisationsstrukturen zu übernehmen, sie hätten nur belastend und verformend wirken können.[105]

Neben und aus diesen theoretischen Auslassungen Brills, die zudem auf unterschiedlich orientierte Lesergruppen zugeschnitten waren, seine konkreten politischen Ordnungsvorstellungen und Organisationselemente zu ermitteln ist schwierig. Er wußte es selbst nicht recht in der Aprilkorrespondenz 1933 mit Georg Dietrich und Karl Hermann, er brachte es nicht durch seine wissenschaftliche Arbeit an dem Thema „Politik als Wissenschaft" in faßbare Formeln. Waren sie hier vielleicht nicht so gefordert, so doch im Rahmen der Deutschen Volksfront vonnöten. Da seit der Machtergreifung der Nationalsozialisten ein Prozeß „permanenter Sozialrevolution"[106] die Gesellschaft in Deutschland veränderte, waren evolutionäre Veränderungen der Klassenstrukturen und ihrer Parteiformationen in Gesellschaft und Staat nicht mehr anzustreben oder möglich. Ein Parlamentarismus herkömmlicher Aufbauweise war damit für Brill nicht diskussionswürdig, vielmehr plädierte er – hier in Anlehnung an Karl Hermanns Vorschlag vom April 1933[107] – für eine „Volksherrschaft der politischen, wirtschaftlichen und sozialen Selbstverwaltung".[108] Als tragenden Begriff hat er wiederholt den der „Volksrepublik" verwandt.[109] In den Grundzügen sollte darin ein demokratischer und sozialer Rechtsstaat verwirklicht werden, bei dem die „großen Aufgaben der Politik und Gesetzgebung" in der Kompetenz einer zentralen Staatsgewalt zu liegen hatten, alle übrigen politischen Belange jedoch durch Selbstverwaltungsorgane wahrzunehmen waren. Wiederherstellung der Rechtsordnung, gesicherte Menschen- und Bürgerrechte, Demokratisierung im wirtschaftlichen und sozialen Bereich, ein gemäßigter Parteienparlamentarismus, jedoch ohne die Zersplitterung der Weimarer Republik, Volksbeamtentum, Verstaatlichung der Grundstoffindustrie, der Banken und des Großgrundbesitzes, bäuerliches Siedlungs- und Genossenschaftswesen: dies waren die innenpolitischen Kernpunkte seiner dazu gefaßten programmatischen Aussagen.

Der heterogene Charakter einer solchen Programmtafel ist nicht zu übersehen, er erklärt sich aus dem Verlangen, auf diese Weise ein breites Spektrum in der Öffentlichkeit ansprechen zu können.[110] Für Brill galt damals sicher schon, was er dem Bund demokratischer Sozialisten bei dessen Gründung im Juli 1945 in Weimar vortrug: „Nicht die Demokratie nach ihrer sozialen Seite steht mir im Vordergrund, sondern der Sozialismus in der demokratischen Form seiner Erscheinung." Als geistige Grundlage dieses demokratischen Sozialismus bestimmte

---

105 Sein Urteil über die Emigranten-Volksfront, wo man sich seiner Meinung nach „mit Reminiszenzen und Organisationsfragen, theoretischen Auseinandersetzungen und viel persönlichem Klatsch" beschäftigte, mußte in Brüssel, wo er dies sagte, durchaus distanzierend wirken, Brills Bericht vor der SAI, S. 9.

106 Der Begriff findet sich erst in Brills Rede bei der Gründungsversammlung des Bundes demokratischer Sozialisten am 8. 7. 1945, s. u. Kap. VI. 4.

107 AES Karl Hermann an Brill 24. 4. 1933.

108 Brills Bericht vor der SAI, S. 8.

109 Brill, Freiheit, S. 48.

110 Die Programmschrift „Freiheit" versprach ein „neues Zeitalter der Geistesfreiheit", der Humanität und Menschenwürde (ebd. S. 64), empfahl aber gleichzeitig die SU als leuchtendes Vorbild und als „ein Land . . ., das im sozialistischen Aufbau während der letzten 10 Jahre mehr geleistet hat als der ganze Kapitalismus in den Jahren zuvor zusammen", ebd. S. 87.

er dabei „die materialistische Humanität eines neuen Sozialismus", die nicht zu verwechseln sei mit der „literarischen, schöngeistigen spekulativen Humanität, der Humanität des harmonisch gebildeten Menschen in der Form der weltbürgerlichen Persönlichkeit".[111]

Neben diesen zweifellos weiterer Konkretionen bedürftigen Beschreibungen innenpolitischer Organisationsstrukturen einer Volkrepublik waren Brills außenpolitische Vorstellungen vergleichsweise leichter zu erfassen. Hier wollte er den deutschen und europäischen Nationalismus überwinden und einen europäischen Völkerbund anstreben, „der keine ausschließliche Souveränität seiner Mitglieder anerkennt und ein echter Staatenbund ist", dem eine Bundesexekutive zu eigen wäre.[112] Die deutsch-französische Aussöhnung war ihm als Vorbedingung dringend, aber auch eine Auflösung Deutschlands in drei Teilstaaten wichtig, weil dadurch der „75-Mill.-Koloß" aufgelöst und „Europa damit organisationsfähiger" werde.[113] Eine „Rheinland-Republik" unter „deutsch-französischem Condominium" hielt er für angeraten, da so die Aussöhnung zwischen Frankreich und Deutschland und damit der Zusammenschluß Europas gefördert würden.[114] Sogar älteste karolingische Vertragselemente von 843 spiegeln sich in Brills Vorstellungswelt von 1937/38 wider, wenn er die Rheinische Union ausdrücklich „von Aachen bis Burgund" definierte und sie dabei das „älteste Kulturland Zentraleuropas" nennt. Solche Bereitschaft zur territorialen Revision der deutsch-französischen Geschichte nach karolingischen Maßstäben ist in der endgültigen Fassung der Widerstandsschrift „Freiheit" ausdrücklich wieder in Abrede gestellt worden, da Brill offenbar erkannte, daß ein solches außenpolitisches Programm kontraproduktiv wirken mußte, hätte es doch nur „den Nationalsozialismus bis zum Taumel zu steigern" vermocht.[115]

Im Rückblick auf die Summe der taktischen Konzeptionen und festen politischen Zielsetzungen, die Brill im Widerstand seit dem Ausgang der Weimarer Republik verfolgte, läßt sich unschwer eine Akzentverschiebung erkennen. Die Radikalität, mit der er die inaktive und legalistische Linie der Weimarer SPD angriff und eine sozialistische Wirtschafts-, Arbeits- und Staatsordnung forderte, hatte 1937/38 mit der Konzeption des „neuen Menschen" und einer „geistigen Renaissance" zunehmend idealistische Züge angenommen. Das rückt ihn nicht nur seines außenpolitischen Programms wegen[116] in eine Nähe zum Kreisauer Kreis um den Grafen Moltke. Erklärbar ist dies wohl nicht zuletzt aus der psychologischen Situation der Isolation im Widerstand. Die geistige Identität in der Illegalität zu wahren verführt zu illusionären Denkelementen, die mitunter außerordentlich moderne Züge tragen können. Brills Konzeption vom „neuen Menschen", auf den er dann seine Staatstheorie wesentlich abstellte, ist so eine idealistische Überhöhung der Wirklichkeit. Auch die damit einhergehende Vorstellung einer „neuen Bewegung" jenseits bisheriger Parteistrukturen gehört dazu. Sie übergeht bleibende ideologische Differenzen und damit die notwendige Permanenz eines Mehrparteiengefüges. Brill hat das nicht sehen wollen, sondern trat nach seiner Verhaftung und Leidenszeit in Buchenwald in Weimar im Juli 1945 erst recht mit der Idee an, mit dem Bund demokratischer Sozialisten seine Ideenwelt aus der Zeit der Deutschen Volksfront in politische Organisationsstrukturen umsetzen zu können. Als das am Widerstand der KPD und

111 s. u. Kap. VI. 4.
112 Brill, Freiheit, S. 78.
113 Brills Bericht vor der SAI, S. 10.
114 Die Aussagen finden sich im VGH-Urteil Brass/Brill, S. 30f., wo sie aus Brills Schriften zitiert werden und natürlich, da von Brill ausdrücklich als „auch auf Danzig und den Korridor" anwendbar bezeichnet werden, einen denkbar ungünstigen Eindruck vor der nationalsozialistischen Richterschaft machen mußten.
115 Brill, Freiheit, S. 78.
116 Diese Nähe hat zuerst Hermann Graml betont: Die außenpolitischen Vorstellungen des deutschen Widerstands, in: Der deutsche Widerstand gegen Hitler, Köln 1966, S. 47.

der Roten Armee scheiterte, änderte auch er seine Gedankenwelt und sein politisches Handeln. Bestand behielt jedoch seine Vision einer europäischen Kulturgemeinschaft auf der Basis einer deutsch-französischen Aussöhnung.

3.3 Außenkontakte der Deutschen Volksfront

Es mußte der Gruppe Brass/Brill wichtig sein, aus der Isolation herauszukommen und zumindest zur Sopade nach Prag Kontakte zu gewinnen. Allein durch eine solche Verbindung war auch eine dringend benötigte finanzielle Unterstützung zu gewärtigen. Die Initiativen liegen wohl im Dunkeln[117], Elli Schmidt („Lotte"), die KPD-Instrukteurin, wird vielleicht eine Rolle dabei gespielt haben, da sie zunächst eine Einladung der KPD an die Brass/Brill-Gruppe zur Reise nach Prag überbringen ließ.[118] Ihr vermittelnder Einfluß auf den Parteivorstand der SPD wäre deshalb naheliegend. Otto Brass, Fritz Michaelis und Karl Siegle fuhren daraufhin am 15. Januar 1937 nach Prag, zunächst mit dem Zug bis zur tschechischen Grenze, dann diese zu Fuß im Bereich des Riesengebirges auf der alten Illegalen-Route überschreitend, danach mit dem Zug weiter. Bei der Weiterreise gesellten sich schon Elli Schmidt und Anton Ackermann vom ZK der KPD zu ihnen ins Abteil.

Die Besprechung der Berliner Volksfront-Mitglieder mit Hans Vogel, Friedrich Stampfer, Arthur Arnold und zeitweise auch Paul Hertz als den Vertretern der Sopade am 16. und 17. Januar offenbarte mehr Differenzen als Gemeinsamkeiten. Man stimmte in der Analyse der gegenwärtigen Lage in Deutschland nicht überein. Vor allen Dingen teilten die Prager Emigranten nicht die Einschätzung der Berliner Illegalen, in Deutschland verliere die alte Spaltung der Arbeiterparteien ihre Bedeutung und der Gegensatz zwischen Kommunisten und Sozialdemokraten baue sich ab. Dagegen argumentierten die Berliner Volksfrontdelegierten: „Wer noch daran glaubt, der hat von dem wirklichen ... Denken der deutschen Arbeiter keine richtige Vorstellung." Dieses wirkliche Denken glaubten die Illegalen erfaßt zu haben und daraus die Konsequenz ableiten zu können, „daß unsere Auffasung die neue deutsche Arbeiterbewegung beherrschen wird, wenn wir rechtzeitig an ihrem Entstehen mitwirken und ihre Führung bewußt in die Hand nehmen".[119] Einer solchen hoffnungsvollen Analyse, in der Brills Gedankengut unverkennbar dominierte, folgten Stampfer und Vogel gar nicht, Paul Hertz ein wenig. Man schied ohne Ergebnis voneinander. Verärgert notierte ein Mitglied der Berliner Gruppe nachträglich seine Enttäuschung mit diesen Worten: „Eure Arbeit (sc. der alten SPD) hat Tausende Opfer gekostet. Eure Hilfe war winzig. Wir sind auf unsere eigene Kraft angewiesen. Wenn wir aber sowohl finanziell wie politisch auf unsere eigenen Kräfte angewiesen sind, wozu brauchen wir dann ein Auslandszentrum?"[120] Allein der Leiter des Prager Aulandsbüros von Neu Beginnen, Karl Frank, versprach Hilfe und vermittelte eine Verbindung zur Berliner Neu-Beginnen-Filiale mit Kurt Schmidt (Deckname „Fritz"). Vom Prager Parteivorstand brachte ein Kurier „Waldemar" bald darauf die Nachricht nach Berlin, dieser habe sich, besonders in Stellungnahmen von Otto Wels, strikt gegen den Volksfrontge-

---

117 Griepenburg, S. 89, spricht davon, die Volksfrontgruppe habe sich vor der Beschlußfassung über das 10 Punkte-Programm um eine Kontaktaufnahme mit Prag bemüht. die Quellenbelege fehlen zunächst noch.

118 Einzelheiten im VGH-Urteil Brass/Brill, S. 7f., in Brills Bericht vor der SAI, S. 2, im Protokoll der Besprechung Volksfrontgruppe mit PV, AsD NL Hertz Film XXIII sowie bei Brill, Gegen den Strom, S. 61f.

119 VGH-Urteil Brass/Brill, S. 4.

120 „Was B. noch sagen wollte", Anlage zum Bericht Brills vor der SAI. Da die Berliner Volksfrontdelegierten im Protokoll mit a, b und c gekennzeichnet sind, ist eine Zuweisung des Zitats, etwa zu Brass, nicht möglich, aber wohl wahrscheinlich.

danken in Deutschland ausgesprochen, da er besetzt sei und weiter kommunistisch unterwandert werde.[121] Der anschließende Versuch der KPD, durch die Verbreitung des Zehn-Punkte-Programms auf den Parteivorstand der SPD in Prag Einfluß zu nehmen und in ernsthafte Verhandlungen über die Einheitsfront einzutreten, wirkte bei diesen Voraussetzungen kontraproduktiv. Die Sopade sah darin ein Propagandamanöver alter kommunistischer Art und wies das Verlangen zurück.[122]

Unbeeindruckt durch die öffentlich gemachte Ablehnung einer Einheitsfrontdiskussion der SPD mit der KPD schickte Pieck vom ZK im Mai 1937 an „die Verfasser der zehn Punkte" einen Brief mit dem Vorschlag, man solle doch ein Berliner Volksfront-Komitee, bestehend aus sechs Mitgliedern, drei der SPD, zwei der KPD und einem der „Demokraten", bilden.[123] Brill, der im Auftrag der Deutschen Volksfront die Antwort konzipierte, wies das Ansinnen der KPD zurück und nannte das von dieser vorgeschlagene Bündnis aller Hitler-Gegner einen „tollen Unfug".[124] Brill dachte sich eine Volksfront ja auch jenseits aller Parteistrukturen, erst recht abseits jedes Einflusses, der aus Moskau kam. Pieck replizierte im September 1937, die Vorstellung der Deutschen Volksfront, eine sozialistische Bewegung jenseits der alten Parteien zu schaffen, sei „eine völlig verwirrte Vorstellung".[125] Damit waren die Kontakte der Berliner Brass/Brill-Gruppe auch mit der KPD nachhaltig gestört; die Konsequenzen waren 1945 in Thüringen spürbar.

Erfolgreicher war das Kontaktbemühen der Deutschen Volksfront gegenüber der SAI in Brüssel. In Berlin beschloß man im Herbst 1937, Brill dorthin zu schicken, um das Zehn-Punkte-Programm zu erläutern.[126] Nach einer unverfänglich wirkenden Einladung des Brüsseler Architekten Raymond Limbosch, den Brill in Weimar auf einer Bauhausausstellung der Architektengruppe Mies van der Rohe kennengelernt hatte, und einem die organisatorischen Fragen weiter klärenden Gespräch mit jüdischen Emigranten im Berliner Café Möhring reiste Brill im Dezember 1937 nach Brüssel. Er blieb dort eine Woche. Am 11. Dezember erörterte er u. a. vor Friedrich Adler und Paul Hertz Programmatik, Organisation und Arbeitsweise der Zehn-Punkte-Gruppe. Er wollte damit die Anerkennung und Unterstützung seiner Gruppe durch die Sozialistische Internationale erreichen. Dafür spricht auch der mit großem Selbstbewußtsein vorgetragene Satz: „Es gibt neben uns kein politisches Zentrum in Deutschland, das in einer der unserigen gleichen oder ähnlichen Art und Umfänglichkeit arbeitet."[127] Die dazu gemachten inhaltlichen Aussagen sind bereits in wesentlichen Teilen vorgestellt worden.[128] Bei den organisatorischen Verbindungen griff er die Politik des Parteivorstands der SPD als die der „Bankrotteure" an, während er die KPD „als die treuesten Kameraden" seit 1935 lobte. Seine Ausführungen schloß er mit der Bitte „um die De-facto-Anerkennung der SAI."[129]

---

121 Diesen Hinweis gab Brill in seinem Bericht vor der SAI, S. 2.

122 Der offene Brief des ZK der KPD an den PV der SPD in ‚Die Internationale' 3/4 1937, S. 105ff.; vgl. dazu den Artikel „Eine Chronik der Bemühungen der KPD um die Herstellung der Einheitsfront", in: ‚Deutsche Volkszeitung' 30. 1. 1938, als Ausschnitt in BA R 58/639. Die Zurückweisung des PV der SPD im Rundschreiben „An unsere Vertrauensleute" vom 31. 5. 1937 in: AsD Emigration Sopade/Mappe 10.

123 Erwähnt im VGH-Urteil Brass/Brill, S. 14.

124 Ebd. S. 14 und Brills Bericht vor der SAI, S. 7.

125 Wilhelm Pieck in: ‚Die Internationale' 8/1937, abgedruckt in: ders., Der Kampf um die Arbeitereinheit und die deutsche Volksfront 1936–1938, Berlin 1955, S. 30ff., das Zitat S. 39.

126 Zur Reise Brills nach Brüssel BA AB ZC 6599 Bd. 6: Polizeiliches Vernehmungsprotokoll 7. 10. 1938, S. 34ff. VGH-Urteil Brass/Brill, S. 18ff. und Brill, Gegen den Strom, S. 61. Brills in Brüssel abgestatteter Bericht über die Volksfrontbewegung in Deutschland trägt das Datum des 13. 12. 1937 mit dem Hinweis auf den mündlichen Vortrag am 11. 12. 1937, AsD NL Hertz Film XXIII.

127 Brills Bericht vor der SAI, S. 11.

128 s. o. Kap. V. 3.2.

129 Brills Bericht vor der SAI, S. 10f.

Eine Reaktion der SAI ist nicht überliefert. Allein von Paul Hertz ist bekannt, daß er dem sozialdemokratischen PV in Prag den Brill-Bericht empfehlend weiterreichte.[130] Von dort kam aber nach stattgehabter Diskussion kein positives Echo. So blieben alle Bemühungen der Deutschen Volksfront, mit Hilfe der Emigranten aus der Isolation herauszukommen, der eigenen politischen Idee eine breitere Basis und Anerkennung zu verschaffen sowie finanzielle Hilfen einzuwerben, ohne Ergebnis. Als das politische Geschehen des Jahres 1938 den Prager Emigranten auch noch die dortige Operationsbasis nahm und die SAI in Brüssel nach dem Münchener Abkommen verfiel, war die Chance eines politischen Erfolges der Deutschen Volksfront über Auslandskontakte während der NS-Zeit gänzlich dahin.

Allein im Inland konnte eine Chance genutzt werden. Brass hatte bei seinem Prager Besuch Mitte Januar 1937 von Karl Frank zugesagt bekommen, man werde die Verbindung zur Berliner Filiale von Neu Beginnen unter der Organisationsleitung Kurt Schmidts anregen und herstellen. Das war für die Deutsche Volksfront schon aus logistischen Gründen wichtig, denn auf diesem Wege konnte man für die eigene konspirative Kommunikation finanzielle und apparative Hilfe erhalten. Die Berliner Neu-Beginnen-Gruppe verfügte nämlich über Geldzuwendungen aus Prag und über eine phototechnische Ausrüstung, mit deren Hilfe Mikrofilme hergestellt werden konnten. Ebenfalls stand ein eingespielter Kurierdienst zur Verfügung.[131] Unter dem Decknamen „Fritz" nahm Kurt Schmidt bald eine zentrale Funktion in den linken Widerstandskreisen an, der auch Brills theoretische Arbeiten, etwa die Schrift „Deutsche Ideologie 1937", anzuregen wußte.

Kurt Walter Schmidt, am 25. Januar 1913 in Berlin-Lichtenberg geboren, war 1937 mit seinen 24 Jahren bei weitem der Jüngste.[132] Ausgebildet als Maschinenschlosser, geriet er in den Sog der Arbeitslosen Ende der Weimarer Republik und faßte erst wieder im Juni 1933 als technischer Zeichner bei einer Berliner Firma beruflich Tritt. Vor 1933 hatte er zur sozialdemokratischen Jugendorganisation SAJ gehört und in den Gruppen „Deutsche Freischar" und „Kinderfreunde" mitgewirkt; gewerkschaftlich war er im Deutschen Metallarbeiter-Verband organisiert. Bei der SAJ hatte er Otto Brass kennengelernt.

Mit dem Kontakt Schmidts zur Deutschen Volksfront, vom Prager Parteivorstand durchaus gebilligt, ging die bis dahin noch bestehende logistische Abhängigkeit der Brass/Brill-Gruppe von der KPD ganz zurück. Das betraf aber nicht nur die organisationstechnischen und finanziellen Hilfen, sondern ebenso die inhaltlichen Einflußnahmen, denn der Gedanke der Einheitsfront wurde wieder etwas zurückgenommen. Neben Kurt Schmidt traten dabei Fritz Erler und Oskar Umrath in den Kontaktkreis, den vom Frühjahr 1938 an Neu Beginnen und Deutsche Volksfront als die beiden linken Widerstandszentren in Berlin immer enger faßten.[133] Er wurde schließlich so eng, daß die Gestapo beide gemeinsam im September/Oktober dieses Jahres ausheben konnte.[134]

Naturgemäß bestanden Rivalitäten zwischen den beiden Gruppen. Sie kommen in jenen

---

130 AsD NL Hertz Film XLIV: Paul Hertz an Friedrich Adler 11. 2. 1938.

131 VGH-Urteil Brass/Brill, S. 15ff. und S. 18, Brills Bericht vor der SAI S. 3. VGH-Anklageschrift Schmidt/Erler, S. 25, 34 und 40f. in: BA AB NJ 13337 Bd. 3.

132 Zur Person Kurt Schmidts s. Vernehmungsprotokoll der Gestapo vom 27. 9. 1938, BA AB NJ 13337 Bd. 3. und Brill, Kurt Schmidt, eine Erinnerung, in: Das Soz. Jahrhundert 1/1947, S. 277f.

133 Brass gab vor dem Volksgerichtshof an, Fritz Erler und Oskar Umrath erst im Juni 1938 kennengelernt zu haben, VGH-Urteil Brass/Brill, S. 33.

134 In der Literatur wird die Enge des Kontakts zwischen Neu Beginnen und Deutscher Volksfront unterschiedlich beurteilt, Horst Dunke, Die KPD von 1933–1945, Köln 1972, meint, beide seien „miteinander verschmolzen" (ebd. S. 219), das stimmt nicht. Kurt Kliem, Der sozialistische Widerstand gegen das Dritte Reich, Marburg 1957, sieht Neu Beginnen erst wieder bedeutsam werden durch die Zusammenarbeit mit der 10-Punkte-Volksfrontgruppe (ebd. S. 209), dafür spricht eine gewisse Wahrscheinlichkeit. Reichardt, Neu Beginnen, glaubt, beide Gruppen seien organisatorisch selbständig

Urteilen zum Ausdruck, mit denen Beteiligte im Rückblick ihre gemeinsame Widerstandszeit beschrieben. Erler z. B. stellte die Bedeutung von Neu Beginnen stark heraus: „Wir haben uns bemüht, die verschiedenen antifaschistischen Strömungen in Deutschland zu koordinieren. Wir waren die einzigen, die einen funktionierenden technischen Apparat besaßen, mit dessen Hilfe die in Deutschland wirkenden Antifaschisten mit ihren jeweiligen Freunden im Ausland in Verbindung treten konnten. Diesen Apparat stellten wir selbstlos allen Richtungen von der KPD über die Deutsche Volksfront bis zu den Kirchen zur Verfügung."[135] Brill hielt diesen an ihn gerichteten Worten entgegen, Erler habe keinen richtigen Einblick in die Organisation und Arbeitsweise der Deutschen Volksfront gehabt, und er selbst habe Erler vor dem Prozeß vor dem Volksgerichtshof „nicht einmal dem Namen nach gekannt".[136] Aus dieser Korrespondenz von 1947 muß man den Eindruck gewinnen, daß beide Widerstandsgruppen organisationstechnisch eng zusammenarbeiteten, vor allem aber Brill auf seine geistige Urheberschaft und Selbständigkeit bei den Theoriedebatten und Schriften großen Wert gelegt hat.

Der Vorteil der organisatorischen und inhaltlichen Zusammenarbeit zwischen den beiden Berliner Widerstandsgruppen Neu Beginnen und Deutsche Volksfront 1938 wurde durch die konspirativen Risiken einer schwerer überschaubar zu haltenden größeren Aktionsgemeinschaft zu deren Nachteil. So wundert es nicht, daß die Gestapo über die Verteilerringe eines seit April 1938 von beiden Gruppen im 14tägigen Rhythmus herausgegebenen „Nachrichtenblattes" bzw. über ein beim Berliner Adressenverleger Ludwig Diederich am 14. September 1938 gefundenes Exemplar des Brill-Exposés „Freiheit" den Widerständlern der Deutschen Volksfront und auch der Gruppe Neu Beginnen auf die Spur kam.

3.4 Aufdeckung durch die Gestapo und Prozeß vor dem Volksgerichtshof 1938/39

Die Behörden des NS-Staates, an ihrer Spitze hier das Geheime Staatspolizeiamt in Berlin, verfolgten ihrer Natur gemäß mit großer Intensität die Spuren aller linken Widerstandskreise. Sie registrierten aufmerksam, was die emigrierten Parteivorstände von SPD und KPD im Ausland publizierten und über die Grenze ins Reich hineinschleusen ließen oder in den Anfängen über Drucksachen mit der Post verschickten; sie versuchten im Inland entstehende Sympathisantenkreise oder Organisationsstrukturen aufzudecken, Namen und Decknamen zu erfahren, illegale Methoden zu durchschauen und überhaupt alle Spuren zu registrieren und der Materialien habhaft zu werden. Die auf dieser Basis vom Frühjahr 1933 an gewonnenen Erkenntnisse waren beachtlich.

Die Gestapo kannte die Grenzsekretariate der SPD in der Tschechoslowakei in Troppau, Trautenau, Reichenberg, Bodenbach, Teplitz, Karlsbad und Neuern, die in Paris, Straßburg und Forbach in Frankreich, in Luxemburg, Brüssel, Antwerpen, Amsterdam, Kopenhagen, Stockholm und Malmö. Ihr waren die Infiltrationsrouten kein Geheimnis, nicht im Riesengebirge und auch nicht im Böhmerwald. Ihre Spitzel waren darauf vorbereitet, in den Reisezügen auf den Spülbecken der Toiletten nach Material zu suchen, in Grenzbächen oder -flüssen nach

---

geblieben, hätten aber eng zusammengearbeitet (ebd. S. 183), diese Anschauung wird durch die Quellen bezeugt.

135 AsD NL Erler/Mappe Neu Beginnen: Erler an Brill 11. 11. 47.

136 ebd. Brill an Erler 20. 11. 1947; dagegen schreibt Erler: „Ich habe damals mit dem verstorbenen Kurt Schmidt die Beziehungen zu den sozialdemokratischen Freunden in dieser Gruppe, die sich Volksfront nannte und ein 10-Punkte-Programm gegeben hatte, aber kaum Kommunisten enthielt, aufrechterhalten. Der Wortführer war vor allem Prof. Brill." Aus dieser Formulierung möchte man entgegen den Aussagen Brills ableiten, daß Erler damals Brill gekannt hatte, s. Fritz Erler, Die Rolle der Gruppe Neu Beginnen, in: Politische Studien, Heft 69/1956, S. 43ff., das Zitat S. 45.

treibenden Blechdosen und Flaschen Ausschau zu halten, weil hierin Flugblätter eingelötet sein konnten, oder postalische Deckadressen ausfindig zu machen. Unsichtbare Tinten, mit den charakteristischen Duftnoten von Kölnisch Wasser oder Mundwasserflaschen versetzt, waren ihr aufgefallen.[137]

Erfolge hatte die Gestapo mit diesen Methoden vorzuweisen. Den Schopenhauer-Traktat „Über Philosophie" hatte man frühzeitig als Miles-Schrift „Neu Beginnen" enttarnt. Die als Antwort darauf konzipierte Schrift des Prager Parteivorstandes „Kampf und Ziele des revolutionären Sozialismus" hatte man in der Buchhülle „Die Kunst des Selbstrasierens" entdeckt. Andere getarnte Schriften ähnlichen Inhalts, „Cicero", „Pflegen Sie Ihr Haar" oder „Aristoteles" betitelt, waren bekannt geworden. Der im Dünndruck in der Tschechoslowakei hergestellte „Neue Vorwärts" wurde häufiger abgefangen, Informationshefte der Emigranten-SPD wie „Sozialistische Aktion", „Informationsdienst" oder „Deutscher Nachrichtendienst" waren bei stetig verschärfter Grenzkontrolle in die Hände einzelner Gestapodienststellen gefallen.

Neben solchen Fahndungserfolgen, zu denen Überläufer und eingeschleuste Spitzel weniger beitrugen, verdankte das Geheime Staatspolizeiamt sein Wissen auch den offiziellen Auslandsvertretern des Deutschen Reiches. So lieferte die Gesandtschaft in Brüssel gelegentlich Dossiers oder Kurzberichte über die in der belgischen Hauptstadt zusammenlaufenden Tätigkeiten der II. Internationale, die in Brüssel mit ihrem Sekretär Friedrich Adler ansässig war, ähnliches kam aus Paris über das dortige Auslandsbüro von Neu Beginnen. Auch Graf von der Schulenburg schickte als deutscher Botschafter in Moskau von dort gelegentlich wertvolle Interna über Diskussionsstand und Beschlüsse der KI und der KPD mit Wilhelm Pieck und Walter Ulbricht. Den diplomatischen Korrespondenzen lagen mitunter Presseausschnitte aus der „Deutschen Volkszeitung" (Prag), „Humanité" (Paris) oder „Komunistitscheskij International" (Moskau) bei.[138] Besonders wichtig wurden diese Berichte, als 1937 das ZK der KPD versuchte, den PV der SPD zur Einheitsfront zu bewegen und, als ihr dies nicht gelang, zunehmend und nach der Art der frühen 20er Jahre die Einheitsfront von unten zu propagieren. Schon Ende Januar 1933, als Brass gerade in Prag gewesen war, wußte die Geheime Staatspolizei, daß zwischen SPD und KPD „angeblich ziemlich ernste Unterhaltungen über eine programmatische Einigung geführt" werden.[139] Im August 1937 fing man die Zehn Punkte der Brass/Brill-Gruppe ab, ohne jedoch zu diesem Zeitpunkt die Autoren zu kennen.[140]

Sämtliche Informationen dieser Art liefen im Referat II A 2 der Gestapo in der Berliner Prinz-Albrecht-Straße zusammen. Dort fertigte man mit Sorgfalt Lageanalysen für Heydrich

---

137 Vgl. den Bericht der Abt. II A 2 der Gestapo Berlin über „Die marxistische Bewegung im Jahr 1937" vom 8. 1. 1938, BA R 58/412 und BA R 58/1, 2, 446, 508 und 639. Wichtig waren der Polizei Kenntnisse über die Kurierroute Berlin–Prag im Bereich des Riesengebirges an der Grenze. Im September 1937 gelang es ihr, in dem ihr als „marxistisch" bekannten Naturfreundehaus „Rübezahl" unterhalb der Schneekoppe den Bauarbeiter Robert Hartwig aus Hirschberg mit 39 Exemplaren der ‚Sozialistischen Aktion' festzunehmen. Beim Verhör kamen weitere Informationen heraus, die die Widerständler diese Route vorübergehend aufgeben ließen, BA AB NJ 979 Bd. 1: Gendarmerie – Postenbereich Schneekoppe an Grenzpolizeikommissariat Hirschberg 5. 9. 1937.

138 BA R 58/508: Deutsche Gesandschaft Brüssel an Auswärtiges Amt Berlin 25. 7. 1933 und Deutsche Botschaft Moskau an Auswärtiges Amt 10. 1. 1938; R 58/639: Deutsche Botschaft Paris an Auswärtiges Amt 11. 2. 1938 und Deutsche Botschaft Prag an Auswärtiges Amt 4. 8. 1937. Graf von der Schulenburg, der deutsche Botschafter in Moskau, beruhigte das Auswärtige Amt am 10. 1. 1938 darüber, daß der Versuch Moskaus, im Anschluß an den VII. Weltkongreß der KI „eine breite antifaschistische Volksfront" zu erreichen und „durch eine stark gekünstelte terminologische Gegenüberstellung von ‚Sozialdemokratismus' und ‚Sozialdemokratie' die alte Methode der Spaltung zwischen Führer und Partei wieder aufleben zu lassen", gescheitert sei.

139 BA R 58/1 Tagesrapport Nr. 10 der Staatspolizei Leitstelle Münster 25. 1. 1937.

140 Ebd. Gestapo II A 2 Aktennotiz August 1937.

und Himmler an. Ein spektakulärer Materialienfund wie der von 1935, als man im Müggelsee das Archiv der Miles-Gruppe Neu Beginnen entdeckte, mußte ein Zufallsfund bleiben. Man wußte, daß die Erfassung der Nachrichtenträger „außerordentlich schwer" geworden war, „da es sich immer um Einzelpersonen handelt, welche mit Einzelpersonen im Ausland in Verbindung stehen".[141] Die staatliche Reaktion darauf mußte jede denkbare Systematik anwenden. So befahl etwa Himmler im November 1937, „eine generelle Überprüfung sämtlicher ehemaliger Reichstagsabgeordneten der SPD bezügl. ihres jetzigen Aufenthaltes und ihrer heutigen Betätigung" einzuleiten.[142]

Das Referat II A 2 ließ sich daraufhin von den Staatspolizeileitstellen in den Gauen entsprechende Listen anfertigen und machte nach einer Überprüfung den Vorschlag, aus der „ehemaligen Prominenz der Sozialdemokratischen Partei Deutschlands" 30 Personen „bis auf weiteres in Schutzhaft zu nehmen". Die Ende Januar 1938 dazu eingereichte Liste benannte u. a. Paul Löbe, Fritz Eberhardt und Ernst Fränkel.[143] Das begleitende Gestaposchreiben zur Schutzhaftliste vom 26. Januar 1938 hob hervor, daß zu den schon früher in Berlin wohnenden SPD-Mitgliedern „im Laufe der Jahre eine ziemliche Anzahl gleicher Exponenten der Partei aus allen Teilen Deutschlands in die Reichshauptstadt gekommen" sei. Man könne ihnen in der Regel nichts nachweisen, sie „mit polizeilichen Mitteln" nicht bekämpfen, sie „mit gerichtsverwertbaren Unterlagen" der Justiz nicht übergeben, aber in ihnen verkörpere sich „der geistige Widerstand", liege die Gefahr, daß sie durch von ihnen verfaßte Richtlinien einen „entsprechenden Widerstand größerer Massen der Reichshauptstadt" bewirken könnten.

Aus der Gruppe der Deutschen Volksfront um Otto Brass, Oskar Debus und Hermann Brill war niemand auf der Schutzhaftliste registriert. Die Gestapo tappte hier noch im Dunkeln, obwohl sie regelmäßig Brills Berliner Wohnung in der Karlsruher Straße durchsuchte. Im Juni 1938 wußte sie wohl von der Existenz einer reorganisierten „Miles-Gruppe" und der einer neuen „Zehnpunkte-Gruppe", brachte die Mitglieder der letztgenannten aber mit den Berliner Metallbetrieben in Verbindung und glaubte, den Führer in dem früheren Vorstandsmitglied der ADGB, Bührig, sehen zu können. Am Ende des Monats wollte man sich über die „Errichtung einer sozialistischen deutschen Einheitspartei" durch eine telegraphische Aktion Erfahrungen aus den Gauen einholen, erfuhr aber auf diesem Weg zunächst nichts Verwertbares.[144]

Im September 1938 gelang dann die Aufdeckung der Deutschen Volksfront und sechs Wochen später die der Berliner Gruppe Neu Beginnen. Aus der Tatsache, daß nach dem Auffinden eines Exemplars der illegalen Flugschrift „Freiheit" bei dem Adressenverleger Ludwig Diederich in Berlin-Zehlendorf (Argentinische Allee 159) am 14. September 1938[145] als erster Oskar Debus verhaftet wurde, dessen Wohnung ein logistischer Mittelpunkt war, ist erkennbar, daß die Volksfront über den Verteilerkreis ihrer Informationsblätter aufgedeckt wurde. Debus wurde am Morgen des 20. Septembers verhaftet. Die Gestapo nahm auch seinen Sohn Willi und die Tochter Ilse mit, um keine Zeugen zurückzulassen, entließ beide aber am Vormittag des 22. Septembers aus der Untersuchungshaft und schickte sie in Begleitung mehrerer Beamter in die Wohnung Berlin-Lichtenberg, Rittergutstraße 25/I, zurück. Das erwies sich als eine erfolgreiche polizeiliche Fallenstellung. Denn gegen 17.15 Uhr an diesem

141 BA R 58/412 Gestapo und die marxistische Bewegung im Jahre 1937, 8. 1. 1938, S. 4.

142 Als Beispiel listenmäßig erfaßter ehemaliger Reichstagsabgeordneter der SPD liegt eine von der Gestapo Magdeburg vor (25. 11. 1937), in der die Teilnehmer des SPD-Parteitags von 1932 erfaßt werden, in BA R 58/412 die Reaktion der Gestapo Berlin unter dem 26. 1. 1938 „Betr.: Ehemalige Prominenz der ‚Sozialdemokratischen Partei Deutschlands'".

143 BA R 58/2 Gestapo II A 2 Berlin: „Betr.: Errichtung einer sozialistischen deutschen Einheitpartei" 13. 6. 1938.

144 Ebd. Telegramm Gestapo Weimar an Gestapo Berlin 6. 7. 1938.

145 BA AB ZC 6509 Bd. 2 Schlußbericht in der Ermittlungssache Deutsche Volksfront 1938.

Tag schellte jemand an der Wohnungstür. Die Gestapovertreter ließen Ilse Debus die Tür öffnen, traten dann selbst auf den Überraschten zu und erklärten ihm: „Ach, auf Sie haben wir ja gewartet." Sie durchsuchten ihn ergebnislos nach Waffen und eröffneten dem Besucher, „da er trotzdem dringend verdächtig erschien, Tatgenosse des Oskar Debus zu sein, die vorläufige Festnahme". Unverzüglich wurde „fernmündlich sein Abtransport zum Geheimen Staatspolizeiamt mittels Dienstkraftwagen veranlaßt".[146] Es war Hermann Brill.

Auf der Fahrt zum Verhör wußten die begleitenden Polizisten schon, in welche Zusammenhänge sie diese Verhaftung bringen mußten. Ein junger Gestapo-Beamter amüsierte sich: „Die ollen Knöppe wollten uns stürzen."[147] In der Prinz-Albrecht-Straße angekommen, ließen sie Brill mit seiner Frau telephonieren. Er meldete sich mit nüchternen Worten, im Ton ohne Aufregung: „Hier bin ich; ich befinde mich in der Prinz-Albrecht-Straße."[148] Nichts deutete jetzt oder später auf körperliche Mißhandlungen hin. Dennoch wußte seine Familie den Anruf richtig zu deuten. Seine Schwägerin, Käte Pluskat, telegraphierte sofort nach Thüringen: „Berliner Freund schwer erkrankt. Sind in großer Sorge. Schwägerin." Das im Text geschickt entstellte Telegramm war seinem Empfänger dennoch klar. „Ich wußte sofort", so notierte später Karl Hermann in Eisenach, Brills wichtigster thüringischer Gesprächspartner in rebus politicis: „Der Berliner Kreis ist aufgeflogen. Ich verdunkelte meine Wohnung und beseitigte die Korrespondenz mit dem Genossen Brill. Tage später meldete sich die Gestapo."[149]

Es sind weitere Versuche von Brills Frau oder Schwägerin, politische Freunde schnell zu informieren und damit zu warnen, nicht aktenkundig geworden. Das allein nachweisbare Telegramm an Karl Hermann unterstreicht noch einmal die immense Bedeutung, die Brill dieser politischen Partnerschaft zuwies. Hermann ist auch der einzige unter den alten Weggefährten Brills aus den Weimarer Jahren und der Widerstandszeit, die, sofern noch 1945 in der SBZ/DDR ansässig, in ihren späteren offiziösen Erinnerungsberichten keinerlei negative Urteile über Brill zu Protokoll gaben.[150] Während für Hermann die Vorwarnzeit ausreichte, ihn in den Augen der Geheimen Staatspolizei belastendes Material zu vernichten, ist nicht ganz zu klären, ob man diese Zeit in Berlin in der Karlsruher Str. 13 auch hatte und nutzen konnte. Noch am Abend des 22. Septembers 1938 beschlagnahmte jedenfalls die Gestapo in Brills Wohnung „mehrere Mappen mit Schriftmaterial", deren Quantum Brill

---

146 BA AB ZC 6509 Bd. 6 Protokoll der Gestapo über die Verhaftung Brills am 22. 9. 1938 gegen 17.30 h in der Wohnung des Oskar Debus, Aktennotiz durch KOA Raczinski. Die Bemerkung „ach, auf Sie haben wir ja gewartet" hat Brill später im Gespräch mit Elise Tilse bezeugt, Tilse an Verfasser.

147 Brill zu Elise Tilse, Tilse an Verfasser.

148 Martha Brill und Elise Tilse übereinstimmend an Verfasser.

149 IfAG EA 1069 Erinnerungsbericht Karl Hermann, S. 113. Das von Hermann angegebene Datum des Telegramms, „Sommer 1937", ist ein erkennbarer Irrtum.

150 Vgl. etwa die Erinnerungsberichte von Rudolf Krug, der Brill in Gotha 1919/20 erlebte: „Ich habe nie einen Menschen kennengelernt mit einem annähernd so großen Geltungsbedürfnis oder einen gleich großen Streber; er war der typische Karrierist und politische Geschäftemacher, und die Partei, d. h. die zeitweilig von ihm vertretene Ideologie war immer nur Mittel zum Zweck, eine Rolle zu spielen und immer höher hinaufzuklettern." IfGA EA 0517, S. 49. Krug schrieb den Bericht etwa 1950. Vergleicht man ihn mit Korrespondenzen, die Brill und Frister miteinander 1933 hatten – z. B. Frister an Brill 11. 9. 1933 und Brill an Frister 12. 9. 1933, IfGA NL Frister, oder mit Fristers Kondolenzschreiben an Martha Brill 1959 –, so wird das Krug-Urteil in seiner Abhängigkeit von vorgegebener politischer Didaktik offenkundig. Wie Krug äußerten sich allerdings auch andere in ihren gleichfalls offiziösen Erinnerungsberichten, so etwa Hans Eberling, IfGA EA 1322, Heinrich Hoffmann, IfGA EA 1365 1 und 2, oder selbst August Frölich, der als thüringischer Regierungschef und Sozialdemokrat in Brill eine seiner wesentlichsten Stützen hatte, ihn als Stellvertreter Thüringens im Reichsrat häufig nach Berlin schickte, später aber im Ton einer neuen Zeit, der er in Weimar als Landtagspräsident ehrenvoll, aber einflußlos angehören durfte, urteilte: „Obwohl Brill überheblich, strebsüchtig und hinterhältig – letzteres auch gegen mich – war, schätzte und förderte ich ihn ob seiner Fähigkeiten. Daß er ein heimtückischer Verräter beim Zusammenschluß der SPD und KPD werden würde, hatte ich nicht vermutet", IfGA EA 0246, S. 17.

später mit „etwa ⅒“ seiner Berliner Arbeiten angab.[151] Das deutet darauf hin, daß seine Frau anderes Schriftgut sichern konnte, von dem aber nur wenig überliefert zu sein scheint.

Die brisanten politischen Widerstandsschriften waren der Gestapo jedoch in die Hände gefallen. Schon bei der Festnahme des Oskar Debus hatte man durch Leibesvisitation und Hausdurchsuchung die zentrale Schrift „Freiheit“ mit dem Untertitel „Deutsche Volksfront 1938“ in 7 gehefteten Exemplaren gefunden. Daneben registriert das Protokoll 10 verschiedene Ausgaben des Pariser „Bulletin de la Féderation Syndicale Internationale“, einer allerdings schnell für unbedeutend erkannten Zeitschrift, und mehrere Schriften jüngeren Datums, darunter „Die Kulturpolitik des Dritten Reiches“, eine Brill-Schrift, 4 Exemplare mit dem Titel „Anschluß und was nun?“, eine kritische Betrachtung der Vorgänge um Österreich aus dem März 1938, ein elfseitiges Konzept über „Soziale Sicherheit“, ein vierzehnseitiges über „Volksherrschaft“, beides Kapitel aus den Erläuterungen zu den „Zehn Punkten“, weiter das Konzept „Was kommt nach Hitler“, das aus den Federn von Mitgliedern der Gruppe Neu Beginnen stammte, und einige kleinere Fragmente.[152] Der materielle Fahndungserfolg der Gestapo war total.

Oskar Debus suchte bei seiner ersten Vernehmung, die noch am späten Vormittag des 20. Septembers 1938 in der Prinz-Albrecht-Straße stattfand, die Vorgänge herunterzuspielen. Was offenkundig war, gab er zu, was die Gestapo zu diesem Zeitpunkt noch nicht durch eigene Recherchen wissen konnte, suchte er verdeckt zu halten. Zur Sache erklärte er gleich zu Anfang: „Ich gebe zu, mich seit Februar oder März 1936 illegal politisch betätigt zu haben.[153] Die konspirativen Methoden beschrieb er sehr genau. Mit gewisser Regelmäßigkeit habe man sich nachmittags zwischen 16.15 Uhr und 17.15 Uhr auf der Straße am Eingang zum U-Bahnhof in der Kaiser-Friedrich-Straße in Berlin-Neukölln getroffen, gelegentlich bei Aschinger am Alexanderplatz oder in verschiedenen Cafés, die verkehrsgünstig an der Leipziger Straße (Café Zuntz), am Wittenbergplatz (Café Düminchen), am Halleschen Tor (Café Riedel) oder am Roten Rathaus (Café Schöning) lagen. Namen nannte Debus zunächst zurückhaltender, Kurt Schmidt etwa, den Organisator von Neu Beginnen in Berlin, nur mit einem seiner Decknamen „Fritz Brand“[154], wobei er hartnäckig angab, den richtigen Namen nicht zu kennen, Otto Brass hingegen, da dieser am 20. September ebenfalls verhaftet wurde, in direkter namentlicher Ansprache. Auf Vorhalt gab er auch eine Bekanntschaft mit Hermann Brill zu, schränkte aber ein, nicht zu wissen, „ob Brill sich illegal politisch betätigt“ habe. Die Beamten brachen ob dieser sie unbefriedigt lassenden Aussagen die erste Vernehmung an dieser Stelle ab, „da Debus sichtlich mit der Wahrheit zurückhält und im Augenblick dringend Ermittlungen erforderlich sind“.

Am folgenden Tag wußte die Gestapo schon mehr. Sie hatte zwischenzeitlich in der Brass-Wohnung das Brill-Manuskript „Über dialektischen Materialismus“ gefunden. Am 23. September, nachdem zwischenzeitlich auch Brill verhaftet war, offenbarte Debus, daß in seiner Wohnung Brass, Brill und „Fritz Brandt“, der zu dieser Zeit immer noch nicht enttarnt war, Zusammenkünfte hatten, „bei denen über die Aufstellung eines Programms der ‚Volksfront‘ gesprochen werden sollte“.[155] Damit war der Gestapo zu diesem Zeitpunkt schon wesentliches

---

151 BA AB ZC 6509 Bd. 6 Durchsuchungsbericht der Gestapo 22. 9. 1938.

152 BA AB ZC 6509 Bd. 4: Bericht über die Durchsuchung in der Wohnung des kaufmännischen Angestellten Oskar Debus 20. 9. 1938.

153 Ebd. verantwortliche Vernehmung Oskar Debus 20. 9. 1938; das Folgende ebd.

154 Kurt Schmidt hatte zwei oder drei Decknamen: „Karl Braun“, „Fritz“, „Fritz Brand“, s. BA AB NJ 13337 Bd. 2: Oberreichsanwalt beim Volksgerichtshof, Anklageschrift gegen Brass/Brill 3. 5. 1939, S. 19.

155 A. O. Anm. 152 Protokoll 23. 9. 1930, S. 25.

über die Logistik der Widerstandsarbeit der Deutschen Volksfront bekannt. Sie konnte ahnen, daß der Invalide Debus seiner Wohnung wegen, die man als Treffpunkt und Depot nutzte[156], als Kurier und vorwiegend technischer Mitarbeiter wichtige Funktionen hatte; sie konnte wissen, daß Brass, Brill und „Fritz" die entscheidenderen intellektuellen Köpfe waren und durch Brill dessen Thüringer Freunde Johannes Kleinspehn, Otto Jenssen und Willi Urban gelegentlich in den Kreis hinzukamen.[157] Am 26. September erfuhren die Beamten der Gestapo noch, daß Debus neben der Materialverteilungsstelle in seiner Wohnung auch die Kassengeschäfte in Händen hatte. Dabei wurde ihnen bekannt, daß ein Teil der Gelder der Volksfrontgruppe aus Thüringen zugeflossen war; die Herkunft des anderen Teils vom Prager Parteivorstand der SPD über Kuriere an Kurt Schmidt blieb zu diesem Zeitpunkt noch unentdeckt. Die thüringischen Gelder stammten von einem Konto des dortigen früheren SPD-Unterbezirks Altenburg, auf dem sie im Frühjahr 1933 vor der Konfiskation durch den NS-Staat bewahrt werden konnten. Die Spur führte im November 1938 zur vorübergehenden Verhaftung des ehemaligen Weimarer Regierungschefs August Frölich.[158] Erst am 29. September eröffnete Debus in einer seiner letzten Vernehmungen im Zuge der Voruntersuchungen, daß er es gewesen sei, der Anfang 1936 die Begegnung zwischen Brass und Brill hergestellt habe, daß „Fritz" Kurt Schmidt sei und Brill als der intellektuelle Kopf den Namen „Zehn-Punkte-Gruppe" geprägt habe.[159] Damit lagen die Dinge offen.

Otto Brass, der kurz nach Oskar Debus verhaftet wurde, machte bei seiner ersten Venehmung am frühen Morgen des 21. Septembers einen sehr standhaften und abweisenden Eindruck. Auf Vorhalt gab er zu Protokoll[160], sich seit 1933 „bis auf den heutigen Tag in keiner Weise politisch betätigt" zu haben, insbesondere „nie irgendwelche illegalen Hetzblätter gesehen, entworfen, hergestellt oder gar verbreitet" zu haben. Die ihm daraufhin vorgehaltene Schrift „Freiheit" leugnete er zu kennen, Oskar Debus, der ihn zu diesem Zeitpunkt bereits der Gestapo benannt hatte, gab Brass als ihm unbekannt an. Verärgert brach daraufhin der Gestapo-Beamte aus dem Referat II A 2 die Vernehmung mit dem Protokollvermerk ab: „Da Brass die Unwahrheit sagt, erscheint die Fortsetzung der Vernehmung zunächst aussichtslos." Schärfere Verhörmethoden wurden offenbar jetzt wie bei allen späteren Gelegenheiten im Rahmen der Vorgänge um die Deutsche Volksfront nicht angewandt. Das lag vielleicht auch an der Geständnisbereitschaft der Verhafteten.

Auch Brass änderte sein Verhalten schnell. Gleichwohl ist an seinen folgenden Vernehmungen bemerkenswert, mit welcher Standhaftigkeit er, anders als der offenbar labilere Debus und ganz anders als der sich unterwürfig gebende Fritz Erler[161], seine Kenntnisse nur in kleinsten Portionen freigab und mit großer Geschicklichkeit verschleiernde Einschätzungen vortrug. So gab er am 21. September wohl zu, die Schrift „Freiheit", nachdem sie Debus geheftet habe, von diesem in 10er-Paketen erhalten zu haben; doch suchte er die Gestapo im gleichen Atemzug ins Leere zu ziehen mit dem Hinweis, er habe die Schriften zu Hause in

---

156 „Ich hatte ... gewissermaßen die Material-Verteilungsstelle in meiner Wohnung", ebd. S. 27.

157 „Anhand der in meiner Wohnung lagernden Konzepte haben Brill, Otto Brass, Kleinspehn und ‚Fritz' über die Bildung eines Programms i. S. der ‚Volksfront' diskutiert." „Ein gewisser Willi Urban" sei gelegentlich hinzugekommen, ebd. S. 27.

158 Vernehmung Debus 26. 9. 1938, S. 30. Zur Verhaftung Frölichs s. dessen Erinnerungsbericht in IfGA EA 0246, S. 2. Gebraucht wurde das Geld zum Teil für die Anschaffung eines Abziehapparates für Matrizen, Vernehmung Brills 23. 9. 1938, BA AB ZC 6509 Bd. 6, S. 20. Da Frölich in diesem Zusammenhang eine Vorbereitung zum Hochverrat nicht nachgewiesen werden konnte, wurde er nach eigenem Urteil „auf Veranlassung Sauckels" wieder freigelassen, überlebte die NS-Zeit als „Kleingärtner", wurde aber am 23. 7. 1944 erneut verhaftet, Frölich, Erinnerungsbericht, S. 2.

159 Vernehmung Debus 29. 9. 1938, S. 32.

160 BA AB ZC 6509 Bd. 5: Verantwortliche Vernehmung des Otto Brass 21. 9. 1938; das Folgende ebd.

161 Zur Vernehmung Fritz Erlers s. weiter unten.

Anwesenheit einer Zeugin im Badeofen verbrannt, dies aber vor Debus verheimlicht, „weil ich nicht als Feigling gelten wollte".[162] Brill hielt er zu diesem Zeitpunkt noch ganz aus dem Spiel und erklärte zur Schrift „Über dialektischen Materialismus", hier seien wohl von ihm beigebrachte „Stoffquellen zu einem von einer philosophisch geschulten Person gefertigten Aufsatz verarbeitet worden". Um aufkommende Verdachtsmomente sofort in eine falsche Richtung zu leiten, brachte Brass in diesem Zusammenhang als „eine dritte Person" einen „Karl Braun" ins Gespräch, den er als jung, dunkelblond, gedrungen und 165 cm groß beschrieb; gemeint war von ihm damit Kurt Schmidt.

Die Gestapo unterbrach die Vernehmung an dieser Stelle sofort, um jetzt über Debus die Identität von „Fritz" als Karl Braun zu erfahren. Anschließend suchte Brass sie in dieser falschen Fährte mit Nachdruck zu bestärken.[163] Doch eine solche verwirrende und hinhaltende Taktik zur Verteidigung seiner selbst und anderer ließ sich nicht lange durchhalten. Am 29. September legte Brass in einer handschriftlichen Selbstäußerung jenen Wissensstand offen, den die Gestapo schon durch Debus und zwischenzeitlich auch durch Brill erreicht hatte. Die bisherigen verschleiernden Aussagen begründete er mit seiner Aufregung; nur die Identität „Karl Brauns" als Kurt Schmidt suchte er noch zurückzuhalten, gab sie aber bei der anschließenden Vernehmung dann ebenfalls preis.[164] Schmidt war bereits zwei Tage vorher, am 27. September, verhaftet worden.[165]

Anfang Oktober erfuhr dann die Gestapo durch weitere Vernehmungen von Brass die für sie zu diesem Zeitpunkt noch unklaren Einzelheiten über dessen Prager Reise Mitte Januar 1937.[166] Brass legte dabei Wert darauf, durch die Wiedergabe seiner dortigen Gespräche mit Vogel, Stampfer, Karl Frank (alias: „Willi Müller") und Paul Hertz der Gestapo die jeder Realität fernen Auffassungen des Prager Exilvorstandes der SPD von einer parteipolitischen Renaissance in Deutschland zu verdeutlichen. Damit wollte er auf der anderen Seite der Gestapo gerade eine gewisse Harmlosigkeit der Illegalen im Reich nahelegen, die doch diese Emigranten-Vorstellungen nicht teilten, sondern nur in platonischen Gedankengängen späteren Eventualitäten nachhingen. Der Gestapoprotokollant notierte diese Brass-Einlassung mit dem Satz: „In Deutschland gäbe es . . . überhaupt niemand, der an die Wiederkehr von Parteien auch nur denke. In diesem Punkt sei die Wandlung, die sich im Volke vollzogen (habe), unabänderlich, besonders aber in der Arbeiterschaft."[167] Damit versuchte Brass auch, seinen von ihm in zusammenhängender Rede enthaltenen Hinweisen auf Gedanken einer sich in Berlin bildenden Volksfront einen eher theoretisch beiläufigen, auf jeden Fall praktisch aussichtslosen politischen Charakter zu geben.

Deutlich anders als der labilere Debus und der verharmlosende Brass verhielt sich in seinen Vernehmungen Hermann Brill. Natürlich hatte er den Vorteil, nach Oskar Debus und Otto Brass verhaftet worden zu sein. Das entband ihn der im Kreis der Widerständler sicher verabredeten Verpflichtung zur verdeckenden Sprache und entstellenden Information. Aber diesen Vorteil hatten auch die kurz nach ihm verhörten Kurt Schmidt, der am 26. September

---

162 Vernehmung Brass 21. 9. 1938, S. 6.

163 Vernehmung Brass 24. 9. 1938: „Ich bin fest davon überzeugt, daß der angebliche ‚Fritz' richtig Karl Braun heißt", ebd. S. 11.

164 Ebd. Selbstäußerung des Otto Brass 29. 9. 1938, 6 Seiten, und Vernehmung Brass vom 29. 9. 1938.

165 BA AB NJ 13337 Bd. 3: Verantwortliche Vernehmung Kurt Schmidts 27. 9. 1938.

166 Vernehmung Brass 6. 10. 1938, S. 23 ff. Das Protokoll enthält auch einen Hinweis auf die illegalen Aktionen Elli Schmidts, die Brass als „Lotte" vorstellte.

167 Ebd. S. 25.

polizeilich festgenommen wurde[168], Fritz Erler (3. November)[169] oder Oskar Umrath, Otto Jenssen, Johannes Kleinspehn, Erich Kürschner, Willi Urban, Fritz Michaelis und andere aus der zweiten Reihe der Widerständler.[170] Sie alle – mit Ausnahme Schmidts und Erlers – wurden mehr zu marginalen Details aus dem logistischen Umfeld einer illegalen Tätigkeit verhört. Bei Brill war das anders. Er trat von allem Anfang an als der auf, der er war, als ein zu philosophischem Denken befähigter, in der Staatstheorie belesener, in der parteipolitischen und parlamentarischen Praxis erfahrener Kopf der Widerstandsbewegung Deutsche Volksfront. Das Vernehmungsprotokoll hinterläßt auch eher den Eindruck einer stattgehabten Debatte, zeitweise den eines Vortrags, kaum den eines Verhörs. In allem kam zum Ausdruck, was später Rudolf Hagelstange literarisch festhielt: „Brill war ein Mann von hoher, der Philosophie zuneigender Intelligenz, und zugleich verfügte er über ein gewisses Organisationstalent."[171]

Zur Person gab er den Gestapo-Beamten sofort zu erkennen, daß er kein unbedeutender Mann war: Hilfsreferent der Landesregierung in Gotha 1920, Vortragender Rat im Thüringer Ministerium für Volksbildung 1921, Ministerialdirektor dort im Innenministerium 1923, Richter am Disziplinarhof des Oberverwaltungsgerichts in Jena, Dozent für Staatsverwaltung, Völker- und Kirchenrecht in Tinz, Prüfungskommissar für Lehrer und Polizeibeamte in Weimar, stellvertretendes Mitglied des Reichsrates, am 19. Dezember 1928 promoviert zum Dr. jur., am 1. August 1933 aus dem Staatsdienst entlassen, weil er sich „damals gegen das Verbot der Zugehörigkeit von Beamten zur SPD ausgesprochen" habe, danach als freier Schriftsteller tätig („Dr. Broecker") – wahrhaftig eine vita activa et contemplativa. Andere Lorbeeren, wie etwa den Vorsitz im Parlamentarischen Untersuchungsausschuß gegen Frick/Hitler 1932, ließ er tunlichst unerwähnt. So glaubte er ohne Scheu oder falsche Scham vor der Gestapo bekennen zu können: „Ich habe viel gearbeitet und gute Erfolge gehabt." Politisch fügte er hinzu, was er seit Jahren erklärte: „Ich bin am 30. Mai 1933 aus eigenem Entschluß aus der SPD ausgetreten, weil ich sie für politisch überlebt hielt." Ein nicht versierter Gestapo-Beamter konnte eine solche Aussage, zumal der Parteiaustritt vor dem offiziellen Parteiverbot lag, durchaus im Sinne einer NS-Systemkonkordanz mißverstehen. Vielleicht hatte Brill das an dieser Stelle auch miterwogen.

Zu seinen Schriften bekannte er sich. Als Entwurf einer „großen Arbeit" stellte er die „Soziologie des Staates" vor, deren variabler Titel „Politik als Wissenschaft" in der polizeilichen Vernehmung unerwähnt blieb. Er charakterisierte sie als „eine soziologisch, historisch, juristische Arbeit", was sie in den bis dahin vorliegenden Teilen tatsächlich auch war. Das Werk – von ihm Essay genannt – „Über dialektischen Materialismus" beurteilte er selbst als in der Tendenz „nicht für staatsabträglich, sondern höchstens kritisch"; es sei „eine erkenntnistheoretische Studie", geschrieben auf dem „schwierigsten Gebiete der Erkenntnistheorie, Erkenntniskritik und Logik", die „ausschließlich wissenschaftliche Absichten verfolgt" habe.[172]

Auf die Volksfront angesprochen, stellte Brill Otto Brass als den „spiritus rector der ganzen Angelegenheit"[173] heraus. Das entsprach korrekt der Rolle, die Brass als Initiator und

---

168 S. o. Anm. 165.

169 BA AB ZC 6509 Bd. 7: Verantwortliche Vernehmung Fritz Erler 14. 11. 1938; dazu s. weiter unten.

170 Vernehmungsprotokolle zu Oskar Umrath, Otto Jenssen, Johannes Kleinspehn, Fritz Michaelis, Willi Urban u. a. s. BA AB NJ 1143 Bd. 1ff., NJ 1147 und ZC 6509 Bd. 1ff.

171 BA AB ZC 6509 Bd. 6: Verantwortliche Vernehmung Hermann Brills, (Schriftsteller Dr. Broecker), 22. 9. 1938. Das Zitat Hagelstanges in: Der Niedergang. Roman, München 1983, S. 211.

172 Vernehmung Brills 22. 9. 1938, S. 13ff.

173 Ebd. S. 7.

Organisator seit 1936 gespielt hatte. Wenn Brill in den ersten beiden Vernehmungen seine Funktion eher als die eines Korreferenten beschrieb, der an den ihm vorgelegten „programmatischen politischen, staatsgegnerischen Entwürfen“ nur Korrekturen angebracht haben will, so war das verharmlosend. In den weiteren Vernehmungen rückte er davon ab und gab mit offenen und direkten Worten sich als Autor der beiden zentralen Schriften „Deutsche Ideologie 1937” und „Freiheit – Deutsche Volksfront 1938“ aus, wohingegen er die vorangegangenen „Zehn Punkte“ vom Dezember 1936 wahrheitsgemäß als ein Kompromißpapier beschrieb, an dem viele mitgewirkt hatten.[174]

Etwas apologetisch wirkte das Bemühen Brills, die im Entwurf der Schrift „Freiheit“ – nicht in ihrer endgültigen Fassung – von ihm gemachten Aussagen zur neuen territorialpolitischen Gliederung an der deutsch-französischen Grenze abzuschwächen oder gar zurückzunehmen. Im Entwurf hatte er vorgeschlagen, „die ganzen Rheinlande, dieses älteste Kulturland Zentraleuropas von Aachen bis Burgund zu einer unter der gemeinsamen Verwaltung Deutschlands und Frankreichs stehenden Rheinischen Union zu vereinigen, in der Verkehr, Polizei und Verwaltung gemeinsam, alle übrigen Aufgaben heimatlich autonom erledigt werden. Diese Union soll für Deutschland und Frankreich weitere Möglichkeiten des Ausbaues liefern, die auch auf Danzig und den Korridor angewandt werden können.“[175] In der Vernehmung am 22. September 1938 gab er zu Protokoll: „Ich bin ganz entschieden Gegner von jedem Separatismus. Ich bin der Auffassung, daß die deutsch-französische Verständigung auf geistiger, kultureller und moralischer Grundlage erfolgen muß; dann ergibt sich alles übrige von selbst.“[176] Ein solcher politischer Grundsatz läßt sich tatsächlich dem außenpolitischen Denken Brills vorher und nach 1945 mit deutlichen Konturen entnehmen, am 22. September 1938 indessen, ein halbes Jahr nach der Angliederung Österreichs und eine Woche vor der Münchener Konferenz über das Sudetenland, mußte er einem Vernehmungsbeamten der Gestapo oder nachfolgend einem Staatsanwalt oder Richter vor dem Volksgerichtshof als Frevler wider die nationalsozialistische Außenpolitik erscheinen.

Wohlgefälliger mußte in den Ohren der ihn vernehmenden Beamten Brills Aussagen über seinen Anti-Bolschewismus klingen. Hierbei hielt er sich uneingeschränkt an die Linie, die er in der thüringischen Politik von allem Anfang vertreten hatte, d. h. wohl Sozialist sein, nicht aber Bolschewist werden: „Ich bin von Anfang meiner politischen Tätigkeit an ein scharfer Gegner des Bolschewismus gewesen. Schon im Jahre 1919 habe ich meine ganze politische Existenz aufs Spiel gesetzt, um die Bolschewisierung der USPD durch die 21 Bedingungen zu verhindern. Deshalb hat mich die KPD in den folgenden Jahren aufs schärfste bekämpft. Beim Oktoberputsch 1923 wurde mir mitgeteilt, daß ich zu den ersten gehöre, die im Falle des Gelingens des Putsches erschossen werden sollten. 1929 mußte ich mich gegen tätliche Beleidigungen der KPD durch das Gericht wehren. Noch im August 1936 habe ich einen scharfen Artikel gegen ‚Sowjetrüstungen‘ geschrieben, der damals durch den ‚Wirtschaftlichen Pressedienst‘ verbreitet und von mehr als 100 deutschen Zeitungen abgedruckt wurde. Auch DNB hat ihn z. T. übernommen. Meine ganze Arbeit bei der ‚Deutschen Volksfront‘ war von dem Bestreben geleitet, zu verhindern, daß es im Falle des Rücktritts von Hitler in Deutschland zum Bolschewismus kommen könnte.“[177] Die Ablehnung einer von der KPD mitgetragenen Volksfront in Deutschland, wie sie 1937/38 diskutiert und von der Berliner

174 Vernehmung Brills 24. 9. und 3. 10. 1938, S. 22f.
175 BA AB NJ 13337 Bd. 2: Anklageschrift des Oberreichsanwalts beim Volksgerichtshof gegen Brass/Brill 3. 5. 1939, S. 29f.
176 A. O. Anm. 172, S. 9.
177 Vernehmung Brills 3. 10. 1938, S. 32.

Gruppe vertreten wurde, allerdings bei einer gleichzeitigen Ablehnung beider ehemaligen Arbeiterparteien, ja aller Weimarer Parteien, bestätigt die an diesem Punkt ganz zutreffende Aussage Brills.

Seine Reise nach Brüssel vom Dezember 1937 wurde erst am Schluß der Vernehmungen angesprochen.[178] Dabei bemühte Brill sich nach Kräften, sein Reiseziel, die SAI für neue parteipolitische Organisationsstrukturen zu gewinnen, verdeckt zu halten. Dem diente der wiederholte Hinweis, daß die Deutsche Volksfront in Berlin den von den emigrierten Parteivorständen der SPD, aber auch der KPD verfolgten Rekonstruktionsideen der alten Parteienlandschaft, denen die KPD die Volksfrontidee nur als politische Ouvertüre voranstellte, ganz entgegenstand. „Meine politischen Freunde", so gab Brill seinen Brüsseler Refrain aus mehreren Gesprächen an, „wollten ja etwas Neues, was das ganze Eimigrantenwesen grundsätzlich ablehnt."[179] Daraus folgerte Brill bei seiner Vernehmung am 7. Oktober, daß er „die Emigration für gänzlich überflüssig halte".[180] Die Gestapo folgte ihm in dieser Aussage ebenso wenig wie später der die Anklage erhebende Oberreichsanwalt vor dem Volksgerichtshof.

Mit diesen Vernehmungen sah die Gestapo die politisch-programmatische Vorstellungswelt, das organisationstechnische Umfeld und den engeren Kreis der Initiatoren wie den weiteren der Mitglieder der Deutschen Volksfront und ihrer Beziehungen zur Berliner Filiale von Neu Beginnen als im wesentlichen geklärt an. Am 19. Oktober 1938 unterrichtete sie davon den Reichsführer SS und Chef der deutschen Polizei, Heinrich Himmler.[181] Dieser erfuhr auf diesem Wege davon, daß Brill „Kopf dieses illegalen Kreises" sei, die pseudowissenschaftlichen Schriften ‚Dialektischer Materialismus', ‚Deutsche Ideologie 1937' allein verfaßt und für die „Hetzschrift ‚Freiheit'" eigene Beiträge sowie Manuskriptkorrekturen geleistet und „durch eine Reise nach Brüssel Anschluß und Verbindung mit der II. Internationale (Adler u. a.)" gesucht habe. 23 weitere Personen wurden namentlich aufgezählt.

Unter den Genannten befand sich auch Fritz Erler. Da sich seine Vernehmung auffällig von anderen in dem gesamten Verfahren gegen die Deutsche Volksfront und die Berliner Filiale Neu Beginnen abhob und Erler auf der anderen Seite nach 1945 mit deutlich heroisierenden Worten Ansprüche auf eigene Widerstandstätigkeiten erhob[182], seien Auszüge aus seiner Vernehmung von 1938 zumindest in gebotener Kürze vorgestellt. Sie lassen ihn auch als Gegenbild zu Brill erkennen, den Erler nach dem Zweiten Weltkrieg bei aller parteipolitischen Freundschaft doch eher überging.[183]

Fritz Erler wurde am 3. November 1938 von der Gestapo verhaftet. Er leistete zu dieser Zeit einen dreimonatigen Wehrdienst bei der 23. Inf.-Div. in Potsdam ab.[184] Dieser militärische Dienst kann als ein Versuch zur Tarnung seiner politischen Aktivitäten verstanden werden.

---

178 Vernehmung Brills 7. 10. 1038, S. 34ff.

179 Ebd. S. 36.

180 Ebd. S. 37.

181 Das Originalschreiben der Gestapo an Reichsführer SS vom 19. 10. 1938 betr. „Deutsche Volksfront 1938" in: IfGA IV 2/4/364, eine Durchschrift in BA AB ZC 6509 Bd. 10.

182 Erler verwies im Brief an Heinrich Hellmann auf die Berliner Filiale Neu Beginnen und bemerkte dabei, „daß unsere kleine Gruppe bei allen Fehlern und Unzulänglichkeiten, die sie hatte, doch ein prächtig zusammengesetzter Haufen war, in dem wir eines gelernt hatten: Die Hingabe an eine Sache, und wenn es das Leben kostet, und die Ernsthaftigkeit der Diskussion, auch wenn man dabei irrt", Erler an Hellmann 6. 10. 1951, AsD NL Erler 3, ebd. weitere Korrespondenzen zum Thema.

183 Ebd. Erler an Brill 11. 11. 1947 und Brill an Erler 20. 11. 1947.

184 BA AB NJ 13337 Bd. 3: Vernehmung Fritz Erlers; die 23. ID Potsdam war mit militärischen Widerstandskämpfern durchsetzt, Divisionskommandeur war Brockdorff-Ahlefeld, der damals im Vorfeld der Münchner Konferenz zusammen mit dem Befehlshaber des 3. Armeekorps von Witzleben, mit Beck und Halder sowie dem Chef der Heeresnachrichtenschule Fellgiebel Vorbereitungen eines Marsches auf Berlin bedachte.

Dabei wäre gleich eine ganze Reihe ähnlicher Schritte so zu bewerten: seine Position als NSV-Blockwalter seit dem 1. April 1935, die eines Zellenleiters seit dem 1. Oktober 1936, seine von der NSV ein Jahr später vorgeschlagene Aufnahme in die Partei, seine sehr eifrige und werbewirksame Mithilfe beim Winterhilfswerk, als Wahlhelfer bei der Volksabstimmung nach dem „Anschluß der Ostmark", der Empfang der Gaukarte als Parteianwärter im Frühjahr 1938 und schließlich der am 6. September dieses Jahres eingehende Bescheid, sich „die Mitgliedskarte der NSDAP abholen" zu können.[185] Keiner der anderen Widerstandsmitglieder hatte eine derartige Palette vorzuweisen.

Erler wies dagegen in späteren Korrespondenzen darauf hin, in der Berliner Neu-Beginnen-Filiale als wichtiges Mitglied mitgearbeitet und dabei „weit über den Rahmen der Deutschen Volksfront hinaus" Einfluß gewonnen zu haben.[186] Er nannte dabei „die Bekennende Kirche, den Bund religiöser Sozialisten, Kreise der Industrie um die Familie Siemens, Restgruppen der SAP"[187] und der SPD, die SAJ, illegale Teile der Gewerkschaften, „vor allem der Eisenbahner" und auch der KPD. Die Vernehmungsprotokolle der Gestapo von 1938 bestätigen diesen Tätigkeitsumfang nicht, nennen aber Erler und Oskar Umrath häufig als Mitarbeiter Kurt Schmidts. Brill gab später an, Erler in den 30er Jahren bis zum Prozeß vor dem Volksgerichtshof „nicht einmal dem Namen nach gekannt" zu haben.[188]

In den Vernehmungen in der Prinz-Albrecht-Straße hat Erler nicht wie Debus, Brass, Brill, Schmidt und andere seine geistige und organisatorische Mitgliedschaft in Neu Beginnen und seine Verbindung über Brass zur Deutschen Volksfront mit klaren Worten bekannt. Im Gegenteil; als ihm Schmidt im Dezember 1937 von der Verbindung beider Gruppen Mitteilung gemacht habe, habe ihn, Erler, dies „wie ein Keulenschlag" getroffen. „Ich erklärte den Haufen (sc. die Deutsche Volkfront) für verrückt und zog mich sofort von Kurt Schmidt zurück." Der Gestapo bekannte er mit einem Anflug von Reue, den kein anderer aus diesem Kreis in den Vernehmungen gezeigt hatte: „Ich gebe zu, daß ich damals hätte Anzeige erstatten sollen. Ein Gefühl der persönlichen Rücksicht auf Kurt Schmidt und die Annahme, daß die Leute doch bald zur Vernunft kommen würden, hielt mich davon zurück."[189]

Zu dieser persönlichen Stellungnahme, handschriftlich verfaßt, paßte Erlers Schlußwort in der Vernehmung am 17. November 1938: „Ich habe den Weg zur Volksgemeinschaft gefunden. Ich bitte darum, daß man mein gerade aufgebautes Leben nicht zerstöre, sondern mir Gelegenheit gebe, nach bestem Wissen und mit allen meinen Kräften innerhalb der Volksgemeinschaft zu arbeiten, um das gutzumachen, was ich fehlte."[190] Auch wenn es noch weiterer Forschungen bedarf, die Position Erlers im Widerstand angemessen zu würdigen[191], bleibt der doch nicht unauffällige Tatbestand zu registrieren, daß die Vernehmung Erlers zu anderen Resultaten führte als die der anderen Widerständler, vor allem als die Hermann Brills. Genutzt hat die Bekenntnis- und Widerspruchsfreude, durchaus aus legitimen Gründen der Tarnung erklärbar, Fritz Erler wenig; er wurde zu 10 Jahren Zuchthaus verurteilt.

---

185 Ebd. Selbstäußerung (handschriftlich) Erlers Nov. 1938.

186 AsD NL Erler 3: Erler an Brill 11. 11. 1947.

187 „... die wir nach der Zerschlagung des eigentlichen Apparates durch die Gestapo praktisch bei uns aufgenommen hatten", Erler an Hedwig Lütgemeier 19. 3. 1955, a. o. Anm. 186.

188 Ebd. Brill an Erler 20. 11. 1947.

189 A. O. Anm. 184: Erler, Selbstäußerung, S. 8.

190 Ebd. S. 86. Erler argumentierte in diesem Zusammenhang auch mit seiner gerade, am 16. 7. 1938, geschlossenen Ehe und der Kinderliebe seiner Frau: „Wir wollen möglichst bald Kinder haben, weil unsere Kinder noch junge Eltern haben sollen", ebd. Erler, Selbstäußerung, S. 9.

191 Soell, Hartmut, Fritz Erler. Eine politische Biographie, 2 Bde., Berlin/Bonn 1976, spricht nur von „Schutzbehauptungen" Erlers, ebd. S. 38ff., besonders S. 50.

Die Gestapo wußte knapp drei Monate nach den ersten Verhaftungen Bescheid; sie hatte den gesamten linken Widerstand in Deutschland zerschlagen. Das beweist auch der Umstand, daß seine Regeneration wie nach den Verhaftungswellen von 1934/35 nicht erfolgte. Am 6. Dezember 1938 faßte das Gestapo-Referat II A 2 alle in den Voruntersuchungen gewonnenen Erkenntnisse zu einem „Schlußbericht in der Ermittlungssache ‚Deutsche Volksfront' 1938" zusammen.[192] Am 9. Dezember 1938 wurde das Hauptverfahren vor dem Volksgerichtshof eröffnet; die Anklage lautete: „Vorbereitung zum Hochverrat".[193] Brill wurde einen Tag später aus den Händen der Gestapo in der Prinz-Albrecht-Straße in das Untersuchungsgefängnis Berlin-Altmoabit verlegt.[194] Eine lange Wartezeit begann, bis der Oberreichsanwalt beim Volksgerichtshof am 5. Mai 1939 die Anklageschrift für ihn und Otto Brass angefertigt hatte; die anderen Verfahren waren abgetrennt worden.[195] Die Anklage warf Brass und Brill vor, gemeinschaftlich „von Ende 1935 bis zum September 1938 in Berlin, Prag und Brüssel fortgesetzt und gemeinschaftlich mit anderen das hochverräterische Unternehmen, mit Gewalt oder durch Drohung mit Gewalt die Verfassung des Reiches zu ändern, vorbereitet zu haben, wobei die Tat a) darauf gerichtet war, zur Vorbereitung des Hochverrats einen organisatorischen Zusammenhalt herzustellen und aufrechtzuerhalten, b) auf Beeinflussung der Massen durch Herstellung und Verbreitung von Schriften gerichtet war und c) teilweise im Ausland begangen worden ist." Das registrierte der Oberreichsanwalt als Verbrechen gegen § 80 Abs. 2, § 83 Abs. 2 und 3 Ziffer 1, 3 und 4 sowie § 47 StGB.

Der Prozeß vor dem Volksgerichtshof gut zwei Monate später brachte keine neuen Gesichtspunkte oder Tatbestände zutage und führte nach einer nur eintägigen Verhandlungsdauer am 28. Juli 1938 zu einer 12jährigen Zuchthausstrafe und einem 10jährigen Ehrverlust für Brass und Brill „wegen Vorbereitung eines hochverräterischen Unternehmens".[196] Kurt Schmidt erhielt im Prozeß am 15. September 1939 ebenfalls 12 Jahre, Erler 10, Umrath 5 Jahre.[197] Die Strafverbüßung begann für Hermann Brill am 28. Juli 1939; die Akten vermerkten penibel die Uhrzeit: 21.10 Uhr. Er wurde von Berlin-Moabit in das Zuchthaus Brandenburg-Görden überwiesen.[198]

Während die beiden Hauptvertreter der Deutschen Volksfront, Otto Brass und Hermann Brill, die für sie schwere Haftzeit in den folgenden Jahren ohne an die Staatsführung herangetragene Kommentare, Freisetzungs- oder Entlassungsgesuche durchstanden, haben die drei wichtigsten Vertreter der Berliner Neu Beginnen-Gruppe, Kurt Schmidt und Oskar Umrath († 6. März 1943), mehrere gestellt, Fritz Erler hat sich im Strafgefangenenlager Aschendorfer Moor im Emsland positive Beurteilungen durch den Lagervorsteher erworben.[199] Brill hat keine Reue demonstriert, sondern seinen geistigen Widerstand fortgesetzt.

192 BA AB ZC 6509 Bd. 2: Schlußbericht in der Ermittlungssache „Deutsche Volksfront" 1938, 6. 12. 1938.
193 BA AB NJ 13337 Bd. 1 Eröffnung des Hauptverfahrens „Gegen Brass und Andere" 9. 12. 1938.
194 Ebd. Martha Brill an Untersuchungsrichter Berlin-Moabit 13. 12. 1938.
195 BA AB NJ 13337 Bd. 2: Der Oberreichsanwalt beim Volksgerichtshof, Anklageschrift gegen Otto Brass und Hermann Brill 3. 5. 1939. Vorstellungen der Wahlverteidiger RA Dr. Rogge (Brass) und RA Dr. Boyke (Brill) sind bis auf eine Ausnahme nicht aktenkundig geworden.
196 BA AB ZC 6509 Bd. 1: Urteil des Volksgerichtshof gegen Otto Brass und Hermann Brill am 28. 7. 1939.
197 BA AB NJ 1147: Urteile gegen Kurt Schmidt, Fritz Erler und Oskar Umrath 15. 9. 1939.
198 BA AB ZC 6509 Bd. 11: Oberreichsanwalt beim Volksgerichtshof an Vorstand des U-Gefängnisses Berlin-Alt Moabit 28. 7. 1939.
199 BA AB NJ 13337 Bd. 7. Kurt Schmidt adressierte am 26. 7. 1942 an den Oberreichsanwalt, die Zuchthausstrafe „zum Zwecke der Wehrwürdigkeit und der Bewährung an der Front" in Gefängnisstrafe umzuwandeln. „Ich bereue heute, daß ich mich einst so weit gehen ließ." Sein Gesuch wurde am 5. 8. 1942 abgelehnt, ein ähnliches von Umrath ebenfalls. Erler wurde vom Vorsteher des Strafgefangenenlagers II Aschendorfer Moor am 6. 1. 1941 positiv beurteilt: „Nach seinem aufrichtigen und scheinbar auch reuevollen Auftreten ist anzunehmen, daß die Strafe nicht ohne Wirkung geblieben und ein innerer Wandel zu erwarten ist. Erler hat sich hier völlig zurückgehalten und keinerlei Anschluß bei seinen

4 Haft- und Leidenszeit 1939–1945

4.1 „Vollendung und Unendlichkeit" im Zuchthaus Brandenburg-Görden

Das in der nördlichen Vorstadt Brandenburgs gelegene Zuchthaus wurde für Brass und Brill der erste Haftort nach ihrer Verurteilung durch den Volksgerichtshof. Während im April 1936 von den damals hier einsitzenden ca. 3000 Häftlingen noch ¾ politische waren und der Rest aus kriminellen bestand, hatte sich der Prozentsatz in den nächsten Jahren noch weiter zugunsten der politischen verschoben.[200] Der NS-Staat machte Brandenburg-Görden zu einer bevorzugten Haftstätte seiner Gegner. Das hatte auch Einfluß auf das Wachpersonal. Der 1933 zum Teil gesiebte Beamtenapparat war in den folgenden Jahren zunächst unverändert geblieben, wurde aber ab 1938 sehr wesentlich durch SA- und SS-Wachmannschaften aus den Moorlagern ersetzt. Im Urteil der Häftlinge waren diese strenger und unzugänglicher.[201]

Mithäftlinge haben Otto Brass und Hermann Brill zu den renommiertesten sozialdemokratischen Inhaftierten des Zuchthauses gerechnet, Brass als den Hauptvertreter der rechten Sozialdemokraten, Brill als den der linken.[202] Das Urteil, gesprochen von einem Kommunisten, überrascht, weil es keine Rücksicht nahm auf die spätere SED-Doktrin, Brill als einen rechten Sozialdemokraten zu bezeichnen.

Brill hat in Brandenburg-Görden wie zuvor in der Untersuchungshaft in Berlin-Moabit mit einer gewissen Regelmäßigkeit Besuche seiner Familienangehörigen empfangen dürfen. Seine Frau Martha, seine Schwägerin Käte und sein Bruder Paul haben ihn hier besucht. Diese mußten dafür förmlich um eine Genehmigung nachsuchen, in der Regel sechs Wochen vor dem Termin, zu dem sie dann das Gespräch über 20 Minuten führen durften.[203] Martha Brill gab als Besuchsgrund stets „geschäftliche Themen" an. Ihren Kindern hatte sie nichts davon erzählt, sondern diese in den Glauben versetzt, ihr Vater sei in Amerika und könne des inzwischen ausgebrochenen Krieges wegen vorerst nicht zurückkehren. Die Glaubwürdigkeit muß nicht sehr groß gewesen sein, denn als Tochter Cornelia zu Ostern 1939 in eine Berliner Volksschule aufgenommen war, exerzierte die Klassenlehrerin an dem Kind eine Sippenhaftung: „Brill in die Ecke" war die tägliche morgendliche Begrüßungsformel vor der Klasse. Erst eine energische Intervention der Mutter konnte dieser Schikane nach zwei Jahren ein Ende setzen.[204] Jetzt erst setzte sich das Leistungsvermögen des Kindes frei.

Von gleicher Energie gestützt war das Auftreten Martha Brills bei ihren Besuchen im Zuchthaus. Sie konnte ihr äußeres Erscheinungsbild – sie war groß und schlank, blauäugig und blond – vorteilhaft bei den auf „arische" Merkmale eingestimmten Wachmannschaften einsetzen, häufig länger bleiben als die vorgesehenen 20 Minuten und ihrem Mann einiges mitbringen. Bücher, Papier und Bleistifte waren ihm besonders wichtig, dessen geistige Energie und innere Kämpfernatur in Brandenburg-Görden und später in Buchenwald unverändert

---

Mitgefangenen gesucht. Offensichtlich hat die Strafe ihn stark beeindruckt", BA AB NJ 13337 Bd. 10. Erler wurde daraufhin am 10. 2. 1941 in das Zuchthaus Kassel-Wehlheiden verlegt.

200 IfGA EA 0309 Erinnerungsbericht Fritz Grosse, S. 11: Aussagen über das Zuchthaus Brandenburg-Görden in der zweiten Hälfte der 30er Jahre. Vgl. Walter Hammer, Hohes Haus in Henkers Hand, Frankfurt/Main 1956 und Walter Uhlmann, Sterben um zu leben. Politische Gefangene im Zuchthaus Brandenburg-Görden 1933–1945, Köln 1983.

201 „Diese waren strenger, aber politisch von einer noch erschreckenderen Indifferenz als die alten Beamten", Grosse, S. 12.

202 „Es gab zwei Gruppen von Sozialdemokraten bei uns", die Rechte führte Brass an. „Die Gruppe der Linken, deren Hauptvertreter Dr. Brill und die beiden alten Gewerkschafter Karl Oldersdorf und Scharfschwert waren", ebd. S. 12.

203 BA AB ZC 6509 Bd. 2 und 3. Die Akten enthalten mehrere Gesprächsgesuche von Martha Brill, Käte Pluskat und Paul Brill. Hermann Brills Tochter Cornelia Martin hat dem Vf. versichert, daß diese auf die Untersuchungshaft bezogenen Gesuche auch für Brandenburg-Görden so fortgeführt wurden.

204 Cornelia Martin an Verf. 1991.

blieben. Brill saß im Zuchthaus zeitweise in einer feuchten Einzelzelle, mußte noch einmal seiner Hämorrhoiden wegen operiert werden, hat sich aber trotz aller Schreckensbilder, die ihm Zeit seines Lebens in Traumbildern gegenwärtig blieben, körperlich, geistig und seelisch nicht brechen lassen. In der Moabiter Untersuchungshaft hat er noch zum Training seiner geistigen Kräfte das Buch von Walter Bagehot „Natur und Politik. Oder Gedanken über die Anwendung der Grundsätze der natürlichen Auslese und Vererbung auf die politische Gesellschaft" (London 1873) aus dem Englischen übersetzen dürfen. Er hat die Arbeit auf 180 handschriftlichen Seiten, eng, flüssig und mit klaren Schriftzügen geschrieben, vom 27. Dezember 1938 bis zum 2. Februar 1939 bewältigt und seiner Frau gewidmet.[205] Das darwinistische Thema wird dem Wachpersonal gefallen haben. Für Brill war es nur eine geistige Trainingsleistung.

In Brandenburg-Görden hat er in ähnlicher Weise seine inneren Kräfte lebendig zu halten versucht, allerdings unter wesentlich erschwerten Bedingungen. „Es hat Monate gegeben", so berichtete er im Juni 1945 gegenüber dem ihn in Weimar besuchenden Klaus Mann, „während derer ich nicht ein Wort sprechen durfte ... Zeitweise hatte ich sogar die Fähigkeit des Sprechens verloren." Dann war er „nur mit seinen Gedanken und dem Kleben von Papiertüten" beschäftigt.[206] Die Gedanken konnte er aber mitunter notieren. Er, der mit seiner sehr kleinen Schrift auf jedes erreichbare Stück Papier Notizen schreiben mußte, hat mit Hilfe seiner Frau und begünstigt durch seine ihm im Zuchthaus gelegentlich zugewiesene Arbeit in der Bibliothek – ein die Rettung des Lebens dieses von stetigem geistigen Hunger getriebenen Mannes wesentlich stützender Ort – hier einiges geschrieben. Nur ein Dokument aus diesen Jahren, allerdings ein wesentliches, konnte in kleinen Teilen aus dem Zuchthaus hinausgebracht werden: „Vollendung und Unendlichkeit", ein „epischer Dialog", den Brill hier von Anfang September 1942 bis Ende Februar 1943 schrieb.[207]

Das jetzt 63 maschinenschriftliche Seiten umfassende Manuskript ist in seiner kompositorischen Form, seiner inhaltlichen Aussage und der literarischen Gattungsordnung („epischer Dialog") ungewöhnlich. Der Wissenschaftler Hermann Brill versuchte mit Inhalten abendländischer Geistesgeschichte und Formen antiker Literatur das zu definieren, was er bis dahin über 20 Jahre in parlamentarischen Debatten und illegalen Programmschriften zum Sozialismus gedacht und gesagt hatte. Die steinerne Enge der Zuchthauszelle hat dabei offenbar eine kontrastierende Widerspiegelung in der geistig weit ausgreifenden und fast lyrisch entfalteten Gedankenführung gefunden. „Vollendung und Unendlichkeit" ist ein ganz ungewöhnliches Dokument, eine Widerstandsschrift und ein literarisches Denkmal der Humanitas, das mit dem schriftstellerischen und philosophischen Kunstgriff einer Wanderung durch das antike Attika literarische Gestalt anzunehmen suchte.

In einem Nachwort hat Brill dem Leser als Interpretationshilfe den Satz an die Hand gegeben: „Es handelt sich um Probleme unserer Zeit." Gemeint ist der Versuch einer Definition des Sozialismus. „Da der Sozialismus", so heißt es an derselben explikativen Stelle, „soziologisch der Bruch mit dem historischen Christentum ist, dialektisch jedoch die Synthese aus urchristlichem Liebeserlebnis und stoizistischer Ethik darstellt", hat Brill seine Fragestellung, die er mit der seiner Zeit gleichsetzte, in die Antike verlegt. Der Handlungs- und Reflexionsmoment ist mit großer historischer Umsicht fixiert. Es ist der Augenblick, wo Paulus hingerichtet ist (66 n. Chr.) und das Evangelium nach Johannes komponiert wurde, die ersten Zeugen der Patristik, Irrenäus (130–200) und Tertullian (160–220), aber noch nicht

---

205 Walter Bagehot, Natur und Politik, London 1873, „Übersetzt für Martha"; das Manuskript ist in Privatbesitz.

206 Stadtbibliothek München NL Klaus Mann, Brill, S. 2. Brill war zeitweise in der Papiersack-Fabrik des Zuchthauses beschäftigt, mußte aber auch u. a. einen 12tägigen strengen Arrest überstehen, AES Ein Leben für die Freiheit, S. 7.

207 BA NL Brill 70: Brill, Vollendung und Unendlichkeit. Ein epischer Dialog.

aufgetreten waren, wo also das Urchirstentum mit seinen letzten Zeugen vergangen war, aber die Chance, durch eine Kohäsion mit der Stoa die neue Religion auszugestalten, nicht genutzt werden konnte, sondern eine Kirche gegründet wurde, die nach Brills Auffassung „das religiöse und ethische Bedürfnis der feudalen und kapitalistischen Gesellschaft befriedigte", mit dieser aber auch später ihr Ende erreichte. Brill markierte diesen von ihm als welthistorisch bedeutsam angesehenen Augenblick im Jahre 100 n. Chr. Da es ihm um eine Auferstehung der damals vertanen geistigen Potentiale ging, schränkte er das Geschehen seines Dialogs sinnträchtig auf Ostern 100 ein.

In dieser vorgegebenen Datierung lag ein weiterer Problembezug zur Gegenwart des Autors beschlossen. 100 n. Chr. regierte seit zwei Jahren der römische Kaiser Traian. Seine Zeitgenossen, besonders der Historiker Tacitus, priesen Traian zwar als Begründer eines goldenen Zeitalters der Kultur, aber seine Wiederaufnahme der Eroberungspolitik Cäsars mit der Stoßrichtung nach Norden und Osten brachte ihm den Beinamen „Germanicus" und dem Römischen Reich dessen größte territoriale Ausdehnung. Durch die präzise Datierung „Ostern 100 n. Chr." beabsichtigte Brill mithin, seinen Leser auf den neuen Traian seiner Zeit, auf Hitler, zu lenken, zumal er „Vollendung und Unendlichkeit" nach eigenen Angaben auf dem Höhe- und Wendepunkt nationalsozialistischer Eroberungspolitik im Osten schrieb, „von Anfang September 1942 bis Ende Februar 1943".

Nach diesen aus dem Text selbst und seinem beigegebenen Nachwort zu erschließenden Interpretationshilfen überrascht nicht mehr, daß Brill bei seinem zur Gänze erfundenen „epischen Dialog" auch den Ort des Geschehens mit geistesgeschichtlicher Umsicht wählte. Er nahm Athen zum Ausgangspunkt einer Wanderung, die von dort auf der damaligen Hauptreiseroute nach Theben und über das Gebirge durch Attika zurück nach Athen führte. Der direkte Marsch nach Theben und die mühsame Gebirgswanderung zurück finden eine Entsprechung in der zunächst scheinbar einfachen und klaren, sich dann aber im Ergebnis als unbefriedigend herausstellenden Dialogführung, so daß ein viel schwierigerer Gedankengang den Rückweg nach Athen ausfüllt. Die von Brill gewählte Etappe Theben lag durch den hier von der griechischen Mythologie lokalisierten Kreon-Antigone-Konflikt zwischen Staatsautorität und Humanitas, ausgetragen am Vorgang der Bestattung des Polyneikes, nahe. Der Autor unterließ es dann auch nicht, im Interesse seiner Thematik einen seiner Dialogpartner den Humanitas-Grundsatz der Antigone zitieren zu lassen: „Nicht mitzuhassen, mitzulieben ist mein Teil."

So eingebettet in Zeit und Ort explizierte Brill seine Thematik in der künstlerischen Form eines von ihm so genannten „epischen Dialoges". Nicht der ausschmückende Roman, nicht das breit erzählende Epos, aber auch nicht der in schneller Rede und Gegenrede vorantreibende Dialog spätklassischer, etwa euripideischer Tragödien, waren ihm Vorbild. Vielmehr hinterläßt die Form des epischen Dialogs den Eindruck, daß sein Autor eine Mischung der von langem Atem getragenen Dialoge in frühklassischen, etwa aischyleischen Tragödien und der ein Jahrhundert später komponierten platonischen Dialoge anstrebte. So konnte er den philosophischen Lehrvortrag mit dem dramatisierenden Dialog verbinden. Dieser literarische Kunstgriff ist etwas ungewöhnlich.

Die Dialogpartner hat Brill ebenfalls mit großer Sorgfalt gewählt und benannt. Als gleichsam sokratischer Mittelpunkt figuriert der Grieche Dionysios, ein attischer Patrizier und weltmännischer Hellene, erfolgreicher Kaufmann und Archont in Athen. Er vertritt die griechische Philosophie. Ihm gegenüber, gleichfalls in hohem Alter, tritt als Vertreter des Judentums Nathanael, die Symbolfigur des liberalen und aufgeklärten Judentums, das den Dialog mit den Christen sucht. Durch das Evangelium nach Johannes als Skeptiker in die

Geschichte des Christentums eingeführt – „Was kann von Nazareth Gutes kommen?" (Johannes 1,46[208]) –, vertritt Nathanael die jüdische Theorie des ausgewählten Volkes, das auf den Messias hofft. Diesen beiden Zentralfiguren sind mehrere Dialogpartner nachgeordnet. Sie dienen, schon durch ein jüngeres Alter abgesetzt, der Klärung bestimmter, historisch nachweisbarer, aber gedanklich unvollkommener Ansätze bei der reflektorischen Suche nach der geistigen „Vollendung und Unendlichkeit". Da ist Daphne, nach der griechischen Mythologie die Geliebte Apolls, die, von ihrer Maßlosigkeit befreit, als Stoikerin die Lebensruhe der Eremitin sucht; es spielt Telemach seinen Part als gläubiges Kind einer natürlichen Volksreligion; sein mythologischer Vater Odysseus, bei Brill latinisiert „Ulysses" genannt, tritt, etwas stilisiert nach Robin Hood von Sherwood Forest, als skeptischer Theologe auf, Jason schließlich ist der Vertreter der Existenzphilosophie, der Dionysios, dem er 40 Jahre als Diener und davon 7 Jahre als Verwalter zur Seite stand, im Augenblick des Todes zur treffenden Erkenntnis verhilft.

Der von Brill mit diesen kunstvollen Griffen in die Mythologie und Geschichte konstruierte epische Dialog über „Vollendung und Unendlichkeit" soll die bisher seiner Meinung nach nicht gelungene Definition des Sozialismus erbringen. Nur Kategorien der griechischen Philosophie und jüdisch-christlichen Lehre, nicht die sozioökonomischer Art späterer Jahrhunderte, werden dafür zur Verfügung gestellt. Der Dialog nimmt den Tod zum Ausgangspunkt der Reflexion und beendet diese auch mit dem Tod. Natürlich liegt darin ein biographischer Bezug zu Brill, der um die Jahreswende 1942/43 schon das vierte Jahr im Zuchthaus Brandenburg-Görden einsaß und die Erfahrung des Todes bis dahin vielfach machen mußte und seinen eigenen nicht ausschließen konnte. Schon der Titel des Dialoges deutet diese Gedanken an.

Die Handlung beginnt mit dem Tod der Damaris, einer Enkelin des Dionysios. Sie stirbt Ostern 100 an einer zwei Tage zuvor, also Karfreitag, über den Hafen Piräus nach Athen eingeschleppten asiatischen Seuche. Ihr Großvater läßt sich durch Nathanaels Trost, der Tod führe in ein Leben danach, nicht ansprechen. Wenn erst der Tod die Materialisation der Unendlichkeit bringe, bliebe für die irdische Gegenwart nur ein trauriges und ungenügendes Leben zurück. „Wie traurig, Freund", so läßt Brill in offensichtlicher Anspielung auf die Rolle der SPD im Frühjahr 1933, konkret sogar auf die Rede Breitscheids vom 31. Januar dieses Jahres verweisend, eines der immer wiederkehrenden Traumata seines politischen Denkens, an dieser Stelle Dionysios dem Nathanael antworten, „im Leben nichts beständig als der Wechsel, der auch, immer wieder, die Besten verschlingt."[209] Es bleibt ein Unbehagen zurück, ein Ungenügen des Trostes. Brill mischt an dieser wichtigen Ausgangsstelle des Geschehens, dem Tod der Damaris, der noch unerkannten Inkarnation des sozialistischen Menschen, und seiner reflektorischen Verarbeitung im Sinne einer definitorischen Erfassung des Sozialismus, abseits seiner nationalsozialistischen und bolschewistischen Fehlvarianten, der asiatischen Seuche, alle Elemente zu einer Einleitungsfrage zusammen: „Macht des Gemütes, Schärfe des Verstandes, Gewalt des Wortes, Kraft des Gebetes: hat sie nicht alles dies besessen? Warum mußte das der asiatischen Seuche geopfert werden?" Damaris wird bestattet als „römische Bürgerin", als „griechische Jungfrau, Freundin, Hüterin" und als „christliche Schwester". Die Suche nach einer Definition ist also auf Inhalte der griechisch-römischen Antike wie des Christentums gelenkt.

---

208 Jesus antwortete auf diese ihm entgegengebrachte Skepsis des Nathanael: „Ein rechter Israelit, in welchem kein Falsch ist", Johannes 1, 47. Nach der Patristik soll Nathanael, der Jude aus Jerusalem oder Judäa, zusammen mit Nikodemus im Hohen Rat gegen die Verurteilung Jesu gesprochen haben.

209 Brill, Vollendung und Unendlichkeit, S. 9.

Mit Nathanael sucht Dionysios anschließend die Antwort im direkten Zugriff. Die schnelle, irrtümlich als leicht empfundene Explikation der Gedanken wird durch ihr symbolische Anbindung an die Wanderung der beiden auf der Hauptverkehrsstraße von Athen nach Theben unterstrichen. Man wird bald die Antwort finden. Das Gegenteil ist der Fall. Dionysios will in einem Synkretismus von Christentum und griechisch-römischer Philosophie, personifiziert in den in gleicher Weise von göttlicher Ekstase, dem Daimonion, beseelten Jesus, Sokrates und Seneca, die Antwort geben, das „Gebot des Sittlichen". Paulus, „der Wirker aus Tarsus", hat es für den ganzen Erdboden als allen gemeine Verpflichtung verkündet, wenn er lehrte, „daß die Gleichheit aller Menschen gründet in der Brüderlichkeit vor Gott". Neros Christenverfolgung hat den Beweis erbracht, „daß die Märtyrer und Blutzeugen in ihrer großen Zahl nicht nur ein neues Sein des Menschen bedeuten, sondern dieses neue Wesen sind; das Band der Liebe umfaßte sie, die Macht der Liebe wurde an ihnen offenbart!"[210]

Diese christologisch ausgestaltete Szene und Interpretation trägt einen unmittelbaren Bezug zu Brill und den von ihm in dem epischen Dialog zur Diskussion gestellten „Problemen unserer Zeit" in sich. Wie die gegen Nero aufgestandenen Märtyrer und Blutzeugen die neuen Menschen einer neuen Zeit wurden, so die Widerstandskämpfer gegen Hitler. Brill sieht sich – hier wie zuvor in den programmatischen Schriften der Deutschen Volksfront – als einen dieser neuen Menschen. Im Dialog mit Dionysios vermag Nathanael den Gedanken nicht weiter zu entwickeln, er schränkt ihn vielmehr ein auf das auserwählte Volk der Juden und einen zukünftigen Messias. Beides bedeutet einen gedanklichen Rückschritt, wo es doch um die Ökumene und die Gegenwart geht, wie der Bezug zu Paulus offenbart hat. Den Griechen läßt Brill denn auch abweisend antworten: „So fahre hin, ewiger Jude. Ewig wirst Du einer vergeblichen Hoffnung nachgehen. Denn kein Volk ist auserwählt."[211] Man trennt sich im abendlichen Schatten eines der Thebener Stadttore mit dem Hinweis auf das sprechende Vorbild der Antigone.

Der an dieser Stelle in der Apori gescheiterte Dialog erfordert eine reflektorische Neuaufnahme des sophokleischen Humanitas-Ideals. Der Erkenntnisprozeß ist schwieriger. Symbolisch wird dies auf dem viel beschwerlicheren Rückweg nach Athen über das attische Gebirge, über seine kahlen Hochflächen und durch seine bewaldeten Täler, geleistet. Drei Versuche, als Dialoge mit Daphne (Stoizismus), Telemach (märchenhafte Volksreligion) und Ulysses (dialektische Theologie) gestaltet, mißlingen, weil sie nur zu unzulänglich bleibenden Erkenntnisteilen führen. Erst das abschließende Gespräch, das Dionysios mit seinem über 40 Jahre treuen Mitarbeiter Jason führt, der die letzten 7 Jahre auch Generalverwalter seiner Besitzungen war, leitet zur fragenden Erkenntnis über. Die in den beiden Jahresangaben (40 und 7) liegende Zahlensymbolik bereitet den Leser darauf vor.

Der Antigone-Grundsatz des Griechentums ist ebenso unzulänglich wie der auf ein Leben nach dem Tod ausgerichtete Glaubenssatz des Christentums. „Das Reich der Menschlichkeit, das Menschlich-Allzumenschliche wird untergehen, und aufgehen wird das Reich der Mitmenschlichkeit."[212] Ein solcher definitorischer Versuch ist ob seiner Nähe zur Tautologie noch unvollkommen. Brill merkt das offenbar, bleibt aber in seinen Ausführungen, die er den beiden letzten Dialogpartnern in den Mund legt, in diesem Kontext. „Das ist die unendliche Aufgabe: Mensch aus Liebe zu sein, menschlich aus Liebe zu handeln. Ich fühle und erkenne: Vollendung finden wir nur in der Beständigkeit, diese unendliche Aufgabe in Treue zu

---

210 Beide Zitate ebd. S. 17.
211 ebd. S. 19.
212 ebd. S. 55.

erfüllen."[213] So sei „das ganze Leben . . . ein Werktag der Liebe", die „Menschengemeinschaft aus werktätiger Liebe" das Ziel.

Das ist mehr als sokratische Philosophie, erst recht mehr als kirchliche Lehre: „Die Kirche ist ohne Tun. Sie predigt und sie tröstet, sie stiftet milde Gaben, aber sie arbeitet nicht. Darum ist sie ohne Liebe." Die Summe von beiden, von dem sokratischen Jahrtausend und den christlichen Jahrhunderten, wie Brill es nennt, macht das Neue aus, definiert das Ziel. Hingerissen von dieser Erkenntnis, will Dionysios bei der Rückkehr nach Athen am nächsten Tag sein „ganzes die Welt umspannendes Vermögen der Gemeinschaft aller, die darin arbeiten", stiften. Diese sollen den neuen Besitz aber nicht in Muße genießen, sondern „arbeiten für alle, leben, lieben, wirken". Die letzte Steigerung, ihren dramatischen Höhepunkt, erfährt die Szene, als Dionysios bei dem Wort: „Eine neue Ordnung soll entstehen, gewaltlos in Gerechtigkeit! Oh neue Menschlichkeit, oh Du unendliche Liebe . . ." vom Steinschlag des Gebirges getötet wird.[214] Das melodramatische Ende, durchaus potentiell verbunden mit der Lebenswirklichkeit des Autors im Februar 1943 in der Zelle des Zuchthauses Brandenburg-Görden, kann den Aussagewillen des Autors, szenisch unterstützt durch den kurz danach aus Theben gemeldeten Tod des Nathanael, nicht verdecken: Sozialismus ist tätige Mitmenschlichkeit, ihre sozio-ökonomische Konsequenz ist die einen jeden zur Mitarbeit verpflichtende Gütergemeinschaft.

4.2 „Für Frieden, Freiheit, Sozialismus" im Konzentrationslager Buchenwald

Die vom Volksgerichtshof im Sommer 1939 verurteilten Mitglieder der Deutschen Volksfront wurden während ihrer Haftzeit mehrfach verlegt.[215] Hermann Brill schrieb dazu von sich: „Am 21. Dezember 1943 wurde ich als nichtbesserungsfähiger Gefangener aus dem Zuchthaus Brandenburg-Görden ausgesondert und am 23. 12. in das Konzentrationslager Buchenwald eingeliefert.[216] Damit erreichte er hoch über Weimar, seiner politischen Wirkungsstätte von 1920–1933, den bedrohlichsten Tiefpunkt seines Lebens.

Der Ettersberg ist ein mächtiger Bergsattel von 478 m über dem thüringischen Becken. Seine Wälder lockten früh die Potentaten zur Jagd, z. B. Napoleon, der während des Erfurter Fürstenkongresses vom 27. September bis 14. Oktober 1808 hierhin einer Einladung des Weimarer Herzogs Carl August gefolgt war. Auch dessen Geheimer Rat Goethe schloß sich gelegentlich der Weimarer Hofgesellschaft an, um die etwa 8 km vom Frauenplan zum Ettersberg hinaufzuwandern. Eine sog. Goethe-Eiche erinnerte noch ein Jahrhundert später an einen gemeinsamen Rastplatz etwas unterhalb des Kammes auf dem Nordabhang. Eckermann hat des Dichters Wohlbehagen über diesen Ort überliefert: „Hier fühlt man sich groß und frei, wie die große Natur, die man vor Augen hat, und wie man eigentlich immer sein sollte."[217] Hier schrieb er auch eine Fassung von „Wanderers Nachtlied" und Schiller Teile seiner „Maria Stuart". Auch der Gartenarchitekt Hermann Fürst von Pückler-Muskau, dem der Erbherzog Carl Alexander, ein Enkel Carl Augusts, den Auftrag zur Gestaltung der Parkanlagen von Schloß Ettersburg gegeben hatte, hielt sein freudiges Erstaunen über den landschaftlichen Reiz

---

213 ebd. S. 59; das folgende Zitat ebd. S. 60f.
214 ebd. S. 22.
215 s. o. Kap. V. 3. 4.
216 Brill, Gegen den Strom, S. 88.
217 Johannes Peter Eckermann, Gespräche mit Goethe in den letzten Jahren seines Lebens 1823–1832, Berlin 1956, S. 360.

im Stenogramm fest: „Anmutige Natur, herrlicher Buchenwald.“[218] Es war ein bevorzugter Ort der Hofgesellschaft Anna Amalias.

Ein späterer Dichter hat im 20. Jahrhundert anders über den Ettersberg geurteilt: „Sein Leben lang wird Johannes einen Buchenwald nur mit Grauen anblicken können.“ Mit diesen Worten ließ Ernst Wiechert seine Schilderung über den „Totenwald“ auf dem Ettersberg, den er als Häftling Johannes (Nr. 7180) erlebte, schließen.[219] Das war 1938, als der Dichter der masurischen Wälder und Menschen in dem thüringischen K. L. einsaß. Zwei Jahre zuvor hatte der Inspekteur der nationalsozialistischen Konzentrationslager und Führer der SS-Totenkopfverbände, SS-Gruppenführer Theodor Eicke, dem thüringischen Gauleiter Sauckel den Vorschlag gemacht, im Land ein Konzentrationslager einzurichten. Dies sei „aus Gründen der Staatssicherheit unumgänglich notwendig . . ., da das Land Thüringen als Herz Deutschlands im Falle eines Krieges von staatsfeindlichen Elementen besonders heimgesucht werden wird, was durch die Vorgänge verflossener Jahre unter Beweis gestellt wurde“.[220] Sauckel wußte diesen Hinweis auf die Geschichte zu bewerten, denn schließlich war er es ja, der in Thüringen seit 1923 den Aufstieg des Rechtsradikalismus gelenkt und die Auseinandersetzung mit der KPD und der SPD forciert hatte. Eicke hatte vorgeschlagen, unter Umgehung zu beteiligender Reichsbehörden Hitler in direkter Vorsprache für den Plan eines thüringischen K. L. zu gewinnen. Günstig dafür seien „die Tage von Weimar (3.–5. 7. 1936)“, an denen die NSDAP den 10. Jahrestag ihres ersten Reichsparteitages von 1926 in Weimar[221] feierte.

Die Pläne wurden mit Energie vorangetrieben. Am 16. Juli 1937 kamen die ersten Hälftlinge, teilweise aus den zur selben Zeit aufgelösten beiden kleineren Lagern Lichtenburg und Sachsenburg, auf den Ettersberg. Eine Woche später schrieb Eicke an Heinrich Himmler: „Die angeordnete Bezeichnung ‚K. L. Ettersberg‘ kann nicht angewendet werden . . ., weil Ettersberg mit dem Leben des Dichters Goethe in Zusammenhang steht.“ Eicke schlug „K. L. Hochwald, Post Weimar“ vor, Himmler befahl „K. L. Buchenwald, Post Weimar“.[222]

Buchenwald war kein Vernichtungslager nach der Art von Auschwitz oder Treblinka. Auch wenn Kriegsgefangene nahezu aller Länder, besonders sowjetrussische, und Juden hier ermordet wurden, war es wesentlicher ein Arbeitslager zur physischen Vernichtung innenpolitischer Gegner des nationalsozialistischen Regimes. Der wie mit der Zierhandschrift einer karolingischen Minuskel in die schmiedeeiserne Eingangstür eingelassene Hohenzollern-Wahlspruch „Jedem das Seine“, ergänzt an anderer Stelle durch das britische Motto „Recht oder Unrecht – mein Vaterland“, war eine dafür ins Perverse gesteigerte Ausdrucksform, der Steinbruch einer der mörderischen Vollzugsorte. Zusammen mit den zum Schluß 60 Außenlagern, unter denen Dora mit seinem unterirdischen Stollensystem im Kohnstein bei Nordhausen, 1944/45 als Produktionsstätte der V-2-Raketen genutzt, das berüchtigste war, hat das Konzentrationslager Buchenwald wie ein Netz fast ganz Thüringen überzogen.

Als Hermann Brill im Dezember 1943 „als nicht besserungsfähiger Gefangener“ auf den Ettersberg verlegt wurde, war das seiner Hälftlinge wegen immer von politischen Widerstandsgruppen durchzogene Lager stark von der KPD beeinflußt.[223] Die durch den VII. Welt-

---

218 W. Deetjen, Auf den Höhen des Ettersberges, Leipzig 1924, S. 116.

219 Ernst Wiechert, Der Totenwald, Zürich 1946.

220 SS-Gruppenführer Eicke an Gauleiter Sauckel 3. 6. 1936, zit. in: Konzentrationslager Buchenwald Post Weimar/Thür. 1937–1945, Katalog zur Ausstellung im Martin-Gropius-Bau, Berlin 1990, S. 15 (im folgenden: Katalog Buchenwald).

221 vgl. o. Kap. IV. 3.1.

222 Kommandantur K. L. Buchenwald an das Thür. Staatsmin. d. Innern 28. 7. 1937, zit. in: Katalog Buchenwald, S. 18; ebd. S. 175f. eine ausführliche Literatur zur Geschichte des Lagers, im wesentlichen aus der DDR. Eine neuere Gesamtdarstellung Buchenwalds steht noch aus.

223 Die DDR-Historiographie hat auf die wissenschaftliche Aufarbeitung dieses Tatbestandes großen Wert gelegt. (s.

kongreß der Kommunistischen Internationale und die nachfolgenden beiden sog. „Brüsseler“ und „Berner“ Konferenzen der KPD reaktivierte Volksfrontidee in kommunistischer Interpretation fand in Buchenwald im Sommer 1943 in der Konstituierung eines Internationalen Lagerkomitees (ILK) ihre Aufnahme.[224] Wie schon in seiner Zeit als Kopf der illegalen „Deutschen Volksfront“ hat Brill sich auch in Buchenwald nicht dem Verlangen der KPD angeschlossen, in diesem Komitee mitzuarbeiten. Er hat im Februar 1944 selbst die Initiative zur Gründung eines Volksfront-Komitees ergriffen und dafür neben anderen Ernst Thape von der SPD, Werner Hilpert von der späteren CDU sowie Walter Wolf von der KPD gewonnen; hinzutraten Vertreter der französischen Sozialisten.[225] Von der Typhus-Quarantäne-Baracke aus, wo Mithäftlinge Brill, den Träger des die politischen Gefangenen kennzeichnenden roten Winkels, nach seiner Ankunft sofort als Sanitäter versteckt hatten[226], begann er mit diesen Kameraden, „eine in mehrfacher Beziehung erweiterte und vertiefte Auffassung des Volksfrontgedankens“ zu erarbeiten.[227]

Die äußeren Umstände waren für ihn wie für alle anderen dramatisch. Er mußte täglich „die Leichenhaufen von verhungerten, erfrorenen und erschlagenen Menschen“ mitansehen, „das Knarren der vierrädrigen hoch mit Leichen beladenen Wagen“ mitanhören[228], mit kargen Rationen auskommen und einen erlittenen Riß des Zwerchfells, der später seine Gesundheit sehr wesentlich beeinträchtigen sollte[229], erdulden. Seine kämpferische Natur hat das nicht negativ beeinflußt. Im Gegenteil; seine im Zuchthaus Brandenburg-Görden versuchte, sehr philosophisch-lyrisch geratene Definition des Sozialismus als tätige Mitmenschlichkeit aus Liebe wich im Frühjahr 1944 in der Zusammenarbeit mit anderen Häftlingen einer wieder nüchternen, auf handfeste programmatische Praktikabilität orientierten politischen Arbeit. Im April 1944 hatte sein Volksfront-Komitee eine aus sechs Punkten bestehende Plattform fertiggestellt. Diese behandelte die Vernichtung des Nationalsozialismus, die Wiederherstellung der Freiheit, die Schaffung einer neuen demokratischen Republik, die sofortige Beendigung des Krieges und die Bestrafung der Kriegsverbrecher, die Organisation des Friedens sowie wirtschaftliche und soziale Sofortmaßnahmen im Sinne eines planwirtschaftlichen sozialistischen Gedankenansatzes. Da diese Plattform der sechs Punkte bei einer Verhaftungswelle im Konzentrationslager Buchenwald im November/Dezember 1944 vernichtet werden mußte, ist nur diese thesenartige Zusammenfassung durch ihren Autor Brill überliefert.[230] Auch die in der zweiten Maihälfte 1944 dazu verfaßte „Einleitung deklaratorischen Inhalts“

Buchenwald-Katalog) Die im IfGA archivierten Erinnerungsbericht bezeugen dasselbe Verlangen, etwa EA 1624 von Walter Wolf oder EA 2025 von Jean Baptiste Feilen; Feilen kam 1937 mit dem zweiten Transport nach Buchenwald. Als früheste Darstellung aus westlicher Sicht immer noch unentbehrlich: Eugen Kogon, Der SS-Staat. Das System der deutschen Konzentrationslager, erstmals erschienen Frankfurt 1946.

224 Buchenwald – Mahnung und Verpflichtung, S. 328f.

225 Brill, Gegen den Strom, S. 88.

226 Brill berichtet in einem Brief an Tony Breitscheid, daß er nur auf diese Weise und gegen den ausdrücklichen Willen Sauckels, dessen politischer Gegenspieler er 1930–33 im Thüringischen Landtag war, am Leben blieb: „Sauckel ... kam des öfteren nach Buchenwald. Hätte er mich erblickt, so wäre ich zweifellos wenige Sekunden später umgelegt worden.“ AES Brill an Tony Breitscheid 31. 1. 1956; Der Brief enthält auch genauere Angaben über den Tod Rudolf Breitscheids am 24. 8. 1944 nach einem alliierten Bombardement auf die umliegenden Häuser und Fabrikationsanlagen der Gustloff-Werke. Breitscheid war dabei von Bombensplittern getroffen worden, wurde aber durch einen rückwärtigen Herzschuß, von der Hand eines SS-Wachsoldaten ausgeführt, getötet.

227 Brill, Gegen den Strom, S. 89. Diese Initiative Brills wird von der DDR-Historiographie übergangen, vgl. etwa Klaus Drobisch, Widerstand in Buchenwald, Berlin (Ost) 1987, S. 84ff.

228 BA NL Brill 58: Brill an Georg Dietrich 19. 2. 1948. Vgl. dazu auch den Bericht des ILK Buchenwald, Weimar 1945 und AsD NL Thape, Materialien sowie Benedikt Kautsky, Teufel und Verdammte. Erfahrungen und Erkenntnisse aus sieben Jahren in deutschen Konzentrationslagern, Zürich 1946, S. 287ff., bes. S. 285ff.

229 Vgl. die verschiedenen ärztlichen Bulletins über Brill im AES.

230 Brill, Gegen den Strom, S. 89 und 94.

nebst einer größeren Reihe von Begriffsbestimmungen, „vorwiegend juristischer Natur", haben dieses Schicksal genommen.

Entscheidende Lücken im Verständnis der theoretisch-programmatischen Arbeit Brills entstehen dadurch nicht. Denn die Buchenwalder Plattform vom April 1944 erinnert zusammen mit ihren nachträglich angefertigten Erläuterungen der Form und dem angedeuteten Inhalt nach an die zehn Punkte der Deutschen Volksfront vom Dezember 1936 und die diesen nachgereichten Erläuterungen. Die Plattform nimmt auf der anderen Seite das im April 1945 verfaßte und vorgestellte Buchenwalder Manifest „Für Frieden, Freiheit, Sozialismus" vorweg; sie ist somit als Zwischenglied einzuschätzen. Damals diente sie nach Brills eigener Aussage als theoretische Grundlage bei der am 5. Juli 1944 in Buchenwald erfolgten „Konstituierung eines antinazistische Kreise umfassenden Volksfront-Komitees", dessen Vorsitzender er selbst wurde.[231] Die vorsichtige Formulierung „antinazistische Kreise" läßt erkennen, daß das von den Kommunisten initiierte Internationale Lagerkomitee nicht gemeint war. Damit gab es 1944 in Buchenwald zwei Widerstandskomitees, so wie es vorher die von Brass und Brill neben anderen getragene Deutsche Volksfront und die damit kontaktierende Berliner Gruppe Neu Beginnen sowie das in der Moskauer Emigration agierende ZK der KPD mit Pieck und Ulbricht an der Spitze gab. Programmatische Konturen gewonnen und politische Wirkungen ausgeübt hat von Buchenwald aus allein das Volksfront-Komitee Brills, stärkere politische Ansprüche erhoben hat später das von Walter Bartel geleitete Internationale Lagerkomitee. Davon wird noch zu reden sein.

In exakter Fortsetzung seiner theoretischen Arbeiten hat Brill am 18. August 1944 einen weiteren „Entwurf über die allgemeinen Grundlagen unserer Politik" vorgelegt und vom Volksfront-Komitee annehmen lassen. Der später aus dem Gedächtnis wiedergegebene Hauptgedankengang dieses Entwurfs ist sein 1938 für die Deutsche Volksfront entworfenes Programm: „Die antinazistische Politik kann nicht das Werk einzelner Organisationen, sondern nur das Ergebnis einer antinazistischen Bewegung der breiten werktätigen Massen in Stadt und Land sein. Deshalb kommt es darauf an, diese Bewegung auf konkrete politische Ziele zu lenken. Das Mittel dazu müssen die aus allen antifaschistischen Gruppen zu bildenden Volksfront-Komitees sein. Sie sind im ganzen Reiche auf allen Stufen seiner politischen Gliederung zu bilden und in einem deutschen Volkskongreß zusammenzufassen. Er hat Regierung und Volksvertretung einzusetzen."[232] Eine solche neue politische Gemeinschaft war die Basis „einer neuen deutschen Volksrepublik auf neuer demokratischer Grundlage".[233]

Weitere Konkretionen gab Brill zu administrativen Maßnahmen an. Das alte Verhältnis von Reich und Ländern sollte zugunsten einer Neueinteilung des Reiches in Verwaltungsbezirke verändert werden, was eine stärkere Zentralisation bedeutete. Den Beamtenstatus wollte er „auf die Träger öffentlicher Funktionen" einschränken, deren Privilegien jedoch abschaffen, sie auf Zeit wählen lassen und qualifizierte Angestellte ihnen sozial gleich stellen. Das Wirtschaftsprogramm sah eine freie genossenschaftliche Ordnung vor. Nur die Hauptnahrungsmittel Getreide und Kartoffeln sollten planwirtschaftlich erfaßt, die Industrie nur „zeitweise" verstaatlicht werden. Noch unklar waren die Vorstellungen von der Presse. Hierzu hieß es allgemein, sie sei „aus einer soziologischen Auffassung heraus völlig neu" zu gestalten, ebenso der Bereich der Erziehung und Bildung, wo man „eine politische Schule neuen Typs" anstrebe.[234]

---

231 ebd. S. 89.
232 zit. ebd. S. 90.
233 Brill, Buchenwalder Plattform vom 1. 5. 1944, ebd. S. 94.
234 zit. ebd. S. 90ff.

Alle Programmpunkte, die Brill in Buchenwald 1944 zusammen mit Ernst Thape, Werner Hilpert und Walter Wolf diskutiert und festgelegt, aber im wesentlichen vorher selbst formuliert hatte[235], wie das schon früher stets seine Art war, finden sich im Schlußdokument des linken deutschen Widerstands, dem Buchenwalder Manifest „Für Frieden, Freiheit, Sozialismus" in einer politisch-plakativen Zusammenstellung wieder.[236] Es ist ein Manifest des Sozialismus, das nicht den kompromißhaften Charakter der zehn Punkte vom Dezember 1936 wiederaufnahm, sondern den radikaleren der nachfolgenden Widerstandsschriften, z. B. der Buchenwalder Plattform vom April 1944 und ihren sechs Punkten zur Vernichtung des Faschismus, zum Aufbau der Volksrepublik, zur Befreiung der Arbeit und zu ihrer Sozialisierung, zu Frieden und Recht, zur Humanität und zur Sozialistischen Einheit macht. Die Vorschläge zur Vernichtung des Faschismus zeichnen sich durch große Radikalität aus; sie fordern nicht nur die Aufhebung aller nationalsozialistischen „Gesetze, Erlasse, Verordnungen, Verfügungen, Urteile, Bescheide und Rechtsvorschriften" (der Verwaltungsjurist Brill sprach hier), sondern auch die unverzügliche Suspendierung aller Beamten, „die als Träger der Diktatur tätig gewesen sind". Die Verurteilung der „Kriegsverbrecher und Kriegsverlängerer" sollte, ein wichtiger gedanklicher Beitrag Brills zur Selbstreinigung des deutschen Volkes, nach internationalem Recht „von deutschen Gerichten" erfolgen.

Seine Ausführungen zum Aufbau der Volksrepublik, die „einen neuen Typ der Demokratie" im Auge hatten, entsprachen seinen früheren Aussagen und widersprachen der europäischen Tradition einer pluralistischen parlamentarischen Demokratie auf der Basis eines Mehrparteiensystems. Die ökonomischen Vorstellungen lagen ganz im Geist der Zeit, dem an dieser Stelle 1945/46 auch andere politische Gruppierungen anhingen. Brill formulierte da: „Deutschland kann ökonomisch nur auf sozialistischer Grundlage wieder aufgebaut werden." Er gab sich dabei der Vision hin, daß nur so „den Gesellschaftskrisen . . . ein absolutes Ende gesetzt" werden könne. Allein bäuerlicher Besitz sollte nicht enteignet, sondern genossenschaftlich gefördert werden, wenn er nicht bis zum Großgrundbesitz herangewachsen war. Alle Industriezweige waren dagegen zu verstaatlichen und planwirtschaftlich zu reorganisieren.

Diesen ökonomischen und politischen Grundlinien des Buchenwalder Manifests waren bemerkenswerte Aussagen zu Frieden, Recht und Humanität angefügt, die dem Humanisten Brill immer ein wesentlicher Teil sozialistischen Gedankenguts waren, wenn auch deutlich abgesetzt von den klassischen Idealen eines allseits gebildeten humanistischen Weltbürgers. Brill bekannte sich zu einer „schuldrechtlichen Verpflichtung der Wiedergutmachung der Schäden", die das deutsche Volk unter der NS-Herrschaft im Ausland angerichtet hatte; er wollte Deutschland als ein baldiges Mitglied der „Weltorganisation des Friedens" dabei überwacht sehen. Ein besonderes Gewicht sollte dem „engsten Einvernehmen" mit der UdSSR gelten. Hier setzte er sich allerdings gleich, wenn auch nur mit indirekten Worten, vom Osten ab. Einer anzustrebenden deutsch-französischen und deutsch-polnischen „Verständigung und Zusammenarbeit" maß er die höchstrangige Bedeutung zu, dem „Eintritt Deutschlands in den angelsächsischen Kulturkreis" die nächstfolgende. Dem KP-Kotau vor Moskau schloß er sich

---

235 Die theoretische und agitatorische Dominanz Brills in den Gesprächen des Volksfront-Komitees hat Ernst Thape gegenüber dem Vf. bei vielen Gelegenheiten 1979–1984 bestätigt.

236 Buchenwalder Manifest für Frieden, Freiheit, Sozialismus, zuerst abgedruckt in: Brill, Gegen den Strom, S. 96ff., jetzt greifbar in: Overesch, Deutschland 1945–1949, Königstein 1979, S. 177ff. Brill hat später noch einmal bestätigt, daß alle anderen Buchenwalder Widerstandsschriften als Vorarbeiten dieses Manifests anzusehen sind, aber im Winter 1944/45 anläßlich der SS-Verhaftungsaktion im Lager als „Preis des Lebens" vernichtet werden mußten, BA NL Brill 27: Brill an Hans Brumme 20. 11. 1947.

nicht an. Ähnlich wie Thomas Mann und andere in dieser Zeit – z. B. Karl Jaspers, Friedrich Meinecke, Adolf Grimme, Werner Jaeger oder Arnold Bergsträsser[237] –, aber unabhängig von ihnen, dachte sich auch Brill die Wiedergeburt Deutschlands als die eines europäischen Deutschlands. „Dazu brauchen wir einen neuen Geist. Er soll verkörpert werden durch den neuen Typ des deutschen Europäers. Uns kann niemand umerziehen, wenn wir es nicht in Freiheit selbst tun."[238] Dieser Vorstellung einer Renaissance Deutschlands und der Deutschen mit den in ihrer Dignität unzweifelhaften Werten einer (west-)europäisch-abendländischen Kulturgemeinschaft diente auch Brills ausdrückliches Beharren auf dem Wert des humanistischen Gymnasiums, das es nur zu „modernisieren" gelte. Humanismus und Sozialismus waren in seinen Augen nahe verwandt, ja eigentlich identisch, das hat er nicht zuletzt im Zuchthaus Brandenburg-Görden durch die Schrift „Vollendung und Unendlichkeit" zu erkennen gegeben.

Sein Buchenwalder Manifest „Für Frieden, Freiheit, Sozialismus" haben die Kommunisten des K. L. nur vereinzelt mitgetragen. Bestrebt, selbst die Führung in allen politischen Fragen und Aktionen gemäß den Moskauer Direktiven zu erhalten, waren sie gerade im April 1945 um eigene Kaderarbeit bemüht. Diese konzentrierte sich vor allen Dingen auf eine militärische Aktion zur Befreiung des Lagers von innen. Amerikanische Heeresakten, die den Vormarsch von Einheiten der 3. Panzerarmee Pattons aus dem Raum Gotha am Morgen des 11. April 1945 an der Nordflanke des Ettersberges entlang auf Weimar zu festhalten, bestätigen, daß KZ-Häftlinge außerhalb des Lagers versprengte SS-Wachmannschaften gefangengenommen haben.[239] Häftlingstagebücher, die aus dem unmittelbaren Erleben der dramatischen Stunden dieses Tages geschrieben worden sind, sprechen nicht von militärischen Aktionen aus dem Innern des Lagers heraus zu dessen Befreiung, machen aber wohl darauf aufmerksam, daß nach dem Räumungs- und Rückzugsbefehl, den der Lagerkommandant Hermann Pister am späten Vormittag des 11. April 1945 gab, am frühen Nachmittag dieses Tages Häftlinge die verlassenen MG-Stellungen links und rechts neben dem Haupttor einnahmen, dieses öffneten, den elektrisch geladenen Zaun mit seinen weiteren 22 Wachttürmen ausschalteten, verbliebene SS-Angehörige in dem Waldgelände außerhalb des Lagers entwaffneten und dieses selbst anschließend unter ihre Kontrolle nahmen.[240]

Der Lagerbericht Nr. 1 des ILK vom 11. April 1945 bestätigt diesen Handlungsablauf.[241] In der DDR-Historiographie ist dieser Vorgang später als ein Akt der Selbstbefreiung des Lagers dargestellt worden, heroisch ausgestaltet zuerst in dem Roman „Nackt unter Wölfen" von Bruno Apitz, in den archivierten Erinnerungsberichten ehemaliger Häftlinge in den 50er und

---

237 Vgl. Overesch, Renaissance und Restauration. Bundesdeutsche Wirklichkeiten am Beginn der 50er Jahre, in: Werner Weidenfeld, Politische Kultur und deutsche Frage, Köln 1989, S. 41ff. mit weiterer Literatur.

238 Buchenwalder Manifest, Brill, Gegen den Strom, S. 100. Interessanterweise heißt es in einem der ersten Positionspapiere der britischen Regierung zur Frage einer Re-education in Deutschland: „The days of St. Boniface are passed." Das kann nur so verstanden werden, daß London damals der Vorstellung anhing, Deutschland müsse seine geistige Renaissance durch eigene Kräfte leisten, ein insularer Impuls von der Art des Mönches Winfrid-Bonifatius im 8. Jhdt. sei nicht mehr opportun. Die Kabinettsvorlage vom August 1943 ist zit. von Lothar Kettenacker in: N. Bronay, The political Reeducation of Germany and her allies, London/Sydney 1985, S. 66f.

239 Die amerikanischen Heeresakten zur Befreiung Thüringens und Buchenwalds in: Washington, Nat. Arch. NND 760238. NND 760238: Report on German Concentration Camp for political Prisoners ed Buchenwald on the North edge of Weimar, erstellt von Wyck Mason.

240 Ernst Thape, Buchenwalder Tagebuch von 1945, hrsg. von Overesch, in: VjZG 29/1981, S. 631ff., mit einer Dokumentation von Fritz Freudenberg, Der letzte Tag vom KZ-Buchenwald am 11. 4. 1945, ebd. S. 671f.

241 Lagerbericht Nr. 1 des Internationalen Lagerkomitees vom 11. 4. 1945, Buchenwald-Archiv 77 2/77, zit. in: Katalog Buchenwald, S. 158: „Vormittag Infantriefeuer aus nächster Nähe hörbar. SS-Lagerführer packt in aller Eile. Turmposten verschwinden... 02.45 Uhr beginnt die bewaffnete Aktion der Häftlinge zur Entwaffnung der SS und Übernahme des Lagers in eigene Verwaltung"; bestätigend Häftling Ernst Jende/Erfurt an Vf. 14. 9. 1991.

60er Jahren teilweise übernommen, in der wissenschaftlichen und vor allem politisch-didaktischen Literatur zu einem wichtigen Gemeinplatz geworden sowie in dem steinernen Koloß des Buchenwalder Glockenturms am Südabhang des Ettersberges mit der davor stehenden Plastik von Fritz Cremer monumentalisiert worden.[242]

Die wichtigen politischen Vorgänge am 11. April 1945, als das Lager um 15.15 Uhr frei war – die Uhr über dem Haupttor erinnert bis heute an diesen Zeitpunkt –, hat dieser bis zu einer Staatsgründungslegende gesteigerte militärische Aktionswille vieler, vor allen Dingen kommunistischer Häftlinge nicht berührt. Sie sind auch wesentlicher, ist doch an ihnen der Wille zur Gründung eines antifaschistischen Deutschlands aus dem im Innern des Landes geformten und durchlittenen sozialistischen Widerstand heraus dokumentierbar. Allerdings ist auch das Scheitern dieses Handlungswillens an der im Frühjahr 1945 im K. L. Buchenwald beginnenden Geschichte Thüringens ablesbar. Kein deutscher Staat ist aus Buchenwald gegründet worden, keine politische Tradition ist an dieses Lager anknüpfbar; auch Hermann Brill ist dabei gescheitert.

242 Eine Zusammenstellung der wesentlichen Literatur im Katalog Buchenwald, S. 175f. und Buchenwald-Mahnung und Verpflichtung. Der Roman „Nackt unter Wölfen" von Bruno Apitz erschien erstmals 1958 (seitdem in 58ster Aufl.), als durch Ministerpräsident Otto Grotewohl am 14. 9. 1958 die „Nationale Mahn- und Gedenkstätte Buchenwald" mit dem an der Stelle des alten Bismarckturms errichteten gewaltigen Glockenturm und den in vergangener Herrschaftsarchitektur gestalteten Totengedenkstätten eingeweiht wurde.

VI. „Thüringen ist sozusagen das Seminar für das ganze Reich.“ Neuanfänge deutscher Politik in Thüringen 1945

1 Die Befreiung Buchenwalds und die nicht behobene Spaltung der deutschen Arbeiterschaft

„Mir ist immer noch wie dem Reiter über dem Bodensee. Ich kann noch fast nicht begreifen, daß ich durch diese unglaubliche Fülle von Tod und Elend, die mich jahrelang umgab und die sich in den letzten Tagen bis zur unmittelbaren Todesgewißheit steigerte, so selbstverständlich gegangen bin. Sollte es wirklich für mich vorzeitig alt gewordenen Menschen noch einmal einen Anfang geben?“[1] Mit diesen Worten versuchte Brills politischer Freund Ernst Thape (Häftlingsnummer 5753) in seinem „Buchenwalder Tagebuch“ unter dem 13. April 1945 Freude und Zweifel im bewegendsten Augenblick seines Lebens, wo das Ende jahrelanger Todesdrohungen und der Anfang neuer Lebenschancen nebeneinander traten, zu erfassen. Zwei Tage nach der Befreiung des Konzentrationslagers, in das er Anfang September 1939 ohne Gerichtsurteil wegen seiner bis zum 1. März 1933 ausgeübten Tätigkeit als Redakteur bei der sozialdemokratischen ‚Magdeburger Volksstimme‘ als Schutzhäftling eingewiesen worden war, schien die seelische Erschütterung über den Augenblick der Befreiung die geistige Fassungs- und Urteilskraft über eine neue Lebenschance zu übersteigen. Das gerade im April 1945 an manchen Tagen ungewöhnlich kraftvolle und somit auch stimmungsreiche frühlingshafte Erwachen der Natur verhalf dazu, die innere Gestimmtheit nach der Härte der Vergangenheit durch die Lyrik der Gegenwart zu veranschaulichen: „Gestern bin ich in langem Spaziergang um's Lager herumgegangen. Es war ein beglückendes Gefühl, den singenden Lerchen zuhören zu dürfen, ohne Angst zu haben vor den schimpfenden Posten, die mit dem schußbereiten Karabiner drohen. In der weiten Ebene gehen – einer hier, der andere in großer Entfernung – zwei Bauern hinter ihren Zugtieren her und schreiten gemächlich über das weite Feld. Die Finken fliegen herum und zwitschern, die Sträucher haben einen zarten grünen Schleier übergehängt und im Gras blühen überall die Blumen. Auf allen Wegen spazieren die Lagerinsassen in Gruppen und einzeln und genießen mit Jubel oder still in sich gekehrt das unglaubliche Glück, noch am Leben zu sein und dazu auch noch in der Freiheit und im schönsten Frühling, den manche, wie ich z. B., seit sechs Jahren jetzt zum erstenmal wieder erleben.“[2]

Ermöglicht hatte das „unglaubliche Glück“ der rasche militärische Vorstoß der Amerikaner nach Mitteldeutschland.[3] Ausgehend von der strategischen Planung, durch eine konzentrierte

1 Ernst Thape, Buchenwalder Tagebuch von 1945, hrsg. von Manfred Overesch, in: VjZG 31/1981, S. 653; die folgenden biographischen Angaben ebd. S. 631 ff.

2 ebd. S. 655.

3 Zum folgenden vgl. Report by the Supreme Commander to the Combined Chiefs of Staff on the Operations in Europe of the Allied Expeditionary Force 6 June 1944 to 8 May 1945, Washington 1946, S. 202 ff., und George S. Patton, Krieg, wie ich ihn erlebte, Bern 1950, S. 198 ff.; die Vorgänge aus deutscher Sicht in: Kriegstagebuch des OKW, hrsg. von Percy E. Schramm, Frankfurt/Main 1961, S. 1223. Die erste wissenschaftliche Aufarbeitung bei Volker Wahl, Der Beginn der antifaschistisch-demokratischen Umwälzung in Thüringen – Die Organisierung der gesellschaftlichen Kräfte und der Neuaufbau der Landesverwaltung 1945, Diss. Jena 1976.

Offensive im Zentrum die deutsche Front aufzuspalten und dabei selbst Optionen für nachfolgende militärische Operationen nach Norden und Süden in der Hand zu halten, waren die Amerikaner Anfang März 1945 aus dem lothringischen Raum südlich der Mosel in schnellem Zug durch den Hunsrück über Frankfurt/Main und Kassel bis an die thüringische Landesgrenze vorgedrungen. Sie standen vor der Eroberung des mitteldeutschen Industriegebietes, das sie nach eigenem Bekunden neben dem Ruhrgebiet und dem schlesischen Revier für die deutsche Rüstungsindustrie hoch einschätzten. Darauf ist hier in gebotener Kürze einzugehen, um die Hintergründe für Brills Kontakte mit den Amerikanern verstehbar zu machen.

Die amerikanische 12. Armeegruppe, befehligt von General Bradley, war für diese Offensive formiert worden. In ihrer Mitte führte der Panzergeneral Patton die 3. Armee, im Norden von der 1. und 9., im Süden von der 7. Armee flankiert. Die vorauseilenden VIII., XII. und XX. Korps der Patton-Armee standen Ende März unmittelbar an der westlichen thüringischen Landesgrenze, die Panzer des in der Mitte operierenden XII. Korps 10 km westlich von Eisenach. Die Masse der 3. Armee hatte noch am 22. März den Rhein zwischen Worms und Koblenz überschritten und rückte über Frankfurt und Kassel auf der Reichsstraße nach Eisenach nach.

Nachdem eine zunächst gegebene operative Anregung Pattons, von Kassel aus direkt in den Raum Leipzig/Dresden vorzustoßen, von Bradley verworfen war, erhielt die 3. Armee am 31. März den Befehl, Thüringen zu erobern, insbesondere das im Raum Ohrdruf-Gotha-Erfurt-Weimar vermutete deutsche Nachrichtenzentrum mit dem geplanten letzten Führerhauptquartier „Olga" im Jonastal bei Ohrdruf. Sollte die Offensive allerdings nicht bis zum 2. April die Eroberung Weimars, des Sitzes des Reichsverteidigungskommissars Sauckel, bringen, hatte Patton im Norden Thüringens stehen zu bleiben und auf den Anschluß der 1. und 9. Armee zu warten. Diese Beschränkung der Amerikaner war wesentlich und von tragischer Konsequenz, denn sie ermöglichte der SS-Leitung Buchenwalds große Evakuierungsmaßnahmen im Konzentrationslager. Am 1. April überschritten die Spitzen der 4. Panzerdivision bei Creuzburg im Kreis Eisenach die Werra und damit die westliche thüringische Landesgrenze. Die Stadt, deren strategisch wichtige Werra-Brücken von der deutschen Wehrmacht noch gesprengt worden waren, wurde von den Amerikanern stark beschossen, die Offensive dadurch gehemmt, aber nicht wesentlich aufgehalten. Das VIII. Korps rückte planmäßig am 2. April zwischen dem nördlich operierenden XX. und dem südlich stehenden XII. Korps vor. Mühlhausen und Gotha wurden am 4. April genommen, Ohrdruf am 5.; südlich des Thüringer Waldes fielen Suhl am 3., Schmalkalden am 4. und Meiningen am 5. April.

Nach diesen schnellen Anfangserfolgen, die aber nicht die Einnahme Weimars erbracht hatten, mußte Patton auf der Linie Meiningen-Ohrdruf-Gotha-Mühlhausen stehenbleiben, um den Aufschluß der 1. und 9. Armee abzuwarten. Dieser strategische Eingriff brachte den erfolgreichen Vormarsch der 3. Armee bis zum 8. April zum Stillstand; nur kleinere Infanterievorstöße des XII. Korps auf Eisfeld und Coburg, des VIII. Korps auf Arnstadt und des XX. Korps auf Erfurt waren erlaubt. Erst am 10. April setzte der weitere Vormarsch der drei Armeen in gleichmäßiger Front wieder ein. Arnstadt und Ilmenau wurden am 10. genommen, Erfurt war am 11. ganz umstellt und am folgenden Tag zusammen mit Weimar und Sonneberg genommen. Ostthüringen mit Jena, Rudolstadt und Gera, Weida sowie Greiz wurden vom 14. April an erobert. Nach diesen Erfolgen richtete sich die Offensive der 3. Armee nach Süden, das XII. und XX. Korps nahmen diesen Befehl wahr, das VIII. Korps füllte die von ihnen verlassenen thüringischen Räume auf und besetzte den größten Teil des Landes. Bis zum Abzug der Amerikaner aus Thüringen am 1.–3. Juli 1945 stellte dieses VIII. Korps der

3. Armee (Patton) im wesentlichen die Besatzungsarmee und damit auch die Leitstelle für den politischen Wiederaufbau Thüringens unter Hermann Brill.

Der Zwischenstopp der 3. amerikanischen Armee vom 4.–8. April war für Buchenwald die Zeit größter Dramatik. Das Lager, das 1944 zusammen mit seinen Außenkommandos etwa 56000 Häftlinge aufwies, mußte seit Anfang 1945 durch die in östlicher gelegenen Konzentrationslagern eingeleiteten Evakuierungen, z. B. durch die am 18. Januar in Auschwitz erfolgte, größere Kontingente aufnehmen. Die Umstände der Fußmärsche oder Eisenbahntransporte in offenen Güterwagen bei strenger Kälte sind in dem Ausmaß ihrer menschlichen Tragödien schwer zu beschreiben; es wäre unmöglich, die vollen Leiden der Opfer begreifen zu wollen.[4] Beim Abendappell am 6. April hatte Buchenwald auf diese Weise 80876 Häftlinge – unter ihnen 6626 Juden –, von denen 33704 in Außenlagern untergebracht waren.[5]

Der am selben Tag erfolgte Funkbefehl Himmlers, die „Lagerstärke durch Abtransport weitgehendst zu vermindern“[6], leitete ein Durcheinander mit apokalyptischen Zügen ein. Während SS-Wachmannschaften – es gab zu dieser Zeit noch etwa 5000 –, schwankend zwischen eingeübter kollektiver Grausamkeit und erwachender individueller Angst, Transportgruppen zusammenzustellen versuchten, bemühten sich Häftlingskommandos der internen Lagerleitung, diese Aktionen zu hintertreiben, zumindest zu verzögern, besonders jüdische und politische Häftlinge zu verstecken und einem allgemeiner werdenden passiven Widerstand aktive Züge hinzuzufügen. „Der Zustand des Lagers war an Transporttagen chaotisch.“[7] Gleichwohl zeigte die vom Lagerkommandanten Pister am frühen Morgen des 7. April in größerem Stil begonnene Evakuierung Auswirkungen: „Within days“, so hat der selbst betroffene jüdische Häftling Mel Mermelstein später berichtet, „the camp looked virtually empty. It seemed to be going smoothly as the inmated yielded to the evacuation.“[8]

Die Evakuierungstrupps wurden teilweise durch Luftüberwachung der Amerikaner verfolgt. Man beobachtete auf diese Weise „viele Nationalitäten, ein Zug Franzosen, gefolgt von einem Zug Spaniern, Züge von Russen, Polen, Juden, Holländern, gemischte Züge“. Leichen und Kleidungsstücke jeder Art säumten die Wegränder solcher Todesmärsche.[9] Eine dokumentarisch besonders gut gesicherte Durchgangsstation, selbst auch Ausgangsstelle solcher

---

4 Vgl. etwa den Zeugenbericht Benedikt Kautskys, der zu den am 18. Januar 1945 aus Auschwitz evakuierten Häftlingen gehörte, die nach Buchenwald kamen, Kautsky, Teufel und Verdammte, S. 64f., dort auch Zahlenangaben über Belegstärken Buchenwalds 1944 und 1945, die im wesentlichen mit den Ergebnissen genauer Recherchen durch Drobisch, Widerstand, S. 144, übereinstimmen.

5 Buchenwald-Katalog, S. 154, Stärkemeldung vom 6. 4. 1945 Abendappell; die dort angegebene Zahl von 81276 beruht auf einem Rechenfehler; Drobisch gibt 81457 an, a. O. S. 144. Die Zahlenschwankungen sind unerheblich, da stündlich Häftlinge starben, Kautsky, Teufel und Verdammte, S. 276ff.

6 Lagerkommandant Pister an Amtsgruppe D des SS-Wirtschaftsverwaltungsamtes in Oranienburg, in Kopie abgedruckt in: Buchenwald-Katalog, S. 155. Das von Pister angegebene Evakuierungsziel „in Richtung Flo“ dürfte nur sehr allgemein zu verstehen sein; Kautsky nennt Flossenbürg, Dachau und Leitmeritz, a. O. S. 66. Über den Zwischenhalt eines Transportzuges nach Dachau auf dem Bahnhof Nammering berichtete Pfarrer Johann Bergmann als Augenzeuge: „Am Bahnhof ... boten sich mir Bilder des Grauens. Dürre, bis auf die Knochen abgemagerte Gestalten zeigten sich am Bahnkörper. Ein Wagen, mit Toten angefüllt, wurde gerade entleert“, in: ‚Passauer Neue Presse‘ 19. 4. 1945. Eine grauenvolle Zwischenstation war auch das Buchenwalder Außenlager Ohrdruf, dazu s. weiter unten im Text.

7 Kautsky, a. O. S. 283 mit vielen szenischen Beobachtungen, ähnlich Drobisch, a. O. S. 140ff. und Buchenwald-Katalog, S. 152ff. Ein amerikanischer Heeresbericht beschreibt die Lage so: „Daß die vollständige Evakuierung mißlang, war teils dem überraschenden Vormarsch der 4. Panzer-Division, teils einem komplizierten Widerstandssystem innerhalb des Lagers und Auflehnung innerhalb der SS-Organisation selbst zuzuschreiben“, Washington, Nat. Arch. RG 331, WWII 17.6. Historical Report April 1945.

8 Mel Mermelstein, By bread alone – The Story of A-4685, Los Angeles 1979, S. 201. Die Spitzen der amerikanischen 4. Panzerdivision standen in diesem Augenblick vor Erfurt, Kriegstagebuch OKW, S. 1223ff.

9 Amerikanischer Heeresbericht, a. O. Anm. 7. Es ist ein Verdienst der früheren DDR-Regierung, solche Evakuierungsrouten dokumentarisch festgehalten und an vielen Stellen des Landes durch Gedenktafeln der Öffentlichkeit bekannt gemacht zu haben.

Leidenszüge, ist Ohrdruf geworden, ein Außenlager Buchenwalds. Den Ort besuchte Eisenhower als Oberkommandierender der Alliierten Truppen in Europa bei einer Frontvisite am 12. April 1945 zusammen mit General Patton. Seiner Frau schrieb er über seine Eindrücke drei Tage später: „I never dreamed that such cruelty, bestiality and savagery could really exist in this world! It was horrible.“[10] In den letzten Tagen vor der Befreiung Ohrdrufs hatten hier, in ihrem Heimat- und Wohnort, Brills Frau Martha mit ihren beiden Kindern sowie seine dort noch lebende Mutter Lina tagsüber und besonders nachts an der Durchgangsstraße gestanden, um mit hastigen Blicken zu erkunden, ob einer aus den bestialisch durch den Ort getriebenen Buchenwalder Häftlingszügen ihr Mann, Vater oder Sohn Hermann war.[11] Er war nicht dabei, sondern auf dem Ettersberg geblieben.

So erlebte Brill den 11. April, den Befreiungstag, hier mit. Zeugnisse über diesen Tag sind aus seiner Feder nicht überliefert. Amerikanische Heeresberichte, zeitgenössische Tagebücher oder wenig später angefertigte Aufzeichnungen von Häftlingen – nicht die Jahre später angefertigten Erinnerungsberichte – stimmen in den wesentlichen Aussagen überein. Sie berichten von der kurz nach 10.00 Uhr gegebenen Zusicherung Pisters, das Lager mit seinen jetzt noch etwa 21 000 Häftlingen kampflos den Amerikanern zu übergeben, von dem ausgelösten Feindalarm „10 Minuten vor 12 Uhr“ – ein „dumpfer, langgezogener Ton“ (Kautsky) –, der mit dem Kommando verbunden war „alle SS-Angehörigen aus dem Lager“, von dem näherrückenden Frontenlärm, dem hastigen Abzug der starken SS-Truppen – „SS-Guards flad precipitously on the 11 th because American armor was heard firing in the Area“ –, der nachfolgenden Stille im Lager, bis Häftlinge gegen 13.30 Uhr „alle Stellen, wie Lagerführer, Kommandant usw.“ telefonisch ob ihrer Anwesenheit zu kontrollieren suchten und, da alle Leitungen unbesetzt waren, das Haupttor des Lagers um 15.15 Uhr öffneten: „Der Turm ist zum erstenmal für mich seit 5 Jahren, 7 Monaten und 11 Tagen unbesetzt“ (Ernst Thape). In den umliegenden Wäldern nahmen Häftlinge daraufhin versprengte SS-Wachmannschaften gefangen und begrüßten dabei gegen 15.30 Uhr das erste Auto mit amerikanischen Offizieren“.[12] Für 15.45 Uhr notierte Thape in seinem Tagebuch: „Alles ist vorüber. Jetzt beginnt das Chaos. Wildes Stimmengewirr. Mit Mühe kann der Bergungstrupp die Häftlinge im Block halten. Viele Franzosen stehen mit Gepäck da, den Mantel auf dem Arm, als käme jetzt gleich der Omnibus, sie abzuholen.“[13] In Weimar wußte man noch nichts von dem, was auf dem Ettersberg zu dieser Stunde vorgegangen war.[14] Das sollte sich aber schnell ändern.

Die Amerikaner waren, wie am folgenden Tag Eisenhower in Ohrdruf, von dem, was sie in Buchenwald am 11. April und in den Tagen danach als Realität des Naziterrors sahen, schockiert. Zunächst sorgten sie für eine weitgehende Entwaffnung der Häftlinge innerhalb

---

10 Zit. von Norbert Frey, „Wir waren blind, ungläubig und langsam“. Buchenwald, Dachau und die amerikanischen Medien im Frühjahr 1945, in: VjZG 35/1987, S. 385.

11 Cornelia Martin/Brill an Verf. Martha Brill war 1944 aus Berlin nach Ohrdruf verzogen, um bei der Schwiegermutter gefahrloser leben zu können; gearbeitet hat sie in dieser Zeit als Sekretärin bei dem NS-Lagerarzt.

12 Die Einzelheiten wurden zusammengestellt aus: Thape, Buchenwalder Tagebuch mit Bericht des Häftlings Fritz Freudenberg (Nr. 1656), a. O. S. 646ff. und S. 671f., Kautsky, Teufel und Verdammte, S. 276ff., besonders S. 204ff. mit Bericht des Häftlings Armin Walther (Nr. 2937) ebd. Anhang Nr. 13, S. 309f., Kogon, Der SS-Staat, S. 342, Amerikanische Heeresberichte s. o. Anm. 7 und Report on German Concentration Camp for political Prisoners et Buchenwald by van Wyck Mason, Washington Nat. Arch. NND 760238/8987, das im Text angeführte englischsprachige Zitat ebd. S. 8. Mel Mermelstein berichtet über das Verhalten der SS: „The SS were running out of the Camp . . . Into the woods.“ Zu seinem Vater rief er bei diesem Anblick: „Did you ever think we'd live to see it?“, a. O. Anm. 8, S. 206.

13 Thape, Buchenwalder Tagebuch, S. 649.

14 Häftlingsbericht Arnim Walther: „Noch am Morgen des 12. April wußte man in Weimar nichts von unserer Befreiung, denn um 9.00 Uhr rief noch ein Fräulein vom Fernsprechamt an, was in Buchenwald los sei, es hieß, 5000 Häftlinge seien ausgebrochen. Sie wurde beruhigt, so daß sie sagte: ‚Ich bin ja froh, daß Sie noch da sind‘“, zit. bei Kautsky, S. 310.

und außerhalb des Lagers[15]; dann schafften sie Nahrungsmittel und Medikamente heran, ließen Lastwagenladungen voll Uniformtuch zu Decken zuschneiden und die von der SS kurz vor deren Abzug zerstörten Pumpenanlagen der Wasserver- und -entsorgung auf dem Ettersberg mit den daran angeschlossenen sanitären Anlagen reparieren.[16] Viele Häftlinge, ihrer Krankheiten (Typhus, Durchfall) wegen dem Tode nahe, konnten dadurch nicht mehr gerettet werden. Die Überlebenden richteten sich ein, organisierten innerhalb und außerhalb des Lagers ihnen wichtiges, schürten Feuer vor den Barracken. „Das Lager war vom Morgen bis zum Abend in dichte Qualmwolken gehüllt." Besonders Russen und Polen taten sich dadurch hervor, ungestört durch die fast ausschließlich aus Kommunisten bestehende Lagerleitung, „für die alles, was mit Rußland zusammenhängt, irgendwie heilig ist".[17]

Der Schock der Amerikaner beim Anblick dessen, was sie sich im Traum nicht hatten vorstellen können, lähmte sie nicht, sondern veranlaßte sie zu einer rasch befohlenen öffentlichen Lehrstunde. General Patton, der mit seinem Stab am 15. April in Weimar eingetroffen war, ordnete sie an. Die Weimarer Bevölkerung wurde durch ihren inzwischen kommissarischen Oberbürgermeister Kloss am Morgen des 16. April zur sofortigen Besichtigung des Lagers aufgefordert. Der in der Nacht zuvor von Patton dazu ergangene Befehl lautete, „daß mindestens 1000 Einwohner der Stadt, davon die Hälfte Frauen, das Lager Buchenwald und die zugehörigen Lazarette heute noch besichtigen, um sich von den Zuständen dort zu überzeugen, bevor diese geändert werden".[18] Die Einwohner hatten sich am Bahnhofsvorplatz zu sammeln und dort um 12.00 Uhr abzumarschieren. Wer nicht mitmachte, obwohl er dazu von der städtischen Polizei bestimmt war, setzte sich „schärfster Bestrafung" aus. So kamen am Nachmittag „etwa zweitausend Bewohner . . . mehr Frauen als Männer" auf den Ettersberg.[19] Die Amerikaner zeigten und erklärten ihnen alles, besonders die Folterungspraktiken, den Steinbruch, die ärztlichen Seziertische mit dem hippokratischen Urwerkzeug und das Krematorium. Der Mythos des Nicht-Wissens sollte zerstört werden.[20] Anschließend gaben sie den Zeugen nationalsozialistischer Herrschaftsformen ein Merkblatt mit wahrhaft lakonischen Sinnsprüchen in die Hand: „Wenn Du heim kommst, erinnere Dich dessen, was Du in Buchenwald sahst."[21] Ein Weimarer Humanist wird die völlige Umkehrung des hier anklingenden griechischen Distichons über den heldenhaften Spartaner Leonidas und seine etwa 6000 Mitstreiter – unter ihnen die legendären 300 Spartiaten – 480 an den Thermopylen

15 Thape, Buchenwalder Tagebuch 13. 4. 1945: „Allgemein ist man froh, daß endlich die Entwaffnung verfügt wurde. Die Knallerei war manchmal beängstigend. Man mußte fürchten, noch in letzter Minute von irgendeinem der Leute, die nach 12 Jahren ihre Revolutionsromantik endlich einmal abreagieren wollen, erschossen zu werden. Gestern pfiff eine Kugel dicht an mir vorbei", a. O. S. 652. Ein amerikanischer Heeresbericht spricht von Tausenden von Häftlingen, die unmittelbar nach der Befreiung außerhalb des Lagers, teilweise bewaffnet mit deutschen Gewehren, „in geregelter Formation nach Osten marschierten". Er nennt „ungefähr drei Maschinengewehre, 50 Gewehre und eine Anzahl Handgranaten, die „im Lager über eine Anzahl von Jahren versteckt" worden seien. Es seien „etwas mehr als 80 Gefangene" (SS) gemacht worden, an anderer Stelle ist von 125 die Rede. Washington Nat. Arch. RG 331 WWII 17.11. Historical Report April 1945, S. 1 ff.

16 Thape, Buchenwalder Tagebuch, 14. 4. 1945: „Die Verpflegung ist überwältigend. Wir können das, was wir alles bekommen, kaum noch essen. ... Jetzt stehen die vollen Essenkübel auf der Lagerstraße", a. O. S. 654 ff.; andere Einzelheiten ebd. S. 655 ff.

17 Beide Zitate bei Thape, Buchenwalder Tagebuch 16. 4. 1945, S. 657.

18 Mitteilung des kommissarischen Oberbürgermeisters Kloss an die Weimarer Bevölkerung 16. 4. 1945, zit. in: Buchenwald Katalog, S. 164.

19 Thape, Buchenwalder Tagebuch 16. 4. 1945, S. 656 f.

20 Thape zit. (ebd. S. 656) als einen wiederholten Satz der amerikanischen Führer an die deutschen Besucher: „Weimar ist von Buchenwald noch nicht 10 km entfernt und ihr habt es nicht gewußt. Wir aber in Amerika, die einen Ozean dazwischen haben, wir haben es gewußt."

21 Amerikanisches Merkblatt für die Besucher Buchenwalds am 16. 4. 1945; der Überschrift folgen 10 einzelne Erinnerungsposten, in Kopie abgedruckt in: Buchenwald Katalog, S. 165.

empfunden haben. Dasselbe wird für eine britische Parlamentarierdelegation gelten dürfen, die 5 Tage später von einem Buchenwald-Besuch den Eindruck mitnahm, „that such camps as this mark the lowest point of degradation, to which humanity has yet descended".[22]

Zu diesen Zeitpunkt, in der zweiten Aprilhälfte, nahm der politische Aktivitätswille vieler Häftlinge, die hier als Widerstandskämpfer eingesessen hatten, deutlichere Formen an. Die Kommunisten dominierten durch ihre zahlenmäßige Überlegenheit gegenüber anderen Gruppen, z. B. den Sozialdemokraten (eher 10:1 als 5:1[23]), und durch ihre organisatorische Kraft bei den öffentlichen Auftritten. Das zeigten sie beim „1. Friedensappell" am 12. April, bei der Trauerfeier für die Toten, bei der am 19. April auch der amerikanische Platzkommandant Major Lorence Shmuhl eine Ansprache hielt – „Ihr habt hier eine schwere Zeit hinter Euch." – und der in die Geschichte als stetige Selbstverpflichtung der Häftlinge eingegangene Buchenwald-Eid – „Die Vernichtung des Nazismus mit seinen Wurzeln ist unsere Losung. Der Aufbau einer neuen Welt des Friedens und der Freiheit ist unser Ziel." – gesprochen wurde, und bei der Feier zum 1. Mai.[24] Diese letzte Feier offenbarte noch etwas mehr. Die dem Internationalen Lagerkomitee nach der Befreiung zugeordneten Einzelkomitees für die verschiedenen Nationen, der Russen, Polen, Tschechoslowaken, Ukrainer, Jugoslawen, Franzosen, Holländer, Belgier, Spanier, Italiener, Österreicher, Juden und anderer, marschierten dabei alle unter ihren Landesfahnen auf. Das Deutsche Komitee, am 22. April 1945 gegründet, konnte sich nicht auf die seinige einigen. Die Sozialdemokraten, deutlich in der Minderheit, plädierten für die Weimarer Farben schwarz-rot-gold, die Kommunisten lehnten das nach einem Tag Bedenkzeit ab und forderten dann eine rote Fahne mit einem fünfzackigen Stern. Im Komitee setzten sie sich über sozialdemokratische Kompromißvorschläge (schwarz-rot-gold mit fünfzackigem Stern oder leerer Fahnenmast) hinweg und hißten am deutschen Mast am 1. Mai eine Phantasiefahne mit gelbem Stern auf rotem Tuch.[25] Der Vorgang war ein symbolischer Ausdruck für die in den 12 Jahren des gemeinsam erlittenen, in Ansätzen auch gemeinsam programmatisch vorgetragenen Widerstands gegen den Nationalsozialismus dennoch nicht aufgehobene Spaltung der deutschen Arbeiterbewegung. Ernst Thape, der als einer von zwei sozialdemokratischen Vertretern im Deutschen Komitee zu den besten Beobachtern dieser politischen Szene innerhalb des Lagers gezählt werden darf, urteilte am 1. Mai 1945 enttäuscht: „Die Kommunisten tun jetzt schon alles, um uns festzulegen auf die pro-russische Orientierung. Sie wollen alle Volksfrontbewegung umtaufen in ‚Nationalkomitee Freies Deutschland'."[26] Das machte den Trend deutlich. Die Kommunisten waren sofort bestrebt, ihren revolutionären Mißerfolg vom Deutschen Oktober 1923 durch einen politischen Sieg im Frühjahr 1945 vergessen zu machen. Buchenwald wäre eine überzeugend legitimierte Ausgangsbasis gewesen. Doch mit dem gleichzeitigen Bekenntnis zur Unterordnung unter die

22 Buchenwald Camp. The Report of a Parliamentary Delegation, London 1945. Eisenhower hatte Churchill am 19. 4. aufgefordert, „a body of Members of Parliament" nach Buchenwald zu schicken, „in order that they may themselves have ocular and firsthand proof of these atrocities". Es kamen dann am 21. 4. 1945 acht Unterhaus- und zwei Oberhausmitglieder. Eine vergleichbare Aufforderung hatte Eisenhower nach dem eigenen Besuch Ohrdrufs an amerikanische Pressevertreter geschickt, Frey, „Wir waren blind", a. O. Anm. 10, S. 385f. Die Amerikaner nutzten Buchenwald als Demonstrationsobjekt für das nationalsozialistische Terrorsystem. „Ständig sind Besichtigungen, und einige Dutzende Führer haben in allen Sprachen den ganzen Tag zu tun", Thape, Buchenwalder Tagebuch 22. 4. 1945, S. 659. Ähnlich Kautsky: „Wir waren wochenlang eine Art zoologischer Garten für die internationale Presse", Kautsky an Paul Hertz 15. 5. 1945, AsD NL Hertz Film IV.

23 Kautsky, Teufel und Verdammte, S. 134f.

24 Einzelheiten in: Kogon, SS-Staat, S. 342f., Buchenwald Katalog S. 160ff. (der Eid ebd. S. 169) und Thape, S. 650ff. Die Ansprache Major Shmuhls in: Buchenwalder Nachrichten Nr. 6, 21. 4. 1945, S. 10.

25 Die Einzelheiten bei Thape, Buchenwalder Tagebuch, S. 666ff.

26 ebd. S. 668.

Parolen des VII. Weltkongresses von 1935 der KI und die neueren des NKFD[27] traten die kommunistischen deutschen Häftlinge sogleich jede Selbständigkeit im politischen Handeln wieder ab und reaktivierten bei den Sozialdemokraten die Erinnerungen an die negativen Erfahrungen mit den Einheitsfronttaktiken und -praktiken der 20er Jahre. Das legte frühzeitig die Axt an die Wurzel der in den Buchenwalder Haftjahren zaghaft gekeimten sozialistischen Aktionseinheit. Die beiden letzten Aprilwochen zeigen dies in ihrer seltsamen Mischung von Gemeinsamkeiten, die besonders die Sozialdemokraten suchten, und separatem Wirkungswillen, der vor allem die Kommunisten belebte.

Zunächst stellten beide ein gemeinsames organisatorisches Netzwerk her. Das Deutsche Komitee, wie alle anderen Komitees aus dem seit der Befreiung des Lagers schnell in Bedeutungslosigkeit verfallenden ILK entstanden und Sammelpunkt nationaler Repräsentanz und Ausdrucksform politischen Handlungswillens, wurde in Landsmannschaften untergliedert, an deren Spitze Bezirkskomitees traten. Die paritätische Besetzung des hier allein interessierenden Thüringen Komitees – anfänglich Martin Grießer (KPD), Hermann Brill (SPD) und Georg Chaim (parteilos), ab 21. April Verdoppelung der Mandate, ab 25. April deren Verdreifachung[28] – deutete auf eine Fortsetzung des Volksfrontgedankens hin. Neben diese Organisationsstruktur stellten die Kommunisten aber sofort eigene Bezirksleitungen. Die thüringische konstituierte sich schon am 12. April und legte ihr Programm zwei Tage später mit diesen Worten fest: „Sofort die Verbindung mit den ehemaligen SPD-Arbeitern und allen antifaschistischen Elementen aufnehmen. Antifaschistische Kampfkomitees, antifaschistische Milizen bilden. Immer wieder den Massen die Fratze des Nazismus zeigen, das Elend, Not und Tod, die ganze ungeheure Blutschuld, die der Nazismus auf sich geladen hat, um die totale Niederwerfung des Faschismus in kürzester Frist herbeizuführen."[29] Der agitatorische Hinweis auf die ehemaligen SPD-Arbeiter mußte ungute Erinnerungen an die gerade in Thüringen von der KPD 1922/23 forcierte Einheitsfront von unten wecken. Im April 1945 wurde diese Parole durch sofort organisierte kommunistische Einsätze in der Nähe des Buchenwalder Lagers, in Ettersburg noch am 14., nachfolgend dann in allen nahegelegenen Orten wie Hottelstedt, Ballstedt und anderen, umgesetzt. Am 16. April nahm die Bezirksleitung erfreut zur Kenntnis, daß „eine kleine Kolonne unterwegs sei, die nacheinander die Orte Ramsla, Schwerstedt, Neumark, Vipachadelhausen, Mark-Vipach und Dielsdorf bearbeitet". Das sind alles Orte am Nordabhang des Ettersberges.[30] Ging es hier vornehmlich um Einflüsse auf neu zu bildende kommunale Leitungsorgane, so zielten bald danach eingeleitete Aktionen in Erfurt auf die Bildung kommunistischer Betriebszellen. Am 25. April registrierte man bereits 28 Erfurter Betriebe mit solchen Zellen.[31] Die damit verfolgte politische Absicht war eindeutig. Johannes Brumme, einer der führenden thüringischen Kommunisten des Lagers,

27 Die Resolution der Vertreter der kommunistischen Parteien Buchenwalds vom 19. 4. 1945 ist dafür ein Beleg, wenn es dort hieß: „Die politische Generallinie des 7. Weltkongresses war für alle Sektionen der Leitfaden ihrer antifaschistischen Massenarbeit und Massenmobilisierung." Die Resolution schloß mit dem Bekenntnis zu Stalin: „Wir entbieten in diesem feierlichen Moment unserem gemeinsamen Führer, dem Genossen Stalin, unseren revolutionären Gruß! Wir stehen bereit zu neuem Kampf." Für die KPD hat Walter Bartel die Resolution unterzeichnet, in Kopie abgedruckt in: Buchenwald-Katalog, S. 167.

28 Volker Wahl, Der Beginn der antifaschistisch-demokratischen Umwälzung in Thüringen – Entstehung und Tätigkeit der Landesregierung April bis Juli 1945, Dipl.-Arb. Berlin 1974, S. 35ff. unter Benutzung von Materialien aus dem NL Johannes Brummes.

29 LPA Erfurt PDS I/2–002: Bezirksleitungssitzung der KPD vom 14. 4. 1945 Walter Wolf und Johannes Brumme waren die beiden führenden Vertreter.

30 ebd. Bezirksleitungssitzung 16. 4. 1945.

31 Ludwig Fuchs, Die Besatzungspolitik der USA in Thüringen von April bis Juli 1945. Diss. Leipzig 1966, S. 121ff. Vgl. W. Mägdefrau/V. Wahl, Zur Politik und Ideologie des rechten sozialdemokratischen Führers Dr. Hermann L. Brill, in: Jahrbuch für Regionalgeschichte 5, Weimar 1975, S. 191ff.

nannte sie dem Bezirksvorstand am 18. April 1945. Es würden „bei richtiger Ausrichtung unseres antifaschistischen Kampfes die antifaschistischen Komitees zu den Keimzellen der Diktatur des Proletariats, des Rätestaates werden".[32] Den Amerikanern blieben diese Aktionen und Zielvorstellungen nicht verborgen. Sie sprachen am 26. April in Weimar „das Verbot jeglicher politischer Parteien" aus und untersagten „insbesondere jede politische Tätigkeit des Antinazi-Komitees schärfstens".[33] Zu diesem Zeitpunkt waren von ihnen bereits politische und auch personelle Entscheidungen vorbereitet worden, in deren Mittelpunkt Hermann Brill stand.

Für Brill schien der April 1945 die politische Chance seines Lebens in sich zu tragen. In seiner Heimat Thüringen, am Ort seiner aktiven parlamentarischen und ministeriellen Tätigkeit, in Weimar, von Buchenwald kommend, wo er seine programmatische Widerstandsleistung sowie physische und auch seelische Widerstandskraft nachgewiesen hatte, konnte er mit dem Anspruch höchster Legitimation in die aktive Politik zurückkehren. Auf ihn wie auf keinen anderen Überlebenden des Konzentrationslagers Buchenwald könnte man das Wort seines auf dem Ettersberg gewonnenen Freundes Ernst Thape beziehen: „Thüringen ist sozusagen das Seminar für das ganze Reich, das in Buchenwald versammelt ist."[34] Brill ist bei der Realisation eines solchen Anspruchs, den er in dieser Formulierung nicht kannte, aber dem Inhalt nach in den nächsten Wochen und Monaten genau so vertreten hat, gescheitert. Die Verantwortung dafür liegt nicht allein bei ihm, sie liegt sogar wesentlicher bei anderen. Trotz seines Mißerfolges ist seine Wegstrecke von April bis Dezember 1945 in Thüringen der Erinnerung würdig, vielleicht sogar ein Lehrstück deutscher Politik, zumindest an der ideologischen Nahtstelle zwischen Sozialdemokratie und Kommunismus.

Es begann gemäß der Volksfronttheorie der Widerstandszeit mit einem gemeinsamen Auftritt. Die beiden ehemaligen thüringischen Reichstagsabgeordneten Hermann Brill (SPD) und Otto Schiek (KPD) ersuchten mit einem Schreiben vom 15. April 1945 den amerikanischen Platzkommandanten des ehemaligen nationalsozialistischen Konzentrationslagers Buchenwald, Major Shmuhl, bei der Neugestaltung der thüringischen Politik, zunächst auf kommunaler Basis, beteiligt zu werden. „Es ist zu unserer Kenntnis gekommen, daß nach der Flucht der Parteibeamten der NSDAP in der thüringischen Landeshauptstadt Weimar wie in anderen Orten Thüringens schwere Störungen der öffentlichen Ordnung eingetreten sind. Die kommunalen Verwaltungen haben zum Teil ihre Tätigkeit eingestellt. Die öffentlichen Dienste funktionieren nicht."[35] Sie boten zur Abhilfe „etwa 80 thüringische politische Häftlinge" des Lagers an, von denen sie namentlich 27 hervorhoben, alle in der Führung öffentlicher Ämter erfahren, die in der Lage wären, „nach notwendiger Rücksprache mit ihren Feunden binnen kürzester Frist eine geordnete öffentliche Verwaltung in Thüringen wieder herzustellen". Es ginge nur darum, ihre Entlassung zu verfügen. Da der Vorstoß ohne Echo blieb, wiederholten die Absender den Versuch noch einmal am 22. April und baten Shmuhl, „eine größere Anzahl bekannter Thüringer Antifaschisten vorerst und möglichst sofort zur Entlassung zu bringen".[36]

Zur selben Stunde formulierte eine Delegiertenkonferenz des Parteiaktivs der KPD

---

32 Brumme vor der Bezirksleitung der KPD am 18. 4. 1945, a. O. Anm. 29.

33 Bürgermeister Kloss an das Antinazi-Komitee Weimar 28. 4. 1945, abgedruckt bei Fuchs, Besatzungspolitik, Dok. 24.

34 Thape, Buchenwalder Tagebuch 30. 4. 1945, S. 669.

35 Brill/Schiek an den amerikanischen Platzkommandanten des ehemaligen K. L. Buchenwald 15. 4. 1945, Buchenwald-Archiv Material Walter Wolf 81.

36 Thüringer Komitee an den Platzkommandanten des ehemligen K. L. Buchenwald 22. 4. 1945, LPA Erfurt PDS (ohne Signatur).

Buchenwald eine Entschließung von grundsätzlichem Charakter. Die dabei zutage tretenden ideologischen Positionen und terminologischen Festlegungen, auf drei, mit der Maschine eng bedruckten Seiten festgehalten, entsprachen ganz den Vorbildern der frühen 20er Jahre, nur wenig modifiziert durch zeitgenössische Formulierungen. So heißt es an der Zentralstelle des Textes vom 22. April: „Wir müssen erkennen, daß die Situation in Deutschland noch nicht reif ist zur unmittelbaren Durchführung des Kampfes um die proletarische Diktatur, daß aber unser gegenwärtiger Kampf für eine wahre Volksdemokratie uns dem Sozialismus näher bringt. Unsere Zentralaufgabe ist heute: Massenmobilisierung aller Antifaschisten auf der Grundlage des Nationalkomitees ‚Freies Deutschland'." Dieser alten Linientreue mit neuer Denomination der Zielangabe (NKFD) entsprach die konkrete außenpolitische Aufgabenstellung, welche die Kommunisten Buchenwalds für sich so definierten: „Bündnis mit der Sowjet-Union als des besten Garanten des nationalen Weiterbestandes des deutschen Volkes".[37]

Man kann die auch nach der gemeinsamen Buchenwald-Erfahrung unverändert fortbestehende politische Spaltung der deutschen Arbeiterschaft direkt fassen, wenn man auf die von 350 Delegierten besuchte Konferenz der Volksfront vom 13. April 1945 zurückgreift, abgehalten in der Buchenwalder Kinohalle, bei der Brill Grundzüge seines wenige Tage danach ausgefertigten Buchenwalder Manifests „Für Frieden, Freiheit, Sozialismus" vortrug, das als „Regierungsprogramm für eine deutsche Volksregierung" gedacht wurde.[38] Beide Programme widersprechen sich abseits gemeinsamer Sofortmaßnahmen zur „Vernichtung des Faschismus", zum Aufbau der Wirtschaft, zur Wiederherstellung demokratischer Rechte und abseits definitorischer Unklarheiten über Volksrepublik (Brill) und Volksdemokratie (KPD) in zwei wichtigen Punkten: Das Buchenwalder Manifest will die Verwirklichung des Sozialismus als „unmittelbare Gegenwartsaufgabe", die KP-Entschließung vom 22. April will eine hier noch etwas unklar formulierte, aber schon im Sinn des KPD-Gründungsaufrufs vom 11. Juni 1945 gedachte Anknüpfung an die Positionen von 1848. Sie bekennt sich darüber hinaus, diese dadurch konterkarierend, zu einer uneingeschränkten Bündnistreue zur Sowjetunion, während Brill zwar einem „engsten Einvernehmen" mit Moskau das Wort redet, wesentlicher aber den „Eintritt Deutschlands in den angelsächsischen Kulturkreis" als politisches Ziel vor Augen hat.

So zeigen die ersten Tage nach der Befreiung in größtmöglicher Dichte, was die nachfolgende Buchenwalder Feier zum 1. Mai symbolisch in dem Flaggenstreit zum Ausdruck brachte: Sozialdemokraten und Kommunisten treten mit getrennten Marschrichtungen den Auszug aus Buchenwald an. Brill ist dabei der erste. Er wurde unmittelbar nach seiner Rede am 23. April zu dem Leiter des im Lager tätigen Intelligence Team der Psychological Warfare Devision der Amerikaner gerufen. Dort kannte man bereits, informiert durch Eugen Kogon, seine Personalien.[39] Er wurde aufgefordert, bis zum nächsten Tag einen Lebenslauf und einen Fragebogen den amerikanischen Militärbehörden vorzulegen. Nach Prüfung dieser Papiere

37 LPA Erfurt PDS I/2–002: Entschließung der Delgierten-Konferenz des Parteiaktivs der KP Buchenwald 22. 4. 1945. Die Entschließung hatte große inhaltliche Parallelen zum Gründungsaufruf der KPD vom 11. 6. 1945.

38 Brill, Gegen den Strom, S. 96, Kautsky, ‚Vorwärts' 19. 2. 1960: „Unmittelbar nach der Befreiung drang Brill darauf, daß die Sozialdemokratie deutscher Zunge ein gemeinsames Buchenwalder Manifest herausgab, als dessen eigentlicher Verfasser er anzusehen ist", zum Inhalt s. o. Kap. V. 4.2. Der handschriftliche Entwurf in BA NL Brill 94.

39 AsD NL Brill 1: Brill, Bericht über die Regierungstätigkeit in Thüringen 23. 4.–17. 7. 1945 (unvollständig). Die dort im Text angegebenen Daten werden von Brill in verschiedenen Briefen wiederholt. Zu allgemein in der Darstellung der Ereignisse in Thüringen im Frühsommer 1945 ist Moraw, Einheit, S. 67. Die wenig informativen Darstellungen bei Fuchs (S. 64ff.) und Mägdefrau/Wahl (S. 198ff.) leiden deutlich darunter, Brill als „Rechtssozialisten" zeigen zu wollen, wo er doch ein linker Sozialist war. J. Streisand, Deutsche Geschichte von den Anfängen bis zur Gegenwart. Eine marxistische Einführung, Köln 1976, verzichtet auf eine Darstellung der für Thüringen im Frühsommer 1945 bedeutenden Leistungen Brills und beginnt mit dem Befehl Nr. 2 der SMAD vom 10. 6. 1945. Ähnliches gilt für Bd. 9 des Handbuchs „Deutsche Geschichte", hrsg. von R. Badstübner u. a., Berlin 1989.

wurde ihm am 24. die Frage vorgelegt, ob er „bereit wäre, unter Aufsicht der Militärregierung am Wiederaufbau Deutschlands mitzuarbeiten“.[40] Nach Abgabe einer Bereitschaftserklärung verhandelte Brill bereits an den beiden folgenden Tagen in Weimar. Sein unmittelbarer Partner war dort der am 25. April zum Commanding Officer für Weimar ernannte Major William M. Brown, ein Professor für deutsche Sprache und Literatur an der Columbia University. Man traf sich, angemessen für diesen Anlaß, im Weimarer Elephanten. Brill legte dazu eine vierseitige Denkschrift vor.[41]

Darin ging er von dem Gedanken aus, „durch eine Reorganisation der zentralen Landesinstanzen die Reform der lokalen Behörden vorzunehmen“. Dabei sollte der personalpolitische Grundsatz gelten, „daß an die Stelle der jetzt mehr oder weniger zufällig herangeholten alten Beamten, von denen sich keiner unter der Diktatur der Herren Hitler, Sauckel und Marschler als Antifaschist betätigt hat, Männer und Frauen treten, die durch ihre Vergangenheit, Haltung und Aktivität gegen den Nazismus Ansehen und Vertrauen in der Bevölkerung genießen“. Brill dachte insbesondere an solche Personen, die jetzt „mit brennender Ungeduld darauf warten, nach den langen Jahren des antifaschistischen Kampfes und der nazistischen Gefangenschaft zur Arbeit eingesetzt zu werden“, mithin an ehemalige Buchenwaldhäftlinge.

Brown stimmte einem solchen personalpolitischen Grundsatz ausdrücklich zu. Allerdings wollte er den organisatorischen Wiederaufbau der Verwaltung nicht mit den Landes-, sondern mit den Kommunalbehörden beginnen lassen, von unten nach oben also vorgehen, wie das feststehender amerikanischer Grundsatz 1945 war. Folglich entließ er Brill mit dem Auftrag, „der Stadt Weimar und dem Landkreis Weimar eine neue Verwaltung zu geben“.[42] Über dessen weitergehende Vorschläge zu befinden, insbesondere einen amerikanischen „Kontrolloffizier für das gesamte Verwaltungsgebiet des bisherigen Reichstatthalters für Thüringen in Weimar“ einzusetzen, ging am 26. April über Browns Kompetenz hinaus. Doch auch so war der politische Auftrag an Hermann Brill bedeutungsvoll. In Weimar sollte der Anfang gesetzt werden.

Am 27. April wurde Brill offiziell „als erster Deutscher“ aus Buchenwald entlassen.[43] Er bekam schnell ein Auto gestellt, suchte sich den im Konzentrationslager kennengelernten polnischen Juden Harald Hochhaus als Chauffeur aus und ließ diesen nach Ohrdruf fahren, um von dort seine Frau und seine beiden Töchter nach Weimar zu holen. Bei der Familie Max Blaicher in der Rückoldtstraße 7 warteten diese dann auf ihn. Er kam in dem gestreiften Häftlingsanzug mit dem roten Winkel und einem schwarzen Käppi, trug auf dem Rücken einen selbstgenähten Rucksack mit der daran baumelnden, im Lager lebenswichtigen Eßkelle und an den Füßen alte Knobelbecher, die mit einer Strippe gebunden waren. Als er zu seiner am Fenster stehenden Familie mit einem leicht verschmitzten Blick hinaufsah, sagte Martha Brill zu den Kindern: „Das ist euer Vater.“[44] Sie hatte ihn erkannt, die Kinder, die ihn am Tag der Verhaftung durch die Gestapo, am 22. September 1938, letztmalig gesehen hatten, kannten ihn nicht mehr. Als man wenige Wochen später gemeinsam in eine zugewiesene Wohnung eines ehemaligen hohen NS-Beamten in der Kirschbachstraße 8 einzog und der politische Freund Ernst Thape zu Gast war, bedankte sich dieser in einem ergreifenden Brief an Martha

40 Brill, Bericht über die Regierungstätigkeit, S. 3.

41 ebd.; die Denkschrift Brills an den Military Government Officer, Weimar, 26. 4. 1945 in: BA NL Brill 95. Vgl. Thape, Buchenwalder Tagebuch 26. 4. 1945: „Hermann Brill ist in Weimar und versucht, irgendeine zivile Verwaltung aufzubauen.“

42 AsD NL Brill 1: Brill an Brown 26. 4. 1945 und an Michel Müller 13. 2. 1947, ebenso Brill, Bericht über die Regierungstätigkeit, S. 3.

43 Brill, Bericht über die Regierungstätigkeit, S. 3.

44 Cornelia Martin/Brill an Verf.

Brill „für das vollkommene Glück, daß ich am Sonntag in Ihrem Haus durch Ihre Fürsorge und in Ihrer Gegenwart einige strahlend-schöne Stunden lang erleben durfte".[45] Der über die Jahre hin aus der Zivilisation ausgestoßene Ettersberger Häftling hatte zur Wärme des Lebens in Weimar zurückkehren dürfen. Das galt ebenso für Brill, von dem Thape in dem selben Brief aber auch bemerkte, daß dieser sich „zwischen Konzentrationslager und Staatsneubau noch nicht einmal eine Pause persönlicher Besinnung gönnte". Dazu war im Frühling 1945 keine Zeit.

2 Der Aufbau der Kommunalverwaltung in Weimar

2.1 Das kommissarische Vorspiel

Der Oberste Befehlshaber der Alliierten Expeditionsstreitkräfte (Allied Expeditionary Force), Dwight D. Eisenhower, erhielt schon am 28. April 1944 in seiner gleichzeitigen prospektiven Eigenschaft als Militärgouverneur der Militärregierung in Deutschland (Military Government Germany) mit der Direktive CCS 551 (Directive for Military Government in Germany Prior to Defeat or Surrender) die oberste gesetzgebende, vollziehende und rechtsprechende Gewalt (Supreme Legislative, Executive and Judical Authority) in all den Gebieten übertragen, die seine Armee besetzten.[46] Diese Vorkapitulationsdirektive (Presurrender Directive) beinhaltete erste Richtlinien für die Verwaltung der besetzten Gebiete. Dazu gehörten die Auflösung aller nationalsozialistischen Organisationen und des bestehenden Regierungssystems, Maßnahmen zur Aufrechterhaltung von Gesetz und Ordnung sowie zur Wiederherstellung normalisierter Lebensbedingungen für die Zivilbevölkerung; Anweisungen zur Einrichtung lokaler Verwaltungen traten hinzu. Ergänzt durch eine Interimsdirektive vom 10. September 1944, mit der der Oberste Befehlshaber den Kommandeuren der 12. und 21. Armeegruppe die Verantwortung für die Einrichtung von Militärregierungen bei der Besetzung Deutschlands übertrug[47], hat die Vorkapitulationsdirektive CCS 551 vom Frühjahr 1944 bis zum Kriegsende ein Jahr später Gültigkeit besessen. Erst danach wurde sie durch die Direktive JCS 1067 vom 15. Mai 1945 abgelöst. Diese regelte dann Eisenhowers Befugnisse nach der Kapitulation und nach der zum 14. Juli 1945 erfolgenden Auflösung des Supreme Headquarter Allied Expeditionary Force (SHAEF) bei der Gestaltung der amerikanischen Politik in Deutschland.[48] Die Daten machen deutlich, daß die Nachkriegsdirektive JCS 1067 für die amerikanische Besatzungspolitik in Thüringen, da diese nur bis zum 1. Juli 1945 währte, keine nennenswerte Bedeutung hatte.

Die 12. Armeegruppe unter Omar N. Bradley hatte das am 1. Mai 1920 gegründete Land Thüringen zusammen mit dem damals ausgegliederten preußischen Regierungsbezirk Erfurt ihrer Militärverwaltung unterstellt. Von ihren Armeen, der 1., 3., 9. und 15. – später, nach der Kapitulation, trat noch die 7. hinzu –, hatte die 3. mit ihren Korps, dem VIII., XII. und XX., Thüringen vom 1.–16. April besetzt. Das VIII. Korps blieb als Besatzungstruppe im Lande

45 Ernst Thape an Martha Brill 15. 5. 1945, Familienarchiv Martin/Brill.

46 Forest C. Pogue, The Supreme Command, Washington 1954, S. 347; vgl. Ludwig Fuchs, Die Besetzung Thüringens durch die amerikanischen Truppen, Erfurt 1968, S. 53 ff.

47 Pogue, S. 356.

48 ebd. S. 358; frühester Abdruck der Direktive JCS 1067 in: Wilhelm Cornides/Hermann Volle, Um den Frieden mit Deutschland. Dok. und Berichte des Europa-Archivs Bd. 6, Oberursel 1948, S. 58–73.

und verlegte Ende April sein Hauptquartier nach Weimar-Lützendorf; dort blieb es bis zum 2. Juli 1945.[49] Gemäß der Gliederung des amerikanischen Generalstabs (General Staff) in 5 Operationsabteilungen, von denen die Stabsabteilung G-5 für Besatzungspolitik und Zivilangelegenheiten zuständig war, und der diesem Vorbild folgenden Gliederung aller nachrangigen Militäreinheiten[50] oblagen im Weimarer Hauptquartier des VIII. Korps der Abteilung G-5 die Militärverwaltungsangelegenheiten in Thüringen. Ihr Leiter war der Assistant Chief of Staff, Colonel Azel F. Hatch. Er hatte alle grundsätzlichen politischen Fragen zu entscheiden und zentrale Maßnahmen, die über die Kompetenz örtlicher Militärbefehlshaber hinausgriffen, zu koordinieren. Nach einer durch den schnellen Fortschritt der Kampfhandlungen bedingten, an häufigen Wechseln reichen Übergangszeit, in der die kämpfenden taktischen Einheiten der amerikanischen Armee, die ebenfalls kleine G-5-Abteilungen in ihren Stäben besaßen, auf den jeweils von ihnen besetzten örtlichen Ebenen Militärverwaltungsaufgaben übernommen hatten, konsolidierte sich die amerikanische Militärverwaltung in Thüringen ab Ende April zunehmend. Allerdings kam bis in den Juni 1945 der vorläufige Charakter ihrer Militärregierungsabteilungen in der Bezeichnung „Provisional Military Government Detachment" zum Ausdruck.[51] Erst Ende Mai/Anfang Juni festigte sich die Organisation so, daß jetzt die Militärverwaltung der Amerikaner mit den alten Verwaltungsbezirken des Landes Thüringen und des preußischen Regierungsbezirks Erfurt konform ging.

Militärgouverneur war bis zum Abzug der Amerikaner aus Thüringen Major General Troy H. Middleton, Kommandeur des VIII. Korps[52]; sein Stellvertreter war der genannte Leiter der G-5-Abteilung, Colonel Hatch. Nach der Anfang Juni 1945 errichteten amerikanischen Militärregierung für die Provinz Thüringen ging die Zuständigkeit in Militärverwaltungsangelegenheiten auf den kommandierenden General dieser Militärregierung über. Eine Rundverfügung des zu dieser Zeit schon zum Thüringischen Regierungspräsidenten ernannten Hermann Brill vom 14. Juni 1945 brachte das zum Ausdruck.[53] Jetzt wurde die provisorische Denomination aufgegeben, und die amerikanische Militärregierung für die Provinz Thüringen führte die Bezeichnung „Military Government Detachment F 1 C 9". Das Kommando oblag dem Lieutenant Colonel Harry D. Darlington.[54] Seine Zuständigkeit umfaßte auch den von den Amerikanern eroberten westsächsischen Raum. Insgesamt unterstanden ihm 34 thüringische lokale amerikanische Militärregierungen[55], deren Gebiete sich in der Regel mit den kommunalen Verwaltungsbezirken deckten.

Die gesetzlichen Rahmenbedingungen aller Entscheidungen und Anordnungen lokaler Dienststellen wurden durch die Gesetze und Verordnungen der amerikanischen Militärregierung für Deutschland vorgegeben. Soweit diese deutsche Gesetze nicht einstweilen oder für immer außer Kraft setzten, blieben deutsche Rechtsvorschriften weiterhin gültig. Verboten wurden allerdings durch das amerikanische Gesetz Nr. 1 „die Auslegung und Anwendung des deutschen Rechtes nach nationalsozialistischen Grundsätzen, gleichgültig wann und wo

49 HStA Weimar Büro des MP Nr. 459: Protokoll der Regierungssitzung vom 2. 7. 1945.

50 Vgl. Oliver J. Frederiksen, The American military occupation of Germany 1945–1953, Historical Division HQ, US-Army Europe 1953, S. 6.

51 ‚Weimarer Landbote', Amtliches Mitteilungsblatt für den Landkreis Weimar Nr. 1 vom 24. 6. 1945, Abdruck der Quelle bei Wahl, Beginn, S. 282f.

52 Pogue, S. 455.

53 HStA Weimar Büro des MP Nr. 1078: Rundverfügung des Regierungspräsidenten für Thüringen vom 14. 6. 1945 über den Dienstverkehr mit der Militärregierung F1 C9 Land Thüringen in Weimar.

54 HStA Weimar Ministerium für Wirtschaft und Arbeit Nr. M2, Anfang Juni 1945, abgedruckt bei Wahl, Beginn, S. 281.

55 Stadtarchiv Weimar 000/03: Military Government Detachment F1 C9 (Thüringen), abgedruckt bei Wahl, Beginn, S. 279. Im westsächsischen Raum traten 6 lokale amerikanische Militärregierungen hinzu.

dieselben kundgemacht wurden". Das Gesetz Nr. 1 verfügte, daß „deutsches Recht, das nach dem 30. Januar 1933 in Kraft trat und in Kraft bleibt", so auszulegen und anzuwenden sei, „wie es seinem einfachen Wortlaut entspricht".[56] Auf dieser Basis blieben deutsche Gesetze mit wenigen Ausnahmen bestehen. Da die Proklamation Nr. 1 der amerikanischen Militärregierung ausdrücklich alle Beamten zunächst verpflichtet hatte, auf ihren Positionen zu bleiben[57], war auch eine Fortexistenz der deutschen Landes- und Kommunalbehörden gesichert.

Trotz dieser generellen Klarstellungen sah sich im Juni 1945 ein für juristische Fragen zuständiger Offizier der amerikanischen Militärregierung im Stadtkreis Weimar veranlaßt, dem Oberbürgermeister der Stadt zu verdeutlichen, daß es in Weimar wie in allen anderen Orten der amerikanischen Militärregierung neben dem deutschen Recht zwei weitere Rechtssphären gebe, nämlich die der Counter Intelligence Corps (CIC) und die der Public Safety. Die Organe der CIC seien als Abwehrorganisation und als politischer Geheimdienst zuständig für die politische Überwachung der deutschen Bevölkerung und ihre Entnazifizierung, für die Verhaftung, Vernehmung und Internierung von ehemaligen nationalsozialistischen Funktionären, für die Untersuchung ihrer möglichen Verbrechen und die Sicherstellung ihrer Akten. Die Garantie der öffentlichen Sicherheit obliege den amerikanischen Polizei- und Gerichtsorganen, der „Military Police", den taktischen Divisionen und den „Military Government Security Guards", die sich dann aber vermehrt deutscher Polizeikräfte bedienen würden.[58]

Auf dieser organisatorischen und rechtlichen Basis traten die Amerikaner Mitte April 1945 in Weimar an. Der hier ansässige nationalsozialistische Gauleiter und Reichstatthalter Thüringens, auch Reichsverteidigungskommissar in einer Person, Fritz Sauckel, hatte am 15. März alle Dienststellen seiner Partei, des Staates und der Wirtschaft aufgerufen, sofort Appelle zur Stärkung des Widerstandswillens der Bevölkerung durchzuführen, war am 27. März zur Inspektion der Verteidigungslinie an die Westgrenze des Landes nach Eisenach gefahren, hatte dann aber in der Nacht vom 2. zum 3. April die Landeshauptstadt fluchtartig verlassen.[59] Zwar kehrte er wegen des Stockens des amerikanischen Vormarsches noch einmal nach Weimar zurück und ließ von dort am 7. April über Rundfunk und Presse seine letzte Anordnung als Reichsverteidigungskommissar verbreiten, die allen Personen, die vor dem Feind eine weiße Fahne hißten, die Verurteilung als Landesverräter und Deserteur androhte[60], setzte sich danach aber selbst am 10. April endgültig in Richtung Jena ab. In Klosterlausnitz quartierte er sich vorübergehend mit seinem Stab ein, sprach von dort aus prohibitive Todesurteile gegen alle Bürgermeister aus, die ihre Stadt kampflos dem Feind übergaben, statt sie bis zum Äußersten zu verteidigen, verhinderte dadurch aber nicht den schnellen Zusammenbruch jeglichen militärischen und zivilen Widerstandes in Thüringen.[61]

Der „Trutzgau des Führers", wo die NSDAP 1926 ihren ersten Reichsparteitag durchgeführt hatte, den die Nationalsozialisten nach 1933 unter Sauckels Leitung und des Ministerpräsidenten Marschlers Mithilfe zu einer ihrer Hochburgen ausgebaut hatten, wo 96% aller

56 Amtsblatt der Militärregierung Deutschland, Kontrollgebiet der 12. Armeegruppe, Nr. 1 (o. O.) 1945, S. 15.
57 ebd. S. 4.
58 Stadtarchiv Weimar Nr. 501: Erläuterungen des juristischen Offiziers der amerikanischen Militärregierung für den Stadtkreis Weimar, Aktennotiz des Weimarer OB Behr vom 21. 6. 1945.
59 HStA Weimar Gauwirtschaftskammer Nr. 2: Verfügung des Reichsverteidigungskommissars für den Reichsverteidigungsbezirk Thüringen vom 15. 3. 1945, ebd. Generalstaatsanwalt Jena Nr. 669/4: Lagebericht des Oberstaatsanwalts beim Landgericht Eisenach 28. 3. 1945 und ebd. Landesernährungsamt Abt. B Nr. 1: Mitteilung der Landesbauernschaft an das Landesernährungsamt vom 3. 4. 1945.
60 ‚Schleizer Zeitung' 11. 4. 1945.
61 HStA Weimar Sammlung F Nr. 2019: Niederschrift des OB von Weimar über die Vorgänge bei der Besetzung der Stadt vom 19. 10. 1945.

Angestellten der Kommunalverwaltung und 98% aller Lehrer der NSDAP angehörten[62], fiel fast einen Monat vor der Kapitulation Hitlerdeutschlands. Während das Oberkommando der Wehrmacht am 13. April 1945 meldete: „Weimar fiel nach hartem Kampf in Feindeshand“[63], war die Landeshauptstadt am Tag zuvor in Wahrheit ohne einen Schuß den von Norden um den Ettersberg herum, von Süden von der Autobahn her und von Westen von der Straße Erfurt–Weimar her vordringenden amerikanischen Truppen in die Hände gefallen. Der nationalsozialistische Weimarer Oberbürgermeister Otto Koch hatte die Stadt nach einem von den Amerikanern gestellten Ultimatum fristgerecht und kampflos dem Stab der 80. Infanteriedivision, der zu dieser Zeit wenige Kilometer entfernt in Troistedt stationiert war, übergeben.[64]

Der vollständige Zusammenbruch der Infrastruktur des Landes, seiner Verwaltung, des Eisenbahnverkehrs, des Post- und Fernmeldewesens, die hinzukommenden industriellen Zerstörungen und materiellen Nöte seiner Einwohner, deren geistige und seelische Lethargie, die vielfach freigesetzten Wolfs- und Robinsonmentalitäten, alles das summierte sich in Thüringen wie überall in Deutschland zu einem gewaltigen Chaos, vor das die Amerikaner den am 27. April aus dem Konzentrationslager Buchenwald entlassenen, zu diesem Zeitpunkt 50jährigen Hermann Brill setzten, den Widerstandskämpfer und früheren Ministerialdirektor im Thüringer Innenministerium, einen Politiker und Verwaltungsjuristen. Seinem Einsatz ging ein kommissarisches Vorspiel voraus.

Gemäß dem Grundsatz der Amerikaner, die Demokratie von unten aufzubauen, dezentralisierten sie die administrative Struktur des Landes von allem Anfang an dadurch, daß sie alle in den Stadt- und Landkreisen bestehenden Reichs- und Landesbehörden der Verfügungsgewalt jeweiliger Landräte und Oberbürgermeister unterstellten. Dabei blieb der alte Beamtenapparat zunächst intakt. Das Beispiel Weimars vermag den Vorgang deswegen besonders eindrucksvoll zu verdeutlichen, weil der dortige Oberbürgermeister jene Schritte einzuleiten hatte, die zur Einsetzung der ersten thüringischen Regierung und ihres Regierungspräsidenten Brill führten.

Nach der Besetzung Weimars durch Einheiten der 80. Infanteriedivision in den Mittagsstunden des 12. April 1945 wurde Captain Lawrence A. Degner, Militärverwaltungsoffizier dieser Einheit, erster Military Government Officer Weimars.[65] Der zu diesem Zeitpunkt noch sehr rasche Fortgang der Kampfhandlungen in Thüringen führte in den nächsten Tagen zu einem mehrmaligen Wechsel der militärischen Einheiten sowie ihrer G-5-Abteilungen und als dessen Konsequenz zu raschen personellen Umdispositionen. Als die Weimarer Bevölkerung am 21. April davon in Kenntnis gesetzt wurde, daß das „Provisional Military Government Detachment 71“ für den Stadt- und Landkreis Weimar eingesetzt worden sei, dessen „Gesetze und Verfügungen in allen Einzelheiten auf das Genaueste befolgt werden müssen“[66], hatte die Stadt bereits den vierten Commanding Officer, den dazu am Vortag ernannten Lieutenant Colonel Max E. Billingsley. Ihm folgte am 23. April als nächster Mayor William M. Brown,

62 Zu diesen Zahlen vgl. die Niederschrift der Rede des Landespräsidenten am 19. 9. 1945, in: HStA Weimar Büro des MP Nr. 246.

63 Wehrmachtsberichte 1939–45, Bd. 3, S. 534; vgl. ‚Schleizer Zeitung‘ 14. 4. 1945.

64 a. O. Anm. 61. Am 15. 4. 1945 erschien letztmalig eine Pressenotiz des OKW in der thüringischen ‚Schleizer Zeitung‘: „Nach schweren und verlustreichen Kämpfen haben die Amerikaner die Südostausläufer des Thüringer Waldes überwunden und stehen im Kampf um die Saale-Übergänge zwischen Jena und Saalfeld, dessen Besatzung wiederholt Angriffe abwehrte.“ Am folgenden 16. 4. war die Okkupation Thüringens durch die Amerikaner abgeschlossen.

65 HStA Weimar Sammlung F Nr. 2019: Die amerikanischen Militärregierungen für den Stadt- und Landkreis Weimar, abgedruckt bei Wahl, Beginn, S. 282f.

66 HStA Weimar Sammlung F Nr. 2019: Bekanntmachung der Militärregierung an die Zivilbevölkerung 21. 4. 1945.

der beständiger, bis zum 6. Juni 1945, in dieser Position verblieb und der entscheidende amerikanische Partner Brills wurde.

Haupt der städtischen Verwaltung Weimars war seit 1937 Oberbürgermeister Otto Koch. Dieser wurde von den Amerikanern am 14. April abgesetzt, verhaftet und in ein Internierungslager gebracht. Robert Fischer, Verwaltungsdirektor in der Stadtverwaltung Weimars, erhielt danach den Auftrag, einen geeigneten Verwaltungsfachmann für die Besetzung des Oberbürgermeister-Postens vorzuschlagen, der nicht Mitglied der NSDAP war. Seine Wahl fiel auf Erich Kloss.[67] Kloss war vor 1933 Mitglied der DVP, seit Oktober 1918 zweiter Bürgermeister Weimars gewesen, am 1. Oktober 1934 zwangspensioniert, aber 1943 wiederum dienstverpflichtet worden.[68] Überpürft vom amerikanischen CIC, wurde Kloss am 15. April 1945 von dem zu dieser Zeit amtierenden zweiten Weimarer Military Government Officer Captain K. H. Callaway mit der kommissarischen Leitung des Stadtvorstandes beauftragt. Sogar der zu dieser Zeit in Weimar anwesende Panzergeneral Patton, Kommandeur der 3. Armee, hat die Ernennung am Abend des 15. April bestätigt.[69] Da zu dieser Zeit keine zentralen Landes- oder Reichsbehörden in Thüringen faktisch weitere administrative Tätigkeiten ausübten, war der kommunale Oberbürgermeister Kloss die einzige Verwaltungsstelle im Stadt- und Landkreis Weimar mit politischer Potenz.

Dieser Umstand war den Buchenwald-Häftlingen Anlaß zur Kontaktaufnahme. Sie setzten einen von Kloss an Stelle des bisherigen Stadtrats berufenen „Politischen Beirat" durch, der die erste wesentliche Adresse politischer Mitwirkung des in Buchenwald gegründeten antifaschistischen Thüringen-Komitees wurde. Kloss hatte bekundet, in den „Politischen Beirat" Vertreter aller politischen Richtungen zu berufen, um auf diese Weise „Fühlung mit den verschiedenen Bevölkerungsschichten" zu bekommen.[70] Mitglieder des Beirats wurden Emil Friedrich (SPD), Hugo Günther (KPD), Leonhard Moog (DDP) und Max Kolter (Zentrum). Der frühere thüringische Staatsrat und Weimarer Stadtverordneter Emil Herfurth (DNVP), den Kloss als Vertreter des rechten Spektrums in den Beirat berufen wollte, mußte draußen bleiben, da ihn die anderen vier ablehnten.[71]

Während der Politische Beirat wegen seiner nur beratenden Funktion in der Zeit seines Bestehens ohne eigentliche politische Kompetenz blieb, wurde die des kommissarischen Oberbürgermeisters, der allein den Amerikanern verantwortlich war, durch diese in den nächsten Tagen entscheidend ausgedehnt. Am 17. April 1945 wurden ihm die bisher staatliche Polizei in Weimar als nunmehr städtische unterstellt[72], zwei Tage später auf Widerruf „die sämtlichen im Stadt- und Landkreis befindlichen Reichs-, Landes- und Kommunalbehörden". Er hatte dabei auch personalpolitisch freie Hand, „Mitglieder der ehemaligen NS-Partei zur Durchführung der Geschäfte weiter zu beschäftigen, auch soweit sie vor 1933 der Partei beigetreten sind", mußte aber für ihre Arbeit die Verantwortung übernehmen.[73] Der kommissarische Oberbürgermeister von Weimar war mithin mit dem 19. April 1945 bis zum 1. Mai Dienstvorgesetzter aller in den ehemaligen thüringischen Landesverwaltungsstellen Beschäftigten. Diese Tatsache wirkte sich in dieser Zeit nicht besonders aus, sieht man von einer

67 ebd. Niederschrift des OB von Weimar über die Vorgänge bei der Besetzung der Stadt vom 19. 10. 1945.

68 Erich Kloss, Erinnerungen an die Besetzung Weimars durch die Amerikaner 1945, S. 13f.

69 ebd. S. 14 und StA Weimar 007/00: Rundschreiben des kommissarischen Oberbürgermeisters an die Angestellten der Stadtverwaltung vom 16. 4. 1945.

70 Kloss, Erinnerungen, S. 48. Die Protokolle der Sitzungen des „Politischen Beirats" mit dem OB in: StA Weimar 008/02/2.

71 Kloss, Erinnerungen, S. 48.

72 StA Weimar 0123/7/04: Bekanntmachung der amerikanischen Militärregierung vom 17. 4. 1945.

73 StA Weimar 007/07: Anordnung der amerikanischen Militärregierung für den Stadt- und Landkreis Weimar über die erweiterte Zuständigkeit des Oberbürgermeisters während der Besetzung, 19. 4. 1945.

einzigen Verfügung ab. Auf Drängen des Politischen Beirats, besonders deutlich hervorgetretene ehemalige nationalsozialistische Beamte, Angestellte und Arbeiter sofort zu entlassen, ordnete Kloss am 28. April 1945 die vorläufige Beurlaubung solcher Personen aus den Reichs- und Staatsbehörden an.[74]

Die mit derselben Verfügung durch Kloss der Öffentlichkeit bekanntgegebene Initiative des kommissarischen Oberbürgermeisters, „die Ernennung eines ‚Oberpräsidenten' für Thüringen bei der amerikanischen Verwaltung vorgeschlagen" zu haben, „da nunmehr die Möglichkeit des Verkehrs der Behörden in Weimar mit denjenigen außerhalb des Stadt- und Landkreises schrittweise sich ergeben" werde, ließ erkennen, daß zwei Wochen nach dem Einzug der Amerikaner in Weimar und 10 Tage nach ihrer Besetzung ganz Thüringens in den Augen des Oberbürgermeisters der Landeshauptstadt eine zentrale Verwaltung des Landes dringend geboten schien. Die zusammengebrochene Wirtschaft, der ruhende Verkehr, das unterbrochene Nachrichtenwesen, die besonders im Thüringer Wald, der Rhön und den größeren Städten des Landes desolate Lebensmittelversorgung der Bevölkerung verlangten die schnelle Wiedereinsetzung einer zentralen thüringischen Landesverwaltung. Kloss trug diese Überlegungen dem neuen amerikanischen Stadtkommandanten Weimars, Major Brown, am 27. April vor. Er brachte dabei auch seinen Gedanken zum Ausdruck, für die Besetzung einer solchen Stelle „nur die Nennung eines Sozialdemokraten empfehlen" zu wollen; namentlich erwähnte er dann August Frölich.[75]

Nicht diese von Kloss empfohlene Sach- und auch nicht die ihm angeratene Personalentscheidung wurden von dem Amerikaner Brown am 28. April aufgegriffen. Vielmehr hatte der zur selben Zeit mit der Ernennung Hermann Brills zum „Attaché of the Military Government" des Stadt- und Landkreises Weimar eine neue, für Thüringen wichtige und in die Zukunft weisende personalpolitische Weichenstellung vollzogen.

2.2 Brill als Chefberater der Amerikaner im Frühjahr 1945

Das kommissarische Vorspiel bei der Wiederbelebung des politischen Lebens in der Landeshauptstadt Weimar und darüber hinaus in Thüringen neigte sich gerade in jenen beiden Tagen seinem Ende zu, an denen Oberbürgermeister Erich Kloss bei dem amerikanischen Commanding Officer Brown mit Vorschlägen über eine weiterreichende Kommunal- und vor allen Dingen landespolitische Reorganisation vorstellig wurde, am 27. und 28. April. Parallel zu diesem Gesprächspartner hatte Brown, der im Zivilberuf Professor für deutsche Sprache und Literatur an der Columbia University war und sicher deshalb der am längsten, vom 23. April – zum 6. Juni 1945, amtierende amerikanische Stadtkommandant in der Metropole der deutschen Klassik wurde, in diesen Tagen im Weimarer „Elephanten" mit Hermann Brill konferiert. Der aktive Widerstandskämpfer war in den Augen der Amerikaner für eine demokratische Renaissance in Deutschland politisch entschieden besser beleumundet als der

74 HStA Weimar Büro des MP Nr. 59: Verfügung des kommissarischen OB der Stadt Weimar über die Beurlaubung von Beamten, Angestellten und Arbeitern, die sich bei Reichs- und Staatsbehörden im Stadt- und Landkreis Weimar im Dienst befinden, 28. 4. 1945. Die Forderung des „Politischen Beirats" in: StA Weimar 008/02/2: Sitzungsprotokoll vom 26. 4. 1945.

75 StA Weimar 007/01 a: Protokoll der Besprechung des kommissarischen OB mit dem amerikanischen Stadtkommandanten am 27. 4. 1945. In der von Kloss am selben Tag über die mögliche Person des Leiters einer Thüringischen Zentralregierung geführten Unterredung mit dem „Politischen Beirat" der Stadt konnte keine Einigung über diese wichtige personelle Frage erzielt werden, ebd. 008/02/2: Protokoll der Besprechung des komissarischen OB mit dem „Politischen Beirat" am 27. 4. 1945.

zwar von den Nazis 1934 beurlaubte, aber danach in weitgehender politischer Passivität verharrende Verwaltungsfachmann Kloss. Nach den beiden ohne erkennbare Reaktion gebliebenen brieflichen Adressen Brills, zusammen mit dem Kommunisten Otto Schiek, vom 15. bzw. 22. April an den amerikanischen Platzkommandanten von Buchenwald war Brill am 23. April nach seiner öffentlichen programmatischen Rede in der Buchenwalder Kinohalle vom Leiter des im Lager auf dem Ettersberg tätigen Intelligence Team der Psychological Warfore Devision herausgerufen und am 25. und 26. nach Weimar zu ersten Gesprächen gebracht worden. Ergebnis des Treffens mit Brown am 26. April war ein ihm in Auftrag gegebenes, von Brill noch am selben Tag auf vier eng mit Maschine beschriebenen Seiten entworfenes Positionspapier über seine Vorstellungen von notwendigen Schritten zum politischen Wiederaufbau in Weimar und Thüringen.[76] Seine Vorschläge liefen der bisher von den Amerikanern in Thüringen verfolgten Praxis entgegen. Brill hielt es für falsch, eine Landesverwaltung von der Ebene der Kommunalverwaltung her zu reorganisieren. Es ginge nicht an, daß „Behörden von überörtlicher Bedeutung ... einfach dem Bürgermeister unterstellt werden". Für Thüringen, wo aufgrund der Geschichte des Landes die Landesbehörden und die dort ansässigen Reichsmittelbehörden in besonderer Weise dezentralisiert seien, ergäbe das nur ein Chaos. Die Ministerien befänden sich in Weimar, das Landesverwaltungsgericht in Jena, das Oberversicherungsamt in Gotha, die Landesversicherungsanstalt in Weimar, die Landesbrandversicherungsanstalt wiederum in Gotha, das wichtige Oberlandesgericht mit dem Generalstaatsanwalt in Jena; in Erfurt, das als früherer Sitz eines preußischen Regierungspräsidenten jetzt zum thüringischen Okkupationsgebiet der Amerikaner gehöre, seien die Direktionen von Reichsbahn und Reichspost ansässig, außerdem das gerade jetzt wichtige Landesarbeitsamt, in Rudolstadt schließlich der Oberfinanzpräsident. Es sei, so zog Brill das Resümee aus dieser Liste, „die zentrale Zuständigkeit der Landesbehörden und Reichsmittelbehörden für den Neuaufbau der Verwaltung und Justiz zu benutzen". Täte man das nicht und bliebe man bei dem bisherigen Verfahren, so würde das „zu einer völligen Atomisierung jeglicher Administration führen".

Brill berücksichtigte allerdings auch das ihm offenbar bekannte, oder von Brown bei den Gesprächen bekanntgegebene Verlangen der Amerikaner, eine Demokratie von unten aufzubauen und nicht sofort überregionale Institutionen, demokratisch unlegitimiert und unkontrolliert, einzurichten. Er schlug vor, „keine Wiederherstellung der staatlichen Souveränität der Länder stattfinden" zu lassen, wohl aber Ministerpräsidenten oder noch besser Staatsräte zu ernennen, bei denen es genügen würde, „die einfach mit der Wahrnehmung der Geschäfte zu beauftragen". Das würde die Möglichkeit eröffnen, die ernannten Bürgermeister in ihrer kommunalen Kompetenz zu belassen, die Landesverwaltung aber zentral zu organisieren und dabei jederzeit kontrollierbar zu halten. Ein solches Verfahren verhindere das Entstehen einer bunten und diffusen Palette örtlicher Besonderheiten, denen die Amerikaner überall eigene Stellen attachieren müßten, die sie letztlich aber nicht mehr zu überblicken vermöchten. „Allgemein darf ... gesagt werden", so schloß Brill hier seinen Gedankengang ab, „daß ein Neuaufbau der Verwaltung ohne Beachtung der zentralen Befugnisse der genannten Behörden hinsichtlich der örtlichen Verwaltung kaum möglich erscheinen dürfte." Als Beispiel nannte er die Schulverwaltung.

Aufgaben stellten sich den „mit der Wahrnehmung der Geschäfte Beauftragten" zur Genüge. Die vordringlichste war für Brill, „die Behörden von nazistischen Elementen zu

76 Zu diesen Daten vgl. o. VI. 1; das Schreiben Brills „an den Military Government Officer" vom 26. 4. 1945 in: BA NL Brill 95.

säubern. Denn Deutschland braucht eine Reform an Haupt und Gliedern. Wenn nicht neue Köpfe geschaffen werden, ist nicht zu hoffen, daß der Verwaltungsapparat funktioniert." Es wird sich sehr schnell zeigen, daß dieser Programmpunkt gemäß der Widerstandsarbeit Brills, seiner Theorie vom neuen Menschen und von einer neuen sozialistischen Arbeiterpartei in seinen wenigen Amtswochen als Thüringens erster Regierungspräsident von zentraler Bedeutung wurde, verdinglicht in seinem rigorosen Entnazifizierungsprogramm und in seiner Initiative zur Gründung eines Bundes demokratischer Sozialisten zum Ausdruck kommend. Das kündigte er den Amerikanern in dem Positionspapier vom 26. April auch mit dem Hinweis an, es müsse, „wenn die NSDAP wirklich verschwinden soll, mit der äußersten Anstrengung aller Kräfte gearbeitet werden". Dazu gehöre auch „die materielle Vernichtung durch die Erfassung der Vermögen und Betriebe". Als Beispiel von überregionaler Bedeutung wies er auf den ehemaligen Herzog von Coburg hin[77], bezog aber alle Landesbediensteten ein. Unbekümmert darum, daß er schon bald in Thüringen „als rigoroser Moralist" verschrien wurde[78], griff Brill schon jetzt die von den Amerikanern geduldete, ja ausdrücklich verordnete Praxis an, die Beamten des Dritten Reiches unbehelligt in ihren Stellungen zu belassen. Er setzte dagegen: „... es ist notwendig, daß an die Stelle der jetzt mehr oder weniger zufällig herangeholten alten Beamten, von denen sich keiner unter der Diktatur der Herren Hitler, Sauckel und Marschler als Antifaschist betätigt hat, Männer und Frauen treten, die durch ihre Vergangenheit, Haltung und Aktivität gegen den Nazismus Ansehen und Vertrauen in der Bevölkerung genießen."[79] Das konnte als ein indirektes Plädoyer für die Absetzung des kommissarischen Weimarer Oberbürgermeisters Erich Kloss verstanden werden, wurde von Brill jedoch mit dem Angebot nachzureichender Vorschläge „für die aus dem ehemaligen Konzentrationslager Buchenwald dazu zu verwendenden politischen Persönlichkeiten" konkretisiert. Der Widerstandskämpfer vom Ettersberg setzte sich, markant als Schlußsatz seines Briefes an Brown hervorgehoben, dafür ein, daß jetzt Personen in politische Ämter berufen würden, die „mit brennender Ungeduld darauf warten, nach den langen Jahren des antifaschistischen Kampfes und der nazistischen Gefangenschaft zur Arbeit eingesetzt zu werden".

Commanding Officer Brown teilte Brill am 27. April mit, die von ihm vorgelegten Vorschläge gingen weit über seine Zuständigkeit, den Stadt- und Landkreis Weimar, hinaus, er halte sie jedoch für so wesentlich, daß er sie zur Prüfung in das Hauptquartier der 3. Armee weitergeben werde. Dringlich und realisierbar im Augenblick sei eine Neubesetzung des Weimarer Stadtvorstandes einschließlich des Oberbürgermeisters, weil der jetzige die städtische Verwaltung nicht aus einem Zustand völliger Desorganisation herauszubringen vermöchte.[80] Brill erhielt den Auftrag, dazu Vorschläge zu unterbreiten. Gleichzeitig wurde er zum offiziellen Berater der amerikanischen Militärregierung für den Stadt- und Landkreis Weimar ernannt. Das amtliche amerikanische Dokument – „Dr. Hermann Louis Brill is an Attaché of the Military Government of Stadtkreis/Landkreis Weimar" – trägt das Datum des 29. April 1945.[81]

Das Wort seines politischen Freundes Ernst Thape, „Thüringen ist sozusagen das Seminar

---

77 „Er ist einer der Hauptgeldgeber der Nazis gewesen. Er muß als einer der Kriegsschuldigen angesehen werden. Daß sein Vermögen eingezogen werden muß, darf keinem Zweifel unterliegen", Brill an Military Government Officer 26. 4. 1945, a. O. S. 4.

78 Brill wurde in der thüringischen Öffentlichkeit als „rigoroser Moralist" angesprochen, vgl. dazu VI. 3.2.

79 a. O. Anm. 77, S. 4.

80 Vgl. Brill, Bericht über die Regierungstätigkeit in Thüringen, a. O. und AsD NL Brill 1: Brill an Michel Müller 13. 2. 1947.

81 Abgedruckt bei Wahl, Beginn, S. 216. Brill selbst gibt als Datum für seine Ernennung zum Berater der amerikanischen Militärregierung den 25. 4. 1945 an, Brill, Gegen den Strom, Umschlagseite.

für das ganze Reich", legte Brill dieser Ernennung als seine politische Zielsetzung zugrunde.[82] Für seine Arbeit galt dabei auch jenes andere Wort, das er selbst am 21. April in Buchenwald vor der Thüringer Landsmannschaftsversammlung zu Protokoll gegeben hatte: „Notwendig für uns in jedem Falle ist idealer Schwung."[83]

Die Vorgänge in Weimar vom 25.–29. April 1945 machten der kommunistischen Bezirksleitung Thüringen, die seit ihrer Wiederbelebung am 12. April von Buchenwald aus ungeduldig auf politische Aktivitäten drängte, deutlich, daß ihre Wirkung nur durch eine Kooperation mit Hermann Brill möglich war. Dazu war dieser auch bereit. Er besprach sich mit dem Vorsitzenden Johannes Brumme und berichtete dem Thüringen-Komitee, dem auch Sozialdemokraten angehörten, am 27. April über seine Pläne für die Reorganisation der thüringischen Verwaltung.[84] Dabei sagte er nichts anderes, als er Brown am Tag zuvor geschrieben oder am 21. April vor der Thüringer Landsmannschaftsversammlung, dem Thüringen-Komitee, in Buchenwald erklärt hatte.[85] Die Arbeit begann jetzt mit der Reorganisation des Weimarer Stadtvorstandes, was ein sehr symbolischer Einstieg war, und der des Kreisamtes des Landkreises Weimar sowie der Polizei der Stadt.[86]

Die Personalvorschläge Brills für den Vorstand der Landeshauptstadt erfolgten nach Rücksprachen mit den Betroffenen und nach Konsultationen mit dem Antinazi-Komitee. Am 30. April legte er den Amerikanern folgende Liste vor: Oberbürgermeister sollte Fritz Behr (SPD) werden, der vor 1933 als stellvertretender Stadtratsvorsitzender bereits Mitglied des Weimarer Stadtrates war, Studiendirektor bis 1933 und seit dem 22. August 1944 Buchenwald-Häftling. Seine ihm am 1. Mai ausgehändigte Ernennungsurkunde verpflichtete ihn, das Amt „in Übereinstimmung mit den von der Militärbehörde erlassenen Vorschriften und ebenso in Übereinstimmung mit den Bestimmungen der Thüringer Gemeinde- und Kreisordnung von 1925" zu führen.[87] Seine Berufung war auch an die Auflage gebunden, zu einem späteren Zeitpunkt Brill mit der Wahrnehmung der Geschäfte der dem Oberbürgermeister unterstellten thüringischen Landes- und dort ansässigen Reichsmittelbehörden zu beauftragen. Mit dieser durchaus nicht eigenartigen Regelung blieben die Amerikaner konsequent bei ihrem politischen Organisationsgrundsatz, in die Hände der Bürgermeister zunächst die politische Macht zu legen, gingen aber gleichzeitig und dies sehr prompt auf die ihnen von Brill am 26. April schriftlich vorgelegten Vorschläge für den schnellen Aufbau einer zentralen Landesverwaltung ein, indem sie Brills Ernennung zum Thüringischen Regierungspräsidenten an die Berufung Behrs zum Weimarer Oberbürgermeister koppelten und alle im Lande verstreuten Behörden von Weimar aus regieren lassen wollten.

Dem Grundsatz der Selbstverwaltung entsprach es, daß der Oberbürgermeister die Stadtdezernenten selbst berufen sollte. Dafür schlug Brill als stellvertretenden Bürgermeister Paul

82 Thape, Buchenwalder Tagebuch, a. O. S. 669.

83 Buchenwald-Archiv V 199 P: Rede des Kameraden Brill auf der Thüringer Landsmannschaftsversammlung am 21. 4. 1945 im K. L. Buchenwald; die Rede wurde von Johannes Brumme (KPD) protokolliert.

84 Vgl. Johannes Brumme, Bericht über meine Verhandlungen mit Hermann Brill, NL Brumme, zit. bei Wahl, Beginn, S. 96f. und Brill, Bericht über die Regierungstätigkeit. Brumme hat später eine andere, unzutreffende Interpretation der Vorgänge vorgezogen: „Genosse Brill trat auf eigene Faust, ohne Vorbesprechung mit der Bezirksleitung Thüringen, mit dem Stadtkommandanten in Verbindung, mit dem Ziel, eine provisorische Regierung zu bilden", Erinnerungsbericht Brumme, LPA Erfurt PDS V/5–113.

85 Rede des Kameraden Brill auf der Thüringer Landsmannschaftsversammlung am 21. 4. 1945, a. O. Anm. 83. Brumme setzt sich mit seinem eigenen Protokoll in direkten Widerspruch zu dem, was er später als seine Erinnerung ausgab, s. o. Anm. 83 und 84.

86 Brill, Bericht über die Regierungstätigkeit, S. 3; vgl. auch Bericht über die Lage in Thüringen vom 4. 7. 1945, in: HStA Weimar Büro des MP Nr. 1078.

87 Ernennungsurkunde für Dr. Fritz Behr als Oberbürgermeister der Stadt Weimar 1. 5. 1945 im Privatbesitz, Abdruck bei Wahl, Beginn, S. 262. Behr blieb bis zu seiner Absetzung durch die SMA Thüringen am 31. 10. 1945 in diesem Amt.

Fleisch (SPD) vor, der früher bereits Bürgermeister in Schmiedefeld gewesen war, aber wegen seiner jüdischen Frau abgesetzt und in ein Gestapo-Arbeitslager gekommen war, aus dem er am 5. April 1945 hatte fliehen können. Das Arbeitsamt sollte Hermann Schwarz, ein Gewerkschaftler, früher SPD, übernehmen, das Bauamt Gerhard Mitter (KPD), das Wohnungsamt Paul Schuster (KPD), das Wirtschafts- und Ernährungsamt Alphons Gaertner (früher DDP) und das Wohlfahrtsamt Elisabeth Zajac-Frölich (SPD), die Tochter August Frölichs.[88] Man kann in diesem neuen Stadtvorstand eine Konzentration der antinazistischen Kräfte sehen. Das Stimmenverhältnis – SPD 4, KPD 2, DDP 1 – war von Brill bewußt von den in Thüringen bei den Reichstagswahlen von 1928 und 1932 auf die einzelnen Parteien entfallenen Anteilen abgeleitet worden, natürlich unter Nichtbeachtung der Rechtsparteien. SPD und KPD sollten das „Rückgrat" des neuen politischen Lebens bilden: „the backbone for the Building-Up of new Political Live in Thuringia".[89] Brown hat am 1. Mai 1945 im Weimarer Rathaus Behr zum Oberbürgermeister der Stadt und Fleisch zu dessen Stellvertreter ernannt. Bei einer kleinen Feier wurden Reden ausgetauscht, die den Gehalt der Stunde zu fassen suchten. Der Amerikaner suchte die Bedeutung des Augenblicks mit den genius loci zu erfassen. Er zitierte Goethe: „Wir bekennen uns zu dem Geschlecht, das aus dem Dunkeln ins Helle strebt", und Schiller: „Das Alte stürzt, es ändert sich die Zeit, und neues Leben blüht aus den Ruinen." Behr antwortete beziehungsreich mit Abraham Lincoln: „Ihr könnt das ganze Volk einen Teil der Zeit und einen Teil des Volkes die ganze Zeit, aber nicht das ganze Volk die ganze Zeit irreführen."[90]

Die Rede hatte Brill verfaßt.[91] Sie stand unter dem Motto: „Wir beginnen für Freiheit, Frieden und Humanität." Das konnte als ein Anknüpfen an die Weimarer Klassik verstanden werden. William M. Brown, ein Verehrer eben dieser Klassik, wird das vielleicht auch so aufgefaßt haben. Brill hingegen meinte nicht „die literarische, die schöngeistige, die spekulative Humanität, die Humanität der gebildeten Menschen in der Form der bürgerlichen Persönlichkeit". Das war für ihn „eine versunkene Lebensform".[92] Er meinte „die materialistische Humanität eines neuen Sozialismus". So stand es als Quintessenz seiner geistigen Widerstandsarbeit im Buchenwalder Manifest. Das Motto des 1. Mai 1945 war somit ein eminent politisches. „Für Freiheit, Frieden und Humanität" war geradezu identisch mit „Für Frieden, Freiheit, Sozialismus".

Grundsätze dieser Art hatten jetzt in der konkreten Politik ihre Anwendung zu finden. In

---

88 Brill, Bericht über die Regierungstätigkeit, S. 3f., und BA NL Brill 95: Berufung des neuen Stadtvorstands für den Stadtkreis Weimar. Alphons Gaertner, ein gebürtiger Elsässer, war 1921 Geschäftsführer der Apoldaer Textilindustrie und gehörte bis 1933 als Mitglied der DDP dem Stadtrat in Apolda und dem Aufsichtsrat der Thüringer Elektrizitäts- und Gaswerke an. Er galt in allen Wirtschaftsfragen als Fachmann (BA NL Brill 97: Die politische Entwicklung Thüringens unter der sowjetischen Besatzung, 3. 10. 1947). Gaertner wurde im Sommer 1945 zweiter Vorsitzender der LPD/Thüringen, galt dort als der einzig „greifbare repräsentative Mann mit Kultur" (‚Der Abend' 22. 7. 1948), floh aber im Juli 1948 in den Westen (‚Der Kurier' 21. 7. 1948). Die auffällige Nichtberücksichtigung August Frölichs und statt dessen die erfolgte seiner Tochter Elisabeth Zajac-Frölich könnte darauf zurückzuführen sein, daß der „Politische Beirat" des kommiss. Weimarer OB Kloss schon dessen Absicht torpediert hatte, Frölich als Bevollmächtigten für die Reichs- und Landesbehörden einsetzen zu lassen, Protokoll der Konferenz des „Politischen Beirats" mit dem OB am 27. 4. 1945, StA Weimar 008/02/2.

89 BA NL Brill 95: Brill an Brown Mai 1945. Bei den Reichstagswahlen in Thüringen am 20. 5. 1958 hatte die SPD 368885 Stimmen erhalten, die KPD 138046, am 31. 7. 1932 die SPD 231231, die KPd 159233, ebd.

90 BA NL Brill 95: Berufung des neuen Stadtvorstandes für den Stadtkreis Weimar 2. 5. 1945.

91 Brill, Bericht über die Regierungstätigkeit, S. 4.

92 Brill, Arbeiterbildung als Aufgabe der Demokratie, Vortrag 18. 4. 1947, in: BA NL Brill 333. Der Gedanke wird an einer anderen Stelle des Vortrags noch einmal so formuliert: „Arbeiterbildung in der Demokratie ist die Aufrichtung einer neuen Humanität. Nicht substanzloser Kosmopolitismus, noch ein literarisches und philosophisches Weltbürgertum, die beide für urbane Globetrotter und Literaten und Künstler angebracht sein mögen, ist unser Ziel. Unser Ziel ist die Verwirklichung konkreter materieller Menschenrechte."

Weimar wurden sofort alle Straßenschilder mit dynastischen, militärischen und nationalsozialistischen Namen durch solche mit republikanischen, demokratischen und sozialistischen ersetzt. Die Ernährungslage war in Thüringen durch Plünderung zentraler Vorratslager und unkontrolliertes Abschlachten großer Viehbestände angespannt, aber wegen der Jahreszeit nicht besorgniserregend.[93] Dringender war die Reorganisation der Polizei. Brill legte dazu am 5. Mai 1945 den Amerikanern Vorschläge vor.[94] Das auf die Nationalsozialisten zurückgehende Nebeneinander von städtischer Polizei und einer der Reichsverwaltung unterstellten Gestapo und Kriminalpolizei wollte Brill wieder aufheben. „Hier mußte ganze Arbeit geleistet werden." Sicherheits-, Kriminal- und Verwaltungspolizei sollten als die drei Bereiche des Polizeiwesens von einem Polizeidirektor geleitet werden, der „als Beigeordneter der Stadt Weimar Mitglied des Stadtvorstandes" sein sollte, um so jederzeit informiert und kontrollierbar zu sein.[95] Brill schlug für dieses wichtige Amt ein „Mitglied der DDP" vor. Für das Personal der Sicherheits- und der Kriminalpolizei benannte er insgesamt 35 Häftlinge aus dem K. L. Buchenwald, die zum Teil im Spanischen Bürgerkrieg als Milizoffiziere auf der Seite der verfassungsmäßigen Regierung Negrin gestanden und sich dabei meist zur KPD bekannt hatten.

Die Amerikaner nahmen Brills organisatorische und personelle Vorschläge an, stellten Uniformen und Kraftwagen zur Verfügung, ließen schon in der zweiten Maihälfte die Bewaffnung der deutschen Sicherheitspolizei zu und zogen sich selbst als Verkehrspolizei aus dem Weimarer Stadtbild zurück.[96]

Nachdem sie auch eine eigene Militärregierung für den Landkreis Weimar eingerichtet hatten, war deren Unterstellung unter den Oberbürgermeister der Landeshauptstadt aufzuheben und ebenfalls eine neue Landkreisverwaltung einzusetzen. Auch hierfür hat Brill Vorschläge ausgearbeitet, die er der Militärregierung am 10. Mai überreichte. Sie wurden am 12. Mai genehmigt.[97] In das Amt des Landrats wurde am folgenden Tag Gottfried Heinrich Dreykorn berufen, der bisher als Dolmetscher in der Weimarer Stadtverwaltung tätig und parteilos war. Das Anti-Nazi-Komitee der Stadt hatte diesem Personalvorschlag Brills zugestimmt.[98]

Es wirkt wie ein symbolischer Abschluß des Wiederaufbaus der Weimarer Kommunalverwaltung, wenn am 12. Mai 1945 die Särge Goethes und Schillers in die Fürstengruft zurückgebracht wurden. Die Sarkophage waren am 11. Dezember 1944 auf Befehl Sauckels mit dem Einverständnis der großherzoglichen Familie, aber gegen den Willen und ohne die Kenntnis des Vorstandes der Goethe-Gesellschaft aus der Gruft heimlich abtransportiert worden.[99] Der damalige Weimarer Polizeipräsident Walter Schmidt hatte sie in einen Luftschutzbunker in der Knebelstraße in Jena verbracht, wo sie der Obhut des leitenden städtischen Luftschutzarztes Dr. Werner Knye anvertraut wurden. Als Ende März 1945 in diesen Sanitäts-

---

93 Zur Ernährungslage in Thüringen s. den Bericht des Landesernährungsamtes vom 11. 5. 1945, in: HStA Weimar, Thür. Min. für Handel u. Vers. Nr. M1.

94 BA NL Brill 95: Vorschläge für die Reorganisation der Polizei der Stadt Weimar vom 5. 5. 1945.

95 Der demokratischen Kontrolle der Beamten hat Brill auch später große Bedeutung beigemessen, „denn die Bürokratie ist in Deutschland eine stärkere Herrschaftsmacht als die Summe aller demokratischen Elemente". Insonderheit sah er für das Ende der Weimarer Republik eine kausale Verbindung zwischen der weitgehend eigenmächtigen Reichsbürokratie und dem Aufkommen des Nationalsozialismus: „Es ist kein Zufall, daß dieser Leviathan den Faschismus gebar", Brill, Die Macht der Bürokratie, in: Sozialistisches Jahrhundert 1/1947, S. 324f.

96 Brill, Bericht über die Regierungstätigkeit, S. 5.

97 ebd. S. 4.

98 HStA Weimar Personalakten der Oberbürgermeister und Landräte, Ernennungsurkunde Dreykorns vom 13. 5. 1945 ebd.

99 Zum folgenden vgl. Volker Wahl, Die Rettung der Dichtersärge, Weimarer Schriften Heft 45, 1991; die Untersuchung besticht durch ihre sorgfältige und umfassende Text- und Bilddokumentation.

luftschutzbunker Waffen und Munition eingelagert wurden, blieb der Protest Knyes, der darin eine große Gefahr für die Särge sehen mußte, wirkungslos. Zwei Wochen später, als auch noch Sauckels Befehl, die Särge in die Luft zu sprengen, eintraf, konnte Knye mit zwei schon vorher ins Vertrauen gezogenen Helfern die Särge, eingewickelt in Segeltuch, in einen hinteren Depotraum der Sanitätsrettungsstelle verbringen und mit Gerätschaften bedecken. Diese Maßnahme machte die Särge für jenes Sprengkommando unauffindbar, das am 12. April 1945 zwecks Ausführung des Sauckel-Befehls anrückte. Am folgenden Tag nahmen die Amerikaner Jena ein. Erst zwei Wochen später konnte der geschäftsführende Rektor der thüringischen Landesuniversität in Jena den Dekanen der Fakultäten mitteilen, daß die Sarkophage Goethes und Schillers sich in der Stadt befänden. Man informierte die amerikanische Militärregierung davon. Am 27. April erfuhr es auch der Direktor des Goethe-Nationalmuseums und des Goethe- und Schillerarchivs, Prof. Dr. Hans Wahl, der auch Vizepräsident der Goethe-Gesellschaft war.

Am 2. Mai erhielt Brill Kunde von diesen Vorgängen. Ein spontaner Gedanke, abgesprochen mit Brown, die Särge noch an diesem Tag mit einer Trauerparade nach Weimar zurückzuführen, fand nicht die Zustimmung des amerikanischen Oberkommandos. Noch war Kriegszustand. Die Rückführung wurde schlichter am 12. Mai 1945 vollzogen. Brown und Hans Wahl nahmen die Särge auf dem historischen Friedhof in Weimar in Empfang und ließen sie wieder auf ihren angestammten Platz in der Fürstengruft absetzen. Brill regte ob dieses symbolischen Aktes „aus einem bewegten, deutsch und humanistisch fühlenden Herzen" bei der juristischen Fakultät in Jena, bei der er selbst 1928 promoviert hatte, an, Brown, den professionellen Verehrer deutscher Kultur und Commanding Officer Weimars, „wegen seiner Verdienste um die Rückführung der Särge Goethes und Schillers zum Dr. iur. h. c. zu ernennen".

Brill nahm sich die Zeit, seinen für Außenstehende auf den ersten Blick vielleicht ungewöhnlichen Vorschlag eines juristischen Ehrendoktors für den sprach- und kulturhistorisch ambitionierten Brown ausführlich zu begründen. Im Brief an den Dekan der juristischen Fakultät der Schiller-Universität in Jena, Prof. Dr. iur. Walter Krusch, schrieb er deswegen: „Wenn die rechts- und wirtschaftswissenschaftliche Fakultät besonders für sich in Anspruch nimmt, ihm diese Ehre durch die Verleihung des Titels eines Dr. iur. utriusque honoris causa zu geben, so tut sie das aus der Erkenntnis, daß in der heutigen Lage unseres Vaterlandes das Recht untrennbar ist von der Kultur. Viel zu lange hat eine barbarische Zeit das Recht herabgewürdigt zu einem bloßen Instrument der Macht. Recht ohne Kultur, Gerechtigkeit ohne Kulturbewußtsein aber sind unmöglich. Deshalb muß das Recht aus dem Geiste klassischer Humanität wiedergeboren werden. Die Friedrich-Schiller-Universität hat diesen Geist in den Werken von Fichte, Schelling, Hegel, Fries, im Wirken der deutschen Burschenschaft, im Denken von Anselm Feuerbach und Eduard Rosenthal gepflegt und will ihn zu neuem Leben erwecken. William Moseley Brown hat als einer der Ersten einen so wertvollen Beitrag zur Lösung dieser Aufgabe geleistet, daß die rechts- und wirtschaftswissenschaftliche Fakultät ihn unter ihren Doktoren nicht vermissen darf. Seine Promotion soll ihn auch äußerlich mit einer Pflegestätte der Freiheit und Menschlichkeit verbinden, denen er in seiner Person für immer ergeben ist."[100]

Die Jenaer Fakultät lehnte ab. Sie machte für eine solche Haltung eine ganze Liste von Gründen geltend: die Amerikaner seien „noch unsere Feinde", Eisenhower habe selbst „jedes

100 zit. im Brief Brills an Krusch 23. 5. 1945, in: BA NL Brill 95. Zum Vorgang vgl. BA NL Brill 339: Brill, Goethes zweites Begräbnis und Brill, Bericht über die Regierungstätigkeit, S. 7ff.

Anschmieren verboten" (Direktive JCS 1067), die juristische Fakultät in Jena habe sich „12 Jahre lang reingehalten", für Ehrenpromotionen sei Einstimmigkeit im Senat der Universität erforderlich, die Ehrenpromotion dürfe „nicht als eine Art geschäftlicher Gegenleistung" erscheinen.[101] Eine so begründete Ablehnung seiner Initiative erregte Brill aufs äußerste. Er habe den Eindruck, so schrieb er Krusch sofort zurück, „daß die Mitglieder der Fakultät in dem geruhsamen intellektuellen und moralischen Klima Jenas noch nicht ganz den furchtbaren Ernst der Lage, in der wir uns als deutsche Kulturmenschen befinden, begriffen haben". Wo es nach der nationalsozialistischen Apokalypse um den Erwerb neuer Dignität mit den Gütern deutscher Klassik und deren Verehrern und Schützern ginge, berufe sich die Fakultät auf gänzlich falsche Feindbilder. „Ihre Argumente bezeichnen die Amerikaner als unsere Feinde, bei denen man sich nicht anschmieren dürfe. Ich sehe in ihnen und den anderen vereinten Nationen unsere Befreier."

In einer solchen Argumentation kam der krasse Gegensatz zwischen den Mitläufern des nationalsozialistischen Systems, von denen es viele gerade in Schulen und Universitäten gab, und den aktiven Widerstandskämpfern, zu denen sich Brill mit herausragender Legitimation zählen durfte, zum Ausdruck. Das sagte dieser auch Krusch mit direkten Worten, die er auf sich bezog: „Ich nehme nämlich für mich in Anspruch, gegen die schändlichste aller Diktaturen, schändlicher als die Herrschaft der dreißig Tyrannen, als die Bürgerkriegszeit unter Marius oder Sulla, als Robespierre oder Fouché, als Metternich oder Stolypin, mindestens ebenso sehr als irgendein Angehöriger der Vereinten Nationen gekämpft und mir meine heutige Stellung aus eigenem Verdienst erworben zu haben, meine Amtsbefugnisse aus eigenem Recht auszuüben; so betrachte ich auch die Nazis als den gemeinsamen Feind aller menschlichen Kultur."[102]

Das von Krusch beigebrachte Argument, die juristische Fakultät in Jena habe „sich 12 Jahre lang reingehalten", konnte Brill ihm mit einem leichten Floretthieb aus der Hand schlagen. Kruschs Vorgänger als Dekan der Fakultät, Prof. Dr. Schultze von Lassaulx, sei es doch gewesen, der am 22. Februar 1940 an dem Beschluß des Rektors und der Dekane der Schiller-Universität mitgewirkt habe, ihm, Brill, dem in Jena am 19. Dezember 1928 zum Dr. iur. Promovierten, den Doktorgrad wieder abzuerkennen, obwohl es doch – gerade für Juristen erkennbar – nur „absurde Fiktionen waren, für die mich Mörder in Talaren und Uniformen ins Zuchthaus schickten", damals, am 28. Juli 1939 vor dem Volksgerichtshof in Berlin.[103]

Wenn auch die Eingabe Brills an den Dekan der Fakultät in Jena ohne Konsequenz blieb, so zeigt sie doch die Unbedingtheit und Entschlossenheit, mit der Brill an eine politische und moralische Renaissance in Deutschland heranzugehen gewillt war. Er hat die Initiative bereits in seiner Eigenschaft als kommissarischer Leiter des Thüringer Staatsministeriums ergriffen. Gemäß der bei der Ernennung Behrs zum Weimarer Oberbürgermeister zur Grundlage gemachten Absprache beauftragte dieser ihn am 7. Mai 1945 „mit der Wahrnehmung der Geschäfte des Thüringischen Staatsministeriums und der Geschäfte der Vorstände der Thüringischen Fachministerien, sowie der diesen Ministerien im Stadtkreis Weimar unterstellten Staatsbehörden einschl. der berufsständischen Körperschaft".[104] Die Ernennungsurkunde

101 zit. im Brief Brills an Krusch 23. 5. 1945, s. o. Anm. 100.

102 ebd.

103 ebd.; demonstrativ unterschrieb Brill diesen Brief an den Dekan der juristischen Fakultät mit „Dr. iur. Hermann Louis Brill", was zum Ausdruck bringen sollte, daß er sich nicht um die offizielle Aberkennung seines akademischen Grades durch die Jenaer Universität am 22. 2. 1940 kümmerte, weil er sie als Unrecht empfand.

104 Brill, Bericht über die Regierungstätigkeit, S. 6 und AsD NL Brill 1: Brill an Michel Müller, 13. 2. 1947; die Ernennungsurkunde Brills ist im Privatbesitz bei Martin/Brill, ein Abdruck bei Wahl, Beginn, S. 263.

berechtigte Brill, „zu seiner Hilfe die ihm nach seinem freien Ermessen geeignet erscheinenden Personen mit der Wahrnehmung der Geschäfte einer oder mehrerer der genannten Behörden weiter zu beauftragen". Alle Staatsbeamten, -angestellten und -arbeiter wurden verpflichtet, „den Anordnungen des mit der Wahrnehmung der Geschäfte Beauftragten den gesetzlichen Gehorsam zu leisten".[105]

Damit hatte Hermann Brill den wesentlichen politischen Schritt zu der von ihm geleiteten Reorganisation der thüringischen Landesverwaltung und -politik getan. Er kehrte am 7. Mai 1945 dorthin zurück, wo er von 1920 bis 1933 als Politiker tätig war, ins Weimarer „Fürstenhaus"", den Sitz des Thüringischen Staatsministeriums.

3 Der Aufbau der Landesverwaltung in Thüringen

3.1 Die große politische Chance

„Und dennoch, die Stunde ist groß – nicht nur für die Siegerwelt, auch für Deutschland –, die Stunde, wo der Drache zur Strecke gebracht ist, das wüste und krankhafte Ungeheuer, Nationalsozialismus genannt, verröchelt und Deutschland von dem Fluch wenigstens befreit, das Land Hitlers zu heißen." Dieses Wort Thomas Manns, am 10. Mai 1945 über BBC-London an deutsche Hörer gesprochen[106], wäre in diesem Augenblick auch als Wort Hermann Brills denkbar. Der Vorgang um die mißglückte Ehrenpromotion Browns hat es gerade erst gezeigt. Am Tag der Reimser Kapitulationsunterzeichnung gemäß seinen eigenen Vorschlägen über delegierte politische Macht mit der Wahrnehmung der Geschäftsführung des Thüringischen Staatsministeriums beauftragt, ging Brill sofort daran, in der Mitte Deutschlands „das Land Hitlers" zu tilgen, offenbar zunächst wenig gehemmt durch gesundheitliche Einbußen, die er in den langen acht Jahren der Haft erlitten hatte.[107] In zwei Etappen legte er den Weg zu seiner Ernennung zum ersten Regierungspräsidenten Thüringens nach dem Zweiten Weltkrieg zurück; die erste brachte ihm die Geschäftsführung der alten Landesverwaltung, die zweite das Amt in einer neuen Provinzialstruktur.

Ministerialdirektor Erich Walther aus dem Thüringischen Ministerium des Innern, dem der kommissarische Weimarer Oberbürgermeister Kloss am 21. April 1945 die Interimsleitung der nichtstädtischen Behörden übertragen hatte[108], informierte am 7. Mai alle Behördenvorstände darüber, daß ab sofort Brill ihre Geschäftsführung beaufsichtigte.[109] Der Vorgang war etwas delikater Art, weil derselbe Walther Brill 1933 jegliche Amtshilfe bei dessen Bemühen versagt hatte, bei dem gegen ihn angestrengten Dienststrafverfahren rechtsstaatliche Maßstäbe

---

105 Ernennungsurkunde, ebd.

106 Thomas Mann, Deutsche Hörer! 55 Radiosendungen nach Deutschland, Stockholm 1945, S. 132. Der Deutsche Dienst bei BBC-London begann am 27. 9. 1938; als Einleitungssignal ertönten nach einem Paukenwirbel die ersten Takte aus Beethovens 5. Sinfonie. Thomas Mann sprach als einziger deutscher Emigrant unzensiert vom Oktober 1940 bis zu jenem 10. 5. 1945 an die „deutschen Hörer".

107 „Ich habe Zuchthaus und KZ gesund überstanden, nur meine Nerven und mein Magen sind nicht in Ordnung", AsD NL Hertz Film, XXX: Brill an Paul Hertz Mai 1945. Erst später werden Ärzte diagnostizieren, daß die Magenschmerzen durch einen Riß im Zwerchfell verursacht wurden, den Brill sich bei den Arbeiten im Zuchthaus Brandenburg-Görden zugezogen hatte. Die erste Diagnose hatte im Sommer 1945 der Leiter der Univ.-Klinik Jena, Prof. Dr. med. Veil, erstellt. AES Brill an das Hessische Staatsministerium 30. 6. 1945.

108 Kloss, Erinnerungen, S. 77f.

109 HStA Weimar Thür. Min. d. Innern Nr. A 616: Ministerialdirektor Walther an alle Behördenvorstände der Fachministerien 7. 5. 1945.

zu wahren.[110] Man wird sich wohl wenig zu sagen gehabt haben, die Zeit drängte zu neuen Ufern. Brill, der für seine Geschäftsführung jetzt auf die Präsidialabteilung des Staatsministeriums zurückgreifen konnte, ließ sich in den nächsten Tagen Berichte über die Lage der Landesverwaltung erstatten. Die Fachministerien informierten ihn über die Geschäftslage, die seit dem 12. April 1945 eingetretenen personellen Veränderungen, dringlich anstehende Verwaltungsaufgaben in den Ministerien für Volksbildung, Finanzen und Wirtschaft, über die Finanzen des Landes und seine Lebensmittelversorgung.[111] Dabei ließ der vom Leiter des Landesernährungsamtes vorgelegte Bericht erwartungsgemäß erkennen, daß die schwierige Versorgungslage nur gelöst werden konnte, „wenn baldigst eine zentrale Militär- und Zivilverwaltung eingerichtet wird". Auf dem Weg dahin befand man sich gerade im Weimarer Fürstenhaus.

Mit nicht minderer Bedeutung stellten sich den Sachfragen die personellen an die Seite. Es ging zu allererst um die Neubesetzung der Vorstände der Fachministerien. Gemäß seiner Ernennungsurkunde konnte Brill hierbei „nach seinem freien Ermessen" entscheiden. Das wollte er gar nicht; es wäre auch nicht klug gewesen. In Anlehnung an seine eigene Amtseinsetzung durch den Weimarer Oberbürgermeister Behr zog er den diesem beigegebenen „Politischen Beirat" zu den Personalentscheidungen heran.

Dieser Rat, kein verfassungsmäßiges Organ, eher ein fakultatives Konsultativgremium, war in jenen Maitagen in Weimar eine wichtige Clearingstelle. Alle politischen Kräfte des Landes waren durch die Mitglieder Günther (SPD), Friedrich (KPD), Moog (DDP) und Kolter (Zentrum) dort vertreten. Als potentielle Urzelle von Regierung und Parlament zugleich konnte der Politische Beirat, entstanden in einer „revolutionären" Räte-Situation, dem mit der Wahrnehmung der Geschäfte beauftragten Brill als Partner gegenübertreten. Er tat es mit dem Anspruch der Mitentscheidung, und Brill ging darauf teilweise ein. Die von ihm am 10. Mai dem Rat vorgelegten Personalvorschläge lehnte dieser ab und schlug seinerseits am folgenden Tag modifizierte vor. Danach sollte Brill mit der geschäftsführenden Leitung des Innenministeriums beauftragt werden, Leonhard Moog mit der für Finanzen, Walter Wolf mit dem Ministerium für Volksbildung sowie Emil Friedrich und Max Kolter gemeinsam mit dem Wirtschaftsministerium. Neben diesen für das Land Thüringen traditionellen Ministerien sollten Max Blaicher und Wilhelm Fiedler die Gauwirtschaftskammer übernehmen.[112]

Auf diese Personalvorschläge hatte auch das Weimarer Anti-Nazi-Komitee Einfluß genommen, das sowohl mit dem Politischen Beirat der Stadt wie auch mit dem noch in Buchenwald verbliebenen Thüringen-Komitee in der Sache in Kontakt getreten und teilweise personell identisch war.[113] Die etwas verwirrende, für die Übergangszeit aber charakteristische Vielzahl der Komitees – Thüringen-Komitee/Buchenwald, Anti-Nazi-Komitee/Weimar und Politischer Ausschuß/Oberbürgermeister Weimar – lichtete sich bald, als die nach Erfurt ziehende, noch illegale, weil von den Amerikanern nicht genehmigte Bezirksleitung der KPD das Buchenwalder Thüringen-Komitee und Teile des Weimarer Anti-Nazi-Komitees in sich

---

110 s. o. IV.3.3.

111 a. O. Anm. 109: Schreiben des Thür. Min. d. Innern 7. 5. 1945 und ebd. Min. d. Finanzen Nr. 12346 Vermögens- und Schuldenaufstellung des Landes Thüringen vom 14. 6. 1945 und ebd. Min. für Handel und Versorgung Nr. M 1: Bericht des Landesernährungsamtes vom 11. 5. 1945.

112 BA NL Brill 95: Der „Politische Beirat" an OB Behr 11. 5. 1945. Die Tatsache der Ablehnung der ursprünglichen Brill-Vorschläge geht aus diesem Brief hervor, eine inhaltliche Ansprache erfolgt indessen nicht. Eine Dokumentation der Brill-Vorschläge konnte in Archiven nicht ermittelt werden. Die Vermutung liegt nahe, daß Brill wiederum wie bei der Nominierung der städtischen Beigeordneten August Frölich vorgeschlagen hatte, der auch jetzt abgelehnt wurde.

113 LPA Erfurt PDS I/2-002: Protokoll der Bezirksleitungssitzung 12. 5. 1945. Das Protokoll enthält den Hinweis auf die am 14. 5. erfolgende Übersiedlung des Thüringen-Komitees von Buchenwald nach Weimar.

aufsog und der in Weimar sich bald herauskristallisierende Bund demokratischer Sozialisten/ SPD die nichtkommunistischen politischen Kräfte der Arbeiterschaft an sich zog.

Brill hat die ihm vorgelegten Personalvorschläge am 12. Mai akzeptiert, allerdings darauf hingewiesen, „daß es sich dabei nur um eine vorläufige Übernahme der bestehenden Behörden handelt". Der erfahrene Ministerialdirektor aus dem Ministerium des Innern sicherte sich mit dem Bemerken ab, daß dadurch „der künftigen Reorganisation nach neuen politischen, ökonomischen und juristischen Grundsätzen . . . nicht vorgegriffen" werde.[114] Nicht angenommen hat er die Forderung der Buchenwalder Kommunisten, das Innenministerium Walter Wolf zu übertragen und das für diesen vorgesehene Ministerium für Volksbildung Johannes Brumme zu geben (beide KPD).[115] Der Vorschlag war in seiner politischen Absicht ebenso durchsichtig wie anmaßend. In die Tat umgesetzt, hätte die KPD auf diesem Weg eine so beherrschende Machtfülle und Exekutivchance erhalten, wie sie zum Schluß der Weimarer Republik im Thüringischen Staatsministerium allein Wilhelm Frick (NSDAP) besaß, der damals diese beiden Ministerien in Personalunion verwaltete.

Noch am 12. Mai 1945 nahm Brill die ersten Ernennungen der Bevollmächtigten der Fachministerien vor; Walter Wolf erhielt wie abgesprochen das Ministerium für Volksbildung und Leonhard Moog das Finanzministerium.[116] Beide traten ihre kommissarischen Dienstgeschäfte am 14. Mai an; Brill übernahm zu diesem Zeitpunkt offiziell die Leitung des Ministeriums des Innern. Bei der Besetzung des Wirtschaftsministeriums akzeptierte er nicht die ihm vom „Politischen Beirat" vorgeschlagene Doppelbesetzung durch Emil Friedrich und Max Kolter. Er forderte vom Anti-Nazi-Komitee bis zum 15. Mai geeignete Vorschläge ein und ergänzend auch solche, welche die einzusetzenden Vorstände des Landeswirtschaftsamtes und des Landesernährungsamtes betrafen.[117] Als dazu erst am 22. Mai eine Antwort eintraf, hatte er bereits am 19. Mai „nach seinem freien Ermessen" Max Kolter mit der Wahrnehmung der Geschäfte im Wirtschaftsministerium[118] und Alphons Gaertner mit der im Landesernährungs- und Landeswirtschaftsamt beauftragt.[119] Mit diesen Ernennungen erfüllte er nach 12 Tagen die personellen Vorbedingungen für die Wiederaufnahme der thüringischen Landesadministration.

Besondere Leistungen hatte als erster Ressort-Bevollmächtigter Gaertner zu vollbringen.

---

114 HStA Weimar des MP Nr. 1079: Brill an Friedrich 12. 5. 1945. Friedrich akzeptierte das in einem Antwortschreiben an Brill vom selben Tag. Der „Politische Beirat" habe nur deswegen eingegriffen, „weil augenblicklich keine anderen Personen zur Verfügung stehen", ebd.

115 LPA Erfurt PDS I/2-1: Protokoll der Sitzung der Bezirksleitung der KPD vom 12. 5. 1945.

116 HStA Weimar Personakte Walter Wolf, ebd. Min. f. Finanzen Nr. 2005 (Moog). Der Kaufmann Moog, ein eher unpolitischer Kopf (BA NL Brill 57: Brill an Dietrich 16. 9. 1946), stand im Ruf eines Fachmannes für Finanzen. Er blieb Thür. Finanzminister bis 1950 und war zwischenzeitlich, nach Pauls Rücktritt als Ministerpräsident (21. 9. 1947) und vor Eggeraths Wahl zum neuen Thüringischen Ministerpräsidenten (8. 10. 1947), sogar kommissarischer MP Thüringens. Ende 1950 kam der Umschwung. Die DDR machte Moog in Abwesenheit – er war im Januar 1950 nach Berlin-West geflohen – einen Schauprozeß, vgl. ‚Tägliche Rundschau', Ausgaben Dezember 1950.

117 HStA Weimar Büro des MP Nr. 1079: Brill an Anti-Nazi-Komitee Weimar 14. 5. 1945.

118 HStA Weimar Büro des MP Nr. 71: Ernennungsurkunde für Max Kolter 19. 5. 1945 und ebd. Nr. 1079: Anti-Nazi-Komitee Weimar an Brill 22. 5. 1945. Kolter, ein Westpreuße (* 16. 1. 1900 in Luttom/Kreis Konitz), war christlicher Gewerkschaftler gewesen, hatte nach Jahren als Bergmann 1938 über „Die klassische Lohntheorie, die Lohngestaltung in der staatlich-sozial geordneten Wirtschaft" promoviert, war 1939/40 bei der preußischen Regierung in Posen für die Preisüberwachung zuständig gewesen und in dieser Position 1940 an die Thüringische Regierung überstellt worden. 1944 war er aus dem Staatsdienst entlassen worden.

119 HStA Weimar Büro des MP Nr. 69: Ernennungsurkunde für Alphons Gaertner 19. 5. 1945; zu den Personalien Gaertners s. o. Anm. 65. Gaertner wurde am 24. 7. 1945 zum Präsidenten der Thür. Staatsbank ernannt. Er ist in dieser Stellung offenbar so erfolgreich gewesen, daß die SMA Thüringen mit Befehl Nr. 46/1947 vom 6. 3. 1947 feststellte, daß Thüringen in 1946 das Einnahmen-Soll mit 109% erfüllt und das Ausgaben-Soll mit 91% unterschritten habe. Daraufhin wurde der Thür. Landesregierung eine Prämie in Höhe von RM 100000 angewiesen, von der Paul als Ministerpräsident 3000, Moog als Finzanzminister 1500 und Gaertner als Präsident der Landesbank 1200 RM erhielten, ebd.

Die von ihm in Personalunion verwalteten Landesernährungs- und Landeswirtschaftsämter waren keine klassischen Ministerien im ehemaligen Thüringischen Staatsministerium gewesen, sondern Abteilungen im Ministerium für Wirtschaft. Ihre Ausgliederung und Verselbständigung hatte im August 1939 die Reichsregierung aus Gründen der Kriegswirtschaft angeordnet.[120] Es waren Reichsmittelbehörden, die im Falle Thüringens durch ihre Anlehnung an die Wehrkreisgliederung das Land Thüringen, den preußischen Regierungsbezirk Erfurt und den bis 1944 zum preußischen Regierungsbezirk Kassel gehörenden Kreis Schmalkalden wirtschaftsorganisatorisch zusammenfaßten. Nach dem Ende des Krieges oblag diesen beiden Zentralämtern, die in den Stadt- und Landkreisen Ernährungsämter und Wirtschaftsämter als unterste Verwaltungsstufe hatten und dadurch den pyramidalen Verwaltungsaufbau im Dritten Reich mitvollzogen, die wesentliche Aufgabe, schnellstens die in großen Teilen zusammengebrochene Erzeugung und Verteilung von Gebrauchsgütern und Lebensmitteln wieder zu organisieren. Industrielle Fertigungsstätten, landwirtschaftliche Betriebe und alle Branchen des Handels mußten zu Güterproduktion und überörtlichem Güteraustausch veranlaßt werden. Nur so war das Chaos langsam zu beseitigen.

Das Landesernährungsamt hatte, von Brill dazu aufgefordert, am 11. Mai einen verheerenden Eindruck der Wirtschaftlichkeit vermittelt.[121] Die weitgehende Einstellung produktiver Arbeit im ganzen Land, die Plünderungen der Depots, ihre unkontrollierte und rechtswidrige Nutzung nur in engen Stadt- und Landkreisgrenzen, die Störungen des Verkehrs, eine allgemeine Rechtsunsicherheit und die sinkende Moral der Bevölkerung hatten den für einen Wirtschaftskreislauf stets entscheidenden überörtlichen Ausgleich zwischen Bedarfs- und Überschußgebieten völlig zum Erliegen gebracht. Hinzu kamen als wirtschaftliche Belastung Thüringens die westsächsischen Okkupationsgebiete der Amerikaner, die jetzt zu Thüringen zählten und deren vorrangige Industriestruktur sie zu landwirtschaftlichen Zuschußgebieten machte. Ebenso negativ mußte sich auf jede Bilanzierung der Wirtschaftslage der schnelle Anstieg der Bevölkerung Thüringens von 3,2 auf 4,5 Mill. Einwohner auswirken, der durch die einströmenden Flüchtlinge und Vertriebenen, vor allen Dingen aus Schlesien, Ostbrandenburg und dem Sudetenland, verursacht wurde.

Das Landesernährungsamt wollte als organisatorische Voraussetzung geklärt wissen, daß es selbst „die gesamte Ernährungswirtschaft leitet und für den überörtlichen Lebensmittelausgleich sorgt“.[122] Das anerkannte die G-5-Abteilung des VIII. amerikanischen Korps bei einem Gespräch am 18. Mai sofort und autorisierte das Amt, sich „als die zentrale Dienststelle zur Steuerung der gesamten Lebensmittelversorgung in Thüringen“ zu betrachten.[123] Am folgenden Tag konnte Gaertner als Leiter dieses Amts von Brill eingesetzt werden. Als die Amerikaner gemäß seinen Vorstellungen am 18. Mai ihren Dienststellen Anweisungen gaben, „alle Beschränkungen und Verbote der Militär-Einheiten und Militär-Regierungs-Abteilungen hinsichtlich der Sammlung und des normalen Transports von Lebensmitteln ... sofort aufzuheben“, und Gaertner ermächtigten, selbst „die Versorgung mit Gebrauchsgütern in ganz Thüringen ... zu sichern und dafür zu sorgen, daß die Anweisungen seines Amtes von allen

---

120 Verordnung über die Wirtschaftsverwaltung vom 27. 8. 1939, in: Reichsgesetzblatt I/1939, S. 1195–1198. Vgl. Ulrich Heß, Geschichte der Behördenorganisation der thüringischen Staaten und des Landes Thüringen, S. 255.

121 HStA Weimar Min. f. Handel und Versorgung vl. Nr. M1: Bericht des Landesernährungsamtes vom 11. 5. 1945.

122 ebd.

123 ebd. Protokoll über die Besprechung des Leiters des Landesernährungsamtes mit den amerikanischen Militärbehörden am 18. 5. 1945. Danach wurde Gaertner ermächtigt, „die Versorgung mit Verbrauchsgütern in ganz Thüringen und in den Landkreisen und Stadtkreisen Glauchau, Zwickau, Auerbach, Oelsnitz und Plauen zu sichern und dafür zu sorgen, daß die Anweisungen seines Amtes von allen Dienststellen befolgt werden“.

Dienststellen befolgt werden“[124], konnte Thüringen mit diesem ungewöhnlich frühen Nachkriegsdatum wieder ein einheitliches Wirtschaftsgebiet werden. Die Handlungsenergie Hermann Brills wirkte sich hier schnell aus. Eine neue Verwaltungsorganisation, welche die Eingliederung des Landesernährungsamtes in das Landesamt für Land- und Forstwirtschaft sowie die des Landeswirtschaftsamtes in das Landesamt für Industrie, Handel und Gewerbe erbrachte, setzte den Verwaltungsformen des Dritten Reiches bald ein Ende; sie stand im Zusammenhang mit der Errichtung der Regierung der Provinz Thüringen, der zweiten, wesentlicheren Etappe auf dem Weg zur Neuorganisation einer deutschen Volksrepublik.

Brill war am 7. Mai 1945 nur mit der Wahrnehmung der Geschäfte der Reichs- und Landesbehörden im Stadtkreis Weimar beauftragt worden. Ein entscheidender Schritt mußte darüber hinausführen. Ihn leitete nicht mehr der Weimarer Commanding Officer Brown ein, sondern folgerichtig der für ganz Thüringen zuständige Colonel Hatch, Chef der G-5-Abteilung des VIII. Korps der Amerikaner. Dieser forderte Brill am 20. Mai auf, „einen Plan für die Organisation der Verwaltung Thüringens auszuarbeiten“.[125] Weitgehende Freiheiten wurden ihm dazu eingeräumt, denn seine Vollmachten berechtigten ihn, „die Reorganisation der Verwaltung des ehemaligen Gaugebietes Thüringen (Land Thüringen, Regierungsbezirk Erfurt und Kreis Schmalkalden) durchzuführen und zu diesem Zweck im ganzen Gebiet Tag und Nacht zu reisen“.[126] Das war der richtige Auftrag für Brill, auf den er sich durch seine politisch-programmatische Arbeit während seiner gesamten Widerstandstätigkeit, angefangen von den mit Karl Hermann im April 1933 ausgetauschten Überlegungen bis hin zum Buchenwalder Manifest vom 13. April 1945, vorbereitet hatte. Folgerichtig bekannte er auch jetzt, einem solchen Auftrag gewachsen zu sein, da er „mit den Aufgaben für den Aufbau einer demokratischen Volksrepublik in Deutschland vertraut“ sei.[127] Es war der Kairos seines Lebens, der Übergang von der Theorie in die Praxis. Welches Deutschland würde entstehen?

Brill wollte eine „Deutsche Volksrepublik“, das sollte die Wiederherstellung einer staatlichen Autorität deutscher Länder ausschließen. Es bedeutete, Thüringen als „Provinz“ innerhalb eines künftigen deutschen Gesamtstaates zu konstituieren. Das entsprach den Vorstellungen der Deutschen Volksfront von 1938; ebenso lag dieser Gedanke den damaligen Volksfronttheorien der Kommunisten zugrunde. Beide Stränge waren in diesem Punkt in Buchenwald zusammengelaufen, von Brill im Buchenwalder Manifest fixiert und am 26. April mit der Formulierung „keine Wiederherstellung der staatlichen Souveränität der Länder“ in einer Denkschrift für Brown festgehalten worden.[128] Daß ein solcher antiföderalistischer Plan gerade bei den Amerikanern Erfolg haben und Sympathie erwecken könnte, wurde von den Initiatoren in diesem Augenblick offenbar nicht bedacht.

Nächst dem äußeren Rechtsstatus Thüringens wollte Brill auch dessen territorialen Zuschnitt verändern. Ihm stand das Ziel vor Augen, mit dem durch die geschichtliche Entwicklung des Landes bedingten verwaltungsorganisatorischen „Durcheinander endlich einmal radikal und für immer Schluß zu machen und die Verwaltungseinheit so zu schaffen, wie sie aus ökonomischen und soziologischen Notwendigkeiten sich ergibt“.[129] Er hatte ja selbst 1932

---

124 ebd. Rundverfügung des Landesernährungsamtes vom 3. 6. 1945 und HStA Weimar Büro des MP Nr. 444/3: Vollmacht für Dr. Alphons Gaertner im Dreijahresbericht des Ministeriums für Wirtschaft 1948.

125 HStA Weimar Büro des MP Nr. 1078: Bericht über die Lage in Thüringen 4. 7. 1945.

126 Vollmacht für Dr. Hermann L. Brill zur Reorganisation der Verwaltung in Thüringen vom 20. 5. 1945, abgedruckt bei Wahl, Beginn, S. 266.

127 a. O. Anm. 125.

128 BA NL Brill 95: Brill an Military Government Officer 26. 4. 1945; vgl. zum Vorgang o. VI. 1 und VI. 2.1.

129 HStA Weimar Büro des MP Nr. 1078: Plan für den Aufbau der Verwaltung Thüringens, Mai 1945 und BA NL Brill 95: Richtlinien für eine Landesverwaltungsordnung.

Gedanken zum Thema „Reichsreform – eine thüringische Schicksalsfrage" publiziert und dabei Vorstellungen aufgegriffen, die bei dem politischen Zusammenschluß der thüringischen Einzelstaaten zum Land Thüringen am 1. Mai 1920 nur teilweise realisiert worden waren. Am Widerstand Preußens war damals die territoriale Arrondierung Thüringens gescheitert; der preußische Regierungsbezirk Erfurt und der preußische Kreis Schmalkalden (Regierungsbezirk Kassel) blieben als Enklaven außerhalb der thüringischen Landeshoheit.[130] Brills im Mai 1945 vorgelegter Plan ging allerdings noch über die früheren territorialen Wünsche deutlich hinaus, indem er aus dem jetzigen Okkupationsraum des VIII. amerikanischen Korps eine Gunst zur weiteren Abrundung des Landes ableitete. Nicht nur das Land Thüringen, der preußische Regierungsbezirk Erfurt und der Kreis Schmalkalden, sondern auch die von den Amerikanern eroberten westsächsischen Stadt- und Landkreise, dazu die Stadt- und Landkreise Naumburg, Weißenfels, Zeitz und der Westteil des Landkreis Eckartsberga der preußischen Provinz Sachsen sowie jener nordbayerische Grenzsaum mit dem Stadt- und Landkreis Coburg, der sich, wie wohl ein Teil des ehemaligen thüringischen Herzogtums Sachsen-Coburg-Gotha, durch ein Plebiszit 1919 für den Anschluß an Bayern entschieden hatte, und schließlich die oberfränkischen Bezirksämter Hof, Kronach, Lichtenfels, Münchberg, Naila und Stadtsteinach sollten die neue Provinz Thüringen ausmachen. Diese bekäme dadurch 21 203 qkm und gemäß der Volkszählung von 1939 3 776 831 Einwohner.[131]

Dieser Plan Brills, schon umstritten in einer Ressortbesprechung der Fachministerien am 31. Mai in Weimar, wurde auch von den Amerikanern so nicht akzeptiert.[132] Lediglich die Hereinnahme der preußischen Enklaven und der westsächsischen Gebiete wurde gutgeheißen. Die Ablehnung der thüringischen Ansprüche auf die bayerischen und oberfränkischen Grenzsäume wird bei den Amerikanern mit ihrer eigenen, zu diesem Zeitpunkt schon feststehenden süddeutschen Besatzungszone zu begründen sein.

Auch wenn Brill in seinem „Plan für den Aufbau der Verwaltung Thüringens" einleitend einräumte, daß „zur Zeit ein politisches Leben nicht in Frage kommt", suchte er auch hier wichtige Weichenstellungen für seine Zukunftsvorstellungen von einer deutschen Volksrepublik vorzunehmen. Er machte geltend und begründete es mit den Ergebnissen der Reichstagswahlen von 1928, 1932 und 1933, „daß die vorwiegend auf Arbeitern und Angestellten gestützten Parteien der Sozialdemokraten und Kommunisten einen psychologisch unerschütterlichen Kern selbst in der tiefsten ökonomischen Depression der thüringischen Bevölkerung dargestellt haben" und deswegen „in diesen politischen Kreisen die psychologische Hauptkraft für den Wiederaufbau zu suchen" sei.[133] Mit einer solchen Einschätzung korrespondierte aber spätestens seit 1933 die Absicht Brills, keineswegs die alten Parteiorganisationen der SPD und erst recht nicht der KPD wiederzubeleben[134], sondern eine neue, gemeinsame parteipolitische Repräsentanz der demokratischen Sozialisten zu finden. Das trug er den Amerikanern in seinem Positionspapier vom Mai 1945 nicht so vor. Vielmehr wollte er die Besatzungsmacht

130 Vgl. Brill, Reichsreform – eine thüringische Schicksalsfrage, Altenburg 1932, und Ulrich Heß, Geschichte der Behördenorganisation, S. 197.

131 a. O. Anm. 129. Das bayerisch-oberfränkische Grenzgebiet beanspruchte Brill mit dem Argument, „das Quellwasser der Saale in allen Zeiten für die Saaletalsperre zu sichern".

132 HStA Weimar Büro des MP Nr. 159: Protokoll der Sitzung mit den Bevollmächtigten der Fachministerien am 31. 5. 1945 und Quelle in Anm. 129.

133 a. O. Anm. 129.

134 „Die SPD soll nicht wieder auferstehen. Sie hat endgültig verspielt, und es ist mir nur leid um den – im Ganzen – prachtvollen deutschen Arbeiter, der durch die herrliche Führung – bei der KPD war es eher noch schlimmer als bei uns – in diese Lage gekommen ist", Brill an Herbert Frister 11. 9. 1933, IfGA NL Frister. Diesen Grundsatz hat Brill auch vor dem Volksgericht aufrechterhalten, vgl. o. V. 3.4.

für eine eher formlose Revitalisierung aller Parteien „mit Ausnahme der NSDAP“ gewinnen. Dabei sollte das parteipolitische Leben auf den „persönlichen Zusammenhalt von Parteimitgliedern, die Bildung von Vorständen, die Zusammenkunft von nicht mehr als 5 Personen“ vorerst beschränkt bleiben. Auch wenn Brill ausdrücklich hervorhob, daß dabei „an allgemeine Wahlen in Thüringen so wenig wie in Deutschland gedacht werden“ könnte, und er auch selbst solchen Denkansätzen „eine gründliche Reinigung des gesamten gesellschaftlichen Lebens, nicht nur des Staatsapparates, von nazistischen Elementen“ und „ein neues Erziehungssystem“ als ein unbedingtes Prae voranstellte, lehnten die Amerikaner derartige politische Vorstöße ab.[135] Dafür war es Ende Mai 1945 noch entschieden zu früh.

Es ging um verwaltungsorganisatorische Vor-Schritte. Doch auch in diesen lagen weitreichende Konsequenzen. Brills konkrete Vorschläge dazu lauteten, eine Provinz Thüringen zu bilden und an die Spitze einer dafür notwendigen Landeszentralbehörde einen Regierungspräsidenten zu stellen („später . . . durch unmittelbare Volkswahl zu wählen“). In dessen Händen sollte der alleinige Verkehr mit der Militärregierung und der auswärtige Verkehr mit anderen deutschen Ländern und Provinzen liegen. Der Regierungspräsident sollte allein die Verantwortung für die Reinigung aller Behörden von nazistischen Elementen und für die gesamte Personalpolitik tragen, außerdem das Justizwesen regeln. Eine Kanzlei wäre ihm dafür zuzuordnen. Die fachlichen Aufgaben einer Provinzialverwaltung sollten anstelle der bisherigen Staatsminister Regierungsdirektoren wahrnehmen, von denen jeder ein Landesamt als Fachbehörde zu leiten hätte, die sich insgesamt als „Regierungskollegium“ zu verstehen hätten. Sieben Landesämter schlug Brill vor: für Inneres, Finanzen, Volksbildung, Industrie, Handel und Gewerbe, Land- und Forstwirtschaft, ein Landesverkehrs- und ein Landesarbeitsamt. Der Regierungspräsident wäre Vorsitzender des Regierungskollegiums und sollte die Befugnis haben, den Landesämtern allgemeine und in Einzelfällen sogar konkrete Anweisungen zu erteilen, Berichte einzufordern und Ressortangelegenheiten auch einmal selbst erledigen zu dürfen.[136] Eine solche Konstruktion ergab eine starke Stellung des Regierungspräsidenten, unvergleichlich mit der gänzlich ausgehöhlten Position des letzten Thüringischen Ministerpräsidenten Marschler in nationalsozialistischer Zeit. Die Absichten Brills liegen dabei auf der Hand. Er wollte sich in den Stand setzen, sein politisches Gedankengut in die Tat umzusetzen.

Als obere Provinzbehörde unterhalb der Regierungsämter sollten ein Oberversicherungsamt, ein Landesamt für Maße und Gewichte und ein Statistisches Amt eingerichtet werden. Finanzämter, Hauptzoll- und Zollämter sowie die Bergämter hätten die übertragene Provinzverwaltung wahrzunehmen, alles andere wäre im Sinne einer Auftragsverwaltung den Stadt- und Landkreisen zu überlassen. Garanten einer rechtsstaatlichen Ordnung hätten Verwaltungs- und Disziplinargerichte sowie eine Rechnungsprüfungsbehörde zu sein. Zur wichtigen Frage einer parlamentarischen Kontrolle der Provinzialregierung machte Brill einen etwas unklaren Vorschlag. Zum einen spricht er von einem „Landesrat“, dessen Mitglieder für eine Übergangszeit aus den Stadt- und Kreisräten zu wählen seien, zum anderen von einem „Provinzrat“, der „später ... ebenfalls aus Wahlen der Stadt- und Kreisräte sowie der berufsständischen Körperschaften hervorgehen“ solle, „dies jedoch nur dann, wenn diese paritätisch aus Arbeitgebern und Arbeitnehmern zusammengesetzt sind“.[137] Die Textformulierung legt die Annahme nahe, daß „Landesrat“ und „Provinzrat“ identische parlamentarische

---

135 a. O. Am. 129.
136 HStA Weimar Büro des MP Nr. 1077: Entwurf einer Landesverwaltungsordnung für die Provinz Thüringen.
137 BA NL Brill 95: Richtlinien für eine Landesverwaltungsordnung, S. 3.

Körperschaften sein sollen, nicht dagegen Ausdruck eines Zwei-Kammer-Systems. Allerdings wäre auch das nicht auszuschließen, wenn man die Tatsache bedenkt, daß Brills Provinzialplan für Thüringen an amerikanische Adressaten ging und in seinem Buchenwalder Manifest das Bekenntnis zum „Eintritt Deutschlands in den angelsächsischen Kulturkreis" steht. Dennoch bliebe die Frage zu stellen, wie er sich die in diesem Manifest proklamierte und in seiner gesamten Widerstandszeit vertretene Auffassung realisiert denken möchte, „einen neuen Typ der Demokratie, die sich nicht in einem leeren, formelhaften Parlamentarismus erschöpft, sondern den breiten Massen in Stadt und Land eine effektive Betätigung in Politik und Verwaltung ermöglicht"[138], zu schaffen. Der Organisationsplan für die Provinzialverwaltung Thüringens blieb darauf die Antwort schuldig. Das wurde bald bemerkt[139] und gab Anlaß zu höchst kontroversen Diskussionen in der neuen thüringischen Provinz, besonders mit den Kommunisten, welche die von ihnen reklamierte Beteiligung der Antifa-Komitees, denen sie allerdings selbst dann in aller Eile die basisdemokratische Selbständigkeit entzogen, vermißten.

Am 6. Juni 1945 hat Brill seinen Plan zum Aufbau der Verwaltung der Provinz Thüringen im Hauptquartier der Amerikaner, im IG-Farbenhaus in Frankfurt/Main, vorgetragen und damit einen „Gesamtplan für die Neugliederung Deutschlands in Verwaltungsbezirke" verbunden.[140] Der Vortragsort unterstreicht die Bedeutung, welche die Amerikaner offensichtlich dem politischen Talent Brills zumaßen. Er war der erste, der an einen solchen Konferenzort gebeten wurde. Brill hatte Pläne zu entwickeln, die Deutschlands Teile und sein neues Ganzes beachteten. Dazu war er einer der namhaftesten Repräsentanten des deutschen Widerstandes; er kam aus der Mitte Deutschlands. „Thüringen ist sozusagen das Seminar für ganze Deutschland."

Brills sachliche Vorschläge für Thüringen wurden genehmigt, die personellen für die Besetzung der Landesämter hatte er in Frankfurt zurückgestellt, um sich darüber zunächst mit seinen politischen Freunden in Weimar zu beraten. Diese hatten sich als ehemalige Vertreter von SPD, KPD, DDP und Zentrum als „Thüringen-Ausschuß des Anti-Nazi-Komitees Weimar" zwischenzeitlich konstituiert. Johannes Brumme (KPD) fungierte als kommissarischer Vorsitzender, was die Initiative der Kommunisten bei der ganzen Aktion unterstreicht; die erste Sitzung fand am 8. Juni im Weimarer Rentamt statt.[141] Die Gründung dieses Thüringen-Ausschusses bedeutet eine gewisse Flurbereinigung und Konzentration aller parteipolitischen Initiativwünsche und antifaschistischen Aggregrationen, wie sie in Buchenwald nach dem 11. April 1945 angefangen hatten. Aus diesem Ausschuß hatte Brill „auf Vorschlag der einzelnen Parteien einen Thüringen-Beirat zu seiner Unterstützung berufen". Ihm gehörten für die SPD Curt Böhme, Elisabeth Zajac-Frölich und Heinrich Hoffmann an, für die KPD Hugo Günther, Johannes Brumme und Richard Eyermann, für die DDP Felix Zumhasch und für die Christlichen Demokraten Fritz Franz.[142] Böhme, Brumme und Eyermann waren Buchenwald-Häftlinge gewesen. Es war offenkundig, daß der „Thüringen-Beirat" des Beauftragten für die thüringischen Reichs- und Landesbehörden, mithin Brill, eine parallele politische Repräsentanz zum „Politischen Beirat" des Weimarer Oberbürgermeisters Behr war.

In der ersten gemeinsamen Sitzung des Beirats mit Brill am 8. Juni wurde beschlossen, daß

---

138 Buchenwalder Manifest, in: Overesch, Deutschland, S. 172.
139 BA NL Brill 95: Antifaschistisches Komitee Gera an Brill 20. 6. 1945, s. dazu VI. 3.2.
140 HStA Weimar Büro des MP Nr. 1078: Bericht über die Lage in Thüringen vom 4. 7. 1945.
141 BA NL Brill 95: Thüringen-Ausschuß des Anti-Nazi-Komitees Weimar an Brill 4. 6. 1945.
142 ebd.

sich jeden Mittwochnachmittag die Vorsitzenden des Politischen Beirats der Stadt und des Thüringen-Ausschusses des Anti-Nazi-Komitees mit Brill treffen sollten und daß hierbei eingereichte Personalvorschläge für die Besetzung der Landesämter zu diskutieren seien.[143] Der Thüringen-Ausschuß berief dazu einen vierköpfigen Personalausschuß, dem alle Vorschläge und Bewerbungen zugänglich gemacht werden sollten, bevor sie, von Brill befürwortet, zur Begutachtung und Entscheidung der Dienststelle der amerikanischen CIC vorgelegt werden sollten. Dem Ausschuß gehörten Curt Böhme, der seit dem 1. Juni 1945 als Regierungsrat im Thüringischen Staatsministerium für Personalfragen zuständig war[144], Richard Eyermann, Felix Zumhasch und Aloys Müller (Christliche Demokraten) an.

Es war vorherzusehen, daß den personellen Entscheidungen großes politisches Gewicht beigemessen wurde. Personalfragen sind Machtfragen. Eyermann gab auch sofort in einem Rundschreiben an alle Anti-Nazi-Komitees in Thüringen davon Kenntnis, wie sich die Kommunisten zu orientieren hätten: „Wir müssen dabei die großen Richtlinien des ‚Nationalkomitees Freies Deutschland' berücksichtigen."[145] Das wollte Brill gerade nicht; seit seinem großen Zusammenstoß mit der KPD im Deutschen Oktober 1923 wollte er keine Abhängigkeit deutscher Politik von Moskau dulden. Nichts anderes bedeutete ja die an das NKFD adressierte Unterwürfigkeit der Buchenwalder Kommunisten. Brills Personalvorschlag war demzufolge anders als der Brummes. Nach seinen Vorstellungen sollte die SPD die Ämter des Präsidenten, für Inneres und für Verkehr besetzen, die KPD die für Volksbildung und Arbeit, die Demokraten das für Finanzen, die Christlichen Demokraten das für Industrie; für das Amt für Landwirtschaft hatte er zunächst noch keinen Vorschlag zu unterbreiten. Die KPD dagegen wollte nach den von Brumme vorgestellten Wünschen gleich die drei Ämter für Inneres, Volksbildung und Arbeit besetzen, der SPD das des Präsidenten und das für Verkehr überlassen, den Demokraten das für Finanzen und den Christlichen Demokraten das für Industrie; für das Landwirtschaftsamt machte sie ebenfalls nicht sofort einen Vorschlag.[146]

Sieht man von der beiderseitigen Übereinstimmung ab, Brill für das Amt des Regierungspräsidenten zu nominieren, so fällt das deutliche Verlangen der Kommunisten nach einem politischen Übergewicht durch drei Landesämter, die in der Exekutive wichtig sind, für Inneres, Volksbildung und Arbeit, auf, denen alle anderen parteipolitischen Richtungen, die SPD eingeschlossen, nur jeweils 1 entgegenzusetzen hätten. Es ist aber auch zu erkennen, daß sich die Macht des Faktischen, d. h. die Mitte Mai erfolgte Beauftragung von Bevollmächtigten für die einzelnen Landesministerien, auswirkte. Die damals berufenen Moog, Wolf, Kolter und Gaertner standen offenbar als feste Größen hinter allen personalpolitischen Vorschlägen. Im Blick auf das umstrittene Landesamt für Inneres hat Brill sich durch das Verlangen der KPD nicht beeinflussen lassen. Da er zunächst offenbar keinen geeigneten sozialdemokratischen Kandidaten hatte, sah er sich selbst für die interimistische Leitung vor. Erst im Juli kamen mit Friedrich Buchwald und Georg Appell, die Anfang Juni noch nicht in Thüringen waren, zwei Sozialdemokraten in die neu konstituierte Provinz, die als Regierungsdirektoren respektabel waren.[147]

Am 9. Juni 1945 ernannte Colonel Azel F. Hatch als Leiter der G-5-Abteilung des VIII. amerikanischen Korps Brill zum vorläufigen Regierungspräsidenten der Provinz Thüringen

143 ebd. Protokoll der Sitzung des Thüringen-Ausschusses vom 8. 6. 1945.
144 HStA Weimar Personalakte Curt Böhme im Min. d. Innern.
145 zit. aus dem NL von Elise Martin bei Wahl, Beginn, S. 130.
146 ebd. S. 131.
147 HStA Weimar Büro des MP Nr. 1079: Schriftwechsel des Regierungspräsidenten mit der amerikanischen Militärregierung über die Besetzung der Landesämter Juni/Juli 1945.

und ermächtigte ihn, „zu einer Regierungsbildung für die Provinz Thüringen zu schreiten".[148] Bei dem feierlichen Akt wurde die mögliche territoriale Arrondierung Thüringens ausdrücklich einer späteren Entscheidung überlassen. Die Amerikaner genehmigten in den nächsten Tagen die von Brill vorgeschlagene Besetzung der Landesämter mit Regierungsdirektoren, deren Ernennung er dann selbst vornahm: Georg Appell (SPD) Landesverkehrsamt, Ernst Busse (KPD) Landesarbeitsamt, Walter Wolf (KPD) Landesamt für Volksbildung, Alphons Gaertner (DDP) Landesamt für Industrie, Handel und Gewerbe, Leonhard Moog (DDP) Landesamt für Finanzen und später Max Kolter (Zentrum) Landesamt für Land- und Forstwirtschaft (am 21. Juni) und Friedrich Buchwald (SPD) Landesamt des Inneren (am 2. Juli).[149]

Am 12. Juni stellte sich das bis dahin ernannte Regierungskollegium den Amerikanern vor, am Tag danach gab Brill allen thüringischen Stadt- und Landkreisen von der Einrichtung der Regierung der Provinz Thüringen und ihren Amtsträgern Kenntnis.[150] Das Ergebnis stellte nach seinen Worten „ein kleines parlamentarisches Kunststück" dar.[151] Es gab aber auch zu erkennen, wie stark die Kommunisten in Thüringen an die Macht drängten, am Erfolg allein durch Brill gehindert. Eine Gegnerschaft bahnte sich an. Zu den Geschenken, die dem neuen Thüringischen Regierungspräsidenten zum Amtsantritt am 9. Juni 1945 überreicht wurden, gehörte auch das erste gedruckte Exemplar des Buchenwalder Manifestes „Für Frieden, Freiheit, Sozialismus". Brills bald heftiger politischer Gegenspieler innerhalb der thüringischen Sozialdemokratie, Heinrich Hoffmann, den sie alle schnell ob seiner burschikosen Art entsprechend der Zahlenstellung seiner Anfangsbuchstaben im Alphabet nur „88" nannten, überreichte das Geschenk. Er fand dabei die für Brill ganz unsensiblen Worte: „Und nun wollen wir in Thüringen nach holsteinischer Art ‚Klar Schiff' machen. Gib das Kommando ‚Volldampf voraus'."[152] Eine solche Kommandosprache, eine Anleihe aus dem Telegramm des deutschen Kaisers Wilhelm II. an einen gräflichen Vertrauten nach der Entlassung Bismarcks im März 1890, war dem schwierigen politischen Geschäft Brills in Thüringen ganz unangemessen.

3.2 Entnazifizierung: Das Amtsverständnis des ersten Regierungspräsidenten der Provinz Thüringen

Am 5. Mai 1945 begann der Schriftsteller, Essayist und Dichtersohn Klaus Mann in Rom eine Erkundungsreise, die ihn über Florenz und Innsbruck zunächst nach Süddeutschland und von dort weiter bis Thüringen führte. Oberst Neville, der Herausgeber der amerikanischen Zeitschrift ‚Stars and Stripes' in Rom, hatte ihn als „special correspondent" auf diesen Weg

148 ebd. Ernennungsurkunde Dr. Hermann Louis Brill als Regierungs-Präsident der Provinz Thüringen 9. 6. 1945.

149 ebd. Ernennungsurkunden der Regierungsdirektoren der Landesämter.

150 ebd. Mitteilung des Regierungspräsidenten über die Errichtung der Regierung der Provinz Thüringen vom 13. 6. 1945.

151 Rede Brills vor der 1. Landeskonferenz des Bundes demokratischer Sozialisten vom 8. 7. 1945, S. 14, in: AsD NL Brill 1.

152 BA NL Brill 94: Heinrich Hoffmann an Brill 9. 6. 1945. Hoffmann, * 8. 1. 1899, stammte aus Schleswig-Holstein, war dort von Beruf Friseur gewesen. Als Teilnehmer am 1. Weltkrieg wurde er schwer verwundet. 1924 kam er als Schüler in die Heimvolkshochschule Tinz, 1927 wurde er Redakteur der SPD-Landeszeitung Thüringens, ‚Das Volk', und Vorsitzender des Reichsbundes der Kriegsbeschädigten. 1933 aus allen Ämtern entlassen, siedelte er 1936 nach Erfurt. Im Juni 1945 stellte Brill ihn als Regierungsrat bei der Provinzialregierung Thüringens an. Auffällig an Hoffmann wurde bald sein burschikos-vorlautes, zum leeren Pathos neigendes Wesen, das in dem ihm von anderen beigegebenen saloppen Namen „88" eine Wiederaufnahme fand. Für die KPD wurde Hoffmann seines auch zum Opportunismus neigenden Wesens wegen ein wichtiger sozialdemokratischer Steigbügelhalter. Das brachte ihm später im SED-Staat berufliche Vorteile ein.

geschickt. Bemerkenswerte Reiseeindrücke schrieb Klaus seinem Vater Thomas Mann darüber zu dessen 70. Geburtstag.[153] Es sind nur Brennpunkte einer apokalyptischen Welt, die der Sohn zusammen mit einem Kameramann in einem Jeep anfuhr. Da ist die zweitägige „Raub- und Siegesorgie großartig wüsten Stils" amerikanischer G.I.s und französischer Poilus, die er in dem Berchtesgadener Refugium der Nazi-Größen miterlebte. Dann kommt die Trümmerwelt der Vaterstadt München – „München ist nicht mehr da" – mit der elterlichen Hausruine – „nur ... Attrappe und hohle Form" –, in der Klaus Mann, im ehemals eigenen Jugendzimmer, „wild-wildfremd: mit makabren Resten von Urvertrautheit" konfrontiert, durch ein Gespräch mit einer dort auf dem Balkon „eingezogenen" jungen Frau, letztes Strandgut einer im Krieg untergegangenen Familie, die merkwürdige Verwandlung der einstigen Schriftstellervilla in eine Lebensborn-Anstalt erfährt. Vom Dachauer Konzentrationslager, das er „nicht mehr ganz in seinem infernalischen Urzustand, aber noch immer von bemerkenswerter Gräßlichkeit" erlebt, wo er jetzt „die Folterknechte der Neuen Ordnung ..., ein paar hundert relativ harmloser oder doch unwichtiger Lumpen wie Raubtiere im Käfig" eingesperrt sah, fuhr er weiter nach Augsburg. Dort war er im Garten einer abgelegenen Villa Zeuge eines ihn kurios anmutenden Interviews der internationalen Presse mit Göring, einem der „Hauptkriminellen". Er fand ihn enttäuschend in seinem Aussehen, „viel weniger unförmig als erwartet, ein knapp mittelgroßer Mann mit Bauch und Doppelkinn", und konnte sich der Verwunderung nicht entziehen, hier dem „Typ des Condottiere" begegnet zu sein, „dem es bei aller Grausamkeit doch nicht ganz an Bonhommie gebricht". Auch Mann stellte eine Frage an ihn: „Ist Hitler tot? Ja, Hitler ist tot. Unbedingt! Kein Zweifel!" Die Antwort des im Schatten der Bäume schwitzenden Göring, dessen ganzes Auftreten, forsch, jovial und unsicher in einem, die Szenerie mit dem „alten Halunken" als Hauptdarsteller vor einer von hohen militärischen Würdenträgern der alliierten Sieger gestellten Kulisse, all das machte ihn unsicher. „Kurios, nicht wahr?" so resümierte er diese Begegnung für seinen Vater.

Der Brief lebte von den Kontrasten, die auch den Adressaten fasziniert haben werden. Die nächste Station des Schreibers ist ein Gespräch „von erstaunlicher Drolligkeit", das er am 15. Mai in Garmisch mit Richard Strauss hatte. Klaus Mann sieht sich als den ersten amerikanischen Journalisten, der nach dem Krieg auf den Gedanken kam, diesen Komponisten zu interviewen. Strauss, „durch keinerlei Scham oder Takt gehemmt", von gepflegter häuslicher Eleganz und Bequemlichkeit umgeben, plauderte munter vor sich hin, mal cholerisch erbost über das Ansinnen anderer, in seinem Haus Einquartierungen hinzunehmen, mal sich selbst als einem halben Widerständler schmeichelnd, der wegen des Librettos Stefan Zweigs, des Nicht-Ariers, für seine Oper „Die schweigsame Frau" parteiamtliche Angriffe auf sich zog. Ein Gedanke an Auswanderung? Nein, die „Tantiemen aus mindestens achtzig Opernhäusern" wären doch dann verlorengegangen. Im übrigen gab es für ihn immer gut zu essen, nur auf die Jagd und das Reiten mußte „der rosige Alte" zeitweise verzichten. Ein signiertes Foto zum Abschied? Nein, danke. Klaus Mann war empört: „Ein großer Mann – so völlig ohne Größe."

Da widerfuhr ihm anderes in Weimar, das er fünf Wochen später, am Ende seiner Reise durch Deutschland, besuchte. Zwar gab es auch hier Trümmer zu sehen, vereinzelte zum Glück nur, jedoch gerade im Innern des Goethe-Hauses und auch im davon unweit gelegenen Schiller-Haus, aber die Stadt war „relativ unzerstört geblieben". Der Deutsche Klaus Mann, unterwegs als amerikanischer Reporter, notierte die Gegensätze: während der alte Hausmeister am Frauenplan davon zu berichten weiß, daß Hitler nie das Haus des deutschen Weltbürgers

153 Klaus Mann an Prof. Thomas Mann, New York, 16. 5. 1945, in: Klaus Mann, Der Wendepunkt. Ein Lebensbericht, Reinbek 1990, S. 478ff. Der Brief wurde im US-Press-Camp in Rosenheim geschrieben.

betreten habe, verweist er gerührt auf eine von dem Amerikaner Brown am Haus angebrachte Tafel für die Soldaten: „Dies ist das Haus, in welchem Goethe lebte, arbeitete und starb. Er repräsentierte den deutschen Geist der Freiheit, sein Heim sollte nicht weiter beschädigt werden."[154] Mann entdeckte mehr. Der Freiheitsgeist war in Weimar „nicht nur eine Museums-Angelegenheit". Vielmehr traf er auf eine gegenwärtige Verkörperung: „Von allen neueingesetzten deutschen Verwaltungsbeamten, mit denen ich im Laufe meiner Reise in Berührung kam, hat der Regierungspräsident von Thüringen, Dr. Hermann Brill, vielleicht den stärksten, besten Eindruck auf mich gemacht."

Die Begegnung, um den 20. Juni 1945 zu datieren[155], führte erstmals jene beiden Zeugen zusammen, die, unabhängig voneinander, aber übereinstimmend im Urteil, im Frühjahr 1932 im Abstand nur weniger Wochen beide Hitler aus nächster Nähe beobachtet hatten, der eine, Brill, als Vorsitzender des Parlamentarischen Untersuchungsausschusses gegen Wilhelm Frick, der andere, Mann, als Tischnachbar in den Münchener Carlton-Teestuben.[156] Beide hatten sie dabei ein höchst negatives Physio- und Psychogramm Hitlers gezeichnet. 13 Jahre später traten sie einander gegenüber; keiner kannte vom anderen dessen Begegnung mit dem NSDAP-Führer vor dem Dritten Reich, doch beide erfuhren sie am Ende dieser Zeit im anderen die eigene Erkenntnis wieder. Hermann Brill und Klaus Mann waren einander im politischen Urteil und humanistischen Geist verwandt.

Es ist fast ein Porträt geworden, das Mann über Brill zeichnete, auch eine Augenblicksstudie über Chaos und Katharsis der Zeit. „Brill ist ein Mann, der viel gelitten hat." Der ihn danach befragende Reporter notierte verblüfft, wie die Erinnerung an die Haftzeit „etwas sehr Unheimliches und seltsam Rührendes" bewirkte: „Seine Stimme brach sich, stoppte; er versuchte, noch etwas hervorzubringen; der Versuch mißlang. Er verstummte. Es war, als hätte die Erinnerung an das lange Schweigen vorübergehend seine Stimmbänder gelähmt." Doch das währte nur Sekunden. Dann entwickelte Brill „mit intelligentem Realismus und gemessener Beredsamkeit" seine Pläne für den Neuanfang. „Wir brauchen und suchen jetzt alle, die wahrhaftig guten Willens sind." Er legte dafür zwei Maßstäbe an, die im Widerstand geborene Gemeinsamkeit aller Demokraten und die Geduld für einen nur langfristig zu leistenden Wiederaufbau: „Die alten politischen Gegensätze sollten vergessen sein. Im unterirdischen Kampf gegen das Nazi-Regime haben Kommunisten mit Sozialdemokraten und Katholiken zusammengearbeitet, so wie Konservative und Liberale in den Konzentrationslagern zusammen gelitten haben. In diesem Geiste soll es weitergehen; nur so kann Deutschland wieder aufgebaut und eine deutsche Demokratie allmählich hergestellt werden."[157] Brill stellte diesem Aufbau die Aufgabe voran: „Ausrottung des Nazitums in allen deutschen Ämtern" und wies auf konkrete Vorschläge hin, die er dazu bereits den Amerikanern vorgelegt hatte. Sodann benannte er die „dringlichen Sorgen des Tages" und die „großen Probleme der Zukunft"; „er sprach von Deutschlands Not und Deutschlands Schuld und von der Hoffnung, die er trotz allem nicht aufgeben will".

Mann war von Brill sehr beeindruckt. „Es gibt keine Rachsucht in seinen Worten, obwohl er doch Grund genug zur Bitterkeit hätte. Er ist menschenfreundlich geblieben, wenngleich Menschen ihm so Arges angetan haben. Er liebt Deutschland – nach sechs Jahren und sieben Monaten in deutschen Kerkern. Trotz allen trüben Erfahrungen glaubt er an Fortschritt und

154 Stadtbibliothek München NL Klaus Mann: Reisebericht Klaus Mann »Dr. Hermann Brill", o. D., aber Juni 1945.
155 Mann reiste am 5. 5. aus Rom ab, erreichte Berchtesgaden als erste deutsche Station am 8. 5. und kam am Ende der Reise, nach „über sechs Wochen", nach Weimar, die Zeitangaben in den Quellen von Anm. 153 und 154.
156 s. o. Kap. IV. 4. 2.
157 a. O. Anm. 154, S. 3.

Gerechtigkeit. Alle Prüfungen, durch die er gehen mußte, haben ihn nicht mutlos werden lassen. Ein guter Demokrat, ein guter Arbeiter, ein guter Mann – –; man hätte keinen besseren für solch verantwortungsvollen Posten finden können!"[158]

Diese Persönlichkeitsstudie Brills aus der Feder Klaus Manns hat an keinem anderen Ort ihresgleichen gefunden. Im Kontext der anderen Begegnungen Manns auf seiner Reise durch Deutschland im Mai und Juni 1945 ragt das Weimarer Treffen nach Ort und Gehalt als denkwürdig heraus. Es sagt in der Sache zum politischen Programm Brills nichts Neues, verankert aber die aus anderen Quellen abzuleitenden biographischen und materiellen Kenntnisse durch die Zeugenschaft eines neutralen Beobachters von Rang. Das Amtsverständnis des ersten Regierungspräsidenten der Provinz Thüringen erhält durch Klaus Mann den denkbar besten Leumund. Das ist im Auge zu behalten, wenn sich die Gegner Brills im Sommer 1945 formieren werden.

Der erste und zentrale Programmpunkt seiner Regierungstätigkeit ist jetzt mehrfach angesprochen worden, die Entnazifizierung als Katharsis des öffentlichen Lebens. Dazu hatte Brill, er hatte es Klaus Mann gegenüber erwähnt, den Amerikanern bereits bei seiner Vorsprache im Frankfurter Hauptquartier am 6. Juni 1945 einen Entwurf vorgelegt, doch dafür nur „schwer Verständnis" gefunden.[159] Zur Vorlage war ein Entwurf für „Richtlinien für die Reinigung der Verwaltung von nazistischen Elementen" gekommen, den Brill selbst erarbeitet und am 26. Mai 1945 zusammen mit den mit der Wahrnehmung der Geschäfte der alten Landesministerien Beauftragten Moog, Wolf und Kolter unterzeichnet hatte.[160] Der Entwurf faßte bereits erfolgte Vorarbeiten, deren Konkretionen sich bis nach Buchenwald verfolgen lassen. Dort hatte Brill am 21. April vor der Thüringer Landsmannschaft des ILK apodiktisch erklärt: „Die vordringlichste Aufgabe der Säuberung der Verwaltung soll von Weimar aus zentral geregelt werden, in Wellen und schlagartig, und zwar erstens gegen die Nazipartei selbst, zweitens in Polizei und Justiz, drittens in der Gemeindeverwaltung und viertens in der Schulverwaltung. Dabei ist mit äußerster Strenge vorzugehen. Ein neuer Verwaltungsapparat muß geschaffen werden. Hier in Buchenwald soll sich ein vorbereitender Ausschuß bilden zwecks zentraler Regelung und planmäßigem Vorgehen."[161]

Während seines nachfolgenden großen politischen Referats dort am 23. April erläuterte er genauer, wie man „in Wellen und schlagartig" vorgehen müsse: „Wir haben zwei große Aufgaben: Vernichtung des Faschismus und Aufbau einer neuen Volksrepublik. Alle Nazigesetze sind aufzuheben, besonders die Ausnahmegesetze gegen die demokratischen Freiheiten. Nicht nur Auflösung der Nazipartei, sondern aller Nebenorganisationen und Träger, Beschlagnahme aller Nazivermögen, Entziehung aller politischen Rechte für sie, Kampf gegen Sabotage und Werwölfe. Aber auch alle militaristischen Organisationen müssen verschwinden. Die Deutsch-nationale Volkspartei, Stahlhelm, Landbund, Kriegerbund, Regimentsvereinigungen mit ihren Erinnerungen an die Dienstzeit, Ausrottung des deutschen Beamtentums, das in den letzten 30 Jahren vier verschiedene Eide geschworen hat. Alle Träger der Nazis sind ohne Pension zu entlassen, keine Ausnahmen in Justiz und Polizei usw. Ausnahmen höchstens

158 ebd. S. 4.

159 HStA Weimar Büro des MP 1078: Protokoll der 1. Sitzung des Thüringen-Ausschusses 8. 6. 1945.

160 BA NL Brill 96 Entwurf der „Richtlinien für die Reinigung der Verwaltung von nazistischen Elementen", 26. 5. 1945. Brill hat diese Richtlinien „mein geistiges Eigentum" genannt, Rede vor der 1. Landeskonferenz des Bundes demokratischer Sozialisten am 8. 7. 1945, S. 14, AsD NL Brill 1. Eine Begründung der Richtlinien, ebenfalls aus Brills Feder, in: HStA Weimar Min. d. I. Nr. 3448.

161 Protokoll der Versammlung der Thüringer Landsmannschaft in Buchenwald vom 21. 4. 1945, geführt von Johannes Brumme, in: Buchenwald-Archiv V 199 P.

in der Wirtschaft und bei der Jugend nach sorgsamster Prüfung."[162] Das K. L. Buchenwald wurde durch diese allgemein-programmatischen Erklärungen und konkret-politischen Punktationen Ausgangspunkt für das Entnazifizierungsvorhaben in Thüringen; Thüringen konnte damit „das Seminar für das ganze Reich" werden.

Die große Eilbedürftigkeit, die Brill der Katharsis des alten „Trutzgaus des Führers" vom Nationalsozialismus zumaß, wird durch den nachfolgenden Handlungsablauf eindrucksvoll belegt. Schon am Tag nach seiner Ernennung zum Chefberater der amerikanischen Militärregierung ordnete am 28. April 1945 der Weimarer Oberbürgermeister Kloss als Kommissar für die gesamten Reichs- und Landesbehörden im Stadt- und Landkreis Weimar auf Veranlassung Brills an, daß „mit sofortiger Wirkung" alle Beamten, Angestellten und Arbeiter zu beurlauben seien, 1) „die vor dem 30. 1. 33 Mitglied der Partei geworden sind", 2) „die offenbar aus Gründen ihrer politischen Einstellung oder aufgrund ihrer besonderen persönlichen Beziehungen zu maßgebenden Männern der Partei oder des Staates unverhältnismäßig rasch befördert worden sind" und 3) „die als sog. 120% Nationalsozialisten aufgetreten sind."[163]

Nachdem die Zuständigkeit des OB als Kommissar für die Reichs- und Landesbehörden in Weimar am 7. Mai 1945 auf Brill übergegangen war, konnte dieser eigenverantwortliche Initiativen ergreifen. Er tat es mit großer Verve, indem er sofort die bereits angesprochenen „Richtlinien für die Behandlung der sog. alten Parteigenossen in der Beamtenschaft" als Entwurf erarbeitete, anzuwenden in den Reichs- und Landesbehörden seines Zuständigkeitsbereichs, des Stadt- und Landkreises Weimar. Die Richtlinien legte er am 10. Mai dem Leiter der G-5-Abteilung der amerikanischen Militärregierung, Oberst Hatch, vor; am 16. Mai genehmigte dieser sie.[164]

Die Richtlinien legten fest, daß als „alte Kämpfer" all die zu gelten hatten, die vor dem 21. März 1933, dem Tag von Potsdam, der NSDAP beigetreten waren. Sie sollten „summarisch in Polizeihaft" genommen und einem Ermittlungsverfahren unterworfen werden, durch das festzustellen sei, „ob sie sich strafrechtlich schuldig gemacht" hatten. Während des laufenden Verfahrens sollten strenge Verhaltensmaßregeln gelten. „Besuche, Hausbegünstigungen usw. sind unzulässig. Ihre Familien sind polizeilich zu überwachen." Hier sprach der Widerstandskämpfer Brill, der auf eigene Erfahrungen nach seiner Verurteilung durch den Volksgerichtshof im Juli 1939 zurückgreifen konnte. Die „alten Kämpfer" waren in jedem Fall durch Urkunde aus dem Beamtenverhältnis zu entlassen. Kategorisch hieß es: „Ihre Wiederverwendung im öffentlichen Dienst ist verboten." Auch sollten sie keinerlei Verpflegungsbezüge wie Pension, Wartegeld, Hinterbliebenenversorgung oder andere Unterstützungen nach dem Beamtenrecht erhalten. „Die Auszahlung von öffentlichen Unterstützungen an sie ist unzulässig." Auch hier konnte Brill auf eigene Erfahrungen zurückgreifen, die ihm, dem Ministerialdirektor i. W., 1934 bei seiner Entlassung aus dem Staatsdienst durch das NS-Land Thüringen widerfahren waren. Den „alten Kämpfern" sollten des weiteren „keinerlei bevorzugte Lebensmittelkarten" ausgehändigt werden („Beschränkung auf Brot und Kartoffeln"). Ihre Wohnungen einschließlich der Wohnungseinrichtungen waren zu beschlagnahmen und dem Wohnungsamt zur Bewirtschaftung zur Verfügung zu stellen. Konten waren zu sperren, Auszah-

162 ebd. Protokoll der Volksfront-Delegierten-Konferenz am 23. 4. 1945 in Buchenwald.

163 HStA Weimar Büro des MP Nr. 59: Anordnung des OB Kloss als Kommissar für die gesamten Reichs- und Landesbehörden im Stadt- und Landkreis Weimar 28.4.1945. Ein Einfluß des „Politischen Beirats" auf diese vorläufige Anordnung des OB liegt ebenfalls vor, s. Protokoll der Sitzung des Politischen Beirats mit dem OB 23. 4. 1945, in: Stadtarchiv Weimar 008/02/2.

164 zit. im Brief Brills an amerikanische Militärregierung Thüringen z. Hd. Oberst Hatch 29. 5. 1945, in: HStA Weimar Büro des MP 59. Die „Richtlinien für die Behandlung der ‚alten Parteigenossen'" mit beigefügten „Ausführungsbestimmungen" in: HStA Weimar Mind. d. I. Nr. 3448.

lungen nur bis zu einer Höhe von RM 200 zulässig, technische Geräte wie Telefon, Schreibmaschine und Radios, aber auch Kraftwagen waren einzuziehen. Personen, bei denen das angestrengte Ermittlungsverfahren ergeben hatte, daß sie strafrechtlich nicht zur Verantwortung zu ziehen waren, waren dennoch „in Schutzhaft zu nehmen und zu Wiederaufbauarbeiten zu verwenden". Nachgewiesenes Vermögen war in jedem Fall „für die Opfer ihrer Diktatur" zu verwenden. Wartestandsbeamte und Beamte im Ruhestand waren aktiven Beamten gleichzustellen, Angestellte und Arbeiter ebenfalls; bei letzteren trat nur an die Stelle der Entlassung durch eine Urkunde die fristlose Kündigung. Für die Hinterbliebenen aller so Betroffenen war die materielle Versorgung „auf den Stand der allgemeinen Invalidenrente" zu setzen.

Es verdient hervorgehoben zu werden, daß diese „Richtlinien für die Behandlung der ‚alten Parteigenossen'" im Stadt- und Landkreis Weimar die schärfsten sind, die nach dem Ende des Dritten Reiches in Deutschland formuliert worden sind. In ihrer Radikalität sind sie nur unter Berücksichtigung des Lebens- und Leidensweges Hermann Brills zu verstehen, der seit 1922 in Thüringen aus den verantwortlichen Stellungen eines Ministerialbeamten und eines Parlamentariers heraus den Aufstieg der NSDAP miterlebte, ihn ständig brandmarkte und nach 1933 als aktiver Widerstandskämpfer ein politisch-programmatisches Profil gewonnen und mit Haftjahren in Zuchthaus Brandenburg-Görden und im Konzentrationslager Buchenwald bezahlt hat.

Kaum milder fielen dessen Ausführungsbestimmungen für die Behandlung der Beamten, Angestellten und Arbeiter im öffentlichen Dienst aus, „die am Aufbau der Diktatur mitgewirkt" hatten. Dieser 2. Kategorie ordnete er alle jene zu, die zwischen dem 24. März 1933 und dem 30. April 1937 der NSDAP beigetreten waren.[165] Sofern es sich bei diesen „um besondere Fälle aktiver Aufbauarbeit und Ausübung der Diktatur" handelte, waren sie denen der 1. Kategorie gleichzuordnen. Darunter fielen summarisch alle Beamten der diplomatischen Vertretung Thüringens beim Reich, alle höheren Beamten der Ministerien vom Regierungsrat aufwärts, auch die des Regierungspräsidiums in Erfurt und der dort ansässigen Reichsmittelbehörden, „alle Landräte und Bürgermeister ohne Ausnahme", die Justiz- und Polizeibeamten „ohne Ausnahme des Ranges und der dienstlichen Stellung", Wahlbeamte höheren Ranges in der Kommunalverwaltung, alle Beamte des mittleren und unteren Dienstes, soweit sie als politische Leiter in den Organisationen der NSDAP tätig waren. Lehrer waren von dieser Kategorientafel zunächst noch nicht erfaßt, für sie sollten später „ergänzende Bestimmungen" erarbeitet werden.

Der 3. Gruppe aktiver NS-Bediensteter rechnete Brills Richtlinienentwurf vom 10. Mai 1945 jene Beamten, Angestellten und Arbeiter zu, die seit dem 1. April 1937 „im Verlaufe der Diktatur" durch Erfassungsaktionen der NSDAP dieser Partei beigetreten waren, oder bei besonderen Anlässen, wie z. B. Siegesfeiern im Krieg, „ein besonderes Bekenntnis" zum Nationalsozialismus abgelegt hatten. Wenn sie dadurch in Dienstränge, wie Brill sie für Angehörige der Kategorie 2 aufgelistet hatte, aufgerückt waren, waren sie wie diese zu behandeln und „zum Schluß des Kalendervierteljahres zu entlassen"; ein Rechtsanspruch auf einen Teil der Pension (höchstens ¾ der gesetzlichen Pension) war „von Fall zu Fall" zu überprüfen.

Brills Richtlinienentwurf stellt Ausführungsbestimmungen zu den §§ 283 ff. und 817 ff. der

---

165 ebd.; ursprünglich war an den 7. 11. 1938, den Tag der Ermordung des deutschen Botschaftsrats von Rath in Paris, als Stichtag gedacht worden, ebd. Ausarbeitung von Dr. Arnold Hagenberg, der Brill in dieser Sache im Büro des MP zuarbeitete.

Gesetze der amerikanischen Militärregierung dar. Dort war festgelegt worden, daß „die Entfernung von nazistischen Elementen aus dem zivilen Staatsdienst durch deutsche Beamte unter deutschem Recht gemacht werden soll".[166] Diese Vorgabe veranlaßte den Verwaltungsjuristen Brill zu den vorgestellten detailreichen und präzisen Spezifikationen. Er wollte und mußte das deutsche Beamtenrecht beachten, insbesondere „die streng geregelte Laufbahn des sog. deutschen Berufsbeamtentums, die lebenslängliche Anstellung, die besonderen Beamtenpflichten, die besonderen vermögensrechtlichen Ansprüche auf Versorgung durch Wartegeld, Pension, Hinterbliebenenbezüge usw., das rechtsstaatliche, durch Gerichte garantierte Verfahren zur Bestrafung von Dienstvergehen, ein besonderes Besoldungsgesetz mit Besoldungsordnung und Besoldungsplänen usw."[167]

Brill konnte aus seinem umfassenden Entwurf nur die Richtlinien für die „alten Kämpfer" anwenden. Das tat er aber auch sofort. Nachdem sie durch die G-5-Abteilung der amerikanischen Militärregierung am 16. Mai 1945 für den Stadt- und Landkreis Weimar genehmigt worden waren[168] und das Kriminalamt der Polizeidirektion Weimar am selben Tag eine Liste von 234 Beamten der ehemaligen thüringischen Landesregierung, die vor 1933 der NSDAP beigetreten waren, vorgelegt hatte[169], begann die Polizeiaktion zur Festnahme dieses Personenkreises am 19. Mai „von vormittags 5 Uhr an". Brill hatte dazu mit aller ihm, dem Verwaltungsjuristen, zu Gebote stehenden Präzision eigens am 18. Mai eine „Anleitung für die Erfassung und Vernehmung der ‚alten Parteigenossen' in der Beamtenschaft" geschrieben.[170] Danach waren die Verhafteten von den einzelnen Polizeirevieren der Stadt und des Landkreises aus in Gruppen zu 25 Personen „unter starker Sicherung" in das Landgerichtsgefängnis und in den Saal der Armbrust-Schützengesellschaft einzuliefern.[171] Vor der Abführung war den Verhafteten zu eröffnen, daß sie sich in Polizeihaft befänden und „jeder Fluchtversuch seitens der Beamten mit Waffengewalt verhindert" werde. Mißhandlungen waren dabei und bei den nachfolgenden Leibesvisitationen „strengstens verboten", zuwiderhandelnde Polizeibeamte würden „unverzüglich gerichtlich bestraft". „Es gehört zur Ehre der Polizei der Volksrepublik", in diesen begründenden Worten sprach sehr unmittelbar Hermann Brill, „sich ganz grundsätzlich von der GESTAPO zu unterscheiden."[172]

Auch alle folgenden Anleitungen bei der Vernehmung der „alten Kämpfer" waren von höchster Detailfreude bestimmt. Deren persönliche Verhältnisse waren über drei Generationen hin zu ermitteln. Dabei war „vor allem" festzustellen, „wie weit ‚die Sippe' mit der NSDAP durch Mitgliedschaft und Tätigkeit verbunden ist". Der Beitritt zur Nationalsozialistischen Partei sollte nicht nur in seinem genauen Zeitpunkt festgestellt, sondern auch mit seinen „weltanschaulichen Motiven" offengelegt werden. Die Parteitätigkeit mußte präzisiert werden, eventuelle Einsätze als Redner – „wann, wo und wie oft" – waren im Protokoll zu vermerken. Bei den Fragen nach Verbrechen und Vergehen „im strafrechtlichen Sinne" gab Brill sogar 8 konkrete Formulierungen vor. Sie bezogen sich auf eventuelle Mittäterschaft bei den Verhaftungen nach dem Reichstagsbrand, bei den Reichstagswahlen vom 5. März 1933, der Aktion gegen die Gewerkschaft am nachfolgenden 2. Mai, auf den 30. Juni 1933, auf „sog. legale Boykottmaßnahmen" gegen jüdische Geschäfte 1933 und 1934, auf die „Übernahme"

166 HStA Weimar Büro des MP Nr. 1212: Begründung zu den Richtlinien über die Reinigung der Beamtenschaft von nazistischen Elementen.
167 ebd.
168 s. o. Anm. 164.
169 HStA Weimar Büro des MP Nr. 1212: Bericht des Kriminalamtes der Polizeidirektion Weimar vom 16. 5. 1945.
170 ebd. Anleitung für die Erfassung und Vermehrung der „Alten Parteigenossen" in der Beamtenschaft 18. 5. 1945.
171 ebd. und Min. d. I. LK 290: Brief der Armbrust-Schützengesellschaft an Min. d. I. 3. 11. 1945.
172 a. O. Anm. 170, S. 1.

wirtschaftlicher und sozialer Einrichtungen, auf dem Röhm-Putsch vom 30. Juni 1934 und die nachfolgende Polizeiaktion, auf in den Jahren 1935 bis 1937 getroffene Boykottmaßnahmen gegen Juden und die beiden christlichen Kirchen, auf die Reichspogromnacht vom 9. auf den 10. November 1938, sodann auf „rechtswidrige Befehle gegen die Zivilbevölkerung“ während des Krieges und abschließend auf sonstige „Verbrechen oder Vergehen“.

Den Abschluß dieses langen Katalogs bildeten Fragen zur Schuldanerkenntnis des Betroffenen: „Bekennen Sie sich schuldig, durch Ihre Zugehörigkeit zur NSDAP vor dem 30. Januar 1933 ein Dienstvergehen begangen zu haben?“ Die Frage zielte auf das in Thüringen wie in ganz Deutschland vor 1933 bestehende Verbot einer Zugehörigkeit von Beamten zu einer revolutionären Partei, als die sich die NSDAP in ihrer Kampfzeit und auch noch danach bezeichnet hatte. Die Ermittlungsergebnisse waren dem Ministerium des Innern und damit dem mit der Wahrnehmung der Geschäfte beauftragten Brill durch den Polizeidirektor „in der Reihenfolge ihrer Fertigstellung“ vorzulegen.

Es hat in Deutschland keine schärferen Entnazifizierungsrichtlinien und -praktiken als diese in Weimar in der zweiten Maihälfte 1945 auf Veranlassung Brills erstellten und angewendeten gegeben. Am 29. Mai meldete er der amerikanischen Militärregierung: „Die polizeiliche Aktion zur Verhaftung dieser nazistischen Beamten ist zur Zeit im Gange.“ Gleichzeitig bat er darum, die Richtlinien wegen erfolgter Anfragen aus Erfurt und anderen thüringischen Städten „auf das ganze Land auszudehnen“ und dabei über die in der Kategorie 1 eingestuften alten Parteigenossen hinausgehen und auch die in den Kategorien 2 und 3 Genannten erfassen zu können.[173]

Am Vortag, am 28. Mai, hatte er Ernst Busse als Regierungsrat in der Präsidialabteilung des Thüringischen Staatsministeriums eingestellt und mit der Koordinierung bei der „Säuberung der zentralen Verwaltung von aktiven Nazielementen“ beauftragt. Diese Berufung war nicht ganz glücklich.[174] Brill selbst hat das Thema bei seiner Vorsprache im amerikanischen Hauptquartier in Frankfurt/Main sodann am 6. Juni 1945 vorgetragen, dabei aber für seine, einen Kahlschlag in der Verwaltung des Landes bewirkende Härte nur „schwer Verständnis“ erfahren. Er wurde nur dazu ermächtigt, als Regierungspräsident der Provinz Thüringen „der Militärregierung in besonderen einzelnen Fällen eine Vorlage über die Entfernung von Beamten zu machen, die als untragbar erscheinen“.[175] Am 4. Juli 1945, als die Amerikaner Thüringen bereits verlassen hatten, mußte er den sowjetrussischen Militärbehörden als der neuen Besatzungsmacht mitteilen, daß allein in Weimar nach seinen „Richtlinien für die Reinigung der Verwaltung von nazistischen Elementen“ vorgegangen worden sei; dies betraf zu diesem Zeitpunkt aber auch nur die „alten Kämpfer“. „In anderen Teilen des Landes ist verschieden vorgegangen worden. Im allgemeinen jedoch befindet sich die Lösung dieser Frage noch in den Anfängen.“[176]

Der große Katharsis-Wurf Brills war mißlungen, noch ehe er recht angewendet werden konnte. Eine wesentliche Buchenwalder Absichtserklärung für die Grundlegung einer neuen Volksrepublik in Deutschland war auf die Ablehnung der amerikanischen Militärregierung gestoßen. Zwar ermächtigte der am 3. Juli 1945 in Weimar eingesetzte neue sowjetrussische

---

173 HStA Weimar Büro des MP Nr. 59: Brill an die amerikanische Militärregierung für Thüringen, z. Hd. Oberst Hatch 29. 5. 1945.

174 HStA Weimar Min. d. I. vl. Nr. M 1283: Bericht Ernst Busses über die Tätigkeit seit der Entlassung aus dem KZ Buchenwald (1956). Busse war während seiner Häftlingszeit im KZ Buchenwald zeitweise zweiter Lagerältester. 1946 wurde er Vizepräsident des Thüringischen Landtags.

175 HStA Weimar Büro des MP Nr. 59: Brill an Oberbürgermeister von Zwickau 25. 6. 1945.

176 ebd. Brill an sowjetische Militärbehörden 4. 7. 1945.

Stadtkommandant als Vertreter der neuen Besatzungsmacht am folgenden Tag in einem ersten Gespräch mit Brill diesen, seine Richtlinien in ganz Thüringen in Kraft zu setzen, was dieser am 5. Juli 1945 in Schreiben an alle Bürgermeister und Landräte, Landesämter und die Abwicklungsstelle der Regierung in Erfurt sowie alle dortigen Reichsmittelbehörden für die Provinz Thüringen auch tat[177], aber eine nennenswerte Wirkung blieb aus. Der jetzt einsetzende grundlegende Umschwung in Thüringen, wie er in der Absetzung des Regierungspräsidenten Brill und der Berufung Rudolf Pauls zum neuen Landespräsidenten am 16. Juli 1945 zum Ausdruck kam, veränderte die politische Landschaft in Deutschlands Mitte. Das betraf auch die von Brill vorgesehene Radikalität der Entnazifizierung. Paul erließ am 23. Juli 1945 ein wesentlich gemildertes „Gesetz über die Reinigung der öffentlichen Verwaltung von Nazi-Elementen"; es galt erst vom Regierungsdirektor an aufwärts. Rechtskräftig wurde es gar erst am 4. September 1945 durch seine zu diesem Zeitpunkt erfolgende Verkündung im Regierungsblatt der inzwischen wieder zum Land gewandelten Provinz Thüringen.[178] Brill, in Thüringen „als rigoroser Moralist verschrieen"[179], war in diesem Punkt mithin an beiden Besatzungsmächten gescheitert.

Er scheiterte auch an den Führern der Berliner KPD. Die von diesen dominierte Einheitsfront der antifaschistisch-demokratischen Parteien ergriff im Herbst 1945 eine Initiative, die für die gesamte SBZ Richtlinien für „einheitliche gesetzgeberische Maßnahmen" erbringen sollte. Darin hieß es wesentlich abgeschwächter und summarischer als bei Brill, es sollten nur „Sühnemaßnahmen gegen aktivistische Nazis" ergriffen werden. Wer war ein aktivistischer Nazi? Dieser Begriff war auf Parteimitglieder bezogen, die „ein Amt mit politischer Verantwortung" bekleidet hatten. Alle anderen sollten „von der Bestrafung und Sühneleistung ausgenommen" sein.[180]. Eine solche Wortwahl war wesentlich unpräziser, als die von Brill vorgegebene. Sie eröffnete Ermessensspielräume da, wo Brill genaue Direktiven vorgegeben hatte. Zu dieser Zeit, im Oktober/November 1945, waren in der thüringischen Landesverwaltung noch 32,1% aller Beamten, Angestellten und Arbeiter ehemaliger Mitglieder der NSDAP. Die Entnazifizierung vollzog sich schleppend.[181] Ein Jahr später, als zwischenzeitlich der Alliierte Kontrollrat sich des Themas mit der Direktive Nr. 24 vom 12. Januar 1946 angenommen hatte, unternahm man in Thüringen eine neue Initiative. Den Abschluß bildete dann der Befehl der SMAD Nr. 201 vom 16. August 1947, der für alle Länder der SBZ eine einheitliche Entnazifizierungsgrundlage schaffte.[182] Brill und damit auch die Buchenwalder Häftlinge sozialdemokratischer und kommunistischer Schattierung waren beide in der Sache gescheitert. Die vorgesehene Radikalität, in ihren Augen Vorbedingung einer neuen Volksrepublik, das beabsichtigte Tempo und eine nach eigenen, deutschen Gesetzen vollzogene Praxis bei der Selbstreinigung des deutschen Volkes aus den Kräften seines Widerstandes heraus kamen nur in Ansätzen zur Wirkung. Den „stärksten und besten Eindruck", den Brill

177 BA NL Brill 96: Brill an alle Oberbürgermeister und Bürgermeister in Thüringen 5. 7. 1945.

178 Regierungsblatt für das Land Thüringen Teil 1, Nr. 3/1945, S. 6f.

179 BA NL Brill 28, Brill an Paul Lartz 4. 9. 1946.

180 abgedruckt in ‚Deutsche Volkszeitung', Zentralorgan der KP, Berlin, 4. 11. 1945.

181 Allein in Positionen der thüringischen Landesregierungsämter saßen zu dieser Zeit noch 214 ehemalige NSDAP-Mitglieder, s. HStA Weimar Min. d. I. Nr. 3449: Besprechung mit Oberstleutnant Iwanow von der SMATh vom 23. 10. 1945. Am 25. 10. 1945 befahl Gardegeneral Kolesnitschenko als Chef der SMATh dem Präsidenten des Landes Thüringen, Paul, 53 namentlich aufgeführte Kommunalbeamte, Bürgermeister, Landräte u. a., unter ihnen allein 25 Bürgermeister aus dem Kreis Eisenach, „unverzüglich aus den Ämtern zu entfernen", ebd. Chef SMATh an Präsident des Landes Thüringen 25. 10. 1945. Danach ergriff Paul mit einer Rundverfügung an die Landesämter vom 15. 11. 1945 eine größere Initiative in der Sache, ebd.

182 vgl. Regierungsblatt für das Land Thüringen Teil I, Nr. 2/1947, S. 9f.: Gesetz zur Entnazifizierung vom 14. 10. 1946 und SMAD-Befehl Nr. 201 vom 16. 8. 1947 in: HStA Weimar Büro des MP Sammlung der SMAD-Befehle.

„von allen neu eingesetzten deutschen Verwaltungsbeamten“ Mitte Juni 1945 auf Klaus Mann gemacht hatte, mindert das aber nicht. Es gab dafür auch andere beweiskräftige Tätigkeitsfelder im Amt des ersten Regierungspräsidenten der Provinz Thüringen, so die Beschlagnahme des nationalsozialistischen Vermögens und die Reorganisation des Polizeiwesens. An beide Aufgaben ist Brill im Mai und Juni 1945 mit großer Energie herangegangen.

Am 4. Mai berief auf seine Veranlassung der Weimarer Oberbürgermeister Behr, selbst erst seit dem 1. Mai in diesem Amt der Stadt, Werner Hilpert zum „Treuhänder für das beschlagnahmte Vermögen“.[183] Hilpert, ein Volkswirtschaftler, in der Weimarer Republik Mitglied des Zentrums, war ebenfalls Buchenwald-Häftling und auf dem Ettersberg enger politischer Vertrauter Brills und Mitglied des Volksfront-Komitees gewesen. Er war in Weimar Treuhänder des beschlagnahmten Nazi-Vermögens nur während der amerikanischen Besatzungszeit und ging danach, Anfang Juli, nach Hessen, mit diesem Schritt Brill ein halbes bzw. ein ganzes Jahr vorausgehend.

Hilpert löste in seiner Funktion den schon am 22. April 1945 vom Behr-Vorgänger Kloss vorübergehend zum „Treuhänder für die Erfassung und Verwaltung des in Stadt- und Landkreis Weimar befindlichen Vermögens“ berufenen OB a. D. Walter Mueller ab.[184] Rechtsgrundlage für die ihm in Auftrag gegebene Vermögenssperre und -kontrolle waren die Gesetze Nr. 5 und 52 der amerikanischen Militärregierung. Danach waren Erhaltung und Ablieferung von Geldguthaben, Eigentum, Ausrüstung und Schriftstücken (Nr. 5) sowie Beschlagnahme, Verwaltung und Beaufsichtigung (Nr. 52) der Vermögen des NS-Staates, der NSDAP und ihrer Organisationen sowie ihrer Mitglieder unter der Aufsicht lokaler amerikanischer Militärbehörden von deutschen kommunalen Verwaltungsstellen zu vollziehen.

Während Hilperts Zuständigkeit auf den Stadt- und Landkreis Weimar beschränkt blieb, zog Brill nach seiner Ernennung zum Regierungspräsidenten die Zuständigkeit für ganz Thüringen schnell an sich. Am 19. Juni 1945 legte das Regierungskollegium auf seine Initiative hin fest, daß Enteignungen als Hoheitsakte auf die Präsidialkanzlei des Regierungspräsidenten zu übertragen sind. Oberregierungsrat Arnold Hagenberg, ein wichtiger politischer Mitarbeiter Brills bei allen Entnazifizierungsmaßnahmen, wurde Leiter der Abteilung Hoheitsfragen in der Präsidialkanzlei.[185] Am 6. Juli 1945 wurde eine „Polizeiverordnung über die Beschlagnahme des Vermögens ehemaliger Mitglieder der National-Demokratischen Arbeiterpartei“ erlassen, welche die Sicherstellung und Verwaltung des nationalsozialistischen Vermögens in der gesamten Provinz Thüringen betraf.[186] Aufgrund dieser Polizeiverordnung in Zusammenhang mit der Landesverwaltungsordnung für Thüringen vom 22. Juli 1930, welche in den §§ 32, 33 und 186 Abs. 2 die polizeilichen Befugnisse der Verwaltung festlegte, wurde die Präsidialkanzlei des Thüringischen Regierungspräsidenten ermächtigt, zusammen mit den Landesämtern des Innern und der Finanzen „die Vermögensgegenstände der ehemaligen Mitglieder der NSDAP, ihrer Gliederungen und angeschlossenen Verbände zu beschlagnahmen, soweit diese als Kriegsverbrecher durch die Behörden der Besatzungstruppen in Gewahrsam genommen worden sind, oder so weit gegen diese sonstwie der Verdacht der Beteiligung an Verbrechen und Vergehen gegen das internationale oder das deutsche Recht besteht“.[187] In Ausführung dieser Polizeiverordnung kam es am 6., 10. und 12. Juli 1945 unter anderem zur Beschlagnahme der Vermögen des Herzogs von Sachsen-Coburg-Gotha, der

183 StA Weimar 013/4b/00: Ernennungsschreiben für Dr. Werner Hilpert vom 4. 5. 1945.
184 ebd. Ernennungsschreiben für Dr. Walter Mueller vom 22. 4. 1945.
185 HStA Weimar Büro des MP Nr. 459: Protokoll der Regierungssitzung vom 19. 6. 1945.
186 Regierungsblatt für die Provinz Thüringen Nr. 2/1945, S. 3: Polizeiverordnung vom 6. 7. 1945.
187 ebd.

Schokoladenfabrik Mauxion in Saalfeld und der Firma Gebrüder Thiel GmbH Ruhla und Seebach. Ebenfalls wurden die Vermögenswerte des früheren thüringischen Gauleiters Sauckel, des Ministerpräsidenten Marschler, des Staatssekretärs Ortlepp und der Staatsräte der ehemaligen thüringischen Landesregierung beschlagnahmt.[188]

Wegen der jetzt einsetzenden großen Beschlagnahmeaktion in Thüringen mußte dem Referat Hagenberg Anfang Juli 1945 ein Exekutivapparat an die Seite gestellt werden. Da Hilpert, für die Leitung einer solchen Stelle wegen seiner Erfahrungen in Weimar seit dem 4. Mai zunächst vorgesehen, zu dieser Zeit mit den Amerikanern nach Hessen ging, wurde Baptist Feilen, einer der ältesten Buchenwalder Häftlinge der KPD, mit der Funktion beauftragt. Die Bestellung erfolgte am 4. Juli durch Alphons Gaertner, den Regierungsdirektor des Landesamtes für Industrie, Handel und Gewerbe, die offizielle Ernennung zum „Treuhänder für das beschlagnahmte Vermögen in Thüringen" durch Regierungspräsident Brill am 12. Juli 1945.[189] Die von Feilen aufgebaute Organisation erwies sich als uneffektiv; dem Leiter fehlte es auch an juristischer Kompetenz. Schon ab Mitte Juli 1945 wurden neue Organisationsformen erörtert, die damals in die Gründung der Thüringischen Verwaltungsgesellschaft mündeten, deren Leitung dem als Regierungspräsidenten abgesetzten, aber dem Land eigentlich unentbehrlichen Hermann Brill übertragen wurde.

Politischer Handlungswille und juristische Kompetenz waren im Amt des Regierungspräsidenten der Provinz Thüringen auch bei der Neuorganisation der Polizei gefordert. Hier besonders hatte der erste nationalsozialistische Minister in Deutschland, Thüringens Innen- (und Volksbildungs-)Minister Wilhelm Frick, gestützt auf ein von ihm eingebrachtes und vom Thüringischen Landtag am 29. März 1930 mit nur einfacher Mehrheit angenommenes Ermächtigungsgesetz, früh Weichen für eine breite nationalsozialistische Infiltration gelegt. Die Ernennung Hitlers zum Gendarmeriekommissar von Hildburghausen im Juli 1930 hatte diesem allgemeinen Vorgang damals nur eine karikatureske Spitze gegeben.[190]

Bevor Brill in seiner Eigenschaft als Berater der amerikanischen Militärregierung und als Beauftragter für die Reichs- und Landesbehörden in Weimar am 5. Mai 1945 den Amerikanern „Vorschläge für die Reorganisation der Polizei der Stadt Weimar" einreichte[191], hatte es auf diesem Feld eine turbulente kurze Zwischenphase gegeben. Naturgemäß drängten hier besonders die Kommunisten Buchenwalds auf rasche Entscheidungen und Mitwirkungen. Die schnelle Verfestigung von Polizei- oder Milizstrukturen gehört zum Aktionssoll jeder KP. Die nationalsozialistischen Formationen hatten sich mit dem Vormarsch der Amerikaner in Thüringen nach dem 4. April 1945 schnell aufgelöst. Die Angehörigen der Staatspolizeistelle Weimar der Gestapo, die ab Ostern 1945 „in den Dienststellen festgehalten" wurden und auch dort schlafen mußten, 75–80 Personen, waren geflohen, nachdem sie zuvor noch durch Sonderaktionen Hinrichtungen, besonders kommunistischer Häftlinge, vorgenommen hatten.[192] Die Beamten der Kriminalpolizeistelle Weimar waren ebenfalls geflohen, für die staatliche Polizeiverwaltung galt ähnliches.[193]

---

188 ebd. S. 3f.

189 Ernennungsurkunde für Baptist Feilen 12. 7. 1945, freundlicher Hinweis von Volker Wahl mit Vorlage des Dokuments an Vf.

190 Vgl. o. IV. 3. 1. und 2. 2.

191 StA Weimar 013/7/00: Vorschläge für die Reorganisation der Polizei der Stadt Weimar 5. 5. 1945, vgl. auch Brill, Bericht über die Regierungstätigkeit in Thüringen.

192 HStA Weimar Geheime Staatspolizeistelle Weimar Nr. 1: Protokoll über die Vernehmung des Gestapo-Mannes Willi Junge.

193 HStA Weimar Min. d. I. vl. Nr. 3448: Verzeichnis der Beamten, Angestellten und Arbeiter, die bei Annäherung der alliierten Truppen den Arbeitsplatz verlassen haben vom 28. 5. 1945.

Die Amerikaner übertrugen, nachdem sie Thüringen am 16. April 1945 vollständig erobert und besetzt hatten, am Tag danach dem kommissarischen Weimarer Oberbürgermeister Kloss die bisherige staatliche Polizei als städtische.[194] Der „Politische Beirat" vermochte es durchzusetzen, daß dem 1933 aus dem Polizeidienst entlassenen Polizeirat Otto Bährecke am 24. April die Leitung der städtischen Polizei übertragen wurde.[195] Das in Weimar danach sich konstituierende Anti-Nazi-Komitee konnte eine größere Anzahl von Widerständlern aus der Weimarer Bevölkerung zur Anstellung in der Polizeiverwaltung vorschlagen. Buchenwald-Häftlinge wurden vornehmlich in die Position der Polizeioffiziere gebracht.[196]

Mit dem Auftritt Brills fand diese Übergangszeit ihr Ende. Seine Vorschläge vom 5. Mai 1945 wurden von den Amerikanern gebilligt. Demzufolge wurde er selbst von OB Behr am 11. Mai ermächtigt, zunächst einmal in Weimar „alle Beamten der bisherigen Polizei aus ihren Ämtern zu entfernen oder auf anderen Dienstposten innerhalb der Polizei zu verwenden" und danach „alle Beamten der Polizei bis zum Polizeihauptmann aufwärts zu berufen".[197] Entlassungen sprach er sofort aus, um Kandidaten für die Neueinstellung ersuchte er noch am Tag seiner eigenen Beauftragung, am 11. Mai 1945, den amerikanischen Lagerkommandanten von Buchenwald. Ehemalige politische Häftlinge des Ettersberges wurden in den nächsten Tagen in größerer Zahl in Weimar in den städtischen Polizeidienst übernommen. Polizeidirektor wurde Kurt Dommerich, ein Berufsoffizier des Ersten Weltkriegs, früher Mitglied der DDP. Die Leitung der Kriminalpolizei wurde Bruno Treyße (SPD) übertragen.[198]

Nach dem Abzug der Amerikaner aus Thüringen wurde Brills Plan für die Reorganisation der Polizei in Weimar als Modell auf ganz Thüringen übertragen.[199] Das hat er aber nicht mehr selbst als Regierungspräsident durchsetzen können, sondern dies seinem Nachfolger überlassen müssen, der dann dem 1. Vizepräsidenten des Landes Thüringen, Ernst Busse, das gesamte Polizeiwesen unterstellte. Die von diesem daraufhin gebildete Landespolizeistelle wurde am 17. November 1945 in den Rang eines Landesamtes erhoben, die Leitung Erich Reschke (KPD) übertragen.[200] Die Kriminalpolizei wurde unter der zunächst unverändert bleibenden Leitung von Bruno Treyße aus einer städtischen Behörde Weimars in eine Landeskriminalpolizeistelle erhoben, zum 1. November 1945 aber der Landespolizeistelle als Abteilung unterstellt und dabei Hermann Geißler (KPD) übertragen.[201]

Durch diese Organisation und besonders die damit verbundene Personalpolitik war sinnfällig geworden, daß das Polizeiwesen in Thüringen zu einer Domäne der Kommunisten geworden war. Brill hatte noch auf einen Ausgleich der politischen Kräfte geachtet, die KPD setzte im Herbst 1945 andere Prioritäten. Der Widerstreit beider politischer Lager, der sich schon in Buchenwald im April/Mai 1945 in programmatischen Diskussionen und symbolischen Aktionen (Flaggenparade am 1. Mai 1945) gezeigt hatte, offenbarte sich nicht nur in der

---

194 StA Weimar 013/7/04: Bekanntmachung der amerikanischen Militärregierung 17. 4. 1945.

195 zit. aus dem NL Elise Martin bei Wahl, Beginn, S. 247, Anm. 642.

196 Johannes Brumme, Bericht über die Tätigkeit des Anti-Nazi-Komitees in Weimar, zit. bei Wahl, Beginn, S. 247. Eduard Marschall (KPD), Buchenwald-Häftling, hat für die Bestallung von Buchenwald-Häftlingen eigens eine Genehmigung der amerikanischen CIC erwirken können, zit. als „Gruppe Marschall" ebd.

197 StA Weimar 013/7/00: Vollmacht des OB für Dr. Hermann L. Brill zur Reorganisation der Polizei im Stadtkreis Weimar vom 11. 5. 1945.

198 StA Weimar 013/7/02: Brill an den amerikanischen Kommandanten von Buchenwald 11. 5. 1945 mit nachfolgender Vorschlagsliste für die Schutzpolizei. Dommerich blieb nur bis zum 22. 7. 1945 in der Funktion des Weimarer Polizeichefs, sein Nachfolger wurde der Buchenwald-Häftling Ernst Braun (SPD), ebd.; die Ernennung Treyßes ebd.

199 HStA Weimar Büro des MP Nr. 1078: Plan für den Aufbau der Verwaltung Thüringens.

200 Regierungsblatt für das Land Thüringen Teil II, Nr. 9/1945, S. 58: Bekanntmachung des Landespräsidenten vom 17. 11. 1945.

201 HStA Weimar Büro des MP Nr. 1133: Ernennungsurkunde für Hermann Geißler vom 1. 11. 1945 zum Landeskriminaldirektor.

Amtsführung des ersten Regierungspräsidenten der Provinz Thüringen, sondern ebenso in der parteipolitischen Aktivität beider Seiten. Dabei ist aber auffällig, daß die Kommunisten Buchenwalds erst nach Ulbrichts Auftritt in Thüringen Anfang Juli 1945 in einen deutlichen Konfrontationskurs zu Hermann Brill einschwenkten. Dessen Anregung zur Neugestaltung des thüringischen Wappens hatten indessen alle einmütig aufgenommen. Der Zusammenschluß des ehemaligen Landes Thüringen mit dem preußischen Regierungsbezirk Erfurt erforderte eine symbolische Ausdrucksform durch die Hinzunahme eines 8. Sterns. Am 28. Juni 1945 beschloß demzufolge das Regierungskollegium unter Brills Vorsitz: „Das Wappen der Provinz Thüringen bilden 8 silberne Sterne auf rotem Grund."[202] Ein Beschluß über die Landesfarben wurde zurückgestellt, „bis die Entscheidung über eine Nationalflagge erfolgt ist".

4 Der parteipolitische Revolutionsversuch: Die Gründung des Bundes demokratischer Sozialisten – SPD am 8. Juli 1945 in Weimar

Entsprechend der am 12. September 1944 in London von der „European Advisory Commission" (EAC) getroffenen und in Jalta fünf Monate später (4.–11. Februar 1945) von den drei Alliierten bestätigten Absprache über den Verlauf der Zonengrenzen in Deutschland zogen sich die Amerikaner vom 1. bis 3. Juli 1945 aus der Provinz Thüringen und ihrem westsächsischen Okkupationsgebiet zurück. Die 8. sowjetische Armee unter Generaloberst Tschuikow rückte aus Sachsen nach Thüringen ein. Ihre Spitzen erreichten am 2. Juli Jena, Kahla, Rudolstadt, Lehesten und Apolda. Hier entbot ihnen das „antifaschistische Komitee Apolda ‚Nationalkomitee Freies Deutschland'" mit einem Flugblatt ein Willkommen: „Wir grüßen die Soldaten der Roten Armee!"[203] Die nachfolgenden Parolen waren mit kommunistischem Vokabular gesättigt; die devote Adressierung an die sowjetische Armee und eine gleichzeitige appellatorische Vereinnahmung der Bevölkerung Apoldas heben das Blatt in den Rang eines für alle gültigen politischen Programms. Seine Initiatoren werden zu verantwortlichen Vorkämpfern für die neue Zeit. Kombattenten für Deutschland werden vorgestellt: das NKFD und die Rote Armee. Zur Freude bekennt sich das Antifa-Komitee, „weil die Rote Armee und die mit ihr verbündeten Armeen der demokratischen Staaten den nazistischen Militarismus zerschlagen und uns vom Hitler-Terror befreit haben", zur Scham, „weil es uns nicht gelungen ist, aus eigener Kraft diesen verbrecherischen Militarismus zu zerschlagen und der Hitler-Tyrannei ein Ende zu setzen und der Welt diese Katastrophe zu ersparen". Devotion und Selbstanklage treten nebeneinander. Erinnerungen an die Haltung der KPD zum Ende der Weimarer Republik hin, als sie ihrem gegebenen politisch-parlamentarischen Partner, der SPD, das Etikett des Sozialfaschismus anheftete und mit der NSDAP, ihrem Gegner im Ringen um die Macht auf der anderen Seite des politischen Extremismus, die Organisation von Generalstreiks übte, bleiben unausgesprochen, da nur störend. Dafür wird jedoch Karl Marx mit einem Wort von 1843 an jenen Arnold Ruge zitiert, der damals sechs Jahre zuvor mit den „Halleschen Jahrbüchern" in Apoldas Nähe die führende Zeitschrift der Junghegelianer

202 HStA Weimar Büro des MP Nr. 1979: Protokoll der Sitzung des Regierungskollegiums vom 28. 6. 1945.
203 LPA Erfurt PDS III/1-001: „Wir grüßen die Soldaten der Roten Armee", gez. Römer, Flugblatt des antifaschistischen Komitees Apoilda ‚Nationalkomitee Freies Deutschland' 2. 7. 1945.

gründete und danach in der Frankfurter Nationalversammlung zur äußersten Linken gehörte: „Scham ist eine Art Zorn, der in sich gekehrte. Und wenn eine ganze Nation sich wirklich schämte, so wäre sie der Löwe, der sich zum Sprunge in sich zurückzieht. Ich gebe zu, sogar die Scham ist in Deutschland noch nicht vorhanden, im Gegenteil, diese Elenden sind noch Patrioten." Das Apoldaer Antifa-Komitee versprach, diese durch Scham gebändigte Löwenkraft für den Sprung in ein neues Deutschland freisetzen und dabei „den neuen deutschen freiheitlichen und friedliebenden Menschen formen und bilden" zu wollen. Die Bevölkerung Apoldas werde „auf diesem Wege aus der Katastrophe . . . folgen".

Das Flugblatt ist von klarer kommunistischer Sprache. Es meldet als ein ungewöhnlich frühes Dokument (2. Juli 1945) den Herrschaftswillen der KPD in Thüringen an, rückt den Buchenwalder Antifaschismus an die Seite und die Parolen des NKFD in den Vordergrund. Es ist keine eigenständige Schöpfung des Apoldaer Antifa-Komitees, sondern allem Anschein nach in Gera entstanden. In dieser ostthüringischen Stadt wurde es von dem hier besonders aktiven Antifa-Komitee als Begrüßungsaufruf für den Einmarsch der Roten Armee am 2. Juli erstmals öffentlich vorgetragen und angeschlagen, um dann von Johannes Brumme, der in Gera dabei war, nach Weimar und in andere thüringische Städte, z. B. Apolda, als Muster weitergeleitet zu werden.

In Gera hatte der dortige Oberbürgermeister Rudolf Paul, von Beruf Rechtsanwalt, ehemals der DDP angehörend, das Empfangszeremoniell groß ausgestaltet. Er „fuhr der Panzerspitze der Sowjettruppen im offenen Kraftwagen entgegen, verhandelte mit dem sowjetischen Panzergeneral über das Festprogramm und bereitete alles so großartig vor, als ob Adolf Hitler zum Parteitag erwartet würde."[204] Hitler war einmal in Gera gewesen, am 12. Juli 1930 zum Gautag der thüringischen NSDAP; dabei hatte ihm der Landesinnenminister Wilhelm Frick die Ernennungsurkunde zum Gendarmeriekommissar von Hildburghausen überreicht, mit der die Verleihung der deutschen Staatsbürgerschaft verbunden war. Am 2. Juli 1945 offerierte Paul der Roten Armee die traditionelle russische Begrüßungsgabe, Brot und Salz, während seine Frau Louise, „Königin Louise", wie sie bald der thüringische Volksmund nannte, gewandet in einem weißen Kleid, einen Strauß roter Nelken darbot. Mitverantwortlich für dieses Arrangement zeichnete das örtliche Antifa-Komitee, das sich zwei Wochen zuvor bei Brill darüber beschwert hatte, offenbar „links liegen gelassen" zu werden, und Beweise für den Geist einer neuen Zeit, den man mit der Gründung der dortigen Heimvolkshochschule Schloß Tinz schon einmal, nach dem Ersten Weltkrieg, mitbegründet hatte, einforderte.[205] Den wollte man auch jetzt selbst mit inszenieren und hatte dafür das Flugblatt entworfen.

Hitlers Tag von Gera am 12. Juli 1930 mündete in einer Köpenickiade, über welche die Öffentlichkeit zur Karnevalszeit 1932, als die Geschichte mit dem Polizeichef von Hildburghausen/Rappelsdorf bekannt wurde, lachte. Brill hatte damals nicht unwesentlich zu dieser Offenbarung beigetragen. Die Nationalsozialisten zogen daraufhin ihren Führer schnellstens aus dieser Schußlinie heraus. Pauls Tag von Gera am 2. Juli 1945 begründete wegen seiner günstigen emotionalen Wirkung, die er bei allen Beteiligten hervorrief, eine ungewöhnliche Partnerschaft, freilich auf begrenzte Zeit. Die Kommunisten entdeckten in dem willfährigen, den deklamatorischen Auftritt und die große Repräsentation liebenden, aber politisch eher

204 AsD NL Brill 1: Nachrichten zur Biographie von Dr. Rudolf Paul, 3./4. 11. 1947; vgl. ‚Thüringer Volkszeitung' 17. 7. 1945. Das Bild, das Brill von Paul entwirft, paßt zu dessen autobiographischer Schilderung „Wer auf einem Tiger reitet . . ."; das nicht veröffentlichte Manuskript ist von ihm auch unter dem Titel geschrieben „Moskau ante portas oder Zwischen Generälen, Agenten und Verrätern". Die Titelwahl ist ungewöhnlich, das Manuskript ist sowohl im HStA Weimar wie im Archiv des Instituts für Zeitgeschichte in München vorhanden.

205 BA NL Brill 95: Das antifaschistische Komitee Gera an den Genossen Brill 20. 6. 1945.

unbedarften und deswegen leicht lenkbaren Paul ein günstiges Aushängeschild. Die Sowjets schlossen sich nach anfänglichem Zögern dieser Einsicht in die Gunst der politischen Verkleidung an. Dadurch wurden dann jene Voraussetzungen geformt, unter denen Paul an die Stelle Brills gesetzt und neuer thüringischer Landespräsident werden konnte. In diesem Schauspiel blieben alle Akteure über zwei Jahre ihren Rollen treu. Paul reüssierte während dieser Zeit durch seine politischen Kontakte mit Hessens Ministerpräsident Karl Geiler, die ersten bizonalen nach dem Zweiten Weltkrieg, und danach, im Juni 1947, durch seinen großen Auftritt bei der Münchener Ministerpräsidentenkonferenz als Delegationsleiter der SBZ-Kollegen sogar mit gesamtdeutscher Statur. Doch danach verlor er offenbar die Lust an der politischen Maskerade, empfand Unmut über die Gängelung und verließ Anfang September 1947 fluchtartig die thüringische Bühne. Das war eine Sensation für das Land, eine peinliche Bloßstellung für die SED und die SMATh.[206] Doch all das eilt den Ereignissen Anfang Juli 1945 zu sehr voraus.

In Weimar, wohin die Rote Armee erst am 3. Juli 1945 kam, fiel die Begrüßung förmlicher als in Apolda und Gera aus. Brill blieb als Regierungspräsident reserviert. Eine Begrüßung der sowjetischen Soldaten sei nicht seine Sache, sondern die des Anti-Nazi-Komitees.[207] Am Tag zuvor hatte er vor dem Regierungskollegium mitgeteilt, Oberst Hatch von der abziehenden amerikanischen Militärregierung habe ihm amtlich soeben mitgeteilt, das VIII. Korps verlasse „heute" Weimar. Eine Begegnung der Amerikaner mit den Russen sei nicht vorgesehen. Hatch habe ihm deswegen geraten, selbst „den 1. russischen Offizier der Besatzung die Gebäude und Akten zu übergeben".[208] Das Kollegium faßte daraufhin den Beschluß, im „Wechsel der Souveränität" den Anlaß für „den Rücktritt der Regierung" zu sehen, und ermächtigte Brill, „namens der Regierung" zu erklären, „daß er als von den Amerikanern ernannter Regierungspräsident die Gebäude und Akten dem russischen Oberbefehlshaber übergebe und die Bereitwilligkeit, weiter mitzuarbeiten, erkläre".

Die Amerikaner hatten vor ihrem Abzug Brill angeboten, mit ihnen in den Westen zu gehen. Mehrere herausgehobene Positionen waren ins Gespräch gekommen, so die Leitung des im Spätherbst 1945 in Stuttgart zu konstituierenden Süddeutschen Länderrats oder eine Staatssekretärstelle. Brill hatte abgelehnt und „aus politischen Gründen" sein Bleiben in Thüringen vorgezogen.[209] Die Hoffnung, auch unter der neuen Besatzungsmacht seine Stellung als Regierungspräsident zu behalten, war nicht unbegründet. Der Kommandeur der in Weimar einrückenden sowjetischen Truppen bestätigte noch am 3. Juli in einem förmlichen

---

206 Zu den Vorgängen um Paul s. VI. 5. Zu den politischen Kontakten Pauls mit Geiler s. Overesch, Hessisch-thüringische Beziehungen 1945–1947, in: Nassauische Annalen 91/1980, S. 247ff., zum Auftritt Pauls in München s. Rolf Steininger, Zur Geschichte der Münchener Ministerpräsidentenkonferenz 1947, in: VjZG 23/1975, S. 375ff., zur Flucht Pauls s. die Presseausschnittsammlung in: HStA Weimar Büro des MP Nr. 66.

207 Protokoll der 5. Sitzung des Thüringen-Ausschusses vom 4. 7. 1945. Brill beobachtete den Einzug der Roten Armee in Weimar von einem Fenster des Fürstenhauses aus. Heinrich Hoffmann stand dabei neben ihm und will sich schon damals über „Brills hämische Bemerkungen über die abgemagerten Pferde und Soldaten" entrüstet haben: „Aber Hermann, erwartest Du etwa, daß die Helden von Stalingrad, der Schlachten an der Oder und um Berlin in Paradeuniform in Weimar einziehen?" Brill soll daraufhin die Antwort gegeben haben: „Wenn die russischen Generäle nicht wissen, was sie Weimar und den deutschen Klassikern schuldig sind, kann man leicht erraten, wie weit sie von der Kultur entfernt sind." Der Aufforderung Hoffmanns, doch zur Begrüßung den Soldaten entgegenzugehen, soll Brill geantwortet haben: „Die Russen sollen gefälligst zu mir kommen, wenn sie es für nötig befinden. Noch bin ich Regierungspräsident von Thüringen." Dieser Dialog vom 3. 7. 1945 ist in einem späteren Interview Hoffmanns zu Fragen der politischen Rolle Brills in Thüringen aufgeschrieben, in: IfGA ZPA EA 1365/1. Der Quellenwert ist durch die spätere ideologische Position ihres Verfassers historisch nicht frei von Zweifeln.

208 HStA Weimar Büro des MP Nr. 459: Protokoll der Sitzung des Regierungskollegiums am 2. 7. 1945.

209 zit. nach Brills Worten in: ‚Hamburger Volkszeitung' 29. 5. 1951.

Gespräch mit Oberbürgermeister Behr, daß Brill als Regierungspräsident der Provinz Thüringen im Amt bleiben solle und alles nur im Einverständnis mit dieser Provinzialregierung zu geschehen habe.[210] Bevor durch den Befehl Nr. 5 der SMAD vom 9. Juli 1945 „in den Provinzen und föderalen Ländern Dienststellen der Chefs der Sowjetischen Militärverwaltung und ihrer Stellvertreter in Zivilangelegenheiten“ eingerichtet wurden[211], war der Weimarer Stadtkommandant Brills Vorgesetzter. Mit dem Befehl Nr. 5 wurden es der Kommandeur der 8. Gardearmee, Generaloberst Tschuikow, und als Chef der Verwaltung der SMATh in Zivilangelegenheiten – vergleichbar dem Leiter der G-5-Abteilung des amerikanischen VIII. Korps, Oberst Hatch – Generalmajor Kolesnitschenko. Dieser traf allerdings erst am 13. Juli 1945 in Weimar ein.[212] Zu diesem Zeitpunkt war dann auch die SMATh von Jena, wo sie bis zum 11. Juli im dortigen Gebäude des alten Thüringischen Oberlandesgerichts domiziliert hatte, nach Weimar umgezogen.[213]

Brills erste offizielle Begegnung mit der neuen Besatzungsmacht fand am 4. Juli 1945 statt. Dabei berichtete er über die Entstehung und Zuständigkeit der von ihm als Regierungspräsident geleiteten Regierung. Ergänzend verfaßte er noch am Abend desselben Tages einen „Bericht über die Lage in Thüringen“.[214] Dieser enthielt Aussagen zur Regierungsbildung und zu der personellen Zusammensetzung der einzelnen Landesämter sowie einen Überblick über die bisher geleisteten und weitere in Vorbereitung befindliche Arbeiten. Brill schlug die Einsetzung von Kontrolloffizieren für die Präsidialkanzlei und die Landesämter vor, falls nicht „bereits eine feste Organisation für die Ausübung der Kontrollbefugnisse gegenüber der Zivilregierung in der Provinz bestehe“. Durch den SMAD-Befehl vom 9. Juli wurde diese Anregung überflüssig, da mit diesem Datum die Sowjetische Militäradministration für Thüringen (SMATh) eingerichtet wurde.

Bei der Übergabe des Berichts am 5. Juli kam es zu einer denkwürdigen Begegnung. Auf sowjetischer Seite war der Deutschlandexperte der SMAD, Semjonow, zugegen. In seinem Gefolge trat auch Walter Ulbricht auf.[215] Die Anwesenheit des Vertreters des Zentralkomitees der KPD aus Berlin in Weimar war eine Demonstration des politischen Machtwillens. Jener vorübergehende sächsische Sekretär der KPD Groß-Thüringens, im Revolutionsjahr 1923 dem Reichskommissar für die Sicherheit, Oberst Kuenzer, zunächst nur als „ein gewisser Walter Olbrich oder Ulbrich aus Leipzig“ bekannt, war zurückgekommen. Damals, im Deutschen Oktober 1923, hatte ihn Hermann Brill zusammen mit der Reichswehr, deren Anhänger er selbst keineswegs war, deren politisch-militärische Rolle er damals sogar sehr kritisch vor dem Thüringer Landtag beleuchtete, überspielt.[216] Ulbricht hatte ihm das nie verziehen, und schon damals war Brill die politische und auch physische Liquidierung für den Fall einer siegreichen kommunistischen Revolution in Deutschland angedroht worden.[217]

210 StA Weimar, Hauptamt: Protokoll der Besprechung des OB von Weimar mit dem sowjetischen Stadtkommandanten 3. 7. 1945.

211 Befehle des Obersten Chefs der Sowjetischen Militärverwaltung in Deutschland, Sammelheft 1, Berlin (Ost) 1946, S. 13f.

212 Brief Kolesnitschenkos an Volker Wahl 30. 9. 1973, freundlicher Hinweis an Vf. Der General wurde aus Prag nach Weimar abgeordnet.

213 LPA Erfurt PDS V/5/239: Erinnerungen Georg Schneiders.

214 HStA Weimar Büro des MP Nr. 1078: Brill, Bericht über die Lage in Thüringen vom 4. 7. 1945. Die „Richtlinien für die Reinigung der Verwaltung von nazistischen Elementen“ waren für ganz Thüringen „mit sofortiger Wirkung maßgebend“, BA NL Brill 96: Brill an die Bürgermeister und Landräte, Reichsbahn- und Reichspostdirektoren Erfurts und die Thüringischen Ministerien 5. 7. und 6. 7. 1945.

215 HStA Weimar Min. der Finanzen Nr. 92: Brill an den sowjetischen Stadtkommandanten von Erfurt 6. 7. 1945.

216 Vgl. o. III. 2.1. und 3.2.

217 Brill vor dem Volksgerichtshof, vgl. o. V. 3.4.

Jetzt, Anfang Juli 1945, kam Ulbricht nach Thüringen zurück, flankiert von der nach der politischen Niederlage von 1923 zur Speerspitze der Revolution – auch in Deutschland – erklärten Roten Armee. Der Emigrant traf auf den im Land gebliebenen Widerstandskämpfer und Buchenwald-Häftling. Zwei politische Gegner nahmen einander Maß. Das bedeutete auch, daß zwei politische Ideen gegeneinander antraten. Die eine wollte den Wiederaufbau Thüringens und auch den der deutschen Volksrepublik mit den Programmentwürfen der Buchenwalder Volksfront leisten, vertreten durch die in den 30er Jahren in Deutschland gebliebenen und im April 1945 vom Ettersberg entlassenen demokratischen Sozialisten, die andere, vertreten durch die Moskauer Emigranten, wollte die kommunistische Diktatur in einer sog. deutschen Volksdemokratie. Die führenden Repräsentanten beider Lager begegneten sich am 5. Juli 1945 in Weimar.

Wenn Brill bei dieser Gelegenheit von Semjonow und dem russischen Stadtkommandanten ausdrücklich autorisiert wurde, als Regierungspräsident die administrative Tätigkeit seiner Regierung für die Provinz Thüringen uneingeschränkt weiterzuführen[218], so sprach sich darin zwar die sowjetische Achtung vor dem Buchenwalder Widerstandskämpfer aus, die Zukunft war damit aber keineswegs geklärt, vielmehr war durch die Anwesenheit Ulbrichts die politische Machtfrage gestellt. Sie schien für den Augenblick beantwortet zu sein. Ihre Offenheit für die nächste Zukunft erforderte jedoch dringlich eine politische Aufrüstung der Kohorten. Das aktualisierte den Zwang zur parteipolitischen Formation.

Die Amerikaner hatten während ihrer Besatzungszeit in Thüringen wie in den anderen westlichen Ländern die parteiorganisatorischen Tätigkeiten verboten und das Thema auf die Zeit nach der Potsdamer Konferenz verschoben. Die Sowjets dachten da anders, wollten die politisch-geographische Gunst Berlins nutzen und erlaubten am 10. Juni 1945 als erste Siegermacht die Neugründung von Parteien. Am 11. Juni trat daraufhin die KPD in der alten Reichshauptstadt mit einem Gründungsaufruf hervor, die SPD folgte am 15. Juni, beide vereinbarten am 19. Juni eine Aktionseinheit. Mit dem Einzug der sowjetischen Truppen in Thüringen eröffneten sich diese Möglichkeiten auch für Weimar. Während die Kommunisten bereits eine unter der amerikanischen Besatzung illegale Bezirksleitung am 14. Mai von Buchenwald nach Erfurt verlegt hatten und mit diesem organisatorischen Vorlauf ins Rennen gehen konnten, mußten sich die Sozialdemokraten erst noch konstituieren. Vermutlich am 2. Juli 1945 hatte dazu der Handwerkskammerpräsident Heinz Baumeister die Initiative ergriffen und an diesem Tag in seinem Dienstgebäude eine „Versammlung verschiedener Genossen" einberufen. Er war dabei aber „nicht zu einem positiven Ergebnis" gekommen.[219] Erst die Initiativkraft Brills bewirkte es, daß am Nachmittag des folgenden 3. Juli 1945 im Sitzungssaal des Regierungspräsidiums 22 ehemalige thüringische Sozialdemokraten zusammenkamen und sich als Ortsgruppe Weimar des Bundes demokratischer Sozialisten konstituierten.[220]

Unter den Versammelten ragten August Frölich als der ehemalige Vorsitzende des Thüringischen Staatsministeriums heraus, sodann der Weimarer Oberbürgermeister Behr und sein Stellvertreter Fleisch, der am 12. Juni 1945 zum Regierungsdirektor des Landesverkehrsamtes ernannte Georg Appell, ein gebürtiger Gothaer, von Beruf Rechtsanwalt in Eisenach bis 1933 und damals zusammen mit Brill Leiter des Reichsbanners Schwarz-Rot-Gold in Thüringen, weiter der gerade zum Kriminalinspektor berufene Bruno Treyße, mehrere Buchenwald-Häftlinge, u. a. Curt Böhme, und der Holsteiner Heinrich Hoffmann, wohnhaft

218 s. o. Anm. 215.
219 AsD NL Brill 1: Ortsgruppe Weimar des Bundes demokratischer Sozialisten, Protokoll der Gründungssitzung vom 3. 7. 1945.
220 ebd.

in Erfurt und als Regierungsrat von Brill in die Provinzialregierung berufen. Die Anwesenheitsliste weist unter den 22 Gründungsmitgliedern zehn Bedienstete der Thüringischen Provinzialregierung aus, ein Beweis für die teilweise schnelle personalpolitische Reorganisation des öffentlichen Dienstes, die allerdings auch an die Personalpolitik der früheren sozialdemokratischen Landesregierung Frölich erinnern läßt.

Die Versammlung, geleitet nicht von Brill, sondern von Hoffmann, wählte einen 5köpfigen Vorstand mit dem fast 70jährigen Frölich an der Spitze und beschloß, „dem Anti-Nazi-Komitee Weimar von der vollzogenen Gründung des Bundes demokratischer Sozialisten-SPD ... Kenntnis zu geben". Die Formulierung läßt erkennen, daß zu dieser Zeit, am 3. Juli 1945, dieses Komitee offenbar mit der KPD-Ortsgruppe Weimar als identisch angesehen werden kann. Gegenüber diesem Adressaten legte man Wert auf die Feststellung, „daß der Bund demokratischer Sozialisten der tatsächliche und rechtliche Nachfolger der früheren Sozialdemokratischen Partei Deutschlands ist". Der letzte Beschlußpunkt galt der Einberufung einer Bezirkskonferenz „möglichst bald".

Die Gründung zunächst einer Weimarer Ortgruppe als Zelle eines Bundes demokratischer Sozialisten ist Ausdruck eines konsequenten parteipolitischen und -organisatorischen Revolutionswillens Hermann Brills, der ganz allein diese Initiative zu verantworten hat. Sein erklärter Wille vom April 1933, nicht wieder eine SPD zu begründen, sein theoretischer Einsatz dafür im Widerstand, zuerst in der Ostthüringer Gruppe Neu Beginnen 1933/34, dann in der Berliner Deutschen Volksfront, sein Bekenntnis dazu vor dem Volksgerichtshof im Juli 1939 sowie seine programmatischen und aktiven Lebenszeugnisse dafür in Brandenburg-Görden und Buchenwald fanden in der demonstrativen Gründung eines Bundes demokratischer Sozialisten als politische und rechtliche Nachfolgeorganisation der deutschen Sozialdemokratie ihren erkennbaren Ausdruck und Abschluß. Im Vorgang lag damit auch ein hoher Anspruch begründet, ja er offenbarte eine Kampfansage an die in Berlin schon von Grotewohl, Dahrendorf, Fechner und anderen organisierte alte SPD. Er stellte darüber hinaus die von Brill zu diesem Zeitpunkt durchaus als offen betrachtete Frage nach dem Verhalten der Kommunisten. Sollten sie zum Miteintritt in den Bund demokratischer Sozialisten bewegt werden können, um so die politische Aktionsgemeinschaft der deutschen Arbeiterschaft zu erreichen? Das war Brills Ziel im Widerstand gewesen. Würde Weimar einen Gegenpol zu Berlin bilden und „sozusagen das Seminar für das ganze Reich" werden? Der Juli 1945 trug Entscheidungszwänge von großer Tragweite in sich.

Heinrich Hoffmann und Curt Böhme, am 3. Juli zum provisorischen Bezirksvorstand gewählt, luden am 5. Juli zu einer Landeskonferenz des Bundes demokratischer Sozialisten-SPD Groß-Thüringens für den 8. Juli nach Weimar ein. Eine beigefügte Tagesordnung sah als ersten Punkt ein Referat Brills zum Thema „Die politische Lage" vor, sodann organisatorische Fragen und die Herausgabe einer Zeitung. Reichsbahnpräsident Julius Dittforth aus Erfurt stellte wegen der gebotenen Eile die kommunikative Hilfe seines dienstlichen Telefonnetzes zur Verfügung.[221] Etwa 250 Teilnehmer kamen am Sonntag, den 8. Juli 1945, in den Sitzungssaal des alten Thüringer Landtags ins Fürstenhaus. Den Vorsitz führte wieder Heinrich Hoffmann, der demzufolge auch die Begrüßungsansprache hielt.[222] Seine Worte waren in ihrer Melodramatik dort verständlich, wo sie die Toten der deutschen Sozialdemokratie ehrten, als letzte

221 AsD NL Brill 1: Einladungsschreiben zur Landeskonferenz des Bundes demokratischer Sozialisten vom 5. 7. 1945. Die Adressenliste, welche alle thüringischen Kreisstädte umfaßte, in: LPA Erfurt PDS V/6/6–18, der Hinweis auf die telefonische Hilfe Dittforths in: IfGA ZPA EA 0082: Erinnerungsbericht Curt Böhmes, S. 66.

222 LPA Erfurt PDS II/1–001: Protokoll zur 1. Landeskonferenz des Bundes demokratischer Sozialisten vom 8. 7. 1945 mit beiliegender Rede des Genossen Dr. Hermann Brill: „Die politische Situation".

Karl Kautskys Frau Luise, die im Alter von 80 Jahren noch nach der Befreiung durch die Amerikaner im Konzentrationslager gestorben war, jedoch waren sie mit jenen Nuancen auffällig, die einer von Hoffmann als angemessen erachteten Verneigung vor der SMAD galten, „dem ruhmgekrönten Marschall der Sowjet-Union D. K. Shukow... mit den tapferen Soldaten der Roten Armee und ihren Offizieren", mit denen „loyal und peinlich korrekt zusammenzuwirken" er an dieser Stelle versprach.

Brills Rede war da anders in Inhalt und Qualität. Auch er sprach einleitend das Herz aller Anwesenden an, die an diesem Ort großer politischer Erfolge der alten Thüringer Sozialdemokratie jetzt „in tiefster Rührung von der gesellschaftlichen Größe dieses Augenblicks erfüllt" seien, mehr aber noch den Kopf eines jeden, der sich der Tatsache bewußt werde, „wie ungeheuer schwierig die Lage sich in dieser Stunde und für jede Zukunft darstellt". Die folgende Explikation der schwierigen Lage mußte Sozialdemokraten, die nicht Brills Weg in engem Kontakt mit ihm gegangen waren, erst einmal verwundern und verwirren: „Das sozialdemokratische Zeitalter ist zu Ende." Sollte es nach den 12 Jahren nationalsozialistischer Herrschaft nicht neu beginnen? Nein, zwar war es „eine große Vergangenheit" mit großen politischen Erfolgen der SPD wie dem 8-Stunden-Tag, der Befreiung der Frau, der Begründung der Sozialpolitik, dem Arbeitsrecht, der Betriebsvertretung, der Volksschulbildung, aber all das war „innerhalb der bürgerlichen Gesellschaft errungen worden und 1933 zu Ende gegangen". Jetzt trete man, so Brill zu der Versammlung, in „eine neue Zeit ... der permanenten Sozialrevolution" ein, in der sich eine neue Gesellschaft formen werde.

Vergangene Theorien sah Brill durch die Geschichte selbst widerlegt, sowohl die „Theorie von dem friedlichen Hineinwachsen in den Sozialismus" wie die „Theorie von dem revolutionären Aufstand". Die Weimarer Republik habe in beiden Varianten das Versagen gezeigt, eine „parlamentarisch-reformerische Restauration" sei deswegen unmöglich, sie sei sogar „ein verhängnisvoller Irrtum". Neue „Systeme und Theorien" müsse man finden; Anhaltspunkte hätten Marx, Engels und Lassalle geboten. „Deshalb wollen wir im Marx'schen Sinne neu beginnen und wollen durch ein marxistisches, nüchternes, gegenständliches Denken, durch ein sozialistisches Wollen und durch ein revolutionäres Handeln die Einheit aus Erkenntnis, Willen und Aktion finden, die unserer Zeit bittere Notwendigkeit ist."[223]

Neu Beginnen – diesen Widerstandsruf von 1933 gab Brill als verpflichtendes Motto der Gegenwart vor. Der Gegensatz von Bourgeoisie und Proletariat war hinfällig geworden. Das deutsche kapitalistische System lag „in diesem Augenblick zerschmettert am Boden". Die neue Situation war „einzigartig ..., erstmalig in der Geschichte der sozialistischen Arbeiterbewegung überhaupt". Die früher zur Orientierung sozialer Kämpfe dienlichen Klassenbegriffe waren überholt. Das glaubte Brill selbst bei den drei Siegermächten beobachten zu können, „von denen man keine eindeutig auf die althergebrachte Formel bringen könnte", die UdSSR nicht auf die einer sozialistischen Gesellschaft, die Angloamerikaner nicht auf die einer kapitalistischen. „Überall Deformationen, Umbildungen und Neubildungen, überall eine gärende Welt von neuen Kräften, eine Welt, in der wir auch als Besiegte durchaus nicht zu resignieren brauchen, sondern in der wir mit einigem Anspruch, sogar mit ökonomisch begründetem Anspruch verlangen können, mitgehört zu werden und mitzuwirken, von der wir in großen Zusammenhängen heute schon mit absoluter Gewißheit wissen, daß es ohne uns überhaupt nicht gehen wird."[224]

Aus der Einsamkeit seines Schreibtisches, aus der kommunikativen Reduktion auf gele-

223 Rede Brills 8. 7. 1945, ebd. S. 3.
224 ebd. S. 4.

gentliche Caféhaustreffen und aus der Isolation der Zuchthauszellen und KZ-Baracken brach Hermann Brill nach 12 Jahren an diesem 8. Juli 1945 in Weimar regelrecht missionarisch in die Wirklichkeit ein. Erstaunlich waren seine im Elternhaus erstmals geahnten, mit der politischen Erfahrung von 1919 bis 1933 geschulten, hernach aber in voller klösterlicher Reduktion des Lebens vertieften Analysen und Visionen von einer neuen Zeit. Jene Mittelstandsgesellschaft, die spätestens mit der Währungsreform im Westen Deutschlands in aller Deutlichkeit zu entstehen begann, auch jene notwendige ökonomische Integration dieses Landes in Montanunion, EWG und Weltwirtschaft – wie die der DDR vergleichbar im Ostblock – als Voraussetzung für die Wiederbelebung wirtschaftlicher Kreisläufe sah er als geradezu zwingende Konsequenz des Zweiten Weltkriegs kommen. Freilich übersprang er damit das Denken seiner Zeit gewaltig, negierte die beharrende Kraft machtpolitischer Traditionen und übersprang den aus Mentalität und historischer Erfahrung abzuleitenden Eigensinn der Völker. Im Augenblick der Depression wollte Brill die alten Parteigenossen Thüringens euphorisch auf einen neuen Weg mitreißen. „Laßt nicht den Kopf hängen, meint nicht, daß wir ausgeliefert wären, glaubt nicht, daß es auf uns nicht ankäme, auch wenn wir ein paar Jahre sehr kurz, vielleicht sogar auf der Stelle treten müssen. Es wird der Zeitpunkt kommen, in dem man uns bittet, in die Vereinten Nationen einzutreten, weil ohne die Organisationskraft Deutschlands eine neue Zeit nicht möglich ist.“[225] Brill wollte immer Politik „vom Standpunkt der nächsten 30 Jahre“ machen, so wie er es 1938 in seiner Widerstandsschrift „Freiheit“ doziert hatte.[226] In der politischen Programmsprache hieß das, den Sozialismus sofort zum politisch-ideologischen und politisch-praktischen Fundament zu erklären, trotz der langfristigen Erfolgsperspektive auf die 30 Jahre „keine ferne Zukunftsfrage, sondern eine unmittelbare Gegenwartsaufgabe“, wie Brill meinte.[227]

Für die Realisation der Einzelschritte, gerade der ersten, machte Brill am 8. Juli den Versammelten konkrete Vorschläge. Der alte Kern der Sozialdemokraten müßte, gereinigt von den Mitläufern der Nationalsozialisten, neu formiert, der Jugend „die denkbar beste Chance“ geboten werden. Sie sollte eine eigene Meinung haben und Fehler machen dürfen, aber auch „die schwere praktische Schule des elementaren gewerkschaftlichen und politischen Klassenkampfes in den Betrieben und Organisationen“ durchstehen. Die Frauen, in Rüstungsbetrieben und Bombennächten vom traditionellen Rollenverständnis endgültig befreit, seien „ganz schematisch“ an allen Organisationen zu beteiligen. Schließlich das Wichtigste: „die Einheit der sozialistischen Arbeiterbewegung wiederherzustellen“, in der Aktion und in der Organisation. Ein Übergangsstadium werde es geben: „Beide Wege laufen wahrscheinlich zunächst nur parallel. Sie müssen aber in absehbarer Zeit in einem münden.“[228]

Zu den Anfangsschritten gehöre auch die Vernichtung des Nazismus, „völlig gefühlskalt und mitleidslos“. Was Brill hierzu vor den 250 thüringischen Sozialdemokraten auf der ersten Landeskonferenz des Bundes demokratischer Sozialisten sagte, hatte er als Regierungspräsident der Provinz Thüringen bereits in Richtlinienentwürfen vorgelegt, deren Anwendung wenige Tage zuvor, am 5. und 6. Juli, nach der erfolgten Genehmigung durch die neuen sowjetischen Besatzer allen Bürgermeistern, Landräten sowie den Erfurter Reichsmittelbehörden aufgetragen worden war.[229] Jetzt paraphrasierte er sie nur und provozierte großen Beifall mit dem von ihm gezogenen Resümee: „Ein Nazi ist kein Mensch, er sieht bloß äußerlich so

225 ebd.
226 Brill, Freiheit, S. 63.
227 Rede Brills 8. 7. 1945, S. 5.
228 ebd. S. 9.
229 s. o. Anm. 214.

aus."[230] In solcher Härte sprach sich natürlich die Erfahrung des Buchenwalder KZ-Häftlings aus, auf die er sich dabei auch ausdrücklich berief: „Wer die Leichenhaufen in Buchenwald gesehen hat, der ist davon überzeugt."

Den Sofortmaßnahmen ordnete Brill das längerfristige Ziel einer neuen Volksrepublik nach, wohl wissend, daß die Konturen einer solchen Staatsform jetzt – wie eigentlich immer bei diesem Thema – unklar blieben. Das wurde auch nicht durch die markige Forderung behoben, „der deutsche Untertan muß in jedem einzelnen von uns vernichtet werden und ersetzt werden durch einen Deutschen, sich seiner Verantwortung bewußten Bürger, der in seinem inneren Herzen ein Humanist und Europäer ist".[231] Befreiung der Arbeit, Sozialisierung der Wirtschaft, Rechtsstaatlichkeit, gesichert durch Geschworene und Richter, neues geistiges Leben, „eine neue Universität", nicht nur Wissen, sondern auch Bildung als „geistige Lebensfähigkeit" waren einzelne Programmpunkte eines Katalogs, der seit dem Erfurter Programm der SPD aktuell war.

Gegen Ende seiner großangelegten, nur selten von Beifall unterbrochenen Rede kam Brill noch einmal auf das Thema „Stufen der Einigung" mit der KPD zu sprechen. Was SPD und KPD dazu in Berlin am 19. Juni verabredet hätten, reiche nicht aus. „Das ist mir alles viel zu wenig, viel zu allgemein und es stecken mir darin viel zu viele Gefahren, die ein Sonderdasein der KPD ermöglichen." Er schlug am 8. Juli vor, daß sofort in allen Städten und Kreisen „eine politische Arbeitsgemeinschaft aus den berufenen autorisierten Vertretern der Kommunisten und unserer Partei gegründet" wird. Der Wildwuchs der Anti-Nazi-Komitees solle durch die legalisierten politischen Parteien ersetzt werden.[232] Zwischengruppen früherer Art wie ISK, SAP oder KPD dürfe es nicht mehr geben. Fraktionsgemeinschaften von SPD und KPD wären die anzustrebende organisatorische Vorform der Einheit. Gerade unter der russischen Besatzung sei das ein richtiger Weg, weil dadurch der Nachweis zu erbringen sei, „daß wir da sind, daß wir ein gesellschaftlicher Faktor sind, mit dem sie rechnen müssen, und um sie zu überzeugen, daß es ohne uns nicht geht". Getrennte gewerkschaftliche Fraktionsarbeit solle beiden Arbeiterparteien untersagt werden. Darauf sollten die Kommunisten „einen offiziellen Verzicht" leisten. Diese Forderung läßt als Hintergrund die negative Erfahrung der SPD mit der durch die kommunistische Betriebszellenarbeit gestützte Einheitsfront von unten 1922/23 erkennen. Organisationseinheit in Sport, Wohlfahrt und Fürsorge befürwortete Brill dagegen lebhaft.

Zum Schluß referierte er über die von ihm geleistete Arbeit als Regierungspräsident. Er kritisierte durchaus die Amerikaner als eine den Neuanfang etwas hemmende Besatzungsmacht, konservativ wie frühere thüringische Landesregierungen[233] und weithin in der Deutschlandpolitik kenntnisarm. Seine dennoch zu verzeichnenden Erfolge, z. B. die Konzentration aller antifaschistischen Parteien in der Provinzialregierung („ein kleines parlamentarisches Kunststück"), die Richtlinien über die Säuberung der Verwaltung von nazistischen Elementen („mein geistiges Eigentum") oder auch die Zulassung der Anti-Nazi-Komitees, die er „von Fall zu Fall vor den Amerikanern richtig verstecken" mußte, all das sei darauf zurückzufüh-

230 Rede Brills 8. 7. 1945, S. 10.

231 ebd. S. 10f.

232 „Die wilden Anti-Nazi-Komitees müssen überall verschwinden. Die legalisierten politischen Parteien müssen diese Verantwortung übernehmen. Die Führung muß bei uns und bei den Kommunisten liegen", ebd. S. 13. Das im Text folgende Zitat ebd.

233 „Wenn Sie, Genossen und Genossinnen, einen rechten Begriff von den tatsächlichen Verhältnissen haben wollen, dann müssen Sie versuchen, sich vorzustellen, daß Thüringen regiert worden ist etwa auf der politischen Linie eines Dr. Witzmann, Leutheusser, Dr. Paulssen, mit der Liberalen Volkspartei und rechtsstehenden Demokraten", ebd. S. 16. Das im Text folgende Zitat ebd.

ren, daß er „persönlich einen guten Eindruck gemacht“ habe. Von den Sowjets habe er jetzt „freie Arbeit“ zugestanden bekommen und das auch schon zur Beschlagnahme des Vermögens des Herzogs von Sachsen-Coburg-Gotha genutzt.

Mut suchte Brill den 250 Parteigenossen mit dem Zuruf zu machen: „Wir sind die Fortsetzung der großen Vergangenheit der deutschen Sozialdemokratie und der neue Anfang des demokratischen Sozialismus.“[234] Der genius loci, die Humanität Weimars, biete dazu den Hintergrund. Gemeint sei aber nicht „die Humanität des harmonisch gebildeten Menschen in der Form der weltbürgerlichen Persönlichkeit“, sondern „die materialistische Humanität eines neuen Sozialismus“. Liebe aus Mitmenschlichkeit hatte er das in seiner Brandenburger Schrift „Vollendung und Unendlichkeit“ genannt. Jetzt klang die damals philosophisch sehr durchdringende Definition politisch kämpferischer: „Diese Humanität wird der deutsche Beitrag zur Neuordnung der Welt sein.“

Die Weimarer Rede Brills vom 8. Juli 1945, mit Bravo-Rufen und langem Beifall aufgenommen, war so etwas wie die Summenformel seines bisherigen Lebens. Der Geraer Otto Jenssen, sein alter Lebensgefährte seit den gemeinsamen Tinzer Tagen, der die erste Landeskonferenz zusammen mit Emma Sachse (Altenburg) und August Frölich (Weimar) als Ehrenpräsidium leitete, anerkannte das bei der von ihm eröffneten Diskussion.[235] Die Versammlung wählte daraufhin „im Hinblick auf sein mannhaftes antifaschistisches Verhalten den Genossen Brill“ zum ersten Vorsitzenden des Bundes demokratischer Sozialisten – SPD.[236] Die thüringischen Sozialdemokraten wählten mithin ihren letzten Chefideologen aus der Zeit der Weimarer Republik zum 1. Vorsitzenden der neuen Zeit nach dem Dritten Reich. Das Wort von der mannhaften Widerstandskraft hat Curt Böhme (Jena), einer der am 8. Juli gewählten sieben Beisitzer, geprägt. Später, als ihn die Mitgliedschaft in der SED zu neuen Einsichten drängte, glaubte er, in der Wahl Brills „zweifellos eine Fehlentscheidung“ erkennen zu müssen.[237] Andere folgten dieser Positionsänderung. Als Marionetten Walter Ulbrichts ließen sie sich einsetzen, um auf der thüringischen Bühne die kommunistische Machtergreifung in Deutschlands Mitte zu inszenieren. Das politische Erbe Buchenwalds wurde dabei verraten, um später in einer Legende neu gestaltet zu werden. Das dramatische Geschehen kulminierte im Juli 1945.

Nur für wenige Tage lag nach der am 8. Juli erfolgten Gründung des Bundes demokratischer Sozialisten das Gesetz des Handelns noch in den Händen Hermann Brills. Er suchte es geradezu furios zu nutzen. Sofort wurde ein von Heinrich Hoffmann schon gedrucktes Anmeldeformular in Umlauf gebracht. Es trug die etwas ungewöhnliche Formulierung: „Der Unterzeichnete ersucht um Vormerkung für den späteren Eintritt zum Bund demokratischer Sozialisten.“ Aspiranten konnten demnach den sofortigen Beitritt in die neue Partei gar nicht vollziehen.[238] Der Grund lag in der genauen Überprüfung ihrer früheren Parteizugehörigkeit, zu der jeder, getrennt für die Zeit vor und nach dem 1. Februar 1933, exakte Aussagen machen mußte: „NSDAP = ja oder nein, SS = ja oder nein, SA = ja oder nein“. Als antinationalsozialistische Neugründung wollte der Bund demokratischer Sozialisten von seinen zukünftigen Mitgliedern den Satz genau beantwortet wissen: „In der NSDAP oder deren Gliederungen habe

234 ebd. S. 18; das folgende Zitat ebd. S. 19.

235 Protokoll der 1. Landeskonferenz des Bundes demokratischer Sozialisten, a. O., S. 4.

236 IfGA ZPA EA 0082: Erinnerungsbericht Curt Böhmes, S. 66f. Böhme wurde am 8. 7. 1945 zu einem von sechs Beisitzern im Vorstand des Bundes demokratischer Sozialisten gewählt, s. Protokoll S. 4.

237 ebd. S. 67.

238 LPA Erfurt PDS V/6/6–18: Anmeldeformular für den Bund demokratischer Sozialisten, Juli 1945. Ein in Hermsdorf ausgefertigter „Aufruf zum Beitritt in den Bund demokratischer Sozialisten (SPD)“ geht auf drei Druckseiten ausführlich auf programmatische Inhalte und ihre Herleitung aus dem Widerstand des K. L. Buchenwald ein, im Privatbesitz des Vf.

ich keine bzw. folgende Funktionen ausgeübt..." Sechs politische Programmpunkte waren auf dem Anmeldeformular genannt: „Vernichtung des Faschismus, Aufbau der Volksrepublik, Organisierung der Wirtschaft, Befreiung der Arbeit, Neue Humanität, Sozialistische Einheit". Die Aussagen waren, wie das bei vielen plakativen Parteiformeln der Fall zu sein pflegt, unpräzis: wie sollte eine Volksrepublik aufgebaut, wie eine Wirtschaft organisiert werden? Die gegebenen Hinweise auf die jahrelange programmatische Arbeit im K. L. Buchenwald konnten nur Eingeweihte als inhaltliche Hilfen verstehen. Die auf dem Formular ausdrücklich angesprochene Gemeinsamkeit von Kommunisten und Sozialdemokraten sollte der gesamten thüringischen Arbeiterschaft die Abkehr von der Spaltung der Vergangenheit und die Hinwendung zur sozialistischen Einheit der Zukunft signalisieren.

Sie galt es nun herzustellen. Ohne vorhergehende Kontaktaufnahme mit dem in Berlin am 15. Juni gegründeten Zentralausschuß der SPD und dem vier Tage zuvor hervorgetretenen ZK der KPD, die sich am 19. Juni zu einer Aktionsgemeinschaft zusammengefunden hatten, wurde am 6. und 9. Juli 1945 in Weimar versucht, einen vergleichbaren, aber eigenständigen Weg zu gehen. Die höhere Legitimation wußte man dabei zweifellos auf der thüringischen Seite, weil allein hier in der personellen Kontinuität und geographischen Einheit von Buchenwald und Weimar der Schritt vom Widerstand zur Neugründung überzeugend wirken mußte. Konnte nicht die Stadt an der Ilm nach der Weimarer Republik von 1919 auch der Weimarer Volksrepublik von 1945 Ursprungsort und Namensgeber sein?

Der Landesvorstand des Bundes demokratischer Sozialisten – SPD und die Bezirksleitung der KPD trafen sich am 9. Juli. Je sechs Vertreter beider Parteien (BdS: Brill, Gustav Brack, Cäsar Thierfelder, Marie Carnarius, Curt Böhme, Heinrich Hoffmann; KPD: Ernst Busse, Walter Wolf, Otto Trillitsch, Hans Brumme, Stefan Heymann, Hugo Günther) waren anwesend. Ein Protokoll ist nicht überliefert, wohl aber eine am 10. Juli von Brill erstellte und der Bezirksleitung der KPD zugeleitete Zusammenfassung der Beratungen.[239] Daraus läßt sich entnehmen, daß der BdS viel forscher an die „völlige Verschmelzung der sozialistischen Arbeiterbewegung" heranzugehen gedachte, als die Kommunisten Thüringens das zu diesem Zeitpunkt offenbar entscheiden mochten und konnten. Ihre Buchenwalder Parolen von der sozialistischen Einheit, in ihrer Ausgestaltung schon damals dem Nationalkomitee Freies Deutschland untergeordnet, drohten seit Ulbrichts erstem Erscheinen in Weimar am 4./5. Juli 1945 vollends in die Abhängigkeit dessen zu geraten, der sie 1922 und 1923 mit dem Höhepunkt im Deutschen Oktober schon einmal als außenstehender Drahtzieher, damals von Sachsen aus, zu lenken vermocht hatte. Eine Parallelität ist durchaus gegeben; sie wird durch die Identität der Handlungsführer, hier Brill, dort Ulbricht, auch noch unterstrichen. Was Brill bei den von ihm als dem Delegationsleiter der SPD im Mai 1923 getragenen Verhandlungen über eine Regierungsbeteiligung der thüringischen KPD damals vorgeschlagen hatte und was von Ulbricht torpediert wurde[240] – mit der anschließenden, fünf Monate später erfolgenden revolutionären Zuspitzung –, wiederholte sich im Juli 1945 in denkwürdiger Weise. Als 1. Vorsitzender jetzt des BdS-SPD schrieb Brill am 10. Juli unter Berufung auf die Konferenz vom Vortag an Ernst Busse, die KPD mache Vorschläge für die Überwindung der politischen Spaltung der Arbeiterbewegung, die „weder praktisch noch organisatorisch für ausreichend" anzu-

239 AsD NL Brill 1: Brill an die Bezirksleitung Thüringen der KPD 10. 7. 1945, archiviert auch in: IfGA ZPA II.3/8/5.
240 Vgl. o. III. 2.2.

sehen seien. Man müsse die von beiden gewünschte Einheit „mit organisatorischen Mitteln“ ergänzen. „Arbeitsgemeinschaftsräte von SPD und KPD“ müßten als eine „Art von Fraktionsgemeinschaften alle politischen Fragen gemeinsam besprechen“ und in möglichst vielen Fällen auf kommunaler Ebene eine „gemeinsame Regelung herbeiführen“. Das hatte Brill der KPD-Fraktion des Thüringer Landtags auch im Mai 1923, damals auf Landesebene, vorgeschlagen. Die Kommunisten wollten sich im Frühjahr 1923 jedoch nicht in eine solche Fraktionsgemeinschaft mit Übernahme von Verantwortung einbinden lassen, sondern lieber das agitatorische Feld der sog. Einheitsfront von unten beackern, um das als revolutionäre Vorstufe der von ihnen erstrebten deutschen Räterepublik zu nutzen. Jetzt, im Juli 1945, wo es noch keine parlamentarischen Institutionen gab, bot Brill ihnen die Einheit auf möglichst vielen Vorfeldern an, „auf denen von vornherein organisatorisch einheitlich gearbeitet“ werden könnte. Das wären neben den kommunalen Arbeitsgemeinschaftsräten die frühere Arbeiterwohlfahrt der SPD, die gleich mit der Roten Hilfe der KPD und der früheren Internationalen Arbeiterhilfe zusammengelegt werden könnte, und die Sportbewegung. Auf eine eigene Fraktionstätigkeit, auch und besonders in der neuen Gewerkschaftsbewegung, müßten aber beide Seiten unbedingt und von allem Anfang an verzichten. Sollten die Kommunisten Thüringens, so ließ Brill an dieser Stelle sein Wissen um deren Abhängigkeit durchblicken, all das „bei der zentralisierten Organisation der KPD nicht machen können“, wäre der BdS bereit, seine „Vorschläge über die organisatorischen Mittel zur Herbeiführung der Partei-Einheit durch einen gemeinsamen gleichlautenden Bericht „an das ZK der KPD und den ZA der SPD in Berlin zu erläutern“ und „von dort aus eine zentrale Regelung“ anzufordern.

Ein solcher Schritt Brills mußte die Kommunisten Thüringens verschrecken und eher handlungsunfähig machen. Eine solche Herausforderung zur Selbständigkeit einer Bezirksleitung hatte es im deutschen Kommunismus noch nicht gegeben. Die Legitimationskraft Buchenwalds sah die KPD Thüringens wohl, mochte und konnte sie, eingebunden in die Tradition einer zentralisierenden Meinungsvorgabe durch das ZK, aber nicht nutzen. Das Schicksal innerparteilicher Dissidenten wirkte auch nach 12 Jahren erwiesener Widerstandskraft lähmend. Brill hingegen warf gerade das Argument der Selbstlegitimation in die Waagschale, indem er sich immer wieder auf das auch von Busse anerkannte Buchenwalder Manifest als jedermanns Personalausweis einer neuen Zeit berief. Keiner in der gesamten deutschen sozialistischen Arbeiterbewegung hatte ein vergleichbares, unmittelbar aus dem Widerstand auf deutschem Boden verfaßtes Manifest in Händen. Keiner hatte eine solche Vorgeschichte nachzuweisen. Deswegen nahm Brill wohl die Existenz der ZA der SPD in Berlin zur Kenntnis, wollte aber, daß dessen Aufruf vom 15. Juni und sein Buchenwalder Manifest vom 13. April auf einem Reichsparteitag „in einem einheitlichen Programm zusammengefaßt werden“.[241] Vorher war sein Manifest allein in Thüringen gültig. Ein solches politisches Selbstbewußtsein hatten des Landes Kommunisten nicht.

Gleichwohl ist zu vermerken, daß diese am 9. Juli mit dem BdS einen ungewöhnlichen, so ohne Parallele dastehenden Beschluß faßten. Man wollte gemeinsam und sofort die Öffentlichkeit davon in Kenntnis setzen, daß am 9. Juli 1945 in Weimar beide Landesleitungen „vorbereitende Maßnahmen zur Schaffung eines gemeinsamen Aktionsprogramms und organisatorische Maßnahmen zur Herstellung einer politischen Einheit des werktätigen Volkes“ beraten hätten und daß dazu „in Kürze“ ein „Aktionsprogramm sowie die organisatorischen Maßnahmen“ bekanntgegeben würden. Die Vereinbarungen der Landesleitungen würden

241 LPA Erfurt PDS V/6/6–18: Brill an die Bezirksleitung Groß-Thüringen der KPD 9. 7. 1945.

dann „für die Ortsgruppen beider Parteien in allen Stadt- und Landkreisen Thüringens" gelten. Ein entsprechendes Plakat wurde gedruckt, rot, im Format DIN A3, „An das werktätige Volk Thüringens!" mit Fettdruck betitelt, unterschrieben von je sechs Vertretern des BdS und der KPD, 5000 Exemplare waren vorgesehen.[242]

Dieses Plakat hätte die Gründungsdokumentation einer einheitlichen sozialistischen Partei in Deutschland werden können. Es wäre nächst dem Buchenwalder Manifest in die Ahnengalerie einer solchen Partei aufgenommen worden, beides letzte Glieder in der Kette der thüringischen Widerstandsarbeiten seit 1933 unter dem Aufruf „Neu Beginnen" und zugleich erste, einer uneingeschränkten Öffentlichkeit davon Kenntnis gebende Dokumente. Doch nie ist das Plakat in Parteibüros, an Schaufenstern oder Litfaßsäulen des Landes ausgehängt worden. Heute existiert nur noch ein einziges Exemplar; damalige Papierknappheit und eine kürzliche archivalische Aufmerksamkeit haben es erhalten. Am 12. Juli schrieb Otto Trillitsch von der KPD noch Brill, man habe in Erfurt, wo das Plakat gedruckt werden sollte, „aus Gründen der Papierersparnis statt 5000 nur 3000" Exemplare drucken lassen, von denen bereits 400 „für den dortigen Stadt- und Landkreis abgenommen" worden seien. Zwei Tage später jedoch teilte Stefan Heymann von der KPD Hoffmann vom BdS mit, „daß die Kommandantur die Herausgabe des von uns beschlossenen Plakats verboten hat, da dieses Plakat vor der Drucklegung ihr nicht vorgelegt wurde". Das bedeute, daß auch Hoffmann das Plakat nicht weiter versenden dürfe bzw. Stellen, die es schon erhalten hätten, zu verständigen habe, „daß es nicht ausgehängt werden darf".[243] Das Plakat wurde vernichtet, teilweise auch zu Makulatur im DIN A4-Format zerschnitten. Als solche hat es auf seiner freien Rückseite im Behördendienst hier und da im Sommer 1945 Verwendung gefunden, gelangte mit Protokollnotizen in den Geschäftsgang und von dort in die Archivierung. Die eigentliche Rückseite des Plakats wurde so zur Vorderseite einer neuen amtlichen Nutzbarkeit. Doch die politische Gedächtniswürdigkeit liegt genau umgedreht. Das sich vom 12.–14. Juli 1945 entscheidende Schicksal des Plakats dokumentiert in eigenartiger Weise das genau zur selben Zeit sich entscheidende politische Schicksal Hermann Brills in Thüringen.

5 Der Gegenstoß der Marionetten Ulbrichts in Thüringen und das Ende des demokratischen Sozialismus

Hermann Brill und mit ihm alle wichtigen politischen Widerstandskräfte aus dem Konzentrationslager Buchenwald sind zwischen dem 9. und 16. Juli 1945 bei dem Versuch gescheitert, die Idee eines demokratischen Sozialismus von Weimar aus in eine politische Erscheinungs- und Zustandsform umzusetzen, die über Thüringen hinaus auf sich aufmerksam gemacht und so die politische Vorstellungskraft vieler beansprucht hätte, die ebenfalls auf dem Weg zu einem neuen Deutschland waren. Das Scheitern liegt nicht in einer illusionären Kraftlosigkeit der Ideenträger und ihrer mangelnden Aktionsfähigkeit begründet, sondern wurde durch den Gegenstoß bewirkt, den Walter Ulbricht durch seine im Troß und Schutz der Roten Armee nach Thüringen geschickten Marionetten führen ließ.

Während am 9. Juli 1945 Vertreter von BdS-SPD und KPD in Weimar über ihre

---

242 „An das werktätige Volk", Plakat des BdS/SPD und der KPD 9. 7. 1945, in: Sammlung Volker Wahl.

243 Beide Briefe sind abgedruckt in: AsD NL Brill 1: Rundschreiben Nr. 3 der SPD Landesverband Thüringen im Juli 1945. Auffällig ist die schwankende Denomination sowohl bei den Sozialdemokraten, die sich teilweise BdS, teilweise SPD, nennen, wie bei den Kommunisten, die durcheinandergehend von „Landesleitung" und „Bezirksleitung" sprechen.

Vernichtung
des Faschismus

Aufbau
der Volksrepublik

Organisierung
der Wirtschaft

Befreiung der Arbeit

Neue Humanität

Sozialistische Einheit

Das ist das

Programm des Bundes demokratischer Sozialisten

ausgearbeitet und beschlossen von Kommunisten und Sozialdemokraten, die jahrelang im Konzentrationslager Buchenwald gemeinsam unter dem Joch der Hitlertyrannei leiden mußten.

Wir fordern alle auf, die guten Willens sind, für ein neues, demokratisches und sozialistisches Deutschland zu wirken, sich **schon jetzt** für unseren Bund anzumelden.

Das Komitee

Anmeldung

Der Unterzeichnete ersucht um Vormerkung für den späteren

Beitritt zum Bund demokratischer Sozialisten

Vor- und Zuname: ....

Beruf: .... Geburtstag und -ort: ....

Wohnung: .... I. Kampfbeitrag: RM. ....

Vor dem 1. Febr. 1933 gehörte ich an: Partei: ....

Gewerkschaft: ....

Nach dem 1. Febr. 1933 habe ich angehört:
NSDAP. = Ja oder Nein - SS. = Ja oder Nein - SA. = Ja oder Nein

In der NSDAP. oder deren Gliederungen habe ich keine bzw. folgende Funktionen ausgeübt: ....

Erfurt, den .... 1945. ....
Unterschrift

Quelle: LPA Erfurt PDS V/6/6–18

An das werktätige Volk Thüringens!

Die Landesleitungen Thüringen der Sozialdemokratischen Partei (Bund Demokratischer Sozialisten) und der Kommunistischen Partei haben in einer Sitzung am 9. Juli 1945 in Weimar, in der von jeder Partei 6 Vertreter anwesend waren, vorbereitende Maßnahmen zur Schaffung eines gemeinsamen Aktionsprogramms und organisatorische Maßnahmen zur

Herstellung einer politischen Einheit des werktätigen Volkes

beraten. Der aus je 6 Vertretern beider Parteien geschaffene Arbeitsausschuß wird das Aktionsprogramm sowie die organisatorischen Maßnahmen in Kürze dem werktätigen Volke Thüringens unterbreiten.
Diese Vereinbarung der Landesleitungen zu engster Zusammenarbeit gelten für die Ortsgruppen beider Parteien in allen Stadt- und Landkreisen Thüringens.

Für die Sozialdemokratische Partei:
(Bund Demokratischer Sozialisten)

Hermann Brill — Marie Carnarius
Gustav Brack — Kurt Böhme
Cäsar Thierfelder — Heinrich Hoffmann

Für die Kommunistische Partei:

Ernst Busse — Hans Brumme
Walter Wolf — Stefan Heymann
Otto Trillitsch — Hugo Günther

Quelle: Sammlung Volker Wahl, Weimar

Aktionseinheit konferierten und die Plakatierung ihrer Idee von der „Herstellung einer politischen Einheit des werktätigen Volkes" beschlossen, erfuhren kommunistische Funktionäre auf einem ersten Schulungstag in Berlin, daß die alte Sozialfaschismusthese der KPD weiterhin als ideologische Orientierungshilfe Gültigkeit besitze: „Die historische Schuld für das Versagen der deutschen Arbeiterklasse trägt die Sozialdemokratie, die durch ihre Politik der Arbeitsgemeinschaft mit der Bourgeoisie und die Ablehnung der Einheitsfront die Spaltung vertiefte und die Arbeiterklasse entwaffnete."[244] Mit einer Mischung von Zitaten aus Werken Dimitroffs („Arbeiterklasse gegen Faschismus", 1935) und Piecks („Der neue Weg", 1935) sowie jüngsten Proklamationen Ulbrichts auf der Berliner Funktionärskonferenz vom 27. Juni 1945, alles höchst selektiv vorgeführt, konfus addiert, ohne erkennbares Bemühen um eine Verifizierung historischer Tatbestände, ohne jede Würdigung der in Deutschland selbst 1933–1945 geleisteten sozialistischen Widerstandsarbeit, an historischer Analyse und programmatischer Klarheit dem Buchenwalder Manifest weit unterlegen, als politische Standortbeschreibung gänzlich untauglich, offenbart das Schulungspapier nur den Machtanspruch der Moskauer Emigranten über den deutschen Kommunismus. Und der ließ sich auch in Thüringen durchsetzen, wenngleich deutlich schwerer als in den anderen Ländern der SBZ.

Mit der 8. Gardearmee der Sowjetunion kam auch Georg Schneider, Mitglied der Gruppe Ackermann in Sachsen, als Beauftragter des ZK der KPD von Dresden nach Weimar. Schneider, ehemals Student ohne Examen an der Universität Jena und 1931 nach Moskau emigriert[245], erfuhr am 1. Juli durch Hermann Matern, daß er nach Thüringen delegiert werde. Die Abreise, zunächst schon für den 2. Juli, einen Montag, vorgesehen, verzögerte sich wegen des Besatzungswechsels bis zum 5. Am Nachmittag dieses Tages kam er dann in Jena an und wurde dort „durch Walter Ulbricht den Genossen als Beauftragter des ZK vorgestellt und mit dem Auftrag in Thüringen die KPD aufzubauen".[246] Als Ulbricht diesen Auftrag an Schneider in Jena vergab, kam er selbst gerade aus Weimar, wo er am Vormittag der Konferenz sowjetischer Besatzungsoffiziere und Semjonows mit Brill beigewohnt und selbst mit dortigen KPD-Vertretern (am 4. Juli) konferiert hatte.[247] Der dabei gewonnene Eindruck muß ihn veranlaßt haben, die dortigen politischen Ansätze zu durchkreuzen, ihre Verfestigungen auf Regierungs- wie auch auf Parteiebene zu beseitigen und damit das politische Potential Buchenwalds nicht weiter wirken zu lassen, geschweige als Erbgut zu übernehmen.

Georg Schneider hat den an ihn ergangenen Auftrag in diesem Sinne verstanden und ausgeführt: „Ich mußte mich zuerst durchsetzen gegen die falsch verstandene gemeinsame Politik mit der damals in Thüringen schon sehr aktiv arbeitenden sozialdemokratischen Partei."[248] Ein solcher Satz sagt als Kritik an der Buchenwalder Linie der thüringischen Kommunisten alles. Der Moskauer Emigrant Schneider mißachtete geradezu jene linken Widerstandskräfte, die durch gemeinsames Leiden auf dem Ettersberg eine politische Nähe zueinander gefunden hatten, und setzte diesen politischen Gehversuchen den Machtanspruch

244 AsD NL Brill 1: Erster Politischer Schulungstag für Funktionäre der KPD; Vortragsdisposition: Der Sieg des Faschismus in Deutschland und seine Lehren für unseren gegenwärtigen Kampf, S. 1f.

245 BA NL Brill 97: Die politische Entwicklung Thüringens unter der sowjetischen Besatzung. Das von Brill gefertigte Manuskript enthält den Hinweis darauf, daß Georg Schneider bis 1931 an der Universität Jena studiert hatte, danach aber die Stadt verlassen mußte, „weil er in Sprengstoffdiebstähle und Waffenschiebungen verwickelt war", ebd. S. 2.

246 Über den Vorgang existieren zwei Berichte, beide aus Schneiders Feder: LPA Erfurt PDS V/5/239: „Der rechte Sozialdemokrat Dr. Brill versuchte die Einheit der Arbeiterklasse zu verhindern" (das Zitat im Text ebd. S. 1), und ebd.: „Erinnerungen"; darin lautet die entsprechende Stelle: „Ich erhielt damals den Auftrag vom Zentralkomitee der KPD, in Thüringen die Parteiarbeit zu organisieren", ebd. S. 1.

247 Vgl. o. VI. 3.2.

248 Schneider, Erinnerungen, S. 1.

des ZK der KPD voran. „Der Hauptkampf, den es damals zu führen galt", so dozierte Schneider aus der Erinnerung an die Julitage in Weimar, „war das richtige Verständnis zu erwirken, was unter Blockpolitik mit der sozialdemokratischen bzw. den anderen Parteien zu verstehen ist. Gemeinsamer Kampf mit der Sozialdemokratie bedeutete nämlich nicht, die sozialdemokratische Politik durchzuführen, sondern bedeutete, die sozialdemokratischen Genossen von der Richtigkeit unserer Politik zu überzeugen und sie für unsere Politik zu gewinnen."[249] Sozialistische Einheitspolitik bedeutete also kommunistische Parteipolitik. Klarer und offener ist dieses Verhältnis selten definiert worden.

„Unter ständig enger Fühlungnahme mit der ebenfalls im Aufbau begriffenen SMA Thüringen ging ich daran, mit dieser Art der Parteiarbeit Schluß zu machen. Einige Genossen nahm ich aus den Ämtern heraus." So trat Schneider in Weimar am 10. Juli 1945 an. Sein Hauptaugenmerk mußte sich fortan auf Hermann Brill richten, den er folgerichtig jetzt einen „rechten Sozialdemokraten" nannte, um eine ideologische Argumentationskrücke für dessen Abtrennung von den anderen Sozialdemokraten handhaben zu können. Eine solche Waffe war indessen nicht neu, denn die Kommunisten Thüringens hatten Brill 1922 schon einmal als „Menschewik" abzustempeln versucht.[250]

Der Hebel wurde bei der durch den Besatzungswechsel ohnehin gestellten Frage einer Regierungsbestätigung oder ihrer Neubildung angesetzt. Die sowjetische Seite, angeführt von Generaloberst Tschuikow und dem Chef der Verwaltung der SMATh, Generalmajor Kolesnitschenko, führte dazu am Vormittag des 10. Juli in Weimar nacheinander Gespräche mit Vertretern der SPD, KPD und der alten DDP. Auch das gesamte Regierungskollegium wurde befragt, jeder mußte einen politischen Lebenslauf verfassen, der vergangene Tätigkeiten und zukünftige Wünsche berücksichtigen sollte. Brill äußerte dabei den Wunsch, weiterhin in Thüringen die Regierungsgeschäfte führen zu können.[251] Schneider wurde bei der Gelegenheit von den Sowjets gefragt: „Was halten Sie von Dr. Paul, wären Sie damit einverstanden, daß Dr. Paul Präsident für Thüringen wird?"[252] Er antwortete vorerst ausweichend, aber in der Tendenz deutlich mit dem Hinweis auf Brills Einsetzung durch die Amerikaner und Pauls Arrangement bei dem Einzug der Roten Armee am 2. Juli in Gera. Das hatte sich im Lande herumgesprochen.

Der Landesvorstand der Sozialdemokraten beschloß noch am Nachmittag des 10. Juli, der KPD sofort mitzuteilen, „daß nach seinem Wunsche Genosse Brill die Leitung der Regierungsgeschäfte in Thüringen behalten soll". Gleichzeitig baute man aber eine Auffangposition auf, indem für den Fall der Ablehnung Brills durch die Sowjets Georg Appell, der Regierungsdirektor im Landesamt für Verkehr, vorgeschlagen wurde. Man bat die Landesleitung der KPD, „diesen Vorschlag zu unterstützen".[253] Noch am Abend desselben Tages, zwischen 19 und 20 Uhr, wurde dieser Beschluß der KPD durch Eilboten zugeleitet. Damit war die politische Willensbekundung der Sozialdemokraten, die sich fortan in der politischen Korrespondenz mit den Sowjets und der KPD nicht mehr BdS-SPD nannten, obwohl sie sich als Bund demokratischer Sozialisten-SPD erst zwei Tage zuvor im thüringischen Landesverband konstituiert hatten, klar; sie wollten Brill halten, und dieser wollte auch im Amt des

249 ebd. S. 1.
250 Schneider, Der rechte Sozialdemokrat Dr. Brill, a. O., Anm. 246. Zur Kritik an Brill als „Menschewik" 1922 vgl. o. III. 1.4.
251 Fragebogen Brills vom 10. 7. 1945, im Besitz Volker Wahls. Georg Appell, seit dem 2. 7. 1945 als Regierungsdirektor Leiter des Landesverkehrsamtes, schrieb am Schluß seines Lebenslaufes dazu: „Ich bin bereit, diese Tätigkeit fortzusetzen", in: HStA Weimar Büro des MP Nr. 66: Lebenslauf Georg Appells 10. 7. 1945.
252 Schneider, Der rechte Sozialdemokrat Dr. Brill, S. 2.
253 Landesvorstand der SPD-BdS an Landesleitung der KPD 10. 7. 1945, in: Rundschreiben der SPD Nr. 3, a. O. Anm. 251.

Regierungspräsidenten verbleiben. Zugleich waren aber zwei neue Kandidaten ins Gespräch gebracht worden, Rudolf Paul und Georg Appell.

Um diese beiden kennenzulernen, arrangierten die Sowjets noch am späten Abend desselben 10. Juli ein gemeinsames Treffen im Gebäude des Oberlandesgerichts in Jena, dem vorübergehenden Hauptquartier der SMATh. Zugegen waren neben Tschuikow und drei weiteren sowjetischen Offizieren Paul (DDP), Appell (SPD) sowie Ernst Busse, Walter Wolf und Georg Schneider von der KPD. Busse und Wolf waren wie Appell Regierungsdirektoren, zugleich aber auch die beiden führenden Köpfe der thüringischen Bezirksleitung der KPD, die zu diesem Zeitpunkt von Schneider noch nicht ausgebootet waren. Paul kam als Oberbürgermeister von Gera. Schneider oblag an diesem Abend der psychologisch nicht unwichtige Part des Dolmetschers. „Allgemein wurde über den Aufbau einer deutschen Selbstverwaltung in Thüringen gesprochen", nicht jedoch ein neuer Kandidat für das Amt des Regierungspräsidenten ausersehen. Dennoch war die Sitzung, die sich bis spät in die Nacht hinein hinzog, im Urteil Schneiders „für die Zukunft von großer Bedeutung".[254]

Das sollte sich schon am nächsten Tag zeigen. Am Vormittag dieses 11. Juli konferierten sechs sowjetische Generäle, unter ihnen wiederum Tschuikow, zusammen mit dem aus Berlin-Karlshorst angereisten Deutschlandexperten der Roten Armee, Semjonow, und Schneider als dem jetzt einzigen anwesenden deutschen Vertreter über die Frage: „Bleibt Dr. Brill als Präsident der Selbstverwaltung in Thüringen oder wird Dr. Paul an dieser Stelle eingesetzt?"[255] Appell stand demnach überhaupt nicht mehr zur Diskussion. Semjonow, der den Rang eines Generaloberst bekleidete, ließ zu Protokoll geben, „daß man in Berlin der Meinung sei, Dr. Brill käme als Kandidat des Präsidenten in Frage". Schneider, zu einer Stellungnahme aufgefordert, lehnte das entschieden ab: „Ich bitte darum, im Protokoll zu vermerken, daß der Vertreter der KPD Thüringen sich gegen eine Kandidatur Dr. Brills ausgesprochen hat." Er begründete seine Ablehnung mit Hinweisen auf Brills Verhalten in der Weimarer Republik – „stets gegen unsere Genossen im Thüringer Landtag aufgetreten" – und mit anderen summarischen Darlegungen, die er „über Dr. Brill erfahren hatte". Dabei handelte es sich um gänzlich an der Wahrheit vorbeigehende Aussagen zu Brills angeblich eigenmächtigem Vorgehen bei der Regierungsbildung im Mai/Juni 1945. Die Verhaltensweise Schneiders dokumentiert, abgesehen von dem falschen Leumundszeugnis, das er Brill ausstellte, den Machtanspruch des ZK der KPD in Thüringen. Schneider war gar nicht „der Vertreter der KPD Thüringens", das war Ernst Busse als Vorsitzender der thüringischen Landesleitung. Aber der war gar nicht als Teilnehmer geladen. So war Schneider schon erfolgreich dabei, sich durchzusetzen „gegen die", wie er später sagte, „falsch verstandene gemeinsame Politik mit der damals in Thüringen schon sehr aktiv arbeitenden sozialdemokratischen Partei".

Diese blieb nach der Jenaer Konferenz vom 11. Juli durchaus nicht tatenlos. Möglicherweise erfuhr sie von der dabei noch offengehaltenen Entscheidungslage, bei der zwar Schneider gegen Brill, Semjonow aber für diesen votiert hatte, während die Generäle der SMATh eine Priorität für Paul, ihren Geraer Empfangschef, zu erkennen gegeben hatten. Zugleich war die Haltung der Kommunisten Thüringens zu diesem Zeitpunkt offenbar noch von einer gewissen Sympathie für Brill bestimmt. Man hatte ihm ja auch nichts vorzuwerfen und seit der gemeinsam erlebten Befreiung Buchenwalds mit ihm und eigentlich auch nur durch ihn erfolgreich arbeiten können. Dem zurückgekehrten Moskauer Emigranten Schneider lagen diese Lebenserfahrungen völlig fern. Wer hatte da die höhere Legitimation zur

254 Beide Zitate in: Schneider, Der rechte Sozialdemokrat Nr. Brill, S. 2.
255 ebd. S. 2; das Folgende ebd. S. 2f.

politischen Mitarbeit in Thüringen? Schneider hat in seinen Erinnerungen deutlich zu erkennen gegeben, daß es im Juli 1945 zu Machtkämpfen zwischen ihm, dem ZK-Vertreter und der Marionette Ulbrichts, und den Buchwalder Kommunisten kam. „In teilweise heftigen Auseinandersetzungen gelang es mir schließlich, meine Genossen davon zu überzeugen, daß Brill als Ministerpräsident für Thüringen nicht in Frage käme. Diese Ansicht wurde schließlich auch in verschiedenen nachfolgenden Sitzungen und Besprechungen durchgesetzt. Brill wurde fallengelassen." Dies war Schneiders späterer Kommentar.[256]

Bevor es dazu kam, hat sich der Landesvorstand der SPD-BdS, wie er sich jetzt abkürzte, dagegen noch einmal nachdrücklich zu wehren versucht. Im Anschluß an eine interne Zusammenkunft Tschuikows mit Brill und Paul richtete er am 12. Juli „auftragsgemäß" eine Eingabe an die SMATh. Darin gaben die Sozialdemokraten Kenntnis von ihrem Beschluß vom 10. Juli, an Brill festhalten zu wollen, gegebenenfalls Appell als Kandidaten für das Amt des Regierungspräsidenten vorzuschlagen. Dies begründeten sie ausführlich mit ihren Wahlergebnissen 1928 und 1932: „Die Sozialdemokratische Partei erzielte bei den Wahlen 1928 in Thüringen eine Stimmenzahl von 368 885, die Kommunistische Partei von 138 046. Bei der Wahl 1932, in der Tiefe einer Depression, erzielte die SPD 231 231 und die KPD 159 233 Stimmen. Daraus ergibt sich, daß die Sozialdemokraten und Kommunisten einen psychologisch unerschütterten Kern selbst in der tiefen ökonomischen Depression der Thüringer Bevölkerung dargestellt haben. Das läßt den weiteren Schluß zu, daß sie auch heute noch das Ferment der politischen Willensbildung sind. Diese Tatsachen sind die sachliche Begründung für unseren Wunsch, unserem Genossen Brill weiterhin die Leitung der Regierungsgeschäfte in Thüringen übertragen zu wollen."[257]

Natürlich lag in so ausdrücklichen Hinweisen auf letzte Wahlergebnisse der Weimarer Republik auch der Versuch begründet, den Vertreter einer bürgerlichen Partei, eben Rudolf Paul (DDP), als Kandidaten für das Amt des thüringischen Landeschefs als demokratisch unlegitimiert auszuweisen und gleichzeitig und prospektiv mögliche Kandidaten der KPD als gegenüber der SPD deutlich unterlegen anzuzeigen. Die Eingabe hat die Entscheidung der SMATh nicht positiv beeinflußt. Am 14. Juli konferierte ihr Stab noch einmal allein mit Georg Schneider. „Brill wurde fallengelassen." Man beschloß, Rudolf Paul zum neuen thüringischen Landespräsidenten zu machen. Der Königsmacher Schneider holte ihn eigens am 16. Juli aus Gera ab.[258] Am Abend des Tages wurde im Beisein Brills sowie der Regierungsdirektoren Appell, Kolter, Busse und Wolf sowie Paul und Schneider die neue Verwaltung des Landes Thüringen „im Namen und auf Befehl des Marschalls der Sowjetunion, Shukow" eingesetzt: Paul wurde 1. Präsident des Landes Thüringen, Busse (KPD) 1. Vizepräsident, Appell (SPD) 2. und Kolter (Zentrum) 3. Vizepräsident.[259] Eine solche Entscheidung entzog dem von Brill eingeleiteten Versuch zur Gründung einer deutschen Volksrepublik auf der Basis einer Provinzialverwaltung der alten deutschen Länder den Boden. Gleichzeitig legte sie das Buchenwald-Erbe ad acta, ja schlimmer noch, sie warf dieses Erbe als Makulatur der Geschichte in den Papierkorb, aus dem es später die SED als Material für ihre antifaschistisch-demokratische Gründungslegende wieder hervorsuchte. Schneider hatte „unter ständig enger Fühlung" mit der SMATh vorgemacht, „was unter Blockpolitik mit der sozialdemokratischen

---

256 Schneider, Erinnerungen, S. 2.

257 AsD NL Brill 1: Landesvorstand der SPD an den russischen Kommandanten für das Land Thüringen 12. 7. 1945, abgedruckt in: Rundschreiben der SPD Nr. 3, S. 5, a. O. Anm. 251.

258 Schneider, Der rechte Sozialdemokrat Dr. Brill, S. 3.

259 HStA Weimar Büro des MP Nr. 459: Protokoll der Sitzung vom 16. 7. 1945.

bzw. den anderen Parteien zu verstehen ist", nämlich „die sozialdemokratischen Genossen von der Richtigkeit unserer Politik zu überzeugen und sie für unsere Politik zu gewinnen".[260]

Eine solche „Überzeugungsarbeit" hatte wesentlich in den eigenen Reihen zu beginnen. Am 9. Juli hatte die Landesleitung der KPD Thüringen zusammen mit dem BdS-SPD die „Herstellung einer politischen Einheit des werktätigen Volkes" beschlossen und dafür ein Aktionsprogramm und erste organisatorische Maßnahmen ins Auge gefaßt, zu denen insbesondere sofort einzurichtende kommunale Arbeitsgemeinschaftsräte gehören sollten. Das war Brills Initiative gewesen und entsprach dem politischen Erbe Buchenwalds. Innerhalb weniger Tage mußten Thüringens Kommunisten umdenken und sich den ganz anders orientierten ZK-Vorstellungen anschließen, wie sie im Berliner Aufruf vom 11. Juni 1945 publik gemacht worden waren. Am 15. Juli erläuterte Georg Schneider diese Programmatik auf der ersten Funktionärskonferenz der KPD Thüringen in Weimar.

In seiner mehr als einstündigen Rede, die bei weitem nicht das intellektuelle Niveau der Brill-Rede vom 8. Juli vor der ersten Landeskonferenz des BdS erreichte und auch nicht dessen mitreißende Dynamik aufwies, listete er mit magerer Rhetorik Gegenwartsaufgaben in Deutschland auf, denen er als gültiges politisches Leitmotiv das Bekenntnis voranstellte, „daß man von der Sowjet-Union lernen muß, daß die Politik der Sowjet-Union die einzig richtige ist".[261] Kein Wort fiel zu Buchenwald, nichts über den dort ermordeten Führer der KPD, Ernst Thälmann; dünn blieb Schneiders Anerkennung kommunistischer, erst recht anderer, etwa sozialdemokratischer Widerstandsarbeit während des Dritten Reiches.[262] Unerwähnt blieben die Antifa-Komitees, die sich im Mai 1945 überall in Thüringen, besonders in Weimar, Erfurt und Gera, stets unter Brills Schutz vor den Amerikanern, gebildet hatten, deren Befreiungseuphorie weite Teile des Landes überzogen hatte. Jetzt war Disziplin gefordert. „Diese Frage", so erläuterte Schneider den ihm schweigend zuhörenden Genossen, „muß viel strenger gestellt werden als bisher. Wenn irgendwelche Anweisungen gegeben werden und das als richtig angenommen wird, dann muß das auch durchgeführt werden, sonst kommen wir nicht vom Fleck."[263]

Innerparteiliche Diskussionen wie im Mai/Juni mit dem Gipfel der eigenmächtig am 9. Juli mit dem BdS/SPD getroffenen Entscheidung einer Fraktionsgemeinschaft waren vorbei. Jetzt war der als Anweisung zu begreifende Aufruf des ZK der KPD vom 11. Juni auch für Thüringen gültig. Damit war die in Buchenwald gewünschte, aber dort keineswegs schon realisierte Volksfrontgemeinschaft von Kommunisten und Sozialdemokraten ein vorerst auslaufendes politisches Muster. „Wir Kommunisten stehen auf dem Standpunkt, daß wir heute nicht für eine allgemeine einheitliche Partei sein können." Mit der dieser Richtungsangabe beigefügten Begründung, „wir würden damit einen großen Teil der Intelligenz und auch der Arbeiterklasse wieder von uns fernhalten", ließ Schneider durchblicken, daß die KPD in einem neuen Deutschland nicht mehr eine Randpartei im demokratischen Spektrum etwa der Weimarer Republik sein wollte, sondern einen Totalitätsanspruch vor Augen hatte. Das ließ Schneider auch in der in diesem gedanklichen Zusammenhang stehenden Formulierung erkennen: „Wir fordern alle demokratischen Parteien auf, mit uns gemeinsam zu arbeiten. Sie

260 Schneider, Erinnerungen, S. 1.

261 LPA Erfurt PDS I/1–001: Protokoll über die 1. Funktionärskonferenz der Kommunistischen Partei Thüringens am 15. 7. 1945 in Weimar, S. 6. „... diese Partei, der Lehrmeister, ist die Kommunistische Partei der Sowjet-Union", ebd. S. 3.

262 „Es gab nur einzelne kleine Gruppen, die in der Lage waren, irgendwelche kleine Hinderungsaktionen, kleine Flugblätter, Handzettel zu verteilen", ebd. S. 1.

263 ebd. S. 25.

sollen uns helfen."[264] Damit war ein Bund demokratischer Sozialisten als neue, durchaus einzige deutsche Arbeiterpartei, der sich auch die alte KPD anschließen sollte, also die parteipolitische Realisation der Volksfrontidee der Widerstandszeit, hinfällig geworden. Ein solches Neu Beginnen sollte es auch nicht in Thüringen geben. Die Woche vom 9.–16. Juli 1945 entschied darüber negativ. Die Überzeugungsarbeit der Beauftragten Ulbrichts wirkte bei den thüringischen Kommunisten nach außen hin schnell.

Anders war es naturgemäß bei den Sozialdemokraten. Sie waren nicht gewillt, die Absetzung Brills als Regierungspräsident Thüringens einfach hinzunehmen. Der Berliner Rundfunk hatte die Regierungsneubildung am Mittag des 17. Juli bekanntgegeben. Der am selben Nachmittag tagende Landesvorstand der SPD/BdS hielt nach einem ergänzenden Bericht Brills „zur augenblicklichen politischen Lage" fest, „daß die Verantwortung für diese Regierungsbildung allein von der russischen Besatzungsmacht bzw. der Kommunistischen Partei getragen wird". In deutlicher Distanzierung deklarierte man: „Weder die Sozialdemokratische Partei noch die beiden bürgerlichen Parteien der Demokraten und des Zentrums sind an dieser Regierung verantwortlich beteiligt." Gleichzeitig adressierte man an die Bezirksleitung Thüringens der KPD die Bitte „um Angabe der Gründe, aus denen Sie unseren Vorschlag nicht unterstützt haben".[265]

Es war zu der recht kuriosen Situation gekommen, daß am 16. Juli 1945 die 1. Ausgabe des neuen „Regierungsblatts für die Provinz Thüringen" erschien, herausgegeben von der Präsidialkanzlei des Regierungspräsidenten für Thüringen, in der die „Errichtung der Provinzial-Regierung in Thüringen" mit Brill als Regierungspräsidenten sowie Buchwald, Moog, Wolf, Gaertner, Kolter, Appell und Busse als Regierungsdirektoren bekanntgegeben wurde[266], während am selben Tag diese Provinzialregierung durch die sowjetische Besatzungsmacht abgesetzt und eine neue Landesregierung unter Landespräsident Paul eingesetzt worden war. Dabei war in „Berücksichtigung und Anlehnung an die Gliederung der Zentralverwaltungen in Berlin" Brills Landesverwaltung gänzlich aufgehoben und eine neue mit Paul als Präsidenten und drei weiteren Vizepräsidenten eingerichtet worden.[267] Der Vorwurf der SPD, am 17. Juli an die KPD gerichtet, an dieser Regierung genau so wenig beteiligt zu sein wie die beiden bürgerlichen Parteien, stimmte dabei so nicht. Richtig war aber, daß alles im Alleingang der SMATh mit Schneider beschlossen worden war. Welch ein Unterschied zu Brills Verhalten im Mai/Juni 1945, als er die Bildung der thüringischen Provinzialregierung als „ein kleines parlamentarisches Kunststück", d. h. gerade unter steter Konsultation des Thüringen-Ausschusses vollzog.

---

264 ebd. S. 28. Vgl. auch den dem Protokoll beigefügten Handzettel „Die nächsten Aufgaben der Kommunisten in Thüringen".

265 LPA Erfurt PDS II/2–003: Landesvorstand der SPD-BdS Thüringen Protokoll der Sitzung vom 17. 7. 1945 in Weimar mit zwei Anlagen.

266 BA NL Brill 95: Regierungsblatt für die Provinz Thüringen Nr. 1 vom 16. 7. 1945.

267 HStA Weimar Büro des MP Nr. 246: Umgliederung der Landesverwaltung; Paul als dem Präsidenten waren untergeordnet die Präsidialkanzlei, die Gesetz-Abteilung, die Justizverwaltung und ein Wirtschaftsstab für Sonderaufgaben; 1. Vizepräsident Busse (KPD) leitete die drei Landesämter für Inneres, Arbeit- und Sozialwesen sowie Gesundheit, 2. Vizepräsident Appell (SPD) die für Verkehr, Volksbildung und Finanzen, 3. Vizepräsident Kolter (Zentrum) die für Landwirtschaft, Industrie sowie Handel und Versorgung. Für Appell gab Paul am 20. 7. 1945 die Erklärung ab: „Ich kann bestätigen, daß er besonders rührig ist und bin überzeugt, daß er seinem Posten als Leiter des Verkehrswesens gewachsen sein wird", HStA Weimar Büro des MP Nr. 66: Lebenslauf Dr. Appell vom 10. 7. 1945 mit Marginalie Pauls vom 20. 7. 1945. Werner Eggerath, Nachfolger Pauls nach dessen Flucht im Amt des thüringischen Ministerpräsidenten, urteilte am 7. 12. 1948 über Appel: „Er ist zwar politisch aktiv, doch gelingt es ihm nicht immer, die konsequente marxistisch-leninistische Einstellung zu finden." Obwohl Appell nie Urlaub nahm, urteilte Eggerath negativ über ihn, daß er „nicht immer die erforderliche Initiative und Energie entwickelt", in: HStA Weimar Büro des MP Nr. 66, Aktennotiz Eggeraths vom 7. 12. 1948. Dieses negative politische Urteil eines SED-Genossen über Appell leitete dessen politische Verdammnis ein; Appell wurde daraufhin am 5. 7. 1949 aus dem Dienst des Landes Thüringen entlassen, ebd. Max Kolter starb bereits am 27. 12. 1945.

Am 21. Juli sah sich die Bezirksleitung der KPD Thüringens endlich in der Lage, den SPD-Brief vom 10. Juli zu beantworten. Das konnte nur bedeuten, daß erst jetzt die „teilweise heftigen Auseinandersetzungen" beendet waren, mit denen Schneider bei der KPD-Thüringen den Beschluß und die aufklärenden Nachhutgefechte darüber durchgesetzt hatte, „daß Brill als Ministerpräsident für Thüringen nicht in Frage käme".[268] Die Kommunisten schrieben den Sozialdemokraten, erkennbar um Ausflüchte bemüht, man habe auf den Brief vom 10. Juli nicht schriftlich geantwortet, weil man der Auffassung gewesen sei, „daß sich die strittigen Fragen mündlich rascher und leichter erledigen lassen".[269] Doch man gab auch indirekt zu erkennen, daß man in der Zwischenzeit auf kommunistischer Seite ideologische Klärungsprozesse durchmachen und dabei die Buchenwalder Tradition aufgeben mußte: „Die grundlegende Differenz in unseren Auffassungen erscheint uns darin zu liegen, daß Ihr, wie schon in Eurem Buchenwalder Manifest mehrfach betont, die Einführung des Sozialismus als Gegenwartsaufgabe stellt." Das hatten die Kommunisten Buchwalds auch getan, durften es aber jetzt nicht mehr vertreten. Infolgedessen enthielt ihr Brief vom 21. Juli ein Resümee aus dem Berliner ZK-Aufruf vom 11. Juni und der großen Schneider-Rede vom 15. Juli in Weimar.[270] Dabei widersprach man ungeniert jener Einheitsparole, mit der man in der zweiten Aprilhälfte vom Ettersberg nach Weimar gezogen war, denn jetzt sollte die Auffassung gültig sein, „daß die Schaffung einer einheitlichen Arbeiterpartei nicht die primäre Aufgabe sein kann, weil eine solche Partei nur Bestand haben wird, wenn sie aus dem gemeinsamen Kampf heraus erwächst". Genau diese Kampfesgemeinschaft war ideelles Gemeingut der Buchenwalder Kommunisten. Doch die nachfolgenden Tatsachen, daß Hermann Brill eine solche politische Gemeinschaft unter dem Signum des demokratischen Sozialismus gründete und die Kommunisten dabei nur Mitglied, nicht aber leitender Initiator waren, änderten die Einstellungen. Deswegen lehnte die KPD Thüringens jetzt alles ab, genauso wie die Kommunisten in Berlin dies im Mai 1945 gegenüber den Angeboten der dortigen Sozialdemokraten, vorgetragen von Fechner, getan hatten. Kühl beschied man jetzt den thüringischen Sozialdemokraten, daß „es wohl nicht angängig sein" könnte, „daß eine Partei der anderen irgendwelche Vorschriften organisatorischer Art macht".[271]

Der Wind hatte sich gedreht. Brill wurde am 24. Juli zu einer Unterredung mit Kolesnitschenko, dem Chef der Verwaltung der SMATh, geladen. Dabei wurde ihm von russischer Seite die Nicht-Akzeptanz seines Buchenwalder Manifestes, das bereits in russischer Sprache vor ihm auf dem Tisch lag, vorgehalten. Insbesondere sei die Sozialisierung als Gegenwartsaufgabe unmöglich. Brills Hinweise auf ihm als notwendig erscheinende Enteignungen der Gothaer und Altenburger Herzöge, mehrerer großindustrieller Betriebe wie der Gustloff-Werke, des Heinrichs-Werks in Suhl, Mauxion in Saalfeld, Vogel-Verlag in Pößneck oder der Bayerischen Werke in Eisenach wies Kolesnitschenko als „unmöglich ... in einem kleinen Land" zurück. Er wollte dagegen, daß „die private Unternehmerinitiative wieder freien Spielraum hat". Gleichzeitig lehnte er aber ausdrücklich „eine Wiederentstehung des parlamentarisch-demokratischen Systems" als unzulässig ab. Die darin liegenden Widersprüche wurden ihm nicht offenbar. Dagegen glaubte er, solche wahrnehmen zu können bei einem Vergleich zwischen Brills Buchenwalder Manifest und den Berliner Aufrufen von KPD und

268 Schneider, Erinnerungen, S. 2.

269 AsD NL Brill 1: KP-Bezirksleitung Thüringen an SPD-BdS-Landesvorstand Thüringen 21. 7. 1945.

270 „Wir sind der Auffassung, daß Deutschland z. Zt. nicht reif für den Sozialismus ist ..., daß nicht die unmittelbare Einführung des Sozialismus auf der Tagesordnung steht, sondern daß es jetzt in erster Linie darauf ankommt, das deutsche Volk über den wirklichen Zustand der Lage aufzuklären ...", ebd. S. 1.

271 ebd. S. 2; der Passus bezog sich auf Gewerkschaftsfragen, hatte aber darüber hinausgehende Bedeutung.

SPD. Brill stellte das nicht in Abrede, schätzte es aber als einen natürlichen geistigen Klärungsprozeß ein, den nur ein Reichsparteitag beenden könnte. Die Sowjets wollten eine Absage an das Buchenwalder Manifest und eine Übernahme des SPD-Aufrufs vom 15. Juni erwirken.

Man schied am 24. Juli in Weimar in erkennbarem Widerspruch. Brill hatte sich jetzt auch bei den sowjetischen Besatzern in Mißkredit gebracht. Dennoch nahm er ihn jetzt erreichende Angebote der Amerikaner nicht an, Thüringen zu verlassen und nach Hessen zu kommen.[272] Dem Landesvorstand seiner Partei gegenüber wies er am 30. Juli darauf hin, daß „bestimmte Schwierigkeiten in der Frage der Einheitsfront sowie in der Frage der Zusammenarbeit mit den russischen Besatzungsbehörden" bestünden.[273] Der Landesvorstand beschloß daraufhin, sich dem Berliner SPD-Aufruf vom 15. Juni anzuschließen und seine Bereitschaft zu erklären, daß die in Berlin getroffene Vereinbarung von SPD und KPD „zur Grundlage unserer Arbeit in Thüringen gemacht" werde. Der Anschluß an diese von der KPD initiierte Blockbildung bedeutete für Thüringen das Ende der sozialdemokratischen Initiative vom Bund demokratischer Sozialisten. Der neue Block antifaschistischer Parteien hob auch die Existenz des Thüringen-Ausschusses als des letzten Relikts aus Buchenwalder Gründungszeiten auf.

Am 18. Juli, zwei Tage nach seiner Ernennung zum neuen thüringischen Landespräsidenten, war Paul vor diesen Thüringen-Ausschuß getreten, der im übrigen im Unterschied zu Brills Zeiten gänzlich unbeteiligt bei der Regierungsneubildung geblieben war. Es war ein Vorstellungsgespräch als neuer Landesvater. Paul nutzte es demgemäß zur eigenen Profilierung. Er tat es mit deutlichen Akzentuierungen Brills. Der Vergleich fiel blass für ihn aus: „Ich will keinen persönlich angreifen, am wenisten meinen Vorgänger, das verbietet der Anstand, das verbietet vor allem aber die Person meines Vorgängers. Denn diese Person ist erhaben darüber, daß er ohne jeden Zweifel das Beste für unser Land erhofft hat. Er ist ein Mann mit einem asketischen Denken und außerordentlichem Fleiß, ein Mann mit großen anderen Fähigkeiten. Ich bringe diese Voraussetzungen meines Vorgängers nicht mit, aber ein helles Ohr für die Bedürfnisse im Land."[274] Seine Hellhörigkeit glaubte er besonders durch den Wunsch zum Ausdruck bringen zu können, „daß Weimar nicht mehr ein Kuhdorf, sondern die Hauptstadt eines Landes ist". Hier sprach wohl eher ein Populist, der die Mühe scheute, ein Hoppla-jetzt-komm-ich-Image zu verbergen, als ein würdiger Nachfolger Brills im Amt des Thüringer Landespräsidenten.

Brills mißglücktes Gespräch mit Generalmajor Kolesnitschenko am 24. Juli blieb nicht ohne Folgen. Man verhaftete ihn. Am späten Samstagnachmittag des 4. August nahm ihn ein russischer Soldat in amerikanischer Uniform fest, führte ihn in das Haus Kirschbachstr. 23 und hielt ihn dort „unter ständiger Bewachung zuerst in einem schmutzigen und stinkenden Schlafzimmer, dann in einer ebenso unsauberen Küche gefangen".[275] Da unter dem Personal ein ehemaliger Buchenwald-Häftling war, der ihn erkannte, kam er gegen 23.00 Uhr wieder frei. Man hatte ihm die ganze Zeit über immer wieder eine Frage gestellt: „Was ich in den 12 Jahren unter dem Faschismus gemacht hätte und ob ich Mitglied der NSDAP gewesen sei." Die Entlassung war als vorübergehend anzusehen, denn er sollte sich am 6. August um 20.00 Uhr am selben Ort wieder melden.

---

272 Zu den Angeboten der Amerikaner an Brill vgl. BA NL Brill 97: Die politische Entwicklung Thüringens unter der sowjetischen Besatzung und BA NL Brill 96: Brill an Hilpert 4. 10. 1945.

273 LPA Erfurt PDS II/2-003: Protokoll der Sitzung des Landesvorstands der SPD-BdS am 30. 7. 1945 in Weimar.

274 BA NL Brill 95: Paul auf der 6. Sitzung des Thüringen-Ausschusses 18. 7. 1945.

275 HStA Weimar Büro des MP Nr. 724: Brill an den Präsidenten des Landes Thüringen 5. 8. 1945. AsD NL Brill 1: Brill an Bernhard Bähre 18. 3. 1946: „Am 4. und 6. 8. 1945 haben mich die Russen – natürlich aus Versehen – verhaftet."

Nicht ohne einen leisen Ton der Ironie, aber entschlossen in der Sache, schrieb Brill davon seinem Amtsnachfolger Paul. Bisher habe er gedacht, „daß die russischen Besatzungsbehörden einigermaßen darüber unterrichtet sind, worin mein Leben unter dem Faschismus bestanden hat". Das scheine nicht der Fall zu sein. Da er nun „unter dem Bolschewismus nicht denselben Denunziationen und Willkürhandlungen ausgesetzt" sein möchte „wie unter dem Nazismus", bat er Paul um die sofortige Ausstellung eines entsprechenden Ausweises, aus dem hervorgehe, „wer ich bin", und in dem die russischen Behörden gebeten werden, „mir Schutz zuteil werden zu lassen". Er schloß mit der ausgedrückten Hoffnung, „daß endlich der normale rechtsstaatliche Schutz der persönlichen Freiheit wiederhergestellt wird".

Ob ein solcher Schutzbrief von Paul ausgestellt wurde, ist nicht bekannt. Es sind Zweifel angebracht, da sich Brill am Anfang der neuen Woche, am 6. August, wohl unmittelbar nach der Sitzung der sich jetzt als Bezirksvorstand Thüringen darstellenden SPD (ohne Zusatz BdS) mit seiner Familie von Weimar in den Thüringer Wald absetzte und auf dem Rennsteig in Masserberg ein zunächst verborgenes Quartier bezog, in dem er bis zum 2. September 1945 blieb. Diese Flucht Brills, der wohl davon gehört haben mag, daß das ehemalige Konzentrationslager Buchenwald wieder vom sowjetischen Geheimdienst gerade im August 1945 in Betrieb genommen wurde, setzt einen dramatischen Punkt unter seine Karriere als Regierungspräsident der Provinz Thüringen. Was nachfolgte, war ein vergebliches Aufbäumen gegen eine andere Zeit. Der geistige Urheber des demokratischen Sozialismus und Initiator seiner politischen Umsetzung kehrte im August 1945 als Flüchtling in den Thüringer Wald zurück, aus dem er 1909 mit der Übersiedlung nach Gotha als politischer Hoffnungsträger aufgebrochen war.

6 Brills Widerstand gegen die kommunistische Machtergreifung

6.1 Die Agitation der KPD und die Spaltung der SPD

Brill, ein Mann der Tat, hochmotiviert, bestens legitimiert, hat die Rolle des Opfers nicht akzeptiert, zumindest nicht sofort. Er blieb auch nach seiner von der SMATh und der KPD erzwungenen Demission als Regierungspräsident im Lande, übernahm sogar ein öffentliches Amt, wirkte aber vor allen Dingen als Landesvorsitzender der SPD. Als solcher suchte er den Gründungsvorgang der SED zu hemmen, der in Thüringen seinen wesentlichen Vorlauf hatte. Gegner erwuchsen ihm dabei von allen Seiten, von den Sowjets, der Bezirksleitung der KPD und aus dem Landesvorstand der eigenen Partei, wo sich um den stellvertretenden Landesvorsitzenden Heinrich Hoffmann alias „88" eine innerparteiliche Fronde bildete, in der sich im Verlauf des Winters 1945/46 Curt Böhme, Gustav Brack, Marie Carnarius und der Parteisekretär Hans Freiburg zusammenfanden.

Hoffmann, ehemals persönlicher Referent im Range eines Regierungsrats beim Regierungspräsidenten Brill[276], übernahm dabei die Rolle des Vorreiters. Er hatte als erster

276 Heinrich Hoffmann, Antworten zum Fragenkatalog 6. 7. 1945, in: IfGA ZPA EA 1365/1, S. 12. Die im Institut für die Geschichte der Arbeiterbewegung in Berlin archivierten Erinnerungsberichte Hoffmanns, auch seine darin enthaltenen Korrespondenzen, u. a. mit Franz Dahlem, enthalten eine Fülle von Hinweisen auf seine wachsende, offenbar von einer pro-kommunistischen Einstellung und einem persönlichen Geltungsbedürfnis begünstigte Gegnerschaft zu Brill. Die sachlichen Aussagen stimmen teilweise nicht mit staatlichen Akten oder parteiamtlichen Zeugnissen überein, teilweise sind sie nicht nachprüfbar. Stets lobend hat ihn Georg Schneider erwähnt, LPA Erfurt PDS V/5/239: Schneider, Erinnerungen.

Sozialdemokrat die neue Windrichtung aufgenommen. Am 24. Juli war ihm in einem Gespräch mit dem Chef der SMATh, Kolesnitschenko, dessen Anlaß der Wunsch der SPD nach einer eigenen Landeszeitung war – genehmigt wurde nicht die Wiederaufnahme der alten sozialdemokratischen Landeszeitung ‚Das Volk', gedacht war an den neuen Titel ‚Freiheit', genehmigt wurde dann am 8. September 1945 die ‚Tribüne', allerdings nur als eine 3mal wöchentlich erscheinende Ausgabe –, bedeutet worden, daß der Sozialismus als Gegenwartsaufgabe verfehlt sei; einen Bund demokratischer Sozialisten könne es folglich nicht geben, das Buchenwalder Manifest sei ein falsches politisches Programm. Kolesnitschenko wollte nur einen thüringischen Landesverband der SPD genehmigen, weil allein das mit dem Befehl Nr. 2 der SMAD vom 10. Juni vereinbar sei, und empfahl das Aktionsprogramm der Berliner KPD und SPD vom 19. Juni sowie den am 14. Juli 1945 von diesen beiden Parteien sowie von CDU und LPD beschlossenen „Block der antifaschistisch-demokratischen Parteien" zur Nachahmung für Thüringen.[277]

Die Bezirksleitung der KPD Thüringens lud ganz folgerichtig drei Tage später, am 27. Juli, die Vorstände der anderen drei Parteien des Landes „zu einer gemeinsamen Besprechung zur Schaffung eines antifaschistischen Blocks" für den 31. Juli nach Weimar ein. Sie schlug dafür, „um schnell zu einem Ergebnis zu kommen", jene fünf Punkte als Gesprächsgrundlage vor, die KPD, SPD, CDU und LDP am 14. Juli in Berlin vereinbart hatten.[278] Doch die thüringischen Kommunisten übernahmen sich allem Anschein nach mit diesem Nachweis prompter Initiativkraft. Zwar fand eine Begegnung statt, doch verlief sie ergebnislos, da sich Busse als Vorsitzender der Bezirksleitung als verhindert entschuldigen mußte. Erst nach dem 5. August, an dem Ulbricht in Erfurt auf der 2. Bezirkskonferenz der KPD vor 400 Delegierten gesprochen und dadurch die Parteilinie geklärt hatte[279], war die KPD in den Stand gesetzt, ZK-konform in Weimar aufzutreten. Das bedeutete auch, zunächst eine Aktionsgemeinschaft mit der SPD einzugehen, um danach den Block zu suchen. So geschah es am 8. August.

Dieser Termin war auch aus einem anderen Grunde günstiger. Brill war nicht dabei. Er war am 4. August von sowjetischen Militärkräften verhaftet worden, zwar nach 5 Stunden wieder freigekommen, aber am 6. August nach der Sitzung des Landesvorstands der SPD mit seiner Familie aus Sicherheitsgründen nach Masserberg auf den Rennsteig ausgewichen.[280] Offiziell galt er als krank. Die Sowjets hatten ihm bei der Verhaftung gedroht, ihn „vor ein Kriegsgericht" zu stellen, falls er nicht aufhöre, „die Verwirklichung des Sozialismus als eine Gegenwartsforderung zu propagieren".[281] Auf der Sitzung des Landesvorstands am Montagmorgen des 6. August 1945 teilte Brill den anderen Genossen mit, auch ihm sei „in einer weiteren Unterredung" mit einem Oberst der SMATh erklärt worden, die Bezeichnung Bund demokratischer Sozialisten sei verboten, „so daß wir uns SPD nennen müssen". Das Buchenwalder Manifest sei nur noch „als historisches Dokument zu behandeln", der Aufruf des Berliner ZA vom 15. Juni gelte jetzt auch für die thüringische SPD.[282] Mit keinem Wort erwähnte er gegenüber dem Vorstand seine Absicht, noch am selben Tag Weimar zu verlassen, allein Adolf Bremer, den Organisationssekretär der Partei, zog er am Rande der Sitzung ins Vertrauen.

Brills Abwesenheit brachte den stellvertretenden Landesvorsitzenden Hoffmann in die

277 AsD NL Brill 1: Niederschrift der Unterredung Heinrich Hoffmanns mit Kolesnitschenko 24. 7. 1945.

278 ebd. KPD an SPD 22. 7. 1945.

279 Zu Ulbrichts Erfurter Rede vom 5. 8. 1945 s. Fuchs, S. 168.

280 Vgl. o. VI. 5. und Anm. 275.

281 BA NL Brill 27: Brill an Friedrich Adler 22. 4. 1947.

282 LPA Erfurt PDS II/2–003: Protokoll der Sitzung des Landesvorstands der SPD Thüringen 6. 8. 1945, S. 2. Die gedanklichen Beziehungspunkte des Buchenwalder Manifestes mit dem ZA-Aufruf, der ja von Demokratie in Staat und Gemeinde sowie Sozialismus in Wirtschaft und Gesellschaft sprach, wurden nicht erörtert, es ging den Sowjets vielmehr um die von Berlin aus zu kontrollierende Konformität und die organisatorischen Initiativen der KPD.

günstige Position des ersten Gesprächspartners der KPD. Auch dort erkannte man den Vorteil der neuen Lage sofort. Noch drei Jahre später, als der thüringische ZK-Beauftragte Schneider seine Erinnerungen über den Sommer und Herbst 1945 schrieb, war er vom Schwung der damaligen Tage bestimmt. Durch Brills offizielle Krankmeldung habe man den Kontakt mit anderen Sozialdemokraten aufnehmen können. „Mit diesen anderen Genossen, es war das im wesentlichen Curt Böhme, Heinrich Hoffmann, arbeiteten wir zusammen, indem wir regelmäßig die von uns gefaßten Beschlüsse ihnen mitteilten, uns mit ihnen berieten und versuchten, ihnen die Richtigkeit unserer Beschlüsse zu zeigen." Am 8. August 1945 lief das gar so flott und locker, daß KPD und SPD ihre Aktionsgemeinschaft „bei Kaffee und Kuchen bekräftigten".[283]

Mag die Atmosphäre so gewesen sein, in der Sache beschlossen beide Seiten an jenem 8. August 1945, als „Ausdruck der Aktionseinheit der Kommunistischen Partei und der Sozialdemokratischen Partei" einen Arbeitsausschuß einzusetzen. Dessen je sechs Vertreter wollten eine enge Zusammenarbeit bei der „Liquidierung der Überreste des Nazismus und zum Wiederaufbau des Landes auf sicherer Grundlage" eingehen, mit den anderen Parteien einen festen antifaschistischen Block bilden, Arbeitsgemeinschaften von KPD und SPD auch im Lande Thüringen eingehen, gemeinsame Veranstaltungen durchführen und einvernehmlich ideologische Fragen klären. Als Aufruf „An das werktätige Volk Thüringens" gab man dies alles bekannt und sicherte sich gegenseitig die „politische Einheit" als verpflichtendes Ziel zu.[284] „In einem feierlichen Schriftstück unterschrieb jeder einzelne Teilnehmer."[285]

Dieser etwas gestelzte Kommentar Schneiders, der zu den Unterzeichnern gehörte, auffällig changierend mit dem zuvor gemachten saloppen Hinweis auf Kaffee und Kuchen, läßt die Genugtuung des Siegers im als historisch erscheinenden Augenblick erkennen. Exakt einen Monat nach jenem Plakat vom 9. Juli 1945, das die Buchenwalder Häftlinge gemäß Brills Initiative zur „Herstellung einer politischen Einheit des werktätigen Volkes", ebenfalls adressiert „An das werktätige Volk Thüringens", beschlossen hatten, war ein verwirrender Wechsel eingetreten. In der verbalen Präsentation politischer Ziele schien sich nichts geändert zu haben zwischen den Aktionen vom 9. Juli und 8. August 1945. Der Unterschied, allerdings ein gravierender, kam in der Form zum Ausdruck: die KPD unterschrieb jetzt links, die SPD rechts, im Juli war es umgekehrt. Das brachte die Veränderung der politischen Kräfteverhältnisse ikonographisch zum Ausdruck. Es zeigte das Ende Buchenwalds und den gelungenen Einstieg der Moskauer Emigranten und ihres ZK-Beauftragten Georg Schneider in Thüringen an.

Die SPD begann mit Heinrich Hoffmann in ein neues Fahrwasser zu driften. Noch gab sie dabei das ihr allein durch das Ansehen Brills zugewachsene Selbstbewußtsein nicht ganz preis. In der außerordentlichen Sitzung ihres Landesvorstands focht sie am 11. August in Abwesenheit Brills für die Anerkennung ihrer zumindest gleichwertigen politischen Rolle im Landeskabinett. Die am 16. Juli 1945 von der SMATh eingesetzte neue Landesverwaltung Thüringens, welche die vorangegangene, auf Vorstellungen Brills über eine deutsche Volksrepublik zurückgehende Provinzialverfassung ablöste, hatte zwar in der Einsetzung eines Präsidenten (Paul, parteilos) und drei diesem nachfolgenden Vizepräsidenten (Busse, KPD, Appell, SPD, Kolter, CDU) die Regierungsbeteiligung aller antifaschistischen Parteien als Block zum Prinzip gemacht, aber in der davon unberührt bleibenden Zuweisung der einzelnen Landesäm-

283 LPA Erfurt PDS V/5/239: Schneider, Erinnerungen, S. 2. Das Dokument trägt das Datum des 25. 9. 1948.
284 LPA Erfurt PDS III/1–001: An das werktätige Volk, Aufruf von SPD und KPD vom 8. 8. 1945. Das Dokument trägt je 6 Unterschriften beider Parteien, darunter aber nicht die Brills.
285 Schneider, a. O. Anm. 283.

ter an Landesdirektoren eine deutliche Stärkung der KPD und eine Schwächung der SPD bewirkt. Das von den Kommunisten seit Buchenwald so dringend gewünschte, ihnen aber nicht, weder im Mai bei der Einsetzung von Verwaltern, noch im Juni bei der Bestellung von Landesdirektoren, zugestandene Landesamt für Inneres wurde jetzt am 20. Juli dem ersten Vizepräsidenten Ernst Busse übertragen. Dieser war außerdem für die als Abteilung in der Präsidialkanzlei ressortierende gesamte Personalpolitik der Landesverwaltung zuständig.[286] Diese Funktion hatte unter Brill Böhme (SPD) inne. Neben Busse stellte die KPD mit Walter Wolf den Landesdirektor im Landesamt für Volksbildung und in gleicher Funktion Willi Albrecht im umbenannten und erweiterten Landesamt für Arbeit und Sozialpolitik.[287] Demgegenüber hatte die SPD allein Georg Appell als Leiter des Landesamtes für Verkehr und Erich Drechsler als Leiter des aus dem Landesamt des Innern ausgegliederten Landesgesundheitsamtes.[288] Die Landesämter für Land- und Forstwirtschaft (Kolter, CDU), für Finanzen (Moog, DDP) sowie Industrie, Handel und Gewerbe (Curt Fischer, parteilos) waren den anderen Parteien zugewiesen.[289]

Curt Böhme hatte nun Mitte August im Auftrag des Landesvorstands der SPD gegenüber Busse von der Bezirksleitung der KPD zu verstehen gegeben, „daß auf dem jetzt eingeschlagenen Boden eine aufrichtige Zusammenarbeit unserer beiden Parteien nicht möglich ist“. Die Herabstufung der Sozialdemokraten bei der Vergabe der Landesämter müsse man als „eine Brüskierung der Partei“ ansehen. Die Kommunisten hätten zu beachten, daß die SPD „bei Wahrung der Parität Anspruch auf ein drittes Landesamt“ erhöbe. Der SPD-Bezirksvorstand billigte diese energische Demarche Böhmes und faßte am 11. August den Beschluß, ihn selbst für die Leitung des Landesamtes des Innern zu nominieren „unter der Voraussetzung, daß seitens der KPD der Anspruch (sc. der SPD) auf drei Landesämter nicht bestritten wird“.[290] Dieser Beschluß ließ sich durchsetzen. Curt Böhme wurde am 16. August 1945 die Leitung des Landesamtes des Innern übertragen, an die von ihm freigemachte Stelle des Direktors der Präsidialkanzlei trat allerdings zwei Tage später mit Paul Ewerth ein weiterer Kommunist.[291] Die personalpolitische Entscheidung für Böhme erweiterte dessen Sympathiebereitschaft für die KPD.

Diesem durchaus etwas zweifelhaften personalpolitischen Erfolg, der zwar nicht den status quo ante sozialdemokratischer Präsenz in der Landesverwaltung wieder herstellte, wohl aber der Partei nach außen hin in den obersten Leitungsfunktionen der Landesämter eine Parität mit der KPD verschaffte, konnte sie einen weiteren hinzufügen, allerdings nicht von vergleichbarem politischen Gewicht. Am 21. September 1945 wurde Hermann Brill auf Veranlassung Böhmes zum Aufsichtsratsvorsitzenden der Thüringischen Verwaltungs-Gesellschaft mbH ernannt. Dieser Gesellschaft oblag die Beschlagnahme und fiskalische Nutzung nationalsozialistischen Vermögens durch das Land Thüringen. Damit übernahm Brill jene, jetzt sächlich etwas erweiterte Funktion, die er selbst im Mai 1945 als Berater der amerikanischen Militärregierung dem Buchenwald-Häftling Werner Hilpert zugewiesen hatte. Politischen

286 HStA Weimar Min. d. Innern Nr. 2: Brief des bisherigen Landesdirektors des Landesamtes des Innern an den 1. Vizepräsidenten des Landes Thüringen 23. 7. 1945.

287 HStA Weimar Büro des MP Nr. 1079: Allgemeine Struktur der Landesverwaltung 20. 7. 1940 mit Schreiben Busses an Paul 26. 7. 1945.

288 ebd.

289 ebd.; ausführlich dazu Wahl, Beginn, S. 269ff.

290 LPA Erfurt PDS II/2–003: Protokoll der außerordentlichen Sitzung des Bezirksvorstandes der SPD, Bezirk Thüringen, 11. 8. 1945.

291 HStA Weimar Min. d. I. Personalakte Curt Böhme und Büro des MP Behördengeschichte.

Einfluß auf die Landesregierung gewann er dadurch nicht zurück.[292] Ohnehin wurde seine Funktion schon fünf Wochen später durch die Befehle Nr. 124 und 126 der SMAD vom 30. und 31. Oktober 1945, welche die Sequestrierung dieser Vermögenswerte vorsahen, überholt.

Das Augenmerk ist auch mehr auf die parteipolitische Entwicklung in Thüringen zu richten. Die Sozialdemokraten hatten durch das Einwirken der SMATh ihre Initiativkraft eingebüßt. Der Vorstand des sich seit Mitte August nicht mehr Landes-, sondern Bezirksverband Thüringen nennenden SPD gab den Mitgliedern am 16. August die neuen Tatsachen mit geschäftsmäßiger Nüchternheit bekannt. Die Besatzungsmacht habe „Anstoß an dem Namen ‚Bund demokratischer Sozialisten' sowie an dem Buchenwalder Manifest" genommen; das hätten alle Kreis- und Ortsvereine ab sofort zu beachten. Die Gründungsbezeichnung habe „von allen Briefbogen, Stempeln, Druckschriften usw." zu verschwinden, das Manifest sei „als historisches Dokument" abzulegen. Fortan sei man als Bezirksverband Thüringen der SPD dem Zentralausschuß in Berlin zugeordnet. An die neue Lage hätten sich alle „äußerst korrekt" zu halten.[293] Das Buchenwald-Erbe war verflogen, der aus eigener Widerstandskraft und -leistung resultierende Motivationsschub dahin, die Führungskraft begann auf die KPD überzugehen. Fortan schieden sich die sozialdemokratischen Geister an der Frage, ob sie mitgehen oder gegensteuern sollten. Hoffmann hatte sich bereits für die erste Variante entschieden, Böhme war sein Partner, Brill blieb bei der zweiten. Diese innerparteiliche Spaltung entkräftete die SPD in Thüringen noch mehr.

Am 17. August bildeten auch in Thüringen KPD, SPD, CDU und LDP einen Viererblock. Am Abend des nächsten Tages, einem Samstag, empfing Kolesnitschenko je einen Vertreter (Busse, Hoffmann, Riedel und Moog) des Blocks zum Abendessen und gab ihnen „einheitliche Richtlinien für die Parteien mit auf den Weg".[294] Danach sollten „theoretische Diskussionen" jetzt eingestellt und der Sinn „auf praktische Arbeit" gerichtet werden. Die konkreten Aussagen des Generals dazu blieben unklar. „Aktivierung der Parteiarbeit unter allen Umständen, Umerziehung des ganzen Volkes im demokratischen Sinne", Säuberung des Apparates. Allenfalls die Forderung nach einer „Aktivierung der politischen Tätigkeit im Hinblick auf die Neugestaltung der Wirtschaft" ließ Eingeweihte an die bald einsetzende Bodenreform (September 1945) und an die Industriereform (Oktober 1945) denken oder die zum 10. August 1945 befohlene Einrichtung von Zentralverwaltungen auf dem Boden der SBZ beachten. Kolesnitschenko machte dazu am Abend des 17. August in Weimar gegenüber den vier Blockvertretern keinerlei Andeutungen. Er verpflichtete sie nur des weiteren dazu, „dem

---

292 HStA Weimar Büro des MP Nr. 459: Protokoll der Sitzung der Landesverwaltung vom 21. 9. 1945, über die Einwirkung Böhmes bei der Berufung Brills berichtet Heinrich Hoffmann im Brief an Franz Dahlem 13. 2. 1971, in: IfGA ZPA NL 72/168. Die Gründung der Thüringischen Verwaltungs-Gesellschaft mbH geht zurück auf eine Anordnung der SMATh vom 5. 9. 1945, wonach „das beschlagnahmte Vermögen der Angehörigen der früheren NSDAP ordnungsgemäß betreut und verwertet wird und dem Landesamt für Finanzen zufließen und als Einnahme im Haushaltsplan berücksichtigt werden soll", in: HStA Weimar Büro des MP Nr. 1024: Landesamt für Finanzen an Präsident des Landes Thüringen 5. 9. 1945. Das nachfolgende Gesetz sah neben der Thüringischen Verwaltungs-Gesellschaft eine thüringische Staatsgesellschaft mbH vor; die Scheidung der Funktion ist diffus, vgl. HStA Weimar Min. d. Justiz Nr. 659: Erläuterung zum Gesetzentwurf für die Enteignung von Nazi-Vermögen 8. 9. 1945. Da nachfolgende Ausführungsgesetze ausblieben und Abstimmungen mit anderen Gesetzen (Enteignungsgesetz, Bodenreformgesetz, Wiedergutmachungsgesetz u. a.) trotz mehrfacher Anmahnungen von Brill bei Paul nicht erfolgten, erhielt die Thüringische Verwaltungs-Gesellschaft als vollziehende Behörde keine angemessene rechtliche Ausstattung. Der später an sie von den Sowjets gerichtete Vorwurf, sie sei untätig gewesen, war deswegen falsch adressiert, vgl. BA NL Brill 95: Brill an Paul 11. 12. 1945 und AsD NL Brill 1: Brill an Moog 6. 12. 1945.

293 LPA Erfurt PDS V/6/6–18: Rundschreiben Nr. 6 des Landesvorstandes Thüringen der SPD vom 16. 8. 1945. In diesem Rundschreiben ist u. a. die Rede von dem gewünschten Titel einer sozialdemokratischen Zeitung: ‚Freiheit'. Die alte sozialdemokratische Zeitung in Thüringen hieß ‚Das Volk'. Dieser Titel war nach 1945 gleichsam von der KPD okkupiert worden, die als erste eine Zeitung genehmigt bekam, die sie dann ‚Thüringer Volkszeitung' nannte.

294 LPA Erfurt PDS II/2–003: Protokoll der Vorstandssitzung der SPD Thüringens 21. 8. 1945, S. 2.

deutschen Volk die Beschlüsse der Potsdamer Konferenz beizubringen“ und überall im Lande organisatorisch präsent zu sein, „damit mehr Fühlungnahme mit dem wirklichen Volksleben möglich ist“. Solche Parolen kaschierten höchst unzulänglich das Verlangen nach politischer Monotonie auch in Thüringen und die Androhung restriktiver Maßnahmen, von denen die Wiedereröffnung des K. L. Buchenwald als eines jetzt vom KGB geführten Sonderlagers gerade in jenen Augusttagen die rigideste und gerade für Thüringen schrecklichste war. Vor dem SPD-Bezirksvorstand gab Hoffmann die Forderung der SMATh bekannt: „Eine völlige Gleichschaltung der Parteiarbeit und der Arbeit der Landesverwaltung muß erfolgen.“ Hinter der Nüchternheit des Protokolls konnte die Resignation der Vorstandsmitglieder ob eines solchen Verbots jeglichen politischen Eigenprofils der SPD durchscheinen: „Der Landesvorstand nimmt Kenntnis von den Mitteilungen, die Genosse Hoffmann über die Unterredung des Generalmajor Kolesnitschenko mit dem Genossen Hoffmann gelegentlich des Empfangs der Vertreter der vier Parteien am Sonnabend, den 18. 8. d. J. gemacht hat.“[295] Da auch Parteiprotokolle der SMATh zur Kenntnisnahme eingereicht werden mußten, unterlagen sie einer Selbstzensur. Mit Sitzungsniederschriften etwa des „Politischen Beirats“ beim Oberbürgermeister Weimars oder des „Thüringen-Ausschusses“ beim Regierungspräsidenten der Provinz Thüringen aus der amerikanischen Besatzungszeit waren sie deshalb nicht mehr vergleichbar.

Dafür gaben die Kommunisten den Ton an. Frei von Zensurbedenken und unbekümmert ob späterer Historikereinblicke beschrieb Georg Schneider die ab August 1945 auch in Thüringen gültige Lage so: „Das aktivste Element innerhalb des Blocks (sc. der antifaschistischen Parteien) war selbstverständlich, wie nicht anders zu erwarten, die KPD. In unseren Sitzungen besprachen wir bestimmte durchzuführende Maßnahmen, gingen danach zu den entsprechenden Genossen der SPD, sicherten uns ihr Einverständnis und traten nun schon zur entsprechenden Blocksitzung geschlossen auf. Wir waren zwar bereit, mit den anderen Parteien taktisch diese oder jene Frage zu beraten, prinzipiell aber führten wir auch die beiden anderen Parteien mit Hilfe der SPD weiter. Wir überzeugten in jedem einzelnen Fall die Vertreter dieser Parteien immer wieder von der Richtigkeit dessen, was wir vorhatten, und es gab keinerlei Beschluß, der nicht einstimmig gefaßt war... Die Taktik unserer Blockpolitik war stets folgende: Angreifen, zuschlagen, um dann zu einer prinzipiellen Einigung mit den Parteien zu kommen.“[296] Das war wohl jene Gleichschaltung, von der Kolesnitschenko am 18. August gesprochen hatte, die Schneider hier aus der Sicht des Jahres 1948, im Gefühl des politischen Sieges, aber ohne Verständnis für seinen Pyrrhus-Charakter und damit den Preis, mit strategischen Vorgaben und taktischen Verhaltensweisen erläuterte.

Zu den ersten „bestimmten durchzuführenden Maßnahmen“ gehörte auch in Thüringen die Bodenreform. Das ZK der KPD hatte in einer Sitzung am 22. August 1945 in Berlin allen Landessekretären mitgeteilt, daß „als nächste unmittelbare Aufgabe“ die Bodenreform, eine Justiz-, eine Finanz- und eine Schulreform durchzuführen seien. Ulbricht gab damals den Parteivertretern der einzelnen Länder die „Empfehlung“, mit, „nicht alle diese demokratischen Reformen zu gleichem Zeitpunkt, sondern nacheinander jedes Land mit einer dieser Reformen beginnend durchzusetzen“. So sollte in der Provinz Sachsen das Gesetz zur Bodenreform zuerst verfaßt und durchgesetzt werden, in Thüringen das zur Schulreform.[297] Der öffentliche Aufruf des ZK zur Bodenreform erfolgte erst am 8. September 1945.[298]

---

295 alle Zitate ebd.

296 Schneider, Erinnerungen, S. 3f., in: LPA Erfurt PDS V/5/239.

297 ebd. Schneider, Der Kampf um die demokratische Bodenreform in Thüringen 1945.

298 vgl. u. a. Hermann Weber, Kleine Geschichte der DDR, Köln 1980, S. 28.

Zu diesem Zeitpunkt hatte die thüringische KPD bereits in Weimar eine Bauernkonferenz durchgeführt, am 2. September, einem Sonntag, auf die sie schon 10 Tage zuvor in ihrer Presse, der ‚Thüringer Volkszeitung', ständig mit Appellen an die Bauern, Delegierte zu wählen, hingewiesen hatte. Die Weimarhalle, der größte überdachte Versammlungsort in der Stadt, war überfüllt. Eigens war Edwin Hoernle, Mitglied des ZK und Direktor der Landes- und Forstwirtschaftlichen Zentralverwaltung, aus Berlin angereist. Sein Wort an die Versammelten wurde wahr: „Thüringer Bauern! Deutschland wird ein neues Gesicht bekommen."[299] Die Versammelten konnten zur Annahme eines Aufrufs bewegt werden, der gemäß den ZK-Vorgaben „die Enteignung aller aktiven Nazi-Bauern und die Enteignung der Höfe wohlbegüterter Leute, die keine Bauern sind (Direktoren, Bankiers usw.)", sowie „in allen Dörfern des Landes Thüringen antinazistische Bauern-Komitees" vorsah.[300]

Die Unschärfe eines solchen Aufrufs liegt auf der Hand, enthielt er doch nicht einmal die von der KPD damals als Richtschnur der ersten Bodenreformschritte anerkannte 100 ha-Marke bei Enteignungen. Seine demagogische Handhabung war dadurch begünstigt, die Ausschaltung des Gesetzgebers durch die Aufforderung zur Bildung lokaler Bauern-Komitees vorbereitet. Die von Kolesnitschenko am 18. August vor den Blockvertretern gleichsam dekretierte „völlige Gleichschaltung der Parteiarbeit und der Arbeit der Landesverwaltung" war zugunsten der Parteidominanz verrückt, so, wie sie ja auch gemeint war.

In Thüringen folgte der Bauernkonferenz sofort eine Blocksitzung, angesetzt von der KPD, die im September 1945 turnusgemäß die Leitung im Block hatte.[301] Dabei kam es zu einem vorübergehenden Stolpern der Entwicklung. SPD und LDP sprachen sich für die Bodenreform aus, die CDU jedoch dagegen. Schneider als Vorsitzender drohte mit zwei Möglichkeiten: „Die Bodenreform vollzieht sich ohne den Block, spontan. Wir als Block stehen daneben und sehen zu." Als zweite Möglichkeit gab er „die einzig richtige Entscheidung" an, „der Block tritt geschlossen als führendes politisches Gremium auf, stellt sich an die Spitze des Willens der Bauernmassen und führt mit ihnen ordnungsgemäß, gesetzmäßig die Bodenreform durch". Ein thüringisches Landesgesetz gab es dazu gar nicht. Der Gesetzgeber, zu dieser Zeit, vor den ersten Landtagswahlen vom Herbst 1946, das Regierungskollegium mit Landespräsident Paul an der Spitze, hatte auch bisher keinerlei Vorlagen erarbeitet. Seit dem Vortrag, dem 4. September, lag allerdings die „Verordnung über die Bodenreform der Provinz Sachsen" vor. Diese händigte Schneider noch am Abend des 5. September als Vorgabe aus.[302] Paul reagierte etwas aufgeblasen: „Das werde ich in die Hand nehmen. Das werde *ich* machen."[303]

Er erreichte jedoch am folgenden Tag nichts, die CDU blieb bei ihrer Ablehnung, ihre Berliner Führung um Hermes und Schreiber war gegen eine entschädigungslose Enteignung. Als die thüringische CDU um Kolter am selben 6. September den Fehler beging, die Position des Berliner Vorstands mittels eines von der SMATh nicht genehmigten Flugblatts in Weimars Straßen bekanntzumachen, geriet sie in eine Klemme. Schneider nutzte das aus, lud noch am 6. September um 17.00 Uhr zu 20.00 Uhr zu einer außerordentlichen Sitzung in das Hotel

299 a. O. Anm. 297, S. 4 mit ausführlichem Zitat der Hoernle-Rede, Abdruck auch in der ‚Thüringer Volkszeitung' 5. 9. 1945. Auch Landespräsident Paul hielt bei dieser Versammlung „eine allgemeine, doch flammende Rede für die Notwendigkeit der Bodenreform", Schneider, a. O. S. 5, Abdruck der Paul-Rede ebenfalls in der ‚Thüringer Volkszeitung' 5. 9. 1945.

300 Aufruf der Landesbauernkonferenz vom 2. 9. 1945 in der Weimar-Halle, ‚Thüringer Volkszeitung' 4. 9. 1945.

301 Schneider, Bodenreform, S. 7; das Folgende ebd.

302 ebd. S. 9. Die „Verordnung über die Bodenreform der Provinz Sachsen" vom 4. 9. 1945 war auf eine russische Textvorlage zurückgegangen, dazu Wolfgang Leonhardt, Die Revolution entläßt ihre Kinder, Köln/Berlin 1956, S. 410f.

303 zit. von Schneider, a. O. S. 9.

„Germania“ ein, drohte dort mit einer Intervention der Sowjets und erreichte durch diesen Druck die Zustimmung auch der CDU. Gemeinsam unterzeichneten daraufhin alle anwesenden 20 Vertreter der thüringischen Blockparteien in der Nacht vom 6. auf den 7. September 1945 einen Aufruf „An das Thüringer Landvolk!“, der die Initiativen völlig umkehrte: „Die Landesverwaltung Thüringen hat beschlossen, eine Bodenreform durchzuführen. Dadurch wird Kleinbauern und Landarbeitern das Land der Großgrundbesitzer und Fürsten zu eigen gegeben. Die vier antifaschistischen demokratischen Parteien, die Kommunistische Partei, die Sozialdemokratische Partei, die Demokratische Partei und die Christlich Demokratische Union begrüßen die Initiative der thüringischen Landesverwaltung und stimmen diesem Entschluß rückhaltlos zu.“[304] Schneider begab sich anschließend, „obwohl es schon nach 1 Uhr nachts war“, sofort zu Kolesnitschenko. Man beglückwünschte sich wechselseitig: „Unsere Freunde freuten sich mit uns über das Ergebnis.“[305] Am 10. September 1945 wurde das „Gesetz über die Bodenreform im Lande Thüringen“ veröffentlicht. Die KPD hatte die von ihr gesuchte Nagelprobe, die Demonstration ihrer politischen Dominanz im Block der antifaschistisch-demokratischen Parteien, auch in Thüringen erfolgreich bestanden.[306] Schwierigkeiten bei der durchaus nicht unpopulären Bodenreform begegnete sie mit Propaganda.

Thüringen hatte im Vergleich zu den anderen Ländern der SBZ mit 10% den geringsten Anteil des Großgrundbesitzes an der land- und forstwirtschaftlich nutzbaren Fläche. 1945 wurden hier offiziell 495 Güter mit einer Größe über 100 ha gezählt, die meisten davon in den Kreisen Weimar (53), Sondershausen (51), Gera (49), Gotha (38) und Nordhausen (36).[307] Davon sollten 10 Saat- und 34 Zuchtgüter von der Bodenreform ausgenommen werden. Viele konnten nicht in die Verteilung einbezogen werden, da sie von Russen beschlagnahmt waren.[308] Manche stellten auch einen großen Kulturbesitz dar wie etwa das Gut des Schriftstellers Börries von Münchhausen im Kreis Altenburg. Fragen nach dem volkswirtschaftlichen Nutzen der kleinen aus der Bodenreform hervorgegangenen 5 ha-Parzellen wurden gestellt und hätten beantwortet werden müssen. Landespräsident Paul versicherte zwar den darüber besorgten Landräten am 19. September, es liege ihm „selbstverständlich fern . . ., ein Bauernproletariat auf dem Lande zu schaffen“, aber den Weg dorthin ging er mit.[309] Schon am 9. Oktober 1945 meldete die KPD-Kreisleitung Sondershausen dem ZK nach Berlin, in Bad Frankenhausen, „auf historischem Boden Thomas Müntzers“, werde am Sonntag, den 14. Oktober 1945, die feierliche Schlußverteilung des Großgrundbesitzes vollzogen.[310] Eine Woche später, am 21. Oktober, meldete das Land insgesamt den katastermäßigen Abschluß der Bodenreform. Die Hektik dieser Herbstwochen verschleierte den ökonomischen, später dann vor allen Dingen den tiefgreifenden gesellschaftspolitischen Wandel, der durch die Bodenreform eingeleitet und gewollt war. In Schneiders damaligen Worten klang dies so: „Die

304 abgedruckt in: ‚Thüringer Volkszeitung‘ 16. 9. 1945; zum Vorgang Schneider, Bodenreform, S. 10ff.

305 Schneider, Bodenreform, S. 18.

306 Schneiders Kommentar bestätigt diese Einschätzung: „Diese Blocksitzung vom 6. September 1945 in der ‚Germania‘ war eine (sic.!) der entscheidendsten Ereignisse in der damals stürmenden Zeit. Sie war eine historische Sitzung des Blocks“, ebd. S. 19.

307 HStA Weimar Büro des MP Nr. 246: Protokoll der Konferenz der Landesregierung mit den Vertretern der Kommunen 19. 9. 1945 im Weimarer Hotel „Kaiserin Augusta“, S. 13. Insgesamt gab es etwa 9000 landwirtschaftliche Betriebe mit einer Größe über 100 ha in der SBZ, vgl. Overesch, Deutschland 1945–1949, S. 102ff.

308 Über Langensalza gab der Landrat Ittershagen bei der Besprechung vom 19. 9. 1945 zu Protokoll: „Von 34 Gütern sind 13 von den Russen beschlagnahmt. Es besteht nicht der Eindruck, daß die Russen diese früher räumen“, ebd. S. 14. Andere Kommunalvertreter gaben ähnliche Bedenken zu Protokoll.

309 Protokoll 19. 9. 1945, a. O. S. 18.

310 IfGA ZPA I 2/5/43b: Telegramm KPD-Kreisleitung Sonderhausen an ZK KPD Berlin 9. 10. 1945.

Bodenreform war damals die politisch reifste, aber auch schwerste Reform. Es war einer der härtesten Steine, den es zu durchbohren galt."[311] Es war nach eigenem Bekunden das „Sprungbrett", mit dem die KPD „an die Schichten der Bevölkerung herankommen" wollte, die ihr „früher fremd gegenüberstanden"[312] Zudem war die Bodenreform durchaus eine als Gegenwartsaufgabe praktizierte Form des Sozialismus. Brill war das Wochen zuvor verboten worden, der KPD jedoch erlaubt. Dieser Widerspruch gibt Einblick in die politischen Herrschaftsabsichten.

Die Sozialdemokraten trugen diese Entscheidungen für die Bodenreform mit, da sie ihren eigenen ideologischen Positionen entsprachen. Doch dem dabei entfalteten gewaltigen Aktionismus der Kommunisten hatten sie nichts entgegenzusetzen. Hemmungslos schwor Schneider die Bezirksleitung der KPD, selbst gestärkt durch ein Referat Ulbrichts, das er gerade in Berlin gehört hatte, auf der Sitzung am 15. September ein: „Wir müssen diejenigen sein, die sich mit allem beschäftigen... Wir können nicht mehr so arbeiten wie früher, wir müssen mobilisieren, wenn wir die Führung haben wollen... Wir dürfen den anderen Parteien keine Gelegenheit zu gemeinsamen Entscheidungen geben."[313] Diesen Parolen sekundierte Franz Dahlem, der eigens mit nach Erfurt zu dieser Sitzung gekommen war, in seinem Referat über die organisatorischen Umgestaltungen innerhalb der Bezirksleitung der KPD. Zukünftig sollte ein Politischer Sekretär mit zwei Stellvertretern für die gesamte Arbeit der Bezirksleitung verantwortlich sein; beigegeben war ihm ein Genosse für „Agit.-Prop.". Eine deutliche weitere Verlagerung der politischen Kompetenz und Entscheidungsbefugnisse von der Verwaltung in die Partei wurde dabei von Dahlem befürwortet: „Die stärksten Genossen gehören in die Partei und nicht in die Verwaltung. Die Partei führt, die Verwaltung hat durchzuführen." Der Beitritt in die KPD ließ in Thüringen zu wünschen übrig. Dahlem riet: „Jeder kann unserer Partei beitreten..., wenn er kein Nazi gewesen ist... Wir dürfen nicht mehr so engherzig sein." Für die Haltung in den Blocksitzungen bestätigte er die Position, die Schneider schon genannt hatte: „Einer gibt die Linie und alle anderen müssen mitgehen."[314]

Die SPD suchte dabei ihr Profil zu behalten. Ihr großer Vorteil war zugleich ihr Nachteil: die Person Brills. Er war persona non grata bei der SMATh und der KPD und wurde verfolgt. Den ganzen August über blieb er in Masserberg. Ende des Monats kam Grotewohl eigens nach Weimar, um mit dem SPD-Bezirksvorstand über Brills Schicksal zu beraten. Gustav Brack riet ihm im Namen des Bezirksvorstandes, den Versuch zu erwägen, „ob unser Genosse Brill evtl. in einer anderen Besatzungszone Verwendung finden kann, denn die persönliche Sicherheit für ihn liegt uns sehr am Herzen".[315] Das war nicht uneigennützig gesprochen, denn Brack gehörte neben Böhme und Hoffmann zu den innerparteilichen Gegnern Brills. Dieser kam am 2. September vom Rennsteig wieder zurück, nahm an der Bezirksvorstandssitzung am 3. September wieder teil und stimmte selbst dem allgemeinen Beschluß zu, „bis auf weiteres von der Führung der Geschäfte des 1. Vorsitzenden" beurlaubt zu werden, zuvor aber noch mit Hoffmann nach Berlin zu reisen, um dort mit dem ZA „die allgemeine Lage der Partei einer weiteren Klärung" zuzuführen.[316] Im Anschluß daran hielt Grotewohl am 14. September seine

---

311 Schneider, Bodenreform, S. 19.

312 LPA Erfurt PDS I/2-002: Protokoll der Sitzung der Bezirksleitung der KPD 15. 9. 1945, S. 1.

313 ebd. Auszüge aus dem Protokoll vom 15. 9. 1945 nach einem Referat Ulbrichts.

314 Alle Zitate aus dem Referat Franz Dahlems vom 15. 9. 1945 ebd. S. 5ff.

315 LPA Erfurt PDS II/2-003: Protokoll der Sitzung des Landesvorstands der SPD Thüringen vom 3. 9. 1945, S. 2. Zu Bracks Opposition gegenüber Brill s. Heinrich Hoffmann an Erich Kops 28. 9. 1948, in: LPA Erfurt PDS V/6/6-18.

316 ebd. S. 2.

berühmt gewordene Rede „Woher und Wohin“, Brill blieb Weimar fern.[317] An der Diskussion über die Bodenreform hat er sich nicht beteiligt. Erst am 24. September nahm er wieder an der Sitzung des Bezirksvorstandes der thüringischen SPD teil und zwar als 1. Vorsitzender. Er war nicht beurlaubt. Seine wichtigste Ankündigung betraf eine Parteisitzung in Probstzella im dortigen „Haus des Volkes“ vom 28.–30. September 1945. Dort wollte er in seiner Eigenschaft als Vorsitzender der thüringischen SPD das Grundsatzreferat halten.[318] Nach Lage der Dinge mußte dieser Auftritt zu einer demonstrativen Herausforderung der politischen Kräfteverhältnisse innerhalb der Partei und gegenüber der KPD werden.

Die Schulungstage in Probstzella waren vom Bezirksvorstand der SPD Thüringens für Sozialdemokraten organisiert. Doch gemäß einer Absprache mit den anderen Blockparteien, insonderheit mit der KPD, sollten auch deren Spitzenfunktionäre dabei sprechen, ebenso Landespräsident Paul und die Direktoren der Landesämter für Inneres (Böhme, SPD), Volksbildung (Wolf, KPD) und Arbeit (Brack, SPD). Das Abschlußreferat am Sonntag, den 30. September, wollte Brill selbst halten.[319] Die Tagung von Probstzella war offenbar seine Idee, vielleicht in Masserberg geboren und mit Grotewohl und dem ZA abgesprochen, gedacht als sozialdemokratische Heerschau, austarierende Demonstration gegen den kommunistischen Aktionismus für die Bodenreform. Eine gemeinsame Funktionärsversammlung beider Parteien sollte es nicht sein. Das wollte Brill nicht, während Hoffmann gerade dies in Anlehnung an die mit der KPD am 8. August 1945 bei Brills Abwesenheit vereinbarten Gemeinsamkeiten gewünscht hatte.[320] Er wollte die Grenzen zwischen beiden Arbeiterparteien verwischen, Brill sie sichtbar machen. Das gelang ihm, zum letztenmal. Probstzella wurde nächst der denkwürdigen 1. Landeskonferenz des Bundes demokratischer Sozialisten-SPD am 8. Juli 1945 in Weimar die zweite große Versammlung und Selbstdarstellung der thüringischen Sozialdemokratie. Der 13. April in Buchenwald, der 8. Juli in Weimar und der 30. September in Probstzella: zu dieser Kette reihen sich Brills große Auftritte in Thüringen 1945.

Seine Rede war – wie die Grotewohls vom 14. September – sehr mutig, herausfordernd gleichermaßen für die SMATh wie für die KPD, fast ein Vermächtnis für die freie thüringische Sozialdemokratie, weit ausgreifend im historischen Überblick, zugespitzt in der Ansprache aktueller Aufgaben. Wer mochte es noch wagen, Ende September 1945 in einem Land der SBZ den Sowjets öffentlich vorzuhalten: „Das russische Denken ist obrigkeitlich-polizeistaatlich. Es bewegt sich etwa in dem Rahmen, den wir unter dem alten Fritz in Preußen gehabt haben.“[321] Daraus leitete Brill die Mahnung ab, keinen semantischen Irrtümern zu verfallen und nicht Worte wie „Demokratie“ und „Sozialismus“ unreflektiert von den Russen zu übernehmen: „. . . die Schwierigkeiten der Sprache sind nicht nur Übersetzungsschwierigkeiten, sie sind auch Schwierigkeiten der Bedeutung und des Bedeutungswandels der Worte und der Gedanken, die ausgetauscht werden.“ Jeder müsse bedenken, daß zwei ganz verschiedene Staatsauffassungen, zwei ganz verschiedene Typen des politischen Denkens aufeinander träfen. Das war ein unerhörter Aufruf zur Wachsamkeit, fast schon zum politischen Wider-

---

317 An der Sitzung des Aktionsausschusses von SPD und KPD am 17. 9. 1945 nahm er deswegen nicht teil, s. Aktenvermerk zu dieser Sitzung in: LPA Erfurt PDS III/1-001. Die Sitzung behandelte Personalfragen.

318 LPA Erfurt PDS II/2–003: Protokoll der Sitzung des Landesvorstands der SPD Thüringen vom 24. 9. 1945.

319 LPA Erfurt PDS V/6/6–18: Programm der Parteischule vom 28. 9.–30. 9. 1945 in Probstzella im „Haus des Volkes“ mit Einladung an die Mitglieder der thüringischen SPD vom 22. 9. 1945.

320 ebd. Brill an Hoffmann 26. 9. 1945 und Hoffmann an Bezirksvorstand der SPD Thüringen 2. 10. 1945. Interessant an dieser Antwort Hoffmanns ist, daß er sie nicht an Brill als den 1. Landesvorsitzenden adressiert, sondern namenlos an den Vorstand.

321 IfGA ZPA NL 36/634: Partei-Schule vom 28.–30. 9. 1945 in Probstzella, Referat Brills vom 30. 9. 1945, „Streng vertraulich“ gestempelt; die folgenden Zitate ebd.

stand gegen die Besatzungsmacht, eingekleidet in eher philologisch wirkende Ratschläge zur ideomatischen Sorgfalt. Brill, gerade erst aus dem Masserberger Exil auf die politische Bühne zurückgekehrt, nahm sich die Freiheit des Denkens, der Widerstandskämpfer gegen den Nationalsozialismus wurde zum Appellator gegen den Bolschewismus, eine Rolle, die er schon einmal, im Deutschen Oktober 1923, auf thüringischem Boden übernommen hatte.

Natürlich kamen die Kommunisten bei einer solchen Philippika 1945 nicht besser weg als 1923. Er warf ihnen in Probstzella faktische Inkompetenz vor, konfrontierte das am Vortag von Walter Wolf gehaltene Referat über die Schulreform mit sozialdemokratischer Schulpolitik von 1920 ff. – „Wer hat sich bei diesem Referat nicht an unseren unvergeßlichen Max Greil erinnert?“[322] – und machte sich über Schneiders Referat, ebenfalls am Tag zuvor gehalten, geradezu lustig, weil dies den Anspruch beinhaltete, „daß die Kommunisten diejenigen sein würden, die immer an der Spitze stehen“.[323] Beifall warb er sich bei den Zuhörern mit der Mahnung an „die manchmal etwas anspruchsvolle KPD“ ein, doch anzuerkennen, daß die SPD „in bestimmten Punkten mindestens ebenso so sehr Führer“ sei. Dafür zog er wiederholt die Geschichte zum Beweis heran, verwies aber auch, ein besonders dekuvrierendes Zeugnis, auf die gegenwärtige tatsächliche Volksstimmung und Beitrittsbewegung fernab aller politischen Agitation. „Die Kommunisten kommen zu uns und sagen: bei uns ist ein schauderhaftes Durcheinander, kein Mensch findet sich mehr durch, erst sind sie für die Diktatur des Proletariats und jetzt für die Demokratie, warum sollen wir jetzt nicht zu den Sozialdemokraten gehen?“ Brill ließ solche an ihn „zu Dutzenden“ herangetragene Fragen geschickt offen, gab ihre Antwort mit einem Stimmungsbild vor. Er beklagte die „Postenbörse“, „moralische Zusammenbrüche“, den „alten Parteiklatsch“ und sammelte alles in dem Bemerken: „. . . wir haben Intrigen, wir haben Denunziationen, wir haben offene Lügen, d. h. wir haben den . . . (sc. originale Auslassung im Text) moralischen Fäulnisherd des Dritten Reiches, und aus ihm blühen dieselben Giftblumen wie im Dritten Reich“.[324]

Eine solche in der direkten Ansprache verdeckt bleibende, in der Sache dennoch deutliche Parallelisierung zwischen dem Dritten Reich und dem Herrschaftsraum von SMATh/KPD mußte Brill das Genick brechen. Seine sozialdemokratischen Zuhörer teilten in Probstzella am 30. September 1945 seine Aufforderung zur „Neuformation unserer Partei“ und gaben ihrem Landesvorsitzenden öffentlich das Mandat dazu. Sie anerkannten wie er, daß die Sozialdemokraten die höhere sachliche Kompetenz – „die politische Elite in den einzelnen Gemeinden“ –, die größere organisatorische Basis und den historischen Nachweis großer Erfolge in der thüringischen Landespolitik auf ihrer Seite hätten“. Wie ist es möglich, bei solchen tatsächlichen Verhältnissen in ein richtiges Verhältnis zu den Kommunisten zu kommen?“ Brill blieb bei seiner im Widerstand begründeten Auffassung von der politischen Einheit der deutschen Arbeiterklasse: „. . . das sind Tag für Tag viele Spannungen, viel Ärger, viel Auseinandersetzungen und Verbitterungen, Beleidigungen und sofort und sofort. Es ist ein Übermaß von Zumutungen, was wir ertragen müssen. Es ist aber auch eine Aufforderung an uns, tolerant zu sein, gelassen zu sein und nur eins ins Auge zu fassen, alles das einmal zu überwinden und zur Einigung der Arbeiterklasse zu kommen.“[325] Brill empfahl sein eigenes Kindheitsidol: August Bebel. „In ihm habt ihr den richtigen Führer durch die Dunkelheit und Wirrnis unserer Tage.“ Gotha von 1875 empfahl er 1945 in Probstzella. „Ich wäre glücklich, wenn die deutsche

322 „Nicht ein neuer Gedanke ist uns von Wolf vorgetragen worden, im Gegenteil, viel, viel weniger, als die sozialdemokratische Schulpolitik in Thüringen von 1918–1924 gemacht hat“, ebd. S. 4; vgl. dazu o. III. 1.3.

323 „. . . die Spitze ist etwas krumm“.

324 ebd. S. 10.

325 ebd. S. 13.

Arbeiterklasse unter einem August Bebel'schen Aufgebot marschieren und kämpfen könnte."[326]

Dieses Schlußwort sollte eine historische Parallele beschwören. Doch als handhabbares Vorbild taugte sie 70 Jahre später nicht. Brill wußte das selbst. Wie anders wäre sein Brief an Werner Hilpert zu verstehen, in dem er vier Tage später nach Frankfurt an den Main schrieb, es gehe ihm „selbst weniger gut", es befriedige ihn „die Tätigkeit keineswegs", und Hilpert möge doch einmal bei anderen Stellen auf seine „derzeitige Lage und Wünsche aufmerksam machen". Namentlich erwähnte er Oberst Hatch, den Leiter der G-5-Abteilung des VIII. amerikanischen Korps in Weimar, seinen alten Ansprechpartner im Mai und Juni 1945, vor vier Monaten. Sein Wunsch war es jetzt, das schrieb er Hilpert, „an verantwortlicher Stelle im Reiche" zu arbeiten, darin erkenne er „eine objektive Notwendigkeit, denn ich weiß, zu welchem Ende die Dinge führen sollen, wenn die Zonenpolitik so fortgesetzt wird, wie sie jetzt läuft".[327]

Dieser Brief ist ein Dokument der Resignation. Das Masserberger Exil muß Brill von der Vergeblichkeit seines politischen Ringens in Thüringen überzeugt haben. Ein Don Quichote wollte und konnte er nicht sein. Die Rede in Probstzella war eher ein Vermächtnis denn ein Programm, ein Abgesang, kein Auftakt. Entsprechend hatte der Bezirksvorstand der SPD noch am 30. September 1945 auf einer außerordentlichen Sitzung in Probstzella zusammen mit Brill erwogen, ob dieser nicht besser „für die Dauer von drei Monaten einen politischen Urlaub antreten" solle. Zuvor wolle man dazu die Meinung des ZA in Berlin und die Kolesnitschenkos von der SMATh einholen.[328] Ein solches Votum, am Nachmittag desselben Tages ausgesprochen, an dem Brill seine große Rede gehalten hatte, kam einer – noch internen – Demontage des ersten Landesvorsitzenden gleich. Die Hoffmann-Fraktion innerhalb der SPD war auf dem Vormarsch. Über sie ging der Einfluß der KPD. Schneider hielt später in seinen „Erinnerungen" fest, man habe „auf der einen Seite durch den Ausschluß Brills aus der Leitung der Thüringer SPD den Weg frei" machen können, auf der anderen Seite durch gemeinsame Schulungsarbeit, organisiert von einer Kommission mit je drei Parteidelegierten, den Weg zur politischen Vereinigung gefunden.[329] Die schnellere Gangart wurde nach Probstzella, dem letzten Datum sozialdemokratischer Selbstdarstellung in Thüringen, eingeschlagen.

6.2 Der historische Vorlauf der SED-Gründung in Thüringen im Winter 1945/46

Brill trat nach den drei Schulungstagen der thüringischen Sozialdemokratie in Probstzella keineswegs einen „politischen Urlaub" an, sondern ging noch einmal in die Offensive. Im Oktober reiste er im Lande umher und hielt Reden in Eisenach (13.), Erfurt (18.), Jena (24.), Weimar (28./29.) und abschließend noch in Gera (3. Nov.). Besonders die Erfurter Veranstaltung ragte heraus, weil er sie zusammen mit Georg Schneider von der KPD hielt. Schneider referierte über die Bodenreform, Brill sprach „Zur Frage der Demokratie".[330] Sein Vortrag war

326 ebd. S. 15.

327 BA NL Brill 26: Brill an Hilpert 4. 10. 1945.

328 LPA Erfurt PDS II/2–003: Protokoll der außerordentlichen Sitzung des Landesvorstands der SPD in Probstzella am 30. 9. 1945. Gniffke vom ZA der SPD war bei der Sitzung zugegen; Bezug genommen wurde auf Brills und Hoffmanns Reise nach Berlin Anfang September 1945, bei der der ZA den Eindruck bekommen hatte, der Thüringer Landesverband wolle Brill nicht mehr als 1. Landesvorsitzenden akzeptieren.

329 Schneider, Erinnerungen, S. 5.

330 BA NL Brill 97: Zur Frage der Demokratie. Thesen für das Referat am 18. 10. 1945 in Erfurt. Das dreiseitige Thesenpapier trägt die eigenhändige Unterschrift Brills mit der Datumszeile „Weimar, den 16./17. Oktober 1945". Es ist

in Teilen recht akademisch; er sprach über den „linguistischen Sinn und die grammatikalische Funktion des Wortes ‚Demokratie'", erläuterte in historischen Überblicken die von Bernstein, Kautsky und Liebknecht/Luxemburg reformistisch, orthodox und linksradikal geführten Kämpfe gegen die repräsentative Demokratie, um alles das als politisch überholt an die Seite zu schieben: „Der Faschismus (Nazismus) hat den Typ der liberalen Demokratie vernichtet und nicht nur dem Proletariat, sondern allen ohne Freiheit leben könnenden Klassen (Religionsgemeinschaften, geistigen Arbeitern, Bauern) einen revolutionären Kampf aufgezwungen, der nach ihrem Sieg einen antifaschistischen Staat zu einer conditio sine qua non ihrer Existenz macht."

Dieser Sieg war jetzt errungen; wie sollte der antifaschistische Staat aussehen? Die Antwort auf diese Kardinalfrage war bei Brill immer etwas undeutlich geblieben. Seine theoretischen Arbeiten in den späten 30er Jahren hatten zu keiner klaren Vorstellung geführt, auch das Buchenwalder Manifest war sie schuldig geblieben, die thüringische Provinzialregierung war nur zu einem verwaltungstechnischen Ansatz gediehen. Die Erfurter Rede vom 18. Oktober 1945 ließ dagegen aufmerken; sie ging einen deutlichen Schritt weiter. Als neue Antwort brachte sie den Hinweis auf die britische Labourparty als mögliches Vorbild. Brill betonte demgemäß die „Bewahrung der liberal repräsentativen Technik", was den Erhalt und die Übernahme der Gewaltenteilung und des parlamentarischen Systems meinte, mahnte aber gleichzeitig die Veränderung dieses repräsentativen Systems zu einer „funktionalen Massenherrschaft" an. Die Übergangszeit, mithin die Gegenwart des Jahres 1945, wäre von einer dialektischen Bewegung bestimmt zwischen den politisch aufstrebenden Kräften der Arbeiterklasse und den beharrenden, durch die Niederlage des Nationalsozialismus aber nachhaltig geschwächten privatkapitalistischen Klassentendenzen; „diese Dialektik ist eine ökonomische, soziologische und geistige Komplexität." So ein Satz war stetiges Gedankengut Brills, der sich seit dem Ende des 1. Weltkrieges besonders um die Bildung der Arbeiterklasse, also um die Schulreform gekümmert hatte. Seine darüber hinausgehenden sozio-ökonomischen Denkelemente waren in den Widerstandsschriften hinzugekommen. Jetzt, in Erfurt, faßte er das so zusammen: „Vorrang der Entwicklung der demokratischen Kräfte vor der Bildung neuer demokratischer Formen durch Aufbau von Gewerkschaften und Genossenschaften, Schaffung einer neuen Betriebs- und Wirtschaftsverfassung, Organisation der kommunalen, sozialen und pädagogischen Selbstverwaltung." Darin konnte man ein schon klareres Programm sehen, dem er durchaus als ferneres Ziel – es ging ja immer um eine Politik „vom Standpunkt der nächsten 30 Jahre" – auch „eine nationale, demokratische Verfassung für Deutschland . . ., die die Konstruktions- und Funktionsfehler der Weimarer Verfassung vermeidet", gültig für das deutsche „Restreich", hinzufügte. Auf dem Wege dorthin kämen den „beiden Parteien der Arbeiterklasse" wichtige Initiativ- und Leitfunktionen zu, im Block sollten sie mit den anderen zusammenarbeiten; offene Diskussionen in einer freien Presse und baldige Wahlen „aufgrund eines Gesetzes über die Kontrolle politischer Parteien" seien anzustreben.

Diese Erfurter Rede vom 18. Oktober 1945 enthält die klarsten politischen Orientierungen

offenbar zur Verteilung gekommen und so auch in anderen Orten überliefert z. B. in: LPA Erfurt PDS V/6/6–18. Zu Brills Reden in Eisenach und Jena am 13. bzw. 24. 10. 1945 gibt es nur kurze handschriftliche Notizen in: AsD NL Brill 1: Kundgebung mit Hermann Brill in Jena 24. 10. 1945: „Demokratie von unten heraus". Brill war sich bei dieser wie anderen Reden seiner akademischen Vortragsweise durchaus bewußt. Kritik, die sein alter Parteifreund Otto Jenssen an seiner Geraer Rede vom 3. 11. 1945 geübt hatte, sie sei „im Universitätsjargon" gesprochen, wies er zurück: „Ich glaube, ich habe wissenschaftlich gesprochen . . . Wenn ich bei . . . den Intelligenten aus dem Kursus Verständnis gefunden habe, genügt es mir", BA NL Brill 26: Brill an Otto Jenssen 22. 11. 1945.

Brills. Sie tritt für ein Mehrparteiensystem ein, denkt an die politische Einheit der Arbeiterklasse, will sie aber nicht forcieren, befürwortet eine stärkere Ausgestaltung basisdemokratischer Organisationen in Gewerkschaften und Genossenschaften, verwirft nicht das parlamentarische System als „liberal-repräsentative Technik" und knüpft an die deutsche Verfassungstradition an, allerdings mit einer für notwendig erachteten Korrektur der Konstruktions- und Funktionsfehler der Weimarer Verfassung. Eine Räterepublik steht dagegen nicht zur Diskussion, der Sozialismus wird nicht als Gegenwartsaufgabe angesprochen, eine „planwirtschaftliche Lösung der Wiederaufbau- und Flüchtlingsaufgabe" aber favorisiert.

Dieses neue Erfurter Programm, am 18. Oktober 1945 am historischen Ort vom 21. Oktober 1891 gesprochen, war ein antikommunistisches Programm. Nicht noch einmal hat Schneider, der bis dahin wichtigste Kopf der thüringischen KPD, im Herbst 1945 mit Brill, dem Landesvorsitzenden der SPD, den direkten programmatischen Vergleich und rhetorischen Streit gesucht.[331] Er war unterlegen. Die KPD mied fortan solche gemeinsamen Funktionärsauftritte mit Brill. Die SPD dagegen erhielt großen Zulauf. Bis zum Oktober waren 28917 Mitglieder in 425 thüringischen Ortsvereinen eingeschrieben, bis Dezember wurden es 57447 in 611 Ortsvereinen; bis zum 6. April 1946, dem letzten Tag einer selbständigen SPD in Thüringen, waren in 1077 Ortsvereinen 91831 Mitglieder registriert, immerhin etwas mehr als 3,1% der Gesamtbevölkerung des Landes, organisiert in mehr als 1000 von etwa 2500 thüringischen Gemeinden.[332]

Zu diesem Aufschwung wird neben den Brill-Reden auch der 1. Landesparteitag der SPD am 27./28. Oktober 1945 im Weimarer „Volkshaus" in der Friedrich-Ebert-Straße beigetragen haben. Die Tagesordnung, am 15. Oktober vom Landesvorstand beschlossen, sah die ersten satzungsgemäßen Wahlen des Vorstands, sozialpolitische Themen (u. a. die Herabstufung der von der SMATh auf 60–80 Stunden festgesetzten wöchentlichen Arbeitszeit) und, als Höhepunkt, eine Rede Grotewohls zum Thema „Die Sozialdemokratie im heutigen Deutschland" vor. Ensemblemitglieder des Weimarer Nationaltheaters sollten ein Beethoven-Quartett, Mozarts „Kleine Nachtmusik" und verschiedene Rezitationen vortragen.[333] Eine so gehaltvolle musische Begleitung darf durchaus als bemerkenswert registriert werden.

Politisch wichtig war eine durch die Grotewohl-Rede mitbestimmte, von der thüringischen SPD aber seit Probstzella so vertretene Entschließung, mit der KPD nur Fraktionsgemeinschaften zu bilden und zusammen Funktionärssitzungen im Landes-Aktionsausschuß beider Parteien abzuhalten. Über die sozialistische Einheit der Arbeiterklasse sollte indessen ein Gesamtparteitag befinden:

„Der erste Sozialdemokratische Parteitag Thüringens bestätigt die Politik, die der Landesvorstand in der Frage der Herstellung der sozialistischen Einheit der deutschen Arbeiterklasse getrieben hat. In der Erwägung, daß die Entwicklung der gesellschaftlichen Kräfte eine Fortführung der Politik zu neuen Entwicklungsstufen notwendig macht, bezeichnet der Landesparteitag folgende Maßnahmen als unbedingt erforderlich:

---

331 Versammlungen wie die in Erfurt sollten gemäß einer Absprache zwischen KPD und SPD der „Klärung ideologischer Fragen" gelten und von je einem Hauptreferenten beider Parteien bestritten werden. Im Rückblick urteilte Brill über Erfurt: „Wir können mit dieser Tagung durchaus zufrieden sein, denn sie war ein voller Erfolg für uns. Die KPD hat wahrscheinlich auch aus diesem Grunde kein Interesse an der Fortsetzung dieser gemeinsamen Veranstaltungen", zumindest beantwortete sie keine entsprechenden Angebote und Anfragen der SPD, Brill, Rundschreiben Nr. 18 des Landesvorstandes Thüringen der SPD 6. 11. 1945, in: AsD NL Brill 1.

332 Die Zahlen in: ‚Das Volk' 9. 4. 1946 und BA NL Brill 27: Brill an Friedrich Adler 22. 4. 1947. Die Gesamtbevölkerung Thüringens betrug am Tag der ersten deutschen Volkszählung nach dem 2. Weltkrieg, am 29. 10. 1946, 2927497. Vergleichbare Mitgliederzahlen für die anderen Parteien in Thüringen, besonders die KPD, liegen nicht vor.

333 LPA Erfurt PDS II/2/003: Protokoll der Sitzung des Bezirksvorstandes Thüringen der SPD in Weimar 15. 10. 1945.

1. SPD und KPD müssen dahin wirken, daß die außerhalb beider Parteien der Arbeiterklasse noch stehenden sog. Antifa-Ausschüsse unverzüglich verschwinden und sich die Mitglieder solcher Ausschüsse für eine politische Partei entscheiden.
2. Innerhalb des Blocks antifaschistischer Parteien sollen SPD und KPD überall die Fraktionsgemeinschaften bilden, die einheitlich auftreten.
3. Die gemeinsamen Funktionärssitzungen sind fortzusetzen; der Landes-Aktionsausschuß hat dafür einen Plan aufzustellen.
4. Beide Parteien haben durch gemeinsame Maßnahmen die Verantwortung für die Arbeiten des Freien Deutschen Gewerkschaftsbundes zu übernehmen. Der Landesparteitag richtet an den Zentralausschuß der SPD in Berlin die Aufforderung, baldigst mit einem für ganz Deutschland geeigneten Aktionsprogramm zur Aufgabe der Herstellung der sozialistischen Einheit der deutschen Arbeiterklasse hervorzutreten und ein Referat darüber als selbständigen Tagesordnungspunkt auf die Tagesordnung des 1. Gesamtparteitages zu setzen."[334]

Das Echo auf diesen 1. Landesparteitag der thüringischen Sozialdemokraten, der offenbar schon durch seine Numerierung die 1. Landeskonferenz des BdS vom 8. Juli 1945 in den Hintergrund der Erinnerung treten lassen sollte, war beachtlich. Brill wurde in Grotewohls Gegenwart offiziell zum 1. Landesvorsitzenden gewählt und durch diesen brieflich bei Kolesnitschenko von der SMATh vorgestellt.[335] Ein solches Verfahren mußte die Reputation Brills, den die Russen ja erst knapp drei Monate zuvor verhaftet hatten, begünstigen. Interessanter noch ist die Reaktion bei der thüringischen KPD. Für sie mußte die Entschließung des Landesparteitags der SPD eine Enttäuschung sein, mehr noch, eine deutliche Zurückweisung, gar ein Bannstrahl gegen ihren Machtanspruch. Sie hatte schon vor dem Erfurter Auftritt Brills in dieser Stadt Wilhelm Pieck vom ZK aus Berlin auftreten lassen und nachher Anton Ackermann in Gera. Pieck hatte dabei am 14. Oktober erprobtes kommunistisches Agitationsmaterial der frühen 20er Jahre ausgegraben, die Revisionismustheorie aufgewärmt, die Grotewohl-Rede vom 14. September („Wo stehen wir – wohin gehen wir?") angegriffen („Wasser auf die Mühlen der Reaktion"), an Noske, Stampfer und Severing erinnert, einer Einheitsfront von unten das Wort geredet und damit den Keil wieder zwischen Führung und Parteigefolgschaft bei der SPD zu treiben versucht.[336]

Nicht genug an dem; Georg Schneider, der Brill beim Erfurter Rededuell am 18. Oktober erkennbar unterlegen war, wurde aus der vorderen Linie der KPD herausgenommen. An seine Stelle trat Werner Eggerath, den das ZK Ende Oktober 1945 aus der Provinz Sachsen, wo Eggerath Landrat des Mansfelder Seekreises und Redakteur der ‚Eislebener Zeitung' war, abzog und als politischen Sekretär nach Erfurt versetzte. Die Beweggründe dieser für die Zukunft Thüringens wichtigen Personalentscheidung lassen sich aus dem Lebensweg Eggeraths ableiten. 1900 geboren, war er Bauarbeiter, Hauer unter Tage und Kraftfahrer gewesen, bevor er in seiner Geburtsstadt Wuppertal-Elberfeld 1931 Sekretär des dortigen Ortsvereins der KPD wurde. Eine anschließende Ausbildung in Moskau deutete eine höhere Berufung an. Die illegale Parteiarbeit in Berlin 1934/35 und besonders die am 28. April 1936 vom Volksgerichtshof ausgesprochene Verurteilung zu 15 Jahren Zuchthaus wegen Vorbereitung zum Hochverrat machten ihn mit dem 5 Jahre älteren Brill vergleichbar und nahmen der

334 zit. in: AsD NL Brill 1: Rundschreiben Nr. 18 des Landesverbandes Thüringen der SPD vom 6. 11. 1945.
335 ebd. Protokoll der Sitzung des neuen Landesvorstands der SPD Thüringen 29. 10. 1945. Grotewohl wohnte während des Bezirksparteitags in der Wohnung Brills in der Weimarer Kirschbachstr. 8, Martin/Brill an Verf.
336 zit. im Rundschreiben Nr. 18 in: AsD NL Brill 1 und im Protokoll der Besprechung der Vorstände von KPD und SPD am 22. 11. 1945 ebd. Gleichzeitig hatte Anton Ackermann in Gera gesprochen.

thüringischen KPD im Herbst 1945 den Ruf, wesentlicher mit Führungskräften der Moskauer Emigration und weniger mit Widerstandskämpfern aus deutschen Zuchthäusern und Lagern den politischen Aufbau zu gestalten. Eggerath wurde nach der Flucht Pauls als dessen Nachfolger im März 1948 auch Ministerpräsident des Landes.[337]

Ende Oktober 1945 griff er sofort mit großer Kraft in die Speichen der durch Brills Reden und Grotewohls Auftritt auf dem 1. Landesparteitag der SPD deutlich langsamer rollenden Räder des KPD-Karrens. Auch wenn die Partei schon am Tag des Einmarsches der Roten Armee in Jena dort die ‚Thüringer Volkszeitung' herausgeben konnte, bei der Zuweisung von Kraftwagen, Benzin, Papier und Druckereien überall bevorzugt wurde, in Weimar das Gebäude der „Erholung" bekam, das der Industrie- und Handelskammer sowie die dortige Druckerei der nationalsozialistischen ‚Thüringer Gauzeitung', dazu Büromöbel, Stahlschränke und andere Einrichtungsgegenstände aus dem Thüringer Ministerium des Innern sowie mancherorts direkte Geldzuwendungen aus kommunalen Kassen[338], blieb ihre öffentliche Akzeptanz weit hinter ihren Ansprüchen zurück. Die Bodenreform hatte aller Agitation zum Trotz der KPD nicht den von ihr erwarteten Zulauf gebracht, eine andere Offensive mußte her. Dafür legte Eggerath den „Arbeitsplan für November" vor.[339]

Das 9seitige Dokument zeigt die Handschrift eines Organisators, dem nicht ideologische Fragestellungen wichtig sind, sondern angeordnete, durchgeführte und kontrollierte Aufgaben. „Jetzt ist die Zeit gekommen, wo wir den Schritt machen müssen zu einer methodischen, planmäßigen und zielbewußten Arbeit." Offenbar hatte es Schneider im Zusammenspiel mit Busse und Eyermann daran fehlen lassen. Der Zulauf, den die thüringische SPD unter Brills Leitung erfuhr, die bis zu diesem Augenblick ihre Mitglieder bereits in über 500 Ortsvereinen erfaßt hatte, fehlte der KPD. Eggerath machte dafür organisatorische Mängel verantwortlich und kam auf die Idee, sofort den „Aufbau eines Straßen- und Häuserblocks-Vertrauensmännerkörpers" in Angriff zu nehmen. Erinnerungen an für die Öffentlichkeit leidige Vorbilder aus der NS-Zeit hemmten ihn offenbar nicht in dem Eifer, eine solche Basisorganisation „in gemeinsamer Arbeit mit den übrigen antifaschistischen Parteien . . . bis zum 15. November" aufzubauen. Nützlicher Anlaß dafür war die von der Landesregierung ins Leben gerufene „Thüringen-Aktion gegen Not". Deren Ziele, Kleidung und Nahrungsmittel zu sammeln, Heimkehrer, Evakuierte und Flüchtlinge zu betreuen, Sozialbedürftigen zu helfen, Volksküchen zu betreiben, Kinder- und Schulspeisungen zu organisieren und allgemeine Beratungsstellen einzurichten, sollte die KPD bei dieser „alles umfassenden Sammelaktion" in die Hand nehmen. Den Vorteil sah Eggerath darin, auf diese Weise „an ganz neue Schichten heranzukommen", die dabei „von uns politisch beeinflußt werden müssen".[340] Wie auf dem Lande die „Komitees für gegenseitige Bauernhilfe" bestanden, so sollten in den Städten „Vertrauensmännerkörper" alle Straßenzüge und Häuserblocks vernetzen. Eggerath stellte sich dabei vor, daß „durch diese Kampagne die Mobilisierung des ganzen Volkes erreicht werden" müsse. Die Genossen ermunterte er dafür mit dem abschließenden Zuruf: „Der Monat November muß uns

337 HStA Weimar Büro des MP Nr. 68: Personalakte Werner Eggerath. Eggerath schrieb nach 1945 mehrere Bücher: „Nur ein Mensch", „Marxismus und Arbeiterklasse" (beide Weimar 1947) sowie: „Zehntausend km durch das Sowjetland" (Weimar 1949).

338 Auflistungen solcher Zuwendungen für die KPD in: BA NL Brill 97: Die politische Entwicklung Thüringens unter der sowjetischen Besatzung, S. 2.

339 LPA Erfurt PDS I/2/002: Arbeiterplan für November, unterzeichnet mit: „Die Bezirksleitung (sc. der KPD), Eggerath, Pol. Sekretär".

340 ebd. S. 3f.

ein gewaltiges Stück weiterbringen. Laßt uns arbeiten und handeln im Geiste unseres Ernst Thälmann und unserer Toten."[341]

Ein solcher Aktionismus sollte der thüringischen KPD, die hier erstmals in einem offiziellen Dokument den in Buchenwald ermordeten Thälmann als Vorbild benannt bekam – bisher war er auffällig verschwiegen worden –, die Enge einer Klassenpartei nehmen und den Rang einer Massenpartei geben. Manche Genossen legten den Arbeitsplan Eggeraths sehr forsch aus. In Woffleben bei Nordhausen, unweit des alten K. L. Dora mit der unterirdischen Produktionsstätte der V-2-Waffe, im Kohnstein gelegen, sprengten 5 Funktionäre der KPD die örtliche Mitgliederversammlung der SPD, erklärten die Einheit der Arbeiterklasse als Tatsache und forderten den geschlossenen Beitritt der Sozialdemokraten zur KPD. Aufnahmeanträge und andere Parteipapiere der SPD nahmen sie gleich ebenso an sich wie die Kasse. An anderen Orten, wo die KPD gemeinsame Funktionärs- und Mitgliederversammlungen durchsetzen wollte, geschah zur Monatswende Oktober/November ähnliches.[342] War das die Einheitsfront von unten, wie sie 1922/23 von der KPD schon einmal, damals besonders in Thüringen und Sachsen, forciert worden war? Sollten sozialdemokratische Führer und die Parteibasis wieder voneinander getrennt werden?

Der Landesvorstand der SPD in Weimar erfuhr, daß sich vielerorts „unhaltbare Zustände zwischen SPD und KPD" herauszubilden begannen, „teils durch gemeinsam getroffene Vereinbarungen der Ortsgruppen beider Parteien, die auf jegliche eigene politische Tätigkeit verzichten, wie in Eisfeld, teils durch Drohungen und Verhaftungen von seiten der KPD". Auf einer Sitzung am 5. November beschloß man auf Brills Anregung hin einstimmig, die SPD-Ortsvereine sofort durch ein Rundschreiben „über die sog. Massenbasis-Taktik" der KPD aufzuklären und ihnen das SPD-Ziel erneut vor Augen zu führen: „nicht eine Vereinigung von SPD und KPD, sondern einen neuen Organisationstyp wollen wir".[343] Die KPD wollte die allein bestimmende Volkspartei werden, die SPD strebte eine Arbeiterpartei neuen Typs an, den Brill als Bund demokratischer Sozialisten am 8. Juli 1945 schon vorgestellt hatte. Im November spitzte sich die darin liegende Konfrontation zu; die Macht lag auf seiten der Kommunisten, argumentative Stärke und öffentlicher Zuspruch legten die Sozialdemokraten dabei auf ihre Waagschale. Der wichtige Vorlauf einer zonalen SED-Gründung begann jetzt in Thüringen.

Brill hat das vom Landesvorstand der thüringischen SPD einstimmig befürwortete klärende Rundschreiben an die Ortsvereine gleich einen Tag später, am 6. November, geschrieben.[344] Es ist, ähnlich wie die Probstzella-Rede 5 Wochen zuvor, die allerdings nicht gedruckt werden durfte, ein mutiges Dokument, ganz dem ungebrochenen Naturell des Widerstandskämpfers Brill erwachsen, der nach den überstandenen nationalsozialistischen Haftjahren auch keine Furcht vor möglichen sowjetischen zeigte. Ihm kam jetzt seine kontinuierliche Präsenz auf der politischen Bühne Thüringens zugute, so daß er Vergleiche zwischen 1922/23 und 1945 ziehen konnte. Wie damals, so rief er den Parteimitgliedern in Erinnerung, die „Einheitsfronttaktik . . . immer den Zweck hatte", „die SPD zu zerstören, die KPD zur alleinherrschenden Partei

341 ebd. S. 9.

342 AsD NL Brill 1: Aktennotiz SPD-Kreisverband Nordhausen 1. 11. 1945 mit Hinweisen auf ähnliche Vorgänge in der Grafschaft Hohenstein. Vgl. dazu Rundschreiben Nr. 18 der SPD in Anm. 344.

343 LPA Erfurt PDS II/2–003: Protokoll der Sitzung des Landesvorstands Thüringen der SPD 5. 11. 1945. Bemerkenswert ist der einstimmig gefaßte Beschluß, den auch die anwesenden Böhme und besonders Hoffmann mittrugen. Später hat sich Hoffmann davon distanziert, s. IfGA ZPA EA 1365/1: Erinnerungen Hoffmanns, s. 151 ff.

344 AsD NL Brill 1: Rundschreiben Nr. 18 des SPD-Landesverbandes Thüringen vom 6. 11. 1945. Das Schreiben ist von Brill unterzeichnet; es ist auch in einer Abschrift der KPD-Bezirksleitung Thüringen überliefert, in: IfGA ZPA Iv/2/4/364.

der Arbeiterklasse zu machen und darüber hinaus für den Staat das Einpartei-System herbeizuführen", so geschehe es auch jetzt. Den Arbeitsplan Eggeraths, von Brill hier nicht zitierte, weil möglicherweise nicht gekannt, aber in seinen örtlichen Anwendungen und Auswirkungen bedacht, stellte er den Ortsvereinen vor Augen: „Die KPD will sich durch diese Demagogie eine sog. ‚Massenbais' verschaffen, die ihr jetzt sichtlich fehlt; denn es ist Tatsache, daß die Massen der klassenbewußten Arbeiter und Angestellten nicht der KPD, sondern der SPD zuströmen und die Sympathie der großen, politisch nicht organisierten Volksmassen besonders in Thüringen sich unserer Partei zuwendet." Was Pieck in Erfurt und Ackermann in Gera, beide im Oktober 1945, behauptet hätten, „die SPD stehe erneut unter der Führung von Noske, Stampfer und Severing", werde mithin von revisionistischen Führern geleitet, sei völlig falsch. „Daran ist kein Wort wahr." Der Landesparteiag habe am 28. Oktober Fraktionsgemeinschaften von SPD und KPD beschlossen, um die „Fortführung der Politik zu neuen Entwicklungsstufen" betreiben zu können, „andere Bindungen gegenüber der KPD" seien unzulässig. Sie könnten nur auf Reichsebene durch Reichsparteitage beschlossen werden. Diese Grotewohl-Linie der SPD vom Herbst 1945 vertrat Brill in dem Rundschreiben Nr. 18 vom 6. November mit aller Entschiedenheit: „Wir wollen diese Einigung im Reichsmaßstab von Zentralinstanz zu Zentralinstanz durch gemeinsame Beschlüsse der Parteitage."[345]

Die KPD wollte das nicht, weil ein solcher Weg für sie keine Aussicht auf Erfolg in sich trug.[346] Für die SPD in der SBZ war er ein Versuch der Flucht vor der Vereinnahmung. Grotewohl und Brill waren ihre wesentlichen Vertreter, Grotewohl allerdings nur anfänglich, Brill dagegen immer.[347] In der thüringischen Sozialdemokratie waren Hoffmann und Böhme anderer Meinung. Ihre Gründe haben sie nicht offengelegt. Beide ließen sich von der KPD gegen Brill einsetzen. In Weimar wurde Brill von ihnen bedrängt, in Berlin Grotewohl von der SMAD. Das war die Ausgangslage Anfang November 1945.

Drei Monate später waren die Würfel gefallen. Grotewohl wurde in der denkwürdigen Nacht vom 10. auf den 11. Februar 1946 zur SMAD nach Berlin-Karlshorst zitiert und von Marschall Shukow mit der Aussage konfrontiert, die vereinigte deutsche Arbeiterpartei solle zum 1. Mai 1946 entstehen. Auf seine Frage: „Ist das ein Befehl?", antwortete ihm der sowjetische Militärgouverneur: „Ich befehle ja Armeen, aber ich wünsche die Vereinigung." Grotewohl folgte. Schon sechs Wochen vorher hatte Brill in Weimar das Handtuch geworfen; er unterwarf sich nicht der SMATh und KPD, sondern ergriff die Flucht nach Berlin, wo er erneut in die Position eines Chefberaters der amerikanischen Militärregierung eintrat. Die dramatischen Zuspitzungen erfolgten in jenen Novembertagen, in denen das ZK der KPD das Desaster der Kommunisten bei den österreichischen Parlamentswahlen vom 25. November 1945 miterleben mußte. „Die österreichischen Genossen haben zwei entscheidende Fehler gemacht, aus denen wir unsere Lehren zu ziehen haben. Der wichtigste Fehler war ihre Unterschätzung der Sozialdemokratie." Wolfgang Leonhard hat dieses Meinungsbild im Berliner

---

345 Rundschreiben Nr. 18, S. 3.

346 Die Einsicht der KPD-Funktionäre in ihre politische Aussichtslosigkeit bei einer freien Vereinigung mit der SPD war schon durch die ausgebliebene Reaktion Ulbrichts auf die erste Fechner-Offerte vom 29. April 1945 deutlich geworden; nachfolgend kamen immer neue Belege hinzu, z. B. die von Ulbricht überlieferte Antwort auf die mögliche wirtschaftliche Einheit Deutschlands, im Januar 1946 diskutiert: „Was soll denn dann aus uns werden?", zit. von Heinrich Troeger, Oberbürgermeister in Jena 1945/46, in: VjZG 25/1977, S. 923 (Dokumentation von Thilo Vogelsang).

347 „Die Russen wollen doch nur, daß die starke SPD ein Anhängsel an die schwächere KPD wird und wir ein Kolchosestaat werden, in dem nur noch die von der KPD zu sagen haben. Man will uns politisch liquidieren. So etwas darf einfach nicht geschehen", Aussage Brills im Herbst 1945, überliefert von Werner Born, SPD, später SED, Erinnerungen, S. 3, in: LPA Erfurt PDS V/5–279.

ZK mitbekommen und die Konsequenz überliefert: „Von diesem Tag an begann die große Einheitskampagne.“[348] Das stimmt nicht ganz, denn sie war schon Anfang November eingeleitet worden, als man bei der SPD ein über die Monate September und Oktober gewachsenes Eigen- und Selbständigkeitsbewußtsein beobachtet hatte. Jetzt knüpfte die KPD Thüringens an den 8. August 1945 wieder an, als sie mit der SPD bei Brills Abwesenheit in einem 5-Punkte-Katalog eine „enge Zusammenarbeit ... zur Liquidierung der Überreste des Nazismus“, die Aufnahme von Verhandlungen mit den anderen beiden Parteien „zur Bildung eines festen antifaschistischen Blocks“, Arbeitsgemeinschaften von SPD und KPD in Stadt und Land, gemeinsame Veranstaltungen beider Parteien sowie „gemeinsame Beratung zur Klärung ideologischer Fragen“ beschlossen hatte.[349] Im Herbst 1945 hatte dieser Aufruf noch wenig Gewicht bekommen, die gemeinsamen Auftritte Schneiders und Brills in Probstzella am 29. September und Erfurt am 18. Oktober waren eher die Ausnahme und für die KPD denkbar ungünstig verlaufen, die Mitgliederzahlen sprachen eindeutig für die Sozialdemokratie. Mit dem Auftritt Eggeraths und seinem „Arbeitsplan für November“ änderte sich das schlagartig. Jetzt begannen durch die nach altem Vorbild veränderte Taktik einer Einheitsfront von unten die Konfrontationen an der Parteibasis, die den Parteivorstand der SPD zur Reaktion veranlassen mußten. Das Rundschreiben Nr. 18 vom 6. November setzte dafür die vernehmbaren Akzente, es wirkte wie ein Kampfaufruf, den jetzt beide Seiten befolgten.

Die Erinnerungsfeiern zu den Novemberrevolutionen von 1917 in Rußland und 1918 in Deutschland boten Konfliktstoff. Das ZK der KPD ließ durch Franz Dahlem einen Thesenentwurf „2 Völker – 2 Wege“ erstellen und „zu den gemeinsamen Kundgebungen der KPD und SPD in ganz Thüringen“ am 8. November als Rednermaterial verteilen.[350] Gemeinsame Veranstaltungen beider Parteien waren an diesem Tag in Thüringen aber deutlich schlechter besucht als separate Veranstaltungen der SPD.[351] Die Dahlem-Thesen liefen auf den Rat hinaus, die 1918 in Deutschland verpaßte Nachahmung der russischen Revolution von 1917 jetzt, 1945, schnellstens nachzuvollziehen. Bodenreform, Enteigung industrieller Komplexe, Schulreform und die Einheit der Arbeiterparteien seien dafür die geeignetsten ersten Schritte. Angesichts der sowjetischen Auftritte in ihrer Zone, besonders in Thüringen, wo die Bevölkerung den Unterschied zu den Amerikanern ja durch eigene Anschauungen erlebte[352], erweckten Dahlems Thesen kein Vertrauen. Ohne die SPD konnte die KPD hier gar nicht an die Macht kommen.

Für die Sozialdemokratie der SBZ gab Grotewohl am 9. November, wenige Tage nach seinem mißglückten Treffen in Hannover-Wennigsen mit Schumacher, in einer ganz ungewöhnlich mutigen Rede einen sehr eigenständigen Kurs zu erkennen.[353] Die Sowjets lieferten selbst den Nachweis für eine solche Einschätzung, indem sie die Verbreitung dieser Rede verboten.[354] Grotewohl zog keinerlei Parallelen zwischen den beiden November-Revolutionen

---

348 Wolfgang Leonhard, Die Revolution entläßt ihre Kinder, S. 425.

349 LPA Erfurt PDS III/1–001: „An das werktätige Volk Thüringens“, Aufruf von KPD und SPD vom 8. 8. 1945, vgl. o. VI. 5.

350 LPA Erfurt PDS II/2–004: Thesenentwurf zum Referat „Zwei Völker – zwei Wege“ von Franz Dahlem, veröffentlicht durch die ‚Deutsche Volkszeitung‘ am 26. 10. 1945, zu verwenden für die KPD-SPD-Veranstaltungen in Thüringen am 8./9. 11. 1945.

351 AsD NL Brill 1: Stenogramm der Sitzung der Vorstände von SPD und KPD vom 23. 11. 1945 und Protokoll der Sitzung des Gesamtvorstandes der SPD Thüringen 26. 11. 1945.

352 Unter den vielen – auch vergleichenden – Erlebnisberichten machen die des Jenaer OB Heinrich Troeger einen besonders glaubwürdigen Eindruck, Oberbürgermeister in Jena 1945/46. Aus den Erinnerungen von Dr. Heinrich Troeger, in: VjZG 25/1977, S. 899ff., bes. S. 896ff. und 917ff.

353 Otto Grotewohl, Rede vom 9. November 1945, in: ASD NL Brill 1.

354 vgl. dazu Brill an Paul Hertz 29. 4. 1946, in: ISG Amsterdam NL Hertz.

von 1917 und 1918, erwähnte die russische nicht einmal. Ihn interessierten die Gründe für das Scheitern der Weimarer Republik. Dafür prägte er den geradezu klassischen Satz: „Wir waren zu jung in der demokratischen Erfahrung und wußten nicht von der Härte und Gewalt, die auch die Demokratie anwenden muß, wenn sie in ihrem Bestande gefährdet wird." Er fügte die sehr überlegte Entschuldigung hinzu: „Die Geschichte wird dafür Verständnis beweisen."[355] Die Gegenwart sah er vor drei Aufgaben stehen, um die Fehler der Vergangenheit zu vermeiden. Die erste beinhaltete klassenkämpferische Ideologieanteile, war aber in variablen Fassungen Gemeingut der öffentlichen Meinung in Deutschland nach 1945: „Die Zeit der kapitalistischen Herrschaft und der kapitalistischen volkszerstörenden Experimente ist in Deutschland vorüber." Für Grotewohl war „die Zeit zum sozialistischen Aufbau gekommen". Einzelschritte für den Sozialismus benannte er nicht, ein Hinweis auf den Aufruf des ZA der SPD vom 15. Juni 1945 unterblieb ebenso wie einer auf das Buchenwalder Manifest. In beiden Dokumentationen finden sich genauere Aussagen dazu. Überzogen und daher falsch, gleichwohl in einer SPD-Rede zum 9. November verständlich, war Grotewohls Meinung, der sozialistische und marxistische Geist sei „allein aus der geistigen Bankrottmasse Deutschlands in diesem Krieg übriggeblieben".[356]

Die zweite Aufgabe, vor die er die Gegenwart gestellt sah, trug er mit ähnlich eingeschränkter politischer Wahrnehmung vor: „Einheitlicher deutscher Volksstaat für den Neubau der Demokratie, nicht Staatenbund und nicht Bundesstaat". Das war weithin sozialdemokratisches Gemeingut, wonach nicht förderalistische Strukturen, sondern eher zentralistische bevorzugt wurden. Wie Brill dachte Grotewohl hier in großen historischen Zusammenhängen: „Die Stunde der Arbeiterschaft ist gekommen", der Neubau des Staates sollte „als wahrer und wirklicher demokratischer Volksstaat unter der Führung der Arbeiterschaft aufgebaut werden". Die wichtigen Einzelheiten, zu denen Brill schon mehr gesagt hatte, überging er.

Entscheidendes Gewicht kam in seiner „Rede vom 9. November 1945" der dritten Aufgabe zu, der Einheit der Arbeiterbewegung. Hierzu machte er die differenziertesten Aussagen, hier gab er der SMAD und der KPD die breitesten Angriffsflächen, weil er hier den größten Mut zur sozialdemokratischen Linie besaß. Vier Argumente legte er vor, die alle für eine behutsame und nicht überstürzte Vereinigung sprachen: „der eindeutige und überzeugte Wille aller deutschen Klassengenossen" sollte eingeholt und nicht ein „Beschluß von Instanzen" gültig werden, die Einheit könne „unmöglich, auch nur im geringsten, das Ergebnis eines äußeren Drucks oder indirekter Zwang sein", vielmehr habe sie „aus dem Bewußtsein völliger freier Selbstbestimmung auch des letzten und einfachsten Klassengenossen" zustandezukommen; zum dritten müsse sie „das Werk und das Ergebnis des sozialistischen und demokratischen Aufbaus sein", nicht seine Voraussetzung, sondern seine Folge, denn „ideologische Klärung wird nützlich sein, sie kann aber nichts entscheiden", die Einheit werde erst „im gemeinsamen Werk zum Vollzug gebracht". Das vierte Argument war wohl für die Kritiker Grotewohls das gewichtigste, weil es die Einheit von KPD und SPD, so wie Brill es wollte, an die deutsche Einheit band: „Die schnellste Schaffung einheitlicher Reichsparteien der deutschen Arbeiterklasse ist eine gebieterische Notwendigkeit. Eine zonenmäßige Vereinigung würde vermutlich die Vereinigung im Reichsmaßstab nicht fördern, sondern nur erschweren und vielleicht das Reich zerbrechen."[357]

Hermann Brill hat im Buchenwalder Manifest eine solche Bindungsklausel nicht berück-

355 a. O. Anm. 353, S. 1.
356 ebd. S. 4: „Der Mangel an wirklichen Unternehmern und der Mangel an wirklichen Kapitalisten hat das Stundenglas des Kapitalismus in Deutschland auslaufen lassen."
357 ebd. S. 5 alle vier Argumente zur Frage der Einheit der deutschen Arbeiterklasse.

sichtigt, weil sich damals die Frage der deutschen Einheit für ihn noch nicht zu stellen schien. Inzwischen war sie hochaktuell geworden, und die Erkenntnis setzte sich durch, daß die Gründung einer SED ein Akt der Spaltung Deutschlands sein würde. Da aber alle Seiten in ihren Bekundungen für die staatliche Einheit eintraten, konnte Grotewohl daraus ein Argument für die verzögerte Vereinigung von KPD und SPD ableiten.

Konnte dies noch als ein Argument angesehen werden, mit dem man die Sowjetrussen mit ihren eigenen – bekundeten – Gedanken fassen konnte, so liefen Grotewohls Schlußüberlegungen der sowjetischen Deutschlandpolitik jedoch völlig zuwider. In nur wenig verschleierten Worten, als „Bitte" deklariert, verlangte er eine deutsche Ostgrenze jenseits von Oder und Neisse, um die landwirtschaftliche Basis Deutschlands nicht zu gefährden, eine schnelle Wiederbelebung des Außenhandels zur Einfuhr von benötigten Rohstoffen und eine Belassung der Großindustrie „als einzige Form zur rationellen Verwertung der Arbeitskraft".[358] Die „Bitte" enthielt eine kaum verhüllte Kritik an den erst wenige Tage alten SMAD-Befehlen Nr. 124 und 126 vom 30. und 31. Oktober 1945 und eine Warnung vor weiteren Schritten dieser Art.

Zu solchen Worten gehörten Bekennermut und hohe Standfestigkeit. Grotewohl muß das in diesem Augenblick bewußt gewesen sein, denn er suchte sich zu salvieren mit einem historischen Vorfall, den er als Parallele heranzog und der höchst dramatisierend wirken mußte. Er verglich seine Rede mit Luthers Auftritt vor dem Wormser Reichstag am 18. April 1521 und schloß ebenso effektvoll: „Die hier heute ausgesprochenen Erkenntnisse sind weder Anmaßung noch Anspruch auf politische Priorität, sie sind uns mehr: sie sind uns höchste innerste Verpflichtung aus demselben Geiste, den einst der Reformator und Kirchenrevolutionär Luther gegen eine Welt von Widersachern in die schlichten Worte legte: ‚Hier stehe ich, ich kann nicht anders!' Auch wir können nicht anders! Es bleibt uns keine andere Wahl!"

Die Russen hatten dafür keinen Sinn. Ihr Verbindungsoffizier beim ZA der SPD in Berlin, dessen Vater Professor an der Theologischen Akademie der russisch-orthodoxen Kirche in Moskau war, kommentierte, ohne einem daraus erwachsenden familiären Einfluß zu unterliegen, denn auch wenige Tage später die Grotewohl-Rede zum 9. November 1945 mit den Worten: „Herr Grotewohl kann malen schöne Bilder, aber er versteht nichts von Politik." Das sollte wohl heißen, er verstünde nichts von sowjetrussischer Deutschlandpolitik. Die SMAD gab ihm zu verstehen, ihn „künftig als Sozialfaschisten behandeln" zu wollen.[359]

Brill hat für sich in Anspruch genommen, zusammen mit anderen diese Grotewohl-Rede beeinflußt zu haben.[360] In der Tat entsprach die Rede besonders in den vier Argumenten zur Herstellung der politischen Einheit der deutschen Arbeiterparteien seinen eigenen Vorstellungen. Eine Rede Brills zum Thema „Die Sozialdemokratie im heutigen Deutschland", am 10. November in seiner alten Kampfstätte in Gotha gehalten, ist nur in Stichworten überliefert.

---

358 „. . . man lasse uns genügend Land, um uns zu ernähren, genügend Rohstoffe zur Produktion unseres eigenen Bedarfs, und man lasse uns den Großbetrieb . . . als einzige Form zur rationellen Verwertung der Arbeitskraft, um einmal zur Sicherung unserer zu schmalen Ernährungsgrundlage wieder zu einer Aus- und Einfuhr zu kommen". Grotewohl, Rede zum 9. November 1945, S. 6.

359 Das Zitat ist überliefert von Brill in dessen Brief an Paul Hertz vom 29. 4. 1945, s. o. Anm. 354. Den Hinweis auf den „Sozialfaschisten" Grotewohl brachte Brill in seiner Rede vor dem Gesamtvorstand der SPD Thüringens am 26. 11. 1945, AsD NL Brill 1: Protokoll der Sitzung, S. 10.

360 „Ich und andere haben Grotewohl eindringlich gebeten, zu einer konstruktiven deutschen Politik überzugehen. Er hat das in seiner Rede zur Feier der Novemberrevolution versucht", Brill an Hertz 29. 4. 1946, a. O.

Diese lassen jedoch gleiche Gedanken erkennen, die sich auch an die Reden von Probstzella und Erfurt anschließen.[361]

Andere Parteigenossen in Thüringen hielten sich bedeckt. Heinrich Hoffmann brachte in der Landesvorstandssitzung am 12. November seinen Vorschlag vom 2. des Monats in Erinnerung, die SPD möge doch auch „Vertrauensmännerkörper" einrichten. Das gab die Sympathie dieses Mannes mit der KPD um Eggerath und Schneider erneut zu erkennen, denn so ein Gedanke stand ja in Eggeraths „Arbeitsplan für November" an vorderster Stelle. Die SPD entschied sich unter Brills Vorsitz nicht für die reine Kopie, sondern beschloß mehrheitlich, solche „Körper" an Ortsvereine zu binden und nur dort einzurichten, wo diese mehr als 200 Mitglieder aufwiesen. Auf diese Weise sollte in der eigenen Partei die „Aktivität von unten" gefördert, nicht aber sollten die kommunistischen „Straßen- und Häuserblock-Vertrauensmännerkörper" nachgeahmt werden.[362] Einen weiteren Hoffmann-Vorschlag, dem Beschluß des ZK der KPD zu folgen und für Kommunalwahlen gemeinsame Listen von SPD und KPD aufzustellen, lehnte der Vorstand ab.[363] Einen anonymen Brief aus Pößneck nahm er zur Kenntnis, ohne daraus propagandistisches Kapital schlagen zu wollen: „Wir brauchen nur eine Arbeiterpartei und die heißt SPD."

Die Möglichkeit dazu verlor sich jetzt erkennbar in der Ferne. Die KPD agitierte mit großem Einsatz. Bei einer von ihr veranstalteten Gedenkfeier zum 28. Jahrestag der russischen Oktoberrevolution am 7. November im Weimarer Kreishaus griff der städtische Beigeordnete Sonntag die SPD an. In Eisenach wurden in der Nacht vom 12. auf den 13. November vier Beamte der Polizei und der Leiter des städtischen Ernährungs- und Wirtschaftsamtes, alle fünf SPD-Mitglieder, von der SMATh nach – wie sich später herausstellte – haltlosen Korruptionsvorwürfen, von der KPD erhoben, verhaftet. In der Öffentlichkeit warb die KPD mit einem Dahlem-Aufruf vom 2. November bei erst 16jährigen Jungen und Mädchen für den Eintritt in ihre Partei.[364] Überall in Thüringen regte Brills Rundschreiben Nr. 18 vom 6. November mit seinen deutlichen Abmahnungen selbständiger Einheitsfrontpraktiken auf Ortsebenen zu Diskussionen an. Der Bezirksvorstand der KPD verlangte darüber eine klärende Aussprache mit dem Landesvorstand der SPD. Es stand Spitz auf Knopf, als es dazu am Nachmittag des 23. November 1945 in Weimar kam.

Eggerath und Schneider führten die KPD-Delegation an, Brill und die anderen Vertreter als Mitglieder der SPD saßen ihnen gegenüber.[365] Die Stimmung war gereizt. Eggerath eröffnete die Sitzung mit dem Bemerken, es handelte sich „um eine ernste Frage nach Meinung der KPD". Man sei „erstaunt über die Beschuldigungen" Brills, Pieck und Ackermann fühlten sich durch die Wiedergabe ihrer Erfurter bzw. Geraer Reden „brüskiert", die Reden würden „entstellt und falsch" dargestellt, überall seien „außerordentliches Aufsehen erregt und große Unruhe ausgelöst" worden, das Vertrauen sei „erschüttert und vergiftet". „Sollen wir wirklich zurückkehren zu einem gegenseitigen Zerfleischen, zu einem gegenseitigen Kampf, gegenseitigem Anpöbeln?" Eggerrath fuhr mächtige rhetorische Geschütze auf. Schneider

361 Brill, Die Sozialdemokratie im heutigen Deutschland, Rede im „Volkshaus zum Mohren" in Gotha am 10. 11. 1945, in: AES.

362 LPA Erfurt PDS II/2–003: Protokoll der Sitzung des Landesvorstandes Thüringen der SPD vom 12. 11. 1945.

363 Der ZK-Beschluß stand am 4. 11. 1945 in der ‚Deutschen Volkszeitung'.

364 Zur Verhaftung der Eisenacher SPD-Mitglieder s. AsD NL Brill 1: Bericht über die Verhaftung vom 12./13. 11. 1945 in Eisenach. Die beiden anderen Informationen in: Protokoll der Landesvorstandsitzung der SPD Thüringens vom 12. 11. 1945, a. O. Anm. 362.

365 Über die Aussprache der thüringischen Bezirks- bzw. Landesvorstände von KPD und SPD am 23. 11. 1945 in Weimar existiert nur ein von Edeltraud Schönefeld angefertigtes Stenogramm in: AsD NL Brill 1. Eine Übertragung ist im Besitz des Vf.

sekundierte, das Rundschreiben schlüge „allen anderen Einheitsbestrebungen ins Gesicht“, er sei „erschrocken“ gewesen bei der Lektüre und habe „einfach seinen Augen nicht getraut bei der Unterschrift“.

Soviel Melodramatik war künstlich, denn gerade Georg Schneider, wohl ein Intimfeind Brills, dessen Überlegenheit er in Probstzella und Erfurt nahezu körperlich erleben mußte, hatte bei der SMATh dafür gesorgt, daß „der rechte Sozialdemokrat Brill“ das Amt des Regierungspräsidenten der Provinz Thüringen aufgeben mußte. Er hatte mit Hoffmann und Böhme von der SPD über alle Monate hinweg seit der Vereinbarung vom 8. August 1945 gegen Brill zusammengearbeitet und diese dabei von der „Richtigkeit unserer Beschlüsse“, der KPD, überzeugt.[366]

Brill reagierte auf die ihm am Nachmittag des 23. November gemachten Vorwürfe kühl. Der Gegenstand des Vorwurfs, sein Rundschreiben vom 6. d. M., sei „keine persönliche Sache, sondern ein Beschluß des Vorstands“ gewesen. Diese Richtigstellung band in der Debatte auch Hoffmann und Böhme. Brill listete noch einmal die Vorwürfe, die aus den SPD-Ortsvereinen über das Verhalten der KPD an den Vorstand herangetragen worden waren, auf und bot Einsichtnahme in die Akten an. Der SPD-Vorstand habe den eigenen Ortsvereinen „nichts verboten, was im Rahmen der mit der KPD getroffenen Vereinbarungen erlaubt“ sei. Die Einheitsfront von unten ginge aber erkennbar über das Abkommen vom 8. August, das Brill wegen seiner ihm damals notwendig erscheinenden Flucht nach Masserberg auf den Rennsteig nicht mitgetragen hatte, aber respektierte, hinaus. Direkt konfrontierte er die KPD-Mitglieder mit ihrer eigenen Reserve Anfang Juli, nach dem Einmarsch der Roten Armee, als ihnen die vorher wichtige Einheitsfrage plötzlich unwichtig geworden und an Vorbedingungen gebunden worden sei, „noch viel zu viel vorweg zu erledigen“, da „noch lange nicht die gesamtpolitische Situation erreicht“ sei. Jetzt dagegen habe er den Eindruck, „daß Ihr das Tempo außerordentlich zu beschleunigen wünscht“. Jetzt erwecke die KPD den Eindruck, „in den Orten draußen bloß noch gemeinsame Mitgliederversammlungen zwischen SPD und KPD“ stattfinden lassen zu wollen. „Das wäre bereits in Wirklichkeit der Verzicht auf ein eigenes Parteileben.“ Doch ein solcher Schritt setze einen entsprechenden Beschluß der Zentralinstanzen voraus, mit dem „unserer Überzeugung nach in der nächsten Zeit noch nicht gerechnet werden“ könne.

Damit waren die Positionen offengelegt. Brill nannte beim Namen, was die KPD zu verdecken suchte. Er entblößte die kommunistische Taktik ihrer nur dürftigen Bemäntelung. Bei diesem Stand griff Böhme in die Diskussion ein und suchte zu vermitteln, denn er, der Sozialdemokrat, stand innerlich schon auf der Seite der KPD. „Versuchen wir ehrliche Zusammenarbeit, oder wir müssen es aufgeben.“ Das Rundschreiben könne so nicht gewertet werden, „daß beim Landesvorstand die Absicht vorhanden gewesen wäre, diese Zusammenarbeit unmöglich zu machen“. Das sei „völlig abwegig“. Hoffmann sponn den Faden weiter. Jede Partei müsse ihre „Ortsvereine strenger an die Zügel nehmen“, ihnen nahelegen, „etwas kameradschaftlicher zusammenzuarbeiten“, auf diese Weise werde man „die Hemmungen, die vorhanden sind, beseitigen“. Schneider, der stille Kompagnon Hoffmanns und Böhmes, nahm diesen Faden auf: „Wenn unsere Leute Dummheiten machen, sagt uns das, wir sagen unseren Leuten, daß das falsch ist.“

Es ging nicht um „Dummheiten“ einzelner Ortsvereine. Jeder im Saal wird das am

366 „Mit diesen anderen Genossen, es waren das im wesentlichen Curt Böhme, Heinrich Hoffmann, arbeiteten wir zusammen, indem wir regelmäßig die von uns gefaßten Beschlüsse ihnen mitteilten, uns mit ihnen berieten und versuchten, ihnen die Richtigkeit unserer Beschlüsse zu zeigen“, Schneider, Erinnerungen, S. 2, in: LPA Erfurt PDS V/5/239 und ebd. „Der rechte Sozialdemokrat Dr. Brill“.

23. November 1945 gewußt haben. Insofern waren Beiträge solcher Art nur atmosphärisches Spielmaterial. Brill suchte zum Wesentlichen zurückzulenken. Er gab noch einmal sein ehernes Bekenntnis aus Buchenwalder Tagen ab: „Ich werde mich eher völlig aus dem politischen Leben zurückziehen, als darauf zu verzichten, für die Einigung der Arbeiterklasse zu kämpfen." Doch er fügte auch seine historische Erfahrung hinzu, die ihn erkennen lasse, daß die KPD im Herbst 1945 in Thüringen zu ihrer „sog. Einheitsfrontpraktik von 1922" zurückgekehrt sei. Damals war er ihr Gegner, jetzt werde er es auch sein: „Weil wir für die Einheit sind, sind wir gegen die Einheitsfronttaktik." Der Satz enthielt keinen Widerspruch, sondern die Absage an die Vereinnahmung der SPD durch die KPD. Einen solchen Weg hätte Brill wie 1922/23 so 1945 nicht mitgehen können. Sein damaliger Gegenspieler war auch sein jetziger, Walter Ulbricht. Die Marionette von 1923 hieß Albin Tenner, die von 1945 Georg Schneider oder jetzt eher Werner Eggerath. Den Unterschied machte die Rückendeckung durch die militärische Gewalt aus, 1923 stand die Reichswehr hinter Brill, 1945 die Rote Armee hinter Ulbricht. Außerdem wäre 1923 noch zu entscheiden gewesen, wie sich die Sozialdemokraten Thüringens verhalten hätten; 1945 war ihre Spaltung erkennbar. Das verhalf der KPD zum erleichterten Einbruch in die Reihen des sozialdemokratischen Landesverbandes in Thüringen.

So kam auch der Vermittlungsvorschlag von Böhme und Hoffmann, nach außen hin den Willen zur Einheit durch eine gemeinsame Erklärung beider Parteivorstände zu bekunden. Man stritt längere Zeit über die Formulierung und verdeckte schließlich alle Differenzen in einem blassen Kommuniqué: „Die Vertreter der Bezirksleitung Thüringen der KPD und des Landesvorstandes Thüringen der SPD haben in einer Sitzung am 23. November 1945 zu den Fragen und Aufgaben Stellung genommen, die der möglichst raschen Herbeiführung einheitlicher Aktionen beider Parteien dienen sollen. Da ihre bisherige Zusammenarbeit gemäß den Vereinbarungen vom 8. August 1945 eine durchaus kameradschaftliche gewesen ist, betonen sie ihren entschlossenen Willen, auch weiterhin durch engstes Zusammenwirken aller Instanzen beider Organisationen den Weg zur Schaffung einer einheitlichen deutschen Arbeiterpartei zu bereiten."[367]

Brill und Eggerath unterzeichneten den mageren Text gemeinsam. Entschieden war damit nichts, möglich jetzt alles, für die KPD unter dem Motto der „Kameradschaft" der Fortgang ihrer Einheitsfrontpraktik, für die eine Fraktion innerhalb der SPD um Brill eine hinhaltende Defensive bis zu einem ins Auge gefaßten Reichsparteitag, für die andere Fraktion um Böhme und Hoffmann eine mitlaufende Offensive. Der von Grotewohl in seiner Rede zum 9. November 1945 gemachte Vorbehalt eines Reichsparteitags, von Brill unterstützt, war in der thüringischen Erklärung vom 23. November nicht gemacht. Diese Ausgangslage bot die Möglichkeit, in Thüringen einen Vorlauf zur Gründung der SED zu starten – wenn Hermann Brill an die Seite träte. Die Entscheidung dazu fiel in den nächsten Tagen.

Am 26. November tagte der Gesamtvorstand der SPD (Landesvorstand und Vorsitzende der Kreisverbände) in Weimar. Brill, der am Tag zuvor noch in Leipzig auf der 2. Kulturveranstaltung der SPD Sachsens gesprochen hatte, hielt hierbei seine letzte große politische Rede in Thüringen. Es war wie ein Vermächtnis. Das Thema lautete: „Die Herstellung der sozialistischen Einheit der Arbeiterklasse".[368] Rücksichten nahm er nicht, weder auf die SMATh, durch

367 IfGA ZPA NL 36/634: Erklärung von SPD und KPD vom 23. 11. 1945, unterzeichnet von Eggerath und Brill.

368 AsD NL Brill 1: Protokoll der Sitzung des Gesamtvorstandes des Landesverbandes Thüringen der SPD in Weimar am 26. 11. 1945, Rede Brills mit Diskusionsbeiträgen. Der Hinweis Brills auf seine Rede in Leipzig am 25. 11. ebd. und in: LPA Erfurt PDS II/2-003: Protokoll der Sitzung des Landesvorstands Thüringen der SPD 27. 11. 1945, S. 4.

die er seine Verhaftung schon nach dem Rundschreiben vom 6. November erwartet hatte[369], noch auf die Bloßstellung der innerparteilichen Opposition um Hoffmann, erst recht nicht auf die KPD. Ihr hielt er vor, seit dem Sommer merkwürdige Umschwünge in der politischen Haltung an den Tag gelegt zu haben. Schon während der amerikanischen Besatzungszeit seien russische Agenten in Thüringen beobachtet worden, welche die illegale Gründung der KPD-Bezirksleitung in Erfurt gedeckt und im Lande erste kommunistische Organisationen unterstützt hätten. Dann sei Ulbricht mit der Roten Armee am 4./5. Juli nach Jena und Weimar gekommen, habe gar von Landtagswahlen im Oktober gesprochen und die Partei veranlaßt, Angebote der SPD zu gemeinsamen Auftritten abzulehnen, so daß die am 8. August von beiden Parteien geschlossenen gemeinsamen Aktionsausschüsse eher einem „Dornröschenschlaf" überlassen geblieben seien. Seit den letzten Oktobertagen habe aber die KPD plötzlich damit begonnen, „die Führung in allen ... Dingen zu beanspruchen", und seit November könne jeder erkennen, „wie sehr sich die politische Situation verändert hat".[370] Eine gemeinsame Wohlfahrtsfürsorge, welche die SPD der KPD im Juli angeboten habe, sei damals gänzlich unbeachtet geblieben, jetzt aber reiße die KPD dieses Feld mit der Aktion „Thüringen gegen Not" vollständig an sich. Jetzt werde „in Volksgemeinschaft gemacht", jetzt könne die Einheit der Arbeiterparteien plötzlich nicht schnell genug kommen, allerdings auf dem Wege einer Einheitsfront von unten: „Die Kommunisten sind schon der Auffassung, daß von Ortsverein zu Ortsverein die Einigung von unten durchgeführt werden soll."[371]

Eine solche Analyse der KPD-Politik, korrespondierend mit der sowjetischen Deutschland-Politik, wie Brill hervorhob, trug den Tatsachen in Thüringen durchaus Rechnung. Brill scheute davor nicht zurück. Er deutete die Abhängigkeit des ZK von der SMAD an[372], nannte es „Emigrantenkabinett" („bis auf einen: Meschke") und die KPD „die Partei ohne Mitglieder, die Partei der Funktionäre", die der Volksmund gar in den letzten Tagen mancherorts in Thüringen in „Deutsche Polizistische Partei" umbenannt habe. Zu dem Bild ihrer bolschewistischen, d. h. zentralistischen Organisation passe, daß das ZK für Thüringen nach Busse und Schneider mit Eggerath jetzt bereits den dritten Vorsitzenden bestimmt habe; „keiner von diesen dreien ist irgendwie gewählt worden". 50% aller Funktionäre, die es im Juli in der KPD-Thüringen gegeben habe, vornehmlich Buchenwald-Häftlinge, seien seitdem verschwunden.

Anders die Verhältnisse in der SPD. Brill sparte auch hier nicht mit Kritik, verwies auf Karrieristen, Renegaten und Deserteure in den eigenen Reihen und nannte namentlich Heinrich Hoffmann. Die SMATh suche die Spaltung der Partei zu betreiben. „Und wie diese Dinge gehen", so sein Wort zu den Versammelten, „das wißt Ihr ja alle: von kleinen Einschüchterungsversuchen, die mit der bloßen Drohung beginnen, bis zur Verhaftung und bis zur Deportation; von einigen Erleichterungen der täglichen Lebenshaltung bis zur Einladung, einen einwöchigen Weihnachtsurlaub in einem Berghotel gemeinsam mit prominenten Kommunisten zu verbringen, werden alle Mittel der Einschüchterung und der Korruption

369 Vor dem Gesamtvorstand gab er seiner Vermutung Ausdruck, nach dem Rundschreiben vom 6. 11. 1945 erwartet zu haben, „daß ich am 8. oder 9. November danach verhaftet sein würde und das ist merkwürdigerweise bisher nicht geschehen", ebd. S. 38.

370 ebd. S. 6ff.; der Hinweis auf die russischen Agenten in Thüringen vor dem 1. 7. 1945 (u. a. wird Gera genannt, wo Paul am 2. 7. 1945 die Rote Armee so pompös empfangen hatte) ist im Protokoll nachträglich gestrichen worden (S. 6); der Grund wird in der Einsichtnahme durch die SMATh zu sehen sein.

371 ebd. S. 41.

372 „... daß dieses Zentralkomitee in einem bestimmten Abhängigkeitsverhältnis zu anderen Faktoren steht, über die wir hier nicht sprechen können und auch nicht sprechen wollen. Denn wir alle sind besiegte Deutsche, und es sind deshalb unserem Meinungsaustausch feste Grenzen gezogen, die nicht überschritten werden dürfen", ebd. S. 37; die nächsten Zitate ebd. S. 31.

gebraucht, um zum Ziele zu gelangen."[373] Parteidisziplin, auch „eine innere geistige Disziplin", müsse dagegen eingesetzt werden, notfalls dürfe man auch nicht vor organisatorischen Maßnahmen zurückscheuen, also den Ausschluß aus der Partei bedenken.

Doch Brill beließ es nicht bei diesen Negativa. Noch einmal entfaltete er seine Vision von der politisch geeinten Arbeiterschaft in einer „Partei neuen Typs". Für ihre Möglichkeit, ja Notwendigkeit führte er ökonomische und soziologische Überlegungen an. 75,9% der thüringischen Bevölkerung seien in Industrie, Handwerk, Handel und Verkehr beschäftigt, 66% aller Erwerbstätigen dabei unselbständige Arbeitnehmer. Die Konsequenz solcher Strukturanalyse lautete für ihn: „Die Arbeiterklasse ist viel größer, als Sozialdemokratie und Gewerkschaften sie jemals erfaßt haben."[374] Daß z. B. der Liberalismus ein parteipolitischer Konkurrent sein könnte, hielt er für „völlig unerfindlich".[375] Die schon in der SBZ bestehende LDP war in seinen Augen eine „politische Jämmerlichkeit". Daß christlich-demokratische Parteistrukturen eine Chance hätten, war dem Freidenker Brill unvorstellbar. Wohl hatte er Verständnis für das Bedürfnis der Bevölkerung nach seelischer Ansprache: „Erlösungsbedürfnis, Hingehen in die Kirche, Singen und Zuhören"; er sah es als gegeben an, tat es aber als „stimulierende Medizin" ab.[376] Solche herablassenden Worte sind erstaunliche Defizite in der Vorstellungswelt des hochintelligenten und auch sensiblen Hermann Brill, die sicher seinen Leumund, auch bei Freunden, „ein schwieriger Mensch" zu sein, begünstigt haben.

Brill stellte den thüringischen Sozialdemokraten am 26. November 1945 als sein Ziel ein Zwei-Parteien-System vor, wie es Großbritannien besaß, wobei eine neue zu gründende Arbeiterpartei den Part der Labour-Party zu übernehmen hätte, „eine bedeutende Bauernpartei, die zugleich eine Partei des Mittelstands ist", den der Konservativen. „Und ich leugne es einfach, daß wir es nötig hätten, in Deutschland mehr als zwei Parteien zu besitzen. Dann wird sich je nach Lage der Landesteile ein Zusammenspiel dieser Parteien in Regierung und Opposition ergeben."[377] Hier stand ihm wieder der Bund demokratischer Sozialisten vor Augen, das Buchenwalder Erbe, das er am 8. Juli 1945 in Weimar der Öffentlichkeit vorgestellt hatte. Der KPD – „in der Massenbewegung nur eine kleine organisatorische Minderheit"[378] – gab er keine Chance. Die Schritte, die zu einer solchen parteipolitischen Revolution führen könnten, wären im Reichsmaßstab einzuleiten, die vorbereitetenden Organe zumindest zu 50% mit Vertretern zu besetzen, „die nachweislich in der Illegalität gearbeitet haben".[379] Gewerkschaften, Genossenschaften und kulturelle Organisationen seien als Massenbasis dafür zu organisieren, die „Partei neuen Typs" sei dann in zwei bis drei Jahren existent.

Diese Ideenwelt Brills mit ihren modernen Zügen (Zwei-Parteien-System), aber auch ihrem stets so nachdrücklichen Verlangen, als Vertreter des illegalen Widerstands gegen den Nationalsozialismus besonders legitimiert zu sein, mußte im Spätherbst 1945 in Thüringen an den politischen Realitäten scheitern. Generalmajor Kolesnitschenko, Leiter der SMATh, sagte Ende Dezember 1945, als Brill schon vor ihm nach Berlin geflohen war, zu Georg Schneider von der KPD, „daß es für die weitere Entwicklung gut gewesen ist, daß Dr. Brill freiwillig aus

---

373 ebd. S. 10f.
374 ebd. S. 13f.
375 „... wie jemand auf den Gedanken kommen kann, daß eine sog. liberal-demokratische Partei in Deutschland eine Zukunft haben könnte, das, Genossen, ist mir völlig unerfindlich", ebd. S. 18.
376 „Die Kirchen in Thüringen sind so voll, wie sie es nie gewesen sind." Ein Zuhörer rief dazwischen: „Selbst Freidenker gehen hinein!", ebd. S. 25.
377 ebd. S. 35.
378 ebd. S. 37f.
379 ebd. S. 30f.

Thüringen gegangen ist. Es hätte sich so viel Material gegen Dr. Brill angesammelt, daß er hätte verhaftet werden müssen."[380] Zu diesem Material wird auch die Weimarer Rede vom 26. November 1945 gehört haben. Ihre Diskussion mußte den für SMATh und KPD verheerenden Eindruck eher noch verschärfen.

Ohne Ausnahme stellten alle 14 von 22 Kreisverbandsvertretern, die am 26. November das Wort ergriffen, das Negative in den Vordergrund. In Gotha, einst Ursprungsort der thüringischen USPD und nachfolgend in den 20er Jahren eine Domäne der Kommunisten, bestand 1945 „absolut keine Neigung für die KPD".[381] In Langensalza waren SPD-Versammlungen „stets überfüllt", solche der KPD hingegen „eine völlige Pleite". In Hildburghausen hatte am Tag zuvor, am 25. November, Eggerath selbst gesprochen; eine Diskussion war im Anschluß daran nicht zustandegekommen, so daß der Versammlungsleiter, verärgert darüber, „daß die Leute vorzeitig den schlecht besuchten Saal verließen", über Severing, Noske und Genossen „vom Leder zog". In Gera stimmte es wie an anderen Orten, „daß die KPD die Posten hat . . ., daß wir die Mitglieder haben". Auch die Erfahrung des Eisenacher Vertreters teilten alle anderen, die sprachen, daß nämlich die Kommunisten „überall spalten und sich einnisten", während die Vertreter der SMATh „mürbe machen durch Verhaftungen". „Darin liegt System", so klagte der Eisenacher Ortsvorsitzende der SPD.

Nordhausens Sozialdemokrat brachte das Mitgliederverhältnis beider Arbeiterparteien in der bildhaften Sprache zum Ausdruck: „Wie der Elefant gegenüber der Maus." In seinem Bezirk seien „alle KPD-Größen Ausländer". In Stadtroda gar habe die Partei „keine Mitglieder aus den Kreisen der einheimischen Bevölkerung", so daß sie gleich jeden Evakuierten und Flüchtling als Postenanwärter zu gewinnen suche. Man solle doch daraus den Schluß ziehen und den Kommunisten „die Rolle zuweisen, die sie in England spielen: sie dürfen hinter der sozialdemokratischen Partei herlaufen". Der Saalfelder resümierte seine gleichen Erfahrungen in dem Bemerken, es sei „in Deutschland für die KPD kein Resonanzboden". Nordhausens Vertreter benannte neben der fehlenden Mitgliederzahl noch einen anderen Grund dafür: „Eine Aktivität, die aus dem Herzen kommt, die geboren ist aus der Sorge um das Wohl des neuen Menschen, eine solche Aktivität liegt der KPD fern." Sie stehe nur „auf den Bajonetten der Besatzungstruppen. Weiter ist sie nichts."[382] Der Suhler Vertreter glaubte am Beispiel der Bodenreform, wo er „Sachen erlebt" habe, „die hanebüchen sind", erkannt zu haben, daß „die Kommunisten nichts anderes sind als radikale Spießbürger".[383] Mangelnde Kompetenz werde durch Parolen ersetzt.

In Erfurt, wo die Bezirksleitung der KPD residierte, war die Öffentlichkeit einem „Trommelfeuer der Propaganda" ausgesetzt, das an die NSDAP erinnern ließe. Die Blockarbeit, hier wie anderswo „vor drei Wochen . . . wie aus der Pistole geschossen" eingeleitet, realisiere, wie der sozialdemokratische Ortsvorsitzende Fütterer aus Erfurt sagte, „nie etwas

380 LPA Erfurt PDS NL Schneider, Der rechte Sozialdemokrat Dr. Brill, S. 5. Zu den Vorwürfen, die gegen Brill erhoben wurden, gehörte auch die Beanstandung seiner Geschäftsführung als Aufsichtsratsvorsitzender der Thüringischen Verwaltungs-Gesellschaft. Hiergegen verwahrte sich Brill in einem energischen Schreiben an Paul als den Präsidenten des Landes Thüringen, dem er vorhielt, seit der Übernahme des ihm angetragenen Vorsitzes der Gesellschaft am 26. 9. 1945 mangels fehlender Landesgesetze überhaupt keine rechtliche Basis gehabt zu haben und personell für den großen Komplex der Enteignungen gar nicht angemessen ausgestattet worden zu sein. Einen besonderen Fall, an dem insonderheit der SMATh gelegen war, stellte die Enteignung des Herzogs von Sachsen-Coburg-Gotha dar; hierzu wies Brill seine umsichtigen Maßnahmen nach. Seine Tätigkeit war durch die SMAD-Befehle Nr. 124 und 126 vom 28. und 30. 10. 1945 schon einen Monat nach Dienstantritt absolet geworden, BA NL Brill 95: Brill an Landespräsident Paul 11. 12. 1945. Die KPD interessierte sich sehr für den Vorgang und hat ihn mit ihren Akten archiviert: IfGA ZPA II 3/8/5.

381 Diskussionen der Brill-Rede vom 26. 11. 1945, a. O. Anm. 368, S. 45; die nachfolgenden Zitate ebd.

382 ebd. S. 73.

383 ebd. S. 48.

von dem, was wir verlangen". „Es wird alles abgelehnt." Die KPD komme in jede Sitzung „mit einer vorgefaßten Meinung und mit fertigen Plänen". „Es wirkt sich das nach und nach so aus, daß wir schließlich nur noch ein Anhängsel der KPD sind." SPD-Vertreter würden nur bespitzelt: „Jedes Wort, das irgendeiner von uns sagt, wird notiert."[384]

Das Fazit einer solchen umfassenden, vielleicht einzigartigen sozialdemokratischen Heerschau von den Zuständen in Thüringen im Herbst 1945 war enervierend; es traf den nervus rerum. Es ist ein einzigartiges Stimmungsbild, eingefangen in einem Stammland der SPD, gültig aber wohl für die damalige gesamte SBZ. Die Kommunisten verloren auf Dauer großes Kapital, auch wenn sie die Gewinner auf Zeit wurden. Brill mußte Ulbricht, den er im Deutschen Oktober 1923 hatte ins Leere laufen lassen, am Ende des Jahres 1945 weichen, weil dieser jetzt mit den russischen Bajonetten, die man nach dem Scheitern des Revolutionsversuches von 1923 zur Speerspitze erklärt hatte, auf deutschem Boden im Bunde stand. Der politischen Akzeptanz des Kommunismus in Deutschland hat das nicht gedient.

Es gab dafür auch keine taktisch klugen Zwischentöne, keine Modalitäten zwischen den Extremen. Diese wurden in der Sitzung des erweiterten Landesvorstandes der SPD am 26. November in Weimar in ihrem entstellenden, weil nur verdeckenden Funktionswert durchschaut und mehrheitlich abgelehnt. So erging es Heinrich Hoffmann, alias „88", der in der Diskussion den Versammelten anriet, „daß wir die KPD nicht als Gegner oder als Feind der SPD betrachten, sondern als zukünftigen oder schon gegenwärtigen Bundesgenossen". Das Protokoll notiert an dieser Stelle „Unruhe. Widersprüche. Zurufe: unmöglich!" Brill griff als Vorsitzender ein: „Ich bitte, alle anzuhören."[385] Hoffmann redete am Kern der Sache gänzlich vorbei, wenn er an frühere Auseinandersetzungen „zwischen Lassallianern und Eisenachern" oder solche zwischen „SPD und MSPD" erinnerte und gegenwärtige Schwierigkeiten auf „einzelne irregeleitete Elemente der KPD" zurückführte, gegen die Busse schon selbst „sehr oft draußen im Lande Remedur" schaffe. Sähe man davon ab, so bestünden doch „keine großen Differenzen" zwischen den Parteien. „Wir sind in der tatsächen Grundeinstellung nicht Gegner, sondern tatsächlich Brüder, wie wir auch Kinder einer Mutter, der alten SPD, sind."[386]

Eine solche Verharmlosung der Dinge, bei der Hoffmann sich in der Sache noch selbst widersprach mit dem Eingeständnis, die Politik der KPD sei „eindeutig darauf gerichtet, die Macht im werdenden Staate zu erlangen", und sie habe schon jetzt „praktisch alle Machtpositionen im Lande (sc. Thüringen) in der Hand"[387], nahm Brill nicht hin. Er hielt es den Delegierten als „eine grobe und verhängnisvolle Täuschung" vor Augen, „wenn wir unser Verhältnis zu der heutigen KPD dahin kennzeichnen, daß wir noch alle eine Mutter hätten, nämlich die SPD. Die heutige KPD hat bis in die personelle Besetzung der Bezirksleitung in Thüringen hinein mit der ehemaligen SPD fast nichts mehr zu tun, sondern sie ist in der Praxis des politischen Lebens eine vollständig neue Erscheinung von Elementen, die niemals durch diese sozialde-

384 ebd. S. 62; das Altenburger Zitat ebd. S. 89: „Vor drei Wochen kam von der KPD wie aus der Pistole geschossen der Antrag: von jetzt an alle Veranstaltungen gemeinsam durchzuführen." Die Angabe stimmt mit Eggeraths „Arbeitsplan für November" exakt überein und beweist somit dessen Wirkung.

385 ebd. S. 94f.

386 ebd. S. 96.

387 ebd. S. 97; Hoffmann unterstrich das mit Hinweisen auf die jetzt schon in Thüringen gegebenen Tatsachen. Die KPD stellte in den wichtigen Knotenpunkten Erfurt, Gera und Nordhausen die Bürgermeister, in den für die Bodenreform wichtigen Landkreisen von Langensalza, Saalfeld und Weißensee die Landräte und hatte durch den ersten Vizepräsidenten (Busse) sowie den totalen Stellenbesitz in der Präsidialkanzlei „praktisch alle Machtpositionen im Lande in der Hand" ebd. S. 97f. Vgl. Brills Ergänzung dazu: „Es sitzt nicht ein einziger Sozialdemokrat in der einzig maßgebenden Stelle des Landes", ebd. S. 113.

mokratische Partei gegangen sind und die ideologisch sogar in scharfem Gegensatz zu der Auffassung des Marxismus stehen, der in der SPD bis heute vertreten wird."[388] Diese „Bolschewisierung der Arbeiterbewegung" habe „die Ausmerzung der spezifisch sozialdemokratischen Elemente aus der Arbeiterbewegung verlangt und die Durchsetzung der Arbeiterbewegung mit spezifisch bolschewistischen Elementen gefordert". Das geschehe jetzt in Thüringen: „Es ist nicht ein zweiseitiger Bündnisvertrag, in dem wir zueinander stehen, sondern es ist ein einseitiges, diktiertes Verhältnis."

Doch Brill, der sich wohl bewußt gewesen sein wird, hier ein Schlußwort seines politischen Lebens in Thüringen zu sprechen, ließ keinerlei Melancholie oder gar Resignation erkennen. Den sozialdemokratischen Delegierten wies er die Aufgabe zu, das Gewerkschafts- und das Genossenschaftswesen zu entwickeln, die SPD „nach innen" durch die Teilnahme an Bildungskursen zu festigen.[389] Mit der KPD gebe es wie bisher wohl Aktionsgemeinschaften, nicht aber Organisationsgemeinschaften. In zwei Jahren könne man dann „einen konstituierenden Kongreß für die Gründung einer einheitlichen deutschen Arbeiterpartei einberufen". Die SPD werde „die breite tragende Grundlage für das neue Gebäude" bilden, die KPD „als geschlossene politische Partei" beitreten. „Nicht die Vereinigung von SPD und KPD, sondern die Gründung einer neuen deutschen Arbeiterpartei" sei Ziel.[390] Die Delegierten machten sich selber Mut bei diesen Perspektiven und quittierten die Worte ihres Vorsitzenden mit den Zurufen „Sehr gut! Bravo!"

Nur noch einmal wollte Brill danach öffentlich in Thüringen auftreten, am 16. Dezember 1945 bei einer Kulturveranstaltung seiner Partei in den Weimar-Hallen der Landeshauptstadt. Die Veranstaltung mußte jedoch wegen der verzögerten Genehmigung durch die SMATh am 10. Dezember ausfallen, wurde zunächst auf den 13. Januar 1946 verlegt, konnte aber auch dann nicht stattfinden. Es war für sie ein festliches Programm beschlossen worden: Coriolan-Ouvertüre und 5. Sinfonie von Beethoven sollten einen kurzen Vortrag umrahmen, einer nochmaligen Ansprache sollten dann die Rezitation der Ringparabel aus Lessings „Nathan der Weise" sowie ein gemeinsamer Schlußgesang folgen. Es liegt dazu eine knappe Vortragsskizze Brills mit dem Thema „Sozialismus und Demokratie", seinem Lieblingsthema, vor. Die Skizze gibt zu erkennen, daß der Redner elegische Zeitbezüge durch etwas metaphorische Gedankengänge über „Ernte und Tod" und „verpflichtende Mahnungen der herbstlichen Tage in der deutschen Geschichte" einkleiden wollte, was ja auch schon die ihn einrahmende Coriolan-Ouvertüre und besonders die Schicksalssinfonie Beethovens anklingen ließen. Auch die Gedanken der Ringparabel Lessings nahm Brill auf, indem er den Humanismus, das große Thema der von ihm geschriebenen Rede des Weimarer Oberbürgermeisters Behr vom 1. Mai 1945, wieder als ein tragendes Fundament der Demokratie ansprach und „Möglichkeiten eines neuen Aufstiegs in unserer Zeit durch Besinnung auf Freiheit, Frieden und Demokratie" als Schlußworte vorsah.[391]

Diese Möglichkeiten waren Ende 1945 in Thüringen nicht mehr gegeben, sofern man das

388 ebd. S. 112f.; die beiden folgenden Zitate ebd. S. 113.

389 Vier Kurse über Marx, Lassalle, Bebel und Lenin waren seit Wochen bei der SMATh zur Genehmigung eingereicht, aber noch nicht genehmigt worden. Am Vormittag des 26. 11. 1945 habe er, so Brill vor den Delegierten am Nachmittag dieses Tages (ebd. S. 117), von der SMATh erfahren, „der Plan sei in der ganzen Administration nicht zu finden".

390 ebd. S. 118f.

391 BA NL brill 331: Brill, Sozialismus und Demokratie. Redeskizzen zum 16. 12. 1945; der Beschluß zu dieser Kulturveranstaltung in: LPA Erfurt PDS II/2-003: Protokoll der Sitzung des Landesvorstandes Thüringen der SPD 27. 11. 1945, S. 4. Auffällig ist die Veränderung des Mottos aus dem Buchenwalder Manifest „Für Frieden, Freiheit, Sozialismus" in „Freiheit, Frieden, Demokratie"; sie trug dem Verlangen der SMATh Rechnung, den Sozialismus als „Gegenwartsforderung" aufzugeben.

abendländische Verständnis solcher Werte zugrundelegt. Der sozialdemokratische Landesverband erhielt weitere alarmierende Meldungen über die Pressionen, denen die Partei in den Orts- und Kreisverbänden ausgesetzt war, ein Lagebericht aus Sachsen gab zu erkennen, daß es der SPD dort nicht anders erging.[392] Allerdings wurden auch Kommunisten nachdenklich. Ihre Redner äußerten Ende November Zweifel darüber, ob Eggeraths „Arbeitsplan für November", der die große Initiative für die Einheitsfront von unten eingeleitet hatte, so klug war. Stefan Heymann, Buchenwald-Häftling und von allem Anfang an Mitglied der Bezirksleitung der KPD in Thüringen, brachte von einer Rede, die er in Suhl gehalten hatte, bei der der Besuch „sehr schlecht" gewesen war, den Eindruck mit: „Der Widerstand der SPD-Funktionäre gegen eine Einheitsfront wird täglich stärker." Die Kommunisten sähen sich hier wie anderswo den für sie ungünstigen Argumenten der Sozialdemokraten gegenüber: „Die Wahlen in Österreich zeigen, wie schwach die Kommunisten sind, Ihr wollt Euch nur mit Hilfe der SPD aufrechterhalten."[393]

Gleiche Stimmungsbilder konnte die kommunistische Partei auch aus anderen Teilen der SBZ einholen, oder etwa aus Berlin, wo ein Sozialdemokrat, Referent im Magistrat der Stadt, Abteilung für Volksbildung, Anfang Dezember seine Beobachtungen zur Resonanz auf eine Ackermann-Rede so zusammenfaßte: „Tatsächlich ist die Mitgliedschaft und Wählerschaft der SPD der Vereinigung gegenüber sehr skeptisch. Die Leute sagen: Die Kommunisten wollen trotz aller demokratischer Beteuerungen im Grunde doch die Diktatur des Proletariats, die sie als Diktatur ihrer Partei verstehen, wie in Rußland. Sie hätten schon an einer Diktatur genug und zwischen Gestapo und GPU sei kein großer Unterschied. Militarismus bleibe Militarismus hüben wie drüben." Der Schreiber riet „größte taktische Vorsicht" an und empfahl, „die SPD- bzw. KPD-Genossen erst in geschlossenen Betriebszellenzusammenkünften" zueinander zu führen. Sein Plädoyer, nur für Winzer als den Leiter der Abteilung für Volksbildung im Magistrat der Stadt Berlin gedacht, wurde von diesem für so wichtig gehalten, daß er es an Pieck weitergab und an den Rand des Briefes die Empfehlung schrieb: „Der Verfasser ist ein guter Mitarbeiter meiner Abteilung, den ich befördern will."[394]

Der Inhalt seines Briefes interessierte offenbar beim ZK; am 13. Dezember 1945 finden sich Teile davon in Ulbrichts Anweisungen an die Bezirksleitung der thüringischen KPD. Er war eigens dazu nach Weimar gereist, was die von ihm und dem ZK als dramatisch eingeschätzte Lage dort hervorhebt. Als „Resultat der Besprechung mit W. Ulbricht" wurde als erstes festgehalten: „Das Schwergewicht muß verlagert werden in die Betriebe." Damit reagierte die KPD auf die in der Öffentlichkeit von ihr seit Anfang November gesuchten, ihr aber schadenden Einheitsfrontpraktiken. Sie nahm sie zurück, zumindest als überfallartig angewandte (Zwangs-)Vereinigungen beider Arbeiterparteien auf Ortsebene. „Die Vereinigung einzelner Ortsgruppen", so hieß es im Beschlußprotokoll, „muß entschieden verhindert

392 IfGA ZPAS NL 36/634: Bericht über eine Besprechung mit Herrn Prof. Dr. Strecker (SPD) am 29. 11. 1945 in Leipzig, „streng vertraulich": „Von der KPD habe ich manchmal den Eindruck, als ob sie eine Bolschewisierung des russisch besetzten Deutschland erstrebt, das sich dann an den östlichen Nachbarn anschließen könnte." „Die tatsächliche Lage" war auch in Sachsen dem Bericht zufolge die, „daß die KPD viel zuwenig Stimmen hat, die große Stimmenzahl ist bei der SPD", ebd. S. 2. Weitere Berichte an den Landesvorstand der SPD Thüringen in: AsD NL Brill 1: Ortsverein Wölfis an Landesvorstand Weimar 9. 12. 1945.

393 LPA Erfurt PDS I/2–005: Stefan Heymann, Bericht von Suhl, Ende November 1945. Besonders ungünstig wirkten sich in Suhl die Demontagen der dortigen Waffenfabriken aus, die bereits 7000 Arbeiter arbeitslos gemacht hatten, Heymann kommentierte das: „eine sehr deprimierte Stimmung, die sich in dem schlechten Besuch auswirkte".

394 IfGA ZPA NL 35/634: Winzer an Pieck 14. 12. 1945: „Zur Zusammenschlußfrage"; der Hinweis auf einen SPD-Autor ebd. als Marginalie. Das Anonymus-Resümee trägt das Datum des 4. 12. 1945. Dieses Stimmungsbild aus Berlin wird durch andere in derselben Akte ergänzt, z. B. Protokoll (intern), Berlin 20. 11. 1945 (SPD).

werden. Wir dürfen der SPD kein Argument geben, um zu behaupten, daß wir lediglich ihre Partei zerstören oder unsere Partei stärker machen wollen." Dennoch sollte die Devise bleiben: „Wir müssen alles daransetzen, zur Vereinigung zu kommen."[395] Der Weg dazu sollte stärker über die Betriebe gesucht werden; das hatte man gerade in Thüringen schon einmal, 1921–23, versucht.

Man übte Selbstkritik, lernte von Ulbricht und fand die Einigkeit in der Zielvorstellung: „Entwicklung auf höherer Stufe, Demokratie ... Einheit der Arbeiterklasse, verbinden mit Partei des neuen Typus."[396] Was das konkret heißen sollte, blieb für den Leser des Protokolls unklar. Die Verbindung von „Demokratie" und „Partei des neuen Typus" könnte schon die Strategie beinhalten, die Demokratie zur Volksdemokratie zu übersteigern, um sie so zu ruinieren, Brill wurde jedenfalls mit seinem Sozialismus-Begriff abgelehnt[397], ohne daß eine inhaltliche Differenzierung versucht worden wäre. Er war als eine in Thüringen hoch angesehene Person, intellektuell überlegen, aber ein durch die Geschichte seit 1922 ausgewiesener Gegner des Kommunismus, hinderlich. Auch ein anderer Sozialdemokrat, Gustav Brack, der am 20. September 1945 zum Landesdirektor des Landesamtes für Arbeit ernannt worden war, sollte gehen: „Landesarbeitamt reorganisieren. Brack muß weg."[398] Hier mißfiel Ulbricht, daß das Landesarbeitsamt ohne vorherige Konsultationen mit den Parteien, besonders der KPD, durch den Landespräsidenten Paul, wie es dessen Kompetenz entsprach, Gesetze erließ.[399] Als „nutzbar zu einer guten Propaganda" wurde schließlich am 13. Dezember in Weimar zwischen den verschworenen Genossen der KPD Piecks bevorstehender 70. Geburtstag (3. Januar 1946) eingeschätzt. Dazu sollte Thüringen „namhafte Künstler und Gelehrte entsenden".

Als sich die thüringische Bezirksleitung der KPD mit Ulbricht diese Gedanken machte, war eine ihr wesentliche Entscheidung schon gefallen: Brill war bereit, Thüringen zu verlassen. Er hatte am 4. Dezember in Berlin an einer Sitzung des ZA der SPD teilgenommen und dort auf selbstbewußtere Aktivitäten der Partei gedrängt: „Es muß etwas geschehen! Wir brauchen ein Aktionsprogramm." Zur Begründung erläuterte er die Verhältnisse in Thüringen, wo die Sozialdemokraten völlig in die Defensive gedrängt würden und nahezu jeden Einfluß auf die Landesregierung verlören; es seien „78% aller leitenden Politiker KPD".[400] Die Schaffung einer einheitlichen Arbeiterpartei, so erläuterte er auch in Berlin, sei „keine primäre Aufgabe". Nach einem Vorspruch von ZA-Vertretern bei der SMAD in Karlshorst in der Nacht zum 5. Dezember, wo die Sowjets „die Aufstellung eines sozialistischen Aktionsprogramms von der SPD" forderten, wurden Brill, sein Buchenwalder Freund Ernst Thape als Vizepräsident der Provinz Sachsen und dortiger Vorsitzender der SPD sowie Otto Buchwitz (Land Sachsen), Hermann Schlimme (Pommern), Jesse (Mecklenburg) und Spiegel (Brandenburg) mit der Ausfertigung eines solchen Programms beauftragt.[401] Das war ein vorbereitender Schritt für die sog. „60er-Konferenz" Ende des Monats in Berlin.

---

395 LPA Erfurt PDS I/2–002: Resultat der Besprechung mit W. Ulbricht 13. 12. 1945 in Weimar, S. 1.

396 „Heute haben wir alle gelernt, auch wir übten Selbstkritik und jetzt: Entwicklung auf höherer Stufe, Demokratie. Jetzt steht die Frage: Einheit der Arbeiterklasse. Verbinden mit Partei des neuen Typus", ebd. S. 1.

397 „In der Frage ‚Sozialismus', wie sie Brill stellt, müssen wir eine klare Haltung haben", ebd. S. 1.

398 ebd. S. 2.

399 „Verhältnis: Partei und Verwaltung muß geändert werden. Es darf nicht vorkommen, daß Präsident Verordnungen erläßt ohne vorherige Stellungnahme", ebd. S. 2.

400 Den ersten Hinweis auf seine Teilnahme an einer Sitzung des ZA der SPD in Berlin gab Brill am 27. 11. 1945 vor dem Landesvorstand der thüringischen SPD, s. Sitzungsprotokoll, S. 4, in: LPA Erfurt PDS II/2–003. Außerdem sind Skizzen seiner Rede vor dem ZA erhalten, in: AES Diskussionsrede im Parteiausschuß am 5. 12. 1945.

401 LPA Erfurt PDS II/2–003: Protokoll der Sitzung des Landesvorstandes Thüringen der SPD 7. 12. 1945, S. 3. Auf dieser Sitzung legte die SPD jetzt ebenfalls – wie zuvor die KPD bereits – das Eintrittsalter in die Partei auf 16 Jahre fest.

Den an ihn ergangenen Auftrag gab Brill am 12. Dezember dem thüringischen Landesvorstand bekannt und erläutert dabei, ab sofort „wöchentlich vier bis fünf Tage in Berlin und zwei bis drei Tage in Weimar zu sein“. Den Vorsitz der thüringischen SPD wolle er trotzdem weiter wahrnehmen, in der Geschäftsführung jedoch gern von Elisabeth Zajac-Frölich unterstützt werden. Als diese „vor allem aus Mangel an Zeit“ ablehnte und auch Gustav Brack wegen „ungeheurer dienstlicher Inanspruchnahme“ abwinkte, betraute der Vorstand August Frölich, nicht jedoch Heinrich Hoffmann, „mit der Wahrnehmung der Geschäfte“.[402] Die gleichzeitige Beauftragung Brills mit Dienstleistungen für die Manpower Division der amerikanischen Militärregierung, am 6. Dezember in Berlin erfolgt, verschwieg dieser zu diesem Zeitpunkt vor dem Landesvorstand.[403] Brill trat den Weg des verdeckten Rückzugs aus Thüringen an.

Dieser wurde durch die sog. „60er-Konferenz“ von SPD und KPD am 20./21. Dezember 1945 in Berlin beschleunigt. Brill nahm in seiner noch gegebenen Eigenschaft als Vorsitzender des thüringischen Landesverbandes der SPD daran teil, er war zugleich ihr einziger Vertreter. Die thüringische KPD entsandte mit Werner Eggerath und Hans Eberling zwei Vertreter.[404] Brill sprach in Berlin öffentlich nicht, soll aber für die Berliner Entschließung „teilweise ... gemeinsam“ mit Ulbricht Formulierungshilfe geleistet haben. Eggerath hielt eine Rede; darin brachte er insonderheit das SPD-Rundschreiben Nr. 18 vom 6. November öffentlich in Mißkredit und stellte die Tatsachen wahrheitswidrig dar.[405] Beide, Brill und Eggerath, sprachen nach der Konferenz je einen Zeitungsartikel ab, den jeder für seine thüringische Landeszeitung über die 60er-Konferenz schreiben wollte.[406] Brill hat mit diesem Artikel den Schlußpunkt unter seine Thüringer Lebenszeit gesetzt und dabei den schäumenden Zorn Eggeraths und der KPD gänzlich auf sich gezogen.

Er referierte die Ereignisse seit seiner Entlassung aus dem K. L. Buchenwald, sprach von der damaligen Hoffnung vieler, „sowohl die SPD wie die KPD in die Gedenkhalle der Geschichte zu versetzen und etwas völlig Neues zu schaffen“, erwähnte den Ansatz vom 8. Juli, deutete die Episode mit dem gedruckten, aber vor der Publikation verbotenen Plakat-Aufruf zur Einheit der Arbeiterklasse vom 10. Juli an („leider zurückgewiesen“), lobte die Vereinbarung vom 8. August, die ein „bedeutender Schritt“ gewesen sei, „ein so großer Wandel der praktischen Politik“ der KPD, die doch in den 20er Jahren so etwas in Thüringen stets abgelehnt habe, und schloß seinen Rückblick mit dem SPD-Landesparteitag vom 28. Oktober, wo man der KPD Fraktionsgemeinschaften angeboten habe. Als zentrales Berliner Ergebnis filterte er aus der wortreichen Entschließung vom 20./21. Dezember die „Selbstverständlichkeit“ heraus, daß der ZA der SPD und das ZK der KPD jetzt allen Landes-, Bezirks- und Provinzvorständen ihrer Parteien „Anweisungen“ gäben. Sein Zusatz, der die SPD-Linie

402 ebd., Protokoll der Sitzung des Landesvorstandes Thüringen der SPD 12. 12. 1945, S. 1f. Hoffmann wurde vom Vorstand nicht als geschäftsführender Vorsitzender in Erwägung gezogen.

403 „Bereits am 6. 12. aber bin ich zum Chief-consultant (Chefberater) der Militärregierung in Deutschland, U.S. ernannt und der Manpower Division zugeteilt worden“, in: AsD NL Brill 1: Brill an Bernhard Bähre/Hannover 18. 3. 1946.

404 IfGA ZPA EA 0096/1: Erinnerungsbericht Werner Eggerath, Dezember 1958, S. 1ff. Zur 60er Konferenz vgl. die Dokumentation von Gert Gruner/Manfred Wilke (Hrsg.), Sozialdemokraten im Kampf um die Freiheit. Die Auseinandersetzungen zwischen SPD und KPD in Berlin 1945/46, München 1981.

405 Rede Eggeraths am 21. 12. 1945 in Berlin, in: Gruner/Wilke, S. 129: „Was war die Folge? Unsere bis dahin gute Zusammenarbeit in Ortsgruppen und Kreisen ging zum Teufel.“ Eine „gute Zusammenarbeit“ hatte es vorher nicht gegeben. Über die „teilweise ... gemeinsame“ Formulierung der Berliner Entschließung durch Brill und Ulbricht berichtet Hoffmann im Brief an Franz Dahlem 4. 2. 1978, S. 5, in: IfGA ZPA NL 72/168.

406 Eggerath: „Ich hatte mir den Dr. Brill vorgeknöpft, den aalglatten Vertreter des Landesverbandes Thüringen der SPD ... Jetzt nahm ich ihn in die Zange und ließ ihn nicht mehr los, bis er sich bereit erklärte, am übernächsten Tag in der SPD-Zeitung einen Artikel über die Beschlüsse des Sechziger-Ausschusses zu veröffentlichen, deren Thesen wir gemeinsam festlegten. Ich würde dementsprechend für die KPD-Zeitung ebenfalls einen Artikel mit demselben Umfang und demselben Inhalt schreiben“, Eggerath, Erinnerungsbericht, a. O. Anm. 404, S. 2f.

seit Wennigsen aufnahm, sorgte dann für Sprengstoff: „Ebenso selbstverständlich ist aber, daß diese Zusammenarbeit sich nicht auf die sowjetische Zone beschränken darf.“[407] Dieser Satz enthielt den Vorbehalt der Reichsparteikonferenz. Ebenso erregte Brills dezidierter Hinweis auf die in Berlin ausgesprochene Ablehnung einer „Verschmelzung von Ortsvereinen, Kreis- und Bezirksorganisationen“, mithin das Verbot, „eine territorial begrenzte organisatorische Einheit herzustellen“, wie Brill es abseits der Berliner Entschließung, aber unter Berücksichtigung ihrer Gedankengänge formulierte, höchstes Mißbehagen. Auch seine abschließend geäußerte Skepsis, man müsse abwarten, wie man den Fraktionsgemeinschaften als erster Stufe „früher oder später eine weitere folgen“ lassen werde, fiel auf. „Die Verhältnisse sind schwierig.“

Eggerath reagierte als Politischer Sekretär der thüringischen Bezirksleitung der KPD im gespielten Zorn. Nach Durchsicht des Brill-Manuskripts, das er vor dem vorgesehenen Abdruck in der sozialdemokratischen ‚Tribüne‘ von dem dortigen Chefredakteur Karl Dörr erhalten habe[408], so schrieb er dem Landesvorstand der SPD am 28. Dezember, sähe „das Sekretariat der BL keine Möglichkeiten einer weiteren Zusammenarbeit mit Dr. Hermann Brill“, denn dieser habe „die alte Linie“ fortgesetzt. Es sei „unsere Geduld mit Dr. Brill jetzt engültig zu Ende“. Drohend fügte er hinzu, man werde, falls der Artikel zum Abdruck käme, einen „offenen Brief an die Sozialdemokratische Partei“ schreiben und „eine breite Diskussion“ entfachen. Das war der kaum mehr verhüllte Hinweis auf die SMATh. Schon einmal hatte die KPD Thüringens mit Hilfe der Sowjets Brill zu einer Demission gezwungen, das hatte Georg Schneider Anfang Juli bei dem Abschied Brills aus dem Amt des Regierungspräsidenten der Provinz Thüringen getan. Jetzt kündigte Schneiders Nachfolger Eggerath offen eine gleiche Komplizenschaft für die Absetzung Brills aus dessen zweitem Amt, dem des Parteivorsitzenden, an. Die demokratische Legitimierung – Brill war vom Landesparteitag der SPD gewählt worden; Eggerath fehlte ein solches Partei-Votum, er war, wie Schneider zuvor, nur vom ZK bestellt worden – spielte offenbar keine hindernde Rolle.

Der Parteivorstand der thüringischen SPD stellte sich umgehend hinter seinen Landesvorsitzenden und beschloß, der KPD mitzuteilen, „daß die SPD als selbständige Partei es ablehnen muß, in der KPD eine Zensurbehörde für ihre Artikel zu sehen“.[409] Doch diese Selbständigkeit schmolz jetzt schnell dahin. Brill trug selbst dazu bei; er gab auf. Im unmittelbaren Anschluß an die Rückendeckung durch den Landesvorstand erklärte er am selben 29. Dezember 1945, sich am Tag zuvor entschlossen zu haben, „den Vorsitz im Landesverband Thüringen niederzulegen“. Als Grund gab er an, die neuen Arbeiten in Berlin seien „materiell so umfangreich und von so ungeheurer Verantwortung“, daß er nicht imstande sei, „auch nur über das Wochenende in Weimar die Geschäfte zu führen“; man solle diesen seinen Entschluß der Öffentlichkeit und der SMATh jedoch erst am 2. Januar 1946 bekanntgeben. August Frölich wurde zum Geschäftsführenden Vorsitzenden per Akklamation berufen. Die Familie Brill blieb noch bis zum Sommer 1946 in Weimar; er selbst kam nur besuchsweise und selten zurück, sondern fand zunächst in Berlin bei Gniffke Unterkunft, um dann in Berlin-Zehlendorf, in einer Siedlung ehemaliger SS-Führer, am Treuepfad 6 Wohnung zu nehmen.[410]

---

407 AsD NL Brill 1: Brill, Ein wichtiger Schritt zur Einheit der Arbeiterklasse; der Artikel durfte nicht in der thüringischen ‚Tribüne‘ abgedruckt werden, vgl. dazu weiter unten.

408 Eggerath, Erinnerungsbericht, S. 3; das Brill-Manuskript findet sich konsequenterweise auch in: IfGA ZPA I/2/5/43b. Das im folgenden zitierte Schreiben Eggeraths an den Landesvorstand der SPD in Weimar vom 28. 12. 1945 ebd. Karl Dörr war vor 1933 Redakteur an der ‚Münchener Post‘, einer SPD-Zeitung.

409 AsD NL Brill 1: Protokoll der Sitzung des Landesvorstands Thüringen der SPD 29. 12. 1945, S. 4. Das folgende Zitat ebd.

410 ISG NL Hertz: Brill an Paul Hertz 29. 4. 1946.

Die SMATh erfuhr von den Vorgängen der letzten Dezembertage unmittelbar. Noch am Silvestervormittag bestellte sie Heinrich Hoffmann zu sich ins Weimarer Kreishaus ein. Erst ein Hauptmann, dann ein Major, schließlich Oberst Kirosow verlangten der Reihe nach dieselben Auskünfte darüber, wo Brill sei, was er in Berlin tue, wieso Frölich jetzt Geschäftsführender Vorsitzender sei. Die SMATh stellte in harschem Ton Bedingungen: Hoffmann sollte sofort einen Artikel schreiben, der „besonders die ‚Doppelzüngigkeit Dr. Brills' scharf geißeln und ihn als ‚Saboteur' der Einheitsbestrebungen ‚desmaskieren'" solle; dazu sollten das Rundschreiben Nr. 18 vom 6. November und die Berliner Beschlüsse vom 20./21. Dezember einander gegenübergestellt werden. Der Artikel habe „die Notwendigkeit einer baldigen organisatorischen Vereinigung von SPD und KPD wegen des Kampfes gegen den Faschismus" zu begründen. Hoffmann sagte letzteres zu, es entsprach ganz seiner Linie. Die Forderung zur „Demaskierung" Brills lehnte er in der zweiten Gesprächsinstanz vor dem Major ab, gab aber in der anschließenden dritten vor dem Oberst als seine Meinung über Brill an, dieser habe im Vergleich der beiden Dokumente „eine Schwenkung um 180 Grad" vollzogen, was „manchmal in der politischen Taktik angebracht und erforderlich" sei. Daß er selbst das inkriminierte Rundschreiben vom 6. November als einen damals einstimmig gefaßten Vorstandsbeschluß mitgetragen hatte, ließ Hoffmann unerwähnt.

Nicht Brill, sondern Hoffmann hatte sich – nach außen – um 180 Grad gedreht. Er war seit August, wie Brill am 26. November vor dem erweiterten Vorstand der SPD Thüringens öffentlich erklärt hatte, „der Kandidat der Sowjet-Militär-Administration", ausgestattet mit einem Telefon, das er ohne Einschaltung des Postamtes benutzen konnte, ein Privileg in damaliger Zeit.[411] An Hoffmann wandte sich die SMATh folglich am 31. Dezember 1945, von ihm verlangte sie die Attacke gegen Brill, um dessen innerparteiliche „Demaskierung" inszeniert zu bekommen. Ihm trug sie abschließend sechs „Wünsche" auf, die Hoffmann zu Recht als „Direktiven" notierte: Brill durfte weder in Resolutionen noch in der Zeitung zukünftig erwähnt werden. Hoffmann hatte einen Artikel für die Unterstützung der Berliner Entschließung zu schreiben und dabei „eindeutige Sätze gegen Saboteure der Einigungsbestrebungen" zu formulieren, Frölich durfte kein Vorsitzender des Landesverbandes Thüringen der SPD werden (er war Vorsitzender der Kontrollkommission der Partei), der Landesvorstand habe vielmehr „aus seinen Reihen einen geschäftsführenden Vorsitzenden" zu wählen, das solle ein jüngerer Genosse „mit modernen Anschauungen" sein, und schließlich erwarte die SMATh einen „baldigen Bericht" über den Vollzug ihrer „Wünsche".[412]

---

411 AsD NL Brill 1: Protokoll der Konferenz des Gesamtlandesvorstands Thüringen der SPD 26. 11. 1945, S. 111 u. 122.

412 AsD NL Brill 1: Niederschrift Heinrich Hoffmanns über seine Unterredung mit der SMATh am 31. 12. 1945. Frölich, der am selben Tag ebenfalls zur SMATh befohlen wurde, nach Hoffmann, wurde insbesondere zum Rundschreiben Nr. 18 vom 6. 11. 1945 befragt: „Heißen Sie Rundschreiben Nr. 18 gut? Sie werden es ablehnen." Frölich: „Ich muß es erst noch einmal lesen . . ., vielleicht schlage ich dann vor, daß das Rundschreiben, soweit es Anstoß erregt hat, zurückgezogen wird", ebd. Niederschrift Frölichs über seine Unterredung mit der SMATh am 31. 12. 1945, 2. 1. 1946. Gniffke, Jahre mit Ulbricht, S. 83, charakterisiert Hoffmann so: „Er war ehrgeizig und intrigierte zusammen mit dem KP-Landesvorsitzenden Werner Eggerath gegen Brill." Grotewohl reflektierte: „Ich habe mich schon manchmal gefragt, ob dieser Hoffmann nicht ein Agent provocateur ist", ebd. S. 158. Brill hatte noch Ende November 1945 versucht, auf Anraten Dahrendorfs den von diesem freigemachten Posten eines 2. Vizepräsidenten der Zentralverwaltung für Brennstoff an Hoffmann empfehlend weiterzugeben, doch Hoffmann lehnte ab, aus Thüringen wegzugehen, Hoffmann an SED-Bezirksleitung Erfurt 28. 7. 1970, in: IfGA ZPA EA 1365/2. Hoffmann hat die Vorgänge um den Jahreswechsel 1945/46 mehrfach in späteren Briefen und Erinnerungsberichten dargestellt. Ihr Quellenwert ist kritisch zu prüfen; der früheste Beleg: Heinrich Hoffmann an Erich Kops 28. 9. 1948, in: LPA Erfurt PDS V/6/8–18. Eine Textprobe daraus: „Immer deutlicher zeigte sich in diesen Wochen des November und Dezember 1945, daß Dr. Hermann Brill in der Frage der Herstellung der politischen und organisatorischen Einheit der Arbeiterklasse mit zwei Zungen redete. Der hintertrieb und sabotierte die Einigungsverhandlungen, wo er konnte, und tarnte seine gegen die Einigung gerichteten Bestrebungen mit einheitsfreundlichen Phrasen gegenüber der Öffentlichkeit. So brachte er in die Reihen der SPD eine ziemliche Verwirrung hinein." Eine solche Darstellung ist mit dem Protokoll der erweiterten Landesvorstandssitzung vom 26. 11.

Mit diesem unrühmlichen Akt endete die beispiellose Karriere des bedeutendsten thüringischen Politikers in der ersten Hälfte des 20. Jahrhunderts. Brill begann einen neuen Startversuch im Westen, zunächst für ein halbes Jahr als Chiefconsultant bei OMGUS in Berlin, danach, ab Juni 1946, als Staatssekretär in der hessischen Staatskanzlei in Wiesbaden. Es war der Versuch, eine dritte politische Phase des Lebens in Angriff zu nehmen, nachdem die zweite – wie die erste – an Formen totalitaristischen Denkens gescheitert war.

Was in Thüringen nachfolgte nach Brills Abgang von der dortigen Bühne, war ein Nachspiel. Es trug tragische Züge für viele, heldische für manche. Heinrich Hoffmann gehörte zu denen, welche die zweite Variante wählten: „Mit dem Jahreswechsel 1945/46 begann ein völlig neues Kapitel der Geschichte der Thüringer Arbeiterbewegung. Der Landesvorstand der SPD bestimmte mich auf Vorschlag der Genossen August Frölich und Curt Böhme zum 1. Landesvorsitzenden.“[413] Das war von Hoffmann nicht ganz richtig im euphorischen Rückblick dargestellt. Nachdem er zusammen mit Frölich am Vormittag des 2. Januar 1946 zusammen mit den KP-Vertretern Eggerath, Schneider und Busse von der SMATh zum Rapport bestellt worden war und, dieses Mal von Kolesnitschenko persönlich, die dortige „Meinung über die Art der Durchführung der Berliner Entschließung“ zur Kenntnis genommen hatte[414], trat am Nachmittag der Landesvorstand zusammen. Dort mußte Frau Zajac-Frölich, eine Anhängerin Brills, ihre Position als stellvertretende Landesvorsitzende räumen, die Hoffmann „auf Vorschlag des Genossen Brack“ dann selbst übernahm. Damit übernahm er „die Geschäfte des Vorsitzenden des Landesverbandes bis zur Wahl eines neuen Vorsitzenden auf dem Landesparteitag“.[415] Ein solcher demokratischer Akt fand später nicht mehr statt; die SMA-Direktive, der Landesvorstand der SPD solle „aus seinen Reihen . . . einen jüngeren Genossen mit modernen Anschauungen als Landesvorsitzenden“ wählen, war erfüllt.

Hoffmann schlug auch gleich die richtige Seite im völlig neuen Kapitel der Geschichte der thüringischen Arbeiterbewegung auf, indem er zu den groß ausgestalteten Feiern zum 70. Geburtstag Piecks nach Berlin reiste. Noch am 29. Dezember 1945 hatte er die an ihn ergangene Einladung dazu vor dem Landesvorstand der SPD mit der Begründung abgelehnt, „daß er dienstlich verhindert“ sei.[416] Inzwischen hatte sich die politische Etikette geändert. Die Anwesenheit in Berlin gehörte jetzt zum Stil der neuen Zeit. August Frölich, der noch am 30. Dezember ebenfalls eine durch die Bezirksleitung Thüringens der KPD erfolgte Einladung erhalten hatte, lehnte „aus dienstlichen Gründen“ ab, eine honorige Geste; Hoffmann dagegen nahm jetzt an, der SPD-Landesvorstand stimmte ihm am 2. Januar dabei zu.[417] Begeistert notierte er sich später über den Empfang am 3. Januar 1946 in Berlin: „Zum ersten Male in meinem Leben stand ich dem ehrwürdigen, freundlich lächelnden Genossen Wilhelm Pieck gegenüber. Während ich ihm die Hand hielt und meinen aufrichtigen Glückwunsch stammelte,

---

1945 zu vergleichen, s. o. Anm. 368. Ähnlich spätere Briefe Hoffmanns, besonders an Franz Dahlem, und Berichte in: IfGA ZPA NL 72/168 und EA 1365/1–4.

413 Heinrich Hoffmann, Aus den Ruinen des faschistischen Raubkrieges und dem Chaos des Nazi-Erbes wächst die neue antifaschistisch-demokratische Ordnung, in: IfGA EA 1265/1, S. 407.

414 Gniffke über ein im Anschluß an dieses Gespräch von Hoffmann vor dem Landesvorstand geäußertes Wort: „General Kolesnitschenko hat die Vereinigung von SPD/KPD in Thüringen befohlen – unsere Aufgabe ist es, sie demokratisch zu tarnen und so zu tun, als würden wir die Vereinigung aus freiem Entschluß vollziehen“, Gniffke, Jahre mit Ulbricht, S. 158. Hoffmanns Kommentar dazu lautet: „Das ist nicht nur eine infame Lüge und Verleumdung, das ist mehr als eine niederträchtige Beleidigung, das ist eine ausgekochte Gemeinheit“, Hoffmann an Franz Dahlem 14. 8. 1967, in: IfGA ZPA NL 72/168. Die nachfolgenden Ereignisse in Thüringen geben eher Gniffke recht.

415 LPA Erfurt PDS II/2–003: Protokoll der Sitzung des Landesvorstandes Thüringen der SPD vom 2. 1. 1946.

416 ebd. Protokoll der Sitzung des Landesvorstandes Thüringen der SPD vom 29. 12. 1945, S. 3.

417 Diese Ablehnung ist nur auf dem im AsD NL Brill vorhandenen Sitzungsprotokoll des SPD-Landesvorstandes vom 2. 1. 1946 vermerkt, nicht auf dem a. O. Anm. 414.

wurde mir bewußt: diesem offenherzigen alten Vorkämpfer für die edle Sache der Arbeiterklasse, der noch Kampfgefährte des Feuerkopfes August Bebel war, dem kann man unbedingtes Vertrauen schenken."[418] In diesem Panegyrikos stimmte alles: die würdige, mild lächelnde Vaterfigur und der vor Ehrfurcht stammelnde Sohn, der Monate später dann in der SED-Verfassungskommission mit Pieck „lernend zusammengearbeitet" hat.

Die notwendigen vorbereitenden Schritte dorthin wurden in Thüringen mit großer Eile, ja Hast, zurückgelegt. Hoffmann wollte mit Eggerath nach seinen eigenen Worten „den Enthusiasmus . . ., den die Berichterstattung über den wundervollen Verlauf der Geburtstagsfeier des Genossen Wilhelm Pieck ausgelöst hatte"[419], in Thüringen nutzen. Der erweiterte Landesvorstand der SPD machte dabei zunächst nicht mit. Er legte sich am 5. Januar 1946 in einer Resolution ausdrücklich auf die Linie fest, die Brill vor diesem Gremium am 26. November vertreten und in dem Zeitungsartikel vom 28. Dezember bekräftigt hatte, nämlich „zunächst nur informatorische Besprechungen mit den Vertretern der KPD abzuhalten und keinerlei bindende Abmachungen zu treffen". Die Einheit könne „nicht das Werk einer Provinz oder eines Landes und auch nicht das Werk einer Zone allein sein", vielmehr müsse sie „das ganze Reichsgebiet" umfassen. Auf diese Linie hatte der ZA in Berlin den thüringischen Landesvorstand auch eigens noch einmal am 4. Januar 1946 hingewiesen, vielleicht auf eine Initiative Brills hin, der mit diesem Brief, von Grotewohl und Gniffke unterzeichnet, seinen alten Landesvorstand binden und gegen Hoffmann stützen wollte.[420]

Das hatte jedoch nur retardierende Wirkung. Am 6. Januar versammelten sich 56 Vertreter der SPD und 55 der KPD im Weimarer Hotel „Kaiserin Augusta" gegenüber dem Bahnhof zu einer gemeinsamen Kundgebung. Frölich leitete mit etwas belegter Stimme ein, Eggerath, ein guter Redner, übernahm nüchtern den Part des kommunistischen Ideologen, der den Kalten Krieg ausbrechen sah und die thüringische Arbeiterschaft beschwor, „hier ein Beispiel (zu) schaffen für ganz Deutschland". Hoffmann sprach mit großen Emotionen, verharmloste alle Gegensätze und Anstöße, die historischen wie die aktuellen, als „Flüsterpropaganda" und rief dazu auf, „die geistige Gleichschaltung" zu suchen, „Blut muß zu Blut". Blumig malte er die Zeichen der nahen Zukunft an die Wand: „Wir werden die Verlobungszeit abkürzen und im Frühjahr oder Sommer die endgültige organisatorische Vereinigung vollziehen." Konkret hieß das für die Verlobungszeit in einer von der KPD gleich in die Sitzung mitgebrachten Entschließung, man werde die Aktionseinheit weiter ausbauen, die bestehenden Aktionsausschüsse durch weitere „gemeinsame Ausschüsse" ergänzen und so organisiert in Betriebsversammlungen, im „Komitee für gegenseitige Bauernhilfe", in der „Thüringen-Aktion gegen Not", bei der Schulreform, in gemeinsamen Funktionärsversammlungen sowie in Schulungskursen zusammenarbeiten.[421] Stolpersteine schaffte der Landesvorstand der SPD aus dem Weg, indem er am nächsten Tag das von ihm am 5. November einstimmig beschlossene und von Brill damals am Tag danach verfaßte Rundschreiben Nr. 18 als durch die Berliner

---

418 A. O. Anm. 413, S. 415.

419 Heinrich Hoffmann an Franz Dahlem 4. 2. 1978, in: IfGA ZPA NL 72/168. Eggerath urteilte zum selben Thema: „Das war nicht der Geburtstag eines Mannes, das war der Tag der deutschen Arbeiterklasse", Eggerath, Rede vor der gemeinsamen Konferenz von SPD und KPD Thüringens im Weimarer Hotel „Kaiserin Augusta" am 6. 1. 1946, in: LPA Erfurt PDS III/1-001, S. 10.

420 AsD NL Brill 1: Resolution des erweiterten Landesvorstandes Thüringen der SPD vom 5. 1. 1946 und ebd. ZA SPD an Landesvorstand Thüringen SPD 4. 1. 1946. Die Vermutung einer Einwirkung Brills auf dieses Schreiben gewinnt eine gewisse Wahrscheinlichkeit durch die Tatsache, daß Brill in diesen Tagen in Berlin bei Gniffke wohnte.

421 LPA Erfurt PDS III/1-001: Bericht der gemeinsamen Konferenz von SPD und KPD im Weimarer Hotel „Kaiserin Augusta" am 6. 1. 1946 mit beigefügter Resolution; die Zitate: Eggerath, S. 13, Hoffmann, S. 3, 5 und 15. Frölich hatte zu Anfang gesagt: „Ich kann die Sitzung nicht mit den Worten eröffnen wie ich gerne möchte, wie mir feierlich zumute ist", ebd. S. 1.

Entschließung vom 20./21. Dezember 1945 für „erledigt" erklärte; es wurde daher „zurückgenommen".[422]

„Und nun ging es erst los! ... Überall gab es heiße Diskussionen, der Geist aus der ‚Kaiserin Augusta' wirkte weiter." Das ist ein Wort Eggeraths.[423] Die KPD sorgte für Rückenwind von der Basis. Am 9. Januar brachte der Betrieb ihrer ‚Thüringer Volkszeitung' zusammen mit Sozialdemokraten, deren Mitgliedschaft an diesem Ort immerhin auffällig ist, „den Wunsch zum Ausdruck, daß die organisatorische Vereinigung beider Parteien schnellstens durchgeführt wird". Zwei Tage zuvor war ein ähnliches Begehren aus Weißensee eingetroffen, einen Tag danach kam eine Resolution dieser Art aus Eisenach. Derlei Post häufte sich jetzt.[424] Im Berliner ZA der SPD merkte man, daß der Damm, den man mit der Berliner Entschließung vom 21. Dezember 1946 gegen die Einheitsdynamik der KPD errichtet zu haben glaubte, zu brechen drohte. Die Geister waren nicht mehr zu bannen. Fechner schrieb einen Leitartikel im ‚Volk', mit dem er die eigenen Reihen zu festigen und auch die KPD zu bremsen suchte. Beide erinnerte er an den gemeinsamen Willen, „die künftige deutsche Einheitspartei im ganzen Reich zu schaffen", interne Organisationseinheiten „seien falsch" und „ohne den Beschluß der gesamten Führung der Partei im Reichsausschuß" unzulässig.[425] Nach den von Schumacher im Westen, in Frankfurt/Main und Hannover, abgehaltenen Konferenzen bekräftigte der ZA in Berlin noch einmal am 15. Januar, „keine organisatorische Vereinigung beider Arbeiterparteien im Bereich von Bezirken, Provinzen, Ländern oder einer Besatzungszone" anstreben oder gutheißen zu wollen.[426]

In Thüringen beachtete man solche Bremsklötze nicht mehr, zumindest nicht im neuen Landesvorstand. Am selben 15. Januar regte dieser auf Hoffmanns Initiative gleich durch drei Rundschreiben, von denen Hoffmann sogar eins gemeinsam mit Eggerath unterzeichnete – ein Novum –, an, größere gemeinsame Aktivitäten beider Arbeiterparteien im Lande zu suchen. Inhaltlich ging es um die Umsetzung der Entschließung vom 6. Januar. Der Zug kam ins Rollen. Die „Thüringen-Aktion", Sprechstunden auf dem Lande unter dem Motto „Bauer wo fehlt's" und ein „Tag der Bereitschaft", vorgesehen für den 24. Februar, wurden dazu als geeignet empfohlen.[427] Die – bestellte – Wirkung setzte sofort ein. Die „gemeinsame Mitgliederversammlung der Betriebsgruppe Polizei der SPD und KPD Weimars" nahm am 16. Januar „mit Begeisterung Kenntnis" von den Vorgängen, sah „nichts Trennendes zwischen den Parteien mehr" und wollte die Einheit „so schnell wie möglich".[428] Hier wirkte sich aus, daß die Kommunisten Thüringens sofort im Mai mit aller Energie versucht hatten, personell und organisatorisch gerade auf die Polizei den dominierenden Einfluß zu bekommen. Hoffmann verabredete jetzt selbständig mit der Bezirksleitung der KPD für die zweite Februarhälfte einen 14tägigen gemeinsamen Funktionärskurs in der KPD-Parteischule in Camburg. Der Vorgang scheint im Landesvorstand der SPD keinerlei Bedenken erregt zu haben, es erhob sich zumindest „kein Widerspruch", man nahm den Vorgang nachträglich nur

---

422 LPA Erfurt PDS II/2–003: Protokoll der Sitzung des Landesvorstandes Thüringen der SPD 7. 1. 1946 und Rundschreiben Nr. 1/1946 der SPD Thüringen vom 8. 1. 1946, in: AsD NL Brill 1.

423 Werner Eggerath, Erinnerungsbericht Dezember 1958, S. 4, in: IfGA ZPA EA 0096/1.

424 Entschließung aus Weißensee 7. 1. und von der ‚Thüringer Volkszeitung' 9. 1. 1946 in: IfGA ZPA I 2/5/43b, dort auch weitere Belege von Erfurt, Ernstroda, Mittelhausen u. a.; die Eisenacher Resolution vom 10. 1. 1946 in: LPA Erfurt PDS III/1–001.

425 AsD NL Brill 1: ZA SPD an die Landesausschüsse und Bezirksverbände der SPD 12. 1. 1946 mit Hinweis auf Fechners Artikel im ‚Volk' vom selben Tag.

426 ebd.: Entschließung des ZA der SPD vom 15. 1. 1946.

427 ebd. Rundschreiben Nr. 3 (gemeinsam mit Eggerath), 4 und 5 des Landesvorstands der SPD, alle 15. 1. 1946.

428 IfGA ZPA 2/5/43b: Entschließung der gemeinsamen Mitgliederversammlung der Betriebsgruppe Polizei der SPD und KPD, Weimar, den 16. 1. 1946; die KPD hatte links unten unterschrieben.

zur Kenntnis und beschloß sogar, darüber hinaus eigene Referenten „dorthin je nach Bedarf" zu entsenden.[429] Die SPD Thüringens war dabei, die eigene Schulung ihrer Parteikader in die Hände der KPD zu legen.

Das Tempo wurde atemlos, die Formen übersteigerten sich, Hoffmann wurde fast noch mehr als Eggerath ihr Antreiber. Das zeigte sich besonders am 19./20. Januar 1946, als beide Parteien ihre erste gemeinsame Delegierten-Konferenz in Jena abhielten. 1200 Funktionäre holte man zusammen, von jeder Partei 600. Die Zahlen, vergliche man sie mit der Berliner 60er-Konferenz, könnten zu Spielereien veranlassen, dort kamen 2 × 30 = 60, in Jena das 10fache der Summe von Berlin × 2 = 1200 zusammen. Die Rechnung würde das Äußere betonen, die offenbar gewollte Mammutschau. Sie paßte zu dem Anliegen: „Wir schmieden die Einheit der Arbeiterklasse." Das stand auf dem Programmfaltblatt.[430] Die schiere Größe könnte den Drang zur Einheit von unten zum Ausdruck bringen. Vor der Entscheidung für Jena war auch an Erfurt als Versammlungsort gedacht worden, aber man ließ diesen Gedanken wieder fallen, da Erfurt schon mehrere größere Veranstaltungen gesehen hätte, so lautete das Argument. Diese waren nicht alle rühmlich verlaufen, denkt man an Piecks Auftritt hier am 14. Oktober 1945; auch hatte die SPD dort mit dem Ortsvorsitzenden Fütterer, einem Brill-Anhänger, keinen Sympathisanten Hoffmanns.[431]

Die Jenaer Tage galten eher der Pflege der Atmosphäre. Grotewohl und Pieck sorgten durch ihre gemeinsame Anwesenheit dafür. Ihre Reden standen offenbar eher im Hintergrund. Viel Musik wurde geboten, beschwingterer Art am ersten Abend, als die Weimarer Staatskapelle unter Hermann Abendroth Ouvertüren aus Webers „Freischütz", Mendelssohns „Sommernachtstraum" und Liszts „Tasso" spielte und dazu aus Mozarts „Figaro" zwei Arien. Johannes R. Bechers „Wir, unsere Zeit und das 20. Jahrhundert" wurde dadurch eingerahmt. Am zweiten Abend war es festlicher, die ehemaligen Schlesischen Philharmoniker unter Carl Ferrand brachten Beethovens Leonoren-Overtüre, Schuberts „Unvollendete" und Tschaikowskys 4. Sinfonie zu Gehör. Rezitiert wurde dieses Mal der Prolog aus Goethes „Faust" 2. Teil. Allein Hoffmann trug in seiner Begrüßungsansprache den entscheidenden politischen Akzent in die Versammlung: „Thüringen ist nicht nur geographisch das Herz Deutschlands, es ist auch infolge des glücklichen Umstandes, daß der Krieg dieses schöne Land verhältnismäßig geringer heimgesucht hat als die anderen Gebiete, und aufgrund seiner ganzen wirtschaftlichen und sozialen Struktur dazu berufen, als Kraftquell eines neuen Gesundungsprozesses für ganz Deutschland zu wirken. Die Thüringer Arbeiterschaft trägt daher die Verantwortung für die künftige geschichtliche Entwicklung Deutschlands auf ihren Schultern. Ganz Deutschland blickt deshalb auf unsere heutige Tagung."[432]

Zu sehen war an diesem 19. Januar 1946 in Jena noch nicht die von Hoffmann in derselben Rede geforderte „baldige organisatorische Verschmelzung beider Arbeiterparteien", aber sie deutete sich an. Hoffmanns schwungvolle Rhetorik konkretisierten Pieck und Eggerath, indem sie noch in Jena den Gedanken in die Runde streuten, „die Vereinigung eventuell nur in der sowjetischen Zone durchzuführen", und dafür den 1. Mai 1946 in Erwägung zogen.[433] Das festliche Arrangement im Jenaer Volkshaus, wo man sich auch an Auftritte Bebels erinnern

429 LPA Erfurt PDS II/2–003: Protokoll der Sitzung des Landesvorstandes Thüringen der SPD 17. 1. 1946, S. 2 und 4.

430 LPA Erfurt PDS III/1–001: 1. Gemeinsame Delegiertenkonferenz der KPD und SPD Thüringens am 19./20. 1. 1946 in Jena mit Programmfolge.

431 s. o. Protokoll der Sitzung des erweiterten Landesvorstandes Thüringen der SPD vom 26. 11. 1945 und die Erinnerungsberichte Hoffmanns und Eggeraths in: IfGA ZPA EA 0096/1 und EA 1365/1.

432 A. O. Anm. 430, Eröffnungsrede Hoffmanns, S. 3. Die Jenaer Reden Grotewohls und Piecks waren in den Archiven bisher nicht nachzuweisen.

433 LPA Erfurt PDS II/2–003: Protokoll der Sitzung des Landesvorstandes Thüringen der SPD 21. 1. 1946, S. 2.

konnte, verdeckte etwas den Zündstoff dieser Bemerkung. Sie enthielt aber für Thüringen einen besonderen Motivationsschub. Das Thape-Wort, „Thüringen ist sozusagen das Seminar für das ganze Reich", im Augenblick der Befreiung des K. L. Buchenwald auf dem Ettersberg ausgesprochen, drohte in einer ganz anderen Weise, als es gedacht war, hier auch in Erfüllung zu gehen.

Während eine Funktionärskonferenz der Berliner SPD am 20. Januar 1946 nach einem Referat Fechners Gegner der Einheitsfront vereinte, die deutliche Kritik an der KPD – „Die Kommunisten müssen sich den Vorwurf gefallen lassen, die Demokratie in der Weimarer Republik wesentlich geschwächt zu haben" – und ebenso ein klares Lob für die SPD, „die Schöpferin und Hüterin der Weimarer Republik", zum Ausdruck brachte[434], hatten sich die Dinge in Thüringen schon in Bewegung gesetzt. Unwidersprochen konnte Eggerath im Beisein Frölichs, der den zu diesem Zeitpunkt in Berlin weilenden Hoffmann vertrat, am 23. Januar Kolesnitschenko, der sie zu sich in die SMATh gerufen hatte, gegenüber sagen, „in Jena sei prinzipiell die Entscheidung gefallen", in Rudolstadt und Nordhausen sei sie schon „praktisch hergestellt". Der General lobte das: „Ich kenne die Stimmung der Arbeiter. Rudolstätter und Nordhäuser Arbeiter haben es recht gemacht." Doch er fragte ganz generell: „Warum nicht in Zone oder in Thüringen vereinigen? Arbeiterklasse verlangt Einheit!" Das war die Marschroute, die Pieck, Eggerath und Hoffmann in Jena eingeschlagen hatten. Kolesnitschenko drängte. „Thüringen müsse das Beispiel geben, dann würden die anderen Teile und auch in den anderen Zonen folgen." Eggerath stimmte zu, Frölich blieb etwas reserviert, er wollte den ZA in Berlin konsultieren. Der General überging das: „Es beginnt eine neue Geschichte. Es heißt, vollendete Tatsachen schaffen! ... In Thüringen anfangen, die anderen folgen, das sei Dialektik des Lebens." Dazu wolle er nur raten, „nicht befehlen". Frölich resignierte: „Das können Sie auch, wir können nichts dagegen tun."[435]

So hatte Kolesnitschenko gegenüber Frölich geredet, wie Shukow wenige Tage später gegenüber Grotewohl. Frölich hatte nicht die Chuzpe, um in seiner Partei diese „Direktive" durchzusetzen, Hoffmann, der bei dem Gespräch nicht zugegen war, hatte sie. Die Bezirksleitung der KPD kam zu Hilfe. Am 24. Januar analysierte Eggerath auf einer Sitzung des engeren Sekretariats die Lage so: „Die Situation ist für uns in Thüringen außerordentlich günstig ... Gegenüber der Auffassung der SPD, die Einheit auf einem Reichsparteitag zu vollziehen, müssen wir die sehr rasche Entwicklung bei uns ausnützen und vorantreiben." Man müsse ein Ziel setzen: „Dieses Ziel ist die unmittelbare und sofortige Vereinigung." Die anderen stimmten zu. Schneider gab den dubiosen Rat: „Die Angst innerhalb der SPD vor einer kommunistischen Parteidiktatur müssen wir ausschalten." Heilmann ließ erkennen, wie man das bewerkstelligen könnte: die Sozialdemokraten, „die zu uns stoßen", bedürften der Schulung „ganz besonders dringend". Heymann verband die beiden alten Taktiken der Einheitsfrontbewegung: „Von unten die politische Grundlage schaffen, von oben die Formulierungen aufstellen." Über das Risiko der deutschen Spaltung durch die Einheit von SPD und KPD in Thüringen und dann in der gesamten SBZ setzte er sich locker hinweg: „Der Wille zur Einheit ist auch im Westen sehr stark." Eggerath faßte zusammen: „Wir sind schon so weit." Der Presse sollte das Motto gegeben werden: „Nach Jena, 3. Phase der Einheit in Thüringen."[436]

---

434 IfGA ZPA NL 36/634: Berliner Funktionärskonferenz der SPD vom 20. 1. 1946, Aktennotiz für Wilhelm Pieck.

435 AsD NL Brill 1: Bericht Frölichs über seine und Eggeraths Unterredung mit Generalmajor Kolesnitschenko am 23. 1. 1946.

436 LPA Erfurt PDS I/2–002: Sekretariatssitzung der BL Thüringen der KPD 24. 1. 1946.

Schon wenige Stunden vor dieser Konferenz hatte Eggerath offenbar in eigener Entscheidung einen entsprechenden Brief an die „werten Genossen“ der SPD in Weimar geschrieben. Darin listete er all die Gedanken und Formulierungen auf, die man erst nachher in der Bezirksleitung in den eigenen Reihen erwog und prägte. Eggerath nahm diese vorweg und folgerte aus ihnen: „Kurz gesagt, nach unserer Einschätzung erfordert die augenblickliche Lage gebieterisch, die Frage der Vereinigung der beiden Parteien auf die Tagesordnung zu setzen und damit den Wunsch und den Willen der Massen zu erfüllen.“ Sein Vorschlag lautete, sofort eine gemeinsame Sitzung beider erweiterter Vorstände einzuberufen und nur den einen Punkt auf die Tagesordnung zu setzen: „Beschluß über die Vereinigung der beiden Parteien in Thüringen.“ Man werde anschließend, wie Kolesnitschenko es am Vortag angeraten hatte, „eine neue Liste der Mitglieder der bisherigen zwei Parteien“ anlegen und daraus eine Landesdelegiertenkonferenz einberufen lassen. „Wenn wir diesen Weg gehen, werden wir die Entwicklung in Deutschland entscheidend beeinflussen... Wir wollen durch eine historische Tat den Markstein setzen für die weitere Entwicklung der deutschen Arbeiterbewegung und dann werden wir in die Geschichte eingehen.“[437] Dieser Hymnus verdient es, im Gedächtnis haften zu bleiben als die Übersteigerung eines hochgemut erlebten, selbst inszenierten Kairos der Weltgeschichte. Vor der Konferenz Eggeraths mit der Bezirksleitung der KPD geschrieben, offenbart er darüber hinaus das kommunistische Demokratieverständnis. Der Brief ist sicher auch von taktischen Erwägungen bestimmt, die darauf zielten, den emotional ansprechbaren Heinrich Hoffmann als Partner mitzureißen.

Den kühleren Hermann Brill hätte ein solches Schreiben unberührt gelassen, innerlich nie erreicht, weil intellektuell in seiner so fehlerhaften Analyse der Lage durchschaubar. Er wäre der Sinnestäuschung nicht gefolgt; er hätte die Widerstände innerhalb der thüringischen Sozialdemokratie gegen eine derartige Vergewaltigung ernst genommen und respektiert. Davon zeugt sein Brief an Paul Hertz vom 25. Januar 1946, in dem er anklagend schrieb: „Immer mehr scheiden sich die Menschen von Charakter, Bildung, Mut und Gewissen von den Konjunkturrittern, den Feiglingen, den Verrätern und anderen ausgemachten Lumpen. Die Monate, die hinter uns liegen, haben uns in einer anderen Beleuchtung und in vergrößerten Maßstäben das Bild von 1933 noch einmal gezeigt. Wenn aus diesem Gemisch von Dummheit und Verantwortungslosigkeit, Gefühlsüberschwang und raffinierter Ausnutzung aller menschlichen Schwächen eine Vereinigung hervorgeht, so wird das sehr schlimm werden.“[438]

Beide Briefe, Eggeraths vom 24. Januar und Brills vom 25. Januar 1946, gehören zusammen. Sie verdichten eine historische Situation, zeigen und charakterisieren im Spiegelbild deren Handlungsträger. Nur einem, Brill, ist die Tragik des Augenblicks bewußt. Er paart sie mit Wut, Ohnmacht und banger Vorahnung. Dem anderen, Eggerath, verstellten der momentane Erfolg des Glücksritters, der tatenfrohe Drang und die Euphorie über den gelungenen Coup den Zugang zur Tragik, die in der von ihm so forcierten Entscheidung liegt. Vielen wird sie sofort spürbar, manchen erst Jahrzehnte später erfahrbar. Ende Januar 1946stellt sich auf Seiten der thüringischen Sozialdemokratie Heinrich Hoffmann als Mann der Stunde Werner Eggerath an die Seite.

Während der Berliner ZA der SPD zur Zurückhaltung mahnte und noch bei seiner Linie des Reichsparteitagsvorbehalts blieb, während sich an anderen Orten auch außerhalb Thüringens

437 LPA Erfurt PDS III/1–001: BL Thüringen der KPD an Landesvorstand Thüringen der SPD 24. 1. 1946.
438 AsD NL Hertz-Film XXX: Brill an Paul Hertz 25. 1. 1946.

die Widerstände gegen die KPD am „Führerkult" um Pieck und anderen Herrschaftsansprüchen dieser Partei und ihrer Verquickung mit der SMAD artikulierten[439], ging Hoffmann als Geschäftsführender, nie von einem SPD-Parteitag gewählter Vorsitzender des Landesverbandes Thüringen der SPD an all dem vorbei. Später rühmte er sich sogar dabei angewandter Tricks und Überrumpelungstrategien. Mit Eggerath verabredete er sofort, der in Jena eingeleiteten „3. Phase der Vereinigung" einen, wie Eggerath es in seinem Brief vom 24. Januar vorformuliert hatte, „Markstein ... für die weitere Entwicklung der deutschen Arbeiterbewegung" zu setzen, um so „in die Geschichte eingehen" zu können. Die erweiterten Vorstände beider Parteien sollten diesen Markstein in einer gemeinsamen Sitzung am 5. Februar 1946 im Haus der KPD-Bezirksleitung in der Weimarer Schwansee-Straße setzen.

Die SMATh leistete Schützenhilfe, indem sie am Vortag in Schmalkalden, wo die Vereinigung von KPD und SPD wie in Nordhausen schon sehr weit vorangeschritten war, einen Ortstermin inszenierte und Vertreter beider Parteien in die Kreiskommandandur rief. „Ein gemeinschaftliches Schnellfeuer des Offiziers und der anwesenden vier Kommunisten, nicht zu warten, bis auch der Westen so weit vorangetrieben sei", sondern dem russischen Sprichwort zu folgen, „je schneller man führt, desto schneller ist man am Ziel", suchte mit volkstümlicher Rhetorik Widerstände hinwegzuschwemmen. In einem Fragekatalog, der u. a. „Hinweise auf die Gründe, Motive und Beweise der Gegner der Vereinigung und ihre Taktik im Kampf gegen die Vereinigung beider Parteien" verlangte, zu beantworten in weniger als 24 Stunden, „bis zum 5. 2. 46, morgens 9 Uhr", wurden kaum verhüllt Pressionen angedroht.[440]

In dieser Situation kamen Widerstände von den beiden Spitzen der Parteien vom ZA der SPD und vom ZK der KPD aus Berlin. Grotewohl, von Hoffmann über dessen Absicht, einen regionalen Einheitsbeschluß in Thüringen zu fassen, informiert, telegrafierte sofort zurück: „Abmachungen der mitgeteilten Art sind Verstoß gegen Beschluß vom 21. Dezember. Örtliche und bezirkliche Sonderabmachungen müssen unterbleiben. ZK gibt gleiche Anweisungen an die Bezirkssekretariate der KPD."[441] Ein ähnlich „bremsendes" Telegramm erhielt die Bezirksleitung der KPD vom ZK.[442] Hoffmann erweckt in seinen Erinnerungen den Eindruck, sich im Husarenritt darüber hinweggesetzt zu haben. Noch am 3. Februar besprach er sich auf dem Bezirksparteitag der sächsischen SPD in Chemnitz, am 4. Februar wurde im Landesvorstand der thüringischen SPD unter seinem Vorsitz als „Marschroute" für die Konferenz mit der KPD am folgenden Tag festgesetzt: „Einzelne Zusammenschlüsse kommen nicht in Frage, die Anweisungen des ZA werden auf jeden Fall befolgt, Disziplinlosigkeiten müssen unterbleiben, auch von seiten der KPD, es dürfen keine

439 AsD NL Brill 1: Aktennotiz zum Beschluß des Parteiausschusses der SPD in Berlin vom 25. 1. 1946. Hoffmann hatte an dieser Parteiausschußsitzung der SPD teilgenommen, s. Protokoll der Sitzung des Landesvorstandes Thüringen der SPD 28. 1. 1946, in: LPA Erfurt PDS II/2–003. Der Text enthält eine der klarsten Analysen aus KPD-Feder; es heißt dort u. a.: „Übereinstimmend wird in den beiden letzten Wochen beispielsweise eine Kampagne gegen den Genossen Pieck gerichtet. Grundtendenz ist: die Kommunisten treiben Führerkult... Hauptargument der Einheitsfeinde bleibt: „Die Kommunisten haben sich durch ihre Politik in den Verwaltungen seit dem Mai 1945 unpopulär gemacht; sie sind zusätzlich mit den zahlreichen Übergriffen der Roten Armee belastet und verlieren deshalb immer mehr an Einfluß. Aus diesem Grunde wollen sie die Einheit noch vor stattfindenden Wahlen, um ihre Schwäche nicht in Erscheinung treten zu lassen."

440 AsD NL Brill 1: Inhalt einer Besprechung vor dem russischen politischen Offizier der Kreiskommandantur Schmalkalden 4. 2. 1946.

441 Telegramm Grotewohls an Landesvorstand Thüringen der SPD, zit. in: IfGA ZPA EA 1365/1, S. 417. Das Datum des Telegramms war nicht auszumachen, es liegt mit Sicherheit vor dem 5. 2. 1946.

442 Hinweis auf Telegramm ZK an BL Thüringen der KPD ebd., S. 418.

Diffamierungen bei Dritten erfolgen, separatistische Mitgliederwerbungen müssen unterbleiben, keine Überstürzung."[443]

Am 5. Februar kam dann alles anders. Eggerath hielt sich an die Auftragslinie des ZK, Hoffmann nicht an die des ZA und seines eigenen Landesvorstandes. Unmittelbar vor der Gemeinschaftssitzung mit der KPD tagte der erweiterte Landesvorstand der SPD am Vormittag des 5. Februar 1946. „Es kam zu lebhaften, ja teilweise leidenschaftlichen Auseinandersetzungen mit Feinden der Vereinigung und mit solchen, die sich auf die Linie von August Frölich des ‚Abwartens bis zum Stattfinden eines Reichsparteitages' begeben hatten." Dies ist die Sprache Hoffmanns, ganz dem Schema eines Freund-Feind-Denkens angepaßt. Man wird vermuten dürfen, daß die Anhänger Brills, z. B. Fütterer aus Erfurt, oder auch all jene, die sich auf der letzten erweiterten Vorstandssitzung am 26. November 1945 für die Brill-Linie ausgesprochen hatten, aber eben auch Frölich, der ja mit Brill Stürme dieser Art 1922/23 gemeinsam durchgestanden hatte, Hoffmann entgegentraten. Sie setzten sich offenbar auch durch.[444] Zu einer Abstimmung kam es nicht. Hoffmann will „der Diskussion so lange freien Lauf" gelassen haben, „daß keine Zeit zur Abstimmung mehr blieb", da man zur gemeinsamen Sitzung mit der KPD aufbrechen mußte.

Dort trat Hoffmann mit großer Geste auf und überrumpelte alle, auch Eggerath und die KPD. Er ergriff „die Flucht nach vorn", gab sich überrascht darüber, daß die Kommunisten „in der Vereinigungssache plötzlich kurz zu treten" schienen und stellte zur allgemeinen Verblüffung im Saal den Antrag: „Jede Partei hält im April einen Landesparteitag ab, und zwar am 1. Tage getrennt und am 2. Tage gemeinsam. Jede Partei entsendet 500 Delegierte, die im März nach den geltenden Satzungen allerorts in selbständigen Mitgliederversammlungen der beiden Parteien zu wählen sind. Zur Vorbereitung des gemeinsamen Vereinigungs-Parteitages der SPD und KPD Thüringens werden Kommissionen aus Mitgliedern beider Parteien eingesetzt."[445]

Hoffmann hat später Eggerath geschrieben, er habe diesen Antrag „ohne Beschluß des eigenen Landesvorstandes, ganz allein auf meinen entschlossenen Einheitswillen und auf den meiner engsten Freunde gestützt", gestellt. Das waren in erster Linie Curt Böhme, der thüringische Innenminister, und Karl Dörr, der Chefredakteur der sozialdemokratischen Landeszeitung ‚Tribüne'.[446] Alle anderen Sozialdemokraten waren in dem Augenblick „verdutzt", sprachlos, die Kommunisten werden vielleicht jenen „stürmischen Beifall" inszeniert haben, mit dem der Saal nach Hoffmanns späterer Rückblende ihm damals applaudierte. Eine Diskussion seines Antrags wurde als „überflüssig" angesehen. „Die Abstimmung ergab Einmütigkeit."[447] Zwei Tage später teilte Hoffmann im Rundschreiben Nr. 9/1946 allen Kreisverbands- und Ortsvereins-Vorständen der thüringischen SPD mit, am 6. April werde in Gotha der 2. Landesparteitag der SPD stattfinden, am 7. April werde dort „gemeinsam mit dem Bezirksverband Thüringen der KPD der Parteitag der Einheit der Thüringer Arbeitsklasse stattfinden". Die SMATh habe „in dankenswerter Weise genehmigt", daß die SPD bis zum 6. April auf allen Ebenen der Partei „geschlossene Tagungen" durchführen könne.[448] Was wollte man jetzt noch hinter verschlossenen Türen sagen?

---

443 LPA Erfurt PDS II/2–003: Protokoll der Sitzung des Landesvorstandes Thüringen der SPD 4. 2. 1946, S. 3, dort auch der Hinweis auf das Chemnitzer Gespräch Hoffmanns mit Grotewohl am Vortag.

444 Ein Protokoll dieser Sitzung des erweiterten Landesvorstandes Thüringen der SPD am Vormittag des 5. 2. 1946 ist in den Archiven nicht nachweisbar, die Angaben nach Hoffmann, a. O. Anm. 441, dort auch die im Text verwerteten Zitate.

445 ebd. S. 419.

446 IfGA ZPA NL 72/168: Hoffmann an Eggerath 15. 2. 1966.

447 Hoffmann, Erinnerungen, a. O. Anm. 441, S. 419 und Hoffmann an Eggerath, a. O. Anm. 446.

448 LPA Erfurt PDS II/2–004: Rundschreiben Nr. 9/1946 des Landesvorstandes Thüringen der SPD vom 7. 2. 1946.

Grotewohl tadelte sofort den „Husarenstreich" Hoffmanns. Die KPD Thüringens gab sich die Pose des schmunzelnden Biedermanns und fragte sich: „Wer hat nun wen überfahren?"[449] Ernst Lemmer von der CDU soll Hoffmann auf dem Gründungskongreß des FDGB am 9./12. Februar 1946 in Berlin gefragt haben: „Wißt Ihr denn überhaupt, daß Ihr mit Euren Einheitsbestrebungen in Thüringen Weltgeschichte macht?" „Selbstverständlich", will Hoffmann ihm geantwortet haben.[450] Ulbricht stellte sich bei dieser Gelegenheit gleichfalls das Zeugnis eines Biedermanns aus, der, auf Hoffmann weisend, zu den Delegierten des Kongresses sagte: „Nun seht Euch diese Thüringer und Sachsen an; ohne Respekt vor den Zentralinstanzen und ohne diese zu fragen, beschließen sie auf ihren Landesebenen die Vereinigung von KPD und SPD. Damit üben diese Landesverbände auf das ZK der KPD und den ZA der SPD einen solchen Druck aus, daß sie gar nicht anders können, als ihm nachzugeben."[451] Jetzt, mit dem Weimarer Beschluß vom 5. Februar 1946 und dem am 6./8. Februar 1946 in Leipzig für Sachsen gleichfalls gefaßten, hatte Ulbricht in Thüringen das erreicht, was ihm im Deutschen Oktober 1923 von Sachsen aus mißlungen war; damals hatte Brill ihn überspielt, jetzt hatte Hoffmann mit ihm gespielt.

In Thüringen war die Entscheidung für die SED gefallen. Der Termin für den Vereinigungsparteitag war vorgegeben: der 7. April 1946 in Gotha. Eine Vereinigung auf der Ebene der SBZ war als Konsequenz angezeigt. Den dafür im Januar ins Auge gefaßten Termin, den 1. Mai, hatte Kolesnitschenko schon am 23. Januar gegenüber den SPD- und KPD-Vertretern Thüringens abgelehnt: „Nicht gerade 1. Mai. Organisierung zur Arbeit nicht am Feiertag."[452] Der Ostertermin war von Berlin aus ins Gespräch gekommen.[453] Er wurde vom ZA der SPD, der sich am 11. Februar 1946 nach dem vorangegangenen Nachtbesuch Grotewohls in Berlin-Karlshorst bei der SMAD bei Gniffkes Enthaltung für einen Zonenparteitag und damit auch die Vereinigung von SPD und KPD nur in der SBZ aussprach, auf den 20./21. April 1946 gelegt.

In Weimar ging man ans Werk. Die 1. Nummer der neuen ‚Einheit' erschien als Beilage in beiden thüringischen Parteizeitungen, in der ‚Tribüne' und in der ‚Thüringer Volkszeitung', am 14. Februar 1946; eine Woche später gab man sogar eine eigene Wochenzeitung, ‚Sozialistische Einheit' betitelt, heraus, die vom 20. Februar bis 10. April 1946 als gemeinsames Presseorgan von SPD und KPD erschien. Darüber hinaus setzten beide Parteien ihre Organisationen mit gemeinsamen Kundgebungen zum Thema „Die Vereinigung der beiden Arbeiterparteien und die Bedeutung für das Schicksal Deutschlands" sowie – getrennten – Mitgliederversammlungen unter Dampf. Vom 1. März bis zum 30. April 1946 konnten neue Mitglieder „einen besonderen Aufnahmeschein" erwerben, mit dem sie dann zum 1. Mai sofort in die neue Einheitspartei „überführt" würden. Man

---

449 Beide Worte zitiert von Hoffmann im Brief an Eggerath 15. 2. 1946, a. O. S. 2f.

450 Der knappe Dialog zwischen Ernst Lemmer und Heinrich Hoffmann auf dem FDGB-Gründungskongreß in Berlin am 9./11. 2. 1946 ist zit. von Hoffmann in dessen Erinnerungen: IfGA ZPA EA 1365/1, S. 154.

451 Zit. von Hoffmann in seinem Brief an Franz Dahlem 4. 2. 1978, S. 9, in: IfGA ZPA EA 1365/4, vgl. Protokoll des FDGB-Gründungskongresses, S. 107 und Curt Böhme, Vereint sind wir alles, Berlin 1966, S. 499. Der von Ulbricht gemachte Hinweis auch auf Sachsen betrifft die dort am 6./8. 2. 1946 unter Mitwirkung von Hoffmann und Eggerath abgegebene Solidaritätserklärung mit dem Weimarer Beschluß, s. Hoffmann, Erinnerungen, S. 422, in: IfGA ZPA EA 1365/1. Bei der Feier zum 80. Geburtstag Max Fechners wies Günther Scheele, SED-Potsdam, auf Hoffmann und sagte: „Das ist der böse Mann, der die Zentralinstanzen beider Parteien zur hektischen Eile bei der Vorbereitung des Vereinigungsparteitages antrieb!" Zit. von Hoffmann im Brief an Franz Dahlem 4. 2. 1978, S. 8.

452 AsD NL Brill 1: Bericht Frölichs über seine und Eggeraths Unterredung mit Generalmajor Kolesnitschenko am 23. 1. 1946.

453 LPA Erfurt PDS III/1-001: Rundschreiben des gemeinsamen Organisationsausschusses zur Vorbereitung des Gothaer Parteitages, o. D., aber nach dem 12. 2. 1946, an dem der gemeinsame Organisationsausschuß von SPD und KPD dieses Rundschreiben beschloß, ebd. Protokoll der Sitzung.

nannte das: „Gotha-Aufgebot“. Erinnerungen an NS-Praktiken blieben unerwähnt. Für den 7. April, das „große Ereignis für ganz Thüringen“, stand das Programm schon früh fest: „Zur Begrüßung werden alle Sirenen heulen und alle Lokomotiven pfeifen.“ Der Rundfunk werde den Parteitag übertragen, die Weimarer Staatskapelle Beethovens IX. Sinfonie spielen.[454]

In Berlin brachte Brill, wohl in einsamer Stunde, am 15. Februar 1946 zu Papier, der ZA der SPD habe „sich völlig ins Schlepptau der KPD nehmen lassen“, die Berliner Entschließung vom 21. Dezember vorigen Jahres sei in ihren wesentlichen Punkten nicht erfüllt, vor allen Dingen ein Reichsparteitag nicht in Aussicht genommen, geschweige schon einberufen worden. Er riet dem Landesverband Berlin der SPD, den Rücktritt des ZA zu verlangen und einen Nationalrat der SPD „aus Vertretern der Partei in allen fünf (sic!) Besatzungszonen“ einzuberufen, was wohl den gesonderten Rang Berlins zum Ausdruck bringen sollte. Dem Nationalrat sei allein das Recht gegeben, sich als „Vertretung der Gesamtpartei“ zu betrachten. Er solle mit der KPD, den Gewerkschaften, Genossenschaften und all denen, die sich „auf dem Boden des Sozialismus“ stehen sehen, die Einheit der deutschen Arbeiterklasse unter Kontrolle der Öffentlichkeit beraten und gegebenenfalls beschließen. Das erforderte vorab, daß „auch in der russischen Zone ein selbständiges Parteileben wieder herzustellen und insbesondere die Freiheit und Unabhängigkeit der Entschließung unserer Parteiorgane zu sichern“ seien. Die KPD habe als wesentliche Voraussetzungen ihre Denunziationen aufzugeben und „auf die betreffenden Behörden“ einzuwirken, „daß die aus politischen Gründen verhafteten Sozialdemokraten entlassen oder dem zuständigen Gericht übergeben werden“. Weiterhin sei die „Beseitigung des überwiegenden Einflusses der Emigranten in den Organen der KPD“ zu gewährleisten und diese durch Genossen zu ersetzen, „die mit Sozialdemokraten illegal zusammengearbeitet“ hätten.[455] So rief der ohnmächtige Demokrat Brill die Rechte der Freiheit gegen die mächtige Diktatur der anderen zu Hilfe, das Erbe der Deutschen Volksfront und Buchenwalds sollte seinen legitimen Anspruch durchsetzen dürfen. Schon gut drei Wochen vorher hatte er aus einer Analyse der Geschichte und gegenwärtigen Situation die Schlußfolgerung abgeleitet, daß eine Vereinigung von SPD und KPD nach den vorgeschlagenen programmatischen Richtlinien nichts anderes als eine „Wiederholung des Experiments einer ‚Vereinigten Kommunistischen Partei‘ nach der Spaltung der Unabhängigen in Halle 1920 bedeutet“.[456]

Solche Analysen, Forderungen und Vorhersagen waren richtig und haben sich danach bestätigt. Zur Umkehr führten sie im Frühjahr 1946 nicht. „Das Einigungstempo ist ja rasant“, schrieb ein Sozialdemokrat an den ehemaligen Thüringer und damaligen Generalsekretär des Süddeutschen Länderrats, Erich Roßmann. „Bei einem solchen Tempo wird es nicht nur schwerwiegende Pannen, sondern wahrscheinlich auch Scherben geben. In unserer Zone wird aber die Sache nicht mehr aufzuhalten sein; der Zentralausschuß hat sich von vornherein viel zu tief und viel zu voreilig eingelassen. Wozu dann der Wind aus dem Osten kommt – und der ist scharf und unerbittlich.“[457]

Hoffmann hatte wesentlich für diese Rasanz gesorgt, indem er die thüringische Sozialdemokratie, die am 31. Januar 1946 mit ihren 75000 Mitgliedern den mit deutlichem Abstand stärksten Landesverband in der SBZ stellte – der Bezirksverband Groß-Berlin hatte als

---

454 ebd.

455 AsD NL Brill 1: Manuskript Brill, ohne Überschrift, mit der Abschlußzeile: „Bln (Berlin) 15. 2. 46 Br. (Brill)“.

456 ebd. Brill, Zur Frage des Programms einer Vereinigten Sozialistischen Arbeiterpartei Deutschlands, Berlin 18./20. 1. 1946.

457 BA NL Roßmann 36: Georg Schöpflin an Erich Roßmann 20. 2. 1946.

nächstplazierter zu dieser Zeit 62500[458] –, in die Vereinigung trieb und das als seine Leistung betrachtete. Die Vorstandsprotokolle der thüringischen SPD lassen nach dem 6. Februar 1946 keine kontroversen Diskussionen über den weiteren Vorgang bei der Vereinigung erkennen. In Camburg, der Schulungsstätte der KPD, fanden „jetzt laufend" gemeinsame Schulungen für Funktionäre beider Parteien statt.[459] Das ZK der KPD konnte sogar, wo die Entscheidung in Thüringen gefallen war, ihren ersten Beauftragten, den Ulbricht am 5. Juli 1945 aus Dresden nach Weimar beordert hatte, um den Einfluß der Buchenwald-Häftlinge einzudämmen und Brill entgegenzutreten, Georg Schneider, aus Weimar auf ihre Reichsparteischule abberufen.[460] Am 7. April 1946 kam es, wie vorgesehen, zu dem Vereinigungsparteitag der SPD und KPD Thüringens in der Gothaer Stadthalle. Am Tag zuvor hatten die Sozialdemokraten in einer kleinen Geste Heinrich Hoffmann seinen Parforceritt an der innerparteilichen Demokratie vorbei quittiert; sie wählten ihn unter den 53 Delegierten für den Berliner „Reichsparteitag" vom 20./21. April 1946 nur an 14. Stelle und setzten August Frölich, den Nestor der thüringischen Sozialdemokratie, an die 1.[461] Hoffmann hinderte dieses Votum nicht daran, an einen Parteifreund im Westen zu schreiben: „Wir haben in Thüringen das Werk vollendet, sind froh und stolz darüber."[462]

Blickt man auf das Ergebnis der ersten Gemeindewahlen in Thüringen nach dem Zweiten Weltkrieg, die am 8. September 1946 stattfanden, so besteht zu einem solchen Stolz kein Anlaß. Im Gegenteil; in nahezu allen Städten Thüringens erhielt die SED weniger Stimmen als bei früheren Wahlen die SPD allein, in Gera nicht einmal die Hälfte der früheren SPD-Stimmen.[463] Ein solches Wahlergebnis kennzeichnete nach dem Urteil Brills „eine Tragödie für die Demokratie, eine Schande für die sozialistische Arbeiterbewegung und ein Verbrechen für die Feiglinge und Verräter, die die Verantwortung für die im April mit so großem Pomp vollzogene ‚Vereinigung' tragen". In dem Brief an den früheren SPD-Vorsitzenden Thüringens, Georg Dietrich, vom September 1946, dem dieser Passus entnommen ist[464], schrieb Brill

458 Mitgliederzahlen der SPD im sowjetischen Okkupationsgebiet:

	31. 12. 45	31. 1. 46	28. 2. 46	31. 3. 46
Bezirksverband Groß Berlin	58000	62500	66300	50000
Bezirksverband Brandenburg	43000	52000	59000	75000
Bezirk Halle	35000	44000	57000	65200
Bezirk Hessen-Anhalt	25000	34000	37500	43000
Bezirk Magdeburg	40000	53000	56000	64300
Bezirk Dresden	35000	48000	61000	67700
Bezirk Chemnitz	25000	32000	40000	42900
Bezirk Zwickau	10000	19500	19500	25000
Bezirk Leipzig	15000	35000	54800	64500
Bezirk Görlitz	5000	8000	9200	10900
Bezirk Thüringen, Weimar	45000	75000	75000	92000
Bezirk Mecklenburg	40000	50000	70000	81000
	376000	513000	605000	681500

Quelle: LPA Erfurt PDS V/6/6–18.

459 LPA Erfurt PDS II/2–004: Protokoll der Sitzung des Landesvorstandes Thüringen der SPD 4. 2. 1945, S. 1.

460 IfGA ZPA I/2/5/43 b: Eggerath an ZK der KPD 6. 3. 1946; der endgültige Beschluß, mit sofortiger Wirkung, fiel dann im ZK am 30. 3. 1946, ebd. ZK an BL Thüringen 30. 3. 1946.

461 LPA Erfurt PDS V/6/6–19: Wahlliste der SPD für den Parteitag in Berlin, o. D., aber 6. 4. 1946 Gotha. Die Gothaer Rede Hoffmanns ebd., die Eggeraths ebd. I/1–001.

462 AsD NL Brill 1: Hoffmann an einen Parteifreund in Hamm 17. 4. 1946.

463 BA NL Brill 57: Brill an Georg Dietrich 16. 9. 1946.

464 ebd. Als Johannes Brumme (KPD) Brill später den Vorwurf machte, er habe „dem schönen Thüringen den Rücken gekehrt", antwortete Brill sehr nachdrücklich: „... wenn man die Einheit der Arbeiterklasse auf die Frage der mathematischen Mitgliedereinheit von SPD und KPD reduziert und sie dann so herbeiführen will, daß man den Landesvorsitzenden der SPD monatelang mit Verhaftung, Kriegstribunal, Deportation, Erschießen usw. bedroht und ihn dann auch noch zweimal verhaftet, dann haben Leute, die wissen, was das bedeutet, wohl allen Anlaß, bestimmte

ferner: „In den schweren Auseinandersetzungen der Vorstandssitzungen vom Dezember 1945 habe ich mit Verweis auf die Mitgliederbewegung den Lumpen und Feiglingen um Heinrich Hoffmann herum gesagt, daß die Menschen nicht in Massen zu uns kämen, weil sie den Wunsch haben, sich schnellstens mit der KPD zu vereinigen, sondern weil sie keine Kommunisten werden wollen und daraus die Schlußfolgerung gezogen haben, daß sie der Vereinigten Partei aus denselben Motiven in Massen den Rücken kehren werden. Aber Heinrich Hoffmann war der Auffassung, daß das nicht unsere Sorge zu sein braucht."

Brills Sorge war es wohl. Es war 1945 sein Verlangen, die durch die beiden Weltkriege in seinen Augen verursachte „schöpferische Zerstörung ... vom Standpunkt der nächsten 30 Jahre zu begreifen" und für den Aufbau eines neuen Geschichtsbewußtseins aus dem „seelischen Reservoir der Arbeiter und Bauern" heraus zu nutzen. Nach seinen Vorstellungen konnte das Ziel nur ein „Sozialismus in der demokratischen Form seiner Erscheinung" sein.[465] Brill glaubte durch die Geschichte bewiesen zu sehen, daß sowohl die deutschen Sozialdemokraten als auch die deutschen Kommunisten mit ihren sozialistischen Zielsetzungen gescheitert waren, die einen wegen reformistischer, die anderen wegen revolutionärer Abweichungen. Auf der anderen Seite belegten die historischen Beispiele für die Einführung einer Demokratie in Deutschland, 1848 und 1918, nach seinem Urteil ebenfalls Irrtümer politischer Methodik. In beiden Fällen hätte man geglaubt, „durch eine bloße Änderung der Verfassungsgesetze eine Veränderung des politischen Charakterrs des Staates herbeiführen zu können". Preußische Reaktion und nationalsozialistische Perversion hätten jedoch gezeigt, daß „keine politische Verfassung, die eine demokratische sein will, ... Aussicht auf Bestand (hat), wenn nicht gleichzeitig eine Änderung der politischen Struktur stattfindet".[466] Um diese Struktur und eine sie tragende politische Theorie ging es Brill.

Er ist damit 1945 in Thüringen, seiner Heimat, gescheitert. Als beim letzten Parteitag der thüringischen Sozialdemokratie am 6. April 1946 in Gotha die Nennung seines Namens mit spontanem Beifall bedacht wurde, empfand die SMATh das als „Provokation" und fahndete nach denen, die das „organisiert" hätten.[467] Die Spontaneität wird jedoch echt gewesen sein. An seinen politischen Freund aus den Jahren des Widerstands gegen den Nationalsozialismus, Paul Hertz, schrieb Brill drei Wochen später im Blick auf diese Gothaer Tage: „Es widerstrebt mir..., diesen Sumpf von materieller Korruption, Brutalität, Feigheit, Gefühlsduselei, Rührseligkeit, die doch alle zusammen ein verantwortungsloses Verbrechen sind, zu beschreiben. Wenn die beiden Worte, die wir Ende 1933 über unser Leben gesetzt haben, jemals einen tieferen Sinn hatten, so haben sie ihn heute: ‚Neu Beginnen'!"[468] Das tat Hermann Brill im Sommer 1946 als Staatssekretär in der hessischen Staatskanzlei in Wiesbaden. In Thüringen tat man das erst 43 Jahre später. Im Frühling 1946 hatte die thüringische Sozialdemokratie in Gotha nicht den richtigen Neubeginn nach ihrer Selbstauflösung im Frühling 1933 in Weimar finden dürfen.

Konsequenzen zu ziehen", in: BA NL Brill 27: Brill an Brumme 20. 11. 1947. Ähnlich Brill an Kurt Schumacher 4. 11. 1946, in: AsD NL Brill 2. Brill gab seinen Weimarer Wohnsitz endgültig zu Pfingsten 1946 auf, s. BA NL Brill 41: Brill an Friederike Mulert 1. 9. 1953. Öffentliche Anerkennung fand Brill damals wenig. Die Stimme von Kurt Kersten in der New Yorker ‚Neuen Volkszeitung' vom 4. 9. 1948 ist ein seltener Beleg: „Was Männer wie Brill, denen keine Ruhe seit 1933 gegönnt war, die unter ständiger Lebensgefahr gegen Hitler gearbeitet haben und den Galgen dauernd vor sich sahen, dann erneut in einer unvorstellbar schweren Zeit seit dem Mai 1945 geleistet haben, wird ihnen heute von Leuten, die sich geduckt haben und würdelos wie feige mitmachen, gedankt. Schlechte Gewissen rächen sich immer schäbig und gemein, hoffertig und bösartig."

465 Rede Brills vor dem Bund demokratischer Sozialisten vom 8. 7. 1945, in: AsD NL Brill 1.

466 BA NL Brill 336: „Freiheit ist die Summe der Freiheiten", Rede zum Gedenken an den 18. 3. 1948, gehalten am 24. 2. 1948.

467 BA NL Brill 97: Die politische Entwicklung Thüringens unter der sowjetischen Besatzung, Manuskript Brills S. 3.

468 ISG NL Hertz: Brill an Paul Hertz 29. 4. 1946.

Literaturverzeichnis

A. Benutzte Archive

Archiv Edeltraud Schönewald Wiesbaden (AES)
Archiv der sozialen Demokratie Bonn (AsD)
Bundesarchiv Koblenz (BA)
Bundesarchiv Außenstelle Berlin (BA AB)
Hessisches Hauptstaatsarchiv Wiesbaden (HStA Wiesbaden)
Institut für die Geschichte der Arbeiterbewegung. Zentrales Parteiarchiv der PDS Berlin (IfGA ZPA)
Landesparteiarchiv der PDS Erfurt (LPA Erfurt PDS)
Nationale Mahn- und Gedenkstätte Buchenwald (Buchenwald-Archiv)
Stadtarchiv Weimar (StA Weimar)
Staatsarchiv Gotha (StA Gotha)
Thüringisches Hauptstaatsarchiv Weimar (HStA Weimar)

B. Veröffentlichte Quellen

Befehle des Obersten Chefs der Sowjetischen Militärverwaltung in Deutschland, Sammelheft 1, Berlin 1946

Bericht des internationalen Lagerkomitees Buchenwald, Weimar 1945

Dokumente der Einheit, Berlin 1946

Dokumente und Materialien zur Geschichte der Deutschen Arbeiterbewegung. Hrsg. vom Institut für Marxismus-Leninismus beim ZK der SED, Berlin 1957

Dowe, Dieter, Klotzbach, Kurt (Hg.), Programmatische Dokumente der deutschen Sozialdemokratie, Berlin/Bonn, 1973

Die Einheit wird siegen!. Dimitroffs Ruf zur internationalen Aktionseinheit und die Antwort der Sozialistischen Arbeiternationale, Straßburg 1935

Zur Geschichte der deutschen antifaschistischen Widerstandsbewegung 1933–1945. Eine Auswahl von Materialien, Berichten und Dokumenten, Berlin 1958

Geschichte der deutschen Arbeiterbewegung, hrsg. vom Institut für Marxismus-Leninismus beim ZK der SED, Band 5, Berlin 1966

Gesetzessammlung Gotha 1919/1920, Gotha 1920

Gesetzessammlung für Thüringen, 1.–5. Jg. 1920–1924, Weimar o. J.

Handbuch der verfassungsgebenden deutschen Nationalversammlung Weimar 1919. Biographische Notizen und Bilder, hrsg. von Bureau des Reichstags, Berlin 1919

Jahrbuch für das Deutsche Reich, Berlin 1920

Schmidt, Walter A., Damit Deutschland lebe. Ein Quellenbuch über den deutschen antifaschistischen Widerstand 1933–1945, 2. Aufl., Berlin 1959

Staatshandbuch für Thüringen, hrsg. vom Thüringischen Staatsministerium, Weimar 1931

Statistisches Jahrbuch für den Freistaat Sachsen 1929, Dresden 1930

Statistisches Handbuch für das Land Thüringen. Ausgaben 1922 und 1924, Weimar 1922 und 1924

Statistisches Handbuch für Thüringen, Weimar 1931

Stenographische Berichte des Deutschen Reichstags 1923, Berlin 1923

Stenographische Berichte über die Sitzungen des I., II., III., IV. und V. Landtags von Thüringen, Weimar o. J.

Theorien und Resolutionen des IV. Weltkongresses der Kommunistischen Internationale, o. O. 1922
Verhandlungen der Landesversammlung für den Staat Gotha 1919–1920, Gotha 1920
Verhandlungen des Sächsischen Landtags, Dresden 1922/23
Weber, Hermann (Hg.), Der deutsche Kommunismus. Dokumente 1915–1945, 3. Aufl., Köln 1973

C. Ausgewählte Darstellungen

Abendroth, Wolfgang, u. a. (Hg.), Sozialdemokratie und Sozialismus. August Bebel und die deutsche Sozialdemokratie heute, Köln 1974

Adam, Fritz, Erinnerungen (Thüringen der 20er Jahre). Privatdruck *Franz Adam,* Man. Dreieich 1968

Adolph, Hans J. L., Otto Wels und die Politik der deutschen Sozialdemokratie 1894–1939. Eine politische Biographie, Berlin 1971

Angress, Werner, T., Die Kampfzeit der KPD 1921–1923, Düsseldorf 1973

Anschütz, Gerhard, Die Verfassung des Deutschen Reiches vom 11. August 1919. Ein Kommentar für Wissenschaft und Praxis, 8. Aufl., Berlin 1928

Apitz, Bruno, Nackt unter Wölfen, 57. Aufl., Halle 1990

Badstübner, Rolf u. a., Deutsche Geschichte. Bd. 9: Die antifaschistisch-demokratische Umwälzung, der Kampf gegen die Spaltung Deutschlands und die Entstehung der DDR von 1945–1949, Berlin 1989

Bahne, Siegfried, Die KPD und das Ende von Weimar. Das Scheitern einer Politik 1932–1935, Frankfurt/Main 1976

Bartel, Walter, Deutschland in der Zeit der faschistischen Diktatur 1933–1945, Berlin 1956

Bericht über die Verhandlungen des III. (8.) Parteitages der Kommunistischen Partei Deutschlands (Sektion der Kommunistischen Internationale). Abgehalten in Leipzig vom 28. Januar–1. Februar 1923, hrsg. von der Zentrale der KPD, Berlin 1923

Bieligk, Fritz u. a., Die Organisation im Klassenkampf. Die Probleme der politischen Organisation der Arbeiterklasse. Berlin 1931, Neudruck Frankfurt/Main 1967

Bock, Wilhelm, Im Dienste der Freiheit, Jena 1927

Böhme, Curt, Vereint sind wir alles, Berlin 1966

Böttcher, Julius, Die Geschichte Ohrdrufs. 4 Teile, Ohrdruf 1960

ders., Wie Ohrdruf Stadt wurde, Ohrdruf 1948

Bracher, Karl Dietrich, Die Auflösung der Weimarer Republik. Eine Studie zum Problem des Machtverfalls in der Demokratie, 5. Aufl., Villingen 1971

ders., Zeit der Ideologien. Eine Geschichte des politischen Denkens im 20. Jahrhundert, Stuttgart 1982

ders., u. a., Die Weimarer Republik 1918–1933. Politik – Wirtschaft – Gesellschaft, Düsseldorf 1987

Brandenburg. Die Kameraden der deutschen und ausländischen Widerstandsbewegung, die im Zuchthaus Brandenburg (Havel)-Görden von den Nazis ermordet wurden, hrsg. von der Arbeitsgemeinschaft der ehemaligen politischen Gefangenen des Zuchthauses Brandenburg (Havel)-Görden, o. O. u. J.

Brandt, Peter, Rürup, Reinhard (Hg.), Arbeiter-, Soldaten- und Volksräte in Baden 1918/19, Düsseldorf 1980

Braun, Wilhelm, Sowjetrußland zwischen SPD und KPD. Eine Untersuchung zum Problem des gegenseitigen Verhältnisses von SPD und KPD in den Jahren des Zerfalls der Weimarer Republik (1930–1933), Tübingen 1959

Brill, Hermann, Gegen den Strom, Offenbach 1946

ders., Reichsreform – eine thüringische Schicksalsfrage, Altenburg 1932

Buchenwald. Mahnung und Verpflichtung. Dokumente und Berichte. Hrsg. im Auftrage der Fédération Internationale des Résistants (FIR) vom Internationalen Buchenwald-Komitee und dem Komitee der Antifaschistischen Widerstandskämpfer der Deutschen Demokratischen Republik. Redaktion: Walter Bartel u. a., Berlin 1960

Cornides, Wilhelm, Volle, Hermann, Um den Frieden mit Deutschland. Dokumente zum Problem der deutschen Friedensordnung 1941–1948 mit einem Bericht über die Londoner Außenministerkonferenz vom 25. Nov.–15. Dez. 1947, Oberursel 1948
Dille, Curt, Arbeiter- und Soldatenrat. Volksbeauftragte im Staate Gotha, Gotha 1919
Dimitroff, Georgi, Die Volksfront zum Kampf gegen Faschismus und Krieg, Zürich 1937
Dorst, Tankred, Die Münchener Räterepublik. Zeugnisse und Kommentar, Berlin 1966
Drechsler, Hanno, Die sozialistische Arbeiterpartei Deutschlands (SAPD). Ein Beitrag zur Geschichte der deutschen Arbeiterbewegung am Ende der Weimarer Republik, Meisenheim 1965
Drobisch, Klaus, Widerstand in Buchenwald, Berlin 1987
Dunke, Horst, Die KPD von 1933–1945, Köln 1972
Edinger, Lewis, J., Sozialdemokratie und Nationalsozialismus. Der Parteivorstand der SPD im Exil von 1933–1945, Hannover/Frankfurt/Main 1960
Eggerath, Werner, Marxismus und Arbeiterklasse, Weimar 1947
ders., Nur ein Mensch, Weimar 1947
ders., Zehntausend km durch das Sowjetland, Weimar 1949
Emmerling, Erich, Fünfzig Jahre Volkshochschule in Deutschland. Ein Beitrag zur Geschichte der Erwachsenenbildung, Berlin 1958
Fedossejew, Petre N., Sozialismus und Humanismus, Berlin 1960
Fest, Joachim, C., Hitler. Eine Biographie, Frankfurt/Main 1973
Findeisen, Otto u. a., SPD und Hitlerfaschismus. Der Weg der deutschen Sozialdemokratie vom 30. Januar 1933–21. April 1946, Diss. (Man.) Berlin 1965
Finn, Gerhard, Die politischen Häftlinge der Sowjetzone 1945–1959, Pfaffenhofen 1960
Fischer, Ruth, Stalin und der deutsche Kommunismus. Der Übergang zur Konterrevolution, Frankfurt/Main 1948
Flechtheim, Ossip K., Die KPD in der Weimarer Republik, Frankfurt/Main 1969
Flitner, Wilhelm, Erinnerungen 1889–1945. Gesammelte Schriften Bd. 11, Paderborn 1986
Foitzik, Jan, Zwischen den Fronten. Zur Politik, Organisation und Funktion linker politischer Kleinorganisationen im Widerstand 1933–1939/40 unter besonderer Berücksichtigung des Exils, Bonn 1986
Frister, Herbert, Geschichte der illegalen proletarischen Gruppierung linker Sozialdemokraten in Ostthüringen 1933–1945, drei Teile, Man. Gera 1968
ders., Der Kapp-Putsch in Ostthüringen März 1920, Man. Gera 1969
Fuchs, Ludwig, Die Besatzungspolitik der USA in Thüringen von April bis Juli 1945, Diss. Leipzig 1967
ders., Die Besetzung Thüringens durch die amerikanische Truppen, Erfurt 1968
Gerhard, Dirk, Antifaschisten. Proletarischer Widerstand 1933–1945, Berlin 1976
Institut für Marxismus – Leninismus beim ZK der SED (Hg.), Geschichte der deutschen Arbeiterbewegung. Chronik. Teil 3. Von 1945–1963, Berlin 1967
Geyer, Curt, Der Radikalismus in der deutschen Arbeiterbewegung, Jena 1923
Gniffke, Erich W., Jahre mit Ulbricht, Köln 1966
Goldbach, Marie-Luise, Karl Radek in Deutschland. Ein Beitrag zum Verhältnis von KPD und Komintern und zur Geschichte der deutsch-sowjetischen Beziehungen zwischen 1918 und 1933, Bonn-Bad Godesberg 1973
Goldhammer, Hans, Scheffel, Rudi, Geschichte der Kommunistischen Partei in Gera: Im Kampf sind wir geboren..., 4 Bde., Gera 1978–1987
Grasmann, Peter, Sozialdemokraten gegen Hitler. 1933–1945, München/Wien 1976
Griepenburg, Rüdiger, Volksfront und deutsche Sozialdemokratie. Zur Entwicklung der Volksfronttaktik im sozialistischen Widerstand gegen den Nationalsozialismus, Marburg 1971
Grotewohl, Otto, Dreißig Jahre später. Die Novemberrevolution und die Lehren der Geschichte der deutschen Arbeiterbewegung, 5. Aufl., Berlin 1953
Gross, Babette L., Das Experiment der Volksfront, Bern/Frankfurt/Main 1972
Gruner, Gert, Wilke, Manfred, Sozialdemokraten im Kampf um die Freiheit. Die Auseinandersetzungen zwischen SPD und KPD in Berlin 1945/46, München 1981

Grünthal, Günther, Reichsschulgesetz und Zentrumspartei in der Weimarer Republik, Düsseldorf 1968

Gutsche, Willibald, Dr. Theodor Neubauer. Ein Leben im Kampf um ein besseres Deutschland, Erfurt 1955

Hagelstange, Rudolf, Der Niedergang, München 1983

Hammer, Walter, Hohes Haus in Henkershand, Frankfurt/Main 1956

Hanisch, Wilfried, Die Hundertschaften der Arbeiterwehr. Die proletarischen Hundertschaften 1923 in Sachsen, Berlin 1958

Hann, Johann Erich Christian, Allgemeiner Schul-Methodus, oder: Praktische Anweisung für Aufseher und Lehrer niederer Schulen jeder Art, Gotha 1801

Heine, Fritz, Kurt Schumacher, Göttingen 1969

Hennig, Friedrich, Kleine Geschichte Thüringens, Würzburg 1964

Hess, Ulrich, Geschichte der Behördenorganisation der thüringischen Staaten und des Landes Thüringen von der Mitte des 16. Jahrhunderts bis zum Jahre 1952, 2 Teile, Man. Weimar 1958

ders., Die thüringische Sozialdemokratie von den Anfängen bis zum Erfurter Parteitag 1891, Man. Weimar 1963

ders., Das Sachsen-Coburg und Gothaische Staatsministerium 1826–1920, Gotha 1961

ders., Die Vorbereitung und Durchführung der Novemberrevolution 1918 im Lande Gotha. Eine Aktenpublikation, Gotha 1960

ders., Geschichte Thüringens 1866–1914. Aus dem Nachlaß hrsg. von Volker Wahl, Weimar 1981

Heyden, Konrad, Geschichte des Nationalsozialismus, Berlin 1932

Hoepke, Klaus-Peter, Die deutsche Rechte und der italienische Faschismus. Ein Beitrag zum Selbstverständnis und zur Politik von Gruppen und Verbänden der deutschen Rechten, Düsseldorf 1968

Hohlfeld, Klaus, Die Reichsexekution gegen Sachsen im Jahre 1923, ihre Vorgeschichte und politische Bedeutung, Diss. Erlangen 1964

Hornung, Klaus, Der Jungdeutsche Orden, Düsseldorf 1958

Huber, Ernst Rudolf, Deutsche Verfassungsgeschichte seit 1798, Bde. 6 und 7, Stuttgart/Berlin/Köln/Mainz 1981ff.

Die revolutionäre Illusion. Zur Geschichte des linken Flügels der USPD. Erinnerungen von Curt Geyer, hrsg. von *Wolfgang Benz* und *Hermann Graml,* Stuttgart 1976

Die Internationale. Wochenschrift für Praxis und Theorie des Marxismus, begr. von Rosa Luxemburg und Franz Mehring

Jahrbuch der SPD 1946, hrsg. vom Vorstand der SPD, Göttingen 1947

Janka, Walter, Spuren eines Lebens, Berlin 1991

Kaiser, Jochen-Christoph, Arbeiterbewegung und organisierte Religionskritik. Proletarische Freidenkerverbände in Kaiserreich und Weimarer Republik, Stuttgart 1981

Kautsky, Benedikt, Teufel und Verdammte. Erfahrungen und Bekenntnisse aus sieben Jahren in deutschen Konzentrationslagern, Erstdruck Zürich 1946

Kautsky, Karl, Internationale und Sowjetrußland, Berlin 1925

Kliem, Kurt, Der sozialistische Widerstand gegen das Dritte Reich. Dargestellt an der Gruppe „Neu Beginnen", Diss. Marburg 1957

Klotzbach, Kurt, Der Weg zur Staatspartei. Programmatik, praktische Politik und Organisation der deutschen Sozialdemokratie 1945 bis 1965, Berlin/Bonn 1982

Koch, Herbert, Geschichte der Universität Jena von 1548/58 bis 1958. Festgabe zum 400jährigen Universitätsjubiläum, Bd. 1, Jena 1958

Kogon, Eugen, Der SS-Staat. Das System der deutschen Konzentrationslager, Erstdruck Frankfurt/Main 1946

Kolakowski, Leszek, Der Mensch ohne Alternative, München 1976

Kolb, Eberhard, Schönhoven, Klaus (Hg.), Regionale und lokale Räteorganisationen in Württemberg 1918/19, Düsseldorf 1976

Kolesnitschenko, Iwan Sosonowitsch, Im gemeinsamen Kampf für das neue antifaschistisch-demokrati-

sche Deutschland entwickelte und festigte sich unsere unverbrüchliche Freundschaft. Beiträge zur Geschichte Thüringens, Erfurt 1985
Konzentrationslager Buchenwald. Post Weimar/Thüringen 1937–1945. Katalog zur Ausstellung im Martin-Gropius-Bau, Berlin 1990
Korsch, Karl, Gesamtausgabe. Bd. 1: Recht, Geist und Kultur. Schriften 1908–1918. Bd. 2: Rätebewegung und Klassenkampf, hrsg. u. eingel. von *Michael Buckmiller,* Frankfurt/Main 1980
Kuenzel, Werner, Die Landtage in der antifaschistisch-demokratischen Revolution bis zur Gründung der DDR, Diss. Potsdam 1972
Langbein, Hermann, ... nicht wie die Schafe zur Schlachtbank. Widerstand in den nationalsozialistischen Konzentrationslagern, Frankfurt/Main 1980
Leonhard, Wolfgang, Die Revolution entläßt ihre Kinder, Köln/Berlin 1955
Mammach, Klaus, Die KPD und die deutsche antifaschistische Widerstandsbewegung 1933–1939, Frankfurt/Main 1974
Mann, Klaus, Der Wendepunkt. Ein Lebensbericht, Reinbek 1990
Mann, Thomas, Deutsche Hörer! Fünfundfünfzig Radiosendungen nach Deutschland, 2. Aufl., Stockholm 1945
Marschall, Ewald, Hermann Brill und der sozialistische Widerstand gegen die NS-Herrschaft 1933–1938, Man. Bonn o. J.
Matthias, Erich, Sozialdemokratie und Nation. Ein Beitrag zur Ideengeschichte der sozialdemokratischen Emigration in der Prager Zeit des Parteivorstandes 1933–1938, Stuttgart 1952
Mermelstein, Mel, By bread alone. The Story of A-4685, Los Angeles 1979
Miller, Susanne, Das Problem der Freiheit im Sozialismus. Freiheit, Staat und Revolution in der Programmatik der Sozialdemokratie von Lassalle bis zum Revisionismusstreit, Frankfurt/Main 1964
Mitzenheim, Paul, Die Entwicklung des Schulwesens in Thüringen zur Zeit der Weimarer Republik unter besonderer Berücksichtigung der Greilschen Schulreform, Diss. Jena 1964
ders., Zur Schulgeschichte Thüringens seit 1918. Dokumente und Skizzen, o. O. 1966
Moraw, Frank, Die Parole der „Einheit" und die Sozialdemokratie, 2. Aufl., Berlin 1990
Mosebach, Walter, Die Vorbereitung und Durchführung der Novemberrevolution in Gotha, o. O. 1957
Müller, Ingo, Furchtbare Juristen, München 1987
Niethammer, Lutz, u. a., Arbeiterinitiative 1945. Antifaschistische Ausschüsse und Reorganisation der Arbeiterbewegung in Deutschland, Wuppertal 1976
Patton, Georges, Krieg, wie ich ihn erlebte, Bern 1950
Patze, Hans, Schlesinger, Walter (Hg.), Geschichte Thüringens. Bd. 5: Politische Geschichte in der Neuzeit, Köln/Wien 1978
Pieck, Wilhelm, Der Kampf um die Arbeitereinheit und die deutsche Volksfront 1936–1938, Berlin 1955
ders., Der neue Weg zum gemeinsamen Kampf für den Sturz der Hitlerdiktatur. Referat und Schlußwort auf der Brüsseler Konferenz der Kommunistischen Partei Deutschlands Oktober 1935, Berlin 1960
Pogue, Forrest C., The Supreme Command, Washington 1954
Potthoff, Heinrich, Die Sozialdemokratie von den Anfängen bis 1945, Bonn/Bad Godesberg 1974
Pyta, Wolfram, Gegen Hitler und für die Republik. Die Auseinandersetzung der deutschen Sozialdemokratie mit der NSDAP in der Weimarer Republik. Beiträge zur Geschichte des Parlamentarismus und der politischen Parteien Bd. 87, Düsseldorf 1989
Reichhardt, Hans, J., Neu Beginnen. Ein Beitrag zur Geschichte des Widerstandes der Arbeiterbewegung gegen den Nationalsozialismus, in: Jahrbuch für die Geschichte Mittel- und Ostdeutschlands, Bd. 12/1963, S. 150ff.
Rein, Wilhelm, Pädagogik in systematischer Darstellung, Langensalza 1911
Reisberg, Arnold, An den Quellen der Einheitsfrontpolitik. Der Kampf der KPD um die Aktionsein-

heit in Deutschland 1921/22. Ein Beitrag zur Erforschung der Hilfe W. I. Lenins und der Komintern für die KPD, 2 Bde., Berlin 1971
Remarque, Erich Maria, Der Funke Leben, Köln 1988
Ritscher, Bodo (Hg.), Buchenwalder Nachrichten Nr. 1 (14. 4. 1945) bis Nr. 28 (16. 5. 1945), Weimar–Buchenwald 1983
Rohe, Karl, Das Reichsbanner Schwarz-Rot-Gold. Ein Beitrag zur Geschichte und Struktur der politischen Kampfverbände zur Zeit der Weimarer Republik, Düsseldorf 1966
Rohkrämer, Thomas, Der Militarismus der „kleinen Leute". Die Kriegervereine im Deutschen Kaiserreich 1871–1914, München 1990
Rothfels, Hans, Die deutsche Opposition gegen Hitler. Eine Würdigung, Frankfurt/Main/Hamburg 1969
Sauckel, Fritz, Der Kampf um Thüringen. Tätigkeit des ersten nationalsozialistischen Staatsministeriums und der thüringischen nationalsozialistischen Landtagsfraktion im Jahre 1933, o. O., o. J.
Schlesinger, Walter (Hg.), Festschrift für Friedrich Jahn, Bd. 1: Zur Geschichte und Volkskunde Mitteldeutschlands, Köln/Gratz 1968
Schulze, Gerhard, Die Novemberrevolution 1918 in Thüringen, Diss. Berlin 1972
Schulze, Hagen, Weimar. Deutschland 1917–1933, Berlin 1982
Seligmann, Michael, Aufstand der Räte. Die erste bayerische Räterepublik vom 7. April 1919, Diss. Münster 1988
Semprun, Jorge, Was für ein schöner Sonntag! Frankfurt/Main 1981
Siemsen, August, Anna Siemsen. Leben und Werk, Hamburg 1951
Sinowjew, Grigorij Jewsejewitsch, Probleme der deutschen Revolution, Hamburg 1923
Soell, Hartmut, Fritz Erler – Eine politische Biographie, 2 Bde., Berlin/Bonn 1976
Streisand, Joachim, Deutsche Geschichte von den Anfängen bis zur Gegenwart. Eine marxistische Einführung, Köln 1976
Thalheimer, August, Wie schafft die Arbeiterklasse die Einheitsfront gegen den Faschismus? Berlin o. J.
Thamer, Hans-Ulrich, Verführung und Gewalt. Deutschland 1933–1945, Berlin 1985
Thape, Ernst, Von Rot zu Schwarz-Rot-Gold. Lebensweg eines Sozialdemokraten, Hannover 1969
Thüringische Beamtenpolitik 1924–1926. Tatsachen und Ziele, Gera 1926
Uhlmann, Walter (Hg.), Sterben um zu leben. Politische Gefangene im Zuchthaus Brandenburg-Görden 1933–1945, Köln 1983
Ulbricht, Walter, Zur Geschichte der deutschen Arbeiterbewegung. Aus Reden und Aufsätzen, Bd. 2: 1933–1946, Berlin 1953
Voigt, Ilse, Die staatsrechtliche Lage in Thüringen in der Zeit vom Zusammenbruch des „Dritten Reiches" bis zur Errichtung des Thüringischen Landtages, Diss. Erlangen 1948
Volz, Hans, Daten zur Geschichte der NSDAP. 10. Aufl., Berlin/Leipzig 1939
Wahl, Volker, Der Beginn der antifaschistisch-demokratischen Umwälzung in Thüringen – Entstehung und Tätigkeit der Landesregierung April bis Juli 1945, Dipl.-Arbeit Berlin 1974
ders., Der Beginn der antifaschistisch-demokratischen Umwälzung in Thüringen – Die Organisierung der gesellschaftlichen Kräfte und der Neuaufbau der Landesverwaltung 1945, Diss. Jena 1976
ders., Die Rettung der Dichtersärge. Weimarer Schriften Heft 45, Weimar 1991
Weber, Hermann, Die Wandlung des deutschen Kommunismus. Die Stalinisierung der KPD in der Weimarer Republik, 2 Bde., Frankfurt/Main 1969
ders., Kleine Geschichte der DDR, Köln 1990
Weber, Stefan, Ein kommunistischer Putsch? Märzaktion 1921 in Mitteldeutschland, Berlin 1990
Weidenfeld, Werner (Hg.), Politische Kultur und deutsche Frage, Köln 1989
Weidner, Friedrich, Gotha in der Bewegung von 1848, Gotha 1908
Weisenborn, Günter (Hg.), Der lautlose Aufstand. Bericht über die Widerstandsbewegung des deutschen Volkes 1933–1945, Hamburg 1953
Weißbuch der deutschen Opposition gegen die Hitlerdiktatur, hrsg. vom Vorstand der Sozialdemokratischen Partei Deutschlands, London 1946
Weitsch, Eduard, Grundfragen der Volkshochschulmethode, Jena 1920

Welsh, Helga A., Revolutionärer Wandel auf Befehl. Entnazifizierungs- und Personalpolitik in Thüringen und Sachsen 1945–48, München 1989

Wenzel, Otto, Die Kommunistische Partei Deutschlands im Jahre 1923, Diss. Berlin 1955

Wette, Wolfram, Gustav Noske. Eine politische Biographie, Düsseldorf 1987

Widerstand, Verfolgung und Emigration, hrsg. vom Forschungsinstitut der Friedrich-Ebert-Stiftung, Bonn/Bad Godesberg 1967

Wiechert, Ernst, Der Totenwald. Ein Bericht. Tagebuchnotizen und Briefe, Erstdruck Zürich 1946

Winkler, Heinrich August, Von der Revolution zur Stabilisierung. Arbeiter und Arbeiterbewegung in der Weimarer Republik 1918–1924, Berlin/Bonn 1984

Wirpsza, Wietold, Pole, wer bist Du? 2. Aufl., München/Luzern 1983

Witzmann, Georg, Thüringen von 1918–1933. Erinnerungen eines Politikers. Beiträge zur mitteldeutschen Landes- und Volkskunde, Heft 2, Meisenheim 1958

Wörfel, Erhard, Die Arbeiterregierung in Thüringen im Jahre 1923. Beiträge zur Geschichte Thüringens, Erfurt 1974

Register

(ohne Hermann Brill und einige wenige Personen, die für die Biographie erkennbar ohne Bedeutung sind)

Der Autor

Manfred Overesch, geboren 1939, Dr. phil. habil., ist Professor für Geschichte und Didaktik der Geschichte an der Universität Hildesheim.